라인홀드 니버의 생애와 사상

라인홀드 니버의 생애와 사상

초판 1쇄 발행 2007년 2월 5일
지은이 고범서
펴낸이 박종화
펴낸곳 대화문화아카데미 대화출판사
　　　 출판등록 1976년 6월 24일 (제2-347호)
　　　 서울 종로구 평창동 473-6
　　　 전화 02-395-0781~3
　　　 홈페이지 www.daemuna.or.kr
　　　 전자우편 tagung@chol.com
디자인 김은희
인쇄 경보아이앤씨
값 28,000원

ISBN 978-89-85155-21-2 03200

라인홀드 니버의 생애와 사상

REINHOLD NIEBUHR

21세기 기독교윤리학의 나침반,
니버와 그 思想 모두 읽기

고범서 지음

대화문화아카데미

1930년대 유니온신학교 교수 시절의 모습.

1937년 '옥스퍼드 컨퍼런스'에 참가한 니버. 왼쪽으로부터 J. H. Oldham, William Temple, W. A. Visser t' Hooft, Niebuhr.

1948년 3월 8일자 《타임》의 표지 인물로 선정된 니버의 모습.

1940년대 말, 유니온신학교에서 강연하는 니버.

감사의 말
✥

이 책의 저술을 '적극 격려했고 출판까지 기꺼이 수락해 준' 대화문화아카데미 강대인 원장에게 감사를 드린다. 또한 기회가 있을 때마다 이 책의 저술을 격려해 준 훌륭한 신학자인 김경재 박사에게 감사를 전한다. 적지 않은 분량의 원고를 샅샅이 읽고 다듬어 준 필자의 친구요 학문의 동지인 이화수 박사의 친절과 수고를 잊지 않겠다. 서울신학대학의 기독교윤리학 교수인 유석성 박사에게도 특별한 감사를 표한다. 이 책에 포함된 니버 저서들 요약의 대부분은 유 박사가 지도하는 기독교윤리학 석·박사 과정의 세미나에서 저자가 발표한 뒤 학생들과 함께 토론한 것들이다. 유 박사가 나에게 베푼 학문적 동지애와 깊은 호의가 아니었다면 이 책은 세상의 빛을 보지 못했을 것이다. 또한 이 책의 편집을 맡은 작가 강영숙 씨와 손으로 쓴 원고를 일일이 컴퓨터에 입력해 준 나의 일생 동안의 동역자 김종순 과장에게도 마음으로부터의 감사를 전한다.

차례

감사의 말	8
머리말	13

I. 탄생과 유년 시절
  1. 아버지   18
  2. 어머니   22
  3. 니버의 유년 시절   23

II. 학창 시절
  1. 중·고등학교와 대학교 시절   26
  2. 에덴신학교(Eden Theological Seminary) 수학 시절   27
  3. 예일대학교 신학부(Yale Devinity School) 수학 시절   30

III. 디트로이트 목회 시절
  1. 디트로이트 시의 베델복음주의교회(Bethel Evangelical Church)의 목사로 취임(1915)   40
  2. 베델교회의 당시의 형편   41
  3. 베델교회 목회 전기(1915-1920)   43
  4. 베델교회 목회 중기(1921-1924)   48
  5. 베델교회 목회 말기(1925-1928)   65
  6. 『문명은 종교를 필요로 하는가? Does Civilization Need Religion?』 출간(1927)   76

IV. 유니온신학교 교수로 취임(1928)

1. 유니온신학교 기독교윤리학 교수로 취임 — 88
2. 유니온신학교 교수 취임에 대한 베델교회와 디트로이트 시의 반응 — 91
3. 목회 일기『길들여진 냉소주의자의 노트북으로부터의 단편들 — 92
   Leaves from the Notebook of a Tamed Cynic』출간(1929)

V. 유니온신학교 교수 초기(1928-1935): 기독교 윤리 형성기

1. 유니온신학교에 떠오른 새로운 별 — 96
2. John Baillie, Dietrich Bonhoeffer, — 102
   Ursula Keppel-Compton이 유니온에 출현
3. 『사회사업에 대한 종교의 공헌The Contribution — 105
   of Religion to Social Works』출간(1932)
4. 『도덕적 인간과 비도덕적 사회 — 128
   Moral Man and Immoral Society』출간(1932)
5. 테일러 강좌(Taylor Lectures)와 당시 니버의 처지(1933-1934) — 150
6. Paul Tillich의 유니온신학교 교수 취임(1933) — 153
7. 『한 시대의 종언에 대한 성찰Reflection on — 155
   the End of an Era』출간(1934)
8. 『기독교윤리의 한 해석An Interpretation — 184
   of Christian Ethics』출간(1935)

VI. 유니온신학교 교수 중기(1936-1945): 신학적 체계 구축 시기

1. 정치적 관심의 변화와 신학 연구에 대한 치중 ... 222
2. 『비극을 넘어서 Beyond Tragedy』 출간(1937) ... 229
3. 기퍼드 강좌(Gifford Lectures) 강연(1939) ... 262
4. 『기독교와 힘의 정치 Christianity and Power Politics』 출간(1940) ... 268
5. 기퍼드 강좌 『인간의 본성과 운명 The Nature and Destiny of Man』 제I권 『인간의 본성 Human Nature』 출간(1941)과 당시 니버의 정치적 활동 ... 300
6. 기퍼드 강좌 제II권 『인간의 운명 Human Destiny』 출간(1943)과 그 무렵의 니버의 삶 ... 342
7. 사회주의 제창자에서 민주주의 옹호자로의 변신: 『빛의 아들과 어둠의 아들 The Children of Light and the Children of Darkness』 출간(1944) ... 406

VII. 제2차세계대전 후의 니버의 정치적 활약과 그 시기의 저술들(1946-1952)

1. 『시대의 징조의 분별 Discerning the Signs of the Times』 출간(1946) ... 450
2. 전후의 눈부신 정치적 활약 ... 494
3. 『신앙과 역사 Faith and History』 출간(1949) ... 504
4. 『미국 역사의 아이러니 The Irony of American History』 출간(1952) ... 546

Ⅷ. 유니온신학교 교수 말기(1952-1960): 신학적 및 정치적 저술과 생활 환경
   1. 건강 악화와 공산주의에 대한 과도한 비판   596
   2. 『기독교적 현실주의와 정치적 문제Christian Realism and   601
      Political Problems』 출간(1953)
   3. 『자아와 역사의 드라마The Self and the Dramas of History』 출간(1955)   662
   4. 금이 간 니버와 틸리히의 우정   726
   5. 지병의 악화와 Karl Barth 와 Billy Graham에 대한 니버의 비판   730
   6. 『경건하고 세속적인 미국Pious and Secular America』 출간(1958)   735
   7. 『국가와 제국의 구조The Structure of Nations and Empires』 출간(1959)   779

Ⅸ. 유니온신학교 은퇴와 그 후의 삶(1960-1971)
   1. 유니온신학교 은퇴(1960)   830
   2. 유니온신학교 은퇴 후의 니버의   835
      정치적 사상과 활동 및 생활 주변(1961-1965)
   3. 『인간의 본성과 그의 공동체Man's Nature and   847
      His Communities』 출간(1965)
   4. 생의 종말(1971)   875

Ⅹ. 끝맺는 말: 니버의 신학과 미래의 전망
   1. 니버의 비의인화적 신관   882
   2. 심벌과 신화에 대한 니버의 이해   891
   3. 신학과 철학의 관계에 대한 니버의 이해   897
   4. 니버의 윤리적 신학: 기독교적 현실주의에 의한   908
      사회 정의 실현의 신학
   5. 니버의 기독교적 실용주의   916

참고문헌   928
색인   930

머리말

　라인홀드 니버(Reinhold Niebuhr)는 널리 알려져 있는 바와 같이 20세기 개신교 기독교가 배출한 가장 뛰어난 세 명의 신학자 중 한 사람이다. 그 세 사람이란 카를 바르트(Karl Barth)와 폴 틸리히(Paul Tillich), 그리고 니버이다. 바르트와 틸리히는 독일 신학자이고, 니버는 미국 신학자이다. 틸리히는 1933년 히틀러가 정권을 장악한 후, 뉴욕의 유니온신학교(Union Theological Seminary) 교수로 부임하여 미국 생활을 시작했다. 니버는 20세기 미국이 배출한 가장 위대한 개신교 신학자요, 미국이 낳은 최고의 신학자라고 할 만하다.
　니버는 미국을 대표하는 신학자로서 그의 이름은 많은 신학도들에게 친숙하고 그의 신학 사상, 특히 기독교적 사회 윤리 사상은 널리 소개되었고 또한 논의되어 왔다. 신학 영역 밖에서도 정치에 대한 그의 분석과 이론은 중요한 관심과 논의의 대상이 되었다. 그럼에도 불구하고 니버의 사상에 대한 소개와 논의는 대체로 피상적이고 단편적인데, 이는 우리 나라에서는 물론이고 미국에서조차 그렇다고 필자는 생각한다. 심지어 니버가 32년간 가르친 유니온신학교에서도 마찬가지였다는 인상을 필자는 유니온신학교 유학 시절에 받았다. 필자는 1967년에서 1969년까지 2년 동안 유니온신학교와 컬럼비아대학교 대학원의 협동과정 프로그램으로 기독교윤리학 석사과정을 전공한 바 있는데, 그 당시 유니온신학교에서 니버 세미나를 담당했던, 니버의 제자였던 동교의 기독교윤리학 담당 교수마저 니버의 신학과 사회 윤리 사상을 제대로 소개하지 못하고 있다는 불만을 적지 않게 느꼈다. 그 후 필자는 니버의 윤리 사상을 대학에서 가르치고 연구하는 과정에서, 그의 '정치적 방법(political method)'이 사회윤리학의 방법론으로서 가지고 있는 엄청난 중요성이 제대로 이해되고 있지 않으며, 또한 사회 윤리의 체계적인 수립을 위해서 활용되고 있지 못하고 있음을 발견하고 그것을 필자의 저서 『社會倫理學』에

서 논한 바 있다.[1]

　니버의 사상이 이처럼 소화하기 어려운 몇 가지 이유가 있다. 첫째, 그는 1927년 35세에 그의 첫 저서를 저술한 것을 출발점으로 하여 1965년 74세에 마지막 저서를 출간하기까지 거의 40년간에 걸쳐 18권의 저서와 수많은 논설을 저술했다. 그의 사상을 전체적으로 바로 이해하기 위해서는 무엇보다도 최소한 그의 저서들을 다 읽어야 한다. 그의 저서 몇 권을 단편적으로 읽는 것만으로 그의 사상을 전체적으로 파악하는 것이 가능하지 않다. 먼저 필요한 것은 그의 신학적 이론에 전체적으로 직접 접하는 것이다. 둘째, 그의 이론 전개 방법은 직선이 아닌 나선적인 논의로 이루어진다. 다시 말해서, 하나의 주장을 내세우는가 하면 그것과 대립되거나 대조되는 주장을 제기하는, 일종의 대위법적 혹은 변증법적 이론을 전개한다. 이 점이 그의 이론을 이해하는 것을 매우 어렵게 만든다. 그의 이론은 이해하기 어려운 내용이며 결코 쉽게 알 수 있는 성질의 것이 아니다. 상당한 사고력과 비판력 없이 그의 신학적 이론을 소화할 수가 없다. 셋째, 니버는 그의 신학적 이론을 독일과 영국의 주요 철학자들과 사회 사상가들의 핵심 이론들을 그의 독자적 시각으로 비판하거나 또는 수용하고 활용한다. 그의 신학에서는 신학과 철학, 혹은 신앙과 합리성(이성)이 제휴하고 협동한다. 철학에 대한 지식과 이해가 없으면 그의 신학 사상을 소화할 수가 없다. 넷째, 니버는 그의 독자적인 기독교적 윤리 이론을 사회 윤리에 중점을 두고 창의성을 발휘하여 전개하는 데 몰두하여 윤리학적 체계화에 관심을 두지 않았다. 앞서 말한 그의 '정치적 방법'도 오늘날 사회윤리학의 방법론의 기본 개념의 효시로서 매우 중요한 것임에도 불구하고, 그는 그것이 사회윤리학의 체계적 전개를 위해서 갖는 의의와 중요성에 대해서 한 번도 언급하지 않았다. 그는 자신의 독자적인 아이디어를 창조적으로 쏟아내는 데에만 몰두했다.

　이 책에서 필자가 취한 저술 형태는 니버의 생애를 개관하면서 그의 생애의 각 시기와 단계와 관련지어 그의 18권의 저서를 요약하여 소개하고 필요한 해설을

---

[1] 高範瑞, 『社會倫理學』(서울: 도서출판 나남, 1993) 참조.

가하는 방식이다. 방대한 양의 그의 논설들을 다 소개할 수가 없으므로, 필요할 때 단편적으로 논의에 도입했다. 앞에 이미 언급한 바와 같이 니버의 사상을 이해하는 첩경은 먼저 그의 사상에 전체적으로 직접 접하는 것이다. 필자가 전개한 니버의 생애의 소개와 그의 저서들의 요약이 독자들에게 그 역할을 할 수 있기 바란다.

독자들이 니버의 신학에서 무엇을 얻을 것인가는 독자 자신의 몫이다. 다만, 필자는 본 저서의 끝에서 필자 나름으로 이해한, 니버의 신학 사상이 미래에 남긴 문제들과 그것들의 의의를 제시했다. 그것이 아마도 거의 틀림없이, 미래에도 여전히 유효해 보이는 니버의 신학이 갖는 의의를 탐지하는 데 도움이 될 수 있기를 바란다.

이 책 저술에서 필자는 무수히 나오는 외래어 인명과 지명을 일일이 우리말로 옮기면서, 이때 원어를 괄호 안에 넣지 않고 그대로 노출했다. 니버의 사상을 탐구하는 독자라면 누구나 그 정도의 외국어는 익숙할 뿐더러, 원어 그대로가 오히려 분명하게 인지되리라고 생각되었기 때문이다. 다만, 인명이나 지명이 곧 이어서 되풀이되거나 자주 나올 때는 우리말로 표기했다.

I

탄생과 유년 시절

라인홀드 니버의 생애와 사상

1
아버지
✤

　　니버의 아버지 Gustav Niebuhr는 1881년 18세에 독일에서 미국으로 이민을 갔다. 그는 Friedrich Niebuhr의 셋째 아이이며, 둘째 아들이었다. 프리드리히 니버는 13세기 이래 존재해 온 豪農으로서 25명이나 되는 인부를 고용하는 큰 농장을 경영했다. 그 농장은 네덜란드의 국경에 인접한 독일 땅, Lippe Detmold에 위치하고 있었다. 구스타프 니버의 아버지 프리드리히 니버는 독일의 전통적인 권위주의적 아버지였다. 구스타프 니버는 폭군 같은 아버지로부터 도망쳐 뉴욕으로 이민을 갔다. 그의 동생 Louis도 아버지와의 불화를 못 견디고 몇 년 후 미국 네브라스카로 건너간다. 그런데 구스타프의 사촌 여자 형제의 남편으로 고향인 리페 데트몰트 출신의 William Hummermeier가 1874년 이래로 일리노이 주 북부에 위치한 Freepot에서 농업에 종사해 오고 있었다. 뉴욕으로 간 구스타프는 홈머마이에르에게로 가서 농사짓는 일을 도우면서 잠시 머물렀다. 그러나 독일에서 김나지움(Gymnasium)을 거의 다 끝마친 그는 얼마 안 가서 농장 일에 싫증을 느껴 시카고로 가서 약 2년 동안 봉제 공장에서 일했다. 그러던 중 1883년 초 어느 일요일, 프리포트에 있는 살렘복음교회(Salem Evangelical Church)의 예배에 참석하여 설교를 듣고 은혜를 받아 회심(回心)을 체험했다. 그 후 곧 그는 목사가 되기 위해 신학교에서 공부하기로 결심했다. 그는 St. Louis에 있는 에덴신학교(Eden Theological Seminary)에 입학했다. 그 신학교는 북미독일복음주의총회(Deutsche Evangelische Synode von Nord-Amerika)의 목회자 양성을 위한 신학 교육 기관이었다. 그는 김나지움 교육을 거의 마쳤기 때문에 홈머마이에르의 재정적 도움으로 2년 만에 3년 과정의 신학교를 졸업했다. 신학교를 졸업한 그는 1885년, 22세로 목사 안수를 받았다.[1)]

　　목사 안수를 받은 후, 구스타프 니버는 캘리포니아 주의 샌프란시스코에 있는 세인트존 교회(St. John's Church)에 파송되었다. 이 교회는 근자에 샌프란시스코에서 Mount Shasta로 옮겨 간 Edward Hosto 목사의 선임 교회였다. 구스타프 니버는 마운트 섀스타를 자주 방문했는데, 호스토 목사의 딸인 15세의 Lydia에게 호감을 가지게 되었으며, 두 사람은 2년 후 결혼했다. 세인트존 교회는 작은 교회였으며 구스타프 니버는 때로는 2, 3명의 교인을 놓고 설교했다. 그러나 부인 리디아의 전적인 도움으로 교회가 성장했다. 1891년 말, 그는 총회로부터 Missouri 주에 있는 Wright City에서 목회하라는 명을 받고, 그곳에서 작지만 안정된 교회를 설립했다. 그는 라이트 시에 근거지를 두었지만 계속 교회를 순회하면서 설교했기 때문에 오다가다 잠깐 집에 머물렀다. 그는 항상 여행 중에 있었다. 1895년에는 미주리 주의 St. Charles 시에 있는 세인트존 교회의 목사가 되었으나 그의 여행은 여전히 계속되었다. 1899년, 그 교회를 사임한 그는 총회의 순회 대표 목사(reisende Vertreter, travelling representative)로 임명되었다. 1902년에야 그는 일리노이 주 Lincoln 시에 있는 세인트존 교회의 목사로 부임하여 39세의 나이에 가정에 정착했다. 그는 교회의 목사직 외에 교구 학교의 교장이었고, 복음주의 여전도회 병원의 원장직을 겸했다. 1900년에 링컨 시는 9000명의 인구를 가지고 있었는데, 그중 3분의 1이 타국으로부터 온 이주민들과 그들의 자손이었다. 이들의 3분의 2, 즉 약 2000명은 독일인 이주민이었으며, 그들 거의 전부가 아직 독일어를 제1 언어로 사용하고 있었다. 당연히 구스타프 니버도 교회에서 독일어로 설교했다.[2]

링컨 시의 세인트존 교회에서 그의 목회는 성공적이었다. 이렇게 적지 않은 독일 이주민 인구를 가진 도시에서 구스타프 니버는 머지않아 저명인사가 되었다. 링컨 시의 두 지역 신문은 그의 활동에 관해서 정기적으로 보도했고, 그의 교회는 100개의 가정을 확보하게 되었으며, 그는 총회의 지도자들이 그의 집에 자주 방문하여 머무는 유력한 목회자가 되었다. 앞서 말한 대로 그는 여전도회 병원 원장이었고, 정치적 및 사회적으로 활발한 활동을 하는 링컨시목회자협회(Lincoln

---

1) Richard Wightman Fox, *Reinhold Niebuhr*(New York: Pantheon Books, 1985), pp. 2-5.
2) 같은 책, pp. 5-6.

Ministerial Association)의 지도자였다.[3]

　이처럼 목회가 성공을 거두고 있던 와중에 그는 1913년, 50세의 젊은 나이에 당뇨병으로 요절했다. 그때 부인 리디아는 43세의 젊은 나이였고, 자녀는 3남 1녀를 남겼다. 장녀 Hulda는 그때 24세로 고등학교를 우수한 성적으로 졸업했으나 진학하지 않고 집에 있었다. 그녀의 아버지는 딸이 남편의 목회를 충실하고 훌륭하게 보좌했던 자신의 아내처럼 되기를 원했기 때문에, 딸이 대학교육을 받는 것을 원하지 않았다. 장남 Walter는 23세로 고등학교를 마치고 링컨 시에 있는 매우 작은 신문사를 운영하고 있었다. 차남 Reinhold는 22세로 그의 교파에서는 최초로 예일대학교 신학부에 입학했다. 막내아들 Helmut Richard는 20세로 아버지와 형 라인홀드가 졸업한 에덴신학교 1학년에 재학하고 있었다.[4] 이렇게 해서 구스타프 니버의 두 아들 라인홀드와 헬무트 리처드는 후일 20세기 미국 신학계를 주도할 쌍벽을 이룰 준비 단계에 진입하고 있었다.

　그러면 니버의 아버지에 대한 소개를 마치기 전에 그가 어떤 사고방식과 신학사상을 가지고 있었는지 간단하게 살펴보기로 하자. 그의 신앙은 역설적으로 자유로웠고 복음적이었다. 그는 진보적(liberal)이어서 복음은 개인적일 뿐만 아니라 사회적이라고 확신했다. 따라서 크리스천은 단순히 종교적 회심만을 위해서가 아니라 사회의 개선을 위해서도 힘써야 한다고 믿었다. 그는 자유로웠기 때문에 교리의 정확성에 대해 관심이 없었고, 그의 교인들과 자녀들에게 신앙(faith)을 신념(belief)이 아니라 신뢰(trust)로 규정하는 것이 보다 나을 것이라고 말했다. 그는 그리스도의 神性, 성경의 초자연적 영감, 종교 생활에서의 기도의 중심성을 주장했지만, 그의 신앙은 경건하였지 근본주의자(fundamentalist)는 아니었다. 그는 Harnack의 『기독교의 본질 Das Wesen des Christentum』을 읽고 하르나크가 열린 마음을 가진 뛰어난 교회사가라고 칭찬했지만, 예수가 바다의 폭풍을 고요하게 한 것은 아무도 받아들일 수 없는 자연 법칙의 침범이라며 하르나크의 주장을 비웃었다.[5]

[3) 같은 책, p. 6.
4) 같은 책, pp. 5-19.　5) 같은 책, p. 7.

위에서 간단하게 고찰한 구스타프 니버의 사고와 신학 사상이 아들 니버의 신학적 사고와 사상에 아마도 중대한 영향을 미쳤을 것으로 짐작된다. 라인홀드는 어렸을 때 아버지를 몹시 존경했으며 아버지의 설교에 매료되었다. 또한 그는 그 당시 벌써 목사가 되기로 결심했다고 한다.[6]

이런 사실로 미루어 볼 때, 라인홀드의 신학적 사고와 사상에 그의 아버지가 중요한 영향을 미쳤으리라는 강한 확신을 갖게 한다. 1956년에 Charles W. Kegley와 Robert W. Bretall이 『라인홀드 니버: 그의 종교적, 사회적 및 정치적 사상 Reinhold Niebuhr: His Religious, Social, and Political Thought』이라는 제목으로, 니버의 사상에 대한 저명한 신학자들, 그리고 그 외의 저명한 학자들의 비평과 그러한 비평에 대한 니버의 대답을 편집하여 출판했다. 이 논문집의 서두에 니버 자신이 쓴 〈지적 자서전(Intellectual Autobiography)〉을 실었다. 그는 이 〈지적 자서전〉에서 자신의 생애에 끼친 아버지의 영향에 대해서 다음과 같이 말했다. "나의 생애에 최초로 구체적인 모습으로 다가온 종교적 영향은 나의 아버지였는데, 그는 활력이 넘치는 개인적 경건을 신학적 연구의 산물인 완전한 자유와 결합시켰다. 아버지는 그의 아들과 딸에게 하르나크의 사상을 소개했는데 이 신학자의 자유로운 확신에 전적으로 동의하지는 않았다."[7]

흔히 니버가 진보적인 신학 사상을 가진 신학자라는 사실은 잘 알고 있지만, 그가 남달리 경건한 신앙을 가지고 있다는 사실은 간과하기 쉽다. 니버는 20세기 미국의 진보적 신학의 기수이지만, 그는 동시에 경건한 신앙을 가진 신학자이다. 그의 이 같은 경건한 신앙은 그의 아버지의 경건한 신앙의 영향 아래 형성된 것으로 보인다.

---

6) 같은 책, p. 8.
7) Charles W. Kegley and Robert W. Bretall ed., *Reinhold Niebuhr: His Religious Social, and Political Thought* (New York: Macmillan Co. 1956), p. 3.

2
어머니
✢

어머니는 앞서 이미 말한 대로 니버의 아버지가 목사 안수를 받고 부임한 첫 교회인 샌프란시스코의 세인트존 교회의 선임 목사 에드워드 호스토 목사의 딸이었다. 17세에 결혼한 그녀는 3남 1녀를 낳고 자녀들을 키웠으며, 43세의 젊은 나이에 남편과 사별했다. 그녀는 아들 라인홀드가 예일대학교 신학부 석사과정을 졸업한 후, 1915년 Detroit 시의 베델복음교회(Bethel Evangelical Church)에 취임한 다음 해에 디트로이트로 와서 아들의 목회를 도왔다. 그녀는 신학 교육을 전혀 받지 않았지만 거의 30년 동안 아버지와 남편의 목회를 도운 경험이 있고 그것이 몸에 배었기 때문에, 주일학교와 성가대를 비롯한 교회의 일들을 맡아서 감당했다. 그래서 아들 라인홀드는 타자기로 설교를 치거나 이따금 교인 환자를 방문하고 교회의 회의들에 참석하는 일을 제외하고 전적으로 저널(journals)에 원고를 쓰는 데 시간을 사용할 수 있었다.[8]

어머니의 이러한 헌신적이고 유능한 도움이 아니었다면 라인홀드가 목회를 하면서 글을 쓰는 데 전념할 수 없었을 것이요, 따라서 그가 후일 저명한 신학자가 될 수 없었을지도 모른다. 이처럼 그의 어머니는 라인홀드가 베델복음교회 목회에서 빛나는 성공을 거두고 뛰어난 신학자로 발전하는 데 결정적으로 중요한 공헌을 했다.

---

[8] Fox, *Reinhold Niebuhr*, p. 44.

3
니버의 유년 시절
✢

　라인홀드는 1892년 미주리 주의 라이트 시에서 태어났다. 그의 아버지가 미주리 주의 세인트찰스 시의 세인트존 교회에서 목회할 때(1910년), 딸 Hulda와 삼형제는 동교회의 부속 초등학교에 다녔는데 그 학교는 독일어 성경공부로 하루의 수업을 시작했다. 학생들은 독일어 찬송가와 교리문답을 암송했다. 그들은 영어를 공부했으나 일리노이 주 Lincoln 시로 이사하여 그곳에 있는 학교에 입학하기까지 영어가 별로 향상되지 못했다. 링컨 시에서 그들은 7년제 Central School을 졸업하고, Lincoln High School에 진학했다. 이처럼 라인홀드와 그의 동생 헬무트 리처드가 어렸을 때 독일어가 그들의 제1언어였고 따라서 독일어에 매우 익숙했다는 사실은 그들이 자라서 20세기 미국의 신학을 주도하는 뛰어난 신학자가 되는 데 크게 유리하게 작용했다. 그들이 독일어에 익숙했으므로 Harmack와 Troeltsch의 저서, 그리고 그들의 동시대인 신학자 Karl Barth를 비롯한 다른 독일 사상가들의 저술에 의존하지 않고 독일어로 직접 읽고 이해할 수 있었기 때문이다. 이 두형제가 독일어를 그렇게 자유롭게 구사할 수 있는 능력이 없었다면 그들은 그처럼 뛰어난 신학자가 되지 못했을지도 모른다.
　라인홀드는 사춘기 시절부터 목사가 되기로 결심했으며, 아버지의 목회자라는 직업이 링컨 시의 다른 어떤 사람의 직업보다 마음에 들었다고, 소년 시절을 회상하며 말했다. 어린 시절에 누이와 형제들이 함께 놀이를 할 때도 라인홀드는 설교자 역할을 좋아했으며, 결혼식과 세례를 집례하는 역할을 맡아 하는 것을 즐겼다고 한다.[9]

---

9) 같은 책, p. 11.

II

학창 시절

라인홀드 니버의 생애와 사상

1
중·고등학교와 대학교 시절

⁂

니버는 Central School 7학년을 마치고 Lincoln High School 8학년에 입학했다. 그러나 동교를 졸업할 때까지 다니지 않고 9학년을 마친 다음, 그의 아버지가 수학한 에덴신학교의 예비 학교라고 할 수 있는 Elmhurst College에 입학했다. 그 대학은 Chicago 시의 서쪽 15마일에 위치한 대학으로서 당시에는 단지 이름만 대학으로, 교수진이 8명뿐인 이류에 지나지 않는 4년제 기숙사제 학교였다. 니버는 동 대학의 2학년에 입학했다. 링컨고등학교에서 9학년을 마쳤기 때문이다. 그의 링컨고등학교의 성적은 매우 우수했으며, 특히 라틴어 교사인 Eva Paine Carnes라는 여교사는 니버를 총애했다. 니버는 그 선생만이 자신에게 실질적인 영향을 주었다고 회상했다.[1]

엘름허스트대학에서의 니버의 학업은 성공적이었다고 할 수 없다. 그 이유는 그가 학습 능력이 부족해서가 아니라, 17세의 나이로 졸업을 앞둔 학년에 실력 없는 라틴어 교수와 영어 교수를 축출하는 운동을 주도했기 때문이다. 두 교수는 결국 대학을 떠나야 했다. 그는 남은 6명의 교수로부터 따돌림을 당했고, 모든 학생들이 그가 당연히 졸업식 고별사를 읽을 것이라고 기대했지만 대학 당국은 그를 지명하지 않았다. 뿐만 아니라 그의 졸업반 평균 성적은 87점이어서 그는 졸업식에서 우등상장도 받지 못했다. 어쨌든 그는 1910년 18세에 엘름허스트대학을 졸업했다.[2]

---

1) Fox, *Reinhold Niebuhr*, p. 13.
2) 같은 책, p. 14.

2
에덴신학교(Eden Theological Seminary) 수학 시절
✣

    같은 해 9월, 니버는 그의 아버지가 1885년에 졸업한 에덴신학교에 입학했다. 그 신학교는 앞서 이미 언급한 바 있는 니버의 아버지가 속한 북미독일복음주의 총회의 목회자를 양성하기 위한 독일 이주민 신학교였다. 동교는 3년제 신학교로 니버는 1학년에 입학했다. 1학년 학생은 총 20명이었는데, 18세인 니버는 최연소자였다. 니버와 다른 두 학생을 제외하면 모든 학생이 19세 혹은 20세 이상이었다. 그러나 니버는 곧 같은 학년의 학생들 사이에서 지도자로 부상했다. 그렇게 된 것은 니버의 학력 배경이 다른 학생들보다 좋았고, 또한 그의 미국화가 그들보다 앞서 있었기 때문이었다.[3]

    에덴신학교에는 5명의 교수가 있었고 니버는 그들 모두의 강의를 수강했다. 그렇지만 그는 오직 한 사람의 교수만을 존경했고, 그 교수로부터 깊은 영향을 받았다. 그 교수는 Samuel Press라는 영어 교수로서 그는 동신학교의 유일한 미국 태생 교수였고, 그의 코스를 영어로 가르친 최초의 선생이었다. 뒤에서 기술하겠지만, 니버의 아버지가 사망한 후 그는 아버지의 역할을 했을 정도로 니버의 친밀한 스승이 되었다. 처음부터 니버는 프레스 교수에게 강력한 매력을 느꼈다. 2년 후, 동생 Helmut 역시 프레스 교수를 존경해 마지않았다. 니버의 다른 학급 동료들 또한 프레스 교수의 개방성과 진지함에 감명을 받았다. 니버는 두 가지 면에서 프레스 교수에게 끌렸다. 하나는 그의 능숙한 영어였다. 니버의 학급 동료들이 볼 때 그가 미국화에서 그들보다 앞서 있었지만—학급 동료 중 몇몇은 독일에서 직접 이민해 왔으며, 2세가 아니었다—니버도 아직 독일어로 말하고 생각하는 것이 훨씬 더 편했다. 미국인으로서의 확고한 정체성을 추구하고 있는 니버에게 프레스 교수는

---
3) 같은 책, pp. 14-17.

매우 중요한 모델이 되었다. 다른 하나는 프레스 교수가 학생들의 교육에서 교실 수업만이 아니라 과외 활동의 중요성을 강조했다는 사실이다. 그는 'Lincoln Lyceum'이라는 캠퍼스 문예부를 조직하여 Karyx('Messenger', 傳令)라는 교내 문예지를 발간하여 학생들의 글을 게재했으며, 논문 콘테스트를 개최했다. 뿐만 아니라 그는 교내 토론회를 개최했다. 이 토론회가 발전하여 에덴신학교와 같은 지역에 있는 루터 교파의 미주리 총회 신학교인 Concordia Lutheran College와 공개 토론 대회를 개최했다. 니버는 이 토론 대회에 다른 한 학생과 출전하여 뛰어난 토론 실력을 발휘해 승리를 거두어서 교내에서 '위대한 토론(great debate)'의 스타로 떠올랐다.[4]

이 시절, 니버는 항상 옷을 깨끗하고, 단정하게 입었지만, 그의 남다른 한 가지 특성은 손가락에 항상 잉크가 묻어 있었다는 사실이다. 그는 정력적인 필자였기 때문에 언제나 쉬지 않고 글을 썼고, 그러다 보니 펜의 잉크가 손가락에 묻게 마련이었다. 그리고 그는 여자들과 데이트 같은 것을 하지 않았다. 그는 데이트를 즐기기에는 너무나 심각했고, 항상 무언가 깊은 것을 생각하고 있었다. 니버가 가입하기를 꺼리는 주요한 학내 자발적 운동 단체가 하나 있었다. 그 단체는 해외 선교를 지망하는 학생들의 전국적 집단이었다. 제1차세계대전 전부터 미국의 각종 교파의 신학교들에서는 '이 세대의 세계 복음화(the evangelization of the world in this generation)'라는 모토 아래 해외 선교를 지망하는 신학생들의 자발적 운동이 자못 활발하게 전개되고 있었다. 니버는 그러한 운동을 결코 반대하지는 않았지만 그에게는 그보다 앞서 해결해야 할 중요한 문제가 있었다. 그것은 다름이 아니고 그가 먼저 미국인으로서 확고하게 서는 것이었다. 그는 두 갈래로 깊이 갈라진 혼을 가지고 있었다. 그는 심오하게 독일적인 사람이었지만, 그러면서도 어쨌든 미국인이었다. 그는 미국에서 살고 있었지만 미국에 속하지 않은 면을 가지고 있었다. 그는 자기를 미국인으로 확립해야 하는 과제를 먼저 해결해야 했다. 니버의 아버지 역시 독일의 대학과 유사한 미국 동부의 대학에서 아들이 교육받기를 원했다.

---

4) 같은 책, pp. 17-18.

니버는 독일계 미국 공동체와 거기에 속하는 독일인 복음주의총회, 그리고 심지어 독일 가정인 자기 집에서도 멀리 떨어져 있는 온전히 미국적인 환경에서 자기를 시험해 보기를 원했다.[5]

에덴신학교를 졸업한 뒤, 미국 동부에 있는 대학에서 수학하기 위해 니버는 두 가지 문제를 해결해야 했다. 하나는 그가 졸업한 엘름허스트대학이 인가를 받은 대학(accredited college)이 아니었기 때문에 인가받은 대학의 B. A. 학위가 없이도 받아주는 동부의 신학대학에 입학해야 한다는 문제였다. 뉴욕의 유니온신학교는 B. A. 학위를 요구해서 지원할 수 없었다. 마침 예일신학대학(Yale Devinity School)이 학생 수를 늘리고 있어서 이류 교파 대학들로부터 학생을 받고 있었다. 이렇게 해서 니버는 예일신학대학에 갈 수 있었다. 두 번째 문제는 학비 조달 문제였다. 당시 니버의 아버지의 연봉은 1400달러였고, 그의 가족은 말하자면 품위 있는 가난 속에 살고 있었다. 1902년, 그의 아버지가 링컨 시의 세인트존 교회에 취임할 때 연봉이 800달러였던 것이 그나마 올라서 1400달러가 되었던 것이다. 니버는 예일대학에서 받은 학비 보조금과 가능한 돈들을 모아서 학비를 마련했다.[6]

---

5) 같은 책, p. 18.
6) 같은 책, p. 19.

3
예일대학교 신학부(Yale Divinity School) 수학 시절
✣

1913년, 그러니까 21세에 니버는 그가 속한 북미독일복음주의총회에서는 최초로 예일대학교 신학부 석사과정에 입학이 허락되었다. 그는 에덴신학교에서는 토론의 챔피언이었고, Keryx의 편집자였으며, 캠퍼스 문예부 Lyceum의 논문 쓰기 대회에서 1등 당선자였고, Bachelor Club의 회장이었다. 그는 당당하게 예일대학교 신학부에 진학하게 되었다. 엘름허스트대학에서는 졸업생을 대표하는 졸업연설을 하는 데 실패했지만, 에덴신학교 졸업식에서 그가 졸업생 대표로 졸업연설을 하리라는 것은 아무도 의심하지 않는 기정사실이 되었다. 그의 전도는 양양해 보였다. 그런데 같은 해 봄 4월 21일에 그의 아버지가 50세의 젊은 나이에 당뇨병으로 돌연 사망하는 청천벽력 같은 사건이 발생했다. 그날은 월요일이었는데 그의 아버지의 병세는 토요일부터 악화되었다. 다음 날 일요일, 니버는 아버지의 설교단에 서서 예배를 인도하며 혼수상태에 빠진 아버지를 위해서 기도했다. 이렇게 해서 그는 아버지의 설교단에 최초로 서게 되었던 것이다.[7]

니버의 아버지는 월요일에 사망했고, 장례식은 수요일에 거행되었다. 여러 도시로부터 총회의 목회자들과 총회 관계자들이 장례식에 참석했으며, Samuel Press를 비롯해 15명의 목사들이 추도사를 했다. 성대한 장례식은 오후 내내 계속되었다. 총회의 지도자들은 장례식을 끝마치고 링컨 시를 떠나기에 앞서 니버가 에덴신학교를 졸업하기까지 강의에 불참하는 것을 허락했고, 세인트존 교회의 당회로 하여금 그를 임시 목사(interim pastor)로 임명하게 했다. 그래서 니버는 4월 27일 일요일, 두 번째로 세인트존 교회의 설교단에 서게 되었다. 그러나 이번에는 첫 번째와 달리 담임 목사로 설교단에 선 것이다. 그날 그는 아버지의 추모예배를

7) 같은 책, pp. 19-20.

인도했으며 설교를 했다. 에덴신학교의 졸업식이 임박한 5월 초, 니버는 학급 동료들에게 그가 졸업식에 참석할 수 없으며, 따라서 졸업식에서 졸업생 대표로 졸업연설을 할 다른 졸업생 대표를 선택하는 것이 좋겠다는 편지를 보냈다. 그러나 학생들은 라이니(Reinie, Reinhold의 애칭)가 하지 않으면 아예 졸업생 대표 연설 없이 졸업식을 하기로 만장일치로 가결했다. 6월 11일, 니버는 St. Louis 시로 가서 졸업식에서 졸업장을 받았고, 또한 졸업연설을 했다. 6월 29일, 그의 21세 생일에서 1주일이 지난 날 그는 독일복음주의총회의 목사로 안수를 받았다. 그는 어린 시절에 목회자가 되려는 굳은 결심을 했으며, 아버지처럼 설교자가 되는 것 외에 다른 어떤 것이 되려고 생각해 본 일이 결코 없었다. 이렇게 해서 그는 그가 뜻한 대로 목회자가 되었는데, 아버지의 돌연한 사망으로 생각했던 것보다 일찍 목회자가 되는 운명을 맞이했다.[8]

같은 해 8월 31일, 니버는 세인트존 교회에서 독일어로 마지막 설교를 했다. 그리고 프레스 교수는 St. Louis에서 Lincoln 시로 와서 니버 가족과 함께 지냈고, 저녁 예배 때 영어로 설교했다. 그는 니버의 아버지 역할을 하고 있었다. 그 후 3주 동안 니버는 집에 머물러 있으면서 총회 관계자들과 세인트존 교회의 후계자 문제를 논의했는데, 결국 일요일 예배를 위해서 몇 명의 신학생들이 차례로 설교를 하도록 했으며, 니버의 형 Walter가 링컨 시에서 진행하고 있는 니버가의 새로운 주택 건축을 완성하는 것을 돕는 것으로 결론이 났다. 니버의 아버지의 생명보험으로 짓고 있는 그 집이 완성되면 니버의 어머니와 누이가 살게 될 아담한 집은 마련되지만, 더 이상 수입이 들어올 데가 없었다.[9]

니버의 아버지는 링컨복음주의연합회(Lincoln Evangelical Union)라는 초교파적 연합회를 창립하였고, 그 연합회를 위해서 활발하게 활동했다. 연합회의 주된 활동은 늦은 가을에 가입한 5개의 개신교 교회들을 순번으로 돌아가면서 합동 예배를 개최하는 것이었다. 1913년 8월 17일, 니버는 9월에 예일대학교 신학부에 입학하기 위해서 링컨 시를 떠나기에 앞서, 링컨복음주의연합회의 회원 교회인 제

---

8) 같은 책, p. 24.
9) 같은 책, pp. 22-23.

일감리교회(First Methodist Church)에서 개최된 마지막 합동 예배에서 그의 생애 최초로 공중 강연을 했다. 그가 택한 성경 본문은 마태복음 10: 39, 곧 "자기 목숨을 얻는 자는 잃을 것이요, 나를 위하여 자기 목숨을 잃는 자는 얻으리라"는 구절이었다. 이 강연(설교)에서 니버는 성경의 이 구절이 자기보존은 자기파괴를, 자기파괴는 자기보존을 가져온다는 역설(paradox)의 진리를 나타내는 것이라는 것, 즉 사람들이 추구하는 행복은 사막의 신기루 같은 것이어서 우리가 그것을 추구할 때는 사라지고, 우리가 우리의 생명을 얻으려고 할 때 우리는 그것을 잃는다는 역설적 진리를 나타내는 것이라고 주장했다. 그의 이 설교에 의하면, 이 같은 삶의 역설적 문제에 대한 답은 사랑이요, 자기희생이라는 것이다. 그가 이 설교에서 다룬 패러독스는 후에 그의 설교와 강연, 사고의 트레이드 마크가 되었는데, 이러한 그의 사고의 특색이 이때부터 이미 싹트고 있었던 것이다.[10]

그러면 이제 니버가 동년 9월부터 입학하여 수학하게 될 예일대학교 신학부의 당시의 상황에 대해서 참고로 살펴보기로 하자. 동신학부는 1822년에 설립되었고, 19세기에 미국 회중교회(Congregational Church)의 목회자를 양성하는 중심 역할을 수행했다. 동신학부의 졸업생은 남부 New England의 회중교회의 교단을 지배하고 있었을 뿐만 아니라 서부에서도 그 수와 세가 확장되고 있었다. 동신학부의 교수들 역시 저명한 신학자들을 포함하고 있었다. 예컨대, 교수 중에는 '뉴헤이븐신학(New Haven Theology)'이라고 불리는 자유화된 칼뱅주의(Calvinism)의 주도적 창도자인 Nathaniel W. Taylor가 있었고, 19세기 중엽 미국에서 가장 중요한 신학자였던 Hartford의 Harace Bushnell도 있었다. 그렇지만 19세기 말에 예일대학교 신학부 교수진은 명성을 잃었으며, 회중교회 역시 교파의 활력을 상실하여 쇠락하고 있었다. 이 같은 쇠퇴를 초래한 것은 Darwin의 진화론과 자본주의 시장의 등장으로 미국 사상계의 급격한 세속화라는 시대적 변화에 회중교회 신자들이 적응하지 못했고, 동교파의 목회자들의 눈에조차 회중교회의 신앙은 시대에 적합하지 않아 보였다. 이렇게 해서 예일대학교 신학부는 시대 변화의 대처에 실

---

10) 같은 책, pp. 24-26.

패했다. 당시의 정세로는 미래의 기수는 뉴욕의 유니온신학교로 보였다. 동신학교는 단순히 하나의 말씀을 해석하기보다 심리학적 및 사회학적 입장에서 교육자와 사회사업가, 심리 치료사가 되도록 목회자를 교육하는 데 힘썼다. 1906년, 예일대학교 학부 졸업생 중 13명만이 B. D. 과정에 입학했는데, 그들 중 단 한 명도 예일대학교 신학부에 입학하지 않았다. 예일대학교 신학부는 침체에 빠졌다. 새로 취임한, 최초로 목사가 아닌 평신도 출신의 예일대학교 총장은 신학부 강화에 착수했다. 교수진의 강화 및 도서관과 기타 시설의 확충에 나섰다. 교과과정을 개편했고, 학생 수를 늘리기 위해서 전국적으로, 심지어 미국 외의 다른 나라들에서도 널리 학생을 모집했다. 학생들 중에는 니버의 경우처럼 미국의 인가받지 않은 대학 졸업생도 포함되어 있었다. 니버가 예일신학부 석사과정에 입학했을 때 등록생 수는 100명 정도였는데 유니온신학교는 250명 이상이었고, Louisville 시에 있는 남부침례교신학교의 등록생 수는 375명에 달했다. 그가 후세에 세계적 명성을 날리게 하는 데 공헌한 유니온신학교는 B. A. 학위를 요구했기 때문에, 니버는 입학 자격이 없었다.[11]

그러면 이제 니버가 예일대학교 신학부에서 공부했던 상황에 대해서 살펴보기로 하자. 니버의 학창 생활은 결코 순조롭고 보람을 느낄 만한 상황이 아니었다. 그 시기는 좌절과 어려움을 헤쳐나가며 난관을 극복해 나가는 고난에 찬 불행한 시절이었다고 할 수 있다. 그가 직면했던 어려움은 세 가지였다. 첫째는 그의 서투른 영어였다. 둘째는 학비 문제였다. 첫해의 학비는 이럭저럭 해결할 수 있었지만 이듬해의 학비는 불투명했다. 셋째는 그가 졸업한 에덴신학교가 인가를 받은 정규 신학교가 아니어서 졸업생이 B. D. 학위를 얻지 못한다는 사실이었다. 이 문제들을 좀더 구체적으로 살펴보기로 하자. 영어 문제부터 살펴보자. 앞서 이미 언급한 바와 같이 니버는 비록 미국에서 태어났지만 독일 이주민 사회에서 출생했고, 그 속에서 독일어를 제1 언어로 사용하면서 자랐다. 그가 수학한 에덴신학교에는 5명의 교수가 있었는데, 그중에서 Press 교수만이 미국 태생의 교수였다. 니버가

---

11) 같은 책, p. 28.

프레스 교수에게 특별히 끌린 것은 교육자로서의 그의 훌륭한 인품 때문이었지만, 또한 영어에 능통한 그로부터 영어를 배우기 위해서였다. 니버의 영어는 에덴신학교를 거쳐 예일신학부에서 수학하면서 현저하게 개선되었지만 영어는 일생 동안 그에게 문제가 되었다. 그가 상당히 명성을 날리는 신학자가 되어 유니온신학교 교수가 된 1931년 Ursula Keppel-Compton과 결혼한 후부터는 영국인으로 Oxford대학에서 신학을 전공한 그녀가 니버의 영어를 윤문하는 역할을 했다. 니버는 저명한 신학자가 되어서도 영어의 취약점을 극복하기 위해 노력해야 했다. 이런 점으로 미루어 볼 때, 니버가 예일신학부에서 영어 문제로 얼마나 고전했는지 짐작할 수 있다.

니버가 예일신학부에서 첫해를 공부하는 동안 그의 독일어 능력은 급격히 약화되고 있었다. 그는 여전히 독일어로 된 신학 서적들을 읽고 있었다. 그런가 하면 그는 독일어로 말하고 쓸 기회를 전혀 가지지 못했다. 그는 독일어를 아예 잊고 말게 되는 것이 아닌가 하고 걱정했다. 이러다가는 독일어도 영어도 제대로 하지 못하게 되는 것이 아닌가 하는 걱정을 하게 되었다. 마침내 그는 영어 하나만을 마스터하고 영어에 운명을 걸기로 결심했다.[12]

학비 문제를 살펴보기로 하자. 예일신학부의 첫해 학비는 이럭저럭 마련했지만 이미 300달러의 빚을 지고 있었다. 다음 해의 전망은 어두웠다. 학교를 휴학하고 1년간 목회를 하면 학비를 마련할 수 있었지만 공부 기간을 연장하는 것은 정말 질색이었다. 당시의 전망으로는 예일의 M. A. 학위를 획득하는 것은 가능하지 않을 것 같았다. 그러나 교수들은 그에게 대학원 학위과정에 지망할 것을 권고했고, 일요일에 설교를 하면 학비를 마련할 수 있을 것이라고 격려했다.[13]

다음은 B. D. 학위 문제를 살펴보기로 하자. 니버는 B. D. 학위를 갖고 있지 않기 때문에 M. A. 학위과정에 바로 들어가지 못하고 첫해에는 B. D. 학위과정을 이수하고 다음 해 5월 말 B. D. 학위 논문 「종교적 지식의 타당성과 확실성(The Validity and Certainty of Religious Knowledge)」을 제출했다. 그의 논문 지도 교수는

---

12) 같은 책, p. 29.
13) 같은 책, pp. 29-30.

침례교인이며 캐나다 사람인 Douglas Clyde Macintosh였다. 그는 36세의 젊은 진보적 학자로서 신앙이 성서적 계시가 아니라 보편적 인류 경험의 체계적 분석에 근거를 두어야 한다고 주장했다. 니버는 예일신학부의 국외자인 그에게서 어떤 동질감을 느낄 수 있었고, 매킨토시 교수 역시 활기 있고 열심히 공부하는, 미국 중서부 출신으로서 동부의 대학에서 공부하는 니버를 좋아했다. 사실, 니버는 매킨토시 교수의 강의에만 전력을 경주했다. 니버는 매킨토시 교수의 체계화 방식에 경계심을 가졌으나 그가 계시가 아니라 인간의 경험을 출발점으로 하는 데 매력을 느꼈다. 이렇게 해서 니버는 B. D. 과정을 1년간 수학했다. 니버의 영어는 B. D. 논문에서도 서툴러서 산만하고, 독일어 색채가 짙었으며, 잘못된 철자가 많았다. 예컨대, 'roughly'를 'ruffly'로 잘못 쓰는 등 많은 철자 오기를 범했다.[14]

1914년 6월, 니버는 예일대를 떠나서 Lincoln 시로 돌아왔다. 여름 방학 동안 일자리를 구하여 다음 1년간의 학비를 벌기 위해서였다. 그는 형 Walter가 운영하고 있는 링컨 시의 작은 지방 신문 *Courier*를 돕는 일을 했고, 세인트존 교회와 제일감리교회에서 몇 차례 설교를 했다. 그해 늦은 9월에 니버는 개강 1주일 전 예일로 왔다. 학비를 벌기 위해서 니버는 주일 설교를 할 수 있는 교회를 찾았으나 구하지 못한 채 몇 달이 지나갔다. 부채는 늘어만 갔다. 이러한 재정적 어려움에도 불구하고 그는 공부에 열중했다. 여자와 데이트를 하거나 춤추러 가는 일은 전혀 없었다. 그는 예일대 수학 첫해에 그가 '순종들(thoroughbreds)'이라고 부른 동부의 좋은 가정 출신의 학생들 사이에 섞인 자신을 '잡종(mongrel)'이라고 개탄하는 편지를 Press 교수에게 보냈다. 그러나 그는 예일대의 둘째 해부터는 잡종으로 느끼지 않았으며, 친구들이 생겼고, 여러모로 그에게 도움이 되는 학생들과 사귀게 되었다.[15]

니버는 이제 예일신학부의 대학원 학생이 되었다. 그렇지만 그는 M. A.와 Ph. D. 학위를 수여하는 학위과정에 등록하지 못했다. 대학원장은 그의 성적이 평균 A가 되면 다음 해에 학위과정 입학을 허락하겠다고 약속했다. 그러나 그는 매킨

---

14) 같은 책, p. 28, pp. 33-34.
15) 같은 책, pp. 34-35.

토시 교수의 인식론에 싫증을 느꼈고, 학문을 계속하는 것보다 현실 세계에 더 관심을 갖고 있었다. 그 학년 가을 학기 성적은 평균 3.27이어서 평균 A에 미달했다. 다음 해 봄 학기 성적도 3.37이었다. 결국 니버의 성적은 대학원 학위과정 입학 자격에 미달이었다. 그러나 설혹 그의 성적이 더 높았다고 할지라도 그는 Ph. D. 학위를 지망하지 않았을 가능성이 더 크다. 당시의 진보적인 신학의 비판적 연구(critical studies)가 니버에게 중요하게 생각되었지만 그것은 영감(inspiration)을 결여하고 있다고 그는 생각했다. 그에게 학문은 무미건조하게 느껴졌다. 그래서 그는 마음의 사용이 정신(spirit)의 함양과 결부된 탈출구를 찾고 있었다. 그러한 그에게는 예일신학대학의 학장 Charles Reynolds Brown은 매력 있는 모델이었다. Brown 학장은 광범위하게 글을 쓰고 있는 필자이며, 명망이 높은 설교자이고, 위안을 주는 카운슬러였다.[16]

예일대 신학부의 대학원 과정에서 니버는 구약신학, 매킨토시 교수의 종교와 현대 철학, 학부의 논리학 강의를 수강했다. 이 세 과목에서 3.5 이상의 성적을 받았다. 그는 학부의 강의에서 플라톤적 이상주의와 현대 이상주의, 그리고 실용주의와 형이상학을 수강했다. 이들 과목에서 그의 성적은 그리 좋지 않았다. 그 세 과목 외에 교회사를 수강했는데, 이 세 과목의 성적도 빛나지 못했다. 그는 여전히 매킨토시 교수와 가까운 관계를 유지했으며, 그해 봄에 M. A. 학위 논문을 매킨토시 교수에게 제출했다. 뿐만 아니라 니버는 같은 해 가을에 「애국심과 이타심(Patriotism and Altruism)」이라는 제목의 논문을 그에게 제출했다. 니버는 겨울 동안 그 논문을 다시 써서 「애국심의 패러독스(The Paradox of Patriotism)」라는 제목으로 '국제평화를위한카네기재단(The Carnegie Endowment for International Peace)' 주최의 학생 논문 콘테스트에 제출했다. 다음 해 4월, 니버는 3등으로 당선되어 상금 200달러를 받았다. (그중 25달러는 예일대학이 경상비, 즉 overhead로 제했다.) 그 상금은 2,3개월의 목사 월급에 해당했다. 이렇게 해서 그 논문 수상은 그의 전 생애에 걸친 집필 생활의 출발점이 되었다.[17]

---

16) 같은 책, p. 35.
17) 같은 책, p. 37.

예일대 신학부 수학 둘째 해인 1914년 크리스마스를 지나서야, 즉 그 학년의 절반이 지나서야 빚에 시달리던 니버는 비로소 일요일에 설교하는 일자리를 얻을 수 있었다. 그 교회는 New Haven에서 서쪽으로 10마일 떨어져 있는 공업 도시 Derby 시의 제일회중교회(First Congregation Church)였다. 그 교회는 니버가 정식 담임 목사가 되기를 원했다. 그러나 니버는 어머니가 낯선 시골 도시에 오기 싫어 할 것으로 짐작하여 이를 거절했다. 니버는 3개월 동안 그 교회의 임시 목사로 지냈고, 학기 말인 5월 말까지 매킨토시 교수에게 제출할 M. A. 학위 논문 작성에 치중하느라 일요일에만 설교를 위해서 Derby 시로 갔다. 그렇지만 그가 애써 논문을 작성했어도 M. A. 학위를 받을 수 있을지 여부는 매우 불투명했다. 그의 M. A. 학위 논문의 제목은 「영생의 교의에 대한 기독교의 공헌(The Contribution of Christianity to the Doctrine of Immortality)」이었다. 이 논문에서 그의 영어는 많이 향상되었고 철자의 오류도 극히 드물었다.[18]

니버의 M. A. 학위 논문을 읽은 매킨토시 교수와 다른 교수들은 분명 좋은 인상을 받았다. 니버의 성적은 평균 B+ 이었고 B. A. 학위가 없었지만 M. A. 학위를 수여하기로 결정되었다. 학위 수여식이 6월 7일로 예정되어 있었는데 니버는 M. A. 학위를 받게 될 예정자 명단에 올라 있지 않았다. 니버의 동급생 중 정규 B. A. 학위를 갖고 있는 학생들 중에 M. A. 학위를 받지 못한 학생들이 있었는데 교수들은 니버에게 M. A. 학위를 수여하기로 결정한 것이다. 니버는 Press 교수에게 보낸 편지에서 "완벽하게 훌륭한 B. A. 학위를 가진 학생들도 거부당했는데 어떤 이유에서 나를 통과시키는 관대함을 베풀었는지 알 수 없다"라고 했다."[19]

---

18) 같은 책, p. 38.
19) Fox, *Reinhold Niebuhr*, pp. 41-42.

III

디트로이트 목회 시절

라인홀드 니버의 생애와 사상

1
디트로이트 시의 베델복음주의교회
(Bethel Evangelical Church)의 목사로 취임(1915)

니버는 순조롭지 못한 어려운 과정을 거쳐서 예일대 신학부에서 M. A. 학위를 획득했다. 그가 2년간의 고전 끝에 M.A. 학위를 얻었음에도 불구하고 그의 대학원 수학과 학위는 그가 교회 목회에 진출하는 데 별로 유리한 조건이 되지 못했다. 그가 속해 있는 독일복음주의총회는 그에게 디트로이트에 있는 베델복음주의교회에 취임하라고 했고, 연봉으로 불과 600달러를 주겠다고 했다. 그 교회는 새로 설립된 교회로 목사 사택도 없는 빈약한 상태에 처해 있었다.

이러한 조건은 당시의 니버의 사정으로는 받아들이기 어려운 것이었다. 형편없이 낮은 보수가 대학원에서 그가 받은 고급 교육에 합당하지 않음은 물론이요, 어머니와 누이를 부양하기에 턱없이 부족한 액수였다. 그의 형 Walter가 경영하는 신문 *Courier*는 재정 곤란에 빠졌기 때문에 Walter는 편집장 자리를 사임할 수밖에 없었다. 니버는 온 가족의 생활비 조달의 책임을 져야 했다. 그는 장자는 아니었지만 아버지를 대신하여 가정의 정신적 지도자와 재정적 책임자의 역할을 맡아야 했다. 협상의 결과 총회는 연봉을 900달러로 인상했다. 총회는 그에게 속히 베델복음주의교회에 취임할 것을 재촉했다. 니버는 처리할 급한 일이 있다며 8월까지 취임을 미루었고 봉급 인상을 교섭했다. 8월 한 달 동안만이라도 링컨 시에 머물면서 방세와 생활비가 비싼 디트로이트 생활을 한 달 늦출 수 있겠다고 생각했다. 니버는 드디어 8월 8일 일요일 첫 설교를 하겠다고 베델복음주의교회에 통고했다. 어머니는 링컨 시에 남고 니버만 가기로 결정했다.

2
베델교회의 당시의 형편
✢

베델교회는 1912년 8월에 13명의 평신도에 의해서 설립된 신설 교회였다. 니버가 취임한 1915년에는 교인 수가 65명으로 늘었고, 자체 예배당을 가지고 있었다. 그러나 앞서 말한 바와 같이 목사 사택도 없는 재정력이 몹시 약한 교회였다. 니버가 베델교회에 가게 된 것은 그 교회의 담임 목사 Paul Zwilling이 동년 4월에 연봉 1000달러로는 도저히 목회직을 계속할 수 없으니 새로운 목사가 결정되는 대로 가능한 한 빨리 다른 교회로 갈 것임을 천명했기 때문이었다. 그러나 베델은 열세에 놓여 있는 작은 교회였기 때문에 총회가 목사를 배정하는 우선순위에서도 맨 끝에 해당했다. 사실 총회는 6월 10일에도 새 목사를 언제 임명할 수 있을지 모른다고 베델교회 당회에 통고했다. 니버는 예일대 신학부의 고급 교육을 받았지만 다른 교파의 교회의 목사로 가지 않는 한 저급의 월급을 주는 교회에 취임할 수밖에 없는 형편에 처해 있었다.[1]

교회의 재정적 빈약성만이 문제가 아니었다. 교인 수가 적어서인지 니버가 첫 설교를 하는 날 노인과 애들이 유난히 많아 보였다. 니버가 후에 알게 된 일이지만 그날 교회는 교인이 많이 참석한 것같이 보이기 위해서 근처에 있는 독일인 양로원과 고아원에서 노인들과 고아들을 동원했던 것이다. 게다가 교인의 4분의 3이 독일인이었다. 니버는 영어의 개선과 미국화를 위해서 예일신학부에서 2년 동안 애썼는데, 그 결과는 에덴신학교 졸업생 중 그 누구보다도 독일인이 제일 많은 교회를 맡게 되어서 영어를 완전하게 해보려는 그의 야심은 무산되고 말았다. 그러나 그는 독일어 예배와 영어 예배를 번갈아서 가질 것이 아니라 매주일 영어 예배를 가질 것을 당회에 제의하여 동의를 얻었다. 찬송가도 영어로 된 찬송가를 구입

---
1) Fox, Reinhold Niebuhr, pp. 42-43.

했다. 그의 교회는 그렇게 개혁할 수 있었지만 문제는 북미독일복음주의총회의 현상유지적, 친독일적 입장이라는 데 있었다. 특히, 1915년 가을경 독일이 영국 및 그 동맹국과 전쟁에 돌입하면서 수십 년 동안 물 속에 가라앉아 있었던 조국 독일에 대한 충성심과 애국심이 표출되기 시작했다. 그에 대한 반작용으로 니버는 미국에 대한 애국심을 표명했으며, 독일인 2세 미국인들에게 미국에 대한 애국심을 가질 것을 호소했다. 독일인 1세들이 그들이 태어난 독일에 대해서 애국심을 가지는 것은 이해가 가지만 독일인 2세가 그들의 부모와 같은 입장을 취하는 것은 잘못이라는 것이 니버의 신념이었다. 그가 예일대에서 수학하고 있을 때 그의 정체성(identity) 문제는 그의 독일적인 문화적 전통에서 벗어나 미국 문화에 동화되는 것이었다. 그러나 이제 문제는 달라져서 정치적 문제가 되었다. 이제 그는 정치적으로 독일과 고별하고 독립하여 미국에 충성과 애국심을 가져야 했으며, 그것을 독일인 2세 미국인 젊은이들에게 호소했다.[2]

| 2) 같은 책, pp. 44-46.

3
베델교회 목회 전기(1915-1920)
✤

　니버는 그가 속한 북미독일복음주의총회에 속한 독일인들이 미국에 대한 애국심을 가져야 한다고 믿었으며, 또한 자신의 그 같은 신념을 표명하고 주장했다. 니버는 이민해 미국에 온 외국계 미국 시민이 이중적 충성심을 가져서는 안 된다고 주장했다. 그는 그의 총회에 속하는 많은 독일계 젊은 미국 시민들에게 모범이 되어야 한다고 믿었다. 그는 자신의 영향이 미칠 수 있는 제한된 범위에서이기는 하지만 독일계 미국 시민의 미국화를 위해서 싸웠다.[3)]

　베델교회에 취임한 다음 해인 1916년부터 니버는 그의 사회적 진출의 테이프를 끊었다. 그해 1월, 그의 어머니가 디트로이트로 와서 교회 운영의 일상적인 일을 모두 맡아서 돌보았다. 그녀의 아버지와 남편의 일을 30년간이나 도왔기 때문에 교회 일을 돌보는 것이 몸에 밴 니버의 어머니는 주일학교와 성가대를 비롯한 교회 운영의 활동들을 모두 도맡았다. 니버는 주일날 설교를 쓰고, 교인 환자를 방문하고, 교회 내 회의들에 참석하는 것 외에는 전적으로 해방되어서 타이프라이터에 들러붙어 편지와 신문, 잡지를 위한 논설을 쓰는 데 집중했다. 처음에는 그의 총회에서 발간하는 영어 월간지 *The Evangelical Teacher*의 정규 기고자로 집필했고, 다음 해 1917년에 동지의 편집 차장이 되었다. 그 뿐만 아니라 그는 1916년 7월에 *The Atlantic*에 〈독일계 미국주의의 실패(The Failure of German-Americanism)〉를 기고해 채택되어 게재되었고, 동년 11월 〈개인에 대한 국가의 범죄(The Nation's Crime Against the Individual)〉를 기고해 역시 채택되어서 게재되었다. 이 두 논문의 원고료로 니버는 120달러를 받았는데, 그것은 그의 목사 월급의 7주일분에 해당하는 액수였다. 당시 그의 가정의 생활비가 월 75달러였고 그중

---
3) 같은 책, pp. 44-46.

45달러는 아파트의 집세였음을 생각할 때, 그 액수의 돈은 그와 그의 어머니에게 는 적지 않은 돈이었다.[4)]

당시 디트로이트에서는 메이저리그 야구선수였던 복음전도사, 곧 부흥 목사 Billy Sunday의 설교에 4만 명의 군중이 운집했다. 그의 점잔 빼고, 부르짖고, 웃 옷을 벗어부치고, 예수에게 "슬라이드 인하여 홈에 들어가라('sliding home' to Jesus)"고 하는 식의 설교 매너는 열렬한 지지와 비판을 유발했다. 디트로이트 시 의 품위 있는 주간지 *Saturday Night*는 니버의 논설 〈독일계 미국주의의 실패〉에 호감을 가졌고, 거의 전문을 그대로 재게재했다. 이것이 계기가 되어 동주간지는 설교자 선데이에 대한 분석을 니버에게 의뢰했다. 계몽이 된 자유로운 목사들은 점잔 빼고, 소리 지르고, 웃옷을 벗어부치고, 야구 경기의 용어를 사용하며 설교하 는 선데이를 비웃었는가 하면, 일반 청중들은 그에게 열렬한 지지를 보냈다. 그러 나 니버는 반대자의 편에도 지지자의 편에도 서지 않았다. 그가 선데이에게서 좋 은 것과 나쁜 것을 동시에 보았기 때문이다. 니버는 선데이를 분석하는 글에서 그 의 설교의 부정적인 면보다 긍정적인 면을 부각시켰다. 무엇보다도 니버는 그의 '인격적인 매력(Personal Magnetism)'에 끌렸다. 니버가 이해하기에는 그는 종교 적 열정이 설교자의 메시지의 힘과 마찬가지로 설교자가 가지고 있는 예언자적인 인격적 힘에 의해서 생긴다는 설교술의 진리를 터득하고 있었다. 연극조의 그의 설교 방식은 자비의 하나님과 심판과 용서를 통해 기독교 신앙의 근본적인 역설 성을 설교함으로써 당시의 자유주의적인 개신교의 경향과는 반대되는 입장을 취 했다. 설교자의 과제가 계몽하고, 설득하고, 신자의 합리적인 능력과 잠재적인 심 리적인 에너지를 촉발하는 것이 아니라, 하나님의 말씀에 의해서 하나님의 심판 과 구원의 메시지를 전하는 것이라고 생각하는 선데이의 입장이 옳다고 니버는 공감했다. 니버는 선데이에게서 복음을 전하는 메시지 속에서 설교자의 '인격적 인 매력'이 함께 작용한다는 사실을 발견했다.[5)]

선데이는 또 다른 면에서 니버의 중요한 모델이 되었다. 선데이는 목회 책임 없

---

4) 같은 책, pp. 48-49.
5) 같은 책, p. 49.

이 교파의 제약도 받지 않고, 이곳저곳을 다니며 대중 집회를 하는 자유로운 몸이었다. 니버는 선데이의 그 같은 자유와 명성을 가질 수 있기를 갈망했다. 물론, 니버의 어머니가 교회 운영 일들을 맡아서 돌보고 있었기 때문에 그는 교회를 돌보는 지루한 일들에서 해방되었지만, 베델교회는 그의 설교 무대로서 적합지 않았다. 그는 총회가 운영하는 주일학교 잡지의 고정 기고자이며, 그리고 이따금 비종교적 잡지에 기고하곤 했는데 그것으로 문제가 해결되는 것은 아니었다. 그는 그의 교파의 수적 열세로 인한 열등 콤플렉스 때문에 상처 받았다. 그는 자신이 만일 큰 교파에 속해 있었더라면 당당하게 자기주장을 하고 자랑스러웠을 것이라고 생각했다. 만일 자신이 종교적인 전문직에 생애를 바쳐야 한다면, 그의 활동을 위한 어떤 초교파적 탈출구를 찾아야 한다고 니버는 생각했다.[6]

니버가 그토록 추구했던 바람에 대한 답은 1917년 4월, 윌슨 대통령의 독일에 대한 선전포고로 실현되었다. 니버가 속한 북미독일복음주의총회는 그 총회 산하의 독일계 미국 시민의 젊은 아들로서 군에 입대해 훈련을 받고 있는 병사들을 돌보기 위한 '전시복지위원회(War Welfare Commission)'를 수립하여 운영하기로 했다. 총회에서 10만 명 이상의 자원병과 징집된 병사가 훈련소에 쏟아져 들어왔다. 총회장 John Baltzer는 동위원회를 운영할 6명을 임명했고 니버도 그중 한 사람으로 선택되었다. 독일계 미국 시민의 미국에 대한 불충을 비판했으며 미국에 대한 충성을 고취했던 니버가 St. Louis 시에 본부를 둔 총무의 직책을 맡을 것을 총회장 Baltzer와 다른 위원들이 간청했다. 그 직책은 널리 여행을 해야 하고, 게다가 뉴욕에 있는 미국연방교회협의회(Federal Council of Churches)의 교회 관계자들과 접촉을 가질 수 있었다. 뿐만 아니라 전국교회협의회는 군목의 배치를 위해서 국방부와 밀접한 관계에 있었다. 이런 직책은 니버가 바라 마지않는 일이었다. 단지 문제는 그의 어머니의 생활을 돌보아야 하는 일이었다. 니버는 위원들을 설득하여 그가 대개의 일요일은 베델교회에서 설교하고, 누이 Hulda가 디트로이트로 와서 어머니 Lydia를 돕고, St. Louis 대학교에서 M. A.과정을 이수하고 있는

| 6) 같은 책, pp. 49-50.

동생 Helmut가 시간이 허락하는 대로 니버의 설교를 돕는 조건으로 베델교회 목회자 직책은 그대로 유지할 수 있게 했다. 동년 11월에 니버는 전쟁복지위원회의 총무직에 취임했다. 이렇게 해서 그는 총회 울타리의 제약을 넘어서 널리 여행할 수 있게 되었으며 그의 미국화 운동을 보다 넓게 전개할 수 있게 되었다.[7]

그해 11월과 12월에 니버는 그의 총회 출신 입대자들을 수용하고 있는 훈련소들을 찾아서 거의 전국을 여행했다. 어떤 훈련소에서 그의 총회 출신의 두 병사가 그들이 받고 있는 총회 기관지 *Evangelical Herald*의 표지에 새겨진 the German Evengelical Synod of North America(북미독일복음주의회) 발행이라는 문구 중 'German'이라는 글자가 그들이 독일에 충성하는 자로 오해받아 그 때문에 승진에 불이익을 받지 않을까 불안해 하는 것을 보았다. 니버는 총회장 발처의 지원 하에 선두에 서서 총회의 명칭에서 'German'을 삭제하고 the Evengelical Synod of North America로 개칭하는 일을 총회 내의 강한 저항에도 불구하고 강행했다. 그는 동시에 그의 총회가 미국에 대한 충성심을 갖도록 전력을 다했다.[8]

니버가 이렇게 전시복지위원회 총무직을 전력을 다하여 수행했지만 그는 그 일에 만족할 수가 없었다. 일반 시민으로서 그의 총회 출신 군인들을 돌보는 목사인 그는 군인 복장을 입은 군목들에 대해서 말할 수 없는 열등감을 느꼈다. 뿐만 아니라 아직 25세인 젊은 나이의 니버는 다른 젊은이들이 군에 입대하여 목숨을 바치는 모험을 감행하는 용기를 보여주고 있는데, 자신은 군에 입대하지 않고 안전한 직업에 종사하고 있는 데 대해서 비겁하게 느껴졌다. 니버는 군목으로 군에 입대하기로 결심했다. 그때 그의 동생 Helmut는 이미 군목으로 입대해 있었다. 물론, 어머니의 생활이 문제였지만 니버의 결심은 확고부동했다. 그는 자신의 뜻을 총회장 발처에게 통보했다. 그러나 발처와 부총회장 Becker는 니버가 두 달 동안 전시복지위원회 총무직을 사임하는 것을 거부했다. 니버는 그해 9월 9일, 10월 1일에 총무직을 사임하겠다고 통보했다. 총회장 발처도 니버가 총무직에 그대로 있을 것을 간곡하게 권고했다. 니버는 9월 말에 발처의 권유를 거절했다. 그러던

---

7) 같은 책, pp. 50-55.
8) 같은 책, pp. 55-56.

중 한 달 보름 후 니버의 후임자를 발견하기 전에 전쟁이 끝나고 말았다.[9]

전쟁이 끝나고 니버는 전시복지위원회 총무직에서 물러났지만 여전히 전력을 다해 베델교회를 돌보지 못했다. 1919년 가을까지 그는 모교 엘름허스트대학 기념 도서관 건립 계획에 몰두했다. 그러니까 그는 2년 동안 비록 일요일에 베델교회에서 설교는 했지만 목회에 전념하지 못했다. 그럼에도 불구하고 베델교회는 점차 미국화되어 가고 있었다. 베델교회는 전쟁 동안에 일요일 예배를 독일어 예배에서 영어 예배로 바꾸기로 했고, 수요일 밤에만 독일어 예배를 가지기로 했다. 1919년 1월, 베델교회는 드디어 영어로만 예배를 보기로 결정했다. 그 후 1년 동안에도 니버는 교회 목회에 전념하지 못했으나 디트로이트 시의 급속한 인구 증가에 따른 1920년대 베델교회의 교인 증가의 기틀이 마련되었다. 뿐만 아니라 베델교회는 독일적인 과거를 청산하고 나서 번창하는 초교파적인 중산층 공동체가 될 수 있었다.[10]

9) 같은 책, pp. 60-61.
10) 같은 책, p. 62.

4
베델교회 목회 중기(1921-1924)

디트로이트 시의 1920년대의 인구 증가는 가히 폭발적이었다. 1920년, 동시의 인구는 100만 명으로서 전국에서 네 번째로 인구가 많은 도시였다. 1925년에는 인구 150만의 도시가 되었다. 베델교회의 교인 수도 급증했다. 1918년 전쟁이 끝날 무렵, 교인 수는 100명이 겨우 넘을 정도였다. 1920년 초에는 교인 수가 300명이 되었고, 1922년 말에 400명으로 증가했으며, 1924년에 500명, 1926년 초에는 600명에 달했다. 교인의 수가 이렇게 급증한 데에는 이미 말한 디트로이트 시의 인구 급증의 영향도 있지만, 니버가 베델교회를 독일계 미국 시민의 복음주의 교파의 교구를 넘어서 초교파 교회로 만들려는 노력의 결과이기도 했다. 사실 1920년대 초 베델교회는 진보적인 교양이 있는 신자로 구성된 초교파적 교회로 변모했다. 교인의 대다수는 개신교의 다른 교파에서 왔으며, 1924년에는 성인 교인의 3분의 1이 무신자에서 베델교회의 교인이 되었다.[11]

교인 급증의 보다 근본적인 이유는 니버의 독특하고 매력적인 설교 때문이었다. 니버 역시 교회의 수적 성장에 힘썼지만 그는 당시의 이른바 잘 팔리는 목회자들과는 다른 점이 있었다. 그들은 교인 수를 늘리고 당시 목회자의 최고 연봉인 1만 달러를 받는 데 열을 올렸다. 니버는 그들과는 거리가 멀었다. 교인들은 니버의 카리스마에 사로잡혔다. 그의 설교는 뜨거웠고 영감을 간직하고 있었지만, 합리적이고 지적이었다. 그는 30세 전후의 젊은 목사였지만 당당했고, 그의 아버지에 맞먹는 위엄을 가지고 있었다.[12]

그의 설교의 특성과 내용은 후일 그의 신학 사상 전개와 본질적 관계를 가지고 있기 때문에 이 당시 그의 설교의 본질과 특성을 좀더 구체적으로 살펴볼 필요가

---

11) 같은 책, p. 64.
12) 같은 책, pp. 64-65.

있다. 니버의 설교는 위안(comfort)과 도전(challenge)의 지속적인 변증법이었다. 그의 설교는 일관되게 사제적(priestly) 자세와 예언자적(prophetic) 자세의 혼합이었으며, 현세적 삶의 일상적 복잡성과 비극에 대처하는 희망에 대한 사제적 복음, 그리고 개인적인 죄와 사회적인 죄에 대한 회개의 결합이었다. 그는 참된 복음은 사람들로 하여금 희망을 가지게 격려하며 동시에 회개하도록 설득해야 한다고 믿었다. 1920년대 초의 그의 설교는 행복 추구에 관한 문제를 자주 다루었다. 그는 설교에서 참된 행복은 세상이 불행이라고 부르는 것에 가깝다고 말했다. 즉, 참된 만족은 값비싼 대가를 지불하고 얻는 성취로서 대개의 사람들이 추구하는 것과는 다르다는 것이다. 1921년 11월에 행한 설교에서 대개의 종교적, 세속적 카운슬러는 고통을 느끼지 않는 것이 행복이라고 하지만, 그는 산상수훈의 패러독스를 그 반대로 제시했다. 산상수훈은 배고프고 목마른 자는 행복하다고 했으며, 정신이 가난한 자는 행복하다고 했다고 그는 말했다. 만일 우리의 양심이 살아서 활동한다면, 그것은 우리에게서 많은 불행한 순간을 낳게 할 것이다. 큰 봉사에는 고독의 기쁨이 따른다. 그렇기 때문에 세속적인 것은 참되게 기독교적이 아니다. 그런데 우리는 너무나 쉽게 세속적인 것이 기독교적인 것이라고 생각한다는 것 등을 니버는 그의 설교 메모에 기록했다.[13]

1922년 12월에 행한 설교에서 니버는 Christian Science의 창시자 Mary Baker Eddy와 그 밖의 종교적인 정신 치료의 제창자들을 거부했다. 에디와 인격의 성장을 통한 자아실현론을 제창한 세속의 이론가들에게 반기를 들고 니버는 예수에게서 발견하는 최종의, 최고의 삶의 계시로서 "누구든지 그의 생명을 얻고자 하는 자는 잃을 것이요, 생명을 잃고자 하는 자는 얻을 것이다"라는 예수의 가르침을 제시했다. 이것은 니버가 1913년 그의 아버지가 사망한 주일에 행한 설교에서 말했던 패러독스인데, 그는 거듭해서 이 패러독스로 되돌아갔다. 1923년 10월에 행한 설교에서 니버는 다음과 같이 말했다. "패러독스는 그것을 분석하기 시작하여 마침내 그것이 근본적이고 거부할 수 없는 것이라는 것을 발견할 때까지는 항상

---

13) 같은 책, p. 65.

어리석은 것이다. 그들의 생명을 추구하는 자들은 행복을 잃을 것이요, 어떤 위대한 목적을 추구하는 가운데 행복을 잃어버리는 자들은 삶을 성취한다."[14] 이 같은 패러독스적 사고는 일생 동안 니버의 사고를 지배했고, 더 나아가 그의 신학 사상의 기본적 특색인 변증법적 사고로 발전했다.

철학자 Francis Bacon이 우상론을 제시한 것은 너무나 유명하다. 그는 종족의 우상, 동굴의 우상, 극장의 우상, 시장의 우상 네 가지를 제시했다. 종족의 우상이란 인간에게 공통된 것인데, 그것은 인간으로 하여금 과오를 범하게 하는 충동이다. 그러한 충동 중에서 가장 대표적인 것은 인간은 단순한 것을 좋아하고 복잡한 것을 싫어한다는 것이다. 태양 주위를 도는 유성들은 실제로는 타원으로 돌지만 타원의 개념은 복잡하기 때문에 사람들은 원으로 돈다고 생각한다. 사람들은 단순한 흑백논리나 이분법을 좋아하고 종합과 타협보다 대립과 편가르기를 좋아한다. 니버는 그런 단순한 사고와는 거리가 멀고 일생 동안 변증법적 사고를 했다. 그는 Hegel처럼 정(正)과 반(反)의 종합(synthesis)을 추구했고, John Locke와 마찬가지로 대립이 낳는 타협(compromise)을 추구했다. 이 같은 고차원의 변증법적 사고를 이해하지 못하면 니버의 사상을 이해하기가 쉽지 않다.

이 시기의 니버의 사상 내지 사고의 다른 특성에 대해 고찰하기에 앞서, 1922년 2월에 베델교회가 새 교회를 건축하여 이전한 사실에 관해서 약간 소개하는 것이 좋을 것으로 생각된다. William J. Hartwig는 미국으로 이민한 부모의 아들로서 니버가 속한 복음주의 교파에서 자란, 전자제품 회사의 경영자였다. 그는 Henry Ford의 소년 시절의 친구였는데 포드가 돈 빌리는 계약 체결의 혜택을 그에게 주어서 매우 부유해졌다. 그는 1920년 베델교회가 있는 지역에 입주하면서 동교회의 교인이 되었다. 그는 자신의 집이 있는, West Grand 가에 있는 4만 달러에 이르는 교회 부지를 기증했고, 교회 건축비 3만 달러를 희사했다. 베델교회는 낡은 교회의 대지와 건물을 매각한 8만 달러를 합쳐서 영국식 고딕 구조의 교회를 건립했다. 결산을 보고 나니 2만 5000달러가 적자였다. Hartwig는 그것도 부담하겠다

14) 같은 책, pp. 63-64.

고 제의했다. 그러나 니버는 교인들도 일부 책임을 져야 한다며 이 제의를 사양했다. 1922년 2월 12일, 750석을 가진 신축 예배당의 헌당식을 거행했다. 이 새 교회는 1만 2000달러짜리 오르간을 매입했다.[15]

새로 건축된 훌륭한 교회가 매력적이어서 새로운 교인이 베델에 모여든 것이 사실이겠지만, 역시 교인을 증가하게 한 요인은 니버의 매력적인 설교에 있었다.

그러면 이제 당시 니버의 사상의 다른 특색에 대해서 고찰하기로 하자. 니버는 특히 부에 따른 편안한 미국 생활은 정신적 성장을 어렵게 하며, 사람들은 안락과 휴식과 여가를 행복으로 생각하게 만든다고 설교했다. 노동이 감소하고 여가가 증대된 세계는 좋은 세계이지만, 여가만이 행복의 유일한 근원이 될 때 인간은 불행해진다고 그는 주장했다. 모든 위대한 성자는 십자가를 가지고 있으며, 십자가가 중심이고, 인간은 쉬운 방법으로는 행복해질 수 없다고 설교했다. 그는 그리스도의 십자가를 추상적 속죄 이상의 것으로 이해했다. 그에게 십자가는 이상을 적극적으로 추구하는 삶에 따르는 비극의 스토아적 수용과 결부된 삶의 방식을 의미했다. 그래서 그는 참된 행복은 수난과 고투를 요청한다고 했다. 니버는 미국의 여가의 문화가 가지고 있는 도덕적 이완에 도전하여 그리스도의 십자가를 생의 패러독스적 진리로 설교했다. 그는 미국 사회의 상업주의가 교회에 침입해서 그것을 속화시켰다고 비판했다. 그는 미국의 사치스러운 문화에 요청되는 것은 혼과 그것의 환경 사이의 긴장감을 회복하는 '일종의 새로운 금욕 생활(a kind of new monasticism)'이라고 했다.[16]

사실, 니버에게는 일종의 도야적 금욕주의(disciplinary asceticism) 같은 생활 태도의 요소가 있었다. 이 陶冶的 禁慾主義는 신학자 Paul Tillich의 용어로 그것은 存在論的 禁慾主義(ontological asceticism)와는 구별되는 것으로서, 후자가 현세를 전적으로 부정하는 데 비해서 전자는 본능적 욕구를 전적으로 부정하지 않지만 가능한 한 억제하는 절제(temperance)의 덕을 최대한 발휘하는 생활을 한다. 틸리히는 존재론적 금욕주의는 배격했지만 도야적 금욕주의는 미덕으로 수용했다. 필

---

15) 같은 책, p. 66.
16) 같은 책, pp. 66-67.

자의 생각으로는 니버가 말하는 '새로운 금욕 생활'은 틸리히의 도야적 금욕주의와 맥을 같이하는 개념으로 생각된다. 니버가 에덴신학교나 예일대학 신학부 시절은 물론이요, 베델교회 목회 시절에도 여자와 데이트를 하지 않은 것이 이 같은 도야적 금욕주의의 생활 태도에 기인하는 것으로 짐작된다.

이 당시의 니버의 사상은 지적해야 할 또 하나의 특성을 보여준다. 이미 말한 바와 같이 그의 설교는 개인적 죄와 구원의 희망을 동시에 강조했다. 그의 설교는 이 같은 신앙의 개인적 측면과는 대조되는 강한 정치적, 사회적 내용을 포함하고 있었다. 그의 설교는 가끔 정치 문제에 치중했다. 특히 1922년 새로운 예배당을 열고나서부터 매주 일요일 저녁 예배에서 당시의 중요한 정치 문제를 다루는 설교를 했는데 그것은 사실 강의에 가까웠다. 그는 1925년에 베델 포럼(Bethel Forum)을 개설하고 강의와 토론을 가졌는데, 그것은 1920년대에 베델교회에 모여든 많은 교육받은 자유로운 젊은 개신교인들게 매력의 대상이 되었다. 이 포럼은 전쟁, 산업사회의 갈등, 금주, 진화론, 이혼, 가족, 인종 문제, 린치(lynching), 사형, 건강, 그리고 여가 등의 문제를 다루었다. 이 포럼은 1920년대의 베델교회의 교인 증가의 주된 원인이라고 할 수 있을 정도로 매력적인 흡인력을 가지고 있었다. 니버의 설교와 포럼은 교인의 구성도 바꾸었다. 1910년대의 베델 교인은 대개가 이민해 온 독일계 미국 시민으로서 점포를 운영하는 자영업자와 판매원, 소규모의 자영업자였다. 평신도 지도자는 은행원, 보석상, 가구상, 청부업자 등이었다. 그러나 1922년 이후 교인이 된 신자들은 새로운 중산층에 속하는 교사와 사회사업가, 그 밖의 전문직 월급 생활자였다. 그들의 관심은 지방 중심이 아니라 전국적이었다. 다시 말해서, 그들은 북미독일복음주의총회의 교구에 대한 것보다 미국 자체의 문제들에 관심을 가지고 있었다. 이들 교인 신자들은 베델교회를 디트로이트 시의 계몽된 자유로운 기독교의 전초 기지로 변모시켰다.[17]

후일에 전개된 니버의 신학 사상은 두 개의 핵심 축을 가지고 있다. 하나는 개인적인 것으로서 인간은 죄인이라는 원죄론이다. 다른 하나는 그의 정치적, 사회

| 17) 같은 책, pp. 67-68.

적 관심이다. 인간의 원죄 강조는 전통적인 기독교 신학의 핵심 사상 중 하나이다. 그러나 정치와 사회에 대한 관심은 니버의 신학 사상의 독자적인 특성이다. 그는 이와 같은 정치적, 사회적 관심에 입각하여 그의 독자적인 기독교적 정치론과 사회윤리학을 추출하여 유럽의 교의학적 접근 방식의 신학과는 구별되는 '기독교적 실용주의(Christian pragmatism)' 접근 방식에 의한 독자적인 신학을 창출했다. 정치와 사회에 대한 그의 관심은 이때부터 벌써 싹트고 있었다.

니버의 베델교회 목회는 이렇게 빛나는 성공을 거두고 있었지만 단 한 가지 문제를 안고 있었다. 그것은 니버가 전국적으로 유명해질수록 강연을 하고 각종 회의에 참석하기 위해서 자주 교회를 비우고 여행을 한다는 사실이었다. 그의 잦은 여행을 비난한 사람들은 주로 나이 먹은 독일계 교인이었다. 그러나 전국적 시야를 가진 교육받은 지식인 교인들은 그들의 교회가 니버 같은 훌륭한 목사를 목회자로 모시고 있는 것을 특권으로 여겨야 한다고 생각했다.[18]

1920년대 전반기 동안에 니버로 하여금 전국적으로 유명한 인물로 뜨게 하는 데 결정적인 역할을 한 세 인물이 있었다. 한 사람은 총회장 Baltzer요, 다른 사람은 *The Christian Century*의 주간 Charles Clayton Morrison이었고, 또 다른 사람은 YMCA의 전도자 Sherwood Eddy였다. 이들은 각기 자기네 사업과 활동에 니버를 끌어들이려고 했는데, 그것은 결과적으로 니버가 전국적으로 알려진 저명인사가 되게 만들었다. 그러면 세 사람과 니버의 관계에 대해서 살펴보기로 하자.

먼저, 총회장 발처와의 관계를 살펴보기로 하자. 전시복지위원회는 1920년에 해체되었지만 발처는 니버와 밀접한 관계를 계속 유지해 왔다. 그는 뉴욕의 연방교회협의회와 연락하는 역할을 니버에게 맡겼다. 또한 그는 니버가 베델교회를 그만두고 St. Louis에 와서 John D. Rockefeller, Jr.가 수립하고 기금을 낸 '교회연합세계운동(Interchurch World Movement)'의 총회 참여를 주관하는 일을 맡아볼 것을 제의했다. 이 기구는 거창한 에큐메니컬 기구였다. 그러나 니버는 더 이상 총회의 행정 직책에 관여하기를 원하지 않았다. 그 이유는 자신의 적성이 조직에서

18) 같은 책, pp. 69-71.

일하는 데 적합하지 않고 일종의 학자로서 글을 쓰고 연구하는 데 적합하다고 생각했기 때문이다. 게다가 상승세에 있는 그의 교회가 그를 필요로 하기 때문에 교인들의 기대를 저버릴 수가 없었다. 니버는 Rockefeller의 IWM을 적극 지지했다. 록페러는 진보적 침례교인으로서 종교가 노동자와 자본가 사이의 화해를 도모할 수 있으며, 자본주의를 도덕적 기반 위에 올려놓는 것을 도울 수 있다고 믿었다. 당시 니버는 사랑이 사회 문제에 대한 해답이라는 온건한 진보적 기독교 신념에서 약간 더 앞으로 나아가서 어떤 형태의 산업 민주화가 이루어져야 하며, 또 어느 정도의 재산의 사회화가 서구의 정치적, 사회적 생활 전체가 지향해야 할 궁극적 목표라고 믿고 있었다. 이러한 생각을 가진 니버가 록페러의 IWM을 지지한 것은 자연스러운 일이라고 할 것이다. 그러나 IWM은 회원 교회들이 회원 부담금을 납부하지 못하여 재정 적자로 해산되고 말았다. 록페러는 혼자 재정을 부담하면서 이 운동을 유지할 생각은 없었다.[19]

발처의 지원으로 니버는 1921년 1월 *Evangelical Herald*에 〈기독교적 미국(Christian America)〉이라는 제목으로 매월 기고하는 고정 칼럼의 필자가 되었다. 1922년 1월 기고에서 그는 선교와 교육에 무관심한 그의 독일 이민자의 교파, 곧 북미독일복음주의 교파를 비판했다. 장로교와 감리교는 불경기에도 불구하고 해외 선교 기금을 증액했다. 연합 루터 교파는 사상과 종교적 전망이 보수적임에도 불구하고 28개 대학과 신학교를 설립했는데, 니버의 교파는 Elmhurst대학과 Eden신학교를 설립했을 뿐이라고 그는 *Evangelical Herald*의 칼럼란을 통해서 1923년 여름까지 지속적으로 알렸고 또한 비판했다. 그 후 동지에 이따금 기고했으며 주로 *The Christian Century*에 사설과 논설을 기고했다.[20]

다음으로 Morrison과 니버의 관계를 살펴보기로 하자. 모리슨은 the Disciples of Jesus(예수의 제자) 교파의 목사로 봉직하고 있던 중 1909년, 동교파가 소유하고 있던 *The Christian Century*를 매각하자 이를 매입하여 10년 동안 진보적 개신교의 초교파적 대변지로 발전시키는 데 전념했다. 1920년대에 들어서면서 그는

---

19) 같은 책, pp. 71-72.
20) 같은 책, pp. 72-73.

Harry Emerson Fosdik을 비롯한 저명한 필진을 영입함으로써 *The Christian Century*를 미국 개신교 토론의 중심 광장으로 만들었다. 이들 필자들의 대부분은 동지의 의의에 공감하여 무료로 논설을 기고했으며, 나머지 면은 비전문가들의 이런 저런 글로 채웠다. 그는 원고료 지불을 결정하고 독자적 견해와 강력한 스타일을 구비한 성직자 필자를 찾았다. 1922년 7월, 니버는 〈교회와 복음(The Church vs. The Gospel)〉이라는 인쇄되지 않은 원고를 모리슨에게 보냈다. 모리슨은 매우 만족스럽게 생각했고, 발표된 니버의 논설들도 읽어보고 예찬했으며 니버의 투고를 환영한다고 했다. 한 달 후 니버는 〈설교단의 낭만주의와 현실주의(Romanticism and Realism in the Pulpit)〉라는 논설을 모리슨에게 보냈다. 모리슨은 무명의 사설로 발표하면 고료 10달러를 지불하고, 실명으로 발표하면 고료를 지불하지 않는 양자 중 택일하라고 했다.

니버는 전자를 택했다. 니버는 *The Christian Century*의 취지에 공감했지만 그의 생활 형편에 맞추기 위해서 논설을 무명으로 발표하고 원고료를 받는 편을 택했다. 그의 연봉은 2000달러로 올랐고 집세가 없는 목사관이 있었지만, 생활은 여전히 여유롭지 못했다. 앞서 말한 니버의 논설은 「회개와 소망Repentance and Hope」이라는 제목으로 출판되었다. 모리슨은 니버가 이후에도 계속 원고를 보낼 것을 간절하게 원했다. 그 후 5년간 니버는 익명으로 사설을 보냈다. 그러나 그는 1922년 12월에 이름을 밝힌 논설 〈교회와 중산계급(The Church and the Middle Class)〉을 기고하는 것을 시작으로 매년 5,6편의 논설을 실명으로 기고했고, 12편의 익명 사설과 몇 편의 서평을 썼다. *The Christian Century*의 집필을 통해서 니버는 3만여 명의 국내외 독자들에게 널리 알려졌다. 이때의 경험이 기초가 되어서 그는 후일 *The World Tomorrow*와 *The Radical Religion*, 마침내 *The Christianity and Crisis*의 편집자 역할을 감당할 수 있게 되었다.[21]

니버의 필치는 폭발적이었고 강한 역설적 특성을 지니고 있었다. 그는 한편으로는 현대 문명이 직면하고 있는 위험성들에 대해서 기겁을 하여 놀랐고, 교회가

| 21) 같은 책, p. 74.

사회 영역에서 한없이 감상적으로 무력한 데 대해서 실망했으며, 미국의 부자들과 교회들의 위선과 자기만족에 분노를 느꼈다. 그렇지만 다른 한편으로는 그는 학생운동의 가능성에 가슴이 뜨거워졌고, 영국 노동자의 희망과 독일 기독교 사회주의가 가지고 있는 희망에 열광했다. 그는 항상 공인된 악들 속에서 미덕들을 찾아냈다. 근본주의자들은 반동적이지만 적어도 많은 근시안적 자유주의자들처럼 과학적 이성을 믿지 않으며, 가톨릭은 전 세계에서 민주주의를 위협하고 있지만 개인주의적 개신교도들을 부끄럽게 하는 사회 생활의 유기적 성격에 대한 감각을 가지고 있다는 사실을 간파했다. 그는 크리스천이 궁극적 이상에 사로잡혀서 전쟁을 초래하는 구체적인 위기들, 예컨대 프랑스의 Ruhr 지방 점령 같은 위기에 대해서 발언하지 않으면 무책임하다고 주장했다.[22]

Baltzer가 세계대전 후 니버로 하여금 베델교회를 떠나 그의 아래서 일하게 하려고 했던 것처럼, Morrison 역시 1925년 니버가 베델교회를 그만두고 시카고로 와서 그가 운영하고 편집하고 사설을 쓰고 있는 *The Christian Century*의 편집차장이 되기를 원했고, 그 직책을 니버가 맡아줄 것을 제의했다. 이때 발처는 하나님께서 주신 목회와 관계된 많은 사람을 버리고 편집 책임을 위해서 자신의 교회를 버리려고 하느냐며 이를 반대했다. 발처가 영향력을 행사했는지 베델교회의 당회는 전임 부목사 임명 기금 마련을 포함한 가능한 거의 모든 조건을 제시하며 니버의 유임을 강하게 권고했다. 니버는 사임을 재고했고, 3일간 시카고를 방문하여 모리슨과 *The Christian Century*에 사설을 함께 쓰는 것은 좋지만 경영에 동참하는 일은 하지 않기로 했다.[23]

그러면 이제 마지막으로 Sherwood Eddy와 니버의 관계에 대해서 살펴보기로 하자. 모리슨처럼 에디 역시 머리 좋은 젊은 사람을 찾고 있었다. 상속받은 부를 가진 목사로서 1895년 이래 YMCA의 무보수 전도자(Evangelist)로 봉사해 왔다. 세계대전 전에는 아시아에서 YMCA의 주도적인 전도자로 활약했다. 세계대전이 발발하자 그는 Disciples of Christ 교파의 젊은 안수 목사 Kirby Page를 그의 개인

---

22) 같은 책, pp. 74-75.
23) 같은 책, p. 75.

비서로 발탁하여 유럽에 있는 미국의 전쟁 기지들을 방문했다. 전후에 모리슨과 다른 많은 크리스천들과 함께 단순하게 전쟁을 제지하기 위한 평화주의자가 아니라 전쟁을 생산하는 산업적 자본주의 사회를 변혁하는 일에 나섰다. 그들은 하나님의 나라를 초기의 사회복음주의와 같은 맥락에서 추구했지만 전쟁의 경험은 아직 매우 막연하지만 새로운, 분명하고 보다 철저한 정치적, 사회적 변화가 본질적으로 필요하다는 깊은 신념을 얻었다. 에디는 뉴욕의 YMCA에서 전국적으로 대학의 캠퍼스들을 찾아다니면서 운동을 전개하는 젊은 사회적 전도자들을 규합하여 20세기의 강력한 학생 기독교 운동을 창출하는 데 기여했다.[24]

1921년에 에디와 페이지는 '기독교사회질서동우회(Fellowship for a Christian Social Order: FCSO)'라는 전국적인 단체를 조직하기로 결정했다. 이 동우회는 산업 자본주의를 연구하고, 나아가서는 그것의 변혁을 기독교적 접근에 의해서 시도하는 것을 목적으로 하는 진보적 크리스천들의 교육 조직이었다. 이 운동은 시의 적절한 것이었다. 그때는 해체된 교회연합세계운동(Interchurch World Movement)의 한 위원회가 저술한 강철 산업계의 노동조건을 폭로하는 문서가 널리 배포되어 노동과 자본 사이의 갈등에 대한 교회의 관심이 절정에 달해 있었다. 교회의 진보주의자들은 사회적 투쟁에서 교회가 완충지대와 도덕적 누룩의 역할을 해야 한다는 종래의 표준적 견해를 버리고 노동자의 편을 들기 시작했다. 같은 해 11월까지 125명을 규합했으며, 1923년에 약 1200명을, 1928년에는 2400명의 회원을 규합했다. 이 동우회의 초기 회원에는 다음과 같은 저명인사들이 포함되어 있었다. 앞서 말한 강철 산업계의 노동조건 보고서를 저술한 위원회의 의장 Francis Mclonnell 주교, 산업의 민주화를 제창한 저서 『사회적 재구축자들Social Rebuilders』(1921)의 저자인 예일대학교 신학부의 학장 Charles Reynolds Brown, 『교회와 산업의 재건The Church and Industrial Reconstruction』이라는 연방교회협의회(Federal Council of Churches)의 1920년도 보고서 저자이며 에피스코펄 교회(Episcopal Church)의 사회적 기독교의 주도적인 개척자 중 한 사람인

---

24) 같은 책, pp. 75-76.

Samuel Mccrae Cavert와 디트로이트의 Charles D. Williams 감독이 그들이었다. 이 Williams가 1922년 Eddy와 Page로 하여금 니버가 그 동우회의 일급 조직가가 될 수 있음을 발견하게 했다. 윌리엄스와 니버가 1922년, FCSO의 디트로이트 지회를 조직했고, 11월에 첫 회합을 가졌다.[25]

FCSO가 다른 일은 아무것도 하지 못했다고 할지라도 니버와 윌리엄스를 결합시켰고, 니버와 페이지, 에디가 밀접한 관계를 맺게 한 일만으로도 역사적으로 중요한 역할을 했다고 할 수 있을 것이다. 그렇지만 니버와 윌리엄스의 관계는 불과 6개월간만 지속되었다. 윌리엄스가 1923년에 63세의 나이에 심장 마비로 사망했기 때문이다. 니버는 윌리엄스에게서 자신이 되기를 바랐던 기독교적 예언자의 비전을 보았다. Press가 그의 미국적 정체성에 대한 안내자라고 한다면, 윌리엄스는 예언자적 목회의 길을 제시해 주었다. 사실, 윌리엄스 주교의 죽음은 니버에게 변혁을 체험하게 한 사건이었을 것이다. 그가 10년 전 그의 아버지를 이어받은 것처럼 그는 윌리엄스 주교의 유법을 계승하기로 결심했다. 니버는 그의 일기에 다음과 같이 기록했다. "예언자이기도 한 이 주교에게서 그리스도 정신이 다른 어떤 사람에게서보다도 밝게 빛남을 보았다…. 산업의 민주주의 정신에 대한 두려움 없는 그의 주장은 디트로이트 시의 노동자들의 존경과 사랑을 받게 했다. 그것은 다른 어떤 교인도 가질 수 없는 것이었다…. 그는 디트로이트의 산업을 바꾸지는 못했지만 살아남은 많은 사람들이 머리를 더욱 똑바로 세우고 살게 만들었다." 니버는 어떤 잡지에 기고한 글에서 윌리엄스를 "광야에서 외치는 소리(voice crying in the wilderness)"라고 했다.[26]

윌리엄스는 당시의 산업이 예수 그리스도의 근본적인 인간적 가르침, 곧 인간의 개인성이 신성하다는 기르침을 침해하고 있다고 비판했다. 그는 당시의 공장 산업이 노동자들을 생명이 있는 도구로 만든다고 주장했다. 그는 전투적이고 친 노동자적인 입장을 취했다. 니버는 1922년 말과 1923년 초에 *Evangelical Herald*의 칼럼에서 *The Christian Century*의 칼럼으로 바꿔 기고하고 있었는데, 1922년

---

25) 같은 책, p. 76.
26) 같은 책, p. 77.

12월 *The Christian Century*에 기고한 이름을 밝힌 논설에서 교회를 노동과 자본 사이의 심판자로 보던 종래의 입장에서 전투적이고 친노동자적인 윌리엄스의 입장으로 전환했다. 그는 산업에서의 투쟁이 제거되려면 산업의 동기가 되는 힘 전체가 변화되어야 한다고 주장했다. '산업 전쟁(industrial warfare)'은 대개의 크리스천들이 반사회적이라고 생각하는 파업을 더 많이 야기시킬 것이다. 그러나 파업이 혼란스럽게 만들고 도전하는 현대 산업의 조직 역시 파업과 마찬가지로 반사회적이라고 그는 주장했다. 지금은 노동자들의 편을 들 때이다. 자본가들이 그들의 재산을 자발적으로 재분배하라는 도덕적인 호소에 반응하리라고는 이미 기대할 수 없기 때문이라는 것이 니버의 논지였다. 니버의 이런 입장은 윌리엄스의 영향을 나타내는 것이었다.[27]

    Eddy가 하고 있는 또 하나의 중요한 사업이 있었다. 그것은 '미국세미나(American Seminar)'인데, 이것은 목회자, 대학의 총장과 교수, 노동계 지도자, 기업가, 저자, YMCA와 YWCA 총무 등으로 구성된 그룹 연수를 위한 유럽 여행 연례 프로그램이었다. 윌리엄스는 1921년 여름에 동그룹 연수 여행에 참가했다. 산업을 기독교화해야 한다는 니버의 강력하고 친노동자적 주장에 감명을 받은 에디는―그 역시 *The Christian Century*에 산업 문제에 관한 글을 자주 기고했다―1923년 여름의 유럽 그룹 연수 여행에 니버를 초청했다. 베델교회의 당회는 니버에게 10주간의 휴가를 마지못해 허락했다. 그해의 그룹은 10명의 목회자들, 10명의 대학 총장과 교수, 10명의 노동계 지도자, 기업가, 저자, YMCA와 TWCA의 총무로 구성되었다. 니버 일행은 6월 23일, 영국으로 떠나서 동런던의 Toynbee Hall의 隣保館(settlement house)에 머물었다. 그들은 그곳에서 3주간 매일 2개의 강의를 듣고 토론했다. 강사는 영국의 저명인사들로서 노동당의 지도자 Ramsay MacDonald와 Arthur Henderson, 그리고 종교계의 지도자들과 저명한 설교가들이었다. Lloyd George는 그들과 함께 차를 마셨다. 그렇지만 니버와 Page, Eddy는 MacDonald에 대해서 깊은 인상을 받았으며 미국이 그런 인물을 갖지 못한 것

| 27) 같은 책, pp. 77-78.

을 개탄스럽게 생각했다.[28]

 Toynbee Hall의 논의는 프랑스의 Ruhr 지방 점령에 집중되었다. 프랑스는 독일이 전쟁 배상금을 지불하지 않았기 때문에 독일의 주요 공업 센터인 루르 지방을 점령한다고 강변했지만, 영국의 강연자들과 연수 그룹의 미국 참가자들은 프랑스의 루르 지방 침입을 평화에 대한 위협이며 독일 국민의 수난의 악화라고 규탄했다. 6월 초에 프랑스가 루르에 들어가는 도로를 폐쇄한다는 소식을 듣고 니버와 Page, 또 다른 연수 참가자로 St. Louis의 에피스코펄 교회의 수석 사제(Dean)인 William Scarlett은 며칠간 강의를 빠지고 루르 지방으로 가서 프랑스 군대가 독일인의 루르 지방 출입을 차단하는 처참한 장면을 목격했다. 그들은 3일간 Dortmund와 Essen, Dusseldorf를 돌아다녔다. 그때 니버가 만나는 독일 사람들과 유창한 독일어를 구사하여 이야기를 나누어서 일행을 깜짝 놀라게 했다.

 니버는 그가 들은 여러 이야기들과 적십자 센터에서 굶어 죽어가는 아이들, 철조망을 가운데 두고 서로를 부르고 있는 격리된 가족들의 광경을 보고 이것이야 말로 지옥이라고 느꼈다. 그는 그처럼 비참한 사태를 보고 모든 전쟁을 배격하는 평화주의자가 되기로 결심했다. 그렇지만 예리한 현실 감각을 가진 그는 무저항의 원리가 죄 많은 인간 세계 속에서는 지나치게 이상적이라는 사실도 간과하지 않았다.[29]

 니버 일행은 루르 지방 방문 후 영국으로 돌아와서 Toynbee Hall에서 3주간의 연수 시간을 더 보내고, 프랑스 파리로 가서 프랑스 정부 각료들과 언론인들, 학자들을 만나서 프랑스의 루르 지방 점령 정책을 비판했다. 그러한 정책이 전쟁에서 프랑스를 구원한 영국에게 상처를 줄 것이라고 그들은 비판했다. 이에 대해서 파리의 가장 영향력 있는 신문사의 소유주는 "영국은 지옥에나 가라"고 정면으로 욕했다. 니버와 스카를렛은 합리적인 외교로는 극복할 수 없는 미친 듯한 이기적인 국가의 견해를 실감했다. 프랑스 방문 후 베를린에서 1주간의 회의를 갖고 연수 그룹은 해산했다. 다른 멤버들은 유럽 각지로 흩어졌지만 니버는 독일에 남아

---

28) 같은 책, pp. 78-79.
29) 같은 책, pp. 80-81.

서 아버지의 고향 Lippe Detmold를 방문했다. 그의 조부 Friedlich Niebuhr는 전쟁 중에 사망했다. 그러니까 니버의 아버지보다 오래 살았다. 농장은 조부의 막내 아들이 계승했으나 그는 사망했고 그의 아들이 25명의 일꾼을 거느리고 거대한 농원을 운영하고 있었다. 여전히 폭군적이고 계급적인 기풍이 지배하고 있었다. 이러한 모든 분위기가 아버지의 반항과 미국 이민을 정당화한다고 니버는 생각했다.[30]

1923년 '미국세미나(American Seminar)'가 해산되기 전 8월, 베를린에서 Eddy와 Page는 니버를 그대로 베델교회의 전임 목사로 돌아가게 하는 것은 그의 뛰어난 재능을 살리는 길이 아니라고 생각했다. 그들이 보기에 니버는 강연에 재능이 있고, 정력적인 친화력과 종교와 정치 문제를 능숙하게 다루는 솜씨가 있었다. 게다가 그는 유럽의 세속적이고도 종교적인 문제들에 대한 해박한 지식을 가지고 있었다. 그래서 그들은 니버를 '기독교사회질서동우회(FCSO)'의 순회 총무로 임명했다. 에디가 연 2500달러를 제공하여 그것을 니버의 순회 비용과 베델교회의 전임 부목사의 봉급에 사용하기로 했다. 그래서 니버는 베델교회의 전임 목사로 그대로 있으면서 여행을 하면서 강연할 수 있게 되었다. 총회장 Baltzer는 니버의 그러한 직책이 그가 총회 구역 안의 방문 활동을 위한 시간을 할애할 수 없게 하기 때문에 반대했지만 그것을 막는 데는 역부족이었다. 니버는 디트로이트 시내에서도 활발하게 활동했지만, 그의 적극적인 관심사는 전국적이고 국제적이었다.[31]

1924년 1월, Eddy는 니버가 베델교회를 사임하고 떠날 수 있게 하는 결정적인 조치에 착수했다. 에디는 그가 전개하고 있는 FCSO의 대학 캠퍼스 회원 모집을 위한 전도팀을 가지고 있었는데, 니버를 그 팀에 합류시키기로 했다. 그 팀의 주도적 인물은 뉴욕의 유니온신학교를 갓 졸업한 Henry P. Van Dusen과 Sam Shoemaker였는데 뉴욕에서 있었던 주말 수련회에서 니버를 그들과 합류시켰다. Shoemaker는 사회적 복음보다 초자연적 복음과 개인적 구원을 캠퍼스 복음화 운동의 핵심으로 삼았다. 니버는 그와 의견이 맞지 않아 화가 나서 수련회를 떠났다.

---

30) 같은 책, p. 81.
31) 같은 책, p. 81-83.

니버는 개인의 영혼을 구원하는 것이 세계를 구원하는 것과 마찬가지로 중요하다는 사실을 잘 알고 있다. 그러나 개인의 영혼의 구원을 임무로 하는 전문가들은 이미 충분히 많이 있기 때문에 전 세계 구원, 혹은 사회 구원의 임무 수행을 위해서 나서기로 결심했다. 니버의 이른바 '새로운 금욕 생활(new monasticism)'을 위한 지적이고 조직적인 지도력을 제시하는 사회 운동이 그의 마음속에서 형성되기 시작하고 있었다. 니버 자신도 개인적 구원에 공헌할 수 있는 능력을 충분히 갖고 있었지만 그는 소홀한 사회 구원의 분야에 기여하기로 했다. 그는 기독교가 현대주의에 기반을 두면서도 사회를 변혁할 수 있는 정신적 힘을 발전시킬 수 있는 길을 연구하고 추구하기로 했다.[33]

Eddy는 뉴욕의 주말 수련회 사건으로 인해서 일시적으로 마음의 상처를 받았지만 1924년의 유럽 연수 여행, '미국세미나'를 조직하면서 니버에게 참가를 권했다. 니버는 지난해의 연수 여행에 사용한 비용의 빚을 아직 갚고 있다는 이유를 들어 거절했다. 에디는 당장 500달러짜리 수표를 니버에게 보냈고, Morrison은 니버가 그 여행에 관해서 쓴 기사의 원고료에 대해서 특별한 고려를 하겠다고 약속했다. 니버는 Eddy와 Page와 함께 유럽 연수 여행을 떠났다. 1924년의 그룹에는 평화주의 월간지 The World Tomorrow의 편집장 Nevin Sayre와 유니온신학교 교수인 급진적인 감리교 신자 Harry F. Ward 교수를 포함한 100명의 인사들이 참가했다. 전해, 그러니까 1923년 여름 세미나에서 니버는 유럽에 임박한 파국을 느꼈다. 그와는 대조적으로 1924년 여름 세미나에서 그는 유럽의 여명 같은 것을 느꼈다. 영국은 Ramsey MacDonald가 수상으로 취임했고, 루르 지방 점령 당시의 프랑스 수상 Poincare는 실각했으며, 독일의 진보주의자들은 극단적인 국수주의자들과 공산주의자들의 위협에서 벗어났고, 독일은 아직 330억 달러의 전쟁 배상금 지불을 요구받고 있지만, 프랑스가 루르 지방에서 철수했기 때문에 경제적 통일을 회복했다.[34]

그렇지만 니버가 1924년 여름에 본 유럽은 정치적 문제가 아니라 사회적으로,

---

33) 같은 책, p. 82.
34) 같은 책, pp. 82-84.

경제적으로 우려되는 면을 가지고 있었다. 독일인은 성 도덕의 건전함을 자랑으로 여겨왔는데 도시가 성적으로 타락했고, 그것이 문화 전체를 부패시켰다. 니버가 보기에 독일도 미국도 도덕적으로 방종한 사회가 되어가고 있었다. 독일은 가난 때문에, 미국은 풍요 때문에 이러한 사태를 초래했다. 미국의 젊은이들은 화려한 방종 속에서 그들의 조상과 성 도덕을 상실하고 있다고 니버는 보았다. 그럼에도 불구하고 독일도 미국도 도덕적 엄격성과 사회적 이상주의를 갖고 있는 능력 있는 교회가 없으며, 정치에 관한 한 도덕적, 사회적 관심을 가진 기독교 정당이 없다고 니버는 진단했다. 단지 한 가닥 희망의 징조가 있다면 그것은 베를린에서 태동하고 있는 Arnold Wolfer의 종교적 사회주의자들의 집단과, 미국의 FCSO 운동이라고 판단했다. 이때부터 10년간 계속해서 니버의 생각을 지배한 것은 어떻게 하면 미국과 독일에서 그가 영국에서 발견한, 도덕적으로 힘 있는 기독교와 정치적으로 힘 있는 노동운동을 창출하는가 하는 문제였다. 어떤 세력과 어떤 자원이 인간의 인격을 정치적 노력의 목적으로 여기는 힘 있는 교회와 정치를 창출할 수 있는가 하는 것이 니버의 관심사였다.

모든 인간이 이기적이며, 현상유지로부터 이익을 얻는 사람들의 이기적 이익에 대항해 변화로부터 불이익을 당한 사람들이 싸우는 투쟁에서만 사회 질서가 변화될 수 있다고 주장하는 냉소적인 마르크스주의의 견해에 대한 대안은 무엇인가 하는 것이 니버의 문제였다. 이상주의만으로는 충분하지 않다는 것이 니버의 생각이었다. 인간의 문제에 관한 한 이성의 힘을 지나치게 믿는 것은 잘못이라는 것이 니버의 진단이었다. 이성은 본질적으로 분석의 힘을 갖고 있을 뿐, 충분한 능력을 갖고 있지 않다고 생각했다. 도덕적인 행동을 유발할 수 있는 것은 예언자적 종교요, 비합리적 종교라고 그는 1923년 초에 쓴 글에서 다음과 같이 말했다. "문명의 발전은… 지성의 성장과 보다 큰 사회 집단들 간의 관계를 위한 개선된 기회들에 의존한다. …그러나 현대사회는 형제애의 발전 없이 이웃이 되었다. 넓어진 사회적 접촉만이 세계의 구원을 위해서 필요한 사랑을 발전시키는 것이 아니다. …이성과 경험은 인류애적 형제애의 이념 획득에 공헌할 것이다. 그러나 정신적인 종교가 주된 공헌을 해야 한다. 그러한 공헌의 모든 본질은 예수의 복음 속에 있다." 니버는 예수의 예언자적이고 역설적인 복음은 이성의 진리처럼 명제적 진리(propositional truth)가 아니라 시적이고, 극적이며, 비합리적 진리이고, 그러한 진리에 의해 비로소 인류애적 형제애를 점화시킬 수 있다고 생각했다. 이러한 그의 주장은 1927년에 출간된 그의 최초의 저서『문명은 종교를 필요로 하는가?Does Civilization Need Religion?』의 기본적인 아이디어를 단편적으로 나타내는 것이었다.[35]

1924년 유럽 세미나 여행에서 돌아온 니버는 베델교회를 부목사에게 맡기고 FCSO를 위한 여행을 했다. 1925년 초 Page는 1924년 유럽 세미나 여행에 동참했던 Chicago의 YWCA 총무 Anne Guthrie와 니버를 결혼시키려고 시도했으나 니버가 응하지 않아서 성사되지 못했다. 당시 니버는 애들이 있는 가정을 갖기를 원했으나, 그는 잘못된 방향으로 빠지고 있는 미국 문화를 구출하는 사명을 가정 생활보다 더욱 화급지사로 생각했다. 결혼은 여가 문화처럼 즐거운 것이지만 도덕적 활력을 약화시키며, 혼을 자극하기보다 진정시킨다는 것이 그의 생각이었다.[36]

---

35) 같은 책, pp. 85-87.
36) Reinhold Niebuhr, *Does Civilization Need Religion?*(New York: Macmillan Co., 1927), p. 229.

5
베델교회 목회 말기(1925-1928)
⚜

앞서 1922년 베델의 새 교회를 건축할 당시 니버는 자신을 지배했던 사상을 일종의 '새로운 금욕 생활'이었다고 말한 바 있다. 그의 이러한 사상을 니버 자신은 1927년에 출간된 논문집 『문명은 종교를 필요로 하는가?*Does Civilization Need Religion?*』[37]에서 '신금욕주의(the new asceticism)'라고 불렀다. 여기에 대해서는 후론하기로 한다. 신수도원주의(new monasticism)라고 하든, 혹은 신금욕주의라고 부르든 이 당시 니버를 사로잡았던 관심사는 세속화된 물질적 행복주의에 빠져드는 미국 문명에 저항하여 그것을 기독교적 이상주의에 의해 구출하려는 것이었다. 그는 미국의 문화가 소비의 문화이며 행복이 자동차와 라디오에 의해서 측정되는 문화라고 비판했다. 미국에서는 Emerson의 말처럼 "물질이 인간이라는 말의 안장에 타고 앉아 있으며" 소유에 대한 사랑이 가정 생활을 지배하고 있다고 니버는 분통을 터뜨렸다. 예언자는 단순히 문화와 대결하는 것이 아니라 목숨을 걸고 싸워야 한다. 아모스(Amos)의 시대처럼 주의 날은 밝음이 아니라 어두움이요, 세상은 좋아지기 전에 나빠져야 한다고 니버는 설파했다.[38]

1925년 Bruce Barton은 『아무도 모르는 사람*The Man Nobody Knows*』이라는 책을 저술했다. 그는 이 책에서 예수를 흔히 있는 남성다운 인물로, 그리고 전형적인 사업적 수완가와 독선적이고 속물 취미의 실업가(Babbitt)로 묘사했다. 바튼 자신의 말에 의하면, 예수는 "현대 비즈니스의 창시자였다. …예수는 비즈니스의 밑바닥에 속하는 사람 12명을 골라서 세계를 정복하려는 조직 속에 동화시켰다"라는 것이다. 니버는 예수의 복음은 분명한 성공의 복음이 아니라 분명한 실패를 통한 궁극적인 성공의 복음이라고 바튼을 거부했다. 바튼이 예수를 사업가로

---
37) Fox, *Reinhold Niebuhr*, p. 88.
38) 같은 책, p. 89.

묘사한 것은 하나님의 나라를 현세의 물질의 나라로 바꿔놓았지만, 그래도 도덕적 생활의 성취를 위한 적극적인 노력으로 해석했지 수동적인 물질의 향락은 아니었다. 바튼의 사상보다 더 나쁜 것은 그가 Los Angeles에서 목격한, 캘리포니아 지역을 풍미하고 있는 쾌락적인 이교주의의 완전한 긴장 이완이었다. 그것이 미국 문화를 휩쓸어서 무기력한 안일함에 빠지게 했다고 니버는 진단했다. 니버가 보기에 미국의 이러한 소비 문화의 위험성은 많은 젊은이들의 이상주의를 훼손하는 데 있었다. 그래서 종교의 역할은 이상적인 목적을 제시하고 그것을 실현할 수 있는 열정을 창출하는 것이었다. 개신교 중산층은 바로 이런 이상과 열정을 상실했다고 니버는 진단했다.[39]

    미국의 이러한 소비문화 극복은 이성의 합리성만으로는 불가능하고 종교의 힘에 의해서 비로소 가능하다고 니버는 생각했다. 그는 이성이 가지고 있는 치밀하고 이기적인 경향에 간담이 서늘해지는 놀라움을 느꼈다. 인간의 삶 속에는 비합리적인 요소가 있어서 완벽하게 합리적으로만 생각하고 살려는 것은 마침내 삶을 파괴한다고 그는 생각했다. 니버의 생각에 의하면, 물론 단순한 본능만 가지고는 충분하지 않다. 왜냐하면 본능만 따르다 보면 악과 비참을 초래하기 때문이다. 그렇지만 합리성만은 더욱더 나쁜 결과를 초래한다. 왜냐하면 합리성이 본능을 통제하면 에너지의 근원을 고갈시키기 때문이다. 그렇기 때문에 능력 있는 종교라면 진정한 싸움은 이성과 본능 사이의 싸움이 아니라 초합리적인 이상과 단순한 이성 및 본능 사이의 싸움이라는 것을 밝혀줘야 한다고 그는 생각했다.[40]

    니버의 이런 생각은 매우 중요한 것으로, 주목할 필요가 있다. 니버의 신학 사상에는 근세 서구 이상주의 철학이 이성의 선을 전적으로 신봉한 데 대해 반대하여 이성은 선한 역할도 하지만 반대로 악한 역할도 한다는 비판적 견해가 일관되게 흐르고 있다. 그에 의하면, 이성은 이기심을 초월하지만 또한 다른 사람의 이익을 거기에 복종하게 하는 이기심의 도구가 되기도 한다는 것이다. 한 마디로 말해서, 이성은 이기심의 지배자이기도 하지만 이기심의 하수인이기도 하다는 것이

---

[39] 같은 책, pp. 89-90.
[40] 같은 책, pp. 90-91.

다. 이성의 선에 대한 니버의 비판적 견해는 이미 이때부터 싹트기 시작했다. 이 문제에 대한 보다 구체적인 논의는 후에 다시 하기로 한다.

니버는 1925년 가을, 비로소 흑인의 인종 문제에 대해서 설교를 하게 된다. 디트로이트 시의 흑인 인구는 제1차세계대전 중에 급격히 증가했다. 동시의 흑인 인구는 1910년 5700명에서 1925년 8만 1000명으로 증가했다. 세계대전 중에는 유럽에서 오는 이민이 가능하지 않았고 전후에는 법적으로 이민이 제한되었다. 그 결과, 미국의 산업계는 값싼 노동력을 남부로부터 오는 흑인 이민자들로 충당했다. 흑인 노동력의 임금은 저임금이었지만 남부 기준으로 보면 좋은 편이었다. 게다가 노동력은 남아돌았고 흑인은 문화적으로 낙후되었기 때문에, 노동조합의 조직은 지지부진했다. 디트로이트 시의 흑인 인구 증가는 주거 지대를 위시한 여러 가지 문제들을 두고 백인 거주자와 마찰을 일으켰으며 동시에서 2만 명에 달하는 Ku Klux Klan도 흑인을 용납하려고 하지 않았다. 이러한 상황 속에서 니버는 1924년 가을까지 디트로이트의 K. K. K. 지부가 전후 급속히 득세하는 데 대해서 관심을 가지지 않았다.

같은 해 11월, FCSO 디트로이트 지부가 인종 차별에 대해서 대회를 개최하여 530명이 참석했다. 1925년 가을, 니버가 그의 교인들에게 인종 문제에 관한 설교를 했다. 그해에 디트로이트 시의 시장 선거에서 현직 시장인 가톨릭 현직 성직자 John W. Smith와 개신교 법률가 Charles Bowles가 경선을 했는데 후자의 주요 지원자는 K. K. K.였다. 이 선거 중에 Ossian Sweet라는 흑인 의사가 흑인 거주 지역 근처에 있는 백인 거주지에 집을 구입했다. 9월 9일, 백인 군중이 벽돌로 무장하고 Sweet와 그의 가족 및 친구들에게 백인 거주 지역에서 나가라고 위협했다. 군중이 행동을 개시하려고 하자 Sweet와 그의 형제 Henry Sweet 및 친구들이 경고 사격을 했는데, 그중 한 발에 군중 속 한 사람이 살해되었다. 마침내 경찰이 개입했고, Sweet 형제를 포함한 11명이 살인 혐의로 체포되었으며, Henry Sweet가 첫 번째로 재판을 받게 되었다. 시장 Smith는 흑인의 동등함을 전적으로 주장하지 않았지만 주택 소유자의 권리를 보호할 의무가 경찰에 있음을 주장했다. 한편, 니버와 그와 뜻을 같이하는 개신교 목사들은 K. K. K.의 종교적 오만과 인종적 편견이 초래한 최악의 예외적인 종교적 현상이라고 비판했으며, 성경은 사람들을 그들의 뿌리에 의해서가 아니라 열매로 판단하라고 했으며, 그들의 열매는 그들의 성격이요, 행동이요, 성취라고 역설했다. 그의 이 설교는 Smith를 지지하는 언론매체 The Times와 The Free Press의 첫 페이지에 대서특필되었다.[41]

니버의 이런 입장은 스미스의 당선에 공헌했으며 그는 니버를 자신에게 도움이 되는 유용한 인물로 주목하게 되었다. 스미스 시장은 니버를 그의 산하에 있는 '인종간위원회(Interracial Committee)'의 새로운 위원장으로 임명했다. 니버는 선임 위원장들과 달리 그 직책에 전력을 다했다. 시장은 1만 달러의 연구비를 지원하여 동위원회로 하여금 디트로이트 시의 '위험한 인권 여건'의 원인을 규명하고 최선의 치유책을 제시하는 4개월간의 연구 프로젝트를 가동하게 했다. 니버는 흑인 공동체 조직과 생활 여건에 관한 경험적 연구에 최선을 다하기로 했다. 이 위원회의 위원장 직책은 니버로 하여금 교회의 영역 밖 세속 세계에서 얻은 최초의 지도자의 지위였다. 이에 앞서 그는 '디트로이트교회협회의산업위원회(Industrial Committee of the Detroit Council of Churchs)'의 책임자가 되었다. 이렇게 해서 니버는 교회의 안과 밖에서 지도적인 저명인사가 되었다.[42]

이 연구 프로젝트를 수행할 때 니버가 크게 도움을 받은 인물은 유대인 법률가이자 자선사업가인 Fred M. Butzel이었다. 니버는 그와 밀접한 관계 아래 '인종간위원회'를 운영했기 때문에 후년에 그를 동위원회의 부위원장으로 잘못 언급할 정도였다. 동위원회의 위원들은 융통성 없는 저명인사들이었고, 니버 자신은 예언자적 열망을 가지고 있었으며, 부첼의 銳氣가 니버의 열정과 조화를 이루었다. 니버는 1950년대에 그를 가르켜 자신이 일생 동안 만난 사람 중 가장 훌륭한 인물이었다고 회상했다. 니버는 부첼의 훌륭한 인품과 사상을 대략 다음과 같이 칭찬했다. 그는 종교적 신앙을 가지고 있지 않았으며 자선과 인격적 통합성을 간직한 윤리적 신조만을 가지고 있었다. 그의 자선은 너무나 넓고 자유로운 것이어서 그의 친구가 된 모든 젊은 목사의 모든 도덕적, 종교적 시야를 넓혀주었다. 그는 감

---

41) 같은 책, pp. 91-92.
42) 같은 책, pp. 92-93.

상적이지 않았고, 허세를 부리지 않았으며, 자비롭지만 단호했고, 실용적인 지혜를 가지고 있었다. 니버는 그를 유대인 공동체의 실천적 정의를 위한 열정을 간직한 매우 큰 자원이라고 거듭 찬양했다. 그는 다른 누구보다도 니버에게 사회 문제에 대해 유대인이 가지고 있는 뛰어난 민감성을, 일생 동안 지속되는 확신을 전한 사람이었다. 그러한 인물은 개신교에서는 찾아볼 수 없다고 니버는 말했다.[43]

니버는 1965년 그가 사망하기 6년 전, 그의 마지막 저서 『인간의 본성과 그의 공동체Man's Nature and His Communities』를 저술했다. 이 저서는 그의 생애와 사상을 회고하면서 반성하고 비판한 소책자이다. 이 책의 첫 부분에서 니버는 경제 대공황과 '뉴딜' 정책이 미국으로 하여금 정치적 시스템을 현대 산업의 도덕적, 사회적 요청에 부합되게 개혁할 것을 요구했을 때, 거기에 그의 눈을 뜨게 해준 것은 그의 '스승(mentor)'이며, '지도자(guide)'인 Charles Williams 감독이었다고 회상했다. 니버는 그를 종교적 자기만족에 빠진 디트로이트 시에서 고독하게 이의를 제기하는 종교적 목소리였다고 말했다. 그리고 Fred Butzel은 디트로이트 시의 전후 인종 문제를 해소하려는 니버에게 사회 정의에 대한 유대인적 사회적 및 도덕적 덕에 눈뜨게 했다고 회상했다. 니버는 그가 아량과 사회를 읽는 뛰어난 통찰력에 깊은 인상을 받아서 일생 동안 유대인을 좋아하게 된 계기가 되었다고 칭송했다. 니버는 그를 '인종간위원회'의 부위원장으로 잘못 기억할 만큼 그와 밀접하게 관계하면서 일했다.[44]

1926년 가을과 1927년 겨울 사이에 니버는 디트로이트의 종교적, 비종교적 단체에서 인종 문제에 관해 자주, 지속적으로 강연을 했다. 그렇지만 그는 인종 문제 해결에 대해서 비관적이었다. 사실, 그는 현대 산업 문명에 대한 그의 비판의 틀 속에 어떻게 미국의 인종 차별에 대한 그의 비판적 견해를 삽입할 것인가를 알지 못하고 있었다. 현대 산업 문명에 대한 그의 해답은 영국을 본받아 노동당을 창출하는 것이었다. 그의 이러한 발상은 기술을 가진 백인 노동자와 고용자를 전제로

---

43) Reinhold Niebuhr, *Man's Nature and His Communities*(New York: Charles Scribner's Sons, 1965), pp. 17-19.
44) Fox, *Reinhold Niebuhr*, pp. 93-94.

한 것이었다. 그렇지만 미국 북부 도시에 살고 있는 흑인들의 정신은 유린되어 황폐해졌기 때문에 흑인은 미국 사회 재건의 동반자가 될 수 없다고 니버는 생각했다. 그는 흑인은 기독교적 자선의 대상은 되지만 미국 문명 개혁의 참여자는 될 수 없다고 생각했다.[45]

니버는 '인종간위원회'의 위원장을 맡고 있는 동안에도 인종 문제보다 산업 문제에 대해서 관심을 가졌고, 발언했다. 현대 산업사회에 대한 그의 비판은 Henry Ford의 인도주의적 가식, 혹은 위선(pretension)에 대한 공격을 통해서 표출되었다. 그의 공격은 *The Christian Century*에 기고한 세 편의 논설을(그중 두 편은 실명으로 게재) 통해서 발표되었다. 포드가 1925년과 1926년에 비판과 공격을 받기 전까지 그는 하루 5달러의 고임금을 지불하는 크리스천 생산업자로 통했다. 니버 역시 포드 자동차회사를 비교적 계몽된 회사로 생각했다. 사실, 포드는 1915년에서 1921년까지 그의 어린 시절 친구였던 에피스코펄 교회의 수석 사제 Samuel Marquis를 그의 회사의 복지 기구인 '사회국(Sociological Department)'의 책임자로 임명했다. 이 기구는 노동자들의 개인 생활 정보를 수집하여 그들을 규제하는 역할도 했지만, 피고용인들 특히 나이 먹은 노동자들의 해고를 방지하는 역할도 했다. 공장의 조립 라인의 속도가 점점 빨라져서 나이 든 노동자는 거기에 적응하기 어려운 사태가 발생한 것이었다. 그러나 Marquis는 회사의 다른 간부와 의견 충돌이 생겨서 회사를 사임하고 포드를 비판하는 책을 냈다. 그러자 교회 안팎의 진보주의자들이 포드에게 싸움을 걸었고, *New Republic*과 *Nation* 같은 언론지가 비판을 개시했는데 *The Christian Century*도 거기에 가세하여 1925년 8월과 1926년 3월 사이에 5개의 짧은 사설로(니버가 아니라 Paul Hutchinson이 썼다.) 포드를 비판했다.[46]

포드에 대한 이 같은 언론의 비판은 니버를 자극했고 *The Christian Century*에 기고하여 포드를 공격하게 만들었다. 그는 그가 위원장으로 있는 '인종간위원회'의 조사 자료의 정확한 근거에 의거하여, 1925년에 포드가 노동시간을 일주에 6일

---

45) 같은 책, pp. 94-95.
46) 같은 책, pp. 95-98.

에서 5일로 감소한 것은 결과적으로 임금을 인상한 것이라는 포드의 주장은 허위이며, 사실은 그 전해에 포드의 노동자의 임금은 1년 평균 200-300달러 감소했다고 주장했다. 포드 공장은 조립 라인의 속도를 빠르게 함으로써 주당 노동시간을 줄였지만 전과 같은 자동차 대수를 생산했다. 뿐만 아니라 고액의 봉급을 받는 포드 회사의 홍보 전문가는 포드사가 일주에 하루의 휴일을 노동자들에 선사했다고 보도했다. 포드는 순진하기도 했지만 교활했다. 감상주의와 교활함을 함께 가진 포드는 니버를 가르켜 시골 마을의 사회적 지성을 유례없는, 복잡한 산업사회의 삶에 적용하려고 하는 전형적인 예라고 공격했다. 포드는 후한 임금을 받고 절약하는 삶을 살면 실직자보험과 노년의 연금 및 지체자 수당은 불필요하다고 정말로 믿었다. 니버가 보기에 포드의 그런 생각은 사회적 책임의 문제에 관한 한 아주 후진적인 것이었다. 포드는 노동자들은 일이 아니라 여가(leisure)를 통해 자아실현을 추구해야 한다고 생각했기 때문에, 높은 임금과 짧은 노동시간이 문제라고 주장했다. 그러나 니버는 그러한 생각은 '인격(personality)', 곧 스스로 방향을 추구하는 자율적 존재인 인간의 인격의 파괴와 직결된다고 주장했다. 그러한 문명은 위태롭다는 것이다. 다시 말해서, 니버는 공장의 "기계적인 과정 자체를 흥미롭게 할 수는 없지만 공장 내 민주적인 과정의 도입을 위해서 산업의 효율성을 어느 정도 희생하면, 노동자에게 전체 생산 과정에 대한 어떤 인격적 관계의 느낌을 주는 것이 가능할 것이라고" 생각했다.[47]

1926년 성탄절 직후, 위스콘신 주 Milwaukee 시에서 전국기독학생대회가 개최되었다. 이 심포지엄에 니버는 새로 취임한 뉴욕 유니온신학교의 Henry Sloane Coffin, 그리고 영국의 '미국세미나'에서 만났던 유명한 자유주의 목사 G. A. Studdert-Kennedy와 함께 참석했다. 대회에 참석한 학생들은 포드에 대한 니버의 비판을 이미 알고 있었다. 왜냐하면 그가 포드를 비판한 실명의 논설이 대회 3주 전 *The Christian Century*에 게재되었기 때문이다. 니버와 Studdert-Kennedy는 산업사회의 문제에 관해서 개인적인 의견 교환을 가졌다. 토론의 내용은 회의록

---

47) 같은 책, pp. 95-98.

에 기록되지 않았지만 주요 생산업에서 사유재산을 폐지하는 것을 주장했다고 한다. 그는 The Christian Century에 대회 몇 주 전 익명으로 게재한 논설에서 윤리적인 문명을 위협하는 것은 부의 부정직한 획득이 아니라 어마어마한 부와 권력이 소수의 손에 집중되는 것이라고 주장했다. 그는 포드와 그의 동료들을 공공복지의 중개자로 이미 인정할 수가 없었다. 5년 전까지만 해도 니버는 Rockefeller를 두둔하여 경건한 부자의 청지기 역할을 예찬하였지만, 이제 균형을 상실한 힘과 특권 자체가 참된 형제애를 비윤리적으로 파괴한다고 주장하게 되었다. 이제 그의 신금욕주의는 미국의 사치와 자기만족을 넘어서 산업사회의 착취와의 결별을 주장하기에 이르렀다. 그는 "이 세대를 본받지 말라"는 성경의 말씀을 이렇게 해석했다.[48]

니버는 그의 이 같은 입장에도 불구하고 1929년까지는 사회당(Socialist Party)에 가담하지 않았다. 미국의 사회주의는 아직 공산주의와 너무나 유사했기 때문이다. 니버는 밀워키 대회에서 공산주의를 구제할 수 없는 '증오의 전략(strategy of hate)'이라고 단호하게 비판했다. 크리스천이 어떻게 형제애라는 선의지가 아니라, 대결과 심지어 폭력의 사용을 전제로 하는 정치철학을 지지할 수 있겠는가 하는 것이 니버의 입장이었다. 니버는 한편으로는 Ford의 경건한 위선과 미국노동조합(American Federation of Labor)의 현상유지를 위한 자기만족, 곧 임금과 노동시간, 반공에만 집착하여 노동자들로 하여금 스스로 인내할 것을 요구하면서, 그들의 상상력을 짓누르는 현실에 분개하여 사회주의로 향했다. 그렇지만 다른 한편으로는 개인적이건 집단적이건 모든 인간관계에서 사랑의 법이 지배해야 한다는 것을 간절하게 바랐기 때문에 사회주의 편향에 제동을 걸었다.[49]

The Christian Century의 Morrison은 니버의 후원자였고 니버는 정기적인 기고자였으나, 그는 평화주의(pacifism)에 관해서는 모리슨과 입장을 달리했다. 모리슨은 The Christian Century의 사설을 통해서 그의 동지들과 함께 전쟁을 방지하기 위한 정치적 행동의 전략으로서 분별성(reasonableness)과 선의지(goodwill)를

---

48) 같은 책, pp. 98-99.
49) 같은 책, pp. 99-100.

제창했다. 니버는 역시 평화주의자임에는 틀림없지만 그러한 입장을 순진한 것으로 호되게 비판했다. 앞서 이미 본 바와 같이 그는 이성의 역할에 대해서 제한적인 평가를 했다. 그는 같은 입장을 평화주의 논의에 적용했다. 이성과 신뢰를 Ford에게 설교하는 일이 소용 없는 것처럼, 세계의 국가들에게 그것들을 설교하는 일은 소용 없는 일이다. 그에 의하면, 모리슨과 그의 일파가 주장하는 평화주의는 힘의 논리를 모르는 데에 기인한다. 영국과 미국처럼 원하고 필요한 것을 가지고 있으며 관세와 이민 제한에 의해서 안전하게 보호받는 국가는 평화주의를 주장할 수 있지만, 유럽의 국가들은 그렇지 못하기 때문에 평화주의를 믿지 않으며 그것은 당연한 일이다. 결국, 평화주의에 대한 신봉도 불신도 국가 이익에 반하는 것이라는 게 니버의 입장이다. 모든 것을 가지고 있는 나라는 평화를 설교하고 예찬하지만, 원하는 것을 가지고 있지 못하는 자동차 공장 노동자들이나 국가들은 투쟁에 들어갈 수 있다는 것이다. 니버는 평화주의 운동이건 거기에 반대하는 운동이건, 결국 모든 그러한 운동은 본질적으로 이기적인 국가적 입장의 윤리적 승화 작용에 지나지 않는다고 보았다.[50]

1927년 여름, 니버는 1923년에 시작한 그의 최초의 저서 『문명은 종교를 필요로 하는가?Does Civilization Need Religion?』의 완성에 착수했다. 그해 12월에 동저서가 출간되었다. 이 책에는 1923년에서 1926년 사이에 The Christian Century에 게재된 논설과 사설, 서평들이 들어 있다. 이 저서에 1926년 여름 이후 발전된 니버의 주요 사상들은 수록되지 않았다. AFL(미국노동조합)과 Ford에 대한 비판, 비윤리적 힘과 특권에 대한 비판, 인종 문제에 대한 절망, 노동자의 자율성에 대한 강조, 사회주의 이데올로기 주변에서 망설이는 접근 등이 그것이다. 이 저서는 최근에 발전된 이러한 통찰들을 뺀, 단지 이전의 생각들만을 담고 있다. 니버는 그의 저술을 숙고하거나 다듬지 않은 채 출판하고, 숙고와 교정은 다음 저서로 미루는 습성이 있었다. 그리고 또 그는 재정 문제 때문에 책을 서둘러 내곤 했다. 게다가 이 저서는 어떤 주제와 주제들을 이론적으로 발전, 전개한 것이 아니라 실

---

50) 같은 책, pp. 100-101.

천적 원리들(maxims), 또는 결론들을 느슨하게 연결시킨 것이었다. 그것은 일종의 긴 설교들을 모은 것 같아서 어느 페이지든 열어서 읽어나갈 수 있는 저서였다.[51]

그러나 그것은 역작임에 틀림없고 5000부가 팔렸다.

앞에 이미 언급한 바와 같이 니버의 사고와 신학 사상에는 패러독스의 성격이 일관되게 흐르고 있다. 이 저서도 마찬가지이다. 그는 한편으로는 문명이 가지고 있는 비윤리적 현실을 직시한다. 특히, 현대 산업 문명은 그 조직과 기제의 특성으로 인해서 노동자를 비종교적 내지 반종교적으로 만들며, 부한 자들은 그들의 부당한 힘과 특권으로 인해서 자만과 안주에 빠지고, 종교인은 경건한 위선(pretension)의 죄를 범하는 것을 그는 본다. 그러나 다른 한편으로는 종교적 신앙은 그러한 비도덕성을 극복할 수 있는 사랑과 자기희생을 실천할 수 있는 열정과 동력을 주어야 하며, 또한 바른 종교는 그것을 할 수 있다고 그는 믿었다. 이성만으로는 충분하지 않고 종교가 그것을 할 수 있다는 것이 1913년의 B. D. 논문 이래 변함없는 그의 사상의 주제였다. 그에 의하면, "종교의 핵심은 비인격적 우주와 비인격적 사회 속에서 인격성의 이상적 영역을 보존하고 증진하는 것이다."[52]

니버의 신학은 독일의 신학이 보여주는 교의학적 접근의 신학이 아니라, 윤리적 접근이라는 윤리적 신학의 특성을 가지고 있다. 그의 신학이 가지고 있는 이러한 특성을 니버 자신도 분명하게 알고 있었으며, 뿐만 아니라 그는 거기에 대해서 자부심과 긍지를 가지고 있었던 것으로 보인다. 이러한 생각은 그의 〈지성적 자서전(Intellectual Autobiography)〉의 다음과 같은 말 속에 나타나 있다.

> 나는 순수한 신학의 정밀한 점들에 관한 한 결코 매우 우수한 적이 없었다. 그렇기 때문에 나는 신학적 우수성을 획득하기 위해서 충분한 관심을 가진 일이 없었음을 고백하지 않으면 안 된다. De Tocqueville는 오래전에 미국 기독교가 유럽의 기독교에 비해서 강한 실용주의적 관심을 가지고 있다는 사실을 간파했다. 그리고 이것은 지금도 사실이다. 나는 자주 유럽의 신학자들의 보다 엄격한 진영

---

51) 같은 책, p. 101.
52) Charles W. Kegly and Robert W. Bretall eds., *Reinhold Niebuhr: His Religious, Social and Political Thought*, p. 3.

으로부터 나의 관심이 실천적이거나 '호교론적(apologetic)'이 아니라 신학적이라는 것을 입증하라는 도전을 받았다. 그러나 나는 결코 내 입장을 방어하려고 하지 않았다. 그 이유는 그들의 논점이 매우 옳기 때문이기도 하지만 그러한 구별이 내게는 흥미가 없기 때문이기도 하다.[53]

유럽, 혹은 독일을 중심으로 한 대륙의 신학이 교의학적 신학이라면, 니버의 신학은 윤리적이고 실천적인 윤리적 신학이라고 불러야 옳을 것이다. 그리고 그것이 유럽의 신학과 구별되는 미국 신학의 대표인 니버의 신학의 독자성이다. 유럽의 신학이 신의 존재와 속성, 기독교적 근본 진리를 교의학적으로 밝히려는 데 비해서, 니버의 신학은 삶과 삶의 과정으로서의 사회 문제의 해결을 위한 답이 곧 그리스도와 기독교 신앙의 기본적 진리들이라는 사실을 경험을 통해서 밝히려는 실용주의적 접근의 신학이다. 니버의 이러한 독자적 입장이 그의 초기 신학 사상에서 이미 분명하게 나타나기 시작했던 것이다.

---

53) Rainhold Niebuhr, *Does Civilization Need Religion?*(New York: Macmillan Co., 1927).

6
『문명은 종교를 필요로 하는가?
Does Civilization Need Religion?』 출간 (1927)[54]

✣

그러면 이제『문명은 종교를 필요로 하는가?』의 내용을 좀더 구체적으로 살펴보기 위해서 그 내용을 요약하고 필요한 설명을 가하기로 한다. 요약 내용 중 괄호 안의 페이지는 Does Civilization Need Religion?(Macmillan Co., 1927)의 페이지를 나타낸다.

제1장 현대사회의 종교의 상태(The State of Religion in Modern Society)

현대 산업사회의 문명은 그것의 비인격적이고(impersonal) 기계적인 인간관계로 인해서 덜 윤리적이 되었고, 다른 한편 과거의 어느 사회보다도 비도덕성을 선명하게 드러내고 있다. 특히 노동자들은 그러한 비인격적이고 비윤리적 인간관계 속에서 종교적 감각이 쇠약해졌고, 특권 계급들의 경제적, 사회적 개선의 실패로 인해서 종교에 대해서 반감을 가지고 있다.(p. 14) 그렇지만 "특정한 종교들과 종교적 형태들의 결함에도 불구하고 종교 없이 인간을 생각한다는 것은 어렵다. 왜냐하면 종교는 표면상 비인격적인 세계 속의 인격의 승리이기 때문이다." (p. 4) 그렇기 때문에 현대 문명의 미래는 종교가 그것을 윤리적으로 만들고 도덕법 아래 두는 데 달려 있다고 니버는 다음과 같이 말한다. "현대인은 어떻게 해서 거대한 정치적, 사회적 집단들을 양심과 도덕법 아래 둘 것인가? 이것은 문명의 미래가 달려 있는 문제이다. 그러한 사회적 문제는 근본적으로 윤리적이며 또한 종교와 도덕은 밀접한 관계를 가지고 있기 때문에, 그러한 문제를 필연적으로 종교의 영역으로 들어가게 한다." (p. 18)

---

54) Rainhold Niebuhr, Does Civilization Need Religion?(New York: Macmillan Co., 1927).

제II장 인격의 적으로서의 자연과 문명(Nature and Civilization as Foes of Personality)

산업사회의 종교는 농업사회, 혹은 전통사회의 종교와 다르다. 농민의 종교는 대체로 자연의 세계에 대한 관계에서 성립하며, 그의 윤리적 생활은 가족 관계에 제한되기 때문에 단순하고, 비윤리적인 사회적 요인들로 인한 종교적 혼란이 흔하지 않다. "전통적 종교는 부분적으로는 사람들이 인간의 죄가 아니라 자연의 죄로 인해서 더 오래 고통을 받아왔기 때문에 사회적 과제에서 실패한다." 다른 한편, 도시 중산층의 생활은 물질적으로 과도한 감각적 유혹을 받으리만큼 풍부하지도 않고 반대로 외적인 것에 집착할 정도로 부족하지 않기 때문에, 사회적 죄에 대한 책임을 느끼지 않으며 비윤리적 문명의 악한 결과의 피해를 비교적 덜 받는다. "이러한 이유로 모든 중산층 종교는 그것이 결코 분명하게 의식되지는 않지만 현대사회의 하층 계급에 파고드는 냉소주의를 만들어내는 위선(hypocracy)의 요소를 가지고 있다."(p. 28)

도시 중산층의 종교와 농민의 종교는 두 가지 공통된 특성을 가지고 있다. 하나는 개인의 삶에 대한 집착이요, 다른 하나는 자연의 현실에 대한 적응에 관한 관심이다. 그렇지만 전자의 종교는 주장하는 교육과 과학을 가지고 있기 때문에, 개신교 기독교 안에서 발생하는 보수주의와 진보주의 사이의 신학적 논쟁은 농촌의 순진한 종교와 도시의 고도로 지적인 종교 사이의 대립이다. 상업 분야의 중산 계급들은 개인과 신학, 종교를 향유하면서도 개혁에 힘썼다. 그들은 도시 문명 속에서 유지할 수 있는 종교를 창출했지만 산업사회의 윤리적 재구성을 위한 힘은 거의 발전시키지 못했다. 그들은 자아실현에 많은 도움이 되는 개인주의적 정통주의를 발전시켰지만 현대 생활의 사회적 필요성에는 거의 공헌한 것이 없다.(pp. 28-31) "인격의 높은 평가를 정당화하면서도 사회 속에서 인격의 가치를 보장하는 윤리를 발전시키는 데 실패하는 세계관을 창조하는 것은 큰 위선이다. 이것이 거의 모든 현대 종교를 부패시키는 위선이다."(p. 31)

니버의 이러한 생각의 중요성은 오늘날 산업사회의 사회적 구조 속에서는 부강한 특권 계급이나 중산층 기독교인의 개인적 경건이 위선의 요소를 가지고 있다는 점을 폭로 한다는 사실에 있다. 여기에 개인적 경건만을 강조하는 보수적인 기독교의 잘못이 있다. 산업사회 속의 그와 같은 보수적인 신앙은 개인적 경건 속에 숨어 있는 반사회적 죄를 깨닫지 못한다.

제III장 종교의 사회적 자원(The Social Resources of Religion)

종교는 사회의 윤리적 재구성을 위한 자원들을 가지고 있다. 첫째, 오염되지 않은 순수한 형태의 종교는 개인의 인격에 높은 가치를 부여한다. 예수는 사람들이 그들의 동료를 모두가 신의 아들이기 때문에 형제로 여길 것을 설득함으로써, 기독교가 모든 사람의 인격성을 동등하게 여기는 사회적 상상력을 갖게 했다. 둘째, 그러한 종교는 사랑을 가지고 있으며 사랑은 자기희생적 사랑을 요청한다. 희생적인 사랑은 쉬운 것이 아니지만 순수한 형태의 종교는 그러한 희생을 기꺼이 할 수 있는 힘을 가지고 있다. 셋째, 그러한 종교는 겸손(humility)이라는 정신적 은총을 갖고 있다. 전통적인 종교들은 흔히 오만에 빠져 있지만 "가장 순수하고 오염되지 않은 형태의 종교는 항상 모든 도덕적 성취를 신앙과 삶의 새로운 모험이 신 속에 있는 매혹적인 완전함을 향해 시발하는 視點에 지나지 않는다고 보는 겸손의 정신을 생산한다."(p. 55) "사회의 윤리적 재구성에 대한 종교의 공헌은 인간 인격에 대한 존경에 있다."(p. 62)

제IV장 현대 종교의 사회적 보수주의(The Social Conservatism of Modern Religion)

본 장에서 니버는 현대 기독교의 여러 형태들이 사회 발전을 저해하는 현상유지적 보수 세력이 되었음을 비판하고, 오염되지 않은 순수한 기독교가 산업사회 재구성의 힘을 가지고 있다고 주장한다. 니버의 주장에 의하면, "예수의 이상주의 전체 속에 담긴 윤리적 기회주의에 대한 경멸과 당장의 유익에 대한 멸시는 이 세대가 필요로 하는 윤리적 가치들, 바로 그것이다."(pp. 76-77) "종교의 기능은 사람들에게 당장의 보상을 약속하지 않는 윤리의 성취를 위한 힘을 주는 것이다"(p. 74)라고 니버는 주장한다. 이어서, 니버는 다음과 같이 말한다. "종교의 패러독스는 종교가 세상의 가치에 대한 높은 경멸을 유지할 때 세상에 가장 잘 기여한다."(p. 77) 이런 종교는 문명과 일정한 긴장을 유지할 때 비로소 건강한 생명력을 지닌다. 그러나 이와 같은 긴장은 어떤 타협을 하게 된다. 그러한 타협은 지리적, 경제적, 사회적, 정치적 세력들의 영향을 받은 상대적인 성격을 가지고 있다. 종교는 그러한 상대적인 타협을 지지하고 절대화함으로써 사이비 절대화의 잘못을 범한다. 예컨대, 러시아의 농민은 제정 러시아 황제의 독재에 대한 복종을 '신성한 러시아(holy Russia)'에 대한 복종으로 생각했기 때문에 다른 사회에서는 찾아볼 수 없는 인내심을 발휘했다.(p. 69)

제V장 종교와 삶: 갈등과 타협(Religion and Life: Conflict and Compromise)

본 장의 논의의 초점은 종교의 윤리적 이상과 당장의 구체적인 이익이 문제가 되는 상대적 현실 사이의 불일치, 혹은 갈등을 해결하는 문제이다. 니버는 이 문제를 중세 가톨릭교의 해결 방안과 개신교의 해결 방안으로 나누어서 분석한다. 개신교의 해결방안은 대략 다음과 같다. "이렇게 침례교와 감리교 같은 교파들은 A. Whitehead 교수가 윤리의 개신교적 과잉 단순화, 곧 인간의 내면 생활의 얽히고설킴과 그들의 사회적 관계의 복잡성을 도외시한 채, 인간을 선하거나 악한 존재로 판단하는 경향을 강화했다."(pp. 108-109) 니버에 의하면, 복잡한 문명 속 윤리적 가치들은 단순한 종교의 부산물인 도덕적 문제의 과잉 단순화로 인해서 자주 위협을 받는다. 왜냐하면 인간들이 가장 건전한 이상주의자의 덕스러운 의도를 부패시키는 사회 속에 살거나 혹은 그들 자신의 내적 생활이 매우 복잡하기 때문에, 그들의 도덕적 의도가 어떤 때는 그대로 나타나고 다른 때는 비도덕적으로 나타날 때, 인간들은 전적으로 선할 수도 없고 전적으로 악할 수도 없기 때문이다.(p. 109)

바울이나 루터가 발전시킨 기독교의 靜寂主義的 경향들(quietistic tendencies)은 단순한 사회에서는 그리 위험하지 않지만 복잡한 사회에서는 보다 위험하다고 니버는 주장한다. 정적주의적 기독교는 종교의 이상과 현실 사이의 갈등에 대해서 세 가지 답을 제시한다. 첫 번째 답은 정치적, 사회적 기구를 신이 명한 것으로 봄으로써 갈등을 피한다. 바울이 "각 사람은 위에 있는 권세들에게 굴복하라. 권세는 하나님께로 나지 않음이 없나니 모든 권세는 다 하나님의 정하신 바라"(로마서 13:1)고 말할 때가 이 경우이다. 두 번째 답은 종교의 이상이 경제적, 사회적 삶의 복잡성 속에서 자동적으로 실현될 것이라고 상정하는 것이다. 국가들이 그리스도의 법대로 살기만 하면 전쟁이 없어질 것이라고 교회의 강단에서 설교하는 일이 근자에 너무나 흔한데, 바로 이 경우이다. 종교가 이렇게 추상적인 원리를 주장하는 것은 종교의 이성 불신으로 초래되는 지성의 힘의 결여 때문이다. 세 번째 답은 정적주의적 종교의 이원론이 사회의 불완전을 변화시키려 하지 않고 주관적인 종교적 감정으로 초월하려고 하는 것이다.(pp. 116-120)

니버는 본 장의 말미에서 다음과 같이 말한다. "종교는 순진한 신앙으로 그 가치들을 창조하고, 그것들의 한계성을 비판적 지성에 복종시켜야 한다. 여러 가지 전략 중에서 금욕주의가 아마도 종교의 진수에 가장 가까우며 우리 시대의 도덕적 필요성에 가장 적합할 것이다."(p. 123)

제VI장 사회적 복잡성과 윤리적 무력성(Social Complexity and Ethical Impotence)

여기서 말하는 '사회적 복잡성'은 산업 사회의 복잡성과 전세계적으로 확대된 경제적 및 통신적 상호 관련성과 의존성을 말한다. 앞의 장에서 모든 인간관계의 밀접성과 사회적, 경제적 상호 의존성이 증대된 산업 문명 속에서 개신교의 개인주의가 현대사회의 비윤리성에 대해서 책임이 있음을 논의했다. 그러나 책임은 개신교의 개인주의에만 있는 것이 아니라 현대 생활 속에서 인류의 양심이 직면하고 있는 보다 큰 곤란들에게도 그만큼 큰 책임이 있다.(p. 124.)

그러면 그러한 큰 곤란들은 어떤 것인가? 그것은 사회적 협력의 범위를 증대했으며 인격적 접촉을 저하시킨 현대 산업 문명의 기계적 장치가 초래한 비윤리적인 성격이다. 교역과 통신의 증대와 확대는 산업적 집단을 대형화했고 국가와 국가 사이의 교역과 상호 의존성을 증대시켰다. 그런데 여기서 문제가 되는 것은 집단은 개인보다 확대된 욕망과 비윤리적인 태도를 가지고 있기 때문에 윤리의 문제가 더욱 어렵게 된다는 사실이다. 이것을 니버는 다음과 같이 말했다. "집단들 자체는 개인들이 집단 내에서 다른 인종적 혹은 정치적 단위에 속하는 개인들에 대해서보다, 다른 집단들에 대해서 도덕적 태도를 유지하는 것이 더욱더 어렵다. 모든 인간 집단은 그것을 구성하는 개인보다 더욱 약탈적인 경향이 있다."(p. 129) 여기에서 니버는 그가 1932년에 저술한 『도덕적 인간과 비도덕적 사회*Moral Man and Immoral Society*』에서 전개한 그의 사회윤리학의 핵심 개념인 '집단 이기주의(collective egoism)' 개념을 제기하고 있다. 비록 아직 '집단적 이기주의'라는 용어는 사용하고 있지 않지만 말이다.

모든 인간 집단 중에서 가장 비윤리적인 것은 국가라고 니버는 말했다. "국가는 국가 이익 이상으로 믿어서는 안 된다고 George Washington은 말했다. 역사가 그의 관찰이 옳았음을 증명한다."(pp. 130-131) 집단적인 관계를 윤리적인 것으로 만들기 위해서는 종교적 상상력과 빈틈없는 지성이 둘 다 필요하다. 그렇지만 복잡한 상황에서는 도덕적 목적으로 인도하기 위해서 필요한 지성이 도덕적 의지를 손상시키고 정신적 통찰을 흐리게 하기 쉬운 데 문제가 있다.(pp. 139-140) 집단 중에서도 가장 실현하기 어려운 것은 국가들의 공동체, 곧 세계 공동체이다. 인습적이지만 사회적으로 지성적인 사람들은 국가들의 연맹, 다시 말해서 국제연맹에서 희망을 찾는다. 그렇지만 그들은 법이 도덕을 창출하고 조직이 사회를 만든다는 환상에 빠진다. 사회는 정치적 메커니즘에 의해서 창조된 것이 아니라 사람들 사이의 상호 존경과 신뢰에 의해서 창조된다. 마치 가족의 형성처럼 말이다.(pp. 150-151) 그렇기 때문에 세계 정부는 그것을 위한 법이 제정되면 성립할 수 있다는 것은 한갓 환상이라는 것이다. 니버는 이러한 입장을 나중에 『빛의 아들과 어둠의 아들*The Children of Light and the Children of Darkness*』(1944)의 끝 장에서 '세계 공동체(The World Community)'를 논할 때도 그대로 유지했다. 그는 국가들의 사회는 본능이나 종교가 창출해야 하는 초합리적 태도 없이는 불가능하며, 그것은 우주의 다른 유성이 지구를 공격할 위험이 있을 경우나 가능하다고 말한다. 국제적 사회의 창출에는 도덕적, 정신적 자원이 공헌해야 하며, 그것의 유지와 발전은 정신적 통찰이 정치적 사려의 도움을 받아야 한다고 그는 주장한다.(p. 153) 그는 이와 같은 종교적 통찰과 지성적 사려의 결합을 비둘기의 순진함과 뱀의 지혜의 결합이라고 하고 그것이 종교적, 도덕적 세력들이 사회의 도덕적 재생에 기여하기 위해서 요청하는 과제라고 했다. 그렇지만 종교가 사회를 개혁할 수 없다면 종교는 어떤 이상적인 시각으로부터 현재의 현실을 비판하며 부패하지 않은 이상을 제시하는 사회적 기능을 발견해야 한다. 그럴 때 종교가 양심을 예리하게 하고 각 세대의 신앙을 강화할 것이라고 니버는 결론 짓는다.(pp. 163-164)

제Ⅶ장 세계의 초월과 변혁(Transcending and Transforming the World)

예수의 복음은 절대적인 도덕적 가치들(혹은 이상)을 명령하며, 예수는 그것들을 그의 인격으로 그대로 실천했다. 예수는, 목숨을 위하여 무엇을 먹을까, 무엇을 마실까 염려하지 말라, 목숨이 음식보다 중요하지 아니한가(마태복음 6: 25)라고 했으며, 몸은 죽여도 영혼은 능히 죽이지 못하는 자를 두려워하지 말고 오직 몸과 영혼을 능히 지옥에 멸하는 자를 두려워하라(10: 28)고 했다. 이렇게 예수는 살려는 의지(will to live)와 그것의 신체적 표현을 구별했지만 모든 신체적 욕망과 만족에 대해서 비판적이었다.(pp. 170-171)

예수의 복음의 이 같은 특성을 니버는 "오염되지 않은 순수한 형태의 종교는 항상 타계적(other-worldly)이다"(p. 167)라고 했다. 기독교의 이 같은 현세 부정적 요소는 동양의 불교와 공통된 것이다. 그렇지만 양자는 다르다. 불교는 삶의 에너지를 파괴하지만 기독교는 그것을 세련화한다.(p. 179) 그렇지만 현대의 서구 기독교는 과학의 발달로 인한 안락과 편리와 물질적 풍요에 흡수, 동화되어 예수의 복음의 절대적 가치와 윤리적 이상을 저버리고 현세적인 세속화된 종교가 되었다. 다른 한편, 전통적인 기독교는 예수의 복음의 절대적 가치들과 윤리적 이상에만 집착하여 현실 개혁을 망각하거나 외면한다.

기독교의 궁극적 가치와 목적은 인간의 인격이다. 인격은 사회 환경 속에서 발전하며 그 존엄성이 유지될 수 있다. 그렇기 때문에 기독교의 초월적 가치들과 윤리적 이상은 현실 개혁의 기능을 해야 한다. 니버는 그래서 기독교는 현실을 초월하는 동시에 현실을 긍정해야 한다고 한다. 그는 이것을 다음과 같이 말했다. "인간은 두 세계의 시민이기 때문에 어느 세계의 시민권도 부정할 수 없다. 인간은 자연의 아들인 동시에 절대적인 것의 하인으로서 자신의 운명을 개척해 나가야 한다."(p. 186) 니버는 기독교적 이상주의가 서양과 동양의 삶의 전략이 가지고 있는 도덕적 한계성을 극복할 수 있는 통합된 문화 세계를 창출하는 데 기여하려면, 그것이 동양 사상에 영향을 주려고 할 때조차도 서양적 삶의 기풍과 완전하게 결별해야 한다고 결론을 내린다.(p. 189)

제VIII장 윤리적 종교를 위한 철학의 기초(A Philosophical Basis for an Ethical Religion)

본 장에서 니버는 윤리적 종교 수립을 위한 철학적 기초를 추구한다. 이러한 윤리적 종교 추구는 그의 신학 특유의 윤리적 신학 추구의 출발점이기도 하다. 니버는 이 논문의 서두에서 종교의 문제는 형이상학적 문제보다 중요한데, 그것은 종교적 확신을 위한 오늘의 철학적 기초를 재구성하지 않고는 해결될 수 없다고 말한다. 그에 의하면, 윤리적 종교의 기초로서 동양의 범신론(pantheism)도 서양의 일원론(monism)도 적합하지 않다는 것이다. 왜냐하면 전자는 도덕을 약화시키는 비관주의가 되고 후자는 감상적 낙관주의가 되기 때문이다.(pp. 190-191)

니버는 윤리적 종교 성립의 가능한 기반이 될 수 있는 것은 초기 히브리 종교의 순박한 이원론(dualism)이라고 주장한다. 그는 초기 히브리 종교의 이원론의 우위성을 다음과 같이 설명한다. "Albert Schweitzer 교수는 예언자적 유대교와 기독교가 다른 세계 종교들에 대해서 도덕적 우위를 가지는 것은 예언자들과 예수의 순진한 이원론 때문이라고 했다. 그들은 신과 우주, 종교적 헌신의 이상과 삶의 실망스러운 현실 사이의 실천적이고 도덕적으로 가능한 구별을 발전시키는 방법으로 신의 형이상학적 속성들보다 도덕적 속성들을 강조했다."(p. 197) 기독교의 이와 같은 이원론을 니버는 다음과 같이 설명하기도 했다. "신과 세계, 혹은 현실과 이상을 동일시하는 일원론과 범신론의 유일한 효과적 대안은 그들 사이의 어떤 구별을 유지하면서도 그중 하나를 택하고 다른 하나를 상실하지 않는 이원론이다."

(p. 194) 이러한 이원론이 삶의 있는 그대로의 현실 그 자체를 공정하게 다루는 철학과 종교라고 니버는 말한다. "필요한 것은 목적과 목적이 구체적인 세계의 저항과 만나는 좌절, 현실을 형성하는 이상과 이상을 패배시키는 현실, 본질적 조화와 우주, 혼 속의 불가피한 갈등을 공정하게 다루는 철학과 종교이다." (p. 209)

니버는 예언자들과 예수의 이러한 윤리적 이원론만이 윤리적 종교를 수립할 수 있는 근거라고 다음과 같이 주장한다. "우주의 질서 속에는 창조와 창조적 목적을 좌절시키는 저항 사이에 갈등이 존재한다. 이원론이 정신과 물질로 정의되건, 혹은 사유와 공간, 혹은 힘과 저항, 혹은 신과 악마로 정의되건 그것은 삶의 현실 그 자체에 가까운 것이다." (p. 210) 다시 말해서, 예언자들과 예수의 순진한 이원론이야말로 윤리적 종교의 철학적 기초가 될 수 있다고 니버는 이 논문에서 주장한다.

제IX장 결론(Conclusion)

본 장에서 니버는 기독교가 현대 문명의 윤리적 문제 해결에 기여하는 길을 제시하려고 시도한다. 그는 개신교 기독교가 윤리적으로 무력한 것은 현대의 여명기에 보편적 공헌을 했던 개인주의를 시대가 달라진 상황에서 그대로 고집하여 서구 사회의 하나의 계급의 특정한 이익과 편견을 신성화하게 된 데 있다고 본다. 그는 또 개신교 기독교의 윤리적 전통이 가지고 있는 한계성은 모든 종교가 역사의 상대적인 것들을 너무나 쉽게 절대화하고, 또한 예수의 절대적 윤리를 근사적으로 실현하려 하지 않고(without approximating) 그대로 실현하려고 하는 데 기인한다고 진단한다.(pp. 220-222) 니버가 이렇게 개신교 기독교가 산업사회 이전의 개인주의로부터 탈피해야 함을 주장한 것도 중요하지만, 예수의 절대적 윤리를 근사적으로 실현하지 않고, 다시 말해서 현실의 제약 밑에서 상대화하지 않고 산업사회의 복잡한 현실에 그대로 적용하려고 하기 때문에 윤리적 무력성에 빠진다고 진단한 점은 더욱 중요하다.

전자는 개인 윤리를 넘어서는 니버의 사회 윤리의 탄생을 시사하는 것이며, 후자는 그의 사회 윤리가 성숙된 단계에서 핵심적인 독자적 개념의 하나인 이른바 예수의 절대적 사랑을 현실 속에서 상대적으로 실현하는 것을 의미하는 '근사적 실현(approximation)'의 개념이 이때부터 싹트고 있음을 보여준다. 니버의 사회 윤리는 '근사적 실현'에 의해서 예수의 절대적인 윤리적 이상과 상대적 현실 사이의 연결을 시도한다. 여기에 관해서는 후론한다. 그런데 이렇게 예수의 절대적 윤리와 상대적 현실 사이의 연결을 '근사적 실현'에 의해서 연결하는 역할을 하는 것이 니버의 이른바 '분별적 지성(discriminating intelligence)'인데 이 개념 역시 이 논문의 결론에서 이미 나타난다. 그는 다음과 같이 말한다. "최고의 종교적 덕인 겸손과 사랑은 초이성적이다. 그러나 그것들은 숨은 죄를 밝히고 가능한 덕을 발견하는 분별적 지성 없이는 복잡한 사회 생활 속에서 성취될 수가 없다."(pp. 223)

니버는 종교, 곧 기독교가 사회 개혁을 할 수 있기 위해서 또 한 가지를 요청한다. 그것은 이미 앞에서도 말한 바 있는 '신금욕주의(new asceticism)'이다. '신금욕주의'의 본질과 기능에 대해서 니버는 다음과 같이 말한다. "신금욕주의는 영화(靈化)된 기술자들을 배출해야 한다. 그들은 인류의 복지의 이익을 위해서 자연을 정복하고 이용하기를 계속하되, 사회에 대한 봉사를 그들의 과제로 여기고 합리적이고 주의 깊게 검토된 정당한 산업적 이윤 이상을 취하는 것을 멸시한다. 짧게 말해서, 신금욕주의는 세상 속에 있지만 세상에 속하지 않는다."(p. 229)

이러한 입장은 중세의 금욕주의처럼 현세를 부정하지 않고 현세를 긍정하지만, 산업사회를 지배하고 있는 물질적 탐욕과 결별함으로써 종교가 사회 개혁을 하게 한다. "만일 기독교적 이상주의자들이 종교를 사회적으로 유효하게 만들려면, 그들은 국가들의 지배적인 세속적 욕망과 경제적 집단들의 탐욕으로부터 격리되어야 한다"라고 니버는 주장한다.(p. 229)

이러한 니버의 모든 주장은 인간은 윤리적 실천에 있어서의 모든 좌절에도 불구하고 인간의 특성은 윤리적이며, 따라서 각성된 인격은 윤리적 희생과 고통에도 불구하고 이상의 실현을 추구한다는 긍정적인 신념을 전제로 하고 있다. "인간의 성격 속에 담긴 이상은 윤리적 자유의 이상이다. 그리고 각성된 인격들은 그 이상을 실현하기를 추구한다. 인격들은 육체적 희생과 고통을 감수하면서 기꺼이 그 이상을 실현하려고 할 것이다. 인격들은 생명을 잃음으로써 생명을 발견하는 방법을 배울 것이다"라고 니버는 신념에 찬 역설을 한다.(p. 239)

IV

유니온신학교 교수로 취임(1928)

라인홀드 니버의 생애와 사상

1
유니온신학교 기독교윤리학 교수로 취임

✢

『문명은 종교를 필요로 하는가?』의 출판은 니버를 유명하게 했기 때문에 글을 쓰고 강연해 달라는 요청이 쇄도했다. 디트로이트 시의 *The Times*은 그를 격주로 기고하는 칼럼 필자로 계약했다. 그는 그 후 4년간 그 지위를 유지했다. 동시에 각종 단체와 기관들은 그의 강연을 예약하기 위해서 서로 다투었다. 이제 그는 디트로이트 시의 지성적이고 진보적인 저명한 목사가 되었다. 디트로이트 시 밖으로부터도 제의가 들어왔다. 기독교 학생운동 월간지인 *The Intercollegian*은 1927년 12월부터 매월 기고하는 칼럼 필자로 니버를 결정했다. 그의 누이 Hulda가 기독교 교육학의 조교수로 재직하고 있는 보스턴대학교가 니버를 평생 교수로 초청했다. 신학부의 교수직은 그가 원하는 바이지만 보스턴대학교는 아니라고 니버는 생각했다. 지난 5년간 니버는 기독학생 운동의 각종 회합과 수련회에서 학생들에게 인기의 초점이었다. 대학생들은 니버의 강연을 듣기 위해서 강연장을 메웠다. 1927년 크리스마스 직후, '학생자원자운동(Student Volunteer Movement)'이 4년마다 개최하는 대회가 열렸는데, 이때 4500명의 현재와 미래의 기독교 선교사들이 모인 가운데 니버는 강연했다. 이 강연에서 그는 "서구 문명은 기독교적이 아니다. 그것은 기독교를 포섭하여 그것의 행동을 정당화하는 데 기독교를 이용하고 있다. ⋯우리 선교사들로부터 기독교를 얻은 사람들이 우리가 망각한 기독교를 우리에게 돌려줄 날이 있을 것이다"라고 말했다.[1]

1926년에 Milwaukee에서 개최된 전국기독학생대회에 함께 참석했던 새로 취임한 유니온신학교 총장 Henry Sloane Coffin이 참석했으며, Sherwood Eddy 역시 참석했다. 니버가 강연하기에 앞서 에디는 그와 자신의 비서 Kirby Page가 니

---

1) Fox, *Reinhold Niebuhr*, pp. 104-105.

버를 뉴욕에 오게 하려는 데는 뜻이 있으며, 조건은 원래는 니버가 프리랜서로 활동하는 것을 지원하는 돈을 후원하려고 했던 것을 상향 조정하여 The World Tomorrow의 부편집장직을 포함시켰다며(The World Tomorrow의 편집장은 페이지였으며 에디가 연 5000달러의 후원금을 냈다.) 제안해 왔다. 그렇지만 니버는 여전히 동의하지 않았다. 한편, 취임 2년째를 맞이하는 Coffin 총장은, 그의 선임 총장이자 교회사 전공자인 Arthur McGiffert가 연구에 역점을 두었기 때문에 많은 학생이 목회자가 되기보다 컬럼비아대학교에서 코스워크를 한 것에 비하면, 뉴욕 시 Madison 가에 있는 장로교의 유명한 설교가에 목사였고, 또한 유니온신학교의 실천신학 교수였다. 그러한 Coffin 역시 Baltzer와 Eddy, Morrison과 마찬가지로 니버에게서 훌륭한 점을 발견했으며 니버를 돕는 것이 자기를 돕는 일임을 알아차렸다. 그는 니버의 카리스마가 The Christian Century를 진보적인 개신교 논쟁의 중심으로 우뚝 서게 한 공헌을 유니온신학교를 위해서 할 수 있을 것으로 생각하여 동신학교 교수로 영입하기로 했다.[2]

코핀은 그의 뜻을 에디에게 밝혔다. 에디는 즉석에서 니버가 유니온신학교와 The World Tomorrow에서 함께 근무하는 조건으로 니버의 월급 전액을 책임지겠다고 했다. 코핀 총장의 제의를 받고 니버는 두려워서 그가 무슨 자격이 있어서 유니온에서 가르칠 수 있겠는가 하고 그에게 물었다. 코핀은 "그저 네가 생각하는 것"을 가르치기만 하면 된다고 대답했다. Eddy와 Coffin의 아이디어에 유니온의 교수 모두가 환영한 것은 아니다.

좌측 성향의 윤리학과 Harry F. Ward는 열광적으로 환영했지만 다른 교수들은 학력의 배경이 약하다고 난색을 표명했다. 니버가 유니온을 방문하고 인터뷰를 갖고 설교를 하고 났을 때, 몇몇 나이 든 교수들은 그의 흥분된 설교 태도와 중서부 어투에 거부감을 느꼈다. 그러나 뛰어난 사고력과 세련된 교양을 갖춘 코핀 총장은 니버의 교수 채용이 신학교에 하등의 재정적 부담이 없음을 강조함으로써 마침내 교수회가 단 한 번의 투표로 니버의 교수 채용 제의를 가결하게 했다. 이렇

[2] 같은 책, p. 105.

게 해서 니버는 1928년, 유니온신학교의 기독교윤리학의 조교수로 초청되었다.[3] 그때 니버의 나이 36세였고, 아직 독신이었다.

---

[3] 같은 책, pp. 105-106.

2
유니온신학교 교수 취임에 대한 베델교회와 디트로이트 시의 반응

✤

니버가 유니온신학교 교수로 간다는 소식이 베델교회 게시판에 공지되었을 때 그에 대한 칭찬은 가히 폭발적이었다. *The Detroit News*는 월요일자 첫 페이지에 대서특필했다. 동지의 화요일자 사설은 그가 디트로이트 시의 큰 교회 가운데 하나를 만들고 나서 이제 떠나는데, 그의 대담한 솔직함은 많은 반대자를 만들었지만 그를 진보적이고 계몽적인 이념의 제창자로서 존경하는 많은 예찬자를 얻었다고 했다. 디트로이트 시의 흑인 지도자들은 흑인들이 그를 존경했고 사랑했으며, 그가 떠나는 것을 진심으로 유감스럽게 여긴다고 전했다.[4]

반면, H. M. Nimmo의 *Detroit Saturday Night*는 니버가 떠나서 기쁘다고 했다. 동지의 사설은 디트로이트를 '산업 지옥(industrial hell)'이라고 말한 니버의 견해를 독자들이 반기지 않을 것이라고 비판했다. 니버는 500명이 참석한 고별 점심 만찬에서 디트로이트의 부유한 산업들은 아직 최소한의 저항만 받았기 때문에 그는 동시를 억지로 떠난다고 하면서, 그들은 실업자 수당과 노인 연금은 생각조차 하지 않는다고 공격했다. 그는 이어서 자신과 그리고 다른 예언자적 노력이 디트로이트의 사업들은 거의 변화시키지 못했기 때문에 그대로 디트로이트 시에 남아 있기를 간절히 바라 마지않는다고 토로했다.[5]

---

4) 같은 책, p. 106.
5) 같은 책, pp. 106-107.

3
목회 일기『길들여진 냉소주의자의 노트북으로부터의 단편들Leaves from the Notebook of a Tamed Cynic』 출간 (1929)

⚜

 *The Christian Century*의 Morrison은 디트로이트를 떠나는 니버에게 그의 일기를 발췌로 한 권의 책을 출판할 것을 권유했고, *The Christian Century*의 출판사인 Willett, Clark, and Colby사와 계약을 체결하게 하여 1929년에 출간되었다. 이 저서의 제목은 *Leaves from the Notebook of a Tamed Cynic*인데, 'Tamed Cynic', 곧 '길들여진 냉소주의자'라는 말이 이해하기 쉽지 않다. 1929년, 이 책의 초판을 낸 Chicago의 출판사 Willett, Clark, and Colby가 이 제목을 택했는데, Tamed Cynic은 니버이며 그를 그렇게 부른 것은 이 일기에서 니버의 냉소주의가 깨지거나 타협에 빠지지 않고, 동정과 성숙된 관찰과 진지한 분석의 발로로 그가 길들여졌기 때문이라고 했다(이러한 설명이 1930년 뉴욕 판에서는 삭제되었고, 그 후의 재판에서 다시 게재되지 않았다). 그러나 Richard Wightman Fox는 이 일기에는 그러한 진보적 발전이 없으며 1928년의 니버는 1915년의 그보다 덜 냉소적이지 않다고 했다.[6]

 필자가 판단하기에는 니버는 예리한 비판력과 도전적인 정의감을 가지고 당시의 산업사회의 구조적 불의를 보았으므로 그는 냉소적이다. 그렇지만 그는 목회자여서 교인들에 대한 해로운 영향을 고려하여 필요한 만큼의 자제를 했기 때문에 '길들여진 냉소주의'가 된 것 같다. 그는 1924년에 기록한 일기에서 "대개의 예언자들은 조만간 해롭지 않은 교구 목회자가 되기 위해서 길들여진다"라고 말했다.[7]

 이 일기의 내용을 Fox는 다음과 같이 요약했다.

---

[6] 같은 책, p. 107.
[7] Reinhold Niebuhr, *Leaves from the Notebook of a Tamed Cynic*(Louisville, Kentucky: Westminster · John Knox Press, 1990. 초판은 1929년에 Chicago: Willett, Clark, and Colby가 출판), p. 47.

이 일기는 니버의 소명 의식과 겸허함 사이의 지속적인 싸움의 표현이다. 그는 항상 자신을 진지하지만 동시에 사기꾼으로 다룬다. 이 일기는 현대적 의식, 곧 상대주의, 단편성, 불안한 입장, 동기에 대한 회의를 나타내는 동시에 전통적 신앙의 주장, 곧 도그마적, 통합적, 확신적임을 나타낸다. 이 책의 힘은 결정과 비결정, 확신과 회의 사이를 오고가는 입장, 그리고 경멸과 감사, 빈정댐과 고요함의 목소리의 교차를 나타내는 뚜렷한 모순에 있다. 그것은 의심하면서 믿는 자, 그리고 자기 비관적 예언자의 패러독스를 보여주는 젊은이의 초상화이다.[8]

　폭스가, 이 일기가 '뚜렷한 모순'과 '패러독스'의 성격을 띠고 있다고 이해한 것은 매우 적절한 통찰로 생각된다. 니버는 계몽적이고 매우 지적인 진보적 목회자이면서, 전통적 신앙이 가지고 있는 소박한 믿음을 존중하고 그것에 감동하는 놀라운 감수성을 보여주고 있다. 예컨대, 그는 1920년에 기록한 일기에서 다음과 같이 말했다. "세상 모든 아내를 생각해 보라. 그녀는 자신의 아이들을 위해서 남편의 술주정을 지그시 참는다. 그녀의 조용한 용기로부터 책에서 얻는 것보다 훨씬 많은 것을 배울 수 있다."[9]

　이 일기가 보여주는 또 하나의 특이한 사항은 니버는 지적이고 진보적이지만 그의 생활 자세는 지극히 보수적이고, 심지어 금욕주의적인 색채마저 보여준다는 사실이다. 그 자신의 용어를 사용하여 말하면, 그의 생활은 '신금욕주의'의 색채를 짙게 띠고 있다. 그는 항상 경제 문제로 시달렸다. 어머니와 누이를 부양하는 생활비를 책임져야 했고 언론 사업에 실패한 형을 경제적으로 도와야 했지만, 당시의 유명한 목회자들이 연봉 1만 달러를 받는 것을 부러워하지 않고 거기에 대해서 비판적 자세를 취했다. 1924년에 기록한 일기에서 어떤 교회가 마음에 드는 목사를 추대하기 위해서 노력한 끝에 연봉을 1만 5000달러로 인상하고 추대하기로

---

8) Fox, *Reinhold Niebuhr*, p. 108.
9) Reinhold Niebuhr, *Leaves from the Notebook of a Tamed Cynic*, p. 27.

결정했다는 소식을 접하며, "그러나 나는 예수님이 1만 5000달러의 연봉을 마음에 두었을까 하고 의심한다"라고 말했다.[10]

그는 결혼식이나 유아 세례를 집례한 데 대한 교인들의 사례금을 받을 것인가, 받지 않을 것인가를 두고 심각하게 고민했다. 그는 목회에 있어서 종교의 지적 문제보다 윤리적 문제를 개척하는 데 보람을 느꼈다. 1920년의 일기의 서두에서 그는, "나는 목회를 정말 좋아하기 시작하고 있다. 내가 생각하기에 나 자신이 종교의 지적 문제들에 관해서 그리 걱정하지 않고 그것의 윤리적 문제들의 어떤 것을 개척하기 시작했기 때문에, 설교에서 더욱 감동을 느낀다"라고 말했다. 그리고 또 니버는 다른 사람들의 잘못을 예리하게 비판했지만 같은 잘못을 자신 속에서 발견하는 예리한 자기비판을 할 줄 알았다. 폭스의 관찰대로 이 일기 속의 니버는 사상적 진보와 보수적인 생활관, 대담한 비판과 예리한 자기 반성의 패러독스를 가진 젊은 목회자이다.

이것이 지성적이고 진보적인 니버로 하여금 베델교회 목회에서 빛나는 성공을 거두게 한 요인으로 생각된다. 그는 시대에 뒤진 비계몽적이고 반계몽적인 무책임한 메시지를 말재주와 감정으로 구사하여 교인의 수로 성공을 거두어 세속적 탐욕에 빠지는, 흔히 발견되는 보수적인 다른 목회자와 달랐으며, 그런가 하면 지적 메시지를 전하는 데만 집착하여 영적 혹은 윤리적 힘을 상실한 진보적인 목회자와도 같지 않았다. 니버는 이 일기에서 지적 예리함과 윤리적 성실을 겸비한 목회자 상을 보여주고 있다.

10) 같은 책, p. 55.

V

유니온신학교 교수 초기 (1928-1935): 기독교 윤리 형성기

라인홀드 니버의 생애와 사상

1
유니온신학교에 떠오른 새로운 별

✢

니버는 1928년 9월, 신학기부터 기독교윤리학과 종교철학의 조교수로 강의를 시작했다. 그의 과목은 '종교와 윤리'였으며, 그는 이 코스 외에 Harry Ward의 윤리학 강의의 조교 역할을 담당했다. 니버는 개신교계에서 이미 널리 알려진 저명인사였기 때문에 곧 학생들 서클의 관심을 끌었다. 그가 복도를 걸어가면 학생들이 뒤따라왔고, 점심이나 저녁 식사 후에 휴게실에서 시사 사건들에 대한 속사포 같은 코멘트를 하면 학생들은 촉각을 곤두세우고 들었으며, 강의에서는 쏟아져 나오는 그의 말 한마디도 놓치지 않고 기록하려고 했고, 채플 시간에는 그의 목소리와 그의 몸짓과 손짓을 보고 듣기 위해서 학생들이 모여들었다. 그의 설교에는 말이 유수처럼 흘러내렸고 아이디어들이 끊임없이 분출했다. 그는 강의 텍스트라는 것이 따로 없고 보통 한 페이지짜리 메모만 가지고 강의를 했다.[1]

학생들 사이에서 니버의 인기가 높았지만 유니온의 선임 교수들은 그를 싫어했다. 그들은 말이 적고, 자제하고, 보류하는 신학교 전통을 좋아했는데 니버는 성급하고, 솔직하고, 열정적이었기 때문이다. 뿐만 아니라 니버는 중요한 독일 명사가 방문했을 때도 손님을 존중하는 정장을 하지 않았으며, 평소의 구겨진 옷을 입고 넥타이도 아무렇게나 매고 나타났다. 식사 매너도 세련되지 않았다. 학위도 변변히 갖추지 못한 그는 마치 시골 호박 같았다. 신학교에서의 그의 장래는 어둡게 보였다. 그러나 Coffin 총장은 니버에 대한 유니온 학생들과 전국적인 명성을 내세워서 니버를 두둔했다. 사실 니버의 매너는 반항적이거나 불경을 나타내는 것이 아니라 세상 속에 있지만 세상에 속하지 않은 예언자적 민감성을 나타내는 사인(sign)이었다. 결국 그에 대한 강한 반대자들도 그의 정신을 소중히 여기게 되었

---

1) Fox, *Reinhold Niebuhr*, p. 111.

다.[2)]

　　유니온의 첫해에는 Eddy와 Coffin이 합의한 대로 파트타임으로 가르쳤다. 그는 모닝사이드 드라이브 114번 가에 있는 작은 아파트에서 어머니와 누이 Hulda와 함께 살았다. 그의 누이는 전후에 보스턴대학교에서 B. A.와 M. A.를 획득하고 동대학교에서 기독교교육학을 강의했는데, 유니온과 컬럼비아에서 대학원 과정을 밟기 위해서 뉴욕으로 왔다. 그녀가 베델을 떠나면서 일거리를 잃은 어머니를 돌보았기 때문에 니버는 안심하고 뉴욕권에서 자유롭게 활동할 수 있었다. 그는 자주 점심을 겸한 *The World Tomorrow*의 편집회의에 참석했고, Eddy와 Norman Thomas를 비롯하여 뉴욕의 개신교 사회주의자이면서 평화주의자 조직의 멤버들과 만났다. 신학교 식당에서 저녁 식사를 하고 나면 그는 한두 시간 동안 학생들에게 바깥세상 이야기를 해줌으로써, 외부 세계로부터 차단된 석조 건물 벽에 구멍을 뚫어 신학교에 바깥 공기가 흘러들게 했다. 그는 밤 9시나 10시에 학생들과 헤어져 연구실로 돌아와 논설 한두 편을 타자기로 쓴 다음, 이른 새벽에 귀가했다. 1920년대의 사회주의자들의 세계에서 비스마르크스주의자 Norman Thomas가 급속하게 부상하면서, 니버, John Dewey, John Haynes Homles 등이 사회주의에 끌렸다. 니버는 처음에는 사회당에 입당하지 않고 뉴욕교원조합, 평화주의자화해동지회, Norman Thomas의 산업민주민주주의연맹에 회원으로 가입했다. 1929년 여름에는 사회당에 가입했다. 이 일로 유니온의 이사들이나 보수적인 교수들이 그를 싫어하거나 충격 받지는 않았다. 유니온 교수 중에 Norman Thomas의 스승이 있었고, 그들이 보기에 니버는 잘못된 기독교 이상주의자들의 긴 계열에 속하는 것으로밖에는 보이지 않았다. Coffin 총장은 니버를 다른 대학에 빼앗길까 봐 걱정했다. 니버는 1929년 11월에 예일대학교의 Batell Chapel에서 번뜩이는 설교를 했는데 예일의 신학대학 학장 Luther Weigle은 그를 기독교윤리학의 정교수로, 게다가 기금이 있는 체어 프로페서(Chair Propessor)로 초청했다. 니버는 파트타임으로 1년밖에 가르치지 않았지만 코핀 총장은 그를 없어서는 안

| 2) 같은 책, p. 112.

되는 교수로 생각하고 Gaylord White 교수를 학생처장에 임명한 뒤 그 자리에 니버를 임명하고, 신학교 후면에 있는 클레어몬트 가에 있는 넓은 아파트에 살게 했다. 니버는 유니온에 머물기로 했다. 그러나 예일은 단념하지 않고 1930년 가을에 예일대학교 총장 James Rowland Angell이 니버를 예일대학교 교목으로 초청했다. 집과 교제비를 포함한 후한 재정적 대우도 포함되어 있었다. 니버는 교수로 남겠다며 이 제의를 거절했다.[3]

니버에게 시급한 것은 예일의 교수직보다 평생 교수직과 더 높은 월급을 받는 것이었다. 여전히 그는 빚을 안 지고 살려고 애쓰고 있었고 그의 집필로 흑자를 내고 있었다. 1930년에 그는 파리에서 재정난으로 고생하는 형 Walter에게 3000달러를 보냈으며, 그가 유럽에서 돌아와 영화 제작을 위한 직장을 구하고 있을 때 3000달러를 더 지원했다. 게다가 그는 아무런 수입이 없는 어머니와 누이를 부양해야 했다. 누이는 코핀 총장이 담임 목사였던 메디슨 가의 장로교회의 기독교 교육의 부책임자로 취직을 하게 되었고 한편, 1929년 12월에 60세 생일을 맞이한 어머니는 용돈을 아들에게서 타서 쓰는 것과 베델교회에서처럼 아들의 조력자가 되지 못하는 생산 활동의 결여 때문에 버림받은 것 같은 느낌에 빠졌다.[4]

그러면 이 당시 니버의 신학적 사고, 또는 사상은 어떤 특성을 가지고 있었는가? 우리는 앞서 니버가 그의 〈지성적 자서전〉에서 미국의 기독교는 유럽의 기독교에 비해서 강한 실용주의적 관심을 가지고 있다고 De Tocqueville가 간파했는데, 그것이 자신의 신학에도 그대로 적용된다고 말한 사실에 대해 언급한 바 있다. 니버 신학의 그러한 경향은 이미 이 당시부터 싹트고 있었다. 『문명은 종교를 필요로 하는가?』에서 그가 유럽식 교의학적 신학이 아니라, 윤리적 종교를 모색하고 추구한 그의 신학적 사고가 그를 도그마적 신학에 반기를 들고 영미 특유의 실용주의적인 신학적 사고의 노선을 취하게 한 것으로 보인다. 1928년과 1929년에 스위스의 신학자 Karl Barth가 처음으로 미국에 소개되고 번역되었다. 그는 1928년, *The Christian Century*에 기고한 논문 「바르트: 절대적인 것의 사도(Barth-Apostle

---

3) 같은 책, pp. 112-118.
4) 같은 책, p. 118.

of the Absolute)」에서 Barth의 신학을 일종의 근본주의(fundamentalism)로 보았다. 그는 바르트의 근본주의를 다음과 같이 규정했다.

> 바르트의 신학은 일종의 근본주의로 설명되어 왔다. 만일 근본주의가 일반적으로 수용되고 있는 역사적, 과학적 결과를 부정하는 신학만을 의미한다면, 그런 설명은 잘못된 것이며 오도된 것이다. 바르트 학파는 성서 비판을 수용하며 계시의 마술적 개념을 가지고 있지 않다. 그러나 독단주의(dogmatism)를 통해서 상대주의를 피하려고 한다는 의미에서, 그것은 새로운 종류의 어떤 근본주의이며, 혹은 낡은 종류의 정통주의이다.[5]

니버는 마르크스주의적 독단주의와 바르트주의적 신학적 근본주의에 대해서 거부감을 느꼈다. 그는 신의 초월을 최소화하는 진보적인 기독교의 내재론적 신학을 거부하는 바르트 신학에 동의하지만 바르트의 절대적 그리스도 이념은 마술보다 나을 것이 없다고 생각했다. 그러한 입장은 인간 의식의 역사적, 문화적 결정에 관한 Harnack와 Troeltsch의 통찰을 전혀 알지 못하는 것으로서 역사적, 합리적, 경험적 타당성을 인정하지 않는 독단적인 주장으로서 '새롭고 더욱 무서운 주관주의'라고 니버는 비판했다. 니버는 바르트를 거부하면서 다음과 같이 말했다. "우리는 경험 저편에 있는 절대적 이념을 단지 주장함으로써가 아니라 경험 위에 경험을 쌓고, 가설에 관한 가설을 검토함으로써 비로소 상대성과 불확실성을 피할 수 있다."[6]

니버의 이 말을 엄밀하게 분석하면, 그렇게 함으로써 상대성과 불확실성을 피하는 것이 아니라, 상대성과 불확실성에도 불구하고 진리로 향하고 있으며 진리에 접근하고 있다고 말해야 옳다. 그렇지만 경험 위에 경험을 쌓고, 가설에 관한 가설을 검토하는 것은 분명 독단적인 전제로부터 이론을 연역하는 방법이 아니라

---

5) Reinhold Niebuhr, *Essays in Applied Christianit: The Church and the New World*, ed., by D. B. Robertson (New York: Meridian Books, 1959), p. 141, *The Christian Century*(Dec.13, 1928), p. 45, 1523-1524.
6) Fox, *Reinhold Niebuhr*, p. 117.

실용주의적 방법이다. 독단론에 반대하는 니버의 이 같은 실용주의적 접근 방법은 아무런 절대적, 혹은 보편적인 것을 전제로 하지 않는 무정부주의적 상대주의가 아니라, 공동선의 실현, 혹은 주어진 상황에서의 정의 수립을 추구하는 실용주의이다. 이런 실용주의를 니버는 '기독교적 실용주의(Christian Pragmatism)'라고 불렀다. 니버는 1957년에 쓴 논문 「서구 세계의 신학과 정치 사상(Theology and Political Thought in the Western World)」에서 기독교적 실용주의에 대해서 다음과 같이 말했다.

> '실용주의'라는 용어는 한동안 기독교적 서클에서는 치욕적인 말(Schimpfwort) 이었다. 그런데 어떻게 우리가 '기독교적' 실용주의에 도달할 수 있는가? 우리는 이 물음에 대해서 다음과 같이 주장함으로써 매우 단순하게 대답할 수 있다. 즉, 기독교적 실용주의란 단순하게 계승한 도그마와 일반화는 아무리 존경받고 존중할 만할지라도 그것들이 주어진 상황에서 정의 수립에 공헌하지 않으면 수용하지 않는다는 확고한 결의로 기독교적 자유와 책임감을 경제와 정치 문제에 적용하는 것이라고 주장하는 것, 그것이 대답이다.[7]

위의 논문을 『신앙과 정치 Faith and Politics』라는 표제로 니버의 논문집을 편집하여 그 속에 게재한 Ronald H. Stone은 그 논문집의 서문에서 니버의 기독교적 실용주의에 대해서, "그는(니버는) 항상 William James에게 큰 지적 빚을 졌다. 그리고 세계대전 이후 그는 기독교적 실용주의의 주요한 개척자들 가운데 한 사람이 되었다"라고 말했다.[8]

니버의 이러한 실용주의적 사고는 초기 바르트의 독단적 근본주의에 대한 비판을 제기했을 때 이미 나타나기 시작했다.

1929년 여름, 사회당에 입당한 니버는 1930년에는 사회당 서클 안에서의 활동이 더욱 활발해졌다. 그는 충실한 사회당원들의 모임에서 강연을 했으며, 사회당

---

7) Reinhold Niebuhr, *Faith and Politics*, ed., Ronald H. Stone (New York: George Braziller, 1968), p. 55.
8) 같은 책, p. 15.

저널 The New Leader에 정치적 분석을 기고했다. 사회당의 어떤 회원들은 그에게 뉴욕 주지사로 출마할 것을 권유했다. 그는 그 제의는 거절했으나 뉴욕 주 상원의원으로 출마했다. 그의 출마가 선포된 것은 그가 유럽의 정치적, 종교적 세계를 취재하여 The New Leader와 The Christian Century에 보도하기 위해서 독일에 있을 때였다. 그때 그의 동생 Helmut와 그의 처는 독일에 있었다. 니버가 250달러를 Helmut에게 주었고, 그 돈으로 그는 그해 봄과 여름에 독일에서 신학을 공부하고 있었다. 니버가 독일에 갈 때는 어머니와 함께 가서 동생과 그의 처와 상봉했다. 누이 Hulda는 니버의 산적한 강연 초청을 처리하기 위해서(대개는 거절하기 위해서) 미국에 남았다. 앞서 우리는 Eddy가 영국에서 여름마다 세미나를 가졌다는 사실에 대해서 언급한 바 있다. 에디는 같은 세미나를 1923년 이후 유럽에서 가졌다. 그의 유럽 세미나는 2주에 걸쳐 베를린에서 소련에 이르는 여행 세미나였다. 그해의 세미나는 레닌그라드와 모스크바에 가는 제5회 세미나였는데 니버와 Helmut, 어머니 Lydia가 동참했다. 니버가 The Christian Century에 기고한 두 편의 원고의 고료로 비용의 일부를 충당했다. 같은 해 12월, 니버가 출마한 선거의 투표가 있었다. 결과는 민주당 후보는 2만 271표를, 공화당 후보는 1만 947표를 얻었고, 사회당 후보 니버는 1480표밖에 얻지 못했다. 이렇게 해서 니버는 참패했다.[9]

---

9) Fox, *Reinhold Niebuhr*, pp. 121-124.

2
John Baillie, Dietrich Bonhoeffer, Ursula Keppel-Compton이 유니온에 출현

✤

1930년과 1931년, 두 학년도에 니버에게 일생 동안 중요한 영향을 미친 세 사람이 유니온에 등장한다. 그중 한 사람은 John Baillie 교수로서 그는 그해 조직신학의 Roosevelt Chair 교수로 유니온에 취임했고, 다른 한 명은 1년 연구생(fellow)으로 독일에서 온 신학도 Dietrich Bonhoeffer였으며, 또 한 명은 영국에서 온 역시 1년간의 여성 연구생 Ursula Keppel-Compton이었다.

스코틀랜드인 교수 Baillie는 니버보다 6년 연상으로 이미 널리 알려진 저명한 신학자로서 당장에 유니온을 신학적 학문에서 돋보이게 했으며, 바르트 신학과 대결적인 입장을 취했다. 그는 유니온의 종래의 선임 교수들과 달리 급속하게 니버와 친근해졌다. 두 사람의 우정은 니버의 유니온 생활을 편안하게 했을 뿐만 아니라 그의 신학을 심화하는 계기가 되었다. 니버가 이해하기로는 Baillie 교수는 인간이 신을 알 수 있는 지식의 가능성을 가지고 있다고 생각하는 진보적 신학의 출발점을 보유하고 있으며, 초월에 대한 관계에서 구체적인 인간에 대한 판별적 (discriminating) 연구를 함으로써 타계로 향하는 독단주의를 피하는 신학을 추구했다. 특히, 그의 사려 깊은 바르트 비판은 Baillie가 에딘버러대학교 신학부의 교수로 간 1930년 후반의 니버 신학의 이론적 심화의 길을 열어주었다.[10]

Dietrich Bonhoeffer는 성급한 24세의 신학도였다. 그는 재빠르게 동료 신학생들과 그들이 좋아하는 교수 니버와 Ward가 지적으로 개탄스러울 정도로 덜 발전했다고 판정했다. 이들 신학자들의 교육은 실상 아무것도 아니며 전문적인 신학적 문제를 가볍게 다루는 그들의 확신은 공인되지 않은 순진한 것으로 Bonhoeffer는 생각했다. 그는 유니온의 학생들이 학창 생활에서 무난한 사교 위

---

[10] 같은 책, pp. 124-125.

주로 살며 상호 비판을 하지 않기 때문에, 유니온의 학문적 수준의 저하를 초래했다고 보았다. Baillie 교수가 그의 세미나에서 바르트 신학에 대한 발표를 시켰을 때 그는 발표의 모두에서 그가 발표하는 한 시간 동안만은 유니온에서 배운 모든 것을 잊어버리라고 했다. 니버도 Bonhoeffer를 비판했으며, Bonhoeffer가 제출한 리포트를 이렇게 평가했다 그는 바르트 신학의 윤리적 含意를 평하면서 William James의 실용주의를 참고로 제시하고, 대략 다음과 같이 바르트 신학의 윤리적 含意를 비판했다. 초월을 독단적으로 강조하면 그것이 어떻게 윤리적인 중요성을 가질 수 있겠는가? 신에 대한 복종은 종교적 경험일 수 있겠지만 그것이 사회적으로 가치가 있는 행동으로 나타낼 때까지는 윤리적이 아니다. 결과로 행동을 평가하지 않고 행동을 개념의 입장에서만 판단하는 모든 윤리적 해석은 윤리적 내용을 공허하게 하고 윤리를 순수하게 형식적인 것으로 만든다. 한편, 니버는 Bonhoeffer로 인해서 그의 신학에 대한 반대자들에 대해서 더욱 확신을 가지고 자기를 방어하려면 그의 신학을 보다 심각하게 발전시켜야 한다는 사실을 절감하게 되었다.[11]

Ursula Keppel-Compton은 영국인 의사의 딸로 신학으로 옥스퍼드대학교를 졸업한 머리가 예리하고, 쾌활하고, 말수가 많은 여자였다. 그녀는 앞으로의 진로를 모색하기 위해서 유니온에서 1년 동안 공부하기로 했다. 그녀는 미국으로 오는 배 안에서 니버에 대해서 들었고, 유니온에 와서는 영감을 주며 비판적인 니버에게 곧바로 공감했고, Bonhoeffer와 달리 니버에게 끌렸다. 그녀는 니버와 결혼하기로 결심하고 그에게 적극적으로 접근했다. 그 학년도 말에 그녀가 영국으로 귀국하는 날짜가 가까워지자 그들은 적극적으로 행동을 취하여 마침내 약혼을 발표했다. 그러나 니버의 산적한 강연 스케줄과 그의 사회주의적 입장을 둘러싼 복잡한 사회적 정세로 인해서 1931년 12월에야 니버는 단신으로 영국으로 건너가서 결혼했다. 니버의 결혼에 가장 심각한 문제가 되었던 것은 베델교회 목회 13년간 목회의 조력자로 일했고, 유니온의 교수 생활 동안에도 항상 함께 살았던 어머니

---

11) 같은 책, pp. 125-126.

를 두고 결혼하는 것이었다. 니버에게 그것은 쉬운 일이 아니었지만 그의 어머니에게는 더욱 어려운 문제였다. 그렇지만 당시에 Ursula가 말했듯이, 교회와 결혼하는 것은 가능하지만 어머니와 결혼할 수는 없는 일이었다. 니버에게는 행복과 고통이 교차하는 갈등의 순간이었지만 그는 드디어 결혼을 결행했다.[12]

Fox는 Bonhoeffer가 귀국 후 점점 더 정치와 윤리에 관심을 가진 것을 두고 부분적으로는 니버의 영향을 받은 것 같다고 했는데, 그보다 더 중요한 이유는 그가 히틀러의 전제 정치에 저항하게 된 것이라고 봐야 할 것이다. 그의 저술 『윤리학 Ethik』은 1940년에서 1943년 사이에 대전과(히틀러는 1939년 1월, 폴란드에 침입하여 제2차세계대전을 일으켰다.) 반나치 저항 운동의 한가운데에서 저술되었다. 이 저서에서 Bonhoeffer는 그리스도 절대 중심주의에서 출발하여 그리스도를 본받고 그리스도처럼 되는 '형성(Gestaltung)'의 윤리를 전개했다. 그렇기 때문에 그의 윤리적 접근은 바르트와 같은 도그마적 접근의 윤리이지 니버의 윤리처럼 변증론적(apologetic), 혹은 실용주의적 접근의 윤리가 아니었다. 뿐만 아니라 그는 이 저서에서 니버의 사회윤리학을 비판했다. 그는 니버가 도덕적 인간(moral man)과 비도덕적 사회(immoral social)는 인격과 행위처럼 분리할 수 없는 것인데 그것을 구별하는 잘못을 범했으며, 그 결과 오늘날 사회 윤리라는 이름으로 나타나는 윤리적 아포리아를 초래했다고 주장했다.[13]

이렇게 Bonhoeffer의 윤리적 접근은 니버의 그것과 다르지만 상황주의적인 윤리적 사고라는 독자적이고 창의적인 사고로써, 그의 절대적 윤리적 전제를 상대적 현실과 연결시키려고 함으로써 니버의 상대적인 윤리적 접근과는 다른 상대적 접근을 시도했다. 이러한 상황주의는 Bonhoeffer의 『윤리』 전체를 통해서 일관되게 흐르고 있다.

---

12) 같은 책, pp. 126-131.
13) Dietrich Bonhoeffer, Ethik(München: CHR. Kaiser Verlag, 1961), p. 58.

3
『사회사업에 대한 종교의 공헌
The Contribution of Religion to Social Works』 출간(1932)[14]

✣

본 저서의 서문에 밝혀져 있는 바와 같이 이 책은 니버가 1930년 뉴욕사회사업대학(New York School of Social Work)의 포비스 강좌(Forbes Lectures)에서 행한 강연이다. 강의는 1930년에 했으나 책으로 출판된 것은 1932년이다. 니버는 서문에서 그가 숙달된 사회사업가가 아니라 종교와 윤리 분야에 정통해 있는 학자이기 때문에, 강의에서 그가 제시한 주장들이 사회사업 전문가들이 볼 때 많은 누락된 것들과 오류들이 발견될 것이므로, 그것들을 그들이 보충하고 시정해 주기 바란다고 당부했다. 아래에서 동저서의 내용을 요약하기로 한다. 요약 내용 중 괄호 안의 페이지는 The Contribution of Religion to School Works(Columbia University Press, 1932)의 페이지를 나타낸다.

제I장 사회사업의 역사 속의 종교(Religion in the History of Social Work)

어떤 사회도 약자인 사회 구성원에 대한 어느 정도의 관심을 가져왔다. 사회의 변화와 성장 과정 속에서 두 가지가 자선적 충동의 세련화에 특히 공헌했는데, 그 두 가지란 성장하는 지성과 종교 정신의 발전적인 세련화가 그것이다. 고전적 세계에서는 성장하는 지성이 사회적 태도를 세련되게 하고 상호간의 도움을 완전하게 만드는 주요소였다. 스토아주의(Stoicism)는 잔인성을 완화했고, 인간에 대한 충성의 범위를 확대했으며, 사회적 책임을 확대했다. 고대 히브리에서는 종교적 발전 속에 분명 사회적 양심의 성장이 깃들어 있었다. 히브리의 초기 어떤 법들에는 빈궁한 자들에 대한 호의적 관심이 들어 있는데, 그것은 분명 함무라비 법전에서 온 것으로

---

14) Reinhold Niebuhr, *The Contribution of Religion to Social Work*(New York: Columbia University Press, 1932).

서 빈궁한 자에 대한 공동체의 책임의 발전적 강조를 나타내는 것이다.(pp. 1-3)

원시 기독교에서는 종교적 정신이 동정심 있는 사회적 태도를 창출하는 데 새로운 성공을 거두었다. 초대 교회의 공산주의의 경험은 오래 지속되지 못하고 실패했지만, 그 단명함에도 불구하고 그것은 종교적 열정으로 발휘되는 사회적 책임이 얼마나 높을 수 있는지를 보여준다. 신약성경의 사도행전에 나타나 있는 공산주의의 경험의 실패에도 불구하고 Tertullian은 여전히 "우리는 우리의 아내를 제외하고는 모든 것을 공유했다"(p. 3)라고 말했다. 부에 대한 초대 교회의 비판적 태도는 자선에 대한 강조를 고무하기도 했다. 여러 가지 종교적 동기들이 초대 교회에서 사랑의 정신을 고무한 것이 사실이지만 초대 교회의 자선의 정신은 적대적 세계 속에 살고 있는 수적으로 약한 기독교 공동체의 자연적 결속감에 부분적인 원인이 있다. 그렇지만 콘스탄틴 황제 시대에 사회적 혼란이 빈곤의 증대를 수반했을 때도 교회는 그것에 무관심하지 않았다. "물론 교회가 선한 일들을 하게 자극한 빈곤의 보다 기본적인 원인들에 대해서 교회는 전혀 생각하지 않았다. 사회적인 상황이 당연시되었던 것이다."(p. 5) 말하자면, 주어진 사회 상황 안에서 인간적 고난을 구제하기 위한 영웅적인 노력이 행해졌던 것이다. Augustine은 가난한 사람들을 위한 구제를 크리스천의 참된 희생이라고 했으며, 6세기에는 교회나 수도원에 의해서 병원이 건립되었다.(pp. 3-6)

중세에는 기구적 자선이 빠르게 발전했다. 수도원의 자선 운동은 어떤 면에서는 개인적이고, 모든 사회 문제에 대해서 무관심했다.(p. 6) 수도승뿐 아니라 감독 역시 자선 시행자였다. 감독들은 가난한자를 돌보는 특별한 책임을 가지고 있었다. 많은 감독들이 방탕한 생활과 무익한 전쟁에 그들의 부를 낭비했지만 중세 역사는 자선사업에 부를 사용한 선한 감독들의 이야기로 가득 차 있다. 그러나 "종교적 동기를 가진 사회적 정열은 항상 사회 상황을 당연시하며 또한 지배적인 사회 시스템에 의해서 정해진 제한 속에서 자애로운 사회적 태도를 표현하는 유혹을 받았다는 사실을 우리는 인정해야 한다."(p. 7) 중세에는 가난한 자에 대한 보시가 죄로 인한 장래의 징벌을 면제시켜 주는 한 방법으로 여겨지기도 했다. 어떤 교회의 기록에는 한 부유한 평신도가 가난한 자들을 위해서 그의 300년에 해당하는 죄를 사해주기에 충분한 보시를 제공하게 한 교회의 과도한 징수에 항의했다는 사실이 기록되어 있다.(pp. 6-8)

가톨릭 교회의 방대한 기구적 자선은 중세의 정신의 직접적인 계승이다. 개신교 기독교는 그것이 가지고 있는 순수하고 개인적 신비주의 신앙으로 인해서 중세의 정신의 훌륭한 미덕들의 어떤 것들을 파괴할 수밖에 없었다. 개신교가 낳은 개인주의는 중세의 최선의 사회적 전통을 유지하기가 어렵거나 불가능했다. 사랑은 자발적이어야 하며 어떤 기구의 지도나 강요에 의한 것이어서는 안 된다는 것이 루터의 이상이었다. 물론 개신교 교회들이 가난한 자들의 불행을 덜기 위한 자선 활동들을 했다. 그러나 자선의 일반적인 시스템은 수립되지 못했다. 그들은 사회적 질서를 당연시했으며, 사회 문제들과 불법들에 대해서 비관주의와 낙관주의 사이를 오고 가고 했다. 그들은 한순간에는 세상이 저주받았다고 보았고, 다음 순간에는 모든 사람이 황금률을 지키면 만사가 해결된다는 순진한 희망을 가졌다. 바로 개신교 시대에 가톨릭 교회는 자선의 현대적인 기구적 사업의 기초를 발전시켰다. 프랑스에서는 자선의 기구적 프로그램이 최고로 발전했다. 자선 병원들도 지어졌다.(pp. 8-11)

경건주의 운동이 개신교 기독교의 신조적 정통주의(Creedal orthodoxy)의 불모성을 극복하고 나서야 개신교의 자선사업이 꽃을 피웠다. 루터 교회가 가톨릭교의 기구적 자선사업과 비교할 만한 기구적 자선사업을 발전시킨 것은 Spencer와 Franke 같은 사람들의 영향 아래에서였다. 노인과 병든 자와 고아, 그 외의 모든 다른 형태의 생활이 어려운 자들을 위한 Franke의 여러 기구들은 아직도 독일의 Halle에서 기능하고 있으며 전 유럽에 그 영향의 흔적이 남아 있다. 개신교의 여러 섹트들(sects) 중에서 퀘이커 교도들(Quackers)은 노예제도의 폐지를 위한 싸움의 선두에 섰다. 퀘이커 교도 Tuke는 정신병 환자를 위한 최초의 병원을 설립했다. Elizabeth Fry는 형무소의 개혁을 위해서 고심했다. 그 후 퀘이커 교도 John Howard도 형무소 개혁을 했다. 미국에서 최초의 국가 자선 기관을 조직한 것은 퀘이커 교도 Timothy Nicholson이었다. 사회사업의 세속화가 고도의 일관성을 가지고 발달한 것은 유럽의 다른 어디에서보다도 영국에서였다. 영국에서는 1834년 이후 가난한 자들의 구제는 거의 전적으로 국가의 손에 맡겨졌다. 그렇지만 영국에는 개인적인 사회사업 활동들이 있었다. 영국에서 높은 정도의 일관성을 가지고 실행된 사회사업의 세속화는 미국에서 그 절정에 도달했다. 미국 가톨릭교는 오래된 자선사업의 전통을 손상시키지 않고 그대로 유지했지만 말이다. 사회사업의 세속화가 미국에서 가장 일관성 있게 발전한 것은 미국에서 개신교가 우세하고 생활속에서 개신교의 청교도적 섹트들이 지배적이기 때문이다. 미국에서는 지배적인 교회의 전통이 없으며, 이민자의 다양한 특성이 매우 다양한 교파주의를 싹트게 했다. 이러한 교회의 통일성 부재는 사회사업의 세속화를 불가피하게 만들었다. 다시 말해서, 개신교의 무정부적인 통일성의 결여는 사회사업의 세속화를 피할 수 없게 했다.(pp. 12-15)

빈번하게 세속적 국가는 교회가 먼저 깨달은 사회적 봉사들을 뒤늦게 서서히 인정하고 그것을 전체 사회의 책임으로 받아들인다. 다시 말해서, 사회사업의 영역에서 선구자는 교회요, 거기에 대한 책임을 발견하는 것도 교회이다. 그렇게 교회가 시작하고 나면 사회가 그 책임을 인식하고 수행하게 된다. 이렇게 볼 때, 종교는 사회적 필요성을 신속하게 이해하고 그것을 완화하기 위해서 행동을 개시한다는 의미에서 사회사업과 관계를 가지고 있음이 분명하다.(p. 17)

제Ⅱ장 종교적으로 고무된 자선의 한계들(The Limitations of a Religiously Inspired Philanthropy)

지금까지 고찰한 바와 같이 종교는 사회적 태도를 풍부하게 가지고 있으며 곤궁한 사람들을 친절하게 대하고 도움을 주게 하는 도덕적 감수성을 창출한다. 모든 욕망을 악으로 보는 심오한 비관주의인 불교도 불행한 자들에 대한 도움에 관한 한 부정적이 아니다. 기독교는 자애심을 도움을 위한 기구의 형태로 발전시킨다. 앞의 강의에서 시사한 바와 같이 종교적 자선은 종교 자체의 제한성들로 인해서 발생하는 어떤 약점을 가지고 있다. "사회사업에서 종교가 갖는 가장 현저한 약점은 종교가 항상 보다 높은 정의를 위해서 사회의 시스템을 정죄하리만큼 충분하게 엄격하고 치밀한 이상주의를 발전시키지 못하고 사회의 시스템 안에서 후덕한 정신을 창출하는 것같이 보인다는 사실이다."(pp. 18-19) 다시 말해서, 종교는 사회 정의보다는 자선을 실현한다. 이러한 약점은 인간의 상상력의 자연적 제한으로 인한 것으로서, 일반적인 인간은 그가 처해 있는 사회 구조를 문제 삼을 만큼 충분하게 예리한 지성을 지니고 있지 않다. 흔히 종교로 하여금 당대의 사회 구조를 비판적으로 보는 바로 그 순간에 사회적 보수주의에 빠지게 만드는 것은 절대적인 것에 대한 종교적 이해이다. 절대적 완전, 하나님의 신성함, 하나님 나라의 이상은 현실과 비교되는 종교적 표준인데, 그것은 세상 구원의 가능성에 관해서 완전한 비관주의에 빠진다. 불의의 세상이 당연시되는 것이다. 흔히 사랑의 종교적 이상은 종교적으로, 그리고 종교적 공동체 안에서만 실현되고 그런 사랑은 세속적인 사회 상황에 적용하려는 노력을 하지 않았다. 노예제도에 대한 초대 교회의 태도가 바로 거기에 해당된다.(pp. 18-20)

크리스천 주인이 자주 그의 노예를 해방했지만 노예제도는 당연시되었다. 기독교 역사 속에서는 그리스도의 무저항을 사회의 불의로 인해서 고통받는 모든 사람의 모범으로 해석하는 시각이 거듭하여 나타났다. 이러한 태도는 교회로 하여금 사회의 불의를 수용하게 했는데, 그것은 자기의 이익을 주장하지 않거나 악을 악으로 갚지 않고는 불의에 저항할 수가 없기 때문이다. 루터도 이런 태도를 농민의 반항을 다루는 데에서 표출했다.(pp. 20-21)

종교의 사회적 보수주의의 또 다른 한 뿌리는 종교의 자연 결정론(natural determinism)이다. 다시 말해서, 신은 만물의 전능한 창조자로서 그의 힘과 지혜는 존재하는 사회 조직의 선함을 보증한다는 것이다. 바울은 이런 결정론의 논리를 로마서 13: 1-2에 표명했다. 바울의 이 이론은 초대 교회의 천년왕국이 사라지고 로마 제국을 감수하게 되었을 때 국가에 대한 적응을 정당화하는 것으로 보인다. 그러나 기독교사에서 나타난 이 같은 결정론의 경향은 바울의 이 한 구절에만 근거를 두고 있는 것은 아니다. 이러한 이론의 여러 형태는 사회의 현재 상태는 인간의 죄악을 다루기 위해서 신이 정하신 것이라고 가정했다. 사도 후기 교회는 스토아주의로부터 자연법론을 도입하여 제국주의와 노예제도를 정당화했다. 이러한 자연법은 신이 죄의 상태에 있는 인간을 위해서 부여한 법으로 이해되었다. 종교적 결정론은 거듭 종교적 기구들로 하여금 가난한 자들의 비참에 대해서 무관심한 태도를 취하게 했는데, 그 논리는 신이 가난을 정했다는 것이었다. 노예제도 역시 신이 정한 것으로 이해되었다.(pp. 22-24)

종교적으로 고무된 윤리적 감수성이 사회 정의보다 자선을 창출하는 경향을 갖는 또 다른 이유는 종교가 줄곧 윤리적 행동의 동기에 사로잡혀서 전체적인 사회 상황을 다루기가 어렵다는 사실 때문이다. 종교는 사회를 구원하는 도구로서의 사랑보다 사랑의 정신의 발전에 더 많은 관심을 가지고 있다. 종교는 전체적으로 볼 때, 정신(the mind)보다 의지와 감정에 관심을 가지고 있다. 종교는 너무나 쉽게 감상주의에 빠진다.(pp. 24-25) 순수한 형태의 종교적 자비심은 자선의 이상이다. 고도로 민감하게 된 종교적 정신은 사도 시대의 교회의 신자들이 나타낸 것과 같은 종교적 정신을 발휘한다. 그들은 자발적으로 공산주의 속에서 살았다. 그렇지만 종교는 감정과 감상에 대한 의존으로부터 나오는 개인주의의 경향을 가지고 있다. 정의의 가장 엄격한 유형인 평등주의는 결코 종교심으로부터 발생하지 않았다. 종교는 정의보다 못한 자선으로 표현된다.(pp. 26-27)

자선의 감상주의는 순수하게 종교적 정신의 산물이 아니다. 그것은 인간의 정신과 상상력의 자연적 제한성으로부터 발생한다. 예수가 남아도는 것을 주는 부자들의 자비심을 매우 심각하게 비판한 것과 같이 매우 순수한 종교는 종교가 가장 정교한 형태로 표현되었을 때에도 이기심을 탐지한다. 종교는 보다 높은 수준의 정신적 통찰에 도달하기 때문에, 정의를 원하는 것이 아니라 연민과 힘을 과시하는 데 만족을 느끼는 특권자들의 불가피한 위선에 쉽게 연루된다. 미국만이 모든 산업국가들 중에서 자발적 자선이 정의를 수립하기에 부족하며, 부의 분배의 기본적인 문제를 사회가 다루는 데 있어서 실제적인 인간의 고통을 완화하기에 부족하다는 것을 배우지 못했다. 자선은 기계 문명의 불량 기능으로부터 발생하는 사회적 필요성을 정당하게 다루지 못하며, 도시 문명의 비인간적 인간관계의 한가운데에서 사회적 필요성을 모호하게 만든다. 종교가 자발성에 높은 중요성을 부여하고, 감정을 높이 사고, 냉정한 계산을 과소평가하면 종교는 보수주의와 위선적 감상주의에 빠진다. 중세에는 종교적 급진주의가 주로 수도원주의로 표현되어 사회의 불의와 결별하고 빈곤과 사랑의 공동체를 사회 질서 안에서, 그러면서도 그것 밖에서 창출했다. 이러한 유형의 급진주의는 사회 질서를 바꾸려고 하지 않았지만, 그것을 수용하지 않았으며 그것에 종교적 정당성을 부여하지 않았다.(pp. 27-30)

종교개혁 이후 개신교 사상의 주류는 중산층이었으며, 보수적이지만 교회 안의 다양한 섹트와 집단에 의해서 급진적 전통이 유지되었다. 그런 것들 속에는 Diggers, Levellers, Brownists와 초기 Quackers 등이 있었다. 그것들은 종교적 공동체 안에서 사회 정의를 실현하기 위해서 대단한 노력을 했다. 그러한 노력은 흔히 공산주의의 다양한 경험이 되었고, 정의로운 사회의 도래의 묵시적인 희망이 되었다. 그렇기 때문에 중산층의 종교적 기구는 그들의 사회적 보수주의와 자족에 의해서 오염될 수밖에 없다. 특히, 그런 종교는 빈곤을 악의 결과로, 그리고 부를 덕의 보답으로 보는 경향을 자체 속에 지니고 있기 때문에 그렇다. 이렇게 해서 종교적 자선은 자선의 필요성을 요구하는 사회적 불량 기능의 원인에 대한 궁극적인 물음을 제기하지 않고 후덕에의 충동을 계속 표현하려고 한다.(pp. 30-33)

제Ⅲ장 정신적 및 사회적 건강의 근원으로서의 종교(Religion as a Source of Mental and Social Health)

미국의 사회사업가의 4분의 3은 세속적 후원 아래에서 일하고 있다고 짐작해도 잘못이 아닐 것이다. 그러나 그들이 인간의 생활을 혼란에서 질서로 구출하기 위해서 사용할 수 있는 종교적 자원을 파괴하거나 망각해서는 안 된다. 종교는 무엇보다도 개인의 삶의 질서와 통일을 이루는 힘이다. 이상적으로 말해서, 종교는 신의 의지로 이해된 최고의 가치에 대한 삶의 투신이요, 그리스도는 삶의 최고의 가능성의 심벌이다. 고정 관념에 빠진 종교는 매우 보수적인 세력이 된다. 그런 종교는 새로운 상황에 직면해야 하는 사회에는 위험하며 종교에 의해서 신성화된 도덕을 바꾸지 못한다. Oswald Spengler는 도시 생활의 비인격적 관계들이 어떤 위대한 전통과 불가결하게 관계되어 있지 않기 때문에 혼란에 빠지는 제멋대로의 뿌리 없는 개인들을 생산함으로써 필연적으로 초래되는 문화와 도덕의 퇴폐에 대한 설득력 있는 분석을 했다. 이렇게 볼 때, 삶의 미친 패턴은 전혀 패턴이 없는 것보

다 낫다.(pp. 34-37)

　소수의 사람들은 여러 가지 종교적 전통들로부터 영향을 받았지만 그 어느 것에도 복종하지 않는 합리적 규제에 의해서 사는 것이 가능하다. 그러나 대다수의 사람들은 종교적 신념에 의해서 그들의 삶의 질서를 유지할 필요가 있다. 내가 알고 있는 매우 현명한 어느 사회사업가는 문제 소년들을 다룰 때 항상 그들이 가지고 있는 종교적 유산을 강화한다. 과거의 문화를 파괴하는 오늘날의 기계 문명이 우리의 삶의 문제들에 적합한 새로운 종교적 문명을 형성할 수 있는지 여부는 의심스럽다. 그럴 수 없다면 혼란이 악화되어 더욱 혼란스럽게 되지 않기 위해서 전통적 규제를 유지하는 편이 낫다. 전통적 종교가 혼란을 예방할 수 있다면 역동적 종교는 혼란을 해결할 수 있다. 회개의 경험이 후자의 경우에 해당한다. 회개의 경험은 열정을 누르고 삶에서 적절한 질서와 통일을 가지지 못하는 사람들을 위해서 혼란에서 질서를 가지게 하는 기능적인 힘을 가지고 있다. 현대의 심리 치료는 개인의 삶의 갈등들을 과학적으로 분석하는 데 있어서 종교적 복음 전도자보다 우위에 있다. 종교적 부흥은 개인이 직면하고 있는 특정한 문제들을 정확히 다루지 않기 때문에 때로는 그런 문제들을 해소시키기도 하지만 다른 경우에는 그렇지 못하다. 그러나 보통 이런 실패는 그리 치명적이지 않다. 절대자에 대한 의존심을 가지는 종교는 혼을 동요와 혼란스러운 집착으로부터 해방시킴으로써 종교인이 사실에 부합하지 않는 낙관주의를 갖게 하며, 모든 열정과 이해관계를 삼켜버리는 숭고한 감정의 고조된 심정을 생산하여 생각할 수 있는 최고의 목표로 방향을 다시 잡게 한다.(pp. 37-39)

　참된 종교적 회심은 중요한 치유적 가치를 갖고 있는 은혜(grace)와 용서(forgiveness)에 대한 확신을 가지고 있다. 현대 사상은 여기에 대해서 특별히 비판적이다. 그것은 종교적 은혜가 자주 마술로 전락하기 때문이다. 그렇지 않고 은혜와 용서에 대한 종교적 경험이 개인의 신비로운 경험일 때조차 그것은 도덕적 위험성을 지니고 있다. 그것은 도덕적 노력을 방해하기 쉽고, 힘찬 노력을 행한 사람만이 맛볼 수 있는 평화를 너무나 쉽게 가져다 준다. 그럼에도 불구하고 그것은 삶의 경험에 근거하고 있으며 현대적 지성이 알고 있는 것보다 더 많이 필요성을 충족시킨다. 하나님의 사랑이 죄를 사해주며 "너희들의 죄가 주홍 같을지라도 눈같이 희게 되리라"는 확신을 우리에게 준다는 이념은 상상이라는 허구에 불과한 것이 아니라, 삶에서 치유의 힘을 발휘하는 참된 힘의 종교적 심벌이다. 우리의 잘못과 실패에도 불구하고 우리에 대한 확신을 상실하지 않은, 우리와 가깝고 친밀한 사람들의 사랑은 하나님의 자비심과 용서의 사랑의 심벌이다. 종교는 삶에는 치유하고 구원하는 힘이 존재한다는 사실에 우주적 중요성을 부여한다. 이러한 사실을 이해하지 못하고 그것을 미신의 유물로 여기는 사회사업가는 종교의 구원적 힘을 그것을 필요로 하는 사람에게 사용할 수 없다. 종교에는 삶에서 궁극적인 것으로 향하는 단순한 종류의 영웅적 용기가 주는 안정감이 있다. 이 점을 심리학자 J. A. Hadfield가 그의 저서 『힘의 심리학The Psychology of Power』에서 인정했다.(pp. 40-43)

    종교 비판자는 그것이 환상을 조장하고, 현실에서 상상의 세계로 도피하는 기회를 제공하며, 어린애 같은 의존심을 영구화하고, 충분한 감정적 성숙에 도달하는 것을 방해하며, 사회 생활의 부적합한 조건들을 감수하게 한다고 말할 것이다. 그러나 역사 속에는 하나님의 영원한 손길을 믿은 남녀의 찬란한 영웅주의의 증거들이 있음을 생각해 볼 때, 삶과 우주의 궁극적 은혜에 대한 확신이 사람들이 당장의 문제들을 현실적으로 다루지 못하게 한다고 주장하는 것은 어리석은 일일 것이다. 종교는 그런 문제들을 적절하게 다루기 위해서 필요한 평정과 균형 감각을 줄 것이다. 종교의 낙관주의와 안정감이 사람들을 고통스럽게 하는 사회의 악들을 현실적으로 다루지 못하고 그것들에 용감하게 저항하지 못하게 한다는 비난은 종교에 대한 가장 심각하고 믿을 만한 비판이다. 종교가 아편이라고 주장하는 급진주의자들은 부분적으로 옳지만 그들은 또한 부분적으로 잘못되었다. 왜냐하면 그들은 그들이 생각하는 이상적인 사회를 건설하고 나서야 그 사회가 비로소 잘못되었다는 것을 알게 되기 때문이다. Robert Louis Stevenson은 "인간은 성공할 운명을 가지고 있지 않다. 실패는 모든 인간에게 주어진 운명이다"라고 했다. 이 말이 사실일지라도 종교는 실패가 승리로 화하는 데 대해서 항상 할 말이 있다. 종교는 낡은 사회가 붕괴되고 새로운 사회가 창출되어야 할 시기에 그것이 가지고 있는 안정감과 평온 때문에 흔히 반동적 세력이 될 수 있다. 그러나 종교에서만 부당한 강조와 시기에 맞지 않는 적용으로 인해서 덕이 악으로 되는 것은 아니다. 덕은 어떤 악이 그 속에 있든 여전히 덕으로 남는다.(pp. 43-46)

지금까지 우리는 개인의 심적, 정신적 건강을 위한 종교적 자원만을 다루었다. 그렇지만 종교는 사회적 건강을 위한 자원도 가지고 있다. 종교적인 생활이 참된 생명력을 가지고 있을 때 종교 속에는 인간 상호간의 인내와 용서의 강조가 있어서, 그것들이 공동체 생활에서 발생하는 불가피한 마찰을 완화한다. 이점이 보다 잘 나타나는 것이 바로 가정 생활에서이다. 종교적 충동은 복잡한 사회 관계에 적용되기 위해서 빈틈없는 사회적 지성과 연결되어야 하지만 당장의 직접적인 적용을 발견하기가 어렵기 때문에 어느 정도의 효능을 상실한다. 가족에서는 성의 자연적 매력이 갈등들을 해결하는 힘을 가지고 있지만 그것만으로는 불충분하고, 종교가 상호간의 인내와 용서를 격려하고, 가족적 결합의 성례전적 성격을 강조하면 전적으로 세속적인 분위기에서보다 쉽게 어려움이 해결되는 분위기가 창출된다. 생명력 있는 종교가 유지되는 가정에서는 이혼이 매우 드물게 나타난다. 사회사업가들은 파경을 맞은 가족이나 파경에 직면한 가족을 더 많이 다루어야 한다. 그렇다고 해서 그들이 불행한 가족이 필요한 종교적 자원을 공급할 수 있다는 것이 아니라, 가족 속에 아직 남아 있는 종교적 자원은 무엇이든 사용할 수 있어야 한다는 것을 말하는 것이다. 때로 사회사업가들이 종교적 자원이 얼마나 힘이 있는지 알고 있으면, 위기에 처한 가족을 구원할 수 있을 만큼 그 힘을 충분히 강화할 수 있을 것이다.(pp. 46-48)

제Ⅳ장 개인적 및 사회적 불량 적응의 원인으로서의 종교(Religion as a Cause of Personal and Social Maladjustment)

종교는 해로운 동시에 건전한 영향을 실제로 주고 또 줄 수 있을 것이다. 두 측면에 대한 충분한 증거가 있다. 종교는 개인을 통일하고, 사회를 안정시키며, 사회적 상상력을 창출하고, 또한 사회 생활을 신성화하지만, 다른 한편으로는 예부터의 악을 영속화하고, 사회적 타성을 증대시키며, 환상을 만들고, 또한 미신을 보존한다. 사회사업가들은 부적절한 형태의 종교, 혹은 부적절하게 적용되었거나 부당하게 강조된 종교적 경험이나 힘으로부터 고통 받는 남녀가 계속 접촉하는 것을 보게 된다. 그중에서도 사회사업가들이 접하는 가장 흔한 사회적 불량 적응의 원인은 가족과 공동체에서 발생하는 종교적 충성의 분열적 특성이다. 종교는 접하는 모든 것을 절대화하는 경향이 있다. 그것은 사회적 관습과 원래 관계되어 있던 집단적 관계를 신성화하고 영원한 것으로 만든다.(pp. 39-50)

종교는 흔히 공동체 속에서 분열적 세력이 된다. 미국 개신교의 교파적 분열은 거대한 도시 공동체에서 하나의 사치이지만 시골 도시와 마을에서는 완화할 수 없는 악이다. 보다 심각한 것은 실제로 사회 갈등이 자주 종교에 의해서 발생한다는 사실이다. 제2차세계대전 후 갑자기 재현된 Ku Klux Klan은 미국 사회에서 종교적 편견이 아직도 사회적 갈등의 원인이라는 것을 보여준다. K.K.K.는 실은 종교적 충성의 도구가 아니라 흑인과 유대인, 유럽 이민자에 대한 백인의(Nordic) 공포와 증오의 표현이다. K.K.K.는 개신교 전통에 대한 충성이 그런 완고함을 갖게 한다는 환상을 가지게 하며 거기에 열중하게 한다고 생각할 것이다. 종교는 항상 제한된 통찰과 부분적인 시각, 당시의 순간적인 제한된 충성을 영원한 하나님의 뜻으로 만든다.(pp. 51-53)

종교의 이러한 경향은 사회적 불량 적응의 원인이되기도 한다. 종교는 새로운 사회적 경험이 가족과 공동체의 관습을 개선하거나 폐지하지 못하게 함으로써 그것을 영속화한다. 구체적인 경우로, 폴란드인 이민 가족에서는 자녀들이 번 임금을 부모를 위해서 징수하고, 자녀들의 결혼 생활에 대한 간섭이 종교적 권위에 의해서 흔히 유지된다. 미국의 가족의 자유로운 전통이 거기에 반대하는데도 그렇게 시행된다. 산아 제한을 종교적 권위로 금지하는 것 역시 같은 경우에 해당한다. 음주벽이 있거나 방탕한 배우자와 이혼하는 것에 대한 가톨릭의 반대는 그의 파트너에 대한 분명한 모욕이다. 결혼을 성례전으로 보는 것은 정당성을 가지고 있는 종교적 이상이지만, 그러한 이상을 법으로 축소하여 그것을 실행할 수 없는 사람에게 명령하는 것은 당사자에 가혹한 부담이 될 것이다.(pp. 53-54)

동시대의 사회적 경험과 필요성에 대해 거의 타당성을 가지고 있지 않으며, 또한 선한 삶을 적극적으로 위협하는 관습과 도덕을 영속화하는 종교적 권위주의의 사회적 위험성을 설명할 수 있는 다른 많은 예들이 있다. 인습적 경건은 흔히 독선과 트집 잡는 마음을 강화한다. 인습적 종교는 제멋대로 하는 사람들을 용서하지 못하는 태도에 있어서 뿐만 아니라 좁고, 사회적으로 의미가 없고, 혹은 해로운 도덕적 규범에 대한 상상력 결여를 보여주는 흔히 과도하고 균형 잡히지 않은 도덕주의를 나타낸다. 극장에 가는 것, 카드놀이, 댄스에 대한 금지는 도덕적 중요성보다 문화적 중요성을 지닌다. 댄스의 경우, 나날이 보편화되고 있는 사교 형태에 대한 교회의 금지는 교회가 젊은이들의 삶 속으로 충분히 들어가지 못하게 하며 그들 사이에 위선을 조장한다. 성에 대한 종교의 태도는 종교적으로 고무된 도덕성, 곧 광신주의의 매우 일반적인 제한성을 보여준다. 많은 경우, 종교는 단지 기존의 도덕적 확신을 예리하게 하고, 전에 지켜졌던 도덕적 태도를 강화한다. 그런가 하면, 종교가 종교적 헌신자에게 생명을 불어넣는 숭고한 감정이라면, 그의 행동은 합리주의자가 도달할 수 없는 고귀함을 성취한다. 그러나 감정은 높은 도덕과 다른 모든 고지에 도달하기 위해서 필요한 냉철한 판단을 혼란스럽게 만든다. 도덕적 의무가 단순하지만 어려운 경우에는 그것의 성취를 위해서 필요한 역동성을 공급하는 일이 종교적 충동에게 요청된다. 그러나 도덕적 문제들이 많은 갈등과 경쟁적 가치를 가진 복잡한 상황을 포함하고 있는 경우, 종교는 일반적으로 도덕적 충돌의 해결에 도움이 되지 않는다. 종교는 문제를 단순화시킨다.(pp. 54-57)

이성은 충동을 통제하지만 종교는 그것을 변모시킨다. 이성은 결코 창조적이 않지만 결코 종교처럼 위험하지 않다. 이성과 종교 사이에서는 최종적인 선택이 존재하지 않는다. 두 캠프에는 너무나 많은 덕과 악이 있다. 개신교 교회는 현대 문화를 흡수한 대도시의 지적 소수를 제외하면, 오늘날 도시 산업 문명의 복잡성 속에서 거의 의미가 없는 부자의 사치와 가난한 자의 저속과 관능성에 반대하여, 절약과 금욕의 도덕성을 주장한 2세기 전의 중산층에게 의미가 있던 청교도주의 표준에 의해서 살고 있다. 그러나 우리가 역동적인 종교를 특징 짓는 모든 열광과 열기를 가지고, 그리고 창조적인 모든 것에 속하는 광신의 위험을 가지고 창조적으로 작용하고 있는 종교의 힘을 보기를 원한다면, 가장 큰 소리로 종교의 거부를 외치는 섹트, 곧 공산주의자로 향해야 할 것이다. 그러나 공산주의의 결함들, 곧 그 잔인성과 인간 정신의 보다 궁극적인 문제들의 어떤 것들에 대한 맹목은 산업 문명에 의해서 귀신 들린 현대인의 제한성들의 자연스러운 표현이라고 할 것이다. 공산주의의 제한성들의 어떤 것들은 단순히 종교 자체의 제한성이다. 공산주의는 광신적이다. 그것은 사회를 위한 평등의 이념이라는 하나의 목적을 가지고 있으며, 다른 모든 것은 그 목적을 위해서 희생된다. 다른 모든 종교처럼 그것은 계속 "오직 이것을, 나는 한다"라고 말한다. 우리가 그렇게 할 가치가 있는 것을 발견했다면 우리는 그렇게 해야 한다. 그러나 슬프게도 우리가 그것을 가지고 있는지, 그리고 언제 가지게 될지 아는 것은 너무나 어렵다.(pp. 58-60)

제V장 사회사업가를 위한 자원으로서의 종교(Religion as a Resource for the Social Worker)

지금까지 종교가와 사회사업가가 다루는 사람의 삶에 도움이 되고 방해가 되는 양면을 우리는 분석했다. 그러면 이제 종교가와 사회사업가 자신을 위한 자원이 되는 면을 살펴보기로 하자. 내가 알기로는 일반적인 현대의 사회사업가는 흔히 전통적 종교에 관심이 없으며 인습적 종교가 가지고 있는 지적 반계몽주의를 의식한다. 혹은 그는 현대의 과학 문화 속에서 종교적 세계관이 직면하는 지적 문제들에 당혹감을 갖는다. 그렇지만 그들은 그의 청년기의 종교에 의해서 발생한 자신의 사명감을 표현하는 가장 논리적인 수단이 되기 때문에 사회사업의 직업에 종사한다. 많은 미국 사회사업가들이 목사 출신이다. 빈궁한 사람들에 대해 실제적 도움을 주는 삶이 막연하고 일반적으로 적용할 수 없는 종교적 이상주의들에 대한 헌신보다 실속 있는 만족을 준다고 그들은 생각한다. 그러나 이러한 생각이 만일 종교적 자원들을 보다 더 의식적으로 추구하고 이용한다면, 더 활력 있게 살고 또한 더 큰 지혜와 인내로써 복잡한 문제들과 직면할 수 있는 가능성을 가지고 있다.(pp. 61-62).

사회사업과 같은 직업이야말로 무엇보다 인간 존재에 대한 동정적이고 상상력 있는 접근이 요망된다. 우리는 사람들을 사랑하고, 혹은 미워하기를 원하기 때문에 그들을 사랑할 수 있고, 혹은 미워할 수 있다. 그런데 대체로 사랑하려는 의지는 혈족에 의해서 촉발된다. 달리 말하면, 자연이 정신을 촉발하지 않고는 우리는 사랑하지 않는다. 가족에서는 사랑의 정신이 지배적이다. 예수, 혹은 그의 정신에 흠뻑 빠진 사람들의 경우와 같은 고전적 종교는 가족에서 지배하는 태도를 세계로 투사했다. 인류라는 가족은 하나님 아버지의 품안에서 살며, 모든 인간은 형제이다. 종교는 자연을 초월하고 변화시켜서 혈족 집단에서 지배하는 태도를 확대하여 직접적인 친족 그 이상을 포괄하려고 한다. 그래서 예수는 "너희가 너희를 사랑하는 자를 사랑하면 무슨 상이 있으리오"라고 말했다. 물론, 종교적 상상력은 현재라는 현실을 떠나서 감상주의에 떨어질 가능성이 항상 존재한다. 집단 간의 문제에 대한 종교적 접근은, 특히 정치와 경제에서는 감상주의의 부패에 떨어진다. 종교적 이상주의는 오늘날의 정치적, 경제적 생활에 효과적으로 작용하기가 매우 어렵다. 그러나 정치 영역에서 종교가 직면하는 이러한 어려움들이 신뢰와 동정의 태도들이 인간적인 목적들에 대해 직접적인 영향을 미치는 인간관계의 영역에서 이룩한 긴 승리의 업적을 무시할 수는 없다. 모든 인간은 뜨거운 사랑 아래에서 비로소 꽃을 피우는 잠재 능력과 가능성, 곧 신뢰의 부름에 호응하는 미지의 능력들을 항상 간직하고 있다.(pp. 62-64)

사회사업가들은 자신의 제한성들로 인해서 불행해진 불구의 남녀들을 다루도록 특별한 부름을 받는다. 불우한 운명에 의해서 희생된 더 많은 사람들을 살펴야 하지만 말이다. 전자의 경우, 종교적으로 고무되고 유지되는 동정이 흔히 그런 사람들을 멸시하고 싫어하는 유혹을 극복하는 유일한 힘이다. Francis of Assisi, Father Damien, 가톨릭의 수녀, 그리고 Albert Schweitzer 등이 세상이 비난하고, 거부하고, 혹은 멸시한 사람들을 하나님의 자녀로 발견하는 종교의 힘을 증언했다. 종교의 통찰은 직접적이고 즉각적이어서 구체적인 것을 기다릴 수 없으며, 과학으로부터 마땅한 자원을 얻으려고 하지 않는다. 그렇지만 높은 수준의 종교의 통찰을 과학이 주는 지식과 결합시키는 것이 불가능하지는 않다. 고전적 종교에는 인간 본성에 대한 역설적 태도가 항상 존재했다. 인간은 하나님의 자녀인 동시에 죄인이다. 신은 사랑일 뿐만 아니라 신성하다. 그의 신성함에 비하면 인간은 부족하며 무익한 종이다. 신이 보시기에 인간의 모든 의로움은 더러운 넝마 조각이다. 참된 종교는 사랑뿐만 아니라 겸손을 낳는다. 사랑은 부분적으로는 회개의 정신에서 나온다. 우리는 우리에게 잘못한 자들을 용서해야 한다. 우리 안에서 같은 악을 발견하기 때문이다. 죄가 없지 않다면, 우리는 거만한 돌을 던질 수 없다. 인간은 삶이 비극적임을 알고 있지만 살 가치가 있음을 발견한다. 비극 속에서 아름다움을 발견하기 때문이다. 인간은 우주 속에서 신과 악마를, 우호적 세력과 적대적 세력을 함께 발견한다. 종교적 신자가 숭배하는 전능의 신은 최후의 날을 제외하고는 악마를 극복하리만큼 충분하게 강하지 못하다. 종교의 이러한 패러독스 속에는 항상 모순이 함께한다. 그렇지만 현명한 사람이라면 합리적 사상의 논리적 일관성의 강조로 인해서 빠지는 모순이 아니라 패러독스를 택할 것이다.(pp. 65-67)

고전적, 혹은 프롤레타리아적인 종교 속에는 비관주의와 낙관주의의 과오가 잠재해 있지만 그것들은 냉소주의에 떨어지거나 감상주의에 타락하지 않고 신뢰하는 사회적 태도를 제공한다. 사회사업가는 그가 책임이 있는 개인들에 대한 건전한 태도를 유지하기 위해서뿐만 아니라, 삶과 그 속에서 가지는 그의 특수한 사명에 대한 전망을 건전하고 건강하게 유지하기 위해서도 종교의 통찰이 필요하다. 직업에 대한 사명감은 어떤 의미에서 항상 종교적이다. 물론, 그런 사명감이 어떤 전통적 종교에 대한 의식 없이도 존재할 수 있겠지만 말이다. 직업적 사명감이 종교적이어야 하는 이유는 순수한 이성의 입장에서는 생의 목표를 선택하고 그것의 중요성을 믿는 것이 가능하지 않기 때문이다. 이성은 마지막에 가서는 도덕적으로 중립적이다. 이성적 자아는 어떤 하나의 직업이 사회 정의에 좀더 직접적으로 공헌할 것이라고 결정할 수 있다. 이성은 사회 정의가 모든 사람이 추구해야 할 하나의 목표임을 결정할 수 있다. 그러나 나는 이성에 의해서 그것이 삶의 목표 자체라고 결정할 수 없다. 그리고 궁극적인 도덕적 선호는 전혀 합리적이지 않다. 이성은 어떤 초합리적 전제가 결정된 후 비로소 작용할 수 있다. 삶에 대한 종교적 전제가 없으면, 모든 것이 허망하다는 결론을 피하는 것이 쉽지 않다. 살려는 의지도 고상하게 살려는 의지도 비합리적이다. 전자는 합리성 이하이고, 후자는 초합리적이다. 우리의 궁극적인 도덕적 선호는 항상 궁극에 가서는 삶과 그것의 당위성에 대한 총체적 견해에서 발견되는 것으로서 종교적이다. 때로는 무의식적 종교가 삶의 사명감을 유지하기에 충분하다. 그러나 의식적인 종교적 도야는 분명 우리가 소명을 추구하는 열정을 엄청나게 높인다. Max Weber는 개신교 기독교가 현대의 기업가들에 대해 종교적 소명 의식을 주지 않았다면 기업가들이 고대와 중세 세계에서 가졌던 열등 콤플렉스를 타파하지 못하여 성공을 거두지 못했을 것이라고 주장한다. 이러한 설명은 동시에 종교적 사명감이 얼마나 위험한 것인가를 보여주는 것이다. Cortez와 스페인 정복자들은 종교적 사명감에 의해 자극되어 스페인과 가톨릭교에 대해서 영웅주의와 잔인성의 극치를 자행했다. 종교적 전제들은 대체로 너무나 감정적이어서 비판적 분석을 하지 못한다. 그것이 그것들의 덕이며 악이다.(pp. 68-71)

우리 시대의 상업적 전통을 거부하고, 성공의 표시가 된 구체적이고 직접적인 보수를 무시하는 모든 직업은 특히 종교적 지원이 필요하다. 진정한 종교가 그렇게 많은 사람들을 재정적 보수가 절대적으로 적고, 가톨릭의 세계의 경우 보수가 전혀 없는 종교기관의 사회사업에 뛰어들게 한다는 사실은 종교가 삶의 상업적 동기에 맞서서 직업적 동기를 얼마나 감화하는지를 증명하는 것이다. 자연적 동정이 삶의 궁극적 가치가 사랑이라는 종교적 신앙에 의해서 강화될 때, 비로소 동정심은 다른 모든 감정과 마찬가지로 불안정하고 덧없는 것이지만 직업의 기반이 될 수 있다. 사회사업가는 자신의 일이 중요하지 않다고 느낄 뿐만 아니라 소용이 없다고 생각하는 시험을 받을 것이다. 이때 종교적 충동이 빈궁한 자들을 도와야 한다고 그를 고무할 것이다. 그러나 그것만으로는 충분하지 않다. 소용이 없다는 느낌은 온전히 불건전한 것만은 아니며, 사회사업의 목적들을 재분석하거나 사회정의의 목적 달성의 전통적 방법의 효율성을 재검토해 보는 일 없이, 그러한 시험이 종교적 신앙에 의해서 언제든 속히 극복될 필요는 없다. 지성적 일꾼은 항상 절망하게 마련이다. 도덕적 민감성은 어쩔 수 없이 비관주의가 되게 마련이다.(pp. 71-72)

이러한 갈등은 사회사업가로 하여금 현대사회는 대개의 사회사업가들이 생각하는 것보다 더욱 철저한 재조직이 필요하지 않은지, 그리고 사회사업으로 통하는 많은 것들 중에서 실제로 소용 없는 것이 있지 않은지를 검토하도록 촉구할 것이다. 이 문제에 대해서는 마지막 장에서 논의를 확대하여 고찰할 것이다. 할 만한 가치가 있는 어떤 일도 완성하는 것이 불가능하다. 모든 모세는 약속의 땅 밖에서 패배하고 신앙의 눈을 통해서만 그 땅을 볼 수 있을 뿐이다. 종교는 절망으로부터 나오는 희망이다. 종교는 철저한 비관주의의 뒤끝에 따라오는 궁극적 낙관주의이다. 만일 진보를 자동적인 것으로 본다면 종교를 위한 참된 장소는 없다. 아무리 열심히 진보의 과정 속에서 신을 찾으려 노력해도 말이다. 종교적 낙관주의는 부분적으로는 강력한 도덕적 에너지의 불가피한 부산물이다. 신중함과 열정을 가지고 행동하는 사람은 자신의 종교적 감정을 창조한다. 전통적 종교의 낙관주의는 도덕적으로 열정적인 어떤 시대에 창출된 판에 박히고 인습화된 형태의 낙관주의이다. 후의 세대는 거기에 의존한다. 종교의 희망은 항상 환상의 요소를 갖고 있지만(부활은 의미심장하게 말해서, 십자가처럼 역사적으로 잘 증명되지 않았다), 도덕적으로 그리고 정신적으로 정열적인 사람들의 통찰로부터 오는 세계관이 삶에 대한 단순한 관찰자인 철학자들보다 참되고 보다 더 가능성 있고 믿을 만한 좋은 이유가 있다. 종교적 신앙에 의해서 산다는 것은 가장 영웅적인 삶을 살았던 사람들로부터 지도받는다는 것을 의미한다. 그러나 우리가 우리 자신의 어떤 참된 영웅주의를 더하지 않으면 역사적 영웅주의만으로 우리의 낙관주의를 유지할 수 없음을 알아야 한다.(pp. 73-75)

제Ⅵ장 현대 생활 속의 종교와 사회적 행동(Religion and Social Action in Modern Life)

현대 생활의 가장 중요한 특성은 문명의 기술적 성질이다. 현대 도시는 공장처럼 비인격이고 기계적이다. 거대한 도시 속에서 사람들은 거의 사회적 책임감 없이 살고 있다. 생산과 유통의 동일한 수단이 사람들을 세계적으로 관계를 가지게 하는데, 그런 삶에서 사람들은 밀접한 경제적 상호 의존 속에서 그런 밀접한 관계를 유지할 수 있게 하는 사회적 지성 없이 삶을 영위하고 있다. 거기에 더하여 생산과 통신의 수단은 경제적, 사회적 힘을 독점했다. 현대 사회의 모든 본질적 힘은 경제적 힘, 곧 소유의 힘이다. 경제적 힘은 항상 정치적 힘을 자신의 목적을 위해서 사용할 수 있다. 냉소주의자들이 인류의 역사를 문명과 더불어 인류의 형제애를 상실해 가는 싸움의 역사로 해석할 만하다. 새로운 사회적 복잡성이 인류의 형제적 관계를 점점 더 유지하기 힘들게 하기 때문이다. 농업 문명은 많은 점에서 유목 문명보다 덜 윤리적이다. 상업 문명은 농업 문명의 사유재산제로 인해서 만들어진 힘의 불균형으로 시작된 사회적 불의를 증대시켰다. 산업 문명은 힘의 집중이 불가피하게 초래한 사회적 불의를 더욱더 높였다.(pp. 76-78)

산업 문명 도시의 비인격적 인간관계는 모든 도덕적 행동의 기초인 정당한 인간적인 동정의 표현을 잃게 한다. 도시와 산업사회의 삶의 기계적 성격은 보다 더 유기적인 형태의 사회 속에서 발전된 도덕적, 문화적 전통을 파괴한다. 그렇기 때문에 개인적 성격은 규제받지 않은 충동의 위협을 받고, 도시 생활이 증대시킨 불의에 악과 범죄가 더해진다. 이러한 사태는 기술적 진보를 정신적 진보와 순진하게 혼동했던 낙관주의자들을 혼란에 빠지게 한다. 사회과학자들과 사회사업가들은 이런 사태 해결을 위해서 필요한 것은 복잡한 상황 속에서 도덕적 선의지를 효과적이게 만드는 인간적인 동정과 지성의 범위를 확대할 수 있는 기술이라고 주장한다. 이런 결론의 정당성 여부에 대해서는 뒤에 가서 고찰하기로 한다. 먼저 사회과학자들과 사회기술자들이 현대사회의 구원을 위해서 기여한 참된 공헌에 대해서 살펴보기로 하자. 사회 기술자, 곧 지역사회를 위한 사회사업가는 상실된 이웃 사랑을 도시 생활에서 다시 살리는 기술을 발전시켰다. 그들은 접촉이 없는 사람들로 하여금 인간적인 관심을 선명하게 갖게 하는 방법을 발전시켰다.

그렇지만 가장 효과적인 사회 교육도 도시 생활의 비인격적인 관계의 도덕적 문제를 제거할 수는 없고, 사람들의 참된 필요성에 전적으로 부적합한 지극히 적은 자선적인 경제적 지원 이상을 결코 하지 못한다. "이것은 현대사회 속에 정치에 의해서만 해결될 수 있는 사회 문제들이 있다는 것을 의미한다."(p. 80) 사회사업가들은 불의한 사회 질서를 종교적 자선가들의 범주와 동일하게 본다. 이것이 상상력을 결여하고 있다는 사실에 대해서는 이미 밝힌 바 있다. 방대한 사회적 노력이 주어진 사회적 조건을 그대로 받아들이기 때문에 비과학적이다. 그러한 노력이 가난한 자를 위해서 집을 짓지만 적절한 주택 문제 해결은 개인사업으로는 가능하지 않고 국가만이 할 수 있다는 사실을 늦게나마 인정해야 한다. 실업자 문제도 마찬가지이다. 사회사업가들이 그 문제를 완화하기 위해서 힘쓰지만, 결국 국가가 저항하는 산업으로 하여금 이 문제에 대한 책임을 지도록 강제력을 행사하지 않고서는 해결되지 않는다. 부자와 사회사업가들의 친밀한 관계는 너무나 쉽게 보수적인 사회철학을 수용하게 한다. 사회 전체와 사회사업가가 사회적 무관심의 결과를 정말로 이해한다면, 혼란과 지금 불가피하게 보이는 반항을 거치지 않고 사회 정의의 확고한 기반을 수립할 수 있을 것이다.(pp. 79-81)

사회과학자들은 도덕적 선의지를 인도할 수 있는 지성의 계발에 힘쓴다. 그것도 필요한 일이다. 그러나 기술 시대의 복잡성은 정교한 지식에 의한 선의지에 지도를 요청한다. 그렇지 못하기 때문에 무지하고 감상적인 미국은 국제 정치에서도 국내 정치에서도 실패한다. 국내에서는 임금 삭감으로 경기 후퇴를 초래하고 있으며, 세계적으로는 국가 간 무역의 관세 장벽을 높임으로써 세계 경제 문제를 악화시키고 있다. 도처에서 인간의 어리석음이 국가적, 인종적, 계급적 편견과 기술 문명의 정교한 복잡성 속에서 무서운 시대착오적인 완고함을 조장하고 있다. 그렇기 때문에 사회과학자들과 이성의 기수들이 우리 시대의 기술적 성취에 필적하는 사회적 지성의 배양이 시급하다고 주장하는 것은 전적으로 옳다. 사회 정의의 기본 문제인 힘의 통제를 다루는 데 있어서 과학자들은 종교적 이상주의자들이나 거의 마찬가지로 실용적이지 못하다. 경제적 힘이건 정치적 힘이건 무책임한 힘은 그것을 행사하는 자가 아무리 지성적일지라도 불의를 행하게 마련이다. 지배자와 피지배자의 관계가 개인적일 때는 금전 문명의 비인격적 관계에서처럼 힘이 그렇게 불의하고, 문제가 되지는 않았다. 보다 적절한 사회 정의 성취의 문제는 주어진 사회 질서를 가능한 한 인간적으로 만드는 과제와 달리 항상 순수하게 도덕적이기보다는 정치적이다. "다시 말해서, 그것은 단지 사회적 지성과 도덕적 선의지를 증대함으로써는 해결할 수 없고 착취자에 대한 피착취자의 힘을 대립시킴으로써 해결할 수 있는 문제이다."(p. 84)

니버는 그의 『문명은 종교를 필요로 하는가?』에서는 종교적으로 고무된 열정과 정의로운 사회에 대한 종교적 비전이 사회 정의를 실현할 수 있는 힘을 가지고 있다고 역설했다. 그러나 그는 여기에서 사회 정의가 힘에 대한 힘의 대결에 의해서라야 가능하다는 그의 사회윤리론의 기본적인 원리를 최초로 제시하고 있음을 우리는 주목할 필요가 있다. 사회과학자들과 종교적 이상주의자들이 창조할 수 있는 사회적 지성과 도덕적 선의지는 갈등의 심각성을 완화하는 데 기여할 것이다. 그러나 사회 문제는 항상 부분적으로는 강제력에 의해서 그리고 나머지는 지성에 의해서 해결된다. 강제력은 실제 폭력에 떨어지지 않도록 사용되어야 한다. 정치적 강제력의 본질적 특성은 그것이 항상 어떤 도덕적, 정신적 요소를 가지고 있다는 사실이다. 사회의 다양한 계급 간의 모든 수준의 도덕적 신뢰와 선의지가 파괴되면 그들 사이의 힘의 갈등이 폭력으로 전환될 수밖에 없다.(pp. 82-85)

지성적, 종교적 이상주의자들이 직면하는 가장 큰 문제는 정의에 대한 이런 정치적 문제이다. 양자가 마찬가지로 지금까지 그 문제를 제대로 해결하지 못하고 기존의 사회적 시스템 안에서 도덕적 이상주의와 사회적 선의지를 표현하는 경향을 보인다. 그들은 때로는 사회적 시스템 자체를 매우 엄격하게 비판하지만 순진하게 지성이나 종교적으로 고무된 선의지의 증대만으로 사회적 시스템을 바꿀 수 있다고 생각한다. 그들의 그런 과오는 경제적 힘의 냉혹한 움직임을 이해하지 못하는 중산층의 사회관에 연유한다. 중산층은 항상 정치적으로 비현실적이다. 그들은 집단 간의 관계를 개인적 시각에서 보기 때문에 집단 간의 삶의 잔인성을 이해하지 못한다. 사회사업가들과 종교가들의 제한성은 중산층의 한계를 나타내고 있는데, 그것은 쉽게 극복되지 않는다. 그 이유는 중산층 이상주의자는 불의로 인해서 실제로 고통 받고 있는 사람들처럼 그 불의를 느끼지 못하며, 피해자들처럼 긴급한 사회적 철학과 전략을 가지려고 하지 않기 때문이다. 사회 정의의 정치적 문제를 현실적으로 다루는 것은 사회적, 경제적으로 불우한 자들의 요구와 압력을 촉발하는 것을 의미한다.(pp. 85-87)

현대사회의 정치적 문제를 다루는 데 있어서 종교적 기구들은 특별한 어려움에 직면한다. 그것은 종교의 자연적 성질이 친절과 자선의 정신을 가지게 하고, 정치적 갈등을 싫어하기 때문이다. 중세에는 불평등이 당연시되어서 특권의 차이가 누구의 양심도 그렇게 자극하지 않았다. 그러나 우리 시대는 평등의 정의가 냉혹한 일관성을 가지고 특권층의 허울 좋은 방어를 파괴하는 발전적인 도덕 논리에 의해서 요청될 뿐만 아니라, 불평등에 의해서 무정부 상태로 화한 생산 과정에 의해서 필연적인 요청이 되었다. 인류는 전례 없이 도덕적으로 민감하여 완전한 정의를 주장하며, 불의로 인해서 고통 받는 사람들은 그것을 참을 수 없게 되었다. 평등의 정의는 정치적 투쟁 없이 성취될 수 없기 때문에, 그리고 종교적 이상주의는 윤리와 정치 문제에 대한 접근을 특별히 어색하게 여기기 때문에 현대 교회는 매우 어려운 처지에 놓여 있다. 만일 기독교 교회의 도덕적 이상주의가 순진한 자선 외에는 내놓을 것이 없다면 교회는 현대의 공동체에서 아무런 중요한 도덕적 특권도 유지할 수 없을 것이다. 만일 교회가 현명하다면 그것은 사랑의 종교적 이상과 정의의 정치적 이상 사이의 이 갈등의 문제를 해결할 수 있을 것이다. 예컨대, 교회는 실업자를 돌보면서 실직의 기본 원인들에 대해서 그 구성원들을 교육할 수 있을 것이다. 교회가 정말 생명력 있는 종교의 역할을 수행할 때는 언제나 특권 계급들의 도덕적 자만심을 박탈하여 사회적 투쟁의 적개심을 완화할 수 있다.(pp. 87-91)

종교는 사회 정의를 위해서 또 다른 공헌을 할 수 있다. 종교적 이상은 개인적 이상일 뿐만 아니라 사회적 이상이다. 종교는 항상 하나님 나라를 꿈꾸었다. 그것은 항상 어떤 천년세계를 믿었다. 중산층 종교의 극단적인 개인주의만이 종교적 비전을 개인 생활로 협소하게 만들었고 개인적인 불멸과 완성을 종교적인 추구의 유일한 목표로 만들었다. 예언자들의 종교와 예수의 복음에는 구원된 공동체의 비전이 있다. 그렇지만 정의로운 사회의 성취를 위해 필요한 정치적 수단을 분명하게 구상한 종교는 없는 것 같다. 종교의 도덕적 이상은 집단의 삶이 아니라 민감한 개인의 양심으로부터 나왔다. 그렇지만 그 이상은 집단에도 적용할 수 있다. 예수의 사랑의 이상은 국가가 그것을 성취하기에는 너무나 높을 것이다. 어떤 국가도, 혹은 어떤 집단도 다른 국가나 집단을 위해서 스스로를 희생할 수 없다. "집단은 사랑보다는 정의를 근사적으로 실현하는 일을 잘할 것이다." (p. 92) 니버의 사회윤리학의 독자적인 핵심 개념인 '近似的 實現(approximation)'의 개념이 여기에서 이미 나타나고 있다.

그렇지만 완전한 종교적 목표는 종교인으로 하여금 오늘날 모든 사회적 배치들이 하나님 나라에 미치지 못한다는 고도의 비판적 태도를 가지게 할 것이다. "만일 중산층의 종교가 구원된 사회의 비전을 상실하고 순전히 종교의 개인적 층면에만 집착한다면 그 비전의 회복을 권리 상실자들에게 기대할 수밖에 없다."(p. 92) 여기서 니버가 정의로운 사회의 구현의 권리를 상실한 자들, 곧 현대 프롤레타리아 계급에 기대할 수밖에 없다고 명시적으로 말한것에 우리는 주목할 필요가 있다. 현대 프롤레타리아주의 속에는 묵시적 비전이 분명하게 존재하며, 그것을 계급적, 혹은 역사적 종교로부터 분리시키는 어떤 특성을 가지고 있다. 프롤레타리아주의의 냉소주의는 필연적인 면도 가지고 있겠지만 그것은 인간의 본성을 전적으로 집단 간의 관계라는 우울한 시각으로 보는 데에서 기인한다. 그렇기 때문에 프롤레타리아주의는 인간의 삶 속에서 실제로 작용하고 있는 도덕적 힘을 과소평가하고 잔인한 사실들을 강조한다. 만일 중산층의 문화와 종교가 그들의 감상주의를 극복하지 못하면, 그리고 정치적, 도덕적 문제들을 현실적으로 다루는 것을 배우지 못하면 프롤레타리아 종교의 이러한 경향은 그 논리의 완성에 도달할 것이다.(pp. 91-92)

프롤레타리아적 종교의 약점이 무엇이든 간에 그것은 정의로운 사회의 비전을 가지고 있으며, 그 실현을 위한 인간의 노력에 박차를 가한다. 그 비전이 고무하는 엄청난 도덕적 에너지는 종교적 열정 없이 인간이 높은 목표를 향해서 움직일 수 없다는 사실을 증명한다. 프롤레타리아 종교는 좋은 점과 나쁜 점을 가지고 있는데, 그것은 모든 생명력 있는 종교가 그런 것처럼 합리주의자들의 능력을 넘어서는 에너지를 창조한다. 이 사실은 거의 악마적인 열정을 가진 현대 공산주의자들을 전형적인 자유주의 지성인들과 비교해 보면 분명해진다. 오직 종교만이 낡은 것을 파괴하고 새로운 것을 건설한다. 기독교 종교는 개인 생활에서 발전하는 통찰과 사회 생활에서 출현하는 통찰을 함께 가지고 있다. 개인적 통찰은 인간이 정신적 고독 속에서 삶의 영원한 신비와 직면할 때 가지는 종교적 감정으로서 그것은 감사와 회개를 통해 혼의 깊은 곳을 통찰한다. 이러한 면들을 산업 노동자들은 가지고 있지 않다. 그들이 다급한 사회 상황과 직면해 있으며 공동체 의식에 사로 잡혀 있기 때문이다. 프롤레타리아는 계급을 통해서 개인적이지 않은, 사회적 천년세계를 실현하는 것을 꿈꾸며 집단 간의 관계와 갈등이라는 무서운 현실로부터 출현했기 때문에, 중산층의 양심에 대해 무자비한 윤리를 가지고 있다. 궁극적 진리는 두 가지 종교 중의 어느 하나가 아니다. 산업 문명의 미래가 달려 있는 현대 프롤레타리아가 개인 생활의 고뇌와 신비에서 나온 종교의 가치를 이용하지 못하게 된다면 그것은 주로 개인적인 종교가 사회적 과제에 등을 돌렸기 때문이다.(pp. 92-94)

4
『도덕적 인간과 비도덕적 사회
Moral Man and Immoral Society』 출간(1932)[15]

✣

1932년, 체계를 갖춘 그의 최초의 저서 『도덕적 인간과 비도덕적 사회』가 출간되었다. 당시 사회주의자들과 그들을 지지했던 많은 좌파 진보주의자들은 선거에 참패하여 충격에 빠져 있었는데, 그들은 니버의 이 저서의 출현으로 또 한 번 충격을 받았다. 이 책은 비범하게 뛰어난 저서였고, 모든 것을 다 알고 있는 것 같은 느낌을 주며, 다급한 위기감을 주고, 또한 분석력을 발휘한 복잡하고 대담한 논쟁적 저술이었다. 많은 종교적 사회주의자들은 그 저서가 그리스도론을 완전히 무시했다고 생각했으며, 많은 세속적 사회주의자들은 마르크스의 이론을 지나치게 찬양했다고 생각했다. 뿐만 아니라 이 저서가 자유주의의 약점을 공평하게 논의하지 않고 당시의 미국 자유주의의 태두 John Dewey를 비웃었다고 생각하게 만들었다. 그의 논조는 차갑고 공격적이어서 그의 많은 친구들과 동료들은 그것을 개인에 대한 공격으로 생각했다. 니버는 이념을 공격했지 사람을 공격한 것이 아니었으나, 이념의 공격은 그 이념을 가진 사람들에 대한 공격도 포함하게 마련이다.

이러한 뛰어남과 특성에도 불구하고 이 책이 출간되자마자 열광을 불러일으킨 근본적인 원인은 니버가 여기에서 강제력(coercion)을 용납했고, 나아가서는 실제적 폭력(violence)을 수용했으며, 정의로운 사회 건설을 위해서 혁명을 제창했다는 사실에 있다. 그는 당시의 최우선 과제를 '사회적 타성(social inertia)'을 극복하고 정의 사회를 구현하는 것으로 생각했는데, 그러한 과제 수행을 위한 사회적 투쟁에 지식인은 이성을 넘어서야 하며 크리스천은 사랑의 실천을 넘어서야 한다고 생각했다. 이 저서에서의 니버의 새로운 주장은 필요하면 폭력을 사용할 수 있다는 것이다. 우리가 이미 앞서 본 바와 같이 니버는 『문명은 종교를 필요로 하는

---

15) Reinhold Niebuhr, *Moral Man and Immoral Society*(New York: Charles Scribner's Sons, 1932).

가?』에서 도덕적 이상을 제시하고 인간은 그것으로 향하는 열정을 가지고 있기 때문에, 현실 속에서 실현 과정에서 좌절을 체험하지만 인간의 도덕적 신념은 그것을 실현할 수 있다고 믿었다. 그렇지만 이제 그는 이념을 설교하는 것은 자기만족을 조장하고 권력의 현실에서 눈을 돌리게 할 위험이 있다고 생각하게 되었다. 그렇다고 그가 이념들이 그것들 자체의 힘을 가지고 있다는 생각을 전적으로 포기한 것은 아니었으나 그것을 개인적 영역에 국한시켰다. 지극히 드물게 개인은 자기희생과 악에 대한 무저항을 주장한 예수의 완전주의자적 룰에 복종할 수 있지만, 그 같은 생의 태도는 영웅적이지만 다만 사회적 투쟁에 무능함을 자인하는 사람들에게 열려 있는 것이라고 그는 시인했다. 바른 뺨을 치거든 왼 뺨도 돌려 대라는 예수의 가르침은 이익과 이익이 대립되는 세상적 갈등 속에서는 성립할 수 없으며, 사회 속에서는 사랑이 아니라 정의가 크리스천적 행동의 주된 목표이고, 사랑이 아니라 혁명이 크리스천의 최종적인 사회적 호소이어야 한다고 그는 주장했다.

니버는 폭력의 필요성을 주장했을 뿐만 아니라 그것을 정당화하는 이론도 제시했다. 그에 의하면, 폭력은 본질적으로 비도덕적인 것이 아니다, 폭력적 강제성과 비폭력적 강제성 사이에는 절대적 구별이 존재하지 않는다, 폭력적 강제력(force)과 비폭력적 강제력의 선택은 환경에 의해서 결정된다. 외과 의사의 수술 기술처럼 수술이 환부의 치유를 가져오듯 혁명이 사회적 악을 치유할 수 있다면 그것은 윤리적일 수 있을 것이라고 그는 생각했다.

이상에서 우리는 『도덕적 인간과 비도덕적 사회』가 가지고 있는 전체적 특성 중에서 중요한 것만을 골라서 고찰했다. 그러면 이제 10개 장으로 구성되어 있는 동저서의 서론과 각 장의 내용을 개략적으로 살펴보기로 한다. 요약 내용 중 괄호 안의 페이지는 *Moral Man and Immoral Society*(Charles Scribner's Sons, 1932)의 페이지를 나타낸다.

서론(Introduction)

이 서론은 비교적 길고, 저서 전체의 핵심을 요약적으로 소개한 매우 중요한 서문이다. 이것은 니버의 어떤 저서의 서문보다도 중요하고 또한 잘 저술되어 있다. 서문의 서두에서 니버는 개인적 행위와 집단적 행위가 엄밀하게 구별되어야 하며, 그러한 구별이 개인 윤리가 항상 당혹스럽게 생각하는 '정치적 정책(political policies)'을 정당화하고 필요하게 한다고 주장한다. 니버의 이러한 말은 개인 윤리와 사회 윤리를 구별하는 것을 含意하며, 사회 윤리가 정치적 정책을 도입한다는 매우 중요한 선언을 한다. 니버 자신이 그의 그런 말이 의미하는 사회윤리학적 방법론상의 의의를 의식했든 하지 못했든 말이다. 니버는 이렇게 주장하면서 처음으로 '집단 이기주의(collective egoism)'라는 개념을 제시하고 그것이 개인의 이기적 충동보다 훨씬 더 강하다고 했다.(p. 12)

이 같은 집단 이기주의의 비도덕성이 얼마나 강력한 것인지를 알지 못하기 때문에 종교적이건 세속적이건 도덕가들(moralists)은 개인의 이기주의가 합리성의 발달이나 종교적으로 영감을 받은 선의지의 성장에 의해서 발전적으로 견제될 수 있다고 생각하며, 또한 바로 이러한 발전의 지속이 모든 인간 사회와 집단 사이의 사회적 조화를 수립할 수 있다고 생각한다. 도덕가들뿐만 아니라 교육가들과 사회학자들도 역시 일맥상통하는 낙관적 견해를 가진다. 진보적 교육학의 기수 John Dewey는 사회과학이 기술 문명을 창출한 자연과학과 보조를 맞추어 발달하면 사회의 어려움들이 해결될 수 있다고 주장한다. 사회학자 Kimball Young은 집단적, 혹은 개인적 충돌은 상이한 종류의 행동 패턴에 의하여 생기기 때문에 사회학자가 양쪽의 요구를 공정하게 다룰 수 있는 새롭고 보다 완전한 행동 패턴을 제시함으로써 해결할 수 있다고 한다. 사회학자 Harnell Hart는 공동 논의를 통한 양쪽의 요구를 완화함으로써 일시적 타협에 도달하게 되어 해결할 수 있다고 한다. 사회학자 Sin Arthur Salter는 상공회의소, 은행, 산업 및 노동 조직 같은 규모가 큰 사적 기관들이 공공에 기여하도록 정부가 보다 사회적인 의식을 가지고 운영함으로써, 그리고 역시 사회학자 Howard Odum은 보다 넓은 교육과 협동의 원리의 수립에 의해서 사회 문제를 해결할 수 있다고 주장한다. 현대의 종교적 이상주의자들 역시 대개의 사회학자들을 따라서 사회 정의 실현의 길로 타협과 조정을 제창한다. 그리고 많은 교회 지도자들은 노동과 자본 양편에 공정과 조정의 정신을 권고한다.

니버는 이러한 낙관적 견해는 집단 이기주의의 강력함과 집요함을 알지 못하기 때문이라고 주장한다. 그에 의하면, 사회 정의는 이기심의 하수인이 되기도 하는 이성의 힘만으로는 실현할 수 없으며 또한 도덕적, 합리적 설득만으로도 해결될 수 없다고 설파한다. "갈등은 불가피하며, 이러한 갈등에 힘에 대해서 힘으로 도전해야 한다(power must be challenged by power)."(p. 15) 이 경우 힘이란 강제력이요, 강제력은 비합리적인 것이다. 니버는 다음과 같이 말한다. "역사의 세계는, 특히 인간의 집단적 행동에서는, 이성이 도구를 사용하지 않는 한 그리고 비합리적인 강제력에 의해서 움직여지지 않는 한 결코 이성에 의해서 정복되지 않는다." (p. 16) 그래서 니버는 집단 간의 정의로운 관계의 수립은 윤리적이라기보다 현저하게 정치적이라고 아래와 같이 주장한다. "우리 시대의 문화는 인간관계의 집단 이기주의의 힘과 범위, 집요함을 깨닫는 데 실패한다. 하나의 집단 안의 개인들 사이에서 정의로운 관계를 순수하게 도덕적, 합리적 설득과 조정에 의해서 수립하는 것은 결코 쉽지 않지만 가능하다. 집단들 사이의 관계에서는 이것은 불가능하다. 그렇기 때문에 집단들 사이의 관계는 윤리적이라기보다 정치적이다. 다시 말해서, 그런 관계들은 적어도 각 집단이 그들의 상대적 필요성과 요구에 대한 합리적, 도덕적 평가에 근거하여 소유하고 있는 힘의 비례에 의해서 결정된다. 정치적 관계에서는 보다 순수한 도덕적, 합리적 요소들과 구별되는 강제적 요소들이 결코 분명하게 구별될 수 없고 규정될 수 없다."(pp. 22-23)

지금까지 고찰한 니버의 주장의 핵심은 집단은 집요하고 강인한 집단 이기주의를 가지고 있기 때문에, 집단들 사이의 정의로운 관계의 수립은 순수하게 도덕적이고 합리적 설득과 조정만에 의해서는 불가능하며 힘, 또는 강제력을 사용해야 한다는 것이다. 이렇게 힘, 또는 강제력을 사용하는 것을 니버는 '윤리적(ethical)'이라기보다 '정치적(political)'이라고 표현한다. 그래서 본 서문의 말미에서 니버는 이렇게 힘을 사용하여 사회 정의를 실현하고 집단 간의 정의로운 관계를 수립하는 방법을 '정치적 방법(political methods)'이라고 부른다.(p. 24) 정치적 방법은 따지고 보면 힘, 또는 강제력에 의해서 뒷받침되는 정책(policy)을 사용함을 함의하기 때문에 니버는 본 서문 서두에서 '정치적 정책(political policies)'이라는 개념을 사용했던 것이다.

서론의 요약을 끝마치기 전에 니버가 말하는 '정치적 방법'이 사회윤리학의 방법론을 위해서 가지는 엄청난 중요성과, 그것을 기독교윤리학계의 학자들과 심지어 아마도 니버 자신조차 몰랐다는 사실에 대해서 언급할 필요가 있다. 니버는 기독교사회윤리학의 창의적 사고를 쉬지 않고 계속 창출한 사상가로서 그것이 사회윤리학을 종래의 개인 윤리와 구별하는 가장 기본적인 원리임에도 불구하고, 일생 동안 사회 윤리에 종사한 니버는 다시는 이 개념을 설명하거나 발전시키고자 하지 않았으며 다시 언급하지 않았다. 전통적 개인 윤리가 도덕 행위자에 대한 도덕적, 혹은 합리적 호소와 설득을 본질로 하는 도덕적 방법(moral method)을 사용하는 데 비해서, 사회 윤리는 힘, 혹은 강제력의 뒷받침을 받는 정책(넓게 해석하면, 제도와 정치 체제까지 포함할 수 있다.)을 도구로 사용하는 정치적 방법을 본질로 할 정도로 정치적 방법이 중요하다는 말이다.

니버의 정치적 방법이 사회윤리학의 독자적 방법론의 시각에서 볼 때 가지는 함의에 대해서 좀더 심층적으로 살펴보기로 하자. 필자가 말하는 도덕적 방법을 사용하는 개인 윤리는 도덕 행위자 개인의 양심과 도덕성의 발휘 및 그것들에 대한 호소와 설득을 사용하는 데 비해서, 정치적 방법을 사용하는 사회 윤리는 위반하면 체형, 또는 벌금으로 처벌하는 힘(강제력)을 빌려서 뒷받침되는 정책이나 제도에 의해서 추구하는 가치와 이념을 실현하며, 비도덕적 행위를 견제하고 처벌한다. 예컨대, 치료비가 없어서 치료를 받지 못하는 가난한 환자를 개인 윤리는 자비심 있는 의사가 무료로 치료해 주거나 돈 있는 사람이 치료비를 대신 부담하는 방법을 취하지만, 사회 윤리는 의료보험이라는 제도(정책)에 의해서 문제를 해결한다. 그리고 또 세금 납부의 경우, 개인 윤리는 개인에게 세금을 납부할 것을 설득하고 호소하며 납부하지 않으면 도덕적 비난을 한다. 이와 달리, 사회 윤리는 납부하지 않으면 세법에 의해서 처벌을 강행한다. 처벌은 도덕적 비난보다 두렵고 무섭기 때문에 강제력은 강력한 특성을 지닌다. 뿐만 아니라 정책이나 제도의 해결은 도덕적 방법처럼 부분적이고 단편적이 아니라 의료보험의 혜택이 사회 성원 전체에게 미치는 것처럼 전체적이다. 니버 자신은 그의 정치적 방법이 간직하고 있는 이 같은 내용을 구체적으로 언급하고 밝히지 않았지만 그것은 개인 윤리와 구별되는 사회 윤리의 기본 원리였다. 그런데 이상하게도 그리고 매우 유감스럽게도 니버의 이러한 독창적인 발상은 주목을 끌지 못했고 개인윤리학과 구별되는 사회윤리학 수립의 기본 원리로 도입되어 활용되지 못했다.

필자의 견해로는 니버의 정치적 방법이야말로 체계적인 사회윤리학 구축의 기반이 될 수 있는 원리였는데, 그것을 기독교 윤리학계가 간과했기 때문에 기독교 사회 윤리라는 말은 무성하게 사용되지만 오늘날까지 사회윤리학의 특성을 살린 체계화를 이루지 못했다. 그 결과, 사회 변화에 따른 윤리적 변화(혁명과 폭력의 정당화를 포함한), 또는 사회적 성격이 짙은 도덕 문제를 다루는 것을 사회 윤리로 생각하게 되었다. 그러나 엄격하게 따지면, 모든 윤리는 정도의 차이는 있지만 사회적 성격을 띠고 있기 때문에 개인 윤리와 사회 윤리의 차이는 도덕적 방법을 사용하느냐 정치적 방법을 사용하느냐에 의해서 구별된다고 보아야 한다는 것이 필자의 입장이다. 이런 시각에서 보면, 1960년대 중반에 미국 기독교계와 세계교회협의회(WCC)를 중심으로 서구의 기독교계가 사회 윤리를 자못 활발하게 논의했으나 체계적인 사회윤리학 수립의 방법론을 모색하지 못했다. 당시의 기독교윤리학계의 동향을 매우 거칠게나마 요약하면 대략 다음과 같다.

John C. Bennett이 1966년, 그해에 개최될 WCC 세계대회를 위한 준비 자료로『변화하는 세계 속의 기독교 사회 윤리Christian Social Ethics in a Changing World』라는 논문집을 기획했다. 세계 각국의 기독교 학자들이 여기에 기고했으며, 이들 학자들은 기독교 사회 윤리와 에큐메니컬 사회 윤리의 형성의 필요성과 과제, 사회에 대한 교회의 관심 촉구와 책임성, 자연법과 사회 윤리, 신학과 사회 과학 및 사회 변화에 따른 혁명의 정당화들을 다뤘는데, 사회윤리학 수립을 위한 독자적 방법론 탐색과 형성에는 관심을 가지지 않았다. 1968년에는 Gibson

Winter가 『사회윤리Social Ethics』를 기획했는데, 그 부제 『윤리와 사회의 문제들 Issues in Ethics and Society』이 시사하는 바와 같이 이 논문집은 개인 윤리와 구별되는 사회 윤리의 탐구와는 아무런 관계가 없다. 한 가지 재미있는 것은 이 논문집은 '친밀한 공동체', '경제 공동체', '정치 공동체', '지구 공동체' 이 네 장으로 구분되어 있는데, '정치 공동체'에서 니버의 저서 『빛의 아들과 어둠의 아들The Children of Light and the Children of Darkness』을 소개하고 각주에서 니버의 주요 저서 중에 『도덕적 인간과 비도덕적 사회』를 포함시켰을 뿐 그의 '정치적 방법'에 대해서는 전혀 관심을 보이지 않았다는 사실이다. Winter는 논문집의 서론에서 사회윤리학자는 사회 현실에 대한 지식을 위해서 사회과학과 제휴해야 함을 주장했다. 그리고 사회를 지배하는 도덕적 원리와 법칙을 지식사회학자 Alfred Schutz의 '典型(typification)', 곧 행동과 예측의 전형적 양식에 기대어 이해하려고 시도했다. 같은 해에 윈터는 자신의 저서 『사회윤리학의 요소들Elements for a Social Ethica』을 저술하여 출간했다. 미국의 사회심리학자 George Herbert Mead의 주체적 자아와 사회적 자아의 구별을 차용하여 사회 윤리가 사회적 자아와 '일반화된 타자(the generalized other)'로서의 사회적 규칙 개념을 활용해야 하며, 또한 Schutz의 사회현상학 역시 활용해야 함을 주장했다. 이러한 접근은 사회 규범이나 정책에 대한 새로운 이해의 길을 열어주지만 니버의 정치적 방법과는 거리가 멀다.

    필자가 1967-1969년 뉴욕의 유니온신학교에서 기독교 윤리 석사과정을 이수할 때 니버의 제자 교수의 기독교윤리학 강의를 들었고, 니버의 일생의 친구 Bennett 총장의 강의를 수강했으며, 니버에 관한 세미나를 하는 강의도 수강했지만, 어떤 교수도 니버의 '정치적 방법'에 대해서 언급하지 않았다. 이렇게 해서 니버의 창의적인 독창적 발상은 빛을 발휘하지 못했으며, 말로는 무성하게 사회윤리학 또는 기독교 사회윤리학을 떠들지만 오늘날까지 영미 기독교 윤리학계는 독자적 체계를 갖춘 사회윤리학을 수립하지 못했다. 만일 니버의 정치적 방법이 사회윤리학의 방법론적 중요성을 가진 것으로 기독교 윤리학계가 착안했다면 독자적 사회윤리학 구축 작업이 활발하게 전개되었을 것이다.

그러면 이제 많이 지연되었지만, 『도덕적 인간과 비도덕적 사회』의 본문의 내용 요약에 들어가기로 하자.

제I장 인간과 사회: 함께 사는 예술(Man and Society: The Art of Living Together)

인간의 상상력(imagination)은 과학을 발달시킴으로써 인간을 위한 자연의 혜택을 증대시켰지만 이기적인 욕심도 증대되었기 때문에 공평한 분배, 곧 사회 정의 문제가 발생했다. 사회 정의 실현을 위해서 지성(intelligence)은 분명한 한계성을 가지고 있다. 그래서 사회 정의 실현은 '강제성(coercion)'의 도입을 요청한다. 그렇지만 강제력 곧, "힘은 독이라는(power in poison)" 사실을 알아야 한다.(p. 6) 따라서 강제력에 전적으로 의존해도 안 되고 반대로 강제력을 전적으로 배제해도 잘못이다. 강제력과 도덕성의 조화를 꾀해야 한다. 그러한 조화에의 추구는 전제주의의 Scylla 바위와 무정부주의 Charybdis 바위를 피하는 것 같은 아슬아슬한 곡예술이다.(pp. 21-22) 인류 사회의 영구적인 평화와 인류의 형제애는 완전한 실현이 불가능하고 단지 그것의 근사적 실현(approximation)이 가능할 뿐이다. 이렇게 해서 니버는 그의 종전의 사상과 달리, 강제력 혹은 힘을 사회 정의 실현의 도구로 도입한다. 그리고 '근사적 실현'이라는, 그의 개념에 약간 더 구체적인 내용을 부여한다.

제II장 사회적 삶을 위한 개인의 합리적 자원(The Rational Resources of the Individual for Social Living)

인간의 무지와 이기심은 사회적 갈등과 불의의 근원적인 원인이다. 그러한 갈등과 불의를 종교적 이상주의자들은 사랑의 증대와 이기심의 감소로 해결하기 위해 몰두하고, 합리주의자들은 지성의 힘에 의해서 극복하려고 한다. 그러나 개인의 도덕적 자원에 대한 이 같은 기대는 지나치게 낙관적이다. 사실, 사회 정의 구현을 위한 개인의 합리성은 현저한 한계성을 가지고 있다. 집단 생활에서 이성의 힘은 한계성을 가지고 있다. 그런데도 John Dewey는 이성의 힘을 전적으로 신뢰하고 그것을 정의로운 사회 목표 구현의 동력으로 본다. 양심 역시 인간의 도덕적 자원이지만 집단의 이해와 갈등을 조절하기 위한 제한된 힘만 가지고 있다. Jeremy Bentham의 결론처럼 인간은 이기적인 존재이다. 애국심도 인류 공동체의 입장에서 보면, 또 다른 종류의 이기심이다. 기술 문명은 세계 공동체를 창출했으나 국제 사회의 조화를 이룩하지 못했다. 현대적 삶은 계급투쟁과 국제적 갈등을 연출하고 있다.

제Ⅲ장 사회 생활을 위한 개인의 종교적 자원(The Religious Resources of the Individual for Social Living)

종교적 감각의 윤리적 열망에 의해서 상상할 수 있는 절대적인 것은 모든 현실적인 도덕적 성취를 부족한 것으로 심판하는 윤리적 견지를 창출한다. 합리적 윤리의 목적은 정의이며, 기독교적 윤리의 이상은 사랑이다. 정의를 추구하는 합리적 윤리는 타인의 필요성을 자신의 필요성과 동등하게 고려하지만 기독교의 사랑의 윤리는 상대적 관계를 고려하지 않는 이웃에 대한 사랑이다. 이와 같은 종교적 절대 윤리는 도덕적 상대성을 무시할 수 있다. 결국, 죄는 하나님에 대한 불복종이 되고 그 외의 모든 죄는 고려하지 않게 된다. Barth의 신학이 그런 경우에 해당한다. 그의 신학은 하나님의 절대적 신성과 죄인인 인간 사이의 상이성을 절대적으로 강조하기 때문에, "사회적 도덕의 면밀하게 계산된 덜하고 더한 것이 모든 중요성을 상실한다(nicely calculated less and more of social morality lose all significance)." (p. 68) 이러한 생각은 도덕적, 정치적 무관심주의(indifferentism)에 빠지는 경향이 매우 짙다. 바르트의 신학은 Luther의 정통주의(orthodoxy)를 부활시켰다. 이런 정통주의적 기독교는 절대적인 것에 대한 비사회적인 추구로 전락하거나 신의 완전성을 명상이나 세계로부터의 금욕적 철수에서 추구한다. 초합리적인 종교적 이상과 그에 대한 열망 없이는 인간은 불가능한 것(the impossible)을 실현하려고 시도하지 않는데, 종교적 비전은 근사적 성취(approximate achievement)가 가능할 뿐이다. 십자가는 개인에게 사랑의 승리의 심벌이지만 세계와 사회에게는 그렇지 않다. 사회는 인간의 위대한 성취인 동시에 커다란 좌절이다.

제Ⅳ장 국가의 도덕성(The Morality of Nations)

국가는 국민의 감정과 정부의 권위, 공통된 언어 및 전통에 의해서 결집된 가장 절대적인 집합체이다. 국가는 철저하게 이기적인 집단이다. 국가의 이기심에 대한 합리적 자아의 초월적 능력에 대한 비판은 '비판적 충성(critical loyalty)'이지만, '도덕적 반항(moral rebel)'으로 여겨지며 범죄와 동일시된다. 보편적 충성에 의해서 애국심을 초월하는 이상주의자는 항상 소수 집단이다. 국가는 이기적일 뿐만 아니라 위선과 자기기만이라는 도덕적 결함을 가지고 있다. 초국가적 세계 공동체는 국제적 강제력이 필요하지만, 국제연맹의 경우를 보면 국제 사회의 강대국들이 부패하여 공평성이 상실되고 공평성 성취에 대한 희망이 사라지고 있다. 예컨대, 일본의 만주 침략은 일본이 국제연맹의 표면상의 결속의 허구성을 간파했기 때문에 일어났다.

제Ⅴ장 특권 계급의 윤리적 태도(The Ethical Attitudes of Privileged Classes)

불평등한 특권의 발생 원인은 능력과 기능의 차이 때문이다. 불평등의 원인은 힘의 불균형이며, 그 힘은 일반적으로 경제적인 힘이지만 반드시 그런 것은 아니고 일본의 경우는 군벌이 장악한 군사력이고, 자본주의 사회에서는 재벌이 장악한 경제력이며, 러시아의 경우는 지배 관료가 장악한 국가 관리권이다. 이 같은 힘의 불평등으로 인한 사회적 불평등은 계급의 분화와 결속으로 발전한다. 합리적, 도덕적 능력의 발전은 계급의 이기심을 어느 정도 약화시킬 수 있지만 극복할 수는 없다. 특권 계급은 자기기만과 위선이라는 보편적 특성을 지니고 있다. 그들은 그들의 특권이 사회에 대한 그들의 공헌의 보상이요, 노동자보다 우수한 그들의 근면과 성실에 대한 대가라고 하며, 노동자들의 빈곤은 그들의 게으름과 무능의 결과라고 한다. 지배 계급은 그들이 예술과 문화에 공헌하며 그들의 이익이 일반적인 이익을 가져온다고 강변한다. 계급적 특권의 산물인 사회적 불의는 순수한 도덕적 설득만으로는 제거될 수 없다. 이것이 사회적 불의로 인해서 가장 고통을 많이 받은 프롤레타리아 계급이 세기에 걸친 절망적인 희망 후 도달한 최종 확신이다.

제Ⅵ장 프롤레타리아 계급의 윤리적 태도(The Ethical Attitudes of Proletariat)

거의 모든 사회가 사회적 불의의 희생자들의 심각한 저항을 받지 않고 죄를 범했다. 그 이유는 그들이 힘을 가질 수 있게 하는 철학과 정치적 전략을 가지고 있지 않았기 때문이다. 고대의 노예 반란이 그랬고 중세의 농민 반란 역시 그랬다. 현대 산업사회의 자본주의로 인해서 프롤레타리아 계급이 형성되었고 마르크스가 그들에게 철학과 정치적 전략을 권위 있고 분명하게 제공했다. 자아의식과 지성이 있는 산업 노동자들의 태도의 핵심은 도덕적 냉소주의(moral cynicism)와 무조건적으로 평등한 사회적 이상이다. 이를 좀더 구체적으로 말하면, 힘은 생산 수단의 소유에 있으며 그러한 힘은 사회적 불의를 낳는다. 그러한 사회적 불의는 '강제적 힘(force)'에 의해서 비로소 감소할 수 있고, 제한할 수 있고, 파괴할 수 있다.(p. 146) Trotsky에 의하면, 프롤레타리아 구원의 첫째 조건은 부르주아 계급의 손으로부터 지배권을 탈취하는 것이다. 그리고 자본주의의 발달은 자본가의 수를 줄이고 노동자의 수는 증대하기 때문에, 자본주의는 결국 스스로 파멸의 가능성과 수단을 함께 생산한다. 그러나 이런 과정은 자동적으로가 아니라 '혁명적 투쟁(revolutionary struggle)'에 의해서라야 달성된다.(p. 146) 이렇게 해서 니버는 강제력을 수용하고 혁명을 승인한다. 마르크스주의는 민주주의 국가를 노동자 억압을 위한 부르주아 계급의 도구로밖에는 보지 않으며, 국가는 노동자 억압의 도구이기 때문에 노동자의 구원은 국가의 말살에 있다고 본다.

니버는 강제력의 사용과 혁명을 승인하고 마르크스주의가 가지고 있는 장점을 수용하지만, 동시에 그것의 단점도 예리하게 비판한다. 마르크스주의는 프롤레타리아 계급의 부분적인 가치를 보편화하려고 한다. 마르크스주의가 재산의 소유 없는 문명 실현을 추구하는 것은 역사과학이 아니라 '묵시적 비전(an apocalyptic vision)'이라고 니버는 비판하지만, 그는 그것은 '종교적, 정치적 꿈(religio-ethical dream)'이 갖고 있지 않은 '당장의 중요성(an immediate significance)'을 가진다고 인정한다.(p. 156) 현대 러시아는 프롤레타리아 계급 외에 다른 계급의 생존자들을 세습적 적들로 간주하고 무자비한 복수심으로 잔인하게 숙청한다. 마르크스는 사회적 불의의 근원이 힘의 불균형이며, 산업사회에서는 생산 수단의 소유가 힘이라고 본 점에서 사상적 공헌을 했다고 본다. 그러나 니버는 경제적 특권의 타파에 의해서 아무도 힘을 이기적으로 사용하지 않게 할 수 있는 정도로 인간성을 바꿀 수 있다고 기대하는 것은 '낭만적 환상(romantic illusion)'이라고 비판하는 한편, 마르크스적 프롤레타리아가 평등의 정의를 추구했고 그런 윤리적 이상을 '정치적 및 경제적 방법(political and economic method)'으로 실현하려고 했던 '현실주의(realism)'는 사회적 중요성을 가진다고 니버는 평가했다.(p. 165) 그렇지만 마르크스적 프롤레타리아가 수단의 선택에서 취한 냉소주의(cynicism)는 때로 파멸의 원인이 되기도 한다고 니버는 보았다. 혁명과 폭력에 대한 마르크스의 확신은 상당한 진리를 포함하고 있으며, 그 문제를 보다 심층적으로 분석해야 한다고 니버는 주장한다. 왜냐하면 문제는 사회의 보존 가치가 있는 것을 파괴하지 않고 사회악을 제거하는 것이며, 제거된 권력의 악용과 불의의 자리에 새로운 권력 악용과 불의가 들어가지 않게 하는 것이기 때문이다. 니버에 의하면, 프롤레타리아가 고려하기를 원하지 않는 두 가지가 있다. 하나는 현대사회에는 보존 가치가 있는 좋은 것이란 존재하지 않는다는 것이요, 다른 하나는 미래에 대해서 우려하지 않는 경향이다.(pp. 167-168)

제Ⅶ장 혁명을 통한 정의(Justice Through Revolution)

이 장에서 니버는 혁명을 통한 정의 실현의 정당성을 논한다. 그는 이러한 논의를 제1차세계대전의 환멸스러운 결과, 세계 평화 유지 장치로서의 국제연맹의 실패, 세계적 경제 공황이 초래한 노동자의 비참과 불행을 배경으로 전개한다. 그는 혁명의 수단으로서의 폭력의 정당성을 주장한다. 중산층과 합리적 도덕가들은 폭력을 싫어하지만 그들이 폭력이 본질적으로 비도덕적이라고 생각하는 것은 잘못이다. 선의지(good-will)와 악의지(ill-will)를 제외하면 어떤 것도 그 자체로서 선하거나 악하지 않다. 니버의 주장에 의하면, 행위와 정책의 사회적 결과가 도덕적 판단의 표준이 되어야 한다. 보이지 않는 동기는 판단하는 것이 어렵기 때문이다. 이렇게 하여 그는 실용주의자와 공리주의자의 결과론을 취한다. 폭력과 혁명을 본질적으로 악하게 보는 두 가지 잘못이 있다. 첫째, 폭력을 악의지의 표현으로, 그리고 비폭력을 선의지의 표현으로 보는 것이다. 이런 입장은 어느 정도 옳지만 보편적 타당성을 가지고 있지 않다. 특히, 집단적 관계에서는 그렇다. 집단적 관계에서는 조화와 정의의 구현이 강제성(coercion)을 필요로 하기 때문이다. 폭력을 선험론적 근거에서 배제해서는 안 된다. 둘째, 폭력을 본질적으로 비윤리적인 것으로 보는 것인데, 이것은 생명의 존중, 진실을 말하는 것(to tell the truth), 그리고 신뢰(trust)와 같은 정통화된 도구적 가치를 본질적인 도덕적 가치와 무비판적으로 동일시하는 데에 기인한다. 선의지만이 본질적으로 선하다. 선의지가 일단 특정한 행동으로 표현될 때는 옳은 동기가 옳은 목적의 성취를 위해서 옳은 수단을 선택했는지를 판단해야 하는데, 그러한 판단은 결과에 의해서라야 한다. 전통화된 가치가 본질적으로 선하지 않다는 것은 다음과 같은 경우들에서 드러난다. 환자는 진실과 생명에 대한 권리를 가지고 있으며 양자는 모순되지 않지만 의사는 그에게 진실을 말해 주는 것이 생명을 위협할지도 모르는 경우에는 진실을 말해 주지 않을 수 있다. 산모와 태아 두 생명 사이에서의 양자택일의 경우, 태아의 생명을 희생해야 할 수 도 있다. 이처럼 니버에 의하면, 폭력은 본질적으로 비윤리적이지 않다.

프롤레타리아 계급의 도덕과 중산층의 도덕은 다음과 같은 차이를 가지고 있다. 중산층은 자유, 개인 존중, 사유재산권, 상호 신뢰와 비이기심(unselfishness)을 강조하고, 프롤레타리아는 집단에 대한 충성, 연대의 필요성, 전체 사회의 복지에 대한 사유재산권에 대한 복종, 사회적 목적 달성을 위한 자유 폐기, 집단간의 갈등을 투쟁에 의해서 해결할 것 등을 주장한다. 중산층은 자유를 신봉하지만 그것이 그들의 자유를 위협할 때는 부인한다. 그들의 사랑과 비이기심을 소외된 집단에게는 적용하기를 거부한다. 폭력을 몹시 싫어하지만 그들의 이익과 특권이 위협받을 때는 서슴지 않고 사용한다. 중산층과 프롤레타리아 계급은 위선과 잔인성, 감상주의와 냉소주의의 대조를 보인다. 프롤레타리아 계급의 냉소주의는 다음과 같은 Trotsky의 말에 잘 나타나 있다. "우리는 결코 '인간의 생명의 신성성'에 대한 Kant의 성직자적인, 그리고 채식주의자인 퀘이커적인 실없는 잡담에 대해서는 관심을 갖지 않는다. 우리는 반대한다는 점에서 혁명가이고, 힘이라는 점에서 혁명가로 남을 것이다. 개인을 신성하게 여기기 위해서 우리들 개인을 십자가에 못 박는 사회 질서를 타파할 것이요, 이 문제는 오직 피와 철에 의해서 해결될 수 있다." (p. 177) 니버는 폭력과 혁명의 정당화 이론을 전개한다. "폭력이 정의로운 사회적 시스템을 수립하고 그것의 보존 가능성을 창출한다면, 폭력과 혁명이 배제될 수 있는 순수한 윤리적 근거는 존재하지 않는다. …우리가 일단 윤리가 정치에게 숙명적 양보를 하게 하고 강제성을 사회적 응집의 도구로 받아들이면, 우리는 비폭력적 형태의 강제성과 폭력적 형태의 강제성, 혹은 정부에 의해서 사용된 강제성과 혁명가들에 의해서 사용된 강제성 사이의 절대적 구분을 할 수 없다. 참된 문제는 폭력을 통해서 정의를 수립하는 정치적 가능성이다."(pp. 179-180)

제VIII장 "정치적 힘을 통한 정의(Justice Through Political Forces)"

본 장에서 니버는 평등의 정의(equal justice)라는 사회적 목표를 혁명이라는 방법에 의해서가 아니라 의회주의적, 혹은 진화적(evolutionary) 방법에 의해서 추구하는 입장을 설명한다. 혁명적이지 않은 이 같은 점진적인 방법은 중산층 지성인에 의해서 개발된 것으로 프롤레타리아가 민주적 과정에 참여하여 의회에서 다수를 차지함으로써 민주적으로 승리를 획득하는 방법이다. 이것은 부의 평등한 분배에서 소외되었지만 완전히 빈곤하지 않은 사회 구성원들이 민주국가를 정의 실현을 위해서 사용될 수 있다는 것을 신봉하고 민주주의에 의해서 점진적으로 평등의 정의 실현을 추구하는 방법이다. 이와 같은 점진적인 평등의 실현의 구체적 방안들에는 소득세와 상속세의 중과세, 세금을 경제적 과정에서 손상을 입은 사람들을 위한 사회 봉사 확대를 위해서 사용하는 것, 실업자 보험, 노인 연금 등이 있다. 이러한 것들은 경제 사회의 과정에서 발생한 불평등을 완화하기 위한 정치적인 사회적 노력이다.

이러한 점진적 방법은 도덕적 요소와 강제적 요소의 혼합에 의해서 폭력을 피하고 압력은 순수하게 정치적으로 행사한다. 정치에서는 이성이나 양심에만 의존하는 것은 불가능하다. 평등의 정의 실현을 위한 점진적인 진화적 방법은 강제적 요소와 교육적 요소가 함께 작용해야 한다. 그렇지만 교육적 방법은 정의 실현의 한계성을 가지고 있다. John Dewey는 지성의 정의 실현의 힘을 지나치게 믿는 과오를 범했다. 정치적, 경제적 삶의 역사에 대한 심층적 연구는 교육학자들과 도덕학자들이 정치와 경제 사이의 이해관계를 과소평가했다고 밝혔다. 현대사회가 가지고 있는 현재의 불안정한 힘의 균형을 돌파하고 완전히 재구성할 수 있는 단일한 힘이 존재하지 않는다면, 합리적인 평등이라는 사회적 목표의 '점진적인 근사적 실현(gradual approximation)'으로 만족할 수밖에 없다. 경제적으로 그리고 정치적으로 약한 사회 계급이 어느 나라에서든 그들의 잠재적인 힘을 완전하게 발전시키지 못했다고 해서 이런 점진적인 근사적 실현을 포기할 필요가 없다. 그들은 종전보다 더욱 많은 정치적, 경제적 압력을 행사할 것이다. 뿐만 아니라 앞으로 사회 일반, 혹은 사회의 모든 계급의 사회적 지성이 현재의 수준보다 높아질 것이다. 힘에 대한 힘의, 그리고 이해관계에 대한 이해관계의 조정과 재조정에 의해서 합리적인 사회적 이상의 점진적인 근사적 실현에 접근하는 것이 현대사회의 운명이라면, 정치적 강제성의 비폭력적 형태는 분명히 폭력적 형태보다 바람직하다. 의회 정치 사회주의는 그런 경우 정당화될 수 있다.(pp. 219-220)

제IX장 정치의 도덕적 가치의 보존(The Preservation of Moral Values in Politics)

사회 정의 실현을 추구하는 두 가지 입장이 있다. 하나는 '정치적 현실주의(political realism)'이고, 다른 하나는 '도덕가(moralist)'의 입장이다. 정치적 현실주의는 사회 정의 실현은 강제성(coercion)을 사용하지 않으면 불가능하다고 주장한다. 이렇게 사용된 강제성의 불의를 견제하기 위해 강제성을 계속하여 사용하지 않으면 안 되기 때문에 '불안한 힘의 균형(an uneasy balance of power)'을 초래하게 되는데, 이 같은 불안한 힘의 균형에 의한 평화, 혹은 휴전은 우연한 균형 상실로 인해서 결국 파괴되거나 힘의 균형을 만들어내고 강화하는 사회적 증오에 의해서 파괴되고 말 것이다. 도덕가는 유일한 지속적 평화는 이익과 이익, 그리고 권리와 권리 사이의 합리적이고 자발적인 조정에서 나온다고 본다. 그는 그러한 조정이 이기심에 대한 합리적인 견제와 타인의 이익에 대한 합리적인 이해를 통해서 가능하다고 믿는다. 도덕가는 정치적 현실주의자와 마찬가지로 위험성을 가지고 있다. 왜냐하면 그는 오늘날의 모든 사회적 평화 속에 존재하는 불의의 요소들을 인식하지 못하기 때문이다. 도덕가는 그러한 요소들이 역사가 신성화하고 전통이 정당화하는 불평등 속에 있기 때문에 그것들을 쉽게 알아차리지 못한다. 그렇기 때문에 적절한 정치적 도덕은 도덕가들과 정치적 현실주의자들의 통찰을 공정하게 다루어야 한다. 다시 말해서, 집단적인 인간의 삶에서 강제성을 불식하려고 할 것이 아니라 인간 사회의 도덕적 및 합리적 요소들과 가장 많이 일치하는 형태의 강제성을 사용하고, 강제성이 사용되는 목적들을 구별함으로써 강제성을 최소화하여 사회를 끝없는 무익한 갈등으로부터 구출해야 할 것이다.

평등의 정의는 사회의 궁극적 목적이기 때문에 보다 큰 평등을 위해 정당화될 수 있지만, 특권의 영구화를 위한 노력은 부정되어야 한다. 강제성 사용에 대한 가장 분명한 합리적 견제는 공정한 법정이다. 그러나 정부의 힘은 시민들의 분쟁 조정에 공평하고 정부가 세계의 분쟁에서 다른 나라에 대해서 같은 힘을 사용할 때도 공정하지만, 공동체의 질서와 특권을 위협할 때는 언제든 공평성을 상실할 수 있다. 강제성 사용 문제에 있어서의 주된 구별은 비폭력적 강제성과 폭력적 강제성의 구별이다. 양자의 절대적 구별은 불가능하나 폭력적 강제성의 의도는 생명과 재산을 파괴하는 것이고, 비폭력적 강제성은 파괴를 의도하지 않았지만 비폭력적 강제성의 불가피한 결과로 파괴를 초래한다. 비폭력은 본질적으로 비협력이다. Gandhi의 '혼의 힘(soul-force)', 혹은 '진리의 힘(truth-force)'으로서의 '순수한 무저항(pure non-resistence)'은 사실 비폭력적 저항이지 무저항이 아니다. Gandhi의 '혼의 힘'과 '진리의 힘'의 보다 순수하고 보다 정확한 의미는 사회적 투쟁의 장에서 반대편의 이성과 선의지에의 호소이다. 그것은 일종의 저항이지만 신체적 강제성은 아니다. 그것은 매우 선명한 극적인 교육적 방법을 사용한다. Gandhi가 '혼의 힘'을 비폭력과 비협력으로 규정한 것은 덜 혼동스럽게 하고, 또한 정당하다. '진리파지(眞理把持, ahimsa)'는 가해자의 상처가 아니라 자발적인 자기수난을 요청하며, 적극적 형태에서는 최대의 사랑과 자비를 의미한다. 비폭력은 흑인 해방에서도 중요한 의미를 가지고 있다. 비폭력은 소수이면서 저항력을 키울 수 없는 절망적으로 억압된 집단을 위한 전략적 도구가 될 수 있다. 미국의 흑인은 백인의 지배에서 해방될 가능성이 없으며 폭력에 의한 해방을 시도할 수도 없다. 비폭력이 유용한 도구가 될 수 있다.

종교적 상상력이 보다 큰 공헌을 할 수 있는 것은 비폭력적 저항의 영역에서이다. 종교적 정신은 적에게서 공통된 인간적 약점을 발견하고, 인간의 초월적 능력을 발견하고, 사회적 갈등을 초월하고, 인간의 잔인성을 완화한다. 인간이 공통된 뿌리와 선과 악을 가지고 있음을 알게 함으로써 그들을 함께 묶는다. 적이 가지고 있는 악을 자신 속에서도 발견하고, 사회적 갈등에도 불구하고 모든 인간을 같은 혈족으로 생각하는 사랑을 주장한다. 이러한 모든 것은 종교가 당장의 현상을 무시하고, 심오하고 궁극적인 통합을 열망하는 종교의 '숭고한 광기(sublime madness)'(p. 255)가 인간 정신에게 주는 선물이다. 그것은 세속적인 상상력이 생산할 수 없는 것이다. 인간의 생활 속에는 정신적 요소와 동물적 요소가 공존한다. 그런데 정신적 요소들을 발전시키는 사람들이 동물적 요소들이 가장 득세하는 집단적 인간의 문제들을 이탈하거나 오해한 채 정신적 요소들을 발전시키는 데 인간 역사의 영원한 비극이 있다. 그렇기 때문에 그런 문제들이 여전히 해결되지 않고, 힘과 힘이 충돌하고, 야수성을 완화시키지 못하고, 사회적 투쟁의 무익을 제거하지 못하는 것이다.

제X장 개인적 도덕과 사회적 도덕의 충돌(The Conflict between Individual and Social Morality)

인간 사회에 있어서의 '윤리(ethics)'와 '정치(politics)', 즉 개인적 도덕과 사회적 도덕의 갈등상: 개인의 내적 생활의 최고 이상은 무사심(unselfishness)이며, 사회적 생활의 최고 이상은 정의인데 정의 실현을 위해서는 도덕적 정신이 용납할 수 없는 자기 주장, 항거, 강제성, 심지어 원한까지도 수단으로 사용한다. 개인적 도덕과 사회적 도덕의 관계: (1) 배타적이지 않으며 모순적이거나 대립적이지 않지만 조화가 쉽지 않다. (2) 가능한 가장 완전한 정의는 개인의 상상력이 동료 인간의 필요와 이익을 포괄하지 않으면 가능하지 않다. (3) 어떠한 비합리적인 정의의 수단도 도덕적 선의지의 통제 아래 있지 않으면 사회를 크게 파괴한다. (4) 정의가 그 이상의 것에 의해서 구원되지 않으면 정의 이하의 것으로 전락한다. 즉, 정치가의 현실주의적 지혜는 도덕적 선각자의 어리석음의 영향이 없이는 어리석음이 된다. (5) 두 가지 도덕은 계속적인 혼동에도 불구하고 인간 생활의 풍성함에 공헌한다.

종교적 도덕성과 정치적 도덕성: (1) 종교적 도덕성은 내향적이고 선한 동기를 표준으로 삼으며 선한 동기를 사랑과 의무의 입장에서 규정하지만, 합리화된 형태의 종교는 칸트와 스토아 철학처럼 의무를 강조한다. (2) 정치적 도덕성은 집단의 행위를 다루기 때문에 종교적 도덕성에 대한 타협 불가한 일종의 대립이다. 합리적 도덕성: (1) 종교적 도덕성과 정치적 도덕성의 사이에 위치한다. (2) 때로는 사회의 필요성보다 인간 정신의 내적인 도덕적 필요성을 강조하여, 종교적 무사심보다 의무의 윤리를 발전시킨다. (3) 대체로 공리주의가 되어서 일반적 선, 또는 사회 전체의 조화를 선의 궁극적 표준으로 삼는다. (4) 종교보다는 자기주장에 대한 내적 견제를 덜 강조하고 정치적 현실주의보다는 사회적 견제를 덜 강조한다. 집단 간의 관계의 도덕: (1) 이기적 충동을 완전히 통제할 정도로 강한 내적 견제는 존재하지 않는다. (2) 결국, 사회적 통제를 사용할 수밖에 없는데 그것은 사회적 갈등을 유발한다. (3) 종교적 도덕은 타인의 요구와 반대되는 자기주장을 단념하여 불의를 영구화하지만, 사회적 도덕은 자기주장을 정당화할 뿐만 아니라 그것의 정당화를 위해서 비합리적 힘을 사용하여 새로운 불의를 낳는다. 순수한 종교적 이상주의: (1) 사회적 문제에 대한 무관심 속에서 자기부정을 통한 자기실현을 추구하며, 도덕적 행동의 사회적 결과에는 관심을 두지 않고 하나님의 온전하심에 대한 근사적 실현을 추구한다. 이것을 예수는 70번씩 7번 용서하라고 했고 원수를 사랑하라고 했다. (2) 사회적 결과를 고려하지 않는다고 해서 그것을 전적으로 부정하는 것은 잘못이다. 이것은 특히 친근한 개인적 관계에서 그렇다. 원수에 대한 사랑은 적의 마음을 부드럽게 할 가능성이 있다. (3) 정의가 계산된 자기주장과 권리 주장에만 의존한다면 사회 생활이 지탱될 수가 없다. 최고의 상호성은 상호 이익이 의식적으로 추구가 되지 않을 때 성취된다. 이런 의미에서 사랑, 무사심, 자애는 높은 사회적, 공리적 가치를 지니고 있다.

집단의 이기성과 강제적 방법(coercive method)의 사용: (1) 무사심의 순수한 도덕을 집단적 관계에 적용하려는 모든 노력은 실패로 끝난다. (2) 과도해진 이익은 이익의 경쟁에 의해서 견제되어야 한다. (3) 이익의 경쟁적 주장은 도덕적, 합리적 설득에 강제적 방법이 첨가되어야 한다. 개인적 도덕과 사회적 도덕의 상호 보완성: (1) 적절한 정치적 전략은 개인적 도덕의 이상주의를 배격하지 않는다. 개인은 공동체 속에서 가장 높은 수준의 도덕에 충성할 기회를 가진다. (2) 종교적 평화주의자들의 양심에 의한 국가 폭력에 대한 항거는 그들의 수가 많아지면 국가 정책에 영향을 미칠 수 있으며, 그들의 모범으로 인해서 적국에서도 호응자들이 생겨서 그들의 나라의 정책에 영향을 줄 수 있다. 기술 문명이 초래한 사회 문제들, 곧 급속한 변화로 인한 안정성 상실, 불의의 악화, 경제적 상호 의존성의 인류적 확대, 인류 공동체의 출현, 인간의 집단 행위의 야수성과 그것의 해결의 시급성 등이 우리 시대의 과제이다.

결론: (1) 인간의 양심의 자연계와 집단적 관계의 시스템의 초월은 사치가 아니라 혼의 필요성을 의미한다. (2) 우리는 이미 사회적 불의를 대가로 치렀고 개인 생활에서 최고의 만족을 누리지 못한다. (3) 우리는 전체 인간 생활의 무절제와 부패를 구원하지 않은 채, 하늘로 올라가는 개인적인 사다리를 만들 수 없다. (4) 정의는 그것을 완전하게 실현하려는 '숭고한 광기'를 혼 속에 생기게 하지 않고는 근사적 실현을 할 수 없다. 광기가 아니고는 악성의 힘과 높은 자리를 차지하고 있는 정신적 사악함과 싸우려고 하지 않을 것이기 때문이다. 환상은 무서운 열광주의를 조장하기 때문에 위험하다. 그렇기 때문에 그것은 이성의 통제 아래 두어야 한다. 우리는 단지 이성이 열광주의가 그 소임을 다할 때까지 그것을 파괴하지 말기를 희망할 뿐이다.

이상으로 『도덕적 인간과 비도덕적 사회』의 요약을 마치고, 동저서에 대한 평(주로 부정적인 평)과 거기에 대한 니버의 반응, 그리고 그러한 평이 니버의 학문에 미친 영향에 대해서 살펴보기로 하자. 니버는 평화주의자인 진보주의자들과 사회주의자들로부터 가혹한 부정적 비판을 받았다. 그가 좋은 친구라고 생각했던 시카고의 목사 Theodor Hume은 니버의 저서를 '냉소주의'와 '구제할 수 없는 비관주의'라고 개탄했으며, 이 저서를 기독교적이라고 부르는 것은 세상에 대한 예수의 메시지를 희화화하는 것이라고 했다. Norman Thomas는 *The World Tomorrow*의 서평에서 이 저서의 '패배주의(defeatism)'가 실망을 주었다고 했으며, John Haynes Holmes도 거기에 동의하여 *Herald Tribune Books*의 서평에서 "종교적 패배주의(Religious Defeatism)"라고 표제를 붙였다. 니버의 친구이자 세계기독학생연맹의 지도자 가운데 한 사람인 Francis Pickens Miller는 다년간 동 연맹의 세계대회 개최들을 위해서 니버의 도움을 받았는데도 유니온신학교의 동료 교수 Henry Van Dusen이 조직한 젊은 신학자들의 토론 그룹에 니버를 비판한 긴 글을 배부했다. 이 글에서 Miller는 니버가 사회 변혁의 과정에서 기독교가 독자적 기능을 가져야 한다는 이념을 포기했고, 교회론이나 현대 문명에 대한 기독교의 역할과 과제에 대해서 아무 언급도 하지 않았다고 평했다. 또한 Calhoun은 *The Intercollegian*의 서평에서 그 저서에 참된 신도는 없으며, 사회적 삶에 대한 단 하나의 호평도 듣지 못했다고 했고, 그리고 유니온신학교의 교수들이 이 저서의 대부분에 대해서 매우 미온적인 것 같다고 Miller에게 편지를 썼다.[16]

    니버는 거저 앉아서 날아오는 돌에 맞지만 않고 응수했다. 그는 편집자들과 비판자들에게 그들이 모든 異論 제기자에게 악의에 찬 공격을 하는 완고한 정통주의자가 되어버렸다고 불만을 토로했다. 그리고 그를 지나치게 냉소주의적이고 비관주의적이라고 본 사람들은 죽어가고 있는 문화의 감상주의에 빠져 있다고 반격했다. 그러나 그는 그의 저서가 교회론을 갖고 있지 않다는 비판을 수용하면서, 그 책이 진보주의자 일반을 위해서 쓴 것이지 기독교 교회를 위해 쓴 것이 아니라고 해명했다. 그가 다음 달 예일대학에서 행할 테일러 강좌(Taylor Lectures)에서 교회에 대하여 논하겠다고 밝혔다. 그는 Miller에게 분명하게 자신은 프롤레타리아 계

---

16) Fox, *Reinhold Niebuhr*, pp. 142-143.

급의 정의를 위한 요구를 주장하는 교회를 원한다고 말했다. 그렇지만 그는 교회가 정의 이상의 투신할 목적을 가지고 있기 때문에 프롤레타리아의 사회적 열정과 정치적 전략이 생과 희망과 가능성에 대한 최종의 말이 아니며, 정치적 목적들 외에 삶의 다른 목적이 있다고 주장했다.[17]

앞서 이미 언급한 바 있지만, 니버는 일찍부터 이성의 전적인 선을 믿지 않았고 그것이 이기심의 하인이 될 수 있다는 사실을 간파했다. 이것은 『도덕적 인간과 비도덕적 사회』의 주제 가운데 하나이기도 했다. 이 주제는 이 저서를 두고 그와 그에 대한 비판자들 사이에 교환된 논쟁에서도 극명하게 드러났다. 그들은 높은 교육과 선의지를 가진 인사들이었지만, 서로 상대방의 약점을 공격했고 그것으로 인해서 그들의 크리스천적 사귐에 상처를 주었다. 그렇지만 단 한사람만이 우정에 상처를 주지 않고 니버의 저서에 대한 심층적 진단을 했다. 그것은 니버의 동생이자 1931년부터 예일대학교 신학부 기독교윤리학 교수로 있던 Helmut Richard Niebuhr였다. 그는 예일대학교 교수가 된 이래 Richard Niebuhr로 통했다. 리처드 니버의 비판은 두 가지 요소를 가지고 있었다. 하나는 그가 이상주의자들에 대해 미국인의 원죄의 표현으로 볼 정도로 비판적이며, 또한 니버처럼 그들에 대해 냉소적이고 회의적이지만 니버와 동조하지 않는 독자들이 있는데, 그것은 그들이 많지는 않지만 적은 희망을 그리고 대단하지 않지만 어떤 신앙을 가지고 있기 때문이라고 평한 것이었다. 리처드 니버는 Walter Lippman의 『도덕서론 Preface to Morals』과 니버의 『도덕적 인간과 비도덕적 사회』가 세계대전 이후의 가장 위대한 두 개의 종교적 저술인데, 그 어느 것도 최종적이지 않으며 그것들은 낡은 사람의 죽음이며 새로운 탄생의 예고자라고 했다.

다른 하나는 니버가 개인으로서의 인간의 본성과 개인적 관계에 대해서 지나치게 좋게 본다고 리처드 니버가 비판한 것이었다. 리처드 니버는 라인홀드 니버가 개인과 개인 대 개인의 관계에 있어서의 인간의 본성에 관해서는 아직 지나치게 낭만적이라고 평했다. 리처드 니버는 개인 사이의 관계에서 인간을 도덕적으

---

17) 같은 책, p. 143.

로 만드는 것은 강제성(coercion), 특히 사회의 찬성과 비난, 그리고 계몽된 이기주의(enlightened egoism)의 강제성이라고 주장했다. 결론적으로 말해서, 리처드 니버의 견해에 의하면, 라인홀드 니버는 인간의 본성과 종교 자체에 대해서 자유주의적이며 그것도 철저하게 자유주의적이라는 것이다. 뿐만 아니라 라인홀드 니버는 프롤레타리아의 이념이 산업 노동자들이 힘을 장악했을 때에도 그대로 유효하리라고 기대하는 데 비하여 자신은 그렇게 생각하지 않는다고 주장했다. 그의 형은 회의적이지만 역시 희망을 가지고 있다고 보았다. 리처드 니버는 그의 이 같은 평을 공개하지 않고 두 사람 사이에서 개인적으로만 교환했다. 두 형제는 여러 해 동안 그런 개인적인 상호 비판을 해왔다. 라인홀드는 리처드의 최초의 저서 『교파주의의 사회적 근원The Social Sources of Denominationalism』의 원고의 주요 비판자였다.[18]

---

18) 같은 책, pp. 143-144.

5
테일러 강좌(Taylor Lectures)와
당시 니버의 처지(1933-1934)

✣

리처드 니버는 분명 『도덕적 인간과 비도덕적 사회』 및 1932년 선거에서 사회주의자들이 패배한 이후 일어난 니버의 신학과 종교적 활동의 변화의 중요한 매개자 역할을 했다. 이때 니버는 Harry Ward 교수처럼 공산주의로 더욱 좌경화하든가, 그렇지 않으면 자유주의적 기독교 노선을 재검토, 재주장하든가 하는 양자택일에 직면했다. 그는 후자의 길을 택하여 이제 40세의 나이에 그의 아버지의 성서적인 복음주의적 신학의 유산으로 복귀했다. 이러한 전환이 궁극적으로는 그의 고전적 명저 『인간의 본성과 운명The Nature and Destiny of Man』으로 나타난 자유주의적 신학의 새로운 종합을 낳게 한 지적 불길을 일으켰다.[19]

1933년 4월에 예일대학교에서 행한 테일러 강좌에서 라인홀드는 리처드가 『도덕적 인간과 비도덕적 사회』에서 발견한 인간 본성에 대한 낭만적 견해를 당장 시정하기 시작했으며, 또한 교회가 사회적 투쟁에서 없어서는 안 되는 힘을 가지고 있음을 주장했다. 그는 5회에 걸친 그 강의의 제목을 "퇴폐적 문명 속의 기독교(Christianity in Decadent Civilization)"라고 했다. 이 강의에서 니버는 기독교가 부르주아 사회의 불가피한 몰락에도 불구하고 로마 제국과 중세 봉건주의의 멸망에서 그랬던 것처럼 살아남을 것이라고 예언했다. 기독교는 새로운 문명에 정신적 통찰과 도덕적 도야를 제공함으로써, 특히 인간의 이기성의 강력함에 대한 통찰을 제공함으로써 살아남을 것이라고 그는 주장했다. 그는 교회는 인간의 자아성에 관한 진리를 말함으로써 살아남고, 니버 자신을 포함한 목회자들은 인간 본성의 한계성과 역사의 상대성을 국민들에게 말함으로써 살아남을 것이라고 시사했다. 그는 한편으로는 부르주아 운명을 거부했고, 다른 한편으로는 프롤레타리아

[19] 같은 책, p. 147.

에 대해서 신중한 입장을 취하여 프롤레타리아를 동원하기보다 노동자들과 자본가들을 함께 비판하는 입장을 취했다. 이렇게 그는 계속해서 그의 『도덕적 인간과 비도덕적 사회』를 방어하고 있었지만, 사실은 그의 근자의 과거에 대한 결별에 들어가고 있었다. 뿐만 아니라 그는 리처드의 비판을 수용하여 부부 및 가족간의 사랑이 어느 정도는 항상 자아의 확대라는 것을 인정했고, 인간의 사회적 관계가 '사랑의 법(law of love)'에 의해서 지배될 수 없음을 시인함으로써 처음으로 자연법의 개념을 그의 저술에 도입했다. 그는 가톨릭교를 독단적이고, 위계질서적이며, 비민주적이기 때문에 그리 좋아하지 않았지만, 자연법 개념을 도입하는 약간 긍정적인 평가의 입장을 가톨릭에 대해서 취했다.[20]

니버가 테일러 강좌에서 기독교가 살아남는다는 문제에 대해서 집착한 데에는 현실적 이유도 있었다. 그가 테일러 강좌를 하고 있을 때 Hitler는 힘을 규합하고 있었다. 그는 급속하게 독일 개신교 교회를 길들이고 있었기 때문에 많은 사람들이 교회가 독립성을 상실할 것이라고 걱정했다. 독일의 사회주의자들은 오랫동안 민주적 방법과 의회주의 입장을 고수해 왔기 때문에 히틀러에게 패배할 것이라고 니버는 판단했다. 히틀러의 파시즘적 냉소주의와 싸울 수 있는 것은 오직 공산주의자들인데 니버는 그들과 함께 갈 수가 없었다. 그는 결국, 독일에서 민주적 사회주의가 죽고 나면 공산주의에 대한 유일한 대안은 예언자적 기독교, 혹은 기독교 '현실주의(realism)'라는 결론에 도달했다. 기독교 현실주의는 필요하면 정의를 위한 싸움에서 힘과 혁명을 사용하지만 노동자들의 운동을 계속 비판하는 입장이다.[21]

1934년경에 니버는 『도덕적 인간과 비도덕적 사회』에서 취했던 혁명적 입장에서 물러서려고 하고 있었는데, Henry Sloane Coffin은 그것을 눈치 채지 못한 여러 사람 중 하나였다. 그해 봄 학기에 그는 니버와 Ward의 영향을 받았다고 주장하는 학생들의 반란에 직면했다. 그들은 시내의 호텔 종업원들의 파업의 피켓 라인에 합세했고, 린치에 찬성한 뉴욕의 목사의 집 앞에서 천막 농성을 했으며, 유니온신학교 식당의 저임금 노동자 조직에 함께했고, 급기야 메이데이에 유니온신학

20) 같은 책, pp. 147-148.
21) 같은 책, pp. 148-149.

교 국기 게양대에 붉은 깃발을 게양했다. Coffin 총장은 비록 농담이었지만 한 동창 모임에서 유니온신학교가 미래의 어떤 러시아를 만들기 위한 모르모트가 되기를 원하지 않는다고 했다. 그는 유니온신학교에서 30년 동안 봉직했기 때문에 동 신학교를 집과 어머니로 생각했고, 보전해야 할 초월과 신성의 살아 있는 상징으로 생각했다. 그는 유니온신학교가 사회적 관심에 대해서 개방되어야 하지만 신학교의 내적 생활에 급진적 정치가 침입해서는 안 된다고 생각했다. 『도덕적 인간과 비도덕적 사회』 이후 니버에 대한 코핀의 불만은 말없이 끓고 있었다. 1933년 여름에 Sherwood Eddy는 다음 겨울에 니버를 중국에 파견하여 일련의 강의를 하게 할 것을 제의했다. 코핀은 니버가 폭력을 정당화함으로써 좌경화되었으며 그의 입장이 무엇인지 아무도 모르기 때문에 부적합하다고 반대했다. 게다가 미국 개신교는 반공이며 기독교적 국민당과 밀접한 관계가 있는 중국은 니버를 믿지 않을 것이라고 그는 판단했다. 니버는 붉은 깃발 사건에 대해서 유감스럽게 생각했고 일부의 책임이 자신에게 있다고 생각했다. 그렇다고 코핀의 반급진적 입장에 동조할 수 없었으나 학생들이 지나쳤다는 것을 인정했다. 코핀은 니버의 모든 결점에도 불구하고 그가 없어서는 안 될 존재라는 것을 알고 있었다. 니버가 학생들 사이에서 인기가 많았고 그는 신학적, 윤리학적으로 명성이 높은 세계적으로 유명한 저자였다. 그는 바로 Rochester대학교에서 이름 높은 Walter Rauschenbusch 강좌를 했으며, 성서적 분석과 종교철학의 독창성을 가지고 정치와 종교, 마르크스주의와 자유주의에 대한 예언적 견해를 발표했다. 그는 종교적 사상가로 두각을 나타내고 있었다. 게다가 그는 Paul Tillich를 유니온신학교에 유치하는 데 공을 세웠다. 니버는 니버대로 교수직이 보장되어 있지만 코핀의 적이 되어서는 안전하지 못하여, 아내가 아기를 낳으면 어머니와 누이를 포함한 대가족을 부양해야 한다는 걱정이 그의 논조와 윤리적 사고에 제동을 걸었다. 이러한 모든 정황이 그로 하여금 사회주의적 정치 활동에서 후퇴하게 했고 신학에 더욱 더 전념하게 만들었다.[22]

---

22) 같은 책, pp. 159-160.

6
Paul Tillich의 유니온신학교 교수 취임(1933)

✣

틸리히는 니버로 하여금 신학에 전념하게 한 또 하나의 중요한 힘이었다. 그는 Hitler 정권을 피하여 미국으로 와서 유니온신학교의 교수로 취임했다. 그는 프랑크푸르트대학교의 철학 교수였고 종교적 사회주의자였는데, 니버는 1933년 독일에 갔을 때 그에 관해서 들은 바 있었고, 특히 리처드는 그의 강의를 듣고 깊은 인상을 받았기 때문에 그의 저서 『현대의 종교적 상황 Die religiöus Lage der Gegenwart』의 번역에 착수해서 1932년에 『종교적 상황 The Religious Situation』으로 출판되었다. 이것을 니버는 The World Tomorrow에서 칭찬했다. 틸리히의 사고는 니버의 그것과 흡사한 점을 지니고 있었다. 그는 신을 모든 인간적 노력을 상대화하는 궁극적 존재로 봄으로써 진보를 믿는 부르주아적 신화를 부정했고, 프롤레타리아 운동을 유망하지만 그것이 스스로 절대적으로 옳다고 생각하기 때문에 위험하다고 보았다. 유니온신학교 교수들은 각자의 봉급의 5퍼센트를 틸리히의 월급을 위해서 제공하기로 하고 그를 교수로 추대할 것을 가결했다. 니버는 1933년 6월, 독일에 여행 갔을 때 틸리히에게 그를 유니온신학교 교수로 초청하는 내용의 전화를 걸었다. 틸리히는 동년 11월에 뉴욕에 도착했다. 틸리히는 아직 영어가 서툴렀기 때문에 독일어에 능통한 니버의 도움을 받았다. 두 사람은 리버사이드 드라이브, 그러니까 허드슨 강가를 함께 산책하면서 바르트 신학과 독일 정치에 관한 이야기를 나누는 기쁨을 나누었다. 니버는 강의를 마련하고, 논설을 쓰고, 서평을 쓰고, 강연을 하는 것 등 여러 가지로 틸리히에게 도움을 주었고 틸리히 또한 그의 도움을 기꺼이 받아들였다. 한마디로 말해서 니버는 틸리히가 미국과 영어 세계에 동화되는 데 결정적인 매개자의 역할을 했다.[23]

| 23) 같은 책, pp. 160-161.

틸리히는 니버에게 비바르트적이고 후기 자유주의 신학의 모델을 제공했다. John Baillie 교수가 이미 니버가 바르트 신학과 싸우기 위해서는 바르트주의가 가지고 있는 것으로 짐작되는 윤리적 정적주의(靜寂主義)만을 개탄할 것이 아니라 보다 신학적인 엄격성을 갖는 것이 필요하다는 것을 알려주었다. 틸리히는 니버에게 바르트에 대처할 수 있는 특정한 언어를 제공했다. 틸리히는 1920년대에 자유주의 신학에 싫증을 느꼈는데 그 이유는 자유주의 신학이 인간 존재가 가지고 있는 '악마적(demonic)' 성격을 들여다보는 통찰력을 결여하고 있기 때문이었다. 니버는 Harnack나 Troeltsch의 '역사적인 비판적 방법(historical critical method)'을 수용하여 계시의 전통적 이념을 거부했지만, 윤리에 있어서는 Kant와 Ritschl이 수립한 윤리적 영역을 종교적, 도덕적 확신을 위한 안전한 영역으로 믿음으로써 진보주의를 수용했다. 틸리히는 철학과 형이상학에서 안전 지대를 발견했다. 그것은 Marx와 Nietzsche, Freud가 윤리적 영역이 종교를 위한 안전 지대가 될 수 없게 만들었기 때문이었다. 바르트주의자들은 틸리히를 인본주의자로 거부했고 미국의 개신교도들은 그를 탁상공론적 초자연주의자로 의심했다. 그렇지만 니버는 당장 틸리히에게 끌렸다. 1934년 여름, 니버는 휴가지에서 자신의 Rauschenbusch 강연 원고를 『기독교 윤리의 한 해석An Interpretation of Christian Ethics』으로 출간하기 위한 교정 작업에 몰두한다. 이때 자신의 원고와 함께 『종교적 상황The Religious Situation』을 제외한 틸리히의 모든 저술을 독일어 판으로 가져갔다.[24]

---

24) 같은 책, p. 161.

7
『한 시대의 종언에 대한 성찰
Reflection on the End of an Era』 출간(1934)[25]

✣

니버는 1933년 5월과 6월에 6주간 영국에 머물렀는데 그때 그의 저서 『한 시대의 종언에 대한 성찰』의 저술에 착수했다. 그는 6월에는 유니온신학교로 돌아와서 섬머스쿨을 가르친 후 유산을 한 Ursula의 건강 회복과 동저서의 그해 겨울 출판을 위해서 여름 휴가지로 갔다. 원고는 그해 겨울에 완성되어서 출판사로 보내졌고, 다음 해인 1934년에 출판되었다.

니버는 이 저서에서 Oswald Spengler의 문명론을 받아들여서 서구의 부르주아 문명은 자체의 원인으로 인해서 망할 것이라고 주장했다. 그의 『도덕적 인간과 비도덕적 사회』에서 문제가 되었던 '폭력(violence)'이라는 개념을 사용하지 않았기 때문에 그 개념으로 인해서 공격을 받지는 않았다. '프롤레타리아'라는 용어도 제 XI 장 "심판의 집행자(The Executors of Judgment)"에 가서야 비로소 나타난다. 프롤레타리아의 승리와 지배는 불가피하지만 그 시야 역시 다른 계급과 마찬가지로 보편적이 아니며, 등장하고 있는 노동자의 세력 역시 비판의 대상이라고 보았다. 다시 말해서, 역사는 프롤레타리아가 최종적 형태의 문명의 예고자요, 창조자라고 생각하는 것이 잘못이라는 것을 증명할 것이라고 주장했다. 이 저서에서 니버는 서문에서도 말한 바와 같이 그의 급진적 정치관과 그의 동생의 종교개혁적 정통주의를 결합시키려고 했기 때문에 연결이 잘 되지 않고 어색한 부분이 있다. 다시 말해서, 그는 그의 지금까지의 사상과 고별하고 자유주의 개신교의 참된 대안을 창조하기 위해서 신학과 예언자적인 종교적 행동으로 전환해야 했고, 다른 한편으로는 그의 동생이 주장하는 바와 같이 정신을 좌절시키는 자연의 맹목적인 힘이 자아의 안팎에 있으며 오직 기독교적 정통주의에 확고한 근거를 두고 있는

---

25) Reinhold Niebuhr, *Reflection on the End of an Era* (New York: Charles Scribner's Sons, 1934).

종교적 개인주의만이 자아 속에서 사회적 악들의 뿌리를 발견한다는 사실을 강조해야 했다. 그리고 이 저서의 끝 장의 제목을 "은총의 확신(The Assurance of Grace)"으로 붙여 신의 자비의 어떤 것이 인간에게 계시되면 인간이 모르는 완전함의 섬광을 인간이 파악할 수 있다고 했다.[26]

이 저서에 대한 출판된, 혹은 출판되지 않은 다양한 서평이 있었다. 어떤 사람은 자본주의 멸망에 대한 니버의 예언들을 강조했고, 다른 사람들은 그의 은총의 발견을 찬양했다. Van Dusen은 이 저서가 『도덕적 인간과 비도덕적 사회』보다 확실히 좋은 저술이며 100년이 지난 2034년에는 고전으로 기억될 것이라고 평했다. (이러한 평과 달리, 『도덕적 인간과 비도덕적 사회』는 2034년에도 고전적 명저로 남을 가능이 있지만, 『한 시대의 종언에 대한 성찰』은 그런 저서가 있었다는 사실을 극소수의 라인홀드 니버 연구가들만이 알게 될 것으로 보아야 옳을 것이다.) 그러나 Van Dusen은 니버가 아직 충분히 신학적이지 않으며, 기독교의 신관에 아직 일치하지 않는다고 보았다. 그런가 하면, 인본주의적 색채가 짙은 John Haynes Holmes는 니버가 점차 독단주의에 빠져들고 있으며, 이상주의를 전적으로 거부하고 있고, 도덕적인 것을 냉소적으로 멸시하며, 신학적 환상의 비현실 속으로 절망적 도피를 하고 있다고 *Herald Tribune Books*에서 공격했다. 그의 동생 리처드는 이 저서가 지금까지의 저서 중 가장 좋으며 Ursula의 도움을 감지할 수 있음을 기쁘게 생각하지만 그들 두 형제가 사용하는 용어, 예컨대 자연(Nature), 신, 절대적인 것과 상대적인 것이 의미하는 바가 다르다고 평했다.[27]

그러면 『한 시대의 종언에 대한 성찰』의 각 장의 내용의 핵심을 요약하기로 한다. 요약 내용 중 괄호 안의 페이지는 *Religion on the End of an Era*(Charles Scribner's Sons, 1934)의 페이지를 나타낸다.

제I장 문명들의 삶과 죽음(The Life and Death of Civilization)

현대 자본주의는 그것의 지속적인 발전을 믿고 있지만 자본주의는 어쩔 수 없

---

26) Fox, *Reinhold Niebuhr*, pp. 150-152.
27) 같은 책, pp. 152-153.

이 멸망한다. 현대 자본주의가 그 같은 낙관주의를 신봉하는 것은 이성이 사회적 갈등과 충돌을 조화시킬 수 있다고 믿기 때문이다. 그렇지만 이성의 선을 전적으로 믿고 그런 주장을 하는 것은 잘못이다. 왜냐하면 이성은 이기심을 견제하는 능력을 가지고 있지만 그것을 확대하고 절대화하기도 하기 때문이다. 이성은 인간의 '생존의지(will-to-live)'를 제국주의적인 '권력의지(will-to-power)'로 바꾼다. 인간의 집단적 행위에는 특히 이러한 권력의지가 지배적이다. 다른 문명들의 지배자들은 검으로 지배했지만, 현대 자본주의 문명의 지배자들은 은행과 공장을 가지고 지배하는데 그 지배 역시 비도덕적이고 야수적이다. "현대 문화는 이성이 충동을 견제하고 제한하기보다 충동을 정당화하고 충동의 효율적 표현의 도구를 발명하는 데 사용되기 쉽다는 사실을 깨닫지 못했다."(p. 16) "우리 시대의 현명한 사람들은 정신(mind)이 충동의 주인이 되기 전에 그것의 하인이 된다는 사실과 충동에 대한 정신의 첫 번째 영향이 인간을 동물보다도 더욱 치명적으로 탐욕스럽게 한다는 사실을 전혀 깨닫지 못했다."(p. 17) 자본주의의 지배자들의 이기적인 제국주의적 지배는 사회주의적 대안의 위협에 직면하여 죽음을 피하거나 연장하려다 패망하게 된다.

이 논문에서 주목해야 할 것은 니버가 서구 근대의 합리주의, 또는 '이성의 시대(the age of reason)'가 이성의 선을 전적으로 믿었던 것에 비판적 입장을 취하여 이성이 이기심을 극복하여 정의를 실현하는 한편, 이기적 충동의 하인이 되어서 그것을 확대하고 나아가서는 절대화한다는 점을 밝히고 주장했다는 사실이다. 이성의 기능에 대한 니버의 이러한 통찰은 니버의 사상 속에 일관되게 흐르고 있으며 그의 신학 체계에 중요한 영향을 미쳤다.

제Ⅱ장 멸망의 예언(Prophecy of Doom)

제목이 말하고 있는 것처럼 자본주의는 멸망한다고 니버는 단정한다. 생물적 유기체도 사회적 유기체도 모든 유기체는 결국 죽게 마련인데, 그 원인은 두 가지이다. 하나는 노쇠(senility)요, 다른 하나는 죄(sin)이다. 여기서 말하는 죄는 성경이 말하는 "죄의 값이 죽음이다"라고 할 때의 죄이다. 개체로서의 유기체는 노쇠로 인해서 죽지만 種으로서의 유기체는 노쇠뿐 아니라 다른 생명의 약탈로 사는 삶이 촉발하는 敵意(enmity)에 대한 저항력이 상실될 때 죽는다. 사회적 시스템도 노쇠와 죄로 인해서 죽는다. 사회적 시스템의 전성기에는 그것이 가지고 있는 힘의 과시와 강요가 사회 조직화에 성공하기 때문에 비합리적이고 불의하게 보이지 않으며, 따라서 존경을 받는다.

그러나 시간이 흐르면, 그런 사회적 시스템은 새로운 조건 아래에서 삶을 조직하기에 보다 적합한 새로운 사회적 시스템에 의해서 대치되어야 한다. 이것은 노쇠로 인한 사회적 시스템의 교체, 곧 죽음이다. 그러나 사회적 시스템은 노쇠만으로 망하지 않는다. 모든 사회적 시스템은 힘의 불평등과 정의의 지배 이상으로 막강한 특권의 발달로 인해서 망한다. 죄 때문에 망한다. 다시 말해서, 사회적 시스템은 그것이 생산하는 불의로 인해서 죽는다.(pp. 31-33) 자본주의의 지배자들의 권력의지는 불의를 증대하고 그것은 불만과 증오를 유발한다. 그들은 단지 힘만으로 그들의 특권과 시스템을 방어하고 유지하려고 하는데 그들의 불의로 인해서 수난을 당하는 모든 사람의 적개심을 감당하지 못하여 멸망한다.(p. 34) 우리 시대의 현명한 사람들은 인간의 삶, 특히 집단적 삶을 충분히 합리적이고 도덕적으로 만들 수 있다는 환상 속에 살고 있다, 그것은 그들이 충동의 삶(life-as-impulse)이 정신의 삶(life-as-spirit)의 분명한 명령을 집요하게 거부한다는 사실을 아직 깨닫지 못하고 있기 때문이다.(p. 35)

제Ⅲ장 현명한 사람들과 강한 사람들(The Wise Men and the Mighty Men)

여기서 말하는 강한 사람들은 권력과 경제력을 가지고 있는 군왕과 통치자, 또는 경제적 지배자를 지칭하며, 현명한 사람들이란 그들의 잘못된 생각과 자멸적 정책을 시정하려고 하는 학식이 있는 현명한 사람들, 예언자들, 성인들, 철학자들, 사회과학자들과 종교적 이상주의자들을 말한다. 강한 사람들은 대체로 현명한 사람들의 말을 듣지 않는다. Alexander 대왕은 철학자 Aristotle의 제자이지만 그의 스승의 영향을 별로 받은 것 같지 않다. 폭군 Nero도 왕위에 올랐을 때 스승

Seneca의 가르침을 망각했다. 왕조의 사제 고문들은 너무나 쉽게 군왕의 위선적 경건에 속아서 그들의 경건한 명성이 군왕의 자기기만의 정당화에 이용되었다. 사제와 철학자의 양심이 권력에 맞서서 성공을 거두는 경우가 드물게 있지만 대체로 권력자는 양보하지 않는다. 우리 시대의 산업의 지배자들도 예외가 아니다. 그들 중에는 자선을 발휘하는 사람도 있지만 그는 그의 계급의 다른 구성원들의 배척을 받는다. 오늘날 미국 사회학자들은 자유주의 정신의 영향을 받아 '문화적 지체(cultural lag)'의 극복에 의해서 사회적 조화를 실현할 수 있다는 낙관적인 생각으로 스펜서적(Spencerian) 낙관주의를 따른다. 자유주의의 이와 같은 모든 잘못의 원인은 인간 본성에 대한 잘못된 평가 때문이다. 다시 말해서, 우리 시대의 현명한 사람들은 삶의 충동이 어느 정도로 심하게 이성과 양심을 거부할 수 있는지를 알지 못하기 때문이다.

제Ⅳ장 파시즘의 심각성(The Significance of Fascism)

낡은 사회적 시스템의 붕괴는 서서히 진행된다. 불의에 대한 역사의 심판은 확실하지만 느리기 때문이다. 죽어가고 있는 사회적 시스템들의 죽음은 느리게 진행된다. 그 이유는 그것들을 와해시키는 도구가 느리게 형성되고, 또한 그것들을 형성하고 있는 요소들이 강하기 때문이다. 자본주의는 망해가고 있는데 J. M. Keynes를 위시한 학자들은 자유방임적 자본주의의 대안으로 계획 경제 실시를 제안한다. 그러나 대세는 파시즘(fascism)으로 흘러가고 있다. Hitler의 국가사회주의(national-socialism)의 힘의 기반은 자본가 계급과 군사적 계급의 결합이요, 그들이 혼란에 빠진 중하계급을 이용한다. 다시 말해서, 히틀러는 곧 산업 재벌들의 돈으로 빈곤에 빠진 중산 계급으로부터 군대를 모집했다. 이렇게 해서 와해되어 가고 있는 낡은 질서의 계급적 대립이 일시적으로 파시즘에 의해서 해결되었다. 히틀러의 파시즘은 한편으로는 국수주의적 히스테리를, 다른 한편으로는 급진적 프롤레타리아 집단에 대해서는 힘을 사용했다. 파시즘은 국가의 자족 경제를 주장했고 국수주의적 감정을 고취했기 때문에 국제적 문제를 악화시켰으며, 히틀러는 결국 프랑스나 폴란드와의 전쟁을 피하지 못할 것이다. 국가는 힘만으로는 유지될 수 없고 정부의 힘에 대한 국민의 존경이 따라야 하기 때문에, 히틀러는 '지도자(Der Fuehrer)'로 존경받는 낭만적 태도를 함양했다고 하지만 성공하기 어려울 것이다. 히틀러의 파시즘은 노동자들의 저항도 막아야 하며, 그의 '전격대(storm troops)'의 군대들은 중하 계급에서 모집했기 때문에 위기의 상황에서는 적대 세력이 될 수 있는 위험성을 안고 있다.

이렇게 니버는 히틀러의 파시즘이 성공하지 못하고 와해될 많은 요소를 많이 갖고 있다고 보았지만, 히틀러는 권력을 장악한 지 6년밖에 되지 않은 1939년 폴란드를 침공하여 제2차세계대전을 시작할 정도로 성공했다. 히틀러의 파시즘은 자멸한 것이 아니라 제2차세계대전에 패배했기 때문에 망했다. 이렇게 볼, 때 히틀러의 파시즘에 대한 니버의 진단은 그리 정확한 것이 아닌 것으로 보인다. 물론, 히틀러가 전쟁을 하지 않고 좀더 장기 집권을 했다면 니버의 진단대로 되었을지도 모르지만 말이다.

제V장 기업가의 단명한 영광(The Brief Glory of the Business Man)

중세의 봉건주의는 1000년 동안 지속되었지만 현대의 산업과 상업의 지배자는 또 한 세기를 살아남는다고 해도 불과 3세기도 지속되지 못할 것이다. 다시 말해서, 현대의 기업가의 수명은 짧다. 거기에는 세 가지 이유가 있다. 첫째, 산업과 상업사회는 기술의 발달에 의해서 태어났는데 그 기술은 과거의 제국들보다 더 위험한 도구를 사용한다는 점이다. 둘째, 산업사회의 거두는 기계의 생산을 통해서 힘을 얻지만 동시에 과잉 생산으로 인해서 쇠락한다는 것이다. 셋째, 산업사회는 계급적 적대라는 파괴의 씨를 처음부터 가지고 있다는 점이다. 이것을 Tocquville는 생산자는 노동자에게 노동 이외에는 요구하는 것이 없고 노동자는 생산자에게 임금 이외에는 요구하는 것이 없기 때문에 양자 사이에는 빈번한 관계는 있지만 참된 동반자 관계(real partnership)가 전혀 존재하지 않는다고 했다. 그러한 관계에서는 봉건 시대에 신하가 영주에 대해서 가졌던 충성은 없고 따라서 위기가 오면 서로 적대적이 될 수 있다. "짧게 말해서, 기계 사회는 그 수명이 다 되면 유기적 사회보다 더 빨리 와해된다. 생산과 통신의 단순한 기제는 오래가는, 사회적 결집의

접합체가 아니다."(p. 74)

제VI장 미국의 사회적 투쟁(The Social Struggle in America)

서구의 자본주의 시스템의 와해는 확실하지만, 미국은 고유성을 가지고 있기 때문에 서구 자본주의의 와해를 따라가지는 않을 것 같다. 그 이유를 살펴보면 다음과 같다. 미국에는 참된 의미의 프롤레타리아가 존재하지 않는다. 미국의 노동자들은 좋은 환경을 가지게 되면 안락한 중산층이 되려는 희망을 가진 개인들이다. Roosevelt 프로그램은 자유방임적 자본주의를 유럽에서 의회의 사회당이 발전된 국가 자본주의(state capitalism)로 변화시키려는 것과 같은 노력을 한다. 분명하고 결정적인 사회적 투쟁은 높은 사기와 강한 방향 감각을 가진 두 개의 사회적 집단이 있어야 가능한데, 미국에는 그런 집단이 존재하지 않는다. 미국에는 다만 위협을 받고 있는 재벌의 공포와 배고픈 노동 대중의 증오심의 갈등만이 있는데, 그런 공포도 증오도 정치적 정책을 형성할 수가 없다. 그렇기 때문에 미국의 사회적 투쟁은 앞으로 몇십 년 동안 미결정적이다. 미국의 자본주의는 한때 강건했던 사람이 그의 너무 이른 노쇠로 고생하지만 그의 현재의 위기 상황을 알지 못하는 것과 같다. 그 이유는 미국의 충분한 부가 그 비효율성의 당장의 결과를 피할 수 있으며, 또한 지금의 젊은 미국의 낙관적 심리가 현재의 비극적 상황을 모호하게 하기 때문이다.

제VII장 부르주아 문명의 미덕들(The Virtues of a Bourgeois Civilization)

서구의 부르주아 문명은 그 불의와 잔인성에도 불구하고 미덕들을 가지고 있다. 첫 번째 미덕은 개인의 권리의 발견과 긍정이다. 두 번째 미덕은 여성의 해방이 그것이다. 세 번째 미덕은 노약자와 비정상인, 병자를 사회와 국가가 돌보게 하는 것이다. 네 번째 미덕은 개인주의인데 이것은 산업사회의 도시 생활의 산물로서 미덕과 악덕을 함께 가지고 있다. 부르주아 문명의 개인주의는 기독교적인 것으로 여길 수 있다. 현대 문명의 자유주의에는 각 개인이 초월적 가치를 가지고 있다는 기독교적 주장이 부분적으로 들어 있다. 이런 장점에도 불구하고 현대 개인주의는 사회 개념이 기계적이어서 현대 산업사회의 도시 생활에서는 서로 유기적인 관계 없는 이웃들이 다른 사람들의 노동의 결과에 의존하여 살면서도 아무런 인간적인 접촉 없이 사는 비정치적이고 비사회적인 존재가 되게 했다. 이것은 퇴폐적 개인주의 문화와 문명의 비극적 산물이요, 정신적 희생이다. 개인주의의 폐단은 여기에 머물지 않고 기업이 경제적 힘을 독점하여 어떤 견제도 받지 않는 경제적 시스템을 구축했다.

제VIII장 개인과 개인주의(The Individual and Individualism)

현대 산업사회의 기계 문명은 전통사회가 가지고 있었던 유기적 인간 관계를 약화시켰고, 그로 인해서 공고한 개인성을 파괴했다. 현대 도시인은 사무실과 공장에서 하나의 단위(a unit)에 지나지 않는다. 유기적 관계를 유지하고 있는 것은 협소한 아파트 속에 살고 있는 부부와 아이 하나로 구성되어 있는 가족이라는 작은 집단 속에서이다. 전통적 대가족의 와해로 현대의 도시인들은 정신적 빈곤에 빠졌다. 기계 문명과 합리의 문화는 가족의 규모와 중요성을 축소했을 뿐만 아니라 부부간의 관계를 법적 계약 관계로 만들었다. 현대의 기계 문명 속에서, '개인은 잘라낸 꽃과 같다(He is like a cut flower).' 그렇게 잘라낸 꽃은 한순간 향기를 내다가 죽어버리고 말기 때문에 정원에 있는 꽃들의 다양하고 다채로운 향기와 색채와 경쟁할 수 없다.(p. 102) 현대 도시인의 개인성 상실은 군중 속의 한 단위가 되어버리는 데에서 나타난다. 개인은 정치적 선동에 놀아나고 반동분자와 급진주의자가 정치적 투쟁을 하는 정치적 세력을 공급한다. 이렇게 현대 문명은 개인을 창조하고 파괴한다.

제IX장 기독교적 개인주의와 부르주아적 개인주의(Christian and Bourgeois Individualism)

모든 면에서 기독교는 분명 개인주의적 경향을 가지고 있다. 기독교 정통주의에서는 정치적 질서에 대한 철저한 비관주의가 지배적이기 때문에 개인의 권리를 주장할 여지가 없었지만, 그래도 신이 볼 때 개인들은 아직 자유로웠고 평등했다. 중세의 금욕주의자들과 개신교 교회의 섹트 신자들은 정치적 질서의 필요성 보다는 보다 순수한 윤리를 수립하려고 했다. 금욕주의자들의 경우에는 이상적인 작은 사회를 실현하는 사랑의 법과 평등의 원리, 개인의 초월적 가치가 지배적이다. 개신교보다 엄격한 섹트들, 예컨대 재침례교 교도(Anabaptists), 메노나이트 교도(Mennonites), 퀘이커 교도(quakers), 그리고 다른 섹트들은 금욕주의자들처럼 가족 생활과 현세를 부정하지 않지만 정치적, 경제적 질서의 강제성과 불평등에 개입하기를 거부한다. 섹트 신자들은 그러한 정도로는 금욕주의적이다. 그들은 그들의 절대적 윤리가 역사 속에서 발전적으로 실현된다고 믿지 않고, 하나님의 나라가 인간의 선의 성장에 의해서가 아니라 신의 은총에 의해서 실현된다고 믿는다. 다시 말해서, 그들의 역사 해석은 묵시적(apocalyptic)이다. 그렇지만 퀘이커 교도들은 이상적 사회 질서의 발전적 구현이라는 합리적인 자유주의적 희망의 요소를 짙게 혼합했다. 이처럼 개신교의 섹트 신자들은 완강한 개인주의를 갖고 있다.

그렇지만 전체적으로 볼 때, 기독교 전통의 엄격한 도덕적 이상주의자들은 현대 자유주의자들과는 다른 도덕적 비관주의의 요소를 가지고 있다. 그들은 개인이 인지할 수 있는 최고의 이상이 역사 속에서 쉽게, 혹은 완전하게 실현될 수 있다고 믿지 않고 그것을 방해하는 인간 본성의 죄(sinfulness)를 의식했다. 특히 '집단적 인간 행위(collective human behavior)'에서 나타나는 무정부적 힘에 대한 심오한 이해를 가졌다. 현대 자유주의는 기독교적 개인주의와 달리 철저하게 낙관주의이다. 그것은 Rousseau와 더불어 인간성의 선을 믿는다. Adam Smith와 더불어 이기적인 인간의 무해함을 믿는다. 혹은 J. S. Mill과 공리주의자들처럼 사려 깊은 이기적인 인간의 미덕을 믿는다. 그것은 개인적 의지와 일반적 의지 사이의 직접적이고도 신비한 일치, 혹은 개인적 의지들의 충돌이 가져오는 사회적 조화를 믿으며, 이성이 이기주의의 반사회적 힘을 극복하고 이기적 이익과 사회적 이익의 일치를 쉽게 실현할 수 있다고 믿는다. 이처럼 현대 자유주의는 인간의 역사를 낙관적으로 보며, 합리주의는 이성을 너무나 완전하게 충동으로부터 격리시키며 이성을 거부하고 부패시키는 충동의 힘을 과소평가한다.

윤리적 종교에서는 개인이 절대적인 것에 대한 열망(yearning for the absolute), 곧 삶의 최고의 도덕적 가능성들에 대한 추구에 있어서 그것들의 실현을 방해하는 자연의 타성(inertia)에 대해서 더욱 민감하게 의식한다. 바울이 말한 것처럼 인간은 "내 마음속에 있는 법과 싸우는 법이 내 지체 속에 있다"라고 인정한다. 이렇게 해서 신의 의식과 죄의 의식이 같은 종교적 경험 속에서 뗄레야 뗄 수 없게 얽혀 있다. 순수하게 합리적인 도덕적 경험에서는 삶의 높음과 깊음을 통찰하지 못하기 때문에 자연의 어두운 면과 인간적 악의 어두움과 깊이를 발견하지 못한다. "세속적 개인주의는 개인이 사회에 대한 그의 유기적 관계로부터 해방되었고 순수한 의식의 통합들이 심각한 사회적 방해 없이 실현될 수 있다는 허망한 희망에 탐닉했을 때라야 가능하다. 종교적 개인주의는 자아 속에서 사회적 악들의 뿌리를 인정하지만 이상에 대한 충동이 생의 역동적 요소라는 것을 안다."(p. 115)

이 논문의 끝 부분에서 니버는 간디가 '혼의 힘(soul force)'이 제국의 힘(power)을 극복할 수 있다고 주장한 데에 대한 분석과 비판을 한다. 니버는 그러한 주장은 척박한 땅에서 많은 인구가 생존했으며 오랜 세월에 걸친 종교적 타계주의 훈련이 지속되었던 인도에서 생존의지가 약화되었기 때문에 나온 사상일 뿐, 백인들은 동양인, 특히 인도인보다 육식 동물로서 보다 강인하다는 것이다. 따라서 간디의 전략은 서구 세계에는 통하지 않으며 육체적으로 강한 인도의 모슬렘과 영국의 제국주의자들에게는 통할 가능성이 희박하다고 니버는 주장한다. 그래서 그는 간디가 정치적 지도자라기보다는 종교적 성자로서 그의 생애를 마칠 것이라고 보았다. 결론으로서, 니버는 "정치적 승리는 정치적 레벨에서만 가능하다. …정치적 승리는 정치적 방법에 의해서 획득된다"라고 한다.(p. 118)

니버는 후일 그의 신학적 체계화 시기에 '원죄(original sin)'를 강조하고 그것을 그의 신학 이론 전개의 핵심으로 삼는다. 그의 그러한 신학적 사상의 싹이 이미 이 시기에 태동하고 있었다는 사실에 주목할 필요가 있다. 그리고 한 가지 지적할 점은 니버가 절대적인 것, 혹은 도덕적 최고 가능성들에 대한 열망이 죄를 의식하게 한다고 했는데 반드시 그렇다고 생각되지 않는다. 예컨대, 그리스의 이상주의 철학은 영원한 것, 곧 절대적인 세계를 열망하지만 그리스에는 죄의 개념이 없다. 기독교의 죄의 개념은 예수가 상대적으로 선한 사람들이 가지고 있는 위선과 죄를 예리하게 통찰한 점, 그리고 이스라엘의 예언자들이 하나님의 선민도 그리고 선민이기 때문에 신의 심판의 대상으로 본 사상과 그런 사상의 배경인 구원과 심판의 신관에 연유한 것이라고 보아야 할 것이다. 다시 말해서, 죄의 의식은 절대적인 것, 혹은 도덕적 최고 가능성에 대한 추구로 인해서 생기는 것이 아니라 기독교적 신앙의 독자적 특성의 산물이다. 이 같은 기독교 신앙을 가진 신자가 극히 드문 일본 국민은 소수의 기독교 신자를 제외하고는 과거의 침략의 만행을 반성하지 못한다. 이 점에서 독일 국민과 다르다.

제X장 신화와 역사(Mythology and History)

경제학자들과 정치적 전략가들, 예술가들과 도덕가들의 다양한 견해들을 총 망라하여 전체적 통합을 추구하는 적절한 역사철학은 최고의 상상력을 요청한다. 그러한 역사철학은 과학자의 정확한 데이터를 예술가의 비전과 결합시켜야 하며 철학적 일반화에 종교적 깊이를 더해야 한다. 한마디로 말해서 역사철학은 철학이기보다는 신화가 되어야 한다.(p. 122) 신화만이 역사에 의미를 부여할 수 있다.(p. 123) 현대 경험론자는 부르주아 세계의 정신의 특성인 낙관주의를 발전의 신화로 변신시켰다. 어거스틴은 로마 제국의 붕괴에서 가톨릭 교회의 출현을 볼 수 있었다. 기독교 섹트들은 역사에 대한 그들의 희망을 묵시적 입장에서 표현했고 역사 전체가 구원되었다고 보았다. 그들은 인간을 악의 근원으로 보았고, 죄의 개념에 사로잡혀 있기 때문에 인간이 만든 이상적 사회를 믿지 않았으며 그것이 신의 은총에 의해서 수립된다고 믿었다.

마르크스주의는 자본주의는 그 자체가 가지고 있는 모순 때문에 망한다고 믿는다. 다시 말해서, 자본주의는 스스로 자신을 파괴하는 도구를 만든다고 믿는다. 마르크스주의는 그런 역사 해석이 과학적이라고 주장하지만 그것은 분명 신화적 구성이다. 이와 같은 마르크스주의적 신화는 유대적 묵시주의의 일반적 범주에 속하는 것으로서, 역사를 초월하는 순수한 이성의 세계에서 현세의 삶과 사후의 삶의 의미를 발견하는 삶과 역사에 대한 그리스도적 해석과는 구별되는 것이다. 그렇지만 마르크스주의적 신화는 이상적 사회가 인간의 힘으로 역사 속에 실현될 수 있다고 믿는다. 이 점에서 그것은 자유주의의 발전 사관과 맥을 같이한다. 이것은 순수한 기독교가 수립한 정신과 자연 사이의 구별을 상실하게 만드는 것이다. 정신의 요구와 자연의 충동 사이의 긴장이 없으면 인간은 최고의 인간성을 열망할 수 없다. 그렇기 때문에 역사의 끝까지 정신과 자연 사이의 긴장은 남아야 한다.

제XI장 심판의 집행자(The Executors of Judgment)

역사의 도덕적 논리는 발견하기가 쉽지 않지만 악에 대한 냉혹한 심판의 논리는 쉽게 구별해 낼 수 있다. 역사의 도덕적 논리는 결코 순수하지 않으며 분명 열정적이다. 왜냐하면 악에 대한 심판은 정의의 정신을 혼합한 복수의 정신을 가지고 있기 때문이다. 낡은 사회적 시스템이 그것의 악을 유지하려는 집요성 때문에 그런 악에 대한 심판의 집행에는 정의와 복수가 동시에 작용한다. 역사의 심판은 항상 굶주림과 꿈, 곧 전투의 열정과 하나님의 도시의 희망에 의해서 추진된다. "한마디로 말해서, 역사의 심판자들은 항상 야만인들이다." 그들이 로마의 문을 부순 튜튼 족의 무리들이건, 성안에 있는 영주의 힘을 타도한 중세의 무역인들과 도시인들이건, 평등하고 집단적 사회를 열망하는 현대 프롤레타리아들이건 간에 말이다.(p. 141) 이렇게 야만인들이 문명을 타도할 때는 항상 가치 있는 어떤 것이 상실된다. 야만인들의 승리는 낡은 제도의 덜 강한 방어자보다 강한 육체적 우월성을 가지고 있으며 또한 도덕적 유리점을 가지고 있다. 평등주의는 그들 자신의 이익에서 나온 것이지만 사회 전체를 이롭게 한다. 평등에 대한 프롤레타리아의 이념은 불우한 자들의 특정한 이익에서 나왔지만 실제로는 어떤 계급의 이익을 초월하는 도덕적, 사회적 가치를 긍정한다.(p. 143)

"역사는 정신의 힘뿐 아니라 자연의 힘에 의해서 구성되기 때문에" 어떤 특정한 경우 그 힘이 승리하지 못할 수도 있다. 그렇지만 도덕적 유리점은 참된 역사적, 사회적 힘을 가지고 있다. 장기적으로 보면, 어떤 계급이건 국가이건, 혹은 집단이건 윤리적으로 가장 민감한 구성원들의 충성을 유지하지 못하면 사회적 투쟁에서 중요한 힘을 상실한다. 그렇지만 사회적 투쟁은 결코 순수하게 합리적, 도덕적 세력에 의해서만 결정되지 않는다. 그렇기 때문에 불운한 자들(the disinherited)의 물리적 유리점은 참으로 중요하다. 그러한 유리점에 두 가지의 분명한 유형이 있다.

첫째, 기아선상에서 살고 있고 따라서 고생과 결핍에 익숙한 사람들의 신체적 대담성이 신체적 용기와 시발력을 가질 수 있다는 사실이다. 시대의 곤궁이 조심성을 파괴하고 절망을 낳게 할 때 혁명의 열기가 발생한다. 당장의 굶주림이 반항적 영웅주의의 힘을 빼앗을 수도 있지만 말이다. 둘째, 불우한 사람들이 현대 문명의 거대한 기계 장치를 장악하고 있다는 점이다. "미래는 노동자에게 속한다." 그는 기술 문명의 궁극적 중재자이다. 그 이유는 그가 신체적 강함과 기술적 능력, 도덕적 목적을 함께 가지고 있기 때문이다. 이것은 군인이 군사 시대에 사회를 지배했고 재산의 소유자가 최근의 사회를 지배했던 것처럼 확실한 사실이다. 우리는 그 사실을 반대하기도 하고 환영하기도 하겠지만 우리는 그 불가피성을 부정할 수 없다.(pp. 146-147) 노동자의 통치의 불가피성에 관한 한 그 시기와 그것이 인류에게 주는 가능한 이익에 대해서 아무것도 말할 수 없다. 거기에 도달하기까지는 많은 우여곡절이 있을 것이다.

또 다른 전쟁이 불가피해 보이지만 언제 전쟁이 일어날지 알 수 없다. 전쟁이 일어나지 않아도 만성 실업자가 지금의 시스템을 와해시킬지도 모른다. 노동자들은 전술적 기술이 없으며 Lenin 같은 자질과 결단력이 있는 천재 전략가를 다만 드물게 가질 뿐이다. 기존의 사회적 시스템의 지배자들은 유능한 인재들을 흡수할 수 있으며, 젊었을 때 프롤레타리아에 헌신했던 많은 사람들을 감언이설로 속이고 유혹할 것이다. 때로는 노동자 동지들 사이에서 배신이 생길 것이다. 역사는 불가피한 목적으로 향하되 결코 직선으로 진행되지 않는다. 그러나 프롤레타리아는 상업적, 산업적 소유자가 지나가고 있는 사회 질서의 중요한 힘을 장악했던 것처럼 새로운 문명을 지배할 것이 확실해 보인다.(pp. 147-148)

니버는 이처럼 자본주의가 망한다고 단정했지만, 오늘날 자본가와 프롤레타리아는 서로 영향을 줌으로써 자본주의는 변신을 거듭하여 오늘날 망하지 않고 살아남았다. 신학적으로 성숙한 시기의 니버의 사고의 본질적 특성 중 하나는 그가 고도의 변증법적 사고를 구사했다는 사실이다. 그러나 이 시기의 니버는 자본주의와 사회주의를 양자택일의 관점으로 다루고 있다.

제XII장 투표도 아니고 총탄도 아니다(Neither Votes nor Bullets)

민주주의 정치 과정에서는 투표가 주어진 기존의 시스템 안에서 어느 분파, 예컨대 영국 경우는 휘그당(Whig)이나 토리당(Tory)이, 미국의 경우 공화당이나 민주당이 집권하는 것을 선택할 뿐이다. 그리고 이러한 정치 과정에서는 제시된 여러 가지 대안에 대해서 찬성과 반대를 표시할 뿐이고 소수는 다수의 프로그램을 묵인한다. 이것은 피지배자의 동의가 정부를 만들지 않으며 동의의 철회가 정보를 파괴하는 것이 아니라는 것을 의미한다. 이렇게 볼 때, 순수하게 민주적 과정에 의해서 자본주의에서 사회주의로 가는 것은 바랄 수 없는 일이다. 자본주의가 사회주의로 바뀌는 것은 정치적 세력의 장악자인 경제적 소유자가 노동자로 바뀌는 것을 의미한다. 그렇게 되기 위해서는 미국의 노동자가 고도의 자아의식과 결의를 가진 집단이 되어서 자본주의 시스템의 다수를 묵인하지 않고 거부하며 그들에게 도전해야 하는 것을 의미하는데, 그들은 단지 증오하고 불만스러운 개인들이지 자아의식을 가진 결집된 집단이 되지 못했다. 자본주의와 사회주의 사이의 싸움에서 대립된 이 두 집단 중에서 상대적으로 힘이 강한 편이 승리한다. 미국의 노동자가 아직 자아의식을 가진 결의적 집단이 되지 못했지만 "그의 승리는 확실하다. 왜냐하면 역사의 논리가 소유자가 보전하려고 하는 사회보다 노동자가 요구하는 형태의 사회를 원하기 때문이요, 노동자는 소유자보다 더욱 중요한 사회적 힘을 가지고 있기 때문이다."(p. 161) "그러나 노동자의 승리는 지연될 것이다. 왜냐하면 소유자들은 전통적 사회 개념을 지지하는 사기(morale)를 가지고 있으며 이 사기는 서서히 깨질 것이기 때문이다."(p. 161)

제XIII장 복수의 정신을 가진 야만주의의 위험(The Peril of Barbarism in the Spirit of Vengeance)

죽어가고 있는 문명은 야만의 적에 의해서 죽든 수명 이상으로 살려고 하든, 야만주의의 위험을 초래한다. 만일 죽어가고 있는 문명이 어떤 정치적 집단에 의해서 파괴될 때 그 집단이 새로운 사회적 질서를 수립할 수 있는 사기와 통합성을 결여할 때는 안정된 질서가 수립될 때까지 장기적인 사회적 갈등의 혼란에 빠진다. 세계 경제 질서가 와해되고 각국이 자급자족 경제를 추구하는 파시즘적 경제적 국수주의의 위험이 엄습한다. 현대 파시즘의 독일에서 보듯, 과도한 민족주의적 열정이 서구 세계의 문명을 위협한다. 이렇게 자기 수명 이상으로 살려고 하는 사회적 시스템은 세계적 혼란과 가난과 문화적 혼란이라는 야만주의를 초래한다.

그렇지만 야만주의의 진정한 위협은 불의의 희생양들이 항상 정의의 정신과 마찬가지로 복수의 정신에 의해서 움직이게 된다는 사실로부터 시작된다. 현대 프롤레타리아는 어느 정도 순수한 정의의 정신을 동기로 하지만, 그에게 고통을 준 특정한 악을 악 자체로 보기 때문에 자기를 그 악을 심판하는 순수한 정의의 도구로 과장한다. 이렇게 함으로써 그는 정의의 정신의 이기적 요소, 곧 정의를 복수로 바꾸는 바로 그러한 요소를 나타낸다. 프롤레타리아의 이기주의는 자본주의의 불의를 악 그 자체로 보고 자신은 불의로부터 자유롭다고 생각하기 때문에, 자본주의라는 적을 제거하면 불의가 없는 사회를 실현할 수 있다는 환상에 빠진다. 그런 이기주의적 독선은 계급의 적, 곧 부농(kulak)을 무자비하게 숙청하고 나아가서는 집단주의화에 반대하는 모든 농민을 계급의 적에 포함시킨다.

공산주의자의 복수의 정신은 자신과 다른 사람 속에, 자본주의자가 범한 것과 똑같은 악이 존재한다는 사실에 대해서 맹목하기 때문에 잔인하다. 이와는 반대로 기독교는 "죄 없는 자가 먼저 돌을 던지라"는 구절이 보여주는 바와 같이 완전한 초월적 시각에서 모든 인간의 행동을 심판하고 모든 인간에게 잘못이 있음을 폭로한다. 이것이 공산주의자가 종교를 배격하는 이유 가운데 하나이다. 종교적 광신주의자도 공산주의자도 신과 절대적인 것의 도구로 자처함으로써 같은 잔인성을 범할 수 있다. 물론, 이것은 종교의 타락일 뿐, 본질이 아니지만 말이다. 어쨌든, "인간은 무의식적으로 자연적 충동에 의해서 움직일 때가 아니라 그의 자연적 충동들과 상대적 가치들을 어떤 절대적 선의 도구로 생각할 때 항상 가장 비인간적이다."(p. 171) 러시아 공산주의자들의 이와 같은 무의식적 제국주의는 농민들의 반대가 농토에 깊이 뿌리박은 인간의 본능의 발로임을 무시하고 집단농장제를 강요했으며, 결혼의 낭만적 개념을 부르주아적 정도 이탈로 보고 가족을 순전히 생물적인 것으로 축소했고, 민족 의식을 악한들의 조작이 자초하는 어리석은 자들의 비합리성으로 비난했다.

정의의 도구로 자처하는 공산주의의 이기주의와 복수심은 곧 프롤레타리아가 아닌 가난한 자들, 곧 농민들과 보다 가난한 중산층을 소외시켰기 때문에, 그들로 하여금 공산주의에 반대하고 파시즘에 합세하게 만들었다. 민족 감정을 배격하는 공산주의의 급진적 태도 역시 복수심의 맹목성을 나타내는 것이다. 애국심은 급진주의자들이 생각하는 것보다 강력하고 집요한 것이다. 노동자들이 각 국가에서 사회주의를 수립할 수는 있지만 사회주의적 세계 정부를 수립하는 것은 불가능하다. 국가적 공동체가 존재하는 것과 같은 의미의 인류 공동체를 수립하는 것은 결코 가능하지 않다. 어떠한 새로운 사회도 국가적, 민족적 애국심을 없앨 수는 없다. 공산주의가 종교에 대해서 갖는 급진적 태도는 복수의 맹목성과 그러한 맹목성에서 유래된 정치적 오류의 또 하나의 증거이다. 종교는 타락하면 상대적인 것을 비판한다. 절대적인 것에 대한 종교의 열망은 인간으로 하여금 동물 수준을 초월하게 한다. 프롤레타리아철학의 독단적 집단주의와 모든 개인주의에 대한 비타협적 태도는 복수의 맹목성과 급진주의의 무의식적 절대화의 또 다른 증거이다.

제XIV장 기독교와 공산주의의 갈등(The Conflict between Christianity and Communism)

공산주의는 인간의 삶과 역사가 의미를 지닌다고 주장하는 신화를 가지고 있는 하나의 종교이다. 같은 의미에서 부르주아 문명의 비종교적 자연주의 역시 종교적이다. 이처럼 둘 다 종교적이지만 비유신론적이고 자연주의적이기 때문에 종교적 성격을 거부한다. 그렇지만 과학적 입장에서 역사의 의미를 수립하는 것은 불가능하다. 부르주아적 자연주의의 세계관도 프롤레타리아의 세계관도 낙관주의적이다. 왜냐하면 전자는 역사가 자유 협동과 자유로운 사회 질서라는 윤리적 이상을 향해서 움직이고 있다고 보고, 후자는 도덕적 이상이 역사 속에서 완전히 실현된다고 믿기 때문이다. 그러나 프롤레타리아적 세계관은 자본주의가 멸망한다고 보기 때문에 순수하게 낙관주의적이 아니다. 그럼에도 불구하고 프롤레타리아의 역사철학은 자본주의의 멸망으로부터 선이 성장한다는 확고한 신앙을 가지고 있는데, 이는 과학보다는 신화의 범주에 속한다. 발전을 믿는 부르주아적 이념도 멸망을 통한 구원을 믿는 마르크스적 이념도 삶과 역사에 대한 종교적 신앙이지 과학이 아니다. 부르주아적 자연주의와 프롤레타리아적 공산주의는 삶과 역사의 종교적 해석의 범주에 속하지만 그것들은 비종교적이다. 그렇지만 성숙된 종교는 궁극적 의미와 목적이 역사적 현실의 모든 당장의 사건과 사실을 초월한다고 믿는다. 바꾸어 말하면, 그러한 종교는 이원론적이고 초자연적이다. 이러한 이원론에서는 삶의 의미를 현실적 삶이 부분적으로 실현하거나 전혀 실현할 수 없는 것으로 이해한다.

 삶의 궁극적 의미를 인식하지만 그것을 역사적 현실 속에서 실현하지 못하는 이원론의 문제를 기독교적 유신론은 초월적, 내재적(transcendent-immanent) 신의 개념에 의해서 해결한다. 이 개념은 충분히 합리화할 수 없지만 인간의 삶의 도덕적 필요성과 인간적 경험의 현실적 사실 양자를 공정하게 다룬다. 고전적 기독교의 진수는 그것이 가장 철저한 비관주의를 수용하고 나서 낙관주의의 기초를 발견한다는 데 있다. 낙관주의와 비관주의의 표준에서 볼 때, 부르주아적 자연주의와 공산주의, 고전적 기독교의 차이는 분명해진다. 부르주아적 자연주의는 순수하게 낙관적이다. 왜냐하면 그것은 윤리적 가치들이 완전하게 자연과 역사의 과정 속에 내재해 있다고 보기 때문이다. 공산주의는 부분적으로 비관적이다. 왜냐하면 그것은 자본주의가 붕괴한다고 보기 때문이다. 그렇지만 그것은 궁극적으로는 낙관적이다. 왜냐하면 그것은 이기적 충동의 혼란이 완전하게 극복되는 사회 구성이 가능하다고 믿기 때문이다. 기독교 고전 사상에서는 인간은 모든 도덕적 성취에도 불구하고 죄인으로 남는다. 다시 말해서, 그것은 모든 도덕적 성취 속에서 이기적 충동이 혼합되어 있다는 사실을 발견한다.

 니버의 인생관과 역사관은 후일에 『기독교와 힘의 정치 Christianity and Power Politics(1940)』에서 낙관주의적 비관주의 입장을 취했는데, 그와 같은 사상이 이미 이 시기에 싹트기 시작했다는 사실에 주목할 필요가 있다. 니버는 동저서의 제 XIV장과 제XV장에서 "낙관주의, 비관주의, 그리고 종교적 신앙 I과 II"를 논했다. 여기에 대해서는 뒤에서 논하기로 한다.

제XV장 기독교적 정통주의의 정치적 현실주의(The Political Realism of Christian Orthodoxy)

공산주의에서 볼 수 있는 바와 같이 이념의 도구인 권력은 쉽게 타락한다. 자유주의는 도덕과 정치를 구별하지 못하고 도덕적 이상을 그대로 정치적 세계에 적용해야 한다고 생각한다. 자유주의도 급진주의(공산주의)도 정치적 생활이 가지고 있는 대칭적인 두 면을 가진(Janus-faced) 성격, 즉 선한 면과 악한 면을 동시에 갖고 있다는 사실을 알지 못한 채 낭만적인 생각을 한다. 공산주의의 급진주의는 이해관계의 갈등에서 새로운 사회 질서가 출현해야 함을 인정한다는 점에서 자유주의보다 더욱 현실주의적이다. 그렇지만 공산주의가 이해관계와 충동의 갈등을 완전히 제거할 수 있는 사회 질서 수립의 가능성을 믿는다는 점에서는 진보주의와 마찬가지로 현실주의적이지 못하다.

이러한 낭만적 유토피아주의와는 대조적으로 기독교는 처음부터 정치 세계에 대해서 환상을 품지 않았다. 고전적 기독교 역시 낭만적 유토피아주의와 흡사한 미래에 대한 비전을 가지고 있었으나, 그러한 이상적 사회를 수립하는 것은 구원된 인간이었으며 그런 사회는 순수한 정신에 의해서 통치되었다. 이러한 생각은 그러한 미래에 대한 비전을 세속적 유토피아주의에서 구해낸다. 예수가 사랑의 이상과 비타협적인 절대적 윤리가 발전적으로 현세에 적용될 수 있는 가능성을 믿었다면, 그것은 임박한 그의 십자가처럼 파국적(catastrophic) 희망으로 변혁되었을 것이다. 예수가 말한 하나님의 나라는 사회적 개념이지만 그것은 하나님의 은총에 의해서만 실현될 수 있는 묵시적 성격을 띤다. 정치적 사회에 대한 예수의 절대적인 도덕적 이상은 묵시적 희망이다. 그렇지만 예수 재림의 희망이 사라지고 교회가 정치적으로 책임이 없는 섹트에서 제국을 포용하는 공동체로 성장함에 따라서 인간의 타락의 교리가 정치적 현실과의 타협의 기초를 제공했다. 기독교의 절대적 이상에 의하면, 인간은 완전한 사랑과 완전한 평등을 가지고 다른 인간들과 살아야 하지만 죄로 인해서 타락했기 때문에 이것이 가능하지 않게 되었으며, 인간의 탐욕의 악은 정부의 강제성과 재산의 제한과 심지어 노예의 불평등처럼 제약이 따르는 상황이 조성되었다. 그리고 경제와 정치 문제는 자연법의 요구에 의해서 규제받게 되었다. 자연법은 기독교가 스토아철학으로부터 도입한 것으로서 넓게 말하면 '정의(Justice)'의 요구이다. 이런 정의는 모든 인간의 마음속에 기록된 것인데 인간이 그것에 자진해서 복종하지 않을 때 정부에 의해서 강제되며, 정부는 이런 목적을 위해서 신에 의해서 세워진 것으로 여겨졌다. 정통적 교회는 일찍부터 이 사상을 "권세는 하나님께로 나지 않음이 없나니, 모든 권세는 다 하나님의 정하신 바라"고 한 바울의 말에 의존했다.

이 교리는 오늘날까지 그리 큰 변화 없이 유지되고 있는 것으로서 그 의미는 다음과 같다. 정부는 신이 명한 것이며 도덕적으로 정당화된다. 왜냐하면 죄악의 세계는 국가의 견제가 없는 그 악한 탐욕으로 인해서 혼란에 빠질 것이기 때문이다. 이러한 기독교적 이상은 정치적 생활의 필요성에 대한 현실주의적이고 불가피한 타협이며, 교회 안팎의 덜 현실주의적인 현대 사상의 노력을 능가하는 것으로서 순수한 윤리적 이상을 정치적 질서의 집요한 타성(inertia)과 관계시키는 것이다. 그러나 이러한 입장을 취하는 정통적 기독교의 약점은 그 비관주의와 정치적 질서의 종교적 신성화가 정치적 질서의 악용을 교정하는, 또한 무정부적 혼란과 독재 정치에 떨어질 가능성이 가장 덜한 정치적 조직을 형성할 용기를 잃게 한다는 사실이다. 정치적 저항이 용납되었을 경우에도 악한 통치자에 대한 저항의 권리가 허락되었을 뿐, 정부에 대한 저항은 허락되지 않았다. 다만 스코틀랜드와 네덜란드의 칼뱅주의에서 개인적 폭군뿐 아니라 수립된 형태의 정치적 조직에 대한 저항을 정당화하는 자연법의 기독교적 개념이 분명하게 발전되었다.

어떠한 정치적 질서도 최고의 윤리적 이상을 실현할 수 없다는 비관적 전제는 고등 종교의 초월적 시각을 제시한다. 그런 비관주의적 입장은 병적 완벽주의와 거기에 따르는 사회적, 도덕적 패배주의를 내포하고 있지만 필요한 도덕적 자원을 가지고 있다. 그것은 다름이 아니라 개인과 집단이 그들의 이기주의로부터 완전히 자유롭다는 망상에 빠지지 못하게 한다는 것이다. 다시 말해서, "고등 종교의 통찰을 통해서 모든 인간의 업적 속에 혼합된 이기주의가 발견되고 무정부적 혼란과 전제 정치의 위험성이 모든 사회적 성취 속에서 인지된다."(p. 223) 그런데 여기에는 도덕적 패배주의의 위험이 따른다. "초월적 시각에서 본 삶은 정치적 정의의 '면밀하게 계산된 덜함과 더함(nicely calculated less and more)' 사이의 구별을 중요하지 않게 생각할 수 있다. 악도 선도 순수한 양심에 의해서 설정된 이상 미치지 못하기 때문이다."(p. 223) 그렇게 되면 미국을 방문한 러시아 정교의 한 감독이 "당신은 Stalin을 위해서 기도하는가?"라는 질문에 "그렇다, 나는 차르(Czar) 황제의 영혼과 스탈린과 나를 포함한 모든 죄인을 위해서 기도한다"라고 대답한 무차별적 죄 의식에 떨어진다.

제XVI장 급진적 정치 이론(A Radical Political Theory)

사회적, 도덕적 문제에 대한 적절한 접근은 '정치적 정책(polical policy)'을 포함해야 한다. 그것이 사회의 이기적 충동의 갈등에 대한 가장 효율적 견제이기 때문이다. 그러한 정치적 정책은 '급진적(radical)'이어야 한다. 다시 말해서, 정치적 정책은 기존의 시스템의 정의와 불의가 생기게 한 힘의 불균형을 가져온 자연의 고난, 역사의 우발적 사건들, 출생의 유리점, 삶의 우연성들을 규명해야 한다. 뿐만 아니라 정치적 정책은 그 분석의 현실주의적 성격에서 급진적일 뿐만 아니라, '보다 형평이 유지된 힘의 균형(a more balanced equilibrium of power)'이 성취될 때까지 '힘에 대항하는 힘(power against power)'에 의해서 기존의 시스템의 불의에 도전하는 의지에 있어서도 급진적이어야 한다.(p. 230)

이상에서 본 바와 같은 '급진주의(radicalism)'는 정치에 대한 전통적 기독교와 현대의 자유주의적인 도덕적 접근과는 다르다. 전통적 기독교는 인간의 모든 도덕적 성취 속에서 죄의 혼합을 본다는 점에서 현대의 자유주의적 접근보다 현실주의적이지만, 기존의 모든 정치적, 사회적 질서를 신이 정한 것으로 보는 잘못을 범한다. 그것은 상상력의 결여와 무정부적 혼란에 대한 두려움 때문에 생기게 될 혼란을 막기 위해서 수립된 기존의 사회적 견제를 무정부적 혼란에 대한 유일한, 그리고 가능한 대안으로 본다. 현대의 자유주의는 종교적 경건보다 지적이라고 생각하고 있지만 역시 위험한 망상에 빠진다. 그것은 불의가 무지 때문에 생긴다고 생각하기 때문에 억압자들이 이기주의에서 비이기적으로 될 때까지 불의의 희생자들에게 기다리라고 한다. 이러한 생각은 일반 사람들의 지성과 도덕적 이상주의가 기존의 힘의 불균형이 낳은 불의를 완화할 수 있는 그 이상의 일을 할 수 없다는 것을 깨닫지 못하기 때문이다. 도덕적 이상주의가 할 수 있는 것은 자선이고, 가장 민감한 개인들의 지성은 단지 주어진 기존의 시스템 안에서 인도적 정신을 발휘할 수 있을 뿐이다.

만일 현대 사회가 집단주의(collectivism)로 향하는 피할 수 없는 논리에 의해서 움직이고 있다면 그것은 러시아에서처럼 모든 사유재산이 집단화된다는 것을 의미하지 않으며, 그와 같은 재산의 사회화가 모든 정치적, 도덕적 문제를 해결하지도 못한다. 현대 사회의 그러한 방향은 단지 사유재산제도 속에 내재해 있는 경제적 힘의 불균형이 현대적 불의의 주된 원인이며, 따라서 그것이 '사회적 소유제도(social ownership)'에 의해서 제거되거나 완화되어야 한다는 것을 의미한다. 이러한 목적으로 향하기 위해서 현대사회는 원시사회가 수렵 시대와 유목 시대에 개인의 소유가 사회 전체의 이익에 위배될 때는 상당한 정도의 공동 소유(common ownership)를 시행했던 것을 다시 사용할 수 있을 뿐이다. 원시사회는 물고기를 잡는 강과 수렵장, 그리고 흔히 사냥 도구와 목축장을 공유한다. 농업 분야에서는 비록 사유재산 제도가 지주제도를 출현하게 했지만 사유재산 제도가 여전히 보다 더 정의와 일치한다. 그러나 현대 기술은 산업사회에서 사유재산 제도를 적용할 수 없게 만들었다. 현대의 산업 기구는 보다 큰 부분을 차지하는 노동자들에 의해서 운영되기 때문에 생산 기구를 특정한 소유 계급이 소유하는 것은 힘의 집중화로부터 생기는 불의를 초래한다. 이렇게 해서 현대 사회는 기계가 도입한 조건으로 인해서 원시 사회가 한때 가졌던 사회적 이상으로 돌아가고 있다.

제XVII장 정치와 힘의 균형(The Balance of Power in Politics)

정치적 관계의 정의가 힘의 균형에 의존한다는 것을 승인하는 것은 인간이 상상할 수 있는 가장 훌륭한 정치적 정책도 완전한 정의를 성취할 수 없다는 것을 인정하는 것이다. 힘의 균형은 불확실한 것이어서 어떠한 사회의 조화도 안정성을 가지고 있지 않다. 힘의 우연한 변화는 쉽게 균형을 뒤집어엎을 수 있다. 힘은 독이어서 권력을 장악한 자는 그 독으로 인해서 부패한다. 힘의 균형은 새로운 힘의 불균형의 우연한, 또는 필연적 발생으로 인해서 깨질 뿐만 아니라 균형의 밑바닥에 있는 이해관계의 갈등으로 인해서 깨질 수 있다. 예컨대, 러시아의 공산주의는 농민과 산업 노동자 사이의 힘의 완전한 균형을 이루지 못했으며, 산업 노동자의 정치적 힘이 우세하다. 그렇지만 미래의 어떤 시기에 농민이 우세한 힘을 가지게 되어 공산 기구의 우세한 정치적 힘에 저항하여 새로운 사회적 갈등을 조성하지 말라는 법은 없다. 힘의 균형에 의한 국가들 간의 평화 역시 불안한 것이다. 대립자들 모두를 포함하는 전체 사회 역시 영구적인 평화와 정의를 보장할 수 없다. 그 이유는 두 가지이다. 하나는 모든 사회가 전체보다 적으며 전체의 필요성을 이해하는 지성과 의지를 결여한 어떤 개인, 계급, 또는 국가에 의해서 움직여지기 때문이요, 다른 하나는 불의의 희생자들이 그들에게 불의를 행한 억압자들을 증오하고 권력을 장악하기 때문이다. 국제연맹 또한 평화를 유지할 수 없다. 왜냐하면 베르사유조약의 불의를 충분히 수정할 수 없기 때문이다. 그래서 유럽의 새로운 전쟁은 불과 몇 년 내의 문제이다. 힘의 균형의 이 같은 한계를 아는 것은 정치 학도를 낭만적 과신에 빠지지 않게 하며, 정의 수립을 위해서 정치가 가지고 있는 한계를 아는 현실주의자들로 하여금 순수한 정치를 이상과 상상력으로 보완하게 할 것이다.

여기서 니버는 '힘의 균형'의 역할을 다루고 있지만 주로 그것이 가지고 있는 한계성에 고찰을 치중하고 있다. 그는 그의 사상의 성숙기에는 '힘의 균형'이 사회 정의 실현의 요체임을 밝히는 데 치중한다. 이렇게 볼 때 그는 이 시기에는 '힘의 균형'의 개념에 착안하고 있지만 아직 그 적극적 기능을 밝히는 데에까지 깊이 들어가지 못하고 있다.

제XVIII장 도덕과 자유주의 정신(The Liberal Spirit in Morals)

급진주의의 관찰 방법은 기존 문명이 가지고 있는 도덕적 허세와 문화적 업적은 무시한 채 사회 구조의 밑바닥에 있는 권력의 관계를 발견하려고 하고, 급진주의의 행동 방법은 정의를 위해서 권력의 센터들을 수평화하고자 한다. 그렇지만 급진주의자들은 다른 사람들의 도움 없이는 사회를 건립하지도, 유지하지도 못한다. 자유주의의 정신은 공동체를 건립하고 보전하는 데 필요한 자원을 가지고 있다. 그렇지만 그것은 본질적으로 비도덕적인 것을 도덕적으로 보는 위선의 죄를 범한다. 급진주의의 일관된 죄는 어느 사회나 나타나는 정직한 동정과 정의의 동기를 인정하지 않는다는 것이다.

자유주의는 사회적 정치에서도 사회적 도덕에서도 필요하지만 전자에서보다는 후자에서 더욱 중요하다. 이처럼 자유주의가 사회적 정치에서 가지는 역할은 상대적으로 적은 편이지만 여전히 중요하다. 그것이 시스템을 바꾸지는 못해도 주어진 시스템 안에서 중요한 도덕적 역할을 하기 때문이다. 예컨대, 프롤레타리아 운동은 중산층 지식인들로부터 중요한 도움을 받았다. 미국 흑인들의 인권 신장은 민감한 양심을 가진 백인들의 도움으로 성취되었다. 여권 신장 역시 여권 신장의 정의에 대해 확신을 가진 많은 남성들의 공헌이 크다. 물론, 사회의 약자에 대한 도덕 정신에서 나온 도움 속에는 이기적인 동기가 섞여 있다. 그들은 의식적으로, 혹은 무의식적으로 낡은 사회적 시스템의 지나친 불의를 완화함으로써 그들의 기득권을 유지할 수 있기를 희망한다. 이것은 또한 급진주의자들이 중산층 자유주의자를 멸시하는 것을 정당화하기도 한다. 합리적 자유주의 정신은 정치적, 사회적 질서의 수립을 위해서보다는 그것의 통합과 안정화를 위해서 중요한 역할을 한다. 새롭고 보다 평등한 정의의 형태들을 인정하는 모든 정도의 사회적 상상력은 정치적 긴장과 갈등의 가능성을 감소시킨다. 자유주의적 정신은 새로운 질서를 안정시키기보다 수립된 질서의 갈등을 감소시키는 데 보다 효과적이다. 사회 질서 유지를 위해서는 누군가에게 권력을 위임하고 행사하도록 할 수밖에 없는데 그러한 권력자는 권력을 전체의 복지를 위해서가 아니라 자기의 이익을 위해서 사용할 위험성을 가지고 있다. 그렇기 때문에 인간의 행복은 최소의 전제 정치와 불의와 극악한 이기주의를 가지고 권리와 권리, 그리고 이익과 이익을 조절할 수 있는 능력을 가진 사람들에게 항상 크게 의존한다.

제XIV장 급진주의와 종교적 무사심(Radicalism and Religious Disinterestedness)

합리주의적 정신은 무게가 없고 영감을 가지고 있지 않다. 그 도덕철학은 항상 공리적으로 실천적이다. 그것은 절대적인 것을 추구하는 광신주의와 열정을 피할 수 있으며, 삶을 順和하며, 인간사회의 많은 분야를 선한 의지와 분별적(prudent) 상호성의 지배를 받게 한다. 그렇지만 사회가 순조롭지 못하고 격변과 위기에 처했을 때는 당황하고 혼란에 빠진다. 이성이 당장의 충동이나 사회적 과정을 조정하는 이상의 것을 열망하고 완벽한 순수성, 완전한 무사심(disinterestedness)을 추구할 때 종교적 정신의 어떤 것이 출현한다. 충동의 게임에 온전히 개입하는 분별적 합리성과 완벽한 합리성과 비분별적 열정의 차이는 세속적 윤리와 종교적 윤리의 차이를 나타내는 것이다. 순수한 합리성에 대한 열정이 도덕의 분야에서 실천적으로 표현될 때는 완전한 무사심에 대한 요구로 나타나며, 에고보다 모든 생명을 긍정해야 한다고 주장한다. 이러한 실천적 명령은 합리성(rationality)을 의지와 감정(emotion)의 영향에 의해서 정신성(spirituality)으로 바꾼다. 스토아철학과 칸트는 인간의 정신(psyche)을 나누어 이성을 감성에 대립시키지만 예수의 종교적 도덕에서는 그렇지 않고 이타적 충동과 합리적 명령이 의지 속에서 통합된다. 다시 말해서, 이성이 자연적 충동 속에 뿌리박은 이타심을 수용하여 변화시키고 완전하게 하며 확대시킨다. 예수가 "너희가 너희를 사랑하는 자를 사랑하면 무슨 상이 있으리요"(마태복음 5: 46)라고 했을 때 그 말은 자연적인 이타적 감성이 합리적 힘에 의해서 높여진 정신적 통찰에서 나온 것이다. 이 명령은 삶이 관찰하기만 하는 것이 아니라 느껴지기도 할 때, 즉 이성이 삶을 겉으로 관찰하기만 하는 것이 아니라 속으로 변화시킬 때 생긴다. 그렇기 때문에 순수한 무사심의 성취에는 이성과 감성, 의지를 포함한 생 전체가 관련된다. 삶 자체를 이처럼 이성적이고 감성적으로 이해하는 것은 생에 대한 종교적 이해로서 이러한 견해에서는 살아 있는 유기체가 이성의 분석적 통찰과 결합된다. 이성만으로는 전체적 현실, 특히 살아 있는 현실을 종합할 수 없기 때문에 이 같은 종교적인 생에 대한 이해는 중요성을 가지고 있다.

순수한 사랑의 이상과 무사심은 합리적인 동시에 종교적 그 이상이다. 그 형식은 이성이 삶을 넘어서 그것을 가장 포괄적으로 이해할 때만 가능하지만, 그 이상을 실현하는 책임은 합리가 아니라 종교적인 의지와 감성의 승화에 의해서 가능하다. 그렇지만 무사심의 원리의 모든 실천적 주장이 이익의 주장을 포함한다는 것은 패러독스이다. 이러한 패러독스에 빠지지 않는 하나의 해결책이 있는데 그것은 금욕주의이다. 금욕주의는 자기의 이익을 주장하지 않지만 지나치게 개인주의적이어서 사회에 대한 개인의 유기적 관계가 깨지고, 삶의 보다 큰 관계에 대한 책임을 수행하는 사람들의 죄에 기생하는 결과를 초래한다. 정통적 기독교의 해결 역시 만족스럽지 못하다. 그것은 절대적 이상은 인정하지만 그것을 윤리적 이상이 아닌, 순수한 종교적 이상으로 바꾼다. 이것이 정통적 기독교로 하여금 기득권의 주장보다는 사회적 이익의 주장을 한층 죄악적인 것으로 보게 만든다.

합리적 자유주의(rational liberalism)에서는 절대적 사랑과 무사심이 분별적이고 공리적인 이타주의로 감소된다. 그러한 입장은 Aristotle의 경우처럼 노예제도를 승인하게 만든다. 현대의 자유주의는 불공정한 편견에서 전체 집단의 이익을 고려하는 것같이 보이지만, 결국 사회적 특권의 이익을 정당화하는 경향이 있다. 그렇기 때문에 급진적 사회 윤리가 무사심의 종교적, 도덕적 이상을 가장 잘 나타낸다. 그렇지만 사회적 질서의 분별적, 실천적 필요성에 대한 고려는 평등의 정의의 이념을 상대화하고 그것이 완전히 실현될 수 없음을 증명한다. 이 사실은 급진주의보다는 자유주의를 보다 실천적인 주장으로 보이게 한다. 그러나 급진주의는 종교적, 급진적 통찰에서 우위에 있다. 평등의 정의의 이상은 순수한 정신의 요구를 자연의 사실들과 대립시키지만 현실적인 정치의 세계에서는 강자가 약자를 지배하고 강자가 특권을 누린다. 이렇게 인간의 세계는 동물의 세계와 다른 불평등의 고통을 받게 된다. 이것은 모든 사회적 시스템에서 찾아볼 수 있는 불변의 문제이기 때문에 집단적 사회가 불의의 모든 근거를 제거할 수 있다고 생각하는 마르크스주의적 급진주의는 잘못이다. "정치 속에는 항상 악마적 세력들(demonic forces)이 존재한다."(p. 273) 그렇기 때문에 종교적 묵시주의(apocalyptism)가 정치 프로그램으로 바뀔 때 그것은 이미 순수한 무사심의 표현이 아니라는 사실이 당장 분명해진다.(p. 271) 따라서 급진적인 정신은 고전적 종교의 특성인 보다 높은 시각의 검열을 필요로 하게 된다. 이러한 사실 때문에 현대의 급진주의는 멸시를 받게 되어 있다. 이렇게 해서 무사심의 순수한 종교적인 초월적 시각과 현실의 역사적인 상대적 세계는 충돌하게 마련이므로, 따라서 절대적인 것의 타당성을 파괴하지 않으면서 그리고 역사적 세력과 섣부른 타협을 하지 않아도 되는 길을 발견해야 한다. 정신과 자연 사이의 긴장이 충분하게 느껴질 때는 종교의 심미적(aesthetic) 동기가 나타나서 윤리적 주장과 다투게 된다. 인간은 완전을 근사적으로 실현할(approximate) 뿐만 아니라 고전적 종교에서 은총의 경험으로 표현되었던 심미적 통찰에 의해서 불완전한 세계에 적응하는 것이 필요하다는 것을 발견한다. 급진주의나 자유주의적 유토피아주의에는 '은총의 경험'을 위한 자리가 없다. 역사 속에서 완전하게 실현되리라는 희망을 갖고 있기 때문이다. 그러나 역사의 난국이 현재의 유토피아적 꿈을 소생시킬 때는 고전적 종교의 은총의 경험에 대한 강조가 도덕적, 종교적 삶 속으로 다시 되돌아온다.

본 장에서 니버는 이성과 감성(경향성)을 대립시킨 칸트의 사고를 비판하고 그것을 초월하는 사상을 제시하고 있다. 칸트 역시 그의 『판단력 비판』에서는 심미적 기능(the aesthetic function)이 경향성, 곧 감성의 낮은 능력을 도덕에 연결한다고 주장했다. 이러한 사실을 밝혀서 부각시킨 것은 Herbert Marcuse가 그의 저서 『에로스와 문명Eros and Civilization』에서이다.[38]

칸트의 사상에 이러한 면이 있지만 그의 도덕론의 주류 사상은 이성과 감성의 이분법이며, 또한 그것이 그의 도덕론을 대표하는 것으로 널리 수용되고 있다. 어쨌든 니버가 칸트의 이분법적 이론을 기독교적 입장에서 비판하고 초월하려고 시도한 것은 주목할 만한 중요한 이론이다.

---

38) Herbert Marcuse, *Eros and Civilization* (Boston: Beacon Press,1955; Chapter 9 "The Aesthetic Dimension") (pp. 172-196) 참조.

제XX장 은총의 확증(The Assurance of Grace)

예수는 "그러므로 하늘에 계신 너희 아버지의 온전하심과 같이 너희도 온전하라"(마태복음 5: 48)고 말하는가 하면, "네가 어찌하여 나를 선하다 일컫느냐, 하나님 한 분 외에는 선한 이가 없느니라"(마가복음 10: 18)고 했다. 니버는 이것을 "고등종교는 무사심과 순수한 사랑, 그리고 무사심의 실현 불가능성을 동시에 창출한다"(p. 279)라고 말한다. 그리고 정신과 자연 사이의 긴장이 적절히 유지되는 가운데 정신의 명령이 자연의 충동에 반대하여 엄격히 주장될 때는 보다 순수한 무사심의 도덕뿐만 아니라, 자연과 역사의 세계에서 그것을 실현하지 못한 데 대해서 인간 정신을 위로하는 은총의 종교가 나타난다고 말한다. 다시 말해서, 순수한 종교의 영감은 높은 도덕과 도덕적 목적이 역사 속에서 직면하는 좌절에 대한 위안을 동시에 느끼게 한다고 말한다. 그렇지만 현대인과 현대의 정신에게는 이 같은 은총의 확신의 신앙이 의미를 가지지 못한다. 왜냐하면 현대의 정신은 정신이 계속 자연적 충동에 대해서 승리를 거둔다고 낙관하며 윤리적 명령의 엄격성을 불변적 제한에 의해서 누그러뜨리기 때문이다. 이런 점에서 종교와 도덕은 상호 보완적이다. "심오한 종교는 순수한 윤리적 열정을 가능하게 하며, 순수한 열정은 종교를 필요로 한다."(p. 281)

예수의 종교에서는 신기하게도 윤리적 긴장과 은총의 확충을 통한 긴장의 이완이 섞여 있다. 종교의 은총의 경험은 성취하지 못한 절대를 어떤 의미에서 성취했다고 느끼는 것이다. 죄인은 그의 죄가 극복되지 않았지만 의롭게 된다. 세상은 불완전하지만 신의 창조물로 인정된다. 인간은 죄인인 동시에 신의 아들이다. 이러한 패러독스 속에서 참된 종교는 현실이 신을 부정했고 좌절했음에도 불구하고 그것을 지탱할 수 있게 만든다. 삶과 세계에 대한 예수의 종교적, 시적(religion-poetic) 개념에서는 악한 자와 선한 자에게 차별 없이 태양이 떠오르고, 의로운 가치와 불의한 자에게 차별 없이 비를 내리는 자연의 불공평성이 하나님의 자비의 계시로 여겨졌다. 하나님의 나라도 인간의 사랑의 선에 의해서가 아니라 하나님의 은총에 의해서 구현된다. 그렇지만 거기에는 인간 본성 속의 영원한 것과 절대적인 것의 섬광이 있다. 윤리적 긴장과 종교적 이완의 관계를 온전히 보여주는 것은 예수의 산상수훈일 것이다. 거기에서는 만족하지 못한 자에 대한 축복이 약속되어 있다. 다시 말해서, 완전에 도달했다는 환상에 빠지지 않고 마음이 가난한 자와 의에 굶주리고 목마른 자에게 축복이 약속된다. 반대로 스스로 의롭다고 생각하는 자는 저주를 받는다. 자연과 역사의 과정은 심판과 은총의 계시, 바로 그 자체이다. 논리적으로 모든 삶은 죽어 마땅하다. 왜냐하면 모든 삶은 개인적으로나 집단적으로나 다른 생명을 잡아먹기 때문에 약탈당한 자들의 손에 죽어야 한다. 그러나 역사와 자연의 신은 오래 참고 더디게 진노하고 자비로 넘친다. 예컨대, 백인이 흑인에게 범한 죄를 속죄한다면 살 권리가 있는 백인은 매우 적을 것이다. 그러나 백인들은 강하기 때문에 그리고 흑인들이 보복을 하지 않기 때문에 살 수 있다. 다시 말해서, 백인들은 자연의 법칙과 은총의 법칙에 의해서 살아남는다.

문제는 완전을 추구하면서도 그것을 실현하지 못하는 좌절을 어떻게 처리할 것인가 하는 점인데, 역동적인 종교는 인간과 역사의 불완전성, 바로 그 속에서 궁극적 완전의 섬광을 본다. 합리적 종교는 완전성을 순수한 초월의 타계에 배정한다. 시간과 영원 사이의 질적 차이를 강조하는 Barth주의자들의 강조는 예수의 역설적 종교보다 그리스도적 플라톤주의에 좀더 가깝다. 역사적 예수는 역사 속의 절대의 완전한 심벌이다. 순수한 정신이 열망하는 완전한 사랑이 그의 삶과 십자가의 드라마에서 선명하게 실현되었다. 예수에서 인간이 신의 심벌이 되고, 절대적인 것이 상대적인 것과 역사적인 것 속으로 틈입하는 종교적 의미가 적절하게 표현된다. 정통 신학과 자유주의 신학, 둘 다 아마도 성육신과 속죄의 심오한 신학적 개념을 합리화했을 것이고, 그렇지 않았다면 그러한 심오함이 위협을 받게 될 것이다. 기독교적 자유주의는 역사적 예수가 최고의 인간적 가치들을 인격화했기 때문에 절대적인 것의 심벌이라고 믿는다. 일관된 정통주의는 절대와 상대, 신성한 것과 인간, 정신적인 것과 자연적인 것을 완전히 분리하기 때문에 삶의 의미에 대한 종교의 궁극적 신앙이 참으로 역사적인 것이 아닌 구체적인 사건에 근거를 두어, 이어서 종교가 마술이 되고 만다.

기독교의 원래의 신화적 심오함에 의하면, 정신의 어떠한 완전한 승리도 역사 속에서는 가능하지 않지만, 그러한 패배는 성취되지 않은 완전성이 인간의 불완전성을 정당화하는 용서의 사랑으로 발견될 때 승리로 변한다. 예수의 신화에서는 신성한 신이 그의 신성함을 자비로 나타내고 그런 자비는 죄인을 구원한다. 이러한 구원은 죄인이 그의 죄에도 불구하고 하나님의 사랑 속에 포용된다는 것을 의미한다. 신의 성스러움은 이처럼 죄 의식과 그것을 견딜 수 있게 하는 위안을 동시에 창조한다. 합리적으로 표현하면, 이 경험은 자연적, 역사적 과정의 상대성에 포함된 인간이 그럼에도 불구하고 그 과정을 초월한 최종의 절대적 삶과 접촉하고 있다는 것을 의미한다. 바울에서 유래한 기독교적 정통주의는 흔히 신플라톤적 오류들에 접근하고, 기독교적인 자유주의는 합리주의의 일원론적 잘못들에 빠지며 은총을 참으로 필요로 하는 죄의 개념을 발전시키지 못한다. 은총의 경험이 윤리적인 삶을 위태롭게 하지 않으려면 신화적으로 표현될 때 가능할 뿐이다. 그렇기 때문에 이상적으로는 기독교적 종교는 삶의 도덕적 긴장의 필요성과 이 긴장의 완화의 필요성을 동시에 공정하게 다루는 신화에 근거를 둔다.

8
『기독교윤리의 한 해석
An Interpretation of Christian Ethics』 출간(1935)[28]

✛

이 저서는 니버가 1934년에 행한 Colgate-Rochester Divinity School의 Rauschenbusch Memorial Lectures를 정리하여 출판한 것이다. *Moral Man*이 힘찬 트럼펫이라면 *Interpretation*은 잔잔한 플루트이다. 그는 *Interpretation*에서 그가 *Moral Man*에서 보여주었던 비타협적인 전투적 입장을 전혀 드러내지 않는다. 그는 심지어 개신교 안의 누룩 역할을 하는 특별한 노동 계급 교회의 창출을 포함한 크리스천적 액션의 필요성을 선포한 Rauschenbusch의 강연의 긴급성조차도 포기했다. 이러한 입장은 그가 이 저서의 서문에서 밝히고 있는 바와 같이 Tillich의 신학적 방법이 신학적 논의의 길을 그에게 제시해 주었다는 것을 보여주는 것이다. 사실, 이 저서에서는 페이지마다 틸리히의 용어가 나타난다. 니버는 "모든 사람의 삶은 종교적이다. 의미 있는 존재를 전제하지 않는다면 도대체 산다는 것이 불가능하기" 때문이라고 주장한다. 다만 희귀한 회의주의자만이 "궁극적 의미와 일관성(coherence)에 대한 관심"을 피할 수 있다. "궁극적 의미와 일관성"은 니버가 다년간 주장한 '초월적인 윤리적 이상'과는 구별되는 개념으로서 틸리히의 영향을 나타내는 것이다. 니버는 이 저서에서 *Moral Man*에서 사회 구조에 관심을 집중했던 것과 달리 개인으로서의 크리스천의 도덕적 심성의 문제를 심도 있게 다룬다. 그렇지만 다른 한편, 그가 *Moral Man*에서 제시한 '정치적 방법'의 개념을 좀더 구체적으로 발전시켜서 '사회 정의의 필요한 장치와 기술(the necessary mechanisms and techniques of social Justice)', '사회적 제어의 필요한 장치와 기술(the necessary mechanisms of social control)', 또는 사회적 장치(social mechanism) 등의 이른바 제도적 장치의 개념을 제시한다. 그러면 아래에서 이 저

---

28) Reinhold Niebuhr, *An Interpretation of Christian Ethics* (New York: Seabury Press, 1979), ⓒ1935 by Harper & Brothers.

서의 각 장의 내용을 요약하여 분석하기로 한다. 요약 내용 중 괄호 안의 페이지는 An Interpretation of Christian Ethics(Seabury Press, 1979)의 페이지를 나타낸다.

제I장 "독립적 기독교 윤리(An Independent of Christian Ethic)"

현대의 물질 문명, 혹은 승리를 구가하고 있는 자본주의가 흔들릴 때 종교는 빛을 발휘하고 안내 역을 수행하고 통찰력을 제공해야 하는데, 정통 교회도 자유주의 교회도 주어진 소임을 감당할 수 없다. 전자는 시대에 뒤떨어진 낡은 종교적 계율들(안식일을 범하지 말라, 또는 십일조를 바치라는 등의 계율)로 대처하려고 하기 때문에 실패한다. 후자는 기독교의 독자적 진리를 과학에 맞지 않는 시대착오적인 것으로 보거나 기독교의 독자적 메시지와 기독교적 도덕의 창의적인 것을 애매하게 하고, 심지어 자연주의적 철학과 공리주의의 옷을 입히려고 함으로써 실패한다.

"도덕에 대한 종교의 특별한 공헌은 생의 깊은 차원에 대한 이해에 있다."(pp. 2-3) 종교적 도덕이 가지고 있는 깊이의 차원에 대한 의식은 모든 힘의 어떤 궁극적 근원을 추구하고, 모든 목적을 어떤 궁극적 목적과 관련시킨다. 원시인들은 종족의 통합, 또는 어떤 자연의 힘의 위험과 신비(예컨대, 태양, 달, 산, 혹은 생성의 과정)를 삶에 의미를 주는 '어떤 제한된 우주(some limited cosmos)'로 여겼다. 현대인들에게 자연 법칙의 관찰 가능한 과정들과 인간적 협동의 가치들의 증대는 정신적 안정감을 수립하고, 장구한 세월 동안 인간 정신을 둘러싸고 있는 혼동(chaos)과 무의미성의 공포를 제거하기에 충분하다. 이와 달리, 고등 종교는 현실과 존재 전체를 어떤 일관성 있는 시스템으로 만드는 특성을 가지고 있다. 고등 종교들의 특성은 그것들이 포괄하려고 하는 삶의 통합과 일관성의 범위와 삶, 그리고 존재의 의미에 대한 확신을 유지하게 하는 의미의 초월적 근원에 대한 의식에 있다. 종교적 의식 속에 있는 깊이의 차원은 사실과 당위 사이의 긴장을 만들어낸다. 그러한 긴장은 역사적인 것과 초월적인 것 사이의 긴장으로서 여러 형태의 종교적 윤리의 유익성은 이러한 긴장의 질에 의해서 결정된다.

정통 기독교의 취약점은 초월적인 신의 뜻을 원시적인 사회의 표준들에 지나지 않는 교회법의 도덕적 규범과 동일시하는 잘못을 범한다는 사실이다. 자유주의적 기독교는 다음과 같은 두 가지 잘못을 범한다. 첫 번째 오류는 직접적이고 상대적인 어떤 가치들을 '최고선(summum bonum)'으로 본다는 사실이다. 예컨대 민주주의, 상호 협동, 국제연합, 세계 무역의 상호성 등을 인간 정신의 궁극적 이상으로 봄으로써 기독교 도덕이 가지고 있는 본래적 긴장(original tension)을 파괴해 버리고 만다. 이렇게 해서 기독교적 사랑의 윤리가 가지고 있는 초월적 불가능성이 역사적 과정의 내재적인 당장의 가능성이 되어버린다. 이것이 '하늘로 개방된 창문들이 전혀 없는(no window are left to heaven)' 모든 문화의 변함없는 결과이다.(p. 6) 두 번째의 오류는 종교적 신화(myth)를 문자적 사실로 잘못 이해하여 그것이 함의하고 있는 초월적 의미와 성취를 이해하지 못한다는 사실이다. 니버는 『한 시대의 종언에 대한 성찰』의 마지막 장 '은총의 확신'에서 신화의 문제를 제기한 바 있다. 그는 Interpretation의 첫 장에서 신화의 문제를 보다 심층적으로 다루고 있다. 그의 이론을 정리하면 아래와 같다. 문자적 의미로 해석된 신화는 역사적 사실을 과학적으로 잘못 설명한 것이 되어버리고 만다. 그 결과, 심오한 종교가 가지고 있는 초월의 신화적 상징이 암시하는 존재의 궁극적 근거와 그것의 궁극적 성취를 보지 못한다. 종교적 신화는 그 표현에 있어서 역사 속의 상징과 사건을 사용하지 않고서 초역사적인 것을 표현할 수 없기 때문에 신화를 문자적으로 이해하고 과학적으로 본다면, 그것은 단지 역사적 사실에 지나지 않는 허위이다. 그러나 심벌과 신화가 암시하는 것을 이해할 때 그것은 존재의 궁극적 근거와 존재의 궁극적 완성을 의미한다. 바울이 고린도후서 6: 8에서 '속이는 자 같으나 참되고'라고 말한 것은 신화가 가지고 있는 바로 이 같은 이중적 의미를 지적한 것이다.(p. 7) 철학은 과학과 종교의 매개자이다. 철학은 종교적 신화가 합리적 일관성을 가지게 한다. Hegel은 종교는 조잡한 회화적 사고(picture-thinking)로 된 원시적 철학으로서 그것을 보다 발전된 합리성이 세련되게 만든다고 했다. 신화의 이 같은 합리화는 종교가 미숙하고 환상적 상상, 혹은 원시적이고 불합리한 신화에 의해서 파괴되지 않기 위해서 불가피하고 필요하다.

현대인의 부르주아적 정신, 혹은 얇은 정신은 현대 과학과 마찬가지로 심오한 종교의 특색인 깊이의 의식(the sense of depth)과 긴장의 경험(the experience of tension)을 파괴함으로써 가장 귀중한 기독교의 종교적 유산을 희생시켰다. 이처럼 삶의 높은 것들(heights)을 인식하지 못하기 때문에, 현대 기독교는 삶의 보다 어두운 깊이들(the darker depths of life)을 보지 못하기 때문에 기독교 정통주의의 '죄(sin)'를 적절한 교육이 조만간 극복하리라고 보는 무지의 불완전성으로 바꾸어버렸다. 현대 문화도 인간 생활 속의 악마적 세력(the demonic force), 곧 삶과 문화의 모든 성취가 인간 속의 악한 충동들이 집단적 행동에서 복합되어서 극악무도해지기 때문에, 항상 갖고 있는 위험성, 혹은 개인의 무의식 속에 잠재해 있으면서 그의 의식적 통제와 합리적인 도덕적 허세를 부정하고 조소하는 어둡고 거센 충동들에 대해서는 거의 관심을 표명하지 않았다.(p. 9)

현대 기독교는 초월에 대한 신앙을 상실하고 현대 문화의 자연주의적 진영은 급진적인 마르크스적 세계관에서 대안을 찾는다. 그렇지만 마르크스주의도 현대 자유주의와 마찬가지로 자연주의적이다. 자유주의도 마르크스주의도 히브리적인 예언자적 운동과 기독교적 종교의 세속화되고 자연화된 비전이다. 마르크스주의의 변증법은 자유주의적 자연주의의 단순한 진화보다 복잡한 역사적 사실들을 보다 더 옳게 본다. 그렇지만 마르크스주의적 무신론의 약점은 그것의 자연주의가 유토피아적 환상에 빠지게 만든다는 것이다. 마르크스주의는 절대적 이상을 상대적인 시간적 과정 속에서 실현할 수 있다는 잘못된 기대를 한다. 마르크스주의의 무정부주의적 천년세계는 바로 자연주의적 종교의 산물이다. 자연주의적 종교는 영원한 절대적인 것을 길들여서 완전성의 비전을 역사의 불가피한 불완전성 속에서 실현하려고 한다. 유토피아주의는 환멸을 가져올 수밖에 없다. 자유주의건 급진주의건 말로 주장될 때는 도덕적으로 아름답지만 구체화되면 허위임이 드러난다. 이성의 시대, Rousseau, Adam Smith의 꿈이 그랬고, 또한 윌슨의 국제연합과 베르사유조약이 그랬다.

이와는 대조적으로 히브리와 기독교 신앙의 신은 세계의 창조자인 동시에 심판자이다. 이 신앙에 의하면 삶의 궁극적 의미가 시간 속에서 계시되는 동시에 부패된다.(p. 13) 독립적 기독교 윤리(an independent Christian ethic)의 참된 차원들은 이상주의적 이원론과 자연주의적 일원론 이 두 가지와 구별되어야 한다. 모든 이상주의적 이원론은 시간적이고 물질적인 상대성을 극복하기 위해서 어떤 합리적이고 영원한 절대적인 것, 곧 초자연적인 세계로 도피한다. 그러나 그러한 세계는 자연적인 것의 근거임을 그만두어 모든 구별이 사라지고, 모든 역동적 과정이 사라져버린다. 니버는 이 같은 독립적 기독교 윤리의 특성을 밝히기 위해서 기독교가 '신비적 종교(mystical religion)'가 아니라 '신화적 종교(mythical religion)'라고 규정하고 후자의 개념을 분석하고 규명한다. 먼저 그는 신비적 종교부터 규명해 보인다. 이러한 종교는 현상적 流轉 속에서 영원한 形相, 다시 말해서 절대적이고 영원한 것의 최종적 비전를 추구하다 마침내 신비한 명상으로 전환한다.

이러한 절대적이고 영원한 것은 '무차별한 초월'이 되어버리고 만다. 다시 말해서, 모든 구별이 사라지고 마는 불가해한 깊이, 또는 '인간이 이해할 수 없는 존재의 충만(fullness of being)'이 되어버리고 만다. 이렇게 해서 삶의 궁극적 근원과 삶을 구성하는 중심을 추구하는 종교가 삶의 의미를 파괴하는 것으로 끝이 난다. 역사적인 구체적 존재는 의미를 박탈당한다. 왜냐하면 그것의 시간적이고 상대적인 형상들은 절대적인 것과 비교할 때 가치가 없게 여겨지기 때문이다. 그렇지만 절대적인 것 역시 의미를 잃게 된다. 왜냐하면 그것은 구체적 존재의 모든 형식과 범주를 초월하기 때문이다. 불교가 그렇다. 서양에서건 동양에서건 궁극적 통합에 대한 합리주의적 열망은 비관적 타계주의가 되는 경향이 짙다. 서양에는 절대적인 것을 현세적인 것들의 총체와 동일시하는 낭만적인 낙관적 일원론 철학이 있지만 동양에서는 이원론적이고 비관적인 신비주의적 철학이 지배적이다.(pp. 14-15)

이제 신화적 종교에 대한 니버의 분석과 해명을 살펴보기로 하자. 기독교는 부분적으로는 합리적이고 신비적인 종교에 의해서 형성되었고 또한 그것의 영향을 받았음이 분명하지만, 히브리의 예언적 운동의 신화적 종교의 유산을 근본적 기저로 가지고 있다. 신화는 히브리 종교뿐 아니라 모든 문화의 원시적 시대가 공통으로 가지고 있다. 신화는 삶과 역사의 다양한 사실들과 사건들의 근원적 원인과 궁극적 의미를 과학적 인과관계에 의해서가 아니라 신화로서 설명하려고 한다. 가장 단순한 신화적 종교는 아마도 물활론일 것이다. 신화적 사상은 전과학적(pre-scientific)일 뿐만 아니라 초과학적(super-scientific)이다. 초과학적 신화로서의 신화는 과학이 분석하고, 도표를 그리고, 기록하는 수평적 관계를 초월하는 실재의 수직적 국면들, 곧 존재의 초월적 근원과 목적을 다룬다. 신화만이 모순된 사실들을 부정하지 않고 세계를 일관성과 의미를 가진 영역으로 설명할 수 있다. 신화적 종교의 신은 창조자이지 제1 원인이 아니다. 신을 창조자라고 말하는 것은 세계에 대해서 유기적 관계를 가지고 있으면서도 세계와는 구별된다는 사실을 표현하는 것이다.(p. 16) 히브리적 세계관의 신화적 기초는 히브리적 정신으로 하여금 현세의 삶의 쾌락들을 그것들에 사로잡히지 않고 즐기게 하고, 인간 역사의 중요성을 부당하게 중요시하지 않으면서 긍정하게 한다. 창조주 신의 신화는 초월적 신이 세계의 심판자이며 구원자로 보는 예언자적 종교의 성립 가능성을 제공한다. 예수의 하나님 나라는 항상 역사 속의 가능성이다. 왜냐하면 하나님 나라의 높은 순수한 사랑은 모든 인간 생활의 사랑의 경험과 유기적으로 관련되어 있기 때문이다. 그러나 하나님 나라는 또한 역사 속의 불가능성이며 항상 모든 역사적인 것의 저편에 있다.(pp. 15-18)

히브리적인 예언자적 종교에서 젊음을 되찾는 역동적 기독교 신앙만이 시간적인 현세적 존재의 중요성을 시간적 과정의 상대성들에 부당하게 굴복하지 않고 긍정할 수 있다. 그러한 신앙만이 존재했다 사라지는 가치와 의미의 작은 우주들(little universes)을 초월하는 의미의 근원을 모든 역사가 중요성을 상실하는 영원한 세계 속에 도피하지 않고 제시할 수 있다. 그러한 신앙만이 낡은 문화의 몰락과 새로운 문명의 탄생을 넘어서 계속 존재할 수 있다. 그러면서도 그러한 신앙은 문화와 문명이 생사를 걸고 싸우는 세계와 도덕적 책임성을 가지고 관계한다.

제II장 예수의 윤리(The Ethic of Jesus)

예수의 윤리는 예언자적 종교의 완벽한 결실이다. 예수의 윤리의 사랑의 이상에서는 예언자적 신앙의 신은 세계와 관계를 가지는 동시에 인간적 경험의 사실들 및 필요성들과 관계를 가지고 있다. 그것은 모든 도덕적 경험으로부터 도출되며 그것에 대해서 타당성을 가진다. 그것은 신이 세상 속에 내재하는 것처럼 삶 속에 내재한다. 그렇지만 그것은 신이 세계를 초월하는 것처럼 인간 생활의 가능성을 초월한다. 예수의 사랑의 윤리의 절대주의와 완벽주의는 인간의 자기관심과 타인의 이기주의 때문에 요구되는 자기방어를 무조건적으로 반대한다. 그것은 오직 신의 사랑과 인간의 의지 사이의 수직적 차원만을 가지고 있다.

인간의 자기사랑의 기초는 바로 생존을 위한 자연의 의지이다. 예수의 윤리는 이러한 육신의 생존을 금지한다. 산상수훈에서 예수는 목숨을 위하여 무엇을 먹을까, 무엇을 입을까 염려하지 말라고 했다. 자아의 가장 자연적인 확대는 소유를 통한 확대이다. 그러나 예수는 보물을 땅에 쌓아두지 말라고 했고, 하나님과 재물을 함께 섬기지 못한다고 했다. 이처럼 예수는 물질의 소유를 금지했다. 자기사랑에 대한 예수의 가장 예리한 분석은 오만(pride), 특히 선한 사람들의 오만에 대한 통렬한 비난에서 찾아볼 수 있다. 자만은 뛰어난 지식인이나 대중과는 구별되는 업적을 가지고 있는 사람들의 정신을 부패시키는 형태의 이기주의로서, 그것은 그러한 사람들로 하여금 하나님이 보시기에는 그들 역시 인간이며 다른 사람들과 마찬가지로 가치가 없다는 것을 망각하도록 만든다. 이러한 오만은 정신적 오만(spiritual pride)과 독선(self-righteousness)과는 다른 것이기 때문에 그것들은 별도로 다루어야 한다. 그리고 예수는 악에 대한 항거와 증오, 보복을 금했다. 이러한 명령은 사회 윤리적 입장에서가 아니라 순수한 종교적 입장에서 정당성을 가진다. 이러한 윤리의 준거점들은 수직적이며 수평적이지 않다. 예수의 윤리의 사랑 절대주의는 보편주의로 표현된다. 예수는 "너희가 너희를 사랑하는 자를 사랑하면 남보다 더 하는 것이 무엇이냐, 세리도 이같이 아니하느냐"(마태복음 5: 46)라고 했다.

그렇지만 예수의 보편주의는 스토아철학의 보편주의와 다르다. 후자에서는 모든 인간이 이성을 가지고 있기 때문에 모든 인류가 동포이지만, 다만 知者 혹은 賢者만이 이성에 따라서 살 수 있다. 전자에서는 인간은 부족하지만 하나님의 은총으로 사랑하고 용서한다. 양자의 차이는 예언적 종교(prophetic religion)와 범신론(pantheism)의 차이이다. 예수의 보편주의는 가족마저 초월한다. 이런 입장에서는 자연의 세계는 죄의 세계이다. 이러한 윤리는 "현대사회의 문제들에 적용할 수 없으면 생각할 수 있는 어떤 사회에도 적용할 수 없다"라고 주장한 Barth에게 거의 동의하게 한다. 그러한 윤리는 오직 하나의 수직적 관계에 의해서 신의 의지로 향하고 신의 의지는 전포괄적 사랑에 의해서 규정된다. 이러한 시각에서 우리는 자연의 세계가 죄의 세계라는 실제적 사실들을 보다 분명하게 보며 또한 깨닫는다. 그렇지만 이러한 윤리는 하나님의 나라의 도래까지 죄의 세계를 어떻게 견제하면서 유지할 수 있을 것인가에 대해서 아무런 충고도 줄 수 없다. 예수의 윤리는 판별적 윤리(prudential ethic)의 관심의 대상인 도덕적 행위의 결과인 보상(reward)에 대해서는 고려하지 않고 하나님의 뜻에 대한 절대적 복종을 명한다.

그러나 이러한 보상을 무시한 엄격한 명령이 어떤 보상들의 약속으로 완화된다는 사실도 인정해야 한다. 이러한 보상들은 두 가지 범주에 속한다. 하나는 의로운 자의 부활이라는 궁극적 보상(ultimate reward)이고, 다른 하나는 판별적 윤리의 부분적 수용이라고 할 수 있을 것이다. 예컨대, 예수는 "비판을 받지 아니하려거든 비판하지 말라"(마태복음 7: 1)고 했으며, "무릇 자기를 높이는 자는 낮아지고 자기를 낮추는 사람은 높아지리라"(누가복음 14: 11)고 했다. "자기 목숨을 얻는 자는 잃을 것이요, 나를 위해서 자기 목숨을 잃는 자는 얻으리라"(마태복음 10: 39)고 한 예수의 말도 같은 범주에 속하는 것으로 볼 수 있다. 그것은 자아실현이(높은 형태의 자아실현이지만) 의도하지 않았지만 불가피한 비이기적 행동의 결과로서 용납될 수 있다는 것을 인정하는 것으로서, 예수의 윤리와 공리주의 윤리의 연결점을 수립하는 것이다. 이 같은 두 윤리의 연결에서는 사랑과 자기사랑 사이의 갈등이 '최대 다수의 최대 행복'을 포함하는 형태의 이기성의 성취에 의해서 해결되는 것으로 짐작된다. 그렇지만 자기사랑, 곧 이기주의는 자기패배를 초래하며 자기부정을 통한 자아실현이 약속되지만, 그것은 인간의 본성과 역사의 현실제적 세계가 육신적 생의 일반적 생존 의지의 자아실현을 보장하는 것이 아니라 자기 희생을 통한 높은 형태의 자아실현이 가능하다는 것을 의미한다. 순교자의 불멸의 명성을 보상으로 생각할 수 있지만, 그것은 분명 정직한 사람이 그의 정직으로 인해서 번영하고 비이기적 사람이 그의 너그러움으로 인해서 성공하는 것을 보장하는 것이 아니다. 하늘나라의 보상은 궁극적 보상에 속하지만, 그것은 동시에 인간의 이기주의가 궁극적 희망마저 부패시키는 초월적 쾌락주의(transcendental hedonism)이다.

복음의 윤리가 가지고 있는 보상의 약속의 종말론적 특성은 예수의 윤리가 종말론과 맺고 있는 관계의 문제를 제기한다. 예수는 바울 못잖게 그의 생시에 메시아의 나라가 올 것으로 생각했다. 적어도 그의 선교의 위기 전까지는 그런 기대를 했다. 예수도 바울도 이러한 역사적 환상으로부터 자유롭지 못했다. 그러나 초대 교회는 예수의 윤리의 엄격성을 예수의 재림과 그의 나라의 수립에 기대어 유지했다. 묵시주의(apocalypticism)는 모든 인간이 그 아래에 있는 불가능한 가능성(impossible possibility)의 신화적 표현이다. 그것은 하나님의 나라가 불가능한 것들이 참으로 가능하다는 의미에서 항상 가까이 있으며, 역사의 주어진 순간에 새로운 현실성으로 인도한다는 의미에서 항상 임박해 있다는 것을 의미한다. 그렇지만 또한 역사의 모든 진실은 이상의 근사적 실현(approximation)에 지나지 않는다는 것을 의미한다. "그렇기 때문에 하나님의 나라는 여기에 있지 않다. 그것은 사실 항상 오고 있지만 결코 여기에 있지 않다."(p. 36) 예수의 윤리는 인간 상황의 가능성들의 입장에서 세상의 삶이 잠정적 조화를 창조하고 유지하는 동시에 불가능한 가능성, 곧 사랑의 법이 모든 인간 생활에 대해서 갖는 심판을 유지한다. 이렇게 볼 때, "인간은 항상 이중의 과제에 직면한다. 하나는 세계의 무정부적 상태를 어떤 종류의 지탱할 수 있는 당장의 질서와 통일로 바꾸는 것이다. 그리고 다른 하나는 이들의 잠정적이고 불안정한 통일과 성취를 궁극적 이상에 의해서 비판하는 것이다."(p. 38)

제Ⅲ장 죄의 기독교적 개념(The Christian Conception of Sin)

기독교는 한편으로는 사랑의 완벽주의를, 다른 한편으로는 도덕적 현실주의와 비관주의를 제시하기 때문에 인간의 삶의 전체 차원을 이해하는 데 성공했다. 고전적 기독교에서는 사랑의 명령이 죄의 사실과 나란히 함께 제시된다. 진보적 기독교는 인간 본성이 복음이 명령하는 것을 실행할 수 있는 능력을 가지고 있다고 생각한다. 칸트의 "나는 해야만 한다, 그렇기 때문에 나는 할 수 있다(I ought therefore I can)"를 그대로 받아들인다. 공리주의는 타인의 이익을 자기의 이익에 포함시키는 '현명한 이기주의(wise egoism)'를 주장하기 때문에 죄 의식이 없다.

죄 의식은 종교적 상상력의 산물로서 그것은 삶을 총체적 차원에서 보는 것과 나아가 삶의 본질과 관계되어 있으면서도 그것으로부터 분리되어 있다는 것을 발견하는 데에서 비롯된 결과이다.

현대 세속주의에게 현실은 단순한 시간적 사건들의 흐름이지만 예언자적 종교에게 유일한 현실 세계의 흐름은 영원한 창조적 원리와 의지의 계시인 동시에 은폐, 그것이다. 신플라톤주의와 불교는 시간의 유한성을 죄로 보고, 구원이 시간적인 세계로부터 영원한 세계로 건너가는 데 있다고 믿는다(예언자적 종교는 현실을 단순한 시간의 흐름으로 보지 않는다). 그렇게 본다면 역사는 의미를 가지지 못한다. 왜냐하면 세계의 흐름은 악으로 가득 차 있으며, 역사의 모든 질서의 원리는 혼란으로부터 구해내는 어떤 잠정적 통합의 원리가 되지만 새로운 악, 곧 혼란의 원인이 되기 때문이다. 그런데도 현대인은 민주주의, 국제연합, 기업의 정직, 자유들을 무조건적인 것으로 여긴다. 현대의 도덕적 이론은 인간의 이성이 보다 높은 수준의 공평한 판단과 행동의 조화에 도달할 수 있다는 것을 전제로 하고 있다. 마치 인간의 판단이 유한한 피조물의 부분적 시각의 제약을 받지 않으며 자연이 인간의 생존 의지에 의해서 부패되지 않는 것처럼 말이다.

신플라톤주의나 불교는 신비주의와 금욕주의적인 성격을 갖고 있으며, 그러한 철학이나 종교에서는 선과 악의 구별이 영원한 것과 시간적인 것, 혹은 정신적 세계와 물질적 세계의 구별과 동일해지게 된다. 신비주의에서는 혼은 신의 현현으로서 육체적 존재의 악의 방해를 받기 때문에 면상, 신비의 수용, 직관 및 금욕적 훈련에 의해서 구원될 수 있다고 본다. 신플라톤주의는 금욕적 훈련을 통해서 혼이 방해를 받는 육신으로부터 해방되기를 희망한다. 불교는 삶과 의식이 모든 유한한 것에서 벗어난 상태의 삶에 궁극적 구원이 있다고 본다. 그러나 그러한 경지에서는 삶의 모든 역동성과 의미가 상실된다. 합리적 종교의 현대의 자연주의적 견해에서는 존재의 영원한 통일성과 시간적인 것의 악 사이의 긴장이 부정된다. 합리주의적 종교의 보다 엄격한 고전적 견해에서는 유한과 무한, 조건적인 것과 무조건적인 것 사이의 긴장이 증대되어서, 마침내 두 세계가 완전하게 분열되어서 유한한 존재는 의미와 중요성을 상실하고 영원은 내용이 없어지고 만다.

이러한 사상들과 달리, 악과 죄에 대한 예언자적 기독교의 분석은 독자성을 가지고 있으며, 우리는 그것을 타락(the fall)의 신화 속에서 찾아볼 수 있다. 기독교의 타락의 신화는 인간만이 가지고 있는 정신과 자연의 역설적 관계를 다루고 있다. 타락의 신화에서는 이성과 정신이 선의 무조건적 도구가 아니며, 육신과 물질적 존재가 악 그 자체도 아니다. 악의 근원은 선에 대한 인간의 반항, 그러니까 인간의 책임으로 인해서 악이 세계 속에 들어왔다. 악의 원리의 상징인 뱀은 인간의 반항이 세계의 악의 최초의 원인과 근원이 아니라는 점을 시사한다. 사탄이 신에게 반항하지만 궁극적으로는 신의 지배 아래 있다는 주장은 세계가 인간의 반항이 혼란을 만들어내기 이전에도 완전한 조화의 상태에 있지 않았다는 것을 시사한다. 악은 선의 부재가 아니라 선의 타락이다. 그렇지만 악은 선에 기생한다.(pp. 44-45) 타락의 신화는 심오한 비관주의와 궁극적인 낙관주의의 혼합이다. 예언자적 종교의 신앙에서는 다른 신앙과 세계관에서보다 현실의 존재가 확실히 더 많은 의미를 가지고 있고, 그 의미가 분명 악에 의해서 더 많이 위협을 받으며, 또한 그런 만큼 악에 대한 선의 승리는 궁극적으로 보다 더 확실해진다. John Calvin도 Luther도 같은 생각을 했다. 칼뱅은 죄에 대해서 책임이 있는 것은 신이 아니라 인간의 타락이라고 했고, 루터는 악마는 신의 악마이며 신은 그의 목적을 위해서 악마를 이용한다고 했다.

기독교 정통주의는 유한한 현세 그 자체를 악으로 본다. 바울은 육신(flesh, sarx)을 악으로 보는 경향이 있는데, 그것은 분명 그리스의 이원론의 영향을 받은 것이다. 히브리적 사고의 깊은 통찰은 혼과 육체를 결코 분리하지 않았다. 타락의 신화 및 심리적, 도덕적 함의는 형이상학적 함의보다 더욱 중요하다. 죄는 정신과 자연의 접합에서 생긴다. 다시 말해서, 선과 악의 경향을 함께 가지고 있는 인간 정신의 독자적 특성들은 자유와 필연, 유한성과 절대적인 것에 대한 열광의 역설적 관계를 분석함으로써 비로소 죄를 이해할 수 있다. 자아 초월성으로 인해서 인간이 가질 수 있는 영원하고 무조건적 시각은 인간 이성으로 하여금 모든 도덕적 선택의 순간에 그가 실지로 선택한 것보다 더욱 적절한 도덕적 가능성들을 볼 수 있게 한다. 다시 말해서, 인간의 초월적 시각은 모든 도덕적 행위에 포함된 덜 좋은 선의 의식적 선택(a conscious choice of the lesser good)이라는 죄악의 요소를 느낄 수 있게 만든다.

신화적 종교의 장점은 현실 속에서 초월적인 것의 심벌을 발견하지만 현실과 초월을 분리하거나 양자를 동일시하지 않는다는 데 있다. 즉, 시간 속에서 초시간적인 것을, 현실 속에서 이상을 보지만 시간적인 것을 영원한 것의 범주로 높이지 않으며, 시간적인 것 속에 있는 영원한 것과 이상적인 것의 희미한 빛의 중요성을 부정하지 않는다. 예언자적 종교는 역동적 윤리를 보존할 수 있지만 본능을 낭만적으로 예찬하는 잘못에 빠지지 않는다. 역동적이고 충동적 삶을 초월적 표준에 복종하게 하지만 열정을 상실하게 하는 타계를 만들지 않는다. 사랑에 대한 불교적 개념과 기독교적 개념의 차이는 합리적 접근과 신화적 접근 사이의 상이성이다.

예언자적 종교의 개념에서 본 죄의 개념은 다음과 같은 특성들을 가지고 있다. 타락의 신화에 의하면, 죄는 신에 대한 인간의 반항이다. 이것은 인간이 유한한 존재인데도 절대적이라고 생각하는 허세(pretension)를 부린다는 것을 나타내는 것이다. 사실, 인간은 항상 유한 속에 영원을 섞으며 인간 자신, 국가, 문화, 계급을 존재의 중심으로 주장한다. 이것이 모든 제국주의의 근원이다. 인간은 자신의 지식의 불완전성과 유한성을 극복하려는 욕망을 가지고 있기 때문에 그의 부분적이고 유한한 가치를 절대적인 것으로 주장하는 운명을 갖는다. "짧게 말해서, 인간은 자기를 신으로 만들려고 한다."(p. 52) 타락의 신화 속에는 질투하는 신(jealous God)의 이념이 있다. 그것은 인간이 그의 발전에 대해서 갖는 어두운 무의식적 두려움을 나타내는 것이다. 인간의 발전은 파국의 새로운 가능성을 초래하며, 모든 덕은 그 속에 사악한 탈선의 가능성을 지니고 있기 때문에 그를 질투하는 신은 인간이 무궁한 원시의 상태에 머물러 있기를 원한다. 필요한 사회 질서가 수립될 수 있지만 그것은 결코 순수한 평화, 순수한 정의, 순수한 질서가 아니다. 그러한 질서 속에는 제국주의적 야심과 평화의 의지의 베일을 쓴 권력의지가 숨어 있기 때문에 새로운 갈등과 전쟁을 초래한다. 이처럼 인간적 상황으로부터는 부분적인 유한한 것을 절대적인 것으로 주장하는 허세가 필연적으로 발생한다. 이러한 허세로부터의 구원은 삶의 절대적 조망을 가짐으로써가 아니라 그렇게 할 수 있는 능력이 없다는 것을 인정함에 의해서이다. 개인들은 은총으로 인도하는 회개(repentance)를 통해서 구원될 수 있을 것이다. 다시 말해서, 피조물임과 유한성에 대한 인정은 인간으로 하여금 그의 유한한 조건을 받아들임으로써 신과 화해하는 기초가 된다. 그러나 인류의 집단적 삶에는 그러한 구원의 희망이 없다.

'원죄(original sin)'에 대한 기독교의 정통파의 개념은 비관적 요소를 가지고 있다. 기독교적 정통파는 타락의 신화를 실제 역사로 보고 유전적 부패론(a doctrine of an inherited corruption)을 주장했다. 또한 원죄를 성적 욕망과 동일시하기도 했다. 이러한 주장은 인간의 자유의 여부에 따라서 책임성을 부정하는 것이기 때문에 파괴적이다. Augustine도 이 문제에 직면했는데 그의 전제들 안에서는 그것을 해결하지 못했다. "원죄는 유전적 부패는 아니지만, 그것의 불가피성은 인간 정신의 본성에 의해서 생긴다. 원죄는 존재의 모든 순간에 진리이지만 그것은 역사를 가지고 있지 않다."(p. 55) 정통파는 '총체적 부패(total depravity)'설을 주장하여 그것이 신의 형상의 완전한 부패의 결과로 온 것으로 본다. 칼뱅이 이것을 거부한 것은 옳았다. 만일 인간이 총체적으로 부패했다면 인간에게서 죄가 없어진다.(pp. 55-56) 현대 문화는 이성과 본능을 잘못 이해했다. 현대 문화는 이성을 미덕의 무조건적 기초로 보며 본능적 충동을 악의 뿌리로 본다. 그렇지만 본능적 충동도 선한 측면을 가지고 있다. 자연적인 사회적 충동, 자녀에 대한 어머니의 사랑, 타인의 어려움에 대한 동정심 등이 그것이다. 지능은 긍정적인 역할만 하는 것이 아니라 높은 수준의 악을 범하게 만들기도 한다. 이러한 사실의 간과가 현대의 도덕설과 사회 이론을 감상주의적 환상에 빠지게 한다.

현대 문화가 이렇게 인간 사회의 보다 비극적 국면을 의식하지 못하며 선과 악의 변증법적 관계를 보지 못했음을 깨달았을 때, 프로이트의 심리학에서 찾아볼 수 있는 새로운 이원론이 등장한다. 그는 『문명과 그 불만Civilization and its Discontents』(pp. 102-103)에서 Eros와 죽음의 본능(death instinct)에 의해서 문명의 진화를 인류의 생존을 위한 투쟁으로 묘사했다. 즉 Eros가 필요성만에 의해서가 아니라 맹목적으로, 본능적으로 개인과 개인, 가족, 종족, 민족, 국가로 묶어서 하나의 거대한 통합체를 만드는데 그것을 죽음의 본능이 파괴하려 한다고 주장한다. 심오하게 들리는 이론이지만 실제 인간 상황에서 맞지 않는 주장이다. 그러한 파괴가 있는 것이 사실이지만 순수한 파괴가 좋아서 파괴하는 것은 병적인 심리적 환자나 그럴 뿐, 정상인은 자신의 생명을 보전하기 위해서 죽이고 인간은 *Eros*가 수립한 공동체를 위협할 때만 적을 파괴한다. 그렇기 때문에 프로이트의 이론은 세계 속에 있는 악의 역동적 성격은 지적했으나 현실적인 인간 상황에는 맞지 않는다.

도덕적 문제들에 대한 역사적 기독교 교회의 태도는 미약한 공헌밖에 하지 못했다. 그 이유는 부분적으로는 원죄의 신화에 대한 문자적 해석이 예언자적 종교의 진수를 파괴했기 때문이요, 부분적으로는 기독교 신화를 합리화하려고 하다가 낙관적인 범신론의 스킬라(Scylla) 바위에 부딪치거나 비관적인 타계주의적 이원론의 카리브디스(Charybdis) 바위에 부딪쳤기 때문이다.

제IV장 불가능한 윤리적 이상의 타당성(The Relevance of an Impossible Ethical Ideal)

예언자적 기독교는 총체적이고 궁극적인 인간 상황을 통찰하고 불가능한 것을 명령한다. 이것은 '상대적 선과 상대적 악의 정교하게 계산된 덜하고 더한 것(the nicely calculated less and more of the relatively good and the relatively evil)'이 문제되는 역사적인 도덕적 삶을 다루는 데 있어서 어려움에 부딪치게 한다. 이러한 절대적인 이상과 현실의 상대성을 연결시킴으로써 정통적 기독교도 현대 세속주의적, 혹은 자유주의적 기독교도 실패한다. 전자는 사랑의 이상이 존재의 일반적 문제들에 대해서 가지는 타당성을 부정하고 도덕적 성취 이외의 어떤 것에 의해서 해결하려고 한다. 후자는 종교의 도덕적 이상을 행위의 판별적(prudential) 규칙들과 동일시하고 대체로 세속주의자들과 자연주의자들의 편에 선다. 기독교의 예언자적 전통은 사랑의 최종적 높음이 상식적인 도덕적 규범을 심판하는 동시에 완성하며 사랑의 이상이 모든 도덕적 열망과 성취 속에 있게 한다. 예언자적 종교는 역사적인 인간 존재와 인간 존재의 초월적인 근거 및 성취 사이의 유기적 관계를 주장한다. 도덕적 책임은 항상 조화를 증진하고 혼돈을 극복하기 위한 것이지만, 역사적 세계 속의 모든 질서는 무정부적 혼란의 요소를 포함하고 있다. 존재의 근거요, 궁극적 성취요, 세계의 창조자요, 심판자인 신에 대한 예언자적 신앙은 모든 도덕적 상황과 과제를 가지고 있다. 예언자적 신앙의 지배적인 태도는 창조에 대한 감사와 신의 심판 앞의 회개, 다시 말해서 삶이 악함에도 불구하고 선하며, 선함에도 불구하고 악하다고 확신한다. 이 같은 신앙은 감상주의와 절망을 함께 피한다. 예언자적 신앙은 모든 도덕적 가치와 표준이 통합과 조화의 완전성에 근거를 두고 있으며 그것을 향하고 있지만, 그런 궁극적 완전성이 어떤 역사적 상황 속에서도 실현 될 수 없다는 도덕을 창출한다.

모든 도덕적 규범의 상대성에도 불구하고 이웃의 생명과 재산을 빼앗는 것을 금지하는 명령은 모든 도덕적 시스템에 있어서 상당히 보편적인 합의이다. 그것의 특정한 적용은 시간과 장소에 따라서 크게 다르지만 말이다. 도덕적 행위의 이러한 최소 기준은 사랑의 법에 근거를 두고 있으며 그 법을 지향하는 것이다. 살인과 절도를 금하는 것은 부정적 금지이다. 법적 규범은 최소 기준만을 강요하기 때문에 이 같은 금지에 머문다. 그러나 모든 발전된 사회의 도덕적 규범과 이상은 그러한 금지 이상의 보다 높은 정의의 개념들을 발전시킨다. 그러한 개념들은 생명의 유지와 그것을 위한 물질의 확보를 위한 권리를 인정한다. 그리고 또 이웃 역시 그의 생명과 재산을 유지하는 기회를 가질 수 있게 공동의 생활을 조직할 수 있게 하는 책임감이 주어진다. 이러한 책임감으로부터 평등(equality)의 개념이 생긴다. 평등은 항상 정의의 규제적 원리(regulative principle)이다. 그리고 이러한 평등의 원리에는 사랑의 원리가 반영되어 있다. 평등은 사랑의 법의 합리적이고 정치적인 형태로서 초월의 성질을 가지고 있다. "그것(평등)은 실현되어야 하지만 결코 완전하게 실현될 수 없다(It ought to be, but it never will be fully realized)." (p. 65) 이를 구체적으로 말하면, 아무리 평등한 사회도 근면의 유인(inducement)인 특별한 보상이 없을 수 없다. 그리고 어떤 정치적 기술도 사회적으로 인정된 특권을 완전히 제거할 수 없다. 이러한 생각의 창조적 표현이 상상적 정의(imaginative justice)이다. 그것은 평등을 넘어서 타인의 삶의 특수한 필요성을 고려하는 것으로서, 불구자에 대한 특별한 고려와 뛰어난 재능을 가진 학생에 대한 특전이라는 배려가 그것에 속한다.

정의의 영역의 성취들은 한편으로는 정의의 최소 기준과 관계되어 있는 동시에 완전한 사랑의 이상, 곧 이웃의 생명과 재산을 자신의 그것들과 같이 인정하려는 책임과 관계되어 있다.

살인과 절도의 금지에서 궁극적 사랑의 법으로 발전하는 도덕적 가능성들의 상승적 스케일은 보다 가까워진, 사랑의 법의 근사적 실현(a closer approximation of the law of love)이다.(p. 67) 개인적인 복수를 공적 정의로 대체하고, 범인의 인간으로서의 권리를 인정하는 것, 그리고 범인의 반사회적 원인을 규명하여 교정하려는 노력은 "네 원수를 사랑하라"는 명령의 극치로 향하는 도덕적 능력의 상승적 스케일이다. 이렇게 해서 교정적 정의의 모든 표준들은 한편으로는 원시적 보복과 관련되어 있으며, 다른 한편으로는 용서의 사랑의 이상과 관계되어 있다. 인간 사회가 이상을 근사적으로 실현하는 상승적 스케일은 한없이 진행될 것이지만 완전한 사랑의 이상은 인간성의 능력들의 저편에 있다. 도덕적 가능성들의 상승적 실현을 구체적으로 살펴보면, 가족의 경우 부모는 자녀에 대해서 다른 사람들, 곧 공동체가 지지 않는 책임을 수행한다. 국가의 경우는 자국의 실업자에 대해서는 책임을 지되 다른 나라의 실업자에 대해서는 법적 책임이 없다. 다른 국가의 국민들이 거기에 대해서 사랑을 베풀게 한다. 이러한 도덕적 가능성 구현의 상승적 발전은 삶의 궁극적 법인 사랑의 법에 대한 책임의 시초에 대한 인식을 모든 인간이 가지고 있다는 것을 전제로 하고 있다.

예언자적 윤리의 보편주의는 다른 보편주의를 초월한다. 아리스토텔레스의 합리적 보편주의는 노예제도를 인정한다. 스토아철학은 이성의 보편주의가 이성의 지적 능력을 대중, 혹은 愚衆보다 더 많이 가지고 있는 賢者에게만 가능하다고 보았다. 기독교적 보편주의는 양자보다 월등히 높은 '불가능한 가능성(impossible possibility)'을 제시한다. 이 문제를 사랑의 계명인 일상적인 도덕적 문제들에 대해서 가지는 타당성에서 보면, 자연주의적 윤리는 정신적 삶의 참된 변증법을 이해하지 못하기 때문에 사랑의 계명을 성취 가능하다고 봄으로써, 유토피아주의에 떨어지거나 또는 해롭거나 해롭지 않은 부적절한 것으로 본다. 어떤 형태의 기독교적 자유주의는 산상수훈의 윤리의 절대주의를 교육적 강조의 가치를 가지고 있는 무해한 동양적인 과장으로 해석한다. Freud는 『문명과 그 불만』(pp. 139-140)에서 타인을 자신처럼 사랑하라는 명령은 ego가 id에 대해서 무제한의 힘을 행사할 수 있음을 전제하는 것으로서, 그것은 개인에게 반항과 신경증을 유발하고 인간을 불행하게 한다고 했다. 프로이트의 이러한 이론에는 지나치게 도덕적이고 낙관적인 사랑 완전주의에 대한 전적으로 정당한 주장이 들어 있다. 그러나 그는 사랑의 법이 불가능한 가능성이라는 것을 아는 기독교의 통찰을 이해하지 못했다. 그러한 불가능한 명령은 위험한 명령이지만 인정되어야 한다. 만일 프로이트가 도덕적 긴장을 창조하는 동시에 그것을 완화하는 자원을 예언자적 종교의 진수가 가지고 있다는 것을 충분히 알았다면 사랑의 법의 불가능한 명령을 덜 위험하게 보았을 것이다.

현대 문명이 전혀 알지 못하고 있는 악의 신비가 인간의 삶 속에 있다. 자유주의적 기독교는 특히, 미국에서는 현대 사상의 낙관주의 영향 아래에서 복음을 읽는다. 그런 기독교는 예수 그리스도를 이상적인 인간으로 보며 모든 사람의 혼이 예수의 매력에 푹 빠지면 그러한 이상적인 인간이 될 수 있다고 생각한다. 현대 기독교는 '예수의 재발견'을 새로운 낭만주의의 상징과 기초로 삼았다. 기독교 정통주의는 예수에게서 그를 인간과 역사와 관련 짓는 모든 것을 제거한다. 기독교 자유주의는 예수를 인간성의 전체적 가능성을 계시하는 영웅적인 사랑을 행한 인물로 본다. 예언자적 기독교의 진수에게 그리스도의 도덕적 성질들은 인간의 희망인 동시에 절망이다. 그리스도와 십자가는 가능성만이 아니라 인간의 유한성의 한계를 드러낸다. 궁극적인 희망이 이러한 한계를 인정하는 죄의 뉘우침으로부터 생겨난다. 그래서 회개는 하나님의 나라의 진입구이다.

기술 문명과 자본주의는 인간의 이성이 세계 속에서 보편적인 사회적 조화를 실현할 수 있다는 낙관주의에 빠지게 한다. 그러나 이러한 낙관주의는 역사적 사실과 일치하지 않는다. 인류사 전체가 인간의 유한성과 죄가 모든 인간의 활동과 태도 속에 들어 있다는 것을 나타낸다. 객관성과 공평성을 자처하는 이념들도 특정한 시각의 산물이며, 관찰자의 사회적 위치의 제약을 받는다. 지배 계급만이 아니라 지배 국가, 계급 내의 독재자, 종속적인 계급의 반항적 지도력 등 모두가 그들의 특정한 시각으로 총체적인 인간의 문제를 판단하게 마련이다. 이러한 이성의 제한성과 인간의 마음의 부정직의 결합이 독특한 악마적 세력(demonic force)으로 현대 문명의 계급적 갈등에서 나타난다. 마르크스주의가 다행스럽게도 현대 문화에 더해진 인간 본성에 대한 통찰은 잊혀졌던 예언적 종교의 통찰이다. 그렇지만 마르크스적 정신의 비애는 모든 형태의 정신이 가지고 있는 제한된 성격을 보지만 스스로는 그렇지 않다고 생각하는 것이다. 서로 대립되는 어떠한 편도 반대 편의 장점을 옳게 판단하리만큼 충분히 성숙한 시각을 갖고 있지 못하다. 서로 대립되는 두 당파에서는 한 당파가 반대 당파의 심판자가 되게 마련이고 그래서 자기를 신으로 상정하는 죄에 빠진다.

오늘날 세계적 긴장 관계들의 그 어느 것도 이것이 사실이라는 점을 보여준다. 아랍과 이스라엘 사이의 대립이 그렇고, 프랑스와 독일 사이의 대립이 그렇다. 세계의 갈등에 있어서는 공정한 판단이 가능한 입장이란 존재하지 않는다. 모든 판단은 부분적이고 특정한 이익에 의해서 물들어 있다. 세계 정세는 초월적 입장을 취하려는 모든 노력에 수반되는 죄악적 부정직의 결과인 인간적 유한성과 비극적 계시를 완벽하게 반영하는 그림이다. 재산의 소유자와 근로자, 넓게 말하면 빈자와 부자 사이의 투쟁은 개인이나 국가에 대한 판단보다 악마적 허세(demonic pretension)와 죄악적 부정직의 위험이 덜한 도덕적 판단을 내리는 것이 가능하다. 왜냐하면 그러한 투쟁은 모든 도덕적 원리들 중에서 가장 단순한 평등의 정의의 문제이기 때문이다. 그렇지만 계급투쟁도 인간의 유한성에서 비롯되는 부정직과 허세의 죄로부터 자유롭지 못하다. 이것을 극명하게 보여주는 것은 마르크스주의 프롤레타리아이다. 프롤레타리아는 그들의 입장이 참으로 절대적인 것이며, 노동자의 승리가 곧, 전체 사회의 승리이며, 그들이 건설하는 문명이 유토피아라고 주장한다. 공산주의의 이 같은 악마적 요소는 러시아의 공산주의자들이 그들의 계급의 적에 대해서 취하는 잔인성만 보아도 분명해진다.

결론적으로 말해서, "도덕적 삶에서는 무한의 옷자락에 닿는 것 같은 인간이 여전히 유한성 속에 그대로 머물러 있으며, 인간이 그 유한성을 생각지 않고 그것을 극복하려고 할 때 그의 삶에서 악을 증대시키지 않는 地點이 역사와 사회 속에는 존재하지 않는다. 그렇기 때문에 모든 인간이 접하는 도덕적 명령 속에 있는 가능한 것을 아는 것만큼 불가능한 것을 아는 것이 중요하다." (pp. 82-83)

제V장 정치와 경제의 사랑의 법: 기독교 정통파에 대한 비판(The Law of Love in Politics and Economics: Criticism of Christian Orthodoxy)

정치와 경제의 영역은 종교적 세계관의 적절성과 타당성에 관한 한 특별한 전략적 시험장이다. 정치와 경제의 현실적 세계에는 종교적 이상의 실현 불가능성이 개인적인 도덕적 관계에서보다 더욱 극명하게 나타난다. 그렇지만 그와 같은 이상의 현실적 실현은 대중의 생과 사, 행복과 불행과 관계되는 결정적인 중요성을 가지고 있다.(p. 84) 기술 문명이 사회적 결합의 강도와 범위를 대대적으로 강화했기 때문에 정치적, 경제적 생활이 정의로운 조직과 정치적, 경제적 장치(political and economic mechanisms)의 조절에 점점 더 의존하게 되었다. 기술사회의 사회적 불량기능으로 인해서 존재의 위험을 느끼고 의미의 세계가 카오스로 화한 사람들에게 심오한 종교는 현실적인 정치, 경제적 문제가 누릴 수 없는 한갓 사치에 불과하다고 단념할 수밖에 없지 않은가? 여기서 니버는 『도덕적 인간과 비도덕적 사회』에서 주장했던 사회 정의 실현을 위한 힘에 대한 힘의 대결론에서 한 걸음 더 나아가서 정치, 경제적 장치, 곧 제도적 장치의 개념을 도입하고 있다는 사실에 주목할 필요가 있다.

정치는 대립되는 인간의 이해관계의 무정부적 상태를 질서로 화하는 것이다. 그런데 그러한 질서는 힘의 균형(balance of power)에 의해서 성립된다. 이것은 지나친 이기적인 주장에 대한 상호 방어에 의해서 가능한 조화를 찾는다. 이러한 모든 것은 사랑의 이상보다 못한 정의의 근사적 실현(approximation of justice)이지만 사랑의 법의 근원과 정의의 유한성을 보여주는 궁극적 시각이다. 기독교는 정치, 사회적 윤리에서 통찰과 건설적인 지도의 역할보다는 혼란의 근원이 되었다. 오히려 Aristotle과 스토아철학, 마르크스가 더 많은 공헌을 했다. 기독교가 실패한 이유는 기독교가 영원에 치중하여 시간과 역사를 희생시켰거나 역사의 상대성을 궁극적인 것으로 만듦으로써 예언자적 기독교의 변증법을 파괴했기 때문이다. 기독교 정통파는 전자를 범했고 기독교 자유주의는 후자를 범했다. 기독교 정통파는 절대적인 사랑의 이상과 상대적인 정의의 원리 사이의 역동적 관계를 수립하는 과제에 실패했다. 그 이유는 사랑의 이상보다 질서의 원리에 더 많은 관심을 가졌고, 당연히 정의의 이념들에 의해서 결정되었기 때문이다.

기독교 정통파가 취한 정치적 이념은 정부를 신이 임명했다는 바울의 사상(로마서 제13장)과 스토아철학의 자연법(natural law) 사상이다. 스토아 철학자들과 기독교 교부들에 의하면 자연법은 이성의 법(the law of reason)이다. 자연법은 복음의 사랑의 완벽주의의 무정부적 혼란과 보편주의를 피하고, 인간관계의 갈등의 조절과 불완전한 세계 속의 상대적 가치의 선택을 현실에 적용할 수 있게 하는 매개 역할을 한다. 자연법 이론은 정통파 교회가 예수 재림(parousia)의 희망이 몰락한 후 세계에 적응하기 위한 도구 역할을 했다. 스토아철학으로부터 두 가지 종류의 자연법의 구별이 전승되었다. 하나는 자연법(jus naturale)으로서의 절대적 자연법이요, 다른 하나는 국가법(jus gentum)으로서의 상대적 자연법이다. 전자는 평등과 자유의 절대적 요구요, 후자는 정부, 강제성, 갈등, 노예 등을 규제한다. 기독교 정통파는 죄의 세계의 필연성인 국가법의 필요성을 일방적으로 강조했다. 이것은 깊은 비관주의를 시사하는 것이다. 그 결과, 기독교 교회는 신 앞의 모든 인간의 자유와 평등과 함께 노예제도를 죄악적 세상을 징벌하고 통제하는 방안으로 주장할 수 있었다. 이렇게 해서 평등의 원리는 정의의 원리의 발전 과정에서 규제적 기능을 상실했다. 평등의 원리는 사랑의 이상처럼 초월적 세계에 속하는 것이 되었다. 이러한 입장은 현실의 모든 불의에 대해 자기만족을 하게 하고, 노예제도를 묵인한다. 모든 인간적 상황과 관계에는 항상 이상적 가능성이 있으며, 또한 동시에 인간성의 상실들, 역사적 및 우연적 불평등, 지리적 및 다른 자연적 힘의 차별성, 그리고 우연적이고 우발적인 환경이 있다. 다시 말해서, 인간의 평등에는 이상적인 가능성과 그것을 실현하기 위한 현실적인 상황이 있는데, 후자는 전자의 실현을 방해하는 상대적 차이를 가지고 있다.

같은 맥락에서 두 개의 자연법이 있다. 하나는 이성이 궁극적으로 명령하는 절대적 자연법이다. 절대적 자연법의 이상적 가능성은 자연의 우연성과 인간의 마음 속의 죄로 인해서 불가능하다. 이상적 평등은 다른 하나의 요소에 의해서 상대화 되는데, 그것은 사회적 결속과 유기적 사회 생활로 인해서 어떤 사람에게 다른 사람이 갖지 못하는 특전과 권력을 줄 수밖에 없다는 사실이다. 그러나 절대적 자연법의 불가능성은 단순하게 초월적 세계에 속할 뿐만 아니라 모든 주어진 상황 속에서 보다 높은 선 실현의 당장의 가능성을 제공한다. 예컨대, 남녀의 능력 차이와 계급과 인종의 능력 차이는 사회 생활의 지적 통제에 의해서 크게 개선될 수 있으며 때로는 완전히 극복될 수 있다. 평등의 정의(equal justice)의 원리는 불완전한 세계 속의 사랑의 원리의 근사적 실현으로서 초월적 완전의 세계에 속하는 원리가 아니다. 순수한 형태의 사랑의 이상으로는 사회 윤리를 구성할 수가 없다. 왜냐하면 그러한 윤리는 삶과 삶이 갈등을 해결하는 것을 전제로 하는데, 그것은 법의 역할에 속하기 때문이다. 삶과 삶이 갈등하는 세계 속에 사랑의 이상을 적용할 수 있고 조절할 수 있는 가장 적절한 것은 평등의 원리이다. 왜냐하면 그 원리는 갈등에서 균형을 추구하기 때문이다. 이러한 이유 때문에 기독교는 스토아철학의 윤리를 사용하기 전까지는 사회 윤리를 갖지 못했다.

    모든 것이 하나님 속에 그 근원이 있다는 예언자적 신앙과 모든 것은 그것들의 성취가 신 속에 있다는 또 다른 예언자적 신앙과 균형을 이루지 못할 때, 윤리적 긴장이 깨지고 삶을 있는 그대로 받아들이는 범신론적인 종교적 수용에 떨어진다. 독일 복음주의 교회의 나치 운동의 민족주의의 이교주의와 기독교 신앙의 혼합은 E. Hirsch로 하여금 창조 질서(Schoepfungsordnung)에 대한 신앙에 의해서 게르만 민족의 피를 신성시하는 주장을 하게 했다. 이러한 곡해는 세계를 선과 악, 창조와 심판 아래에서 보는 예언자적인 역설적 사상을 바로 이해하지 못한 데서 비롯된다. Luther의 창조 질서를 자유주의적, 급진적 사회 윤리가 잘못 이해했다. 루터에게 그것은 합리적 도덕이 흔히 이해하지 못하는 삶의 유기적 국면들(organic aspects)에 대한 종교적, 신화적 이해의 심벌이다. 자유주의적, 급진적 도덕은 가족, 민족, 국가를 보다 완전한 도덕이 폐기하게 될 비합리적인 특성으로 본다. 삶의 유기적 국면들에 대한 이러한 비관주의와 낙관주의의 혼합이 정부에 대한 정통 기독교의 입장에서는 더욱 해롭게 혼합되어서 정부를 신이 임명한 것으로 본다. 로마서 13: 1이 그 근거이다. 그런 비관주의는 정부를 죄악적 세계가 무정부 상태에 빠지는 것을 방지하기 위한 신의 도구로 정당화했다. 초대 교부들 또한 그랬다.

변증법신학파의 Emil Brunner의 정부에 대한 이해도 이와 같은 비관주의와 보수주의로 하여금 현상유지의 입장을 취하게 한다. 그는 사회적 혼란에 대해서 지나친 우려를 가졌기 때문에 기존의 질서가 당장에, 그리고 중단 없이(*immediately and without interruption*) 새로운 질서를 수립할 수 있지 않는 한 최선의 질서라고 주장함으로써, 기독교적 이상이 사회적 변화에 대해서 가지고 있는 타당성을 미연에 차단했다. 신학자 F. Gogarten은 그의 저서 『정치윤리*Politische Ethik*』에서 정부를 혼란의 제방으로만 봄으로써 파시즘의 정치철학에 떨어졌다. 파시즘은 기독교적 비관주의의 불행한 열매이다. 개신교 기독교 정통파도 가톨릭교도 정부를 신으로부터 나온 힘으로 보고 통치자가 어떤 수단에 의해서든 수립한 질서를 무비판적으로 지지하는 경향을 짙게 띠고 있다. Augustine은 악한 통치자도 신이 임명했다고 믿었다.(p. 97) John Calvin은 비인간적인 군주나 악한 자로부터 피해를 받아도 하나님에 대한 자기의 죄를 먼저 생각해야 하며, 악한 자를 시정하는 일은 하나님의 손에 달려 있다고 했다. 이러한 사상은 단지 칼뱅에게만 국한된 것이 아니라 신구교를 막론하고 정통주의적 기독교 사상의 일관된 흐름이다.

그러나 칼뱅에게는 이와 반대되는 혁명 사상이 있다. 그는 다니엘서 제6장에 대한 설교에서 우리는 군주들에게 복종해야 하지만 그들이 신에게 반역했을 때는 그들을 끌어내려야 하며, 해진 신짝 이상의 대우를 할 필요가 없다고 했다.(pp. 97-98) 그는 군주들이 자만하여 세계가 그들을 위해서 만들어졌다고 생각함으로써 신을 그의 보좌로부터 끌어내리려고 할 때는 항거하라고 했다. 그렇지만 이 사상은 심각한 취약성도 가지고 있다. 교회가 국가에 대한 모든 도덕적 판단을 삼가고 있다가 군주가 신에게 반항할 때만 궁극적인 종교적 비판을 허용하는 것은 교회와 국가 사이의 역동적 관계를 수립하기에 충분하지 않다.(p. 98) 칼뱅의 군주들에 대한 비판은 자연법의 이론이 지배자에 대한 비판뿐 아니라 항거를 정당화하는 새로운 개신교 정치 사상의 관문을 열었다. 이것은 Beza와 John Knox, 네덜란드와 미국의 칼뱅주의로 하여금 칼뱅주의와 민주주의 운동 사이에 역동적 관계의 기초를 놓게 했다. 그렇게 해서 기독교적 자연법 개념들의 合意的인 내밀한 민주주의는 군주국가를 전복시키고 헌정 정부를 수립하게 했다.(p. 98) 루터가 농민의 항거에 대하여 악에 대한 비저항을 강력하게 주장하여 불의에 대한 굴복을 강하게 충고하는 것을 목적으로 하는 완전주의자적 이념을 정치에 도입한 것은 부정직의 냄새를 풍기며, 계급적 이익의 의식적, 무의식적 도구의 냄새를 풍긴다.(p. 99)

정치에 대한 정통적 기독교의 입장이 가지고 있는 이러한 종교적 혼란에 18세기 이성의 시대와 자연주의의 시대가 합리적, 자연주의적 반항을 한 것은 정당하다. 그렇지만 전자는 부르주아적 정신이 인간 역사의 궁극적 정신을 대표한다는 환상을 가졌고, 후자는 역사의 흐름을 궁극적 실재로 해석하는 잘못을 범했다. 이러한 약점과 오류에도 불구하고 이성의 시대의 공적은 인정해야 한다. 예언자적 종교는 새롭게 스스로를 재정립함에 있어서 이성의 시대의 참된 것과 협력해야 한다. Voltaire와 Diderot, 백과사전파들이 역사적 기독교가 불의를 신성화하는 데 반대한 것은 다른 무엇보다 자연스럽다. 그러나 Diderot가 '승려들과 그들의 위선적 도구들'을 제거하면 정의로운 사회가 보장된다고 생각한 것은 물론 순진한 생각이다. 그들은 비판적 지성이 정의의 전제라는 의미에서 옳다. 경쟁적 이해관계가 포함된 모든 이해관계의 비판적 검색에 의해서 조절하고 조정하는 것은 필요하다. 그러나 권리의 모든 역사적, 전통적 조정은 계속해서 새롭게 재검토되어야 한다. 그렇지 않으면 정의의 모든 역사적 성취 속에서 불의의 요소들이 과도해지기 때문이다. 그러한 것들은 모든 권력과 특권이 그 요구들과 허세를 강화하는 경향을 가지고 있을 뿐만 아니라 환경이 바뀌면 어제의 정의가 오늘의 불의로 변하기 때문에 생긴다. "권력은 사회적 결집을 위해서 필요하기 때문에 필요악(necessary evil)이지만 합리적 정치는 그것을 수용해야 한다. 그러나 정치는 권력이 악이라는 것을 알아야 한다. 그리고 불의는 견제를 받지 않는 권력으로부터 필연적으로 나온다는 사실을 알아야 한다. 따라서 권력의 중심에 대한 부적절한 경건과 존중은 정치적 혼란의 근원이다."(p. 100)

종교의 정신적 힘과 그 결과인 완전주의는 보다 높은 정의의 당장의 가능성들에 관하여 부적절한 비관주의를 초래하는 데 비해서, 이성의 기능은 전통적 종교의 그러한 입장에 도전하여 가능성들을 개척한다. 그러나 심오한 종교는 그러한 이성의 합리적 과정들이 가지고 있는 한계성들을 발견하고 모든 도덕적 이상주의 속에 있는 도덕적 자족이 가지고 있는 癌腫를 드러낸다. 종교의 궁극적 통찰을 이성의 분별력에 의해서 현실의 실제 상황에 적절하게 적용하여 사회적 도덕의 건물을 구축해야 한다. 그러나 삶과 역사에 대한 망원경적 계산과 조절에 적절하게 적용하기가 쉽지 않다.

제VI장 정치와 경제 속의 사랑의 법: 기독교 자유주의에 대한 비판 (The Law of Love in Politics and Economics: Criticism of Christian Liberalism)

정통주의 교회의 한계를 시정하려는 현대 교회는 정통주의의 힘 빠진 비관주의를 감상적인 환상으로 대치했다. 정통주의 교회가 정치를 위한 사랑의 법의 실제적 타당성을 부정한 데 비해서 현대 교회는 그것의 무조건적 타당성을 선언했고, 정치 및 경제적 문제들에 대한 산상수훈의 원리들의 직접적 타당성이야말로 병든 사회를 구원하는 유일한 길이라고 주장했다. 현대 교회는 현세의 불의와 갈등에 안이한 확신을 가지고 접근했다. 그것은 다음과 같은 신조를 지녔다. 인간은 무지하기 때문에 이기적이다. 이제 그들은 사랑의 법을 배웠다. 교회는 복음의 단순성을 무의미한 신학적 수다로 복잡하게 만들어 무력화했다. 구원의 말은 아주 단순한 것으로서 서로 사랑해야 한다는 것, 그 이상이 아니다. Thomas Jefferson은 예수의 가르침은 삼위일체론과 같은 복잡한 것이 아니라 순수하고 단순한 것이며, 거기로 되돌아가면 오늘날 전세계가 크리스천이 될 것이라고 했다. 이성의 시대의 아들인 그는 순진한 낙관주의자이다. 현대 교회가 가르친 '예수의 단순한 복음(the simple gospel of Jesus)'은 예언자적 종교의 비관주의와 낙관주의의 역설적 결합을 간과했다. 그러나 제퍼슨은 역사적 기독교가 보지 못한 예언자적 기독교의 자원, 곧 사랑의 법과 형제애의 이상이 정치와 경제에 대해서 가지고 있는 직접적 타당성을 되찾았다. 그렇지만 그가 사랑의 법을 설득력 있게 가르치면 인간의 마음의 이기적인 성향을 극복할 수 있다고 생각한 것은 잘못된 낙관주의이다. 그의 낙관주의는 기술 문명이 무제한적이고 무절제한 경제적 힘에 의해서 초래한 불의와 잔인성을 시정하기 위해서 고안한 정치적, 경제적 기술이 필요한 시점에서 사회 정의의 필요한 장치(the necessary mechanisms of social justice)에 대하여 미처 관심을 기울이지 못하는 결과를 초래했다. 그가 주장한 가능한 한 최소의 정부가 최선의 정부라는 개념은 정의가 가능한 한 적은 제도적 장치(machinery)를 가지고 순수한 도덕적 이상에 대한 호소에 의해서 수립되어야 한다는 현대 교회의 신조를 나타내는 것이다.

자유주의 교회의 도덕적 낙관주의는 여러 형태로 표현되었다. 강제성 없는 정치적 질서가 존재한 적이 있는지 여부를 묻지 않고 강제적 정치(coercive politics)에 반대한다.(p. 105) 폭력적 강제성(violent coercion)은 기독교 윤리와 양립할 수 없다고 주장한다. 자유주의 교회의 '사회복음(social gospel)' 학파는 사회 질서의 정의가 집단의 강제성을 포함한 정치적 수단에 의해서 비로소 성취된다는 것을 인정해야 하는데도 사랑의 법을 정의 획득을 위한 압력을 거부하는 입장에서 해석한다. Shailer Mathews는 정의를 획득하려는 것(to get justice)은 복음적이 아니고, 정의를 베풀려는 것(to give justice)은 복음적이라고 했으며, 혁명은 특권을 가진 사람들 중에서 보다 사려 깊은 사람들이 베푸는 권리보다 더 많은 권리를 획득한 일이 거의 없다고 했다. Geral Birney Smith 교수는 인류가 내적 정신력의 무력성을 알게 되었기 때문에 외적인 비종교적 재구성이나 재조직화에 의해서 문제를 해결하려는 것은 (진행 중인) 엄청난 선동이라고 했다.

자유주의 교회는 강제성(coercion)에 대해서 부정적 입장을 취했다. 교회는 강제성의 사실과 필요성을 부정하지는 못했지만 복음이 사회 전체에 침투하여 정치와 경제의 영역에서 강제성이 필요하지 않게 될 것이라고 했다. Mathews 교수는 건설적 힘(constructive forces)이 자본가들로 하여금 그들의 특권을 민주화하고, 임금 노동자를 생산 과정의 동반자로 취급하게 될지의 여부는 두고 볼 일이지만, 기독교적 사랑의 원리의 경제적 집단에 대한 적용은 혁명적 강제성에 반대한다고 했다. Francis Peabody는 기업의 정신과 의도는 예수의 가르침의 정신과 통하는 바가 있으며, 예수의 가르침의 원리가 현재의 경제 시스템을 통제하게 된다면 산업 질서의 혁명이 불필요하게 될 것이라고 했다. 자유주의 교회는 사랑과 협동이 갈등과 강제성을 능가한다고 보았고, 따라서 정치적 문제가 그것들에 의해서 해결되어야 하며, 또한 해결될 수 있다고 생각했다. 이상을 말하는 것이 이상의 궁극적 실현을 보장한다고 생각했다. 진보주의 크리스천의 저술들은 사람들이 선하고 사랑할 것이며, 따라서 모든 추잡한 정치적 비즈니스는 없어도 되리라는 주장으로 넘친다. Buckman의 옥스퍼드그룹운동은 '절대 정직'과 '절대 사랑'에 의해서 현대의 경제와 정치 문제를 해결할 수 있다고 믿는 자유주의 기독교의 낭만적 사상의 최종적인 가장 모순된 표현이다.

자유주의 교회는 사랑의 법을 정치에 무조건 적용하려고 했다. 이것은 종교적으로 피상적이고 정치적으로 비현실적이다. 자유주의 교회가 도덕적 이상주의를 덜 취하고 더 많이 종교적 현실주의를 취했더라면, 정치 문제에 대한 접근에 있어서 덜 부적절하고 덜 어리석었을 것이다. 사회 문제의 자유주의적 해결은 집단 행동과 개인 생활의 도덕적 이상 사이의 영원한 차이를 고려한 일이 전무하다. Stanly Jones는 그의 저서 『공산주의에 대한 그리스도의 대안 Christ's Alternative to Communism』에서 다음과 같이 주장했다. 공산주의자들은 강제성에 의해서 평등한 사회를 수립하려고 하고 있다. 공산주의자들을 패배하게 만드는 유일한 길은 크리스천들로 하여금 십자가의 법에 따라서 살도록 설득하는 것이다. 혁명에 대한 대안은 그리스도의 희년이다. 인간의 마음은 점점 더 기독자가 되어간다. Jones의 이 책은 선교 운동의 순수한 성자의 한 사람으로서의 진지하고 감동적인 호소이지만 자유주의 크리스천 사상의 전형으로서 부적절한 감상적 희망이다. 자유주의 기독교의 감상적 도덕주의(sentimental moralism)는 대체로 정치적, 경제적 생활의 필요한 장치(the necessary mechanisms)와 사회적 정의의 기술(the techniques of social justices)을 소홀히 하거나 망각한다. 자유주의 기독교는 생산과 분배의 현재의 방법이 이미 사회의 평화와 질서를 유지할 수 없기 때문에 전세계가 위기에 직면하고 있을 때 쓸데없는 도덕주의를 주장한다. 그러나 개인의 선의지의 도덕적 성취는 사회적 통제의 장치(the mechanisms of social control)의 대안이 될 수 없다.

어떤 도덕적 이상주의도 사회 구조의 기본적인 장치적 결함(basic mechanical defect)을 극복할 수 없다.(p. 111) 사회적 장치는 자유주의 기독교가 생각하는 것보다 더욱 중요하고, 정통주의 기독교가 주장하는 죄를 막는 제방(duke against sin)보다 훨씬 더 적극적이다. 사회적 기술은 도덕적 유인(moral incentives) 없이는 정의에 도움이 되게 변화하지 않을 것이다.

그러나 도덕적 목적이 좌절하고 부패하지 않기 위해서는 적절한 사회적 장치(adequate social mechanisms)로 조직되어야 한다. 강제적 정의의 요구를 능가하는 자발적인 친절한 행동은 사회적 관계의 강제적 시스템(the coercive system of social relationships)의 첨가물은 될 수 있지만 대안은 되지 못한다. 사회적 관계의 강제적 시스템에 의해서만 기초적인 정의가 보장될 수 있기 때문이다.(p. 112) 현대사회에서는 경제적 장치가 중요하다. 현대사회에서는 정치적 힘이 경제적 힘에서 나오며 정의의 기초적 장치(the basic mechanisms of justice)가 정치적이기보다 점점 더 경제적이 되어가고 있다. 정의로운 정치적 질서는 소유 시스템의 재구성과 생산적 재산의 사회화 문제를 포함한 경제적 질서의 재구성 없이는 가능하지 않다. 마르크스주의는 정의 문제를 분석하는 기술적 국면들에서는 고도의 타당성을 가지고 있으며, 기초적 정의의 전제인 새로운 소유 시스템은 기술 시대의 필요성과 일치하지만 그 시스템의 실천이 유토피아적 환상에 의해서 복잡하게 된 것은 비극적이다. 자유주의 기독교와 세속적 자유주의가 제도적인 문제를 도덕적으로 회피한 것이 비극적인 것처럼 말이다.

정의의 제도적 장치는 폭력(violence) 문제를 유발한다. 사회복음 운동은 정의의 사회적 장치에 대해서 분명한 입장을 가지고 있지 않다. Walter Rauschenbush에서 오늘날까지 사회복음 이론은 사회주의적이지만 한 가지 유보가 있는데, 그것은 사회적 투쟁에서 평화주의(pacifism)를 주장한다는 사실이다. 사회복음 운동가들의 평화주의가 취하는 폭력 반대의 입장에는 실용주의적(pragmatic) 망설임과 절대적인(absolutistic) 종교적 반대가 혼합되어 있다. 이러한 혼합은 예수의 윤리에 대한 자유주의 사상의 투명성 결여에 기인한다. 예수의 윤리의 사랑 절대주의(love absolutism), 곧 복음의 비타협적 윤리를 강제적인 정치적, 경제적 관계가 당연시 되는 현실적 사회에 직접 도입하는 것은 잘못이고 혼란을 초래한다. 다시 말해서, 실용적 입장과 완전주의적 입장을 혼합하는 것은 도덕적 혼란을 야기한다. 그 구체적인 경우가 중산층 교회의 폭력 배격과 금욕주의(asceticism)이다. 중산층 교회를 구성하고 있는 중산층은 폭력 없이 살 수 있는 충분한 경제적 힘과 그 밖의 다른 힘을 가지고 있기 때문이다. 그러나 중산층은 이미 폭력에 개입되어 있기 때문에 폭력에 반대하는 것은 자기모순이다. 금욕주의는 정치의 상대성에 반대하여 절대적 기독교 윤리를 유지하려는 노력으로서 크리스천의 사상과 삶에 유익한 공헌을 하지만, 경제적 측면으로만 보면 금욕주의적인 성자는 죄악의 세상 속의 기생충이다.(p. 115)

실용주의적 평화주의(pragmatic pacifism)는 십자가의 법을 주장하지 않는다. 현실 세계에서는 이익과 이익이, 힘과 힘이 충돌한다는 사실을 알고 있기 때문이다. 그러한 갈등을 완화하고 조절하기 위해서 폭력을 사용할 수 있으며, 사실 세계는 이미 폭력에 개입하고 있다. 그렇지만 사회적 폭력은 심각한 악이기 때문에 가능한 한 피해야 한다.(p. 116) 그렇기 때문에 모든 사회가 실용주의적 평화주의를 필요로 한다. 완전한 사회적 붕괴의 위험은 너무나 크기 때문에 폭력에 의존하는 것이 불가피하다. 그렇지만 급진주의 세력의 폭력에 의한 낭만적 호소는 막아야 한다. 왜냐하면 절대주의적 동기가 정치적 문제에 대한 실용주의적 분석에 잘못 섞이면 성공할 수 없기 때문이다. "정치의 본질은 바로 힘의 균형(equilibria of power)을 통한 정의의 성취이다. 힘의 균형은 갈등은 아니지만 그 밑바닥에 있는 대립되는 힘들의 긴장이다. 긴장이 있는 곳에는 잠재적 갈등이 있으며, 갈등이 있는 곳에는 잠재적 폭력이 있다. 그렇기 때문에 정치적 질서에 대한 책임 있는 관계는 폭력의 무조건적 부정을 불가능하게 한다." (p. 116)

공산주의자의 낭만주의와 유토피아주의는 질서 있고 비폭력적인 사회의 변화에 방해물일 뿐이다. 공산 독재는 자본주의라는 적을 격파하고 나면 순수하고 무정부적인 민주주의가 태어난다고 주장하는데 이것은 잘못이다. 왜냐하면 자본주의만 부패하는 것이 아니라 공산 독재도 부패하여 정의를 위협하기 때문이다. 민주주의는, 제한성을 가지고 있지만, 공산주의건 자본주의건 모든 제국주의적 독재자들에 대한 필요한 견제에 해당한다. 질서 있는 사회의 변화에 대해 한층 더 방해가 되는 것은 사회 생활의 제도적 장치에 대한 몰두와 사회의 유기적 국면들의 중요성에 대한 몰이해이다. 역사적 전통, 국민 감정, 문화 유산, 그리고 무의식적 충돌들의 힘이 사회적 장치의 힘보다 강하며 그것들이 사회 변화의 과정을 복잡하게 만들고 그 속도를 더디게 만들 것이다. 급진주의의 그러한 잘못이 사회 변화의 장해를 증대시키고 폭력으로 흐르게 한다. 이러한 잘못들에 관한 한 사회 전체의 상황에 대한 보다 현실적인 이해에 의해서 대처해야 한다.

평화적 절대주의(pacifistic absolutism)는 성립할 수 없다. 생명의 존중에 의해서 정당화될 수 있지만 삶과 삶이 갈등을 연출하는 불완전한 세계에서는 절대적 의미의 생명 존중의 원리는 성립할 수 없다. 그렇기 때문에 절대적 의미의 생명 신성의 원리가 성립할 수 없다. 현실 속 인간 생활을 현실적이고 실용주의적으로 다룰 때에는 단일한 도덕적 절대를 고수하는 것이 가능하지 않다. 현실적 문제들은 가장 치밀하고 가장 확신을 주는 추상적인 관념보다는 우발적 사실들과 예측할 수 없는 세력들의 지배가 보다 우세한 역사의 급선무들을 통해서 답이 주어진다.

제VII장 개인을 위한 가능성으로서의 사랑(Love as Possibility for the Individual)

정의의 시스템은 정치적, 경제적 및 사회적 강제성에 의해서 수립되지만, 자발적이고 강제되지 않은 인간적인 친절과 개인들 사이의 애정(tenderness)에 의한 세련화가 필요하지 않은 정의 시스템은 존재하지 않는다. 사회적 정의의 적절한 장치가 필연적으로 개인들을 "그들의 능력에 따라서 주고 그들의 필요에 따라서 취하게 한다"라고 생각한 것은 마르크스주의의 가장 심각한 잘못이다. 개인의 삶은 자유의 상승적 스케일이고, 따라서 도덕적 가능성들의 상승적 스케일이다. 이웃을 사랑하라는 명령은 불가능성(impossibility)인 동시에 가능성(possibility)이다. 이 명령의 이상은 불가능한 것의 영역에 속하지만 동시에 형제애의 모든 성취가 보다 높고 넓은 가능성을 시사하는 차원을 수립한다.

도덕의 강도와 범위를 증대하는 두 가지 요인이 있다. 하나는 천부의 본능으로서 동정, 부모와 자식간의 본능, 群生의 본능 곧 유기적 응집욕 등이 그것에 속한다. 다른 하나는 이성이다. 이성의 능력은 자연이 설정한 본능의 제한을 넘어서 확대시킨다. 윤리에서 전자를 다룬 것은 낭만주의와 많은 기독교 사상의 학파들이고, 후자를 다룬 것은 스토아철학과 칸트와 공리주의의 합리주의이다. 전자는 도덕적 행위에 대한 이성의 공헌을 제대로 다루지 못했고, 후자는 도덕적 역동성(moral dynamic)을 제대로 다루지 못했다. 두 가지 도덕적 사상을 다룬 학파들의 이러한 실패는 서구 문화의 도덕적 역사 전체에 비극을 초래했다. 스토아철학과 칸트에 이르기까지 합리주의자들은 이성의 도덕적 역할을 적절하게 평가했으나, 그것을 삶의 역동적 국면들(dynamic aspects)과 연결시키지 못했다. 합리적 도덕의 이상은 도덕적 행위를 만들어낼 수 없다. 도덕적 규범들은 그것들을 실현하기 위한 역동성(dynamic)을 가지고 있지 않기 때문이다. 다시 말해서, 스토아철학과 칸트의 도덕론에서는 자연이 인간에게 부여한 사회적 충동들(social impulses)이 도덕적 영역 속으로 들어오지 못했다. 이러한 견해는 칸트의 윤리 사상을 초월하는 니버 사상의 독창성을 나타내는 것이다. 이미 앞서 말한 바와 같이, 니버는 칸트의 이성에 대한 이해와 경향성(본능) 및 이성을 구분하는 이분법적 사상에 대해서 일찍부터 비판적 입장을 취했다. 스토아철학은 동정심(sentiment of pity)을 악으로 보았고, 칸트는 도덕법에 대한 존경이 동기가 된 행위들만이 선하다고 보았다.

    스토아철학의 윤리적 합리주의는 도덕적 행동의 감정적 자원, 즉 도덕적 동력을 억제했기 때문에 도덕력을 약화시켰다. 그 결과, Epictetus와 Marcus Aurelius의 도덕은 훌륭하게 빛났지만 스토아철학은 로마인의 생활의 쇠퇴를 막지 못했다. 스토아철학의 이상주의는 소수의 지적 귀족의 겉치레 말에 불과했다. 공리주의는 이기적인 열정을 사회적 목표에 얽어매려고 했으나 그런 이론은 실제 상황에서 하나의 삶이 다른 삶을 희생시키는 사실과 부합되지 않는다. 공리주의는 삶의 참되고 가장 궁극적인 본질이 어떤 것이며 또한 어떤 것이어야 하는지를 거의 생각하려고 하지 않을 것이다. John Dewey의 자연주의적 합리주의(naturalistic rationalism)는 삶 자체가 역동적이어서 이성이 통로를 만들면 삶은 그 통로로 흐르게 마련이라고 한다. 이런 학설은 합리적으로 계획되었고 보편적으로 수용된 세계 평화의 목표가 실현으로부터 그렇게 먼 이유를 전혀 설명하지 못한다. 칸트의 윤리는 두 가지 문제를 가지고 있는데 하나는 도덕법이 실존적 현실이 아니라 본질적 영역에 속한다는 것이요, 다른 하나는 도덕적 책임감을 가지고 있는 예지적 자아(the intelligible self)가 자연적 삶의 열정과 욕망의 감정적 자아로부터 분리되어 있다는 사실이다. 이와는 대조적으로 신에 대한 신앙은 본질과 실존, 곧 이상과 현실 세계의 초월적 통합을 믿는다. 칸트는 인성을 충동과 이성으로 구분했지만 기독교 사상은 선에 대한 복종과 죄, 선의지와 악의지 사이의 분열을 신화적으로 표현한다. 사랑이 이러한 분열을 극복한다. 사랑은 헌신의 대상에게 강제성에 의하지 않고 자아를 준다. 그렇기 때문에 사랑은 법의 완성이며, 완전한 사랑에서는 모든 법이 초월되고 존재와 당위가 하나가 된다.

사랑은 명령할 수 없는 것이기 때문에 사랑을 명령하는 것은 역설적이다. 인간의 의지에 대한 사랑의 명령은 무엇을 의미하는가? 그것은 자아의 분열을 의미하지만 칸트에게서처럼 충동(impulse, 경향성)과 이성 사이의 분열이 아니다. 기독교의 사랑의 이상은 자아를 타아와 관계시키는 충동과 감정, 이 모두를 포함한다. 이런 의미에서 예수의 윤리는 합리주의의 윤리와 다르다. 예수의 윤리에서는 도덕적 의지는 충동(경향성)에 대해서 명령하는 이성의 힘이 아니라 삶이 자기를 초월하게 하는 모든 자연의 힘을 사용한다. 자연적 인간(natural man)은 사랑의 이상의 차원 아래에서 비판을 받을 뿐만 아니라 하나님의 사랑을 실천하고, 하나님이 용서하는 것처럼 용서하고, 하나님처럼 원수를 사랑할 책임이 있기 때문에 자연적으로 주어진 사랑, 곧 *eros*가 이러한 종교적 긴장으로 인해서 *agapē*로 변한다. Henri Bergson은 그의 『도덕과 종교의 두 원천 *Two Sources of Morality and Religion*』에서 가족과 공동체에 헌신하는 '닫힌 도덕(close morality)'을 돌파하는 종교적 힘을 신비주의의 힘(the force of mysticism)이라고 했다. 신비주의라는 말은 그것이 가지고 있는 창조적 도덕성보다는 수동성과 思辨(contemplation)을 나타내기 때문에 부적합하지만 그의 주장은 옳다. 자연적 충동을 초월하는 사랑의 동력은 신에 대한 복종과 신에 대한 사랑의 혼합에서 나온다. 복종의 명령은 선과 악의 분열이 인간에게 항상 존재한다는 것을 나타내며, 사회적 사랑, 곧 선에 대한 매력이 인간의 죄에도 불구하고 인간성 속에 항상 존재한다는 것을 나타낸다.

기독교의 사랑의 교리는 사랑의 이상의 근사적 실현의 가장 적절한 신비적이고 심리적인 틀이라는 것과 자연적 인간의 자원들에 만족하지 않고 그것들 모두를 활용한다는 것을 나타낸다. 기독교 신앙은 이론이 아니라 실천의 원동력이다. 종교의 도덕적 결실은 자연의 일반적 능력들과 개인의 사회적, 정신적 유산 및 당면한 사건의 압력들의 합작의 산물이다. 도덕적 명령은 사실에 있어서 도덕적, 혹은 종교적 생명력의 消散을 나타내는 것이다. 인간은 생각함에 의해서 실천적 의지를 강화할 수 없다. 자연의 일상적 능력 이상을 발휘하는 사랑의 행동과 태도는 부분적으로는 개인의 사회적, 정신적 유산의 일부가 된 역사적 및 전통적 도야의 결과이고, 부분적으로는 사건들의 압력이 일상적인 힘 이상의 힘을 개인에게 부여하는 환경의 연속의 결과이다. 군인의 용기는 군사적 공동체의 위대한 전통과 정신의 산물이다. 타인들의 문제에 대한 보통 이상의 사랑과 연민 역시 종교적, 도덕적 전통과 종교적 공동체의 전통에 대한 충성의 산물이다. 자식에 대한 어머니의 희생적인 사랑은 위기의 순간에 나타나는 어머니의 사랑의 자연적 충동의 최고의 발휘이다. 순교도 사상에 의해서는 가능하지 않다. 어떤 목적에 대한 헌신은 그 목적의 상실, 혹은 폐기가 인격의 완전한 붕괴를 가져오기 때문에 일어나는 것이 아니라 서서 순교를 가능하게 한다. 목적에 대한 강한 헌신은 개인을 그 목적에 사로잡히게 하기 때문에 그가 하는 일의 사회적, 정신적 역동성이 그를 사로잡고 그가 가지고 있는 힘 이상의 힘을 그에게 준다. 삶에는 신의 은총에 의해서만 설명할 수 있는 힘이 존재한다. 그래서 도덕적 실천에는 인간의 의지를 넘어서는 힘이 의지에 작용한다. 사랑은 은총의 열매일 뿐만 아니라 신앙의 열매이다. "신을 믿는 것은 삶을 순간적 존재로서뿐 아니라 그 본질 자체를 아는 것이다. 삶을 그렇게 아는 것은 순간적 존재로서 어둡고, 임의적이고, 일시적인 것을 만족스럽게 받아들이지 않으며, 또한 절망적으로 생각하는 유혹을 받지 않는다는 것을 의미한다." (p. 134)

삶을 전체적 차원에서 이해하는 것이 회개이다. 왜냐하면 모든 도덕적 성취가 더욱더 본질적인 선의 비판 아래 있기 때문이다. 도덕적 성취를 충분하게 분석해 보면, 도덕적 성취는 불완전할 뿐만 아니라 그 안에 죄를 가지고 있다는 것을 알게 된다. 자연과 역사 속에는 궁극적이고 본질적인 본질의 많은 심벌이 간직되어 있다. 삶에 대한 감사는 현실적 삶에서 참된 본질적 삶을 긍정할 수 있는 힘이다. 신의 존귀함과 선에 대해서 경외감을 느끼는 사람은 그의 허위적 삶의 허세가 파괴되고 自意의 자연적 잔인성이 연민과 용서에 의해서 누그러진다. 종교적 삶의 도덕적 효력은 의지에 대한 도덕적 명령보다 깊은 근원에 삶이 의존한다는 것이다.

제VIII장 용서로서의 사랑(Love as Forgiveness)

기독교 윤리의 절정은 용서의 교리이다. 그것에서 예언자적 종교의 진수 전체가 표현된다. 용서는 도덕적 성취 중에서 가장 어렵고 불가한 것이지만, 사랑의 불가능성이 인식되고 자아의 죄가 인정되면 용서는 가능성이 된다. 그렇기 때문에 불가능적 가능성(impossible possibility)에서 절정에 달하는 윤리는 타인의 죄가 자신에게도 있다고 인정할 때, 복수하지 않고 참으며 용서의 윤리라는 최고의 경지를 창출한다. 용서는 종교에서 도덕이 초월될 때 가능하다. 어떤 순수한 도덕도 대립되는 이해관계가 자연적, 인종적, 지리적 배경으로 인한 사람들 사이의 갭(gap)을 가교할 수 없다. 왜냐하면 도덕적 이상이 바로 그러한 요소들의 제약을 받기 때문이다. 인간의 합리성은 그 허세(pretension)로 인해서 도리어 문제를 악화시킨다. 현대 사회의 갈등이 원시인들의 야수성보다 더욱 야수적인 이유 중 하나는 합리성의 발달로 인하여 부분적인 사회적 이익이 한결 보편적인 허세를 부리게 하기 때문이다. 현대 사회의 갈등은 문화, 민주주의, 정의, 그리고 그 밖에 생각할 수 있는 모든 보편적 가치를 내세우고 싸운다. 그러나 전쟁에 개입된 정치가들과 정책들이 내건 주장에는 그들의 계산된 불성실이 숨어 있다. John Dewey는 인간의 정신 생활에서 역사적, 또는 전통적, 그리고 시대착오적 불순물을 제거하면 갈등이 제거되고 선한 사람들을 결합시킬 수 있다고 했다. 이것은 현대 합리주의의 전형적 발상이다. 현대의 공산주의와 국수주의는 그 시대착오적인 면 때문이 아니라 보다 활력적이고 직접적인 부분적 시각과 높은 이상에 대한 헌신이 혼합된 악마적 열정(demonic fervour)에 기대어 주장하고 유지된다.

인간이 정신 생활에서 의로운 사람들의 잔인성보다 더 깊은 파토스는 없다.(p.

138) 그래서 예수는 바리새인들을 신랄하게 비판했고, 병들어 의사가 필요한 죄인과 세리와 가까이했다. 기독교의 전통은 바리새인들을 특별히 뻔뻔스러운 위선자로 묘사했다.(누가복음 18: 9, 마태복음 11: 19, 마가복음 2: 16-17 참조) "용서하는 사랑은 그들이 선하지 않다는 것을 알며, 그들 자신이 신의 자비가 필요하다고 느끼고 있고, 도덕적 이상주의보다 깊고 높은 차원에 살며, 그리고 선한 사람과 악한 사람의 차이는 하나님의 눈에는 무의미하다는 것을 알고 있는 사람들에게만 가능하다."(p. 139) 이러한 용서는 관용(tolerance)과는 다른 성격을 가지고 있다. 관용은 합리적, 도덕적 성취로서 반대 편의 장점을 인정하는 것으로서 무식하고 열광적인 귀의자(ignorant devotee)에게는 가능하지 않다. 그러나 이해관계의 갈등이 심각해질 때 관용은 사라지고, 결국 어느 한 편을 지지하게 된다. 적에 대한 용서는 모든 도덕적, 사회적 문제를 부정하지 않는 한 관용보다 어려운 것이다. Tolstoi의 경우처럼 용서를 정치적, 사회적 행동의 대안으로 삼는 종교적 윤리는 위험천만하다. 현대의 변증법신학도 도덕적, 사회적 문제들의 타당성을 부정하는데 이것 역시 위험하다. 그런 식으로 생각하면 어떤 범죄도 처벌할 수 없다. 인간은 하나님 나라가 아니라 인간과 인간이 항상 적대적 관계를 드러내는 현실 속에 살고 있기 때문에 범죄자를 처벌할 수밖에 없다. 그렇지만 용서의 정신은 공적 도덕의 수호자들이 가지는 흔한 독선(self-righteousness)의 정신적 오만을 견제할 수 있다.(p. 141) 용서의 정신은 사회적 갈등을 초월하는 절대적 견지에 인간이 도달할 수 있는 능력에 의존하는 것이 아니다. 그것을 할 수 있다는 허세는 바로 모든 인간의 역사에 파토스를 제공하는 악마적인 것으로 향하는 경향인 것이다. 그들은 "우리의 모든 의로움이 더러운 걸레 조각"이 되어버리는 초월적 경지가 있다는 것을 알면 그것으로 족하다. 이러한 신앙은 도덕적으로 위험하다. 왜냐하면 그것은 인간의 역사에서 행해야 할 도덕적 구별들의 예리함을 흐리게 하기 때문이다. 그렇지만 위험하지만 그것은 필요하다. 그 이유는 그것이 없이는 인간은 항상 자기가 신이 되려고 하고 부분적이고 특정한 것을 절대화하여 독선에의 격정이 증대되기 때문이다. 초도덕적 첨탑(pinnacle)만이 도덕적 가치의 타락을 구할 수 있다.

우리 시대는 유신론을 대체한 휴머니즘으로 시작되었으며 인류성(humanity)을 궁극적 목적과 자족적 가치로 신봉한다. 그러나 파시스트들과 공산주의자들을 비롯하여 인류는 서로 싸우고 고문과 잔인성을 자행했으며, 갈등의 히스테리가 인간의 존엄성을 유린했다. 인류성의 보전은 순간의 갈등을 초월하는 보다 높고 큰 가치라는 우주에 의해서 유대성을 가질 때 비로소 가능하다. 그렇지만 역사적 기독교는 부분적 가치를 종교적으로 신성화하려는 강한 경향성을 가지고 있다. 가톨릭교의 경우, 그것은 시간과 역사 속에 수립된 기구를 보편적이고 절대적인 타당성을 가지고 있다고 주장했다. 이러한 가톨릭교회론은 악마적 허세(demonic pretension)이다. 가톨릭교는 스페인과 라틴아메리카, 그리고 라틴 세계에서 사양하고 있는 봉건적인 사회 구조의 편을 들었다. 마르크스가 "모든 비판의 시작은 종교의 비판이다"라고 주장한 것은 전적으로 옳다. 개신교의 경우를 보면 그것의 참된 교회는 항상 초월적 영역에 속한다. 이 점에서는 가톨릭교보다 유리하다. 그러나 개신교, 특히 칼뱅주의는 자본주의와 밀접한 관계가 있다.

    이 문제를 처음 제기한 것은 Max Weber이다. 남북 아일랜드 분쟁에 개입하는 경우처럼 국가적, 인종적, 경제적 집단의 정치적 충돌에 말려든다. 사람들은 투신 목적들(causes)이 종교적 헌신의 대상이 될 때, 다시 말해서 그것들의 의미의 우주가 될 때 비로소 싸운다. 기독교 신앙의 참된 진수는 부분적이고 상대적인 가치의 신성화에 반대하는 것이다. 투쟁의 한가운데에서는 중립의 고도보다 용서의 정신이 현대 문명의 건강을 위해서 요청된다. 기술 사회의 질서에 의한 사회적 결집의 범위의 확대로 인해서 중립의 고도는 선택의 여지가 매우 좁다. 만일 인류성이 보존될 수 있다면, 그것은 예언자적 종교가 현대인의 정신으로 하여금 절망하지 않고 오늘의 혼란을 보며, 또한 독선의 광포함 없이 혼란을 어떤 새로운 질서로 강요할 수 있는 정도까지만 가능하다. 인간 생활은 그것을 초월하는 의미의 우주 속에 포괄되고 이해되는 한에서만 존엄성을 가질 수 있다.

    인간의 생명력과 그로 인한 인간 존재의 혼란은 신의 자녀의 생명력에서 발생하는 것이다. 참된 신에 대한 지식이 아니고는 사람들이 자신을 신으로 만드는 불경과 그들이 그러한 도덕적 허세에 빠졌기 때문에 동료 인간들을 악마로 보는 잔인성으로부터 구원받을 수 없을 것이다.

이것으로 *Interpretation*의 요약을 마치고 다시 니버의 생애에 대한 고찰로 되돌아가기로 하자. 1935년에는 그의 저술의 논조가 확실히 평온해졌다. 그는 덜 통렬했고, 덜 투쟁적이었으며, 더욱 절제했고, 너그러워졌다. 이것은 1934년 9월, 그의 첫아이 Christopher가 출생했기 때문인 것으로 짐작된다. 그는 42세의 늦은 나이에 아버지가 되었다. 그는 Page에게 보낸 편지에서 아버지가 되어서 매우 기쁘다고 했다. 그렇지만 그는 아기가 태어난 뒤 가정에 더 많이 붙들려 있던 것은 아니고, 그가 어렸을 때 그의 아버지가 집을 떠나서 여기저기 여행한 것처럼 바쁘게 여행했다. 그렇지만 집에 있을 때는 아기를 목욕시키고, 음식을 먹이고, 유모차에 아기를 태워 집 밖으로 나갔다. 1923년에 쓴 그의 일기에서 그는 자신이 결혼하지 않았기 때문에 현대사회에 대한 비판에서 호전적이라고 했다. 그는 그가 사랑할 네 자녀가 있다면 그렇게 일관되게 사회 변혁을 주장하지 않았을 것이라고 했다. 아들 하나를 얻고도 그의 사회 변혁에 대한 주장은 현저하게 온화해졌다.[29]

---

29) Fox, *Reinhold Niebuhr*, p. 166.

VI

유니온신학교 교수 중기(1936-1945): 신학적 체계 구축 시기

라인홀드 니버의 생애와 사상

1
정치적 관심의 변화와 신학 연구에 대한 치중
✣

1935년 가을, 니버는 *Radical Religion*(급진적 종교)을 창간했다. 동지는 전성기에도 독자가 불과 1000명밖에 되지 않았다. 적자는 부유하고 사회적으로 활동을 했던, 은퇴한 에피스코펄 교회 감독 Robert Paddok과 Sherwood Eddy의 지원으로 해결되었다. 이 잡지는 비록 부수는 적었지만 1935년 무렵, 미국의 기독교 좌측의 가장 단단한 지도자였던 니버가 그의 핵심 이념을 제시하고 논쟁을 유발하는 주도적인 영향력을 교계에서 발휘했다. 동지에 게재한 니버의 글은 1935년 이후 자유주의적이고 급진적인 크리스천들의 논의를 재규정하는 역할을 했다. *The Radical Religion*의 창간호에서 니버는 "우리는 기독교에 대해 기본적 충성을 가져야 한다"라고 천명했다. 당시 너무나 많은 젊은 목사들이 마르크스주의적 도그마에 완전히 사로잡히는 유혹을 받고 있었다. 이러한 상황 속에서 니버는 "지금은 진정한 예언자적 종교가 선행했던 문화(자본주의)와 프롤레타리아적 문화의 정신적 허세를 거부할" 때라고 주장했다. 니버의 생각에 의하면, 당시 요청되는 주요 과제는 급진적 종교의 종교적 특성을 재확인하기 위해서 기독교를 마르크스주의와 구별하는 것이었다. *The Radical Religion*은 사랑을 사회적, 국제적 영역에 실행 가능한 윤리적 전략이 될 수 있다고 생각하는 'Fellowship of Reconciliation(화해를위한동우회)'의 무책임한 평화주의자들에 반대하는 'Fellowship of Socialist Christians(사회주의크리스천동우회)'의 종래의 입장을 견지했다. 그렇지만 동지는 강제력(force)과 심지어 필요하면 폭력의 사용마저 불사하던 기독교 현실주의를 점차 계급투쟁의 도구로부터 파시즘에 저항하는 부르주아 민주주의를 떠받치는 도구로 변화시켰다. 이제 니버의 주된 문제는 미국에서 최초로 사회적 투쟁에서 노동자의 편을 들어 자본주의를 변혁하는 것이 아니라, 세계 무대에서 '야만주의'에 반대하여 부르주아 사회의 상대적 정의를 방어하는 것임을 주장한 급진적인 크리스천의 임무였다. 이렇게 해서 *The Radical Religion*은 미국 교계에서 연합된 민주 전선 태동의 누룩 역할을 했다.[1]

1935-1936년 겨울에 출간된 *The Radical Religion*의 제2호의 사설은 서구 국가들의 역사적 상황은 새로운 사회 창출을 위해서 뚫고 나아갈 가능성을 제시하는 것이 아니고, 아무리 부패했지만 민주주의 제도를 파시즘에 저항하여 방어하는 당장의 가능성을 제시하는 것뿐이라고 주장했다. 이러한 방어에는 교회와 세속을 막론하고 전체 좌측 진영이 연합해야 하며, 심지어 공산주의자들까지도 그들의 환상에도 불구하고 가치 있는 연합의 대상이 될 수 있다. 왜냐하면 그들 역시 보편주의자적 원리들을 표방하기 때문이라고 동지는 주장했다. 사실, 공산주의자들은 히브리 예언자들의 탈선한 자손들로서 나치처럼 종족의 우상 숭배자가 아니었다. 그래서 *The Radical Religion*은 "공산주의는 예언자적 종교의 탈선한 후손이지만 그것의 반대는 아니며… 그것은 적어도 악의 원리를 어떤 종족과 동일시하지 않고 사회 조직의 특정한 형태의 담당자들과 일치시킨다"라고 주장했다.[2]

그렇지만 니버에게는 유토피아적이고 종교적인 공산주의와 파시즘은 기독교가 받아들일 수 없는 것이었다. 공산주의와 파시즘은 역사의 부분적이고 상대적인 것을 절대화하는 데 비해서, 성서적 종교만이 역사의 부분적 가치를 초월하는 삶의 가치의 근원과 정점을 제시함으로써 악마적이고 위험한 행로를 피할 수 있다고 니버는 생각했기 때문이다. 이 시점에서 니버는 공산주의와 파시즘에 대한 적절한 정치적 대안을 뭐라 명명해야 할지 몰랐다. 그가 알고 있는 전부는 그러한 대안 속에는 기독교적 현실주의가 침투해 있어야 하며, 두 개의 악마적 신앙의 중간에 해당하는 '현실적 자유주의(realistic liberalism)'로 돌아가는 것이었다. 1935년에 파시즘은 공산주의보다 더욱 악마적이었다. 그렇지만 패러독스적 사고를 즐기는 니버는 파시즘 속에 숨어 있는 진리를 발견했다. 파시즘은 사회가 가지고 있는 유기체적 특성, 곧 국민을 결속시키는 공통된 감정과 전수된 전통의 힘을 감지했다. 자유주의도 공산주의도 이것을 무시했다. 파시스트들은 이 같은 유기체적 성

---
1) Fox, *Reinhold Niebuhr*, pp. 167-168.
2) 같은 책, p. 169.

격을 악용하여 우스꽝스러운 낭만주의와 흉악한 형태의 불의와 독재 정치를 창출했다. 그러나 파시스트들은 자본가들과 공산주의자들이 봉건주의에 대한 혐오감에 사로잡혀서 보지 못한 진리를 발견했다. 사회주의자들 역시 이 진리를 보지 못했다. 결국 니버에게는 권력과 정의에 대해서 현실적이면서 겸허하게 독선을 간파할 수 있는 현실주의적인 정치적 세력은 존재하지 않았다. 이러한 상황 속에서 니버는 1930년대 후기에는 정치적 활동보다 신학적 과업과 종교적 활동에 치중하게 되었다.[3]

1936년 봄, 니버에게 영국은 상징이었고 피난처였다. 다른 해들에도 학기 말이 다가오면 피곤했지만 이번 학기 말 그는 정말로 기진맥진했다. 나이 탓이 아니면 지나치게 바빠서 그런 것 같다고 Page에게 보낸 편지에서 그는 말했다. 그렇지만 사실 잠이 안 오고 불안한 원인의 일부가 그의 부인 Ursula가 영국으로 출국해서 그와 함께 있지 않았기 때문이었다. 그는 그해 여름 강연 스케줄을 취소하고 6월 5일, 영국으로 향했다. 영국으로 가서 그의 부인과 합류하자 곧 그는 자신만의 방식의 휴식에 들어갔다. 그의 방식이란 영국의 정치와 종교에 관한 잡지들을 탐독하고, 학생들을 위한 강연 초청을 수락하고, 1923년에 Eddy와 Page, 그리고 Scarlett과 영국에 갔을때 만났던 친구들을 방문하는 일이었다. 그러나 영국의 정치는 슬프게도 국제연합이 이탈리아에 대한 제재에 실패한 것을 계기로 종래의 현명함을 상실해 가고 있었다. 영국 정계의 좌측 진영인 사회주의자들과 그들의 사회당 역시 사양길을 걷고 있었기 때문에 니버의 1930년대의 정치적 좌측의 꿈 역시 희망을 잃었다. 이렇게 해서 니버의 영국 여행은 그가 정치적 행동에서 신학 연구로 전환한 것이 옳다는 것을 확증시켜 주었다.[4]

1936년 말경, 1930년 초의 미국 기독교의 급진적 에너지는 느슨해졌고, 정치적 활동주의와 같은 종교적 활동주의는 교회 안에서 열정을 잃어가고 있었다. 사회주의크리스천동우회마저도 1937년 초에는 회원비 징수를 포기했다. 이러한 상황은 사회적 이상주의가 세계적 위기와 Roosevelt의 뉴딜 정책으로 인해서 설 자리

3) 같은 책, pp. 169-170.
4) 같은 책, pp. 175-176.

를 잃고 있다는 신호였다. 사실, 기존의 급진적 활동가들은 하나 둘씩 뉴딜 진영에 합세했다. 이러한 시대적 대세 속에서 니버는 대통령 선거에서 루스벨트에게 투표했다. 루스벨트가 두 가지 악 중에서 덜한 악이라고 생각했기 때문이었다.[5]

1936년의 대통령 선거는 니버로 하여금 미국의 대중이 정치적으로 미성숙하다는 사실을 확신하게 만들었다. 그의 정치적 에너지의 조직화된 탈출구를 찾지 못한 니버는 신학과 교계에 더욱더 깊은 관심을 가지게 되었다. 그해 겨울, 니버는 1939년에 에딘버러대학교의 기퍼드 강좌(Gifford Lectures)를 맡으라는 초청을 받았다. 스코틀랜드 교계의 유력한 인사가 된 유니온신학교의 동료 교수였던 John Baillie가 주도하며 니버를 이 영예로운 강좌에 초청했다. 미국인으로서는 William James, Josiah Royce, John Dewey와 William Ernest Hocking만이 이 강좌에 초청되었다. 니버의 신학적 강적 Karl Barth가 1938년에 강좌를 마치게 되어 있기 때문에 그 뒤를 이어서 강의한다는 것이 니버로 하여금 이 강좌에 대해서 더욱 매력을 느끼게 했다. 1937년 여름에 니버는 기퍼드 강좌를 준비하는 배경 독서로서 Hegel, Schopenhauer, Nietzsche, Kant 및 Freud를 읽고 있었다. 그러나 그때까지도 그의 강의는 거의 어떤 형태를 잡지 못하고 있었다. 그해 4월 중순, 학기가 끝났지만 그는 여름 휴가 때에도 기퍼드 강좌 준비에 치중할 수가 없었다. 4월 18일에는 런던대학교의 버지 강좌(Burge Lecture)를 위해서 영국으로 가야 했다. 뿐만 아니라 출판사는 그의 설교 논문집 『비극을 넘어서Beyond Tragedy』의 원고를 독촉했다. 그렇지만 그는 6월에 교회와 공동체, 국가를 주제로 하는 옥스퍼드 회의(Oxford Conference)에 참석하기 위해서 영국으로 다시 가야 했다.[6]

『비극을 넘어서』의 내용을 요약하기에 앞서, 옥스퍼드 회의에서 니버가 수행한 역할에 대해서 살펴보기로 하자. 미국에서는 유니온신학교의 Henry Van Dusen과 John Bennett이 동회의를 위한 준비적 연구의 책임을 맡았다. 그들은 니버로 하여금 기조연설을 맡게 했다. 타자기로 친 니버의 50페이지의 연설문이 회의 참석 대표들에게 배부되었고, 상당한 영향을 주었다. 니버의 연설문의 내용은 대략

5) 같은 책, pp. 176-177.
6) 같은 책, p. 178.

다음과 같은 것이었다. 그의 연설의 중심은 세계적 위기도 아니었고 부르주아 자본주의도 아니었다. 강연의 중심은 개인 생활의 죄의 사실이었는데, 이것이 그가 주로 다뤄온 초점에서 극적으로 이탈한 것이었다. 니버는 죄가 인간의 자유의 불가피한 산물이라고 천명했다. 그의 강연에 의하면, 현대 문화의 핵심적인 잘못 중 하나는 인간의 자유를 열렬하게 찬양하여 자유가 가지고 있는 악의 가능성을 무시하고, 인간이 가지고 있는 신의 형상을 신 자체로 잘못 생각한 것이었다. 그는 자유가 분명 도덕의 근거이며 인간적 업적의 자원이지만, 그것은 또한 죄의 계기이기도 하다고 주장했다.

그의 이러한 입장은 Gladden과 Rauschenbusch의 자유주의적 사회복음을 능가하는 것으로서 죄가 인간의 정신에 반대하는 자연의 결과가 아니라는 것을 주장하는 것이다. 다시 말해서, 죄는 인간의 유한성에 기인하는 것이 아니라 인간이 자신의 유한성을 부정하려고 하는 허세적 노력(his pretentious effort)에 기인한다고 그는 주장했다. 니버는 그의 강연의 철학적 전개로 인해서 참석자들이 혼란에 빠지지 않도록 단순하게 설명하기 위하여 탕자의 비유를 들었다. 현대 문화의 오만은 탕자처럼 아버지의 전통이 과하는 제한을 뿌리치기로 결정했다. 현대적 자아는 자족에 도취했으나 1930년대의 사회적 위기라는 거대한 재난에 직면했다. 교회의 역할은 현대인을 겸손, 곧 하나님의 자녀로 되불러야 한다. 그렇지만 교회 또한 스스로 만족함을 버려야 하며, 탕자의 비유에서 맏아들의 거만한 태도를 취해서는 안 되고, 역사적 교회의 부족함을 회개하는 마음으로 인정해야 한다고 그는 주장했다. 니버의 이러한 생각은 죄악적인 인간의 자아를 사회적 부조화의 궁극적 근원으로 보는 그의 동생 리처드의 주장을 반영한 것이다. 그가 전해 여름에 *Herald Tribune*에 Nicolas Berdyaev의 『자유와 정신*Freedom and the Spirit*』에 대한 서평을 게재했는데, 그 저서에서 Berdyaev가 죄의 정신적 뿌리가 인간의 자유와 본질적 관계를 가지고 있다고 강조한 것을 읽고 영향을 받았음을 보여주는 것이다. 베르자예프는 악의 원인이 인간의 잘못된 환상적 자기 긍정과 신이 아니라 인간 자신에게 삶의 근원을 두는 정신적 오만(spritual pride)에 있다고 저술했다. 그렇지만 니버는 기독교가 그의 동생의 정적주의(quietism)나 베르자예프의 신비주의를 취할 것을 권한 것이 아니라, 기독교만이 인간의 패러독스적 본성의 밑바닥에 도달할 수 있기 때문에 세계적 위기의 밑바닥에 도달할 수 있다고 주장했다. 그는 인간이 선을 행할 능력이 있지만 또한 자신을 과장하여 악을 행한다는 원죄론을 주장함으로써, 인간적 삶의 근본적 현실을 표현했다. 크리스천도 죄의 법 아래에 있다. 회개한 자는 하나님의 나라를 그의 행위의 규범으로 삼을 수 있지만, 그러한 규범의 수용이 하나님의 나라의 실현을 보장하는 것은 아니며 종교성이 덕의 사인(sign)은 아니다. 인간이 의식적으로 신을 추구하는 종교에 있어서도 신에 대한 주장을 절대화하려는 죄악적 허세의 요소가 있다. 크리스천의 궁극적 딜레마는 그가 행동함에 있어서 죄를 범하는 것이 확실한데도 불구하고 세상 속에서 행동해야 한다는 것이다. 이상이 니버가 이 기조연설에서 천명한 입장이었다.[7]

옥스퍼드 회의에서 니버는 동회의의 기조를 형성하는 데 결정적인 역할을 했다. 1925년에 Stockholm에서 개최되었던 개신교세계대회에서는 사랑과 선의지에 의한 하나님의 나라 건설을 제창했다. 많은 옥스퍼드 회의 참석자들은 니버의 저술과 더불어 Emil Brunner와 Karl Barth의 저술에 의해서 깨우침을 받아 옥스퍼드 회의 기획자들이 하나님의 나라 실현이라는 연래의 논제를 묻어버리기 위해서 니버를 연사로 선출했다는 비난을 거부했다. 어떤 사람은 동회의가 유니온신학교에만 치우쳐서 중서부의 자유주의자들을 배제했다고 비판했으나 Van Dusen은 니버는 세계적 선택이었으며, 니버의 저술은 오늘날 세계에 대한 교회의 관계에 있어서 유럽과 동양의 크리스천 사이에서 최대의 관심을 환기시켰다고 주장했다. 영국의 참가자들은 니버가 옥스퍼드 회의의 활기를 북돋우는 힘이었다고 회상했다. 경제 전문가 John Maud(후일의 Redcliffe-Maud 경)는 동회의의 경제분과의 사회를 보았는데, Tillich, Bennett, Baillie, R. H. Tawney, 그리고 T. S. Eliot 등이 참가한 동분과회의에서 니버가 단연 돋보였으며 그가 '끊임없이 분출하는 화산' 같은 지배적인 역할을 했다고 하였다. 옥스퍼드 회의와 1939년 제2차

7) 같은 책, pp. 179-180.

세계대전 발발 사이에 영국의 젊은 크리스천들 사이에서는 니버에 대한 존경이 대단했으며, 많은 젊은 크리스천들이 신약학자 C. H. Dodd의 지도를 받으며 성경공부를 했다.[8]

---

8) 같은 책, pp. 180-181.

2
『비극을 넘어서 Beyond Tragedy』 출간(1937)[9]
✢

옥스퍼드 회의가 끝난 후 참가한 대표들 중 많은 사람이 '신앙과질서(Faith and Order)' 운동의 세계대회에 참석하기 위해서 8월에 에딘버러로 향했다. 그렇지만 니버와 어슐러는 『비극을 넘어서』를 마지막으로 손보기 위해서 매사추세츠 주 Heath에 있는 여름 별장으로 돌아왔다. 이 저서는 15개 장으로 된 설교 성격의 논문집으로서 역사에 대한 기독교적 해석을 중심으로 하는 저서이다. 이 저서는 니버의 장기인 설교의 특성을 짙게 간직하고 있으며, 니버는 그의 딱딱하고 예리한 병렬적 필법을 십분 구사했다. 그는 인간은 유한하며 그것이 인간의 운명이지만 마치 유한하지 않은 것처럼 허세를 부린다고 했으며, 교회는 하나님의 나라가 아니지만 그것이 인간이 영원한 하나님의 말씀에 의해서 감동받는 인간 사회 속의 장소라고 했다. 교회는 또한 자비와 화해와 위안의 말씀의 장소라고 그는 말했다. 이 저서는 이론의 일관된 발전적 전개가 아니라 인간의 진리 이상의 진리와 인간의 선 이상의 선의 가능성을 보는 인간 생활의 패러독스를 거듭하여 다룬 논문집이다. 비록 설교 성격의 논문집이기는 하지만 전체 저서를 일관하고 있는 주제를 제시하고 있다고 할 수 있다. 그 주제는 그가 이 저서의 서문에서 말한 바와 같이, "기독교의 역사관은 가장 높은 정신적 과업에도 불가피하게 악이 부수물로 수반된다는 사실을 시인하며, 기독교는 악을 존재 자체에 내재하는 것으로 보지 않고, 최종적으로는 선한 신의 지배 아래 있다고 본다"라는 주장이다.[10]

니버의 사상의 변화의 측면에서 보면 『비극을 넘어서』는 설교집이지 정치적 견해를 표명한 저서가 아니다. 이 저서는 설교집이지만 그의 종래의 정치적 입장의 뚜렷한 변화를 분명하게 드러내고 있다. 그는 『도덕적 인간과 비도덕적 사회』에서는 무산자는 발달된 산업사회에서 거짓 구호에 의해 합법화할 특권을 가지고

---

9) Reinhold Niebuhr, *Beyond Tragedy* (New York: Charles Scribner's Sons, 1937).
10) Fox, *Reinhold Niebuhr*, pp. 181-182.

있지 않기 때문에 불의를 범할 가능성이 상대적으로 덜하다고 주장했다. 그러나 『비극을 넘어서』에서는 모든 인간이 죄인임을 강조했다. 약자들은 그들이 강자가 되었을 때만 죄를 범하는 것이 아니라 그들이 약자일 때도 예상(prospect)과 상상(imagination)으로 죄를 범한다고 했다. 인간의 죄의 전체적인 어둠 속에서는 부르주아와 프롤레타리아의 구별이 사라지고 말게 되는 것이다.[11]

그러면 『비극을 넘어서』[12]의 내용을 각 장별로 요약하기로 한다. 이하 괄호 안의 인용 페이지는 *Beyond Tragedy*(Charles Scribner's Sons, 1937)의 페이지를 나타낸다.

제1장 속이는 자 같으나 참되고(As Deceivers, Yet True)

"속이는 자 같으나 참되고"는 고린도후서 6: 8에 나오는 구절이다. 바울의 이 역설적 주장을 니버는 '심벌(symbol)'과 '신화(myth)'의 개념을 사용하여 진리임을 밝히려고 한다. 다시 말해서, 그는 바울의 이 주장이 간직하고 있는 진리를 심벌과 신화가 가지고 있는 독자적 기능에 의해서 밝히려고 한다. 심벌의 기능에 관해서 그는 다음과 같이 말한다. "왜냐하면 기독교적 종교에서는 진리가 심벌들에 의해서만 표현될 수 있는데, 심벌들은 어느 정도 일시적이고 피상적인 속임을 포함하고 있다. 그렇기 때문에 기독교 신앙의 모든 변증자는 바울의 이 구절을 자기의 것으로 만들 수 있다. 우리는 속임을 사용하여 진리를 가르친다. 우리는 속이는 자들이지만 그러나 참되다."(p. 3) 심벌에 대한 이 같은 내용으로 시작하여 니버는 심벌에 대해서 다음과 같은 여러 가지 설명을 한다. "시간적인 것과 영원한 것 사이의 관계는 변증법적이다. 영원한 것은 시간적인 것으로 나타나고 표현되지만 그것으로는 다 드러낼 수 없다."(p. 4) "시간과 영원의 관계는 단순히 합리적으로는 표현될 수 없고 오직 상징적으로만 표현될 수 있다."(p. 4)

"기독교 신앙이 영원의 이 차원을 시간 속에 표현하기 위해서 사용하는 속이는 심벌들을 분석하기에 앞서 화가들이 평평한 캔버스의 단일 평면 위에 공간의 두

---
11) 같은 책, p. 184.
12) Paul Tillich, *Dynamics of Faith* (New York: Harper & Row, 1957), "Symbols of Faith" (pp. 41-54) 참조.

차원을 그리기 위해서 속이는 심벌들을 사용할 수밖에 없다는 사실을 상기하는 것은 해명에 도움이 될 것이다."(pp. 4-5) "세계의 근거인 신에 대한 모든 아이디어는 세계로부터 취한 어떤 용어(term)로 표현되어야 한다. 시간의 과정은 화가의 평평한 캔버스와 같다. 한 차원 위에 두 차원이 기록되어야 한다. 이것은 진리를 위해서 속이는 심벌에 의해서만 가능하다."(pp. 5-6) 이러한 모든 설명에 의해서 니버가 말하고자 하는 것은 심벌이 영원한, 혹은 영원에 속하는 진리를 시간이 속하는 또는 세계로부터 취한 어떤 용어, 다시 말해서 역사적인 사건이나 대상인 심벌에 의해서 나타내고 표현한다는 것이다. 종교의 가장 대표적인 심벌은 '신(God)'이다. "신은 유한한 사건들과 관계들의 총체가 아니다. 신은 그러한 사건들과 관계들의 근거이며 그것들은 신의 의지의 창조이다."(p. 4) 다시 말해서, 신은 현세의 대상들 가운데 하나이지만 현세의 근거와 창조주를 나타내는 심벌인 것이다.

다음으로 니버가 말하는 '신화(myth)'의 기능을 규명해 보기로 하자. 뒤에 가서 말하겠지만, Tillich는 심벌과 신화를 명확히 구별하여 설명하는데, 여기에서 니버는 두 가지를 분명하게 구별하지 않고 심벌에서 신화로 옮겨가서 다음과 같이 설명한다. "모든 기독교 신앙은 어떻게 해서든 시간적 세계의 유의미성과 불완전성, 신의 위엄과 세계에 대한 그의 관계를 나타낸다. 우리가 신이 세상을 창조했다고 말할 때 우리는 속이고 있지만 참되다. 창조는 완전히 합리화할 수 없는 신화적 아이디어이다."(p. 7) "창조의 아이디어가 합리적 아이디어가 아니라는 사실이 그것을 참되지 않게 하거나 속이는 것으로 만들지 않는다. 그러나 그것은 합리적이지 않기 때문에 속임에 대한 유혹이 된다. 모든 신화적 아이디어는 원시적인 속임과 보다 궁극적인 것을 포함한다. 원시적 잘못은 신화가 표현된 원래의 형태(the early form)가 권위를 가지는 것으로 인정한다.

이렇게 해서 기독교의 신앙은 항상 창조의 신앙이 흙 덩어리로부터 인간을 실제적으로 만들었다고 믿는 믿음, 혹은 하나님이 실제로 6일 동안에 세상을 창조했다고 믿는 믿음을 포함한다고 주장한다. 이것이 성서의 문자주의(literalism)가 빠지는 유혹이다."(p. 9) 신화에 대한 이러한 니버의 설명이 의미하는 것은 하나님이 흙 덩어리로 인간을 만들었고 6일 만에 세상을 창조했다는 것은 비록 역사적 사건을 표현하는 역사 이야기이지만, 창조의 비밀을 나타내기 위한 것이지 그것을 그대로 믿으면 성서적 문자주의의 비과학성에 떨어진다는 것이다. 다시 말해서, 신화를 그대로 역사적 사건으로 이해하면 비과학적인 성서의 문자주의에 빠져서 속이는 것이 되며, 신화를 창조의 진리를 나타내기 위한 신화로 이해하면 참되다는 것이다.

니버의 이러한 주장은 Rudolf Bultmann의 비신화화 이론과 달리, 신화를 제거하려고 하지 않고 종교가 신화와 뗄 수 없는 관계를 가지고 있다고 본다. 이것은 심벌과 신화에 대한 Tillich의 해명과 전적으로 일치하는 것이다. 다만 틸리히는 심벌과 신화의 개념을 구별했다. 그는 먼저 '사인(sign)'과 '심벌'을 구별함으로써 심벌의 다섯 가지 특성을 해명했다. 다시 말해서, 사인과 심벌은 공히 그것들을 넘어서는 다른 어떤 것을 나타낸다. 교통 사인(신호)은 행인과 차량의 일정 시간차를 둔 정지와 진행을 나타내며, 왕(king)이라는 심벌은 군왕의 지위와 위엄을 나타낸다. 그러나 심벌은 그것이 나타내는 것에 관여하지만 사인은 그렇지 않고 관습적인 약속을 나타낼 뿐이다. 따라서 사인은 다른 것으로 대체할 수 있지만 심벌은 그렇게 할 수 없다. 이것이 심벌의 두 번째 특징이다. 심벌의 세 번째 특징은 심벌이 다른 방법으로는 감추어져 있는 실재 레벨을 열어서 보여준다는 점이다. 모든 예술은 다른 방법으로는 도달할 수 없는 실재의 차원과 요소뿐 아니라 그러한 실재의 차원과 요소에 해당하는 인간의 혼의 차원과 요소를 열어서 보여준다. 위대한 드라마는 인간 본성에 대한 새로운 비전을 나타낼 뿐만 아니라 인간 존재의 숨은 심층을 열어준다. 네 번째 특징은 심벌을 의도적으로 만들어낼 수 없다는 것이다. 심벌들은 개인과 집단의 무의식의 표출로서 인간의 무의식의 차원에 의해서 수용되지 않고서는 기능할 수 없다. 다섯 번째 특징은 심벌은 발명할 수 없는 것으로서 생물처럼 태어났다가 죽는다.

그러면 '신화'가 이런 특성을 가진 심벌과 다른 점은 무엇인가? Tillich는 다음과 같이 말한다. "신앙의 심벌들은 고립되어 나타나지 않는다. 그것들은 '신들(gods)'의 이야기들(stories)로 통합된다. 이것이 그리스의 말 'mythos', 곧 신화(myth)이다." "신화들은 신앙의 모든 행동 속에 항상 존재한다. 왜냐하면 신앙의 언어는 심벌이기 때문이다." 한마디로 말해서 신앙의 심벌들이 결합하여 이야기를 만들면 그것이 신화이다. 끝으로, 틸리히의 신화에 대한 해명에 관해서 말해야 할 것은 그가 신화를 '깨진 신화(broken myth)'와 '깨지지 않은 신화(unbroken myth)'로 구별했다는 사실이다. 깨진 신화는 신화를 신화로 이해하되 그것이 숨겨져 있는 궁극적 차원과 진리를 나타내는 것으로 이해하는 것이요, 깨지지 않은 신화는 신화를 그대로 역사적 사실로 이해하는 것이다. 니버가 성서의 문자주의라고 비판한 신화의 이해는 틸리히의 깨지지 않은 신화에 해당하며, 속이는 것 같으나 영원한 것을 나타내는 참된 것으로 신화를 이해하는 것은 깨진 신화에 속한다.[13]

다시 니버의 저서 제I장 "속이는 자 같으나 참되고"로 돌아가기로 하자. 위에서 고찰한 바와 같이 그는 심벌과 신화의 이해에 의해서 창조의 아이디어를 고찰함으로써 창조의 신화를 실제적 사실로 이해하는 것은 비과학적인 성서의 문자주의라고 비판했다. 그는 같은 입장에서 에덴동산의 인간의 타락에 관한 이야기를 이해한다. 그는 "타락의 아이디어가 에덴동산, 사과, 뱀의 원시적 신화를 역사적 사실로 보는 잘못을 범한다. 그러나 이런 잘못을 범하지 않을지라도 기독교 사상은 여전히 타락을 역사적 사건으로 보려는 유혹을 받는다. 타락은 역사적 사실이 아니다"라고 니버는 주장한다.(p. 11) 그는 그것이 역사적 사실이 아니라 심벌이라고 주장한다. "타락의 아이디어를 인간의 삶의 악의 근원과 본성을 나타내는 심벌이라고 고집함으로써 우리는 속이는 자 같으나 참되다." (p. 13)

니버는 이처럼 에덴동산에서 일어난 타락을 심벌로 이해할 뿐만 아니라 성육신(incarnations)도 신화로 이해한다. 그는 "하나님이 세상을 죄로부터 구원하기 위해서 인간이 되었다고 우리가 주장할 때 우리는 속이는 자 같으나 참되다"라고 주장한다.(p. 13) 그는 '처녀 탄생(Virgin Birth)'도 신화로 이해한다. 그는 "사람들이 처녀 탄생의 원시적 신화에 의해서 속을 수 있고, 이것이 역사를 초월한다는 바로 그 사실 때문에 중요한 것을 순수한 역사적 사실로 이해하려고 한다. 혹은 그들은 성육신의 도그마를 철학적 신조의 한 조항으로 만들려는 입장에서 설명하려고 한

---

13) Paul Tillich, *Dynamics of Faith* (New York: Harper & Row, 1957), "Symbols of Faith" (pp. 41-54) 참조.

다"라고 주장한다.(p. 17) 성육신을 신화로 보는 니버의 신학적 입장은 유니온 동료 교수이거나 교수였던 그의 친구들의 저항에 부딪쳤다. John Bennett, Cyril Richardson과 Joeseph Haroutunian은 그의 윤리적 통찰과 예언자적인 절박감은 찬양했지만 성육신을 신화로 보는 데에 대해서는 반대했다. 그들은 타락을 신화라고 보는 것은 일리가 있지만 성육신과 부활의 역사성에 도전하는 것은 용납할 수가 없었다. Richardson은 만일 성육신과 부활이 역사적 사건이 아니라면, 즉 신이 바로 그러한 시점에서 인간이 역사에 결정적으로 개입하지 않았다면 기독교는 단지 지적인 삶의 철학에 지나지 않을 것이라고 했다. 심지어 Haroutunian은 니버를 플라톤주의자(Platonist)라고 불렀다. 이러한 혹평은 헬레니스트(Hellenist)가 아니라 히브리주의자(Hebraist)로 자처하는 니버에게는 참을 수 없는 것이었다. 그렇지만 오늘날의 진보 개신교 신학의 시점에서 보면, 창의적이고 정직한 니버의 대담한 신학적 사고를 그의 동료 신학자들의 사고력이 따라가지 못했던 것이다.

끝으로, 니버는 최후의 심판 또한 신화로 보았다. 니버는 "그리스도가 최후의 심판 때 재림한다고 우리가 선언할 때, 즉 역사 속에서 패배한 그리스도가 궁극적으로 역사에 승리하여 역사의 심판자로, 그리고 새로운 삶의 창시자로 다시 온다고 선언할 때, 우리는 속이는 자 같으나 참되다. 기독교의 어떤 교리도 그리스도의 재림처럼 속임과 환상에 빠지게 하지 않았다"라고 한다.(p. 21) 니버는 "최후의 심판의 개념은 역사의 완성이 역사적인 형태들을 초월하면서도 그것들에 대해서 타당성을 가지고 있다는 것을 상징화한다. 역사의 끝(완성)은 역사 속의 어떤 한 시점이 아니다"라고 주장한다.(p. 22) "삶의 궁극적 완성은 인간의 역사의 가능성들을 초월하지만" 그것은 항상 역사적 현실과 타당한 관계를 가진다는 사실을 상징적으로 나타내는 것, 그것이 최후의 심판의 신화라는 것이다.

니버의 이러한 이해와 주장은 기독교의 근본 진리들을 오늘날의 과학 시대에 맞게 해석하려는 그의 의지에서 비롯된 것이다. 이 제1장은 니버가 이 저서에서 역점을 둔 부분으로서, 그는 이 저서의 서문에서도 "이 저서의 논문들의 부수적인 주제는, 그렇기 때문에 신화(myth)가 성서적 세계관에 대해서 가지는 필요하고 영구한 타당성에 공헌한다"(p. 10)라고 했다.

제II장 바벨탑(The Tower of Babel)

본 장에서 니버는 구약성경 창세기 11: 1-9에 나오는 바벨탑 이야기, 곧 신화가 간직하고 있는 심오한 진리를 해석한다. 니버는 "그 이야기의 의심스러운 근원과 그것이 말하는 역사의 환상적인 성격에도 불구하고, 원시적 상상력이 간직하고 있는 영구한 타당성을 가진 통찰을 식별할 수 있는 현명한 사람들에게는 의심할 여지가 없는 본질적 메시지를 가지고 있다"라고 말한다.(p. 27) 이어서 니버는 다음과 같이 말한다 "바벨탑 신화는 프로메테우스 신화처럼 신화적 환상에 속한다. …두 신화는 신을 인간의 야심과 성취, 허세(pretension)에 대해 질투하는 것으로 묘사한다."(p. 27) 정통주의의 얼빠진 문자주의를 옅은 합리주의로 바꾼 현대 정신은 질투하는 신의 개념이 가지고 있는 타당성을 발견하지 못한다. 참된 종교는 "그것이 숭배하는 신이 유한한 인간의 유한성을 초월하지만 그렇지 않은 인간은 항상 그의 문화가 문명의 유한성을 망각하고 그것들이 가지고 있지 않은 절대성(finality)을 갖고 있다고 주장하는 허세를 부리는 유혹을 받는다. 모든 문명과 문화는 그렇기 때문에 바벨탑이다."(p. 28) 신은 유한한 인간의 그와 같은 절대화를 용납하지 않는다. 다시 말해서 질투한다. 이것이 바벨탑 신화가 주는 메시지이다.

니버는 유한한 인간이 절대적이라고 허세를 부리는 것이 죄(sin)라고 주장한다. "인간은 유한하다. 그것이 그의 운명이다. 인간은 유한하지 않은 척한다. 그것이 그의 죄이다. 인간은 시간과 장소의 피조물이기 때문에 그의 시각과 통찰은 어쩔 수 없이 당장의 환경의 제약을 받는다."(p. 28) "이렇게 해서 죄는 인간의 삶의 가장 높은 성취와 가장 낮은 성취를 부패시킨다. 인간의 오만(pride)은 확고한 성취에 근거를 두고 있을 때 가장 심하다. 그러나 성취가 아무리 위대하다고 할지라도 허세를 정당화하리만큼 위대하지는 못하다. 이 오만이 적어도 기독교 정통주의의 '원죄(original sin)'가 의미하는 것의 한 측면이다."(pp. 29-30) 이러한 불가피하고 필연적인 오만이 모든 인간의 사업 속에, 가장 높고 가장 완전한 사업 속에, 보다 정확하게 말하면, 특히 가장 높고 가장 고상한 인간의 사업 속에 포함되어 있다. 신은 이 같은 인간의 오만을 용납하지 않고 질투한다는 것, 따라서 심판한다는 것이 바벨탑 신화의 메시지라고 니버는 주장한다.

이러한 입장에서 니버는 서양의 역사에 출현했던 각종 문명의 몰락을 분석한다. Plato와 Aristotle은 그리스의 도시국가를 정치적 조직의 최종 형태로 보았지만 그리스는 노예제도와 도시국가들 간의, 그리고 계급들 간의 전쟁으로 멸망했다. 로마 문명은 보편성에서 거의 문명 자체와 같았고 로마는 팍스 로마나(Pax Romana), 곧 로마의 지배에 의한 평화를 자랑했지만 그 평화는 군사력에 의한 평화였으며, 정의는 로마법에 의한 불완전한 정의였다. 유럽에서 13세기에 만개한 중세의 봉건적 사회 구조는 가장 보편적인 기독교 문명이었다. 그러나 그것 역시 바벨탑이었다. 중세 기독교 문명 역시 근본적으로는 봉건 귀족의 특정한 경제적 이익을 기독교적 이상주의 속에 조심스럽게 짜 넣은 지주의 문명이라는 사실을 알지 못했다. 상인이 중심인 부르주아 사회는 중세 봉건주의를 뒷받침한 기독교가 불의 도구였으며 특정한 사회의 부분적이고 상대적인 가치를 불의하게 신성화했음을 폭로했다. 부르주아 사회는 자유, 평등, 박애가 보편적이고 절대적이며, 초시간적 타당성을 가지고 있다고 믿었다. 그렇지만 그러한 개념 속에는 부르주아의 이익과 시각이 스며들어 있다. 이렇게 해서 봉건 세계의 환상과 허세를 결딴낸 부르주아 세계는 스스로 같은 환상에 빠졌다. 산업 노동자들 역시 마르크스주의 철학에 의해서 부르주아 사회에 반항하고 비판했지만 그들 역시 또 하나의 바벨탑을 구축했다. 왜냐하면 그들은 자신들의 유한성과 이기성을 보지 못했기 때문에 계급 없는 사회가 보편적 진리를 성취할 수 있다는 허위의 환상적 희망을 가졌기 때문이다. "인간의 문화의 모든 형태는 종교적이든, 합리적이든, 과학적이든 같은 부패에 빠진다. 왜냐하면 모두 유한한 한계성을 부정하려고 하는 같은 인간의 마음의 산물이기 때문이다."(p. 38)

인류 역사의 가장 비극적 국면들 가운데 하나는 모든 문명이 죽음으로 인도하는 몰락이 이미 시작된 바로 그 순간에 그것의 유한한 존재의 불멸성을 주장한다는 사실이다. Arnold Toynbee는 그의 최근의 저서 『역사의 연구A Study of History』에서 피라미드의 건설이 이집트 문명이 그 위에 세워진 노예제도의 불의를 강화했고 그로 인해서 피라미드가 바로 부정하려고 했던 몰락을 재촉했다는 사실을 지적했다. "이렇게 해서 인간은 그의 정신적 성취들이 죽을 운명이 분명해진 바로 그 순간에 그 불멸성을 주장한다. 죽음과 죽어야 할 운명이 바로 불멸이라는 허세 속에 이상하게 혼합되어 있으며 가능성으로 존재한다."(p. 41) 바벨탑의 신화는 인간의 오만을 탑의 "꼭대기를 하늘에 닫게 하려고" 했다고 표현했다. 그러나 이 신화는 또 하나의 중요한 진리를 시사한다. 하나님은 "자, 우리가 내려가서 거기에서 그들의 언어를 혼잡하게 만들어 그들로 서로 알지 못하게 하자"라고 했다. 인간이 역사의 산물이요, 따라서 상대적 존재임을 면하지 못한 존재임을 가장 분명하게 나타내는 것은 인간이 사용하는 언어의 다양성이다. 니버는 이것을 다음과 같이 말한다. "그러나 언어의 다양성은 자만에 빠진 인간들에게 그들의 가장 완전한 정신의 殿堂도 유한성을 가지고 있다는 것을 영원히 상기시키는 것이다. 언어의 다양성은 인간 정신의 최고의 절정도 자연과 역사의 우연성 속에 두고 있다는 사실에 대한 가장 선명한 심벌이다."(p. 42)

제Ⅲ장 "언약궤와 성전(The Ark and the Temple)"

니버가 본 장에서 다룬 성경 본문은 매우 길고 내용도 복잡하다. 그는 본문으로 구약 역대상 28-29: 1과 29: 10-15, 역대하 3: 1과 6: 1-18을 다루고 있다. 그렇지만 니버의 이론 전개와 관계된 핵심은 세 가지이다. 첫째, 다윗(David) 왕이 언약궤(the ark of the covenant)를 봉안할 전(house)을 건축하려고 했으나 하나님은 그가 군인이어서 피를 흘렸기 때문에 건축할 자격이 없다고 했다는 사실이다.(28: 2-3) 둘째, 하나님이 다윗의 아들 솔로몬(Solomon)으로 하여금 그 전을 건축하도록 하겠다고 한 사실이다.(28: 6) 셋째, 솔로몬이 자기가 건축한 전이 하늘과 하늘들의 하늘도 포함할 수 없는데, 하물며 자기가 세운 전이 어떻게 주를 포함할 수 있겠는가라고 말하고 있다는 사실이다.

다윗은 전쟁의 사람이며 또한 하나님의 사람이다. 그가 행한 모든 전쟁에서 언약궤는, 말하자면 전쟁에서 그의 선조들의 신의 동반과 도움의 보장으로 그를 따라다녔다.(p. 51) 니버는 언약궤가 문화 종교(culture religion)의 심벌이라고 한다. "다윗의 종교의 언약궤가 문화 종교의 심벌이요, 그러한 종교에서는 인간의 헌신의 최고 가치들이 인간 자신의 존재와 밀접하게 관계되어 있다."(p. 52) "문화와 문명의 신(god)은 항상 이렇게 전사를 따라다니는 언약궤의 신(god)이다. 그러한 신은 다른 문화들과 충돌하는 특정한 문화의 신이다. 다시 말해서, 인간 생활의 다른 유형들과 충돌하는 인간 존재의 특정한 유형의 신이다."(p. 53) 요약해서 말하면, 모든 문화와 문명의 신은 초월적 하나님인 신이 아니라 각 문화와 문명의 이기심과 상대적 시각이 섞인 신(god)이라는 것이다. "다윗의 불안한 양심을 통해서 말하는 이 하나님은 예언자들과 그리스도의 하나님이다."(p. 55) "이 하나님은 국가들의 동맹군이 아니라 국가들의 심판자이며 구원자이다."(p. 56)

그러면 문화와 문명, 혹은 국가가 이기적인 이익과 불의와 관련성을 갖고 있는 문제를 해결할 수 있는 길은 무엇인가? 그것은 도덕적 해결이다. 다윗은 자기는 성전을 세우리만큼 선하지 못하지만 아들 솔로몬은 "어리고 연약하고" 아직 삶의 갈등에 개입하지 않고 있기 때문에, 그로 하여금 성전을 세우게 하자고 말한다. 니버는 이것을 현대의 비유로 말하면, 비주류 기독교의 소종파, 곧 섹트(sect)에 의한 새로운 교회 건립과 같은 것이며 미국의 교회도 이와 유사하다고 말한다. 그러나 솔로몬도 섹트의 교회도 불의에서 벗어날 수 없다. 왜냐하면 솔로몬이 덜 호전적이고 안정을 누릴 수 있는 것은 다윗의 전쟁의 승리 덕택이었기 때문이다. 섹트 교회 또한 불의와 뗄 수 없는 주류 사회의 틀 안에서만 성립이 가능하다. "어떠한 문화도 아직 문화와 사회적 불의 사이의 너무나 밀접한 관계, 이 문제를 해결하지 못했다."(p. 58) 솔로몬이 세운 성전도 하나님이 거하실 수 있는 완전한 것이 될 수 없다. 결국, "하나님의 성전은 솔로몬의 선함이 아니라 다윗의 불안한 양심에 의해서 세워진다는 것이 참된 사실이다. 교회는 바리새인의 의로움에 의해서가 아니라 세리의 회개에 의해서, 즉 순수한 선의 성취에 의해서가 아니라 모든 인간적 선이 가지고 있는 죄에 대한 인정에 의해서 창조된다. 어떠한 인간적 선과도 동일시될 수 없는 초월적 신에 대한 신앙이 이러한 회개이다."(p. 60) "인간은 영원을 생각할 수 있지만 그것을 명명할 수 없다. 그가 그것을 명명할 때 그는 다시 그 자신의 유한한 시각들을 도입하여 이름을 부여한다. 그는 그리스도조차 자신의 이미지를 묘사하지 않고는 숭배할 수 없으며, 그러한 이미지는 그리스도가 그 자신의 특정한 소유물임을 나타내는 것이다."(p. 61) "교회는 인간 사회 속에서 인간의 열망

에 대해서 심판자로 있는 영원한 하나님의 말씀이 인간을 당혹스럽게 하는 장소이다." (p. 62)

그러나 기독교 신앙은 이렇게 부정적인 심판의 측면만을 가지고 있지 않다. 그것은 예언자적 종교(prophetic religion)의 한 측면이기도 하다. 기독교의 신앙은 긍정적인 사제적 종교(priestly religion)의 측면을 가지고 있다. "예언자적 종교는 사제적 종교보다 엄격하다. 예언자적 종교는 모든 인간적인 허세에 영원한 'no'를 말한다. 사제적 종교는, 다른 한편, 모든 인간적인 가치 속에 있는 영원한 것을 지향하는 것을 긍정적으로 평가한다. 사제는 영원한 목적의 빛 아래에서 인간의 활동의 의미를 이해한다. 그에게 인간의 활동이란 신의 뜻을 부정하는 것이 아니라 부분적으로 성취하는 것을 의미한다. 사제는 '아비나 어미를 나보다 더 사랑하는 자는 나에게 합당지 않다'(마태복음 10: 37)라고 말하지 않는다. 오히려 그는 가정 생활에 성례전적 성격(sacramental character)을 부여한다.(p. 63) 니버는 이 논문의 끝부분에서 Abraham Lincoln이 예언자적 신앙과 사제적 신앙이 놀랍게 조화된 신앙을 가지고 있었음을 예찬한다.

제IV장 400명 대 1명(Four Hundred to One)

본 장의 성경 본문은 구약 열왕기상 22: 2-28이다. 비교적 긴 본문이지만 니버가 전개한 이론과 관계되는 핵심은 간단하다. 이스라엘 왕 여호사밧(Jehoshaphat)은 유다의 왕 아합(Ahab)의 도움을 받아 길르앗 라못(Ramoth-gilead)을 점령하는 전쟁을 하기를 원했다. 여호사밧은 신의 뜻을 자신의 야심에 맞게 왜곡하려는 잘못된 종교를 가지고 있었다. 아합은 여호사밧에게 동조하고 싶은 마음이 있었지만 신의 뜻에 따르려는 생각도 있었다. 그래서 아합은 여호사밧에게 "여호와의 말씀이 어떠한지 물어보기를" 청했다. 그래서 이스라엘 왕은 그의 400여 명의 선지자를 모으고 그의 전쟁 계획이 옳은지 여부를 물었다. 그들 모두는 왕의 계획을 지지했다. 그들은 신의 뜻을 예언하는 것이 아니라 왕의 뜻을 지지하는 데만 관심이 있는 부패한 예언자였기 때문이다. 유다의 왕은 400명의 만장일치에 의심을 품고 그들 외에 물을 만한 다른 선지자가 있지 않은가 하고 물었다. 이스라엘 왕은 미가야 선지자가 있으니 그에게 묻자고 했다. 그렇지만 여호사밧은 그가 흉한 예언만 하기 때문에 자신이 미워하는 선지자라고 했다. 미가야는 이스라엘 왕의 계획에 동의하는 것 같았으나, 결국 이번에도 왕이 패할 것을 예언하여 왕의 뜻에 거역하고 하나님의 뜻을 증언했다. 미가야를 데려오기 위해서 파견된 왕의 사자는 미가야에게 모든 선지자가 일치하여 왕의 계획을 지지했으니 그도 그렇게 하라고 권했다. 그러나 미가야는 "여호와가 살아 계시매 나는 여호와가 나에게 말씀하시는 것을 말하리라"고 말했다. 신의 뜻을 용감하게 증언한 미가야는 옥에 갇혔지만, 이스라엘 왕은 전쟁에 패하고 전사하여 미가야의 예언대로 되었다.

고대 문명의 종교는 종족이나 국가의 목적을 찬양하고 신성화하는 데 가까운 것이었다. 그러나 이 이야기는 이집트나 바빌론 대제국에 공동체의 열망과 왕의 야망을 신성화하기보다 비판하는 의무를 느낀 사제와 예언자가 있었다는 사실을 보여준다. 미가야는 400여 명의 예언자 중에서 단 한 사람의 참된 예언자였다. 참된 예언자와 거짓 예언자의 비율이 400대 1이었는데, 오늘날 그 비율은 그 이상이 되지 못할 것이라고 니버는 말한다. 미가야에 관한 그 다음으로 흥미있는 사실은 왕을 거역하고 여호와의 말씀을 말하는 데 용기가 필요했다는 점이다. 세계의 거대한 공동체들은 스스로를 궁극적인 공동체로 자만하는 허세를 가지고 있지만 궁극적 가치의 관리자의 자격을 가진 공동체는 존재하지 않는다. 이러한 공동체들의 오만과 허세는 참된 예언을 계속 방해한다. 민주주의는 왕을 제거했지만 민주주의의 민중도 오만하고, 성가시고, 잔인한 왕이 될 수 있다. "그래서 민중이라는 왕에 반대하여 하나님의 말씀을 말하는 것은 용기만이 아니라 통찰력을 요구한다."(p. 85)

제V장 참된 예언의 검증(The Test of True Prophecy)

본 장의 성경 본문은 구약 예레미야 23: 1-32이다. 이 본문에는 거짓 선지자, 곧 예언자에 대한 예레미야 선지자의 관심이 담겨 있다. 여기서 그가 제시하는 참된 예언과 거짓 예언의 구별은 완전한 것이 되지 못할 것이다. 사실, 이 문제는 너무나 중대하기 때문에 완전을 기할 수 없다. 그러나 그가 제시하는 검증은 중요하고 설득력이 있다. 예레미야는 거짓 선지자들은 "너희에게 헛된 것을 가르치나니, 그들이 말한 묵시는 자기의 마음으로 말미암은 것이요, 여호와의 입에서 나온 것이 아니니라"(제16절)고 말한다. 이것을 니버는 순수하게 개인적이고 부분적인 판단에 항상 절대적 중요성을 부여하는 것을 의미하는 것으로 해석한다. 그러면 이 같은 거짓 요소를 어떻게 발견할 것인가라는 의문을 제기하고, 예레미야의 답은 거짓 선지자들은 사람들에게 거짓 안전(security)을 준다고 말함으로써 그들의 정체를 드러낸다고 한다. "항상 그들이 나를 멸시하는 자에게 이르기를 너희가 평안하리라, 여호와의 말씀이니라 하며, 또 자기 마음의 강퍅한 대로 행하는 모든 사람에게 이르기를, 재앙이 너희에게 임하지 아니하리라"(제17절)고 예레미야는 말한다. 즉, 니버는 "거짓 선지자의 표식은 죄인에게 그의 죄악적 야심의 입장에서 본 평화와 안전을 옳은 것이라고 보장한다. 참된 예언은 죄인에게 삶의 참된 법칙들을 밝혀주고, 또한 죄인의 어두운 눈이 그가 불안한 세계 속에서 그 자신의 목적을 달성하기 위해서 법을 제멋대로 사용함으로써, 그의 불안을 증대시키고 있다는 사실을 발견하게 하는 기능을 한다"라고 말한다.(p. 94)

"인간 정신의 가장 기본적인 요구는 안전의 필요이며, 종교의 가장 기본적인 문제는 이 필요성을 충족시키는 문제이다. 참된 종교에서는 자연의 질서의 변덕과 우연성을 초월하며 인간의 죄가 많은 혼동을 극복할 수 있는 존재의 궁극적 의미에 대한 신앙이 인간 정신의 최종적인 안전이다."(pp. 94-95) 자연과 사회의 질서에 대한 위협, 그리고 무한한 우주의 방대함으로 인해서 인간은 불안하다. 인간은 인간들의 대립되는 이해관계와 충돌하는 열정의 한가운데에서 일시적인 평화와 불안한 휴전 속에 살고 있다. 이러한 온갖 위험 속에서 안전함이야말로 인간의 생활에서 무엇보다도 필요하다. 거짓 선지자의 죄는 거짓 안전을 신앙의 궁극적인 안전에 포함시키려고 하는 것이다. "모든 인간이 유혹을 받는 거짓 안전은 힘의 안전함(the security of power)이다. 인간 생활의 근본적인 불안은 그것이 가지고 있는 약함과 유한성으로부터 발생한다."(p. 98) 약한 인간이 자연과 인간의 위협으로부터 자기를 방어하여 안전을 지키기 위해서 충분한 힘을 갖기를 원하는 것은 자연스러운 일이다. 인간은 과학에 의하여 자연의 위협에 대하여 자기를 방어했을 뿐만 아니라 자신의 목적을 위하여 자연의 힘을 사용했다. 이처럼 안전을 믿으려고,

"너희가 평안하리라"고 말하고, "재앙이 너희에게 임하지 아니하리라"고 말하는 선지자들을 거짓 선지자들이라고 예레미야가 말하는 것은 무엇 때문인지 니버는 문제를 제기한다. "거짓 선지자들은 힘에 의한 안전이 어느 정도로 불의(injustice)와 오만(pride)으로 인도하는지 알지 못하기 때문이다"(p. 100)라고 니버는 말한다.

이러한 불의와 오만에 대해서 니버는 다음과 같이 말한다. "모든 힘은 오만과 불의로 인도한다. 다시 말해서, '나를 멸시하는 자'의 오만, 곧 피조물인 인간의 어떠한 힘도 자연을 그의 복수의 여신이기보다는 순수한 인간의 하인으로 만들리만큼 충분히 강할 수 없다는 사실을 망각하는 인간의 오만으로 인도한다. 그리고 다른 사람들의 안전과 자유를 희생의 대가로 지불하고 자신의 안전을 창조하는 인간들의 불의로 인도한다."(p. 100) "힘의 결과로서의 오만은 인간에게 거짓 안전을 준다. 그렇기 때문에 오만은 인간의 불안을 증대시킨다."(p. 101) "불의는 오만한 힘의 불가피한 결과이다."(p. 102) "선지자들이 힘과 오만과 불의의 상호 관계를 그렇게 분명하게 본 것은 흥미롭다."(p. 102) 선지자들은 오만의 종교적 죄와 불의의 사회적 죄에 대한 비난을 절묘하게 결합했다. '사회복음'의 현대의 해석가들은 불의의 죄만 보고 그 근원은 보지 못했다. 군왕들과 제왕들도, 독재자들과 귀족들도, 그리고 제국들과 문명들 또한 모든 인간의 이 영원한 죄를 나타내고 있다. 즉, 인간들은 힘을 통해서 유한성이라는 불안을 초월하려고 하다 죄의 불안에 빠진다. 그들은 다른 사람의 생에 맞서서 자신을 보호하려는 그들의 힘이 다른 사람의 삶을 파괴하고 억압하게 되는 유혹에 빠진다.(pp. 102-103) 그래서 니버는 "우리는 항상 우리 안에 어떤 거짓 예언자를 가지고 있다. 그렇기 때문에 우리는 겸손하게 말해야 한다"라고 주장한다.(p. 109)

제Ⅵ장 "궁극적 신뢰(The Ultimate Trust)"

니버는 이 논문에서 신뢰(trust) 문제를 다루고 있다. 인간은 무엇인가를 믿지 않고는, 다시 말해서 신뢰하지 않고는 살 수 없다. 이 경우, 신뢰의 대상은 인간의 삶에 의미를 부여하는 어떤 것이다. 니버는 신에 대한 신뢰를 '궁극적 신뢰(ultimate trust)'라고 부름으로써 그것 이외의 모든 것에 대한 신뢰와 구별했다. 니버는 전자만이 불변의 절대적 신뢰이며 후자는 가변적인 상대적 신뢰라고 말한다. 인간은 가변적인 상대적 신뢰를 궁극적 신뢰로 생각하려는 유혹을 강하게 받지만 그러한 거짓의 궁극적 신뢰는 그 정체가 드러나게 마련이다. 상대적 신뢰의 대상을 궁극적 신뢰의 대상으로 삼으려고 하는 것은 인간의 오만 때문이라고 니버는 주장한다. 아래에서 니버의 본 설교의 내용을 요약하기로 한다.

니버는 본 설교의 첫 부분에서 다음과 같이 말한다. "가장 심오한 기독교적 종교는 모든 순간에 혼동을 부정할 수 있는 존재의 유의미성에 대한 신앙이다. 왜냐하면 그러한 신뢰는 인간의 재능이 만들어낸 어떤 곳, 혹은 인간적인 근면이 성취한 어떤 것에 대한 신뢰가 아니기 때문이다"라고 주장한다.(p. 113) 이 경우, 전자는 궁극적 신뢰이고 후자, 곧 인간적인 것에 대한 신뢰는 궁극적 신뢰가 인간 정신의 어떤 성취에 대해서 본질적 신뢰(essential trust)를 갖게 된다. 인간은 삶을 위협하는 혼동 속에서 삶에 의미를 부여할 수 있는 어떤 것들을 구축한다. 그러한 구축물들을 니버는 '작은 우주(little cosmos)'라고 부른다.(p. 115) 그가 말하는 작은 우주에는 국가, 문명, 교회, 경건한 인물들, 인간의 이성, 또는 특정한 계급(프롤레타리아 계급)에 대한 믿음, 곧 신뢰가 속한다.

원시인은 종족이나 국가에 대한 관계로부터 존재의 의미를 도출했다. 그러나 아모스 선지자는 이스라엘 백성을 그의 선민으로 택한 야훼의 여호와 하나님이 이스라엘이 하나님의 법을 지키지 않으면 이스라엘을 멸망시킬 것이라고 주장했다. 아모스의 이 예견은 인간의 성취의 파멸이 역사적으로 일어나기에 앞서 그것의 불안을 통찰한 심오한 종교적 신앙을 나타내는 것이다.(p. 117) "국가들 역시 죽는다. 자연과 역사의 과정들과 신의 심판이 국가들을 멸망하게 할 때 삶은 무의미하게 될 것이다. 만일 그러한 파멸이 미치지 못하는 의미의 근원을 발견하지 못한다면 말이다."(p. 118) 이것을 니버의 용어 '작은 우주'와 '궁극적 신뢰'를 사용해서 말하면, 작은 우주에 속하는 국가에 대한 믿음, 곧 신뢰는 불안한 것이기 때문에 신에 대한 궁극적 신뢰가 전제될 때 비로소 새로운 작은 우주에 대한 신뢰를 창출함으로써 삶을 의미 있게 할 수 있다는 말이다.

영원하게 보이던 로마는 멸망했지만 기독교 신앙은 로마의 멸망에 의해서 결코 동요되지 않는다고 Augustine은 주장했다. "어거스틴은 인간의 역사의 비극적인 측면을 분명하게 보았다. 예언자들처럼 그는 인간의 오만을 인간적 불의의 근원으로 보았다. 즉, 오만과 불의를 신의 의지에 대한 배반으로 보았다."(p. 120) 그렇지만 "불행하게도 어거스틴은 하나님의 도시를 교회와 동일시했다."(p. 121) 이것을 니버는 다음과 같이 비판한다. "은총에 의해서 사는 사람도 유한하고, 죄인이다. 그리고 그가 세운 교회는 다름 아닌 인간적 기구이다…. 짧게 말해서, 어거스틴은 로마 가톨릭교의 위대한 이단, 곧 교회를 하나님의 나라와 동일시하고 교회라는 인간적이고, 역사적이고, 상대적인 기구를 신성하게 보는 무조건적인 주장을 하는 이단에 대해서 책임이 있다."(p. 121) 니버의 이런 교회관을 요약해서 말하면, 교회에 대한 믿음, 곧 신뢰 역시 궁극적 신뢰가 되지 못한다. 그래서 니버는 "무릇 사람을 믿으면 저주를 받을 것이라"(예레미야 17: 5)는 예레미야의 말에 의지하여 "인간의 교회를 신뢰하는 자는 저주를 받을 것이다"라고 주장한다.(p. 122) 로마 가톨릭교의 잘못을 비판한 개신교 역시 인간을 신뢰하는 유혹으로부터 자유롭지 못하다.(p. 123) 때로는 개신교적 경건은 불모의 정통주의로 타락했고, 때로는 Hawthorne의 소설 『주홍 글씨Scarlet Letter』에 묘사된 것과 같은 청교도적 독선으로 타락했다. 이처럼 니버에 의하면, 가톨릭 교회도 개신교 교회도 궁극적 신뢰의 대상이 될 수 없다.

끝으로, 마르크스주의는 "가난한 사람은 신뢰하라(믿으라). 그는 방어할 이익이 없으므로 진리를 볼 수 있다고 믿을 수 있다"라고 주장한다.(p. 128) 마르크스주의자가 이와 같이 프롤레타리아를 인류의 구원자로 신뢰하는 것은 가난한 자에 대한 성경의 축복과 무관하지 않다. 성경은 가난한 자의 겸손(humility)을 부한 자와 권세 있는 자의 교만(arrogance)에 반대하여 강조했다. 사실, 가난한 사람은 권력이 있는 자나 부한 자보다 생의 궁극적 문제들을 보다 참되게 볼 수 있다. 그래서 예수는 보물을 땅에 쌓지 말라고 했고, 하나님과 돈을 함께 섬길 수 없다고 했다. 마르크스주의자가 프롤레타리아를 특수한 운명의 계급으로 신뢰하고, 사회적 위기 속에서 현명한 자들이 볼 수 없으며 또한 하려고 하지 않는 일들을 보고, 할 수 있는 운명을 갖고 있다고 신뢰하는 것은 충분히 이해할 수 있다. 그러나 가난한 자에 대한 이러한 신뢰는 단지 일시적인 것으로 궁극적인 신뢰가 아니다. 프롤레타리아가 낡은 사회를 전복하고 새로운 사회 질서를 건설하면, 가난한 자임을 그만두고 권력을 가진 자로 둔갑하여 부패하고 권력을 악용하는 유혹을 받는다. "사람을 믿지 말라"는 예레미야 선지자의 경고는 이 경우에도 옳다. 모든 사람은 각자의 능력을 가지고 있지만 약점도 가지고 있는 것이다.(pp. 129-130)

제VII장 유년기와 성숙(Childhood and Maturity)

예수는 "어린아이와 같이 되지 않으면 결코 하늘나라에 들어가지 못할 것이다"(마태복음 18: 13)라고 말했다. 바울은 "내가 어렸을 때에는 어린아이의 말을 하고, 어린아이의 생각을 하고, 어린아이의 판단을 했다. 그러나 어른이 되어서는 어린아이의 순진한(childish) 것들을 버렸다"(고린도전서 13: 11) 라고 말했고, "생각하는 데에는 어린아이가 되지 말라. 악한 일에는 어린아이가 되고 생각하는 데에는 어른이 되라"(고린도전서 14: 20)고 말했다. 이처럼 예수는 어린아이의 순진함을 강조했고 바울은 어른의 성숙함(maturity)을 요청했다. 니버는 이와 같은 두 가지 자기 주장은 피상적으로는 모순 된 것처럼 보이지만 인간 생활의 심오하고 영원한 문제를 시사한다고 본다. 그는 어른의 성숙함은, 곧 삶과 죽음이라고 파악한다. 삶이란 이성이 사물들을 인과관계로 이해하며, 판단이 선택을 하며, 기억이 과거의 경험과 성취를 기억하고, 상상력이 미래를 예측함을 뜻한다. 죽음은 성장에 따른 상상력의 감퇴, 어린아이 시절의 통일성과 청명성의 상실, 성실성에서 삐뚤어짐으로의 타락, 기대와 열망에서 냉소와 환멸로의 타락을 의미한다. 그리고 또 니버는 어린아이의 '순진함(childishness)'과 어른의 '어린아이 같음(childlikeness)'을 구별하고 후자는 어린아이 시절의 단순성과 심오함을 유지하는 것이 아니라 되찾는 것이라고 주장한다. 그리고 나서 그는 다음과 같이 말한다. "보다 큰 복잡성, 보다 넓은 지적 범위, 보다 구체적인 성숙된 지식은 어린아이 시절의 단순성과 통일성, 심오함의 어떤 것을 계속 되찾지 않으면 죽음을 의미한다." (p. 137)

어른의 성숙함은 복잡한 충동들의 통일을 성취해야 할 뿐만 아니라 삶의 존재(is)와 당위(ought) 사이의 갈등, 다시 말해서 자유로 인한 이상적인 가능성들과 이기적인 충동 사이의 갈등을 극복해야 한다. 그런데 이러한 갈등은 결코 완전히 해결될 수 없기 때문에 성숙함은 어린아이 같은 순진성뿐 아니라 어린아이 같은 성실성의 상실도 의미한다. 뿐만 아니라 어린아이의 단순한 자아중심성은 자라서 이기주의(egoism)가 된다. 자아의 중심에 불과했던 자아는 세계의 중심이 되려고 한다. 그로 인해서 "모든 성숙된 도덕적 행위는 부정직과 불성실의 요소로 물들여진다. 이점을 극명하게 드러내는 것이 제국들의 부정직이다." 그리고 또 현대인이 전쟁에서 이상한 광신주의 히스테리에 빠지는 것 역시 이점을 잘 보여준다. 그는 적이 그 자신의 존재뿐 아니라 생의 높고 신성한 모든 가치를 위협한다고 보기 때문에 그의 적에 대해서 그토록 잔인한 것이다. 그러나 "생각을 바꾸어 어린아이와 같이 되라고 한 명령은 당위적 명령이다. 어린아이로 남아 있을 가능성은 없고 어린아이와 같이 될 가능성만 있다."(pp. 137-142)

니버는 지금까지 고찰한 바와 같은 어린아이 시절과 '어린아이 같음'의 개념으로 히틀러의 파시즘과 공산주의를 비판한다. 파시스트들은 어린아이 시절로 되돌아감으로써 현대 문명의 복잡성으로부터 도피하려고 한다. 공산주의는 보다 높은 정의를 추구하여 앞으로 전진하려고 함에 있어서 보다 정당하지만 인간의 역사 속에서 완전한 無垢가 가능하다고 생각하는 것은 잘못이다. 현대의 파시즘은 현대사회의 복잡성과 혼란, 분열을 종족적 단순성으로 되돌아감으로써 극복하려고 한다. 그렇지만 어른이 어린아이가 될 수 없는 것처럼, 낭만적 원시주의는 성숙의 위험으로부터의 잘못된 도피이다. 그래서 파시스트의 노력은, 결국 어린아이 같은 무구가 아니라 강제 수용소의 학대성으로 나타난다. 공산주의는 새로운 보다 높은 형태의 사회 통합을 추구함으로써 현대사회의 분열을 극복하려고 한 점에서는 옳지만 유토피아주의에 대한 주장에 관한 한 잘못되었다. 공산주의는 완전한 무구, 곧 새로운 어린아이 시절이 사회의 발전의 끝에 있다고 상정한다. 그것은 모든 대립이 해결되고 인간적 혼란의 최종적인 근원이 제거되는 사회를 창조할 수 있다고 생각한다. "자연의 조화를 파괴하는 인간 생활의 역동적 에너지는 또한 역사의 창조적 힘이다. 이것은 진보적이건 급진적이건 단순한 현대의 정신의 그 어느 의식에도 떠오르지 않은 패러독스이다. 이러한 사실에 대한 인식은 예언자적 종교의

묵시적 희망을 현대의 유토피아로부터 구별하는 것이다."(pp. 143-146)

끝으로, 니버는 어린아이는 단순하지만 심오한 생각을 갖고 있다고 보았다. 그는 어린아이가 진화하는 교리의 인과관계에서가 아니라 언제, 그리고 왜 세계가 시작했는지를 질문하는 선천적인 신학자라고 말한다. 종교적 문자주의는 어린아이 같은 설문에 대해서 단순하고 어린아이 같은 대답을 줌으로써 어린아이 같은 심오함을 유지하려고 한다. 종교의 문자주의는 어린아이 같은 질문에 대한 신화적인 대답이 적절한 과학적인 대답이라고 생각한다. 종교의 문자주의는 궁극적인 종교적 통찰을 나쁜 과학으로 만든다. 그것은 궁극적인 '왜'에 대한 신화적인 설명을 직접적인 '어떻게'의 과학적인 설명으로 만든다. 종교의 적절한 어린이 같음은 원시적인 무지한 어린아이 같음이 아니라 인간의 지식의 한계를 깨달은 지혜로운 어린아이 같음이다. 그러한 어린아이 같은 지혜는 선이 악보다 근본적이고, 선 없이 세계가 존재할 수 없으며, 창조가 혼동에 대하여 승리한다는 것을 알기 때문에 두려움보다 희망을 가진다. "모든 인간의 성취의 상대적 선은 항상 악의 혼동에 의해서 위협받고 인간의 불완전한 수공품을 파괴하는 선한 신의 심판에 의해 위협을 받지만, 보다 나은 어떤 것을 위한 여지를 남긴다. 탄생의 기쁨과 죽음의 슬픔은 인구 동태 통계학(vital statistics)이 시사하는 합리적인 기대들보다 훨씬 더 풍부하고, 보다 만족을 주며, 보다 무섭다." 신의 선과 악에 대한 그의 궁극적 승리에 대한 부동의 신앙이 주는 유쾌한 청명함은 제2의 유년기(second childhood)라고 할 만하다. 그것은 어느 정도 회개와 개종을 통한 제2의 탄생에 따라오는 정신적 상태이다.(pp. 146-151)

제VIII장 기독교와 비극(Christianity and Tragedy)

본 논문의 성경 본문은 예수가 "예루살렘의 딸들아, 나를 위해서 울지 말고 너희 자신들과 너희 자녀를 위하여 울라"고 말한 구절이 포함된 누가복음 23: 28이다. 이 장면에서 "예수는 피상적으로 볼 때 '비극적(tragic)'인 모습이다. 그러나 사실은 그렇지 않다. 기독교는 '비극(tragedy)'을 초월하는 종교이다. 십자가는 비극적이 아니고 비극의 해결이다."(p. 155) 니버는 먼저 비극의 의미를 심층적으로 분석한다. 그는 "너희 자신들을 위하여 울라"는 예수의 타이름은 비극적이라기보다 가엾음(pitiful)을 나타내는 것이라고 본다. 그에 의하면, 비극적이라는 말은 일반적으로 매우 느슨하게 사용되며, 그것은 전혀 비극적이 아니라 가엾음을 나타낸다. "참된 비극에서는 주인공이 그의 혼의 성실성을 주장하기 위해서 악한 힘에 반항한다."(p. 156) Thomas Hardy의 소설은 가엾은 인물들로 가득 차 있다. 하디는 비관론자이며 따라서 그의 주인공들은 비극적이 아니다. 니체가 비극은 비관주의와 낙관주의를 넘어선다고 주장할 때 옳다. Ibsen의 작품에서는 독자의 동정심이 대개는 비현실적인 인습들의 희생자들이나 그 제창자들을 향하여 일어난다. 그들은 죄악적 도덕, 곧 인습적인 올바름의 가면을 쓴 이기주의로 인해서 상호간에 무서운 고통을 당한다. 그렇기 때문에 입센이 묘사하는 것은 인간의 죄악에 대한 비애감(pathos)이지 비극이 아니다. "입센은 현실주의자이다. 아마도 현실주의자들은 위대한 비극을 쓸 수 없을 것이다."(p. 157)

물론, 모든 일상적인 삶을 가엾음의 범주에서 이해하거나, 또는 순수한 비극을 위대한 고귀함과 강함을 갖춘 특별한 영웅에만 제한하는 것은 가능하지 않다. 진정으로 비극적인 것은 이상하게도 가엾은 것과 혼합되어 있다. 순수한 비극의 개념은 그리스의 드라마, 특히 Aeschylus와 Sophocles의 드라마에서 찾아볼 수 있다. 그리스 비극의 주인공은 신에게 반항하거나 보다 높은 의무로 생각되는 것 때문에 역사적 도덕성의 어떤 법에 위배할 수밖에 없기 때문에 고통 받는다. 그는 그의 강함, 바로 그 때문에 패망한다. 이는 인간이 '오만(pride)'의 죄를 범하고 신의 질투를 유발하는 것을 말한다. 신은 사랑이 아니라 정의로만 이해되기 때문에, 곧 복수하는 신이다. 프로메테우스적 비극은 인간의 과장으로 인한 인간의 영원한 자멸을 인정한다. Aeschylus의 드라마의 구성은 인간이 만물에 질서를 부여하는 이성뿐 아니라 하늘을 탐구하고, 별들을 동경하며, 인간 정신이 구축한 모든 작은, 깊은 분별적 시스템을 파괴하는 상상력을 가지고 있다. 모든 인간의 창조의 근원은 바로 이 상상력이지만 그것은 또한 모든 인간적인 악의 근원이기도 하다. 그리스의 비극이 그 디오니소스적 신화에 가까이 머물면 머물수록 합리적인 도덕에 대한 거인적인 반항을 표현한다. 왜냐하면 신화는 그리스의 철학이 결코 알지 못했던 삶의 심층부에 대한 무의식적인 침투를 표출하기 때문이다. "그리스 드라마의 비극의 주제는 이렇게 해서 프로메테우스적이거나 디오니소스적(프로이트적)이다. 한 경우에는 인간의 상상력이 무한한 것을 추구하기 때문에 분별적인 도덕의 형태들을 타파한다. 다른 경우에는 인간의 상상력이 일반적인 사람들의 의식 수준 아래에 있으며 품위 있는 도덕의 제약을 벗어나는 열정과 충동을 표출하기 때문에 분별적인 도덕의 형태들을 타파한다. 이렇게 그리스 드라마는 인간 정신의 높이와 깊이를 탐구하고 분별적 사고가 충분히 이해하지 못하는 전체적 차원을 밝힌다."(p. 163)

기독교적 인생관과 그리스 비극의 인생관은 넓고 깊은 차이가 있음에도 불구하고 양자 사이에는 커다란 유사성이 있다. 양자는 현대 문화를 지배하고 있는 공리주의적 합리주의와 현저하게 다르다. 양자가 함께 깊이에서 삶을 보며, 또한 의식의 레벨 아래로부터 발생하는 인간의 한계를 넘어서려고 하는 인간 존재의 거인적 세력을 분별적 합리성의 작은 어떤 구도 아래 통제할 수 있다는 단순한 환상에 빠지지 않는다. 기독교적 비극과 그리스적 비극은 죄와 창조성이 불가피하게 얽혀 있다고 본다. 그렇지만 기독교는 모든 인간의 창조성이 갖고 있는 죄의 책임이 인간의 삶의 본성, 곧 삶 자체 속에 있다고 보지 않고 자유로부터 발생한다고 본다. 인간은 이러한 자유의 행사에 있어서 자기중심성과 이기주의에 의해서 존재의 조화를 파괴한다. 그러한 자기중심성과 이기주의는 인간의 오만에서 비롯되는 것이다. 예수가 "너희 자신들을 위하여 울라"고 한 것은 이러한 죄에 빠진 모든 인간을 향한 훈계이다. 현대의 거인들과 영웅들은 그들의 국가들이건 국가의 통치자들이건, 또는 정치적, 경제적(산업적) 지배자들이건 인간을 오만하게 보는 기독교적 이해를 확증한다. 이들 국가들과 지배자들은 너무나 가련하게 스스로를 과장한다. 그런 과장은 열등 콤플렉스에서 비롯된 오만이다. 그들의 강함은 창조하지만 더 많이 파괴한다. 그러한 인간에게 "너희 자신들을 위하여 울라"고 한 예수의 말은 옳다. 그러나 기독교는 비극을 초월한다. 그가 자신을 위해서 울면, 다시 말해서 회개하면 구원받을 수 있기 때문이다. 그는 희망과 믿음에 의해서 구원될 수 있다.(pp. 165-168)

제IX장 수난의 종과 인자(The Suffering Servant and the Son of Man)

본 장의 성경 본문은 마태복음 16: 13-18이다. 예수가 제자들에게 너희는 나를 누구라고 하느냐고 물었다. 베드로는 "당신은 그리스도이다"라고 대답했다. 예수는 베드로의 이와 같은 신앙 고백은 하나님이 그로 하여금 그렇게 고백하도록 했다고 말했다. 그러나 예수가 예루살렘에 올라가 고난을 받고 죽임을 당해야 한다고 말했을 때, 베드로는 "이 일이 주께 결코 일어나지 아니하리이다"라고 말했다. 이때 예수는 베드로에게 "사탄아, 내 뒤로 물러가라"고 했다. 이렇게 예수는 베드로에게 하나님의 대변자라고 하고, 정반대로 사탄의 대변자라고 말했다. 베드로는 메시아인 예수가 최후의 승리를 할 것을 이해했지만 그것이 수난과 관계가 있다는 것을 알지 못했다.

예수와 베드로 사이의 이러한 대화의 뜻을 이해하기 위해서는 예수 당시의 상이한 몇 가지 메시아 개념을 요약해 살펴볼 필요가 있다. 그것은 세 가지로 분류할 수 있다. 첫째, 메시아가 힘과 선함으로 통치하는 제2의 다윗(David) 왕이다. 이것은 정치적 메시아주의(political messianism)라고 할 수 있을 것이다. 예수는 광야에서 마귀의 시험을 받았을 때 그에게 엎드려 경배하면 온 천하를 주겠다고 했을 때 단호하게 거절했듯, 이러한 정치적 메시아주의를 "사탄아, 내 뒤로 물러가라"고 강하게 거절했다. 둘째, 묵시적(apocalyptic) 메시아주의이다. 이것은 다니엘서와 그 밖의 묵시적인 문헌에 나타나는 메시아 개념으로서 당시에는 보다 널리 인기가 있었다. 이 메시아는 하늘로부터 내려오는 초월적 사자로서 온 세상의 질서를 변혁한다. 정치적 메시아의 도래로 인한 "좋은 시간(good time)"이 "시간의 종말(end of time)"로 변한다. 이렇게 하늘로부터 도래한 인물이 '인자(the son of man)'이며, 예수가 이 이름을 사용했다. 셋째, 당시 전혀 인기가 없는 메시아 개념으로서 이사야서 제53장에 나오는 '수난의 종(the suffering servant)'으로서의 메시아 개념이다. 예수의 메시아 개념은 두 번째의 개념과 세 번째 개념을 결합한 것이다. 첫 번째 정치적 메시아주의는 히브리적 예언보다 오래된 것이다. 플라톤의 철인 왕과 이집트의 태양신 레(Re)가 이런 메시아에 속한다.

이러한 메시아주의에 대하여 정치적 유토피아주의에 대한 비판을 그대로 적용할 수 있다. 국가의 힘이든 사회 구성원의 힘이든 모든 정치적 힘은 항상 경쟁적이고 대립적인 힘이기 때문에 불의의 요소를 가지고 있다. 인간은 죄인임을 벗어날 수 없기 때문에 모든 정치적 힘은 이기적인 요소를 가지고 있다. 세 번째 수난의 종은 그의 힘에 의해서 세상에 선을 강요하지 않고 무력하기 때문에 힘있는 자의 불의에 의하여 수난을 당한다. 그는 특히, 모든 인간적 의가 의롭지 않은 것으로 얼마나 가득 차 있는지를 알지 못하는 의로운 자들의 죄로 인해서 수난을 당한다. 예수도 바리새인들의 핍박을 받았다. "사랑은 삶의 법이다. 그렇지만 그것이 상대적 정의와 균형 잡힌 이기주의의 세계 속으로 들어갈 때는 그 속에서 파괴된다." (p. 182) "그리스도는 인간의 본질적 본성이다. 혹은 사도 바울이 표현한 대로 '둘째 아담 (the second Adam)'이다. …둘째 아담은 첫째 아담, 특히 선하고자 하고 정부와 교회, 죄를 견제하는 행위 표준들을 세우는 첫째 아담에 의해서 십자가에 못 박혔다." (p. 182) 그리스도에 의해서 계시된 "하나님의 나라에 의해서 죄악의 세상은 파괴되지 않았다. 그러나 더 이상 그것은 완전히 계시되었다. 하나님의 나라의 차원을 진정으로 이해한 사람은 누구나 세상의 왕국들에 대한 환상을 갖지 않는다. …그는 죄의 혼란이 아직 그것들 속에 있다는 것을 안다." (p. 183) "하나님의 나라는 십자가에 의해서 세계 속으로 들어오지 않으면 안 된다. 힘으로 무장한 선은 부패한다. 그리고 힘이 없는 선은 파괴된다. 만일 그것이 가끔 성공한다면, 사실 그렇게 성공하지만, 그것은 하나님의 나라가 가능성인 동시에 현실이라는 사실의 힘차고 창조적인 심벌들을 우리에게 전한다. 그러나 그것을 수립된 현실로 믿는 자는 누구나 실망할 것이다." (p. 185)

예수는 이 같은 수난의 종을 인자와 결합시켰다. "예수는 그를 수난의 종으로뿐만 아니라 '인자'로 생각했다. 인자의 역사적 개념은 그가 태초부터 있었고, 종말에 그가 이탈했던 삶의 패턴을 세계 안에 도입하는 '하늘로부터의 인간(a man from heaven)'이었다. …이 새로운 세계는 그리스적 개념의 어떤 '영원한 삶'이 아니라 변혁된 시간적 질서이다." (p. 187) 그러나 메시아의 제2의 도래는 기독교의 가장 기본적인 패러독스를 포함하고 있다. 예수 재림(parousia)의 희망이 갖고 있는 가장 기초적인 아이디어는 첫째, 세계의 구원이 창조의 파괴를 필요로 하지 않는다는 것이다. 창조 그 자체가 악이 아니기 때문이다. 둘째, 모든 인간이 죄의 모순에서 벗어나지 못하기 때문에 구원은 신으로부터 와야 한다는 것이다. 첫 번째 개념은 연대적 신화로만 표현될 수 있다. 이 불가피성은 세계 종말의 환상이 될 수 있다. 다시 말해서, 세계의 시간적 종말에 역사가 완성된다는 환상에 빠진다. 인간의 자유가 불가피하게 죄를 낳기 때문에 이것은 불가능한 유토피아이다. 그렇지만 모든 자연주의적 유토피아주의가 이 잘못을 범했다. 진보적 유토피아주의자는 이성이 자연의 충동을 극복함으로써 역사 속의 무조건적 선이 실현될 수 있다는 희망을 가졌다. 마르크스주의자는 계급 없는 사회가 권력이 불필요한 무정부적 천년 세계를 실현할 수 있게 인간성을 바꿀 수 있다고 착각한다. 이와 달리, 하나님의 나라는 역사를 초월한다. 그렇지만 하나님의 나라는 시간을 부정하는 어떤 영원한 영역이 아니다. 그것은 시간을 완성하는 영원의 영역이다. 그렇기 때문에 영원을 시간 속의 심벌로 표현하는 것이 가능하다. 그 심벌이 그리스도요, 수난의 종의 왕국이다. 그러나 이 수난의 종의 패배가 그것 속에 궁극적 승리의 심벌을 가지고 있다.(pp. 187-192) 이처럼 기독교는 역사의 비극을 비극이 아닌 어떤 것으로 바꾼다.(p. 193)

제X장 가치 전도(Transvaluation of Values)

본 장은 고린도전서 1: 26-29에서 사도 바울이 하나님께서 많지 않은 육신에 따라 지혜 있는 자, 많지 않은 권력 있는 자, 많지 않은 가문이 좋은 자가 아니라 미련한 것을 선택하여 지혜 있는 자를 부끄럽게 하려고 하시고, 약한 것들을 선택하여 강한 것들을 부끄럽게 하시려고 하고…라고 말한 것이 진정한 '가치 전도'이며, Nietzsche가 말하는 '가치 전도'는 잘못된 것이라는 주장이 니버가 전개한 논의이다. 니체는 기독교를 노예들이 그들의 주인들에게 취한 복수라고 선언했다. 니체의 이 주장은 매우 옳은 면을 가지고 있다. 인간의 역사에서는 지혜 있는 자, 권력 있는 자, 가문이 좋은 사람들이 부와 명성, 불멸을 누린다. 그들은 죽어서도 기억되고 찬양과 존경을 받는다. 그들에게 유린당한 사람들의 공포와 심지어 증오의 대상이 되기도 하지만 말이다. 그러나 사도 바울은 하나님 나라에서는 세상에서 위대한 사람들 중 많지 않은 수만이 선택된다고 말했다. 사실 신구약 성경에서는 부자와 권력 있는 자는 끌어내려지고, 저주받은 가난한 자와 약한 자는 높임을 받고 축복을 받는다. 성서의 사상 전체는 하나님의 눈에는 인간의 성취에 대한 역사의 평가가 뒤집어지는, 그러한 희망과 예견으로 가득 차 있다.

그런데 문제는 니체가 말하는 가치 전도가 인류 문명의 모든 최고 가치들에 대한 위협이라는 생각이 옳은 것인가 하는 점이다. 인류의 국가들의 정치 전체를 볼 때 니체의 말은 옳다. 역사는 하나님의 나라가 아니라 자연이다. 자연에서는 강자가 약자를 삼켜버리고, 교활한 자가 단순한 자를 희생시킨다. 그렇지만 인간의 역사는 자연 그 이상이다. 그것은 자유의 영역으로서 거기에서는 자연의 불평등들이 인간의 상상력에 의해서 강화되며, 마침내 그것들이 지탱할 수 없게 되고, 스스로 망하고 만다.(p. 200) 사회는 일시적인 가장 중요한 사회적 힘에 의해서 조직되고 그러한 힘의 기능에 의해서 그 사회가 유지된다. 그러나 강한 자들은 거의 모두 인간의 피조물이 가지는 한계를 넘어서 스스로 신이 되려는 유혹을 받는다. 다시 말해서, 자기를 절대화하려는 죄를 범한다. 특히, 권력 있는 자가 그렇다. 권력 있는 자들은 죄악적 인간에게 신 앞에서 가져야 할 겸손함은 가능하지 않다. "이렇게 해서 불의는 오만의 사회적 결과이며 불의의 불가피한 결과는 자멸이다."(p. 203) Egon Friedell이 그의 저서 『현대 문화사A Cultural History of the Modern Age』에서 말한 것처럼, "자신의 잘못을 결코 인정할 줄 모르는 이 정신적 비겁이 모든 사회를 파멸하게 만드는 숨겨진 병폐이다. …불의의 저주로부터의 구원은 기독교 국가에서만 가능하지만 그러한 국가는 결코 존재한 적이 없다."(p. 203)

그러면 바울이 말한 구절들을 좀더 구체적으로 살펴보자. 바울이 "많지 않은 가문이 좋은(귀한) 사람들이 부름을 받았다"라고 할 때, 가문이 좋은 사람들은 누구를 말하는 것인가? 그것은 좋은 가문에서 태어난 귀족을 의미한다. 귀족 1세는 불의에 의해서 그 지위를 획득했으며 귀족의 부유하고 한가한 삶의 유지는 불의를 범한다. 귀족의 후세는 그와 같은 불의로 구축된 특권의 후광을 누린다. "만일 많지 않은 귀족이 신의 심판에서 부름을 받지 않는다면, 그것은 권력이 오만과 불의뿐 아니라 위선을 범하게 한다는 것을 의미한다."(p. 205) 귀족 여성 자선가(lady bountiful)의 자선과 선행도 기득의 불의를 당연한 것으로 여기는 불의의 기반 위에서 행해지는 것으로서 반문화적이고 한가함(사치함)을 정죄한 예언자들의 비판의 대상이다. 그러한 귀족들은 하나님의 나라의 궁극적인 심판을 받을 뿐 아니라 역사의 주기적인 심판을 받는다. "많지 않은 육신에 따라 지혜 있는 자들이 부름을 받지 못했다"라고 바울이 말한 심판은 귀족에 대한 심판보다 약간 더 나쁜 것 같다. 그들이 심판을 받는 것은 충분히 현명하지 못하기 때문일 것이다. 그들은 권력 있는 자들과 귀족들의 허세를 꿰뚫어 볼 수 있을 만큼 충분히 현명하지 못하기 때문에 강한 자들의 진영의 노예적인 동조자가 된다. 그들은 특권을 가지고 있다는 바로 그 이유 때문에 가장 성공적인 거짓말쟁이가 된다. Aristotle의 지혜는 노예제도를 정당화했으며, Plato는 스파르타를 그의 이상국의 모델로 삼았고, Voltaire는 중세 봉건주의를 비판하는 데 있어서 미신에 대한 합리주의자의 혐오에 의해서 뿐 아니라 부르주아적 시각의 영향을 받았다. 교육은 편견을 제거하지 못하고 오히려 그것을 유지할 수 있는 더 좋은 이유를 제공할 뿐이다. "자멸적인 오만의 죄에 굴복하지 않는 인간의 탁월함의 형태는 존재하지 않는다."(p. 212)

기독교 신앙은 말구유에 태어나서 십자가에서 죽은 분을 중심으로 한다. 이것이야말로 모든 가치의 기독교적 전도의 근원이다. 크리스천은 십자가가 진리라는 것을 안다. 그 표준으로 그는 세상이 실패라고 하는 것을 궁극적인 승리로 보며, 세상이 성공이라고 하는 것을 실패로 본다. 그는 권력 있는 자, 귀족, 지혜 있는 자를 멸시하지 않지만, 그 자신의 삶을 성찰함으로써 권력과 탁월함과 지혜로부터 유혹받는 오만의 부패를 탐지한다. 이처럼 그의 모든 세속적 부를 손실에 지나지 않는 것으로 본다면, 그는 선택받은 소수의 한 사람에 속할 것이다.(p. 213)

제XI장 있는 것들과 없는 것들(The Things That Are and the Things That Are Not)

본 장의 성경 본문은 고린도전서 1: 28의 "하나님께서… 없는 것들을 택하사 있는 것들을 폐하려 하시나니"라는 구절이다. 앞서 제X장에서 니버는 니체의 가치 전도는 잘못된 것이며, 바울이 하나님께서 어리석은 자를 택하여 지혜 있는 자를 부끄럽게 했고, 약한 자를 택하여 강한 자를 부끄럽게 한다고 말한 것이야말로 참된 가치 전도라고 했다. 니버는 "하나님께서 없는 것들을 택하여 있는 것들을 폐하려 했다"라고 말한 구절은 바울적 가치 전도의 극치라고 말한다. '있는 것들'을 '없는 것들'이 위협한다는 생각은 지혜 있는 자와 어리석은 자, 강한 자와 약한 자 사이의 구별이 이미 가능하지 않은 수준으로 종교적 심판을 높이는 것이라고 니버는 말한다.(p. 217) 니버에 의하면, 이러한 궁극적인 심판이 없으면 역사적인 것들의 차이에 대한 예언자적 종교의 비판이 순전히 정치적인 것이 되고, 강자에 대한 약자의 반항의 도구가 되어버린다는 것이다. "이러한 유혹의 위험성에 대해서 하나님이 있는 것들을 폐하려고 없는 것들을 택한다는 고차원의 통찰이 제시된다."(p. 218)

역사에서는 '있는 것들'이 자연의 세계에서보다 더 큰 위험 속에서 산다. 역사에서 성취된 것은 자연의 발전의 산물일 뿐만 아니라 인간의 의지의 결과이다. 그런데 이러한 인간의 의지는 자연의 충동을, 자연의 한계를 넘어서 확대한다. 이 확대가 인간의 창조성의 기반이지만 또한 인간의 죄의 원인이기도 하다. 이 자기과장의 오만에 대한 신의 심판이 바로 '없는 것들'의 심판이다. 강한 자들은 그들의 힘을 증대함으로써 모든 삶을 그들의 통합적 원리 아래 두려고 한다. 이렇게 해서 그들은 자신의 삶이 사회 질서의 보전을 위해서 필요 불가결하다는 환상에 빠진다. 그들은 얼마나 많은 상이한 원리들과 얼마나 다양한 사회의 질서들이 인류 역사 속에서 성취되었는지를 망각한다.(pp. 221-222) 강자들뿐 아니라 지혜 있는 자들도 그들의 특정한 존재 형태와 그것을 정당화하는 철학이 최종적인 존재와 철학이라고 생각하는 잘못을 범했다. Hegel과 Comte, Marx 모두 이러한 잘못을 범했다. 그러나 이들뿐 아니라 그들의 지식이 신의 힘과 지혜와 동일한 최종적인 것으로 생각하는 지혜 있는 자들의 그런 경향은 인간의 죄의 일반적인 특성의 한 국면에 불과하다. 인간의 이성은 오만의 하인이 되고 만다.(p. 222) "역사의 끝까지 사회의 질서들은 그것이 파괴될 수 없다는 것을 증명하려는 노력으로 인해서 스스로 파괴될 것이다."(p. 224) 모든 문명이 앞선 사회 질서들의 파괴를 예측하고 스스로의 불멸을 꿈꾼다. 이 환상에서 벗어난 철학은 존재하지 않는다. 왜냐하면 앞선 철학들의 환상을 분명하게 목도했으므로 스스로는 결코 같은 철학적 오류들을 되풀이해서 범하지 않을 것이라고 확신하기 때문이다. 오직 모든 인간의 가능성을 초월한 영역에서 인간을 향하여 말하는 신의 말 속에만 해방이 있다. 이 목소리는 신앙과 회개를 통해서 들을 수 있다.(p. 223)

제XII장 지식 없는 열심(Zeal Without Knowledge)

본 장의 성경 본문은 로마서 10: 1-13이지만 니버가 다룬 핵심은 제2절의 "하나님께 열심이 있으나 지식을 좇는 것이 아니라"는 구절이다. 즉, 하나님을 추구하는 열심은 있으나 지식이 없다는 것이다. 바울의 이 말은 당시의 사람들과 세대에 대해서 한 말이지만 18세기에 시작하여 종말에 접어들고 있는 현대의 휴머니즘의 시대에도 아주 잘 적용되는 타당성을 가지고 있다고 니버는 말한다. 휴머니즘의 시대는 공통된 인류성을 내세우고 주장했지만 지금 극심한 혼란과 세계적, 사회적 전쟁 속에서 막을 내리려고 하고 있다. 공통의 인류성에 대한 신봉은 일종의 종교적 성격을 가진 신에 대한, 혹은 신이 되려는 열망이지만 그것은 지식을 결여한 잘못된 열망이라는 것이 니버의 주장이다.

현대는 계시된 종교의 신을 이성과 자연의 신으로 대체했다. 현대인은 종교적 편견과 미신이 제거되면 공통의 인류성을 수립할 수 있을 것으로 믿었다. 현대의 이러한 신앙은 보다 정확하게 말하면 합리주의적 휴머니즘이다. Comte도 Dewey도 이성에 의한 교육에 의해서 그것을 실현할 수 있다고 믿었다. 그렇지만 이러한 신앙이 옳지 않다는 것을 역사가 어떤 이론보다 극명하게 증명했다. 다시 말해서, 파시즘과 공산주의가 이성에 의한 이런 공통의 인류성을 파괴했다. 파시즘은 '피와 땅'의 종교에 의해서, 공산주의는 계급 투쟁에 의해서 부정했다. 오늘날에는 잘못된 기독교 신학들이 '창조의 질서(the order of creation)'를 주장함으로써 노예제도 같은 불의한 사회 제도를 종교적으로 정당화하여 공통의 인류성을 파괴한다. 이론적으로 보아도 휴머니즘적인 이상주의는 지식 없는 열심이다. 합리적인 휴머니즘은 인간의 유한성과 인간이 피조물임을 망각한다. 그것은 인간으로 하여금 자신만의 의를 수립하게 하고 도그마적 종교의 광신주의보다 더욱 심한 광신주의에 빠지게 만든다. 이를 보다 구체적으로 말하면, 합리적인 휴머니즘에 반대하는 낭만주의 사상이 폭발하여 인간 심리 전체의 활력을 모호하게 만들고 억압했던 합리주의의 얇은 표면의 막을 파괴하고 뒤덮게 되었다. 이것이 Schopenhauer, Fichte, Nietzsche, Spengler, Freud, 그리고 Marx에 의하여 제각기 상이하게 강조되었다. 힘이 정의라고 믿는 Hitler와 Mussolini는 이 같은 낭만주의 운동의 후예들이다.(p. 238) 이성을 신으로 세우려는 현대인의 노력은 잘못된 종교적 정통주의보다 더 잔인한 광신주의가 되었다. 자연, 혹은 역사 속에서 발견되는 어떤 것보다 더 순수한 의로움에 복종하지 않는 의로움은 광신적인 自意에 의해서 타락할 수밖에 없다. 그러한 숭배는 인간의 자신에 대한 숭배에 떨어진다.

마르크스주의는 이상과 이익이 밀접하게 관계되어 있다는 것을 알기 때문에 모든 인간의 문화의 유한성에 근거하여 인간의 본성을 해석한다. 그러나 『공산당선언Communist Manifesto』에서는 "교역의 자유와 생산 양식의 균일성으로 인해서 국가 사이의 차이와 대립이 나날이 사라져간다. …계급 간의 대립이 사라짐에 따라서 국가 간의 증오가 종식될 것이다"라고 말함으로써 마르크스주의의 사상이 부르주아적인 합리적 환상에 의존하고 있음을 시사한다. 이러한 주장에 반하여 스탈린파는 트로츠키파를 숙청했고, 마르크스주의자들의 상이한 사상적 대립으로 인한 싸움은 가장 잔인한 투쟁을 불러왔다. 이것 역시 신에 대한 열망은 있으나 하나님의 지식을 좇는 것이 아니었다. 인간의 모든 완전성은 불완전한 것이다. "인간의 모든 덕 속에는 오염된 이익의 섞여 있으며, 인간의 모든 이상은 자연의 한계성을 지니고 있다."(p. 246) "그렇지만 기독교의 최선의 겸손함은 도덕적 열성을 파괴하지 않는다. 그것은 단지 도덕적 오만을 파괴하고 의가 독선으로 타락하는 것을 방지한다."(p. 247)

제XIII장 심판에 관한 두 가지 비유(Two Parables about Judgment)

본 장의 성경 본문은 마태복음 25: 31-46과 마태복음 20: 1-16이다. 두 가지 모두 하나님의 심판에 관한 비유이다. 전자의 최후의 심판에서는 심판자인 하나님이 인간의 선한 행위를 보상하고 악한 행위를 처벌한다. 후자에서는 포도원 주인이 아침 일찍부터 와서 일한 품꾼과 늦게 와서 일한 품꾼에게 같은 액수의 삯을 지불함으로써 품꾼들이 행한 공적의 차이를 고려하지 않는다. 니버는 이 설교에서 첫 번째 비유가 말하는 인간의 선과 악의 차이가 신의 눈에는 궁극적인 중요성을 가진다는 사실과 두 번째 비유가 말하는 그러한 차이가 신의 눈에는 중요하지 않다는 사실의 모순의 종합을 시도한다.

 이러한 모순적 대립은 성경의 사상 전체를 일관하고 있다. 그러한 대립은 시편 제1장과 제143장에도 나오고, 이사야서에도 나온다. 사도 바울도 "아무런 차이가 없다. 모든 사람이 죄를 범했고, 하나님의 영광에 미치지 못했기 때문이다. 하나님의 은총에 의해서 대가 없이 의로워진다"라고 했다. 바리새인과 세리의 비유 또한 자신이 의롭지 않은 것을 알지 못하는 의로운 사람보다 회개한 죄인을 예수가 선호했다는 사실을 나타낸다. 인간이 행하는 선과 악은 분명 차이가 있지만 그러한 차이는 의미가 없다는 두 주장이 성경에서 대립된다. 인간의 경험으로 볼 때, 인간의 행위의 선과 악에는 당연히 차이가 있다. 노예의 슬픔을 자신의 슬픔으로 느끼는 퀘이커의 성자와 노예제도를 정당화하기 위해서 성경을 사용하는 자, 그리고 폭군 Nero와 자비로운 Marcus Aurelius 황제 사이에는 분명한 차이가 있다. 진리는 덕이고, 거짓은 악이다. 용기는 덕이고, 비겁은 악이다. 이기적인 인간과 이기적이지 않은 인간은 우리의 행복에 상이한 영향을 미친다. 그렇지만 신의 눈에는 이러한 차이가 없다. 모두 신의 자비를 필요로 하기 때문이다. 이때 인간의 선과 악의 차이의 중요성을 무시하는 기독교적 강조는 도덕에 대한 무시를 조장할 위험성이 있다.

 그렇지만 성경의 이 통찰은 매우 중요하다. 인간의 덕과 고결의 명성은 정신적 오만과 허영을 수반하는 유혹을 받는다. Pascal은 "겸손에 관한 논의는 허영이라는 오만의 근원이다. 겸손을 겸손하게 말하는 사람은 거의 없다"라고 했다. 사람은 성자가 될 수 있지만 상대적으로 말해서 그렇다.(p. 263) 성경이 말하는 도덕적인 것(the moral)과 초도덕적인 것(the supermoral)을 조화하는 것은 쉬운 일이 아니다. 바울이 믿음으로 사는 자들은 그들의 성취로는 의롭지 않지만 신의 은총으로 의로워진다는 믿음으로 말미암은 의인은 인간의 도덕적 책임을 해제하지 않는다. 신은 우리가 은총에 넘치록, 죄를 범하는 것을 금하신다. 이에 비하여, 용서의 은총은 하나님의 뜻을 삶의 원리로 의식적으로 택하는 자들에게만 허락된다. 포도원의 주인은 최후의 심판자이며 동시에 구원자인 하나님의 심벌이다.

제XIV장 세상에 속하지 않는 나라(The Kingdom Not of This World)

본 장의 성경 본문은 요한복음 18: 33-38이지만 핵심은 제36절의 "내 나라는 이 세상에 속한 것이 아니라"는 구절이다. 니버는 이 세상에 속하지 않는 예수의 나라의 본질과 그것이 이 세상의 나라에 대해서 갖는 관계를 이 설교에서 밝힌다. 그에 의하면, 제4복음의 저자는 역사가가 아니라 역사의 해석자이다. 그렇기 때문에 빌라도 앞에 선 예수에 대한 기록은 문자 그대로의 역사는 아니지만 시대를 초월한 드라마로서, 왕 앞에 섰지만 그를 심판하는 것보다 높은 심판에 호소하는 예언자의 기록으로서 심오한 진리를 간직하고 있다. 빌라도는 그가 이해하지 못하는 이상의 권위와 동시에 그의 통치가 가지고 있는 약함을 드러낸다. 제사장들은 예수의 메시아 이념의 정치적 의미를 강조했고 그가 신을 모독한다고 비난했다. "네가 유대인의 왕인가?"라는 빌라도의 물음에 예수는 "나의 나라는 이 세상에 속하지 않는다"라고 대답했다. 빌라도의 걱정은 해소되었다. 예수의 나라가 세상의 나라를 위협하지 않기 때문이다.

그렇다면 예수의 나라는 억압적인 힘의 희생자들에게 희망의 말을 할 수 있겠는가? 예수는 그의 나라를 진리의 나라라고 말한다. 빌라도가 예수에게 "네가 왕이냐"라고 물었을 때 예수는 "내가 왕이니라. 내가 이를 위하여 났으며 이를 위하여 세상에 왔나니, 곧 진리에 대하여 증명하려 함이로다. 무릇 진리에 속하는 자는 내 소리를 듣느니라"(제37절)고 했다. 니버는 이 구절의 뜻을 "진리는 죄가 덮어 감추었지만 여전히 그리스도가 다시 살린 삶의 근본적인 패턴의 계시이다"(p. 277)라고 해석한다. 세계는 본질 자체가 소외되었기 때문에 그것이 하나님에 대해서 가지고 있는 참된 관계를 알지 못한다. 진리의 나라는 그리스의 사상에서처럼 타계에 속하는 어떤 영역이 아니다. 그것은 이 세상이 마땅히 되어야 하는 나라에 대한 묘사이지만, 그렇다고 현세에 속하지도 않는다. 그것은 역사의 존재와 아무런 관계가 없는 영원한 완전의 영역이 아니라, 인간의 모든 결단에 영향을 주며 그의 모든 행동과 관련된다. 예수의 나라는 이 세상에 속하지 않지만, 이 세상 속에 있으면서도 이 세상에 전적으로 속해 있지 않은 인간을 통해서, 그리고 인간의 존재 내에서 이 세상 속에 있다.(p. 278) 인간은 이기적이지만 이 이기를 행위의 표준으로 받아들일 수는 없다. 인간은 탐욕스럽지만 탐욕이 나쁘다는 것을 안다. 그가 이상에 일치하여 행동하지 않을 때에도 그의 이상을 부적합한 것으로 부정할 순 없다. 그렇기 때문에 고대와 현대의 신학들이 전체적인 타락(total depravity)을 주장하는 것은 잘못이다. 타락의 신화를 역사적 사건으로 이해하여 타락 이전의 역사적 시기가 있었다고 이해하는 것은 종교적 신화를 역사적 사실로 잘못 이해하는 것이다.(pp. 278-279)

세상을 부정하고 정복할 수 있는 유일한 나라는 이 세상에 속하지 않은 나라이다. 이 정복은 궁극적 가능성일 뿐만 아니라 지속적이고 당장의 것이다.(p. 284) "하나님의 나라는 역사의 모든 순간에 이상적 가능성으로, 그리고 현재의 현실에 대한 심판의 원리로서 타당성을 가지고 있다." 때로는 세상을 거부하는, 그 나라에 대한 복종이 십자가의 죽음과 순교를 가져올 수 있다. 때로는 용기 있는 복종이 세상의 악을 양보하게 하여 역사 속에서 새로운 보다 높은 정의를 가능하게 할 수 있다. 때로는 하나님 나라의 법이 세상의 힘과 합세하여 억압을 부분적으로 완화할 수 있다.(pp. 285-286)

제XV장 삶의 완성(The Fulfillment of Life)

니버는 본 장에서 사도신경의 끝 구절 "죄를 사하여 주시는 것과, 몸이 다시 사는 것과, 영원히 사는 것을 믿사옵나이다"를 다룬다. 특히, 몸이 다시 사는 것, 즉 부활의 문제를 중심으로 다룬다. 20년 전, 그가 목사 안수를 받을 때 목사들은 사도신경, 특히 그 끝 구절에 관해서 많은 논의를 했다. 20년이 지난 지금도 그 당시의 의심과 문제가 해결되지 않은 사람들이 많겠지만 어떤 사람들은 "몸이 다시 사는 것을 내가 믿는다"라는 구절만큼 기독교 신앙의 진수 전체를 나타내는 것이 없다고 생각하게 되었다. "육신의 부활의 이념은 물론, 문자 그대로의 진리가 아니다. 삶의 완성에 관한 어떤 다른 이념 또한 문자 그대로의 진리가 아니다. 그러한 이념 모두 인간의 현존을 초월하는 삶의 완성의 개념을 표현하기 위해서 우리의 현존의 심벌들을 사용한다."(p. 290) 성경과 교회 속에는 그리스적인 혼의 사후 생활과 히브리적인 생각이 뒤섞여 있는데, 삶의 궁극적 완성에 관한 성경의 지배적인 이념은 부활의 개념으로 표현되었다.

이렇게 니버는 부활을 삶의 궁극적 완성의 심벌로 보며, 부활의 심벌은 삶의 궁극적 완성을 나타내는 데 다음과 같은 두 가지 점에서 다른 심벌들보다 우수성을 갖는다고 본다. 첫째, 그것은 육신과 혼의 통일성을 표현한다.(p. 291) 이 사상은 그리스적 이원론과 본질적으로 다른 것이다. 신플라톤주의에 의하면, 현실의 유한성과 개별성은 악이며 영원한 것만이 선이다. 순수한 정신은 영원한 원리이며 시간 속에서의 개별화, 바로 그것이 타락이다. 따라서 구원은 육체적 삶과 시간적 존재로부터의 해방이다. 이렇게 해서 구원은 곧 모든 개별성과 개인성의 상실을 의미한다. 인간의 경험적 사실에 비추어 볼 때 혼과 육신은 하나이다. 히브리 사상은 혼이 핏속에 있다고 보았으며, 혼과 생명을 구분하지 않았다. 둘째, 육신의 부활의 희망은 혼의 불멸의 이념보다 낫다. 왜냐하면 그것이 인간 존재의 개인적이고 사회적인 이념을 더 잘 나타내기 때문이다.(p. 297) 성서적 부활의 이념은 사회적 희망으로부터 성장한 것이다. 개인적 부활의 이념은 맨 처음에는 이 희망에 대한 관계에서 발생했다. 의로운 자는 이 궁극적 승리에 참여하기 위해서 부활할 것이다. 사회적 완성의 이념이 결과적으로 그 기초가 된다.(p. 298) 기독교가 아무리 이원론적 영향을 받았다고 할지라도 창조가 선하다는 이념과 육신의 부활을 완전히 떠날 수는 없다. 그렇기 때문에 육신이 부활한다는 것을 믿는 것은 영원이 시간과 역사를 부정하거나 무시하는 것이 아니라 역사가 영원 속에서 완성된다는 것을 의미한다. 이때 육신이 부활해야 한다는 것은 시간과 역사가 그것들을 초월하는 영원에 의해서 태어날 때만 의미를 가진다는 것을 뜻한다.(p. 302)

"결과적으로, 인간의 희망은 그의 유한성을 넘어서 그의 죄를 극복하는 용서와 그의 본질적 본성을 파괴하지 않고 그의 삶을 완성하는 하나님의 전능에 있다. 그래서 '죄를 사하여주는 것과, 몸이 다시 사는 것과, 영원히 사는 것을 나는 믿는다'라는 사도신경의 희망의 최종적 표현은 현대의 다른 모든 대안들보다 더욱 정교한 궁극적 성취에 대한 희망의 표현이다."(p. 306)

3
기퍼드 강좌(Gifford Lectures) 강연(1939)

⚜

니버가 옥스퍼드 회의에서 미국으로 귀국한 이후, 유럽과 아시아의 정세는 계속 어둡고 비관적이었다. 그러한 비관적인 분위기가 그의 옥스퍼드 회의 연설과 『비극을 넘어서』에 반영되었다. 유럽은 그가 생각했던 것보다 나쁘다고 니버는 옥스퍼드에서 친구 Waldo Frank에게 썼다. 전쟁은 임박하지 않았지만 일시적인 평화는 중앙유럽과 남북유럽에서 독일의 팽창을 허용했으며 보다 큰 불가피한 비극을 예정하는 것이었다.

니버가 보기에 영국의 자본주의는 대륙의 민주주의를 파시즘의 희생물로 바침으로써 자구책을 찾고 있었다. 아시아의 정세를 보면, 미국은 옥스퍼드 회의 5일 전에 발생한 일본의 중국 침략에 대해 침묵을 지켰다. 마음 같아서는 니버는 세계 문제에 대한 논의에 전적으로 뛰어들고 싶었다. 그러나 기퍼드 강좌 준비가 그가 그렇게 하는 것을 허락하지 않았다. 그 강좌를 생각하기만 해도 지적으로 정신적으로 고통스럽고, 그가 그 강의의 윤곽을 잡으려고 할 때마다 그 과제가 엄청나게 커서 자신이 그것을 도저히 해내지 못할 것처럼 느껴진다고 Frank에게 토로했다. 그는 지난 10년간 계속 개입해 온 뉴욕 시와 주의 선거에서 완전히 손을 뗐다. 그는 선거 관계의 연설을 일체 거절했다. 그렇게 해서 얻은 시간의 여유도 강좌 준비에 별로 도움이 되지 않았다. 1938년 첫 주에 기퍼드 강좌까지 1년 이상이나 남았지만 니버는 그것에 대해서 겁먹기 시작했다. "불행하게도 나는 아직 재료를 읽는 단계에 있고, 구성을 시작하지 못했다"라고 그는 Frank에게 말했다. 그는 읽으면 읽을수록 더 읽어야 한다고 느꼈다. 니버는 그리스 비극과 히브리 예언자들 사이의 접촉점을 찾았지만 그것은 지옥이었다. 그는 여러 번 강의의 윤곽을 그려보았다. 강의의 주제를 설정하고 이론을 구상해 보았다. 이 저서는 발판이 없이는 구축할 수 없는 큰 건물인데 자신은 그 발판을 어떻게 마련해야 할지 모른다고 그는 토

로했다.[14)]

　가족에 대한 니버의 책임감과 실망이 그의 지적 좌절을 가중시켰다. 1930년 중반, 영화 제작에 관여한 형 Walter는 다시 재정 파탄에 빠졌다. Sherwood Eddy와 니버가 형을 도와야 했다. 동생 리처드도 여기에 힘을 보탰다. 형 월터는 정신과 의사의 치료를 받아야 했는데, 그가 실망하지 않고 정신과 의사에게 그를 가게 하는 것이 문제였다. 니버의 부인 Ursula는 또 낙태를 했다. 니버는 그해 4월에 두 번이나 감기에 걸렸고, 안질이 생겨서 몇 주간 책을 읽을 수 없었다. 그는 Frank에게 "나는 건강이 극도로 나쁜데 이 모두가 어리석게도 과도한 일 때문이라고" 말했다. 게다가 세계 정세의 악화가 그의 개인적인 문제를 악화시켰다. 그러한 정세에 대처하는 Chamberlain의 정책에 니버는 실망했다. 그렇지만 그해 여름에 니버의 개인 생활이 호전되었다. 부인은 다시 임신했고, 그녀는 의사의 지시에 따라 출산까지 10개월 동안 필요하면 침대에 누워 있기로 작정했다. 임신 당시 그녀는 24시간 동안 구토로 고생했다.

　니버는 유니온신학교 도서관에서 책을 빌려서 기퍼드 강의의 전반부 "인간의 본성"에 관한 열 개의 장을 마음속으로 구상했다. 6월에 니버는 강의의 첫 네 장의 초안을 거칠게 작성했다. 그것은 기독교적 인간관에 대한 서구의 역사적 대안들이었다. 나머지 여섯 장은 기독교적 인간관에 관한 것인데 그것은 가을에 쓰기로 했다. 가을 학기에 그 제목으로 강의를 하기로 되어 있기 때문이다. 부인은 8월, 임신 4개월 후 건강이 호전되었지만 이번에는 니버가 작은 수술을 받기 위해서 입원했다. 6주일이 지나서도 그는 아직 두통과 구토를 느꼈고, 밤에 공부할 수 없었으며, 가르칠 과목의 준비가 늦어지고 있었다. 10월에 니버의 건강은 회복되었다. 그렇지만 그는 주말에는 대학들에서 강연을 했다. 다음 해 봄은 10월로 예정된 기퍼드 강좌의 제2부를 준비하기 위한 기한으로 잡고 있었다. 그러나 봄은 제1부를 완성하는 데 소비되고 말았다. 그래서 제2부는 영국에서 보낼 여름에 쓰기로 늦출 수밖에 없었다. 그렇지만 그때는 도서관 사용이 자유롭지 못했다. 부인은 무사히

---

14) Fox, *Reinhold Niebuhr*, pp. 185-186.

딸 Elisabeth를 출산했다. 아기도 엄마도 모두 건강했다. 니버는 아기 출생을 위한 휴식을 취할 여유도 누리지 못하고 강연을 위해 Cincinnati로 가야 했다.[15]

니버의 가족은 3월 중순, 영국에 도착했다. 당시 영국은 전쟁 준비 일색이었다. 독일은 Czechoslovakia를 삼켜버렸고, 영국은 충격을 받았다. 니버는 강좌를 끝내지 못하고 미국으로 돌아가게 되는 것이 아닌가 하고 걱정했다. 4월 3일, 유니온 신학교에 교환 학생으로 왔던 독일 학생 Dietrich Bonhoeffer가 영국에 와서 니버를 만났는데, 그는 전쟁이 10월에 있을 제2부 강의 기간에 일어날 것이라고 알려주었다. 본회퍼는 그 당시 독일 고백교회의 반나치 지도자의 한 사람이었는데, 그가 독일군 소식통에 의하면 9월 Poland 침공설이 나돌고 있다고 했다. 본회퍼 자신도 군에 징집될 것 같다며 그는 니버에게 미국에서 그가 위기를 면할 수 있는 자리를 마련해 줄 것을 부탁했다. 그는 니버의 주선으로 미국으로 갔지만 한 달 후에 미국에서 가르치는 생활을 포기하고 독일로 돌아와서 Hitler 암살 계획에 가담했다가 발각되어 투옥되었다. 그 후 그는 그가 갇힌 감옥이 연합군에 의해서 해방되기 불과 며칠 전에 교수형에 처해져 순교했다. 눈앞에 다가온 비극적 상황은 니버로 하여금 그의 강의가 소용 없고 어리석게 느껴지게 했다.[16]

4월 24일, 기퍼드 강의 제1부가 시작되었다. 1주에 3회 개최되어 5월 15일에 끝마치는 일정이었다. 오후 5시에 레이니 강당(Rainy Hall)에서 개최되었고 수백 명이 청강하기 위해서 참석했다. 기퍼드 강의 청강자들은 무미건조하게 읽는 재미없는 산문 같은 강의에 익숙했고, 처음의 몇 강의 후에는 청강자가 많이 감소하는 것이 관례였다. 그러나 니버의 강의의 참석자들은 그리 줄지 않았기 때문에 작은 강의실로 옮길 필요가 없었다. 그렇다고 청중들이 그의 강의를 잘 이해한 것도 아니었다. 니버를 소개했고 강의에 참석한 John Baillie도 많은 청강자가 그의 강의라는 옷의 끝자락에도 매달리기 어려웠다고 했다. 니버 자신은 강의에 대한 반응에 대해서 별로 감동받지 못했고, 강의에 대한 청중의 출석률은 좋았으나 강의를 그들이 얼마나 이해했는지 몰랐다. 강의 끝 무렵에 이르러서 그는 극도로 지쳤고

---
15) 같은 책, pp. 186-187.
16) 같은 책, pp. 187-188.

강좌의 제2부 개강도 시국으로 인해서 불투명했다. 강좌의 제1부가 끝난 후에는 영국과 유럽 대륙에서 행하기로 한 강연들이 잡혀 있었다. 그는 그의 특기인 강연을 하고 논설을 쓰는 일상적인 생활로 돌아가기를 갈망하는 한편, 자신을 사상가와 예언자로서 확립하는 학문적 도전에 처음으로 직면하게 되었다. 이 갈등은 그 후로도 몇 년 동안 지속되었다. 그는 기퍼드 강의를 출판할 수 있는 형태로 만드는 피나는 노력과 강연을 하고 논설을 쓰는 것과 여행을 하고자 하는 욕망 사이의 갈등 속에서 지내야 했다. 그는 영국의 대학에서 강연을 했고, 교회에서 설교를 했다. 그리고는 Sussex로 가서 한 달 동안 머물면서 기퍼드 강좌 제2부를 작성했다. 그러나 미비해서 다음 여름에 다시 쓰기로 했다.[17]

6월 말에 니버는 기독청년세계대회에서 강연하기 위해서 Amsterdam을 향해서 출항했다. 니버는 이 대회에 참석한 2200명 앞에서 강연을 하게 되어 있었다. 이 초청은 개회 직전에 Holland 정부에 의해서 취소될 뻔했다. 네덜란드 정부는 좌익 인물로 널리 알려진 니버가 국경 넘어 위치한 나치를 자극하는 말을 할까 봐 걱정했다. 세계교회협의회 임시 총무와 네덜란드 왕실과 가까운 네덜란드 인사가 니버가 그렇지 않다고 당국을 설득했다. 그 결과, 네덜란드 외무장관은 만일 유니온신학교의 교수이자 저명한 에큐메니스트요, 뉴욕 사회의 지성인 멤버의 한 사람인 William Adams Brown 교수가 서한으로 니버가 공산주의자가 아니라는 것을 보증하면 강연을 허락하겠다고 했다. 그리고 네덜란드 당국은 니버의 강연 원고를 사전에 검열하기로 했다. 비밀경찰이 니버를 감시했고 강연장 맨 앞자리에서 원고를 들고 앉아 있었다. 네덜란드 당국은 니버가 강연의 대목마다 즉흥적으로 의견을 삽입한다는 것을 알았다. 니버의 미국 중서부의 속사포 같은 영어는 청중을 당혹스럽게 만들었다. 그들은 니버의 말을 알아듣지 못했다. 유럽 대륙에서 온 학생 대표들도 알아듣지 못했다. 그리고 니버의 강연 원고도 즉흥적인 의견 토론도 정치와는 상관이 없다는 것이 판명되었다. 니버는 8월 초 Sussex로 돌아왔다. 강의 준비를 하기 위해서였다. 그는 그 달 말까지 강좌의 제2부를 완성할 계획

---

17) 같은 책, pp. 188-189.

이었다. 강의를 위해 Edinburgh로 돌아가기 전 9월의 2주간을 Sweden에서 강의를 하게 되어 있었기 때문이다. 그러나 8월 23일에 Stalin과 Hitler는 불가침 조약을 체결했고, 9월 1일에 히틀러가 폴란드를 침공했다. 영국과 프랑스는 9월 3일, 독일에 대해서 선전 포고를 했다. 강연은 취소되었고 니버는 스웨덴 여행 때문에 강좌 준비를 위한 시간을 할애하는 것을 걱정하지 않아도 되게 되었다. 부인과 딸 Elisabeth, 아들 Christopher는 미국으로 돌아가게 했다. 다행히 강좌는 전쟁 발발에도 불구하고 연기되지 않았다.[18)]

가족들은 9월 12일, 뉴욕으로 출발했고, 기퍼드 강좌 제2부는 10월 11일에 시작되어 11월 1일에 끝나게 되어 있었다. 전쟁에도 불구하고 청중은 충실하게 남아 있었다. 세 번째 강의 도중 Edinburgh 시 자체가 공습을 받았을 때에도 여전히 그랬다. 독일 폭격기들은 불과 몇 마일 떨어져 있는 해군 기지를 폭격했다. 청중들은 대공포 소리로 동요했으나 니버는 강의에 열중하여 아무 소리도 듣지 못했으며, 그가 말한 어떤 내용 때문에 청중이 동요하는 것으로 생각했다. Baillie도 청강자들이 폭격 후에도 계속 출석하는 데 놀랐다. 그들이 니버의 강의에 그토록 충실하게 출석한 것은 니버의 강의가 기퍼드 강좌 전래의 표준적인 강의가 아니라 영감적이고 때로는 인간의 운명에 관한 짙은 기독교적 견해의 설교와도 흡사했기 때문일 것이다. 니버가 11월에 유니온신학교로 돌아왔을 때는 벌써 가을 학기의 두 달이 지나가 있었다. 그는 보강을 하여 결강을 보완했고, 주말 설교와 강연 여행을 재개했다. 게다가 그는 새로운 주간지 The Christianity and Crisis의 발간을 위한 회의를 기획해야 했다. 그는 과로로 인해서 가까운 사람들에게 신경질을 부렸고 그의 동생에 대해서도 그랬다. 그러던 중 다음 해 4월 초, 의사가 진단한 '신경 탈진(nervous exhaustion)'으로 쓰러졌으며, 신학교를 2주간 쉴 수밖에 없었다. 2주 후, 그는 학교로 돌아왔지만 간신히 강의만 할 수 있을 뿐이었다. 의사는 여름 동안 휴식하면 회복될 것이라고 했지만, 7월에는 신경이 곤두섰고 하부 소화 기관 부분의 원인을 규명할 수 없는 만성 통증으로 인해서 앉아 있기가 어려웠으며, 기

---

18) 같은 책, pp. 189-190.

퍼드 강의 수정을 위해서 불과 한 시간 정도밖에는 작업을 할 수가 없었다. 세계 정세의 악화도 그의 불면증 악화에 한몫을 했다. 이렇게 해서 니버는 48세에 그의 몸이 바쁜 스케줄을 감당할 수 없을 때면 으레 심해지는 신경질과 우울증의 엄습을 받는 일생 동안 시달리는 지병을 갖게 되었다.[19]

· 19) 같은 책, pp. 191-192.

4
『기독교와 힘의 정치
Christianity and Power Politics』 출간(1940)[20]

✣

 니버는 1930년대 중반 이후, 신학에 전념했고 정치적 세계와는 관계를 끊고 있었다. 그러나 제2차세계대전의 발발은 니버를 세속적인 정치적 조직 활동에 다시 관심을 가지게 했으며 그를 Roosevelt 진영에 가담케 했다. 비단 그 뿐만 아니라 다른 많은 종전의 급진주의자들, 곧 사회주의자들이 그랬다. 사회당은 노동자들과 지식인들을 규합하는 데 실패했다. 사회당의 유럽적 모델은 독일에서 파멸되었고 러시아에서 더럽혀졌다. 니버와 그의 동료들에게는 아직 사회주의는 이론적으로 부정할 수 없는 이념이지만 역사적 현실은 그 실현을 위한 노력의 여지를 허락하지 않았다. 파시스트들은 독일과 이탈리아, 스페인에서 민주주의를 패배시켰고, 공산주의자들은 날조된 죄목을 내세워 다른 공산주의자들을 숙청하고 파시스트들과 평화조약을 체결했다. 미래에 어떤 날에는 새로운 사회주의 사회를 꿈꿀 수 있겠지만 1940년에 그런 꿈을 꾸는 것은 비극을 초래할 뿐이라고 니버는 생각했다. 때는 니버와 많은 사람들이 '현실주의(realism)', '성숙(maturity)', '책임성'이라고 불렸던 입장을 재정립해야 할 시기였다. 다시 말해서, 영국을 지원하여 Hitler와 싸워서 자유주의적 전통을 구출하는 목표를 수용해야 했다.[21]

 니버의 이러한 입장은 미국 사회당의 전쟁 불개입설과는 정면으로 대립되는 것이었다. 니버는 유럽의 전쟁에 대한 개입 문제를 두고 불개입 입장을 취하는 사회당과 대립하여 참전을 주장하여 동당을 탈퇴했다. 니버는 사회주의자들은 유토피아주의로서 순전히 이상적 견지에서 모든 중요한 역사적 차이를 판단하며 생사가 달려 있는 차이에 대해서 무지하다고 비판했다. 그는 그의 친구였던 Norman Thomas가 유토피아주의에 심취해 있다고 공격했다. 그의 이와 같은 정치적 입장

---

20) Reinhold Niebuhr, *Christianity and Power Politics*(New York: Charles Scribner's Sons, 1940).
21) Fox, *Reinhold Niebuhr*, p. 193.

을 표명한 논문집이 1940년 가을에 출판된 『기독교와 힘의 정치』이다. 이 저서에는 그 무렵 Nation에 발표된 몇 편의 논문과 1934년에 가끔 발표한 논설들이 포함되어 있다. 그는 이들 논설에서 김빠진 진보주의 기독교 문화를 공격했다. 그는 자유주의 기독교 문화의 의지가 기독교적 완전주의와 안이한 부르주아적 사랑의 이상한 혼합으로 심각하게 약화되어서 서구의 민주적 세계가 살아남을 가치를 상실하게 되었다고 주장했다. 그는 크리스천들은 강하게 단련되어서 거친 정치를 수용해야 하며, 전쟁 중인 세계 속에서 사랑을 평화의 부정적 완전성으로서가 아니라 타인들의 고통과 슬픔에 대한 책임성으로 재규정해야 한다고 역설했다.[22]

니버는 영국과 마찬가지로 미국도 히틀러의 위협을 받고 있다고 믿었다. 물론, 미국은 히틀러가 뉴욕에 상륙하리라고 보지 않았지만 히틀러는 역사상 처음으로 노예제도와 기술적 효율성을 결합한 경제적 경쟁자로서 나치 지배하의 유럽은 모든 생활 수준이 파괴될 것이며, 고립주의자들이 전쟁에 개입하지 않으면 유지될 수 있다고 확신하고 있는 민주적 권리도 파괴될 것이라고 주장했다. 또한 그의 연합군 지원 호소는 미국에 대한 위협보다는 영국의 위기를 염두에 둔 인상이 강했다. 그의 부인이 영국인이었다는 영향이 작용했을지도 모를 일이다. 니버는 그의 이 저서가 관심을 끌 것을 기대했지만 비기독교적 언론은 대체로 반응이 없었다. 그 이유는 이미 발표된 논설이었고, 종교적 저술로밖에 보지 않았기 때문일지도 모른다. 그렇지만 개신교 기독교 세계에서는 심각한 논쟁을 유발했다. 논쟁은 니버를 전쟁 개입 제창자로 굳혔고, 그의 입장에 반대하는 진영은 그를 적그리스도의 상징으로 여기게 되었다. 그의 초기의 지원자였던 C. C. Morrison은 전쟁 개입을 반대하는 평화주의 입장을 취하고 있었기 때문에, 두 사람 사이에서도 심각한 입장 차이를 초래했지만 우정은 그런대로 유지되었다.[23]

그러면 아래에서 『기독교와 힘의 정치』의 내용을 요약하기로 한다. 이하 괄호 안의 인용 페이지는 *Christianity and Power Politics*(Charles Scribner's Sons, 1940)의 페이지를 나타낸다.

22) 같은 책, p. 194.
23) 같은 책, pp. 194-196.

서문

본 저서의 주제는 현대의 기독교적, 세속적 완전주의(perfectionism)에 대한 비판이다. 이러한 완전주의는 독일에 대한 전쟁 불개입의 입장으로서 기독교 신앙의 감상주의화이며, 그것은 기독교 신앙의 심오한 통찰과 부합되지 않는다. 현대 부르주아 문명의 '자유주의 문화'의 문제점은 복음의 완전한 초역사적 이상들을 감상적으로 단순한 역사적 가능성으로 바꾸어버렸다는 사실이다. 그러한 입장은 결과적으로 대립이라는 갈등을 피하는 사람과 나라를 선한 사람과 선한 나라로 규정한다. 이런 종류의 완벽주의는, 그것이 아무리 산상수훈의 권위를 내세워도, 나쁜 종교(bad religion)요, 또한 나쁜 정치(bad politics)로서, 민주주의 국가들을 결단력 있고 무서운 적 앞에서 약화시키고 우유부단하게 만든다.

제1장 기독교 교회는 왜 평화주의자가 아닌가(Why the Christian Church is not Pacifist)

본 장은 미국 기독교계가 평화주의에 입각한 중립적 입장을 버리고 나치즘을 타도하는 전쟁에 참전할 것을 촉구하는 논설이다.

제1절 기독교와 평화주의(pacifism)

평화주의 거부자는 평화주의는 이단이라고 주장하고, 평화주의자는 교회가 일치하여 평화주의를 지지하지 못하는 것은 배교로 볼 수밖에 없으며 용기와 신앙의 결여 때문이라고 주장한다. 교회가 일치하여 평화주의를 지지하지 못하는 것은 배교가 아니라 복음을 단순하게 사랑의 법과 동일시하는 복음에 대한 이해 때문이다. 인간은 그리스도를 모든 사랑의 참된 규범으로 믿지만 바로 그 인간이 그리스도를 십자가에 못 박는 모순된 존재임을 기독교는 믿는다. 인간은 이처럼 모순된 존재이지만 평화주의를 단순히 이단으로 볼 수는 없다. 왜냐하면 현대 기독교의 평화주의는 기독교적 완전주의의 단순한 형태로 볼 수 있는 면을 가지고 있기 때문이다. 중세의 금욕주의적 완벽주의와 개신교의 비주류교파(sect)의 완벽주의적 평화주의는 그것을 정치적 과제에서 실현하려고 하는 것이 아니라 사회 정의에 대한 책임을 떠나서 가장 완전하고 비이기적인 개인 생활에서 실현하려고 하는 것이어서 이단이 아니다.

그렇지만 기독교의 평화주의의 대개의 형태들은 이단적이다. 그러한 형태들은 예수의 단순한 복음에서 바울적 부가물을 제거하고 예수의 완전한 사랑을 실천하면 완전한 세상을 구현할 수 있다고 주장한다. 이러한 형태의 평화주의는 복음 전체의 표준에서 보아도 이단이지만, 인간 존재의 측면에서 보아도 역시 이단적이다. 이와 같은 여러 형태의 평화주의는 인간 존재의 선에 대한 믿음을 나타내는 것으로서, 인간의 내면 깊은 곳에 내재하는 신비로운 보편적 요소를 우리가 계발할 수만 있다면, 인간의 이기심과 삶, 삶의 대립되는 갈등을 제거할 수 있는 것이라고 믿는다. 그러나 이러한 생각은 신약성서적 이해와도 인간의 복잡한 경험적 사실과도 맞지 않는다. 기독교 교회의 평화주의 거부가 배교가 아니라는 것, 그리고 현대 평화주의의 형태들이 이단이라는 문제를 보다 충분하게 규명하기 위해서는 예수의 절대적이고 무조건적인 명령과 그것이 복음에 대해서 갖는 관계를 고찰할 필요가 있다.

제II절 무저항(non-resistance)과 비폭력 저항(non-violent resistance)

Ernst Troeltsch는 예수의 윤리는 사랑의 보편주의(love universalism)와 사랑의 완전주의(love perfectionism)라고 했다. 예수는 "악에 대항하지 말라", "네 원수를 사랑하라", "그렇기 때문에 하늘에 계신 너의 아버지가 온전하심과 같이 너희도 온전하라"고 말했다. 이러한 예수의 윤리를 일시적이고 상대적인 도덕적 규범과 동일시하여 혼동하는 것은 위험하며 혼란을 야기한다. 평화주의자들은 예수의 윤리를 상대적 윤리로 정당화하는 것 못지않은 잘못을 범한다. 그것은 다름이 아니라 그들이 예수의 윤리를 무저항이 아니라 비폭력 저항의 윤리라고 주장한다는 사실이다. 그들도 예수의 순수한 무저항의 윤리가 정치적 상황에 대해서 직접적 타당성을 가지고 있지 않다는 사실을 인정할 수밖에 없다. 왜냐하면 모든 정치적 상황에서 정의는 오만과 힘에 대한 저항에 의해서 비로소 성취되기 때문이다. 성경에서는 비폭력 이론을 찾아볼 수가 없다. 예수는 성전 뜰의 환전상을 쫓아내기 위해서 채찍을 사용했다. 그는 평화가 아니라 검을 주기 위해서 왔다고 했다. 그는 제자들에게 겉옷을 팔아서 검을 사라고 했다. 폭력적 저항(violent resistance)과 비폭력적 저항(non-violent resistance)을 구별하지만 그것 역시 절대적이지 않다. '물리적인 것(the physical)'을 악으로 보고 '정신적인 것(the spiritual)'을 선으로 보는 것은 현대적 이단이다. 현명하고 훌륭한 정치가는 대립되는 갈등을 피할 뿐만 아니라 폭력적인 대립을 피한다. 의회 정치의 논쟁이 그 한 방법이다. 그러나 이러한 구별은 인간의 죄를 배제한 하나님 나라의 윤리와 인간의 죄를 전제하여 이기적인 죄인인 인간들 사이에서 가능한 한 최고의 평화와 정의를 성취하려고 하는 정치적 전략들 사이의 구별과는 관계가 없다.

제Ⅲ절 평화주의자들에 대한 비판

"악에 대항하지 말라"는 성경의 명령은 성경의 윤리 전체의 일부분에 지나지 않는다. 성경의 윤리 전체는 다음의 두 가지 명령으로 요약할 수 있다. "네 목숨을 위하여 근심하지 말라", "네 이웃을 너 자신같이 사랑하라", "네 목숨을 위하여 근심하지 말라", 또는 "네 육신을 죽일 수 있는 자들을 두려워하지 말라"고 했는데, 그것은 하나님의 섭리에 대한 완전한 신뢰에 의한 이상적 가능성이다. 인간의 실제 현실 속 삶에는 항상 불안이 따르게 마련이며 그것이 죄의 원인이다. "네 목숨을 위하여 근심하지 말라"고 한 명령을 위반하지 않는 삶은 존재하지 않는다. "네 이웃을 너 자신과 같이 사랑하라"는 명령을 위반하지 않는 삶 또한 존재하지 않는다.

이상주의자들은 국가가 그리스도의 법에 복종하기만 하면 전쟁이 불필요하다고 하지만 가장 성자적인 삶도 이 법을 어느 정도 위반하지 않을 수 없다. 인간의 정치적 삶은 계속 무정부 상태의 스킬라(Schylla) 바위와 독재 정치의 카리브디스(Charybdis) 바위 사이를 헤쳐 나가야 한다. 인간의 이기주의로 인해서 정치는 강제력을 사용할 수밖에 없는데 강제력은 악의 요소를 지니고 있다. 평화주의자들은 그들의 종교적 절대주의를 주장이 대립되고 압력이 상충되는 정치 질서의 대안으로 제시하지만 그들은 결국 독재 정치 아래 예속될 것이 분명하다. 크리스천 이상주의자들은 사랑의 법을 설교하지만 그들 자신과 타인들이 이 법을 범하고 있으며, 역사 속의 모든 상대적 구별을 무시하고 독재 정치의 평화를 하나님 나라의 평화에 가깝거나 한 것처럼 독재 정치의 평화를 찬양한다. 이러한 죄의 비극을 보지 못하는 신학은 복음의 관점에서 보든 인간의 경험적 사실에서 보든 이단이다.

제IV절 복음의 시각에서 본 역사

복음은 사랑의 법 이상의 어떤 것으로서 인간이 그 법을 위반하고 있다는 사실을 다룬다. 바울이 말하는 그리스도 안의 새로운 삶은 성화(sanctification)와 의인(justification), 양자 중 어느 것에 강조를 두고 있는 것일까? 바울 자신도 그리스도 안의 평화가 인간이 자신의 본질적 자아가 된 데에서 오는 도덕적 평화인지 그렇지 않으면 계속적으로 죄인이지만 하나님에 의해서 받아들여진 존재의 평화인지 분명하지 않은 것 같다. 그러나 그렇게 완전한 도덕적 만족의 평화는 결코 존재하지 않는다. 종교개혁은 이것을 강조했지만 현대 개신교는 그것을 완전히 망각했다. 우리 시대의 모든 역사적 사건이 '의로운 동시에 죄인'이라는 종교개혁의 강조를 정당화한다. 신약성경, 복음서, 바울 서한 전체가 역사를 그리스도와 적그리스도가 함께 나타나는 절정을 향해서 움직이는 운동으로 묘사했다. 그러나 신약성경은 역사에서 악이 선에 대해서 승리를 거둔다고 보지 않는다. 하나님 나라는 단순한 역사적 가능성이 아니다. 인간과 하나님 나라를 위한 신의 은총은 신에게는 현실이지만 인간적 가능성은 아니다.

제V절 파시즘 격파 전쟁에 참전해야 하는 기독교적 정당성

사랑의 법은 궁극적 원리이다. 정의를 수립하기 위해서 정치 질서가 사용하는 정치적 방편은 인간의 오만과 이기심 때문에 죄의 요소를 가지고 있다. Augustine의 말을 빌리면, 정치적 방편은 죄의 결과인 동시에 치유책이다. 정치의 방편이 죄의 치유책이라면 "사랑의 이상은 정의의 모든 근사적 실현(approximation)에 대한 무차별적(indiscriminate) 비판의 원리이다."(p. 33) 니버에 의하면, 사랑의 법은 인간의 모든 정의의 성취를 죄가 섞인 상대적 정의로 무차별적으로 심판을 할 뿐만 아니라, '약간 더하고(a little more)' 혹은 '약간 덜한(a little less)' 구체적 정의를 구별하는 판별적(discriminate) 심판도 한다. 그러니까 민주주의가 나치즘보다 낫다는 심판을 한다. 기독교 신앙에 의하면, 정치적 논쟁은 항상 의인과 죄인 사이의 대립되는 갈등이 아니라 죄인들 사이의 갈등이다. 그렇기 때문에 회개의 정신은 정의감의 중요한 요소이다. 단순한 도덕적 순수주의자들은 우리가 자신의 죄와 싸워야 한다는 사실을 우리가 적과 싸울 권리가 없다는 증거로 삼는다. 그들은 "죄 없는 자가 먼저 돌을 던지라"는 명령을 정의의 도구들에 대한 단순한 대안으로 인정한다. 하나님의 나라의 궁극적인 원리들은 모든 사회 상황의 이상적 가능성으로 존재한다. 그러나 이러한 사실은 그러한 절대적인 원리들이 상대적 정의의 현재적 도구의 대안이 될 수 있다는 것을 의미하지 않는다. 그것은 불가능하다.(p. 25) 그러나 사랑의 법은 공동체의 여러 형태들과 정의 실현을 위한 여러 시도들에 대한 판별적 판단의 원리이다.(pp. 25-26)

사람들이 무정부 상태로 인해서 고통 당할 때, 그들은 어리석게도 독재 정치의 악을 덜한 악으로 생각한다. 민주주의 사회가 성취한 정의를 독재 정치의 사회와 비교하여 낫다는 도덕적 선호(preference)를 부정한다면 어떠한 역사적 선호도 의미를 갖지 못할 것이다. 이런 종류의 정의는 무정부 상태나 독재 정치보다 사랑의 조화를 근사적으로 실현한다. 만일 우리가 사회적 시스템들 간의 판별적 판단을 하지 않으면 문명을 방어하고 확대하려는 우리의 의지가 약화된다. 평화주의는 아무런 판단도 내리지 않게 하든가, 혹은 독재 정치를 극복하기 위해서 필요한 순간적 무정부 상태보다는 독재 정치의 부당한 선택을 하게 한다. 단순한 기독교의 도덕주의는 무감각하고 혼란스럽다. 가장 깊은 기독교 신앙은 인간의 전 역사가 죄에 말려들어 있다는 사실을 보며, 신의 은총에 의할 때 비로소 죄에서 자유로워질 수 있다는 것을 발견한다. 크리스천은 신의 은총에 의해서 자유로워져 역사 속에서 행동한다. 그는 자신이 아는 최고의 가치에 헌신하고, 필연성과 역사적 운명이 그를 방어자로 만든 문명의 거점을 수호한다. 그렇지만 그는 최선의 행동마저 애매하다는 것을 기억할 것을 신의 은총에 의해서 안다.

제VI절 평화주의에 대한 긍정과 비판

현대의 평화주의는 대개 기독교 공동체의 최고 가치가 되기에는 너무나 세속적이고 도덕주의적인 환상으로 가득 차 있다. 그러나 기독교 교회는 제1차세계대전 이후 평화주의자들을 보호하고 그들의 증언을 감사하게 여기는 법을 배웠다. 그들의 증언은 인간 역사의 비극을 충분히 깊게 이해하지 못했지만 그것 나름대로의 가치를 가지고 있다. 인간의 생명을 죽인다는 것은 무서운 일이다. 절대주의자들, 곧 평화주의자들은 만일 그들의 증언이 도덕에 의해 부패되지 않으면, 그리고 암묵적 혹은 명시적으로 배교라는 비난을 받지 않으면 더욱더 설득력을 가질 것이다. 평화주의적 이상주의조차 하나님의 뜻에 대한 지식이 거기에 복종하는 그의 능력과 자질성의 보장이 아니라는 것을 알 것이다.

제II장 전쟁과 미국 교회(The War and American Churches)

본 장은 미국 기독교의 고립주의와 중립주의, 혹은 평화주의를 비판하고 Hitler의 나치즘 타도 전쟁에 참전해야 함을 역설한 논설이다. "미국을 전쟁에 가담하게 하지 말라"는 슬로건이 기독교의 복음과 동일시하는 견해가 나치즘으로 인해서 수난을 당하고 있는 오늘의 세계 속에서 미국 교회를 지배하고 있다. 독일의 크리스천 유대인들이 미국 크리스천들의 구원의 손길을 애타게 기다리고 있는데, 미국 교계는 나치즘의 불의와 만행에 눈을 감으려는 분위기가 지배적이다. 이것은 독일의 불의에 대한 의식이 독일의 증오심을 유발할 것을 두려워하기 때문이다. 이렇게 해서 기독교의 사랑의 명령은 전쟁 중인 현실에 대한 무지와 동일한 것이 되었다. 서로 대립되는 정치 세력 간의 심각한 구별을 하지 않고 중립을 취하는 것이 '깨끗한 손'이라고 생각하는데 그것은 잘못이다. '성전(holy war)'은 존재할 수 없다. 그러나 기독교는 모든 역사적 싸움은 죄인과 의인 사이의 싸움이 아니라 죄인들 간의 싸움이라는 것을 인정해야 한다. 따라서 서구 세계가 아직 간직하고 있는 상대적으로 품위 있고 정의로운 것을 역사상 가장 악마적인 독재 정치에 맞서서 보존하는 것은 중요하다. 미국 기독교는 오직 그리스도가 국가들을 지배하면 전쟁이 없을 것이라고 주장하지만, 크리스천이 그리스도의 법을 완전히 실현하기를 기다리는 동안 우리는 패망할 것이다. 모든 종류의 평화가 전쟁보다 낫다는 것이 거의 보편적인 미국 기독교의 도그마이다. 전쟁보다 나쁜 것은 없다는 독단적 전제는 히틀러의 독재 정치의 암묵적, 혹은 명시적 수용이다. 미국의 전국교회협의회는 나치와의 협상을 통한 평화를 주장하지만 교회가 원하는 이와 같은 종류의 평화는 나치에게 용이한 승리를 가져다 줄 뿐이다. 그런데도 The Christian Century는 Roosevelt 대통령이 절대적 중립을 취하지 않는다고 비판하고, 중립을 지키고 나치와의 전쟁에 가담하지 말 것을 일관되게 주장한다. 동지는 그것이 훌륭한 중립의 예로 제시한 유럽의 나라들이 히틀러에 의해서 패망당하고 있는데도 이 세계의 기본 문제들을 바로 이해하지 못하고 있다. 동지 및 같은 입장을 취하는 기독교적 중립 정책은 나쁜 도덕이요, 나쁜 정책이다. 기독교적 완전주의와 부르주아적 사랑의 안이한 자유주의 문화의 도덕적 환상이 서구의 민주주의 문화를 생존할 가치가 없는 것으로 만들었다.

제Ⅲ장 독일과 서구 세계(Germany and the Western World)

본 장은 독일의 나치즘에 대한 미국의 묵인이 루터의 개신교와 개신교 비주류 교리들(sects)의 비관적, 혹은 낙관적 부패에 기인함을 주장한 논설이다. 독일과 서구 세계 사이의 갈등은 어떤 의미에서 기독교의 비관적(pessimistic) 부패와 낙관적(optimistic) 부패 사이의 갈등이다. 독일의 파시즘은 Luther의 개신교의 온상 위에서 발전되었다. 루터의 개신교에서는 인간을 죄인으로 보는 기독교의 비관주의가 사회 질서의 정의와 불의 사이의 상대적이지만 심각한 구별을 모호하게 했다. 루터는 개인적 인간관계의 영역에서 구원된 인간의 본성의 도덕적 가능성을 높게 보았으나 집단적 인간관계의 영역에서는 완전한 비관주의자였다. 그는 '하나님의 왼손의 왕국'인 세속의 정부의 기능을 인간의 죄로 인해서 초래된 무정부 상태와 갈등을 견제하고 구속하는 것으로 보았다. 루터의 '신의 형상'의 총체적 타락(total depravity)이라는 비관주의는 Thomas Hobbes의 세속적 비관주의와 유사하다. 그래서 양자가 공히 정치적 절대주의의 입장을 취했다. 루터의 비관주의 온상 위에서 질서의 원리로서의 권력의 찬미, 국가에 대한 무조건적 숭상, 모든 정의 개념의 묵살과 모든 도덕적 표준의 거부를 주장하는 나치즘의 비관주의가 성장한 것은 우연이 아니다.

서구의 민주주의는 종교개혁보다는 문예부흥의 정신적 아들이다. 종교개혁은 총체적 타락이 불가능하다는 것을 보지 못했다. 최소의 정의 없이는 불의가 가능하지 않으며, 악은 선의 기생충으로서만 세상 속에 들어올 수 있다. 문예부흥이 기독교의 패러독스를 파괴하고 인간의 역사를 무한한 가능성의 영역으로만 보고 그것이 동시에 악의 영역이라는 것을 종종 잊는다. 서구의 민주주의는 단지 문예부흥의 영향만 받은 것이 아니라 프랑스의 계몽사상과 비주류 교파의 기독교(sectarian Christianity)의 영향을 받았다. 계몽사상의 영향을 받은 현대 민주주의는 인간의 합리성을 과대평가하여 보편적 평화와 조화가 단순하게 실현되리라고 생각했으며, 인간 존재의 비합리적 생명력을 무시했다. 비주류 교파의 개신교 또한 종교개혁의 개신교와 달리 문예부흥의 아들이다. 비주류 교파의 개신교는 여러 가지 특징을 가지고 있지만 거기에 속하는 모든 교파는 한 가지 공통된 요소를 가지고 있다. 그것은 하나님의 나라가 개인적으로든 사회적으로든, 역사적 현실로 실현될 수 있다고 믿는 것이다. 이 점에서 그것은 문예부흥의 사상과 일치하여 모든 문화의 발전이 죄와 파괴의 가능성을 갖고 있다는 것을 보지 못하고 인간의 역사를 도덕적 성취의 무한한 영역으로 본다. 미국의 정치적 삶의 믿을 수 없는 낙관주의는 단지 계몽주의와 비주류 교파의 기독교가 미국에서, 특히 최근 수십 년 동안에, 결합했다는 시각으로 볼 때 비로소 이해될 수 있다.

루터적 비관주의만이 나치즘에 대해서 책임이 있는 것이 아니라 Hegel의 국가숭배, Nietzsche의 가치 전도, Herder와 Fichte의 인종과 생명력에 대한 강조가 나치의 성립에 기여했다. 집요한 루터주의는 정치적 결정의 본질이라고 할 수 있는 상대적 정의와 불의의 구별을 할 수 없도록 했다. 제1차세계대전 후 지금 '변증법적 신학(dialectical theology)'으로 알려진 종교개혁 신학이 부활되었는데, 그것이 바르트주의(Barthianism)이다. Karl Barth는 루터적 비관주의를 더욱 철저히 강화하여 정치와 경제의 복잡한 관계에서 정의의 어려운 구상을 위해서 결정적인 필요성을 가지는 상대적인 결정을 기독교인으로 하여금 하기 어렵도록 만들었다. 그는 후에 가서는 나치즘을 반대했지만 나치즘 대두 당시 거기에 반대하는 힘을 손상시킨 책임을 면하기 어렵다. 그러나 미국 생활에는 James Madison의 정치철학 같은 건전한 현실주의가 존재한다. Calvin의 '공통의 은총(common grace)'과 총체적으로 타락하지 않은 이성의 개념은 정의 문제에 적극적인 태도를 취하게 했다. 칼뱅주의는 정치 이론에 관한 한 토마스주의나 비주류 교파와 세속주의의 결정적인 영향을 받고 있기 때문에 장로교의 전통 아래에 있는 기독교인들로부터는 현실적인 정치적 통찰을 기대하기 어렵다. 영국은 도덕적 목적을 정치적 현실주의와 접목시키는 데 있어서 미국을 포함한 모든 현대 국가들을 능가한다. 영국의 전통주의는 Edmund Burke의 철학과 교회와 국가의 분리에서 가장 완벽하게 표현되었다. 프랑스와 미국을 지배했던 세속주의 세력은 영국에서 기독교의 기풍을 결코 파괴할 수 없었다.

미국의 유토피아주의와 독일의 비관주의는 정치적 질서의 복잡성을 다루는 데 있어서는 두 가지 탈선에 해당한다. 나치즘은 역사 속의 죄를 모호하게 했다. 역사 속의 죄는 유한성과 특수성 안이 아니라 허위적인 영원성과 보편성에 있다. 인간은 유한하기 때문에 죄인이 아니라 그가 유한하다는 것을 거부하기 때문에 죄인이요, 이러한 비극적 자기기만에 말려들지 않는 삶은 없다.(pp. 63-64)

제IV장 민주주의와 외교 정책(Democracy and Foreign Policy)

본 장은 나치를 그대로 방치하면 결국 미국도 위협을 받게 될 것인데, 미국에서 전쟁 불개입을 주장하는 평화주의가 지배하고 있음을 비판하는 논설이다. 민주 정부는 외교 정책 분야에서 자연적 취약성을 가지고 있다. Hitler는 집권한 지 7년간 국민 복지를 희생하면서 막강한 군사력을 구축했다. 그런 희생은 어떤 민주주의 정치가도 요구할 수 없으며 확보할 수도 없다. 문명화된 국가는 국민의 목소리를 들어야 하기 때문에 제국주의의 과제를 위해서 국민의 복지를 희생할 수 없으며, 따라서 평화에 대한 희망을 갖게 마련이다. 뿐만 아니라 문명화된 국가는 노예가 될 위험성을 적시에 간파하지 못하여 참화를 피하지 못한다. 일반 국민은 당장의 분명한, 궁극적이지 않은 위험들만을 이해한다. 지금도 히틀러가 뉴욕에 군대를 상륙시킬 가능성이 거의 없기 때문에 미국은 안전하다고 생각하는 미국인들이 있다.

고립주의자들이 전쟁에 개입하지 않으면 미국의 모든 생활 수준과 민주적 권리들이 유지될 수 있다는 믿음이 나치 제국주의가 그것들을 파괴하고 위협하는 도전을 유리하게 만든다. 일반 시민은 이 같은 궁극적인 위험을 이해하지 못한다. 미국의 진보주의자들은 뮌헨(Munchen)협정에서 Chamberlain이 취한 정책을 비웃지만, 그들은 영국인이 뮌헨협정에 무지했던 것처럼 나치 독재 정치의 위험에 대해서 무지하다. 민주 정부의 외교 정책의 결함은 자유주의 문화에 의해서 더욱 악화되었다. 자유주의 문화에서 조정 불가한 이해관계의 갈등은 존재하지 않는다고 생각한다. 이것이 우리를 말살하고 노예로 만들려는 결의에 찬 적과 대결하는 것이 무엇인지를 이해하지 못하게 만든다. 이러한 부르주아적 자유주의가 스칸디나비아의 나라들이 결속하여 히틀러와 싸우지 못하고 하나씩 하나씩 침략당하고 마는 결과를 초래했다. 이러한 자유주의는 삶과 삶의 갈등을 승화하여 마침내 모든 강제력의 요소들을 제거할 수 있다고 생각한다. 그것이 야만주의에 대한 진보주의의 우월성을 믿는 것은 옳지만 문명들이 그들의 자원의 조직화에 의해서 야만주의의 위협에 대적해야 할 때가 있다는 것을 알지 못한다.

민주주의의 결함을 극복할 수 있는 지도력은 그의 지위를 걸고서 국가가 처해 있는 위기를 내다보고, 궁극적 위험과 싸워야 할 순간에 무기력을 이기는 말과 행동에 의해서 모험하는 지도력이다. Roosevelt 대통령이 미국 민주주의에서 그런 종류의 지도력을 가졌다. 대중은 어리석지 않다. 어리석은 것은 민주주의의 지성적 지도자들이다. 이들 지성적 지도자들은 전 서구 문명이 파멸에 직면한 위기에 찬 10년 동안 유토피아적 난센스를 피력하고 있었다. 이러한 위기 상황에 직면하여 미국의 대학에서는 교수들이 미국의 중요한 이익의 방어와 서구 문명의 보전을 위해서 유럽 연합군에 원조 물자를 보낼 것을 대통령과 국회에 청원했다. 학생들은 전적으로 비현실적인 고립 정책에 집착했다. 대학의 진보주의는 유토피아주의에 빠졌고, 역사적 현실이 유토피아주의와 일치하지 않기 때문에 냉소주의에 빠지는 결과를 초래했다. 오늘의 미국의 상황은 Dostoevsky의 소설 『광인*The Pos-*

sessed』의 주인공인 유토피아주의적 환상을 가진 아버지가 아들에게 그것을 강요하다가 마침내 그를 냉소주의에 빠지게 하는 것과 비슷한 상황이다.

제V장 냉소주의자들인 이상주의자들(Idealists as Cynics)

본 장은 미국의 이상주의자들이 냉소주의자 Hitler의 침략 전쟁을 묵인하는 데 대해 비판한 논설이다. 우리 시대의 미국은 매우 다양한 절대주의적 신조들로 인해서 외교적 판단에 있어서 전례 없는 정치적 혼란에 직면해 있다. 그러한 신조들은 다양하지만 한 가지 공통적 경향을 가지고 있다. 그것은 가능한 역사적 대안들의 입장에서가 아니라 순수하게 이상적인 가능성들과 비교하여 정치적 현실을 평가하는 경향이다.(p. 75) 우리는 순수한 독재와 순수한 자유 사이에서 선택할 기회를 결코 가지지 못한다. 우리는 독재와 상대적 민주주의 사이에서 선택할 수 있을 따름이다. 우리는 전쟁과 완전한 평화 사이의 선택만을 할 수 있다. 우리는 폭력과 비폭력 사이에서가 아니라 폭력과 그것을 피하여 사회적 세력들을 조정하지만 충돌의 회피를 보장할 수 없는 정치적 수완 사이에서 선택을 할 수 있을 뿐이다. 모든 역사가 증명하는 이러한 분명한 사실이 현대적 사회 신조의 광범한 영역에서 명시적으로, 혹은 암묵적으로 부정되었다. 그러한 신조들은 유럽의 비극적 역사에 대해서 무책임한 태도를 취하게 했고, 전쟁의 결과를 추정함에 있어서 냉소주의를 조장했다.

평화주의자들과 사회주의자들은 오늘의 유럽의 충돌 사태가 전혀 위험하지 않다고 믿는다는 점에서 일치한다. 사회주의자들은 사회주의국가연방이라는 이상적 가능성에 반대되는 자본주의 사회의 아들만을 본다. 평화주의자들은 그러한 이상적 가능성을 강제력도 저항도 없는 이상적 세계의 입장에서 이해한다. 그런데 공산주의자들은 자본주의 국가들만이 제국주의적이 될 수 있고 러시아는 제국주의적이 될 수 없다고 믿기 때문에, 그것이 사회주의자들이 러시아를 비난하는 것을 주춤하게 만든다. 어느 국가에서나 평화주의 신조의 추종자들은 소수이지만 미국 교회에서는 거의 만장일치로 평화주의를 지지한다. 그렇지만 대립적인 세력들 사이에서 모든 판단을 유보하는 것이 성전(holy war)에 대한 유일한 대안이 아니다. 평화주의는 전쟁에 개입하는 것을 미국이 두려워하는 것과 무의식적으로 혼합되어 있기 때문에 평화주의가 더욱 인기가 있다.

'완전한 사랑(perfect love)'과 같은 종교적, 도덕적 절대를 정치의 본질인 권력경쟁의 대안으로 정치에 도입하면 혼란을 야기시킨다.(p. 78) 사회주의자들은 전쟁이 자본주의 경제의 불가피한 결과라고 확신하고 있기 때문에 전쟁에 대해서 냉소주의적 거리를 두는 입장을 취하는 경향이 있다. 그 결과, 나치 독재와 유럽 문명이 가지고 있는 문화적, 사회적 덕의 참된 차이를 모호하게 한다. 유토피아주의는 역사가 알지 못하며 또한 아마도 결코 알지 못할지도 모르는 완전성과 비교하여 악들을 평가하기 때문에 당장의 문제를 다루는 데 있어서 혼란에 빠진다. 러시아에서 유토피아가 어느 정도 실현되었다고 믿는 공산주의자들과 그들의 많은 동조자들, 그리고 사회주의적 유토피아주의자들이 미국의 평화주의자들과 합세하여 Finland에 대한 미국의 동정을 반대했다. 우리는 다음과 같은 것들을 결코 잊어서는 안 된다. 서구 문명의 혼란이 나치 독재를 낳는다는 것, 나치 독재는 독일의 모든 참된 문화를 파괴했다는 것, 나치 독재의 파괴는 전쟁을 거쳐야 하지만 매우 중요하다는 것 등이 그것이다. 오늘날의 문제에 대한 미국의 책임 있는 태도는 평화를 위해서 결정적인 중요성을 가지고 있다. 전쟁의 결과가 아무리 위험할지라도 절망적인 이상주의에 의해서 조장된 냉소주의적 태도는 도덕적으로 용납될 수 없는 것이다.

제Ⅵ장 평화와 자유주의적 환상(Peace and the Liberal Illusion)

본 장은 Hitler의 침략과 정복을 묵인하고 받아들이는 자유주의의 환상을 비판한 논설이다. 굴욕적인 뮌헨협정은 민주주의의 정치적 기술이 나치 파시즘 도전에 대적할 수 있는 적절한 문화적 기반을 가지고 있는가 하는 의문을 제기하게 한다. 이 문제의 검토를 위해서 서구 민주주의의 문화적 기반인 자유주의와 그것과 대비되는 나치 파시즘의 문화적 기반인 Nietzsche의 낭만주의를 분석, 검토할 필요가 있다. 나치의 낭만주의는 자기 정당화의 힘과 생명력을 찬양하는 사상으로서, 원시적 낭만주의를 가지고 있으며 자유주의적 보편주의 대신 민족적, 인종적 특정주의(particularism)를 주장한다. 18세기와 19세기의 자유주의는 서구 민주주의의 문화적 기반으로서 합리적 낙관주의에 근거를 두었다. 그것은 강제력을 이성에 의해서 대치하는 것이 비교적 용이하다는 것과 정치적 당파성과 갈등을 자유로운 협동의 추구에 의해서 대치할 수 있다는 진보적 발전관을 믿는다. 다시 말해서, 민주주의는 인간의 본질적 선과 완전한 합리적 행위의 가능성을 믿는다. 자유주의는 우리 시대의 비극적 복잡성에 적절하게 대처하기에는 너무나 단순한 신조가 아닌가? 민주주의는 영원히 필요하지만, 자유주의는 자본주의가 확대되는 기간 동안의 일시적인 중산층의 환상에 지나지 않는다.

자유주의가 지나치게 낙관적으로 인간성을 이해하고 있기 때문에 민주주의가 중요하다. 민주주의의 제약을 받지 않는 권력은 항상 위험하다. 왜냐하면 지배적인 전제 군주들은 항상 그들의 사리사욕을 사회 전체의 이익과 동일시하는 허위를 범하기 때문이다. 민주주의의 입장에서 보면, 상충되는 사회적 이익은 비폭력적 방법, 곧 비폭력적인 정치적 주장에 대한 비폭력을 반대하는 주장의 조정 방법이 발견되어야 한다. 그렇지만 적이 전쟁을 궁극적 선으로 생각하고 그것을 행동화할 때는 적과 평화적인 해결을 하려는 진보주의자들은 적에 의해서 격파당한다. "이렇게 될 때 평화가 평화로 인해서 상실된다."(p. 86) *The London Times*는 나치가 Czechoslovakia를 해체해 버렸을 때 그것을 태평스럽게 받아들였다. 뿐만 아니라 동지는 뮌헨의 평화 협정은 '힘에 대한 이성'의 승리라고 찬양했으며, Chamberlain은 약자로서가 아니라 강자로서 양보했다고 주장했다. 동지의 많은 독자들이 뮌헨협정을 평화와 민주주의, 전쟁의 위협에 대한 방법적인 측면에서의 문명의 승리를 나타내는 것으로 이해했다.

변질된 기독교의 완전주의는 비폭력적 방법이 결국, 폭력적 방법보다 적에 대한 보다 확실한 승리를 얻을 수 있을 것으로 본다. 그러나 거기에 걸리는 시간은 너무 길다. 전문적인 이론가들은 추상적 합리성이 마침내 인간의 갈등으로 야기된 혼란을 극복할 수 있으리라고 믿는다. 기업가들은 권력과 무력이 아니라 암묵적인 경제적 힘에 의해서 지배했고, 지난 200년 동안 산업국가들이 번영했으며, 그들의 영향력이 대대적으로 확대되었기 때문에 사회적 갈등에 대해서 분명한 인식을 갖지 못했다. 이와 같은 두 가지가 자유주의의 환상을 조장했다. 미국에서는 다른 어느 나라에서보다 자유주의적 환상이 강하다. 사회주의적 마르크스주의자는 모든 악이 자본주의에서 오기 때문에 영국의 자본주의와 독일의 파시즘은 공히 나쁘다고 주장한다. 자유주의 문화는 사회적 협동을 위한 강제력의 필요성과 정의 실현을 위한 힘에 대한 저항의 필요성을 이해하지 못한다. 민주주의는 자유주의의 편견과 너무나 밀접하게 관련되어 있기 때문에 파멸의 위험을 가지고 있다. 이것은 슬픈 일이다. 민주주의가 죽는다면 또다시 살아나야 한다. 민주주의 없이는 정의를 실현할 길이 없기 때문이다.(p. 93)

제VII장 그리스 비극과 현대 정치(Greek Tragedy and Modern Politics)

본 장은 진보주의에 근거한 민주적 국가들의 낙관적인 환상과, 기득권을 가진 지배 집단의 계급적 이익에 대한 자본주의 국가의 집착이 Hitler의 침략주의를 묵인하려고 하기 때문에, 닥쳐올 파국적인 전쟁을 피할 수 없게 될 것임을 경고한 논설이다.

그리스의 비극적 드라마의 반복되는 주제 중 하나는 드라마의 주인공들이 그들이 알고 있는 운명으로부터 벗어나려고 애쓰지만, 결국 그 운명에 빠지고 만다는 것이다. 오이디푸스의 이야기가 그 대표적인 경우이다. 그리스의 드라마 작가들은 단순히 멜로드라마를 쓰고 있는 것이 아니라 우리 시대의 역사를 포함한 역사를 해석하고 있다. 세계의 민주국가들은 세계적 비극에 말려들어 있다는 것을 알고 벗어나려고 애쓰지만, 결국 거기에서 벗어나지 못한다.

현대 세계의 정치적 긴장은 파시스트적 힘을 가진 가난하고 배고픈 나라들의 침략적 태도에 의해서 조성되었다. 그리고 이 같은 배고픈 나라들의 분노는 승리한 국가들에 대한 징벌의 악한 열매이다. 일본, 독일, 이탈리아는 위협과 침략에 의해서 존재할 수 있는 형태의 정부이다. 영국은 여러 형태의 적은 보상을 제공함으로써 독일이 침략을 포기하도록 설득해 왔다. 영국은 대륙에 속하지 않기 때문에 유럽 대륙에 대한 책임에서 벗어날 수 있다고 믿었고, 미국은 유럽과 동일한 세계에 속하지 않는다고 믿으려고 했다. 그러나 사태가 확대되면, 결국 미국도 휘말려들게 될 것이다. 민주국가들이 이 같은 죽음의 댄스에 비극적으로 얽히게 된 두 가지 이유가 있다. 하나는 민주국가들은 거대한 자본주의 국가들인데, 그러한 국가의 지배적 경제 집단들이 파시스트의 힘에 대한 지나친 저항은 결국, 공산주의의 확산을 불러올 것이라고 두려워하고 있다는 사실이다. 다른 하나는 민주적 자본주의 국가의 지배적 권력들의 이익이 국가적 이익과 일치하지 않으며 그것이 그런 국가들의 쇠퇴와 멸망의 전조라는 사실이다. 스페인에 대한 영국의 정책의 표리부동과 이탈의 원인은 바로 국가 이익과 토리(Tory)당의 이익 사이의 모순 때문에 그렇다.

민주주의 자체가 독재자들을 다루는 데 불리하다. 왜냐하면 전체적인 상황을 알기 어려운 국민을 설득하여 위기에 대처하는 모험을 감행하기가 쉽지 않기 때문이다. 대중은 전체적인 그림을 보지 못할 뿐만 아니라 도덕적 환상이라는 희망을 가지고 정치적 본질을 보기 때문에 심각한 잘못을 범한다. 예컨대, 영국 노동당의 예전 지도자 George Lansbury는 Hitler 및 Mussolini와의 개인적인 면담을 통해서 파시즘의 역동성을 진정시킬 수 있다고 생각했다. 18세기의 합리주의에 근거한 문화 전체가 인간의 본성을 잘못 이해하여 이성과 열정, 이성과 이기적 이익 사이의 유기적 관계를 장악하는 데 실패했다. 파시스트 국가들은 이러한 자유주의 문화와 결별하고 자기 정당화를 위한 니체적인 힘의 낭만적 찬양을 추구한다. 민주국가들이 실패한다면, 그 원인은 그들이 양심이란 털끝만큼도 없는 현실주의자들과 직면해서 너무나 많은 환상을 가진 이상주의자들의 잘못된 전략을 가지고 임했기 때문일 것이다. 민주국가들은 역설적이게도 전쟁의 참화를 피하려는 노력 때문에 그러한 전쟁을 불가피하게 만든다.

제VIII장 이데올로기와 허세(Ideology and Pretence)

본 장은 공산주의가 초국가적인 보편적 진리와 가치를 가지고 있다고 생각하지만 그것은 허세(혹은 가장)라는 것을 폭로한 논설이다.

러시아를 비롯한 다른 모든 정치적 상황의 분석을 위해서 단순한 도덕주의(simple moralism)가 그런 것처럼 단순한 냉소주의(simple cynicism)도 도움이 되지 않는다. 정치적 투쟁에서는 대립되는 세력들이 합리적, 도덕적 논쟁만 하는 것이 아니라 그것이 무엇이 되었든 가능한 한 모든 사회적 힘을 사용한다. 그러나 정말 문제가 되는 것은 힘의 사용에 있지 않고 국가 이익이 초국가적 가치들에 대해서 갖는 관계이다. 다시 말해서, 각 국가는 초국가적 이익을 추구한다고 표방하지만 사실은 국가 이익에 집착하고 있는 것이다. 마르크스주의에 의하면, 국수주의는 자본주의의 산물이며 국가적 감정은 마르크스주의가 실현되는 새로운 사회에서는 이를 넘어설 수 있다. 그리고 국가는 계급의 지배 도구에 지나지 않으며, 권력과 강제성은 계급 없는 사회가 국내외의 적들과 싸우는 동안에만 필요하다. 그러한 적들이 패배하고 나면 국가는 사라진다. 러시아는 국가를 초월하는 프롤레타리아 문명에 어느 정도 충성한다. 마르크스주의는 이데올로기적 오염(ideological taint)을 경제적인 계급적 이익에 국한시키지만 그것은 인간 문명에 있어서의 모든 레벨의 항존적 사실이다.

중세 가톨릭 교회는 그것이 봉건적 질서에 뿌리를 박은 특정한 종교적, 정치적, 문화적 세력이 아니라 절대적인 초월적 세력이라고 주장했다. 마르크스가 "모든 비판은 종교의 비판에서 시작된다"라고 적절한 주장을 한 것은 종교가 항상 궁극적이고 절대적 타당성을 가지고 있다고 주장하기 때문이다. 이 비판적 진리를 마르크스주의 자체에 적용해야 한다. 특정한 문제를 다루는 정치적 운동에 불과한 마르크스주의가 인간 존재의 궁극적인 문제의 해결 방안을 가지고 있다고 주장하는 것은 잘못이다. 이데올로기적 오염, 곧 정직하지 못한 이념의 허세, 혹은 가장 이 보편적이라고 해서 경쟁적인 정치적 운동들 사이에서의 주의 깊은 선택이 불가능한 것은 아니다. 만일 인간의 정신이 이익으로부터 어느 정도의 자유를 가지고 있지 않다면 문화가 존재할 수 없으며, 삶이 단지 이해관계의 갈등에 지나지 않을 것이다. 만일 우리가 이데올로기적 오염을 식별하여 거기에서 벗어날 수 있다면 우리의 선택은 덜 혼란스러울 것이다. 우리 시대의 과제는 사회의 계급적 조직화가 이데올로기적 허세의 유일한 근거라고 잘못 생각하는 마르크스주의자들의 합리화의 가면을 벗기는 것이다. 프롤레타리아 문화는 그것이 프롤레타리아적이라는 이유만으로 선할 수 없다.

제IX장 합성적 야만주의(Synthetic Barbarism)

본 장은 나치의 합성적 야만주의가 서구 민주주의 국가를 위협하고 있는데, 나치즘도 공산주의도 서구 민주주의 문화의 대안이 될 수 없음을 주장한 논설이다.

제I절 기술을 보유한 나치 독일의 야만주의

서구 민주주의 국가들과 전체주의 국가들 사이의 갈등은 역사의 영원한 주제의 반복이라고 볼 수 있다. 문명화된 공동체들은 항상 야만적인 침략의 위협에 직면해야 했고 번번히 그것에 굴복했다. 야만인들은 문명화된 공동체의 기술을 갖고 있지 않지만 그들의 단순한 사회 조직과 원시적 권력의지는 문명사회가 갖고 있는 기술적인 유리함을 빈번하게 능가했다. 문명의 중심부에서 발달된 야만주의는 순수한 원시적 야만주의보다 유리한 기술을 보유하고 있다. 그것은 그러한 야만주의가 파괴의 도구를 만드는 우수한 기술을 가지고 있다는 의미이다. 그러나 이러한 합성적 야만주의는 순수한 원시적 야만주의보다 불리한 점이 하나 있는데, 그것은 합성적 야만주의가 원시적 권력의지와 단순한 인종적 사회 조직을 문명화된 공동체의 복잡성에 적용한다는 사실이다. 이러한 새로운 야만주의가 그런 내부의 취약성을 드러내기 전에 문명에 대해서 일시적 승리를 거둘지 여부가 문제이다. 이것은 역사의 미해결 문제이다. 원시적 공동체는 혈족 관계의 힘에 뿌리를 박고 있는 본능적인 사회적 응집력을 가지고 있다. 그러한 응집된 결집력은 자연적이며 결코 정신적이지 않다. 독일은 사회의 갈등이 문명이 최선을 다하여 성취하려고 했던 보다 복잡한 통일이 부식된 사회 속에서 '민족의 피(blood)'로 대변되는 단순한 공동체를 복구하려고 한다. 그러한 독재 정치는 문명화된 삶의 복잡성의 한가운데에서 계속 유지될 수가 없다. 그러나 그러한 독재가 우리들이 생각하는 것보다 오래 갈 수도 있다.

제II절 전제주의 국가의 독재 정치가의 유리한 점

모든 문명화된 공동체는 지배적 권력자를 만들어내는데, 한때 공동체를 조직하는 과제를 수행했던 그로 인해서 공동체는 고통을 받는다. 그는 공동체로부터 그가 봉사한 이상의 부를 강제로 징수하고 또한 공동체 전체의 수호와 대립되는 특정 계급의 이익을 추구하기 때문이다. 예컨대, 토리당은 스페인 내란에서 영국 전체의 이익보다 토리당의 이익을 추구하는 정책에 집착했다. Winston Churchill 은 그러한 당파적 이익을 초월했다. 전체주의 국가들의 지배적 권력자들은 국가 전체의 이익과 다른 이익을 덜 갖는다. 원시적 종족주의는 경제적 인간 및 상이한 이익들과 상관이 없다. 독재 정치가들이 그들의 권력을 장기적으로 유지할 수 있을지는 의심스럽다. 그들이 문명화된 공동체들에 대해서 완전하고도 일시적인 승리를 거둔다면 그들의 음모의 정체가 드러나기까지는 시간이 걸릴 것이다. 그들은 그들의 국민의 지성을 완전히 부패시켜 그들의 권력에 내적 견제를 가할 수 없게 만든다.

제III절 문명화된 공동체의 약점

문명화된 공동체들이 야만주의의 위협에 대처하는 데 따르는 또 하나의 불리한 점은 지적 이론이 사회의 하부 구조에 내재된 힘의 요소에 대한 이해를 훼손하는 것이다. 이와 달리, 원시적 공동체는 힘의 역할에 대한 본능적인 이해를 가지고 있다. 그러나 공동체의 평화와 질서, 안전과 안정은 힘만으로 유지되는 것이 아니라 상호 의존적이며, 부분적으로는 상충되는 국가의 순수한 조건에 의해서 유지된다. 공동체의 외적 평화는 평화시에는 힘과 힘의 균형에 의해서, 전시에는 힘에 대해서 힘으로 맞설 때 비로소 유지될 수 있다. 부르주아 거래자는 그의 적대자를 최후의 수단으로 매수할 수 있으며, 거래(bargain)에 의해서 해결할 수 없는 이해관계의 충돌은 존재하지 않는다고 확신한다. 그러나 단호한 적은 그를 말살시키거나 노예화할 것이다. 우리 시대의 종교적 통찰은 유토피아적 환상에 빠져서 모든 정의 구도가 간직하고 있는, 불의에 대한 어떤 단순한 대안이 있다고 믿는다. 거의 종교적인 이러한 생각은 순수한 야만과 합성적 야만이 인간의 그러한 덕성들을 완전히 멸시할 수 있다는 점을 전혀 이해하지 못한다. 미국에서는 기독교적 생활이 완전히 합리적 유토피아주의의 환경에 빠졌기 때문에 대개의 종교적 이상주의자들이 평화의 이름 아래에서 폭군에 굴복하게 되었다.

제IV절 나치의 위협을 극복하기 위한 민주국가들의 유토피아주의적 환상으로부터의 탈피

나치의 원시적 공동체는 자주 경제(Autarkie)를 표방하기 때문에 계몽된 나라들에서처럼 국가의 생존의지가 초국가적 이익이나 책임으로 인해서 혼란스러워지는 일이 없다. 독일은 프랑스를 압도할 수 있으나 대영제국을 그렇게 할 수 있을지는 의심스럽다. 독일이 초전에 영국을 압도하지 못하면 영국의 문명이 독일인의 사기보다 더욱 강한 기초를 가지고 있으므로 따라서 영국이 승리할 것이다. 날조된 합성적 야만주의는 막강한 힘을 가지고 있으며, 그러한 위협은 문명화된 공동체들의 간담을 서늘하게 만들 것이다. 그것은 우리의 전 문명에 승리를 거두고 이어, 야만주의의 암흑으로 몰아넣을 것이다. 그러나 야만이 속전속결로 승리하지 못하는 한 결코 승리하지 못할 것이다. 서구 문명은 18세기의 유토피아주의 환상에 빠져 확대되고 있는 자본주의 사회의 일시적 안정을 하나님의 나라의 총체적 평화로 착각하고 있다. 그런 문명이 구원될 수 있다면 그것은 위기에 몰린 최후의 시간에 그러한 환상을 깨끗이 씻어버리고 모든 역사적인 성취의 일시적인 성격을 인정하는 것을 배움으로써만 가능하다.

제X장 미해결 문제들에 대한 거짓 답들(The False Answers to Our Unsolved Problems)

본 장은 서구 문화와 문명이 비록 병들었어도 나치즘과 공산주의가 그 대안이 될 수 없다는 것을 주장한 논설이다. 나치의 출현은 서구 문화와 문명이 병들었음을 가장 악성적 형태로 나타내는 것이다. 세계 경제 대공황이 Hitler가 권력을 장악하게 하는 힘이 되었다. 나치는 국가의 전 경제력을 군비에 투입함으로써 실업자 문제를 해결했다. 영국과 미국도 대규모의 군사 비용에 의해서 실업자 문제를 일시적으로 해결하려는 유혹을 받고 있다. 파시즘도 공산주의도 자본주의 사회의 대안이 아니다. 자본주의적 민주주의의 정의는 하나의 힘을 다른 힘에 의해서 견제하는 능력으로부터 나온 것이다. 서구 자본주의 문명의 병폐에 대한 대안으로서 나치주의자들과 공산주의자들이 내세우는 허위적인 해결책들의 공통 요소는 어떤 이상주의의 한 형태가 역사에서 새로운 형태와 변형된 형태로 계속해서 나타나는 역사의 악들을 영원히 파괴할 수 있다고 믿는 것이다. 그러한 허위적인 해결들은 인간의 역사 속의 기본적인 악들을 적의 삶에서 나타난 특정한 악과 동일시하는 것이다. 독일의 국수주의는 가장 천박하고 가장 위험한 종류의 세속적 종교이다. 나치도 공산주의도 신을 믿지 않지만 그들 자신이 신이라고 생각한다. 나치즘의 승리가 전쟁보다 낫다는 제의, 나치와 전쟁을 계속하는 것보다 그것과 타협하는 것이 낫다는 제의, 전쟁이 최악의 독재자보다 나쁘다는 독단적인 입장에서 나오는 제의는 현실과는 거의 관계가 없다. 사악한 독재자는 전쟁보다 나쁘다.

제XI장 현대의 유토피아주의자들(Modern Utopians)

본 장은 자본주의적 유토피아, 특히 공산주의적 유토피아의 잘못을 비판한 논설이다. 보수주의자들(Tories)의 위선은 위험에 처한 자본주의 사회를 수호하려 하고, 그러한 사회가 사회의 평화와 발전의 유일한 기능적 기반이라고 주장하며, 급진주의자들, 곧 공산주의자들의 유토피아주의는 그들이 제창하는 새로운 사회가 사회의 모든 악을 치유할 것이라고 주장한다. 그러나 양자가 매한가지로 논리적 근거가 없다. 자본주의적 사회 조직이 상호 일치와 사회적 평화를 자동적으로 조성할 것이라는 보수주의자들의 주장을 현대사의 모든 사건들이 반증한다. 급진주의자들의 낭만적 유토피아주의는 기존의 사회와 전통적 가치들에 저항하여 기존의 사회 시스템을 변화시키고 파괴하려고 한다. 그들은 모든 사회악을 자본주의라는 특정한 사회 조직에 돌린다. 18세기의 유토피아주의는 보편적 투표권과 보편적 교육이 천년왕국을 실현할 것이라고 꿈꾸었다. 그러나 정치적 힘의 평등화만이 정의를 낳는 것이다. 경제적 힘이 불균형하면, 다시 말해서 경제적 힘이 소수의 손에 있고 그들이 정치적 힘을 그들의 뜻에 맞게 사용하는 한 정의는 실현되지 않는다. 불의가 무책임하고 불균형한 힘의 불가피한 결과이기 때문에 상대적 정의는 경제적 힘의 사회화에 달려 있다는 결론에 도달한다. 그래서 현대사회는 자연히 민주주의적 희망에서 사회주의적 희망으로 발전한다. 공산주의적 유토피아주의는 재산의 사회화가 사회적 갈등과 전제 정치 없는 사회를 약속하며, 국가의 소멸을 주장한다. 공산주의자의 이론에 의하면, 국가는 사회적 응집을 위해 필요한 기관이 아니라 계급을 억압하는 도구에 불과하다. 그러나 사회의 역사적 계급 조직만이 타인을 이용하는 인간과 사회의 경향에 대해서 책임이 있는 것이 아니라 그런 경향은 인간의 본성에 속하는 경향이며, 그것은 민주주의에서와 마찬가지로 권력이 평등해지고 사회적 통제 아래 있는 사회에서는 견제되고 최소화되지만, 제거되지는 않는다.

마르크스는 유토피아적 사회를 "각자의 능력에 따르는 사회로부터 각자의 필요에 따르는(from each according to his ability to each according to his needs)" 사회라고 규정한다. 그렇지만 인간이 다른 사람들의 이익보다 자신의 이익에 더 관심을 가지며, 따라서 다른 사람들의 이익보다 자신의 이익을 선호하는 자연적 이기심의 불가피한 경향을 자본주의적 시스템 탓만으로 돌리는 것은 잘못이다. 자본주의적 지배자뿐 아니라 공산주의의 인민위원(commissar)도 그러한 경향에서 벗어나지 못한다. 독재자는 물론이요, 성직자, 군인, 자본가, 공산주의자 모두 그들의 힘이 사회적 통제 아래 있지 않으면 믿어서는 안 된다. 민주주의는 사회적 갈등을 중재하는 데 실패할 수 있지만, 사회의 지도자들에 대한 사회적 통제의 형식은 정의 실현을 위해 영원히 필요하다. 이렇게 볼 때 마르크스주의의 유토피아는 허구이다.

마르크스주의는 자본주의의 파괴와 더불어 세계적 대립이 종식되고 세계 문화 (a world culture)가 발전될 것이라고 내다본다. 그렇게 되면 인류는 지방성의 불편한 특성(the inconvenient ideosyncrasies of locality)에 싫증이 나서 인류의 문화유산을 세계적 종합으로 통합할 것이라는 합리적 유토피아주의를 마르크스주의는 주장한다. 자유주의가 악의 불합리성이 개인의 마음속에 있다고 믿는 데 비해서 공산주의는 사회 조직의 결함에 있다고 믿는다. 그러나 국가들 간의, 또는 사회적 단위들 간의 전쟁은 자본주의보다 오래된 것이다. 인간은 시간, 장소, 기후, 그리고 다른 모든 자연적 제한에 의해서 규제받고 제약되는 사회적 피조물이지만 그의 합리적, 도덕적 판단에 관한 한 자아와 환경을 초월하는 창조자이다. 유한한 피조물인 인간은 무한의 옷자락에 닿으며 모든 각성된 인간의 정신은 보편적으로 타당한 가치와 무조건적 진리를 탐구한다. 인간의 이와 같은 초월적 능력은 어떤 시점에서 인간으로 하여금 자신의 이익을 그것이 보편적 가치를 대표한다는 환상을 품고 집요하게 방어함으로써 사회적 갈등을 악화시킨다.

인간의 초월성에서 연유하는 또 하나의 자기기만의 요소가 있다. 그것은 생존의지와 권력의지의 힘에서 발생하는 부정직이라는 요소이다. 인간은 유한하지만 그 유한성을 의식하기 때문에 다른 사람을 그의 개인적, 혹은 집단적 의지에 예속시킴으로써 자신의 하찮음을 극복하려는 노력, 곧 제국주의적 야망을 갖게 된다. 이렇게 될 때 자기의 이익을 보편적 가치를 대표하는 것으로 주장하고 내세우는 부정직에 빠진다. 이러한 부정직은 인간의 정신의 영원한 딜레마이다. 마르크스주의는 자본 계급의 도덕적 부정직은 여지없이 멸시하지만 프롤레타리아 계급의 부정직에 대해서는 눈을 감는다. 인간의 성격의 이러한 구조로 인해서 로마 황제들과 성자들의 존재가 가능하게 된다. 이러한 제국주의적 의지의 불가피한 표출의 원인은 바로 인간의 성격의 구조 속에 깊이 뿌리박고 있다. 그로 인해서 완전한 조화의 유토피아적 꿈은 흔들리게 된다.

제XII장 히틀러와 부크먼(Hitler and Buchman)

본 장은 Frank Buchman의 옥스퍼드 그룹 운동의 종교적인 개인적 완벽주의와 낙관주의를 비판한 논설이다. "Adolf Hitler가 적그리스도인 공산주의에 대한 방어 전선을 구축한 것을 하늘에 감사한다. …그러나 히틀러가 하나님의 지배에 복종한다면 그것이 세계를 위해서 무엇을 의미하는지를 생각해 보라. 혹은 Mussolini, 또는 어떤 독재자가 그렇게 했다고 생각해 보라. 그러한 인간을 통해서 하나님은 한 국가를 하룻밤 사이에 지배할 수 있을 것이며 최근의 당혹스러운 모든 문제를 해결할 수 있을 것이다." 이것은 뉴욕의 한 유명한 신문이 인용한 부크먼의 말이다. 어린애같이 유치하고 사악한 말이다. 이것은 보잘것없는 한낱 소시민이 아니라 산업계와 정치계의 거물들을 회개시키면 그들의 힘을 통해서 인간의 생활의 커다란 영역을 지배할 수 있을 것이라는 주장이다. 이런 아이디어는 지금 세계를 지배하고 있는 인물들을 하나님의 지배 아래 둠으로써 세계를 구현하려고 하는 발상으로서 그러한 어린애 같은 위험한 발상에 대해서 멸시를 금하지 않을 수 없다. 세계의 구원에 대한 이러한 아이디어는 문명의 사회적 역학을 완전히 이해하지 못하는 사회철학을 의미하는 것이다. 옥스퍼드 그룹의 현대사 이해는 비극적 시대의 사회적 역학을 다루는 데 있어서 믿을 수 없을 정도로 순진할 뿐만 아니라 권력에 대한 접근에 관한 한 비성서적이다. 성서적 접근은 죄악의 세계에 대한 하나님의 심판과 자비에 대한 성직자적, 예언자적 명상에 다름 아니다. 옥스퍼드 그룹 운동의 단순하고 퇴폐적인 개인주의는 권력자가 항상 어느 정도는 적그리스도라는 사실을 이해하지 못하고 있다. 만일 권력자가 절대 정직과 절대 사랑의 옥스퍼드 그룹의 메시지를 심각하게 받아들인다면 그는 권력을 상실하든가 포기해야 할 것이다. Oliver Cromwell은 독실한 기독교 신앙을 가지고 있었지만 그의 참된 신앙은 그가 강경하지 않은 독재를 펴게 하지 못했고, 또한 오만과 잔인의 유혹으로부터 그를 구할 수 없었다. 옥스퍼드 그룹 운동의 도덕은 퇴폐적 개인주의의 종교적 표현이다. 그것은 세상에 대한 심판과 희망의 복음의 메시지가 아니라 부르주아 낙관주의, 개인주의, 도덕주의를 종교의 탈을 쓰고 표현한 것이다.

제XIII장 환상의 종언(An End to Illusion)

본 장은 니버가 순진하고 낙관적인 유토피아주의, 또는 이상주의를 거부하는 그의 현실주의적 입장을 천명한 논설이다. 니버는 어느 날 아침 배달된 네 통의 편지에 대한 대답의 형식으로 네 가지 문제에 대한 그의 입장을 천명했다. 그는 그에게 온 편지들이 18세기 이래 서구 세계에 전해진 유토피아주의의 표현이라고 보았다.

첫 번째 편지 내용과 거기에 대한 니버의 입장은 다음과 같다. (1) 편지의 내용: 니버의 외교 정책에 대한 견해가 사회당의 강령과 어긋나니 강령에 대한 불일치를 해명해 달라. (2) 니버의 입장: 사회주의자들은 지금의 전쟁을 대립되는 제국주의의 충돌이라고 본다. 그들은 우리가 수호해야 할 자유주의 문명이 자본주의와 제국주의의 불의로 가득 차 있다고 주장한다. 그들의 주장은 옳다. 그러나 사회주의자들의 유토피아주의는 자본주의와 나치즘은 생사의 문제가 달린 중요한 역사적 차이를 가지고 있다는 것을 무시한다. 사회주의자들이 정치에서 이런 혼동을 범하는 것은 순수한 이상의 시각으로 상대적인 정치적 세계를 봄으로써 중요한 차이를 보지 못하기 때문이다.(pp. 168-169)

두 번째 편지 내용과 거기에 대한 니버의 입장은 다음과 같다. (1) 편지의 내용: '세계 교육(world education)'과 '세계 라디오(world radio)'를 수립함으로써 세계 평화를 이룩하는 기관을 지지해 줄 것을 니버에게 요구. (2) 니버의 입장: 이러한 제안은 전 자유 세계의 자유주의적 지성인들의 사상에 알려진 유토피아적 합리주의와 보편주의의 아주 얼빠진 형태에 지나지 않는다.

세 번째 편지 내용과 거기에 대한 니버의 입장은 다음과 같다. (1) 편지의 내용: 공산주의의 영향 아래 있는 무역협회가 동협회의 평화 집회에서 연설해 줄 것을 요청. (2) 니버의 입장: 러시아를 구원의 희망으로 생각하고 러시아에 열광적으로 매달리는 사람들의 탈선의 상징이다.

네 번째 편지 내용과 거기에 대한 니버의 입장은 다음과 같다. (1) 편지의 내용: 한 교구 목사가 Hitler의 세력에 대항하는 도덕적 세력 형성에 참가하라는 권유. 이 편지는 그런 도덕적 세력이 어떻게 탱크와 폭격에 대적할 것인지를 설명하지 않았다. (2) 니버의 입장: 우리의 교회, 특히 미국 교회를 풍미하고 있는 감상적 기독교 형태의 대표적 예이다. 이런 기독교는 정신을 물질과 역사, 삶으로부터 분리하여 추상화함으로써 신자로 하여금 '영적 삶(spiritualizing life)'을 꿈꾸게 한다. 이러한 영적 종교는 종교적 완전주의를 도덕적으로 의심스럽고 정치적으로 위험한 고립의 도그마와 동일시하는 중대한 잘못을 범하게 한다.

결론적으로 말해서, 히틀러의 위협과 승리는 민주적 문화가 김이 빠졌기 때문에 가능하다. 민주적 문화의 정치 감각은 모든 삶이 힘의 경쟁임을 벗어나지 않는다는 사실을 망각할 정도로 정치에서 도덕을 유리시킨 이상주의 때문에 손상되었다. 만일 히틀러가 마지막에 이르러 패배한다면, 그것은 우리가 정의와 자유의 문명을 보전하려는 의지를 각성시켰고 역사의 애매성에 대해서는 애매한 방법이 요청된다는 지식이 작용했기 때문이다.

제XIV장 낙관주의, 비관주의, 그리고 종교적 신앙-I(Optimism, Pessimism and Religions Faith-I)

본 장은 삶의 의미라는 시각에서 본 낙관주의와 비관주의에 대한 논설이다. 인간의 생명력(vitality)은 두 가지 근원을 가지고 있다. 하나는 동물적 충동이고, 다른 하나는 삶의 의미에 대한 확신(confidence)이다. 삶의 유의미성(meaningfulness)에 대한 확신은 인간의 과업을 둘러싸고 있는 힘들과 사실들에 대한 이론적 분석으로부터 나오는 것이 아니라 모든 건강한 삶이 전제로 하고 있는 어떤 것이다. 그것은 초보적 종교(primary religion)이다. 인간은 삶의 의미를 정말로 규정할 수 없지만 삶이 의미를 가지고 있다는 단순한 믿음(simple trust)을 갖고 산다. 그러한 초보적 종교는 생명력 있는 건강한 모든 인간의 기본적인 낙관주의이다. 사람들은 가족, 공동체, 혹은 국가에서 삶의 의미를 발견한다. 국가에 대한 충성이 현대 독일에서처럼 모든 것을 흡수하는 종교가 되면 현대에서 대규모의 원시적 종교가 재등장하게 된다. 가족과 공동체, 국가는 우주적인 의미의 '작은 코스모스(little cosmos)'이다. 어떤 사람들은 그러한 작은 우주에 대한 헌신에서 매우 큰 행복을 누릴 수 있다. 그러나 그들은 특히, 지적으로 성숙한 사람들은 그러한 작은 우주를 포괄하는 '보다 큰 코스모스(larger cosmos)', 곧 큰 우주를 추구하게 마련이다. 이러한 큰 우주에의 추구는 작은 우주를 부정하고 초월한다. 이렇게 해서 작은 우주에 대한 헌신이 주는 의미는 오래 지속되지 못하고 계속 더 큰 우주를 찾아서 도전하게 된다. 세계는 코스모스(cosmos)일 뿐만 아니라 카오스(chaos)이기도 하다. 모든 의미의 우주는 계속 무의미성의 위협을 받는다. 조화는 불화에 의해서 교란된다.

인간의 사고가 큰 코스모스를 추구하면 추구할수록 작은 코스모스에 대한 부정에 수반되는 비관주의에 빠진다. 모든 심오한 종교는 이와 같은 비관주의의 도전에 답을 주려는 노력이다. 심오한 종교는 삶 전체를 포괄하는 삶의 의미를 추구하며, 카오스는 코스모스를 일시적으로 위협하지만 궁극적으로 코스모스의 지배 아래 있는 어떤 것으로 이해된다. 이렇게 삶이 궁극적으로 의미 있는 것으로 해석되면 낙관주의가 된다. 유대교적, 기독교적 전통에서는 비관주의와 낙관주의 문제가 세계의 창조자이면서 세계의 심판자인 초월적 신에 대한 신앙에 의해서 해결된다. 이러한 초월적 신은 세계가 슬픔과 악으로 가득 차 있지만 삶이 의미 있다고 확신하는 것을 가능하게 해준다. 예언자적 유대교에서 의미의 궁극적 센터는 세계를 초월하지만 세계 속의 삶은 매우 의미가 있다. 적절한 종교는 궁극적 낙관주의이며, 비관주의에 떨어지게 하는 모든 사실들을 포용한다. 이러한 낙관주의는 어떠한 부분적 가치 속에도 결코 충분히 나타나지 않으며, 또한 어떤 구체적인 역사적 현실에서도 결코 고갈되지 않는 의미의 초월적 센터에 대한 신앙에 근거를 두고 있다.

제XV장 낙관주의, 비관주의, 그리고 종교적 신앙-II (Optimism, Pessimism and Religions Faith-II)

본 장은 마르크스주의의 신화가 가지고 있는 유토피아적 낙관주의를 비판한 논설이다. 마르크스주의의 신화는 유대적 신화의 낡은 패러독스적 재출현이다. 그것에서 우리는 역사의 끝에서 구원되는 세계의 유대적 희망을 다시 본다. 현재의 카오스는 마르크스주의자를 절망으로 몰아가지 않는다. 자본주의의 파괴는 이상적 사회 건설을 위해 필요한 전주곡이다. 마르크스주의에게 삶은 단순한 조화가 아니지만 그 속에 조화의 가능성을 가지고 있는 카오스이다. 마르크스주의는 특정한 사회 집단을 숭배하는 점에서 토템 숭배(totemism)이다. 마르크스주의는 세속화된 자연주의이다. 그것이 가지고 있는 정의 사회의 높은 이념들은 역사 속에서 완전히 실현될 수 있어야 한다. 그러나 그렇게 높은 정의의 이상들은 근사적으로 실현될 뿐(must be approximated) 결코 완전하게 실현되지 않는다. 그것들을 완전하게 실현할 수 있다고 믿는 마르크스주의는 또 하나의 다른 형태의 유토피아주의이다. 마르크스주의는 낙관주의를 신앙이 아니라 희망에 의해서 구축한다. 현단계의 삶은 의미가 없으며 슬픈 절망으로 가득 차 있지만 미래의 삶이 삶에 의미를 부여한다.

최고의 정의 이념들의 완전한 실현 희망에 근거를 두고 있는 마르크스주의의 낙관주의는 궁극적 환멸의 고배를 마시게 되어 있다. 만약 탐욕이 실제로 제거되는 사회를 실현한다고 해도, 그러한 사회에서도 사람들은 여전히 불의의 수난을 당하게 마련이다. 어떤 승려들은 대수도원의 잔인한 간부 독재자에 의한 수난을 당하는 것처럼 말이다. 가장 적절한 종교는 일관성의 도식(schemes of consistency)에 의해서보다는 패러독스에 의해서 문제를 해결한다. 초월적 중심과 근원을 가지고 있는 의미 있는 존재에 대한 신앙은 세계가 의미가 있음에도 불구하고 완전하다고 인정하지 않기 때문에 도덕적 생명력을 가지는 것이 가능하다. 삶과 존재에 대한 순수하게 합리적인 해석은 역사적 현실의 이상적, 혹은 범신적 신성화에 떨어져서 현실을 무비판적으로 수용하여 그 불완전성에 항의하지 못하게 하거나, 그렇지 않으면 이원론에 빠져서 구체적 현실 세계를 구원하지 않으며 또한 구원할 수 없는 영역으로 본다. 적절한 종교에서는 인간이 성취한 모든 완전성이 그것을 초월하는 보다 큰 완전성으로 향하게 하고, 그러한 보다 큰 완전성은 인간의 죄와 불완전성을 밝혀서 드러낸다. 위대한 종교들 속에는 이러한 패러독스들이 들어 있다.

제XVI장 세속의 시대와 기독교 교회(The Christian Church in a Secular Age)

본 장은 니버가 1937년 "교회와 공동체에 관한 옥스퍼드 회의(Oxford Conference on Church and Community)"에서 행한 강연이다.

세속주의의 서구 세계 지배: 서구 세계는 지난 200년 동안 세속적 문화의 지배 아래 있다. 신성은 궁극적 신비이며 모든 의미의 궁극적 근원이다. 기독교 신앙에서 신성함은 세계의 창조자이고 심판자이며 구원자인 하나님만이 가지고 있다.

세속주의의 종교(The Religion of Secularism): 엄밀하게 말하면, 세속주의 같은 것은 없다. 성스러운 것에 대한 공공연한 부정은 항상 성스러운 영역에 대한 어떤 함축적 긍정을 포함하고 있기 때문이다. 사실, 오늘날의 세속적 문화는 무조건적 충성의 대상을 가지고 있다. 그런 공공연한 세속적 문화는 엄밀하게 검토해 볼 때 존재 전체를 신성하게 보는 범신론적 종교나, 혹은 이성을 신으로 보는 합리적 휴머니즘, 또는 개인이나 공동체의 어떤 독자적이거나 특수한 생명력(vital force)을 신, 곧 무조건적 충성의 대상으로 본다. 모든 형태의 현대 세속주의는 암묵적, 혹은 명시적 자기숭배와 자기신성화를 포함하고 있다. 그러한 세속주의는 신의 형상을 신 자체로 오해한다. 그러한 자기신성화는 인간의 부분적이고 상대적인 통찰을 절대적 진리와 동일시한다. 독일의 나치즘도 종교이다. 마르크스주의 또한 세속적 종교이다.

회개의 메시지(The Message of Repentance): 최선의 인간의 문화와 문명도 신에 대한 인간의 반역, 곧 오만을 포함하고 있다. 회개는 하나님 나라에 들어가는 첫 번째 열쇠이다. 하나님은 오만한 자에게 대적하고 겸손한 자에게 은총을 베푼다. 그래서 기독교 신앙에 대한 최고의 참된 해석은 문명이 와해되고, 역사의 과정과 하나님의 심판이 인간의 오만을 겸손하게 하는 역사의 순간마다 나타났다. Augustine은 로마 문명이 야만인들의 침략을 받았을 때『신의 도시』를 저술했고, 종교개혁은 오만한 중세 문명의 와해의 결과이다.

희망의 메시지(The Message of Hope): 기독교의 복음은 오만한 자에게 회개하라고 부르는 것처럼, 절망한 자에게 새로운 희망을 약속한다. 궁극적 문제는 삶이 의미가 있느냐 없느냐(삶은 의미를 가지고 있다. 그렇지 않으면 아무도 살 수 없을 것이다.) 하는 것이 아니라, 그 의미가 비극적이냐 아니냐가 문제이다. 기독교는 비극을 통해서 비극을 초월하게 한다. 다시 말해서, 십자가의 길을 통해서 십자가의 승리로 인도한다. 이 지혜는 유대인에게는 걸림돌이요, 이방인에게는 어리석음이지만, 하나님의 복음을 받아들이는 자에게는 곧 하나님의 능력과 지혜이다. 이것은 인간의 지식을 초월하지만 인간의 경험과 모순되지 않는다.

세상에 속해 있지 않지만 세상 속에 있다(Not of the World, But in the World): 복음은 인간의 역사를 초월하는 세계를 계시하지만 갈등과 오만한 희망의 비극적 절망으로 가득 찬 현실의 역사로부터 우리를 격리시키지 않는다. 우리는 세상 속에 있다. 사랑의 법은 단순히 설교하는 데 그치지 않고 실천이 따라야 한다. 인간은 하나님의 법을 결코 완전하게 지키지 못하는 죄인이지만 하나님의 자녀이다. 그렇기 때문에 모든 상대적 정의는 사랑의 법의 심판 아래 있지만 상대적 정의는 하나님의 법의 근사적 실현(approximation)이다. 하나님의 나라는 이 세상 속에 있지 않지만 세상의 모든 문제에 대해서 타당성을 가지고 있다.

신성 모독의 위험성(The Danger of Profanization): 기독교의 복음은 단순하고 분명하지만 그것을 오만과 위선에 빠지지 않고 전한다는 것은 인간의 기구로서는 쉬운 일이 아니다. 어떠한 기독교 교회도 역사적 기독교의 부족함에 대한 회개 없이 세속의 시대에 설교할 권리가 없다. 그런 부족함이 현대가 기독교 신앙을 거부하게 만들었다. 세속주의는 한편으로는 인간의 죄악적 자기만족이지만, 다른 한편으로는 신성 모독에 대한 반동이다. 어떤 사람들은 신자들이 고백하는 유신론보다 높은 암묵적 유신론이기 때문에 무신론자이다. 세속주의의 원초적인 의식적 동기는 신성 모독적인 기독교가 인간을 구속한 쇠사슬을 자르는 것이었다. 신성 모독적인 기독교는, 성경의 탕자의 비유의 맏아들처럼, 표면상으로는 아버지, 곧 하나님에 대한 의존을 유지하고 있지만 그런 관계를 그의 죄악적 이기심을 만족시키는 데 사용한다. 또한 신성 모독적인 기독교는 교회를 하나님 나라와 동일시하는 잘못을 범한다. 역사적 교회는 항상 인간의 유한성과 관련되어 있다. 다시 말해서, 사회적 세력의 압력을 받으며 특정한 시대의 편견과 환상의 희생양이 된다. 이런 사실을 모호하게 하거나 부정하는 경향은 최종적이고 매우 무서운 죄를 범하게 한다. 어떤 교회도 이 죄로부터 자유롭지 못하다.

신성 모독적 기독교에 대한 반동으로서의 세속주의(Secularism as a Reaction Against a Profane Christianity): 서구 문명은 몇 세기 동안 나쁜 과학이 된 신학과 나쁜 신학이 된 과학 사이의 충돌 속에서 이어져 왔다. "어떤 의미에서 모든 정통 기독교 신학은 신성 모독의 죄를 범했다. 그것은 신화를 문자적, 역사적 진리로 주장했다. 이런 잘못은 영원한 것을 시간과의 관계에서 설명하는 것이 신화의 기능이요, 특성이라는 것을 망각한 것이며, 그렇기 때문에 신화는 시간적 전후 관련성을 설명하는 것이 아니라는 것을 망각한 것이다."(p. 221) 중세 기독교는 봉건적 사회와 지나치게 밀접한 유기적 관계를 맺고 있었다. 이것 역시 신성 모독이다. 개신교의 비관주의는 기존의 질서가 무정부적인 혼란보다 낫고, 현상유지에 따른 동요는 무정부적인 혼란을 가져온다고 생각했기 때문에 기존의 질서에 대한 부정적 신성화를 범하게 했다. 이것도 신성 모독이다.

심판은 하나님의 집으로부터 시작되어야 한다(Judgment Must Begin at the House of God): 우리가 사랑의 계명의 책임을 설교할 때 설교자는 그 책임을 거부하는 자만이 아니라 설교자 자신이 그 계명을 범하고 있다는 사실을 유념해야 한다. 다른 사람들에게 설교하면서 자기 자신은 제외한다는 것은 모든 성스러운 일의 수행에 따르는 위험성에 속한다.(p. 225)

5
기퍼드 강좌 『인간의 본성과 운명 The Nature and Destiny of Man』 제I권 『인간의 본성 Human Nature』 출간(1941)과 당시 니버의 정치적 활동

✤

니버는 다년간 깊은 관계를 맺어온 The Christian Century와 결별하고 1939년 말과 1940년에 걸쳐 새로운 기독교 저널의 창간을 구상하고 있었다. 그는 Van Dusen과 Francis Miller와 함께 그 계획을 추진했다. 세 사람 모두 헌신적인 영국인이었다. 니버의 부인은 영국인이었고, Van Dusen의 부인은 스코틀랜드인이었으며, Miller는 다년간 세계 학생 운동과 에큐메니컬 운동의 지도자였다. 니버가 새로운 기독교 저널의 출간을 구상하게 된 근본적인 동기는 The Christian Century의 Morrison이 Hitler에 대한 유럽 전쟁에 개입하지 않으려는 고립주의 입장을 취한 데 반대하여, 기독교적인 모든 정치적 색채를 띤 전쟁 개입주의자들(interventionalists)을 결집할 수 있는 저널을 발간하는 것이었다. 재빨리 30명의 훌륭한 후원회가 구성되었다. 그중에는 니버의 가까운 인사들인 John Bennett, Sherwood Eddy, William Scarlett을 비롯하여 Henry Sloane Coffin, William Adams Brown, Francis J. McConnell, Robert E. Speer 같은 기독교계의 거물이 들어 있었다. 1941년 2월에 새로운 저널 The Christianity and Crisis라는 제호로 제1호가 출간되었다. The Christianity and Crisis는 The Christian Century를 모델로 하는 동시에 비판하는 논조였다. 무엇보다 먼저 제호가 이중의 C로 시작했고, 편집 방법도 The Christianity and Crisis는 The Christian Century와 같아서 The Christian Century의 의식적 복제였다. 단지 The Christianity and Crisis는 주간지인 The Christian Century와 달리 격주지였고 페이지 수도 The Christian Century보다 적었다. 창간호에서 Miller가 기조적 사설을 썼고 니버가 기조적 논설을 썼다. 니버는 Morrison의 고립주의를 비판했고, The Christianity Crisis는 출간한 지

6주 만에 7000명의 독자를 확보하여 *The Christian Century*가 다년간 자유주의적 초교파지의 정상을 차지했던 독점권을 삽시간에 박탈했다. 그러나 *The Christian Century*는 결정적인 타격을 입지는 않았다. Morrison의 이념은 북부 교회, 특히 중서부 교회에 매우 깊이 뿌리박고 있었다.[24]

니버의 새로운 저널로 인해서 피해를 입은 것은 다른 잡지가 아니라 바로 계간지 *The Radical Religion*이었다. 니버의 에너지가 *The Christianity and Crisis*에 집중함에 따라 동지는 점점 빛을 잃어갔다. 그렇지만 1930년대 초의 사회적 급진주의의 기풍을 여전히 유지하고 있었다. 1940년 봄, 잡지는 *The Christianity and Society*로 개칭되었다. 니버와 그의 제자들이 주요 생산 업체의 사회화의 궁극적 필요성을 믿고 있는 한—사실 그들은 1940년 중반까지 그것을 믿었다—그것은 Hitler 패망 후에도 계속 유지되었다. 그렇지만 그것의 미래는 불안했다. 니버는 두 잡지에 똑같은 열정을 쏟을 수가 없었다. 그는 그의 정신과 혼을 부르주아 민주주의의 정치적, 군사적, 이데올로기적 방어에 치중했다. 집필 활동으로 *The Christianity and Crisis*와 *Nation*에 집중적으로 투고를 했고 *The Christianity and Society*에는 짧은 글만 투고했다.[25]

그의 사회적 활동 기구도 달라졌다. 그가 활동했던 사회주의크리스천동우회(Fellowship of Socialist Christian)를 떠나서 자신이 1941년에 창립을 지원했던 민주적행동연합(Union for Democratic Action)에서 활동했다. UDA는 사회당(Socialist Party)의 고립주의에 실망한 뉴욕의 좌측 인사들로부터 생겨났다. 1940년 4월에 있었던 사회당 전당대회 이후 니버는 당에 실망하여 George Counts의 미국교육자연합회(American Federation of Teachers)에 가입했다. UDA 조직을 위한 일련의 회의는 클레어몬트 가(Claremont Avenue)에 있는 니버의 아파트에서 그해의 대통령 선거 직후 열렸다. 니버는 동연합회의 회장이 되었다. UDA의 목적은 적극적인 친노동적 전쟁 개입주의자들을 규합하는 것이었다. 그것은 보수주의자들을 배제했으며 공산주의자들을 배격했다. 니버와 카운츠는 공산주의자들의 배격에 관한

---

24) Fox, *Reinhold Niebuhr*, p. 169.
25) 같은 책, p. 197.

한 확고했는데, 그 이유는 마르크스주의적 이데올로기나 혹은 좌경으로 낙인찍히게 되는 두려움 때문이 아니었다. 두 사람이 분노를 금할 수 없게 만든 것은 미국의 공산당이 러시아의 지령대로 움직이는 괴뢰에 지나지 않았기 때문이다. 1939년 8월의 나치와 러시아의 평화 조약 후, 러시아 지도부는 미국 공산당에게 반나치 활동을 금할 것을 명령했다. 미국교육자연합회는 독러 평화 조약을 비난하던 입장을 러시아의 명령을 받고 하룻밤 사이에 뒤집었다. 니버는 공산당과 결별하기로 입장을 정리했다. 뿐만 아니라 니버의 정치 노선에도 변화가 생겼다. 미국노동당(American Labor Party)은 1936년에 창립되었는데, 그것은 Roosevelt 대통령에 대한 노동자의 지지를 동원하기 위한 것이었다. 노동당은 지성인들의 참여 없이 뉴욕에만 기반을 두어서 규모가 작았고, 니버는 아직 루스벨트에 대해서 많은 의문점을 가지고 있었기 때문에 ALP에 대해서 거리를 두고 있었다. 그러나 그해 가을 투표 때 ALP에 가입했고 루스벨트의 3선 투표에서 니버는 루스벨트에게 투표했다.[26]

UDA는 1941년 봄, 독일에 대한 선전포고를 요구하지 않고 다만 독일과 싸울 대여 군수물자 수송을 독일 잠수함 공격으로부터 방어할 해군 호송만을 요구했다. 같은 해 2월에 니버는 상원 외교분과위원회에서 이러한 필요성을 증언한 바 있었다.

그보다 앞서 Norman Thomas가 고립주의를 증언한 바 있었는데, 그것을 중화하기 위해서 친행정부적 상원위원들이 니버로 하여금 증언하게 했던 것이다. 그해 5월 UDA가 창립된 이틀 후 니버는 NBC 라디오에 출연하여 고립주의자 John T. Flynn과 토론했다. 니버는 상원 증언에서 영국의 패배와 나치의 유럽과 대서양 지배는 남아메리카 침공을 초래할 것이며 그런 사태는 용납할 수 없는 것이라고 주장했다. 라디오 토론에서는 힘의 정치만을 생각하는 순수한 국가 이익의 계산은 고립주의자의 입장을 취하게 할 수도 있겠지만 공통의 문명에 대한 책임의 보다 일반적인 도덕적 문제들과 상관 없이 국가 이익을 생각할 수 없으며, 따라서 미

---

26) 같은 책, pp. 197-198.

국은 이익 외에도 도덕적 책임에 근거한 참된 현실주의적 입장에서 미국의 해안만 방어할 것이 아니라 유럽을 나치 지배의 억압으로부터 해방시켜야 한다고 주장했다. UDA는 회원이 수천 명밖에 되지 않는 작은 조직이었다. 한 달에 2000달러나 3000달러의 경비로 운영되었으며, 사무총장 James Loeb는 로마어(Romance Languages)로 박사 학위를 소지한 뉴욕 시 고등학교 교사 출신이었는데 일주일에 50달러를 받으며 고된 일을 해야 했다. UDA는 이처럼 작은 조직이었지만 급진주의자들이 민주당으로 전향하는 과정에서 정박처 역할을 했으며, 영국을 방어하려는 열정을 가지고 있지만 국내 문제에 관한 한 비사회주의자이고 아직 진보적 견해를 견지하려는 반파시스트들의 중간 거점이 되는 중요한 의미를 가지고 있었다.[27]

UDA가 넓은 정치적 세계에 미친 영향을 정확히 평가할 수는 없지만, UDA 안에서 니버가 끼친 영향은 분명하게 평가할 수 있다. 그는 카리스마적 힘을 가지고 UDA를 결속시켰으며, 지칠 줄 모르는 헌신을 발휘했다. 그는 주말에 사무실에서 모이는 정책 회의에 거의 빠지지 않고 참석하여 사회를 봤으며, 다른 도시들에서 요청해 온 모금 강연을 대부분 거절하지 않았다. 보수적인 국회의원 Martin Dies는 UDA가 미국 공산당 창립자 Lewis Corey에 대해서 관대하고 보수적인 국회의원들을 반대하는 운동을 하는 데 대해 반발하여 UDA를 공산주의의 물이 든 좌익이라고 공격했다. 니버는 이러한 공격에 대응하는 데 많은 에너지를 소비했다.[28]

니버는 1943년에는 더 많은 유럽의 유대인 이민을 미국이 허용할 것을 루스벨트 행정부에 촉구했다. 뿐만 아니라 그는 '독일의자유를위한미국친구들(American Friends of German Freedom)'이라는 조직의 책임을 맡았다. 이 모임은 원래 독일의 망명가인 사회주의자 Karl Frank를 위한 모금을 하기 위하여 1930년에 니버가 비공식적으로 시작한 데서 발단이 되었다. 프랑크는 일명 Paul Hagen이라고 불리운 인물로서 Hitler가 독일의 사회민주주의자들(Social Democrats)을 패배시킨 후 좌측 사회주의자들의 새로운 출발을 주도했으며, 전쟁 발발까지 독

27) 같은 책, pp. 199-200.
28) 같은 책, p. 200.

일을 들락날락하며 문서를 밀반출했고, 국경을 넘어서 동지들을 도왔으며, 독일의 노동자 지하 운동과 접촉했고, Lisbon과 Stockholm에 망명해 있는 사회주의자들과도 연락을 가졌다. 1940년에 Hagen이 뉴욕에 정착하고 나서 AFGF가 정식으로 조직되어서 니버가 의장이 되었고 하겐이 연구 책임자로 취임했다. 이 기구는 니버가 기구의 대표적 인물이라는 것만으로도 의의를 느끼는 독자가들의 기부금으로 운영되었는데, 한 달 운영비가 200달러였다. 하겐은 독일로 송출하는 단파 방송을 조직했고 독일 문제를 다루는 두 개의 정기 간행물을 감독했으며, 뉴욕으로 오는 독일 피난민을 도왔다. 하겐이 실행위원회와 상의 없이 독자적으로 무책임하게 운영한다고 비난하며 실행위원회를 사퇴하는 사람도 나왔다. 다른 위원들 하겐을 간섭을 싫어하고 권력을 휘두르는 사람으로 보았지만, 니버는 그를 독일 지하 운동과 미국무성과 유능하게 관계를 유지하는 강력한 지도자로 보았다.[29]

기퍼드 강의의 제I권 『인간의 본성』이[30] 1941년 4월에 출간되었을 때 *Time*은 '재발견된 죄(Sin Rediscovered)'라는 제목으로 고무적인 서평을 실었다. 『기독교와 힘의 정치』를 무시했던 비기독계의 언론은 『인간의 본성』에 대해서는 신기원을 이루는 저서라고 격찬했다. *Time*은 이 해의 대표적 종교 저서가 지난 주 출판되었는데 죄에 초점을 되돌려놓았다고 했으며, 개신교 기독교의 젊은 지성인들 중 최정상급 성직자가 인간의 죄악성에 대해 거의 중세적 강조를 시도하고 있다고 전했다. Whittaker Chambers는 니버를 인간의 선에 대한 진보주의적 교리에 대항하는 호전적인 적대자라고 찬양했다. 그는 우호적 독자들이나 비우호적 독자들이, 공통적으로 범하는 잘못, 곧 이 저서가 보여주고 있는 죄인인 인간과 신의 형상인 인간 사이의 긴장 관계를 간과하는 잘못을 범했다고 지적했다. 『인간의 본성』은 고전과 현대 사상의 인간관에 대한 비판적 개관을 하고 난 다음, 인간 존재의 관찰된 사실들을 보다 공정하게 다루는 것이 성서적 시각이라는 것을 상세하

---

29) 같은 책, pp. 200-201.
30) Reinhold Niebuhr, *The Nature and Destiny of Man*, Vol. I, *Human Nature*(New York: Charles Scribner's Sons, 1941).

게 해설한다. 이 저서의 이러한 기본 구조는 예일대학교 신학부의 B. D. 논문의 주제에서 거의 30년 전에 이미 제시되었다. 이 논문에서 니버는 서구 사상의 자연주의들과 이상주의들이 계속해서 인간의 본성을 이해하려고 시도했으나 실패를 거듭해 왔다고 주장했다. 기독교 호교론자인 니버는 성서적 견해는 다른 어떤 사상보다 나으며 인간을 그의 모든 면에서 포괄한다고 주장했다. 그는 "인간은 하나님과 직면해서 그를 알지 않고서는 자기를 참되게 알지 못하며, 오직 하나님과 직면함으로써 그의 성분과 자유, 그의 속에 있는 죄를 알게 된다"라고 말했다.[31]

이 저서의 기본적인 호교론적 구성은 그의 종전의 저술과 일치하지만 이 저서에서는 그의 사상의 성숙된 특성이 가미되었다. *Moral Man* 이래 지난 10년간 니버는 자아가 비인격적 우주, 또는 복잡하고 억압적인 사회에 대항하는 단순한 실체가 아니라 스스로 모순적인 패러독시컬한 존재로 이해하게 되었다. 이러한 패러독스를 설명하기 위해서 니버는 Kierke-gaard의 불안(anxiety)을 개념적 무기로 사용했다. 니버에게 키에르케고르는 Karen Horney나 Frued보다 나은 심리학자이다. 양자는 불안이 앞선 원인들 때문에 생긴다고 보았지만, 키에르케고르는 불안은 근원적인 것이며 인간의 죄와 창조성이 거기로부터 발생하는 심오한 근원으로 보았다고 이해했다. 니버는 자아와 사회 사이의 상호 작용을 인정하지만 인간이 사회적, 심리적 혹은 자연의 힘에 의해서 전적으로 결정된다는 행동주의자의 공통된 주장에는 반대했다. 이러한 힘의 규제를 모두 인정하고 나서도 인간은 자신의 운명과 대결하며 여전히 선과 악을 행할 수 있는 힘을 가지고 있으며, 뿐만 아니라 악을 행함으로써 선을 행하려는 그의 노력을 훼손시킨다고 니버는 이해했다. 그에 의하면, 인간 본성의 최종적 패러독스는 인간이 그의 죄의 불가피성에도 불구하고 도덕적 행위자로서 여전히 궁극적으로 자유롭다는 사실이다. "인간은 그가 자유롭지 않다는 것을 발견할 때 가장 자유롭다"라고 그는 말한다. 인간의 딜레마는 항상 자신과의 싸움의 상태에 있으며 오만, 혹은 절망에 빠짐으로써 자기를 상실하면서도 세계 속에서 책임 있는 행동을 할 수 있다는 것이다. 인간은 성

---

31) Fox, *Reinhold Niebuhr*, pp. 202-203.

취할 수 있고 더 나아가서 발전할 수 있지만 그것들 속에는 그 자신을 파괴할 수 있는 씨들이 들어 있다. 선이 높게 성취되면 성취될수록 악을 위한 가능성도 그만큼 커진다는 것이다.[32]

니버의 이 저서에 대해 가장 통렬한 비판을 가한 것은 예일대학교의 역사적 신학 교수 Robert Kalhoun이었다. 그는 『인간의 본성』이 학문적 저서가 아니라 예언자적 저서라고 옳게 보았고, 이 저서에는 증거에 대한 주의 깊은 검토가 없으며 설교자가 그의 개인적 계시에 따라서 논리를 펼쳐나간다고 했다. 저자는 자신의 개인적인 비전을 밝히고 극적으로 만들기 위해서 기독교적 전통을 선택적으로 논거로 삼는다고 그는 평했다. 강렬한 열정과 말하고 싶은 절박성, 세밀한 부분에 대한 부주의와 논지의 일관성 결여를 이 저서는 담고 있다. 니버는 Kalhoun의 평을 환영하지 않았다. 니버는 Kalhoun이 그와 다른 평화주의 입장을 취하고 있기 때문에 그를 신랄하게 비판한다고 생각했다. 그러나 그는 자신의 비판이 순수하게 학문적인 판단이라고 다음과 같이 언급했다. "기독교적, 세속적 사상에 대한 당신의 취급은 분명히 여러 가지 면에서 당신이 시간과 적절한 데이터를 연구할 도구, 의향이 없었음을 나타내고 있다." 그렇지만 그도 인간의 조건에 대한 이 저서의 통찰을 칭찬하며 다음과 같이 말했다. "저자의 이론의 참된 기반은 그가 읽은 것이 아니라 자기와의 싸움으로 인해서 그에게 발생한 것이다. 즉, 자아성의 신비들에 대한 그의 성찰은 독자의 사고의 영원한 한 부분이 될 것임에 틀림없다." 니버는 이 저서의 인간 본성에 대한 이해는 인간의 패러독스들, 곧 피조물이며 창조자이고, 결정되어 있으면서도 자유롭고, 죄인이면서도 책임감 있는 패러독스들을 모색했고 인간 본성의 신비들을 즐겼다.[33]

니버의 동생 리처드는 Moral Man에 대한 비판에서 자아는 파편적이고, 이해하기 어렵고, 자아보다 큰 신비로운 힘에 의해서만 통합성을 유지할 수 있다고 말한 바 있다. 『인간의 본성』은 리처드가 10년 전에 뿌린 씨의 성숙된 개화였다. 리처드는 1941년 6월, 그의 형이 행복한 49세의 생일을 맞기를 바랐다. 그는 『인간의

---

32) 같은 책, p. 203.
33) 같은 책, pp. 203-204.

본성』을 다음과 같이 찬양했다. "형의 저서는 미국 신학의 새로운 장을 연다. 그리고 신의 은총으로 우리 종교의 새로운 건전성의 시작이 될 것이다. …형은 종교적, 도덕적 문제들에서 이 해의 대표적 인물이 되었지만, 형의 위대한 해는 미래일 것이며 그것은 이보다 더욱 클 것이다."[34]

이하의 『인간의 본성』 내용 요약 중 괄호 안의 페이지는 The Nature and Destiny of Man Vol. I, Human Nature(Charles Scribner's Sons, 1941)의 페이지를 나타낸다.

제I장
제I절 자신에 대해 문제인 인간(Man as Problem to Himself)

인간은 자연의 일부로 자연에 속해 있지만, 또한 자유로운 존재이다. 각종 인간관들은 이 두 가지 측면을 조화롭고 균형 있게 다루지 못하고 어느 한편에 치우쳐서 인간을 바로 이해하지 못한다. 인간은 자유에 의한 자기초월성으로 인해서 스스로 자신을 문제 삼는다.

제II절 고전적 인간관(The Classical View of Man)

인간의 혼이 이성(nous)과 욕정(epithymetikon), 기개(thymoeides)로 구성되어 있다고 보는 Plato의 인간관, 곧 인간을 이성과 본능으로 구성되어 있다고 보는 이원론적 인간관이 고전적 인간관이다. 이 같은 이원론은 육체, 곧 본능을 악으로 보았고 이성, 곧 정신을 선으로 본다. 그러나 성경에는 정신을 선으로 보며 육신을 악으로 보는 사상이 전혀 없다.

고전적 인간관은 이성이 지배하는 합리적 인간의 선과 덕을 확신하기 때문에 기독교적 인간관에 비해서 낙관적이지만, 그리스적 삶에는 우울한 분위기가 감돈다. "내가 생각하기에는 지상에서 기어 다니고 숨쉬는 모든 존재 중에서 인간보다 가련한 존재는 없다"라고 Iliad의 Zeus는 말한다.(p. 9) Epicurus는 죽음을 두려워

---
[34] 같은 책, pp. 204-205.

할 것 없다고 했고, Aristotle은 "태어나지 않는 것이 제일 좋고, 죽음은 삶보다 낫다"라고 했으며, 스토아 철학의 Chryssipus는 극소수의 현자(the wise)만이 행복하고 절대 다수의 사람은 어리석다고 토로했다.

제III절 기독교의 인간관(The Christian View of Man)

인간은 '신의 형상(the image of God)'대로 창조되었다. 그러나 인간은 신체와 정신에 있어서 유한한 존재로 창조되었다. 인간은 '죄인(sinner)'이다. 그러나 인간은 육신, 곧 본능을 가지고 있기 때문에 죄인이 아니라, 그의 '피조성(creatureliness)'을 인정하기를 거부하기 때문에 죄인이 된다. 다시 말해서, 인간은 그의 자유를 잘못 사용함으로써(신학적으로는 신에 대한 그의 반역으로 인해서) 죄를 범한다.(p. 16)

제IV절 현대의 인간관(The Modern View of Man)

현대의 인간관은 고전적 인간관과 기독교적 인간관의 혼합이다.(p. 18) 이 두 가지 인간관을 균형 있게, 조화롭게 다루지 못하기 때문에 다음과 같은 곤란과 혼동을 초래한다. (a) 현대적 인간 개념이 가지고 있는 이상주의적 합리주의자들과 자연주의적 합리주의자들 사이의, 혹은 생기론자들(vitalists)과 낭만주의자들 사이의 내적 모순. (b) 인간성, 특히 개인성(individuality)에 대한 확신을 현대사가 동요하게 만든다는 사실. (c) 인간이 선하다는 것이 역사의 알려진 사실과 모순된다는 점.

(a′) 현대 문명의 미해결의 이율배반 중 이상주의자들과 자연주의자들 사이의 서로 모순되는 강조.(p. 18) (b′) 현대 역사가 현대 문명의 개인성에 대한 개념을 점차 흔들고 있다.(p. 21) (c′) 현대 인간학의 최종의 확신은 죄의 문제에 대한 낙관적인 취급이다. 인간이 그의 인격의 바로 중심에서 죄인이라는 사실이 보편적으로 거부된다.

제II장
제I절 생명력의 문제와 인간 본성의 형식(The Problem of Vitality and Form in the Human Nature)

모든 창조 활동은 생명력(vitality)과 형식(form), 이 두 가지 측면을 가지고 있다. Schiller는 이것을 Formtrieb(형식적 충동)와 Stofftrieb(실질적 충동)라고 불렀다.(p. 27) 인간은 한편으로는 자연의 형식들 속에 포함되어 있지만, 다른 한편으로는 그러한 형식들로부터 자유롭다. 다시 말해서, 인간은 성과 인종, 지리적 거리라는 거역할 수 없는 운명의 힘들에 의해서 결정되지만 제한성들 내에서이기는 해도 자연의 생명력과 통합을 배열하고 또한 재배열한다. 이런 상황, 또는 과정에 관련된 세 가지 문제점이 있다. (a) 자연의 생명력(욕구와 충동). (b) 자연의 형식과 통합, 즉 본능의 결정들, 그리고 자연의 응집력과 분화(differentiation)의 형식들. (c) 자연의 형식을 초월하고 생명력들을 바꾸고 다시 바꾸는 정신의 자유. 현대 문화에서는 이상주의자들이 정신을 너무나 단순하게 이성과 동일시했으며 이성을 신과 동일시했다. 이런 사고에서는 정신의 파괴성을 발견할 수 없다. 다른 한편, 낭만주의에서는 자연적 생명력 그 자체가 악이 아니며 따라서 구원이 이상의 초월성에 의한 자연의 충동의 약화에 있지 않다. 그러나 낭만주의가 갖고 있는 긍정적 요소들은 기독교적 전통에서 벗어날 때 허무주의와 원시주의에 떨어지는 경향이 있다.

제II절 인간 본성에 대한 합리적 견해(The Rationalistic View of Human Nature)

합리적 인간관의 원천이요, 대표인 플라톤주의에서는 인간의 창조적 능력을 이성과 동일시했으며, 창의성을 자연의 생명력에 형식과 질서를 부여하는 능력으로 규정했다. 그러나 창의력은 이성에만 있는 것은 아니고, 플라톤은 eros를 강조한다. '지적 사랑(intellectual love)'인 eros는 이성에 의해서 억압되지 않는 승화된 자연의 생명력이다. 현대 문화에서 이상주의의 기본적 형태는 Kant와 Hegel에게서 찾아볼 수 있다. 전자는 플라톤주의보다 더욱 이원론적이고 후자는 일원론적이다. Kant는 이성과 감성의 이원론적 입장을 취했으며 Hegel은 생명과 정신, 자연의 역동성 전체를 이성의 작용으로부터 도출한다. 헤겔적 이상주의는 마르크스주의를 발생시켰는데, 후자는 낭만주의처럼 정신에 의해서 약화된 자연의 충동을 강조한 것이 아니라 하위의 합리적 역동성의 창조적 힘인 집단적인 경제적 힘을 강조했다. 이것은 이성을 유일한 창조성의 근원으로 주장하는 제국주의적 허세(imperial pretension)에 항거하는 것이다.

제III절 합리주의에 대한 낭만적 항거(The Romantic Protest against Rationalism)

합리주의에 대한 낭만주의의 항거는 여러 가지 형태로 나타났다. 이것을 아래의 세 가지 형태로 구분하여 고찰하기로 한다.

(a) 합리적 규제에 의한 약화의 위험에 처해 있는 이상주의에 항거하여 자연의 생명력을 주장한다. Schiller의 말: "형식에 대한 열중이 때로는 재료의 중요한 진리를 망각하게 할 수 있다(Fleiss in den Formen kann zuweilen die massive Wahrheit des Stoffes vergessen lassen)." (p. 33) Nietzsche는 이성의 규제에 반대하여 '육체의 지혜(the wisdom of body)', 곧 권력의지를 주장했다.(p. 34)

(b) 합리주의에 대한 낭만주의적, 물질주의적 항거이다. 이 문제에 관해서 니버가 제기한 문제는 육체적 삶의 생명력의 충동들을 이성이 지배한다는 허위 속에 숨어 있는 이성의 부정직을 발견한 Freud, Marx, Nietzsche의 이론이다. Freud는 그러한 충동들을 지배하는 것은 sex라고 해석했으며, Marx는 그런 충동을 합리화하고 그것에 ideologies를 제공하는 것은 이성이 아니라 집단적인 경제적 힘이라고 본다. 그러나 마르크스주의는 지배계급인 부르주아의 이성적 허위만 보았을 뿐, 프롤레타리아의 허위는 보지 못했고, 따라서 유토피아적 꿈의 망상에 빠졌다.(pp. 34-35) Nietzsche는 합리적 의식의 부정직한 허식(pretension), 곧 지적 부정직을 간파했다. 그러한 니체의 숨은 거짓, 곧 인간의 자기기만의 능력은 Marx와 Freud뿐 아니라 기독교의 원죄 개념과도 관련 있다.(p. 36)

(c) 합리주의와 이상주의에 대한 낭만주의적 반항: Bergson의 낭만주의는 의식적인 이성의 분해적이고 분열적인 경향에 반기를 들고 자연의 통합과 형식을 강

조한다. 그는 자연의 충동의 사회적 응집을 보장하는 원시 부족과 개밋둑(ant-hill)의 완전한 통합에 주목할 것을 촉구한다.(p. 37) Schopenhauer의 낭만주의는 세계를 의지(will)의 표현으로 보며, 원시적이며 미분화된 의지가 개인이라는 협소한 수단을 통해서 표현되기 때문에 자기를 세계의 중심으로 만드는 인간의 이기주의의 악마적 공포를 연출한다고 주장한다. 그는 그 치유책으로서 권력의지를 부정하고 불교적인 결론에 도달한다.(pp. 38-39)

제IV절 낭만주의의 과오들(The Errors of Romanticism)

낭만주의가 인간의 동물적 충동의 통합을 순수한 자연에서 찾으려고 하는 것은 잘못이다. 니체가 지혜와 용기와 힘(strength)을 순수한 생물적 충동에서 찾으려고 했던 것은 합리주의에 대한 그의 증오 때문이었다. 그는 『비극의 탄생The Birth of Tragedy』에서 생에 대한 그의 해석을 그리스 비극이 해석하려고 했던 형식에 대한 부정의 야심인 Dionysus적인 것과 관련시킨다. 그러나 Dionysus는 신이며, 정신이지 육체가 아니다. 그리스 드라마에서 Zeus의 지배를 거부하는 것은 분명히 정신의 어떤 열매이다.(p. 41) 인간의 자연의 충동 속에도 정신적 질이 포함되어 있다. Rousseau의 낭만주의의 경우도 그렇다. Freud의 심리학도 낭만주의에 일치한다. 그의 id의 본능적 충동들은 정신의 검열을 피하려는 민감한 전략들을 가지고 있다. 그러한 충동들은 정신의 간교함으로 무장되어 있다. 이런 사실들은 정신과 자연, 즉 동물적 충동들과 정신적 자유가 인간 존재에서 혼합되어 있음을 대변해 주는 것이다.(pp. 42-43)

제V절 마르크스주의의 낭만적 요소들(Romantic Elements in Marxism)

마르크스주의의 낙관적이고 기계적인 역사관은 역사적 자유와 운명의 패러독스를 이해할 수 없으며, 인간의 인격의 구조 속에 있는 정신의 깊이를 부정할 수밖에 없고, 인간적 악의 참된 성격을 이해하지 못한다. 마르크스주의는 소유에의 충동이 육체적이라기보다 정신적이며 따라서 권력의지와 뗄 수 없는 관련성을 갖는다는 사실을 이해하지 못한다.

제VI절 대립적 이론들의 사회적 기초(The Social Basis of Confilcting Theories)

합리성의 허위와 이성에서 비롯된 생명력의 약화의 위기에 대한 낭만주의적, 물질주의적 항거는 하위 중산층과 산업 노동자에 의해서 발생했다. 전자는 니체 사상으로 출현하여 모든 형식과 질서의 원리를 부정했고, 혹은 나치 파시즘으로 출현하여 피와 땅(Blut and Boden)이라는 원시적이고 부적합한 자연의 통합 형태를 강조했다. 후자는 마르크스주의로 나타났다. 두 항거가 모두 인간 생활의 창조적 힘과 파괴적 힘 사이의 역설적 관계를 충분히 이해하지 못했다. 나치는 모든 규범과 질서의 원리를 부정하여 인종과 피의 낭만적, 자연적 질서를 무조건 정당한 것으로 주장했고, 마르크스주의는 부르주아의 허위만 보았을 뿐, 자신의 허위는 보지 못했기 때문에 인간의 창조성이 파괴 없는 새로운 사회 질서를 창출할 수 있다는 유토피아주의에 빠졌다. Freud는 그의 『문명과 그 불만족Civilization and Its Discontents』에서 id에 대한 super-ego의 규제가 콤플렉스와 정신질환적인 혼란을 초래한다고 주장함으로써 니체와 흡사한 허무주의적 결론에 도달했다.

제Ⅲ장

제I절 현대 문화의 개인성(Individuality in Modern Culture)

인간 각자는 자아초월성(self-transcendence)을 가진 독자적 개인이다.

제II절 개인성의 기독교적 의미(The Christian Sense of Individuality)

개인성의 이념과 사실은 기독교에서 비로소 최고의 발전에 도달할 수 있다. 현대 문화는 개인성의 이념을 기독교가 사랑의 법과 인간이 피조물이라는 이념에 의해서 설정한 한계를 넘어서 높이려고 했다. 개인성에 대한 현대적 감각은 한편으로는 종교개혁에서, 다른 한편으로는 문예부흥에서 출발했다. 종교개혁은 기독교의 입장에서 개인성을 발전시켰고, 문예부흥은 기독교가 설정한 한계를 넘어서 '자율적(autonomous)' 개인성의 발전을 추구했다. 종교개혁의 원리는 '모든 신자의 司祭(the priesthood of all believers)'였다. 루터는 다음과 같이 말했다. 네가 죽음의 자리에 누워 있을 때 교황이 그랬다고 말할 수 없다. 교황이 틀렸다면 어떻게 하겠는가? 그렇기 때문에 너는 이것이 하나님의 말씀이라고 말하지 않으면 안 된다.(p. 60) 그러나 사도 바울은 "모든 것이 너희의 것이다. 그러나 너희는 그리스도의 것이다"라고 했다. 이것이 기독교가 개인성에 설정한 제한성이다. 이 제한성의 망각으로 인해서 정치와 도덕의 영역에서 합리적, 전통적 규범을 낭만적으로 무시했기 때문에 기독교적 개인성은 현대의 삶의 무정부적 상태에 대한 부분적인 책임이 있다.

제III절 문예부흥의 개인성 이념(The Idea of Individuality in the Renaissance)

문예부흥은 자율적 개인(the autonomous individual)이라는 비기독교적 개념과 현실의 요람이다. 문예부흥의 자율적 개인의 강조는 부분적으로 가톨릭의 권위주의에 대한 반발이다. Giordano Bruno는 완전히 자율적 개인의 이념에 도달했다. 그에게 우주 공간의 무한은 혼의 무한한 가능성들의 심벌이었다. Montaigne의 근본적인 관심은 인간의 생활이 나타내고 있는 형식들의 무한한 다양성과 상대성이었다.

제IV절 부르주아 문명과 개인성(Bourgeois Civilization and Individuality)

상업적 부르주아 계급의 출현은 개인성에 대한 의식을 발생하게 했다. 기업인은 경제적 힘의 형태를 발전시켰는데, 그러한 힘은 상속이라는 혜택보다 개인의 자발성과 재력에 근거를 두고 있다. 뿐만 아니라 그러한 힘은 정적이지 않은 동적 인간관계를 창출하며, 인간의 역사를 냉혹한 운명이라기보다 결단의 영역으로 본다. 그것은 또한 자연을 인간의 의지의 지배자라기보다 도구로 본다.

제V절 자연주의의 개인성의 파괴(The Destruction of Individuality in Naturalism)

자연주의의 철학들은 동족과 사회적 동일성의 다른 자연의 힘들을 의미의 유일한 기초로 강조함으로써 개인성을 파괴할 수 있다. Thomas Hobbes의 감각적 심리학(sensualistic psychology)과 물질주의적 형이상학(materialistic metaphysics) 속에는 개인성을 위한 장소가 없다. John Locke가 생각하는 자아, 곧 자아의 존재에 대한 의식은 인간의 자아의식의 전 측면과 독자성의 적절한 묘사가 아니다. David Hume의 경험론에는 독자적 개인성의 여지가 없다. William James의 '의식의 흐름' 속에도 개인성이 존재할 수 없다.

제VI절 이상주의의 자아 상실(The Loss of the Self in Idealism)

이상주의는 인간의 정신의 깊이를 이해한다는 점에서 자연주의를 능가하지만, 자아의 초월적 ego의 보편적 시각을 보편적 정신과 동일시함으로써 개인성을 상실하게 한다. 자아는 보편적 정신의 한 국면이 됨으로써 더 이상 참된 의미의 자아가 아니다. Kant는 도덕철학에서 지적 자아의 보편성과 경험적 자아를 구분함으로써 자아가 보편 속에 상실되는 것을 막는다.

제VII절 낭만주의의 자아 상실(The Loss of the Self in Romanticism)

자연주의는 자아의 초월적 정신을 포괄하는 충분한 깊이에서 삶을 보지 못하기 때문에 개인을 상실한다. 니체와 헤겔의 철학이 혼합된 Fichte의 낭만주의적 국가철학에서는 개인이 낭만주의의 민족적 제국주의로 인해서 상실된다. Rousseau의 경우, '일반의지(general will)' 속에서 개인의 의지가 상실된다. Schleiermacher는 국가를 개인성의 최대의 형태로 보고 개인을 최소의 형태로 보았다. 오직 니체의 낭만주의만이 개인을 보전했다. 그렇지만 그는 자신의 권력의지 이외의 일체의 법을 무시했고, 그 자신의 무제한적 야심 외에는 신을 알지 못했기 때문에 나치 독일의 악마적 종교를 낳는 도구 역할을 했다.(p. 92)

제IV장
제I절 현대인의 안이한 양심(The Easy Conscience of Modern Man)

문예부흥 이후의 다양한 모든 사상은 '원죄'의 교리의 의미를 이해하지 못한다는 공통점을 가지고 있다. 이상주의자 Hegel과 유물론자 Marx는 인간이 본질적으로 선하다고 믿는 점에서는 일치한다. 현대인은 그가 파괴하거나 재구성하려고 하는 부패한 기구의, 혹은 적절한 교육이 극복하려고 하는 무지로 인한 혼동의 희생이라고 생각한다. 그래서 현대인은 사회적 재구성 프로그램이나 어떤 교육 방법에 의해서 사회를 구원하기를 희망한다.

제II절 특정한 역사적 근원들로부터 악을 도출하려는 노력(The Effort to Derive Evil from Specific Historical Sources)

사회악의 근원은 성직자들이요, 종교라고 생각한다. Holbach는 불관용의 횃불을 점화했으며, 국토를 시체로 채우고 피로 물들였으며 제국들을 파괴한 것은 종교라고 비판했다.(p. 97) 18세기의 자연주의자들은 자연의 고요함과 조화에 따르는 삶에 의해서 두려움, 증오, 야망과 광신적 공포로부터 벗어날 수 있다고 생각했다. Hobbes는 무정부적 혼란의 위험이 자연의 상태에 있다고 보고 그것을 인간 역사의 자유에 의한 결단, 곧 절대적 정부의 수립에 의해서 피하려고 했다. John Locke는 악의 근원이 전제 정치에 있다고 보고 그것을 민주 정부의 수립에 의해서 해결하려고 했다. 프랑스 계몽주의는 조화로운 사회가 정부의 개입이 제거되면 복구된다고 생각했다. 이러한 이론이 Adam Smith의 자유방임적 자본주의 학설로 발전했다. 마르크스주의는 원시적 종족의 평등한 공산주의적 조직이 발전된 사회의 계급 조직으로 성장하면서 인간이 자연의 선으로부터 소외되게 되었다고 주장한다. 마르크스주의는 이것을 사회 조직의 재구성을 위한, 이른바 사회주의 혁명에 의해서 해결될 수 있다고 믿는다.

제Ⅲ절 덕의 근원인 자연(Nature as a Source of Virtue)

Rousseau는 "자연으로 돌아가라"고 함으로써 자연의 단순한 조화로 돌아감으로써 발전에 의해 사회악을 제거하려고 했다. 그의 사회적 이론은 그의 이러한 명령과 부합되지 않다. 그가 주장하는 '일반의지(general will)'에 대한 개인의 의지의 일치는 새로운 수준의 역사적 결단에 의한 자연의 조화의 재구성이기 때문이다. 그의 '일반의지'가 대다수의 의지인지 삶과 삶의 완전한 조화인지 분명하지 않다. 영국의 공리주의는 이성이 행복에 대한 욕망을 개인의 이익이 일반적인 복지를 포함하게 하는 고도로 세련된 쾌락주의 학설을 발전시켰다. Saint Simon과 Auguste Comte도 공리주의의 이 이론과 같은 입장을 취했다. Comte는 부모의 애정이 보편적 동정으로 발전한다는 입장을 취했다. John Dewey는 반사회적 행위의 원인이 '문화적 지체(cultural lag)'에 있다고 보았다. 그의 문화적 지체란 사회과학이 기술과 보조를 맞추는 데 실패함으로써 비롯된 것이다.(p. 110) 문화적 지체의 원인을 Dewey는 이상주의적 철학의 정신과 신체의 구분으로 인해서 생기는 이론과 실천, 사상과 행동 사이의 분리가 초래한 잘못된 교육의 방법이라고 주장한다. 이 문제의 극복을 듀이는 '조직화된 협동적 탐구'가 가져다 주는 공평한 지성(disinterested intelligence)이라고 주장한다. 그렇지만 어떤 조직화된 탐구도 이기심의 역사적 갈등을 완전히 초월하지 못한다고 니버는 비판한다.

제Ⅳ절 이상주의의 낙관주의(The Optimism of Idealism)

이상주의는 이성(nous)과 자연(physis)으로 구분하고, 이성을 선하다고 보며 자연, 혹은 자연적 충동을 악하다고 본다. 이성을 선하게 보는 입장은 이상주의의 일관된 사상으로서, 이상주의는 인간이 이성, 혹은 자유를 인간의 이기심을 위해서 이성을 부패시키고 타락시킨다는 사실을 보지 못한다.(p. 112) Alfred N. Whitehead는 '관조적 이성(speculative reason)'과 '실용적 이성(pragmatic reason)'을 구별하고 전자를 덕의 근원으로, 그리고 후자를 악의 뿌리로 보았다. 그는 듀이처럼 '문화적 지체'를 악의 근원으로 보고 강제력이 아니라 합리적 설득에 의해서 지배되는 사회의 실현을 희망했다.(pp. 112-113) 이처럼 인간의 행동의 가능한 악을 육체, 곧 자연의 충동 때문이라고 보는 생각은 이상주의에 일관된 사상이다. Spinoza는 열정을 통제하는 이성의 능력을 전적으로는 믿지 못했다.(pp. 114-115) Hegel은 인간 정신의 최고의 결정을 신과 동일시했다.(p. 116) 그에게 죄는 자연의 무구로부터의 인간의 출현과 동일한 것이었으며, 또한 덕의 전주곡이었다. Kant는 이성을 선으로 보고 본능, 혹은 경향성을 악하게 보았으나 본능에 대한 이성의 통제력을 전적으로는 신뢰할 수 없기 때문에, "인간은 사실 정말 부정하다(Man is indeed unholy enough)"라고 토로했다.(p. 119) Kant도 Hegel도 죄를 정신적인 것, 즉 자유로 인한 것으로는 보지 못했다. 정신을 본질적으로 선하게 보기 때문이다. 니체는 비관주의적이지만, 그의 초인(superman)의 개념은 권력의지를 사회적 창조와 질서의 도구로 변형시킬 수 있다는 궁극적 낙관주의를 설립했다.(p. 121)

제V장
제I절 기독교적 인간관의 적합성(The Relevance of the Christian View of Man)

인간의 본성에 대한 현대적 해석은 인간의 자아초월의 높이 및 그의 정신과 육체적 생활 사이의 유기적 통합을 정당하게 다룰 원리를 갖고 있지 않다. 현대의 정신은 인간을 본질적으로 이성으로 보려고 한다. 비합리적 생명력을 정당하게 다루지 못하고, 인간을 본질적으로 생명력으로 보려고 함으로써 그의 합리적 자유의 범위를 정당하게 다루지 못한다.(p. 123) 자연주의도 이상주의도 인간의 자유가 자연의 필연성과 이성의 합리적 시스템을 침범할 수 있을 정도로 충분히 자유롭다는 사실을 이해할 수 없다. 인간이 선과 악, 양자에 대한 능력을 가지고 있다는 사실을 정당하게 다룰 수 있을 만큼 충분히 높고 깊은 차원에서 인간을 이해하지 못했다.(p. 124) 인간의 참된 상황은 그의 경험의 단순한 논리적 질서화에 의해서는 알 수 없는 영원한 환경을 가지고 있다. 그렇기 때문에 그의 생 전체를 이해할 수 없는 영원한 환경을 가지고 있다. 다시 말해서, 그의 생 전체를 이해할 수 있는 유일한 원리는 그의 이해의 지편에 있다. 인간에 대한 전체적 이해는 그의 이해를 초월해 있는 원리에 의하지 않으면 가능하지 않다.(p. 125)

제II절 개인적 및 일반적 계시(Individual and General Revelation)

성서적 종교는 인간의 위치를 자연의 수준으로 끌어내리지도 않고, 인간을 공허하고 무차별한 영원 속에서 파괴하지도 않는다. 계시의 종교인 기독교에서는 영원한 목적과 의지가 인간의 인격적 및 사회적, 역사적 경험 속에서 드러난다. 신의 세계 초월과 세계에 대한 그의 밀접한 관계가 동등하게 강조된다. 성서적 신앙의 초월적 신은 유한한 역사의 세계 속에서 자기를 계시하며, 유한한 세계는 유한성에도 불구하고 이해할 수 없는 신의 이해할 수 있는 계시를 받아들이는 것이 불가능하지 않다.(p. 126) 인간이 피조물로서 유한하며 자연의 흐름 속에 포함되어 있다는 사실은 본질적으로 선하며, 악이 아니다. 계시의 종교는 인간의 자유와 유한성을 정당하게 다룰 수 있으며 인간의 죄의 성격을 이해할 수 있다.

인간에 대한 신의 계시는 인격적, 개인적 계시(personal-individual revelation)와 사회적, 역사적(social-historical) 경험의 맥락의 계시, 이 두 가지 측면을 가지고 있다. 개인적 계시(private revelation)는 그의 삶이 자기를 초월하는 현실과 접할 때 개인의 의식 속에서 나타난다.(p. 127) Schleiermacher는 이 같은 개인적 계시를 '무조건적 의존(unqualified dependence)'이라고 했다. 그러나 이것은 전체의 한 국면이고, 신에 대한 체험의 중요한 특성은 초월적 신이 인간을 보고, 심판하고, 그에게 명령하고, 자기를 알린다는 것을 느끼는 것이다.(p. 128) 이러한 느낌이 '양심'이기도 하다.(p. 128) 성서적 신앙에서는 이러한 개인적 계시가 인간이 자신을 초월하는 것과 직면하는 일반적 경험을 증대시키고, 반대로 개인적 계시가 특정한 역사적 사건이 신의 성격과 목적의 특정한 계시가 되는 특정한 구원사의 맥락에서 이해된다.(p. 130) 일반적인 역사적 계시 없이는 개인적 계시는 빈약하게 규정되고 주관적인(변덕스러운) 것이 되며, 개인적 계시 없이는 사회적, 역사적 계시는 신빙성을 얻지 못한다.(p. 127)

제III절 계시로서의 창조(Creation as Revelation)

기독교 신앙에서는 인간이 인격적으로 체험하는 일반적 계시는 다음의 세 가지 요소를 포함하고 있다. (a) 창조자(creator)와 창조. (b) 심판(judgment), 곧 역사 속에서 나타난 예언자적, 성서적 개념의 심판. (c) 용서(forgiveness)의 동경, 곧 심판 후에 동경하는 화해(reconciliation).(pp. 131-132) 이 세 가지 유형의 계시에 있어서 신은 구체적으로 창조자, 심판자, 구원자로 규정된다. 신을 세계의 창조자라고 말하는 것은 세계 전체를 신의 위엄과 자족한 힘의 계시로 보는 것이다. 이것은 신의 초월성과 세계에 대한 그의 밀접한 관계를 나타내는 기본적인 성서적 이념이다. 이러한 창조설은 신의 초월과 자유를 보존하는 동시에 창조된 세계가 신이 아니기 때문에 악이라는 것을 의미하지는 않는다. 이와는 반대로, 성서적 신앙은 세계가 신에 의해서 창조되었기 때문에 선하다는 입장을 일관되게 유지한다.(pp. 133-134) 자연적 인과관계의 원리도 합리주의적, 혹은 이상주의적 우주론도 세계를 설명하기에 미흡하거나 부적절하다. 단지 신비주의가 세계를 설명할 수 있는 깊이의 차원을 갖고 있으나 그것은 유한한 세계를 환상으로 보거나 악으로 본다.(p. 135) 신비주의는 궁극에 가서는 개인성을 파괴하지만, 다른 한편으로는 인간을 신격화 한다.(p. 136) 성서적 창조론만이 인간 정신의 충분한 높이를 보며, 육체와 영혼의 통합을 유지하고, 유한한 세계 속의 인간의 역사가 의미를 갖게 하며, 인간의 자유와 자아초월성에 제한을 설정하는 유일한 근거이다.(p. 136)

제IV절 역사적 및 특수적 계시(Historical and Special Revelation)

초월적 신, 곧 창조자로서의 신의 역사적 계시에 대한 성서적 이해는 인간에 대한 신의 다른 두 속성, 곧 신의 심판과 신의 자비로 요약된다. 이러한 역사적 계시는 신앙이 신의 자기 드러냄을 식별하는 사건들의 기록이다. 성경에서는 그러한 사건들은 하나님과 그의 선민인 이스라엘 백성 사이의 계약에서 발생한다. 신과 그의 백성 사이의 계약에 의하면, 이스라엘은 그들 자신의 목적이 아니라 신의 뜻에 따라야 한다. 예언자들에 의하면, 이스라엘의 죄는 이스라엘은 신의 뜻의 역사적 도구인데 이스라엘을 신의 뜻과 동일시하는 유혹에 빠진다. 이것이 이스라엘의 죄의 근본이다. 예언자적 메시지의 핵심은 오직 하나의 신만이 존재하며, 그 신 외에는 다른 신이 존재하지 않는 다는 것이다. 인간의 죄는 인간이 그 자신, 그의 나라, 그의 문화, 그의 문명을 신성하다고 스스로 상상하는 허영과 오만(pride), 바로 그것이다. 그렇기 때문에 죄는 인간이 그의 피조성과 신에 대한 의존을 거부하는 것, 그리고 그의 삶을 독립적이고 안전한 것으로 만들려는 노력에서 비롯된다. 이 것은 인간이 그의 존재의 조건적이고, 일시적이며, 의존적인 성격을 감추고 그의 존재를 무조건적인 현실로 보이게 하려는 '헛된 상상(vain imagination)'이다.(pp. 137-138) 이렇게 볼 때, 인간의 그러한 오만을 신이 징벌하는 역사의 참화는 인간이 유한하고 불안전한 존재를 초월하여 그가 권리를 가지고 있지 않은 안정성을 수립하려는 인간의 노력의 자연적이고 필연적인 결과이다. 한마디로 말해서, 인간의 죄는 그가 자신을 신으로 만들려고 하는 것이다.

여기에 한 가지 문제가 생기는데, 그것은 신이 이스라엘을 징벌함에 있어서 어째서 이스라엘보다 더욱 사악한 나라들을 심판의 도구로 사용하는가 하는 문제이다. 성서적 신앙에서는 인간의 죄악적 오만에 대한 신의 징벌은 신의 진노의 계시를 나타낸다.(p. 141) 그렇다면 역사의 비극적 성격을 극복하고 인간이 불가피하게 개입될 수밖에 없는 죄악적 오만을 징벌하면서 치유할 수 있는 근원을 신에게서 찾아볼 수 있는가 하는, 한 걸음 더 나아간 문제가 발생한다. Amos 이후의 메시아적 희망은 하나님의 선민의 나라인 이스라엘이 어째서 다른 나라들보다 더 수난을 당하는가 하는 문제로 인해서 빗나갔고, 마침내 이스라엘이 적에게 승리를 거두고 적어도 불의한 자에게 의로운 자가 정당화될 수 있는 희망이 되었다.(p. 142) 그러나 기독교 신앙의 입장에서는 이러한 메시아적 기대와 달리, 그리스도는 십자가에서 죽음으로써 죄 없는 그가 죄인들의 죄를 위해서 수난을 당했고, 인간의 생활에서 해결되지 않는 문제를 극복했다.(p. 142) 하나님의 메시아와 使者로서의 '수난의 종'인 그리스도의 이 어려운 개념은 기독교 신앙에 의하면 신의 궁극적 계시를 말한다.(pp. 143-144) 그리스도는 메시아적 희망을 재구성했고, 그것을 최고의 레벨에서 완성하기 위해서 메시아적 꿈을 실망시켰다. 이 문제는 제II권 제I장과 제II장에서 다시 논의할 것이다. 이러한 역설적 진리를 헬레니즘적 기독교는 이해하지 못하고 그리스적 이원론으로 인해서 죄가 아니라 유한성을 문제 삼았다.(p. 144) 현대의 자유주의 개신교 해석에서는 죄, 은총, 용서, 의인 같은 문제를 다루는 것은 전적으로 부적합한 것이었다. 때로는 현대의 자유주의적인 기독교적 해석은 예수에게 특별한 의미를 부여하는 것을 거북하게 생각했다. 예수는 매우 선한 사람이었지만 미래에 그보다 나은 사람이 출현할 것이며, 그러면 존경은 그에게로 향해야 한다. 다시 말해서, 인간의 죄가 아니라 그의 유한성이, 그리고 자연의 흐름 속에 포함되어 있는 것이 아니라 자연의 흐름에서 도피하려는, 실패하게 되고 마는 노력이 문제가 된다.(p. 147) 성서적 신앙에 의하면, 신의 계시의 내용은 신과 인간의 화해의 행동인데, 그 속에서는 인간의 오만에 대한 신의 심판이 폐기되지 않고 인간의 죄가 더욱더 예리하게 계시되며, 신 자신이 인간의 죄와 오만의 희생자라는 지식에 의해서 규정된다. 그러나 최종의 말은 심판이 아니라 자비와 용서이다. 이 진리는 개신교 종교개혁이 발견했지만 오래가지 못하고 상실되었다. 그 이유는 무엇일까?

제VI장

제I절 신의 형상과 피조물인 인간(Man as Image of God and as Creature)

기독교적 인간관의 세 가지 요소: (a) '신의 형상(image of God).' (b) 인간의 피조물성, 곧 그의 약함, 의존성 및 유한성. (c) 죄, 곧 인간이 그의 의존성, 유한성 및 불안정성을 거부하는 데에서 생기는 죄. 이러한 기독교적 인간관은 다른 인간관들이 모호하거나 혼동하는 인간의 문제들에 대한 적절한 답이다.

제II절 교리의 성서적 기초(Biblical Basis of the Doctrines)

성경에는 신의 형상에 대한 분명한 설명이 없다. 성경은 정신(sprit)과 혼(soul)을 분명하게 구분하지 않았다. 구약성경에서는 *rauch*(breath, 숨)와 *nephesh*(wind)를 구분하고 점차 *rauch*는 신과의 관계에 대한 인간의 기관을, *nephesh*는 인간의 삶의 원리인 혼, 혹은 psyche를 의미하게 되었다. 선지자들에게는 이 신의 *rauch*가 불어넣어졌다고 말해졌다. 신약성경이 psyche와 *pneuma*를 구별할 때 *pneuma*는 *rauch*와 같은 개념을 나타낸다. 이렇게 해서 정신과 혼을 구분하되 양자는 정신과 육체처럼 구분되었으나 분리되지는 않았다. 구분될 때는 혼의 원리에서 그렇게 한다. 신약성경에서는 *pneuma*를 그리스 철학의 *nous*와 구별하며, 신에 대한 인간의 상대적 유사성을 나타낸다. 바울은 *pneuma*와 *sarx*를 병렬시키는데, *pneuma*는 자연의 능력 이상의 어떤 것을, *sarx*는 육체보다는 죄의 원리를 의미한다. 성서적 심리학에서는 육체와 혼의 히브리적 통합은 파괴되지 않지만, 정신은 신성한 것을 위한, 그리고 그것과 관계가 있는 것으로 이해되었다.(p. 152) 플라톤적 영향이 강한 초기 신학과 중세 후기 신학에서는 '신의 형상(imago Dei)'에 대한 개념을 인간을 합리적 존재로 보는 Aristotle의 한계를 넘지 못했다. 그렇지만 그 속에는 인간의 비결정적 초월성에 대한 이해의 암시가 있다.(p. 153)

    Augustine은 기독교적 인간론의 전체적 함의를 이해한 최초의 기독교 신학자이다.(pp. 153-154) 그는 신플라톤주의의 영향 아래에서 신의 형상을 순수한 합리주의에 의해서 규정하는 듯하나, 그의 '합리적 및 지적 혼(the rational and intellectual soul)'은 일반적 개념을 형성하는 추론적 이성 이상의 것을 의미한다. 그가 깊은 관심을 가졌던 '기억(memory)'은 시간과 자아를 초월하는 초월적 비밀인데 이것은 인간의 종교적 본성의 이해를 위한 엄청난 중요성을 가지고 있다.(p. 156) 그는 초월의 힘이 그로 하여금 모든 것을 초월하게 하기 때문에 오직 신 안에서 비로소 안주하게 한다는 결론을 내린다.(p. 156) 그는 신비주의와 기독교의 공통점을 잘 살렸으나 자아 의식의 신비로운 신격화 직전에 멈춘다. 그는 신은 이해할 수(comprehend) 없으며 그에 대한 믿음에 의해서만 이해할 수 있다고 했다.(p. 158) Calvin은 신의 형상을 인간 본성의 독자적 구조와 타락 이전의, 지금은 상실된 완전한 특성에 의해서 규정했다.(pp. 158-159) Martin Luther는 Augustine의 신의 형상의 개념에 어떤 중요한 통찰을 추가한 것이 있다고 할 수 없으나, 그는 타락 이전의 완전성과 현재의 죄의 상태를 지나치게 강조하기 때문에 신의 형상에 대한 참된 의미의 해석에 크게 도움이 되지 않는다고 했다.(pp. 160-161) 요약해서 말하면, 신의 형상의 성서적 개념은 합리적 요소를 가지고 있으나 그것을 초월하는 어떤 것을 시사하고 있다.(p. 161) Heidegger도 인간은 합리적 존재 이상의 자아 초월적인 어떤 존재라고 했다. Max Scheler 역시 성서적 전통에 따라서 그리스어 *nous*와 구별하여 spirit(*Geist*)을 인간의 독자적 성질과 능력을 표현하는 데 사용하기를 제의한다. 그에 의하면, 인간의 정신은 살아 있는 유기체로서의 삶을 초월하며 인간 자신을 포함한 시공간적 세계 전체를 그의 지식의 대상으로 하는 성질을 갖고 있다.(p. 162) 인간은 그의 자아 초월성으로 인해서 자신의 투영이 신이 아니라는 것을 알 만큼 자기를 충분히 초월하며, 그 때문에 자신의 한계를 망각하는 유혹을 받는다.

제Ⅲ절 피조물인 인간에 관한 교리(The Doctrine of Man as Creature)

창조된 세계는 그것의 유한성 때문에 악이 아니다. 죽음은 죽음의 공포 때문에 죄의 계기가 될 수 있지만 악이 아니다. 성서적 견해에 의하면, 인간의 유한성, 의존성, 불안정성은 신의 계획에 속하며 공경과 겸손으로 수용해야 한다. 또한 성경에 의하면, 존재의 표면상의 혼란은 전체적 조화의 한 부분이다. "너희는 근심하지 말라"는 말씀은 인간을 죄로 유혹하는 것이 유한성, 의존성, 약함이 아니라 그것들에 대한 불안이라는 의미를 포함하고 있다. 창조된 세계는 신이 창조했기 때문에 선이다. 창조된 세계는 신플라톤주의에서처럼 원래의 신성한 통합과 영원한 타락도 아니며, 불교에서처럼 모든 부족하고 의존적인 삶을 특징 짓는 욕망과 고통으로 인한 악도 아니다. Origen은 플라톤주의를 기독교와 결합시켜서 타락의 신화를 생전의 인간의 신으로부터의 타락으로 보고, 그에 대한 처벌이 무상성(mutability)과 제한성에 대한 인간의 관여라고 주장했다. 그에 의하면, 성(sex)은 죄의 특별한 심벌이다. 성욕은 육욕의 선명한 형태이기도 하지만, 남자와 여자의 불완전성은 삶의 어떤 결여와 의존성이 다른 삶에 의존하는, 가장 인상적인 경우이다. 헬레니즘적인 기독교는 흔히 兩性을 타락의 결과로 생각했다.(p. 172) 성경은 유한성을 죄로 보지 않지만, 죽음의 개념을 악으로 보는 강한 경향이 있다. 바울의 신학에서 죽음은 죄의 결과이다. "이러므로 한 사람으로 말미암아 죄가 세상에 들어오고 죄로 말미암아 사망이 왔으니, 이와 같이 모든 사람이 죄를 지었으므로 사망이 모든 사람에게 이르렀느니라."(로마서 5: 12) 그러나 바울은 죽음의 개념을 자주 정신적 죽음(spiritual death)을 나타내기 위해서 상징적으로 사용한다.(p. 174) "너희의 허물과 죄로 죽었던 너희를 살리셨도다."(에베소서 2: 1) 사도 바울은 죄가 아담의 죄의 결과라고 믿은 그의 시대의 랍비의 가르침을 따른 것으로 짐작된다. 뿐만 아니라 바울이 아담의 타락을 저술한 창세기의 언급을 해석했을 뿐이라고 자주 추측되었다.(p. 174) 죽음에 대한 성서적 견해의 주안점은 하나님의 위엄과 피조물인 인간의 약함과 의존성 사이의 차이를 설명하는 것이다. 그러나 성경에서는 육체적 죽음이 끝이 아니라 부활의 희망이 있다고 본다. 여기에 대해서는 제II권의 제IX절과 제X절에서 다룬다.

제VII장

제I절 죄인으로서의 인간(Man as Sinner)

종교의 근본 문제는 인간의 유한성과 자유의 모순 사이의 해결의 추구라고 현대 자유주의 기독교 개척의 권위자 Albrecht Ritschl은 말했다. 그러나 성서적 종교는 유한성과 자유 사이의 모순으로부터의 해방이 아니라 죄로부터의 해방을 추구한다. 그렇지만 그러한 모순은 죄를 위한 계기가 된다.(p. 178) 인간은 무지하고 유한한 정신의 제한 속에 포함되어 있다. 그래서 인간은 유한하면서도 유한하지 않은 체한다(pretend). 이것을 니버는 '오만의 죄(sin of pride)'라고 한다. 그는 오만과 권력의지가 창조의 조화를 혼란스럽게 만든다고 주장한다.(p. 179)

제II절 유혹과 죄(Temptation and Sin)

아담의 타락 설화에서 뱀은 유혹(temptation)한다. 신학에서 뱀은 악마의 상징이다. 악마의 존재를 믿는 것은 인간의 모든 악한 행동에 선행하는 악의 원리, 혹은 악의 세력의 존재를 믿는 것이다. 성서적 악마론은 Babylonia와 Persia의 신화에 근원을 두고 있는데, 다음과 같은 두 가지 중요한 의미를 포함하고 있다. (a) 악마는 창조된 악이 아니라, 인간이 그의 유한성을 넘으려고 하는 데에서 발생한다. (b) 인간은 유한하면서 초월적인데, 그러한 모순된 상황은 허위적으로 해석될 때 유혹의 근원이 된다.(p. 180) 허위적인 해석은 단순한 과오 때문이 아니라 인간의 초월성이 그것을 무제한한 것으로 생각하는 허영에서 비롯된 것이다. 유혹의 계기는 인간의 초월성(위대함)과 유한성(약함), 혹은 그의 무한하며 제한된 지식에서 비롯된다. 그러나 제한된 지식, 곧 무지의 무지(ignorance of ignorance)가 그대로 곧 죄인 것은 아니다. 죄는 항상 인간이 그의 시야를 과대평가함으로써 그의 시야의 제한성을 모호하게 하고, 그의 힘을 제한성을 넘어서 확대함으로써 그의 불안정성을 모호하게 하려고 하는 데에서 발생한다. 이것을 바울은 "그들의 어리석은 마음이 어두워졌다"라고 말했다. 니버는 이것을 '이데올로기적 오염(ideological taint)'이라고 부른다. 이러한 이데올로기적 오염에는 모든 인간의 지식이 관련되며 그것은 단순한 무지 이상의 것으로서 허세(pretension)에 의해서 무지를 감추려는 것이다.(p. 182)

불안(anxiety)은 인간의 자유와 제한성 사이의 패러독스의 불가피한 부수물이다. 불안은 죄인인 인간의 내면의 전제 조건이다.(p. 182) 불안은 창조적 요소와 파괴적 요소를 동시에 가지고 있다. 부모는 자녀의 미래에 대해서 불안해 하며, 자신이 죽은 뒤 남겨진 자녀에 대한 걱정까지 미리 한다. 또한 철학자는 그의 특정한 진리가 진리 자체가 아닐 것 같아서 불안해 한다.(pp. 184-185) 불안은 오만과 육욕(sensuality)으로 도피하게 만든다.(p. 185) 오만은 유한하고 일시적인 것을 절대적이고 무한한 것으로 높이려고 한다. 육욕은 가변적이고 일시적인 선과 자연의 생명력 속에 빠짐으로써 자유로부터 도피하고자 한다.(p. 186)

제Ⅲ절 오만의 죄(The Sin of Pride)

니버는 오만의 죄를 세 가지 유형으로 구분한다. 그 구분의 세 번째 유형을 두 가지로 구분하면 네 가지가 된다. (a) 권력의 오만. (b) 지식의 오만. (c) 덕의 오만(정신적 오만을 덕의 오만과 다른 것으로 구별한다). (d) 정신적 오만(혹은 종교적 오만).(p. 188)

권력의 오만(pride of power): 권력의 오만은 인간이 모든 흥망성쇠에도 불구하고 스스로 자족하고, 주인으로서 안전하고자 하는 오만이다. 그것은 그의 삶의 일시적이고 의존적인 성격을 인정하지 않으며, 자신을 존재의 주인이고, 가치의 판단자이며, 운명의 주인이라고 믿는다.(p. 188) 이 같은 오만한 허세는 모든 인간에게 초보적인 형태로 존재하지만, 사회적 힘을 더 많이 가지고 있는 개인이나 계급에 있어서 더욱 높은 수준에 도달한다.(pp. 188-189) 니버는 권력의 오만을 두 가지로 구분한다. 하나는 인간이 그의 유한하고 특정한 성격을 의식하지 못할 때의 오만이다. 개인이나 집단의 사회적 힘이 안정적일 때의 오만이 여기에 속한다. 다른 하나는 불안정성이 희미하게 의식되었을 때의 권력욕이다.(p. 189) 제2의 형태의 권력의 오만은 불안정함을 알았을 때 안전을 보장하기에 충분한 권력을 타인을 희생하여 추구하는 권력욕이다.(p. 190)

탐욕은 현대 기술이 현대인을 유혹하여 낳은 형태의 권력의지로서 자연의 인간의 불안정성을 제거하는 가능성과 가치에 대한 과대평가에서 생긴 것이다. 그러나 자연은 인간을 죽이려고 하고 마침내 성공할 것이다.(p. 191) 인간의 사회적 관계에서도 불안정성이 생존을 위한 경쟁의 충동 때문에 발생한다. 심리학자들이 이 문제의 해결을 추구하고 있지만 문제의 심층적인 원인을 투시하지 못하기 때문에 만족할 만한 답을 주지 못한다. Adler는 불안정성의 원인이 인간의 가장 기본적인 동기인 권력의지라고 보며 그것을 적절한 치료에 의해서 제거할 수 있다고 본다. Karen Horney는 권력의지를 Adler의 좁은 열등의식보다 넓은 불안(anxiety)에 관련시키지만, 그녀는 권력의지가 경쟁하는 문명의 불안정성으로부터 발생하는 것으로 보고 협동하는 사회에 의해서 제거하려고 한다. 그러나 문제의 깊은 핵심은 인간이 인간 존재의 불안정성을 안정되게 하고자 하고, 생의 전체적인 체계 속에서 그의 비중요성을 중요한 것으로 인식하려는 유혹에 있는 것이다.(p. 192) 이집트의 왕들은 그들의 불멸성을 증명하기 위해 피라미드를 건립했다. 이것은 유한한 인간의 죽음에 대한 공포가 위대한 왕들의 허세와 야심을 자극하여 그렇게 하도록 만든 것이다.(p. 193)

인간의 지적 오만(intellectual pride): 모든 지배적 전제 군주는 그의 권위 유지를 위해서 정치적 권력뿐 아니라 중요한 방패로서 이념적 허세(ideological pretension)를 사용한다. 이런 허세는 '이념적 오염(ideological taint)'을 지닌다. 이런 오염은 전제 군주나 사회의 석학들에게만 국한된 것이 아니라 모든 인간의 지식 역시 가지고 있다. 모든 인간의 지식은 특정한 시각에서 얻은 것으로서, 유한한 지식임에도 불구하고 그것을 최종의 궁극적 지식으로 여긴다.(p. 194) 지적 오만은 한편으로는 인간의 정신의 유한성에 대한 무지로부터 나오며, 다른 한편으로는 인간의 지식의 제한된 성격과 인간의 진리 속에 있는 이기심의 오염을 숨기려고 하는 데에서 나온다.(pp. 194-195) 지적 오만은 이성이 시간의 과정 속에 포함되어 있음을 망각한 채 역사를 완전히 초월한다고 생각하는 이성의 오만이다. 지적 오만은 단순한 무지의 무지, 그 이상의 어떤 것이다. 그것은 항상 알고 있거나 부분적으로 알고 있는 이익의 오염을 모호하게 하려는 의식적, 혹은 무의식적 노력을 포함하고 있다.(p. 195) 지적 오만은 철학자들에게서도 찾아볼 수 있다. Descartes는 그의 *Cogito ergo sum*이 어거스틴의 사상에서 나왔다는 것이 드러났을 때 지적 오만을 나타냈으며, Schopenhauer는 그가 보다 널리 알려진 다른 이상주의적 사상보다 덜 인정되었기 때문에 지적 오만에 떨어졌다. Hegel은 그의 사상이 최종의 완성이라고 생각했을 뿐만 아니라 당시의 그의 나라 Prussia를 인류 역사의 완성이라고 주장했고, Comte는 Paris가 자신이 건설하는 새로운 보편적 문화의 중심이 될 것이라고 예언했다.(p. 196) Karl Mannheim에 의하면, 사회주의자의 사상은 그의 반대자들의 유토피아가 이데올로기라며 탈을 벗겼지만 이 방법을 자신에게 적용하여 사회주의가 절대라고 생각하는 욕망을 견제하지 못했다.(pp. 196-197) 사회주의자도 지적 오만을 범했다.

도덕적 오만(moral pride): 도덕적 오만은 자신의 선을 무조건적인 도덕적 가치로 주장하는 것이다. 도덕적 오만은 다른 사람이 자기의 고도로 임의적인 표준에 맞지 않는다고 해서 정죄하는 모든 독선적 판단 속에서 나타난다.(p. 189) 도덕적 오만은 그의 고도로 제한된 덕이 최종적 의의라고 생각하고, 그의 매우 상대적인 도덕적 표준을 절대라고 생각하는 유한한 인간의 허세(pretension)이다. 도덕적 오만은 덕을 죄의 수단이 되게 하며, 이 사실이 신약성경이 세리와 죄인보다 의로운 자에 대해서 그렇게 비판적인 이유를 설명해 준다.(p. 199) 루터는 인간이 신을 모른다는 최종적 증명은 바로, 그가 자신의 죄를 모르는 것이라고 했다. 다시 말해서, 죄인이 그가 죄인임을 모르는 것이 최종적인 죄의 형태라고 했다.(p. 200)

정신적 오만(spiritual pride): 도덕적 오만은 정신적 오만을 낳는다. 궁극적 죄는 도덕적 오만 속에 포함된 자기 신격화가 드러나는 종교적 죄이다. 이것은 부분적 표준과 상대적 성취가 무조건적인 선과 신성함을 주장할 때 일어난다. 종교는 본래 선한 사람의 신에 대한 탐구가 아니라 신과 인간의 자만 사이의 최종적 전쟁 터이다. 한순간에 그리스도를 심판자로 여기는 사람이 다음 순간에 그리스도의 표준과 의가 그의 적보다 자신의 의에 더 가깝다는 것을 증명하려고 한다. 이것은 독선의 죄이며, 회개의 종교를 오만의 도구로 만든다.(p. 201)

제IV절 오만에 대한 부정직의 관계(The Relation of Dishonesty to Pride)

오만의 죄와 자기사랑의 분석은 기만(deceit)의 요소가 그러한 자기찬미 속에 포함되어 있다고 가정했다. 그렇지만 부정직(dishonesty)은 자기사랑의 부수물이지 기반은 아니다. 부정직의 첫 번째 목적은 타인이 아니라 먼저 자기를 기만한다.(p. 203) 바울은 "인간의 자기찬미는 하나님의 진리를 거짓의 것으로 바꾼다"(로마서 1: 25)라고 했다. 바울은 자기기만의 맹목성을 무지의 결과가 아니라, 그들의 "생각이 허망해지며 어리석은 마음이 어두워졌나니"(로마서 1: 21)라고 말함으로써 죄로 인한 무지를 통찰했다.(p. 204)

제VIII장
제I절 계속되는 죄인으로서의 인간(Man as Sinner-Continued)

지금까지 이기주의(egotism)를 분석하는 데 있어서 집단의 오만과 개인의 오만, 그리고 이기심 사이에 신중한 차별을 두지 않았다. 집단은 개인보다 더욱 오만하고, 위선적이며, 자기중심적이고, 목적을 추구하는 데 무자비하다.(p. 208) 국민국가(nation state)의 이기주의는 인종적, 국가적 및 사회적, 경제적 집단들의 이기주의보다 훨씬 더 일관되게 표현되었다.(p. 209) 죄악적 오만과 우상적 허세(pretension)는 큰 정치적 집단의 응집성의 필수적 부수물이다. 높은 개인의 이성의 명령에 항거하는 자연(본능)의 타성(불복종)의 결과와는 다른 것이다.(p. 210) 국가의 오만은 정신적 성격, 곧 권력욕, 오만, 다른 국가에 대한 멸시, 위선 그리고 자기 신격화의 성격을 띠고 있다.(p. 211) 다시 말해서, 국가는 스스로를 신으로 자처한다.(p. 212) 국가들의 오만은 스스로의 제한된 가치를 무조건적 가치로 여기는 경향의 오만으로서 두 가지 측면을 가지고 있다. 즉, 절대적 헌신을 요구하고, 그

들의 가치를 절대화한다.(p. 213)

예언자적 종교는 국가의 자기 우상화에 대립했다. Amos에서 시작하는 히브리 예언자들은 신과 국가의 단순한 동일시에 도전했다. 그들이 심판을 내린 것은 신과 이스라엘이 하나이며, 신을 이스라엘이 독점하고 있다는 주장의 죄였다. 이러한 심판은 이스라엘뿐 아니라 이스라엘을 심판하는 데 사용된 모든 강대국들을 포함하고 있었다.(p. 214) 이와 같은 심판을 내리는 신의 힘은 국가들을 양동이 속의 물 한 방울로 여겼다.(pp. 214-215) 이 같은 예언자적 신앙의 천재성은 Augustine으로 하여금 로마 제국의 몰락의 원인이 오만(pride)이라고 진단하게 했다.(p. 215) 어거스틴은 『신의 도시』에서 다음과 같이 말함으로써 제국의 허세(pretension)를 여지없이 비판했다. 즉, Alexander 대왕이 사로잡힌 해적에게 어째서 온 세계를 괴롭히느냐고 물었다. 해적은 나는 작은 배 한 척밖에 갖지 못했으니 도둑이라고 불리고, 당신은 거대한 해군을 가졌으니 정복자라고 불린다고 대답했다. 해적에게는 대제국들도 도둑의 무리이고, 도둑의 무리도 작은 제국이라는 것이다.(p. 216) 중세의 가톨릭 교회도 교회를 하나님의 나라와 동일시하는 오만을 범했으며 교황은 일종의 정신적 Caesar가 되었다.(p. 216) Luther는 교황의 오만에 도전했으며 교황을 적그리스도(Anti-Christ)라고 공격했다.(p. 218) 문예부흥과 종교개혁의 영향을 받은 현대 문화 속에서 국가는 신이 되었다.(p. 218) 우리 시대의 가장 악마적 형태를 띤 국가는 독일 나치이다. 나치는 그의 무제한적인 국가 이기주의가 기독교와 양립할 수 없기 때문에 기독교에 반대했다.(p. 219)

제II절 죄의 평등성과 범죄의 불평등성(The Equality of Sin and the Inequality of Guilt)

성서적 입장에서는 모든 사람은 동등하게 죄인이다. 이것은 바울의 주장이기도 하다.(p. 219) 그러나 이러한 주장은 역사의 상대성들 속에서 나타난 "정의와 선의 면밀하게 계산된 보다 적음과 보다 많음(nicely calculated less and more of justice and goodness)", 곧 도덕의 상대적 차이를 위협하고 약화시킨다.(p. 220) 상대적인 도덕의 차이는 판단의 궁극적인 종교적 수준에서는 사라지는 것이 사실이지만, 모든 역사적 판단에 있어서 그러한 상대적 차이를 일시적으로(provisionally) 설정하는 것은 분명 중요하다. '약간 나은 정의(a little more justice)'와 '약간 못한 정의(a little less justice)', 혹은 '약간 더한 이기심(a little more selfishness)'과 '약간 덜한 이기심(a little less selfishness)' 사이의 차이는 특정한 상황에서 사회, 혹은 개인의 비참과 행복을 판가름하는 중대한 차이이다. Barth는 모든 인간이 죄인이라는 궁극적인 종교적 사실만을 강조하고 역사의 상대적인 도덕적 성취를 무시했다. 바르트의 이와 같은 신학은 어거스틴과 루터적 신학의 전통과 더불어 독일에서 정치적 건강과 정의를 성취하는 데 심각한 장애가 되었다.(p. 220) Calvin은 대체로 같은 입장을 취했으나 그의 후기 사상에서 통치자를 개인의 죄를 견제하기 위한 하나님의 도구로 보는 동시에 그를 하나님의 심판 아래 두었다. 후기 칼뱅주의자들은 특히 더 그랬다.(p. 221) 모든 사람은 죄(sin)에 관한 한 평등하지만 범죄(guilt)에 관한 한 불평등하다. Guilt는 sin의 객관적이고 역사적인 결과이다.(pp. 221-222) 성경에서도 부자와 권세 있는 자, 지혜로운 자와 바리새인의 범죄(guilt)를 더욱 신랄하게 비판했다. 다시 말해서, 명성 있고 부당한 권력의 소지자는 권력 없고 지위 없는 자보다 오만과 불의라는 죄의 유혹을 더 많이 받는다는 것을 성경의 단순한 종교적 통찰은 간파한다.(pp. 222-223) 부자와 빈자, 권세 있는 자와 약한 자, 오만한 자와 온유한 자 사이의 도덕적 차이는 마리아의 찬가(누가복음 1: 51-53) 속에 나타나 있다.(p. 224) 성경의 이 같은 반귀족적 강조는 섹트적 기독교와 현대의 세속적 급진주의에 의해서 너무나 단순하게 정치적, 도덕적 입장에서 해석되어 예수를 부자에 대한 프롤레타리아적 항거의 지도자로 만들었다. 성경은 한편으로는 궁극적이고 영원한 인간의 상황에 너무나 과도한 관심을 가졌기 때문에 반귀족적 경향의 정치적 해석을 용납할 여지가 없고, 다른 한편으로는 너무나 현실적이기 때문에 사회적, 경제적 조건이 어떤 사람들로 하여금 오만과 불의에 대한 유혹을 현저히 더 받게 한다는 사실을 무시할 수가 없다.(p. 225) 지나치게 단순한 사회적 급진주의는 가난하고, 약하고, 멸시당한 자들이 그들을 억압한 자들에게 사회적 승리를 거둘 때 그들이 미워하던 자들의 오만과 권력의지를 그대로 범하며, 그러한 오만과 권력의지를 그들의 적들만이 가지고 있는 생득적 죄로 본다. 불의의 피해자는 그가 고통 받은 죄가 단지 그의 억압자만이 가지고 있는 죄로 잘못 생각한다. 이것이 강한 자의 독선과 구별되는 약자의 독선이다.(p. 226) 정신과 양심의 순수한 성취는 죄인인 인간의 오만을 나타내는 새로운 계기가 될 수 있다.(p. 227)

제III절 육욕의 죄(Sin as Sensuality)

헬레니즘적 기독교는 죄를 기본적으로 정욕(lust)과 육욕(sensuality)으로 본다.(p. 228) 그러나 헬레니즘적 기독교와 합리적 형태의 기독교만이 죄를 육욕과 동일시하고, 육욕을 특히 성적 방종과 동일시한다.(p. 229) 헬레니즘적 신학의 대가 Origen은 일관되게 성적 행위를 본질적으로 나쁘게 보았으며 모든 실제적 죄들의 근거와 근원으로 보았다.(p. 229) 그러한 해석은 분명히 비성서적이다. 구약의 창조설은 양성(bi-sexuality)을 최초의 창조의 한 부분으로 보았기 때문이다.(p. 229) 바울과 어거스틴적인 신학의 전통은 죄에 대한 육욕의 관계를 로마서 제1장에 비춰서 해석했다. 여기서 바울은 오만과 자기 우상화라는 보다 근본적인 죄에 대한 벌의 결과로 육욕, 특히 부자연스러운 육욕을 보았다.(p. 230) 로마서 1: 26-30에서 바울은 반사회적인 악들(이기심)과 정욕을 분명하게 구별하지 못하지만 정욕, 특히 부자연스러운 정욕을 신에 대한 반역이라는 보다 근본적인 죄의 결과로 본다.(p. 230) 어거스틴 역시 이 같은 바울의 해석을 따른다. 그는 "그렇기 때문에 우리는 우리의 죄를 우리의 육체에 전가함으로써 하나님을 욕되게 하지 말아야 한다. 육체는 선이다. 그러나 창조주를 떠나서 창조된 선에 따라서 사는 것은 잘못이다"라고 말했다.(p. 231) Thomas Aquinas도 이 해석을 따랐다.(pp. 231-232) 루터도 역시 그랬다.(p. 232)

니버는 성(sex) 문제를 pp. 233-240에 걸쳐 논한다. 기독교 사상은 성적 열정을 육욕의 특별히 생생한 형태, 혹은 적어도 계기로 보며, 성을 병적인 것으로 보고 기독교의 이원론적 사상은 그것을 악 자체로 보지만, 기독교의 성에 대한 해석은 현대 사상이 완전히 보지 못한 문제에 대한 깊은 통찰을 가지고 있다.(p. 235) 현대의 심리학은 성욕이 생식을 위해서 필요한 것 이상으로 강한 것은 성의 억압으로 인해서 강화되었기 때문이라고 한다. 그러나 성은 단순한 내분비선과 생리적 문제에 불과한 것이 아니라, 인간의 정신적 자유가 더해진 것으로서 문명화된 사회의 사회적 규제 이전, 곧 원시 시절부터 단순한 생식의 필요, 그 이상이었다.(pp. 235-236) 현대 심리학, 특히 Freud의 심리학은 성적 죄 의식은 비정상적이고 불필요한 것으로서 문명의 억압 때문에 생긴 것이라고 한다. 그러나 성적 열정의 과도한 표현이 사회적 규제의 결과가 아니라 원인인 것처럼, 성에 대한 수치심은 문명화된 사회의 규제에 선행하는 것이다. 성의 개방화는 성적 생활의 악화를 초래한다.(pp. 238-239) 인간은 그의 삶의 참된 중심인 하나님을 상실했기 때문에 육욕에 떨어지고 성이 육욕의 표현의 계기가 되며, 뿐만 아니라 육욕의 가장 생생한 표현이 된다.(p. 239)

제IX장
제I절 원죄와 인간의 책임성(Original Sin and Man's Responsibility)

인간은 불가피하게 운명적인 필연성에 의해서 죄를 짓지만 범한 죄에 대해서 책임이 있다.(p. 241) 이것을 Kierkegaard는 "죄는 필연적으로 오지도 않고 우연도 아니다"라고 했다.(pp. 242-243) 원죄론의 핵심은 원죄론의 밑바닥에 있는 자유의지(free-will)라는 개념의 외관상의 모순에 있다. 어거스틴은 한편으로는 인간의 의지가 죄의 노예가 되었고 신의 법을 성취할 수 없다고 주장하지만, 다른 한편으로는 원죄 개념이 인간의 책임을 위협할 때는 자유의지의 구현을 주장한다.(p. 243) 바울은 인간이 그의 죄에 대해 책임이 있다는 의미에서 자유롭다고 하는 입장을 취하고, 다른 한편으로는 죄 이외에 다른 것을 할 수 없다는 의미에서 자유롭지 않다고 한다. 루터는 어거스틴의 이론을 일관성 있게 높이지만 그의 패러독스의 한 요소, 곧 인간의 책임성의 요소를 위태롭게 할 수 있을 만큼 자유의지를 부정한다.(p. 244)

제II절 펠라기우스적 교리(Pelagian Doctrines)

펠라기안주의의 본질적 특성은 실제적 죄는 본질적으로 자유로운 의지로부터 나오지 않았으면 죄로 볼 수 없다는 주장이다.(p. 245) 한마디로 말해서, 펠라기안주의는 자유의지론을 주장한다. 어거스틴 이전의 기독교 사상가들은 대체로 펠라기안이라고 해도 틀리지 않다. 이성을 강조하는 플라톤적인 인성에 대한 이해는 바울의 sarx를 인간의 죄의 원리가 아니라 정신에 저항하는 '육(flesh)' 의 뜻으로 바꿈으로써, 바울의 사상과 표면적으로 일치했다.(pp. 245-246) 이것이 펠리기안주의의 사고방식이다. Schleiermacher와 사회복음주의 신학도 죄의 원인을 기구들이나 역사의 전통으로 돌렸다. 현대의 세속적, 혹은 기독교적 자유주의는 악에 대한 경향이 인간의 의지가 아니라 자연의 타성(sloth of nature)에 있다고 주장했다.(p. 246) 원죄에 대한 공식적인 가톨릭 교리는 펠라기안주의의 강조와 크게 다르지 않다.(p. 247) 가톨릭 교리는 인간의 본질적 특성인 '순수한 자연(pura naturalia)' 과 신이 인간의 자연적 창조에 추가하여 부여한 '추가적 선물'은 상실되었고, 성찬예식의 은총에 의해서 회복될 때까지 인간의 유한한 본성의 자연적 제한성에 인간이 복종한다. 따라서 원죄는 본질적으로 인간에게 속하지 않은 어떤 것의 결함으로서 인간의 본질적 본성의 부패가 아니다.(p. 248) 그러나 펠라기안주의와 준펠라기안주의가 인간의 잘못된 행위의 심리적, 도덕적 사실에 맞는지는 여전히 문제로 남는다.(p. 248)

제III절 어거스틴적 교리(Augustian Doctrines)

어거스틴적 원죄론은 언뜻 보기에는 모순으로 보이지만 도덕주의자들이 계속해서 놓치는 인간 행위의 복잡한 요소들을 밝히는 능력에 의해서 합리주의자들과 단순한 도덕주의자들의 공격에 맞설 수 있는 기독교적 진리를 보전한다.(pp. 248-249) 어거스틴의 원죄론에서는 실제적 죄가 일반적으로 생각하는 것 이상으로 죄에 대한 경향으로부터 어쩔 수 없이 나온다. 그런가 하면, 죄에 대한 경향은 자연의 지체(lag of nature), 혹은 육체적 충동이나 역사적 환경 같은 것 이상의 어떤 것이다.(p. 250) 죄는 모든 삶이 관련되어 있는 불안에의 유혹(temptation)의 결과이다. 그러나 불안만이 실제적 죄나 원죄가 아니다. 죄는 불안으로부터 필연적으로 나오는 것이 아니다. 실제적 죄가 나오는 죄의 경향은 불안과 그 불안에 더해진 죄이다. 만일 사람이 이미 죄를 짓지 않았다면 그는 유혹당하지 않는다.(pp. 250-251)

제IV절 유혹과 죄의 불가피성(Temptation and Inevitability of Sin)

원죄론의 복잡성은 죄의 불가피성에 대한 유혹의 관계에 있다. 다시 말해서, 인간은 불가피하게 죄를 짓지만 죄에 대한 책임을 피할 수 없다. 죄에 대해서 유혹을 받는 것은 인간이 처해 있는 상황 때문이다. 그러한 상황이란 정신으로서의 인간이 시간과 자연의 과정을 초월하고 자신까지 초월하는 것을 말한다. 그의 자유는 창조의 근거이지만 유혹이기도 하다. 그는 자연의 과정의 일시성과 필연성 속에 포함되어 있지만, 동시에 그것들을 초월하기 때문에 불안을 느낀다. 기독교 신앙에서는 인간 생활의 궁극적 가능성은 신의 뜻에 순응하는 복종이다. 이것을 예수는 "나를 위하여 목숨을 잃는 자는 그것을 얻으리라"(마태복음 10: 30)고 말했다.(p. 251) 그러나 자아는 신앙이 없으면 자기를 신에게 복종시키는 신뢰(trust)가 없다. 이때 자아는 독립적이 되려고 한다. 인간은 생명을 얻고자 하지만 그로 인해서 잃어버린다. 삶에 허위의 중심을 줌으로써 자아는 자신과 타인들을 위한 참된 가능성을 파괴한다.(p. 252) 과도한 자기사랑의 죄는 신에 대한 신뢰의 결여라는 선행적 죄(prior sin)이다. 자유의 불안은 불신앙이라는 선행적 죄를 전제로 할 때라야 죄로 인도된다. 이것이 죄는 죄의 자기주장을 전제로 한다는 Kierkegaard의 주장의 의미이다.(p. 252) 과도한 자기사랑은 자연적이고 인간적인 유한성 속에 영원의 시야를 도입하는 계기가 된다. 그러나 그것은 허위의 영원이다.(p. 253)

제V절 "불가피성에 구애받지 않는 책임성(Responsibility Despite Inevitability)"

원죄의 불가피성에도 불구하고 그 책임성의 사실은 죄악적 행동에 따라오는 후회(remorse)와 회개(repentance)에 의해서 증명된다. 회개는 자유와 신앙의 표현이고, 후회는 신앙 없는 자유의 표현이다.(p. 255) 자연의 종교들의 종교적 제물들은 원시적 생활에 있어서조차 어느 정도의 자유가 현실적으로 존재했다는 증거이다.(p. 256) 불안한 양심(uneasy conscience)은 충분히 의식되지 않은 것이지만 더 많은 죄를 짓게 하는 뿌리이다. 왜냐하면 불안한 양심으로 인해서 자아는 자기의 죄를 타인들에게 책임 전가를 하거나 타인들이 더 나쁜 죄를 범했다고 함으로써 후회나 회개의 고발을 격퇴하려고 한다.(p. 256) 초월적 인간 정신의 자유의 최종적 행사인, 인간이 행동에 있어서 자유를 잘못 사용한다는 사실을 알아차린다는 궁극적 패러독스를 우리는 피할 수 없다. 인간은 그가 자유롭지 않다는 것을 발견함으로써 가장 자유롭다.(p. 260)

제VI절 문자적 오류들(Literalistic Errors)

Pelagians와 Augustinians 사이의 논쟁에서 나타나는 혼란은 Pelagians의 단순한 도덕주의를 Augustinians가 공격하는 데 있어서 원죄를 유전적 오염(inherited taint)으로 해석함으로써 악화되었다. 이렇게 해서 Augustinians는 죄의 불가피성의 교리를 죄가 자연의 역사를 가지고 있다고 주장하는 교리로 바꾸었다.(p. 260) 죄의 불가피성과 책임성의 패러독스가 충분하게 이해되려면 분명 원죄론의 文字的 환상을 제거하는 것이 필요하다. 왜냐하면 유전된 제2의 본성은 죄에 대한 책임의 이념을 파괴하기 때문이다. 마치 인간의 악을 자연의 타성 탓으로 돌리는 합리주의적 및 이원론적 이론들처럼 말이다.(p. 262) 죄에 대한 인간의 책임성과 죄의 불가피성을 동시에 주장하는 외관상의 모순성을 가지고 있는 기독교의 원죄론은 자기사랑과 자기중심성이 불가피하지만, 그것이 자연의 필연성의 범주에 속하는 것이 아니라는 두 가지 사실을 공평하게 다룬 변증법적 진리이다. 최종의 패러독스는 죄의 불가피성의 발견이 인간의 최고의 자유의 주장이라는 사실이다. 죄의 발견이 다음 행동들의 무죄를 보장한다고 생각하는 바리새인들의 환상은 자유를 죄의 공범자로 전락시킨다. 인간의 겸손(humility)과 자만(self-esteem) 사이의 최후의 결전이 전개되는 것이 바로 이 점에서이다.(p. 263)

제X장

제I절 원의(Justitia Originalist)

Pascal은 폐위된 왕이 아니면 누가 왕이 아닌 것을 불행하게 생각하겠느냐고 말했다. 같은 논리로, 사람이 아무리 깊이 죄 속에 말려들어 있다고 해도 죄의 비참함을 정상적인 것으로 생각할 수는 없다. 죄 이전의 온전한 상태를 알고 있기 때문이다.(p. 265) 죽음에 이르게 하지 않는 한, 이상한 말이지만, 모든 병은 병이 손상시킨 건강한 신체 상태를 나타낸다.(p. 266) 어거스틴은 도둑들도 그들을 제외한 세계를 괴롭히지만 그들 사이에서는 평화를 유지한다고 했다. 기독교 신학은 인간의 총체적 타락(total depravity)을 지나치게 강조한 것이 사실이지만, 인간의 죄가 그의 본질적 특성을 완전히 파괴할 수 없다는 점도 인정했다. Thomas Aquinas가 그랬고 Augustine도 그랬다. 어거스틴은 "만일 사물이 모든 선을 박탈당한다면 그것들은 더 이상 존재하지 않는다. …그것들이 존재하는 한 그것들은 선하다. 그렇기 때문에 무엇이나 존재하는 것은 선하다"라고 말했다.(p. 267) 다시 말해서, 인간은 죄인으로 타락했음에도 불구하고 그의 본질적 본성(essential nature)의 흔적, 또는 잔여적 요소가 남아 있다. 이것을 니버는 '*justitia originalis*(原義, original righteousness)'라고 했다. 본 장은 '원의'를 논한다. 기독교 사상의 역사에서는 인간의 죄악적 상태와 본질적 본성의 관계가 불행한 혼선을 경험했다. 기독교 신학은 타락의 신화에 대한 합리주의적 거부를 배격하려고 하다가 타락을 역사적 사건으로 주장하는 문자주의적 오류(literalistic error)를 범했다.(pp. 267-268) 이 같은 문자주의적 오류는 타락 이전의 특정한 역사적 시기로서 낙원의 시기(paradisical period)를 상정했다. 이것은 성경의 신화에만 근거를 둔 것이 아니라 스토아 철학의 황금의 시대에 대한 신봉도 작용했다.(p. 268) 타락을 역사적 사건으로 해석하고 타락 이전의 완전한 시대를 상정하는 것은 원죄를 인간 생활의 모든 역사적 순간에 범하는 죄의 심벌로 보지 않음으로써 인간 생활의 모든 순간의 선에 대한 죄의 관계를 모호하게 만든다.(p. 269)

제II절 본질적 본성과 원의(Essential Nature and Original Righteousness)

인간의 자유는 그의 본질적 본성의 요구를 부정하고 거기에 반하는 행동을 가능하게 한다. 이러한 사실은 인간의 본질적 구조와 본성, 그리고 거기에 일치하는 덕 사이의 구별을 정당화한다.(p. 269) Irenaeus는 구약성경의 신의 '형상(*eikon*, *imago*, image)'과 '닮음(*homoiōsis*, *similitudo*, likeness)'의 구별에 따라서 양자를 구별하고, 타락은 닮음을 파괴했지만 형상은 파괴되지 않는다고 주장한다. 루터는 이런 구별을 잘못된 것으로 거부한다. 왜냐하면 그는 '형상'과 '닮음'이 공통된 히브리적 대구법(對句法, parallelism)이라고 보기 때문이다. 후에 가톨릭이 본질적 특성, 또는 본성(pura naturalia)과 추가적 선물(donum supernaturale)을 구별한 것 역시 잘못이다.(p. 270) 가톨릭은 타락은 추가적 선물을 파괴했을 뿐, 인간의 본질적 본성을 변화시키지 않았다고 주장한다. 그리고 개신교 기독교가 이것을 잘못된 것이라고 주장하는 것은 옳지만, 본질적 본성이 완전히 파괴되었다고 주장하는 것은 잘못이다. 왜냐하면 신의 형상은 인간의 죄에도 불구하고 보존되어 있기 때문이다.(pp. 275-276) 인간의 본질적 구조, 혹은 본성은 그의 초월적 자유인데, 이 자유는 바로 죄의 속박 속에서 계시된다. 왜냐하면 인간이 그의 유한성을 무한한 것으로 바꾸는 것은 바로 영원에 대한 이 능력 때문이다. 이 능력에 의해서 그는 죄를 범하지만 이 능력은 그의 죄에 대한 어떤 지식을 가지고 있다. 인간의 자유는 죄에 의해서 부패되었지만 인간은 여전히 그것을 가지고 있다. 그러나 그것은 실현될 수 있는 것이 아니라 요구되는 것이다. 그렇다면 이렇게 요구되는 자유의 완전성의 장소는 어디에 있으며, 그것의 특성과 내용은 무엇인가?(p. 276)

제III절 원의의 장소(The Locus of Original Righteousness)

'원의(justitia originalis, original righteousness or perfection)'를 역사적 시대에서 찾지 않는다면 어디에서 찾을 것인가? 병든 유기체의 생명의 건강의 장소는 어디에 있는가?(pp. 276-277) 이처럼 유기체 전체가 병들었다. 그러나 생명이 지속되는 한 어떤 종류의 건강이 존재한다. 병의 고통, 바로 그것이 숨은 건강의 증거이다.(p. 277) 신앙에서 볼 때 죄는 부당한 오만과 자만이기 때문에, 자아를 신에게 복종시키고 동료 인간과 협조하게 하는 인간의 삶의 모든 힘은 건강의 힘이라고 보아야 한다. 초월적 자아는 스스로 죄(guilt)를 아는 자아이다. 좀더 정확하게 말하면 자신을 초월하는 순간의 자아이다. 원의의 의식과 기억이 일어나는 것은 바로 자아초월의 순간이다.(p. 277) 이러한 순간이 완전성의 소유를 나타낸다.(p. 277) 그렇지만 자아초월은 선행한 행동의 자아의 부당하고 불의한 요구를 심판하고 비판하는 현재의 능력이 후속적 행동의 덕을 보장한다고 잘못 생각한다.(p.

277) 그렇기 때문에 인간의 행동은 항상 죄악적이다.(p. 278) 타락 전의 완전은 행동 전의 완전이다.(p. 278) 불안하고, 유한하고, 불안정한 자아로부터 나오는 모든 사상과 태도와 행동은 무언가 죄로 물들어 있다. 죄 있는 행동에서는 자아가 그 행동 속에서 완전히 통합되어 있기 때문에 죄 의식이 존재하지 않는다. 그와 같은 통합 없이는 행동할 수 없다. 행동 후에야 행동 속이 아니라 밖에 서게 되며 그때 비로소 그 행동의 잘못을 의식하게 된다.(p. 278) 원의에 대한 이와 같은 이해는 총체적 타락설이 오류이며, 그러한 설이 진보적 도덕주의의 오류에 대한 설득력 있는 거부가 되지 못한다는 사실을 밝혀준다.(p. 279) 원의를 자아초월의 순간에 두는 것은 타락의 신화의 상징적 해석과 완전히 합치된다.(p. 279)

제IV절 법으로서의 원의의 내용(The Content of Justitia Originalis as Law)

원의는 '법(law)' 으로 죄인인 인간과 함께 존재하며 이러한 법은 인간의 본질적 본성으로부터 나온 것이다. 기독교와 스토아철학에서 자연법은 피조물로서의 인간의 요구이다. 그리고 가톨릭 사상에서 믿음과 소망과 사랑은 '신학적 덕' 으로서 인간의 자유의 요구이며 '원의'이다. 이 같은 원의는 타락으로 인해서 완전히 상실되지 않고 당위의 지식, 곧 자유의 법으로 죄인과 더불어 남아 있다.(p. 280) 자연법과 원의의 구별은 적절하지 않다. 가톨릭 이론은 타락에서 상실된 것은 원의이며, 타락에 의해서 손상 받지 않은 것은 자연적 정의라고 한다. 이것은 잘못된 것으로서 인간의 자연적 기능들에 대한 인간적 자유의 관계의 복잡성을 모호하게 하며, 모든 '자연적' 혹은 '합리적' 표준과 규범을 상세하게 규정했다. 예컨대, 산아 제한과 아내에 대한 남편의 우위를 규정했다. 산아 제한은 성교의 기능을 생산의 기능에만 제한했는데, 성교는 단순한 동물적 기능만이 아니라 정신이 관련되어 있기 때문에 복잡하다. 남편 우위는 남성의 오만의 죄가 섞여 있다. 남성과 여성의 성별적 관계는 한편으로는 성의 자연적 차이에 의해서, 다른 한편으로는 인간의 자유의 정신적 사실에 의해서 지배된다.(p. 282) 이러한 문제를 루터적 개념인 '창조의 질서(Schoepfungsordnung)' 에 의해서 이해하는 것은 잘못이다.(p. 282) 가톨릭의 자연법의 제한성은 '정당 전쟁(just war)' 설에서도 나타난다. 정의의 전쟁과 불의의 전쟁, 침략의 전쟁과 방어의 전쟁을 구별하고 판단할 수 있는 것이 사실이지만 그런 구별을 자연법으로 규정하는 것은 잘못이다.(p. 283-284)

가톨릭 신학에 의하면, 타락이 불완전하게 만든 덕의 구조를 죄인에게 내린 은총이 완전하게 한 믿음, 소망, 사랑은 완전하다. 그러나 이 문제는 제II권 제IV절에서 검토할 문제이다. 지금 말할 수 있는 것은 사랑의 법을 병든 사람도 가지고 있는 건강의 비전으로 보지만, 인간이 처해 있는 모순과 그로 인해서 신과 이웃과 그 자신에 대한 관계의 강제와 복종은 분명 이상적 건강 상태는 아니라는 사실이다.(p. 287) 인간의 본질적 본성과 그의 죄 있는 상태 사이의 모순은 인간 자신의 힘으로는 불가능하고 다만 하나님의 힘에 의해서 비로소 해결될 수 있다. "사람으로서는 할 수 없으되 하나님으로서는 다 할 수 있느니라."(마태복음 19: 26) 사랑의 법은 법 이상으로서 모든 법을 초월하는 원의이다. 이 원의는 죄인조차도 가지고 있지만, 소유로서가 아니라 결여하고 있는 어떤 것에 대한 느낌이다. 이러한 사랑은 다음과 같은 세 가지 요구를 가지고 있다.(p. 288)

첫째, 바울의 '믿음'과 '소망'이다. 신의 섭리에 대한 믿음 없이는 인간의 자유는 견딜 수 없는 것이다. 소망, 혹은 희망은 신앙에 예속되면서도 그것과 같은 것이다. 소망은 미래에 대한 믿음이다. 미래는 시간 속에 나타나는 영원의 예측할 수 없는 가능성들의 심벌이다. 믿음과 소망이 없으면 이러한 가능성들은 의미에 대한, 인간의 작은 우주에 대한 견딜 수 없는 위협이다. 역사는 합리적이지 않다. 적어도 역사는 인간이 그 의미를 이해하기 위해서 그때그때 구성하는 합리적 일관성의 시스템에 합치되지 않는다.(p. 289)

둘째, 혼의 완전한 내적 일치, 혹은 조화이다. 이것은 "마음을 다하고 목숨을 다하고 뜻을 다하여"(마태복음 23: 37)라는 구절 속에 나타나 있다. 이 같은 내적 조화는 죄 있는 인간에게는 현실이 아니다. 그것이 완전한 건강을 나타내는 것이지만 말이다. 바울은 "내 속, 곧 내 육신에 선한 것이 거하지 아니하는 줄을 아노니, 원함은 내게 있으나 선을 행하는 것은 없노라"(로마서 7: 18)고 했다. 어거스틴은 "의지의 결함(defect of the will)"을 말했다. 그것은 특정한 경우에 옳은 일반적인 의도를 수행하지 못하는 무능력이다.(p. 292) 이상주의자들은 예지적 자아와 감성적 자아의 모순과 대립을 말하는데 그것은 상당한 신빙성을 갖고 있다. 그러나 이상주의자들의 설명은 자아의 통합성을 무시하며, 하나의 의지만이 있다는 사실을 모호하게 만든다. 의지는 그것이 원하는 선을 행하지 못하기 때문에 스스로 모순 된다. 의지의 동기적 힘은 불안한 자아의 두려움들과 불안에 의해서 움직이기 때문에 초월적 목적을 수행하지 못하는 결함을 지닌다. 그러한 두려움들이 초월적인 일반적 목적과는 다른 방향으로 몰고 간다. 내적 긴장이 있는 현실이 오염되지 않은 인간적 선을 주장하는 모든 이론을 거부한다.(pp. 292-293)

셋째, 신에 대한 '신뢰(trust)' 이다. 그런 신뢰 없이는 인간은 불안과 자족의 악순환에 빠지며, 그것이 그로 하여금 이웃의 필요에 대한 참된 관심을 가지지 못하게 한다.(pp. 293-294) 인간은 타인을 객관적인 대상으로는 이해할 수 없으며, 타인의 창조적 자발성과 인성의 독자적 깊이가 자기를 나타낼 때라야 표면 뒤에 숨어있는 그의 존재의 비밀이 드러난다. 그렇기 때문에 참된 사랑은 정신과 정신의 만남이며, 이것은 단순한 가능성이 아니다. 인간의 사랑은 가능성인 한 신에 대한 공통적 관계를 통한 혼과 혼의 관계이다.(p. 294)

제V절 원의의 초월적 성격(The Transcendent Character of Justitia Originalis)

원의, 곧 법과 요구로서의 사랑의 법이 인간 속에 계속 존재한다는 것을 강조하는 것은 중요하지만, 사랑의 법의 완전한 성취가 단순한 가능성이 아니라는 것을 강조하는 것 또한 똑같이 중요하다. 정의의 모든 역사적 구도는 자연과 역사의 일시성과 죄의 사실을 고려해야 한다. 정의의 어떠한 역사적 구조도 사랑의 법의 완전한 성취가 아니지만 그렇게 하지 못하는 무능에 만족하지 않는다.(p. 296) 가톨릭은 절대적 자연법과 상대적 자연법을 구별하고, 전자를 죄의 사실과 관계가 없는 양심의 명령이라고 하고, 후자에 있어서는 죄 있는 세계 속의 법적, 도덕적 필요성을 인정한다. 이렇게 해서 절대적 자연법은 완전한 자유와 평등을 요구했다. 상대적 자연법은 정부의 강제, 재산과 계급의 불평등, 노예제도와 갈등의 필연성을 규정했다. 절대적 자연법은 전쟁을 불법이라고 하지만, 상대적 자연법은 전쟁을 죄악적 세계 속에서 정의의 성취의 필요한 방법으로 인정한다. 가톨릭적 합리주의는 절대적 자연법과 상대적 자연법을 지나치게 완벽하게 구별한다.

이와 같은 구별이 옳지 않음은 우리는 자연과 역사의 불평등을 언제 불가피한 것으로 받아들여야 할지, 그리고 언제 그것을 부정해야 할지 분명하게 결정할 수 없다는 사실에서도 찾아볼 수 있다.(p. 297) 기독교 유토피아주의자들은 폭정에 저항하지 말고 대립을 피하도록 사람들을 설득하면 하나님의 나라를 실현할 수 있다고 생각한다. 그들은 정의가 죄악적 세계 속에서 어느 만큼 경쟁적 세력의 대립적 긴장에 의해서 유지되는지 알지 못한다. 그러한 긴장은 공공연한 충돌로 전락할 수 있는 위험성을 가지고 있다. 그렇지만 그것 없이는 강자의 의지에 약자의 의지가 굴복하는 전제적 평화가 있을 뿐이다.(p. 298) 종교개혁 이전의 기독교는 원의, 곧 사랑의 법은 자연의 인간에게는 가능하지 않고 '은혜'가 죄의 상처를 치유한 구원된 인간에 의해서만 실현될 수 있다고 했다. 종교개혁은 역사적 존재의 영구한 범주로서의 죄의 사실을 더욱 심각하게 취하여 역사가 완성되며 인간의 자기모순이 끝나는 역사 속의 시점은 존재하지 않는다고 주장했다. 종교개혁은 그래서 신의 '은총'을 인간의 불완전을 완성하는 신의 힘으로서가 아니라 인간의 불안한 양심에 인간의 모든 성취 속에 계속 존재하는 인간의 노력의 자기모순에도 불구하고 안식을 가져다주는 신의 자비로 규정한다.(p. 299)

6
기퍼드 강좌 제II권 『인간의 운명 Human Destiny』
출간(1943)과 그 무렵의 니버의 삶

⚜

『인간의 본성』 독자들은 제II권의 출간을 기다렸다. 그들은 인간의 운명에 관한 제II권이 죄의 교리에 관한 이론인 제I권에 이어서 은총의 교리, 다시 말해서 인간의 제한성을 보완하는 구원의 비전이 뒤를 잇기를 기대하는 가운데 제II권의 출간을 고대했다. 제I권이 나왔을 때 니버는 극도로 지쳤다. 그는 당시 봄마다 그랬던 것처럼 신경쇠약에 빠질까 봐 두려워했다. 그는 긴장되어서 잠을 잘 수가 없었고 의사는 모든 외부 활동을 취소하라고 했다. 그는 절반만 취소했고 저녁 7시 이후에는 일체의 활동과 공부를 정지할 것을 의사에게 약속했다. 그러나 그는 제II권의 주제를 그의 마음속에서 분명하게 구상했다. 니버는 그 특유의 극단의 중간을 추구하고 있었다. 그에게는 Aquinas도 Luther도 가톨릭도 종교개혁도 옳지 않았다. 가톨릭은 은총을 자연의 완성으로 보았고, 종교개혁은 은총을 자연의 부정으로 보았다. 그렇지만 그는 최고의 가능성은 자연의 완성과 부정으로 보아야 한다고 생각했다. 진리의 발전은 있지만 인간은 결코 보편적 진리를 가질 수 없고 어떤 시각에서의 진리를 가질 뿐이라고 그는 생각했다.[35]

그러나 1941년, 그의 마음은 기퍼드 강좌의 제II권 출판에 있지 않았다. *The Christianity and Crisis*의 독자는 매주 100명씩 증가했다. 니버는 동지 운영에 전념했고 친구들이 그를 격려했다. 그의 마음은 유럽의 전쟁에 사로잡혀 있었다. 그의 목소리가 영국을 침몰하지 않게 하는 데 도움이 되기를 바랐다. 6월에 감행한 독일의 러시아 침공이 일시적으로 영국의 숨을 돌리게 했지만 안심할 수 없었다. 설상가상으로 그의 형 Walter의 건강이 그에게 부담을 주었고 그의 신학적 작업

---

35) 같은 책, p. 205.

을 흔들리게 했다. 1930년대 후반에 악화된 형의 지병은 1941년에는 알코올 중독과 우울증을 불러왔다. 니버는 형을 Manhattan에 있는 록페러 병원에 4개월간 입원시켰고 그 입원비를 부담했다. 게다가 형의 부인의 생활비와 Massachusetts 주에 있는 사립학교에 다니는 형의 딸의 학비를 부담해야 했다. 이런 것들은 그의 재정적 부담에 부담을 더했다.[36]

이러한 가정의 재정적 부담에 지원이 될 수 있는 수입원이 생겼다. 그것은 다름이 아니라 Ursula가 컬럼비아대학교의 여자대학 Barnard College의 교수가 되어서 성경과 신학을 가르치게 되었다는 사실이다. 그녀는 옥스퍼드대학 출신으로서 충분한 자격이 있었기 때문에 남편의 훌륭한 직책의 지원이 필요하지 않았으며, 남편이 나서는 것을 원하지 않았다. 그러나 니버는 그녀의 교수 임명에 반대하고 있다고 소문이 들리는 교수에게 편지를 써서 그녀가 교수로 적합함을 추천했다. 이렇게 니버가 나선 것은 어슐러가 그를 위해서 그녀의 재능을 희생했다는 자책감 때문이었다. 어슐러는 교수에 취임했고, 1942년 가을 학기에는 두 개의 새로운 과목을 강의하게 되었다. 아직 가정의 일과 아이들을 돌보아야 하는 그녀에게는 무거운 부담이 되었고 12월에는 3주간의 휴식과 요양을 취해야 했다. 니버는 자주 집을 떠나 있었기 때문에 가정의 일을 많이 돕지 못했지만 집에 있을 때는 마루를 닦고, 식사 후 접시를 씻고, 아기 기저귀 가는 일을 했다. 니버는 강의에서 그의 아기들의 어린 통찰력에 관해 언급했다. 니버는 후일에 그가 엄한 아버지였음을 후회했고, 특히 그의 아들 Christopher가 구두 끈을 잘 매지 못하는 데 성급함을 보인 것을 후회했다. 그러나 그는 그의 아버지가 니버와 다른 두 아들에게 했던 것처럼 무섭지 않았고, 결코 폭군이 아니었으며, 욕설을 퍼붓지도 않았다.[37]

1941년 가을, 유럽의 전세는 니버에게 더욱 어둡게 보였다. 그해 겨울 전에는 러시아가 패배하여 망할 것 같았고 그렇게 되면 반나치 투쟁은 고스란히 미국의 몫이 되는데, 미국은 그 책임을 수행할 결의가 되어 있는지 의심스러웠다. 니버는 건강을 돌보지 않고 기퍼드 강의 제Ⅱ권의 출간과 미국 국민이 Roosevelt 대통령

---

36) 같은 책, pp. 205-206.
37) 같은 책, p. 206.

을 지지하도록 하는 데 힘썼다. 그런데 당시 FBI는 니버의 용공 사상 혐의를 뒷조사하고 있었다. 1934년 Elizabeth Dilling이 그녀의 급진주의의 Who's Who인 『좌익 조직망The Red Network』을 출간하여 모든 사회주의자들과 좌측 진보주의자들을 총괄하여 공산주의자로 간주해 사회의 공적으로 공격했다. 그때부터 우익 열광주의자들은 니버를 공격 대상으로 삼았다. 니버의 동료였던 급진주의 출신자 J. B. Mathews도 1938년 하원위원 Dies의 '비미국적활동위원회(Un-American Committee)'에서 행한 증언에서 니버를 지적했다. J. Edgar Hoover의 정보원들은 동위원회의 발견 자료를 세밀하게 조사한 결과, 니버가 1937년 반프랑코 단체(anti-Franco group)인 '스페인의자유의미국친구들(American Friends of Spanish Freedom)'의 모임들에서 진행을 맡았다는 사실에 주목했다. 그렇지만 니버는 깊이 개입한 것이 아니라 그 단체의 의장인 Robert Paddock 감독이 그의 후원자였기 때문에 그에 대한 호의의 표시로 실행위원으로 있었을 뿐이었다.

또 다른 사건이 터졌다. 1940년, 니버의 이름이 망명 학자 비자 신청 보증인으로 제출되었을 때 FBI는 국무성에게 그것을 거부하라고 했다. 그 이유는 니버를 공산주의자로 의심했기 때문이다. 그는 친분이 있는 대법원 판사 Felix Frankfurter에게 그가 다년간 공산주의자들과 싸웠고 그들을 경계했다고 항의하는 서한을 보냈다. Frankfurter는 루스벨트 대통령과 가까운 국무장관 서리에게 서한으로 니버를 옹호하여 문제가 해결되었다. 그러나 그것으로 니버에 대한 정부의 사찰이 끝난 것이 아니었다. 진주만 피습 수주 전 국회의 史書이며 '정밀 정보처(Office of Facts and Figures)'의 책임자인 Archibald MacLeish가 루스벨트의 '네 개 자유(Four Freedom)'에 관한 선전문 초안 작성에 참여하라고 니버를 초빙했다. 니버가 이를 수락하여 1월에 2주간 워싱턴으로 가서 종교의 자유에 관한 문서를 작성했다.

그런데 MacLeish는 모든 OFF 관계자들의 신분을 조회하는 관행에 따라서 별 생각 없이 니버의 신원 조회를 요청했다. 이것이 발단이 되어서 FBI는 니버가 공부한 엘름허스트대학과 에덴신학교, 예일대학교 신학부, 그리고 디트로이트 목회 시절을 조사했다. 심지어 니버의 어머니와 누이 동생이 사는 Riverside Drive의 아파트 주변 주민들에게 니버의 가족에 관해 조사했다. MacLeish는 그의 정보처를 위한 니버의 임무가 이미 끝났으며, 니버가 FBI와 면담을 하도록 주선할 것이니 그에 대한 조사를 정지할 것을 법무장관 Francis Biddle에게 요청했다. Edgar Hoover도 일이 번거롭게 되어서 FBI 뉴욕 사무실에 명령하여 니버가 원하는 모든 성명을 단지 기록만 하고 파일의 어떤 내용도 공개하지 말도록 했다. 4월에 FBI의 한 조사관이 유니온신학교로 니버에게 전화를 걸어 파일을 비밀에 부치기로 했다고 전했을 때 니버는 이를 존중하여 받아들이고, 그에 대한 보안 조사가 합법적이었음을 조사관에게 동의했다. 그렇지만 그는 조사를 면제할 수도 있었다는 의견 표시도 했다.[38]

일본의 진주만 공격은 전쟁 개입자와 고립주의자 사이의 논쟁에 갑작스럽고 충격적인 종말을 가져왔다. 약 3000명의 군인이 사망했고 거의 전 국민이 연합군에 합세하는 데 동의했다. 미국이 참전한 지 6개월이 못 되어 전세가 역전되어 나치의 패배가 예상되었다. 전후의 계획에 대한 니버의 첫 번째 관심은 유대인의 운명이었다. 그는 Nation에 "전후의 유대인들(Jews After the War)"이라는 글을 게재하여 유대인은 개인으로서뿐 아니라 군인으로서 권리를 갖고 있고, 자기 나라를 가져야 하며, 그것도 팔레스타인에서 가져야 한다는 시온주의(zionism)를 제창했다. 니버는 원래 유대인을 기독교로 개종시켜야 한다는 입장을 취했다. 1928년에 유니온신학교 교수로 뉴욕으로 오면서부터 당시의 시오니즘 사조에 끌렸다. 1930년대 초에 니버는 강제력을 윤리에 도입했으며 Hitler가 유대인의 문화적 말살을 작심하고 있다는 것을 간파했다. 그때부터는 그는 확고한, 때로는 너그럽기도 했지만, 시오니즘의 후원자였다. 유럽 태생 유대인 Felix Frankfurter와 Isaiah Berlin 같은 인물들이 니버의 이런 입장을 환영했다. 니버는 인종적 혹은 국가적 개별주의(particularism)를 배격하는 마르크스주의적 사회주의와 결별하고 나서 유대인 문제를 국가 차원의 문제로 보게 되었다. 그는 유대인이 자기 나라를 세우는 것은 추축국(독일, 이탈리아, 일본)의 패전 후, 미국과 영국의 직접적인 힘의 행사에 달려 있다는 '제국주의적 현실주의(imperialistic realism)' 의 입장을 취했다. 이러한 제

| 38) 같은 책, pp. 207-208.

국주의적 현실주의는 연합군의 주요 국가들이 세계의 재조직의 책임을 수행해야 한다는 입장이다.[39]

미국이 참전하여 군인과 물자를 동원하기 시작하자 니버는 시국에서 눈을 돌려 그의 기퍼드 강의 제II권의 완성에 착수했다. 1942년 5월에서 9월까지 일절 강연을 하지 않고 그는 이 일에 몰두했다. 이 일 이외의 모든 일을 제쳐놓았지만 한 가지는 예외였다. 그것은 하버드대학교 총장 James Conant가 그에게 동대학 유니버시티 프로페서 직책(university professorship)을 제의한 것을 수락하느냐, 혹은 거절하느냐를 결정하는 것이었다. 그 무렵, 캘리포니아대학교의 Sproul 총장이 니버를 버클리대학교의 교수로 초청한 바 있었다. 하버드의 초청은 보통의 제의가 아니었다. 코넌트 총장은 니버를 어떤 과에도 속하지 않고, 어느 과의 채용위원회의 심사도 받지 않으며, 매우 높은 고액 연봉으로 교수로 초청했다. 니버는 그렇게 큰 대학에서 그런 교수직을 수행하는 데 매력을 느낀 것이 사실이다. 그러나 그의 가까운 친구 스위스인 이민 학자인 예일대학교 교수 Arnold Wolfers는 그러한 예외적 지위와 고액의 연봉은 다른 교수들의 질시의 대상이 될 것이라고 걱정했다. 니버 자신도 50세의 나이로 모험을 하기에는 너무나 늙었다고 생각했다. 니버의 부인은 하버드에 가기를 원했지만 결정은 니버 자신의 문제로 생각했다. 높은 연봉은 그의 관심을 끌지 못했다. 그는 아직 형의 딸의 학비를 책임져야 했으며 형도 계속 돌보아야 했지만 과거처럼 무겁지 않을 것이며, 그의 봉급은 그의 가족과 어머니를 위해서 충분했다. 동생 리처드는 형이 하버드 교수로 가기를 원했다. 그들의 나이에 새로운 상황의 도전을 받는 것은 좋은 일이라며 리처드는 자기라면 가기로 결심할 것이라고 말했다.

다른 한편, 유니온신학교 총장 Henry Sloane Coffin은 유니온이 니버를 놓치면 치명적이라고 생각했다. 그는 니버가 그대로 남아 있으면 신학의 세계에서 니버의 명성이 더욱 높아질 것이라고 하면서, 유니온의 재정 사정이 좋아졌으니 기독교 윤리 분야에서 강화가 필요하면 그렇게 해줄 수 있다고 제의했다. 그 결과,

---

[39] 같은 책, pp. 209-210.

1943년 가을에 버클리대학교 태평양종교대학(Pacific School of Religion)의 교수로 다년간 니버의 친구요, 동료인 John Bennett을 교수로 초청했다. 니버가 유니온에 머물기로 결정한 것은 불확실한 미래보다 친숙함을 선택한 것이었다. 부인의 말대로 그는 너무 늙었다고 느꼈고, 설교가와 교육자, 사상가의 삶의 방식에 너무나 깊게 자리 잡고 있었다. 그는 리처드처럼 지적으로 모험적이지 않았다. 그는 그가 Scarlett에게 말한 대로 특별히 신학교의 기독교적인 기반의 안전성을 원했던 것이다. 하버드에서 그는 어느 정도로는 Schleiermacher의 용어로 말하면, 동대학의 '교양 있는 멸시자들(cultured dispisers)'의 한가운데에서 기독교 신앙이라는 약간 색다른 해설자가 되는 위치에 처해야 할 것이었다. 니버는 항상 교양 있는 멸시자들에게 말하고 싶었지만 그들과 함께 살기를 원하지 않았다. 그들은 니버로부터 많은 것을 배웠지만 그는 그들로부터 결코 많은 것을 배울 수 있다고 느끼지 못했다. 50세의 나이에, 그것도 전쟁 중에 그는 새로운 길을 개척하려고 하지 않았다.[40]

하버드 문제 결정은 『인간의 운명』[41]을 완성하는 것보다 시간이 더 오래 걸렸다. Scribner's 출판사는 1943년 1월에 그것을 출간했다. 『인간의 운명』은 『인간의 본성』의 주제인 자아의 근본적 결함이 그의 유한성이 아니라 죄이며, 무지가 아니라 허세(pretension)라는 핵심적 주장을 되풀이한다. 그러나 제II권은 제I권을 넘어서 자아성의 역사적 틀을 논의한다. 니버는 그리스도에서 신이 자기를 계시했으며 역사에 대해서 새로운 의미를 준다고 주장한다. 그에 의하면, 신의 자기드러냄의 본질은 십자가에서의 그리스도의 수난의 사랑이다. 완전한 사랑은 승리의 사랑이 아니고 수난의 사랑이 되어야 한다. 신의 계시는 역사에 새로운 의미를 주지만 역사를 완성시키지는 못한다. 다시 말해서, 사랑은 법을 초월하지만 인간의 본성의 제약을 여전히 받는다는 것이다. 신의 은총은 문화와 인격에 힘을 주고 새로

---

40) 같은 책, pp. 211-212.
41) Reinhold Niebuhr, *The Nature and Destiny of Man*, Vol. II, *Human Destiny*(New York: Charles Scribner's Sons, 1943).

운 가능성을 주입하지만 인간이 그들의 성취에서 취하는 부푼 만족을 부정하고 정죄한다고 니버는 주장한다. 궁극적으로 신의 은총은 용서이며 인간의 죄에 대한 자비를 나타낸다는 것이다. 역사는 중요하기 때문에 신이 그리스도로 그 속에 오시지만 그리스도의 성육신(incarnation)은 패러독스여서 신은 현존하지만 부재하고, 역사에 개입하지만 숨어 있으며, 역사는 예수의 첫 번째 도래와 두 번째 도래의 실현 사이에 있다고 니버는 주장한다.[42]

『인간의 운명』은 고상하게 저술되었고 아름답게 구성된 저서이다. 문장은 Coffin과 Ursula, Waldo Frank 등이 다듬고 윤색했다. 이 저서는 논의의 균형 유지에 역점을 두었기 때문에 니버 특유의 극적인 아이디어 제시를 결여하고 있다. 또한 그의 논의 전개의 특색인 귀에 거슬리는 주장과 건방진 과잉 단순화가 없으며, 요란한 불만의 소리와 격앙된 열정도 없어졌다. 그것은 고상하고 기품 있는 수사학적 저술이지만 그의 문체가 가지고 있는 활력을 약화시켰다. 이 책이 학술적 저술 특유의 침착한 사고의 성격을 띠는 것은 『인간의 본성』의 공격성을 헐뜯은 학술적 서평자들을 수용하려는 노력의 탓도 있고, 니버가 다년간 주장하는 아이디어들을 되풀이하여 주장했기 때문에 그것들을 처음 발견했을 때의 역동성을 그대로 유지하지 못한 데에서 기인한 것이기도 할 것이다. 어쨌든 『인간의 운명』은 개인과 사회적 존재가 가지고 있는 '자연'과 '은총'의 해석을 모색하는 데 있어서 『인간의 본성』보다 발전했다는 사실에 대해서는 의심의 여지가 없다. 끝에서 둘째 장 "하나님의 나라와 정의를 위한 투쟁"에서는 심도 있는 '변증법적 긍정들'을 보여주고 있는데 이것이 이 책 전체의 특성에 해당한다. 니버는 개인과 공동체를 상호 관련시킴과 동시에 정의와 사랑을 상호 관련시킴으로써 인간적 집단의 윤리적 가능성을 높였다. 『인간의 운명』은 자유주의적 개신교 신학뿐 아니라 자유주의적 정치 이론을 재평가했다. 니버에게 자유주의적 이론은 이미 부르주아의 이익을 엄폐하기 위한 개인주의적 이데올로기가 아니라 인간의 정의의 가능성과 한계를 이해하는 현실주의적 시각이다.[43]

---

42) Fox, Reinhold Niebuhr, pp. 212-213.

니버에 대한 신학자들의 비판은 대개가—Haroutunian, Bennett, Calhoun 및 기타의 신학자들—감동적이었고 그의 신학적 우수성을 재확인했다. Calhoun은 제II권이 제I권보다 훨씬 더 차별적이라고 했고, 니버가 제I권에서 사정 없이 공격했던 문예부흥을 보다 긍정적으로 본 것을 환영했다. Bennett은 니버가 Luther와 Calvin, Barth와 Brunner의 잘못을 단호하게 거부하고 자유주의로 분명하게 돌아온 것을 만족스럽게 생각했다. 니버는 그러한 평을 기쁘게 생각했지만 그를 대륙의 신정통신학자들(Barth와 Brunner가 주도)과 동일시하는 사람들이 있다는 데 놀랐다. Haroutunian은 진보적이지 않지만 니버를 지지했다. 그는 제II권은 기독교 사상의 역사에서 하나의 이정표이다. 왜냐하면 義化와 聖化 사이의 관계를 다룬 정통적인, 혹은 진보적인 전통적 신학자들보다 정교하고 복잡하게 분석했기 때문이라고 평했다. 사실 니버는 인간을 신의 구원의 은총이 필요한 죄인으로 보는 동시에 그의 죄에도 불구하고 이미 은총이 임한 존재로 보았다. 이 저서는 신학계에서는 니버의 위상을 높였지만 그리 인기 있는 저술이 아니었으며, 교회에서는 이슈가 되지 못했다. 그 이유는 두 가지였다. 하나는 너무나 어렵기 때문이었고, 다른 하나는 매우 추상적인 성육신만을 말했고 대개의 신자들이 그토록 갈망하는 영생에 대해서는 분명한 확신을 주지 않았기 때문이다.

　　니버는 그의 기퍼드 강좌를 청강했던 스코틀랜드인 Norman Kemp-Smith에게 "나는 빈 무덤이나 육체적 부활에 대해서는 아무런 관심이 없다"라고 말했다. 그는 문자주의자들에게 위안을 주려고 하지 않았던 것이다. 1938년에 Waldo Frank에게 "나는 개인적 영생을 믿지 않는다"라고 말했다. 그는 기독교의 부활의 교리가 구원을 역사에서 도피하여 하나의 커다란 정신에 합세하는 것으로 그가 이해하는 신비적 교리보다 훨씬 개선되었다고 생각했지만, 부활의 예지는 삶의 완성이 육체와 혼, 자유와 필연성, 시간과 영원의 통일이라는 역사적 현실의 부정이나 파괴가 아니라는 이념으로 이해했다. 어떤 종류의 사후의 생이 있을지도 모른다고 니버는 생각했지만, 그것은 인간의 경험을 전적으로 초월하는 것이기 때문에

| 43) 같은 책, pp. 213-214.

그는 그것을 기대하지 않는다고 생각했다. 한마디로 말해서, 그는 육신과 개인성과 특수성을 역사를 유의미하게 보는 신비적 이념에 반대되는 역사의 유의미성의 심벌로 보았다. 그렇지만 니버는 현세의 책임을 포함하는 사후의 생의 문제와 고통스러운 싸움을 계속했다.44)

『인간의 본성과 운명』에 대한 세속의 학자들의 반응은 종교적 반응에 비하면 적잖이 복잡했다. Lewis Mumford와 콜럼비아대학교의 철학교수 John Herman Randall, Jr. 같은 니버의 친구들은, 비록 부분적으로는 비판했지만, 아주 기뻐했다. 당시 『인간의 조건Condition of Man』을 저술 중이던 Mumford는 니버를 절찬했고, 그의 저서 두 권을 Aquinas의 『신학대전Summa Theologica』과 비교했다. Randall은 인간의 위대함과 비참을 동시에 보는 니버의 두 층의 비전을 찬양했다. 니버의 '자연주의(naturalism)' 거부에는 의의를 제기했지만 말이다. 그는 니버가 신을 말하고 있지만 상대주의자이며 자연주의자임을 간파했던 것이다. 이들과는 반대로 인간의 행위에 대한 자연적 및 사회적 결정을 주장하지만 인간의 이성과 지성을 신봉하는 자연주의적 합리주의자인 John Dewey와 그의 친구인 Sidney Hook과 James T. Farrell은 니버의 책을 니버의 다른 친구들처럼 즐거운 마음으로 읽지 않았다. Hook은 니버의 위기가 인간의 이성과 검증을 거친 과학적 도구의 적용이 필요한 마당에 종교로 향하고 있다고 비판했다. Farrell은 메스꺼운 화려함이라고 노골적으로 비판했다. Dewey도 1943년에 반자연주의자들(anti-naturalists)에 대한 공격에서 니버의 이름을 거명하지 않았지만 기독교의 전통적 설명들에 대한 신앙을 완전히 상실한 니버와 키에르케고르가 기독교 신앙의 어떤 대안을 제시하지 못했다고 비판했다.

그렇지만 니버는 그의 사상 특유의 변증법적 균형을 추구했다. 니버는 역사의 불확실성, 미래의 예측 불가성, 자아의 단편성에 사로잡혀 있었고, Freud처럼 개인의 안과 밖의 심각한 갈등을 인지했으며, 인간 속에 설정된 한계성을 침울하게 주장했다. 그렇지만 그는 이러한 제한 속에서 훅과 듀이처럼 사회 문제에 대한 도

---

44) 같은 책, pp. 214-215.

구적 이성의 적용성을 신봉했고, 프랭크와 멈포드처럼 인간 문화 속에 주입된 비합리적 열정과 생명력과 전통에 대해서 민감했다. 그리고 또 다른 한편으로는 그는 인간의 자연적 능력들을 무효화하고 그의 운명에 대한 인간의 책임을 말살해 버리는 종교적 초자연주의에 대해서도 똑같이 멸시했다.[45)]

그러면 아래에서 『인간의 운명Human Destiny』의 내용을 요약하기로 한다. 요약 중 괄호 안의 페이지는 동저서의 페이지를 나타낸다.

제I장
제I절 인간의 운명과 역사(Human Destiny and History)

인간은 자연과 시간의 흐름 속에 있지만 또한 그 속에 있지 않다. 인간의 이 같은 자연과 시간의 초월에 의한 죽음의 예측은 인간의 정신으로 하여금 우울함을 느끼게 만든다. 이 같은 초월성을 가진 인간의 역사는 자연의 과정 속에 뿌리박고 있지만 자연의 결정된 인과관계나 자연계의 변덕스러운 변화나 사건들, 그 이상의 것이다. 역사를 의미의 영역에 포함시키는 사람들은 역사가 삶의 본질적 의미의 완전한 드러남과 실현을 향하여 움직인다고 본다. 역사를 자연의 유한성에 지나지 않는다고 보는 사람은 인간의 정신이 자연으로부터 해방되어야 한다는 시각으로 역사를 본다. 전자는 역사를 잠재적으로 의미가 있고, 역사의 의미의 궁극적 드러남과 실현을 기대한다. 후자는 역사를 본질적으로 무의미하게 본다. 역사적 종교에 있어서는 역사의 초월적 의미가 드러나고 성취되어야 한다. 인간이 그런 의미를 부분적으로만 식별할 수 있으며 식별된 것을 부분적으로만 실현할 수 있기 때문이다.

역사적 종교의 현대적 부패는 역사의 축적된 노력이 인간에게 삶의 의미를 식별하고 성취할 수 있는 지혜와 힘을 준다고 믿는다. 역사적 종교의 보다 심오한 견해는 역사가 초월적이고 영원하고 초역사적 목적을 향하고 있지만, 인간이 그의 유한성을 극복하고 그의 삶을 완성할 수 있는 시점은 역사 속에 존재하지 않는다

---

45) 같은 책, pp. 215-217.

는 사실을 인정한다. 그렇기 때문에 역사적 종교는 그 본질상 예언적, 메시아적이다. 역사적 종교들은 역사 속의 한 시점을 전망하고 마침내 삶과 역사의 전체 의미가 드러나고 완성되는 역사의 종말(eschaton)을 내다본다. 그렇지만 최초의 위대한 문예적 예언자 Amos가 발견하고 비판한 대로 이러한 메시아적 기대는 국가적 희망과 국가적 승리의 표현으로 시작된다. 역사적 종교와 문화, 그리고 비역사적 종교와 문화 사이의 기본적인 구별은 그리스도를 기대하는 종교와 문화, 그리고 그리스도를 기대하지 않는 종교와 문화의 차이로 간결하게 규정할 수 있다. 역사가 잠재적으로 의미가 있고, 아직 그 의미가 완전하게 드러나고 실현되기를 기대하고 있는 데에서는 그리스도가 기대되고, 삶의 의미가 자연, 혹은 초자연적 견지에서 역사의 의미의 초월적 계시가 가능하거나 필요하다고 인정하지 않는 데에서는 그리스도가 기대되지 않는다.(pp. 4-5)

제II절 그리스도가 기대되지 않는 곳

1. 자연으로 환원된 역사

Democritus에서 Lucretius에 이르는 고전적 물질주의는 삶을 일관되게 자연의 시각으로 보았다. 이러한 생각이 역사를 무의미한 자연적 계기의 차원으로 환원시키려는 시도는 죽음을 깊이 생각하고 죽음의 두려움에 항거하는 고전적 사상에서 가장 완벽하게 표현되었다. 고전적 자연주의는 역사를 단순한 자연의 차원에 환원시키려고 하지만 죽음의 공포는 인간이 자연을 초월한다는 사실의 부인할 수 없는 표현이다. 아무리 죽음이 자연의 냉엄한 법칙이지만 말이다. Lucretius는 "그대는 어째서 죽음을 생각하며 신음하고 우는가? …오! 무분별한 사람아, 삶에 만족한 나그네처럼 물러가고 체념하고 고요히 쉬어라. …**모든 것은 언제나 같으니라**"고 했다.(pp. 8-9) Epicurus는 "우리가 존재할 때 죽음은 우리와 함께 있지 않고, 죽음이 왔을 때 우리는 존재하지 않는다"라고 말했다.(p. 9) 고전적 자연주의는 역사를 자연적 계기의 차원에 환원하고, 역사에게 그것을 넘어서는 삶의 가능한 영역과 의미를 부정함으로써 사람으로 하여금 죽음의 공포를 잊게 하려고 한다. 그러나 이런 논의가 진정시키려고 하는 죽음의 공포는 자연이 가지고 있지 않은 인간의 정신의 높이와 깊이를 나타내는 것이다.

2. 영원 속에 삼켜진 역사

대표적인 경우는 플라톤의 이원론적 역사관이다. 그에게 '생성'의 세계(the world of 'becoming'), 또는 현상계는 '존재'의 세계(the world of 'being'), 또는 이데아계(본체계)의 模寫로서 인간의 혼이 갇힌 감옥이다. 절대 선인 이데아계는 변화하는 세계의 근저에 있는 변화하지 않는 세계이다. 이것은 역사가 열등한 환상의 세계임을 말하는 것이다. 이러한 사상에서는 삶의 의미의 완성은 현실로부터의 해방이다. 거기에는 역사 속의 완성에 대한 열망이 없고, 역사로부터 해방되려는 욕망이 있을 뿐이다. 이와 같은 플라톤주의는 신플라톤주의에서 절정에 도달하여 nous의 세계만을 인정하고 현실 세계를 완전히 부정하는 극단적인 이원론에 떨어진다. 동양의 도교와 힌두교, 불교는 주로 역사의 유의미성에 대한 보다 일관된 신비적이고 덜 합리적인 사상의 측면에서는 역사의 합리적 거부에 의해서 서구 고전주의의 비역사적 전통과 구별된다. 서양 고전 문화에서는 그리스도의 기대, 곧 메시아적 희망이 없다. 고전적 자연주의에서는 자연이 신이고, 이상주의에서는 이성이 신이다.(p. 15)

제III절 그리스도가 기대되는 곳(Where a Christ is Expected)

1. 메시아주의의 유형

히브리 종교에서는 역사를 예언적, 메시아적으로 해석한다. 메시아주의는 히브리 문화(Hebraism)에만 있는 것이 아니라 Egypt, Mesopotamia, Persia에도 있었고, 로마 제국주의에도 메시아적 생각이 없지 않았다. Stoa철학의 황금의 시대(golden age)도 일종의 메시아주의적 개념이다. 이런 경우, 메시아적 시대는 원시적 선의 회복이다.(pp. 16-17) 메시아주의는 세 가지 유형(수준)으로 구분할 수 있다.

이기적인 국가주의적 수준의 메시아주의(the egoistic-nationalistic level of messianism): 이런 메시아주의는 그것을 주장한 국가와 제국, 혹은 문화의 승리를 기대한다. 이러한 메시아주의는 국가나 제국을 삶의 의미의 근원으로 보는데, 그

것들은 가장하는(pretend) 것보다 유한하다.(p. 18)

윤리적 및 보편적 수준의 메시아주의(the ethical-universalistic level of Messianism): 역사의 문제는 역사의 악한 세력에 의한 선의 패배이다. 역사 속의 악의 일시적 승리는 역사의 의미에 대한 위협이고, 이러한 위협은 힘과 선을 결합한 메시아적 왕의 도래의 희망에 의해서 극복된다. 이것이 다름 아닌 메시아적 牧者王 (shepherd king)이다. 이런 메시아는 히브리뿐 아니라 Babylon과 Egypt에도 있다.(p. 19) 이러한 메시아주의는 윤리적 메시아주의(ethical Messianism)이다. 윤리적 메시아주의는 불의한 통치자를 비판했다. 그것은 불의가 정의가 나오는 바로 그 동일한 근원에 나온다는 것을 인정한다. 이러한 윤리적 메시아주의의 약점은 그것이 신성한 것과 역사적인 것의 불가능한 결합을 기대한다는 점이다. 목자왕 역시 인간 사회의 특정한 힘에 지나지 않는다. 역사 속의 완전한 선은 힘의 거부에 의해서 비로소 심벌화될 수 있다.

그러나 이는 메시아적 지배의 모든 개념을 거부하고 수난의 종이 된 사람(the One)이 나타날 때까지 분명 그렇게 되지 않았다. 예언적 메시아주의는 이 대답에 도달하지 못했다. 바로 이 새로운 종교적, 윤리적 차원의 메시아주의가 제3의 유형의 메시아주의이다. 아래에서 여기에 대한 고찰을 한다. 이것을 메시아주의에 대한 예언주의(prophetism)의 관계에서 살펴보기로 한다.

2. 예언적 메시아주의

문예적 예언자들의 최초의 예언자 Amos는 보다 보편적인 개념을 선호하여 메시아주의의 국가적 함의를 거부했다. 그에게 이스라엘의 선한 신은 이스라엘의 국가 이익을 초월한다. Amos는 이스라엘뿐 아니라 다른 국가들에 대해 예언적 심판을 했다. 그는 역사를 국가의 시각에서가 아니라 보편적, 전체적 시각으로 보았다. 역사의 진정한 문제는 인간의 노력들이 그들의 유한하고 부분적인 성격을 모호하게 하려고 함으로써 역사를 악과 죄에 개입시키는 오만한 허세(pretension)에 있다.(p. 25)

메시아주의에 대한 예언주의의 관계: 순수하게 국가주의적인 메시아관이 예수

당시에도 아직 상당히 강했다. 광야에서 예수가 받은 두 번째 시험(누가복음 4: 5에서 마귀가 예수에게 온 천하를 주겠다고 유혹)은 정치적이고 국가적인 메시아 과제를 예수가 거부한 것을 나타내는 것으로 짐작된다.(p. 27) 역사의 진정한 문제는 모든 역사가 하나님의 법의 영원한 부정에 연루되어 있다는 데 대한 예언적 인정을 나타내고 있다. 여기에서 역사에 대한 예언적 해석은 기독교의 원죄론에 접근한다.(p. 29) 신이 악의 일시적 승리로 인한 역사의 애매성을 극복하고 역사를 완성하는 확실성은 신이 모든 인간의 선 속에 있는 항존하는 악을 극복함으로써 역사를 완성하는 문제로 바뀐다.(p. 30)

예언자적 문제를 답하는 데 실패한 메시아주의: 히브리적 메시아주의는 예언주의가 제기한 문제를 충분하게 다루지 못했다. 거기에는 두 가지 이유가 있다. 하나는 이스라엘의 애굽 유배 동안과 그 후의 불행이 역사의 준궁극적(penultimate) 문제의 임박한 난처함이 궁극적 문제를 생각하기 어렵게 했다는 점이다. 이 경우, 준궁극적 문제는 이스라엘을 심판하는 나라들이 이스라엘보다 더 악하다는 문제이다. 이 문제는 상대적 선에 대한 상대적 악의 외관상의 승리의 문제이다.(p. 31) 상대적 선에 대한 상대적 악의 일시적 승리는 역사가 무의미성에 직면하도록 한다. 왜 의로운 자가 수난을 당하고, 사악한 자가 승리하는가? 예언주의가 제기한 이 궁극적 문제를 왜 예언적 메시아주의가 대답하지 못하는가? 그것은 인간이 그가 성취할 수 없는 것을 성취하려고 하는 미성숙하고 허세적인 노력이 인간의 역사를 죄의 비극적 현실과 연루시킨다는 사실을 인정하는 것이 어렵기 때문이다. 이것은 오직 하나님의 자비만이 해결할 수 있다.(p. 32) 역사의 궁극적 문제와 준궁극적 문제 사이의 가장 돋보이는 관계는 최후의 가장 심오한 묵시적 저술의 하나인 에스라 묵시(Ezra Apocalypse)에 나타나 있다. 그의 문제는 승리의 자격이 있는 의로운 자가 도대체 있느냐 하는 문제였다. 그리스도는 그가 메시아적 기대를 완성하면서도 실망시킴으로써 참된 그리스도(the true Christ)임을 나타냈다.(p. 34)

제II장

제I절 삶과 역사의 드러남과 완성(The Disclosure and the Fulfillment of the Meaning of Life and History)

기독교 신앙에 의하면, 그리스도의 삶과 죽음과 부활에서 역사에 대한 신의 주권의 기대되었던 드러남과 그러한 주권의 기대되었던 수립이 일어났다. 그러나 이 같은 계시에도 불구하고 신은 부분적으로는 숨은 신(Deus absconditus)으로 남는다. 이 같은 '부조리한(absurd)' 주장을 더 분석하기에 앞서 삶의 의미와 역사의 의미, 신의 주권의 관계를 고찰하기로 한다. 인간은 역사 속에 포함되어 있지만 역사를 초월한다. 그래서 삶의 의미는 역사의 의미를 초월한다. 기독교 신앙에 의하면, 삶과 역사의 의미는 그리스도와 그의 십자가에서 드러났고 성취되었는데, 이것은 삶의 의미의 그리스적이고 히브리적인 해석을 함께 가지고 있다. 삶의 의미가 역사를 초월한다고 보는 것은 그리스적이고, 역사가 전적으로는 아니지만 역사적 과정 속에서 성취된다고 보는 것은 히브리적이다. 성경에서는 하나님의 나라는 '새 하늘'과 '새 땅'이다. 그리스의 사상에서는 이성이 신이기 때문에 그리스도를 기대하지 않으며, 영원이 시간 속에 들어온다는 것은 모순이고 불가능하다. 그렇기 때문에 그리스도와 그의 십자가는 그리스인들에게는 '어리석음(foolishness)'이다. 히브리인들은 그리스도를 기대했다. 그러나 오신 그리스도는 그들이 기대했던 그리스도가 아니었다. 그렇기 때문에 그들에게는 그리스도가 '걸림돌(장애물, stumbling block)'이다.

제II절 예언적 메시아주의에 대한 예수 자신의 재해석

1. 예수의 히브리적 율법주의 거부

예수는 그의 삶과 임무를 메시아주의의 입장에서 해석했고, 당시의 공식 종교는 계율주의 입장이었다. 예수와 바리새인들 사이의 갈등은 율법주의와 메시아주의 사이의 대립이었다. 율법주의는 구속되었으며 위축된 종교이다. 법에 법을 더하고 주석과 각주를 가하는 종교 원로들의 재해석은 법의 본래적 힘을 약화시킨다는 사실을 예수는 간파했다.(p. 39) 복음서들과 서한들의 율법주의 비판은 삶에 대한 예언적 해석의 간접적 통찰을 나타내는 것이다.(pp. 39-40) 율법주의 비판의 핵심 정신은 다음의 세 가지이다. (a) 율법은 역사 속의 인간의 자유를 정당하게 다룰 수 없다. (b) 율법은 인간의 내적 생활의 복잡한 깊이를 나타내는 동기의 복잡성을 정당하게 다룰 수 없다. (c) 율법은 악을 억제할 수 없다. 그것은 인간의 자유가 준법을 악의 도구로 삼을 수 있기 때문이다. 예수와 바리새인 사이의 갈등은 예언적 메시아주의와 율법주의적 히브리주의 사이의 갈등이다.

2. 예수의 국가주의적 특정주의 거부

예수에게 국가주의적 해석의 색채가 전혀 없는 것은 아니다. 그러나 예언적 메시아주의 국가적 요소를 예수가 거부한 것이 예언자적 메시아주의 재해석의 기본적 강조는 아니지만, 국가의 우상화에 접근하는 메시아적 해석을 예수가 거부한 것은 분명한 사실이다. 그렇지만 기독교는 바울이 이방인에 대한 복음 선교를 주장하기까지는 국가주의적 특정주의(particularism)를 벗어나지 못했다.(p. 42)

3. 예언주의가 제기한 문제에 대한 히브리적 메시아주의의 답에 대한 예수의 거부

예언주의는 메시아주의가 답을 줄 수 없는 문제를 제기한다. 이 문제가 적절한 답을 얻지 못하는 것은 이스라엘이 자기보다 악한 자보다 정당함을 입증하는 데 사로잡혔기 때문에 보다 궁극적인 문제를 생각할 수 없었으며, 예언주의의 궁극적인 문제는 인간의 자만에 대한 도전이었고, 메시아주의 안에서는 거기에 대한 답이 없었기 때문이다. 역사의 궁극적인 수수께끼는 모든 선 속에 있는 악과 의로운 것 속에 있는 의롭지 못한 것을 어떻게 극복하는가 하는 문제이다.(p. 43) 이 수수께끼는 국가적 오만에 대한 Amos의 엄격한 분석으로 시작되는 역사에 대한 예언적 재해석 속에 들어 있다. 그러나 이 문제는 예수가 그것을 메시아주의에 대한 그의 재해석의 기초로 삼기까지는 부분적으로 밝혀졌지만 전혀 해결되지 않은 비밀로 남아 있었다. 그러나 예수의 메시아주의는 분노를 자아내는 것이요, 배격당하는 것이었다. 그렇게 된 두 가지 이유가 있다. 하나는 예수의 메시아주의는 인간의 오만에 대한 도전이었다. 다른 하나는 '수난의 종(suffering servant)' 의 개념이다.

'인자'는 Daniel과 Enoch의 묵시에서 왔고 '수난의 종'은 Isaiah 제53장에서 왔다. '인자'는 역사를 완성하는 하늘의 정복자와 심판의 모습이다. 그러나 '수난의 종'은 메시아적 심벌이 아니며, 만약 그렇다고 해도 이차적으로 그렇다. 그것은 아마도 개인보다는 국가를 나타내는 듯하다. 그렇다면 그것은 이스라엘의 수난에 이스라엘의 세계적 사명과 승리가 다른 나라들에 대한 이스라엘의 승리가 아니라, 타인들의 죄를 위한 대속적 수난이라는 보다 높은 차원의 의미를 부여하려는 심오한 노력을 나타내는 것이다. 예수가 말한 것처럼 메시아, 곧 수난의 대표는 수난을 당해야 한다고 선언하는 것은 대속의 수난을 역사의 의미의 최종적 계시로 만드는 것이다. 만일 역사의 의미가 죄 없는 개인이나 국가의 대속적 수난을 통해서 주어진다면 그것은 두 가지 중 하나를 의미한다. 하나는 대속의 사랑이 역사 속에서 점차 악에게 승리를 거둠으로써 역사는 더 이상 비극이 아니다. 다른 하나는 대속의 사랑이 패배함으로써 비극으로 남는 것이다. 그렇지만 그러한 대속의 사랑은 궁극적으로 옳고 진리라는 지식 속에서 승리한다. 하지만 여전히 역사는 악의 승리의 지속이며, 선의 승리는 옳다는 우리의 확신은 내적 승리에 지나지 않는 것이 아닐까? 이것은 역사의 모순이 역사에서는 해결되지 않고, 궁극적으로 영원과 신의 영역에서 비로소 해결된다는 것을 말한다.

4. 종말(eschata)에 대한 예수의 재해석

예수는 하나님의 나라가 도래했음을 말하는 동시에 하나님의 나라가 도래할 것임을 말했다. 이런 관점에서 볼 때 역사는 중간(an interim)이다.(p. 48) 예수는 이 중간을 짧게 보았다.(마태복음 10: 23, 16: 28) 바울과 초대 교회가 예수의 이 잘못을 따랐고, 예수의 초기 제자들이 그들이 살고 있는 동안에 예수 재림(parousia)이 있을 것이라는 잘못된, 실망스러운 희망을 가졌다. 영원 속에서의 시간의 성취와 종말이 문자적으로 이해되었고 시간 속의 시점이 되었다. 성서적 심벌은 심각하게 취해야 하지만 문자적으로 이해하면 안 된다.(pp. 49-50)

제III절 기대되었고 그리고 거부된 메시아를 기독교 신앙이 수용

계시와 신앙은 상관관계를 가지고 있다. 양자는 매우 밀접한 관계를 가지고 있기 때문에 계시는 신앙 없이는 완성될 수가 없다. 그리스도에서 나타난 신의 계시, 삶과 역사에 대한 신의 주권의 드러남은 신앙 없이는 이해할 수 없는 진리를 이해하기까지는 완성되지 않는다. 그것은 신앙에 의해서라야 이해될 수 있는 진리이다.(p. 52)

1. 신의 지혜와 신의 힘인 십자가에 못 박힌 예수

바울은 예수를 기대하지 않았던 그리스인에게 예수는 어리석음이고, 유대인이 기대했던 그리스도는 걸림돌이지만, 부르심을 받은 자에게는 유대인에게나 헬라인에게나 하나님의 능력이요, 하나님의 지혜라고 말했다.(고린도전서 1: 23-24)

2. 하나님의 능력에 대한 하나님의 지혜의 관계

지혜와 능력의 동일성: 십자가에 못 박힌 그리스도를 통한 신에 대한 지식은 지혜이고 능력이다. 이것은 삶과 역사가 그것들을 넘어서는 참된 목적과 의미를 발견했기 때문에, 완전하게 알려졌으며 또한 완성되었고 성취되었음을 말하는 것이다. 헬라인에게는 신이 역사 속에서 자기를 계시하는 것은 불가능하며 또한 그렇게 할 필요가 없다. 왜냐하면 인간의 이성이 신이기 때문이다. 형이상학적 진리가 된 기독교 신앙은 신앙에 의해서 이해될 필요가 없다. 왜냐하면 삶에 관한 최종적 진리가 '실존적 개인'의 자만심이 그의 존재의 바로 중심에서 흔들리는 방법으로 이해되지 않기 때문이다. 시간의 흐름 속에 있는 유한한 개인의 불안정성은 힘, 혹은 오만에 의한 허위적 안정성에서 벗어나지 못했다. 그의 불안이 절망에 이르기까지 높아지지 못한 것이다. 절망으로부터 회개가 생기고, 회개에서 신앙이 생긴다. 그런 신앙에서 '새로운 삶'이 생기는데, 그것이 능력이다.(p. 61)

지혜와 능력의 상이성: 기독교 신앙은 삶의 의미의 완성보다는 그리스도에 있어서 삶과 역사와 신의 완전한 드러남에 대한 보다 명백한 확신을 가지고 있다. 기독교 사상에 있어서 권능과 은총은 애매하다. 한편으로는 신자는 삶의 성취가 그에게 밝혀졌기 때문에 삶의 성취가 가능하다고 여겨진다. 다른 한편으로는 인간은 역사의 유한성과 죄의 부패에서 벗어나지 못한다. 다시 말해서, 인간이 한편으로는 회개와 신앙에서 신에 대한 관계를 수립하는 모든 순간에 성취가 있지만, 다른 한편으로는 삶은 성취를 기다린다. 다시 말해서, 우리는 소망으로 구원받는다.

3. 신의 어리석음과 인간의 지혜

바울은 십자가에 못 박힌 그리스도에 있어서 계시된 진리를 인간들보다 현명한 하나님의 어리석음이라고 규정했다. 그것은 이 세상의 어떤 군왕들도 알지 못했던 숨은 진리이다. 왜냐하면 그들이 그것을 알았다면 그리스도를 십자가에 못 박지 않았을 것이기 때문이다. 인간의 지혜가 예측하지 못했던 이 어리석음, 곧 지혜는 부르심을 받은 자들에게는 하나님의 능력과 지혜가 된다. 참된 그리스도는 기대되지 않았다. 모든 인간적인 지혜는 그것의 부분적 시각에 입각하여 그것을 완성시키려고 한다. 이 같은 시도로 인해서 삶의 의미가 혼란스러워지고 부패된다. 그렇다고 해서 구원사(Heilsgeschichte)에서 나타난 계시가 아니었더라면 삶이 무의미해지게 되는 것은 아니다. 삶과 역사는 그것들을 넘어서는 의미의 암시로 가득 차 있다. 물론, 삶은 설익은 해결의 추구로 인한 의미의 부패를 가지고 있지만 말이다. 인간은 자아초월성의 능력을 가지고 있으며, 이 능력에 의해서 신에 대한 열망과 거짓 신들에 대한 우상 숭배에 빠진다. 인간의 정신의 유한성도 정신의 죄악적 부패도, 혹은 이데올로기적 오염도 참된 지혜의 이해를 위한 인간의 능력을 완전히 지워버릴 수는 없다. 진리와 덕의 완전한 부패는 있을 수없기 때문에, 인간을 중심으로 하여 의미의 세계를 세우려는 죄악적 경향 아래위로 참된 지혜, 참된 신, 삶의 의미의 최종적 계시를 추구하는 잔여적 욕망(residual desire), 혹은 잔여적 덕(residual virtue)은 항상 남아 있다.(p. 63) 이런 점에서 볼 때 개신교 신학, 보다 특정적으로는 Barth 같은 급진적 개신교 신학이 인간 존재의 원의의 잔여적 요소로 인해서 인간 속에 항상 존재하고 있는 신과 인간 사이의 접촉점(point of contact, *Anknuepfungspunkt*)을 부정하는 것은 잘못이다.(p. 64)

제Ⅲ장
제Ⅰ절 역사의 가능성들과 제한성들(The Possibilities and Limits of History)

역사를 초월하는 신의 주권을 드러낸 그리스도는 인간의 본성의 완전한 규범, 곧 둘째 아담이며 신의 아들이다. 그러나 그리스도의 완전성은 다양한 덕들의 총화가 아니며, 여러 가지 법을 범하지 않은 것이 아니라 희생적 사랑(sacrificial love)의 완전성이다. 희생적 사랑은 역사를 초월하며, 역사 속에서 달성될 수가 없다. 그렇지만 그것은 역사 속의 행동이다. 역사의 관점에서는 상호적 사랑(mutual love)이 최고선이다. 상호적 사랑은 한 사람이 다른 사람의 이익에 대해서 관심을 가지는 것으로서 이해관계의 테두리 안에서 요구들이 균형 있고 조화롭게 충족되는 관계이다.(p. 69) 타아를 위한 자아의 희생은 이 같은 상호적인 자연적 도덕 표준을 위반한다. 십자가에서 나타난 윤리적 진리를 떠나서는 윤리적 삶은 이기적 동기를 윤리적 규범으로 만드는 이기적 공리주의에 떨어지든지 역사의 대립적 긴장과 불완전한 조화로부터 영원히 무차별한 통합으로 도피한다.(p. 70)

제Ⅱ절 그리스도의 희생적 사랑과 죄 없음

인간과 신, 역사적인 것과 영원한 것 사이의 간격은 양자간의 절대적 구별에서 출발하는 형이상학적 사색으로는 연결할 수 없다. 그리스도, 좀더 구체적으로 말하면, 십자가에서 신이 계시되었다는 사실의 긍정의 중요성은 신의 아가페의 사랑이 역사에 대한 신의 개입을 역사적 구조에 대한 신의 초월, 바로 그것의 결과로 이해하는 것이다. 신의 *agapē*는 신의 최종적 위엄과 역사에 대한 그의 개입을 동시에 나타내는 것이다.(p. 71) 그리스도에서 나타난 신과 인간 사이의 관계는 모순이 아니라 패러독스이다. 최종적 위엄, 곧 궁극적 자유와 신성한 사랑의 완전한 공평함은 역사적 삶에서는 비극적으로 끝날 수밖에 없다. 왜냐하면 그것은 역사적 존재의 요구와 거기에 맞서는 요구에 개입하기를 거부하기 때문이다. 신성한 선은 역사 속의 완전한 무력으로 심벌화될 수밖에 없고, 역사의 경쟁적 대립 관계에서 힘의 사용을 계속 거부할 수밖에 없다. 신앙은 십자가를 에고와 에고의 죄악적인 경쟁적 대립이 초월되는 역사 속의 시점으로 이해해 왔다. 예수의 이와 같은 완전성, 곧 죄 없음을 한편으로는 처녀 탄생으로 설명하려고 했고, 다른 한편으로는 형이상학으로, 혹은 율법적으로 해석하려고 했다. 그러나 그리스도의 죄 없음과 완전성에 대한 형이상학적, 혹은 율법적 해석은 인간의 행위에 대한 참된 설명이 될 수 없다. 우리의 생과 이익을 희생할 수 있는 능력은 역사의 현재적 조건을 초월하는 삶의 완성을 포함하는 차원에서 삶을 볼 때 비로소 의미를 지닌다. 그러한 차원에서 삶을 볼 수 있는 것은 신앙에 의해서라야 가능하다. 그러한 완전성을 역사적 규범과 표준에서 보려고 할 때 그것이 가지고 있는 패러독스를 모순으로 바꾼다. 신앙 없이는 살아 있는 개가 죽은 사자보다 낫다는 말처럼 도덕적 명령은 역사적 존재의 기저인 生存的 충동의 제약을 받을 것이다.(p. 76)

제Ⅲ절 역사에 대한 그리스도의 완전성의 관계

1. 그리스도의 완전성과 무구함(innocency)

그리스도는 제2의 아담, 곧 아담이 타락하기 이전의 완전성을 가지고 있다. 아담의 무구함, 혹은 원시적 선함은 삶과 삶의 조화가 자유에 의해서 혼란스럽게 되었거나, 분열되지 않은 무구함을 나타낸다. 무구함은 자유 없는 삶과 삶의 조화이며, 상호적 사랑은 자유에 의한 삶과 삶의 조화이고, 희생적 사랑은 죄악적이고 유한한 역사의 제약을 초월하는 혼의 신과의 조화이다. 사회가 아무리 원시적일지라도 자유 없는 조화가 있는 인간의 역사적 상태는 가능하지 않다. 그렇기 때문에 원시적 공동체의 사회적 응집 속에도 전제 정치의 요소들이 존재한다.

원시적 삶의 무구성은 삶에 대한 삶의 예속 및 삶과 삶의 무정부적 갈등이라는 두 개의 악을 나타낸다. 역사가 있는 곳에는 자유가 있고, 자유가 있는 곳에는 악이 있다.(p. 80) 본질적 인간, 곧 규범적 인간은 신·인(God-man)이다. 신·인의 희생적 사랑은 신성하고 영원한 아가페, 곧 삶과 삶의 궁극적이고 최종적인 조화와의 일치를 추구한다.(p. 81)

2. 그리스도의 완전성과 역사의 가능성들

a. 희생적 사랑, 곧 agapē는 상호적 사랑(eros)의 불완전성을 완전하게 만든다. 왜냐하면 상호적 사랑은 자아의 입장에서 그리고 자아 자신의 행복을 위해서 삶을 삶과 관계시키려고 하는 사실에 의해서 제약받기 때문이다.(p. 82)

b. 십자가는 역사의 애매성을 밝히고 역사적 발전의 가능성의 한계를 규정한다. 역사적 윤리의 초월적 규범에 대한 어떤 이해를 가지고 있는 인간의 역사의 모든 해석은 그러한 초월적 규범을 단순한 역사적 가능성으로 생각하는 잘못을 범하는 경향이 있다. 기독교의 비주류적 교파, 곧 섹트(sect)의 대부분이 이런 생각을 했고, 문예부흥과 계몽주의의 기독교가 세속화된 형태가 그랬다. 마르크스주의적 묵시주의 또한 같은 잘못을 범했다.(p. 86) 신약성경의 아가페의 최종적 완성은 역사 속에서는 결코 이루어지지 않는다.(p. 88)

c. 십자가는 역사 속의 덕의 거짓 허세와는 모순되며, 인간의 죄악적 자기주장과 신성한 아가페 사이의 모순을 밝히는 완전성을 나타낸다.

제IV절 영원에 대한 그리스도의 완전성의 관계

제2의 아담으로서의 그리스도에 대한 기독교 교리는 원시적 무구성으로 돌아가려는 낭만주의, 역사가 완전성을 향해서 발전하고 있다는 진보적 낙관주의자들, 그리고 역사의 모든 생명력과 특수성이 사라지고 마는 신비주의를 거부한다. 기독교적 합리주의와 신비주의를 포함하는 모든 형태의 합리주의와 신비주의는 역사의 완전성을 하나님의 뜻 아래에서 의지와 의지를 조화시키는 사랑보다는 영원에 대한 사색으로 규정하는 경향이 있다. 다시 말해서, 역사를 초월하는 완전성을 영원한 logos, 혹은 logos보다 순수한 영원한 통일, 즉 형상 자체로 규정하는 경향이 있다. Aristotle적 및 Platon적 영향은 삶을 향해서 움직이고 있는 완전성을 사랑하는 행동보다는 사색(contemplation)으로, 다시 말해서 agapē보다는 gnosis(지혜)를 최종적 규범으로 규정하려는 경향이 흔히 있었다. 제2의 아담이 된 성육신 된 로고스에 대한 기독교 교리는 역사로부터 도피하려는 이원론과 역사를 너무 단순하게 완성할 수 있다고 주장하는 낭만주의적 및 자연주의적 이론을 엄격히 거부한다는 사실을 깨닫는 것은 중요하다. 신약성경이 규범적이라고 인정하는 도덕적 완성성은 사상이 행위를 초월하는 경우와 다르게 수난의 사랑이 상호적 사랑을 초월하는 의미에서 역사를 초월한다. 그리스도가 역사를 초월하게 하는 것은 사상이 아니라 행동이다. 행동이기 때문에 단순한 사상보다 더욱 확실하게 역사 속에 있다. 완전성의 기독교적 이론이 잠정적 관심을 가지는 무구성의 상태는 삶과 삶의 조화가 아직 깨지지 않은 상태이다. 이 상태에서는 개인도 공동체도 불안하고, 불안정하며, 또는 그러한 불안으로 인해서 죄의 유혹을 받기 때문에 역사적 과정에 대해서 충분한 자유를 행사하지 않은 것이다. 그러나 역사 속에서 개인적 삶에서나 종족적 삶에서 그러한 무구성이 존재한 시점을 찾는 것이 가능하지 않다. 자유가 발전하면 선과 악도 동시에 발전한다. 신뢰의 무구적 상태는 자유에 대한 불안과 공포로 발전한다. 그러한 불안과 공포는 개인과 공동체로 하여금 타인을 희생시켜 불의한 안전을 추구하게 만든다. 다른 한편으로는 같은 자유가 인간 사회에서 형제애의 보다 큰 구조를 발전시키도록 촉구한다. 그러나 보다 큰 형제애의 발전은 형제애의 제국주의적 부패의 부수적 발전을 수반한다. 그리스도의 계시는 인간이 자연의 과정 속에 포함되어 있다는 사실과 인간이 자연의 과정을 초월해 있다는 사실 두 가지를 정당하게 다루는 유일한 해석의 원리이다.(p. 97)

제IV장
제I절 지혜, 은총, 그리고 힘(Wisdom, Grace and Power): 역사의 완성 (The Fulfillment of History)

기독교적 계시는 그것이 역사에 대한 신의 관계의 계시이든, 혹은 영원에 대한 인간의 관계의 계시이든, 인간이 그의 삶의 참된 의미를 완성하는 것이 불가능하다는 것과 인간이 그렇게 하려는 노력의 실패로부터 생기는 죄를 나타낸다. 기독교 복음의 선포에 의하면, 그리스도는 인간이 사용할 수 있는 지혜와 능력이다. 이것은 삶의 참된 의미가 드러났을 뿐만 아니라 그 의미를 성취할 수 있는 힘을 얻을 수 있다는 것을 의미한다. 믿음이 있는 자는 그리스도에서 진리뿐 아니라 은총(grace)을 발견한다.(p. 98) '은총'은 두 가지 의미를 가지고 있다. 하나는 인간이 완성할 수 없는 것을 완성하고, 또한 인간의 모든 성취 속에 있는 죄악적 요소를 극복하는 신의 자비와 용서를 나타낸다. 다른 하나는 인간 속에 있는 능력(힘)으로서, 그것은 인간 자신은 가지고 있지 않지만 가질 수 있는 자원(resources), 곧 인간이 진정으로 되어야만 하는 것이 될 수 있는 능력을 나타낸다. 두 번째 의미의 은총은 '성령(Spirit, 혹은 Holy Spirit)'과 같은 뜻이다. 성령은 인간 속에 있는 신의 정신(Spirit)이다. 인간 속에 있는 이 성령은 인간의 자아성(self-hood)을 파괴하지 않는다. 그렇기 때문에 인간의 자아성과 성령 사이에는 어느 정도의 일치성과 지속성이 있다. 그렇지만 성령은 결코 인간의 정신의 단순한 확대가 아니며, 의식의 가장 깊고 혹은 가장 높은 수준의 순수성 및 통일성과 동일하지 않다. 은총 혹은 성령이 인간의 한계를 초월하는 자원인 것은 오직 신앙에 의해서만 그러하다.(p. 99) 그러나 인간은 너무나 그 자신이 신이 되려고 하기 때문에 회개 없이는, 다시 말해서 자신이 중심인 자아가 박살이 나지 않고는 참된 신을 아는 것이 필요하다고 느끼지도 않고 아는 능력을 가질 수도 없다. 회개와 신앙의 경험에서 나오는 '삶의 새로움(newness of life)'은 지속적인 불완전성과 어느 정도의 죄의 집요성을 의식한다.(p. 100)

제II절 은총의 성서적 이론

신약성경의 은총론은, 보다 특정적으로는, 은총에 대한 바울의 해석은 두 가지 측면을 가지고 있다. 하나는 인간의 마음속의 죄의 정복이고, 다른 하나는 어떤 인간의 마음속에서도 결코 완전하게 극복될 수 없는 죄에 대한 하나님의 자비로운 힘이다. 이렇게 해서 바울의 사상은 은총의 완전주의적 이론들과 그런 이론들에 대한 종교개혁의 항의의 근원이 되었다. 바울은 너희들은 이제 죄가 없으니 더 이상 죄를 범하지 말라고 명령했다.(로마서 6: 11-12) 바울의 이러한 명령은 원칙적으로 죄와 결별한 사람들도 죄를 범할 가능성이 있다고 그가 이해하고 있다는 뜻을 함축하고 있다.(p. 102) 은총의 이 같은 이중적 의미는 바울의 다음과 같은 말에서 더욱 강조된다. "내가 이미 얻었다 함도 아니요, 온전히 이루었다 함도 아니라. 오직 내가 그리스도 예수께 잡힌 바 된 것을 잡으려고 좇아가노라."(빌립보서 3: 12)

신앙으로 이해된 그리스도, 곧 혼이 원리적으로 복종한 그리스도는 그의 의로움을 인간에게 돌린다(impute). 그렇지만 그러한 의로움은 신앙에 의해서만 가능할 뿐 실제적 소유(actual possession)가 아니다. 그렇지만 은총에 의한 의로움은 용서가 크리스천의 삶의 시작에서와 마찬가지로 끝에서도 필요하다는 것이 인지되지 않으면 새로운 형태의 바리새주의가 될 것이다. 결론적으로 말해서, 은총에 대한 바울의 이론 구성에는 모순이 없다. 오히려 그 반대로 그의 이론은 원리에 있어서 자기사랑과 결별한 사람들의 사랑, 희락과 소망의 진정으로 새로운 삶과 그러면서도 의로움의 새로운 삶의 수준에서도 존재하는 죄의 가능성이 가지고 있는 인간의 정신적 삶의 복잡성을 심오하게 이해한 것이다.(p. 107)

제III절 인간 속에 있는 권능으로서의 은총과 인간에 대한 자비로서의 은총

본 절은 "내가 그리스도와 함께 십자가에 못 박혔나니, 그런 즉 이제는 내가 사는 것이 아니요, 오직 내 안에 그리스도께서 사시는 것이라. 이제 내가 육체 가운데 사는 것은 나를 사랑하사 나를 위하여 자기 몸을 버리신 하나님의 아들을 믿는 믿음 안에서 사는 것이라"(갈라디아서 2: 20)에 대한 분석이다.(p. 107)

1. "내가 그리스도와 함께 십자가에 못 박혔나니"

바울은 그리스도의 죽음과 부활을 낡은 삶의 파괴와 새로운 삶의 탄생의 심벌로 즐겨 해석한다. 이 구절의 첫 번째 주장은 낡은 죄악적 자아, 곧 그 자신에게 중심을 둔 자아는 십자가에 못 박혀야 한다, 곧 부서지고 파괴되어야 한다는 것이다. 낡은 자아는 그가 원하는 바 선을 행할 수 없다. 그러나 이 같은 약함은 '자연'의 약함뿐 아니라, 또한 정신적인 것이다. 자아는 자기를 초월하는 책임성에 대한 복종을 가장하지 않고는 '자연적' 이기심을 따를 수 없다.(p. 108) 자아는 신의 권능과 신성함과 직면할 때 부서지고 모든 삶의 근원과 중심을 진정으로 의식하게 된다. 기독교 신앙에서는 그리스도가 신과 자아의 이와 같은 직면을 매개한다. 왜냐하면 그리스도에 있어서 인간이 결코 상실하지 않는 신에 대한 막연한 의식이 신의 자비와 심판의 계시로 결정되기 때문이다. 그러한 계시에서 심판의 두려움과 자비의 희망이 교체하기 때문에 절망이 회개를, 그리고 회개가 희망을 낳는다.

2. "그러나 내가 살아 있으니"

새로운 삶은 새로운 자아의 경험이다. 새로운 자아는 자기에게 중심을 둔 자아의 악순환이 깨졌기 때문에 진정으로 참된 자아이다. 낡은 자아의 곤경은 지식의 결여가 아니라 그 무력성에 있다. 인성의 이원론적 해석은 생명력적이고 합리적인 과정 전부를 포함한 자아성의 통합성을 모호하게 한다. 이와 같은 이원론이 지배적일 때 '정신'이 생명력을 잃고, 신체적 삶이 정신적 요소를 상실한다. "내가 살아 있으니"라는 주장에 반대되는 두 입장을 생각할 수 있다. 하나는 자아가 '정신' 혹은 '힘'의 침입을 받지만 그것이 '성령'이 아니고 나치와 같은 종교적 국수주의이기 때문에 자아를 파괴하는 것이다. 그러한 국수주의적 정신은 '악마적인(demonic)' 것으로 거기에 대한 절대적 복종을 명령한다. 다른 하나는 자아를 확대시키다가 모든 힘과 마침내 자아 자체마저 상실하는 가장 보편적이고 추상적인 형상(form) 속에 사라지게 하는 것이다.(pp. 110-111) 인간의 삶은 단지 정신에만 복종하는 것이 아니라 권력에 복종한다.(p. 111) 자아를 소유하는 정신이 '성령' 이하의 어떤 것일 때 그것은 자아를 파괴한다. 바울이 말하는 "그러나 내가 살아 있으니"는 자아가 부패되고 파괴되는 악마적 소유에 의한 자아 성취에 반대할 뿐만 아니라, 결국 자아의 파괴를 가져오는 신비주의적 구원론에도 반대한다.(p. 112)

3. "이제는 내가 사는 것이 아니요, 내 속에서 그리스도께서 사시는 것이라(Yet not I; but Christ live in me)"

니버는 바울의 "yet not I"가 단지 은총의 우선성을 주장할 수 있으며, 곧 새로운 삶이 인간 자신의 힘과 의지의 결과가 아니라 권능의 증대와 은총의 주입의 결과임을 거듭난 자아가 고백하는 것일 수도 있다고 본다. 그는 또 바울의 그 말이 새로운 자아가 결코 완성된 현실이 아니라는 것, 다시 말해서 모든 역사적인 구체성에서는 죄악적 자아실현, 곧 자기에게 중심을 둔 자아의 힘으로 설익은 자아실현을 하려는 요소가 있다는 것의 긍정일 수 있다고 본다.(p. 114) 이 내용을 좀더 엄밀하게 분석해 보면, 다음과 같은 두 가지 분석이 가능하다.

　우리의 것이 아닌 권능으로서의 은총: 신의 은총만이 새로운 삶의 근원이라면 기독교 신앙은 신적 결정론(divine determinism)을 수용하도록 강요당할 수 있다. 그런 결정론은 인간의 책임을 전적으로 부정할 수 있다. 이것은 칼뱅주의적 개신교 신학을 예정론(predestination)에 빠지게 했으며, 그것을 Barth의 신학이 재긍정하게 했다. 어거스틴도 그런 언급을 했다. 그러나 바울의 사상은 전체적으로 볼 때 은총과 자유의지의 관계에 대해 보다 더 역설적인 설명을 하고 있다.(p. 116) 이런 설명은 그의 다음과 같은 구절에 잘 나타나 있다. "그러므로 나의 사랑하는 자들아, 너희가 나 있을 때뿐 아니라 더욱 지금 나 없을 때에도 항상 복종하여 두렵고 떨림으로 너희 구원을 이루라. 너의 안에서 행하시는 이는 하나님이시니 자기의 기쁘신 뜻을 위하여 너희가 원하고(to will) 행하게(to work) 하시나니." (빌립보서 2:12-13) 이 구절은 신의 은총이 인간의 자유와 책임성에 대해서 가지는 관계를 정당하게 다룬다. 다시 말해서, 회심의 순수한 결정론적 해석이나 순수하게 도덕적 해석보다 복잡한 사실들을 정당하게 다룬다.(p. 117) 인간의 유한한 정신은 그 유한성에 대한 어떤 이해를 가지고 있다. 그래서 인간의 정신은 스스로의 힘으로 그의 삶을 완성시키려는 죄악적 노력에 대한 불안한 양심(uneasy conscience)을 피하지 못한다.(Luther) 이것이 루터가 그의 총체적 타락설에도 불구하고 인정하는 은총과 인간의 혼의 자연적 능력 사이의 '접촉점'이다. 이것을 Barth는 필사적으로 부정하려고 한다.(p. 117) 신의 은총과 인간의 책임, 이 두 가지를 긍정하는 것은 옳다. 양자택일을 하면 허위에 빠진다. 죄인으로서의 자아의 입장에서 보면 자기사랑의 부당성을 의식할 수 있는 가능성에 따라서 책임성이 있는 것이 참이고, 신앙에 의한 자아 초월적 자아의 입장에서 보면 자아가 하고 또한 할 수 있는 것 모두가 은총의 기적의 덕택이 아닌 것이 없다.(p. 108)

　우리의 죄의 용서로서의 은총: 이성에 대한 신앙의 관계, 인간의 정신에 대한 '성령'의 관계에 대한 지금까지의 분석이 옳다면, 신앙에 의해서 이해된 인간의 지혜와 부분적으로 모순되는 '하나님의 지혜' 없이는 인간은 결코 죄의 심각성을 의식하지 못한다. 인간의 죄악적 오만과 자기주장에 대한 하나님의 심판을 인지할 수 없기 때문이다.(p. 120) 기독교 시대들의 경험의 비극적이고 계시적인 국면은 거듭 '세리들과 죄인들'이 자아성이라는 것의 성스러움(holiness)이 단순한 소유로서 주장될 때는 언제나 성인들(sainthood)도 부패한다는 것을 망각한 기독교 성인들의 광신주의에 반대하여 인간관계의 건전성을 회복했다는 사실이다.(p. 122) 새로운 악의 가능성은 은총에 의해서 피할 수가 없다. 개인으로서든 집단으로서든 자아가 역사의 긴장 속에 남아 있고, 역사적 과정 속에 포함되어 있으면서 그것을 초월하는 이중적 조건에 복종하는 한 자아는 그의 초월성을 과대평가하고 그의 이기심을 보다 포괄적인 이익에 섞는 죄를 범할 것이다.(p. 123) 인간에게는 자국의 이익을 다른 나라들의 이익과 조화롭게 관계시킬 수 있는 무한한 기회가 있다. 그러나 국가 이기주의를 개입시키지 않고 그렇게 할 가능성은 없다.(p. 124) 성자들도 죄인으로 머물러 있다는 사실을 정당하게 다루려고 하는 신학들은 흔히 개인적 또는 집단적 삶에서 선을 실현할 수 있는 비결정적 가능성을 모호하게 했다.(p. 125) 은총에 대한 경험의 양면성은 모순이 아니라 상호 보완적이다. 우리 속에 있는 그리스도는 소유가 아니라 희망이다. 완전성은 현실이 아니라 의도하는 어떤 것이다. 현세의 평화는 결코 온전하게 성취된 평화가 아니다. 그럼에도 불구하고 이런 모든 것이 도덕적 열정이나 책임을 파괴하지 않는다. 오히려 그 반대로 그것이 삶의 성급한 완성을 막고, 겸손의 토양 속에 뿌리박고 있는 새롭고 더 무서운 오만을 견제하고, 그들이 죄인이라는 것을 망각한 성자들의 용납할 수 없는 허위로부터 크리스천의 삶을 구원하는 유일한 길이다.(pp. 125-126)

제V장

제I절 은총과 오만 사이의 갈등(The Conflict between Grace and Pride)

인간의 자부심은 복음의 진리에 대해서 기독교 이전의 시대들이 항거했던 것에 거의 못잖게 격렬하게 신앙의 테두리 안에서도 항거했다. 기독교의 시대들은 그리스도를 통해서 의롭게 된 사람들을 정당화하는(vindicating), 곧 그들이 죄를 범하지 않는다는 것을 밝히는 새로운 방법을 찾으려고 했다. 이것은 인간이 시간의 흐름과 유한성 속에 포함되어 있으면서도 동시에 그것을 초월하는 인간 존재의 기묘한 상태에 대한 인정, 곧 새로운 삶의 수준에서도 이 상태에서 벗어날 수 없다는 인정을 거부하는 것이다. 복음의 진리 전체의 일부만을 취하려는 항거는 기독교 시대들을 통해 계속되었던 것으로서 광신주의들과 종교적으로 신성화된 제국주의적 탐욕들의 원인이 되었다. 후자는 서구 문명의 역사를 일그러지게 만들었다. 이 같은 항거의 핵심은 복음의 진리 전체에 맞서서 그것의 한 부분을 내세우는 것이다.

제II절 어거스틴 이전의 은총의 개념들

사도 시대에서 Augustine에 이르는 기독교 사상의 시대는 궁극적인 종교 문제에 대한 바울 사상이, 다만 도대체 이해되었다면, 불완전하게 이해되었다. 이 시기의 기독교 사상은 그리스·로마적 문화를 수용하면서도 그것에 반대하여 기독교 신앙을 수립하고 방어했다. 이 문화는 시간과 영원의 문제를 삶의 근본 문제로 삼았고, 신비적 종교들, 그노시스 교파(Gnostic sects, 영지교파), 점술 예술파(Mantic arts), 플라톤적 및 신플라톤적 철학들에서 구원을 추구했다. 그것들은 모두 다 시간이 영원이 될 수 있으며, 영원한 것이 시간적인 것을 정화할 수 있다고 생각했다.(p. 129) 이 시대의 기독교 신앙은 역사적 현실에 대한 기독교적 해석이 가지고 있는 죄의 문제에 대해 분명한 인식을 갖을 만큼 충분한 힘을 갖고 있지 않았다. 다시 말해서, 속죄(Atonement)의 교리를 분명하게 알지 못했다. 세례가 신자의 죄를 완전히 치유한다는 생각, 곧 완전주의적 환상이 이미 시작되었다. 구원은 그리스도를 통한 신의 참된 인식과 동일시되었다.

Justin Martyr는 기독교를 '새로운 법(new law)'과 '새로운 철학'으로 인정했다. 그는 플라톤주의에 굴복하지 않고 은총의 선물을 말했지만, 인간은 은총의 선물을 갖고 있으면서도 갖고 있지 않은 패러독스를 이해하지 못했다.

Tertullian은 초대 기독교적 철학자들의 헬레니즘적 경향에 반대하여 예언자적, 종말론적 역사 해석을 유지하려고 했으나 신의 정의와 자비에 관한 기독교 교리에 의해서 혼란에 빠졌다. 동방신학의 최대 학자요, Augustine 이전의 가장 창의적인 학자인 Origen은 신성에 도달하는 방법에서 완전주의와 도덕주의에 떨어졌다. Clement of Alexandria는 그리스도를 통한 인간의 신격화를 주장했다. Gregory of Nyssa 역시 인간의 신격화를 주장했다. Irenaeus와 Adanasius 같은 헬레니스트 역시 죄와 은총의 성서적 의미를 충분히 이해하지 못했다. 이렇게 해서 *gnosis*적인 그리스 이념이 어거스틴 이전의 세기들을 지배했다. 당시의 교회는 헬레니스틱하게 변형된 구원관에 빠졌고, 복음은 단순히 보다 높은 형태의 지식이 되었다.(p. 132) Egypt의 한 신부는 "신의 은총이 순식간에 인간을 정화하고 그를 완전하게 만든다. 신에게는 모든 것이 가능하기 때문이다"라고 말했다.(pp. 132-133) 문명사의 입장에서 보면, 이것은 헤브라이즘에 대한 헬레니즘의 승리이다.

제III절 은총의 가톨릭적 개념

Augustine의 사상에 있어서 비로소 삶과 역사의 근본 문제가 시간에 대한 영원의 관계가 아니라 죄에 대한 은총의 관계라는 것이 사도 이후 교회에서 분명하게 이해되었다. 바울의 원죄의 교리를 어거스틴이 구성함으로써 기독교는 혼란과 악을 역사 속에 가져온 것이 인간의 유한성이 아니라 '허위의 영원(false eternal)'이라는 죄, 곧 유한성이 극복되었고 극복될 수 있다는 허세(pretension)라는 것을 온전히 알게 되었다.(p. 134) 인간의 상황에 대한 그의 분석은 성서적이지만 죄를 의지의 '결함', 곧 선을 행할 수 있는 힘의 결여로 본 것은 부분적으로 Plotinus로부터 도입한 것이며, 인간의 자유 사용에서 일어나는 자기사랑의 불가피한 경향에 대한 그의 심오한 이해와는 일치하지 않는다. 아마도 그가 그의 죄의 교리 속에 이렇게 헬레니즘적 사상을 가볍게 혼합한 것이 죄의 문제에 대한 성서적 대답인 은총의 교리의 이해에 대한 그의 잘못의 근원이 되었다. 은총에 대한 그의 교리는 힘으로서의 은총(grace as power)과 용서로서의 은총(grace as pardon) 사이의 복잡한 관계를 흐리게 하고 모호하게 한다.(p. 135) 그의 이러한 은총론에 의하면, 그리스도에 의해서 매개된 신의 자비는 인간과 신 사이의 죄악적 모순을 파괴하고 흔히 자기사랑에서 신에 대한 복종으로 전환하게 한다. 그렇게 되면 혼은 은총에서 성장하고 점점 보다 높은 성화(sanctification)를 성취한다. 성화에 대한 이 같은 義認의 종속이 삶과 역사에 대한 가톨릭의 이해 전체를 규정하게 되었다.(p. 135)

어거스틴은 새로운 삶이 가지고 있는 자기사랑의 집요한 힘을 충분히 인정하지 않는다. 그는 사랑이 인간의 본성을 위한 단순한 가능성이 아니라는 것을 알지만, 그것이 인간의 마음속의 신의 가능성이라는 것을 그는 확신한다. 물론, 그는 크리스천의 무죄를 인정하지 않는다. 그는 죄의 절대적 극복의 가능성을 보지 않는다. 그는 정욕이 남아 있다는 것과 따라서 인간의 마지막 시간까지 신의 자비가 필요하다는 것을 확실히 안다. 그러나 그는 남아 있는 죄가 '용서 받을 수 없는(mortal)' 것이 아니라 '용서할 수 있는(venial)' 것이라고 확신한다. 저주할 죄와 용서할 수 있는 죄의 구별은 가톨릭 사상에서 중요한 부분이고 또한 여전히 그러할 것이다. 자신의 혼이 용서받을 수 없는 죄로부터 깨끗해질 수 있다는 생각이 은총 속에 '행위에 의한 의로움'을 끼어들게 만들었다.(p. 136) 어거스틴적 개념의 중심적인 문제는 '원리적인(in principle)' 죄의 파괴가 과도한 자기사랑의 힘이 사실에 있어서 깨졌다는 것을 의미하는지 여부이다. 어거스틴과 모든 가톨릭 시대들의 주제는 그렇다는 것이다. 잔여적 죄는 아직 중심적 의지의 완전한 통제 아래 있지 않은, 종잡을 수 없는 욕망들과 충동들의 분출을 나타내는 것이라는 것이 어거스틴과 모든 가톨릭 시대들의 주제이다.(pp. 136-137) 순수한 사랑은 믿음에 의해서라야 가능하다. 다시 말해서, 인간은 오직 기도와 명상으로 자기를 초월할 때 비로소 자기사랑이 발동하지 않는 유리한 시점을 가질 수 있다. 행동에서는 자기사랑이 은총이 수립한 신의 사랑의 새로운 힘과 섞인다. 인간의 정신적 삶이 가지고 있는 이러한 비극적 성격이 종교개혁 이전까지는 결코 분명하게 이해되지 않았다. 이것을 이해하지 못한 어거스틴의 실패는 그를 가톨릭 은총론의 아버지가 되는 동시에, 그의 죄론이 종교개혁의 궁극적 근원이 되게 했다.(p. 137) 그는 '자아의 사랑'이 지배하는 '지상의 나라'와 하나님의 사랑이 지배하는 '신의 나라'가 얽혀 있음을 시인했지만 대체로 '신의 나라'를 역사적 교회와 동일시했다. 그는 오직 교회에서만 참된 정의를 찾아볼 수 있다고 주장했다. 그는 현존하는 교회와 준비되고 있는 미래의 교회를 구별했지만, 교회는 어떤 의미에서 지상의 하나님의 나라였다. 그는 교회 또한 하나님의 심판 아래 있음을 이해하지 못했고, 그것이 그리스도와 같이 지배한다고 생각했으며, 교회는 지금도 그리스도의 왕국이며 하늘의 왕국이라고 선언했다. 어거스틴과 그 이후의 가톨릭의 은총론에 의하면, 죄는 인간의 신의 형상의 부패가 아니라 본래의 완전성의 상실이다.(p. 139) 역사 속의 인간의 상황에 대한 분석에서 성서적인 패러독스적 요소가 Thomas Aquinas가 궁극적으로 규정한 가톨릭의 공식적 교리에서보다는 어거스틴에게서 약간 강하지만, 어거스틴과 아퀴나스는 은총의 성취에 관한 규정에서 큰 차이가 없다.(p. 140)

이와 같은 가톨릭의 종합을 Bernard of Claivaux는 인간은 자연의 상태에서 필연으로부터의 자유를 가지며, 은총의 상태에서는 죄로부터의 자유를 가진다고 말했다.(p. 142) 가톨릭의 은총론은 죄를 적극적 부패이기보다는 본래적 완전성의 결여로 규정함으로써 죄론을 약화시켰다(p. 143). 속죄한 크리스천의 무죄(죄 없음)를 과대평가하는 모든 가톨릭적 잘못은 가톨릭의 교회론에서 절정에 달하고, 혹은 적어도 가장 선명하고 두드러진 표현을 가진다. 여기서는 어거스틴의 보류는 망각이 되고, 교회가 하나님의 나라와 동일시되며, 완전한 사회(societas perfecta)가 된다. 교회는 은총의 시혜자가 되어 눈에 보이는 책임자는 '예수의 대행자(Vicar of Christ)', 곧 교황이 된다.(p. 144) 역사 속에 있는 많은 경쟁적인 사회적 및 경쟁적 세력들 중 하나를 대표하는 그리스도의 대행자, 곧 교황은 역사 속에서 힘이 없고, 그에게 있어서 역사 속의 특정한 이유나 세력이 승리하거나 정당함이 증명되지 않은 그리스도를 대표할 수가 없다.(p. 145) 교황의 교회적 힘은 모든 역사적 노력을 특징 짓는 창조와 부패의 혼합을 피할 길이 없다.(p. 145)

제IV절 가톨릭적 종합의 해체

가톨릭적 종합은 해체되어 문예부흥과 종교개혁으로 나타났다. 문예부흥은 중세 가톨릭이 가졌던 바 인성에 대한 긍정적 요소를 극대화하여 살린 낙관주의이다. 종교개혁은 죄의 교리를 철저하게 강조한 비관주의이다. 문예부흥은 삶의 완성을 위한 능력을 발견하기 때문이다. 종교개혁은 근본적으로 은총을 '신의 권능'으로서가 아니라 인간에 대한 신의 용서의 힘으로 본다. 종교개혁은 가톨릭적 은총론이 함의하는 정도의 완전에 개인적 삶도 전체적인 역사적 과업도 도달할 수 없다고 한다. 현대적 낙관주의 전체는 문예부흥 속에 함축되어 있다. 현대인의 신조인 '진보의 이념'은 문예부흥으로부터 출현한 불가피한 역사철학이다. 문예부흥은 인간의 역사가 끝없는 가능성들로 가득 차 있다고 보았을 뿐, 모든 새로운 인간적 가능성이 질서와 마찬가지로 혼돈의 도구라는 사실을 보지 못했다. 그렇기 때문에 역사는 문제의 해결의 답을 갖고 있지 않다.

역사가 가지고 있는 이와 같은 비극적 국면을 문예부흥은 몰랐지만 종교개혁은 그것을 거의 충분히 이해했다. 가톨릭적, 세속적, 혹은 섹트적인 기독교적 모든 성화론(doctrines of sanctification)은 역사적 가능성에 대한 지나치게 단순한 확신을 가졌는데, 여기에 대해 반대하는 종교개혁의 이론 속에 역사의 비극적 국면이 포함되어 있다. 그렇지만 인간과 역사의 부정적인 측면에 대한 종교개혁의 일방적인 강조는 도덕적, 문화적 패배주의(moral and cultural defeatism)의 경향을 수반하지 않을 수 없었다. 인간의 모든 과업이 직면하는 궁극적 좌절의 의식은 모든 근사적 실현 문제들(proximate problems)을 다루는 일에 무관심한 경향을 보이게 만들었다.(pp. 155-156) 종교개혁의 이 같은 비관주의와 문화적 무관심이 문예부흥에 패배한 이유이다. 그렇지만 종교개혁의 패배는 이와 같은 근사적 실현 문제들과 인간 존재의 당장의 가능성에 대한 무관심의 한 원인이지만 또 다른 이유가 있다. 그것은 현대에서 과학과 사회적 기술 및 자연의 정복과 인간의 능력의 전반적인 발전이 삶에 대한 문예부흥적 평가에서 참된 것을 강조하고 거짓된 것은 숨겼다는 점이다. 여기에 대해서는 다음에 문예부흥과 종교개혁을 좀더 충분히 고찰하기로 한다.(p. 156)

제VI장

제I절 현대 문화 속의 인간 문명에 대한 논쟁: 문예부흥(The Debate on Human Destiny in Modern Culture: The Renaissance)

현대 문화에서는 문예부흥이 종교개혁에 대해서 완전한 승리를 거두었다. 그 승리가 너무나 압도적이기 때문에 종교개혁의 가장 뚜렷한 통찰마저도 개신교 신학의 대다수의 영역에서조차 인정되고 있지 않다. 문예부흥과 종교개혁은 각기 긍정적인 측면과 부정적인 측면을 가지고 있다. '변증법적 신학(dialectical theology)'

의 대두로 문예부흥과 종교개혁 사이의 논쟁이 재연되었는데, 불행하게도 이 신학적 운동은 문예부흥은 전적으로 잘못이고 종교개혁은 전적으로 옳다는 전제에서 진행되었다. Barth가 주도한 이 신학적 운동은 교회에 심각한 부정적인 영향을 미쳤다. 문예부흥의 잘못들을 비판하기에 앞서 삶과 역사에 대한 문예부흥적 해석이 가지고 있는 기독교적인 것과 참된 것을 이해하는 것이 필요하다.

제II절 문예부흥의 의미

정신적 운동으로서의 문예부흥의 진수는 인간 존재의 무한한 가능성에 대한 거대한 긍정이며 또한 의미 있는 역사 의식의 재발견이다. 그 운동은 하나의 통합적 원리를 가지고 있는데 그것은 역사 속의 삶의 완성을 향하는 충동이다. 여기에서부터 초기 이탈리아적 르네상스의 다양한 역사적, 종교적 및 사회적 운동들, 데카르트적 합리주의와 프랑스 계몽주의, 진보적 자유 이념과 마르크스주의적 대격변주의가 발생했다. 삶이 이렇게 아무런 보류나 제약 없이 완성될 수 있다는 이념은 두 가지 다른 근원에서 연유된 것이다. 하나는 인간의 능력에 대한 고전적인 확신이며, 다른 하나는 삶의 성화와 완성에 대한 성서적, 기독교적 충동, 좀더 구체적으로 말하면 역사 자체의 완성에 대한 성서적, 종말론적 희망이다. 르네상스, 곧 '재생'은 고전적 학습의 재생을 넘어서 지구와 인간 사회의 재생을 의미한다.(p. 160)

13세기에 대두한 프란체스코 수도회의 경건(Franciscan piety)은 수도원적인 개인적 완전주의와 역사적 완성 의식을 갖고 있었는데, 그것은 Joachim of Flores의 묵시주의와 St. Francis의 성화 이념의 합작의 결과이다. 프란체스코 수도회의 급진파는 Joachim의 묵시적 희망이 Francis의 삶의 완전성에서 실현되었고, 프란체스코 수도회의 수도원주의가 수립한 이상적 수도회에서 완성될 것이라고 주장했다. 프란체스코 수도회의 신학자 Roger Bacon과 Bonaventura는 문예부흥에 개인적 완전주의와 역사적 완성의 희망을 전달했다. 문예부흥 사상에 대한 고찰을 완성하기 위해서는 기독교적 종말론 개념을 현대적 진보 이념으로 바꾸게 만든 역사 이론의 발전을 고찰하는 것이 필요하다. 과학에 대한 열정은 역사적 낙관주의와 미묘하게 관련되어 있다.

현대의 역사 발전관의 철학적 원리는 역사 속에 내재하는 *logos*의 원리이다. 내재적 로고스는 역사의 혼동을 점차적으로 이성의 지배 아래 둔다. Fichte와 Hegel이 그렇다. 내재적 로고스에 대한 확신은 변하지 않는 것으로서 Darwin의 경우는 진화론으로 나타났다. 현대의 진보적 역사관과 기독교적 종말론은 둘 다 역사를 정태적이거나 회고적이 아닌, 역동적으로 본다. 그러나 양자는 두 가지 점에서 다르다. 하나는 문예부흥이 개인적으로든 전체 역사의 입장에서든 삶의 완성을 '은총' 없이 생각한다는 것이다. 다른 하나는 문예부흥이 선의 발전만을 보고 거기에 수반되는 악은 보지 못한다는 것이다. 기독교 종말론에서 역사의 종말은 심판인 동시에 완성이다. 현대적 역사관은 역사의 종말을 완성으로만 본다. 현대적 역사관은 모든 수준의 역사적 성취가 영원과 모순된다는 의식이 없다. 기독교 신앙에서는 이 같은 비극적 시각이 모든 역사가 그 지배 아래 있는 최후의 심판의 교리로 표현되어 있다. 요약해서 말하면, 현대적 역사 해석은 역사적 발전의 개념을 너무나 단순하게 생각하여 역사가 *cosmos*를 창출한 바로 그 가능성에 의해서 chaos를 증대시킨다는 사실을 보지 못했다.(pp. 168-169)

제Ⅲ절 섹트적 개신교와 문예부흥

섹트적 개신교는 그 영감을 문예부흥보다는 성서적 근원과 중세 신비주의로부터 얻었지만 삶과 역사의 완성에 대한 공통된 충동을 가지고 있다.(p. 169) 섹트주의는 두 유형, 또는 두 가지 충동으로 구분할 수 있다. (a) 경건주의적 섹트에서 표현된 개인적 삶의 완전성으로 향하는 충동. (b) Anabaptist나 사회적으로 급진적인 섹트에서 표현된 역사의 완성으로 향하는 충동.

경건주의적 섹트들(Pietistic Sects): 경건주의적이고 신비주의적인 섹트들은 신비주의적 요소와 성서적 요소를 상이한 비율로 혼합한다. 신비적 요소가 강하면 속죄가 명상으로 이루어지는 삶의 본래의 통합의 복원으로 이해되었다. 성서적 요소가 강하면 은총이 강조되었다.(p. 170) George Fox의 경우는 완전주의적 충동이 지나치게 표현되어서 아담의 무구는 물론이요, 결코 타락하지 않는 예수 그리스도의 상태에 도달할 수 있다고 주장했다. 이러한 입장은 죄가 정신의 열매이며 정신의 자유에 있어서만 비로소 가능하다는 패러독스를 거의 이해하지 못했으며, 인간 속에 있는 신의 형상을 신 자신으로 오해한다. Hans Denck는 하나님의 나라가 네 속에 있으며, 하나님을 찾는 자는 이미 그를 참마음으로 가지고 있다고 했다.(pp. 171-172) 섹트가 강조하는 '내적 빛(inner light)', 또는 '숨은 씨앗(hidden seed)'은 인간의 삶 속에 있는 신성한 요소가 의식의 가장 깊은 수준이나 정신의 가장 높은 수준에서 발견될 것이라는 것을 암시한다. 이러한 이념은 때로는 더욱 신비적이고 때로는 더욱 합리적이다. 신비주의적 섹트주의는 인성의 중심으로 향하는 여정을 구원의 길로 거듭 권고한다. Cromwell의 궁전의 설교자 중 한 사람인 Peter Sterry도 內省에 의해서 발견되는 인간의 의식의 깊은 곳에 있는 신적 요소의 같은 개념을 말했다.(p. 172). 여러 섹트적 완전주의자들의 사상 중에서 Wesley의 사상은 가장 많이 성서적 요소를 포함하고 있다. 그는 해방이 죄로부터의 해방일 뿐, 유한성으로부터의 해방이 아님을 매우 분명하게 알고 있었다.(p. 173)

종말론적 섹트들(Eschatological Sects): 종교개혁적 섹트들의 완전주의적 충동은 경건주의적인 개인주의적 섹트들의 개인적 성화의 희망에서만 나타난 것이 아니라 역사의 완성과 사회적 급진 섹트들의 완전한 사회 실현의 희망에서도 나타났다. 그것은 대륙의 Anabaptists와 영국의 Cromwell 섹트에서 나타났다. Troeltsch는 '수난 당하는' 섹트와 '투쟁하는' 섹트로 구분했다.(p. 176) 16세기의 대륙의 Anabaptists와 17세기의 영국의 Fifth Monarchy Men은 명시적으로 묵시적이었다. 이것이 대륙에서는 지상에서 하나님의 나라를 실현하려는 불합리한 시도를 하게 했는데, 가장 잘 알려진 것은 Münster에서 실현된 것으로서 거기에서는 Jan Bockelson이 스스로를 '전 지구의 왕'으로 선언했다.(p. 177) Cromwell의 군대의 좌측을 구성했던 영국의 섹트들은 대개 암암리에 종말론적이었다.(p. 178) Cromwell적 섹트 중에서 아마도 가장 급진적이고 가장 심오한 Winstanley는 그의 사상에 있어서 성서적 사상과 현대적 사상 사이의 극히 중요한 갈등 두 가지를 나타냈다. 하나는 그의 타락 사상으로서 그는 타락을 '보편적 사랑'의 원리에 반대되는 '특징적 사랑'의 출현과 동일하게 이해했다. 다른 하나는 그를 마르크스적 역사 해석의 선구자로 만든 것이다. 그의 주장에 의하면, 사유재산의 출현과 더불어 죄가 세상 속으로 들어왔으며, 내 것과 네 것의 이 특정한 재산이 사람에게 온갖 불행을 가져왔다. 이것이 사람들로 하여금 서로 훔치게 했고, 훔친 사람을 교수형에 처하는 법을 만들게 했다. 이 설에 의하면, 역사의 시작에 존재했던 '공동 재산'으로 돌아감으로써 죄를 제거하는 것이 가능하다.(p. 179) 섹트들은 모든 역사와 역사적 성취가 하나님의 심판 아래 있다는 예언주의의 깊은 요소를 알지 못했다.(p. 180)

제IV절 문예부흥의 승리

지난 3세기 동안에 문예부흥은 종교개혁에 대해서 눈부신 승리를 거두었다. 그 승리의 원인은 현대사의 특수한 환경 때문이다. 다시 말해서, 과학의 발전과 그것이 가능하게 한 부와 편리, 정부와 산업의 혁명적 변화, 신대륙들의 발견과 그러한 대륙에 이주하는 것, 전 세계로 확대된 교역 때문이다. 이런 것들이 역사적 낙관주의 정신을 조성했다. 부르주아 계급들이 민주적 자본주의 사회를 수립하는 과정에서 봉건주의가 완전히 사라질 때 모든 불의가 사라졌고, 혹은 사라질 것이라고 생각한 것은 자연스럽다. 그러나 그들이 삶의 모든 새로운 힘과 가능성이 스스로 새로운 문제를 만들어낸다는 사실을 충분히 아는 것은 그렇게 쉽지 않다(p. 182).

제VII장
제I절 현대 문화 속의 인간의 운명에 대한 논쟁: 종교개혁(The Debate on Human Destiny in Modern Culture: The Reformation)

종교개혁은 기독교적 사상과 삶에서 일반적으로 인식되고 있는 그 이상으로 중요하다. 종교개혁은 기독교적 양심이 구원된 삶에서도 죄가 집요하게 존재한다는 사실을 분명하게 인식한 역사적 지점이다.(p. 184) 종교개혁은 '우리 속의 그리스도(christus in nobis)'와 '우리를 위한 그리스도(christus pro nobis)'의 패러독스를 후자에 의해서 파괴했고, 섹트들은 전자에 의해서 후자를 파괴했다. 즉, 종교개혁은 구원되어서 의롭지만 죄인이라는 측면을 지나치게 강조했고, 섹트들은 구원된 삶의 완전성을 단순한 획득된 가능성으로 강조하고 믿었다. 이러한 비판이 좀 더 충분히 고찰되어야 한다.(p. 184)

제II절 루터의 종교개혁

기독교적 삶의 궁극적인 문제에 대한 루터적 접근은 두 가지 핵심적인 고려의 사상을 가지고 있다. 하나는 기독교의 최종적 평화가 의로운 행위의 실천적 노력에 의해서는 가능하지 않고 "의인은 오직 믿음으로만 살리라"는 바울의 말에서 비로소 발견할 수 있다는 것이다. 다른 하나는 교회의 완전성의 허세가 정신적 오만과 교만의 뿌리라는 것이다.(p185) 행위가 아니라 믿음의 강조와 가톨릭 교회의 오만과 교만에 대한 루터의 비판은 위대한 공적에도 불구하고 종교개혁 사상으로 하여금 靜寂主義적 경향(다시 말해서 도덕적, 문화적 및 역사적 패배주의 경향)에 떨어지게 했다.(p. 187) 모든 행위가 죄로 오염되어 있다는 Luther의 근심은 다른 한편으로는 행위가 새로운 오만의 시험을 받는다는 근심을 루터로 하여금 갖게 했다. Emil Brunner도 같은 생각을 했다.(p. 188)

이상적으로는 신앙에 대한 義認 교리는 혼을 행동으로 해방할 수 있지만, 잘못 해석하면 태만을 조장할 수 있다.(p. 188) 구원된 영혼이 그리스도 안에서 가지는 사랑과 희락과 평화에 대한 루터의 비전은 역사의 모든 모순에 대한 황홀한 초월이다. 사랑의 완전한 성취인 *agapē*는 율법에 대한 복종감의 완전한 상실이요, 그 결과로 가장 넓은 의미에서 율법에 속하는 모든 신중한 정의의 차별성들 (discriminations of justice)의 제거를 가져온다.(pp. 188-189) 루터의 고도로 개인적이고 내면적인 성화 이론의 전개에서는 종교개혁의 義認論 속에 있는 지혜를 모호하게 한다. 그 지혜란 의인에서는 혼의 내적 모순이 결코 완전히 치유되지 않는다는 사실이다. 물론, 의심의 여지없이 자기사랑과 하나님에 대한 사랑, 양심과 에고의 불안한 생존 충동 사이의 갈등이 초월되는 황홀한 순간들이 있다. 그렇지만 그런 순간들은 단지 삶의 최종적 완전의 성취의 '진지함들(earnests)'에 지나지 않으며 구원된 삶의 일반적인 상태가 아니다.(p. 189) 율법에 대한 은총의 관계에 있어서의 루터의 개념은 때로는 비난받고 있는 바와 같이 규범폐기론(antinomianism)이 될 필요는 없지만 상대적인 도덕적 차별성들(relative moral discriminations)에 대해서 무관심을 보여준다.(p. 190)

율법과 은총 사이의 문제를 다루는 데 있어서 루터적 종교개혁이 갖고 있는 약점은 문제가 내면적 삶에서 문화와 문명의 복잡성, 곧 인간의 집단적 삶의 모든 표현들로 바뀔 때 좀더 분명하게 드러난다. 이때 종교개혁의 '패배주의(defeatism)'가 더욱더 분명해진다. 역사적 존재의 궁극적 문제에 대한 종교개혁의 이해가 모든 근사적 성취의 문제들의 이해를 전적으로 배제하는 것처럼 보인다.(p. 191) 여기에서 은총에 대한 최종적 체험과 역사에서 성취되어야 할 모든 근사적 실현의 가능성들 사이의 완전한 단절이 일어난다.(p. 193) 그 결과, 크리스천은 형제애의 요청에 보다 완전하게 일치하기 위해서 사회적 구조를 변화시키는 책임을 갖지 않는다. 루터는 이 같은 태도를 '정신적 왕국'과 '세상의 왕국'의 분리를 농민 항거에 엄격하게 적용하여 농민들의 보다 큰 사회 정의의 요구가 두 왕국을 혼동했다고 공격했다.(p. 193) 루터는 봉건주의의 사회적 불평등에 자기만족적 태도를 취했으며 지상에는 항상 주인과 노예가 있다고 생각했다.(pp. 193-194)

루터는 '내적' 왕국과 '외적' 왕국의 구별을 상세하게 논함으로써 실제에 있어서 '공적(public)' 윤리와 '사적(private)' 도덕을 구별하는 결과를 초래했다. 그는 공적 도덕의 관리자인 통치자들에게 반란자들을 다루는 데 있어서 "때리고, 찌르고, 죽이라"고 조언했다. 루터는 무정부 상태(anarchy)에 대해서 병적인 공포심을 가졌으며 정치적 권위에게 그것을 진압하는 도구를 허용하기를 원했다.(p. 194) 그는 완전한 개인 윤리와 대조되는 현실적인 (냉소적은 아니지만) 공적(official) 윤리를 설정했다.(pp. 194-195) 루터의 정치 윤리는 패배주의를 초래한다. 루터는 하늘의 왕국, 혹은 정신의 왕국과 지상의 왕국 사이의 절대적 구별을 하기 때문에 개인의 양심에 대한 신의 명령과 역사 속의 선 실현의 상대적 가능성들 사이의 긴장을 파괴한다. 루터의 윤리는 모든 역사적 성취들이 죄로 오염되어 있다고 보며, 따라서 그것들 사이의 구별들이 중요하지 않다.(p. 195) 루터의 입장은 사회 윤리 영역에서 상대적 선의 성취를 위한 일관성 있는 표준을 설정할 수 없다.(p. 197) 루터는 때때로 정부를 '창조의 질서'에 속한다고 보지만, 어떠한 특정 정부도 '창조의 질서'로부터 도출할 수 없으며, 그러한 정부에 대한 무비판적 복종 역시 '창조의 질서'로부터 도출할 수 없다.(p. 198)

제Ⅲ절 칼뱅적 종교개혁

종교개혁의 루터적 측면이 초도덕주의(supramoralism)에 접근하는 위험성을 가지고 있는 데 비해서 칼뱅적 종교개혁은 반대되는 새로운 도덕주의, 혹은 계율주의(legalism)에 빠질 위험성을 가지고 있다.(p. 198) 역사 속의 선과 악의 구별 및 역사에서 선을 실현할 수 있는 가능성들과 의무들의 구별을 공정하게 다루는 것이 어려운 것이 사실이지만, 모든 이 같은 상대적 판단들과 성취들을 복음에서 선포된 삶과 역사의 최종적 진리와 관계시키는 것을 공정하게 다루는 것 역시 어렵다.(p. 198) 그렇게 하려는 모든 노력은 한편으로는 역사의 유의미성과 다른 한편으로는 오직 신의 심판과 자비 아래의 역사적 의미의 완성이라는 성서적 신앙의 역설적 개념과 관련된다.(p. 198) 칼뱅은 "거듭난 사람에게도 불규칙한 욕망을 생산하는 죄의 근원이 남아 있다는 것을… 성자들에게도 죽을 육체를 벗어날 때까지 죄가 항상 존재한다는 것을 믿었다."(p. 199) 칼뱅은 삶의 완전성의 성취를 가지고 있으면서도 가지고 있지 않다는 패러독스를 느끼지 않지만 어거스틴적 입장에서 성자들은 완전성의 최종적 도달을 결여하고 있지만 본질적으로 의롭다는 패러독스를 규정할 때가 있다.(p. 200)

그렇지만 의인과 성화의 기독교적 패러독스를 칼뱅은 그의 교리학요강(Institutes)에서 보다 신중하게 규정한다.(p. 200) 칼뱅은 청교도의 독선(self-righteousness)을 보여준다.(p. 201) 그는 사랑을 믿음 아래 둘 뿐만 아니라 '믿음의 순결함(purity of faith)' 아래에 두는데, 이것은 이단자에 대한 그의 엄격성 때문이다. 그는 이단자에 대해서 사랑을 갖지 않았는데, 그것은 이단자가 하나님의 존귀함을 더럽히는 죄를 범하는 것으로 생각했기 때문이다. 그는 이단자를 무구한 사람을 죽이고, 사람을 죽이고, 손님을 독살하고, 자신의 아버지에게 폭행하는 자보다 더 극악하다고 보았다. 그는 그가 정죄하는 사람과 같은 죄를 그 자신이 범하고 있다는 의식이 전혀 없는, 자비를 결여한 독선을 나타내고 있다.(p. 201) 자신도 용서가 필요하다는 것을 느끼지 못하는 선한 사람들은 나쁜 사람들에 대해서 결코 자비를 베풀지 못한다.(p. 201) 율법에 대한 은총의 관계에 있어서의 루터의 개념과 칼뱅의 개념 사이의 차이는 곧 두 사람의 신학적 차이와 일치한다. 칼뱅은 초윤리주의 보다는 계율주의에 기우는 경향이 있다.

그는 루터처럼 은총이 율법을 폐기한다고 생각하지 않는다. 왜냐하면 그는 성화를 모든 율법을 초월하는 사랑의 황홀한 체험이 아니라 율법에 대한 엄격한 복종으로 이해하기 때문이다.(p. 202) 칼뱅의 윤리적 시스템은 허세적(pretentious)이며 반계몽적이다. 왜냐하면 그것은 크리스천들로 하여금 그가 성서로부터 도출한 도덕적 표준들이 초월적 완전성을 가지고 있다는 잘못된 확신을 갖게 하며, 또한 성서적 표준을 특정한 상황에 적용하는 데 있어서 생기는 끝없는 상대성들을 모호하게 할 뿐만 아니라 성서적 표준들이 가지고 있는 역사적 상대성을 모호하게 하기 때문이다. 종교개혁은 가톨릭주의가 가지고 있는 역사에 대한 설익은 초월을 비판하는 데 있어서는 옳았지만 가톨릭주의와 같은 잘못을 다른 측면에서부터 범했다.(p. 203) 다시 말해서, 종교개혁은 거듭되는 인간의 삶에서 집요한 죄의 지속성을 일방적으로 강조함으로써 도덕적, 문화적 및 역사적 패배주의에 떨어졌다.

제 IV 절 종교개혁과 문예부흥의 종합

루터적 사상의 패배주의가 문예부흥에 의한 종교개혁의 패배의 원인이다. 종교개혁은 죄(guilt) 문제에 대한 은총의 궁극적 대답을 삶의 모든 당면한 중간적 문제들 및 대답들과 연결시키는 데 실패했다. 그렇기 때문에 종교개혁은 모든 역사적, 사회적 상황 속에서 진리와 선을 실현하는 가능성들과 그 한계성들을 밝히지 못한다.(pp. 204-205) 현대의 논리는 한편으로는 모든 형태의 지식과 기계적 및 사회적 기술의 확대와 거기에 따른 인간의 힘과 역사적 가능성의 발전 및 그 결과인 인간 공동체의 범위와 복잡성의 증대가 개인적, 집단적 삶의 성장(growth)을 지배하고 있다는 것을 증명했으며, 다른 한편으로는 특히 지난 2세기 동안의 역사의 과정이 성장과 발전(progress)의 동일시가 거짓임을 증명했다.(pp. 205-206) 이러한 사실은 역사의 발전은 새로운 레벨에서 새로운 문제를 수반한다는 사실, 다시 말해서 역사적 성취의 새로운 레벨은 역사 속의 모든 삶을 지배하는 모순과 애매성으로부터 인간을 해방시키지 않는다는 사실을 말해 준다. 삶과 역사에 대한 답은 성서적 종교의 은총의 패러독스를 문예부흥과 종교개혁을 새롭게 종합하는 입장을 요청한다. 이것은 문예부흥과 종교개혁의 새로운 종합에의 요청이다.

이런 종합은 한편으로는 역사적 삶이 비결정적 가능성들로 가득 차 있다는 것을 인정하고, 다른 한편으로는 집단적으로든 개인적으로든 삶을 완성하려는 모든 노력과 과정, 곧 역사의 모순을 초월하려고 하고 역사의 최종적 부패를 제거하려는 욕망은 거부해야 한다.(p. 207) 중세의 가톨릭적 종합으로 되돌아갈 수는 없다. 왜냐하면 그것은 은총의 두 측면이 타협에 근거를 두고 있기 때문이다. 중세 기독교는 은총을 기구적으로 통제했고 성례전(sacraments)에 제한했기 때문에 은총의 힘이 인간적인 역사적 기구에 제한되었다. '은총'은 모든 인간적 가능성들을 초월하기 때문에 중세 가톨릭은 인간적 제한 속에 하나님의 자유를 제한한다. 문화의 영역에서도 인간적 권위가 인간의 진리 추구에 제한을 가하면, 중요한 진리가 억압되고 가치 있는 문화적 야망이 조속하게 구속된다. 이것이 중세 가톨릭교가 범한 잘못이다.

기독교 신앙은 모든 힘들과 인간의 문화적 삶의 야망들을 다루는 데 있어서 중세 교회보다 훨씬 더 자유로워야 한다. 모든 사회적, 혹은 도덕적 책임은 선의 보다 높은 가능성을 실현하게 하는 동시에 역사적 선의 한계를 드러낸다. 그렇기 때문에 근사적 실현의 답과 해결을 열심히 추구하지 않으면 인간 존재의 궁극적 문제를 이해할 수 없으며, 궁극적 해결을 지속적으로 근사적 실현의 가능성들과 관계시키지 않으면 궁극적 해결을 타당화할 수 없다.(p. 211) 은총의 이중적 국면, 곧 삶의 가능성들을 성취할 책임과 모든 역사적 실현이 갖고 있는 제한성과 부패를 강조해야 한다. 이것은 역사가 유의미한 과정이지만 스스로를 완성할 수 없으며 따라서 완성을 위해서는 신의 심판과 자비로 향해야 함을 뜻하는 것이다.(p. 211) 역사 속의 선의 실현을 심각하게 취해야 한다. 선은 곡식이다. 곡식은 가라지가 불살라질 때까지 보존되어야 한다. 이것은 시간의 흐름 속에 있는 선이 시간의 흐름을 초월하는 중요성을 가지고 있다는 것을 의미한다. 다른 한편으로는 신의 심판과 모순되는 신의 자비는, 모든 역사적 선의 불완전성과 모든 역사적 성취 속에 있는 악의 부패와 영원한 자비 없이는, 모든 역사적 시스템이 그것의 불완전함을 밝혀준다.(p. 212)

제VIII장

제I절 갖고 있는 것과 갖고 있지 않은 것, 진리(Having, and Not Having, The Truth)

만일 기독교적 은총론이 옳다면 모든 역사는 의미의 드러남과 성취의 '중간(interim)'이다. 역사 속의 의미 성취들이 설익게 순수성을 주장하지 않으면 그것들은 그만큼 덜 오염되지 않을 것이다. 모든 역사적 활동들은 이와 같은 은총의 패러독스 아래에 있다. 역사적 활동은 거칠게 두 가지 범주로 나눌 수 있는데, 그 하나는 진리의 추구이고, 다른 하나는 이웃들과의 정의롭고 형제애적인 관계들의 성취이다. 진리와 정의를 가지고 있으면서도 가지고 있지 않은 패러독스가 어떻게 우리 행동에 영향을 주며, 혹은 줄 것인가를 살펴보기로 하자.

제II절 진리의 문제

인간의 문화는 유한성과 자유, 제한성과 무제한성의 대립 아래에 있다. 인간의 합리적 이해는 유한한 정신의 제한을 받을 뿐만 아니라 인간의 생명력이 역사의 과정 속에 도입하는 열정과 이기심의 작용을 받는다. 이렇게 하여 진리에 대한 우리의 지식은 이기심의 '이데올로기적 오염(an ideological taint of interest)'으로 어쩔 수 없이 얼룩지게 된다. 이러한 사실 때문에 우리의 진리는 진리 **자체**(the truth)가 되지 못하고 **우리의**(our) 진리가 된다. 문화적 탐구는 인간이 제한된 시각을 서투르게 최종적인 것으로 주장함으로써 혼란을 부추긴다. 이러한 허세가 문화의 죄악적 요소이다. 이런 허세는 우리의 시각의 제한성을 부정하려고 할 뿐만 아니라 우리의 지식 속에 있는 이기심과 열정을 감추고 모호하게 한다. 이러한 오만이 '이데올로기'의 세력이다. 이것이 없으면 모든 인간의 지식의 부분적인 성격은 해롭지 않으며, 사람들로 하여금 그들의 불완전한 지식을 다른 사람들의 부분적인 시각에 의해서 보완하고 완전하게 할 수 있도록 할 것이다. 우리의 지식의 유한성에 대한 부정과 유한한 지식을 최종적 지식으로 잘못 주장하는 것은 항상 부분적으로 무지의 무지(the ignorance of ignorance)에 속한다.(p. 215)

이 문제에 대한 기독교적 대답은 그리스도 안에 있는 진리에 대한 이해에서 찾을 수 있다. 그것은 타당한 것을 완성하고 진리에 대한 우리의 지식 속에 있는 죄악적인 것을 부정하는 삶과 역사에 관한 진리이다. 고전적 문화의 *logos*론에서는 역사의 유한한 여건으로부터의 *logos*의 해방이 진리의 성취였으나, 기독교의 *logos* 개념에서는 *logos*가 역사 속에서 계시되고 역사 속의 거짓의 어둠을 밝힌다. 이 시점에 성서적 교리를 삶에 대한 기독교적 해석의 토양과 기반에서 자란 다른 두 가지 교리와 구별할 필요가 있다.

먼저 이 두 가지 교리부터 살펴보기로 하자. 하나는 문화 영역에 대한 가톨릭적 견해로서 진리가 원칙적으로(in principle) 수립되었을 뿐만 아니라 그리스도를 받아들인 사람의 마음속에서 사실로서 그렇다는 것이다. 그들은 진리를 이해했기 때문에 이미 죄인이 아니다. 다른 하나는 헤겔주의적 견해로서 이 입장에 의하면, 더욱더 완전한 진리가 역사 속의 문화의 누적된 과정에 의해서 이해된다. 다시 말해서, 역사는 *logos*의 점진적 출현과 정화의 기록이다. 이 두 가지에 대한 대안으로서의 성서적 교리는 기독교 역사, 특히 종교개혁에서 나타난 은총에 대한 성서적 패러독스의 해설이다.(p. 216) 기독교 역사는 크리스천들이 진리의 이기적 부패를 완전히 초월한다고 생각하는 온갖 종류의 허세로 가득 차 있지만, 동시에 문화와 진리의 영역의 구속(redemption)이 진리를 가지고 있지만 가지고 있지 않다는 것, 다시 말해서 진리를 가지고 있다고 생각하는 허세가 새로운 거짓에 빠지게 한다는 것을 알고 있다. 이것은 진리에 적용된 은총의 패러독스이다.

이 패러독스는 은총의 두 측면을 나타내는 것이다. 이기적인 생각과 행동을 기도로 초월하는 순간들에 있어서는 부패에 대해 의식할 수 있게 되고, 그러한 통찰을 우리의 이기적인 생각과 행동에 작용하게 하여 우리의 진리와 행동에 반대하고 대립되는 사람들에게 연민과 용서의 감정을 자아내게 한다. 여기에 용서의 비밀이 있다. 적에 대한 용서는 자기가 죄인이라는 것을 아는 사람에게만 가능하다. 은총의 이러한 두 측면은, 긍정적으로는 '성화'와 '의인'으로 규정되었는데, 문화의 영역에서나 진리 탐구에 있어서나, 서로 모순되는 것이 아니다. 그렇지만 기독교 역사에서는 다른 문화의 우상에 못잖은 광신주의가 흔히 발생했다. 그래서 교회가 분열되었다. 종교적 분쟁들의 광신적 공포, 신학적 논쟁들이 자아낸 증오, 교계의 대립과 지배를 위한 허세적 주장 모두가 구원된 자의 삶 속에 계속 존재하는 죄와 죄가 사용하는 허세적 성스러움을 나타내는 것이다. 그런가 하면, 세속적 문화 속에서 발전된 대안적 해결은 회의주의나 혹은 광신주의에 빠진다.

제III절 관용에 대한 검열

기독교 신앙의 가톨릭적 입장은 원칙적으로 불관용적이다. 종교개혁 신학 역시 그 은총론이나 의인 교리에 관한 지적 논쟁의 분야에서 죄를 뉘우치는 정신을 나타내지 못했다. 이러한 실패의 이유를 관용(tolerance)에 대한 검열(test)에 비추어 고찰하기로 한다.

1. 가톨릭교와 관용

가톨릭교는 은총의 성서적 패러독스를 파괴한다. 가톨릭은 소유할 수 없는 것을 단순히 소유하고 있다고 가정한다. 가톨릭만이 진리 자체, 곧 전체 진리를 가지고 있다고 생각한다. 이러한 생각은 현대 가톨릭교의 어거스틴의 사상의 뛰어난 해설자 중 한 사람인 Erich Prgywara의 주장 속에 잘 나타나 있다. Elizabeth 시대에 활동했던 영국의 불관용적인 예수파 제창자 Robert Parsons(1546-1610)는 가톨릭교 이외의 모든 종교는 거짓이고 잘못된 것이라고 했다.(p. 222) Greek Orthodox도 약간 다르기는 하지만 같은 불관용적인 입장을 취했다.(p. 224) 비로마 교회의 '영국국교가톨릭파의교회(Anglo-Catholicism)'는 그 교단의 질서만이 에큐메니컬 교회의 가능한 질서라고 주장한다. 이러한 죄악적인 정신적 제국주의는 스스로의 교단의 시각의 제한성에 대한 무의식적 무지이며, 또한 스스로의 시각의 유한성에 대한 의식적 부정이다.(p. 225)

2. 종교개혁과 관용성

종교개혁은 성서적 종교의 은총의 두 측면을 문화적 영역에 적용하는 데 실패했다. 그 광신주의는 교회와 시민사회의 평화를 가톨릭의 불관용에 못잖게 혼란스럽게 만들었다(p. 226). Luther는 Anabaptists를 진압하기 위해서 칼을 사용하라고 촉구했다. 신비주의적 및 급진적인 묵시주의적 형태들의 섹트주의를 다루는 데 있어서 루터와 칼뱅은 한결같이 무자비했다. 스위스의 개혁과 Zwingli도 그들에 대해서 유사한 태도를 취했다.(p. 227) 영국에서는 Elisabeth에서 Cromwell에 이르는 장로교가 가톨릭교와 매우 흡사한 정책을 추구했다. 가톨릭교도 청교도들도 그들 자신의 자유를 주장할 뿐, 다른 사람들의 양심을 주장하지 않았다. 그런데 이와 같은 신학적 견해 차이는 부분적으로 사회적, 경제적 갈등에 의해서 촉발되었고 표현되었다. 섹트주의는 전체적으로 볼 때 가난한 사람들의 종교이다. 이와는 대조적으로 정통적 종교개혁은 흔히 중산층 계급의 경제적 이익의 종교적 호위막이 되었다.(p. 228) 종교개혁의 실패는 문화와 진리의 영역에서 그 성서적 광신주의가 '성화주의자적(sanctificationist)' 원리를 취했기 때문이다.

Thomas Hobbes가 비판한 대로 성경이 영어로 번역되고 난 뒤, 모든 사람, 모든 소년과 소녀가 전능한 하나님과 말하고 있는 것같이 생각했고 종교적 심판자가 되었다. 성경이 최종적 진리를 그들에게 주었다는 생각은 개인의 정신이 과거의 교회의 집단적 오만보다 더한 오만에 빠지게 했다.(p. 229) 신학은 원리적으로 문화의 인간적 자아 중심의 원리와 결별했다는 점에서 철학과 구별된다. 그러나 신학이 부분적이고 특정한 시각을 초월하는 진리를 역사와 문화의 진리들에 적용할 때는 철학사에서 나타나는 바와 같은 동일한 일시적 요소들의 지배를 받는다. 그렇기 때문에 루터가 철학에 대해서 멸시하는 태도를 취한 것은 옳지 않다. 뿐만 아니라 실제에 있어서는 철학이 신학보다 훨씬 더 많은 겸손의 정신을 발휘했다. 철학은 모든 인간의 지식의 분명한 제한성으로부터 벗어나려는 성급한 수단을 가지고 있지 않기 때문에 오만(hybris)으로부터 구출되었다.(p. 230) 요약해서 말하면, 종교개혁은 구원된 자의 불완전성을 전제로 하는 신앙에 의한 의인이라는 그 자신의 교리를 범했기 때문에 불관용에 떨어졌다. 종교개혁은 성경의 권위를 가지고 교회의 오만한 권위를 타파했지만, 성경이 종교개혁이라는 인간적 오만의 또 다른 도구가 되었다.(p. 231)

3. 문예부흥과 관용성

관용은 주로 문예부흥의 산물이다. 현대 문화의 관용의 성취는 때로는 종교 자체의 파괴를 통한 종교적 광신주의의 파괴에 의한 것으로 생각되었다. 섹트적 개신교 역시 자유와 관용의 정신에 실질적인 공헌을 했다. 섹트적 기독교는 기독교적 광신주의에 도전했다. 종교개혁의 경건주의의 아버지 Hans Denck는 관용의 투사가 되었다.(pp. 232-233) 영국 섹트들인 Walwyn, Winstanley, Roger Williams와 그 밖의 덜 알려진 자유 투사들은 영국의 관용의 역사에서 문예부흥의 휴머니스트 쪽 자유 투사들보다 중요하다.(p. 233) 관용적인 모든 투사들 중에서도 John Milton은 문예부흥 휴머니즘과 섹트적 기독교를 훌륭하게 종합했다.(p. 233) 물론, 섹트주의자들이라고 해서 모두 관용적인 것은 아니다. 그것의 단순한 완전주의는 그것의 반대자들에게서 보이는 타협의 불가피성에 대해서는 알지 못했다. 섹트주의자들은 완전주의자들인 그들이 간단하게 무시해 버리는, 사회적 책임을 수행하기 위해서 그들의 반대자들이 보여주는 타협에 대해서 자만에 찬 멸시를 퍼부었다.(p. 233) 섹트주의자들은 사회적 책임을 생각하지 않았고, 사회적 평화와 질서의 필요성을 이해하려고 하지 않았으며, 따라서 가장 자유로운 사회에서조차 최소한의 강제력이 필요하다는 것을 인정하지 않았다.(pp. 233-234)

세속주의자들과 섹트주의자들은 진리에 대한 접근에 있어서 두 가지 공통점을 가지고 있다. 첫째, 강제성에 의한 진리의 유지는 무익하다고 강조한다는 점이다. John Locke는 "진리는 스스로 변화하게 내버려두면 잘되어나갈 것이다"라고 했다.(p. 234) 둘째, 모든 역사적 지식의 일시성과 문화의 다양성, 곧 역사의 상대성에 대한 이해에서 같은 입장을 보여준다.(p. 235) 인간의 지식의 상대성에 대한 이해는 문예부흥의 역사 의식의 복구의 본질적인 부분 가운데 하나이다. 그것은 우리의 의견에 반대하는 의견을 원한이나 억압하려는 노력 없이 쾌히 즐길 수 있는 것이다. 그것은 또한 우리의 최선의 신념을 그대로 유지하며 또한 거기에 따라서 행동하게 한다.(p. 236)

이러한 입장은 보다 높은 진리가 과정 속에서 출현할 것을 희망하는 가운데 단순히 의견의 자유로운 교환을 유지하려고 하는 한다는 점에서 결코 환상이 아니다. 이것을 John Stuart Mill은 다음과 같이 말했다. "묵살된 의견은 오류일지라도 그것은 아마도, 매우 흔히 그렇지만 진리의 한 부분을 포함하고 있다. 그리고 모든 문제에 대한 일반적, 혹은 지배적 의견은 드물게 전체 진리이거나 혹은 결코 전체 진리가 아니기 때문에 진리의 남은 부분이 공급될 기회를 갖는 것은 적대되는 의견과의 충돌에 의해서 그렇게 할 수 있다."(pp. 236-237) 진리의 단편적 부분들이 마침내 전체 진리로 종합될 것이라는 희망, 혹은 지적 교환이 진리가 마침내 허위에 승리를 거두는 종류의 경쟁이라는 믿음은 관용의 찬양할 만한 인센티브이다. 인류의 지적 생활은 진리를 지속적으로 거짓으로부터 거르는 과정이다. 진리가 최종에는 역사에서 승리한다는 신념은 허위가 당장의 승리를 거둔다는 위험을 제거하고 '우리의' 진리를 방어하려는 불안한 광신주의를 완화한다.(p. 237)

이러한 해결이 지닌 곤란한 점은 '전체 진리'가 역사의 단편적 진리들에 대해서 갖는 관계에 있다. 현대적 관용이 종교를 거부하고 이루어진다면 그것은 종교가 관심을 갖는 삶과 역사의 궁극적인 문제에 대한 무관심에 근거를 두고 있을 뿐이다. 이런 입장은 종교적 광신과 갈등은 피할 수 있지만, 분명한 약점을 가지고 있다. 이러한 입장은 궁극적 문제에 대해 무책임한 태도를 취하고 관용을 성취하든가, 표면상으로는 일시적이거나 실용주의적 인생관에 새로운 거짓된 궁극적인 것을 슬며시 끼어들게 한다. 그렇게 될 때 회의주의와 새로운 광신주의의 두 가지 위험이 나타난다. 완전한 회의주의는 무의미성의 심연에 빠진다. 이것이 계속 현대 문명을 위협해 온 함정이다.

나치 이전의 독일 문화에서 회의주의는 진리를 정치적 힘에 예속시켰다. 이렇게 해서 회의주의가 냉소주의의 선구자가 되었다. 새로운 광신주의는 완전한 회의주의보다 가능성이 더 짙은 현대적 입장의 결과이다. 이러한 광신주의에서는 부분적이고 단편적인 진리로 인정되었던 것이 궁극적 입장이나 진리로 바뀐다. 현대의 자유주의 문화로 넓게 규정되는 것의 밑바닥에 깔려 있는 전제는 진보의 이념이다. 그러나 이 신조는 매우 의심스러운 것이다. 문화 영역에서는 보다 높은 진리의 실현이 새로운 허위를 수반할 수 있다. 그렇지만 역사의 역동적 성격은 성장을 발전으로 생각하는 잘못을 범할 수 있다. 인간은 역사적 진리가 어떻게 궁극적, 혹은 영원한 진리와 관계되는지 묻지 않을 수 없다. 만일 인간이 역사적 진리가 단지 불완전할 뿐만 아니라 부패된 진리임을 안다면, 그는 역사적 진리의 부패를 정화하고 불완전을 완전하게 하는 신의 자비 외에는 답이 없다는 문제에 직면한다.(p. 240) 그러나 이와 같은 발전적인 종교의 부드러운 광신주의보다 저속한 현대적 입장에 근거한 다른 광신주의들이 성장한다. 정치적 광신주의가 그것이다.(p. 240) Thomas Hobbes와 Jean Bodin의 정치적 절대주의, 그리고 나치의 민족적, 국가적 신조가 그것이다. 나치즘은 종교적 회의주의 토양에서 자란 냉소주의의 최종적 부패이다.(p. 241) 마르크스주의 역시 정치적 종교로서 프롤레타리아 계급의 시각은 상대적이 아니고 초월적이며, 그 밖의 모든 진리는 이기심의 이데올로기적 오염으로 오염되어 있다고 주장한다. 그러나 프롤레타리아 계급 또한 오염되어 있다.(p. 242) 우리가 진리 자체를 가지고 있다고 주장하는 것은 어떤 경우에도 가능하지 않다. 진리는 은총의 패러독스의 지배를 언제까지나 받는다. 우리는 진리를 갖고 있지만 갖고 있지 않다. 우리가 진리를 원리적으로만 가지고 있다는 것을 안다면, 우리는 진리를 보다 더 순수하게 지닐 것이다. 우리가 고백하는 진리들에 반대하는 진리들에 대한 우리의 관용은 문화의 영역에서는 용서의 정신의 표현이다. 모든 용서가 그런 것처럼 우리가 우리의 덕에 대해서 지나친 확신을 갖지 않을 때에만 용서가 가능하다.(p. 243) 진리에 대한 충성은 진리를 획득할 수 있는 가능성에 대한 확신을 요청한다. 다른 사람들에 대한 관용은 자신의 진리의 최종성에 대한 깨진 확신(broken confidence)을 요청한다.(p. 243)

제IX장

제I절 하나님의 나라와 정의를 위한 투쟁(The Kingdom of God and the Struggle for Justice)

정의를 위한 고투는 지적 탐구보다 역사적 존재의 가능성과 제한성을 더욱 깊게 나타낸다. 개인은 그의 동료 인간들에 대한 밀접하고 유기적인 관계를 통해서 비로소 자기를 실현할 수 있다. 그렇기 때문에 사랑은 인간의 본성의 기본적인 법이며 형제애는 인간의 사회적 존재의 근본적인 요구 조건이다.(p. 244) 인간은 생명력과 이성이 통합된 존재이기 때문에 삶의 사회적 일관성은 결코 순수하게 합리적일 수 없다.(p. 244) 현대를 지배하고 있는 것은 진보적 역사관이다. 그렇지만 역사의 성장과 발전은 동일하지 않다. 지금까지의 우리의 해석에 따르면, 은총은 부분적으로는 자연을 성취하지만 부분적으로는 그것을 부정한다.(p. 245) 즉, 역사는 성취와 부정의 패러독스이다. 이것은 정의 실현을 위한 고투의 경우도 마찬가지이다.

제II절 사랑에 대한 정의의 관계

역사적 정의가 하나님의 나라의 사랑에 대해서 갖는 관계는 변증법적 관계이다. 사랑은 역사 안의 모든 정의의 성취의 완성인 동시에 부정이다.(p. 246) 역사적 정의의 보다 높은 실현은 그러한 모든 정의의 실현이 사랑의 이상의 모순인 동시에 근사적 실현이라는 사실이 보다 충분하게 이해되면 가능할 것이다.(pp. 246-247) 그렇기 때문에 사랑의 계명은 단순한 역사적 가능성이 아니다. 사랑의 계명의 전체적인 함의는 역사와 시간 사이의 변증법적 관계이다.(p. 247)

제III절 율법들과 정의의 원리들

사랑에 대한 정의의 관계는 매우 복잡하지만, 두 가지 차원에서 생각할 수 있다. 하나는 정의를 실현하는 규칙들과 법들의 차원이다. 다른 하나는 정의의 구조, 다시 말해서 형제애와 관계되는 사회적이고 정치적인 조직의 차원이다.(p. 247) 실제적인 사회적 기구 및 장치와 형제애 사이의 모순은 사랑과 정의의 규칙과 법 사이의 모순보다 분명히 크다.(pp. 247-248) 사회적 관계들을 지배하는 모든 시스템과 규칙과 법은 한편으로는 상호성과 공동체의 도구이며, 다른 한편으로는 형제애의 이상의 단순한 근사적 실현인 동시에 그것에 대한 모순이다.(p. 248) 정의의 규칙들의 이 두 가지 국면을 순서대로 고찰하기로 한다.

개인이나 집단은 일관되게 이기적이지 않다. 만일 그렇다면 사회적 갈등은 어느 한편이 일방적으로 승리를 거두든가, 보다 강한 강제력에 굴복하게 될 것이다. Martin Luther와 Thomas Hobbes의 정치적 견해가 그랬다. 그러나 민주적 사회의 성취는 이러한 비관주의를 거부한다. 공동의 문제에 대한 상이한 접근들을 종합하여 지탱할 수 있는 정도로 정의로운 해결에 도달하는 공동체의 능력은 인간이 자기 자신의 이익 외의 이익을 생각할 수 있는 능력이 있다는 것을 증명한다. 그러나 대립되는 이해관계의 종합은 그렇게 단순하지 않으며 이성의 공정성은 그렇게 단순하게 믿을 수 있는 것이 아니다.(p. 249) 이것은 실업자 수당 제도의 경우를 생각하면 분명해진다. 그 제도 속에는 형제애와 강제성, 심지어 공포와 불안이 혼재한다.(pp. 249-250) 정의의 규칙들과 사랑의 법 사이의 긍정적인 관계는 사랑의 계명의 감상적 생각과 반대되는 것으로서 그 중요성이 강조되어야 한다. 사랑의 계명의 감상적 생각에 의하면, 사회적 책임의 가장 개인적이고 직접적 표현만이 *agapē*의 표현이 된다. 섹트와 Luther의 정의에 대한 사랑의 관계에 대한 분석은 사랑의 영역으로부터 정의의 규칙들을 제거하는 과오에 쉽게 떨어졌다.(p. 251) 그렇지만 정의의 법들과 시스템들은 상호간의 사랑과 형제애의 부정적인 동시에 긍정적인 관계를 가지고 있다. 그것들은 형제애 정신에 대해서 근사적 실현인 동시에 모순이다. 그것들이 가지고 있는 이런 국면은 모든 사회적 현실 속의 죄악적 요소에 연유한다.(p. 251) 포괄적 시각도 시간과 장소의 제약을 받는다.

이렇게 볼 때 정의의 모든 법과 규칙의 가장된 도덕적 순수성에 대한 냉소주의는 정당한 것이다. 뿐만 아니라 마르크스주의가 그것들을 사회의 지배적 계급의 이익의 합리화로 보는 것은 더욱더 옳다. 중세의 '자연법'의 요청은 분명 봉건사회에서 생긴 것이다. 마치 18세기의 자연법이 절대적이고 자명하게 생각된 것이 부르주아에 근원을 두고 있는 것처럼 말이다.(p. 252) 가톨릭적, 자유주의적 자연법 역시 이 같은 상대적이고 일시적인 성격을 가지고 있다. 그것들은 자연법과 실증법, 또는 민법을 구별하고, 후자가 상대적이라고 보고 전자는 불변의 것으로 본다. 그러나 그 같은 구별은 옳지 않다. 자연법을 최종적인 것으로 보는 것은 이데올로기를 보다 높은 허세(pretension)로 높이는 것으로서 죄 없음의 주장 속에 숨어 있는 많은 죄의 세력의 한 가지 예에 지나지 않는다.(p. 253) Barth가 십계명이 계시에 의해서 주어지지 않았으면 인간의 도덕 생활이 타당한 지도적 원리들을 가지지 못했을 것이라고 한 것은 모순이며 비성서적이다.(로마서 2: 14)(p. 254) 계시를 떠난 '평등'과 '자유'를 스토아철학이 인정했고, 중세와 현대의 자연법 이론이 그것들을 정의의 초월적 원리로 인정한다. 부르주아적 및 마르크스주의적 현대 이론들이 그러한 정의의 원리들이 초월적 원리가 아니라 실현할 수 있는 것으로 잘못 생각하지만 말이다.(p. 254)

이것을 평등의 원리의 경우에서 살펴보기로 하자. 평등의 원리는 정의의 이상적 정점이지만 평등에 대한 논의에서는 이데올로기적 오염이 개입한다. 불평등으로 인해서 고통 받고 있는 사람들이 평등의 원리를 필요성의 차이나 사회적 기능의 차이를 인정하지 않고 정의의 결정적 원리로 주장할 때, 사회 속의 완전한 평등의 실현이 불가능하게 된다. 이데올로기적 오염이 섞이기 때문이다. 다른 한편으로는 특권을 누리는 자들은 사회적 기능의 불평등이 거기에 따르는 특권의 불평등을 정당화한다고 주장한다. 이것 역시 이데올로기의 오염이다. 한편으로는 평등의 원리가 타당성이, 다른 한편으로는 그것의 완전한 실현의 불가능성이 정의의 절대적 규범이 역사의 상대성과 가지는 관계를 설명한다.(p. 255) 정의의 역사적 개념들의 복잡한 성격이 이렇게 해서 정의의 타당한 원리들을 발견할 수 없다는 상대주의자들과 특정한 이익과 역사적 열정의 모든 오염으로부터 자유로운 완전히 타당한 원리에 도달하는 것이 가능하다고 상상하는 합리주의자들과 낙관주의자들을 함께 거부한다.(p. 256)

제IV절 정의를 위한 투쟁

모든 공동체는 인간의 생명력적 가능성들의 다소 안정된, 또는 불안정한 조화로 이루어져 있다. 그러나 공동체는 힘(power)에 의해서 지배된다. 이러한 힘은 정부의 강제적이고 조직화된 힘에 불과한 것이 아니라 힘의 균형(the balance or equilibrium of power)을 말한다.(p. 257) 그러나 힘의 조직화와 힘의 균형은 형제애의 법과 모순되는 가능성들을 포함하고 있다. 조직화의 원리와 힘은 쉽게 전제 정치(tyranny)에 떨어진다. 그것은 강요된 사회 통합을 만들어내지만, 그 속에서는 모든 개인의 자유와 생명력이 손상된다. 힘의 균형은 항상 무정부적 혼동의 가능성을 지니고 있다. 이 두 가지 악, 곧 전제 정치와 무정부적 혼동은 사회 정의라는 연약한 범선이 뚫고 항해해야 하는 두 개의 암초 Scylla와 Charybdis이다. 이 두 개의 암초

중에서 하나만 위험하게 보는 잘못을 범하면 다른 하나의 암초에 부딪쳐서 좌초하게 된다는 것은 거의 확실하다. 이런 패러독스를 충분히 이해하려면 공동체 생활에서 '힘'이 가지는 본질과 의미를 분석하는 일에서부터 출발해야 한다.(p. 258)

1. 생명력과 이성의 통합

사회적 조직에서 힘이 갖는 영구한 중요성은 인간 본성의 두 가지 특성에 근거를 두고 있다. 그 특성의 하나는 생명력과 이성의 통합이고, 다른 하나는 인간의 죄의 세력, 곧 다른 누구보다도 자신을 더욱 중요하게 생각하고 자신의 이익의 입장에서 공동의 문제를 보는 집요한 경향이다.(pp. 258-259) 두 번째 특성은 집요하기 때문에 단순한 도덕적, 혹은 합리적 설득은 한 사람이 다른 사람을 이용하는 것을 견제하기에 충분하지 않다.(p. 259) 힘(강제력, force)은 모든 공동체적 관계에서 가능한 도구이다.(p. 259) 사회적 상황에 관련된 힘과 생명력의 합리적 계산은 권리와 이해관계의 합리적 계산의 불가피한 부수물이다.(p. 260)

2. 사회 생활이 갖는 힘의 유형

인간의 정신적, 신체적 능력들은 그것들이 통합되고 상호 관련되는 가운데, 순수한 정신에서 순수한 육체적 힘에 이르는 힘의 끝없이 다양한 유형과 결합을 만들어낸다. 정신은 일반적으로 생각할 때 초월적이지만 타인의 요구에 반대하여 자기의 요구를 내세울 때 에고의 도구가 되고 말 것이다. 이성이 그렇게 사용될 때 이성은 다른 사람의 요구에 반대하여 자기의 요구를 주장하는 '힘'이다.(pp. 260-261) 순수한 육체적(물리적) 힘은 개인적 관계에서는 항상 최후의 수단이 된다. 물리적 힘은 원시적 수준에서만 개인적 관계에서 결정적이다. 모든 문명화된 관계는 힘의 물리적 측면보다 정신적 측면에 의해서 지배된다.(p. 261) 대체로 사회적 힘은 사회적 기능의 상이성에 근거를 두고 있다. 군인은 발달된 사회에서 물리적 힘을 가지고 있는데, 육체적 힘이 강하기 때문이 아니라 도구를 가지고 있으며 물리적 갈등을 해결할 수 있는 기술에 통달해 있기 때문이다. 성직자는 사회적 힘을 가지고 있는데, 궁극적 존귀의 권위를 매개하고 전제 군주의 권위를 신성화하기 때문이다. 재산과 경제적 과정의 소유자와 관리자는 물리적 힘과 정신적 힘을 동시에 가지고 있다.

현대에서는 경제적 힘이 근본적 형태이고, 다른 모든 힘은 거기로부터 나왔다고 생각하는데 그것은 잘못된 시각이다.(p. 261) 부르주아 시대에는 경제적 힘이 보다 근본적이고 다른 형태의 힘들을 그 목적을 위해서 사용했지만, 민주적 사회에서는 보편적 투표권 속에 내재해 있는 일반인의 널리 보급된 정치적 힘의 제약 아래 있다.(p. 262) 모든 역사적 형태의 정의와 불의는 순수한 합리주의자들이나 이상주의자들이 실현하는 것보다는 각 권력 유형 속의 주어진 균형과 불균형에 의해서, 그리고 주어진 공동체 안에서의 힘의 균형에 의해서 결정된다. 힘의 큰 불균형이 불의를 초래하는 것은 자명하다고 할 수 있을 것이다.(p. 262) 이와 같은 이유로 인해서 현대 산업사회에서는 경제적 힘의 집중이 불의를 조장했고, 정치적 힘의 확산은 정의를 조장했다. 경제적 독재자들(지배자들)은 정치적 힘을 그들의 목적대로 지배하려고 했는데 결코 완전한 성공을 거두지 못했지만, 일반인의 정치적 힘은 정치적, 경제적 힘의 도구의 구실을 했다.

그러나 이것 역시 경제적 부정의를 제거하는 데 완전한 성공을 거두지 못했다. 이런 긴장 관계는 해결되지 않았으며, 아마 결코 완전히 해결되지 않을 것이다.(pp. 262-263) 정치적 관계의 변화는 때로는 훨씬 더 많이 정신적 근원을 가진다. 신의 권위의 이름으로 정치적 권위를 지지하기보다 그것에 도전한 예언자적 종교의 발전이 성직적, 군사적 독재자들을 타파하고 민주적 사회 창조에 기여했다는 것을 누가 부정하겠는가? 이렇게 해서 기독교가 가지고 있는 예언자적 요소가 현대 민주적 사회 발생에 기여했다.(p. 264)

3. 조직과 힘의 균형

인간의 형제애는 두 개의, 혹은 아마도 세 개의 부패에 의해서 위협을 받는다. 첫째, 의지가 의지를 지배하려는 것이다. 여기서부터 제국주의와 노예가 생긴다. 둘째, 이해관계와 이해관계가 충돌하여 상호 의존적 관계가 파괴된다. 셋째, 자아가 공동체로부터 자기를 분리시키고 공동의 책임을 거부하는 고립주의이다. 이것은 갈등의 악이 부정적 형태이기 때문에 특별한 관심의 대상이 아니다.(p. 265) 하나의 삶에 의한 다른 사람의 지배는 힘과 생명력의 균형에 의해서 가장 성공적으로 피할 수 있으며, 따라서 강자에 의한 약자의 노예화를 막을 수 있다. 지탱할 수 있는 힘의 균형이 없으면 어떤 도덕적, 사회적 제약도 불의와 노예화를 막는 데 완전히 성공할 수가 없다. 이런 의미에서 생명력의 균형은 인간적 이기심에 의해서 강요된 조건의 제약 아래에서 형제애의 근사적 실현이다. 그러나 힘의 균형은 형제애가 아니다.(p. 265) 힘의 균형은 지배와 노예화를 막는 한에서 정의의 원리이고, 그것이 긴장 관계가 공공연한 충돌이 되면 혼동과 갈등의 원리가 된다.

그래서 인간 사회는 그 속에 존재하는 여러 가지 균형들을 의식적으로 통제하고 관리해야 한다. 사회적 생명력들의 주어진 현장 속에는 조직하는 센터가 있어서 그것이 갈등의 어느 편에도 속하지 않는 보다 공평한 시각에서 상호적 지지의 과정들을 그러한 과정들 속에 있는 긴장이 갈등으로 폭발하지 않도록 관리하고 조정해야 한다.(p. 266) 정부의 원리는 힘의 균형의 원리보다 높은 수준의 도덕적 승인과 사회적 필요성에 근거하고 있다. 이 원리가 없으면 힘의 균형은 무정부적 혼란에 빠진다.(p. 266) 인간 사회의 민주적 정의의 발전 전체는 정부와 힘의 균형 속에 내재하는 도덕적 애매성에 대한 이해에 의존하고 있다. 정부의 원리 자체 안에 정부에 대한 저항의 원리를 형성한 것은 민주적 사회들의 최고의 업적이다. 시민은 정부의 불의한 권력 행사를 저항할 수 있는 '헌법적' 힘으로 무장하고 있다. 만일 정부가 통치자에 대한 비판을 정부 자체에 대한 위협이 아니라 보다 나은 정부의 도구로 생각한다면, 개인은 공동체 안에서 무정부적 혼란을 자아내지 않으면서 정부에 대한 이러한 항거를 할 수 있다.(p. 268)

제V절 정부에 대한 크리스천의 태도

기독교적 및 현대의 세속적 정치 이론의 발달은 정치 질서에 대한 한 가지의 고전적, 그리고 두 가지의 성서적 접근의 상호 작용에 의해서 결정된다. 성서적 접근의 두 가지 중 하나는 정부가 신의 임명이며 신의 권위를 반영하는 권위를 가지고 있다는 것이며, 다른 하나는 국가의 통치자나 심판자가 가난한 자를 억압하고 신의 권위를 부정했기 때문에 신의 심판과 분노 아래 있다는 것이다.(p. 269) 국가의 권위에 대한 이와 같은 예언자적 비판과 사제적 성화는 보수와 진보가 각기 자기의 입장을 정당화하는 데 이용되었다. 불행하게도 바울의 로마서 제13장은 성서적 패러독스를 파괴하는 데 많은 영향을 미쳤다.(p. 270) 그러나 그러한 영향은 기독교 역사에서 정부의 악에 대한 예언자적 비판의 힘을 전멸시킬 수는 없었다.(pp. 270-271)

Aristotle과 Plato는 삶의 거친 생명력들을 *logos*의 지배 아래 둘 수 있는 정의의 형식과 원리, 또는 헌법과 기구를 항상 탐색했다.(pp. 271-272) 그들은 정부가 부분적 이해관계를 초월하여 작용할 수 있는 초월적 시점을 항상 추구했는데 그것을 덕이 있고 합리적인 인간들의 계급에서 발견한다. 그들은 공평무사한 덕을 가지고 있는 것은, 높은 이성을 가지고 있으며 정부의 일에 대해서 특수한 지식을 가진 사람들, 즉 *elite class*라고 믿었다. 이것이 그리스의 정치 이론이 믿은 것이다. Plato는 통치자의 공평무사를 반금욕주의적(semi-ascetic) 도야와 합리적인 탁월성에 의해서 육성하려고 했다. 이런 사상은 힘의 싸움터이며 힘의 경쟁의 장인 정치의 영역을 적절하게 이해하지 못했다.(p. 272) Cicero는 국가를 정의의 계약으로 봄으로써 그 밑에 있는 정치적 현실을 제대로 보지 못했다.(p. 272)

어거스틴은 정치사의 영역에 새롭고 보다 현실주의적 사상을 도입한 최초의 사상가이다. 그는 Cicero적 합리주의와 낙관주의에 대한 그의 비판을 출발점으로 하여, 그는 국가가 정의의 계약이라는 것을 부정하고, 그리스도가 창립자이며 지배자인 곳을 제외하면 어느 국가에서든 정의가 존재하지 않는다고 주장했다. 그는 세상의 평화는 대립적인 사회적 세력 사이의 불안한 휴전이라고 본다.(pp. 272-273) 그는 국가의 조화를 도둑들이 그들 사이에서 유지하는 조화와 비교함으로써 국가와 도둑 집단 사이에는 정도의 차이밖에 없음을 암시했다.

어거스틴의 이와 같은 해석은 로마와 다른 국가가 가지고 있는 질서의 건설적 요소들을 충분히 공정하게 다루지 못했다.(p. 273) 이러한 과잉된 강조의 잘못에도 불구하고 어거스틴의 정치 질서의 개념은 정치적 생활의 역동적이고 무정부적인 요소들을 고전적 정치 이론보다 훨씬 더 진실에 가깝게 묘사했다.(p. 274) 중세의 정치 이론에서는 통치자의 권위와 정부의 필요성에 대한 이념이 성서적 권위와 불완전한 세계의 필요성인 정부의 필요성이라는 스토아의 이념에 의해서 유지되었지만, 모든 사회적 생활이 가지고 있는 영구한 사실인 생명력들과 이해관계의 대립적인 긴장을 모호하게 하는 경향이 있다.(pp. 274-275) 문예부흥은 정치 문제에 관한 한 자유방임적 이론에 의거해서 접근했고, 이것은 이성의 신장에 따라서 보다 보편적인 것이라고 생각되었다.(p. 276) 문예부흥 운동은 다른 사상적 흐름으로 발전했는데, 그것은 기독교적 현실주의와 비관주의가 가지고 있는 통찰을 살려서 인간의 사회적 삶의 역동적 요소들이 가지고 있는 갈등의 위험성을 인지하고 절대주의적 국가 이론을 발전시켰다. Machiavelli, Thomas Hobbes, Jean Bodin이 그랬고 Hegel과 Bosanquet에게도 그런 요소가 있다.(p. 277) 이미 고찰한 바와 같이 Luther는 정부의 힘을 무비판적인 도덕적, 종교적 신성화를 시도했다.

이것이 스칸디나비아 나라들을 제외하면, 루터주의로 하여금 현대 세계의 민주주의적 정의의 발전과 적극적 관계를 가지지 못하게 했다. Barth는 루터의 무비판적 정치 권위의 수용을 그대로 수용하지 않지만 정치적 정의 문제에 대한 전반적 무관심이라는 점에서 볼 때 루터적이다. 그렇지만 나치 독재에 대한 강한 감정적 반발은 그의 강조를 바꾸도록 그를 설득했다.(p. 278) Diggers 섹트는 정부를 특권계급의 도구로 봄으로써 마르크스주의적 정부론을 예견했고 또한 고취했다.(p. 280) 초기 칼뱅주의는 정부의 권위에 대한 무비판적 신성시와 정부에 대한 저항의 금지에 있어서 거의 루터처럼 무비판적이었다. 그러나 Calvin 자신과 후기 칼뱅주의자들은 이러한 입장의 어떤 예외들을 인정하고 정치적 권위가 하나님의 명령에 위배될 때는 반항이 아니라 불복종을 허용했다. 칼뱅은 통치자의 권위에 대한 개인적 항거를 반대했을 뿐, 공적 항거는 반대하지 않았다. 그는 하급 행정장관들이 왕들의 폭정에 저항하는 것을 용납했을 뿐만 아니라 그렇게 할 것을 명령했다.(p. 281) 칼뱅은 왕은 정의롭게 통치할 계약을 하나님에 대해서 가지고 있으며, 백성은 복종할 계약을 하나님에 대해서 가지고 있다고 믿었다. 그러나 통치자가 불의하게 그 계약을 파기하면 백성에게는 복종할 의무가 없어진다고 했다.(p. 282)

제VI절 정의와 세계 정부

세계의 경제적 상호 의존성은 질서와 정의의 원리가 국가적 공동체뿐 아니라 세계 공동체도 지배하게 만들었다. 우리는 이 새로운 과제에 대해서 공포와 희망을 동시에 느낀다. 우리가 국가들이 살고 있는 무정부 상태를 극복하지 못하면 우리의 문명은 파멸한다. 이 새롭고 피할 수 없는 과제는 역사적 발전의 긍정적 측면이요, 역사의 선의 비결정적 가능성들을 나타내는 것이다. 이상주의자들은 보다 강한 힘들이 묶인하는 패권 없이 세계 정부가 가능하다고 생각한다. 그러나 패권은 불가피하다. 그리고 그 속에는 새로운 제국주의의 위험이 있다. 그러나 위험은 지배적 세력에 저항할 수 있는 힘을 크고 작은 구성국들에 부여함으로써 극복하는 것이 최선책이다. 그것은 구성 국가들 간의 정의가 힘의 균형에 의해서 유지된다는 것을 의미한다. 만일 힘의 중앙의 조직화의 원리가 너무 강하거나 중앙의 권위가 약화되면 혼란에 빠질 위험성이 있다. 이렇게 해서 우리는 가능한 세계 공동체의 새로운 레벨에서 정치적 조직의 모든 낡은 문제들에 직면하게 된다.(p. 285)

제X장

제I절 역사의 종언(The End of History)

인간의 삶과 역사의 모든 것은 종말(end)을 향해서 움직인다. 이러한 종말(finis)은 인간의 삶과 일의 목적이며 목표이다. 기독교 신앙은 다른 모든 종교와 마찬가지로 신과 영원 사이의 긴장을 다루지만, 시간의 흐름에 속하면서 그것을 초월하는 귀찮은 문제를 해결할 수 있는 힘이 인간 자신에게는 없다고 이해한다. 뿐만 아니라 인간이 그 자신의 능력에 의해서 이 문제를 해결하려는 바로 그 노력 때문에 악이 역사 속에 도입된다고 주장한다.(p. 287) 인간의 오만이라는 '거짓 영원들'에 의해서 도입된 악은 역사적 성취의 문제를 복잡하게 만든다.(p. 287) 역사의 완성은 신에 의한 인간의 불완전한 완성뿐 아니라 신의 심판과 자비에 의한 인간의 범죄와 죄의 정화를 포함해야 한다.(pp. 287-288) 이것이 신약성경에서는 수난의 메시아가 '권세와 위대한 영광'을 가지고 '재림'한다고 상징적으로 표현되었다.(p. 288)

제II절 종말에 대한 신약성서적 이념

예수 재림의 상징은 문자적으로 취해도 안 되고 중요하지 않다고 기각해도 안 된다. 그것은 시간과 영원의 관계를 다루며 조건 지어진 상태의 시각에서 궁극적인 것으로 지향하는 성서적 심벌이다.(p. 289) 신약성서적 심벌의 *eschata*, 곧 '마지막 것들(last things)'은 예수의 재림과 최후의 심판, 부활이다. 순서에 따라서 이 세 가지를 고찰하기로 한다.(p. 290)

1. 재림(parousia)

역사의 종말에 수난의 메시아가 승리의 심판자와 구원자로 도래한다는 것을 믿는 것은 현실적 존재가 그 자신의 규범을 궁극적으로 부정할 수 없다는 신앙을 표현하는 것이다. 사랑은 역사 속에서 수난의 사랑으로 살아야 한다. 왜냐하면 죄의 힘이 사랑의 단순한 승리를 불가능하게 만들기 때문이다.(p. 290) 기독교 신앙은 역사의 최종적 완성은 시간적 과정의 조건들을 초월한다고 하지만, 다른 한편으로는 완성은 역사적 과정을 부정하는 것이 아니라 성취한다고 주장한다.(p. 291)

2. 최후의 심판

삶과 역사에 대한 중요한 세 가지의 기독교적 개념이 있다. 첫째, 역사의 심판자는 그리스도라는 이념 속에 표현되어 있다. 그리스도가 심판자라는 것은 인간 자신의 이상적 가능성이 심판을 받는 것이 아니다. 이때 죄는 오만의 죄이다.(pp. 291-292) 둘째, 최후의 심판이 역사 속의 선과 악의 구별을 강조하고 있다는 점이다. 모든 역사적 상대성들은 애매하지만 이것이 선과 악에 대한 최후의 심판의 필요성과 가능성을 제거하지는 않는다. 궁극적 자비가 선과 악의 구별을 없애버리는 것이 아니다.(p. 293) 셋째, 최후의 심판이 역사의 종말에서 그 장소를 가진다는 점이다. 인간의 어떠한 의미의 완성도 덕의 성취도 심판을 피할 수 없다. 인간의 성장과 발전의 과정도 심판을 피하게 할 수 없다.(p. 293)

3. 부활

부활의 이념은 현대 정신이 거부하고, 오래전부터 혼의 영생으로 대치된 성서적 심벌이다. 부활은 의식의 한계를 초월한다. 혼의 영생도 그렇다. 역사적 존재인 인간은 자연의 여건으로부터 완전히 자유로운 초월적 정신을 이해하는 것이 가능하지 않다. 기독교적인 역사의 이념은 시간적 과정이 만든 풍부함과 다양성을 부정하지 않고 성취하지만, 유한성과 자유의 조건은 인간의 힘으로는 해결할 수 없고 신앙에 의해서 비로소 해결될 수 있다. 부활은 혼의 불멸이 그런 것처럼 인간적 가능성이 아니다.(p. 295) 부활은 신에 대한 신앙의 입장에서 역사적 존재의 영원한 중요성을 긍정하는 것이다. 육신의 부활의 심벌의 경우, 육신은 자연이 인간 개인과 모든 역사적 실현에 기여한다는 것을 나타내는 것이다. 이 점에서 부활 사상은 불교와 신플라톤주의와 구별된다.(p. 296) 부활론의 문자주의적 부패만이 문제를 어렵게 만드는 것이 아니다. 영원이 구체적인 유한성을 부정하지 않고 유한성으로 구체화된다는 것 역시 논리적으로 이해할 수 없는 것이다.(p. 297) 바울은 "혈과 육은 하나님의 나라를 유업으로 받을 수 없고, 또한 썩은 것은 썩지 아니한 것을 유업으로 받지 못하니라"(고린도전서 15: 50)고 했다. 이러한 신념이 그를 육이 심벌인 역사적 현실을 부정하는 결론에 이르게 하지 않았다. 도리어 그는 "벗고자 함이 아니요, 오직 덧입고자 함이니, 죽을 것이 생명에게 삼킨 바 되게 하려 함이라"(고린도후서 5: 4)고 말함으로써 종말의 완성이 전체의 역사적 과정을 부정하는 것이 아니라 그것의 승화임을 완전하게 표현했다. 이렇게 해서 바울은 역사의 의미와 완성을 인간을 초월하는 중심과 근원에 돌렸다.(p. 298)

제Ⅲ절 종말과 역사의 의미

만일 최종의 완성이 역사적 의미를 부정하지 않고 완전히 성취한다면 이런 의미의 내용은 신앙의 빛에 의해서 조명되어야 한다.(p. 299) 영원은 시간을 초월하면서 시간의 끝에 있다. 시간적 과정이 finis 없이 인식될 수 없다는 의미에서 영원은 시간의 끝에 있다. 그러나 영원은 finis를 가지고 있는 것으로 인식될 수 없다.(p. 299) 시간의 끝을 시간적 과정 안에서 묘사하려는 노력이 기독교적 개념의 문자주의적 부패의 대개의 원인이다. 인간의 자유가 역사를 초월하는 한 인간이 영원과 직접적 관계를 갖는 즉각적 자유가 있다. 역사의 이러한 차원이 시간의 매 순간이 영원과 직결되어 있다는 Leopold Ranke의 유명한 주장을 촉발하며 또한 부분적으로 정당하다. 그러나 역사는 그 전체성에서 전체적으로 이해되어야 하기 때문에 이 주장은 부분적으로만 옳다.(pp. 300-301)

제IV절 역사의 다양성과 통합성

1. 문화와 문명의 흥망

역사는 흥망의 다원성을 가지고 있다. 역사에 대한 다원적 해석이 근년에 각광을 받고 있다. Oswald Spengler와 Arnold Toynbee가 문명의 흥망에 대한 기념비적인 연구를 했다. Spengler는 자연의 춘하추동의 변화와 유사한 흥망을 문명이 되풀이한다고 주장했다. 다시 말해서, 문명들이 자연의 법에 의해서 지배되는 공통의 운명을 가지고 있다고 주장했다.(pp. 302-303) 이렇게 해서 역사의 자유는 완전히 환상이 되었고, 혹은 전적으로 자연에 예속되게 되었다.(p. 303) Toynbee에 의하면, 문명들은 역사의 새로운 도전이나 복잡성에 대처하는 데 있어서 과오를 범하기 때문에 망한다. 각 문명은 끝에 가서 숙명적 잘못을 범하고 망한다. 그러나 이 같은 잘못은 자연의 필연성의 법의 지배를 받지 않는다. 개인적 삶과 달리 역사의 집단적, 혹은 사회적 삶은 새로운 생명과 힘의 공급을 받을 수 있다. 그러나 이것은 문명들이 새로운 역사적 상황에 계속 적응할 것을 요구할 것이다. 그렇게 하는 데 실패하는 것은 자연적 필연성이 아니라 그들의 자유로 인해서 유혹을 받고 빠져들게 되는 숙명 때문이다. 이러한 잘못의 원인은 힘의 오만, 사회를 조직한 도구였던 전제 정치가 전적으로 억압적이 되어서 그것이 창조한 것을 파괴하는 것, 어제의 전략과 기술을 새로운 상황과 문제에 잘못 적용하는 것, 지적 오만, 현실로부터 분리되어서 초역사적 平靜(serenity)과 편안함을 주장하는 철학의 무책임성 등이다.(pp. 303-304)

니버는 현대의 기술 문명이 기술적 발전을 최종적 선으로 잘못 숭배하기 때문에 파멸할지도 모른다고 걱정한다. 한편으로는 기술사회가 기술을 파괴에 사용할 위험성이 있으며, 다른 한편으로는 기술 시대가 낳은 엄청난 풍요가 주는 편안함을 최종적 선으로 생각함으로써 유약함의 증대로 현대 기술 문명이 망할 수 있다고 니버는 말한다.(p. 304) 요약해서 말하면, 지금까지 말한 몰락과 패망의 여러 원인은 관능성(sensuality)의 죄와 오만의 죄, 이 두 가지 범주로 요약할 수 있다. 전자에서는 역사의 자유가 부정되고 인간이 자연의 무책임성으로 후퇴한다. 후자에서는 인간의 자유가 과잉 평가된다. 이것은 제국주의의 죄이다.(pp. 304-305) 역사적 사양과 몰락의 여러 형태들은 하나의 공통된 특성을 가지고 있다. 그것은 단순한 생물적 죽음이 아니라는 것이다.

어거스틴이 말한 대로, 죽음 때문에 죄를 범하는 것이 아니라 죄 때문에 죽는다. 인간 개인은 유한성을 가지고 있는 자연적 유기물이기 때문에 죄 때문에 죽는다는 것은 맞지 않지만, 어거스틴의 말은 문명들의 사멸에 대한 적절한 설명이다. 문명들은 절대적인 자연적 필연성 때문에 죽는 것이 아니라 그것들의 창조성이 발생한 동일한 자유가 만드는 잘못과 과오 때문에 파멸한다. 잘못은 결코 무지만에 의해서 생기는 것이 아니라 허망한 상상력의 죄로 인해서 발생한다.(p. 305) 하나님의 위엄은 파괴 속에서도 나타난다.(p. 306) 문명들의 흥망 속에 어떤 의미가 있든 그 의미는 신앙에 의해서만 알 수 있다. 왜냐하면 그것은 역사를 초월하는 영원의 시점에서만 볼 수 있는데, 그것은 어떤 인간도 가지고 있지 않으며 신앙에 의해서라야 가능하기 때문이다. 그런 관점에서 보면, 비록 계속되는 과정 속에서 통합성을 식별하는 것이 가능하지 않을지라도 역사는 의미를 가지고 있다.(p. 307)

2. 개인과 역사

개인의 삶의 종언은 그에게 있어서 역사의 종언이다. 모든 개인은 약속의 땅에 들어가지 못하고 죽는 모세이다. 그러나 각 개인은 또한 영원과 직접적인 관계를 가진다. 인간이 그의 역사적 책임을 심각하게 취할 때 그는 궁극적이고 최종적인 시점에서 완전한 성취의 문제를 보아야 한다.(p. 308) 기독교적 내세주의 형태에 반대하는 현대의 항거는 역사적 과정 속에서 삶의 의미를 완성하려고 한다. 이런 입장은 역사를 초월하는 개인의 자유를 모호하게 만들며, 역사적 과정의 유한한 성격을 부정한다.(p. 309) 사회 공동체는 개인의 삶보다 긴 수명을 가지고 있기 때문에 개인에게 그의 공동체 속에서 삶을 완성하라고 거친 형태의 순수하게 사회적이고 역사적인 삶의 해석을 주문한다. 그러나 공동체는 개인적인 삶의 실현인 동시에 좌절이다. 집단적 이기주의는 개인의 양심을 해치고 기구적 불의는 정의의 이상을 부정한다.(pp. 309-310) 보다 세련된 형태의 사회적, 역사적 구원론은 역사적 과정 자체에 대한 관계에서 삶을 성취하라고 한다. 그러나 역사를 구원으로는 볼 수 없으며, 개인적 삶에 대한 적절한 판단과 그것의 충분한 성취를 역사적 과정에서 찾으려는 희망은 비애로운 환멸을 초래한다.(p. 310) 개인의 삶에 대한 신약성경의 답은 '전반적 부활(general resurrection)'의 개념이다. 이것은 역사의 심판 전에 죽은 모든 사람의 부활로서 개인의 삶의 가치와 개인에 대한 역사의 전 과정의 의미를 공정하게 다룬다.(p. 311) 부활의 이념은 유토피아주의도 내세주의도 하지 못하는 역사적 과정에 대한 개인의 패러독스적 관계를 공정하게 다룬다.(p. 312)

3. 역사의 통합

역사는 궁극적 *telos*의 시각에서 일관성의 총체적 영역이어야 한다.(p. 313) 역사는 '종적 통합(unity in length)'과 '횡적 통합(unity in breath)'을 가지고 있다. 전자는 역사의 축적의 결과로서 시간적이고, 후자는 동시대의 문명들의 내적 관계로서 공간적이다.(p. 314) 종적 통합의 시각에서 보면 서구 문명은 그리스와 로마의 문명과 관련성을 가지고 있으며, 횡적 통합의 시각에서 보면 서구의 과학은 동양의 과학적 발견과 관련성을 가지고 있다.(p. 314) 이와 같은 보다 큰 문명적 친밀성과 계속성은 문화의 단순하고 용이한 상호 관계가 아니라 비극적인 세계 전쟁을 촉진한다.(p. 314) 분명 역사는 성장하고 있다고 보아야 한다. 그러나 이 '성장'에 관해서 인간의 운명에 관한 기독교적 해석과 세속적 해석이 차이를 노정한다. 현대의 세속적 문화는 성장(growth)이 발전(progress)을 의미한다고 생각한다. 다시 말해서, 역사는 chaos로 부터 *cosmos*로 움직이고 있다고 믿는다. 우리는 역사가 이런 결론을 지지하지 않는다는 것을 증명하려고 했다. 인간의 자유가 건설한 보다 높고 보다 복잡한 질서는 보다 적극적인 무질서의 위험을 내포하고 있다.(p. 315)

역사적 현실의 이러한 국면, 곧 선의 모든 레벨의 이러한 새로운 위험을 나타내는 신약성경의 심벌은 적그리스도(Antichrist)이다.(p. 316) 가톨릭은 적그리스도를 교회의 가능한 적을 지적하는 데 사용한다. 가톨릭도 종교개혁도 적그리스도를 일반적 역사 해석의 원리로 효과적으로 사용하지 못했다.(p. 317) 신약성경의 적그리스도 심벌에 의하면, 미래는 현재보다 더 안전한 영역이 아니며 보다 높은 덕이 보장되어 있지 않다. 적그리스도는 역사의 종말에 있으며 역사가 인간 존재의 본질적 문제를 해결하는 것이 아니라 오히려 축적한다는 것을 나타낸다.(p. 318) 어거스틴적으로 말하면, 역사에서는 신의 나라와 지상의 나라가 함께 성장한다.(p. 318) 악은 근원적으로 선의 부정이며 선에 기생한다.(p. 318) 이렇게 해서 최종적 악은 최종적 선에 의존한다.(p. 319) 현대 철학들은 역사의 축적된 위험과 악을 모호하게 만들고 부정함으로써 역사 자체를 구원의 신으로 생각한다.(p. 319) 고대 세계는 인간의 정신을 유한성의 흐름으로부터 분리함으로써, 혹은 그 흐름에 인간의 자유를 복종시킴으로써, 그리고 현대 세계는 역사의 과정을 인간 생활의 완성의 보장자로 봄으로써 인간 정신의 완성을 추구했다. 이러한 계산 속에는 인간적 오만의 '허망한 상상(vain imagination)'이 들어 있는 것이다.(p. 320)

이상주의자와 고대 신비주의자, 그리고 현대 세계가 믿었던 것처럼 인간은 역사의 흐름과 그 제한성으로부터 자기를 분리시킬 수 없다. 인간이 문제를 역사로부터의 도피나 역사적 과정 자체에 의해서 해결할 수 있다고 믿는 것은 잘못이다. 그 잘못은 특정한 인간이나 문화가 아니라 인간 자신의 오만이 이데올로기적 오염의 보편성에 의해서 촉발된 것이다. 그러므로 인해서 인간의 운명의 보다 참된 분석은 원리적으로 인간의 오만을 부정한 종교적 신앙의 근거에서라야 가능하다.(p. 320) 어떤 것도 그리스도의 사랑으로부터 끊을 수 없는 신앙의 입장에서는 역사는 자기를 완성할 수 없기 때문에 무의미하지 않다. 인간이 조급하게 완성하려고 하기 때문에 비극적이라는 것을 부정할 수 없지만 말이다.(p. 321) 인간의 운명에 대한 지혜는 인간의 지식과 힘의 한계에 대한 겸손한 인식이다. 우리가 가장 믿을 수 있는 이해는 은총의 열매이다. 은총 속에서는 신앙이 무지를 완전하게 하고, 회개가 우리의 희망을 파괴하지 않고 오만을 완화한다.(p. 321)

7
사회주의 제창자에서 민주주의 옹호자로의 변신:
『빛의 아들과 어둠의 아들 The Children of Light and the Children of Darkness』 출간(1944)[46]

⚜

『인간의 운명』을 출간하고 나서 시간적 자유를 얻은 니버는 전쟁에 대해서 보다 깊은 관심을 갖게 되었다. 그때는 캔터베리(Canterbury)의 대주교가 된 John Baillie와 William Temple이 니버를 스코틀랜드와 잉글랜드, 그리고 전쟁정보국(Office of War Information)에서 강연을 하도록 초청했다. 그의 여행이 결정되었음을 알리자, 영국 대중과 연합군 병사들에게 전쟁의 목적에 대해서 강연을 해달라는 요청이 첨가되었다. 록펠러 재단이 경비를 제공했고 미국 정부가 자문역(consultant)의 공적 신분을 부여했다. 니버는 1943년 봄에 미군 폭격기에 탑승하여 10주간의 영국 여행을 떠났다. 그는 영국인들이 전과 다름없이 여전히 탄력 있고, 유기적으로 결속되어 있으며, 추상적인 정치적 이론에 현혹되지 않고 단계를 밟아서 서서히 나아가는 실용주의적 국가라는 것을 발견했다. 특히, 니버는 전후의 평화를 위한 영국의 지혜와 온건함, 그리고 미국과 러시아의 두 강대국 사이에서 영국의 성숙되고 안정된 중재가 중요하다고 보았다.[47]

니버는 Temple 대주교를 영국의 지혜와 집단적 특성의 발현의 개인적 구현으로 보았다. 영국만이 친노동자적이고 사회적인 민감성을 가진 템플을 국가적 교회의 지도자로 택할 수 있는 선견지명을 갖고 있다고 니버는 생각했으며, 또한 그를 전시 영국의 국가적 통합의 상징으로 예찬했다. 영국인들은 계몽이 잘 되어 있어서 병사들과 국제적 문제에 대해서 비판적이고 개방적인 토론을 벌일 수 있었다. 그런데 니버의 거친 관찰에 의하면, 미국 병사들은 할리우드적인 정신적 양식을 소비하고 있을 뿐이며, 정신적 공허로 인해서 고통 받고 있다고 미국교회협의

---

46) Reinhold Niebuhr, *The Children of Light and the Children of Darkness*(New York: Charles Scribner's Sons, 1944).
47) Fox, *Reinhold Niebuhr*, p. 217.

회의 Samuel Cavert에게 말했다. 이 발언은 미국전시국(American War Department)과 *The Christianity and Crisis*의 부유한 후원자의 불쾌감을 샀다. Osborn 장군이 니버를 워싱턴으로 초청하여 이 문제를 논의했지만 니버는 그의 의견을 굽히지 않았다. 그는 7월에 미국으로 귀국했는데 라과르디아 공항에서 《뉴욕 타임스》 기자에게 영국에서는 엄격한 배급 제도 아래에서도 모든 계급이 마찰 없는 조화를 이루고 있는데 미국에서는 그러한 통합이 없다고 말했다. 그러나 니버는 방관자로서 그러한 사태를 슬퍼하지만 않고 그의 정치적 활동에 박차를 가했다.[48]

니버는 논설을 쓰는 일에 착수했고, UDA와 '독일의자유를위한미국친구들(American Friends of German Freedom)'의 책임자의 임무를 수행했으며, 미국노동당(American Labor Party)을 위한 전국적 캠페인에 활발하게 관여했다. UDA는 분열되어서 동유니온의 우파 그룹은 새로운 자유당(Liberal Party)을 결성했다. 니버는 동유니온의 광범한 기반을 가지고 있는 진보적이고 친노동자적 그룹인 Sidney Hillman의 '전국정치행동위원회(National Political Action Committee)'를 지지했기 때문에 UDA의 회원 자격을 유지하기를 원했다. 많은 생각 끝에 양쪽에 동시에 속할 수 있다는 판단 아래 니버는 자유당에 가입했고, 재빠르게 부위원장으로 선출되었다. 니버는 1943년과 1944년에는 라디오 토크쇼의 단골 출연자로 등장했다. 1943년 영국에서 돌아온 후, 그는 상원의원 Taft와 Sidney Hook과 함께 라디오 토크쇼에 출연하여 전후의 정책에 관해서 토론했다. 이 토론에서 니버는 군소국가들의 권리들에 의해서 견제된 강대국의 책임 있는 관리 이념을 주장했다. 혹은 니버의 강대국 관리 이론이 급속히 새로운 전제 정치에 빠지게 하며 유럽에서 민주주의의 죽음을 초래할 것이라고 니버를 공격했다. 여기에 대해서 니버는 혹은 그가 원하는 종류의 질서를 수립하기까지 세계를 카오스 그대로 내버려두려고 한다고 응수했다.[49]

1944년에 니버는 뉴욕 정치계에서 널리 알려진 인물이 되었으며, 지적 토론에

48) 같은 책, pp. 217-218.
49) 같은 책, pp. 218-219.

서 명성을 날렸으며, 전국의 대학 캠퍼스에서 명성이 높아지고 있었다. 그는 하버드대학교의 두들레인 강좌(Dudlein Lectures), 스탠퍼드대학교의 웨스트 강좌(West Lectures), 시카고대학교의 화이트 강좌(White Lectures), 그리고 예일대학교의 비처 강좌(Beecher Lectures)를 강의했다. 그는 그 강좌들을 준비할 시간이 없었지만 그것들은 『인간의 본성과 운명』에서 급히 도출한 것이었다. 1944년 1월에 스탠퍼드대학교의 웨스트 강좌를 『빛의 아들과 어둠의 아들』이라는 제목으로 강의했는데, 그것을 여름 동안에 다듬어서 그해 가을에 출간했다.[50]

이 저서는 지금까지 사회주의의 제창자였던 니버가 민주주의의 옹호자로 변신한 것을 보여주는 주목할 만한 저서이며, 또한 널리 읽혀지는 명저로서 기독교에 입각한 니버의 민주주의적 정치 이론이다. 이 저서에서 니버가 전개한 주요 이론은 『인간의 운명』의 제IX장 "하나님의 나라와 정의를 위한 투쟁"에서부터 '민주주의'가 '영원히 가치가 있는' 정치 형태라는 결론에 도달하게 한다. 그의 이러한 입장은 그로 하여금 동저서의 서문에서 "정의를 위한 인간의 능력이 민주주의를 가능하게 하고, 불의를 위한 인간의 경향성이 민주주의를 필요로 하게 한다(Man's capacity for justice makes democracy possible but man's inclination to injustice makes democracy necessary)"라고 하는 유명한 민주주의의 정의를 내리게 한다. 현대사회에서는 부르주아 문화가 민주주의 政體를 창출했는데, 그 문화 자체는 개인적인, 그리고 집단적인 私利(self-interest)의 힘을 과소평가한 '어리석은 빛의 아들'에 의해서 형성되었다. 민주주의가 살아남기 위해서는 그것은 힘(power)에 대해 현실적이면서도 모든 역사적 성취의 단편적이고 파탄적인 성격을 겸허하게 깨닫는 새로운 종교적 문화를 요청한다고 한다. 그에 의하면, 어둠의 아들인 도덕적으로 냉소적인 파시스트와 스탈린니스트는 그들의 세대에서는 인간 존재의 잔인한 현실에 대해서 빛의 아들보다 현명하다. 그렇기 때문에 순진한 빛의 아들은 그들 어둠의 아들의 교활한 지혜를 그들의 악에 굴복하지 말고 수용하여 사용해야 한다는 것이다.[51]

---

50) 같은 책, p. 219.
51) 같은 책, p. 219.

니버가 1941년 이후 줄곧 주장해 온 것처럼 민주주의가 가지고 있는 구원의 덕은 개방성(openness)이다. 그는 The Christianity and Crisis에 기고한 최초의 논설들 중 하나에서 민주주의는 '개방 사회'이다. 왜냐하면 그것은 자신을 보편적 표준에 비추어서 비판하는 것을 허용할 뿐만 아니라 권장까지 하기 때문이라고 주장했다. 그는 1941년 The New Leader에 기고한 글에서 "민주주의적 견제와 거기에 대한 반대 견제는 특정한 이익들을 중립화하고 진리의 상이한 부패들을 상호 파괴하게 함으로써 진리에 도달하는 최선의 방법이다"라고 주장했다. 그렇기 때문에 민주주의는 문화로부터 이데올로기를 제거하고 독재 정치를, 그것이 성직자적, 군사적, 경제적, 혹은 정치적 힘에 뿌리박고 있든, 정복할 수 있는 최선의 기회를 제공한다는 것이다. 민주주의에서는 힘의 불평등들이 불가피하지만 그것들은 문제가 되지 않는다. 정치적, 경제적 영역의 지배권이 아래로부터의 압력에 의해서 계속 바뀌기 때문이라고 그는 생각했다. 뿐만 아니라 민주주의의 정의는 아래로부터의 압력뿐 아니라 지배권들 사이의 대립적 긴장 관계에 의해서 성취된다는 것이다. 이렇게 해서 이 저서는 니버의 민주주의의 방어를 인간의 본성과 운명에 관한 이론과 결합시켰다. 민주주의의 견제와 반대 견제는 모든 집단이 추구하는 힘의 불균형을 저지한다.[52]

이 저서에서 니버는 종전의 급진론적 입장에서 점진적 실험과 개혁의 입장으로 전환하였다. 소유의 문제는 과거처럼 대기업을 사회화해야 한다고 주장하는 계급적 문제가 아니라 대립되는 진영들 사이의 지속적 토론에 의해서만 다룰 수 있는 문제가 된다. 역사의 논리는 여전히 사회화를 지지하지만 그러한 프로그램은 항상 복잡한 정치적, 경제적 힘의 어떤 위기를 유발하기 때문에, 현명한 공동체는 조심스럽게 전진하고 새로운 모험의 결과를 앞으로 전진하기에 앞서 시험해 본다. 주된 문제는 '힘들의 균형'을 보존하고 힘의 부당한 집중화를 막는 것이다. 니버는 정의를 위한 투쟁이 필요하지만, 그것이 항상 사회적 균형을 위협한다는 사실에 유의하게 되었다. 이러한 입장은 지속적 조정에 의한 점진적 정치로서 바

| 52) 같은 책, pp. 219-220.

로 실용주의적 문제 해결을 추구하는 것이다. 니버의 이 같은 입장은 이 저서의 제 IX장의 결론인 다음과 같은 구절 속에 극명하게 표현되어 있다. "민주주의는 해결 불가능한 문제들을 위한 근사적 해결들을 발견하는 방법이다(Democracy is a method of finding proximate solutions for insoluble problems)."[53]

니버의 이러한 민주주의적인 실용주의적 입장에 대해서 Richard Wightman Fox는 다소 비판적이다. 그는 다음과 같이 니버를 비판한다. 만일 『도덕적 인간과 비도덕적 인간』의 저자인 젊은 니버가 『빛의 아들과 어둠의 아들』을 비평한다면 그 저서 속에 표현된 조정을 통한 정의, 다시 말해서 개방된 사회의 토론에 의한 정의의 실현에 대한 믿음을 비웃었을 것이다. 외견상으로는 총체적으로 개방적인 민주적 사회의 토론도 이데올로기의 요소를 가지고 있기 때문에, 민주적 사회의 지성인이나 일반 시민도 이러한 이데올로기적 편견을 알지 못하거나 잊어버릴 수 있다는 것이다. 젊은 니버는 이성이 사회적 상황에서는 항상 私利(interest)의 하인임을 주장했다고 Fox는 주장한다. 그러나 그의 이러한 비판은 적절한 것으로 생각되지 않는다. 왜냐하면 그러한 이데올로기적 편견도 거기에 대립되고 그것을 비판하는 대립적 입장에 의해서 비판되며, 그러한 비판적 과정을 계속하는 것이 바로 민주주의의 본질적 특성이기 때문이다.[54]

Fox는 다른 또 하나의 경우를 들어 이 당시의 니버를 비판한다. 1944년에 초에 Time과 Fortune의 사장인 Henry Luce는 시카고대학교 총장 Robert Hutchins에게 20만 달러를 제공하고 자유 언론의 상황을 연구하게 했다. Hutchins는 연구를 수행하기 위해서 15명의 지성계의 명사들을 규합했다. 니버는 Jacques Maritain, Archibald MacLeish, Arthur Schlesinger Sr., Robert Redfield, Charles Merriam, William Ernest Hocking 및 그 밖의 인사들과 이 프로젝트에 참가했다. 15명의 연구원들은 6주마다 4-5시간의 회의를 가졌다. 이 연구는 2년 이상 계속되었는데, Luce는 이 점을 불만스럽게 생각했다. 니버는 언론의 집중화는 불가피하며 강요된 분산화(decentralization)는 보다 해로운 국가 권력의 강화를 요하게 된다는 데

---

53) 같은 책, p. 220.
54) 같은 책, pp. 220-221.

대해서 Luce와 의견의 일치를 보았다. 그는 Luce와 점심 식사를 나눈 후, 언론을 통제하는 사람들의 양심에 무거운 책임이 있다는, 그것이 유일한 해결책이라는 결론에 도달했다. Fox는 젊은 니버라면 권력자에게 그와 같은 도덕적 호소를 하지 않았을 것이며, 도대체 니버가 Luce가 연구비를 대는 프로젝트에 관여한 것을 이해할 수 없다고 비판한다. 왜냐하면 Luce는 연구를 통제하지는 않았지만 최종 보고서의 입장에 관여했기 때문이다. Fox의 이 비판은 충분한 타당성을 가지고 있다고 보여진다. 이렇게 된 것은 니버가 관용과 타협을 본질적 핵심으로 하는 민주주의 방어에 몰두했기 때문일 수도 있고, 건강이 좋지 않은 니버의 비판력이 약화되었기 때문일 수도 있으며, 또는 사상적 원숙기에 접어든 니버의 관용성 때문이기도 할 것이다.[55]

그러면 『빛의 아들과 어둠의 아들 The Children of Light and the Children of Darkness』(Charles Scribner's Sons, 1944)의 내용을 요약하기로 한다. 이하의 내용 요약 중 괄호 안의 페이지는 동저서의 페이지를 나타낸다.

새로운 서문(1959)

이 책을 저술한 지 15년이 경과했기 때문에 지나간 과거가 되었고 또한 구식이 된 것들이 없지 않으나, 중심적 주제는 그대로 타당성을 가지고 있다. 자유사회는 인간의 본성에 대해서 지나치게 비판적이지도 낙관적이지도 않은 견해를 권장하는 문화적, 종교적, 도덕적 분위기 속에서라야 가장 잘 번영한다. 정치에 있어서 감상주의(sentimentality)와 도덕적 비관주의는 전체주의적 정권을 조장한다. 왜냐하면 전자는 정부의 힘을 견제할 필요가 없다는 견해를 조장하고 후자는 절대적인 정치적 권위만이 이해관계의 충돌에서 생기는 혼란을 막을 수 있다고 믿기 때문이다. 15년 전의 내 판단들은 분명 수정되어야 할 것들이 있다. 중국은 '가능한'이 아니라 실제적인 강대국이 되었다. 비공산주의 세계의 패권 국가인 미국은 순진한 젊은 미국이 가졌던 도덕적 감상주의와 허세를 벗어나서 세계에 대한 책임들을 수

---

55) 같은 책, p. 221.

행하게 되었다. 그러나 미국은 여전히 특별히 덕성 있는 국가임을 가장한다. 이와 달리 모든 역사적 덕들과 성취들은 우리가 믿으려고 하는 것과 달리 애매하고 단편적이다. 공산주의와의 합의 도출의 실패가 국가 간의 이해관계를 합리적으로 해결하는 것이 이상주의자들이 생각하는 것처럼 쉽지 않게 만든다. 핵 전쟁은 쌍방의 파멸을 초래하기 때문에 공산주의와 참을 수 있을 만한 공존을 마련해야 하는데, 그것은 상호 신뢰와 함께 현재의 세계적인 대립적 긴장을 넘어서는 공동체적 조직들이 서서히 발달함으로써 가능할 것이다.

초판본의 서문(1944)

이 저서는 1944년 Stanford University의 The Raymond F. West Memorial Lectures 강의를 출판한 것이다. 강의의 주제는 민주주의가 거부할 수 없는 정당성을 가지고 있으며, 자유주의 문화가 그것에 대해서 주었던 것보다 많은 현실적인 옹호를 해야 한다는 것이다. 인간의 본성과 인간 역사에 대해 민주주의 신조가 가지는 지나치게 낙관적인 평가는 민주적 사회의 위기의 근원이 된다. 자유사회는 인간이 경쟁적 이해관계들 사이에서 잠정적이고 참을 수 있을 만한 조절을 할 수 있으며, 또한 모든 부분적 이해관계를 초월하는 어떤 공통된 정의 개념에 도달할 수 있다는 어떤 확신을 가져야 한다. 정의를 위한 인간의 능력에 대한 일관된 비관주의는 압도적 힘만에 의한 사회적 조화의 실현을 믿게 한다. 그러나 타인들에게 정의롭게 대하는 능력과 경향에 대한 일관된 낙관주의는 모든 사회가 직면하는 위험을 보지 못하게 한다. 이러한 위험은 자유사회를 엄습하며 독재 정치를 자초한다. 사실 민주주의는 특별히 혼란의 위험에 노출되어 있다. 현대 민주주의는 그것이 노출되어 있는 위험들을 예상하고 이해하기 위해서, 그리고 민주주의를 더욱 설득력 있게 정당화하기 위해서 좀더 현실적인 철학적, 종교적 기초를 필요로 한다. "정의를 위한 인간의 능력이 민주주의를 가능하게 한다. 그리고 불의에 대한 경향성이 민주주의를 필요로 하게 한다."(p. 13)

모든 비민주적 정치 이론에서는 공동체의 질서와 통합을 유지하기 위해서 국가와 통치자에게 제약을 받지 않는 힘을 부여한다. 이러한 정책을 권장하고 정당화하는 비판주의는 그것을 통치자에게는 적용하지 않는다. 만일 사람이 동료 인간들을 불의하게 다루려는 경향이 있으면 힘의 소유자는 이 성향을 악화시킬 것이다. 그래서 무책임하고 견제받지 않는 힘은 불의의 가장 큰 원인이 된다.(pp. 13-14). 자유사회의 민주주의적 기술은 통치자와 행정가의 힘에 대해서 견제를 가한다. 견제를 받지 않는 힘의 위험성은 민주적 사회가 항상 직면하는 위험성이다. 민주적 사회가 자유의 위험성에 의해서 인내성을 상실하면, 자유를 희생하고 강제적 통합을 선택하려는 유혹이 언제든 존재한다. 자유주의 문화의 일관된 낙관주의는 자유의 위험을 정확하게 측정하지 못하게 했으며 불의와 억압에 대한 유일한 대안이 민주주의라는 것을 이해하지 못하게 했다.

이 책의 정치적 철학이 근거를 두고 있는 종교적, 신학적 신념들은 이론적으로 정교하게 전개되지 않았다. 그러나 그러한 신념들은 인간의 본성에 대한 기독교적 견해가, 민주주의가 역사적으로 인간의 본성을 이해한 낙관주의나 인간 공동체들로 하여금 독재 정치적 정치 전략들을 취하게 한 도덕적 냉소주의보다, 민주적 사회의 발전을 위해서 보다 적절한 믿음임을 알 수 있다.

제I장 빛의 아들과 어둠의 아들(The Children of Light and the Children of Darkness)

제I절

본 절은 개인의 자유와 사회의 질서를 함께 살릴 수 있는 민주주의가 살아남기 위해서는 부르주아적 세계 형성의 철학보다 더욱 적절한 문화적 기반을 가져야 함을 주장한다.(pp. 1-9) 민주주의는 다음과 같은 특성을 가지고 있다. 부르주아 문명의 특성적 결과이다. 자유와 질서가 서로 도울 수 있는 영구한 가치를 가지는 사회적 조직의 형태이다. 민주주의는 중세의 교회적이고 귀족적인 봉건적 통치자에 저항하여 일어난 상인계급인 중산층의 전형적 견해를 나타내는 부르주아 이데올로기(bourgeois ideology)이다. 그 평등의 이념은 그리스의 도시국가에는 없는 것으로서 기독교와 스토아철학에서 온 것이다. 부르주아 문명은 17, 18세기에 발생하여 19세기에 절정에 도달했고, 20세기에 이르러 심각한 위험에 처했다. 중산층의 이데올로기인 민주주의가 사양에 직면해 있다. 부르주아 민주주의는 흔히 공동체보다 개인을 중시했다.

그러나 정치적 자유(liberty)에 대한 강조는 과도한 개인주의를 초월하는 타당한 요소를 가지고 있다. 즉, 공동체는 개인과 동시에 자유를 요청한다. 민주주의는 질서의 틀 안에서 자유를 추구한다. 인간은 자연의 과정과 제한성을 초월하는 자유를 가지고 있지만, 본질적으로 사회적이기 때문에 동료 인간들에 대한 책임 있는 관계에서 비로소 그의 삶을 충분히 성취할 수 있다. 공동체의 질서는 개인에게도 공동체에게도 유익한 것이다. 개인은 공동체 안에서라야 참된 자아실현을 할 수 있다. 그렇기 때문에 민주주의적 질서가 가지고 있는 덧없는 것으로부터 항존적 타당성을 구별하고 보존해야 한다. 민주주의가 살아남기 위해서는 부르주아적 세계 형성의 철학보다 더욱 적절한 문화적 기반을 가져야 한다. 민주주의 실험이 기초로 삼은 부적합한 전제는 과도한 개인주의와 자유의지론에 있지 않다. 비록 과도한 개인주의가 프롤레타리아 계급이 중산층 생활의 잘못된 개인주의에 대해서 집단주의를 내세우게 했지만 말이다. 그러나 개인주의도 집단주의도 절반의 진리만을 가지고 있다.(p. 6)

부르주아 민주주의의 개인주의의 보다 심각한 민주적 문명의 근본적인 잘못은 이기적 이익과 일반적 이익 사이의 갈등과 대립을 쉽게 해결할 수 있다는 가능성에 대한 확신에서 비롯된다. 프롤레타리아의 이상주의자들도 이 과오를 범했다. 현대 문명은 국가 공동체 안에서 전통적인 봉건적 질서가 주려고 했던 것보다 더 큰 자유를 주고자 하는데, 이때 정의의 보편적 표준을 거부하지 않았다. 심지어 Machiavelli의 군주론조차 현대 자유주의적 이상주의의 보편적 색채를 부정하지 않았다.

제Ⅱ절

본 절은 어둠의 아들과 빛의 아들의 구별을 다룬다.(pp. 9-15)

어둠의 아들, 혹은 세상의 아들은 자신의 의지가 이익 이외의 아무런 법도 인정하지 않는 도덕적 냉소주의자이다. 악은 전체에 대한 고려 없이 私益(self-interest)

만을 주장한다. 전체가 직접 관계된 공동체이든 인류 공동체이든, 혹은 세계의 전체 질서이든 말이다. 빛의 아들은 사익을 보다 높은 법의 규제(discipline) 아래 두어야 한다고 믿는 사람들이다. 선은 다양한 레벨의 전체적인 조화이다. 인류 공동체라는 보다 큰 전체의 시각에서 보면 국가 공동체에 대한 충성도 악이다.

성경에서는 어둠의 아들이 빛의 아들보다 더 지혜롭다고 했다. "이 세상의 아들들이 자기 세대에 있어서는 빛의 아들들보다 더 지혜로움이라."(누가복음 16: 8) 빛의 아들이 만든 민주주의 문명이 어둠의 아들의 공격을 받아 위험에 처했다. 냉소주의자의 신조를 받아들였기 때문이 아니라 私益의 힘을 과소평가했기 때문이다. 어둠의 아들들은 자기밖에 모르기 때문에 악하다. 그렇지만 그들은 사익의 힘을 알고 있기 때문에 악하지만 지혜롭다. 빛의 아들들은 그들 자신의 의지보다 높은 법을 알기 때문에 덕성이 있지만 자아의지(self-will)의 힘을 모르기 때문에 어리석다. 그들은 무정부 상태의 위험을 과소평가한다. 그들은 공동선에 기여하는 같은 인간이 이웃과 알력을 일으키는 욕망, 야심, 희망, 공포를 가질 수 있다는 사실을 알지 못한다. 빛의 아들들은 사익의 힘을 과소평가했고 자신들 속에 있는 사익의 힘도 과소평가했기 때문에 어리석다. 빛의 아들들이 세계적 양심을 능변으로 말하고 있는 동안, 어둠의 아들들인 나치즘이 나라들을 하나씩 하나씩 약탈했다.

이렇게 하여 도덕적 냉소주의가 도덕적 감상주의에 대해서 일시적 우위를 차지했다. 세속화된 이상주의자들도 현대의 자유주의적 개신교도 어리석고 융통성이 없다. 가톨릭교는 중세의 정치적 보편주의를 액면 그대로 받아들이지만, 가톨릭의 보편적 질서는 승려와 귀족의 특권과 혼합되어 있었다. 그리고 중세의 봉건적 질서에 대한 부르주아 계급의 항거 역시 이데올로기적 오염을 포함하고 있다. 가톨릭주의가 자신의 이데올로기적 오염에 대해서 의식하지 못하는 것은 빛의 아들의 전형적인 무지의 한 예이다. 가톨릭 문명이 농경적인 봉건 질서의 일시적이고 상대적인 질서를 영원한 신성함을 가지고 있다고 정당화했기 때문에, 새롭고 역동적인 부르주아적 사회 세력은 중세의 정치적, 경제적 제도뿐 아니라 그것을 정당화한 중세 기독교에 대해서도 항거했다. 현대 문화는 현대 과학을 신봉하는데, 종교적 권위는 과학의 확대에 대해서 설익고 너무나 협소한 제약을 가하려고 했다. 그렇지만 현대의 반항은 진리, 혹은 보편적 질서를 부정하는, 바로 어둠의 아들에 의한 것이다. 현대 문명은 빛의 아들임에도 불구하고 어리석다. 중세에 대한 현대의 반항은 사회 질서의 새로운 생명력과 인류의 문화적 기업의 새로운 차원들의 발견으로 규정할 수 있다. 그러나 중세도 현대도 인간 문화의 모든 이상적 성취와 허세(pretension) 속에 있는 사익의 부패를 의식하지 못했다.(p. 15)

제III절

본 절은 인간 본성에 대한 중세와 현대의 이해를 비교한다.(pp. 15-33)

중세는 사익의 부패에 대해서 의식하지 못했지만 그 후계자인 현대는 사익의 힘에 대한 평가에 있어서 더욱 어리석었다. 현대 문명은 한없는 사회적 낙관주의로 시작되었다. 현대의 모든 학파는 원죄의 기독교적 교리(the Christian doctrine of original sin)를 한결같이 거부한다. 인간의 시야가 아무리 넓을지라도, 인간의 상상력에 의한 충성이 아무리 높을지라도, 인간이 조직하는 공동체가 아무리 보편적일지라도, 고상한 이상주의자들의 열망이 아무리 순수할지라도 과도한 사익의 어떤 부패가 없는 인간의 도덕적, 혹은 사회적 성취는 없다.(pp. 16-17) 현대 문명은 원죄를 거부하기 때문에 현대의 이상주의자들은 이익의 부도덕한 결과에 직면할 때 그 원인을 사회적 조직의 특별한 형태, 곧 정치 기구, 결함이 있는 경제 조직, 혹은 무지에서 찾는다. 또한 이러한 문제를 보다 완전한 교육이 해결할 수 있다고 믿는다. 그러나 본질적으로 선한 인간이 어떻게 그런 잘못된 기구나 조직을 낳게 되는가를 어떤 학파도 묻지 않는다.(p. 17) 인간의 사회적 역사가 가지고 있는 이러한 분명하고 비극적 사실을 알지 못하기 때문에 민주주의의 정치가들과 지도자들은 완전한 국가적, 세계적 공동체를 창출하려는 헛된 노력을 한다.(p. 18)

현대의 세속주의적 이상주의는 지나치게 낙관주의적 견해를 가진다. 개인을 본질적으로 무해한 존재로 본다. 인간의 생존적 충동(survival impulse)은 단순한 존재 유지를 넘어서 '정신화된다(spiritualized)'. 이 같은 정신화에 두 가지 형태가 있다. 하나는 타인과의 관계 속에서 자아실현을 추구한다. "자기 목숨을 얻는 자는 잃을 것이요, 나를 위하여 자기 목숨을 잃는 자는 얻으리라."(마태복음 10: 39)(pp.

18-19) 다른 하나는 '생존의지(will-to-live)'가 '권력의지(will-to-power)', 혹은 '권력과 영광(power and glory)'으로 변형된다는 것이다.(pp. 20-21) 인간은 단순한 신체적 생존만이 아니라 특권과 사회적 인정(prestige and social approval)에 대해 관심을 갖는다. 이러한 욕망은 우주 속에서 인간이 중요하지 않다는 데 대한 보상을 위한 자만의 허세(pretensions of pride)이다. 그 결과, 인간들 사이의 갈등은 결코 경쟁하는 생존적 충동들 사이의 충동이 아니다. 특히, 그러한 갈등은 개인적 관계에서보다 집단적 관계에서 잔인하다.(pp. 20-21)

인간의 야심과 탐욕, 욕망은 생각했던 것보다 강하고 심각하다. 공동체 속의 선 개념의 다양성과 생명력의 경쟁적 표현들 사이의 갈등이 민주주의적 문명의 기초 철학이 예상했던 것보다 비극적일 만큼 심하다. 인간을 무해한 자연의 제한성에서 보려고 했고 그의 모든 행동을 분별성(prudence) 아래 두려고 했던 17세기와 비교할 때, 발달된 자연과학은 자연의 힘을 증대했고 인간의 욕망과 야망을 무제한으로 확대했다. 그 결과, 농경사회의 정태적 불평등은 산업사회의 동태적 불평등으로 바뀌었다. 현대의 기술 사회는 사회적 응집력을 강화했고 경제적 과정의 보다 큰 集權을 가져왔다. 집단의 의지가 무제한의 야망과 제국주의적 의지를 나타내는 파시스트의 정치와 기술 문명의 도구들이 그 의지를 파괴적인 힘으로 무장하는 것은, 18세기와 19세기의 무해하고 본질적으로 개인적인 인간 개념에 대한 우울한 역사적 거부에 다름 아니다.

파시스트의 인간 본성에 대한 민주주의적 인간관의 거부와 같은 그러한 거부가 민주주의적 문명의 세계 안에서도 발달했다. 민주주의의 문화가 그 기저에 가지고 있었던 보편적 전제들의 희망의 이기적인 부패가 자유주의적 신조를 가지고 있는 우리의 문화 속에 나타났다. Adam Smith의 사회철학은 '보이지 않는 손 (invisible hand)'이라는 공동체 보존의 종교적 보장과 개인 자신의 사적 이익을 사회나 국가라는 공적, 혹은 보다 큰 이익을 위해 희생해야 한다는 도덕적 요구 (moral demand)를 가지고 있었다.(pp. 24-25) Smith의 '보다 넓은 이익(wider interest)'은 국민국가의 테두리 안에 제한되는 것이 아니라 그 의도에 보편주의를 가지고 있었다. 그의 자유방임(laissez-faire)은 국가 안에서의 이익들의 자연적 조화뿐 아니라 세계 공동체 수립을 꾀한 것이다. 그는 분명 빛의 아들이었다. 그러나 어둠의 아들이 스미스의 신조를 이용할 수 있었다. 개인의 경제적 자유의 보장을 의도했던 이 도그마는 후대의 자본주의 이데올로기가 되었다. 사회의 민주적 조화에 대한 그의 비전은 서구사회의 계급적 충돌의 비극적 현실에 의해서 거부되었다. 개인적, 혹은 집단적 이기주의는 이 신조의 정치철학을 사용했지만 항상 그것이 가지고 있는 이상주의를 거부했다.(p. 26)

자유주의 정치 이론은 특정한 이익과 보편적 이익의 일치에 대한 확신인데, 그러한 확신은 이기주의의 자연적 제한이 아니라 이기주의를 일반적 복지에 대한 관심으로 바꾸는 이성의 능력이나 의지들의 갈등을 극복하는 정부의 능력에 근거를 두게 한다. 그렇지만 이 경우에도 제약되어야 하는 이기주의가 생존의 자연적 충동인 '자기보존(self-preservation)' 의 차원에서 논의된다. 정부를 '자연 상태의 불편'을 극복하기 위해서 필요하다고 생각한 John Locke도 일반적 이익과 충돌되는 사익을 '자기보존'이 타인들의 이익과 충돌되는 수준에서만 보았다.(p. 27) 그러나 인간 역사 속의 거대한 갈등들은 자기보존과 간접적으로만 관계되면서 직접적으로는 관계되지 않은 경쟁적 탐욕과 야망의 갈등이다.(pp. 27-28)

자유주의적인 민주적 정치론 밑바닥에 있는 사익과 공동 복지의 일치에 대한 일반적 확신은 Thomas Paine의 단순한 신조에서 간결하게 표현되었다.(p. 28) 이러한 견해는 궁극적으로는 진리이지만, 당장의 상황에서는 결코 절대적으로 진리가 아니다. 인간의 지성은 자유주의적 민주주의론이 생각하는 것처럼 보편적 시각의 순수한 도구가 아니지만, Thomas Hobbes나 Martin Luther의 비판주의의 반민주적 이론이 주장하는 것처럼 순수한 에고의 도구도 아니다.(pp. 28-29) 공리주의가 주장하는 "최대 다수의 최대 선"은 아무런 의무의 이념을 위한 논리적 전제가 없으며, 또한 이기적인 인생관을 논리적으로 초월할 수 없는 도덕의 쾌락주의적 분석으로부터 도출된 원리이다. 공리주의는 그 원리에서 암묵적으로 표현된 의무를 추출한다. 공리주의는 빛의 아들의 어리석음의 표현이다.

Jeremy Bentham의 공리주의는 Adam Smith의 자유방임적(laissez-faire) 정치론 지지에 영향을 주었다. 민주주의적 이상주의자들이 인간의 실제적 행위와 그 이념 사이의 차이를 설명해야 할 때는 진화적 희망에 의존했다. William Godwin 의 경우가 이에 해당한다. 사익과 일반적 이익의 일치의 민주주의적 낙관주의는 마르크스주의에서도 찾아볼 수 있다. 마르크스주의는 자유주의적 낙관주의자들의 신조가 덫이요, 환상이라는 사실을 그들의 비참에 의해서 깨달은 계급의 사회적 신조요, 외침이다. 그러나 마르크스주의 역시 프롤레타리아 계급의 승리로 실현되는 새로운 사회가 Adam Smith가 믿었던 사회적 조화를 가져오는 것으로 믿는다. 그러한 낙관주의는 마르크스주의자들의 무정부주의적 천년시대(Millenium of anarchism)에서 절정에 도달한다. 마르크스주의자들은 빛의 아들이지만, 그들의 신조가 어둠의 아들의 수단과 도구가 되었다.(pp. 32-33)

로마 가톨릭은 마르크스주의를 비판하지만 그것은 후자가 민주주의적 자유주의를 비판하는 것이 타당하지 않은 것처럼 타당하지 않다.(p. 32) 로마 가톨릭은 마르크스주의를 냉소주의라고 비판하지만, 마르크스주의의 신조는 감상적이지 냉소주의적 신조가 아니다.(p. 32) 마르크스주의의 잠정적 냉소주의는 냉소주의의 통례의 어리석음과 어리석은 빛의 아들의 운명에서 벗어나지 못했다.(p. 32) 러시아에서 대두하고 있는 새로운 독재자는 19세기 말과 20세기 초의 미국의 기업 수완가와 유사하다. 마르크스주의의 초기 몽상가들에 대한 Stalin의 관계는 18세기의 자유주의 몽상가들에 대한 Napoleon의 관계와 흡사한 것 같다.(p. 33)

제IV절

본 절은 국가 공동체와 세계 공동체 사이의 관계에 대한 민주주의론의 어리석음에 관한 분석을 다룬다.(pp. 33-41)

도덕적으로 자율적인(autonomous, 제약을 받지 않는) 현대 국민국가는 냉소주의적이다. 다시 말해서, 국가 이익 외의 모든 법의 인정을 거부한다. 그런데도 자유주의 문명은 감상적이다. 자유주의 문명의 감상주의적 신조는 경제적 제국주의의 국가적 이기주의에 의해서 이용되었다. 예컨대, 이탈리아의 순수한 보편주의자 Mazzini는 Mussolini를 낳았다. 독일의 낭만주의 철학은 Nazism의 정당화에 일조했다는 비난을 받고 있다. 이것은 빛의 아들의 어리석음이다. 독일 낭만주의 운동은 Nietzsche에서 볼 수 있는 바와 같이 냉소주의적 색채를 띠었으나, 서구 국가들의 자연주의적이고 합리적인 민주주의자들의 특성인 개인주의와 보편주의의 혼합을 나타내고 있다.(pp. 34-35) Fichte와 공리주의, Rousseau가 개인의 私益과 국가의 일반적 이익 사이의 갈등을 해결한 방법은 다음과 같다. Fichte는 '정의의 법(just law)'에 의해서, 공리주의는 '신중한 이기주의자(prudent egoist)'에 의해서, Rousseau는 '일반의지(general will)'에 의해서 해결했다. 이것은 공동체를 우상화하는 공동체 신조가 아니다. Fichte와 Rousseau의 낭만주의는 개인은 자아성취를 위해서 공동체가 요구된다는 것을 이해하고 있었다. Hegel은 현대 문화에서 국가적 절대주의 창시자로 여겨지고 있지만, 보편적 의지로 의식되고 이해될 수 있는 '이성적 의지(the reasonable will)'를 생각했다. 이러한 이론들은 자유주의적 민주주의 신조와 달리, 개인의 성취를 위한 공동체의 필요성을 이해했지만 자유주의 이론들과 동일하게 너무나 단순한 과정으로 생각했다.

　국가 공동체와 세계 공동체 사이의 갈등을 해결한 이론으로서는 다음 같은 주장들이 있다. Herder는 '조국들(fatherlands)'이 가족처럼 평화적으로 공존할 수 있음을 믿었다. 그는 상이한 공동체들 간의 훌륭한 조화가 각 공동체가 각자의 고유하고 특수한 특질에 따라서 자기를 표현하는 권리가 허락되면 가능하다고 믿은 보편주의자였다.(p. 36) Fichte는 국가 공동체를 초월하는 도덕적 책임을 충분히 의식한 보편주의자이다. 그러나 그는 국가와 국가들의 공동체 사이의 갈등의 해결을 너무 쉽게 생각했다. 애국자는 인류의 목적이 첫 번째로 그 자신의 국가에서 이루어지기를 바란다고 그는 주장했다.(p. 37) 그는 사해동포주의(cosmopolitanism)의 비전에 도취하여 그러한 이상을 바로 그 제창자가 사상과 행동에서 암묵적으로 부정한다는 중요한 사실을 보지 못했다.(p. 38) Hegel은 국가 간의 국익을 위한 전쟁의 현실을 직시했다.(p. 38) 그는 세계 정신의 영역에서 국가 위에 군림하는 보다 궁극적인 법을 인정했다.(pp. 38-39) 국가는 세계사 속에서 思惟함으로써, 다시 말해서 국가가 인류에 대해서 가지는 관계를 충분하게 의식함으로써 세계사의 구체적 보편성을 파악한다.(p. 39) 그 역시 Fichte와 마찬가지로 사익을 초월하는 인간의 능력을 지나치게 신뢰하는 잘못을 범했다.(p. 39)

결론적으로 말해서, 민주주의론은 이와 같은 사실(인간이 사익에 집착한다는 사실)을 망각한다. 부르주아 문명의 전성기에는 이와 같은 결점이 비교적 해를 덜 끼쳤지만, 오늘날의 후기에서는 민주주의 문명은 민주적 삶에서 가치 있는 것을 부르주아 문명 속에 있는 잘못된 것으로부터 구해내야 한다. 즉, 민주주의적 삶이 가지고 있는 참된 것과 민주주의론의 거짓된 것을 구별해야 한다.(p. 39) 민주주의 문명의 보존은 뱀의 지혜와 비둘기의 무해함을 요구한다. 민주주의의 빛의 아들은 어둠의 아들의 지혜로 무장하여 어둠의 아들의 사악성에 빠지지 말아야 한다. 빛의 아들들은 공동체를 수호하기 위해서 개인적, 혹은 집단적 사익을 속이고, 비껴가야 하며, 견제하고, 제약해야 한다.(p. 41)

제II장 개인과 공동체(The Individual and the Community)
제I절

본 절은 현대 민주주의의 대두와 그 기본적 특성을 다룬다.(pp. 42-47)

부르주아 민주주의는 중세 봉건 세계의 제약으로부터 개인의 자유를 수립했다. 그러나 당시에는 개인과 공동체 사이의 심각한 갈등을 예상하지 못했다. 그 이유는 개인적 이기주의가 자기보존의 자연적 충동의 이상을 넘지 않는다고 생각하여 인간의 비결정적 생명력과 야망의 발생을 고려하지 않았기 때문이다.(pp. 42-43) 18세기의 민주주의적 이상주의자들은 개인에 대한 중세의 부당한 제약만을 알았을 뿐, 힘과 야망과 집단 이기주의에 대한 두려움을 갖고 있지 않았다. 따라서 정부의 역할은 분쟁의 판결, 교통 경찰관, 최소의 질서 유지라는 부정적 힘에 제한되었다.(p. 43)

현대의 현실주의자들과 비관주의자들은 다음과 같은 잘못을 범했다. 반민주적인 강력한 정부만이 경쟁적 대립을 억압하고 공동체의 평화를 유지할 수 있다고 그들은 믿었다.(p. 43) 비관주의자들의 두 가지 잘못: (1) 정부의 역할을 억압에 의한 질서 유지로 본다. (2) 공동체나 지배자의 과도한 야망에 대한 견제의 길을 찾지 않는다. 이러한 잘못은 국가 공동체를 보편적인 것으로 보고 국가 역시 역사의 자기중심적 세력이라는 사실을 보지 못했다. 국가는 한편으로는 그 속의 개인과 종속 기구들에 대해서 무조건적 지배권을 주장하고, 다른 한편으로는 보다 큰 국가들의 공동체에서는 혼란의 원인이 되는 유혹을 받는다. 이러한 잘못을 나타내는 절대주의적 정치 이론의 도덕적 순진성(naivete)은 국가 공동체를 보편적으로 생각하여 국가 역시 역사에서 자기중심적 세력이라는 것을 망각한다. Rousseau의 정치론의 'general will'이 그런 경우이다.(pp. 45-46) 마르크스주의적 사회 이론도 사회주의 사회에 있어서 지배적 집단이 대두한다는 것을 예측하지 못했다.(pp. 43-44)

민주주의도 Hobbes와 Luther의 인간 본성에 대한 이해를 고려해야 한다. 오늘날 민주주의는 지배자의 과도한 야망과 자유를 희생하고 질서를 유지하려는 공동체의 경향에 저항할 수 있는 힘을 개인에게 정치적으로, 그리고 헌법적으로 부여한다.

제II절

본 절은 민주주의 사회 통합 문제를 다룬다.(pp. 47-50)

민주주의 이론가들은 인간의 생명력의 차원들 전체와 역동적 성질을 이해하지 못했다. 비민주적 입헌주의자들은 개인의 생명력과 야망의 창조적 가능성이 아니라 파괴성만을 보았기 때문에 강력한 정부를 주장한다. 야망의 집단적 형태의 위험에 대한 지나친 관점은 질서를 무시하고 자유를 강조하다 무정부주의를 낳는다. 개인에 대한 지나친 관심은 무정부적 혼란이 두려워서 전제 정치를 묵인한다. 개인과 집단은 창조성과 파괴성을 가지고 있다.(pp. 47-48) 개인도 집단도 예측 불가능한 창조성과 파괴성을 발휘한다. Egypt와 Babylon 제국은 거대한 국가를 건설했지만, 그러한 창조적 힘은 두 제국을 파괴했다. 민주적 통합의 문제를 충분히 이해하기 위해서 인간의 생명력의 비결정적 성격에 관해서 고려되어야 할 여러 차원들로서, 특히 세 가지 국면들이 있다. 첫째, 개인은 공동체에 대한 밀접한 관계에서 비로소 자아실현을 할 수 있다.(p. 48) 둘째, 생명력의 개인적, 집단적 중심들은 한없이 발전시킬 수 있을 것이다. 그러나 인간의 창조적 능력은 인간의 생명력의 파괴적 능력도 포함하고 있다.(p. 48) 셋째, 개인적 생명력은 모든 사회적, 공동체적 구체성을 무한히 초월한다.(p. 49)

위에서 제시된 세 가지 형태의 비결정적 가능성에 대해 보다 구체적으로 고찰해 보기로 하자. 개인과 공동체 사이에는 많은 수준의 상호 관계가 있다. 공동체에 대한 개인의 관계의 긴밀성과 개인의 삶이 요청하는 공동체의 넓이와 정도는 단순한 제한을 둘 수 없는 정도로 밀접하다.(p. 48) 개인과 집단의 인간적 생명력은 한계가 없다. 그러나 인간의 이러한 창조적 능력은 인간적 생명력의 파괴적 능력을 포함하고 있다.(p. 48-49) 개인적 생명력의 비결정성은 삶의 사회적, 공동체적 모든 현실을 초월한다. 인간은 역사적 과정이 대답을 주지 못하는 삶의 의미와 역사의 도덕적 애매성 속에서는 만족될 수 없는 의미의 성취를 추구한다.(pp. 49-50)

제III절

본 절은 개인과 공동체 사이의 여러 수준의 상호 관계를 다룬다.(pp. 50-59)

개인의 결정과 성취는 공동체에서 나와서 공동체 속으로 들어가지만, 개인의 통찰의 절정은 Shakespeare와 Cervantes의 경우와 같이 보편적 타당성의 높은 경지에 도달한다.(pp. 50-51) 부르주아 민주주의의 개인주의는 중세 봉건주의에 대한 부르주아의 항거 단계에서는 신빙성이 있었다. 그러나 새로운 산업 문명은 개인에게 보다 다양한 직업 선택의 기회를 주었으며, 새로운 도시 공동체는 가족과 친척 사이의 유기적 유대성을 파괴하여 익명성(anonymity)의 여건을 만들었다. 이제 개인은 역사의 지배자인 것처럼 보인다.(pp. 51-52) 도시에서는 자연에 대한 인간의 의존성이 깨졌다. 인간의 자유는 증대되었고, 부르주아적 自足性이 형성되었다. 역사적 운명에 대한 개인적 재배와 자족적 개인의 자유주의 이념은 시민 정부의 원조인 '사회계약설(social contract theory)'에서 훌륭하게 표현되었다. 그러한 개인주의는 정부를 제한된 지역 안에 사는 개인들의 공동의 삶을 위한 교통 통제의 기능을 하는 데 불과한 것으로 생각했다.(p. 53) 인간은 자유로운 존재이다. 그러나 그의 자유는 이미 존재하고 있는 공동체의 성격과 역사적 운명의 규제를 받는다. 인간의 자유는 혈족과 군거성에 의한 종족의 공동체를 국가와 제국으로 발전시키지만, 그의 자유는 자연과 이미 존재하는 역사가 결단의 시간에 제시하는 자료에 의해서 제한된다.(p. 54) 인간은 개인으로는 결코 만족하지 않는다. 그의

독자적 재능의 특성화와 특별한 기술의 개발은 보다 큰 공동체의 지원을 필요로 한다.(pp. 54-55)

개인은 공동체에 의존한다. 개인적 자족의 이념은 기독교적 사상에 의하면 두 가지 근본적인 죄: (1) 나의 자아에 의한 타인의 삶 지배. (2) 고립주의(isolationism)를 포함하고 있다. 가족과 공동체에 대한 책임성에서 자아는 참된 자아가 된다. 그렇지만 인간의 비결정적 자유는 모든 제약을 넘어선다.(pp. 55-59) 정부의 사회계약설을 고취한 정신적 분위기는 부르주아 문화의 전성기에 유사한 가족 이론, 곧 부부간의 이론을 낳았다.(pp. 56-57) Marxism에 대한 비판적 분석(pp. 57-59): 부르주아적 개인주의에 대한 마르크스주의의 집단주의적 반항은 대체로 건전하고 불가피하다. 그러나 운명에 대한 인간적 결단의 관계에 대한 마르크시스트들의 이해는 삶과 역사에 대한 기계적인 개념들에 의해서 부패된다. 그들은 사회의 역할을 그것이 마치 사회적 물리학인 것처럼 이해한다.(pp. 57-58) 마르크스주의는 집단의 악마적 찬양에 의해서 개인을 희생시키는 야만주의로서 어둠의 아들로 여겨졌다. 마르크스주의는 개인과 공동체 사이의 완벽한 조화를 원하는 잘못을 범한다.(p. 58) 마르크스주의의 이러한 생각은 환상이다. 삶의 사회적 요소(substance)는 사회적 조화에 대한 마르크시스트의 꿈보다 보다 풍부하고, 다양하며, 보다 큰 깊이들과 긴장들을 가지고 있다.(pp. 58-59)

제IV절

본 절은 인간의 정신의 최종적 차원으로서의 초월적 自由가 인간의 역사와 사회에서 하는 역할을 다룬다.(pp. 59-79)

부르주아적 및 마르크스주의적 사회 이론은 둘 다 개인적으로, 혹은 집단적으로 표현되는 역사적 생명력의 비결정적 가능성을 올바로 추정하지 못했다. 인간의 초월적 자유는 창조적이고 파괴적이다. 부르주아 자유주의는 경쟁적 경제 생활의 세계가 자연적으로 조화될 수 있다고 생각한, 마르크스주의는 혁명에 의해서 그것을 성취함으로써 자유의 파괴적 힘을 막았지만, 인간의 창조적 가능성을 파괴했다.(pp. 59-60) 인간의 자유의 비결정적 가능성은 확대되는 특성을 가지고 있다. 인간의 야망, 탐욕, 공포, 욕망은 인간 정신의 비결정적 초월성의 결과이다. 식욕, 성욕, 생존욕은 한없이 확대되고 복잡화한다. 성적 욕망(p. 61)은 동물의 경우처럼 결코 순수하게 생물적이 아니며, 예술적 충동과 관계되고, 가족 조직의 기초이며, 인간 공동체의 핵이다. 경제적 욕망(pp. 61-63)은 결코 단순한 배고픔과 생존적 충동이 아니라 '힘과 명예(power and glory)'와 관련되어 있다. 식욕은 미식가에 의해서 세련되고 도착된다. 옷은 단순히 몸을 가리기 위한 것이 아니라 직업과 지위와 성적 매력을 나타낸다. 집도 단순한 거주처가 아니라 다양한 의미를 지닌다. 경제적 활동은 일종의 사회적 힘이며, 그 힘은 정치적 힘으로 변모한다. 마르크스주의자는 경제적 풍요가 사회적 평화를 보장한다고 믿지만 인간은 빵을 위해서 싸우는 것처럼 힘과 명예를 위해서 싸운다.

인간의 생명력은 비결정적 가능성을 가지고 있는데, 거기에 대한 모든 제한은 인간의 정당한 생명력을 억압하기 때문에 그런 제약은 계속 재검토되어야 한다.(pp. 63-64) 인간의 비결정적 가능성은 사회를 파괴할 수 있다는 사실로 인해서 제약이 정당화된다. 이런 시각에서 볼 때 Darwin적인 합리적인 자유방임적 사회론은 사회가 갈등과 경쟁이 조절되지 않으면 파괴된다는 사실을 이해하지 못했다.(pp. 64-66) 현대의 자유주의론이 신봉하는 이성에 대한 이해에 의하면, 이성은 발전하고 사회적 대립과 갈등을 발전적으로 제거한다고 믿으며, 따라서 질서 유지를 위한 강제력 사용을 회피한다.(p. 66) 이성은 발전적으로 순수해지는 것이 아니라 생명력의 특정한 센터와 유기적으로 관계되며, 전체의 이익을 위해 초월하기도 하지만 특정한 이익의 방어 무기도 된다.(pp. 66-67)

공동체의 강제성 사용이 자연법과 가지는 관계 및 자연법의 개념: 모든 공동체에는 그것이 가지고 있는 역사적 법들(historic laws)을 초월하여 그것들의 정당성을 가리는 정의 개념이 있다. 그것이 자연법이다. 자연법은 상대적인 실증법보다 불변하는 순수한 법이다.(pp. 67-68) 사회의 자유가 자연법의 원리에 의문을 제기할 수 있는 정도로 확대될 수 있는가? 그렇게 되면 정의와 자유의 최종적 표준이 희생되는 것이 아닌가?(p. 68) 가톨릭교는 자연법의 원리는 고정 불변하고, 그것이 부정될 때는 '옳고 그름'이 다수 결정의 자의성(恣意性)에 의해서 좌우된다고 걱정한다.(p. 69) 우리 시대의 자유주의적인 민주적 전통은 절대적이고 제약 없는 자유(liberty)의 이념을 신봉한다. 이성이 자연법의 자명한 진리의 자유를 긍정한다는 단순한 확신을 믿는다. 그러나 가톨릭교와 자유주의 양자가 모두 역사가 규정하는 가장 이상적이고 추상적인 도덕적 원리 속에도 이익과 정열의 영원한 부패가 침입한다는 사실을 보지 못했다.(pp. 69-70) 모든 역사적 현실은 인간 존재의 상대성 속에 포함되어 있다. 모든 사회는 실증법과 제약적 시스템의 실증적 원리들(working principles)을 필요로 하지만 그러한 원리들의 가장 심오한 것들은 이성을 초월한 삶의 의미의 종교적 개념에 근거를 두고 있다.(pp. 70-71)

이성의 초월성과 상대성: 이성은 사익을 초월하는 정의의 도구이지만 정의의 순수한 도구가 될 수 없다. 현실의 자연법 속에는 우발적인 실제적 요소가 섞이게 마련이기 때문이다. 도덕적 원리는 정치적 원리보다 타당성을 가지고 있다. 전자의 경우 공리주의의 최대 다수의 최대 행복은 특정한 이익보다 일반적 이익을 선호한다는 원리로서 전원 일치의 진리이지만, 후자의 경우에는 전체의 지탱할 수 있는 조화를 위해서 사익을 견제하고 사용한다. 정부의 요구와 위험성에 관한 구체적 규정은 역사의 주어진 시기에서 지나치게 엄격한 질서나 가능적 혼동의 상대적 위험성을 가지고 있다.(p. 73) 평등(equality)의 경우(pp. 73-74): 평등은 정의의 초월적 원리이며 따라서 자연법의 원리들 중 하나이지만 기능적 불평등(functional inequalities)이 없는 사회는 없다.

민주적 사회의 궁극적 자유는 사회가 근거를 두고 있는 도덕적 전제까지 지속적으로 심사하고 재검토되어야 한다.(p. 74) 도덕적, 정치적 원리들의 상대적 타당성: 도덕적 원리는 거기에서부터 도출된 정치적 원리보다 타당하며, 정치적 원리는 특정한 상황에 대한 특정한 적용보다 타당하고, 특정한 적용은 주어진 시대의 권력자의 충동과 야망보다 타당하다. 궁극적 원리들을 비판하지 않는 사회는 그것들을 이용한 역사적 힘들(forces)을 다루는 데 있어서 곤란에 부딪친다.(pp. 74-75) 때로는 잘못된 과오에 의해서 진리가 도입된다. 시장의 자율적 규제력(self-regulating forces)에 대한 신봉은 잘못된 것이었지만, 그 잘못으로 인해서 현대의 복잡한 상업과 산업이 발달되었다. 그렇기 때문에 자유사회는 정당성을 가진다.(pp. 75-76) 현대 여권 신장론(feminism)은 가정에 대한 비유기적이고 자유주의적인 개념과 추상적 합리주의라는 과오의 도움으로 역사에 도입되었다. 여성은 남성보다 생물학적으로 어린이와 더욱 밀접하게 관계되어 있다. 그러나 인성은 생물학적 기능을 초월하는 비결정적 자유를 가지고 있기 때문에 여성의 가정적 기능을 초월하여 발전시키는 것을 제약한 과거의 모든 사회가 여성의 권리를 침해한 것은 잘못이다. 남성의 독재는 역사에서 여권의 새로운 등장에 반대하여 남성의 특권과 힘을 방어하기 위해서 자연법의 고정된 원리들을 사용했다.(pp. 76-77) 사회의 자유와 인간의 생명력의 무제한성은 다음과 같다. 인간의 생명력은 단순히 규정할 수 있는 제한성을 가지고 있지 않기 때문에 사회의 자유가 필요하다.(p. 77) 인간 공동체들이 인간의 충동과 야망에 대해서 가하는 제약은 인간의 생명력이 모든 규정된 제약을 부정하는 경향 때문에 필요하다.(p. 78) 그렇기 때문에 공동체에 대한 개인의 반대와 개인에 대한 공동체의 반대가 적절한 조화를 이루어야 한다. 따라서 자유와 질서에 대해서 한계를 가하는 도덕적, 사회적 원리는 계속 재검토되어야 한다.(p. 78)

제V절

본 절은 공동체적, 사회적 과정을 초월하는 개인의 궁극적 초월성을 다룬다.(pp. 79-85) 현대의 민주주의론은 인간의 자아초월성의 높이 전체를 이해하기에는 너무나 세속적이다.(p. 79) 공동체적, 사회적 과정을 초월하는 개인의 궁극적 초월은 의미로서의 우주를 아는 종교적 문화에서라야 이해되고 수호될 수 있다. 개인은 종교적 문화에서만 정치적 상황 저편에 있는 삶의 어떤 최종적 의미와 성취를 발견한다.(pp. 79-20) 가톨릭 기독교는 인간 공동체의 모든 법과 요구를 초월하는 양심의 차원을 인간 이성이 가지고 있다고 주장한다. 그러나 그러한 양심은 가톨릭교에 의해서 규제됨을 주장한다. 이렇게 해서 개인의 최종적 자유에 대해서 기구적 제약이 가해진다. 이와 달리, 개신교는 이러한 기구적 제약에 반발하고 종교 영역에서의 완전한 자유를 주장한다.(pp. 80-81)

그리스도와 하나님에 대한 복종은 악마적인 Caesar의 허세와 정부의 사악한 힘에 항거하고 그것들을 부정하는 개인의 종교적 초월성의 자유를 가지고 있다.(pp. 80-81) 개인이 인식하는 보편적 법(universal law)은 우상적 국가 공동체에 반항하는 최종적 근원이다. 이와 같은 보편적 법에 대한 인식이 없이는 세계 공동체는 창출될 수 없다. 그러나 현실적 공동체는 개인의 삶의 성취와 좌절의 지속적 근원이다.(pp. 82-83) 개인의 초월성과 공동체의 도덕적 애매성 사이에는 지속적인 긴장이 있다. 어떤 신비주의자는 내적 세계의 平靜과 순수 속으로 도피하고, 어떤 유토피아주의자는 역사적 존재로부터 모든 도덕적 애매성들을 완전히 제거하려고 한다. 전자는 잘못이고, 후자는 불가능하다. 양자간의 긴장은 정의와 공동체의 형제애를 순화하고 확대하는 변치 않는 힘의 근원이다.(pp. 83-84)

삶의 궁극적 의미는 사회적 과정에 대한 유기적 관계를 초월한다.(p. 84) 인간의 삶은 그의 삶을 초월하는 어떤 궁극적 성취를 추구하기 때문에 삶은 그것이 사회에 대해서 가지는 유기적 관계에서는 완전히 성취될 수가 없다. 그렇기 때문에 인간의 자유의 최종적 정점은 삶의 궁극적 의미에 대한 물음이다.(p. 84)

결론적으로 말해서, 삶의 (궁극적) 의미에 대한 심오한 물음은 영원(eternity)과의 관계를 의미한다. 역사의 애매한 성취와 좌절을 초월하는 의미와 성취를 추구하는 인간은 역사적 과정이 완전히 포괄할 수 없는 정신의 높이 속에 살고 있다.(pp. 84-85) 이러한 높은 정신은 정의의 새로운 풍성함과 보다 높은 가능성을 공동체에 도입한다. 그렇기 때문에 공동체의 평화와 질서를 위해서 이와 같은 인간 정신의 최고 정점은 그것을 조기에 제거하는 공동체에 의해서 파괴된다.(p. 85) 개인과 공동체의 문제는 개인과 공동체의 근원과 목적이 식별되며, 개인과 공동체에 대한 우상적 자기 숭배에 제한을 설정하는 정신적 높이가 수립되지 않으면 해결되지 않는다.(p. 85)

제Ⅲ장 공동체와 재산(The Community and Property)
제Ⅰ절

본 절은 인간의 삶과 사유재산, 그리고 사유재산 제도에 대한 기독교와 마르크스주의의 이해를 다룬다.(pp. 86-98) 인간들 사이의 모든 관계는 궁극적으로 소유의 문제와 관련성을 가지고 있다. 인간들 사이의 갈등은 곧 소유에 대한 타인의 침해를 막으려는 분명한 소유의 明示이다.(p. 86) 집단적 갈등은 인종적 경쟁과 힘의 경쟁 충동에 의해서도 생기지만 경제적 경쟁처럼 보편적이지 않다. 경제적 경쟁은 계급의 대립으로 나타나며, 그러한 계급의 대립은 어느 사회에도 있으며, 특히 현대 산업사회에서 격화되었다.(pp. 86-87) 계급적 갈등은 농경사회에서도 있었지만, 현대 민주적 사회에서처럼 심각하지 않았다. 현대 민주적 사회에서 소유의 문제가 심각하게 된 것은 현대의 빈곤한 노동자는 기술을 가지고 있으며 따라서 그들이 파업의 무기를 가지고 있기 때문이다.(pp. 87-88)

재산의 평등한 분배가 아니라 사유재산 제도를 인간의 모든 악과 사회의 모든 불의의 근원으로 현대 산업 계급은 생각한다. 반면 중산층은 재산을 덕의 열매와 정의의 보장으로 생각한다.(p. 88) 소유권에 대한 대립이 공통의 장을 갖지 못하면 내란을 유발한다. 독일과 프랑스의 내란은 나치 독재를 막는 문제를 복잡하게 만들었다. 계급의 대립 문제의 해결책은 나라마다 다르다. 영국과 스칸디나비아의 나라들은 부르주아 계급의 지나친 개인주의와 산업 노동자들의 교조적 집단주의 사이의 대립을 완화했고, 미국과 네덜란드에서는 부르주아적 관습이 너무나 강해서 노동 계급이 효과적 도전력을 형성하지 못했으며, 러시아에서만 사유재산에 대한 프롤레타리아적 항거의 신조가 실제화되었다.(pp. 89-90) 민주주의적 자유주의는 사유재산의 권리는 자연법에 의해서 보장된 '빼앗을 수 없는(inalienable)' 권리로 본다.(p. 90) 마르크스주의: 사유재산 제도의 출현은 인류사회에서의 일종의 '타락(fall)'으로 본다.(p. 90) 사유재산에 대한 초기 기독교 사상: 초기 기독교 사상은 부분적으로는 스토아철학 사상을 빌려서 사유재산과 정부를 인간의 타락으로 초래된 필요악으로 생각했다. 초대 기독교 사상은 재산권을 인격의 힘의 자연적 연장이 아니라 타인의 지나친 요구에 대한 방어권으로 여겼다. 초대 교부의 하나인 Chrysostum은 "부는 너와 네 하인들에게 공동의 것이다. 그것은 마치 태양과 대지와 공기, 그리고 모든 다른 것들처럼 공동적인 것이다. 불의를 범하지 않고는 부해지는 것이 불가능하다"라고 말했다. Proudhon의 "재산은 도둑질이다"라는 말은 초기 기독교적 근원을 보여준다.(p. 91) 정통주의적 개신교는 사유재산을 무비판적으로 수용했고, 가톨릭 사상은 재산의 공동 소유의 이상적 가능성을 점차 상실했으며 사유재산을 자연법의 요구로 수용했다.(p. 92) 마르크스주의적 및 자유주의적 사유재산론은 16세기에 생겼다. 종교개혁은 대립되는 견해를 만들어냈다.(p. 90)

교황 Leo XIII세의 회칙 *Rerum Novarum*은 사유재산을 필연적인 것으로 인정했다. "인류의 공통적 견해는 거의 반대가 없이, 자연과 자연법의 신중한 연구의 결과로서, 재산의 구분의 기초를 발견했다"라고 그는 말했다.(pp. 92-93)

후기 중세 이후 가톨릭 사상은 타락 이전의 사유재산이 없는 이상적 상태의 가능성을 언급하지 않고 사유재산제를 상대적이 아니라 절대적인 것으로 여겼다.(p. 94) 정통적 개신교, 특히 칼뱅주의는 사유재산 제도를 무조건 수용했다. 모든 소유에 관한 한 청지기 사상을 가지고 있었지만 말이다. 칼뱅주의는 16세기의 섹트주의(sectarianism)와 마르크스주의의 비판을 받은 부르주아적 및 금권 정치적 이상주의의 기초를 마련했다.(pp. 94-95)

정통주의 가톨릭과 정통주의 개신교는 사유재산 제도를 무비판적으로 정당화했고, 16, 17세기 섹트적 기독교는 사유재산 제도를 부정했으며, 이는 마르크스주의에서 정점에 도달했다. 유럽 대륙의 Anabaptists와 영국의 Diggers는 원시 공산주의로 회기할 것을 주장했다.(pp. 96-97) Anabaptists는 크리스천은 아무것도 소유해서는 안 되고, 그가 소유한 모든 것은 공동의 것이어야 한다고 주장했다. Gerad Winslanley(Cromwell 시대의 Diggers의 지도자)는 "지구는 전능한 하나님에 의해서 전 인류의 생계를 위한 공동의 재화로 창조되었다"라고 주장했다. 그에 의하면, '보편적 사랑'의 완전성을 파괴한 '특정한 사랑'의 발달로 죄가 생겼고, 내 것과 네 것의 특정한 우선권이 사람들에게 모든 불행을 가져왔다. 모든 사람은 타자의 도움 없이는 부자가 될 수 없다. 그러므로 부는 자기의 것인 동시에 이웃의 것이다. 경제적 배경에서 보면 Calvinism은 중산층의 종교이고, Sectarianism은 빈곤층의 종교이다. 현대의 진보주의적 세속주의와 마르크스주의는 상호 모순된 주장을 한다.(pp. 97-98) 자유주의는 기독교가 사유재산 제도에 대해서 가졌던 일체의 정치적 통제와 도덕적 제약을 제거했다. 마르크스적 철학은 모든 역사적 악이 사유재산으로부터 생긴다는 주장을 섹트적 기독교보다 더욱 철저하게 주장했다. 민주주의적 사회는 이 논쟁들 사이의 어떤 공통성을 발견해야 한다. 역사는 자유주의와 마르크스주의 양자를 거부했다. 역사의 이러한 교훈은 계급투쟁을 완화하고, 그것을 민주주의 과정 전체를 위협하지 않는 정도로 감소시킬 것이다.(p. 98)

제II절

본 절은 재산에 대한 부르주아적 개념의 두 가지 잘못을 다룬다.(pp. 98-106)

재산은 타인의 침해에 대항하여 자기를 보호하기 위해서 사용하는 적절한 방어적 힘이다.(pp. 98-99) 지나치게 개인주의적인 재산 개념이 상업적이고 산업적인 재산의 집단적 형태가 발달되기 시작한 바로 그 시기에 도입되었기 때문에 재산의 사회적 성격과 개인적 성격 사이에 심각한 간극이 생겼다.(p. 99) John Locke의 개인주의적 재산 개념은 상업 문명과 산업 문명의 대두가 예상되지 않았던 단순한 농경적 경제 개념으로부터 도출되었다. Locke에게 재산은 자연의 상태에 개인의 신체와 손의 노동이 가해짐으로써 생긴 것이다.(p. 100) 이성의 법은 사슴을 죽인 인디언을 사슴의 주인으로 만든다.(pp. 100-101) 그러나 Locke의 시대에서도 경제적 생활이 이미 너무나 복잡했고, 그가 생각했던 것처럼 경제 활동이, 그러니까 각 개인의 노동이 고립적이지 않았다.(p. 101) 상업 문명은 재산의 사회적 기능(성격)을 개인적 개념 뒤에 숨길 많은 가능성을 가지고 있다.(p. 101) 주식과 채권 같은 재산은 토지 재산에 비해서 유동성이 많기 때문에 더욱더 개인적 성격을 가지고 있는 것 같지만, 얽히고 설킨 복잡한 사회적 상호 기능을 나타내 보인다.(pp. 101-102)

개인의 저축과 투자에 의한 자본 형성을 기초로 하는 초기 자본주의는 소유주 이외의 많은 노동이 기업에 기여한다는 사실을 애매하게 만들었다.(pp. 102-103) 상업 문명이 산업 문명으로 변하면서 집단적 생산이 부의 기본적 근원이 되면서 재산의 사회적 성격이 증대되었기 때문에, 그러한 생산 과정을 개인의 소유로 보는 것은 시대착오이며 이치에 맞지 않는다.(p. 103) 생산된 재산의 마르크스주의적 사회화 프로그램은 문제성을 가지고 있음에도 불구하고(후에 밝힐 것임) 산업적 재산의 사회적 성격을 강조함에 있어서 그것의 개인적 성격을 주장하는 부르주아적 재산 개념보다 진리에 더 가깝다.(pp. 103-105) 현대 민주주의 사회는 노동자의 투표라는 정치적 힘에 의해서 소수가 부를 집중적으로 소유하는 불평등을 시정한다. 이것은 정부를 단지 부한 계급의 실행위원회로 보는 마르크스주의의 부당성을 밝히는 것이다. 그러나 부를 소수가 지나치게 독점하고 소비를 위한 분배를 너무나 적게 하는 것을 지적한 마르크스주의는 옳다.(pp. 104-105) 미국에서는 재산의 개인적 성격과 사회적 성격 사이의 간극이 좁혀지지 않고 있다. 그것은 미국의 부와 안정과 거대함이 부르주아적 환상에게 큰 힘을 주기 때문이다. 영국에서는 보수당과 노동당에 의해서 이 문제가 훨씬 완화되었기 때문에 영국은 미국보다 좀더 국내의 평화와 질서를 확보할 수 있다.(pp. 105-106)

제III절

본 절은 재산에 대한 liberalism과 Marxism 이해의 정당성과 오류, democracy의 해결을 다룬다.(pp. 106-118) 자유주의도 마르크스주의도 재산의 힘이, 그것이 사유재산이든 사회화든 재산이든, 일반적 이익에 반대하여 특정한 이익의 도구로 사용될 수 있다는 사실을 이해하지 못했다.(p. 106)

Locke의 사유재산 개념은 재산의 힘을 분명하게 제한했다. 즉, 타인의 권리를 침해하지 말아야 하며, 또한 이웃에 손해를 끼치면서 재산을 획득하지 말아야 한다.(p. 107) 로크에 의하면, '자연의 상태(the state of nature)'에서는 사람들은 필요한 이상으로 소유하려고 하지 않았다. 그것은 이웃의 권리를 침해하지 않는 無垢의 상태였다. '문명 사회(civil society)'가 되면서 자연의 균형 상태가 깨졌기 때문에 개인의 재산 보호를 주목적으로 하는 시민 정부(civil government)가 생겼다.(pp. 107-108) 로크는 재산이 너무나 사회적이며, 재산의 힘이 너무나 집중되고 과도하게 되기 때문에, 사유재산 제도 자체가 재고되어야 하는 상황을 예견하지 못했다.(p. 108)

후기 중농주의적 및 자유방임적 이론은 재산, 부에서 발생하는 이익과 임금, 그리고 경제적 과정의 모든 다른 요소는 자유시장과 경쟁에 의해서 자동적으로 균형이 잡힌다고 생각했다. 이 설은 모든 경제적 과정이 경제적 힘의 불균형에서 출발한다는 중요한 사실을 간과했다. 모든 형태의 재산은 방어적인(defensive) 동시에 공격적(offensive)이다. 단지 재산이 극히 적을 때만 소유자가 타인을 지배하기 위해서 재산의 힘을 사용하려는 유혹을 받지 않는다.(p. 109) 경제적 힘의 불균형은 부르주아적 재산 윤리뿐 아니라 초대 기독교적 재산 윤리도 거부한다. 초대 기독교적 재산 윤리는 재산이 타인들의 죄를 방어하기 위해서 필요하다고만 생각했을 뿐, 재산을 덜 가진 자에 대한 죄의 도구가 될 수 있다는 것을 간과했다.(pp. 109-110)

재산에 대한 Marxist의 해석에 의하면, 재산에 대한 권리가 불의의 도구가 되는 것은 분명하다. 이 점에서 마르크스주의는 옳지만, 그 재산 문제의 해결책은 낡은 자유주의적 환상의 재판에 불과하다. 사회화된 재산도 특정한 이익의 도구가 될 수 있다는 것을 마르크스주의는 간과했다.(p. 110) 마르크스주의는 사유재산의 사회화가 인간의 이기주의를 제거하는 것으로 생각했다. 그러나 인간의 이기주의는 어떤 가능한 사회에도 존재하는 영원불변한 성격을 가지고 있다.(pp. 110-111) 재산의 소유권이 유일한 힘이 아니라 소련에서의 管理 계급의 발달처럼 관리권도 경제적 힘이다.(pp. 111-112) 마르크스주의는 혁명 후의 사회를 목가적 관계로 보는 유토피아적 이상 때문에 어떤 사회든 강제력의 사용이 불가피하다는 것을 예상하지 못했다. 물론, 일시적인 프롤레타리아 독재를 인정하나 공산주의의 궁극적 승리가 모든 형태의 정치적 강제력을 제거한다는 유토피아적 환상을 마르크스주의는 가지고 있다.(p. 112) 부르주아적 재산론은 개인의 재산이 가지고 있는 힘에 대한 안전 장치가 없고, 마르크스주의적 재산론은 사회화된 재산의 과도한 관리권에 대한 안전 장치가 없다.(pp. 112-113)

재산 문제에 대한 민주주의적 해결책은 다음과 같다. 민주주의는 경제적 관리자의 힘에 대한 견제력을 가지고 있다.(p. 113) 가장 현명하고 가장 평등한 분배는 가장 높은 정의를 실현한다. 그러나 경제적 힘의 자연적 균형은, 부르주아 자유주의가 신봉했던 것처럼, 가능하지 않다. 경제적 과정을 방치하면 약육강식이 초래되고, 경쟁은 무정부 상태를 유발한다. 그래서 기술적 상호 의존성이 증대한 현대적 상황에서는 경쟁적 소모를 피하기 위한 경제적 과정의 통합이 공동체의 이익을 위해서 불가피하게 된다. 그렇게 되면 힘의 集權化(centralized power) 문제가 발생한다. 그렇기 때문에 힘들의 보다 큰 균형 보존과 힘의 부당한 집권화를 피하기 위해 필요한 희생을 공동체가 감수해야 한다.(pp. 113-115) 경제적 힘의 너무나 적고 너무나 큰 균형과, 경제적 힘에 대한 너무나 적고 너무나 큰 통제에서 발생하는 혼동과 불의의 위험은 단번에 해결할 수 없고, 민주적 과정의 틀 안에서 지속적으로 해결되어야 한다.

그러기 위해서는 재산의 유형의 구별이 필요하다. 어떤 형태의 재산은 본질적으로 다른 사람을 지배하고, 다른 형태의 재산은 타인의 세력 확대나 삶과 자연의 변덕에 대항하여 개인의 안전을 확보하기 위한 것이다. 그리고 또 다른 형태의 재산은 개인의 사회적 기능을 수행하기 위한 것이다.(pp. 115-116) 토지라는 재산은 개인의 안전이요, 기능 수행을 위한 도구이다. 이것을 독단적 집단주의자들은 결코 이해하지 못했다. 그럼에도 불구하고 지주제도는 가장 오래된 억압 형태이다. 기술 문명에서 농업의 기계화는 대규모 생산으로 이어지고 있으며 그것이 소규모 토지 소유자를 위협하고 있다. 여러 가지 해결 방안은 많은 자원을 어떻게 이용하느냐에 달려 있다.(pp. 116-117) 기술적 상호 의존의 강도와 범위는 재산의 사회화의 경향을 취하게 마련인데, 그러한 사회화는 경제적, 정치적 힘의 결합이라는 위험을 초래하게 마련이기 때문에 현명한 공동체는 새로운 시도에 대해 신중을 기해야 한다.(p. 117) 결국, 민주주의 사회에서는 재산 문제에 대한 지속적 토론과 새로운 발전에 대한 지속적 순응이 필요하다. 그러기 위해서는 어떤 공통 분모가 필요하다. 먼저 유토피아주의가 제거되어야 한다. 마르크스주의가 침투하지 못한 미국에서 정의를 위해서 기본적으로 요구되는 것은 지배적 도그마의 불신이다.(p. 117)

자유주의와 마르크스주의가 분명하게 보지 못한 사항들이 있다. (a) 모든 재산은 힘이다. (b) 경제적 힘의 어떤 형태는 본질적으로 다른 형태들보다 보다 적절(ordinate)하고 따라서 방어적이다. (c) 재산이 경제적 힘의 유일한 형태가 아니다. 따라서 사유재산의 파괴가 곧 경제적 힘의 균형의 보장을 가져오는 것은 아니다. (d) 과도한 경제적 힘은 그 소유자가 그것을 악용할 유혹을 받기 때문에 정의를 위해서 가능한 한 최선의 분배를 요구하며, 질서를 위해서 가능한 한 최선의 균형 있는 관리를 요구한다. 결론적으로 말하면, 이와 같은 명제들이 주어진 경우의 특수한 재산 문제를 해결하지 못하지만, 그것들은 재산 문제를 민주적 과정의 틀 속에 놓는다. "왜냐하면 민주주의는 해결 불가한 문제들의 근사적 해결 발견의 방법이기 때문이다(For democracy is a method of finding proximate solutions for insoluble problems)."(p. 118)

제Ⅳ장 민주적 관용과 공동체의 집단들(Democratic Toleration and the Groups of the Community)

제Ⅰ절

본 절은 민주주의 시스템의 다양한 사회 집단, 혹은 문화의 통합 과제를 다룬다.(pp. 119-124) 18세기의 민주주의자들의 믿음과 기대와는 반대로 국가 공동체는 통합되는 동시에 많은 인종적, 문화적, 종교적, 및 경제적 집단들에 의해서 분열되었다.(pp. 119-120) 중세의 종교적 및 사회적 통합 붕괴와 더불어 다양한 종교적, 경제적 집단이 출현하여 강한 자유를 가지고 각 그룹의 독특한 신념을 주장했다. 이처럼 인류의 정신적 성숙이 문화적 획일성(uniformity)으로 회귀하는 것을 불가능하게 만들었다.(p. 120)

민주주의는 문화적, 종교적 다원주의의 원인이요, 결과이다. 그런 다원주의는 거역할 수 없는 역사적 힘의 산물이다. 원시적 삶에서는 완전한 획일성이 사회적 통합의 필연적 전제였다. 그러나 인류의 상상력이 발달할수록 하나의 국가 공동체 안에서 삶을 다양하게 표현하는 것이 가능하며, 또한 필요하게 되었다. 그 대표적 경우가 중세적 획일성이 붕괴된 지 수 세기 후에 출현한 문예부흥과 종교개혁이다.(pp. 120-121) 가톨릭은 문예부흥과 종교개혁을 퇴폐(decadence)의 세력으로 규정하기를 좋아한다. 그것들이 기독교 세계의 통일을 파괴했기 때문이다. 사실 자유는 데카당의 항존적 위협이다. 그렇지만 정신적 성숙이 어떤 수준에 도달하면 강요된 획일성은 자유가 상실된 데카당이다. 성숙된 문화는 새로운 자유로부터 발생하는 데카당을 피하고 자유의 조건 안에서 공동체적 조화를 성취해야 한다.(pp. 121-122)

현대 국가들의 통합: 현대 국가는 인종적으로 단일하지 않으며, 역동적 계급 세력들이 싸우지 않으면 안 된다. 그렇지만 기술 문명의 복잡성들은 강요된 통합의 협소한 제약에 복귀하는 것을 불가능하게 만들었다.(pp. 122-123) 나치주의는 성숙되었고, 고도로 발전된 국가를 민족적 단순성의 통합으로 돌아가게 하려고 함으로써 성숙된 성인이 유년기로 돌아감으로써 성인의 위기를 피하려고 하는 것 같은 잘못을 범했다.(p. 123) 보다 높은 공동체적 성숙이 제시하는 문제의 해결을 위해서 우리는 전진해야 하며 후퇴해서는 안 된다.(p. 124) 어둠의 아들은 생명력의 다양한 표현들을 강요된 통합이라는 허위의 보편성에 강요하려고 하지만 그것은 삶의 풍부함과 다양성을 파괴한다. 민주주의는 다양한 사회적 집단들을 전체 공동체의 조화와 풍요로움이 파괴되지 않도록 통합해야 한다.(p. 124)

제II절

본 절은 민주주의의 종교적 집단들의 통합 과제를 다룬다.(pp. 124-138) 공동체의 삶을 풍성하게 하는 동시에 위협하는 세 가지 집단: 종교적, 인종적 및 경제적 집단. 종교적 다양성, 곧 다원주의는 사회적 갈등의 주요 원인은 아니지만 가장 기본적인 원인이다. 종교적 이념과 전통은 정치적 원리가 도출되는 도덕적 표준의 궁극적 근원이어서, 도덕적 질서와 정치적 조직의 모든 近似的, 혹은 상대적 문제들에 대한 대립적인 다양한 답들을 생산하기 때문에 심각한 사회적 불화의 원인이 된다. 마호메트교와 힌두교의 대립은 인도의 통일과 자유에 대한 매우 심각한 장해이다.(pp. 124-126) 종교적, 문화적 다양성에 대한 세 가지 접근이 서구 세계에 있다. (a) 종교적(특히 가톨릭적) 접근. (b) 세속주의적 접근. (c) 종교적 다양성의 조건 아래에서 종교적 생명력을 유지하는 것을 추구하는 종교적 접근이 그것이다.(p. 126)

종교적, 즉 가톨릭적 접근을 살펴보기로 하자. 교황 Leo XIII세는 다음과 같이 주장한다. 참된 종교는 하나이며 국가는 그것을 택해야 한다. 그렇지 않으면 그것은 국가의 죄이다. 참된 종교는 가톨릭교이다.(pp. 126-127) 신부 John A. Ryan과 Francis J. Boland는 가톨릭의 이런 입장은 가톨릭교가 압도적 다수인 국가의 경우를 말하는 것으로서, 그 정책적 적용이 요원한 것이어서 사회적 평화를 위협하지 않는다고 주장한다. 특히, 종교적 다양성이 충분하게 발달된 현대 국가에서는 그러한 주장의 공적인 가톨릭 정책화는 불합리하다는 것을 이들 신부들은 인정한다. 이러한 승인에도 불구하고 가톨릭의 이처럼 경직된 권위주의는 자유사회의 전제와는 모순 된다.(pp. 127-128)

세속주의적 접근을 살펴보기로 하자. 세속주의적 접근은 다음과 같은 장점들을 가지고 있다. (a) 세속적 국가(secular state)만이 하나의 종교가 공적 지위(official status)를 차지하는 것을 막을 수 있다. 이것이 Roger Williams와 Thomas Jefferson의 입장이다. 미국은 세속적 문화의 신념 밑에서 종교적 자유를 실현한 France와 기독교적 문화의 전제 밑에서 종교적 자유를 구현한 영국 사이의 중간 입장에 해당한다.(pp. 128-129) (b) 순수한 세속주의는 계몽된 선의지(good-will)의 발달과 더불어 종교적 충성심이 점차 사라지고, John Dewey가 말하는 바 부르주아적 자유주의 신조의 구현인 '공통의 신앙(common faith)'에 의한 공동체의 문화적 통합을 전망한다.(p. 129) (c) 세속화된 부르주아적 신념은 현대의 자유주의적 교육에 의해서 계몽된 '선의지를 가진 인간들(men of good-will)'의 공통의 신념에 의해서 현대사회가 본질적 통합을 성취할 수 있다고 믿는다. 그러나 인간의 문화는 특정성의 영구한 힘을 가지고 있다는 사실, 즉 그러한 부르주아적 신념과 견해가 서구 사회의 특정한 하나의 상황 속에서 번영한 특정한 계급의 특정한 신념이라는 상대성을 가지고 있다는 사실을 알지 못했다.(pp. 130-131) (d) 부르주아 문화는 두 가지 형태에서 서구사회뿐 아니라 인간의 문화 전체를 통합할 수 있다고 희망한다. ① 암묵적 종교로서의 부르주아 세속주의는 역사적 과정 자체가 구원이고(redemptive), 삶의 의미이며, 성취라고 믿는다. 한마디로 말해서, 역사의 진보를 믿는다. 그러나 역사는 창조적이지만 구원이 아니다. 자연의 정복은 삶을 풍성하게 하지만 또한 삶을 위협한다.(pp. 131-132) ② 현대적 세속주의는 민주적 사회의 창조를 삶의 목적으로 여긴다. 민주적 사회가 자기비판을 허용하기 때문에 나치적 신조보다 덜 악하기는 해도 역시 위험한 발상이다. 왜냐하면 민주주의 신조 역시 그것을 인간 존재의 최종적 목적으로 삼을 수 있을 정도로 충분히 위대하고 선할 수 없기 때문이다.(pp. 132-133) 회의주의(scepticism): 모든 인간적 관점(human perspectives)은 상대적이다. 이러한 입장은 도덕적 허무주의에 빠지며 허무감(sense of meaninglessness)의 위협을 받는다. 미국보다 유럽이 더욱 이러한 허무감의 위협을 받는다. 인간은 누구나 절망 속에서 살 수 없기 때문에 나치주의의 악마적 종교와 과격한 민족주의가 공백을 채웠다.(pp. 133-134)

종교적 접근은 종교적 다양성의 문제를 종교적으로 해결한다. 그 내용은 다음과 같다.(pp. 134-138) 종교적 신앙의 모든 실제적 표현은 역사적 잠정성과 상대성을 가지고 있다는 것을 인정하기 때문에, 공적(국가적) 종교의 지위를 주장하지 않으며 공적 독점을 요구하지 않는다. 이와 같은 종교적 겸손(humiliation)은 심오한 종교가 신의 위엄과 인간의 피조물 사이의 차이를 인정하는 데에서 생기는 것이다. 기독교적 신앙에 의하면, 모든 인간적 노력의 제한적이고 유한한 성격을 감추려고 하는 것은 죄의 본질, 바로 그것이다. 그렇기 때문에 종교적 신앙은 겸손의 지속적 원천이어야 한다. 인간이 주장하는 궁극적인 숭고한 진리(sublime truth)의 선언 속에도 과오와 죄, 유한성과 잠정성이 침투한다.(p. 135)

Anglo-Saxon적인 종교적 관용의 참된 근거는 17세기 영국의 문예부흥적 휴머니즘 사상의 영향을 받은 온건한 영국 국교도인 Independents와 Levellers, 섹트적 집단에 속하는 약간의 개인들의 종교적 상대주의였다. 종교적 광신자들은 그들의 상대적인 종교적 입장을 가지고 종교적 독점을 꾀했고, 어떤 세속주의자들은 종교의 쇠퇴를 통해서 종교적 관용을 가질 수 있기를 기대했다. 양자가 모두 잘못이다.(pp. 135-136) 이러한 입장은 참을 만한 공동체적 조화를 위해서 종교적 심오함을 희생시키지만, 현대의 민주적 국가에서는 다른 해결책이 없다.(pp. 136-137) 영국은 17세기의 종교적 자유의 전수로 인해서 프랑스나 미국에 비해서 문화를 덜 세속화하며 종교적 자유를 성취했다. 그렇지만 영국에서는 지배적 종교 그룹이 어떤 형태의 공적 종교가 되려고 했다. 이것은 미국에서는 없는 일이다.(p. 137) 종교적 영감에 의한 겸손과 사랑을 통한 종교적 관용은 항상 성취하기 어려운 것이다. 종교적 그룹이 겸손과 사랑을 발휘하지 못하면 공동체는 세속주의나 권위주의에 의해서 통합을 성취한다.(p. 138)

제Ⅲ절

본 절은 민주주의와 인종적 집단의 통합 문제를 다룬다.(pp. 138-145)

미국은 인종적 다원성, 혹은 다원주의(ethnic pluralism)가 특히 두드러진 나라이지만, 미국적 용광로(melting pot)에 의해서 인종적 집단 사이의 갈등이 감소했다. 이와는 대조적으로 유럽에서는 인종적 갈등이 상존한다. 미국의 인류학자들은 인종 간의 불평등의 생물학적 근거가 없다고 주장하며, 그들은 인종 차별이 계몽에 의해서 점차 사라진다는 잘못된 결론을 내린다.(pp. 138-139) 인종 차별은 인종적 자부심의 불가피한 수반물이다. 인간은 신체적 생존만으로서는 결코 만족할 수 없고, 모든 인간적 생존 충동은 정신적 요소를 가지고 있다. 이러한 요소의 부패가 오만(pride)이요, 권력의지(will-to-power)이다. 이때 오만은 한 인종이 자신의 삶의 표준을 삶의 최종적 규범으로 삼고 다른 종족이 거기에 순응하지 않는 것을 비판하는 것이다.(pp. 139-140) 미국의 melting pot적 인종 통합 정책도 라틴계와 슬라브계 이민의 높은 비율을 막기 위해서 북유럽인 이민을 선호한다.(p. 140)

미국의 흑인에 대한 인종 차별: 지배적 인종과 다르다는 것이 이유. 즉, 그들이 검다는 것이 차별의 이유이다.(pp. 140-141) 유대인에 대한 인종 차별: 유대인의 민족적 오만이 유대인에 대한 인종 차별의 원인이다. 나치주의는 그러한 차별은 강화했을 뿐, 만들어내지 않았다. 인종에 대한 완고한 신봉자는 유대인 소수자에 대해 온갖 비난을 하지만 유대인이 받는 비난의 이유는 두 가지이다. 하나는 국가가 없이 분산되어 있는 인종이라는 것이요, 다른 하나는 유대인이 인종적으로, 그리고 문화적으로 지배적 다수의 인종과 다르다는 것이다.(p. 142)

인종적 복잡성에 대한 단순한 해결은 없다. 민주주의 사회가 지배적 그룹의 오만에 항복하면 결국 Nazism의 원시적 단일 민족성에 떨어지고, 인종적 오만을 야만주의의 표현으로 보면 그것이 인간 생활의 갈등의 항존적 근원이라는 사실을 보지 못한다.(p. 143) 민주주의 사회는 교육과 종교의 모든 힘을 동원하여 소수 민족집단의 덕과 의도를 이해하도록 하고, 다수 민족의 겸손과 사랑을 환기해야 한다. 그렇게 함으로써 인종 차별 문제가 가지고 있는 깊이를 아는 것은 문제 해결을 위한 창의성을 더욱 높이 발휘하게 할 것이다.(pp. 143-144) 인종 차별은 다수 인종의 비난에 반대하고, 소수 인종이 다수 인종이 비난하는 것처럼 나쁘지 않다고 하는 것만으로는 해결될 수 없고, 순수한 이상주의자들의 정신과 판단 속에도 암묵적 차별을 포함하는 수가 빈번하다는 사실을 알아야 한다.(p. 144)

제IV절

본 절은 민주주의와 계급의 통합을 위한 겸손을 다룬다.(pp. 145-152)

현대 산업사회의 계급들은 매우 복잡하고, 마르크스주의가 생각하는 것처럼 계급을 대립되는 두 가지 계급으로 축소할 수 없다. 계급에는 농경적 집단, 중산 계급, 경제력을 가진 계급, 관리자 집단, 전문가 계급 및 중하층 중산 계급이 있다.(p. 146) 산업 노동자들은 기술직과 비기술직, 취업자와 실직자로 구분된다.(p. 146) 유산자와 무산자 사이의 계급투쟁에 대한 마르크스주의적 그림은 일면적 진리를 가지고 있으나, 계급의 다양성과 민주주의의 계급적 구조의 유동성을 간과했다.(pp. 146-147) 현대 산업사회의 계급 구조가 가지고 있는 다양성은 민주사회의 지속적 건강의 상당히 중요한 근원이다.(p. 147) 민주주의는 계급들 간의 혼란과 내란에 의해서 와해될 수 있지만, 이상적인 가능성은 계급간의 논쟁이 계속되어서 변화하는 경제적 욕구들과 보다 높은 정의 실현의 요구에 적응하여 공동체의 기구들을 점진적으로 바꾸는 것이다.(pp. 147-148)

현대 민주주의가 파괴되지 않고 자유를 유지하는 가운데 성장과 발전을 성취하기 위해서 요청되는 두 가지 전제: (a) 계급적 세력간의 균형 유지. (b) 이와 같은 균형이 정태적이 아니고 경제적, 사회적 상황의 발전에 따른 힘의 변화에 적응해야 하는 것.(p. 148) 이 두 가지 요구가 성취되기 위해서는 다양한 정치 이론의 제창자들이 그들의 이론이 그들의 私益의 부분적 합리화를 포함하고 있다는 사실을 적절하고 겸손하게 인정해야 한다. 마르크스주의는 부르주아적 관점의 계급적 부패를 적절하게 이해했으나, 산업 노동자 역시 사회 문제에 대해서 자신의 특정한 고유한 접근을 한다는 사실을 간과했다. 그러한 접근은 다른 집단들에게는 적합하지 않은 것으로서 충분히 심오하지 못하다. 마르크스주의의 이 같은 광신주의와 절대주의는 민주주의적 과정을 위협하는 것이다.(pp. 148-149)

자유의 필요성과 사회적 통제 요청 사이의 논쟁: 경제적 과정을 얼마만큼 많이, 그리고 얼마만큼 적게 정치적 통제 아래에 둘 것이냐 하는 토론은 결코 정지하지 않는 토론이 되어야 한다.(pp. 149-150) 강한 (경제적) 힘을 가진 자는 그것을 유지하고 '개인적 자발성(individual initiative)'을 유지하기 바란다. 고도로 상호 의존적인 산업 과정의 불량 경영의 희생에 노출되어 있으며, 또한 주기적으로 희생자가 되는 사람들은 사회보장을 요구한다.(p. 150) 종교적 겸손이 민주주의의 인종적, 문화적 다원성의 전제 조건이다. 민주주의에 대한 가장 큰 위협은 그들이 표방하는 이상 속의 사리사욕의 부패를 의식하지 못하는 도덕적 이상주의자들의 광신주의이다. 민주주의는 도덕적 이상들에 대한 종교적 헌신 이상의 어떤 것, 곧 종교적 겸손을 요청한다. 상대적인 정치적 목적들에 대한 절대적 신봉이 공동체의 평화에 대한 위협이 된다. "예수께서 이르시되 네가 어찌하여 나를 선하다 일컫느냐. 하나님 한 분 외에는 선한 이가 없느니라"(마가복음 10: 18)고 했다.(pp. 150-151)

결론적으로 말해서, 민주주의와 심오한 종교 사이의 연결점은 겸손의 정신이다. 겸손의 정신은 민주주의가 요청하는 것이요, 종교의 열매들 가운데 하나이다. 민주주의가 요청하는 개인들과 그룹들의 협동은 도덕적 냉소주의자들에 의해서도 도덕적 이상주의자들에 의해서도 가능하지 않다. 전자는 어떤 법도 인정하지 않고, 후자는 그들의 도덕적 이상 속에 숨어 있는 사리사욕의 부패를 보지 못한다. 민주주의는 밖으로는 야만주의와 냉소주의의 위협을 받지만 안으로는 자신들의 이상이 완전하다고 주장하는 다양한 학파와 계급의 이상주의자들에 의해서 위협을 받는다.(pp. 151-152)

제V장 세계 공동체(The World Community)
제I절

본 절은 기술 문명에 의한 세계 공동체의 대두와 그것이 가지고 있는 문제들을 다룬다.(pp. 153-162)

세계 공동체의 조직과 거기에 따르는 평화와 정의 성취는 국가 공동체를 초월하는 인류의 사회적 문제가 되었다. 세계적 혼동을 극복하고, 국가 공동체의 원리를 세계적으로 확대하는 것이 우리 시대가 직면한 화급지사가 되었다.(p. 153) 이러한 사태는 기술 문명이 국가 공동체가 성취한 제한된 질서의 초월을 요구하게 되었는데, 우리의 문명의 자원은 그러한 질서의 정치적 도구를 창조하기에 적합하지 않은 데에 연유한다.(pp. 153-154) 두 가지 보편성의 세력(forces of universality)이 있다: (a) 보편적인 도덕적 책임(universal moral obligation), (b) 기술 문명에 의해서 이룩된 보편성의 새로운 세력으로서의 국가들의 세계적 상호 의존성(global interdependence of nations)(pp. 154-158)이 그것이다. 도덕적 보편주의(moral universalism)는 2,3000년 전의 고등 종교들과 철학들의 열매이다. 이스라엘의 선지자 Amos의 보편적이고 제한이 없는 도덕적 책임, Zoroaster교적 보편주의, 기독교의 보편주의, Plato와 Aristoteles의 철학, 老子의 신비적 보편주의, 불교의 보편주의가 있다. 인간의 문화에서는 특정한 공동체의 제한을 넘어서 삶의 의미와 책임을 해석하는 종교와 철학에 도달하는 공통된 발전이 있었다.(pp. 156-157) 지난 2000년 동안에 보편적 종교와 철학이 출현했고, 국가들과 제국들, 제국주의적 문화가 다양하게 흥망성쇠를 거듭했다. 이처럼 긴 세월 동안 지리적 경계와 인종적 동질성, 공통된 경험과 전통 같은 특정성이 국가와 제국의 기본적 결집력이었다.(p. 157)

인간의 자유는 초월성을 가지고 있지만 또한 제한성을 가지고 있다. 인간의 자유는 보편적 공동체를 전망할 수 있기에 족한 자유를 가지고 있지만 그것을 창조하지는 못한다. 인간은 어떤 규모의 공동체도 창출하지만 인류 공동체는 창출하지 못한다.(pp. 157-158) 인류 공동체는 기술 문명에 의해서 발전된 새로운 보편 세력(a new force of universality), 곧 가능적 세계 공동체 및 국가 공동체보다 넓은 공동체에 의해서라야 질서를 세울 수 있는 복잡한 상호 관계성을 가지고 있다.(p. 158) 새로운 보편성 시대에 국가 공동체는 위로부터는 도덕적 보편성의, 그리고 아래로부터는 세계 경제의 도전을 받는다.(p. 159) 두 보편성의 결합이 '세계 공동체(world community)' 수립에 대한 강한 원동력을 자아냈기 때문에 빛의 아들들은 역사의 특정한 세력의 힘을 경시하고 낙관했다.(pp. 159-160) 그렇지만 각 국가의 자부심(pride)은 보편적 원리의 지배를 받으려고 하지 않는다. 거기에는 몇 가지 이유가 있다. 첫째, 보편성 형성의 수단이 이기적인 세력에 의해서 이용되기 때문이다. 예컨대, 나치는 기술을 세계의 제국주의적 지배라는 이기적 목적을 위해서 사용했다.(p. 160) 둘째, 강대국들은 다른 나라의 안전과 공통된 이익에는 관심을 갖지 않고 자신의 안전을 추구하는 유혹을 받는다.(pp. 160-161) 셋째, 고립주의(isolationism)는 기술에 의한 힘의 강화에 의존하여 자신의 안전을 스스로의 힘으로 유지할 수 있다고 믿는다.(pp. 161-162) 결론적으로 말해서, 특정한 개별 국가가 기술이라는 보편적 도구를 사용한다는 사실이 세계적 충돌을 지구적인 것으로 확대하고 악화시킬 것이다.(p. 162)

제II절

본 절은 세계 정부 구성의 제구상을 다룬다.(pp. 162-173)

지난 세기, 특히 제1차세계대전 후 빛의 아들은 도덕적 명령의 보편적 성격과 기술 문명의 지구적 상호 의존으로 인해서 인류의 정치 기구들이 자동적으로 구성된다는 환상을 가졌다. 이것은 인류사의 특정적이고 제한된 생명력의 힘을 과소평가한 것이다.(pp. 162-162) 국가들의 자만심과 전통적 충성의 관성적 힘은 필요하고 강한 것이다.(p. 163)

빛의 아들에 두 학파가 있다. 하나는 순진한(naive) 이상주의자들이다. 자연법에 의해서 국가의 통치권이 정당화되는 것처럼, 새로운 국제법의 규정이 그러한 절대적인 통치권을 수립한다고 생각한다. 세계적 정부(an international government)가 없는 것은 그것의 청사진이 없기 때문이라고 생각한다. 순수한 입헌주의자들은 인류 역사의 진로를 무시하고 형식만을 과시한다. 그러나 이 같은 순진한 이상주의자들은 소수이다.(pp. 163-164) 다른 하나는 좀더 이론적인(sophisticated) 이상주의자들로서 그들은 모든 인간의 공동체는 힘을 필요로 하기 때문에 국제 재판소를 가진 세계적 권위를 구성하고, 그것에게 세계적 경찰력을 부여해야 한다고 주장한다. 이러한 주장은 공동체들이 합의하여 공통적 권위를 수립하는 유기적 과정이 얼마나 어려운지를 모르는 순진한 견해이다.(pp. 164-165) 머리가 없이는 신체가 있을 수 없지만 머리가 신체를 만들 수는 없다.

세계의 공동체들은 인종적 동질성과 공통적 전통과 경험에 의해서 결속되었다. 특히, 국가적 공동체는 공통의 적에 대한 직면에 의해서 결속되었다. 세계 정부는 그런 것들이 없기 때문에 구성되고 유지되기 어렵다.(pp. 165-166) 미국은 국제 정치론에서 순수한 입헌론자를 많이 배출했는데, 그것은 미국이 다른 어느 나라보다도 분명한 입헌적 출발의 경험이 있기 때문이다. 그러나 헌법은 역사적 과정의 시작이 아니라 목적이다. 미국의 경우도 일반적으로 알고 있는 것보다 유기적이며 입헌적이지 않다.(pp. 166-167) Scotland와 Wales는 통합되었지만 Ireland는 통합되지 않았다. 만약 성공적으로 통일될 수 있다고 해도 그런 과정이 세계 정부 수립으로까지 연장될 수 있다고 생각하는 것은 환상이다.(pp. 167-168) 특정한 공동체에서 보편적 공동체로의 변화는 발전이 아니라 종류가 완전히 다르기 때문에 역사의 가능성 안에 있는지 불확실하다. 가능하다면 '절망적 필요성(desperate necessity)'만이 그것을 가능하게 할 것이다. 불가능하지만 필요한 것의 성취를 위해서 비극적 역사의 시대들이 요청될 것이다.(p. 168)

세계 정부와 강제력 사이의 관계에 대해서 살펴보기로 하자. 공동체가 클수록 강제력에 의해서 결집력이 유지된다. 그러한 결집력의 두 가지의 최소의 힘은 혼란(anarchy)과 공통의 구체적인 적(foe)이며, 후자가 전자보다 강하다.

세계 정부는 공통의 적이 없기 때문에 강제력을 갖기 어렵다. 질서는 정의를 대가로 지불하고 유지되어야 하지만 정의가 없는 질서는 오래가지 못한다. 세계 정부에게 새로운 국제적 권위를 부여하면 국가들이 세계 정부라는 새로운 주권에게 그들의 이익을 양보할 것이라는 주장은 지나친 主意論(voluntarism)으로서 인간 의지의 힘을 과신하는 것이다.(pp. 169-170) 모든 문명국가는 다른 나라를 도와주기를 원하지만 실제로는 그렇게 실천하지 못한다. 바울이 로마서 7: 18에서 개탄한 것처럼.(p. 170) 강대국들에 의한 세계 평화 유지는 약소국들을 포함한 세계 질서 유지의 어려움을 가지고 있으며, 강대국들을 지배하는 권위를 가지고 있지 않다. 강대국들 각 국이 자국의 안전만 유지하려고 하면 자체 방어는 되나 세계 평화는 유지될 수 없다.(pp. 170-171) 입헌적 세계 정부가 어려운 것처럼, 세계 통합의 역사적, 유기적 발전도 어렵다. 그렇다면 세계는 3개, 혹은 4개의 다극적 중심으로 갈라지게 되는데, 그것들이 잘 합의되지 못하면 갈등이 더욱 크고 심각해지게 될 것이다.(pp. 172-173)

제III절

본 절은 글로벌한 과제에 대한 현실적(realistical) 해석과 이상적(idealistic) 해석을 다룬다.(pp. 173-176) 현실적 접근은 냉소주의의 심연에 다가서고, 이상적 접근은 감상적이 되기 쉽다.(p. 173) 현실적 학파는 '힘의 균형 원리(the balance of power principle)'를 넘을 수 없다. 전 세계적 힘의 균형은 혼동을 완화할 수 있다. 그러나 세계 정부가 부재한 힘의 균형은 장기적으로 볼 때 혼란을 가져온다.(pp. 173-174) 당시의 세계는 영국, 러시아, 미국의 힘의 균형에 의해서 위태롭게 잠정적으로 유지된다. 영국의 야전 사령관 Smut은 유럽 대륙의 영국 우호적 나라들을 영연방에 포섭하여 미국과 러시아와 힘의 균형을 유지해야 한다고 주장한다.(pp. 174-175) 세계적 차원의 힘의 균형에 동참한 어떤 나라도 자신의 위치에 만족하지 않으며, 따라서 지위 향상을 꾀하게 되고 그것은 힘의 균형을 위협한다.(p. 175) 순수한 현실적 접근 역시 순수한 이상적 접근과 마찬가지로 세계 공동체 문제 해결에 희망을 주지 못한다. 순수한 이상주의자들은 특정적이고 지역적인 충성이 변하지 않는 힘을 가지고 있다는 사실을 과소평가한다. 현실주의자들은 이러한 변하지 않는 힘의 영향을 지나치게 받아서 혁명적 세계 상황이 간직하고 있는 새롭고 독자적인 요소들을 간과한다. 역사의 위기적 시기는 문제 해결을 위한 모든 자원을 창조하지 않지만 잘못된 해결과 발전을 방해하는 광신적 장애들을 파괴한다.(p. 176)

제IV절

본 절은 세계 정부 구성과 정의 문제를 다룬다.(pp. 177-181) 세계 통합의 시발적 기초는 강대국들의 합의(accord)이다. 그렇지만 그러한 합의는 영향권(spheres of influence)으로 분할될 수 있다.(p. 177) 강대국들 가운데 유일한 강대국만이 최소의 세계 질서를 위한 권위의 적절한 핵이 될 수 있다. 세계 공동체의 생명력은 다양하기 때문에, 다시 말해서 문화와 인종이 다르고 공통의 전통과 경험을 가지고 있지 않기 때문에 세계 질서의 시발적 기초인 지배적인 집단의 힘(권위)을 수립할 수 없다.(pp. 177-178) 강대국들의 동맹은 경제가 없으면 견딜 수 없는 제국주의가 된다. 공동체는 힘에 의한 질서 유지를 해야 하지만 독재가 되어서는 안 된다.(p. 178) 질서의 영역에 정의가 도입되려면 공동체의 조직력이 도덕적, 입헌적 계약 아래 놓여야 한다. 강대국들의 동맹으로 이루어진 초창기 세계 정부를 두 가지 견제 아래 두는 것은 쉽지 않지만 결코 불가능하지는 않다.(p. 178) 각 대륙의 질서 유지는 강대국들의 합의에 의해서 가능한데, 그러한 합의는 약소국들을 포함해야 하기 때문에 입헌적 도구가 필요하다.(pp. 178-179) 각 대륙은 하나의 강대국이나 강대국들의 합의에 의해서 유지된다. 그러한 합의는 정의를 가져야 한다. 안정된 질서는 질서를 제공하는 협정 속에 정의의 도구를 도입하지 않고는 가능하지 않다.(pp. 180-181) 정부의 전략에 있어서 질서는 정의에 선행하지만 정의가 없는 질서는 오래가지 못한다.(p. 181)

제V절

본 절은 세계 정부는 최종적 가능성인 동시에 최종적 불가능성이라는 문제를 다룬다.(pp. 182-190)

정치적 전략들은 국가 공동체와 세계 공동체에 대한 外的 및 도덕적 견제를 다룬다. 인간의 이기심은 Hobbes적 독재 정치를 주장하게 하고, 이기성에 대한 도덕적 견제는 국가 생활에서 민주주의를 가능하게 한다. 세계 평화를 위해서는 도덕적 견제가 강화되어야 한다.(p. 182) 중국은 아직 강대국이 아니다. 세계 평화는 미국, 러시아, 영국에 달려 있다. 러시아는 자기비판이 어렵고 자의식에서 벗어날 수 없기 때문에, 도덕적 견제가 어렵다. 미국에서는 '민감한 소수자(sensitive minority)'가 자기비판을 가능하게 한다.(pp. 182-183) 민주적이고 기독교적인 나라는 자기비판의 文化와 기구를 가지고 있다. 특히 영국이 그렇다. 미국보다 더욱 그렇다.(pp. 183-185) 미국은 영국보다 힘이 강하지만 자기의 힘에 대한 도덕 의식이 그다지 없기 때문에, 외교 정책에 일관성이 없고 완전한 무책임성과 냉소주의 사이를 왔다 갔다 한다.(p. 185) 이것은 미국의 정치적, 도덕적 성숙의 결여 때문이다. 강한 힘의 소유는 불의의 유혹이 될 수 있다는 겸손한 의식이 필요하다. 그러나 힘의 소유는 피할 수 없는 책임을 창출한다. 책임 수행이 이기적 부패 없이는 수행될 수 없지만 말이다.(p. 186) 세계 정치의 현실은 순수한 도덕가나 단순한 이상주의의 영역이 아니다. 그렇지만 도덕적 냉소주의와 패배주의는 더욱 해롭다. 적절한 타협이 필요하다. 적과 경쟁자뿐 아니라 자신도 이기적이다.(p. 186)

세계 공동체(혹은 세계 정부) 건립은 종교적(기독교적) 신앙을 요청한다. 신앙은 역사의 도덕적 애매성이 역사적 존재인 인간의 영속적 특성임을 이해한다.(p. 187) 세계 공동체 건립은 최종적 필요성과 가능성인 동시에 최종적 불가능성이다.(p. 187) 세계 공동체 건립은 영원한 문제인 동시에 인간의 희망의 지속적 성취이다.(p. 188)

세계 공동체 건립의 측면에서 본 현대적 사관과 기독교적 사관에 대해 살펴보자. 현대의 이상주의자들은 기독교 신앙이 세계 공동체 건립을 위한 불가결의 자원을 가지고 있다는 것을 아는 데 긴 시간이 걸렸다.(p. 188) 현대 문명은 역사 자체가 구원하라고 생각하기 때문에 역사를 구원과 관계시키는 심오한 종교적 해석에 관심이 없다. 기독교 신앙은 생과 역사의 의미를 그리스도에서 발견한다. 그리스도의 선하심은 인간이 역사 속에서 성취해야 하지만 성취하지 못하는 덕(virtue)이며, 인간 역사의 영원한 모순을 이해하고 해결하는 성스러운 자비의 계시이다. 이러한 신앙의 입장에서라야 세계적 차원의 공동체의 창조를 다루는 것이 가능하다.(p. 188) 그리스도의 사랑은 최종적 규범이요, 그것은 세계 공동체에까지 확대되어야 한다. 인간 생활의 최고 성취도 부패로 오염되었다는 신앙적 이해는 세계 공동체에 따르는 수준의 새로운 부패에 대비하게 한다.(p. 189) 기독교 신앙의 희망은 인간의 최고 성취가 성취하지 못한 것을 성취하게 하고, 인간의 최고로 순수한 성취 속에 있는 부패를 정화한다.(p. 189) 기독교적 신앙 없이는 감상주의와 절망 사이를 왔다 갔다 한다.(p. 189) 신앙은 세계 공동체를 최종의 가능성과 불가능성으로 본다. 신앙에서는 신의 능력이 역사와 인간의 성취의 단편성을 드러내면서도 그것의 중요성을 부정하지 않는다.(pp. 189-190)

VII

제2차세계대전 후의 니버의 정치적 활약과 그 시기의 저술들(1946-1952)

라인홀드 니버의 생애와 사상

1
『시대의 징조의 분별
Discerning the Signs of the Times』 출간(1946)[1]

✣

　　니버는 제2차세계대전 직후인 1945년 12월, 미국의 대학들에서 행한 설교들을 글로 저술하여 본 설교집을 완성하여 다음 해인 1946년에 출판했다. 서문에서 니버는 다음과 같은 내용의 말을 하고 있다. 본 설교집의 설교들이 다루는 두 가지 범주가 있다. 하나는 기독교 신앙의 영원한 주제들이며, 다른 하나는 우리 시대의 사상과 삶에 대한 특별한 관계 속에서 기독교 신앙의 어떤 국면들을 해석하는 것이다. 다시 말해서, 우리 시대가 두 번에 걸친 세계대전을 겪고 나서도 또 다른 세계적 혼란을 피할 수 있는 도덕적 자원과 정치적 도구를 확실하게 갖고 있지 않기 때문에, 본 저서의 설교들의 기본적 주제는 역사적인 것이 기독교 신앙의 초역사적 요소들에 대해 가지는 관계이다. 기독교 공동체는 하나님 나라가 하늘에서처럼 땅 위에 이루어지기를 기도하지만, 사도 바울이 "만일 우리가 현세에서만 그리스도에게서 희망을 가진다면 우리는 모든 사람 중에서 가장 불행하다"라고 말한 바와 같이 초역사적 희망을 가지고 있다. 기독교적 희망의 이 두 국면을 규명하려는 것이 본 설교집의 설교들이 목적하는 것이다. 그러기 위해서는 복음이 특별히 필요하고 기독교적 희망의 상대적인 역사적 국면과 최종의 절대적 국면의 건전성, 존재적 의미의 민감성을 유지하는 것이 요청된다.

　　그러면 아래에서『시대의 징조의 분별Discerning the Signs of the Times』(Charles Scribner's Sons, 1946)의 내용을 요약하기로 한다. 요약 내용 중 괄호 안의 페이지는 동저서의 페이지를 나타낸다.

---

[1] Reinhold Niebuhr, Discerning the Signs of the Times(New York: Charles Scribner's, 1946).

제I장 시대의 징조의 분별(Discerning the Signs of the Times)
제I절

본 장의 성경 본문은 마태복음 16: 1-3이다. 니버는 특히 제3절의 "너희가 천기는 분별할 줄 알면서 시대의 징조는 분별할 수 없느냐?"라는 구절을 다룬다. 니버는 먼저 천기를 분별하는 과학적 지식과 시대의 징조를 분별하는 역사적 지식을 구별한다. 자연에 관한 과학적 지식도 잘못을 범할 수 있지만, 개인적 이해관계는 객관적 데이터를 속이거나 명백한 증거로부터 잘못된 결론을 내리는 유혹을 받지 않는다. 이와 달리, 역사적 지식에는 역사적 사건들과 가치들을 해석하며 거기에는 해석자 자신과 타인의 이해관계 및 역사 자체의 의미의 해석이 개입한다. 이렇게 해석에 주관이 가미되면 상대성을 갖게 된다.

예수에게 "하늘로부터 오는 표적(a sign from heaven)"(마태복음 16:1), 곧 하나님의 인정을 받았다는 표가 될 기적을 보여 달라고 하는 바리새인과 사두개인들의 요구에 대해서 예수는 그들을 "위선자들"(니버가 사용한 성경 본문에는 "오!너희들 위선자들이여, 너희가 천기를 분별할 줄 알면서…"라고 되어 있다.)이라고 질책했다. 그들과 예수님 사이의 이러한 말의 교환은 역사에 관한 궁극적 문제와 관련성을 가지고 있다. 그들은 예수에게 그가 메시아라는 주장이 옳다는 것을 정당화할 수 있는, 다시 말해서 메시아적 기대의 실현이 접근하고 있는 특별한 표적을 보여줄 것을 요구했다. 이러한 요구에 대해서 예수는 표적은 이미 나타났는데 그것을 요구하는 자들이 그들의 위선 때문에 표적을 알지 못한다고 했다. 그들은 위선 때문에 하나님의 자비를 상징하고 나타내는 '수난의 종'인 메시아를 보지 못하고, 신의 선민인 의로운 이스라엘 백성이 그들의 적들에 대한 승리자가 되며, 신과 인간의 눈으로 볼 때 역사의 최종적 완성자가 되는 이기적인 메시아적 희망을 가졌다. 그들은 어떤 개인이나 국가도 역사 속에서 신의 목적을 완성하리만큼 충분히 선하지 못함을 알지 못했다.(p. 3) 스스로 선한 어떤 개인도 이런 종류의 최종적 역사 해명을 나타내는 '징조'(예컨대, 임박한 십자가)를 식별할 수 없을 것이다. 그것은 역사의 과정을 계산하는 정신의 결함 때문이 아니라 이기적 오만의 혼란을 역사적 사건의 평가 속에 도입하는 마음의 부패로 인해서이다.(p. 4)

제II절

자연에 대한 지식과 역사적 사건과 가치에 대한 지식은 엄연히 다름에도 불구하고 현대 문화에서는 그 상이성이 애매해져서 자연과학의 객관성이 모든 역사적, 정치적 및 사회적 판단에서도 가능하다고 생각하기 쉽다. 이러한 잘못된 생각은 사회적, 역사적 판단의 잘못이 가지고 있는 의식적, 혹은 무의식적 부정직을 무시하는 데에서 비롯된 것이다. 다시 말해서, 모든 잘못된 사회적, 역사적 판단은 적어도 부분적으로는 위선에 기인한다. "따라서 그러한 잘못의 제거는 결코 순수하게 지적 과제가 아니라 도덕적, 정신적 과제이다." 역사적 가치 평가의 최고의 객관성과 공평성은 판단의 무의식적 부정직을 깨닫고 그것을 시정하려는 종교적 성질의 겸손에 의해서만 가능하다.(p. 5) 두 가지 지식의 다름은 자연의 지식에서는 인간의 정신이 인식 과정의 중심이고 공포와 희망과 야심은 주변에 속하는 데 대해서, 역사적 사건들의 지식에서는 감정과 욕망이 중심이 되고 정신은 주변에 속하며 단지 불안한 자아의 도구 노릇을 할 뿐이라는 사실에서 기인한다. 우리가 꽃과 별과 화학적 문제를 볼 때는 인식자의 특권과 양심이 작용하지 않는다. 대개의 철학들에서는 자연의 개관적 지식과 인간적 사건들과 목적들에 대한 주관으로 물든 지식이 혼합되어 있다.

그렇지만 두 가지 지식 유형 사이의 본질적 차이는 여전히 존재한다. 다른 사람들에 대한 우리의 판단에는 그들에 대한 우리의 관계에서 우리가 가지고 있는 강함, 혹은 약함에 의해서 촉발된 감정이 섞여 있다. "그들의 우수성과 유리함은 우리의 질투심을 자극하고 경쟁심을 자극할 것이다. 그들의 약함은 우리의 동정심을 낳고 그들의 강함은 우리에게 공포를 불러일으킬 것이다. 우리의 정신은 인간관계의 복잡성의 한가운데에서 작용할 때는 결코 순수하고 추상적인 지능이 아니다." (p. 8) 우리는 인간 역사의 운동이나 과거의 사건을 완전한 공정성을 가지고 판단할 수 없다. 물론, 어떤 역사적 시기는 완전히 죽었거나 그렇게 보이며, 현재의 시점에서 우리의 발달에 영향을 미치는 이해관계와 가치와는 상관이 없게 보인다. 그렇지만 결코 그렇지 않다. Hamilton과 Jefferson에 대한 우리의 판단은 우리 시대의 정당적 편견의 영향을 받으며, 고대 로마 멸망의 원인에 대한 분석도 우리 시대의 상황의 영향을 받은 사회적, 정치적 신념의 영향을 받는다.

세계사회의 분야에서는 아직 공평한 정의 기구가 창출되지 못했다. 산업사회를 갈라놓는 힘의 경쟁에 직접 개입되지 않은 전문가 집단은 상대적 공평성을 가지고 있기 때문에 당파적 적개심을 완화시키지만, 인간의 문제들을 순수한 지성에 의해서 볼 수 있는 입장은 인간 역사 속에는 없다. 정치적 판단이 가지고 있는 이데올로기적 오염들에 관한 이론을 처음 발전시킨 것은 마르크스주의인데, 그것은 부정직한 합리화의 근본적인 원인을 인간의 시각의 제한성이라고 본다. 특히, Engels는 그러한 제한성의 과오에 의식적 과오가 개입했다는 것을 부정한다. 그러나 적인 부르주아에 대한 마르크스주의자의 공격에는 항상 부정직성이 섞여 있다. 모든 현실적인 역사적 판단은 주의 깊게 분석하면 무의식적 무지와 이기적 이익의 의식적 합리화가 혼란스럽게 혼합되어 있다. 이것은 제2차세계대전이 미국의 세기를 수립하기 위한 것으로 보는 견해의 경우도 마찬가지이다. 그러한 견해는 미국의 시각에서 세계를 보는 것, 그리고 세계를 미국의 지배 아래 두려는 미국의 오만과 권력의지를 나타내는 것이다. 인종적 오만도 무지와 불의의 혼합에 기인한다. 무지와 부정직은 모든 인간이 제한된 시각을 가진 피조물이면서도 초월적인 자유 정신을 소유하고 있다는 사실에서 비롯된 것이다. "우리는 우리의 불안과 오만으로 인해서 과오를 범하는 유혹을 받는다. 우리는 우리의 위선 때문에 시대의 징조를 식별하지 못한다."(p. 13)

제III절

우리의 동료 인간들에 대한 판단과 우리가 관련되어 있는 인간 드라마의 의미 평가의 순수한 정직성은 단순한 지식이 아니라 종교에 의해서라야 획득될 수 있다. 전체적 복지에 대한 우리의 가장된 헌신 속에 숨어 있는 우리의 私利를 우리는 색출해 내야 한다. 사물들의 구도에서 중심적 위치를 찬탈하는 암묵적 우상화(idolatry)를 심판해야 한다.(p. 14) 문제의 진정한 해결은 우상화를 극복하는 것이라는 사실이 우리가 직면한 문제가 종교적 차원을 가지고 있다는 것을 증명한다. 그러한 우상화의 극복은 일반적인 도덕적 이상주의로는 가능하지 않다. 그것이 항상 독선으로 타락하기 때문이다. 그것은 오직 종교적 회개를 통해서 해결될 수 있다. 우리의 판단보다 더욱 최종적인 신의 심판만이 우리가 관련된 의미의 전체 구조를 완성할 수 있다.

크리스천으로서 우리는 신앙으로 그리스도의 사랑을 신의 뜻과 목적의 계시로 받아들였다. 그렇기 때문에 그의 심판의 표준이 그리스도의 사랑이라는 것을 우리는 안다. 그렇지만 신과 그의 심판에 대한 우리의 지식을 과신해서는 안 된다. 그렇게 할 때 우리는 신을 우리의 이기적 입장의 동조자로 만들기 때문이다. 기독교 신앙만이 아니라 다른 모든 종교가 빈번히 당파적 갈등의 격노를 강화했고 인간적 허세를 증대했다. 종교적 감정이 빈번히 인간의 우상화를 완화하기보다는 강화했다. 기독교의 이러한 탈선에도 불구하고 신이 모든 인간적 심판을 초월한다는 기독교 신앙의 최종적 통찰을 무효로 할 수는 없다. 신은 우리가 우리의 적을 심판할 때도 우리를 심판하며, 우리가 우리 자신과 우리의 문화, 국가를 완전하게 생각하는 잘못을 범할 때도 역사의 드라마는 완성된다.

종교적으로 이해된 보다 높은 표준은 인간과 인간 공동체의 열등하거나 비꼬인 표준을 부정한다. 폭군에 대한 항거의 최선의 구원은 "사람에게보다 하나님에게 복종해야 한다"라는 신앙이다. 독선이 깨지는 유일한 순간은 참된 기도의 순간이다. 그러한 기도의 순간이 삶의 경쟁에 개입할 때 우리의 모든 사회적, 역사적 판단을 물들인 부정직과 허위가 완화된다. 우리는 시대의 징조 분별을 방해하는 위선을 누그러뜨릴 수 있다. 이러한 종교적 결론은 생의 과업 전체를 보다 참되게 이해할 수 있는 최종적 근원이다. 그러한 전체적 이해는 우리가 우리의 적에게 승리를 거둠으로써 역사를 완성할 것이라는 메시아적 기대로부터 우리를 구원한다.

우리의 다양한 역사적 판단들에 항상 침입하는 과오와 위선들은 역사의 의미와 역사의 완성에 관한 잘못된 개념에서 그 절정에 달한다. 부르주아 진보주의가 그랬고 마르크스적 유토피아주의가 그랬다. 전자는 귀족이라는 적에 대한 부르주아 계급의 승리가, 후자는 부르주아 중산층 계급에 대한 프롤레타리아 계급의 승리가 역사의 완성을 가져올 것이라고 상정했다. 만일 양자가 그들이 역사의 최종적 심판자이며 최종적 구원자라고 생각하지 않았다면, 그들은 정의의 보다 완전한 도구가 되었을 것이다. 그러한 겸손이 없었기 때문에 그리고 그러한 새로운 형태의 허위 때문에, 그들은 낡은 불의를 제거하려고 하다가 새로운 형태의 불의를 역사 속에 도입했다. 다른 메시아적 계급들과 국가들도 같은 잘못을 범했다. 자비는 모든 계급과 집단, 모든 문화와 국가가 경쟁자와 역사의 전 드라마에 대한 판단이 위선으로 물들어 있다는 사실을 아는 자들만이 이해할 수 있고 향유할 수 있다. 동지건 경쟁자건 동료 인간들을 다루는 이 지혜는 지적 성취라기보다 기도에 의해서 얻은 겸손의 열매를 의미한다. 인간은 단지 정신(mind)일 뿐만 아니라 전체적 인격(total personalities)이다. 우리는 당면한 문제들을 정신으로 다루지만 모든 궁극적 문제들은 인격으로 다룬다. 궁극적 문제는 정신의 무식이 아니라 마음의 오만이 제거될 때 참되게 다룰 수 있다.

제II장 분노와 용서(Anger and Forgiveness)
제I절

본 장의 성경 본문은 에베소서 4: 26-27이다. 니버는 제26절 "화를 내어도 죄를 짓지 말며 해가 지도록 화를 품지 말라"를 다룬다. 화, 곧 분노는 의로움과 죄의 근원이다. 인간은 불의에 직면해서 화를 내는데, 그것은 인간이 합리적인 동시에 감정적인 존재이기 때문이다. 병적으로 초연한 사람만이 잘못을 범하는 것을 보고 화를 내지 않을 수 있다. 도덕적으로 무감각하고 무관심한 사람만이 감정이 없이 악을 행하는 것을 볼 수 있다. 분노는 또한 많은 악의 근원이다. 인간은 화가 났을 때 매우 불공평하게 되는 경향이 있다. 화가 났을 때 범하는 죄는 우리의 감정이 이기적으로 협소해진다는 사실이다. 인간은 자신에게 가해진 상처에 대해서 타인에게 가해진 상처보다 더욱더 분노를 느끼기 때문에 복수를 하게 된다. 분노가 가지고 있는 죄의 근원 중 하나는 우리의 감정을 이기적으로 협소하게 만든다는 것이다.(p. 22) 정의의 모든 공동체적 구도는 분노의 복수적, 이기적 부패를 제거하고 보다 순수한 정의 구현을 위한 노력을 통해서 발전되었다.

분노의 두 번째 부패의 결과는 증오(hatred)이다. 증오할 때 합리적 시각 속에 감정이 잘못 섞인다. 분노의 감정은 일시적일수록 좋다. 그것이 쌓이면 증오가 되기 때문이다. 그래서 바울은 "화를 내어도 죄를 짓지 말라"는 말에 "해가 지도록 화를 품지 말라"는 말을 첨가했다. 어린이가 받은 축복 가운데 하나는 기억이 짧다는 것이다. 인간 역사의 비극적 국면들 중 하나는 정복당한 자들이 승자들보다 긴 기억을 가진다는 사실이다. 승자들이 보다 오랜 기억을 가지고 정복당한 자들이 보다 짧은 기억을 가지는 것이 바람직하다.

제II절

"화를 내어도 죄를 짓지 말라"고 한 성경의 훈계는 삶의 투쟁에서 일어나는 감정들을 악 자체로 여기는 모든 형태의 고도로 합리화된 도덕과는 구별되어야 한다. 그러한 도덕은 "죄를 짓지 않기 위해서 화를 내지 말라"고 하는 훈계로 요약할 수 있다. 그것은 삶의 논쟁과 열정에 초연하기를 추구한다. 스토아철학이 그런 태도를 취한다. Epictetus는 말했다. 어떤 사람이 네게 악을 행하고 너를 나쁘게 말할 때 그로서는 그렇게 행하고 말할 이유가 있을 것이라고 생각하라. 그렇게 하면 너는 너를 욕하는 그를 유순하게 참을 수 있을 것이다. 이 말은 관여한 쌍방이 정직하고 좋은 의도를 가졌을 때에만 성립할 수 있다. 정말로 악을 행했을 때 그러한 초연은 비도덕적이다. 악에 대한 적절한 태도는 분노이다. 분노로 인한 죄의 치유는 생의 문제에 대한 초연이 아니라 분노 속에 있는 죄악적이고 이기적 부패에 대한 지속적인 유혹을 인정하는 겸손한 태도이다. 그러한 겸손은 적에 대한 우리의 판단이 순수하게 사욕이 없는 판단이라는 것을 인정하지 않는다. 죄의 상호성을 인정한다. 독일과 일본과의 전쟁 초기에 높은 정신을 가진 사람들은 나치도 일리가 있고 그들 자신의 입장도 악으로 오염되어 있기 때문에, 나치의 독재 정치라는 악에 저항할 권리가 없다고 주장했다. 이렇게 높은 정신적 이상주의의 이름 아래에서 책임을 회피하려고 할 때는 불의가 일으킨 분노의 정당성을 강조하고 적에 대한 분노를 고취하는 것이 중요하다.

적이 정복되고 당장의 위험이 극복되었을 때에는 승자도 죄가 있으며, 승자의 분노가 오만과 복수의 부패에 빠지는 유혹을 받는다는 것을 아는 것이 중요하다. 승자의 상대적 정의를 궁극적 정의와 동일시하고 적을 본질적으로 악하게 보는 경향은 전쟁이 자아낸 분노의 무서운 열매이다. 그러한 분노 속에는 무서운 맹목성이 있다. 이러한 해로운 맹목성은 개인들 사이에서보다 인류의 집단적 삶에서 더욱 현저하다. 승자들이 공정한 심판자라는 허세는 복수의 가장 큰 원인들 중의 하나이다. 승리한 국가의 권력욕과 오만과 불안은 패배자를 절대적 심판자로서 처벌함으로써 적의 미래의 침략을 막으려고 하는 자기 절대화를 범한다. 국가들의 심판 속에 들어 있는 또 하나의 특별한 유혹의 원인은 적대 국가 속에는 죄 있는 자와 죄 없는 자가 혼재해 있다는 복잡성을 다루는 것이 어렵다는 사실이다. 최선을 다해도 집단적 죄의 처벌은 많은 죄 없는 자들을 포함하지 않을 수 없다.

승리한 국가들이 스스로 임명한 판사들은 집단적 처벌이 무고한 사람들을 포함하지 않도록 진지한 동정심을 가져야 하지만, 반대로 그들은 범죄의 정도를 무시하고 적의 총체적 부패를 주장하는 것이 일반적 입장이다. 정의와 복수를 구별할 수 있다고 생각하는 사람들이 있으나, 의로운 자와 의롭지 않은 자 모두 죄가 있다고 보는, 어떤 보다 궁극적이고 신성한 심판이 아닌 한 정의를 위한 최선의 노력도 복수에 의해 물들여져 있다. 바꾸어 말하면, 국가는 독선이라는 것을 타고난다. 그러나 국가 속에는 항상 국가에 대한 신의 심판을 알고 있는 '구원의 남은 소수(saving remnant)'가 있다. 이상적으로 말하면, 오늘날 교회가 그 기능을 해야 한다. 그러나 교회는, 신의 심판을 부정하지만 교회의 많은 구성원들보다 국가적 오만의 위험성에 대해서 알고 있는 민감한 세속적 요소들이 있다는 것을 인정해야 한다. 그러한 통찰의 근원이 도덕적이건 종교적이건 그것은 국가 공동체 속에서 누룩의 역할을 한다.

제Ⅲ절

"해가 지도록 화를 품지 말라"는 명령을 문자 그대로 따르기는 어렵지만 그것은 매우 깊은 생각에서 나온 것이다. 적극적 악과 직면해서 화를 내는 것은 당연하다. 그런 경우 악과 악을 행한 자를 충분히 구별하는 것은 가능하지 않다. 그렇기 때문에 악은 미워하고 악을 행한 자는 사랑하라는 충고는 도덕적으로 그리 건전하지 않다. 그것은 악을 행한 자가 악의에서가 아니라 단지 무지에서 악을 범했다는 전제 아래서만 가능하다. 한편, 모든 전쟁은 적의 총체적 타락설을 촉발한다. 지난 전쟁에서 이 설이 절정에 달했다. 나치라는 적의 악의가 전대미문의 것이었기 때문이다. 그렇다고는 하지만 이러한 이론은 결코 정당한 것이 될 수 없다. 국가라는 사회의 죄는 사회의 법에 대한 범죄처럼 절대적이지 않다. 전자의 죄의 원인은 알 수 없을 만큼 복잡하다.

살인자들의 범죄는 빈번히 순간적 열정이나 절망의 발작으로 범하며 표면상 덜 심각한 범죄보다 덜한 악의에서 범한다. 나치즘의 공공연한 악도 독일인의 총체적 타락의 증거는 아니다. 세계가 독일에 대해서 가지고 있는 증오는 자연스럽고 충분히 그럴 수 있는 것이지만 정당하지 않으며, 그것은 우리의 공동적 삶에서 많은 미래의 악들의 씨가 될 것이다. 우리가 증오의 악순환 때문에 다 함께 파멸하지 않으려면 우리의 적과 화해해야 한다. 물론 과거의 범죄에 대한 그러한 망각이 무책임한 것이라고 할 수 있다. 범죄자가 범죄로 인한 당장의 이익이 보다 무거운 손해를 입게 된다는 것을 확실하게 알게 하기 위해서, 그리고 미래에 유사한 범죄를 범하는 것을 막기 위해서 범죄는 처벌되어야 한다.

그렇지만 처벌의 효과는 당장 과대평가된다. 어떠한 범죄자도 처벌만으로는 회개하지 않는다. 그렇기 때문에 범죄자의 인격에 남아 있는 도덕적 건강을 재발견함으로써 범죄자를 재활시키기 위해서 고안된 생각 깊은 형벌학은, 점차 무자비한 형태의 처벌로 대치해 왔다. 이런 모든 것이 "해가 지도록 화를 품지 말라"는 명령의 응용이다. 왜냐하면 처벌의 제한된 효과의 인식은 분노의 힘의 짧은 시간을 인정하는 것을 함의하기 때문이다. 일본과 독일의 도시들은 폐허가 되었고, 고도로 산업화된 도시들은 순식간에 단순하고 궁핍한 원시 사회로 화하고 말았다. 거대한 도시들은 쓰레기 더미로 변했다. 현대 침략자들의 사악함이 유례 없이 악했지만 그들에 대한 처벌 또한 총체적 전쟁의 패배가 가져온 처벌로서 무서운 것이었다. 그렇지만 이러한 처벌이 적의 마음속에 회개를 가져오지는 않을 것이다. 그렇다면 아무리 계산된 처벌의 중대도 회개를 가져오지 않을 것이다. 우리는 너무나 쉽게 우리의 힘과 정의에 관한 한 전능자의 지위를 자처한다. 우리는 적이 힘을 못 쓰게 하는 것과 적을 회개하게 하는 두 가지가 양립할 수 없다는 것을 전혀 알지 못한다.

심판과 처벌을 무한히 연장하려고 하는 것은 우리가 유한한 피조물이며 삶의 투쟁에 이해관계를 가지고 참가한 자라는 사실을 알지 못하는 데에서 비롯된 것이다. 죄의 가장 적합한 근원은 인간이 가지고 있지 않은 힘과 선을 가지고 있다고 생각하는 허세(pretension)에 있다. 히브리의 예언자들의 가장 심오한 통찰 중 하나는 신의 심판의 집행자의 역할을 수행한 국가들도 마침내 같은 심판을 받게 된다는 사실을 알았다는 것이다. 그 이유는 항상 같은 것으로서 신의 심판의 집행자의 역할을 한 국가들이 어떤 특별한 덕을 가지고 있다고 생각했기 때문이다. 다시말해서, 그러한 국가들은 그들의 사명의 성공으로 인해서 허세에 빠지는 유혹을 받았기 때문이다. 그들은 모든 인간적 사명의 제한된 성격과 모든 '겉으로 나타난 운명(manifest destinies)'의 짧음을 알지 못했던 것이다.(p. 37) 불의에 대한 정당한 인간의 분노는 주어진 순간 동안만 덕의 엔진이지만, 그것이 부당하게 연장되고 오만으로 자신에게 신성한 정의의 옷을 입히려고 하면 바로 그러한 허세가 새로운 불의의 근원이 된다.(p. 37) 이렇게 볼 때, "해가 지도록 화를 품지 말라"는 명령과 "그렇기 때문에 내일을 위하여 근심하지 말라" 이 두 가지가 다 본질적으로 옳다. 문자대로 지킬 수는 없지만 말이다. 그러한 훈계들은 미래에 대한 인간들의 통찰의 제한된 성격과 그들의 정의의 부분적 성격, 그리고 그들의 분노의 덕의 수명이 짧음을 잊지 말라는 경고들인 것이다.

"내 사랑하는 자들아, 너희가 친히 원수를 갚지 말고 진노하심에 맡기라. 기록되었으되 원수 갚은 것이 내게 있으니 내가 갚으리라고 주께서 말씀하시니라."(로마서 12: 19) 이 말씀은 궁극적으로 참될 뿐만 아니라 악을 행한 자들에 대한 하나님의 복수가 인간적 계산이 고안한 어떤 것보다도 무서운 큰 전쟁의 종언에 대해서 특별한 타당성을 가지고 있다.

제Ⅲ장 "시대들 사이의 시대(The Age Between the Ages)"
제I절

본 장의 성경 본문은 열왕기하 19: 3이다. 니버는 동장의 후반절 "아이가 태어나려고 하나 해산할 힘이 없도다"라는 구절을 해석하여 본 설교를 전개했다. 본 절에 나타난 유다의 왕 히스기야의 비관적 말은 그가 강대국 시리아에 대한 관계에서 패배와 노예화의 위험에 직면해서 토로한 말이다. 그의 말은 그의 시대뿐 아니라 우리 시대에도 적용할 수 있는 말이다. 오늘날 우리는 낡은 시대는 지나갔고(죽었고) 새로운 시대가 태어나려고 하고 있지만, 태어나게 할 수 있는 힘없는 시대 사이에 살고 있다. 그것은 마치 아이가 태어나려고 하나 해산할 힘이 없는 시기와 그 전 시기 사이에 살고 있는 것과 흡사하다. 제2차세계대전의 종언으로 인류의 수난이 끝났다. 그런가? 평화의 길이 확립된 것이 아니라 수난의 날은 끝나지 않았다. 우리는 한 시대가 죽었고 다른 시대가 태어날 힘이 없는 두 시대 사이에 살고 있다. 절대적인 국가적 통치의 시대는 지나갔지만, 현대인의 복잡한 경제적 상호 의존에 대한 현명한 규제에 의해서 정의가 성취되면서도 자유가 유지되는 시대는 태어날 힘이 없다.

제Ⅱ절

출산하도록 새로 잉태된 새로운 삶을 출산할 힘의 결여는 동물에게는 해당되지 않고 인간의 삶만이 가지고 있는 약점이다. 인간의 출산은 동물과 달리 특별한 고통을 수반한다. 창세기에서 이 고통을 이브의 죄로 인한 신의 저주라고 했다. 우리는 거기에 동의하지 않지만 그 신화가 가지고 있는 진리는 인간의 삶은 그의 보다 큰 자유와 그 자유의 오용의 가능성으로 인해서 동물과 다르다는 것이다. 인간의 의지는 자연의 본능과 혼합되어 있다. 인간의 성적 생활은 자연적 생산 과정에 제한받지 않고 상상력과 의지에 의해서 광범한 정신적, 예술적 창조성 그리고 또한 파괴적인 왜곡의 근원이 된다. 오늘날에도 여전히 새로운 시대가 요구하는 역사적인 새로운 삶을 탄생하게 하는 힘의 결여가 가지고 있는 심층적 문제를 보지 못한다. 그러한 힘의 결여는 대개 자연적 혹은 문화적 '지체'(a natural or cultural 'lag')로 해석된다. 다시 말해서, 자연적 열정과 문화적 기구가 정신이 그리는 보다 포괄적 과제에 반대하는 타성(inertia)의 힘을 제공한다고 생각한다. 그러나 이러한 해석은 보다 새롭고 보다 넓은 충성에 반대하는 보다 낮고 협소한 충성의 자연적 타성만이 아니라 교활함과 인간 역사의 모든 형태의 우상 숭배의 완고함으로 무장된다는 사실, 다시 말해서 필요한 변화에 저항하는 적극적이고 정신적인 요소를 모호하게 한다.

제Ⅲ절

예컨대, 오늘의 세계 구도 속의 강대국들의 지위를 생각해 보자. 영국과 미국, 러시아 3대 강국은 UN의 안전보장이사회를 위시하여 국제사회에서 패권을 행사하고 있으며, 약소국들은 거기에 대해서 사소한 분야에서 제한을 가할 수 있을 뿐이다. 강대국들은 세계 평화 유지에만 전념하는 것이 아니라 그들 자신의 힘과 영향을 유지하고 확대하고자 한다. 그들은 '두 가지 마음'을 가지고 있기 때문에 정신이 마음에 그리는 보다 포괄적인 의무를 수행하지 못한다. 그 원인은 '자연'의 타성뿐 아니라 강함과 약함이 혼합된 정신적 힘, 또한 약함에서 비롯된 불안 때문이다. 강대국도 겉으로 보이는 것처럼 강하지 않다. 인간의 역사적 기구들의 영역에서는 새로운 것이 태어나기 위해서 낡은 것은 죽어야 한다. 그것을 방해하는 힘 속에는 문화적 지체뿐 아니라 적극적인 정신적 힘이 있다.

강대국들은 세계 질서에 대한 기본적인 책임이 있지만 보다 충실한 책임 수행을 위해서는 그들의 권위가 수립한 질서를 참된 정의로 변화시켜야 한다. 정부의 일차적 책임은 질서를 창조하는 것이고, 두 번째의 책임은 정의를 창출하는 것이다. 정의 실현을 위해서는 힘의 행사자에게 내적인 도덕적 견제와 동시에 공동체의 어떤 사회적 견제가 요청된다. 그러나 현재의 세계적 상황은 강대국들에 대한 사회적, 정치적 견제는 극미하다. 강대국들은 그들이 평화 애호적이고 정의로우며, 약소국이 참여하는 보다 넓은 책임 공유는 혼란을 조장한다고 주장한다. 이러한 독선은 자연적 타성의 힘이 아니라 정신적 힘이다. 독선은 가장 오래되었고 가장 집요한 형태의 인류의 죄이다.

지금 세계의 평화와 정의의 책임을 지고 있는 국가들은 나치의 국가적 독선의 형태보다 낫다. 그렇지만 가장 독재적인 힘의 센터들의 타도가 정의를 보장하는 것은 아니다. 단지 정의를 위한 싸움의 최소의 여건이 마련되었을 뿐이다. 상호간의 공포의 악순환에 말려든 강대국들의 권력의지는 인류 역사의 예부터의 낡은 세력의 표현이다. 그들은 상호간의 공포가 불가피하게 공공연한 대립을 가져온다는 것을 알고 있기 때문에 그것은 위험하고 따라서 완전한 국제적 동반자 관계를 위한 보다 분명한 단계를 밟아야 할 것이라고 생각하지만 그것을 할 수 없다. 그 이유는 무지나 문화적 지체가 아니라 그와 같은 분명한 사실을 보지 못하는 죄의 어리석음으로 인한 마음의 어둠 때문이다. 이것을 바울은 "그 생각이 허망해지며 미련한 마음이 어두워졌나니"(로마서 1: 26)라고 말했다.

강대국들이 약소국들과 그들의 국민들의 권리의 보호자이며 수호자라는 독선 역시 허망한 상상(vain imagination)이다. 권력의지는 사람과 국가의 자연적 불안을 극복하려고 하지만 도리어 그것을 조장한다. 도덕적 오만은 국가들이 죄에 함께 개입됐다는 사실을 모호하게 하려고 하지만 사실에 있어서는 그것을 강화한다. 이러한 두 가지의 허망한 생각이 인류 공동체의 발전을 위해서 필요한 다음 단계를 방해하는 정신적 무력성을 가져온다. 이러한 죄는 각 나라에 따라서 특별하고 독특한 형태들로 나타나지만 그것들은 다양한 입장에서 일반적 경향을 나타내고 있다.

러시아는 자본가와 공산주의자 간의 냉혹한 충돌을 일종의 종교처럼 믿고 있기 때문에 특별한 형태의 불안을 가지고 있다. 러시아는 독선 역시 가지고 있다. 프롤레타리아만이 다른 사람들이 공통으로 관련된 죄에서 벗어났다고 생각한다. 러시아가 그들의 정책에 대한 반대자를 파시스트로 낙인을 찍는 것이 이런 독선을 극명하게 나타낸다. 영국은 러시아와 미국처럼 강하지 못하기 때문에 특별한 형태의 불안을 가지고 있으며, 세계적 관계에 대한 오랜 전통에서 얻은 경험에 의한 정치적 기민성으로 인한 오만을 가지고 있다. 프랑스는 국내적 쇠퇴로 인한 패배의 불명예 때문에 다른 나라 국민들에 대한 관계에서 특별히 거칠고 대륙 재건의 창조적 중심이 아니라 군사 강국이 되려고 한다. 중국은 자국 통합의 충분한 자원을 가지고 있지 않기 때문에 강대국들에 의해서 분할될 수도 있을 것이다. 그렇지만 세계 평화는 아시아 문제들에 관한 한 서구의 지배가 도움이 되지 않는다. 오늘날 세계 어디를 보아도 우리는 일반적, 혹은 특정한 형태의 정신적, 정치적 무력성을 발견한다. 이처럼 국가들은 기술 문명이 요청하는 종류의 도덕적, 정치적 질서를 창출할 준비가 되어 있지 않다.

제IV절

세계 질서의 창출의 실패는 각국 내의 경제적 정의 문제 해결과 결부되어 있다. 현대의 기술은 경제적 힘을 집중화했으며, 봉건적 농경사회의 정적인 경제적 불의를 기술 문명의 동적인 불의로 바꾸었다. 러시아는 경제 생활의 정의와 안전을 해결했지만 정치적 자유를 상실했다. 미국은 고도로 상호 의존적 세계의 정의 요구와는 모순 되는 '자유기업'에 진입하려는 실패를 하려는 것같이 보인다. 그러나 경제적 힘이 효율적인 사회적, 정치적 제약 아래에 놓이지 않으면 서구 문명의 본질을 붕괴시킬 시점까지 일반 사람들의 안전을 파괴할 것이다. 현대의 파시즘은 서구 문명의 경제적 정의 문제 해결의 무능력으로 초래된 혼란과 불안으로 인해서 발생했고 자랐다. 국내의 경제적 정의 해결을 등한시한 데 대해 지불한 무서운 대가는 서구 사회의 특권 계급들에 대한 경고이다. 이러한 어리석음은 단순한 무지가 아니라 죄를 무지와 구별하는 허망한 생각의 한 형태이다. 그것은 특권 계급의 정치적 판단에 침투한 오만과 권력욕에 기인한다. 보다 정의로운 사회 질서를 창출하는 힘은 부분적으로는 빈자의 증오심을 정의의 참된 도구로 화하는 능력과 부분적으로는 부자의 죄악적 오만과 필연적인 것에 대한 불손한 부정의 완화에 달려 있다.

제V절

지구적으로 정의롭고 안정된 사회 구현을 위한 도덕적, 정신적 자원은 아직 가능하지 않기 때문에 소망하는 목표를 향한 작은 발전들로 위안을 받으면서 마음이 상하는 좌절을 몇 세기 동안 참아야 한다. 죽어버린 낡은 시대와 아직 태어나지 못하고 있는 두 시대 사이에 인류가 서기 위해서는 여러 가지 자원들이 요청되지만, 여기서 두 가지만 제시하면 다음과 같다. 하나는 역사에서 성취된 것만에 의하지 않는 의미를 삶에 부여하는 그러한 희망을 가지는 것이다. 이것을 바울은 "현세의 삶에서만 그리스도에서 우리가 희망을 갖는다면 우리는 모든 사람 중에서 가장 비참하다"라고 했다. 다른 하나는 새 시대를 탄생시킬 힘이 결여되어 있다는 것을 인정하는 겸손이다. 우리는 정의롭고 안정된 세계 공동체를 실현하지 못하게 하는 책임이 러시아의 비타협, 혹은 영국의 제국주의에 있다고 하고, 또는 우리 시대의 특별한 형태의 정신적 부적절성에 있다고 본다. 이와 같은 특정한 문제들에 대처하는 것이 중요하지만 모든 국가들의 실패의 공통의 뿌리를 인정하는 것 역시 중요하다. 그 공통의 뿌리란 커다란 고통만이 근절할 수 있는 허망한 생각으로부터 생기는 어리석음을 말한다.

제IV장 국가들에 대한 천벌(The Nemesis of the Nations)
제I절

본 장의 성경 본문은 에스겔 31: 1-14이다. 비교적 긴 본문이지만 니버가 다룬 핵심은 무성하게 자란 레바논의 백향목에 비유된 Assyria가 교만하게 되어서 신의 심판을 받는다는 것이다. 다시 말해서, 아시리아인들은 물가에 있는 백향나무가 그 물을 먹고 가지가 무성하여 하늘 높이 자란 것처럼 번창했기 때문에 교만해져서 하나님의 심판을 받아 망하게 되었다는 사실을 니버는 그의 설교 전개의 핵심으로 삼는다.

레바논의 백향목에 비유된 아시리아에 대한 심판은 예언자 에스겔이 하나님의 이름으로 선언한 국가들에 대한 하나님의 심판들 중 하나이다. 히브리 예언의 특별한 국면들 가운데 하나는 하나님의 심판이 이스라엘의 적과 경쟁국에만 임하는 것이 아니라 무엇보다도 신의 선민인 이스라엘에 임한다고 예언자들이 예언했다는 사실이다. 하나님의 섭리 아래에서는 각 나라는 다른 나라들에 대한 신의 심판 집행의 도구가 되지만 종당에서는 심판 집행자의 역할을 한 그 나라도 결국 신의 심판을 받게 된다. 그 이유는 항상 같다. 그 나라들이 지고해져서 인간의 유한성의 한계를 넘어서려고 하기 때문이다. 나라들에 대한 예언적 심판은 항상 그들의 오만(pride)으로 인해서 임하게 되는데, 그러한 오만은 인간의 모든 성취와 건설이 가지고 있는 공통적인 덧없음을 감추려고 하고, 혹은 그들의 힘의 성스러운 근원을 부정하고 나라들 위에 군림하는 그들의 지위가 그들 자신의 성취의 결과인 것처럼 허세를 부리기 때문이다.(p. 60) 본 설교의 본문에 나오는 백향목에 비유된 아시리아의 경우도 마찬가지이다.

이러한 주제는 예언자들에게만 해당되는 것이 아니다. 그것은 성경의 기본적인 주제들 중 하나이다. 창세기의 타락의 신화는 인간의 죄의 근본이 잘못된 오만이라는 사실을 암시하고 있다. 인간은 동산의 모든 나무 중에서 오직 그것만이 그에게 금지되어 있는 선악의 지식의 나무의 최종적 신비를 알려고 한다. 이것이 인간의 타락의 원인이다. 바벨탑에서는 성을 쌓아 그 꼭대기를 하늘에 닿게 하려고 했다. 두 가지 경우 모두 인간이 자신의 한계를 넘으려는 오만을 가졌음을 나타낸다. 신약성경에서는 바울이 "썩지 아니하는 하나님의 영광을 썩을 사람의 형상으로 바꾸려고"(로마서 1: 23) 꾀하는 것으로 규정한다. 바울은 또 그리스도인의 싸움을 "하나님을 아는 것을 대적하여 높아진 것을 타파하고 모든 생각을 사로잡아 그리스도에게 복종하게 한다"라고 했다. 이렇게 성경에서는 인간들과 국가들이 분에 넘치게 스스로를 높게 생각하지 말라는 일관된 경고의 주제가 전체적으로 흐르고 있다. 성경에서는 하나님의 자리를 찬탈하는 어느 나라도 궁극적으로는 파멸당한다.(p. 62)

제II절

질투하는 신과 인간의 오만, 허세 사이의 싸움의 주제는 성경의 사상에만 국한되는 것이 아니다. 교만(arrogance)의 운명을 서술하기 위해서 일반적으로 사용되는 nemesis, 곧 천벌이라는 말은 그리스 사상에서 온 것이다. nemesis는 오만, 곧 pride(hybris)의 결과이다. Prometheus의 신화에서는 그가 인간에게 불의 사용법을 가르쳐주었기 때문에 제우스 신의 분노를 샀다. 그리스 비극에서는 주인공들이 유한한 인간들이 스스로의 한계성을 넘어서는 일을 하려고 하거나 제우스의 오만과 충돌하는 허세를 부림으로써 제우스의 분노를 불러일으키지 않도록 하라고 거듭 경고한다. 이처럼 그리스와 성서적 사상에 함께 Nemesis의 사상이 들어 있는데, 성서적 사상은 보다 심오하며 인간의 창조성을 부정하지 않으면서도 인간의 오만으로 인한 죄의 비극을 이해하고 있다.

프로메테우스의 신화는 제우스의 질투가 신의 힘에 대한 도전을 용납하지 않는 성격을 보존하기 위해서 인간의 능력을 충분하게 발전시키는 것을 막으려는 부당한 신의 이기주의인지, 아니면 삶의 다양한 부분들의 무정부적 허세에 반대하는 전체 수호자의 정당한 노여움인지 분명하지 않다. Sophocles는 제우스의 진노가 어떤 부당한 신의 변덕이 아니라 삶의 생명력들이 궁극적 질서의 허위의 중심이 되려고 하는 데 반대하는 궁극적 질서의 힘의 표현으로 봄으로써 성서적 이념에 접근하고 있는 것 같다. 그것은 모든 인간적 힘들과 그것들의 모든 확대는 창조적인 동시에 파괴적이라는 것을 통찰하는 것으로서, 언뜻 보기에는 인간적 상황의 복잡성을 성서보다 적절하게 다루고 있는 것 같다. 성경이 인간의 힘의 확대가 지니고 있는 창조적 측면을 소홀히 하고 있는 것같이 보이는 것은 인간의 창조적 활동과 성취에는 파괴적 요소가 있다는 것, 다시 말해서 인간의 위엄과 힘은 부당하게 보다 중심적 지위를 차지하려고 하지만 신의 위엄은 항상 그것을 초월한다는 것을 확신하고 있기 때문이다. 이렇게 성경은 인간의 성취들의 창조적 성격을 부정하지 않으면서 죄의 비극을 이해한다.

제III절

원자탄과 총체적 전쟁의 시대에 살고 있기 때문에 우리는 어떤 다른 시대에서보다 인간의 오만으로 인한 파멸과 인간의 힘의 유혹에 대해서 생각해야 한다는 기괴한 상황 속에 살고 있다. 이런 시대에 승리를 거둔 핵탄을 보유한 강대국에 대해서야말로 오만은 신의 심판을 받게 된다는 예언자들의 경고가 해당된다. 예언자들의 경고의 당장의 대상은 오만한 독재자들과 나치 같은 '지배적 민족(master races)'이었지만 절대적 힘을 소유하고 있는 승리한 강대국들도 신의 심판의 대상이다. 어떠한 인간도 어떠한 국가도 오만과 불의에 빠지는 유혹을 받지 않는 힘을 유지하리만큼 현명하고 선하지 못하다. 오만은 절대적 힘에서 나오는 죄이고, 불의는 그 사회적 차원이다. 강대국들은 정의와 평화에 대한 그들의 열정을 유창하게 말하지만 정의와 평화에 반대되는 이익의 추구를 분명하게 나타내고 있다. 승리한 국가들은 패배한 국가들을 민주주의 국가로 재건할 것을 희망하여 그들의 경제적, 정치적 생활을 파괴한다. 다른 나라들의 사회적 존재가 가지고 있는 유기적 국면들을 무시하고 승리국들의 명령에 의해서 더 좋은 어떤 것을 창출할 수 있다는 확신이야말로 힘의 오만을 온전히 나타내는 것이다.

제IV절

수 세기에 걸친 기술 문명의 업적이 핵 에너지 방출의 방법을 발견했다. 이 새로운 발견은 현대 문명의 허세를 극에 달하게 했다. 핵을 가진 현대의 인간들과 국가들, 그리고 그 힘의 행사자들의 허약함과 유한성 사이의 모순은 일반적으로 자연과학의 완전성과 사회과학의 불완전성, 혹은 인간의 과학적 성취와 도덕적 성취 사이의 모순으로 해석된다. 그러나 이러한 모순의 원인은 문화적 지체와는 다른 것으로서 그것은 위대하면서도 약한 인간 존재의 모순, 바로 그것 때문이다. 기술의 발달로 인한 인간의 파괴적 힘의 승리는 세계 공동체 실현을 조장하지만 그에 따라서 상호 몰살의 위험성도 너무나 커졌다. 그렇게 막강한 힘으로 인한 인간의 오만에 대한 복수를 느끼고 예견할 수 있는 겸손과 죄의 뉘우침이 예언자들이 말하는 신의 심판을 피할 수 있게 할 것이다. 국가들의 이러한 겸손은 단일 국가나 국가들의 집단이 다른 나라들의 默從을 언제까지나 유지할 수 없다는 사실을 아는 정치가의 영리한 지성에서 나올 수도 있지만 궁극적으로는 종교적인 것이다. 다시 말해서, 그것은 생을 전체적 차원에서 분별하며 모든 인간적 심판 위에 있고, 그것에 저항하는 신의 심판을 느끼는 신앙의 산물이다. 그러한 심판을 예견할 때 비로소 나라들은 그것을 피할 수 있다.

제V장 기초가 있는 도시(The City Which Hath Foundations)
제I절

본 장의 성경 본문은 히브리서 11: 8-10이다. 니버가 이 설교에서 다룬 핵심은 아브라함이 하나님의 부르심을 받아 물려받을 약속의 땅으로 가서 살았지만 그는 그곳에서 나그네 같은 생활을 하였다. 그 이유는 하나님께서 세워주실 도시를 바라며 살았기 때문이다. 제2차세계대전 후 승리한 강대국들도 패배한 패전국들도 자국의 안전과 평화, 번영뿐 아니라 세계의 평화와 질서, 안정을 보장할 수 있는 세계 공동체를 추구한다. 니버는 각국의 평화와 안전의 확보를 아브라함의 약속의 땅으로, 그리고 하나님께서 세워주실 도시를 세계 공동체로 비유하여 세계 공동체 실현의 좌절과 희망의 문제를 다룬다. 니버는 세계 공동체 문제를 이미 『빛의 아들과 어둠의 아들』의 끝 장에서 이론적으로 다루었는데 이 설교에서 다시 그 문제를 다룬다. 새로운 내용은 없고 같은 내용의 요약적 반복이다.

현대 문화의 시각에서 볼 때 기독교 신앙은 타계적(other worldly)이어서 역사적 가능성들을 초월하는 인간적 성취의 희망을 가지고 있다. 그렇지만 성경의 신앙은 고전적 서구 사상이나 동양 사상의 타계주의에 비하면 끈질기게 현세적이다. 예언자들의 메시아 대망의 날부터 "당신의 나라가 임하옵시며 당신의 뜻이 하늘에서처럼 땅에서도 이루어지이다"라고 간구한 그리스도의 기도에 이르기까지 현세적이다. 타계적 희망과 현세적 희망의 이러한 결합이야말로 인간적 상황의 유일하게 적절한 종교적 표현이다. 그렇지만 기독교 역사에서는 이 두 국면이 항상 분리되어서 상이한 시대들이 그중 한 국면만을 강조하는 경향을 보여주었다. 아브라함이 하나님의 부르심을 받아 발견한 약속의 땅은 이스라엘 민족의 최종적 구원의 전설적 표현이다. 다른 모든 나라들도 비록 이스라엘 민족처럼 명시적인 종교적 색채를 가지고 있지는 않지만 다양하게 다른 정도로 동일한 종류의 역사적 희망을 가지고 있다. 아브라함의 약속의 땅은 그러한 희망의 완전한 심벌이다.

그런데 아브라함은 그렇게 발견한 약속의 땅에서 나그네 같은 생활을 했다. 그는 지상의 약속의 땅보다 더욱 안전한 어떤 곳, 곧 하나님이 설계하고 세우실 기초를 가진 도시를 추구했기 때문이다. 제2차세계대전에서 패배한 나라들은 그들의 국가의 부흥을 희망함은 물론이요, 그들의 독립이 안정되고 삶이 번영할 수 있는 한 그들 사이의 보다 높은 형태의 형제적 관계의 필요성을 희미하게 느낀다. 강대국들도 여전히 그들의 힘과 안전의 확보에 힘쓰지만 평화와 형제적 관계를 강조한다. 이렇게 모든 나라들이 세계 공동체 수립의 희망을 갖고 있는데 그러한 희망 속에는 국가적 이기주의의 부패가 혼합되어 있다. 미국은 세계 평화를 희망하지만 미국의 세기를 희망하며, 러시아는 공산 세계 실현을 희망하지만 러시아가 힘과 자존심을 발휘할 수 있는 세계적인 정치적 상황을 바라고, 영국 역시 세계적인 형제적 관계를 희망하지만 대영제국이 다른 강대국들의 힘에 비해서 불리해지지 않기를 바란다.

제II절

세계 공동체 수립이라는 기대는 분명 우리 시대의 삶의 의미의 한 차원이다. 세계 공동체는 기술 문명의 발전으로 인해서 그 가능성이 더욱 높아졌다. 그것은 정치적 기구로 발전하여 구체화되어야 한다. 세계 공동체 실현의 좌절에 대해서도 우리는 상당한 정도의 각오를 해야 한다. 앞으로 수십 년, 혹은 수 세기 동안에 걸친 좌절과 성취를 각오해야 한다. 세계 공동체라는 보편적 공동체는 국가 공동체와 달리 그 통합을 조장하는 두 가지의 최소의 힘이 있다. 하나는 성취하지 못하면 인류가 보편적 혼란에 빠진다는 두려움의 힘이요, 다른 하나는 국가적, 제국적 공동체를 함께 묶는 부분적 충성보다 더욱 보편적인 종교적, 도덕적 책임감, 곧 보편적 형제 관계에의 의식의 힘이다. 미래의 핵 전쟁에 대한 두려움이 지금 불가능한 것을 가능하게 만들지도 모른다. 그렇지만 강대국들과 제국들의 권력 충동과 오만의 득세를 생각할 때 강대국들을 자발적으로 복종시킬 수 있을 만큼 충분히 강한 힘과 충분한 도덕적, 정치적 위신을 가진 세계 공동체의 중심을 구축하는 일이란 쉬운 일이 아니다. 우리 시대는 인간의 무제한적인 역사적 가능성들마저 어떤 궁극적 좌절을 감출 수 없는 역사적인 발전의 수준에 도달했는지도 모른다. 그렇기 때문에 우리 세대는 좌절의 문제를 다룰 수 있는 정신적 자원을 갖지 않으면 안 된다.

제III절

인류 공동체 실현이라는 궁극적 과제에 관계된 좌절에는 당장의 좌절과 궁극적 절망 두 가지가 있다. 당장의 좌절은 단지 순간적이기 때문에 지연된 성취를 기다리면 된다. 사실 오늘의 많은 불가능한 것들이 내일 실현될 수 있다. 그러나 인간의 상황을 심층적으로 분석하면 좌절이 인간 존재의 영원한 국면이라는 결론에 도달한다. 보편적 공동체를 창조하는 과제는 역사의 가능성과 동시에 한계성을 극명하게 나타낸다. 한편으로는 인간의 자유는 자연적인 어떤 한계도 초월하기 때문에 그의 동료 인간에 대한 책임의 최종적 한계성을 인정하지 않는다. 또 다른 한편으로는 인간은 특정한 장소에 속하고, 특정한 언어를 사용하고, 모든 사람이 아니라 일부의 사람과 관계를 맺고 있다. 위대한 예언자들은 모두 인종과 지역의 구별들이 없는 보편적 공동체인 신의 도시를 일관되게 생각했지만, 인간의 모든 도시는 아무리 클지라도 그런 구별들을 만든다.

이러한 구별들이 바로 자연적 제한성을 나타내는 것이다. 그러나 제한성뿐 아니라 그러한 구별들이 거짓의 보편적 비전으로 둔갑한다. 즉 절대화한다. 이러한 허위적 요소는 인간적 상황의 죄에 속한다. 예컨대, 인종적 대립을 생각해 보라. 각 인종 혹은 집단은 의식적으로, 또는 무의식적으로 그들을 인간적 덕과 미와 사람다움의 최종적 형태의 구현으로 생각하는 오만에 빠져서 그들과 다른 인종이나 집단을 정죄한다. 기독교의 교파들도, 어떤 의미에서는 더욱더, 그들을 최선의 것으로 절대화한다. 강대국들도 마찬가지이다. 영국과 러시아, 미국 사이의 불가피한 갈등 역시 같은 원인 때문이다. 즉, 그것은 각 국가가 노골적인 권력욕 때문만이 아니라 자기 나라만이 다른 나라들보다 나은 세계 조직의 방법을 가지고 있으며, 혹은 자기 나라의 기술과 경험, 이상과 정치적 덕이 뛰어나다고 생각하는 부분적으로 정직한 신념 때문이다. 어떠한 약속의 땅에서도 그것이 인간이 생각한 것인 한 이기적 부패가 부분적으로 섞이게 마련이다.

제IV절

역사 속에서 성취되는 약속의 땅과 하나님의 나라의 궁극적 비전 사이의 간격은 항상 존재한다고 믿는 기독교 신앙에 대한 현대적 이의 제기자들이 있다. 그들은 기독교의 그러한 궁극적 희망의 정점을 해로울 수도 있고 해롭지 않을 수도 있는 환상으로 보지만, 그런 환상은 약한 자나 쉽사리 믿는 자에게는 필요할지 모르나 강한 정신을 가진 건강한 자에게는 필요하지 않다고 생각한다. 그렇지만 하나님의 나라의 비전은 어떤 원시적 환상이 아니며, 혹은 인간 정신의 해롭지 않은 엉뚱한 어떤 것도 아니다. 인간 정신은 시간 속에 있으면서도 시간을 초월하기 때문에 삶의 특정한, 혹은 제한된 환경을 거짓의 궁극적인 것으로 여기지 않는 한 그의 삶을 완성할 수 없다. 그가 삶의 완전한 의미로 주장하는 의미는 계속해서 그의 초월적 능력에 의해서 깨진다. 인간 존재의 이러한 패러독스는 사유에 의해서는 해결될 수 없고 신앙에 의해서만 해결될 수 있다.

이러한 인간적 상황은 만일 우리가 우리의 제한된 힘과 지혜의 실현, 바로 그 속에서 우리 자신의 힘과 지혜를 넘어서는 힘과 지혜를 발견한다면, 우리로 하여금 신앙을 가지게 한다. 하나님의 나라를 주장하는 기독교의 타계주의는 너무나 일관되게 개인주의적이라는 기본적인 잘못을 가지고 있다. 삶의 완성의 그런 비전은 근본적으로 인간 공동체들의 좌절을 초월하는 개인적 삶의 완성의 비전으로서 그것은 공동체적 과정의 완성의 비전이 아니었다. 그렇지만 히브리적 예언은 인간 존재의 이 두 면을 잘 이해하고 있었다. 메시아적 왕국의 비전은 항상 개인적 및 사회적 완성을 함의했다. 인간 역사의 부분적인 의미는 너무나 불완전하고 부패되어 있기 때문에 전혀 의미가 없다. 인간 존재에 함의된 궁극적 완성에 대한 신앙은 그렇기 때문에 근본적으로 그러한 의미의 실재에 대한 주장이다. 이러한 삶의 궁극적 완성이 형제 관계의 초월적 실제를 강조하지 않으면 나치즘이 그랬던 것처럼 부분적이고 부패된 인간의 정의가 왜곡된 규범이 된다.

제V절

이제, 현대의 현세주의(this-worldliness) 주장자들에게 '하나님께서 세워주실 도시'가 인간의 역사 속의 약속의 땅을 추구하는 것을 소홀히 할 수 있다는 정당성이 없지 않은 느낌을 고찰하기로 하자. 기독교에서도 '그리스도 안에서는 유대인과 그리스인이 존재하지 않는다'라는 바울의 언명이 부활에만 적용되고 따라서 현세의 삶과는 관계가 없다는 나치화된 독일 기독교 형태가 있었다. 지난 두 세기 동안 세속주의자들이 크리스천들이 소홀히 한 "나라가 임하옵시며 당신의 뜻이 하늘에서처럼 땅에서도 이루어지이다"라는 간청을 강조했다. 지탱할 수 있는 세계 질서 수립까지 몇 세기가 걸릴지도 모른다. 그동안 낙관주의자나 비관주의자는 한결같이 성취와 실패의 반복을 인내할 수 있어야 한다. 그러기 위해서는 거듭되는 약속의 땅의 실패로 인한 좌절에도 불구하고 하나님의 도시에 대한 희망이 필요하다. 하나님의 도시는 약속의 땅의 적이 아니다. 하나님의 도시에 대한 희망은 모든 약속의 땅의 불가피한 절망을 견딜 수 있게 한다.

니버는 『인간의 본성과 운명』의 제II권 끝 부분에서 세계 공동체에 대해서 언급한 이후, 『빛의 아들과 어둠의 아들』의 마지막 장과 본 설교에서 세계 공동체 실현의 문제에 대한 깊은 관심을 보여주고 있다. 니버는 세계 공동체를 세계 정부 수립과 관계시켜서 그의 이론을 전개했다. 그러나 오늘날의 세계 공동체는 니버가 생각했던 것처럼 세계 정부 수립의 방향으로 발전하지 않고 WTO(세계무역기구)는 세계의 경제 질서를, IMF(국제통화기금)는 세계의 금융 질서를, IAEA(국제원자력기구)는 원자력의 평화적 사용 촉진과 군사 목적 사용 방지를, UN은 국제 평화 유지와 인권보장, 기아와 질병 퇴치를 담당하고 유지하는 역할을 함으로써 다층적이고 복합적인 세계의 질서와 평화를 유지하는 방향으로 발전하고 있다. 물론, 이러한 다층적이고 복합적인 세계의 질서 유지가 EU와 같은 지역 국가 공동체들의 발전을 거쳐서 세계 정부 실현으로 이어질 날이 먼 미래에 실현될 가능성도 없지 않다. 그렇지만 니버는 그의 시대에는 아직 나타나지 않았던 어떤 특정한 영역에서 국제적 규제력을 가지는 국제 기구에 대해서는 생각하지 못했던 것이 사실이다.

제Ⅵ장 오늘, 내일, 그리고 영원(Today, Tomorrow and the Eternal)
제Ⅰ절

성경 본문은 마태복음 6: 34과 25: 1-13이다. 앞의 본문의 핵심은 내일 일은 내일 걱정하라, 하루의 괴로움은 그날 겪는 것만으로 족하다이고, 뒤의 본문은 하나님 나라의 도래를 신랑이 오는 것에 비유하여 신랑을 맞이하려고 등을 가지고 기다리는 다섯 명의 슬기 있는 처녀와 다섯 명의 미련한 처녀에 관한 이야기이다. 미련한 처녀들은 내일의 약속과 기회를 위해서 준비하지 않았기 때문에 그리스도의 꾸짖음을 받았다. 그러나 동시에 그리스도는 "내일을 위하여 염려하지 말라"고 했다. 본 설교에서 니버는 이 모순이 가지고 있는 진리를 규명한다.

슬기로운 처녀와 미련한 처녀의 비유는 메시아적 통치의 도래의 약속을 다룬 메시아적, 혹은 종말론적 비유들 가운데 하나이다. 예수는 계속하여 하나님 나라가 언제 임할지 모르기 때문에 그 도래를 위해서 항시 준비하라고 했다. 이 비유에서는 중대한 기회의 시간을 위한 항시적 준비가 매우 강조되어 있다. 신랑을 맞이하기 위해서 등불을 켤 기름을 준비하지 못한 미련한 처녀들은 문이 닫혀서 혼인 잔치에 들어가지 못했다. 그런데 예수는 다른 한편으로는 내일을 위해 걱정하지 말라고 반대 의미의 말을 했다. 이 두 가지 상반되는 예수의 말을 수직적 관계와 수평적 관계라는 두 차원에서 생각할 수 있다. 내일을 위하여 염려하지 말라는 예수의 말은 수직적 차원으로서 시간의 매순간은 영원에 대해서 가지는 직접적 관계에 의해서 성립한다. 매순간은 영원과 직결되어 있기 때문에 그 자체로서 완전하다. 그러나 다른 한편으로는 모든 삶의 활동은 진행 과정이며 모든 사건과 행동은 그것들이 마무리되고 성취되는 미래적 사건들과 가능성들과 관계된다. 다시 말해서, 수평적 관계의 차원을 가지고 있다. 당장의 손쉬운 예를 들면, 제2차세계대전의 희생자들의 죽음은 그들의 희생이 헛된 것이 되게 하느냐, 혹은 역사적으로 유의미한 것이 되게 하느냐를 결정할 미래의 세대들에 달려 있다. 다시 말해서, 미래의 세대들과 관계되어 있다.

제II절

이 두 가지 차원, 혹은 측면은 동일할 수도 없고 어느 하나로 축소될 수도 없다. 우리의 생을 통해서 각 행동과 책임은 결과와는 관계없이 중요성을 가지며, 다른 한편 각 행동과 책임은 내일의 어떤 성취를 기대한다. 다시 말해서, 두 측면은 서로 밀접하게 얽혀 있다. 이것은 어린 자녀를 키우는 부모의 책임의 수행에서 분명하게 찾아볼 수 있다. 부모는 장래를 위해서 자녀를 교육하고 훈련시킨다. 그러한 조기 교육과 훈련은 내일의 혼인 잔치를 위해서 등불을 켤 기름을 준비하는 것에 해당한다. 그렇지만 이것은 어린 자녀의 교육의 한 국면에 불과하다. 어린 자녀가 미성숙기에 사는 각 연령과 시기의 완성, 곧 미래를 고려하지 않고 현재의 최선을 위한 부모의 책임을 생각하지 않으면 부모의 책임의 한 측면을 파괴한다. 어린 자녀의 각 순간은 그것으로 완전성과 중요성을 가지고 있기 때문에 부모는 거기에 대한 책임도 져야 한다. 삶을 위한 교육적 준비를 어린 자녀 자신의 입장에서 보아도 마찬가지이다. 교육적 과제 전체는 내일을 위한 준비라는 것은 말할 필요가 없다. 그러나 어린 자녀의 교육은 내일을 생각지 않는 즐거움과 의미가 있다. 지능과 상상력의 날개를 펴는 것은 즐거움이라는 측면을 갖고 있다. 슬기로운 사고를 키우고 삶의 신비를 통찰하는 것은 분명 즐거움이다. 삶의 교육적 전 과정의 하나는 내일을 위한 준비가 아니라 미래를 생각지 않는 순간적인 정신적 능력들의 표현인 것이다. 우리는 같은 두 가지 측면을 농부의 농사짓는 일에서도 찾아볼 수 있다. 농부는 가을의 수확을 위해서 농사를 짓는 것이 사실이지만, 그는 또한 농사짓는 일 그 자체와 자연과의 교감에서도 즐거움을 느낀다. 일 자체에 즐거움을 느끼지 못하고 미래의 보수와 있을지도 모르는 실패에만 사로잡히면 일하는 힘이 빠진다.

제III절

지난 세계대전의 경험에서 같은 사실을 발견한다. 세계의 국가들은 독재 정치의 위협에 직면했다. 그들의 당장의 책임은 그러한 위협을 극복하는 것이었다. 그러한 책임을 회피하는 방법 중 하나는 그런 위협을 타파하는 전쟁에 개입하면 모든 나라가 파시즘을 격파하려다가 파시스트가 된다는 주장이었다. 일리가 있는 주장이지만 민주적 세계는 자유를 훌륭하게 보존하면서 살아남았다. 만일 우리가 내일에 대해서만 관심을 가졌더라면 독재 정치의 희생물이 되었을 것이다. 이처럼 두 측면은 동시에 고려되어야 한다. 가톨릭의 정의로운 전쟁의 정의를 위한 표준의 하나는 성공에 대한 좋은 전망이다. 이 표준은 잠정적인 정당성을 가지고 있다. 사실 Aristotle도 Aquinas도 현명한 사람은 악을 극복하려는, 실패에 직면할 노력이 악을 악화시킬 것을 고려한다는 것을 시사했는데, 그것은 옳다. 그러나 이런 생각에만 지나치게 일관되게 치우치면 잘못이다. 처칠의 위대함과 그의 동시대인과 후대에게서 받은 존경은 그가 위협이 너무나 크고 책임이 너무나 위급했기 때문에 결과에 대한 계산을 고려하지 않았다는 데 있다. 우리는 한편으로는 삶의 영원한 측면을 참되게 생각해야 하지만, 다른 한편으로는 우리의 성취는 불완전하며 그것의 완성을 다른 세대에 기대해야 한다.

제IV절

삶의 경험의 모든 순간에서 수직적 측면(vertical dimension)과 수평적, 혹은 역사적 측면(horizontal or historical dimension)이 서로 얽혀 있다. 당장의 위협에 대처하는 것이 아무리 정당할지라도 그 위협이 덜 절박하면 결과에 대한 고려가 고개를 든다. 만일 제2차세계대전이 보다 안정된 세계 질서를 가져오지 않는다면 전쟁의 희생자들은 부정적이고 따라서 비극적 정당성만을 가지게 될 것이다. 오늘의 의미를 내일의 성취에서 완성하고 못하고는 오늘의 과제에 대한 의미를 얼마나 깊게 보느냐에 달려 있다. 무서운 적을 기술적 우세에 의해서 패배시킨 승전국들이 그들의 적에 대한 우위성을 모든 분야에서 유지하는 것이 내일의 위협에 대한 적절한 대책이라고 주장한다. 이러한 태도는 본 설교의 성경 본문의 어리석은 처녀들에 해당한다. 그 처녀들은 신랑이 내일 예기치 않게 올 것을 깨닫지 못했다. 하나님의 나라는 역사 속에서 모든 위대한 심판과 공동체의 모든 새로운 수준에 있어서 나타난다. 다시 말해서, 그 나라는 항상 심판과 성취로 나타난다. 심판에서는 인간의 역사와 하나님의 법 사이의 모순이 보다 충분하게 이해된다. 이 이해가 없으면 우리는 우리의 현재의 성취를 적절한 것으로 생각하는 유혹을 받는다. 성취에서는 인류 공동체가 형제 관계의 법에 대한 일치로 접근하는 어떤 창조적 단계를 취하게 한다.

제V절

Carl Becker가 『18세기 철학자들의 하늘 도시Heavenly City of the Eighteenth Century Philosophers』라는 그의 저서에서 주장한 바와 같이 계몽 사상을 가진 현명한 사람들은 '후대의 사람들(posterity)'을 신의 형상으로 만들었다. 다시 말해서, 그들이 옳고 그름을 판단하고 그들의 업적을 완성하여 정당화하는 것은 후대의 사람들이라고 주장했다. 이러한 신앙이 잘못된 것이라는 것을 우리가, 18세기가 환영했으며, 이는 숭배한 것의 후대라는 사실만 보아도 쉽게 알 수 있다. 오늘날 우리의 훼손된 삶과 그 단편성은 그 세기의 꿈들의 적절한 성취가 아니다. 18세기의 세속주의가 역사의 수평적 차원만을 부당하게 강조한 데 대해서 Ranke는 시간의 모든 순간이 영원에 대해서 등거리를 가지고 있다고 했다. Karl Barth도 급진적 종교개혁 전통의 입장에서 영국의 크리스천들이 그들의 정부의 전후 전망 토론에 편승하지 말라고 했다. 그는 "내일은 내일 걱정하라"만을 강조하고 그러한 미래의 계획을 믿지 않았다. 이런 두 가지 입장 모두가 일방적이다. 다시 말해서, 우리의 경험의 한 차원만을 고려한다. 현재의 순간에서 절대적 가치를 확신하는 平靜과 내일을 준비하는 불안의 결합만이 삶 전체와 세계 전체를 정당하게 다룬다.

제VII장 유머와 신앙(Humour and Faith)
제I절

성경 본문은 시편 2: 4의 "하늘에 앉으신 이가 웃으시며 주께서 저들을 비웃으시는도다"이다. 본 설교의 핵심은 삶의 피상적 수준의 부조화는 유머의 웃음으로 처리할 수 있지만 궁극적 수준의 부조화는 신앙에 의해서만 해결될 수 있다는 것이다. 니버는 유머가 가진 웃음의 기능을 깊고 상세하게 분석한다. 생의 궁극적 문제의 해결은 신앙에 있다는 주장은 신학자로서의 니버의 신앙 고백이다.

성경에는 신이 유머 감각을 가지고 있다고 생각되는 일이 그리 흔하지 않다. 그래서 성경에서는 유머, 혹은 웃음이 그리 많이 발견되지 않는다는 비판을 수용해야 한다. 그러나 이러한 결함은 유머와 신앙의 관계를 이해하면 그리 심각한 것이 아닌 것 같다. "유머는 사실 신앙의 입구이며, 웃음은 기도의 서곡이다." (p. 111) "웃음은 기도 속에 사라져버리고 유머는 신앙에 의해서 완성된다." (p. 112) 웃음은 우리에게 본질적 영향을 미치지 않는 당장의 부조화들(incongruities)에 대한 우리의 반응이다. 신앙은 우리의 생의 의미를 위협하는 존재의 궁극적 부조화들에 대한 유일하게 가능한 우리의 반응이다. (p. 112) 왕좌에 앉아 있는 바보의 모습을 보고 우리는 웃는다. 혹은 위엄이 있는 인물이 얼음판에 미끄러져 넘어지면 우리는 웃는다. 어린아이가 얼음에 미끄러져 넘어지면 우습지 않지만 말이다. 그렇지만 우주 속의 인간의 지위에 관계된 부조화는 웃어버릴 유머의 문제가 아니라 신앙의 문제이다. 다시 말해서, 하나의 원자이며 바닷가의 모래알 같고 대양의 한낱 물거품에 지나지 않는 미소한 존재인 인간과, 우주적 생명의 섬광이며 만족할 줄 모르는 야망과 무한한 탐욕을 가지고 있고 모든 것과 모든 존재와 관계하려는 존재인 인간은 분명 모순이다. 인간은 궁극적 전망을 할 수 있지만 그러한 전망에서 자신을 볼 때 그가 너무나 하찮은 존재임을 발견한다. 이러한 모순은 이성이 아니라 신앙에 의해서 해결될 수 있는 것이다. 우리는 삶의 피상적 수준의 부조화를 대하면 즐겁게 웃는다. 그렇지만 삶의 심층적 부조화를 다룰 수 있는 능력으로 유머밖에 가지고 있지 않다면 우리의 웃음은 삶의 무의미성에 대한 느낌의 표현이 될 것이다.

제II절

웃음은 사람들의 순진한(innocent) 결점에 대한 건전하고 건강한 반응이다. 웃음은 삶의 마찰을 감소시키고 사람들의 결점을 참을 만하게 한다. 다른 사람들의 결점을 보고 웃는 웃음 속에는 자비와 심판, 비난과 인내가 섞여 있다. 웃음 속에는 심판이 들어 있지만 우리의 웃음은 성가심을 심각하게 취하지 않는다는 것을 나타낸다. Mussolini와 Hitler를 하찮게 여겨 웃을 수 있다고 생각하는 사람들도 있다. 웃음은 때로는 망해가는 독재자들과 사회적 시스템들이 위엄을 잃게 만들기도 한다. Cervantes의 『돈키호테Don Quixote』는 중세 봉건주의의 몰락에 기여했고, Boccaccio의 『데카메론Decameron』은 중세 금욕주의 사양을 알리는 데 도움이 되었다. 참된 악에 대한 웃음은 쓰라리다. 경멸하는 쓰라린 웃음은 정죄하는 도구이다. 그런데 용서의 근원은 어디에서 오는 것일까? 그것은 웃음이 원래 가지고 있는 참음에 있지만 그것은 경멸의 쓰라림을 감당할 수 없다. "심판과 자비의 모순은 유머에 의해서가 아니라 오직 대속하는 고통(vicarious pain)에 의해서라야 해결될 수 있다."(p. 117) 일단 심판과 자비가 분명해지면 바로 그 순간이 유머가 아니라 십자가가 심판과 자비가 만나는 지점이다.(p. 117) 본 설교의 성경 본문에서 하나님은 인간의 허망한 생각과 허세를 웃으시고 비웃으신다(경멸한다). 거기에는 온정이란 없고 경멸이라는 순수한 심판만이 있다. 하나님의 심판은 궁극적 심판이기 때문에 자비와 심판 사이의 모순이 유머로는 해결될 수 없다. 구약성경에서 해결되지 않은 채 신비로 남아 있던 이런 모순이 하나님이 그리스도로 계시되었을 때 비로소 해결되었다. 그러한 계시에서 하나님의 정의는 더욱더 두려워할 만한 것이 된다. 왜냐하면 인간의 죄가 완전한 차원에서 드러나기 때문이다. 그것은 하나님에 대한 반역이고, 그 반역으로 인해서 하나님이 고통을 받는다. 이러한 대속하는 수난의 고통스러운 경험은 웃음과는 거리가 멀다.

제III절

유머를 자기 자신의 죄를 다루는 측면에서 보면 그 중요성이 더해진다. 유머는 자기를 반성할 수 있는 視點을 획득하는 능력을 증명한다. 이렇듯 유머 감각은 자기초월의 부산물이다.(p. 119) 인간은 초월적 시각에서 자기를 보고 그의 허세가 가지고 있는 우스꽝스럽고 모순적인 국면을 알게 된다. 인간은 방대한 생명 조직의 미세한 에너지와 생명력의 한낱 다발에 지나지 않는다. 그런데도 인간은 그러한 조직의 바로 중심인 체한다. 우스꽝스러운 일이다. 이렇게 유머가 자아초월의 능력이라는 것은 인간이 자신을 보고 웃는 것이 회개의 감각에 대한 전주곡이라는 것을 의미한다는 것을 가르킨다. "웃음은 고백이라는 성전의 현관이다."(p. 120) 우리가 죄의 참된 악을 알았을 때 웃음은 그 문제를 다룰 수 없다. 웃음이 함축할 수 없는 참된 회개 속에는 다른 차원이 있다. 그것은 우리가 우리를 초월하는 지점에서 심판을 받는다는 자각이다. 사도 바울은 "내게 있어서는 사람들의 심판을 받는 것은 적은 일이다. 나는 나 자신을 심판하지 않는다. 나는 나 자신에게 반대되는 아무것도 알지 못하기 때문이다. 나를 심판하는 것은 주님이다"라고 했다. 궁극적 의미에서는 자신은 결코 자기에게 반대되는 것을 알지 못한다. 오늘의 자아는 어제의 자아의 행동을 악으로 비판할 수 있다. 그렇지만 오늘의 자아가 선한 것은 아니다. 자기심판을 통해서 자기의 행동을 비판하지만 그러한 심판 속에는 자기가 죄인이라는 악의 깊은 뿌리가 있다는 것을 알지 못하기 때문이다. 그렇지만 참된 회개에는 기쁨이 있으며, 그것은 웃음을 배제하지 않는다. 법의 독재적 지배와 자기를 자기 이상의 것인 체하는 허세로부터의 해방에는 기쁨, 혹은 웃음이 있다. 이러한 기쁨은 웃음이 유일한 표현은 아니지만 분명 표현의 하나인 풍성함을 나타내는 것이다.

제IV절

인간의 삶은 진정 방대한 부조화에 근거를 두고 있다. 인간은 다른 피조물과 마찬가지로 모든 종류의 허약함을 가지고 있다. 그렇지만 그는 시대들을 그의 기억 속에 간직하고 있으며 그의 상상력에 의해서 영원의 언저리에 닿을 수 있는 숭고한 피조물이다. 이러한 인간은 관찰자일 때 바로 우주의 중심이 된다. 그러나 인간은 아침에 피었다가 저녁에 베어져서 죽어버리는 잡초처럼 죽는 존재이다. 죽음이야말로 인간의 허약성의 가장 극명하고 결정적인 표현이다. 인간의 위대함과 허약함, 그의 유한한 생과 불멸성의 부조화는 그가 죄의 유혹을 받는 근원이 된다. 어떤 사람은 그의 위대함을 부정하고 그의 취약성으로 도피하고, 또 어떤 사람은 그의 취약점을 부정하고 그의 위대함으로 도피하려고 한다. 두 가지 방법이 모두 소용이 없다. 전자는 자연의 平靜에서 해결을 구하려고 하다 육욕의 노예가 되고, 후자는 안전이 아니라 권력의 탐욕이라는 악에 빠지며 인간 존재의 피조물적 제한성을 부정하는 정신적 오만이라는 반대의 악에 빠진다. 철학자들도 이 문제를 해결하는 데 실패했다. 자연주의자, 물질론자, 기계론자와 세계를 물리적 관계의 시스템으로 보는 그 외의 모든 철학자들은 정신의 차원을 상실한다. 이상주의적 철학자들은 그들의 합리적 시스템이 세계 속의 혼란의 거대한 영역을 정당하게 따르지 못하고 정신 이상이며 이하인 인간 자신을 적절하게 설명하지 못한다.

유머 감각은 많은 면에서 삶의 부조화를 다룰 수 있는 적절한 자원이다. 절망과 좌절, 불합리성과 우연성을 웃음으로 맞이하는 것은 높은 형태의 지혜이다. 그런 웃음은 어두운 불합리성을 모호하게 하거나 부정하지 않는다. 그것은 감정과 갈등에 지나치게 사로잡히지 않고 그것에 그저 양보하는 것이다. 문명을 유머 감각으로 받아들이는 것은 높은 형태의 자기초연인 것이다. 그러나 우리는 죽음에 관한 한 웃을 수가 없다. 인간 존재의 최종적 문제를 다루는 데 있어서 여전히 웃는다면 그것은 삶을 무의미한 코미디로 만드는 것이다. 죽음에 직면해서 죽음도 주 예수 그리스도 안에 있는 하나님의 사랑에서 우리를 분리시킬 수 없다고 한 바울의 신앙이 아니면 죽음의 절망의 양자택일에 직면한다. 인간은 동물과 다를 바 없지만 죽음의 허무함을 아는 존재이다. 죽음을 예견하고 우울을 느끼는 것은 인간이 죽음으로 끝나는 자연적 과정을 부분적으로 초월하는 증거이다. 그러나 이것은 부분적 초월에 불과하다. 인간의 힘은 그의 불멸을 확보하리만큼 충분히 위대하지 못하기 때문이다. 위대하면서 허약한 인간의 이중적 성격의 운명으로부터 인간을 해방시킬 수 있는 가능성이 그에게는 없다. 기독교 신앙은 인간 존재의 그러한 부조화의 해결이 "인간 정신의 아버지(the father of human spirits)"(p. 129)인 하나님의 능력과 사랑을 통해서 비로소 극복될 수 있으며, 그리스도가 계시한 사랑이 죽음의 모순을 최종적으로 충분히 극복할 수 있다고 믿는다. 그렇기 때문에 신앙은 부조화, 곧 존재의 무의미성의 최종의 주장에 대한 최종적 승리이다.

유머 감각이 부조화를 승인하는 한 그것은 이성에 의해서 부조화를 삼켜버리려고 하는 어떤 철학보다 심오하다. 그러나 유머 감각은 당장의 문제들을 다루고 분명하고 피상적인 불합리성들에 대처할 때만 건전할 수 있다. 궁극적 문제들이 제기될 때 유머는 신앙으로 향하거나 절망에 빠진다.(p. 130)

제VIII장 하나님의 힘과 약함(The Power and Weakness of God)
제I절

성경 본문은 마태복음 27: 29-31, 39-42, 44이다. 내용의 핵심은 빌라도 총독의 군대들이 예수를 십자가에 못 박기 직전 그에게 홍포를 입히고 가시 면류관을 그의 머리에 씌우고 대제사장들과 서기관들과 군인들과 지나가는 자들과 거기에 함께 십자가에 못 박힌 강도들까지 합세하여, 성전을 헐고 사흘에 짓는 자여, 네가 만일 하나님의 아들이어든 자기를 구원하고 십자가에서 내려오라, 어찌하여 남은 구원하였으나 자기는 구원하지 못하는가라고 희롱하고 조소했다는 내용이다.

스스로 메시아임을 주장한 예수의 이 같은 십자가의 수치스러운 죽음을 희롱하고 조소하는 것은 당연하지 않은가? 그러한 희롱과 조소는 왕과 신성의 모습을 한 그리스도의 약함과 수난의 부조리에 대한 자연스럽고 불가피한 반응이다. 그렇지만 기독교 신앙은 수난의 메시아의 이 같은 부조리를 신앙 구성의 바로 핵심으로 만들었다. 이런 부조리를 상식이 이해할 수 있다면, 그것은 부조리 속에 간직된 계시가 깊이를 갖고 있지 않다는 증거이다. 그런 부조리는 하나님의 힘과 약함의 패러독스를 나타내는 것이다. 십자가의 핵심은 그것이 인간에 대한 하나님의 최종적 힘이 하나님이 스스로 택한 그의 사랑의 약함으로부터 온다는 사실의 계시이다. 스스로 택한 이 약함은 신의 위엄을 손상시키지 않는다. 그의 자비는 그의 위엄의 최종적 차원이다. 그렇지만 진정으로 신성한 하나님은 선하면서 힘이 있어야 한다. 무력하고 제한된 선은 신성하지 않으며 숭배되지 않는다. 약함은 숭배보다는 연민을 느끼게 한다. 반대로 선하지 않은 힘 또한 숭배를 받지 못한다. 예수의 십자가 위의 죽음의 부조리를 기독교 신앙은 계시의 진리를 나타내는 것으로 기쁜 마음으로 받아들인다. 모든 시대의 신앙은 십자가에 못 박힌 주에서 상식의 결론을 부정하고 영원한 신비를 의미 있게 하는 조명점을 발견했다.

제II절

기독교 신앙이 신의 힘 개념과 신의 선 개념 사이의 외관상의 충돌을 해결할 수 있는 이유는 그런 충돌을 절대시하지 않기 때문이다. 기독교 신앙은 힘 그 자체가 악하다고 보지 않는다. 분명히 신의 속성의 하나는 위엄이다. 사도신경에서도, 주님의 기도에서도 하나님은 전능하시고, 하나님은 권세이다. 그리고 구약 이사야에서도 하나님은 빛과 어둠을 창조하고, 평화와 악을 창조하는 힘(이사야 45: 7)이다. 성서적 신앙이 이해하는 신의 힘은 두 가지이다. 하나는 세상을 창조하는 힘이고, 다른 하나는 심판하는 힘이다. 이 심판은 세상의 악에 대해서 최종적 한계를 설정한다. 신의 힘은 온갖 생명을 생기게 하며 그것들의 질서와 조화를 유지한다. 인간의 자유는 신이 그의 피조물에게 설정한 질서에 도전하지만 한계를 가지고 있다. 신은 "제왕들을 폐하시며 세상의 심판자들을 헛되게 하신다."(이사야 40: 23) 생명은 힘이지만 그렇다고 해서 힘이 악의 원인은 아니다. 창조주의 힘은 모순이 아니라 그의 신성함의 한 국면이다. 그리스 비극에서도 Zeus는 힘이며 그것에 맞서는 모든 약소한 위엄과 힘을 격파하는 궁극적인 최종적 질서와 힘이다. 제우스의 힘이 하나님의 힘과 같은 것은 아니지만 말이다. 성경에서는 특히, 히브리의 예언에서는 이 점에 관해서 의심의 여지가 없이 분명하다. 국가이건, 심판자이건, 군왕이건 세상의 창조주이며 심판자인 하나님에게 도전하는 자는 신의 무서운 진노의 대상이 된다. 모든 약소한 신들은 거짓 신들이요, 우상이기 때문에 신의 심판을 받는다. 오직 모든 존재의 근원이요, 목적인 참된 신만이 무조건적 숭배를 받을 수 있다.

생명은 힘이다. 힘은 그 자체가 악이 아니다. 그렇지만 악은 힘의 모습으로 나타나며, 그렇게 되면 힘을 사용하지 않고는 그것을 타파할 수 없다. 선의지이기 때문에 무력한 덕이 그 무력함에 의해서 악을 패배시키는 정신적 힘을 발휘한다고 생각하는 고도로 정신화된(spiritualized) 형태의 신앙이 항상 존재한다. 당장은 그것이 진리가 아니지만 이런 주장에는 궁극적 진리가 담겨 있다. 현실 상황에서는 인간도 신도 세계의 질서를 부정하는 힘 있는 항거를 힘을 사용하지 않고는 타파할 수 없다. 현실 세계 속에서는 최소한의 정의와 질서를 유지할 수 있는 순수한 정신적 방법은 없다. 세계는 순수하게 정신적이지 않기 때문이다. 힘은 역사 속에서 정의의 기초이다. 힘이 자연의 세계 전체의 질서의 기초인 것처럼 말이다.(p. 139)

제III절

이렇게 성서적 신앙은 신이 전능하다는 확신을 갖고 있음에도 불구하고 십자가에 못 박힌 메시아를 하나님의 특성과 목적의 최종적 계시로 본다. 어떻게 전능한 신이 십자가에서 수치스러운 죽음을 당하는가? 사실 히브리의 예언자들뿐 아니라 그들에 앞선 애굽과 바빌로니아의 예언자들은 완전한 힘과 완전한 선을 겸비한 메시아를 기대했다. 그렇지만 인간 역사에서는 세상의 질서를 유지하는 힘이 힘의 이기적인 사용으로 인해서 질서 속에 불의를 도입하기도 한다. 완전한 힘과 선은 삶과 삶의 대립이 초월되고 힘의 소유가 생존 투쟁에서 남용되지 않는 신에게 있어서만 결합될 수 있다. 인간의 역사에서는 사욕이 없는 힘이란 존재하지 않는다. 아무리 사욕이 없음을 내세우지만 말이다.(p. 141) 앞으로 올 세기들은 완전한, 혹은 안정된 평화를 누리지 못할 것이다. 러시아와 영국과 미국이 정의를 위한 그들의 관심 속에 그들 자신의 특권과 힘에 대한 관심을 섞기 때문이다. 이런 이유 때문에 역사 속의 하나님의 선은 무력하다.(p. 141) 그리스도는 인류의 상식에 거부감을 준다. 그는 왕의 권력도 전능한 신의 심벌도 가지고 있지 않기 때문이다. 그는 또한 그의 무력한 선에 의해서 의로운 자도 불의한 자도 정죄하기 때문에 거부감을 준다. 이러한 궁극적 조명이 인류의 역사에서 거듭 도덕적 조명의 근사적 형태(proximate forms)로 오해되었고, 따라서 평화주의적 환상에 빠지게 한 것은 불가피했다. 십자가상의 그리스도의 무력한 선은 상대적으로 악한 자에 대한, 상대적으로 선한 자에 대한 승리를 약속하지 않는다. 그것은 오직 역사의 의미 전체에 대해서 조명을 던지며 생존 투쟁에 옳은 자와 옳지 않은 자를 함께 정죄할 뿐이다.(p. 143) 크리스천 스토리의 핵심은 하나님의 특성의 단서를 그리스도의 특성과 드라마에서 우리가 본다는 사실이다.(p. 144) 하나님의 선하심은 하나님의 위엄과 힘의 한 부분이다. 그러나 그 선하심은 역사 속에서 힘있음보다 힘없음으로 나타날 수 있을 뿐이다.

제IV절

그리스도의 약함은 역사 속의 신의 계시가 필연적으로 약하게 만들 뿐만 아니라, 신의 약함은 그의 본질로서의 사랑의 약함이다. 그것은 신이 스스로 택한 그의 사랑의 약함이다. 신의 정의와 진노는 인간의 어떠한 반역도 궁극적 승리가 되는 것을 허용하지 않는다. 그렇지만 이 같은 신의 징벌은 독일과 일본의 마음속 깊은 곳에 도달하지 못한다. 어떠한 징벌도 거기에 도달하지 못한다. 그러한 징벌은 인간들과 국가들의 반역에 한계가 있다는 것을 증명한다. 패배당한 국가들의 회개는 지극히 어려운 것이다. 정의는 선하지만 징벌은 필연이다. 그렇지만 정의만으로 사람들을 회개하게 할 수 없다. 반역의 내적 핵심은 반역자가, 징벌을 집행하는 자가 그와 함께 고통을 받는 것을 볼 때까지는 움직여지지 않는다. 이것이 신앙에 의해서 이해된 '속죄'의 의미이다. 신앙은 신의 약함이 그의 최종적 힘이라는 것을 알게 하는 데 있어서 철학과 신학을 초월한다. 반항자의 마음을 움직이는 것은 사랑의 약함이다. 신비는 이런 자비가 부분적으로는 정의의 완성이며 부분적으로는 징벌하는 정의와 모순 된다는 사실에 있다. 이러한 패러독스의 통찰은 모든 시대의 도덕가들과 기독교 신앙을 포함한 신앙이 이해하지 못하고 무식한 자와 속기 쉬운 자가 감동하는 믿을 수 없는 성경의 신화라고 했다. 지금도 강경 학파와 온건 학파로 갈라져서 같은 오해를 한다. 강경 학파는 승자의 엄격한 징벌이 패배한 적을 회개시키려고 하고, 온건 학파는 심판을 자비로 대치하려고 한다. 악을 견제하고 처벌할 수 있는 정의는 선이지 악이 아니다. 그러나 정의의 힘은 부정적이고 그 속에는 회개와 구원을 설득하는 힘이 없다. 그래서 신의 위엄은 그의 자비의 위엄이다. 그것은 그의 힘의 완성이요 그것에 대한 모순이다. 이것이 정의의 자비에 대한 관계의 비밀을 해결하고 그것에 의미를 부여하는 십자가에서 이해된 진리이다. 제1차세계대전 때의 유명한 영국의 군목 Studdery Kennedy는 사랑의 힘 외에는 모든 형태의 신의 위엄과 힘을 부정했다. 제1차세계대전 중 H. G. Will은 그의 『신, 보이지 않는 왕God, the Invisible King』에서 자신보다 강한 우주 속의 어떤 저항과 싸우는 인간과 함께 수난을 당하는 그리 강하지 않은 거의 비슷한 종류의 통치자의 모습을 제시했다. 근자에 기독교인 철학자들이 같은 주장을 기독교적 형태로 제시하려고 했다. 이들은 기독교적 교리보다 철학적으로 일관성을 가지고 있기 때문에 믿을 만하다. 그러나 그들은 존재의 모든 국면에 대해서 진리가 아니며 십자가에서 계시된 정의와 자비, 그리고 힘과 선의 최종적 신비를 밝히는 데 실패했다.

제Ⅸ장 신비와 의미(Mystery and Meaning)
제Ⅰ절

성경 본문은 고린도전서 13: 12의 "우리가 이제는 거울로 보는 것같이 희미하나 그때에는 얼굴과 얼굴을 대하여 볼 것이요, 이제는 내가 부분적으로 아나 그때에는 주께서 나를 아신 것같이 내가 온전히 알리라"고 하는 구절이다. 삶은 지식에 의해서 다 밝힐 수 없는 신비를 가지고 있다. 하나님 역시 신비로운 존재이다. 기독교 신앙은 신이 예언자들과 그리스도를 통해서 자기를 계시했지만 신은 여전히 '숨은 신(deus absconditus)'으로 남는다는 것이 본 설교의 핵심이다.

기독교 신앙의 증언들은 삶의 비밀을 너무 적게 안다고 하는 사람들보다 너무 많이 안다고 하는 사람들 때문에 보다 더 큰 혼란을 야기한다. 너무나 많은 사람들이 거울을 통해서 희미하게 본다는 사실을 망각하고 너무 많이 안다고 주장한다. 이처럼 너무 많이 안다고 주장하는 사람들을 두 부류로 나눌 수 있다. 하나는 종교적이고, 다른 하나는 비종교적이다. 비종교적인 사람들부터 살펴보기로 하자. 그들은 자연과학적 사고에 의해서 삶과 세계에는 어떤 신비도 없다고 신비를 부정한다. 그들은 모든 것을 자연적 인과관계에 의해서 설명할 수 있다고 생각한다. 다음으로 종교적인 사람들은 창조된 세계 전체가 자명하지 않다는 것을 인정한다. 그들은 창조된 세계의 신비로운 근거가 있다고 보며 모든 알 수 있는 생명력들을 초월하는 수수께끼의 힘과 모든 지엽적인 원인을 초월하는 '제1의 원인(first cause)'을 지향한다. 그들도 대체로 영원한 신비에 대해서 너무 많이 알고 있다고 주장한다.

참된 기독교 신앙은 자연의 세계를 너무 많이 알기 때문에 신비를 부정하는 사람들과 보이지 않는 세계를 너무 잘 알고 있기 때문에 세계의 비밀과 숨은 것에 대한 敬畏가 사라지는 사람들 사이의 입장을 취해야 한다. 참된 신앙은 우리가 보는 것은 희미한 거울을 통해서라는, 이 사실을 인정한다. 참된 신앙은 존재의 신비로운 근원과 목적을 단순하게 X, 곧 미지의 것으로 여기지 않는다. 기독교 신앙은 적어도 계시에 대한 신앙이다. 그것은 신이 예언자들과 그의 아들을 통해서 자기를 알렸다고 믿는다. 그것은 그리스도에서 나타난 계시를 하나님의 본성과 세계의 목적의 신비, 특히 그의 정의가 그의 자비에 대해서 가지는 관계의 신비에 대한 궁극적 단서로 받아들인다. 그렇지만 신은 '숨은 신'으로 남는다. 하나님의 본질적 특성은 세상에 대한 그의 관계에서 알려졌다. 그러나 그는 자기를 완전하게 나타내지 않았다. 그의 사상들은 인간의 사상으로 이해하기에는 너무나 높다.

제II절

13세기에 꽃을 피운 가톨릭적 신앙과 17세기와 18세기에 꽃을 피운 과학은 각기 다르게 삶의 신비를 모호하게 했다. 중세 가톨릭은 신비에 대한 경외감을 전적으로 상실하지 않았다. 가톨릭교회의 의식들은 그것들이 가지고 있는 신비의 시적 표현에 의해서 보다 합리화된 형태들의 개신교 신앙을 능가하는 경우가 많다. 예컨대, 신조를 말로 하는 것보다 노래로 하는 것이 유리하다. 이것이 의식적이고 성례적인 교회의 장점이다. 그러나 Thomas Aquinas의 저서들을 읽으면 면밀하게 해부되지 않은 신비가 없으며, 충분하게 설명되지 않은 어둡고 깊은 죄가 없고, 위계질서적 체계화에 속하지 않는 존재의 높이가 없다. 인간의 혼과 육체의 신비들이 모두 규명되었고 지나치게 상세하게 합리적으로 규정되어 있다. 기독교 신앙의 초시간적 긍정이 과학 시대 이전의 특성을 가진 상세한 지식과 혼합되어 있다. 과학 시대는 신비를 더욱 엄격하게 부정한다. 과학적 지식은 모든 신비를 밝힐 수 있다고 생각한다. 양자가 모두 우리가 거울을 통해서 희미하게 본다는 사실을 알지 못한다.

제III절

신성한 창조자에 대한 성서적 이념은 인과관계에 대한 과학적 개념과는 다른 차원에 속한다. 우리가 자연이라고 부르는 일관성의 영역은 그것을 넘어서는 힘의 영역을 지향한다. 이 영역은 지식으로는 충분히 알 수 없고 신앙을 통해서 식별될 수 있다. 인간 자신은 자연의 세계보다 더욱더 희미한 거울을 통해서 보는 대상이다. 인간은 자연의 피조물이지만 자연을 초월하여 영원을 동경한다. 인간의 삶은 유한하지만 영원을 희구한다. 시편 제139편은 무한한 특성을 가진 인간 정신이 인간의 모든 제한성을 초월하여 신성한 신과 직면하고 그를 느끼고 있음을 기술하고 있다. 인간도 동물도 유한한 생명이지만 원숭이에게는 감상적 염세의 감정이 없으며, 그가 어떤 존재이며 어떤 존재가 되어야 하는가에 대한 불안이 없다. 동물에게는 불안한 양심과 자연의 제한을 넘어서 가장 고상한 정신과 가장 악마적 광기가 되는 야망이 없다. 인간은 약함과 위대함을 함께 가지고 있는 신비로운 존재이다. 인간은 그의 높은 비전에도 불구하고 그의 삶의 의미의 구조를 완전히 이해하지 못한다. 신앙에 의해서 그의 삶의 근원을 발견하지만 거울을 통해서처럼 희미하게 안다.

제IV절

우리 속에 있는 악의 근원은 거의 우리의 정신적 삶의 신성한 근원과 목적처럼 신비롭다. 악에 대한 경향은 근본적으로 지나친 자기사랑에 대한 경향으로서 우리의 의식적 목적들에 반대한다. 바울은 "내가 원하지 않는 것을 행하는 것은 내 속에 거하는 악이다"라고 함으로써 우리가 의식적으로 원하는 목적에 반대되는 악에 대한 강한 경향이 있음을 설명했다. 현대 문명은 죄의 원인이 무지, 혹은 경제적, 정치적 및 종교적 기구들에 있다고 본다. 그러한 이론은 앞선 세대의 선한 인간들이 어떻게 해서 전승된 기구들 속에 악을 도입했는지를 설명하지 못한다. 정통적 기독교는 아담의 죄가 모든 인간에게 전해졌다고 주장한다. 이 경우 전수(유전)의 방법은 때로는 신비롭게 여겨졌지만 때로는 생식 활동 속에 있는 색욕과 동일시되었다. 이런 독단적 설명은 현대인의 정당한 항의와 불신을 샀다. 인간은 타인에 대한 관계 속에서 자기를 성취할 수 있는데 그 인간이 타인을 그의 욕망과 야심의 도구로 삼는다. 그 원인은 인간이 자연과 정신, 자유와 필연의 혼합이기 때문이라고 할 수 있을 것이다.

인간은 약한 존재이어서 그의 삶에 대해서 불안하지만 정신의 교활함을 가지고 있기 때문에 그의 자유를 사용하여 다양한 도구를 그의 불안을 극복하기 위해서 사용한다고 할 수 있다. 그는 그의 정신의 힘을 그의 약함을 숨기기 위해서 사용하고 힘에 대한 탐욕과 자기우상화에 빠진다. 이런 설명들은 믿을 만한 점을 가지고 있다. 그러나 인간이 자연과 정신, 자유와 필연의 이중적 성격을 가지고 있다는 사실이 그를 필연적으로 지나친 자기애로 유혹하는 것은 아니다. 그런 이중적 상황은 그것이 잘못 해석되지 않고는 악을 창조하지 않는다. 그렇다면 이런 잘못된 해석은 어디에서 오는가? 성경의 신화는 그것은 유혹을 받았기 때문이라고 했고 유혹한 존재를 뱀이라는 심벌로 표현했다. 이브는 선악과를 따 먹도록 뱀의 유혹을 받았다. 성경은 뱀이, 신이 인간의 힘을 질투하여 그것을 제한하려고 한다고 암시함으로써 이브를 유혹했다고 암시한다. 인간이 그의 피조물의 약함을 받아들이지 않고 그의 존재의 궁극적 근원과 목적을 발견하지 못할 때, 인간의 상황은 악으로 유혹한다. 인간을 죄로 유혹하는 것은 인간의 불신과 오만이다. 이것이 악의 참된 신비이다. 이러한 유혹을 Kierkegaard는 "죄가 자기를 定立한다"라고 했다. 이것이 '원죄(original sin)'의 신비인데, 여기에 대해서 Pascal은 "이 신비 없이는 인간은 자신에 대해서 신비로 남는다"라고 했다.

제V절

인간의 삶에 관한 최종적 신비는 인간의 삶의 불완전과 그것을 완전하게 하는 방법에 관한 신비이다. 현대 문명은 역사 자체가 구원이라고 믿는다. 현대 문명이 인간의 궁극적 좌절의 문제에 대해서 제시하는 단순한 대답은 유토피아(utopia)이다. 이 대답이 가지고 있는 어려움은 역사가 유토피아를 실현할 수 있는 증거가 없다는 사실이다. 역사의 발전은 선과 악을 동시에 수반한다. 개인의 높은 수준의 도덕이 사회의 진부한 도덕과 충돌하여 좌절에 직면하게 하지 않는 사회는 존재하지 않는다. 뿐만 아니라 개인은 역사가 약속된 완성에 도달하기 전에 죽는다. 이것이 전부가 아니다. 죽음의 문제는 죄의 문제와 깊이 관련되어 있다. 인간의 정신의 초월성으로 인해서 죽음이 좌절을 느끼게 하고, 우리가 죄인임을 알기 때문에 죽음이 좌절을 느끼게 한다. 죄 문제에 대한 기독교 신앙의 대답은 죄의 용서와 영생이다. 기독교적 소망은 삶의 모든 당혹과 신비를 지나친 두려움 없이 볼 수 있게 한다.(p. 169) 당혹해하지 않는 사람이 있고, 당혹해하고 절망하는 사람이 있고, 당혹해하고 절망하지 않는 사람이 있다. 기독교 신앙은 모든 당혹을 해결할 수 없다. 그러나 그것은 그리스도에서 계시된 하나님의 본질적 선을 굳게 믿고 그리스도에서 나타낸 하나님의 사랑으로부터 생명도 죽음도 끊을 수 없음을 믿는다.

제VI절

기독교 신앙은 신의 의미의 신비를 의식한다. 그러나 기독교 신앙은 아무런 의미 개념이 없는 사적 형태의 종교와 같지 않다는 것을 강조해야 한다. 그러한 사적 형태의 신앙은 바울이 아테네에서 발견한 종교가 가지고 있는 알지 못하는 신에 대한 숭배와 같은 범주에 속한다. 바울은 아테네 사람들에게 "너희가 알지 못하고 숭배하는 그를 내가 너희에게 알게 하리라"(사도행전 17: 23)고 했다. 이 신앙의 선언은 신이 단지 신비가 아니고 그리스도에서 밝혀진 신을 이해할 수 있는 사람들에게는 신비의 핵심이 밝혀졌다는 신앙에 근거하고 있다. 기독교 신앙은 인간의 이성이 존재의 수수께끼를 풀 수 없다는 약함을 인정하지만, 신의 신비에 대한 단서들(clues)을 인간이 이해할 수 있으며 신이 인간에게 보여준 그의 목적의 드러남을 받아들일 수 있는 인간 정신의 위대함을 인정한다.(pp. 172-173)

제X장 하나님의 평화(The Peace of God)

제I절

성경 본문은 빌립보서 4: 7로서 그 구절 속에 나오는 "모든 이해를 넘어서는 하나님의 평화", 곧 사람의 지식으로는 알 수 없는 하나님의 평화가 무엇인지를 니버의 설교는 규명한다. 그것은 자연의 질서의 평화도 아니고, 諦念, 혹은 초연(detachment)의 평화도 아니며, 그리고 또한 中庸의 평화도 아니다. 하나님의 평화는 고통과 슬픔에도 불구한 평화임을 니버는 규명한다.

인간은 평화를 추구하지만 혼란과 불안 속에 산다. 자연의 피조물, 곧 동물은 자연에 의해서 지배되는 존재이기 때문에 내적 평화를 가진다. 동물의 세계에도 약육강식이 있지만 그러한 자연의 갈등은 자연의 섭리가 정한 제한성 안에서 일어난다. 이와 달리, 인간은 내적, 혹은 외적 평화를 누리지 못한다. 안으로는 혼란 때문에, 밖으로는 공포로 인해서 평화를 얻지 못한다. 인간의 내적 불안과 공포는 그의 삶의 중심을 자신 속에 두려고 함과 자기를 초월하는 참된 중심을 발견하려고 하는 불안에 의해서 촉발된다. 인간의 욕망과 야망은 무제한하기 때문에 인간의 동료 인간들에 대한 관계는 불안과 불화로 가득 차 있다. 그래서 공동체의 사회적 평화는 가장 현명한 정치적 수완에 의해서 과도한 욕망에 제동을 걸며, 약탈적 욕망을 단념시키고, 상호적 과제를 권장함으로써 성취된다.

그렇지만 가장 현명한 정치적 수완도 개미와 벌의 사회가 가지고 있는 것과 같은 조화를 인간 공동체 속에서 이룩할 수 없다. 인간의 불안하고 안정되지 못한 삶은 그의 고유한 자유, 곧 과도한 욕망으로 인한 자유의 필연적 부패 때문이다. 그러나 인간은 불안과 갈등을 정상적인 것으로 받아들일 수 없다. 인간을 포함한 모든 피조물은 평화를 가져야만 한다. 그래서 인간은 평화를 추구한다. 그러나 어떤 종류의 평화가 인간에게 가능할까? 인간의 평화의 문제를 심층적으로 탐색할 때 우리는 우리가 쉽게 이해할 수 있는 모든 형태의 평화가 부적절하다는 것을 발견한다. 오직 인간의 모든 이해를 초월하는 평화만이 참된 평화이다. 하나님의 평화는 단순하지 않고 그 속에 고통과 슬픔을 지니고 있다. 적어도 그리스도의 십자가에서 계시된 하나님의 평화는 그렇다. 세상의 현명한 사람들은 항상 신을 하늘의 고요함 속에서, 혹은 올림포스 산 위의 평안 속에서 세상의 슬픔과 혼란과 떨어져서 살고 있다고 묘사했다. 그러나 이상하고 역설적이게도 하나님의 평화에는 슬픔과 고통이 들어 있다. 하나님은 그런 슬픔과 고통에 의해서 세상의 혼란함을 마침내 극복한다. 이러한 종류의 평화는 이해하기 어렵고 인간적인 노력으로는 얻을 수 없는 것이다.

제II절

자연의 평화는 인간이 되돌아갈 수 없는 인간이 영원히 추방된 낙원이다. 역사에는 자연의 평화 속으로 되돌아가려고 했던 많은 노력들이 있었다. 서양 고대에는 Democritus, Epicurus, Lucretius, Diogenes, 그리고 그 밖의 많은 현자들이 자연으로 돌아가서 자연이 설정한 제한성 안에서 삶으로써 과도한 야심으로부터 해방되려고 했다. 현대에서는 프랑스의 자연주의자들과 독일의 낭만주의자들, 그리고 Thoreau와 Walt Whitman이 같은 노력을 했다. 사실, 자연의 평화는 일시적인 치유의 힘을 가지고 있다. 자연의 위엄과 방대함은 인간의 희망과 두려움을 우습게 만들고 인간의 허세를 부끄럽게 한다. 뿐만 아니라 자연의 여러 고요한 멜로디의 조화는 인간의 정신에 고요함을 가져다 준다. 그렇지만 인간은 자족적 존재가 아니라 그의 상상력은 공간과 시대를 초월하며, 그의 가능성과 욕구는 그의 동료 인간들의 그러한 것들과 밀접하게 관계되어 있기 때문에, 그의 자족성은 그의 평정을 불가능하게 만드는 근원이 된다. 자연의 평화는 인간에게 평정의 바람직함을 설득할 것이며 그것을 맛보게 할 것이다. 그러나 그것은 인간의 본질적 존재를 파괴하지 않고는 인간의 마음을 정말로 고요하게 할 수 없다.

제III절

자연의 평화를 능가하는 다른 형태의 평화는 고요한 마음의 평화이다. 그것은 中庸(nothing too much, 혹은 moderation)에 의해서 과도한 욕망을 견제함으로써 동료 인간들과 평화를 유지하는 것이다. 중용은 삶에 관해서 냉철하고 계산된 도야를 가지게 할 것이며, 위대한 영웅적 열정과 파괴적 광증에 빠지지 않게 할 것이다. 철학자들은 권력과 욕망, 야망에 대한 관계에서 이성의 무능력을 깨달았을 때 합리적 평화의 이상을 체관의 평화에서 찾았다. 스토아철학은 이것을 무격정(ataraxia)이라고 불렀다. 그것은 자아가 모든 책임과 충성과 감정, 희망과 공포, 그리고 야심으로부터 완전히 격리된 상태이다. 이런 마음의 평화는 참된 자아의 평화가 아니라 자아로부터 격리된 마음의 평화이다. 이런 평화가 성취되는 한 참된 자아는 파괴된다. 이러한 격리의 최종적 결말은 신비주의이다. 이런 종류의 평화는 때로는 '정신적' 평화로 규정되었다. 만일 정신이 생명력과 이성의 종합이라면 체관의 평화는 정신적 평화가 아니라 정신으로서의 자아의 파괴로 끝난다.

제IV절

그리스도의 십자가에서 계시된 하나님의 평화가 체관, 혹은 초연(detachment)의 평화와 같지 않다는 것을 이해하지 못하는 기독교 신앙의 형태들이 있다. 성경의 하나님은 창조자인 동시에 구원자이다. 창조자인 하나님은 힘이며 동시에 지혜이다. 구원자인 하나님은 자비로운 동시에 신성하다. 그렇기 때문에 하나님의 평화는 인간이 쉽게 알 수 있는 평화가 아니다. 하나님의 위엄 속에 최종적 평화가 있다고 하면서도 그러한 위엄이 세상의 죄와 슬픔에 관여하는 자비라고 말하는 것은 인간의 이해를 초월한다. 그러나 그것은 하나님의 평화이며 그것만이 인간에게 가능한 유일한 평화이다. 사랑의 평화는 자기 속에서 자기만을 위하여 사는 것이 아니라 공동체의 삶과 최종적으로는 하나님 속에서 자기를 발견하는 인간의, 그리고 그러한 존재가 된 인간의 궁극적 평화이다. 그것은 병을 앓고 있는 어린 자식을 돌보면서 병상에서 밤을 새운 어머니의 마음의 평화와 같은 것이다. 어린 자식에 대한 헌신과 어머니의 본성과 책임의 완수에서 오는 평화는 걱정과 근심, 고통을 초월하는 평화이다. 의사, 간호사, 사회사업가, 사회 정의를 위한 투사, 목회자, 그리고 그 밖의 가난한 자를 도와주는 사람들이 갖는 평화는 Epictetus가 추구한 체관, 또는 초연의 평화가 아니다. 그들은 그들이 봉사하는 사람들의 고통에 깊이 개입한다. 그들은 그러한 고통에 동참함으로써 기쁨을 체험하고, 하나님의 평화의 신비의 언저리에 접한다.

제V절

그러나 인간 사회에는 완전한 평화란 없다. 그것은 하나님의 나라에나 있다. Augustine이 말한 대로, 세상의 평화는 항상 대립되는 두 진영 사이의 휴전 상태이다. 인간의 역사 속에는 완전한 사회적 조화가 존재하지 않는다. 이해의 범위 안에서는 평화가 없다. 인간의 공동체의 안과 밖 사이에서 가능한 유일한 평화는 용서의 평화이다. 악을 행한 자에 대한 옳은 자의 심판은 궁극적인 신의 심판에는 미치지 못하는 것이다. 그것은 동료 인간에 대한 옳지 못한 자아의 심판이다. 물론, 상대적으로 옳지 못한 자에 대한 상대적으로 옳은 자의 합법적 심판이 있지만 말이다. 용서는 같은 죄를 범하고 있다는 것을 인정하는 사람에게만 가능하다. 옳다는 의식을 지나치게 가지고 있는 자는 적에 대해서 참된 용서를 할 수가 없다. 적의 죄에 대해서 지나치게 견책하고 자신의 죄는 망각해 버리기 때문이다. 사회에 매우 현저한 형태의 악과 질서에 대한 반항을 심판하는 정의와 덕의 근사적 표준들이 존재하는 것이 사실이다. 그러나 완전하게 무사심한 재판자들은 존재하지 않는다. 그들이 옳지만 그들 자신의 옳지 않음을 의식하지 못하면, 그들이 내세우는 덕은 적을 회개하게 하기보다 냉소주의에 대한 유혹이 될 것이다. 용서의 평화는 신앙에 의해서 최종적 차원에서는 자기와 적 사이의 구별을 할 수 없으며, 옳은 자와 옳지 않은 자 사이의 구별을 할 수 없는 심판 아래에 있다는 것을 스스로 아는 자들에게만 가능하다. 이러한 평화의 힘과 근원은 이해를 초월하지만 신앙에 의해서 이해된다. 그러한 평화는 싸움 속의 평화요, 갈등 속의 화해이다.

제VI절

인간의 이해를 초월하는 하나님의 평화는 용서하는 평화일 뿐만 아니라 용서받았다는 평화이다. 열정과 욕망을 완화함으로써, 혹은 열정과 욕망의 합리적 체념을 발달시킴으로써 내적 평화에 도달하려는 모든 노력은 일시적으로만 효과가 있다. 인간의 무한한 욕망과 불가능한 것에 대한 열망은 인간의 위대함과 비참의 근원이다. Herman Melville의 고전 작품 *Moby Dick*에서는 신중과 중용, 분별의 덕이 상징적으로 육지와 동일시되고, 무한에 대한 충동은 한없이 넓은 바다에 대한 인간의 동경으로 상징된다. 작가 멜빌은 이 육지가 없는 대해 속에만 하나님과 같은 해안이 없고 무한한 최고의 진리가 있다고 하면서 "육지에서 비겁하게 기어 다니기보다는 차라리 황량한 무한 속에서 파멸되는 것이" 낫다고 선언한다. *Moby Dick*의 항해자인 주인공은 육지로 둘러싸인 분별적 지식의 제한을 넘어서는 통합과 위대함을 성취하지만, 그의 무제한한 야망은 인간들 사이의 상호 의존성을 파괴하고 고독하고 독립된 영광을 성취하려는 과대망상적 시도를 하게 한다. 인간의 참된 상황은 그의 상상력의 무제한으로 인한 영광과 비참이다. 인간의 창조적 능력은 삶의 작은 인습들과 존경할 만한 삶의 타협을 타파하지만, 같은 능력이 자기를 만물의 우선적 중심으로 만들려고 한다. 인간의 삶에서는 신에 대한 사랑과 자기사랑이 신기하게 서로 얽혀 있다. 신에 대한 숭배와 자기에 대한 숭배가 복잡하게 혼합되어 있다. 기독교의 금욕주의도 동양의 체관 사상도 삶의 이런 상황을 제대로 이해하지 못한다. 그것들은 복잡하게 얽힌 삶의 상황을 바로 보지 못하고 금욕과 체관에서 평화를 찾으려고 하다가 마침내 삶의 의미 있는 책임을 거부해 버리고 만다. 도덕가들은 도덕적 의무를 알고 행함으로써 안이한 양심의 평화를 얻기를 원한다. 그들이 아직 행하지 않고 남아 있는 의무와 인식하지 못한 책임이 있다는 것을 알고, 이기적 자기사랑이 그들의 최고의 도덕적 성취마저 부패시킨다는 것을 알았을 때 절망에 빠지고 만다. 그래서 그들은 인간 속에 남아 있는 혼란을 알지 못하고 평화를 가장하거나 그 같은 혼란으로 인해서 절망에 빠진다.

인간에게 주어진 하나님의 평화, 곧 기독교 신앙의 평화는 그리스도의 온전함을 가지고 있지만 아직 가지고 있지 않은 평화이다. "그러한 평화만이 인간 존재의 무한한 복잡성과 모순을 공정하게 다룰 수 있다. 이 평화 속에서는 삶의 모든 창조적 충동이 표현되고 확대된다. 그렇기 때문에 그 속에는 단순한 고요함이 없다. 그것은 대양처럼 혼란스럽지만 깊은 바다 속처럼 표면의 혼란과 폭풍을 견디는 고요함이 있다. 그것은 모든 인간의 힘을 파괴하지 않고 성취하는 유일한 평화이다. 그런 평화 속에서 우리는 역사 속의 인간 생활이, 바로 끝이 없고 무제한하기 때문에 단편적이고 좌절된다는 것을 이해한다."(p. 194)

2
전후의 눈부신 정치적 활약
✤

　일본의 히로시마와 나가사키에 대한 미국의 원자 폭탄 투하에 대한 니버의 태도는 애매하고 일관성을 결여하고 있는 것같이 보이지만, 그는 결국 미군의 희생을 줄이고 일본을 무조건 항복시키기 위해서는 사용이 불가피했다는 결론에 도달했다. 미국전국교회연합회(The Federal Council of Churches)의 전쟁특별위원회의 22명의 신학자들은 일본에 대한 미국의 원폭 사용을 하나님의 법과 일본 국민에 대해 심각한 죄를 범했다는 성명을 냈는데 니버는 그중 한 사람으로 서명했다. 대량의 생명을 희생시키지 않는 경고의 의미의 시범적 투하를 하지 않고 핵 폭탄 투하를 한 것은 일본이 불법적 형태의 파괴에 의해서 패배했다고 느끼게 할 것이기 때문에 일본의 회개를 어렵게 한다는 것이 전국교회연합회의 핵 폭탄 투하 반대 성명의 취지였다. 미국의 전시 국방 정책 수립의 지도적 역할을 담당한 James B. Conant는 전국교회연합회의 니버의 서명이 그 자신의 『빛의 아들과 어둠의 아들』의 실용주의에 위배된다고 니버를 비판했다. 니버는 그 비판을 수용하여 핵 폭탄 투하가 전쟁을 빨리 끝낸다는 사실을 충분하게 고려하지 못했다는 것을 인정했다.

　사실 니버는 일본을 항복시키지 못하면 일본 해안에서 많은 미국 군인이 희생될 것이기 때문에 핵 폭탄이 사용될 수밖에 없다고 일관되게 생각했다. 니버는 Conant와 그 외의 다른 정책 수립자들과 마찬가지로 오직 무조건 항복만을 받아들일 수 있다고 생각했다. 핵 폭탄 사용은 선을 행하기 위해서 얼마나 많은 악을 행해야 하는가, 그리고 독재 정치를 타파하는 사람들이 얼마나 많은 죄를 범하게 되는가를 극명하게 보여주는 것이었다. 인간이 하는 일에는 패러독스가 섞이며, 위대함으로 향하는 인간의 진보는 동시에 약함으로 향하는 진군이었다. 미국은 독일과 일본을 패배시켰지만 공동의 죄를 범했고 책임을 져야 했다. 그래서 그들을 용서해야 했다. 이미 『시대의 징조의 분별Discerning the Signs of the Times』 이라는 그의 전쟁 직후에 낸 설교집에서 나타난 바와 같이 니버는 "화를 내어도… 해가 지도록 화를 품지 말라"(에베소 4: 26)는 사도 바울의 말을 가지고 설교했다. 전후 그가 가장 좋아해서 사용한 설교의 성경 구절은 시편 2: 4의 "하늘에 앉으신 이가 웃으시며 주께서 저들을 비웃으시도다"였다. 인간은 오만하지만 구원의 여지가 없는 것은 아니고, 인간은 어리석고 교만하지만 신의 사랑을 받을 가치가 있다는 것이 니버의 생각이었다. 니버의 자유주의적 친구들은 그의 어둠침침한 논조와 절제된 희망을 좋아했다. 그러나 하버드의 사학자 Arthur Schlesinger, Jr.는 하나님과 죄는 뗄 수 없는 관계를 가진다고 생각했다. 왜냐하면 민주주의적 정치에 대한 예언자적 심판이 없으면 공산주의 정치처럼 자기만족과 위선으로 변할 수 있다고 생각했기 때문이다.[2]

히로시마의 충격에도 불구하고 니버가 적절한 희망을 가질 수 있는 정치적 및 종교적 기반으로 삼을 수 있는 사태가 발생했다. 그것은 다름이 아니고 핵 폭탄 투하 한 달 전에 영국의 노동당이 의회에서 압도적인 승리를 거두었다는 사실이다. 그것은 니버에게 전쟁이 시작된 이래 일어난 가장 고무적인 단 하나의 사건이었다. 그것은 영국과 대영제국 내에서는 새로운 수준의 사회 정의를 이룩할 것이며 Roosevelt 대통령 사망으로 일시적으로 혼란에 빠진 미국 자유주의를 격려해 줄 것으로 니버는 생각했다. 니버는 영국 노동당의 집권이 러시아와 서구 사이의 실질적 일치를 촉발할 것을 기대했다. 다시 말해서, 자본주의와 공산주의 사이의 실용주의적 사회화의 중간 프로그램을 만들어낼 수도 있을 것이라고 기대했다. 그렇게 되면 두 개의 이데올로기적 실패자가 서로 믿게 만듦으로써 전후 평화를 위한 최소 조건이 마련될 것이라고 생각했다.[3]

전후 유럽의 난민 수용소에는 25만 명의 유대인이 있었는데, 마침내 유대인 기구는 10만 명의 유대인이 팔레스타인에 이주할 것을 Attlee 정부에 요청했다. 니버는 팔레스타인의 유대인 국가 수립을 주장했다. 그는 영국의 노동당 정부가 아랍

---

2) Fox, *Reinhold Niebuhr*, pp. 185-186.
3) 같은 책, pp. 186-187.

인과 유대인 사이의 장기적 평화는 중동을 기술적이고 역동적인 문명으로 바꾸어 놓는 것을 도와줄 수 있도록 유대인의 에너지와 기술을 발휘할 수 있게 하는 데 달려 있음을 알아야 한다고 주장했다. 그러나 애틀리 정부는 '영미조사위원회(The Anglo-American Committee of Inquiry)'를 구성하여 워싱턴, 이집트, 팔레스타인과 유럽에서 의견 청취를 한 결과, 10만 명의 유대인이 즉시 팔레스타인에 이주하게 하는 것을 허락하라고 추천했다. 그러나 니버가 주장한 유대인 국가 수립은 받아들여지지 않았다. 동위원회는 영국 정부와 마찬가지로 유대인과 아랍인 사이에서 선택을 하기를 원치 않았던 것이다.[4]

 니버는 미국이 점령한 유럽 지역의 교육적 시스템을 평가하는 미국 정부의 戰時局산하의15인위원회의 한 사람으로 임명되었다. 7월 말 런던에서 니버는 팔레스타인 문제에 관해서 크리스천과 유대인의 국제협의회에서 강연하고, 미국교회협의회의 정의롭고지속성있는평화를위한위원회의 의장 John Foster Dulles와 함께 Cambridge로 갔다. 거기로 간 것은 갓 태어난 세계교회협의회의 모임을 계획하기 위해서였다. 두 사람은 패배한 나라들을 용서하는 정책 수립을 촉구하는 결의를 위해서 애썼지만 용서를 반대하는 영국 대표들의 수가 압도적이었다. 그것은 니버에게는 인간 생활의 집단적 증오의 깊이를 나타내는 것이었다. 그는 8월 후반까지 영국에 머물면서 러시아의 이데올로기와 미국의 이데올로기 사이에서 영국이 제3의 세력으로서 할 수 있는 역할에 관해서 설교를 했고, 영국의 젊은 의회 멤버들과 긴 저녁 식사를 나누면서 미국과 러시아 사이의 신뢰와 평화를 구축할 수 있는 방안을 모색했다. 그는 잠깐 동안 미국으로 귀국해 부인 어슐러와 7세의 딸 엘리자베스와 며칠 동안 지냈고 여름 캠프에 참가하고 있는 11세의 아들 크리스토퍼를 잠깐 방문했다. 그리고는 시카고대학의 T. V. Smith와 함께 5주간의 독일 여행을 위해서 비행기에 올랐다. 그는 비행 도중 내내 항공기의 마룻바닥에서 자고, 도착하자마자 독일의 사회주의자들과 독일어로 심도 있는 토론에 몰두했다. 그는 스미스와 함께 독일의 여러 대학을 방문했다. 그들은 미군 장교들의 문

| 4) 같은 책, pp. 187-188.

화적 무지에 놀랐으며, 독일 학계의 문화적 엘리트주의와 독일 교육 시스템의 위계질서적 구조에 놀라움을 금할 수가 없었다. 모든 계급의 독일인들은 12세에 대학 진학을 위한 김나지움(Gymnasium, 고등학교)에 갈 것인가, 혹은 실업고등학교에 갈 것인가를 결정하는 교육 제도를 지지했다. 니버는 그러한 권위주의적 교육 시스템을 비판했지만 독일인을 설득하는 데 실패했다.[5]

니버가 Stuttgart에 있을 때 그의 형 Walter가 사망했다는 전보를 접했다. 그의 형은 전쟁 동안 병원에 입원했다가 퇴원한 후 이 직장에서 저 직장으로 전전하던 중 심장마비로 갑자기 사망했다. 형은 아버지에게 반항했고 니버는 아버지의 총애를 받았기 때문에, 그의 형이 비극의 책임이 자신에게도 있다고 그는 느꼈다. 그는 독일 아버지들이 권위주의적이고 그의 아버지도 그랬지만, 그에게 대해서는 동등하게 대해주었다는 것을 알고 있었다. 그는 미망인인 형수에게 그들 각자가 느끼는 고통과 위안을 담은 편지를 보냈다.[6]

니버가 독일에서 접한 진보적 사회주의자들은 러시아에 관해서 그가 영국에서 들은 것과는 다른 메시지를 그에게 전했다. 그들은 러시아가 독일에서 공산주의 정권을 수립하기 위해서 조직적 노력을 하고 있다고 니버에게 말했다. 사회주의자들도 기독교 민주당원들도 독일이 1930년 초에 Hitler의 독재 정당에 의해서 패배당했던 것 같은 패배를 피하기 위해서는 미국의 군사적, 경제적 지원이 필요하다고 했다. 니버는 9월 말에 독일을 떠났는데, 그때는 *Life*에 게재할 "독일을 위한 투쟁(The Fight for Germany)"이라는 글을 부분적으로 완성했다. 이 글에서 그는 영국의 좌측과 미국의 Henry Wallace 전 부통령의 추종자들 사이에서 인기 있는 대소 유화 정책, 곧 러시아의 극악성은 단지 미국의 방어적 조치의 결과로서 생긴 공포 때문이라는 것을 전제로 하는 정책은 확실히 희망이 없다고 주장했다.

니버는 러시아에 대한 종전의 유화적 입장에서 강경한 태도로 돌변했다. 그는 종전에는 공산주의에는 나치즘보다 나은 창조적 요소들이 있다고 보았는데 실제로 나타난 독재 정치와 광신적 공포는 나치의 이교주의나 냉소주의와 다를 것이

---

5) 같은 책, pp. 188-189.
6) 같은 책, pp. 189-190.

없다고 주장하게 되었다. 니버는 공산주의는 민족론을 가지고 있지 않은 것이 기본적 장점이라고 종전에는 주장했는데, 이제 와서는 민족 이론의 부재가 다른 국가들을 지배하려는 새로운 독재 정치로 등장하고 있으며, 동유럽의 방어로 만족하지 않고 그 세력을 유럽 전체로 확대하려 하고 있다고 니버는 역설했다. 니버는 전쟁을 피하는 길은 러시아를 너무 무서워하지 않는 것이라고 했다. 왜냐하면 러시아는 히틀러처럼 미국과 유럽을 겁줌으로써 계속 양보를 얻어내려고 하기 때문이라고 주장했다. Henry Luce는 이 글을 읽고 공감하여 Life에 실린 전문의 발췌문을 Time에 실었다. Reader's Digest는 그 글을 동지의 수백만 독자들이 읽게 게재했다. James Loeb는 '민주적활동유니온(UDA)'으로 하여금 500부의 카피를 영국의 정치적 지도자들에게 배포하게 했고, UDA의 David Dubinsky와 자유당(Liberal Party)은 CIO(Congress of Industrial Organization, 산업별노동조합회)의 회원들을 위해서 이 글의 카피 1000부를 배부했다. Life는 이 글의 부제를 "저명한 신학자가 미국은 흉악한 소련 독재 정치가 독일과 서유럽을 정복하는 것을 막아야 한다고 선언한다"라고 했다. 그렇지만 니버는 Life에 동논설이 발표된 1주일 후 그의 입장을 완화했다. 러시아에 대해서 단호한 입장을 취해야 하지만 그것만으로는 충분하지 않고 인내심을 가져야 하며, 히스테리와 과도하고 과장된 모든 전략적 조처 대신에 서유럽에 대대적인 경제 지원을 해야 한다고 니버는 주장했다.[7]

정치적 활동에 있어서는 니버는 그와 James Loeb가 이끌어오던 UDA의 확대 개편을 시도했다. 그는 Henry Wallace(루스벨트 대통령하의 부통령)의 대 러시아 유화 정책을 공격함으로써 자유주의 진영과 깊은 간격이 생겼고, UDA의 재정난을 해결하기 위해서 자금에 대해 접근성을 가지고 있는 인사들을 영입하기로 했다. 원래 UDA는 뉴욕 시에 근거를 두고 있는 지성인들과 노동조합 지도자들로 구성되어 있었다. 니버는 UDA의 의장으로서 1947년 1월에 새로운 조직을 위한 창립회의를 갖기로 정하고 50명에게 초청장을 발송했다. 같은 해 1월 4일에 50명의 진보적 인사가 130명으로 증가했기 때문에, 그들은 시간을 낭비하지 않고 '민주적

| 7) 같은 책, pp. 191-192.

행동을위한미국인들(Americans for Democratic Action 곧, ADA)'을 창립하기로 합의했다. ADA에는 주 러시아 대사를 지낸 Averell Harriman, 하버드의 역사교수 Arthur Schlesinger, Jr., 떠오르는 민주적 정치가인 Minneapolis 시 시장 Hubert Humprey, 그리고 워싱턴에 근거를 둔 전 뉴딜 정책 지지자들과 저명한 CIO의 지도자들, 저널리스트들이 가입했다. ADA는 UDA와 함께 공산주의자들이 회원이 되는 것을 거부했다.[8]

니버는 1947년의 봄 안식년 기간을 그가 1945년에 예일대학교 신학부에서 행한 "설교에 관한 라이먼 비처 강좌(Lyman Beecher Lectures On Preaching)"를 교정하는 데 사용했더라면 『신앙과 역사 Faith and History』를 완성하여 출판했을 것이다. 그러나 그는 유럽 강연 여행을 했다. 그는 스코틀랜드와 네덜란드를 여행했는데, 스위스의 바젤까지 가서 그의 신학적 앙숙 카를 바르트를 방문했다. 바르트는 두 사람이 서로 맹견처럼 탐색을 할 것인가, 아니면 서로 사납게 짖어댈 것인가, 그것도 아니면 찬란하게 빛나는 태양 아래에서 나란히 누워 있을 것인가를 결정하지 못하고 방문객을 기다렸다. 두 사람이 어떤 이야기를 나누었는지 알 수 없으나 바르트는 단순히 '좋은 대담'을 가졌다고 했다. 그는 분명 자신을 근본주의자라고 부르지 말라고 니버를 설득한 것 같다. 다른 한편, 니버는 글로 출판된 그의 유럽 여행 회고에서 바르트를 그의 추종자들을 사로잡고 있는 것같이 보이는 성서적 문자주의와 근본주의로부터 분리시켰다.[9]

Truman 대통령이 국회에서 Greece와 Turkey에 대한 4억 달러의 미국의 군사적, 경제적 긴급 원조를 발표했을 때 니버는 3월 12일 Amsterdam에 있었다. 트루먼 대통령은 영국과 미국의 민주주의가 러시아 공산주의의 위협을 받고 있으며, 소수의 무장 집단이나 외부로부터의 압력에 의한 의도된 정복에 저항하는 자유로운 국민을 돕는 것은 미국의 책임이라고 했다. ADA를 포함한 많은 진보주의자들이 트루먼의 동기를 의심했다. 그의 원조안이 UN을 거치지 않았으며 절망적으로 반동적인 정권을 지지했기 때문이다. 그렇지만 대륙의 사회주의자들과 러시아의

---

8) Reinhold Niebuhr, *Christianity and Power Politics*(New York: Charles Scribner's Sons, 1940).
9) Fox, *Reinhold Niebuhr*, p. 193.

유럽 지배를 두려워하는 민주주의자들과 매일 접하고 있는 니버는 적극적으로 이 원조안을 지지했다. 그는 문제가 되는 것은 이들 나라의 내부적 구조가 아니라 유럽의 평화이며, 그것은 공산주의의 사조가 유럽에 침투하면 보존될 수 없다고 생각했기 때문이다. 그는 동원조 정책이 미국이 유럽에 남아 있으려는 분명한 의도의 표시이며, 유럽이 그것의 상징적 중요성을 환영하는 것은 옳다고 했다. 그는 거듭하여 러시아의 위협은 군사력이 아니며, 러시아의 물결은 유럽의 경제가 고갈되고 절망한 시민들이 공산주의자들로 향하는 바로 그때 유럽으로 흘러들어 올 것이라고 강조했다. 니버는 전후 일관하여 '적극적 방어', 곧 유럽에 대한 관대한 무이자 차관 제공을 주장했다. 그는 그것이 서유럽의 경제를 구원할 뿐 아니라 미국의 경제를 건전하게 할 것이라고 주장했다. 국무장관 George Marshall도 같은 생각을 갖고 있었다. 니버의 글이 신문 지상에 발표된 직후 마샬은 그의 하버드대학교 졸업 연설에서 서유럽과 동유럽의 재건을 위한 거대한 경제 원조안을 제의했다. 니버는 정말 중요한 것은 프랑스와 독일이 공산화되는 것을 막는 것이라고 생각했다.[10]

니버의 적극적 방어는 경제 원조 외의 다른 한 가지 요소를 가지고 있었다. 미국의 겸손, 혹은 자기반성이다. 흔히 종교가 되어버린 미국의 자유론적 민주주의가 그 자유방임적 경제론을 원하지 않는 유럽 국가들에게 강요하지 말아야 한다고 니버는 생각했다. 그에 의하면, 미국은 자유방임이 유일한 종류의 자유가 아니라는 것을 배워야 하며, 미국인들의 이데올로기적 전통에 대한 겸손은 적극적 방어의 중요한 부분이다. 그는 냉전에서 예언자적 자기비판이 요청됨을 통찰했다. 그는 겸손이 힘이고, 자기반성이 有備라고 생각했다. 위기의 순간에 러시아의 독재 정치에 대한 비판의 강도를 높였을 때 러시아 제국은 악이고 미국 민주주의는 덕이라는 이분법적 단순성을 그는 거부했다. 니버는 세계를 영향권으로 분리하는 것을 수용했으며, 힘의 균형 논리가 UN에 기초를 둔 신연방주의적 세계 질서를 열망하는 자신과 같은 빛의 아들보다 현명하다고 생각했다.[11]

---

10) 같은 책, p. 194.
11) 같은 책, pp. 194-196.

그는 1948년 2월에 개최되었던 ADA 전국 대회에서 기조강연을 했는데, 미국의 허세에 대한 비판적 태도를 간직한 그의 반공 사상은 미국 진보주의자들의 커다란 호응을 얻었다. 그는 Roosevelt 부인의 소개로 1100명의 대표들에게 만찬 강연을 했는데, 그중 한 대표가 니버의 강연에 감동하여 강연 후 2주일이 지나서 Loeb에게 니버를 민주당 대통령 후보로 지명하기 위한 운동을 시작할 것을 편지로 제기했다. 그러나 Loeb는 자신도 니버가 살아 있는 미국인들 가운데 가장 위대한 인물 중의 한 사람이라고 생각하지만 그렇게 생각하는 다른 사람들이 충분히 많이 있으리라고 생각되지 않는다고 회신했다.[12]

같은 해 3월 8일자 Time의 표지에 니버의 사진이 게재되었다. Time의 그 호는 동지의 25주년 기념호였다. 그것은 니버가 미국 대통령이 될 수 있는 기회를 증대시키지는 못한 것 같으나 그를 미국의 지도적 신학자로서의 명성을 얻게 했다. 그의 사진이 Time 표지에 게재 된 뒤, 그의 『인간의 본성과 운명』은 40-80주 동안 주간 판매량이 2배로 증가했다.[13]

니버는 정치적 영역에서 눈부신 활동을 했던 것처럼 미국과 유럽의 기독교계에서도 활발하게 활동했다. 그는 세계교회협의회 산하의 '교회와사회의무질서에관한위원회(Commission on the Church and the Disorder of Society)'에서 주도적 역할을 수행했다. 동위원회는 1948년 여름에 Amsterdam에서 개최되었던 제1차 총회에서 기본적인 보고서를 발표한 바 있었다. 니버는 동협의회를 위해서 두 편의 준비 자료 논문(preparatory papers)을 썼으며 2회에 걸쳐 대회 강연을 했다. 니버의 입장은 여느 때처럼 미국의 이데올로기적 허세들(pretensions)과 교회의 사명을 좁게 복음의 설교에만 국한하는 유럽의 바르트주의자들의 암묵적 중립주의를 비판했다. 니버와 바르트는 1947년 바젤에서 만났을 때 화해했음에도 불구하고 암스테르담 대회는 두 거인의 대결 무대였다. 바르트는 니버를 포함한 자유주의자들이 복음을 일종의 '기독교적 마샬 플랜(Christian Marshall Plan)'과 선한 사회 구현을 위한 속세 운동으로 화한다고 비판했다. 그는 니버의 입장에 맞대응하여

---

12) Fox, *Reinhold Niebuhr*, p. 169.
13) 같은 책, p. 197.

교회의 책임은 사회적 재건이 아니라 회개라고 선언했다. 니버는 대회의 기조연설에서 회개가 요청되는 것은 사실이나 복음을 마치 역사가 시간과 계절을 가지고 있지 않는 것처럼 복음을 영원의 상 아래에서(sub specie aeternitatis) 설교하는 것은 잘못이라고 반격했다. 바르트의 신학은 히틀러가 교회를 직접 공격했을 때와 같은 위기의 시기에는 유익하지만 정의를 위한 민감한 투쟁의 시기에는 무력하다고 니버는 비판했다. 니버는 Nation에 적극적으로 그런 것은 아니지만 바르트주의자들을 '비스듬한 용공주의'라고 썼다.[14]

1948년 여름, 소련은 베를린을 봉쇄했다. 니버는 세계교회협의회에 참석한 철의 장막 뒤에서 온 많은 대표들을 포함한 모든 유럽의 나라들의 대표들과 논의했는데, 그들은 미국이 모든 대가를 지불하고 베를린을 지켜야 한다고 주장했다. 니버는 Life에 기고하여 러시아와의 전쟁을 피하려고 하면 도리어 전쟁을 해야 한다, 사실 러시아는 약하며 히틀러가 유럽 민주주의를 협박하여 성공을 거둔 것처럼 미국을 협박하여 후퇴하게 하려고 한다고 주장했다. 세계교회협의회에 참석한 대표들과 토론한 결과, 니버는 공산주의가 아프리카와 아시아에서는 득세하고 있지만 유럽에서는 사양하고 있다고 확신했다. 그가 속한 세계교회협의회 산하의 교회와 사회의무질서에관한위원회는 최종 보고서에 자본주의와 공산주의를 함께 비판했다. 니버는 거기에 동의했지만 공산주의의 역동적인 정의 추구가 드디어 평등을 위해서 자유를 희생하게 되는 쓰라린 경험으로부터 유럽이 배운 것을 제3세계의 대표들이 알지 못하고 귀국하게 되지 않을까 걱정했다. 그는 아시아와 아프리카의 크리스천들의 마르크스주의에 대한 공감이 비유럽 세계에서 공산주의의 대대적 승리를 증명하는 것이라고 생각했다.[15]

Loeb는 니버를 자유주의자 대통령 출마자들을 위한 선거 지원 운동에 나서게 하려고 애썼다. 사실, 역할 수행을 원하는 수없이 많은 요청이 니버에게 쇄도했다. 그렇지만 니버는 건강을 이유로 거절했다. 그는 Loeb에게 그의 정치적 활동을 뉴욕 시의 자유당(Liberal Party)을 위해서 할 수 있는 일을 하는 데 국한하는 것이 좋

---

14) 같은 책, pp. 197-198.
15) 같은 책, pp. 199-200.

겠다고 했다. 그는 『신앙과 역사Faith and History』를 완성하기를 간절히 원했음이 분명했다. 그는 강연을 거절하고 원고의 완성에 몰두했다. 원고는 크리스마스에 완성되었다. 그의 강연들이 그의 기퍼드 강의에 근거하고 있었던 것처럼 『신앙과 역사』 또한 그 강의의 해설에 근거를 두었다.[16]

---

16) 같은 책, p. 200.

3
『신앙과 역사*Faith and History*』 출간(1949)[17]
✣

　『신앙과 역사』는 1949년 여름에 출간되었는데, 반응은 광범한 냉담과 실망이었다. 그것은 구성이 빈약했으며 매우 반복적이었다. 평소 친했던 서평자마저 『인간의 본성과 운명』을 읽은 그 누구에게도 그것은 전혀 독창성이 없다고 지적했다. 그 저서는 저자의 신체적 피로와 지적 침체를 나타내는 것이었다. 어떤 서평자는 니버는 그 전에 말하지 않은 것을 단 한 가지도 말하지 않았으며 문제들을 깊이 사고하기보다 그가 만족하고 있는 진리들을 타인에게 확신시키려 하고 있다고 비판했다.

　이 저서에서 니버가 취한 입장은 그의 동생 리처드 니버가 가장 싫어한 것으로서 그것은 성급하게 판단을 내리는 것이었다. 리처드는 라인홀드를 마음 상하게 하는 말을 여간해서 하지 않았지만, 그의 학생이 그가 어째서 그의 형, 라인홀드처럼 책을 많이 쓰지 않느냐고 질문했을 때 화가 폭발하여 "나는 저술하기에 앞서 생각한다(I think before I write)"라고 했다. 니버는 이 저서에서 다른 저명한 학자들의 학설은 모두 틀렸다고 비판하고 자신만이 옳다고 주장했다. 뿐만 아니라 니버는 다른 학자들로부터 얻은 빚, 곧 혜택을 밝히지 않는 일이 적지 않게 있었다. 니버는 그의 기퍼드 강의를 준비하면서 Emil Brunner의 『반역의 인간*Man in Revolt*』(1938)의 어떤 아이디어들을 사용했는데, 그것을 개인적으로만 브루너에게 감사하고 다른 누구에게도 말하는 것을 꺼렸기 때문에 브루너는 니버에게 불쾌감을 나타냈다. 브루너는 "유럽 학자들인 우리는 독자들에게 우리의 사상의 근원을 알리는 것이 관습이다"라고 항의했다. 니버는 당장에 사과했다.[18]

---

17) Reinhold Niebuhr, *Faith and History*(New York: Charles Scribnes's Sons, 1949).
18) Fox, *Reinhold Niebuhr*, pp. 237-238.

그러면 이제 『신앙과 역사』의 내용을 요약하기로 한다. 요약 내용 중 괄호 안의 숫자는 Faith and History(Charles Scribner's Sons, 1949)의 페이지를 나타낸다.

서문

이 저서의 제목은 1945년 예일대학교 신학대학의 설교에 관한 라이먼 비처 강의(Lyman Beecher Lectures On Preach)에서 최초로 제시되었다. 그 강의들의 어떤 것들은 정리하여 스코틀랜드의 글래스고와 에버딘, 두 대학교의 "설교에 관한 워락 강의(Warrack Lectureship On Preaching)"의 기초로 사용되었다. 본서의 어떤 장들은 스웨덴의 웁살라대학교의 올라프페트리자단에서 행한 강의의 기초로 사용되었다. 본 서에는 이러한 강의들을 역사의 현대적 개념에 대한 기독교 신앙의 관계라는 전체의 문제에 대한 보다 포괄적인 연구 속에 통합했다

위의 두 강좌는 설교학을 다루게 되어 있었다. 나는 설교학의 기술에 관해서는 특별한 재능이 없기 때문에 나의 강의를 우리 시대의 독특한 정신적 풍토 속의 기독교 교단의 변증론적 과제의 정의를 위해서 이들의 강의를 사용하는 것이 현명하다고 판단했다. 나는 특히 19세기와 20세기 초의 지배적인 진화적 낙관주의가 쇠퇴과정에 있는 시기의 정신적 상황을 고찰하는 것이 적절하다고 생각했다. 본서는 그리스도의 복음이 모든 시대의 사람에게 진리이며 예수 그리스도는 어제도, 오늘도, 내일도 진리라는 신앙에 근거하여 저술했다. 그렇지만 교단의 임무는 초시대적 복음을 각 시대의 특정한 문제들과 관계시키는 것이다. 그리고 거기에는 각 시대 특유의 편견에 항복하는 유혹이 있다.

복음의 설교는 과거의 이들의 유혹에서 벗어날 수가 없다. 현대의 세속적 문화가 만들어낸 기독교 신앙의 대안은 역사 자체가 그리스도라는 것, 곧 역사적 발전이 구원이라는 것이다. 전형적인 현대 신학은 너무나 쉽사리 이러한 세속적 구원의 구도에 순응하고 말았다. 그러나 현대인의 경험은 역사 자체의 구원적 성격에 대한 현대적 신앙을 거부했다. 이러한 거부는 성경에서 제시한 기독교적 신앙에게 새로운 타당성을 부여했다. 우리 시대에 있어서는 역사를 통한 구원을 믿었던 문화의 자기만족이 지금 절망의 직전에 있다는 점을 이해하는 것이 중요하다.

제I장 진보를 통한 구원의 이념에 대한 작금의 거부(The Current Refutation of the Idea of Redemption Through Progress)

제I절

20세기의 인류는 과거 어느 때보다도 심각하고 복잡한 어려움에 직면하여 당혹감을 금할 수 없는데, 그런 상황을 과거 두 세기를 지배했던 낙관적인 부드러운 환상을 가지고 대처해야 한다는 데 문제의 심각성이 있다. 인류에게 구원을 주는 것으로 생각되었던 모든 기술적 발전은 과거의 어려움의 새로운 측면의 원인 내지 적어도 계기에 해당한다.(p. 1) 현대인에게는 역사의 발전이 구원의 과정이다.(p. 2) 역사가 구원의 과정이라는 개념은 현대 문화 속에서 다양하게 나타났다. 이와 같은 개념은 Herder, Kant, Hegel, J. S. Mill의 역사적 낙관주의에서 표출되었으며, Herbert Spencer와 John Dewey에서 찾아볼 수 있다. 심지어 Karl Marx도 근본적으로는 구원의 역사의 현대적 개념의 예외가 아니었다.(p. 3) 낙관주의적 역사관에 관한 한 마르크스주의자와 부르주아는 궁극적 유사성을 보인다.(p. 4) H. G. Wells의 『역사개관Outline of History』에서 역사적 과정은 민주화와 인류 공동체의 보편화로 향해서 움직이고 있는 것으로 이해된다.(p. 4) 낙관적 역사관은 Darwin의 적자생존의 진화론에서도 나타난다.(p. 5) Bergson은 이성을 믿지 않지만 그 역시 인간을 특정한 충성으로부터 보편적 충성으로 높이는 신비적 능력의 성장에 대한 확신을 가지고 있었다. Schopenhauer와 Nietzsche의 경우와 같이 비관주의의 분출도 있었지만 현대 문화의 합창은 놀라운 조화를 가지고 새로운 희망의 노래를 불렀다.(p. 6)

제II절

19세기는 '희망의 세기(the century of hope)' 였는데, 그것에 이어서 참화가 도래했다. 1914년 이래 비극적 사태가 계속 일어나서 역사가 현대인의 허황된 환상을 거부하기로 작심한 것같이 보인다.(pp. 6-7) 인간의 새로운 자유는 새로운 약속뿐 아니라 새로운 위험을 낳는다. 현대 산업사회는 낡은 형태의 정치적 권위주의를 타파했지만 보다 잔인하고 곤혹스러운 독재를 초래했다. 산업사회의 불평등은 농업사회의 불평등보다 심하고, 부르주아 사회의 발전은 개인의 자유를 성취했지만 그것은 대중 속에 상실되었으며 선동 정치가와 협잡꾼의 희생물이 되었고, 그들은 개인의 불안과 증오심을 악마적인 무서운 집단적 정치 권력으로 바꾸고 말았다.(p. 7) 현대인의 이러한 사태는 바로 "하늘에 계신 자가 웃으심이요, 주께서 저희를 비웃으시리라"(시편 2: 4)는 성경 구절에 해당한다.(p. 8) 역사는 행복과 완성을 향한 방해받지 않는 상승적 발전 과정이 아니라 '나선형의(spiral)' 발전이다.(p. 9) '문화적 지체(cultural lag)'는 사회적 지혜가 기술적 발전에 보조를 맞추지 못함을 의미하는 것으로서, 그 개념은 문화와 사회적 기구 사이의 불량 적응, 혹은 한 시대의 경제적, 정치적 장치와 정치적 형태 사이의 불량 적응을 설명하는 데는 적합하다. 역사적 악의 가장 가능성 있는 원인들 중 하나는 과거의 관습과 기구를 새로운 상황에 맞추지 못하는 것이다. 예컨대, 유목사회에서 발달된 정치적 기구를 농경사회에서 그대로 고집스럽게 유지하려고 하고, 농업사회의 정치적 기구를 산업사회에서 유지하려고 한다. Dewey의 문화적 지체 이론은 문화적 지체가 자연과학의 특성인 객관성과 공정성을 사회과학이 성취하지 못하기 때문에 생긴다고 하지만, 이런 생각은 자연에 대한 인간의 지식과 정복이 인간 본성의 지식과 정복에 필요한 지식과 기술도 발전시킨다는 잘못된 생각을 나타내는 것이다.(p. 11) 본 저서의 목적은 인간의 역사에 대한 현대의 잘못된 개념의 뿌리를 밝히는 것이요, 너무 조급하게 버렸던 인간의 운명에 대한 과거의 대답을 회복하는 것이다.(p. 13)

제II장 현대적 역사 개념의 역사(The History of the Modern Conception of History)

제I절

현대의 무질서의 핵심 원인은 깨어서 자고 있는(waking-sleeping) 동양 문명보다는 서구 문명이 인류 역사의 드라마에 대해서 가지고 있는 보다 긍정적 태도에 있다. 이 같은 긍정적 태도는 지난 두 세기 동안 역사의 발전에 대한 우상적 확신으로 바뀌었다.(p. 14) 인간 역사의 본질에 관한 곤혹스러운 문제에 대한 세 가지 접근이 있다: (a) 그리스적 고전적 접근으로서, 이것은 역사를 자연의 세계와 동일시하고, 인간의 변하지 않는 이성을 변화하는 현세로부터 해방하기를 추구한다. (b) 성서적, 기독교적 접근으로서, 이것은 인간의 역사적 존재를 의미 있고 신비롭게 보며, 인간의 자유를 선과 악의 근원으로 본다. (c) 현대적 접근으로서, 이것은 인간의 힘과 자유를 모든 인간 문제의 해결로 보며 모든 인간적 악으로부터의 해방으로 본다.(pp. 14-15) 이 세 가지 접근은 서로 중요한 관계를 가지고 있다. 서구 문명의 역동성은 비역사적 고전 문화에 대한 성서적, 기독교적 역사 의식의 승리에 의해서 가능하게 되었다. 이러한 역동성이 예견하지 못했던 참회를 가져온 것은 성서적, 기독교적 역사관에 대한 현대적 역사관의 승리 때문이다. 왜냐하면 기독교적 인생관과 역사관은 인간의 자유가 창조성과 동시에 파괴성을 가지고 있다고 보지만, 현대적 인생관과 역사관은 인간적 자유의 확대에 대해 무비판적인 확신을 가지고 있기 때문이다.(p. 15)

제II절

Plato, Aristotle, Stoa가 발전시킨 고전 문화는 현세를 부정하는 비역사적 정신의 역사관이다. 브라만교와 신비주의처럼 말이다. 이러한 접근들의 공통된 특성은 인간의 본성의 영원하고 신성한 요소를 변화하고 일시적인 시간의 흐름의 세계로부터 해방시키는 것이다.(p. 16) 동양과 서양의 고전 사상에서는 현실 세계는 끝없는 반복의 순환(cycle)으로 이해되었다.(p. 16) 이렇게 역사의 세계를 자연의 순환과 동일시하는 것은 인간이 자연적 충동과 함께 가지고 있는 자유를 무시하거나 모호하게 한다.(pp. 16-17) 모든 인간적 행동과 모든 역사적 구체성과 구현 속에는 자유와 필연이 포함되어 있다. 이와 같은 자유와 필연의 혼합이 역사의 영역이 의미와 애매성의 성격을 갖게 하며 완전하지 않고 부분적인 지성을 특성으로 갖게 한다.(p. 18) 역사는 '기억(memory)'에 의한 과거 사건들의 기록이다. 서구 사상에서 기억의 중요성을 처음으로 발견한 것은 Augustine이다.(p. 18) '기억'의 쌍둥이는 '선견(foresight)'으로서, 그것은 시간적 사건의 흐름을 초월하여 미래를 내다보는 능력이다. 현재는 지금 이미 없는 과거와 아직 없는 미래 사이의 극히 작은 점이다.(p. 19)

이렇게 해서 역사를 구성하는 복잡한 사건들은 운명과 자유의 어지러운 혼동에 다름 아닌데, 그것은 논리적, 자연적 일관성과 맞지 않는다. 그러한 사건들은 논리에 의해서가 아니라 기억에 의한 통합으로 이해된다. 이렇게 해서 기억은 역사적 현실의 구성에서 가장 결정적인 인간적 자유의 한 측면이 된다.(p. 20)

제III절

역사적 순환에 대한 고전적 이론이 역사 속에서 나타나는 끝없는 새로운 상황과 생명력을 창조적으로 다루는 것이 불가능하게 될 때 성서적, 기독교적인 역사적 정신이 고전주의에 대해서 승리를 거두었다.(pp. 20-21) 기독교적 신앙은 그리스도의 삶과 죽음과 부활이 역사 속의 사건이며, 그것에 있어서 그리고 그것을 통해서 역사적 의미 전체가 드러났다는 사실에 대한 긍정에서 시작하여 그것에 근거를 두고 있다.(p. 26) 이러한 계시의 입장에 의한 역사 해석은 악의 현실에 대한 완전한 이해를 하게 한다.(p. 27) 궁극적으로 볼 때, 역사의 드라마는 모든 인간들이 그들의 삶을 역사의 의미의 중심으로 만들려고 하여 신을 부인하려고 하기 때문에 신과 모든 인간 사이의 경쟁으로 구성되어 있다.(p. 27) 이렇게 인간이 자기를 역사의 의미의 중심으로 삼으려는 것, 다시 말해서 인간이 그의 자유의 상대적 초월성을 절대화하는 것이 곧 죄요, 악의 근원이다. 신에 대한 숭배는 인간의 삶 속에 있는 이 같은 악의 부패를 폭로하는 것을 포함하고 있다. 죄는 자연의 태만(sloth)에 있지 않고 적이나 경쟁자의 결함에도 있지 않다. 악은 인간 자신 속에 있으며 우리의 삶에 도전하는 적 속에만 있지 않다. 성서적 신앙은 이러한 악을 인간의 정신의 보편적 부패로 해석하며, 그것을 아담의 범죄로 상징화했다.(p. 26)

현대 문명은 이런 악의 개념을 부정한다. 현대적 역사 이해에 의하면, 자연과 역사에서는 성장과 발전이 지배한다. 이렇게 세계를 움직이고, 성장하고, 발전하는 것으로 보는 새로운 역사관은 삶의 모든 어려운 문제를 풀고 모든 악으로부터의 해방을 약속한다.(p. 30) 현대의 역사관은 역사를 원시적 혼란(chaos)에 대한 합리적 질서(order)의 최종적 승리로 향해서 움직이는 운동으로 본다.(p. 30) 현대의 경험은 이와 같은 역사 해석과는 너무나 모순된다. 이 책의 목적은 이러한 사실에 비추어 기독교적 역사 해석을 제시하는 것이다.(pp. 30-31) 이러한 기독교적 역사관을 바로 이해하고 살리기 위해서 기독교의 잘못된 입장들의 잘못을 시정하는 것이 요청된다.

첫째, 현대의 자유주의적, 혹은 발전적 기독교 신앙은 전통적인 성서적, 기독교적 죄론에 당혹감을 느낀다. 성서적, 기독교적 죄론에 의하면 부패는 인간이 그의 피조물적 존재의 한계성을 지키려고 하지 않는 시점에서 발생한다.(p. 31) 현대적 형태의 기독교 변증론은 역사를 통한 구원의 현대적 아이디어에 일치하지 않는 기독교 신앙의 의미가 가지고 있는 모든 깊이와 독자적 통찰을 거부했다.(p. 32)

둘째, 위축된 기독교 정통의 잘못들에 도전하는 것이 중요하다. 기독교 정통의 신학적 반계몽주의는 기독교적 심벌들이 가지고 있는 영원한 타당성을 가진 깊이를 그러한 심벌들이 표현된 과학 이전의 형태와 동일시한다.(p. 33)

셋째, 신학적 문자주의(literalism)는 기독교 신앙의 어려운 종말론적 심벌들을 부패시킨다. 그러한 심벌들이 시간 속의 특정한 끝을 말하는 것으로 이해되면 종말론적 심벌의 참된 뜻은 상실된다. 그러한 심벌은 삶의 의미를 가지고 있는 역사적 발전의 한계와 완성을 나타내는 것이다.(p. 33) 마찬가지로 인간의 '타락(fall)'과 같은 상징적인 역사적 사건도 문자대로 역사(literal history)로 취해질 때 그 진의를 상실한다. 그것은 인간적 자유의 필연적이지만 자연적이 아닌 부패를 심벌화한 것이다.(p. 33)

절망의 언저리에 있는 오늘날의 세계는 다시 복음의 메시지를 듣고 모든 상황에서, 특히 오늘의 상황에서 인간을 위한 복음의 구원의 힘을 이해해야 한다.(p. 34)

제Ⅲ장 역사의 무대로서의 시간(Time as the Stage of History)
제Ⅰ절

본 장에서는 현대적 역사 이념을 형성하는 시간 개념을 탐구하고, 그것을 고전적 시간 개념 및 기독교적 시간 개념과 비교한다. 먼저 그 내용을 요약하면 다음과 같다. 고전적 문화에서는 시간도 역사도 자명하지 않다. 시간은 변하지 않는 형상의 세계와 관계될 때 지적으로 이해할 수 있게 된다. 그리고 역사는 자연적 시간과 무조건 동일시될 때 지적으로 이해할 수 있게 된다. 현대 문명에서는 시간도 역사도 자명하다. 시간과 역사는 생에 의미를 부여하는 설명의 원리이다. 현대 문화와 고전 문화 사이의 공통적 믿음은 양자가 공히 시간과 역사를 지적으로 이해할 수 있다고 생각하는 것이요, 다른 점은 현대 문화는 시간과 역사가 자명하다고 생각하는 데 대해서 고전문화는 변하지 않는 세계와의 관계에서라야 지적으로 이해할 수 있게 된다.(p. 37) 기독교 신앙은 시간과 역사를 자명하게 보지 않는다. 신의 섭리의 신비(mystery)가 역사에 의미를 부여하고 창조의 신비가 시간에 의미를 부여한다. 기독교 신앙에서는 시간과 역사가 그것들 자신들을 넘어서 의미의 보다 궁극적 근원으로 향한다.(pp. 37-38)

제Ⅱ절

시간과 역사에 대한 고전적 세계의 접근은 삶의 신비를 합리적 이해 가능성으로 만들려는 심오한 형이상학적 충동에 의해서 결정된다.(p. 38) 고전 문화에서는 생성의 세계는 변함없는 재기의 순환을 통해 불변의 세계에 관여하는 한 이해할 수 있고 참되다.(p. 38) 그리스적 사상을 Bergson은 고대인들에게 "시간은 이론적으로 볼 때 별로 의미가 없다. 왜냐하면 시간의 지속은 본질의 타락을 나타내는 것에 지나지 않기 때문이다"라고 했다.(p. 38) 이런 사상이 기독교적 비관주의와 결합하여 후기 중세에서 역사 해석의 원리가 되었다.(p. 39) 불변의 세계에 대한 관여를 통한 변화하는 세계의 합리적 이해 가능성의 사상은 우주가 신의 선을 밝히기 위해서 강화된다. 이렇게 해서 현실적 사물들의 비합리성은 완전히 극복되고, 모든 것은 합리적으로 이해할 수 있는 영역이 된다.(p. 39) 그리스 사상에서는 *Nous*, 혹은 *Logos*가 Chaos를 질서화하고 형성되지 않은 물질, 곧 *Hyle*(質料)는 그 자체로서는 그 근원을 알 수 없다. 그렇게 단순하게 지적으로 알 수 있는 세계에서는 과거에서 미래로 추진하는 힘의 역동성의 비밀이 모호하게 된다. 그리스적 재기의 순환으로서의 시간 개념에서는 세계 속의 새로운 것의 출현이 없다.(p. 40)

제III절

고전적 시간 개념을 타파한 것은 현대 과학이 아니라 기독교 신앙이다.(p. 41) 먼저 시간에 대한 현대적 견해부터 잠간 고찰하기로 한다. 고전 시대와 현대의 시간 개념은 시간의 과정을 합리적으로 이해할 수 있게 하지만 성서적 신앙은 그것을 창조의 신비의 입장에서 이해한다. 고전 사상에서는 시간의 과정을 영원한 세계와의 관계에서 이해했다. 현대에 와서 이것은 보다 자명해졌다. 현대 사상에서는 시간의 지속은 Bergson의 말대로, 형태들의 발명이요, 창조이며, 절대적으로 새로운 것의 계속적 작성이다(p. 41). 자연과학은 돌연변이를 발견했으며, 시간의 과정은 인과관계에 의해서 새로 일어날 것을 충분히 설명할 수 있다는 의미에서 자명하다.(p. 42) 현대 사상에서는 시간이 신이고 역사적 과정에 의미를 부여하는 성장(growth)은 이성의 성장이며, 이것은 모든 모순을 극복하기 때문에 악의 신비는 사라진다.(p. 44) 시간적 과정의 끝은 Chaos에 대한 Nous의 지배이다. 이러한 시간적 과정 자체를 S. Alexander는 그의 저서 『공간, 시간, 그리고 신성Space, Time and Deity』에서 참된 신이라고 했다.(p. 44) Andre Gide도 같은 사상을 가지고 있었다. 그는 다음과 같이 말했다. "만일 내가 신조를 형성한다면 나는 이렇게 말할 것이다. 즉, 신은 우리들 뒤에 있지 않고 앞으로 올 것이다. 우리는 신을 시작에서가 아니라 진화의 끝에서 찾지 않으면 안 된다. 신은 끝이지 시작이 아니다. 신은 시간 속에서 모든 자연이 향하고 있는 최고의 최종점이다."(p. 45) 시간적 과정이, 거기에 대한 현대 문명의 다양한 해석에도 불구하고, 인간 존재에게 의미를 부여한다는 확신에서는 공통된다. 이러한 시간적 과정은 과학적으로가 아니라 신비롭게 이해되어야 할 신비이다.(p. 45)

제IV절

신에 의한 세계 창조의 성서적 이념에서는 신비가 강조된다. 그것은 신비가 의미 속에 침입한다는 현실의 깊이에 주의를 환기시킨다. 그것은 시간적 과정을 자명하거나 자기성취적인 것으로 보는 것이 아니라 자연적 인과관계 속에서, 또는 그것을 초월하여 창조의 신비의 깊이를 인정한다.(p. 47) 기독교적 입장은 정신과

*Logos*를 초월하는 창조의 신비를 알기 때문에 정신을 설익게 신격화하지 않는다. 그렇기 때문에 기독교적 입장은 악의 근원이 열정이나 신체, 혹은 물질의 필연성과 제한성에 있다고 보는 고전적, 현대적 잘못을 피할 수 있다. 이러한 차이는 역사적 악의 근원 분석에서 매우 중요하다. 고전과 현대의 문화는 악을 유한성과 동일시하고, 현대 문화는 합리적 자유의 확대가 점차 역사적 악을 극복한다는 잘못된 믿음을 가지고 있다. 신학적 반계몽주의는 인과율 영역에 있어서 현대 과학의 의심의 여지없는 발견을 거부하기 위해서 성경의 창조 이념을 사용했고, 신학적 진보주의는 신을 진화 과정과 동일시한다.(p. 47)

기독교 신학은 궁극적으로는 무로부터의(*ex nihilo*) 세계 창조의 이념을 형성한다. 신이 세계를 무로부터 창조했다는 주장은 근원의 신비를 다루는 데 있어서 합리성의 한계에 대한 관심을 환기시키는 논리적으로 모순된 개념이다. 그러나 이 개념은 특정한 사건들에 대한 설명들이 항상 있지만 시간적 과정은 자명하지 않다는 뜻을 포함하고 있다. 이것은 인간도 세계도 그것들 자신 속에 근원과 의미를 가질 수 없다는 것을 뜻한다.(p. 48)

제V절

신비의 영역이 가지는 중요성이 과학 시대에서는 불신을 받게 되었다.(p. 51) 신비를 이해하기 위해서는 최고의 지혜(the highest wisdom)가 필요한데, 그러한 지혜를 위해서는 성숙의 지적 세련(sophistication)으로부터 어린아이의 순진성(naivete)으로 돌아갈 필요가 있다.(p. 51) 현대 과학의 지적 세련은 구체적인 것에 대한 분석에 사로잡혀서 삶의 궁극적 문제를 망각하고, 궁극적 문제들에 대해 얕은 답을 준다.(p. 53) 그렇기 때문에 철학으로부터 과학으로 가는 운동에 제동을 걸고 과학으로부터 철학으로 가는 운동이 요청된다. 이렇게 해서 철학은 삶의 궁극적 문제들에 접근하고, 인간 존재의 궁극적 애매성을 극복할 수 없다는 것을 발견한다. 철학은 신비의 영역이 의미의 영역의 완성인 동시에 부정이라는 것을 인정하며, 신앙의 기능이 이성의 완성과 부정이라는 것을 인정한다.(pp. 53-54) 인간 지식의 한계와 인간적 힘의 한계를 아는 것이 겸손의 지혜인 것이다.(p. 54)

제IV장 역사 속의 의미의 고전적, 현대적 이념들 사이의 유사성과 상이성(Similarities and Differences between Classical and Modern Ideas of Meaning in History)

제I절

역사는 자연적인 것과 정신적인 것의 복잡한 통합이다. 그래서 역사는 인간의 피조물성과 자유를 나타낸다.(p. 55) 역사는 원인과 결과, 일관성과 구조로 구성되어 있는데, 그러한 것들은 의미 있는 것으로 쉽게 이해될 수 없다. 그러한 것들은 의미의 단순한 패턴에 맞추기에는 너무나 다양하고 독자적이기 때문이다.(p. 56) 그렇다면 어디에서 개인의 삶과 인간의 역사적 과업 전체의 의미의 센터(center)를 발견할 것인가? 인간이 시간과 역사의 흐름 속에 포함되어 있는 한 역사의 흐름은 그 속에 포함되어 있는 피조물인 인간이 알 수 있는 의미와는 다른 의미를 가지고 있지 않으면 안 된다. 의미의 센터에 대한 이해는 종교적 신앙을 통해서만 가능하다. 종족의 역사에 대한 원시적인 토템 해석은 종족의 삶의 흐름을 초월하는 의미의 보다 절대적인 센터와 관계시킨다. 성서적 신앙은 그것을 최종적인 보편적 표현으로 완성시킨다. 이처럼 인간의 역사적 존재는 종교적 신앙 없이는 의미를 가질 수 없다.(p. 57) 고전적 사상은 역사를 초월하는 합리적 이해 가능성의 긍정을 통해서 삶에 의미를 부여했고, 현대적 사상은 역사 자체를 합리적 이해 가능성으로 주장했다. 이 두 가지 중에서 현대 사상은 역사의 긍정적 의미를 발견하고 역사와 자연에서 새로운 것의 출현을 정당하게 다룰 수 있다는 점에서 고전 사상보다 우세하다. 그러나 현대 사상은 역사적 성장을 악으로부터의 구원과 동일시한다. 역사를 합리적 이해 가능성으로 보는 것은 다양한 생명력들과 역사의 구현들, 자유의 부패라는 삶의 비극적 안티노미를 정당하게 다루지 못한다.(p. 58)

제II절

고전적 사상은 생성 소멸의 현상계를 본체계보다 열등한 세계로 보기 때문에 역사적 영역에 대해서 부정적 태도를 취한다. 그렇지만 인간의 개인적 삶과 집단적 삶의 비합리적 질료를 이성의 지배 아래에 두려고 함으로써 삶을 우주적 질서와 일치시키려고 하는 데 있어서 긍정적 태도를 취한다.(p. 58) 이런 점에서는 성서적 사상과 공통점을 가지고 있으나, 기독교는 역사적 질료를 변혁하는 데 대해서 고전 사상의 타계주의는 역사의 조건을 부정한다.(p. 59) 이러한 현세 부정적 사상은 혼과 육신을 엄밀하게 구별하는 Plato의 이원론에 더욱 적극적으로 나타난다.(p. 60) 이 문제를 논하면서 니버는 Plato의 *Phaedo*편에 나오는 구절을 인용했는데, 그 속에는 "혼은… 사실 항상 죽음의 연습을 한다. 왜냐하면 철학은 죽음의 연구가 아닌가?(The soul… has in fact always been engaged in the practice of dying. For is not the philosophy the study of death?)"라는 유명한 구절이 있다.(p. 60, 각주 3) Arostotle은 정치가가 일시적이고 특정된 대상을 다루는 실천적 지혜(practical wisdom)와 과학적 지식과 결합된 순수한 직관적 이성으로서의 순수 지혜(pure wisdom)를 구별함으로써 역사적인 것에 대한 보다 적극적인 긍정적 태도를 표명했다.(pp. 60-61) Aristotle은 그의 『정치학*Politics*』에서 Polis는 질서와 정의의 근원 바로 그것이며, 그것 없이는 인간은 "가장 성스럽지 못하며 동물적 야만이다"라고 했다. 이렇게 해서 그에게는 역사적 기구들과 구성들은 우주적 질서의 일시적인 근사적 실현, 곧 변화 속의 영원한 것의 성취였다.(p. 61) 그렇지만 결국에 가서는 Plato도 Aristotle도 역사적인 것에 대한 긍정적 태도를 초월한다. Aristotle에 의하면, 정치적 및 군사적 활동은 고상하고 위대하지만 그것은 목적을 가지면 그 자체가 목적이 아니다. 이와 달리, 이성의 활동은 명상으로서 가치에서 보다 높고 그 자체를 넘어서는 목적이 없다. 순수한 존재에 대한 명상은 변화하는 세계의 합리적 조직화보다 더욱 높은 덕을 가지고 있다.(pp. 62-63) Aristotle의 이러한 사상은 고전 사상의 특색인 역사적 영역의 거부를 나타내는 것이다.(p. 62) 스토아 사상도 사소한 차이는 있지만 역시 현세에 대해서 부정적이다.(p. 63)

제III절

기독교 신앙은 고전적 세계에 도전했고 그것을 압도했다.(p. 65) Augustine은 시간과 역사의 순환론을 경멸하고 거부했다.(p. 65) 시간과 역사에 대한 어거스틴의 기독교적 개념에 관해서는 뒤에 가서 충분히 고찰할 것이다. 기독교 사상에서는 시간이 순환적으로가 아니라 직선적으로 움직인다. 현대 문화는 역사의 발전을 믿는다. 성장하는 삶의 의미를 완성하며 삶의 병과 잘못을 구원한다고 믿는 망상을 가지고 있다. 그런 망상은 두 가지 잘못된 근거를 가지고 있다. 하나는 인간의 자유와 힘의 성장을 과장했다는 사실이고, 다른 하나는 자유를 덕과 동일시했다는 사실이다.(p. 69)

제V장 발전적 역사관의 자유에 대한 과대 평가(The Extravagant Estimates of Freedom in the Progressive View of History)

제I절

인간은 그가 아무리 발전을 이룩해도 여전히 피조물임을 면하지 못한다. 그러나 현대 문화에서는 인간의 힘과 자유의 눈부신 증대가 인간으로 하여금 그의 제한성을 부정하고 부인하는 경향으로 흐르게 했다. 이것이 현대 문명의 오만(hybris)이다.(p. 70) 인간의 가능성에 대해서 어떤 제한을 설정할 수 없다는 의미에서 인간의 힘은 제한이 없다. 그러나 개인적 삶도 집단적 삶도 죽을 수밖에 없다는 의미에서 제한성을 가지고 있다.(p. 71) 인간의 제한성을 네 가지 범주로 나누어서 생각할 수 있다. 첫째, 인간이 자연의 자원을 개척하고 자연의 힘을 사용하는 능력의 한계이다. 특히 인간은 시간과 공간을 정복하여 여행을 하는 속도의 제한을 받는다.(p. 71) 둘째, 종교, 철학, 예술 및 사회적 조직을 포함하는 문화를 발전시키는 인간의 능력의 제한성이다. 타이프라이터의 발달이 문장과 시 창작의 질을 높이지 못하며, 예술의 도구가 과학적 도구처럼 발달하지 못한다.(p. 72) 셋째, 인간의 선천적인 합리적 능력 발달의 제한성이다. 인간의 합리적 능력은 다양하게 발달되지만 그것이 인간의 정신의 무한한 발달 가능성을 나타내는 것은 아니다.(pp. 73-74) 넷째, 인간의 자연적 측면이다. 남녀의 성적 구별, 언어와 인종의 구별은 완전히 극복될 수 없는 자연적 특수성이다. 인간의 자연적 특성의 절정은 죽음이다.(pp. 75-77)

제II절

인간의 자유 신장이 처음에는 인간을 자연의 필연성으로부터 해방했는데, 마침내 인간을 역사적 운명의 지배자로 만들었다.(p. 79) 현대적 발전 사관에 결정론적 견해와 主意論的 견해가 있다. 진화론적 견해는 Herbert Spencer의 경우처럼, 자연적 진화에 따라서 인간의 문화가 점차 높은 수준에 도달한다고 보았다. 이것은 역사와 문화를 자연의 과정에 의해서 결정되는 것으로 보는 것이다.(pp. 79-80) 주의론적 견해에 의하면, 역사는 역사를 초월하는 자유의 확대에 의해서 추진되는 것으로서 신의 영역에 대해서 승리를 거두는 것이다.(p. 80) 그러나 이러한 사상은 자연의 정복이 더욱 복잡하고 보다 큰 역사적 패턴을 생산하고, 그것이 인간의 의지를 축소하고 인간의 결정을 좌절시킨다는 사실을 모호하게 한다.(pp. 82-83) 공산주의자도 부르주아 진보주의자도 세계 구원의 신조를 가지고 있다. 두 가지 신조 모두 인간이 역사적 운명의 주인이 될 수 있다고 생각한다. 공산주의자들은 부르주아 계급의 특정한 이익을 유지하는 사회의 합리화를 사라지게 할 수 있다고 생각한다. 이렇게 특정한 이익의 합리화를 특정한 사회 조직의 형태의 산물로 보고 그것을 파괴함으로써 극복할 수 있다고 생각하는 것은 잘못이다. 자유주의 세계는 과학적 방법의 점진적 확대에 의해서 역사적 운명의 주인이 될 수 있다고 생각하지만, 그런 단순한 생각이 추구하는 객관성과 공정성이 인간 존재의 궁극적 문제와 절망을 나타낸다는 것을 모른다.(p. 84) 의미의 역사적 패턴은 공산주의자나 자유주의자가 역사적 과정에 대해서 생각하는 것보다 복잡하다. 인간을 역사적 운명의 주인공으로 보고 역사적 과정을 구원으로 보는 것은 인간의 자유를 과대평가하는 오만(Hybris)이며, 이것을 기독교 사상은 죄의 뿌리로 본다.(p. 85)

제III절

현대 사상은 일반적으로 종교를 무력성(impotence)의 표현이라고 믿지만, 이것은 인간의 힘을 무제한하다고 믿는 과장된 생각이다.(p. 85) 현대 사상은 종교를 거부하는데 이것은 인간 존재의 궁극적인 차원을 무시하거나 거부하는 것이다.(pp. 85-88)

제Ⅵ장 현대적 역사관의 자유와 덕의 동일시(The Identification of Freedom and Virtue in Modern Views of History)

제Ⅰ절

인간의 상황에 대한 가장 현대적 해석은 자유와 덕에 대한 평가에서 역사적 발전에 대한 평가에 못지않은 심각한 잘못을 범했다. 현대 합리주의는 합리적 능력의 발전 그 자체가 악으로부터의 점진적 해방의 과정이라는 결론을 내리는 경향이 있다. 개인적, 집단적 이기주의를 인간의 합리적 능력 속에 있는 도덕적 힘에 의해서 지배할 수 있는 미개한 무지의 결과라고 생각한다. 즉, 이성과 덕을 동일시한다.(p. 89) 자유의 신장을 덕의 신장과 동일시하는 이와 같은 잘못의 원인은 우리 시대의 역사 평가의 오류에 있다. 이러한 입장은 힘의 증대가 악의 증대를 발생시킨다는 사실을 예상하지 못했고 이해하지 못했다.(p. 90) 현대 합리주의는 기술의 발전과 합리적 심오성을 동일시하며, 자연의 정복을 인간성의 비합리적 요소를 통제할 수 있는 인간의 능력의 증거로 본다.(p. 90)

현대는 통일되고 통합된 인간적 자아(human self)를 상실했다. 즉, 참된 자아(the real self)를 지적 자아(an intelligible self)와 감성적 자아(a sensible self)로 나누었다. 전자는 순수한 정신이고, 후자는 신체적 충동의 集塊인데 이것을 Freud는 'id'라고 불렀다.(pp. 90-91) 이러한 인간에 대한 이해는 불안과 공포, 희망과 야망을 가진 참된 자아를 잊어버린다. 참된 자아는 자연 속에는 없는 반항(recalcitrance)의 독특한 힘을 가지고 있다.(p. 91) 이 같은 참된 자아를 아는 것은 우리 시대의 문화의 이론적 학문 분야가 아니라 일반적인 상식(common-sense)에 속한다.(p. 91) 인류의 상식적 지혜(common-sense wisdom)는 집단적 행동 속에 있는 이기적 이익의 반항적 힘을 더 잘 알고 있다.(p. 91) George Washington은 국가란 스스로의 이익을 넘어서는 믿을 수 없는 것이라고 했다.(p. 92)

제Ⅱ절

자아를 합리적 자아와 자연적 자아, 혹은 지적 자아와 감성적 자아로 구분하는 것은 인간적 덕에 대한 잘못된 평가를 하게 만든다. 초월적 통일성과 성실성을 가진 참된 자아는 악, 특히 이기적 추구의 악에 말려든다.(p. 93) 당장의 환경보다 더 넓은 세계를 보는 자아의 능력은 특정한 이익들 간의 보편적 조화의 수립에 앞서 제국주의 대두의 계기가 된다.(p. 94) 인간은 두 가지 측면에서 다른 피조물과 다르다. 하나는 인간의 자유는 자연의 생존적 충동을 보다 창조적이고 파괴적으로 만들고, 일차원적인 자연적 생존 충동보다 더욱 교활하고 포괄적 형태의 이기적 추구를 한다. 다른 하나는 자아 보전보다 큰 선을 보게 하며, 보다 포괄적인 의무에 대해서 책임을 질 수 있고, 일관성 있는 책임을 지지 못한 데 대한 죄책감을 느낀다.(pp. 94-95) 현대의 학문적 이론들은 자아를 정신과 신체, 혹은 이성과 충동으로 구분하지만 인류의 상식은 자아를 문제 삼았다. 인간의 이기적 추구의 경향의 힘은 자연적 충동보다 더욱 강력하며 신비롭다.(p. 96)

제III절

인간의 행동과 역사적 운명에 대한 현대적 誤算 속에는 정직한 과오 이상의 어떤 것이 들어 있다.(p. 98) 그러한 오판 속에는 보다 '실존적(existential)' 요소가 포함되어 있다. 그 속에는 인간성의 책임의 차원과 죄(guilt)의 사실이 포함되어 있다. 짧게 말해서, 삶과 역사에 대한 현대적 해석의 전체 구조는 인간의 오만의 분명한 고안물인데, 그러한 오만은 인간의 약점과 불안정성을 모호하게 한다. 그것은 또한 인간의 약점과 불안정성을 극복하려는 노력으로 인해서 빠져들게 되는 죄를 감추려는 인간의 양심의 고안물이다.(p. 99)

제VII장 성서적 견해: 신의 주권과 보편적 역사(The Biblical View: The Sovereignty of God and Universal History)

제I절

개인적인, 집단적인 역사적 운명에 대한 신의 주권에 대한 성서적 개념은 독자적인 성질을 가지고 있다.(p. 102) 인간적 삶의 능력과 힘을 초월하는 삶의 근원과 목적에 대한 성서적 이념은 성서적 신앙을 모든 인간의 문화 속의 우상적 경향과 근본적인 결별을 하게 한다.(p. 103) 십계명은 신의 어떤 형상도 만드는 것을 엄격하게 금지했는데, 이것은 신의 신비와 不可解性을 보전하는 것이다.(p. 103) 신은 숨은 신(Deus Absconditus)이다.(p. 103) 신의 이 같은 철저한 타자성(otherness)은 삶과 역사에 대한 모든 합리적 해석과는 반대되는 것이다.(p. 103) 성서적 신앙은 의미에 대한 신비(mystery)를 가지고 있다. 신비는 의미를 부정하는 것이 아니라 그것을 풍부하게 한다. 신비는 의미의 영역이 단순한 합리적 이해 가능성이 되며, 상대적인 혹은 일시적인 역사적 세력이나 목적이 의미의 허위적 중심이 되는 것을 막는다.(p. 103) 신은 인간의 유한성을 넘는 모든 인간적 허세(pretension)에 대한 적이며 심판자이다.(p. 104) 역사적 운명에 대한 신의 관계가 가지고 있는 이 같은 철저한 개념에 대해서 성서적 역사 해석이 가지고 있는 두 가지 근본적 이념이 있다. 하나는 보편적 역사의 이념이고, 다른 하나는 역사가 인간이 신의 주권을 부정하고 인간의 힘, 혹은 덕, 그리고 그의 지혜와 예견을 가지고 자기를 신으로 만들려고 하는 오만과 허세로 가득 차 있다는 사실이다.(p. 104) 첫 번째 보편적 역사 이념은 모든 역사적 운명을 주관하는 신의 주권이 어떤 국민이나 특정한 역사적 힘의 소유가 아니라는 사실로 인해서 생긴다. 두 번째 이념은 역사의 복잡성에 대한 성서적 개념의 기반을 형성한다. 이 이념은 인간이 그의 목적과 힘을 신의 목적과 동일시함으로써 신의 목적을 부정한다는 사실에 대해서 관심을 환기시킨다. 이로 인해서 인간적 자유의 창조성은 파괴성으로 바뀐다.(p. 105)

제II절

모든 역사는 출생과 사, 성장과 몰락의 순환의 지배를 받는다. 모든 개인적 삶과 문화의 독자적 성취에 특별한 의미를 부여할 수 없다. 그런데 현대 문화는 역사의 의미를 인간의 힘과 지혜의 끝없는 발전으로 보는 적극적인 입장을 취한다.(p. 105) 성서적 신앙에 의하면, 역사의 시작과 현재의 질서와 최종의 목적을 설명하는 신비로운 신의 힘은 자연의 분명한 일관성과 역사의 계기(sequences)가 충분히 나타낼 수 없는 신비와 의미의 깊이를 나타낸다. 그러나 성서적 신앙은 불가지론과 같지 않다. 신이 그의 목적을 역사의 중요한 사건들이라는 계시를 통해서 드러내기 때문이다.(p. 105) 그러한 특정한 사건들은 신앙으로 이해될 때 인간 생활의 전체 드라마의 의미를 밝히는 신의 권능의 행동이 된다. 그러한 신은 자기를 자비와 심판으로 계시하고, 신앙에 의해서 회개로 이해될 때 삶의 개혁으로 인도한다.(p. 106) 역사적 의미의 중심이며 그것에 대한 이해의 열쇠인 그리스도의 계시는 역사의 특정한 의미들, 곧 국가나 제국, 또는 전 세계의 문화에 의해서 구현된 모든 의미의 부정이요, 완성이다.(p. 107)

그러나 현대의 역사 과학과 기술의 발달은 과거에는 질적으로 다르고 관계가 없었던 다양한 문화들을 서로 관련성을 가지게 함으로써 하나의 전체적 이야기(one total story)로 만들고 있다.(pp. 107-108) 그러다가 역사를 철학적으로 다루는 시대가 되면서 Hegel의 역사 철학이 보편적 역사를 철학적으로 구축했다. 그렇지만 그의 역사 이론은 악을 "인간의 내적 삶과 실제적 현실 사이의 불일치"라고 했다. 그러나 악은 인간들이 그들의 자유를 행사함에 있어서 그들 자신에 대한 관계와 상호 관계에서 발생시키는 것이다.(p. 108) Comte는 형이상학적이 아니라 과학적 접근에 의해서 역사의 드라마를 구성했는데, 역사의 상세한 부분들과 일반적 도식과 정점에서 모순된 드라마를 구성했다. 역사의 실제적 코스는 두 사람의 이론이 공히 틀린다는 것을 밝혔다.(pp. 108-109) 근자에는 Arnold Toynbee가 고전적, 기독교적 및 현대적 역사관을 슬기롭게 결합하여 역사 통일의 새로운 해석을 수립했다. 그에 의하면, 역사는 자연의 법칙들에 따라서가 아니라 자유의 부패를 포함한 특별한 역사적 운명의 지배를 받기 때문에 망한다. 문명들은 표면상으로는 어떤 보다 강한 적에 의해서 망하지만 실제에 있어서는 그들 자신의 손에 의해서, 다시 말해서 어떤 단명한 기술과 역사적 구조나 도구를 허위적으로 절대화하는 오만(pride)에 의해서 멸망한다.(p. 109) Toynbee는 그의 이러한 사관에 현대적 발전 이념을 더하여 문명들의 흥망을 앞으로 전진하는 전차(chariot)의 바퀴라고 했다. Aeschylus의 말 *pathei mathos*, 곧 "수난을 통해서 학습이 온다"라는 것이 우리가 알고 있는 가장 깊은 정신의 법칙 중 하나이다. 이것을 기독교의 개화(flowering)에서 절정에 달한 고등 종교들에 적용한다면 그리스도의 수난은 인류의 혼의 수난의 최고 절정의 경험이다. 만일 종교가 전차라면 그것이 타고 있는 하늘로 향하고 있는 바퀴들은 지상의 문명들의 주기적 몰락이다.(p. 110)

Toynbee의 이 같은 보편적 역사의 의미 발견은 매우 인상적이지만 니버는 그것이 몇 개의 약점을 가지고 있다고 비판한다. 니버는 세 가지 약점을 열거한다. (a) Toynbee는 문명을 스물한 가지로 구분하지만 그것들은 그가 생각하는 것처럼 본질적으로 다르지 않다. 그 문명들의 상호 침투를 설명하기 위해서 '관련성(affiliation)'이라는 개념을 사용하는데, 그것들은 다양한 문화의 복잡한 상호 관련성을 설명하기에는 충분한 적합성을 가지고 있지 않다. (b) Toynbee는 순환이라는 고전적 이념을 강조한다. 이런 방법은 역사의 새로운 것과 새로운 출현을 모호하게 한다. (c) 문명들의 흥망에 의한 종교적 발전의 개념은 의심스러운 것이다. 왜냐하면 역사가 종교적 성장의 어떤 패턴과 일치하는지 여부는 의심스럽기 때문이다. 서구의 후기 기독교의 세속적 문명은 Toynbee의 패턴에 맞지 않는다.(p. 110) 그렇지만 역사적 몰락의 시기들이 최고로 심오한 종교적 통찰의 시점이 될 수 있다는 Toynbee의 주장은 주목할 만하다. 왜냐하면 역사적 대변동은 문화와 문명의 우상 숭배의 힘을 타파하기 때문이다.(p. 111)

신약성경에 종교의 전차가 문명들의 흥망이라는 사이클을 통해서 점점 더 높은 수준으로 올라간다는 암시가 없다는 것은 중요하다. 오히려 반대로 역사에는 신앙의 파괴를 포함한 선과 악의 가능성이 열려 있다는 무서운 암시가 있다.(pp. 111-112) 인간이 역사 속의 특정한 story, 혹은 전체로서의 인류의 story의 역사적 사실들에 관한 의미 시스템들을 구성할 수 없는 것은 역사적 과정을 초월하면서도 그 속에 포함되어 있는 역사적 과정의 관찰자로서의 인간의 애매성의 한 증거이다. 인간은 그의 관찰의 시간적 위치를 허위의 절대적 관망점으로 만들거나, 그에게는 절대적 타당성을 가지고 있는 것 같이 보이지만 실제로는 역사적 상대주의적 성격을 가지고 있는 의미 구조를 사용하게 마련이다.(p. 112) 짧게 말해서, 고도로 지식화된 문화에서조차 신앙을 통해서가 아니고는 보편적 역사 의식을 보전할 가능성은 없다.(pp. 112-113)

제Ⅲ절

이스라엘을 선택한 신은 이와 같은 특권의 부수물로서 안전보다는 위험을 약속한다. 수난의 종과 십자가에 못 박힌 구세주의 위엄은 "신에 대한 지식에 반대하여 자기를 높이는 모든 높은 것을 베어 넘어뜨릴 것이다."(고린도후서 10: 5)(p. 113) 스스로를 보편적 역사의 허위의 센터로 만들려는 인간들이나 국가들의 경향이 원칙적으로 망하는 것은 모든 인간적 오만과 허세에 반대하는 신의 심판을 통해서이다.(p. 113) 비역사적 문화와는 대조적으로 성서적 신앙은 역사 속의 삶의 부분적 의미를 긍정한다. 역사를 참고 완성하는 신의 권능이 계시되는 것은 역사 속에서이며 역사로부터의 도피에 의해서가 아니다. 우상 숭배적인 역사적 문화와는 대조적으로 역사 속에서 나타나는 신의 계시는 신에 대한 지식에 반대하여 자기를 높이는 모든 것을 베어 넘어뜨린다.(p. 114) 성서적 신앙에 의하면, 역사 해석에 있어서의 우상 숭배 경향은 원죄, 곧 인간 존재의 애매성의 문제를 인간의 유한성을 부정하고 해결하려고 하는 인간의 경향성의 현상 가운데 하나이다.(p. 114) 의미의 구도를 개발하는 문화는 그 자신의 운명을 전체 인류의 운명의 허위적 센터로 만든다.(p. 115) 인간 역사의 가장 비극적 국면 가운데 하나는 악의 최종적 형태가 자신을 최종적 형태의 구원자로 여기는 국가나 문화, 계급이 생각하는 허세에 의해서 역사 속에 들어오는 것이다.(p. 115) 한마디로 말해서, 역사적 상대주의에 대한 완전한 합리적 해결은 없다.(p. 117) 높은 정도의 상상력과 통찰, 혹은 초연함(detachment)은 어떤 시점을 높이고 확대할 것이다. 그러나 어떠한 인간의 힘도 그것을 완전히 적합하게 만들지 못할 것이다. 이것을 부정하는 허세는 모든 인간 문화를 감염시키는 원죄의 한 국면이다. 원죄의 본질은 그의 유한성을 인정하기를 거부하는 인간의 반항이다.(p. 118) 의미의 개념은 시간과 영원의 궁극적 전제로부터 도출된다. 그런데 그러한 전제는 역사적 사건들의 상세한 분석의 결과가 아니다.(p. 118) 역사를 위한 의미의 참된 센터는 시간의 흐름을 초월해야 한다.(p. 119)

제VIII장 성서적 견해: 역사의 도덕적 의미와 도덕적 애매성(The Biblical View: Moral Meaning and Moral Obscurities of History)

제I절

성서적 신앙에 의하면, 신의 주관은 삶과 역사의 의미의 일반적 틀(general frame)을 수립한다. 인간 존재의 패턴들은 인간의 자기절대화로 인한 악의 가능성 때문에 애매성과 무의미의 심연으로 가득 차 있다.(p. 120) 성서적 신앙은 도덕적 악을 인간이 자연적 유한성 속에 포함되었기 때문이라고 보지 않고, 인간이 그의 피조물적 자유의 제한성을 지키지 않고 자기를 절대화하기 때문에, 다시 말해서 인간이 신의 대권을 찬탈하기 때문에 발생하는 것으로 본다.(p. 121) 이스라엘의 예언자들은 이스라엘이 하나님과 특별한 계약을 가지고 있다는 사실로부터 자기만족적 결론을 도출했기 때문에 이러한 죄를 범하고 있다고 보았다.(p. 121) 인간이 범하는 이러한 도덕적, 역사적 악을 성경은 Adam의 타락의 이야기를 가지고 상징적으로 나타냈다.(pp. 121-122) 모든 인간들은, 성자와 죄인 그리고 의로운 사람과 불의한 사람도, 시간과 역사와 그들 자신을 초월하는 자유를 그들 자신을 존재의 허위적 중심으로 만드는 방식으로 사용하는 경향이 있다. 이렇게 해서 인간의 삶에 창조적 힘을 부여하는 자유가 자연에는 없는 파괴적 가능성을 인간에게 부여한다. 인간의 자유가 가지고 있는 창조와 파괴의 두 가지 가능성으로 인해서 인간의 힘의 확대는 선과 악의 두 가지 성장을 초래한다.(pp. 122-123) 기독교적 개념에서는 인간의 위대함과 비참함이 밀접하게 관련되어 있다. 인간들과 국가들은 그들의 라이벌과 경쟁자만이 오만과 힘에 대한 탐욕을 가지고 있다고 생각한다. 오직 신의 심판 아래에서만 인간이 죄의 보편성을 인정할 수 있게 된다.(p. 124)

제II절

인간 역사의 드라마는 선한 세력과 악한 세력 사이의 싸움이라기보다 모든 인간과 신 사이의 싸움이다.(p. 125) 역사에 대한 성서적 해석의 매우 중요한 두 가지 국면이 있다. 하나는 인간들과 국가들이 그들이 신의 심판 아래에 있다는 것을 참으로 깨달을 때 악의 파괴와 삶의 재생의 가능성이 있다는 것이다. 다른 하나는 개인의 삶도 인류 역사 전체도 끝까지 신에 대한 모순으로 남으며, 이런 모순의 최종적 해결은 신의 자비라는 사실이다.(p. 125) 인간의 삶과 역사는 신의 자비만이 해결할 수 있는 수수께끼이다.(p. 126) 성서적 신앙에 의하면, 그리스도의 계시에서 절정에 도달하는 성서적 계시에서 인간은 인간의 삶과 역사의 애매성, 역사의 악을 극복할 수 있는 신의 힘과 접촉한다.(p. 126)

역사적 정의의 과정은 세속적 및 종교적 이론들이 흔히 생각하고 있는 것처럼 역사의 도덕적 성격에 대한 단순한 확신을 보장하리만큼 충분히 정확하지 않다. 도덕적 심판의 모든 집행의 힘이 도덕적으로 타당하지 않은 사실과 불가피하게 관련되기 때문이다.(p. 129) Toynbee는 국가들의 창조성을 엄습하는 '복수(nemesis)'에 대한 어거스틴 식의 해석을 일관되게 주장하는데, 그의 이러한 주장은 역사의 도덕적 애매성을 모호하게 하는 경향이 있다. 그에 의하면, 국가들과 문화들과 제국들은 결코 외침에 의해서가 아니라 그 자신 때문에 망한다. 그것들의 자멸은 항상 오만(pride), 혹은 보다 정확하게 말하면 덧없는 기구의 우상화 때문이다. 다시 말해서, 그것들은 모든 역사적 형태가 일시적 성격을 가지고 있다는 것을 아는 데 실패하기 때문에 역사의 특정 시점에서 고정된 절차를 거쳐 대처할 수 없는 새로운 힘과 일시적 요소에 의해서 파멸당한다.(p. 130) 그렇지만 선한 나라가 우세한 힘에 의해서 파멸되고, 잘못된 전략으로 인해서 정의로운 힘이 불의한 힘에 의해서 패배당한다.(p. 130) 구약성경의 예언주의는 신이 이스라엘을 심판하기 위해서 불의한 국가들을 사용하는 생각에 대해서 분함을 느꼈다.(p. 130)

역사적 과정의 도덕적 의미의 당혹성은 집단적 악의 힘의 센터를 파멸시키는 데 따르는 죄 없는 개인들의 수난으로 인해서 더욱 심화된다. 죄 없는 사람들의 수난 문제는 삶과 역사의 경쟁에서 덕성 있고 죄 없는 사람들이 바로 그들의 덕 때문에 수난을 당할 때 더욱 당혹스러운 일이 된다. 삶의 경쟁적 주장의 대립 속에서 자기의 주장을 관철하기를 거부하는 사람이나 국가는 살아남지 못하고 패배하는 것이 거의 틀림없다.(p. 131) 제2 이사야는 이스라엘이 겪은 많은 흥망성쇠를 재해석했다. 그 재해석이란 이스라엘의 수난이 열방들의 죄를 위한 대속의 수난으로서 그것이 이들 나라들에게 주권을 가져다 준다는 것이다. 여기에서 수난당하는 무죄함이 역사적 존재의 최종적 당혹성으로부터 삶의 도덕적 당혹성에 대한 대답으로 변한다.(p. 131) 역사의 도덕적 애매성은 역사 전체를 무의미한 혼란으로 보든가, 그렇지 않으면 역사가 신의 주권 아래 있지만 그 의미가 신비로워 인간이 구성할 수 있는 의미의 패턴과는 완전히 일치하지 않는다고 본다. 그렇지만 신의 주권은 순수한 신비만이 아니다. 왜냐하면 이기주의와 자기숭배가 처벌을 받는 삶의 경험은 회개와 신앙의 경험에 의해서 인식되는 자아에 대한 궁극적 심판에 대해서 거칠고 부정확한 관계를 가지고 있기 때문이다.(p. 132) 인간은 오만으로 인해서 신에게 반역한다. 이러한 반역을 극복하리만큼 충분히 강하고 선한 힘이 있는가? 이 문제는 가장 심오한 구원의 문제로서 예언적 메시아주의와 관계된 문제이다.(pp. 132-133)

제III절

덜 심오한 형태의 메시아주의는 메시아 왕에 의한 이상적 정의의 통치를 기대한다.(p. 133) 메시아주의는 의미의 시각에서 볼 때, 두 가지 측면을 가지고 있다. 첫째, 비고전적 역사 의식의 기초를 놓는 것으로서 최종적 메시아 통치에 의한 역사의 애매성과 모호성의 해결을 희망하는 것이다. 이러한 입장은 이성과 합리성의 증대가 삶과 역사의 도덕적 의미를 완성하리라고 믿는 현대적 역사관과 맥을 같이 하는 것이다.(p. 134) 둘째, 구약성경의 메시아주의로서 그것은 역사에 대해서 현대적이 아니라 기독교적 태도의 기초를 놓는다. 이 태도는 기대되는 메시아적 통치가 역사적 의미의 증언인 동시에 완성이다. 메시아적 시대는 근본적으로 다른 신의 개입의 결과이다. 다시 말해서, 역사의 완성은 역사의 밑에 있는 자연적 조건의 근본적 변혁을 요구한다.(p. 134) 이 점에서 히브리 전통의 메시아 중심 역사를 지속적 발전 과정으로 보며 그 점이 역사의 모호성과 도덕적 모순을 점차 극복한다고 보는 현대적 역사 해석과는 다르다.(p. 135)

그러나 신약성경의 신앙은 이와 같은 구약성경의 메시아주의와는 근본적으로 다르다. 구약성경의 메시아주의는 십자가에서 죽은 메시아를 거부한다. 교회가 참된 메시아로 받아들이는 메시아는 역사의 도덕적 불균형을 시정하지 않는다. 그 메시아는 불의한 자에 대한 의로운 자의 승리를 수립하지 않는다. 그의 삶과 죽음이 모범을 보인 완전한 사랑은 역사의 현실적 코스 속에서 승리하기보다는 패배한다. 이렇게 해서 기독교적 신앙에 의하면, 역사는 끝까지 도덕적으로 애매하다. 정의는 자기희생의 이와 같은 완전한 사랑의 절정에 달하지 않는 한 불완전하게 남는다. 역사적 정의의 모든 형태는 완전한 사랑과 모순되는 요소들을 포함하고 있다. 기독교 신앙에서는 삶의 수수께끼는 이 사랑이 역사적 차원 이상의 것을 가지고 있다는 확신에 의해서 해결된다. 이 사랑은 인간적 모순을 극복하는 신의 자비의 계시이다. 역사의 도덕적 애매성의 문제를 나타내는 수난 당하는 무죄는 기독교 신앙에서는 세상의 죄를 참고 극복하는 신의 수난의 계시로 이해될 때 문제에 대한 답이 되는 것이다.(p. 135)

새로운 삶은 살려는 절망적 노력 때문에 죽음을 초래할 때조차 스스로 죽음으로써 가능하다. 그런 의미에서 기독교 신앙은 역사 속에서 삶의 비결정적인 새로운 삶을 약속한다. 그러나 역사적 과정 전체는 악으로부터 발전적으로 해방되지 않는다. 기독교적 신앙은 역사의 끝까지 가장 분명한 악의 어떤 형태를 기대한다. 그러나 역사적 흥망성쇠를 통해서 인간을 참고 인도하는 궁극적 힘과 사랑의 계시를 신앙에 의해서 식별하는 사람들에게는 역사 속에서 일어나는 어떠한 것도 존재의 의미에 대한 확신을 동요하게 만들 수 없다.(p. 136) 기독교적 역사 철학에 대해서 단순하게 말하는 것은 분명히 가능하지 않다. 타당한 역사 철학을 갖는 것이 도대체 가능하지 않을지도 모른다. 왜냐하면 철학은 역사의 이율배반과 모호성, 다양한 형태들을 너무나 단순한 이해 가능성의 형태로 축소하기 때문이다.(p. 136) 그러나 기독교적 역사 신학은 임의적 구성이 아니라 삶과 역사에서 볼 때 그 의미를 갖게 한다.(pp. 136-137)

제IX장 십자가의 어리석음과 역사의 의미(The Foolishness of the Cross and the Sense of History)

제I절

신약성경은 그리스도에 있어서 역사가 그 종언과 새로운 시작을 이룩했다는 놀라운 주장을 한다.(p. 139) 하나님의 주권은 모든 역사적 현실의 계속되는 단편성과 모순성에도 불구하고 역사를 완성하는 자비와 용서의 궁극적 근원을 계시했다고 기독교 신앙은 믿는다.(p. 139) 신약성경은 신에 대한 인간의 도전의 깊이와 집요성을 인정하는 모든 인간과 국가, 혹은 문화에 새로운 삶의 시작을 약속한다. 그러한 도전적 자아의 지식이 성취되는 곳에서는 용서를 통한 죄로부터의 해방과 새로운 삶의 희망이 가능하다.(p. 140)

제II절

십자가상에서 그리스도가 십자가에 못 박힌 사실은 단순히 인간 이성에 의해서가 아니라 인성의 총체적 통합에 의해서 이해되어야 한다.(p. 141) 이때 인간은 그의 자기모순성을 발견하게 된다. 예수는 이 같은 자기모순을 깨닫지 못하는 당시의 직업적 종교 계급 곧, 서기관들과 바리새인의 도덕성 주장을 비판했고 세리와 죄인들과 사귀는 것을 선호했다.(p. 142) 성경은 어떤 개인도 국가도 도덕적으로 정당하다고 인정하지 않으며 궁극적 승리를 약속하지 않는다. 성서적 신앙은 오직 인간이 자기모순을 깊이 뉘우치는 인정의 근거에서만 역사의 새로운 시작의 가능성을 본다. 그리스도의 수난당하는 아가페의 사랑이 신의 자비와 새로운 삶의 규범으로 이해될 때, 스스로 자기를 목적으로 삼는 낡은 자아가 파괴되고 새로운 자아가 탄생한다. 이것이 신의 참된 계시가 지혜일 뿐만 아니라 또한 능력(힘)인 이유이다.(p. 144)

제III절

신약성경은 예수를 그리스도로 깨닫는 것은 오직 성령에 의해서라고 주장한다.(p. 146) 그리스도의 십자가에 못 박힘과 부활의 절정은 계시의 전체 과정의 절정이 될 뿐만 아니라 인간이 자기를 포기하고 십자가에 못 박음과 스스로의 재발견의 부활을 포함해야 한다. 인간은 그리스도와 더불어 죄를 죽이고 그리스도 부활과 더불어 새로운 삶에 이르러야 한다.(p. 149) 이러한 신앙을 요약하면 다음과 같다. (a) 삶은 죽을 때까지 단편적이다. (b) 인간은 살고 죽음을 피하려고 하다 자기 자신을 파괴한다. (c) 인간은 참으로 살려고 하면 죽어야 한다. 이러한 죽음이 신체적 삶의 보존을 보장하지 않는다. (d) 인간이 만일 그의 신체적 생존에 근거해서만 삶의 의미를 찾으려고 하면 삶은 의미를 상실하게 된다.(p. 149)

제X장 기독교적 인생관과 역사관의 타당성(The Validation of the Christian View of Life and History)

제I절

기독교적 복음은 개인적 삶과 인간의 역사 전체의 문제에 대한 최종적 답인데, 이것은 인간의 이성의 한계를 넘어서 이해된 신앙의 성취이다. 그러한 신앙은 회개에 근거를 두어야 한다. 왜냐하면 그것은 모든 형태의 인간적 덕과 지식과 성취 속에 있는 허세와 잘못된 완성의 요소들을 깊이 뉘우치는 가운데 깨닫는 것을 전제로 하기 때문이다.(p. 151) 이러한 진리의 해명에는 부정적 접근 방법과 적극적 접근 방법이 있다.

먼저 부정적 접근부터 살펴보자. 바울은 '하나님의 어리석음'과 '세상의 지혜'를 구분했다. 세상의 지혜는 하나님을 역사적 지식을 보완하고 그것과 모순되지 않는 진리로 추구한다. 그런가 하면, 세상의 지혜는 인간적 덕과 지식의 단편적 성격에 대해서 인상 깊게 느끼고, 삶의 비극과 이율배반에 의해서 압도되어서 절망에 빠진다.(p. 152) 전자는 자족(complacency)이고 후자는 절망(despair)이다. 자족은 우상 숭배와 관계되며, 절망은 무신론과 관계된다. 일관된 무신론은 드물며, 대개는 신에 대한 전통적, 인습적 개념에 대한 반항에 불과하다. 우상은 거짓 신으로서 자연과 이성, 혹은 특정한 자연적 혹은 역사적 생명력일 수 있다. 마르크스주의의 신은 변증법적 과정이다. 우상 숭배는 신에 대한 부정이라기보다 거짓 신에 대한 숭배이다. 우상 숭배는 자족을 가져오기보다 삶의 참된 진리의 차원을 제외하기 때문에 숨은 절망으로 인도한다.(pp. 152-153) 우상 숭배가 일관된 무신론보다 더욱 일반적이다. 그 부분적 이유는 인간의 삶과 행동에 의미를 부여하는 질서와 일관성의 어떤 시스템이 전제되지 않고는 사는 것이 어렵거나 심지어 불가능하기 때문이다.(p. 153) 성경에서 예수가 건강한 자보다 병든 자를 선호하여, 전자는 의

사가 필요 없다고 한 것은 절망이 자족보다 회개와 보다 깊은 관계를 가지고 있다는 사실의 완벽한 표현이다.(p. 154) 독선적인 바리새인은 세리와 창기의 내면적인 혼란보다 나은 피상적 건전성을 가지고 있다. 스스로 확신을 가지고 있는 문명과 문화는 그들의 자기확신으로부터 어느 정도의 안정을 누리지만 결국 자기확신이 지나쳐 파멸한다. 절름발이와 소경, 세리와 창녀가 건전하며 스스로 건강하다고 잘못 생각한 자들보다 천국에 들어가기 쉬울 것이라는 약속은 모든 인간이 빠져 있는 병의 인정이 가지는 치유적 가치를 옳게 본 것이다.(p. 155)

현대 자연주의의 주류는 절망보다는 자족을 낳는다.(p. 156) 인간적 상황의 애매성의 최종적 증거인 죽음도 자연주의에서는 사회적 不死에 의해서 회피된다. John Dewey가 그렇다.(p. 156) 현대 문명은 대체로 낙관주의적이지만 그 지류의 낭만적인 사상적 흐름은 절망으로 흐르는 경향이 있다.(p. 156) Ernest Hemingway는 주로 죽음의 문제를 다루는 미국 작가이다. 그는 남녀간의 사랑이 죽지 않는 의미의 영역을 창조함을 시사함으로써 생명력의 강력한 긍정에 의해서 죽음을 거부한다. 그러나 그는 『무기여 잘 있거라Farewell to Arms』에서 여주인공 Catherine으로 하여금 삶은 "더러운 속임수(dirty trick)에 지나지 않는다"라고 절규하게 한다.(pp. 156-157) Nietzsche는 그리스의 순환적 역사관의 역사적 사이클을 거부하고 모든 순간의 절대적 의미를 영원한 차원으로 취하는 결단에 의해서 삶과 역사의 의미의 문제를 해결하려고 했다. 이렇게 니체가 죽음을 필연의 영역으로부터 분리시키고 자연이 인간을 위해서 마련한 운명을 원하는 결단의 영역으로 바꾸는 그의 참된 자유 사상 속에는 절망의 기미가 엿보인다.(p. 157) 그러나 니체의 절망은 회개로 연결되지 않았다. 이처럼 절망은 반드시 회개와 삶의 새로움을 가져오지 않는다. Kant는 교회의 신조가 보편적인 이성적 종교가 되고 도덕이 되면 지상에 하나님의 공동체가 이루어진다는 낙관적 사상을 가졌다.(pp. 158-159)

제II절

현대의 자족은 근본적으로 발전의 이념에서 유래한다.(p. 159) 마르크스주의가 새롭고 보다 광신적인 자족의 근원이 되었다. 그것은 프롤레타리아를 제외한 모든 그룹의 도덕적, 사회적 이념에 이데올로기적 오염을 적용했다.(p. 160) 이러한 이데올로기는 무지와 부정직의 혼합물이다.(p. 161) Freud는 문제를 개인적 삶에서 다루지만 『문명과 그 불만Civilization and Its Discontents』에서 도덕적 냉소주의라는 결론에 도달했고, 그 결과 절망의 심연을 향해서 옮아간다.(p. 161) 미국적 삶은 낙관적이다. 인간적 덕과 이상의 단편적이고 모순적인 성격을 알고 있지만, 모든 역사적인 정치적, 도덕적 입장에 대한 비판적 분석이 점차 보편적 진리를 수립하리라는 확신에 의해서 무의미의 심연을 피한다.(pp. 161-162) 나치주의는 절망의 땅에 악마적 종교를 만들었다. 무의미의 심연을 피하기 위해서 인종과 국가, 혹은 권력을 숭배하게 된 것이다.(p. 162) 프랑스의 실존주의는 절망의 틀 안에서 의미를 필사적으로 긍정한다.(p. 162) H. G. Wells는 어떤 면에서 과거 세대의 가장 대표적인 진화론적 이상주의자이다.(p. 162) 그러나 그는 죽기 전에 낙관주의에서 완전한 절망으로 전환했다. 그는 막다른 골목을 빠져나갈 출구가 없다고 확신했다.(p. 163) 이처럼 우리 시대의 일반적 경향은 자족에서 절망으로 움직이고 있다. 그러나 기독교 신앙은 곤혹을 느끼지만 절망하지 않는다. 그 이유는 기독교 신앙이 삶의 의미를 지나치게 단순하게 만들거나 삶에서 전혀 의미를 발견하지 못하는 세상의 지혜와는 다른 차원에서 삶의 의미를 만드는 지혜, 곧 하나님의 어리석음에 의해서 이해하기 때문이다.(p. 163) 절망으로 인도하는 지혜는 이성의 한계를 이해한다. 그것은 또한 보다 이상적인 문화가 인간의 지식과 덕, 그의 허세의 열매인 광신주의와 권력의 일시적 성격을 감추려고 하는 부정직의 어떤 면을 본다.(pp. 163-164)

기독교 복음은 낙관주의와 비관주의로 인도하는 세상의 지혜가 인간의 전체 상황에 대한 부적절한 견해라는 사실에 의해서 부정적으로 정당화 된다.(p. 164) 그렇지만 복음은 지적, 도덕적, 혹은 사회적 자족의 입장으로는 이해될 수 없는 진리이므로, 낙관주의보다는 비관주의에 더 가깝다.(p. 164) 궁극적으로 복음의 진리는 세상의 지혜 저편에 있는 은총의 선물이다.(p. 165)

제III절

그러면 적극적 접근 방법을 살펴보자. 이것은 신앙과 회개에 의해서 이해된 지식을 경험에서 얻은 삶과 역사의 진리와 관계시키는(correlate) 과제이다. 이와 같은 상호 관계성(correlation)은 삶의 이율배반과 모순을 의미의 틀 속에 포괄하고 삶의 새로움으로 인도한다.(p. 165) 이러한 기독교 신학은 세 가지 잘못을 범할 수 있다. 첫째, 신앙의 진리를 합리적 일관성의 어떤 시스템과도 관련시킬 수 있고 또한 그러한 상호 관계성에 의해서 타당화될 수 있다고 생각하는 잘못이다. 많은 현대판 기독교 신학이 삼위일체의 신을 유신론적 형이상학적 시스템에 의해서 설명하려고 한다.(p. 165) 뿐만 아니라 그리스도를 위대한 스승이나 도덕적 이상, 또는 도덕적 발전의 정점으로 이해한다.(p. 166) 둘째, 기독교 진리를 다른 어떠한 지식과도 관계가 없는 기적적 타당성을 가지고 있다고 보는 잘못이다. 이러한 기적적 진리에 대한 신앙은 삶의 새로움이 요청하는 회개와 관계가 없다.(p. 166) 그리고 신앙의 진리를 현대 과학이 발견한 삶과 역사에 관한 분명한 진리들과 관계시키지 못하기 때문에 문화적 반계몽주의에 떨어진다.(p. 167) 셋째, 특히 가톨릭적 합리주의가 범하는 잘못으로서 신앙의 진리가 가지고 있는 신비를 합리적 이해 가능성으로 바꾸는 것이다. 이러한 입장은 성령(Holy Spirit)이 인간적 자족(self-sufficiency) 속으로 근본적으로 이질적인 것으로 돌입하는 신비를 이해하지 못하게 된다.(p. 168)

제XI장 법과 상대성을 넘어서(Beyond Law and Relativity)

제I절

신약성서 윤리의 자기 이익의 부정(무관심, heedlessness)은 인간이 대립되는 권리주장들을 조정하는 차별적 정의 개념을 위협한다. 아가페의 순수한 사랑은 율법을 위협한다.(p. 171) 도덕의 영역의 이른바 '자명한' 진리들은 새로운 역사적 상황과 새로운 계기에서는 자명성을 상실한다. 현대의 도덕적 기류는 자연스럽게 그리고 어쩔 수 없이 상대주의에 머문다.(p. 172) 이미 고대에서 Socrates와 Sophists가 보편주의와 상대주의를 두고 대립했다. 중세 기독교는 율법주의 입장을 취했다.

그러나 그와 같은 기독교적 율법주의는 변화하는 역사적 상황에 대한 불변의 규칙의 모든 주장이 그런 것처럼 오늘날에는 당혹스러운 것이다. 신약성경은 강한 반율법주의적 색채를 띠고 있다.(p. 172) 현대의 도덕적 상대주의의 절정은 Jean-Paul Sartre이다. 그는 "인간은 그가 스스로 만드는 것 이상의 다른 것이 아니다. …인간은 그가 목적하는 것이 될 때에만 그의 존재를 획득한다"라고 했다.(p. 173)

제II절

신약성경의 아가페는 사회의 참을 만한 정의(tolerable justice)를 유지하는 대립적 이익의 면밀하게 계산된(nicely calculated) 힘의 균형과 도덕적 차별성을 혼란스럽게 만든다.(p. 174) 신약성경은 "누구든지 생명을 얻고자 하는 자는 그것을 잃는다"라고 한다. 다시 말해서, 우연적 자아가 필사적으로 살려고 하면 참된 자아(the true self)가 죽는다고 말한다.(p. 174) 그런데 참된 자아의 삶에 의한 자아실현은 자아의 육체적 안전과 역사적 성공을 보장하지 않는다. 그리스도는 "육체를 죽이지만 혼을 죽일 수 없는 자들을 무서워하지 말라. 오히려 영혼과 육신을 파괴하여 지옥에 떨어지게 하는 자들을 두려워하라"(마태복음 10: 28)고 했다.(pp. 175-176) 이러한 참된 자아의 실현은 인간을 죽음의 공포로부터 해방한다. 이것을 바울은 "죽기를 무서워하므로 일생에 매여 종 노릇하는 모든 자를 놓아주려 하심이니"(히브리서 2: 15)라고 했다.(p. 176) 이렇게 해서 죄의 뿌리가 우연적 자아의 존재에 대한 자아의 관심이 된다. 이런 관심으로부터의 석방은 죽음에 대한 불안의 해방을 포함한다. 이렇게 해서 그리스도의 부활은 항상 죄와 죽음에 대한 승리로 묘사된다. 그러한 신앙은 너무나 필사적으로 살려고 하기 때문에 살 수 없는 낡은 죄의 초월적 형태가 되는 영생의 권리에 대한 히스테릭한 요구로 쉽게 타락한다.(p. 176)

신약성경의 아가페의 사랑은 여러 면에서 오해를 받았다. 현대의 자유주의 기독교는 아가페를 그리스의 필리아나 에로스와 동일시했다.(p. 176) Walter Rauschenbusch는 그것을 공동체의 선한 멤버가 되는 것으로 보기도 했다.(pp. 176-177) Dean Albert Knudson은 "악한 자에 대적하지 말라"는 명령을 적을 대하는 데 있어서 폭력과 열정을 삼가게 하려는 동양적 과장이지, 그것을 문자대로 이해해서는 안 된다고 했다.(p. 177) Anders Nygren은 아가페와 에로스를 구별했으나, 그의 아가페는 필리아와 에로스와 아무런 관계가 없다.(p. 178) M. G. D'Arcy는 아가페를 자신을 추구하지 않고 자신을 버리는 형태의 에로스의 근거로 해석했다. 이러한 이해는 아가페의 규범이 자아의 자유의 완성인 동시에 모든 실제적 자아실현과 모순된다는 성격을 이해하지 못한 자연주의적 입장이다.(pp. 178-179)

제III절

최악의 형태의 율법주의는 성경의 어떤 규범들을 절대적 규범으로 보는 개신교 문자주의이다. 반대로, 자유주의 개신교는 사랑의 법만 있으면 다른 규범적 원리들은 없어도 된다고 생각한다.(p. 179) 이와 달리, 가톨릭의 도덕적 이론은 인성으로부터 불변의 도덕법을 도출하려고 한다. 그러나 아주 분명한 모순에 빠진다.(pp. 179-180) Thomas Aquinas는 자연법을 영원한 법에 대한 합리적 피조물인 인간의 관여로 규정하고, 거기에서부터 "선은 행하고 증진하고, 악은 피하라"는 자명한 원리를 도출했다.(p. 180) 그러나 자연법 이론이 거짓으로 일반적 규범을 속에 포함시키는 상황 속에는 항상 역사적인 우연적 요소들이 있다. 그리고 인간적 상황에서는 자연법 이론들이 무시하는 경향이 있는 새로운 출현들이 있다. 왜냐하면 그러한 이론들의 불변한 인간 본성 개념이 그러한 출현들을 포함하지 못하기 때문이다.(pp. 180-181)

Bertrand Russell은 현대의 산아 제한 기술이 혼음을 정당화한다고 주장한다. 그러나 이런 이론은 성관계를 무책임한 저속으로 타락시킨다.(p. 181) 그런가 하면, 가톨릭교는 결혼 생활에서도 산아 제한을 "자연에 본질적으로 역행하는 것"으로 금한다. 이것은 성관계의 자연적 목적을 생산으로만 보는 데 기인하는 것이다. 그러나 가톨릭조차도 성관계가 일차적 목적으로 상호적 사랑의 함양과 정욕의 진정을 가지고 있다는 것을 인정한다.(p. 181) 자연법 속에 너무나 많은 특정한 명령과 금지를 포함시키는 것은 위험하다.(p. 182) 심지어 종교개혁의 도덕적 이론도 결혼과 국가를 '창조의 질서'에 속하는 것으로 주장했다.(p. 183) 인간의 피조물로서의 조건들과 사랑의 법 사이사이의 경험에서 형성된 많은 행동 규범들은 어느 정도의 일치성을 가지고 있으며 궁극적으로는 사랑의 법에 속한다. 이것을 무시하면 어제의 규범이 오늘은 잘못된 표준이 된다. 그리고 사회 변화에 민감한 사람들 사이에서 무법을 초래한다.(pp. 183-184)

제IV절

그리스도의 아가페는 개인적 존재의 구조에 대해서보다 사회의 구조에 대해서 타당성의 문제를 가지고 있다. 희생적 사랑은 공동체가 필요로 하는 사회적 조화와 정의, 평화에 대해서 당혹스러운 것이다. 왜냐하면 공동체의 정의는 대립되는 권리와 이익에 관한 주의 깊고 차별적 판단을 요청하기 때문이다. 자기의 이익의 무시는 그러한 차별적 판단에 혼란을 가져온다.(p. 184) 정의는 부분적으로는 대립되는 생명력의 갈등을 어떤 종류의 안정되고 흔들리지 않는 균형을 가져오는 힘의 균형에 의해서 유지된다. 수난의 사랑은 사회성의 복잡성과 애매성을 해결하지 못하고 감상주의에 떨어질 수밖에 없다.(p. 184) 상호적 사랑은 서로의 이익의 계산 없는 은혜에 의해서 계속 보충되지 않으면 모든 현실적 관계에서는 마침내 완전한 상호성의 불가피한 결여에 대한 증오로 전락한다.(p. 185) 만일 사랑을 계속 끌어올리지 않으면 정의는 정의 없는 질서로 전락한다.(p. 185) 현대의 상대주의는 기독교의 율법주의와 다른 형태의 율법주의를 율법이 모든 상황, 특히 새로운 상황에 대처하기에는 너무나 융통성이 없다는 근거에서, 그리고 정의가 흔히 어떤 표준을 적용할 것인가 하는 논쟁에서 어느 한쪽 면의 이익을 합리화하는 수가 많다는 근거에서 비판한다.(p. 186) 예컨대, 마르크스주의가 그 전형적인 경우이다. 이익이 개입되면 그것이 이성과 교묘하게 혼합되기 때문에 인간은 진리를 볼 수 없게 된다.(p. 187) 이런 관점에서 볼 때 마르크스주의적 새로운 율법주의는 우리 시대의 정신적 특성이기도 하다.(p. 187)

기독교 역시 도덕적 혼란이 두려워서 율법주의에 빠진다. 그것이 절대적 규범으로 주장하는 규범들이 특정한 상황에서는 불의의 원인이 된다. 자연법의 원리들도 주장되고 있는 것처럼 절대적 타당성을 가지고 있지 않다.(p. 188) 대개의 보편적 규범들은 도둑질과 살인의 금지처럼 부정적 규범이다.(p. 189) 심지어 정의의 원리도 상대적 성격을 가지고 있다. 평등은 사랑과 정의 사이에 위치한다. 만일 이웃을 자신과 같이 사랑하라는 책임이 합리적 계산으로 축소된다면 그러한 책임의 성취는 이웃에게 자기의 주장과 동등한 주장을 허용하는 것이 되기 때문이다.(p. 189) 그러나 그러한 사랑은 脫我的(ecstatic) 차원의 사랑이 아니다. 그렇기 때문에 평등한 정의는 한편으로는 합리적 형태의 사랑의 법이고, 다른 한편으로는 사랑의 법 이하의 어떤 것이다.(pp. 189-190) 사유재산권 역시 가톨릭교에서는 자연적으로 이해되었다. 교황 Leo XIII세는 "모든 사람은 본질적으로(자연에 의해서, by nature) 자신의 재산을 소유할 권리가 있다"라고 했다.(p. 191) Aquinas는 "우리는 재산을 공동으로, 즉 분할하지 않은 채 소유하는 사람들 사이에서 빈번히 분쟁이 발생한다는 것을 안다"라고 함으로써 사유재산권이 사회적 평화와 정의의 사회적 지혜임을 시사했다.(p. 191)

그러나 가톨릭교도 개신교도 사유재산권을 지나치게 절대화한다. 초대 교부들은 사유재산의 힘이 정의의 도구일 뿐만 아니라 불의의 도구가 될 수 있으며, 죄의 치유인 동시에 죄의 결과라는 사실을 이해했다.(p. 191) 마르크스주의는 사유재산을 바로 악의 근원으로 보며, 그것의 제거가 모든 이익과 생명력의 유토피아적 조화를 가져온다고 주장한다. 이것은 초대 교부가 사유재산이 죄의 결과인 동시에 죄의 치유라고 한 주장의 반을 상실하는 엄청난 잘못을 범했다.(p. 192) 아가페의 사랑은 모든 개인적인 덕뿐 아니라 정의의 사회적 구조의 부정인 동시에 완성이다. 완전한 사랑이 자기에 대한 고려를 하지 않는다는 것은 인간의 모든 상호적 관계의 근원인 동시에 끝으로서, 그런 관계가 단순한 이해관계의 계산으로 전락하는 것을 막는다는 의미에서 완성이다. 아가페의 사랑은 또한 평등의 원리이며 모든 친밀한 개인적인 관계에서 평등에 대한 보완이다.(p. 193)

제XII장 기독교적 역사 해석의 허위적 절대들(False Absolutes in Christian Interpretation of History)

제I절

기독교 역사 해석은 현대적 역사 해석의 비합당성을 밝혔지만 많은 잘못을 범했다. 기독교적 역사 해석은 일시적, 부분적, 지역적인 도덕적, 정치적 및 문화적 통찰을 절대적이고 최종적인 중요성을 가지는 것으로 주장하는 잘못을 범했다. 그렇기 때문에 계속적 검토를 해야 한다.(p. 196) 기독교 사상의 잘못 중 하나는 개인이 공동체에서 보다 더 순수하게 의미를 실현할 수 있지만 형제애는 정부와 사유재산 같은 기구에 의해서 인간 사회 속에서 안정적으로 성취된다는 사실에서 발생한다. 그런 기구는 사랑의 법의 기구적인 근사적 실현인 정의에 반대되기도 하고 그것을 지원하기도 한다. 이러한 사실이 기독교 신앙의 입장, 특히 개신교적 입장을 구원을 개인에게 제한시킴으로써 인간의 사회적 존재의 구원과 새로운 삶의 가능성을 부정하고 인류의 사회적 존재에 대해서 패배주의적 태도를 취하게 했다.(pp. 198-199) 사회적, 정치적 삶의 구조와 기구에 대한 부정적 태도는 루터의 비관주의에서 표현되었다. 그러한 태도는 사회적 구조와 기구의 도덕적 애매성이 그것들이 가지고 있는 비결정적 개선의 가능성을 파괴하지 않는다는 사실을 이해하지 못한다.(p. 199) 기독교 신앙의 개인적이고 경건주의적인 입장은 인간 존재의 도덕적, 사회적 의미를 모호하게 하고, 인간이 그의 이웃과의 참을 만한 조화를 성취하는 책임을 회피하게 한다.(p. 200)

제II절

루터주의와 반대되는 잘못을 가톨릭과 칼뱅주의가 범한다.(p. 200) 가톨릭은 교회를 절대화하고, 칼뱅주의는 '성자들의 지배(rule of saints)'를 절대화한다. 두 가지 경우가 매한가지로 구원된 공동체로서의 교회가, 혹은 구원된 개인들로서의 성자들이 양자의 어느 하나에 의해서 수립된 국가의 정의가 순수한 선과 정의의 근원이라는 생각으로 인해서 새로운 악을 역사에 도입했다.(p. 201) 가톨릭은 어거스틴이 교회를 완전한 정의가 지배하는 유일한 사회로 규정한 이후 중세를 통해서 교회를 완전한 공동체로 주장했다. 가톨릭은 교회와 모든 특정한 공동체가 우상숭배의 대상이 되는 경향이 있다는 사실을 모호하게 했다.(p. 201) 교회의 이 같은 완전성의 허세는 정치적 공동체에 대한 명시적 권위가 되었을 때 절정에 달했다.(p. 202) 칼뱅주의는 성자들의 지배, 또는 '성스러운 연방(holy commonwealth)'

에 우상적 신성함을 부여했다.(p. 203) 종교적 과두 독재자들이 시민적 권력을 종교적 이의를 억압하기 위해서 사용하는 경향은 시민 공동체의 행정 속으로 종교적 광신주의의 악을 도입하는 것이다. 이러한 잘못된 절대화는 세속주의자들과 기독교 섹트들의 반발을 초래했다.(p. 205)

제III절

니버는 이 절에서 기독교 섹트들의 잘못된 절대주의를 분석하고 검토한다. 그는 기독교 섹트주의를 부드러운 유토피아주의(soft utopianism)와 딱딱한 유토피아주의(hard utopianism)로 구분한다.(p. 206) 부드러운 유토피아주의에는 유럽 대륙의 Menonites와 영국의 Cromwell파의 Quakers가 속한다. Menonites의 완전주의는 죄가 완전한 사랑에 의해서 제거될 수 있다고 믿는 Quakers의 믿음을 덜 수용한다. Menonites는 각 개인의 기독자적 사랑의 완전성을 추구하되 역사의 완성 문제를 하나님께 맡긴다. Quaker적 완전주의는 수난의 사랑이 인간 역사 속에서 발전적 승리를 거두어서 마침내 승리의 사랑이 된다는 희망에 빠진다.(p. 207) 딱딱한 섹트적 유토피아주의에는 대륙의 종교개혁 시기의 Anabaptists 운동과 영국의 Diggers, Levellers, 그리고 Fifth Monarchy Men이 속한다.(p. 208) Anabaptists는 지상 천국을 실현할 수 있다고 믿었다.(p. 206) 영국의 Cromwell 시기의 섹트 운동인 Diggers, Levellers 및 Fifth Monarchy Men은 공상주의적 또는 무정부적 사회 수립을 추구했다.(p. 208) 이 같은 전투적 섹트의 유토피아주의가 기독교 신앙의 틀 속에 제한되었을 때에는 정말 위험하게 발전되지 않았지만, 19세기의 마르크스주의 운동이 세속화된 섹트적 완전주의로 등장할 때 위험성이 현저하게 나타났다.(p. 209) 삶의 의미의 부패는 역사의 모든 레벨에서 나타난다. 인간의 자유가 참된 자유이고 따라서 악의 가능성을 포함하고 있는 한 그렇다는 말이다.(p. 211)

제XIII장 역사 속의 완성과 역사의 완성(Fulfillments in History and the Fulfillment of History)

제I절

역사는 잠정적 의미를 가지고 있지만 최종적 의미는 신앙에 의해서만 예견할 수 있다. 역사적 악에 대한 잠정적 심판들이 있지만 그것들은 모두 불완전하다. 역사 속에는 개인적으로나 집단적으로 삶의 재생이 있지만 어떠한 재생도 삶을 인간의 역사적 존재의 모순을 초월하도록 높이지 못한다. 크리스천은 최후의 심판과 전체의 부활을 기다린다. 그래서 신약성경의 종말론적 기대는 문자적으로 취하면 당혹스럽지만 기독교적 역사 해석을 위해서 필요하다.(p. 214) 기독교 신앙은 잠정적 의미를 초월하는 신의 완성의 최종적 신비에 의해서 잠정적 의미와 심판, 완전이 궁극적인 것이 되는 것을 막는다. 그렇지만 이 같은 궁극적 신비는 그리스도의 사랑이 최종적 신비에 대한 단서(clue)라는 확신 때문에 무의미성에 떨어지지 않는다.(p. 215) 기독교 신앙은 인간의 개인적, 집단적 존재에서 진정한 재생을 가능하게 한다. 이러한 재생은 인간의 덕과 지혜와 힘의 한계에 대한 인식에서 오는 겸손과 사랑에 의해서 가능하다.(p. 215) 성경은 사람이 거듭나지 않고는 하나님 나라에 들어갈 수 없다(요한복음 3: 5)라고 주장한다. 이러한 주장은 문명과 문화의 운명에도 해당될 수 있는 것일까? 개인적 자아는 자신 속에서 자아의 실현을 추구하다 스스로를 파괴한다. 문명과 문화도 그런 것일까?(p. 215)

이 문제는 인간 역사 속의 개인적 유기체와 집단적 유기체 사이의 차이의 규명에서부터 시작해야 한다. 양자 사이에는 여러 가지 차이가 있다. 개인의 운명과 국가나 제국의 운명은 다른 점을 가지고 있기 때문에 국가와 제국의 운명에 관해서는 개인의 운명에 관해서처럼 정확한 결론을 내릴 수 없다.(p. 217) 양자 사이의 가장 중요한 유사성은 집단적 유기체도 개인적 유기체처럼 일시적이고 불안정한 성격을 가지고 있으며, 개인의 경우처럼 오만과 권력욕에 의해서 불안정성을 숨기거나 극복하려고 한다는 것이다.(p. 218) 인간은 그의 집단적 과업에서는 개인적 삶에서보다 더욱 그들의 덕과 성취의 절대적 중요성을 주장하고, 그의 사회적 구조와 기구의 최종적 타당성을 주장하며, 유한한 인간에게 허용될 수 없는 정도의 권력을 요구한다.(p. 218) 인간의 집단적 과업은 신체적 유기체가 아니다. 그렇기 때문에 자연의 운명의 지배를 받지 않는다. 인간의 집단적 과업은 인간의 자유에 의해서 창조되고 자유의 부패 때문에 파괴된다. 그러나 지나치게 도덕적, 종교적으로만 고찰하지 말아야 한다. 국가들은 역사적인 변덕으로 망할 수 있으며, 발전하는 제국은 우세한 힘의 진로 위에 있기 때문에 망할 수 있기 때문이다. 그러나 국가는 개인의 경우처럼 특별한 정신의 힘에 의해서 강한 힘을 패배시킬 수도 있다. 국가는 물리적 패배의 고뇌 속에서 정신적 승리를 거둘 수 있다. 그 같은 패배의 승리는 역사적 중요성과 역사를 초월하는 절대적 중요성을 가진다.(p. 219)

제II절

인간 공동체는 외부적, 혹은 내부적 위험에 노출된다. 외부적 위험으로는 국가들의 흥망으로 생긴 지리적 국경이 있고, 다른 나라들과의 협력적, 또는 경쟁적 관계가 있다. 내부적 위험은 내부적 붕괴를 들 수 있다. 삶과 삶의 형제적 조화의 가능성은 다른 집단에 대한 경쟁적 충돌과 내적 평화 유지를 위한 강제성으로 인해서 손상된다.(p. 219) 공동체의 내적 평화는 항상 부분적으로 강제성에 의해서 유지된다. 물론, 내적 응집을 위한 유기적, 도덕적 힘이 작용하지만 강제성이 불가피하다. 그러한 강제성의 행사의 주체는 정부이다. 정부는 공동체에 있어서 질서의 근원인 동시에 불의의 뿌리이다.(p. 220) 정부가 질서와 통합을 위해서 사용하는 강제적 힘은 결코 순수하고 공평무사한 힘이 될 수 없기 때문에 불가피하게 부패한다.(p. 220) 이러한 경우의 전형적 예는 마르크스주의이다. 새로운 공산주의 사회는 부르주아 사회와 같은 잘못을 범했다. 프롤레타리아 독재자들은 프롤레타리아의 이익에 사로잡혔다.(p. 221) 인간의 집단적 삶은 개인 생활이 그런 것처럼 내외의 위험에 대처하여 생명을 유지하는 바로 그 전략 때문에 죽게 된다. 사회적, 정치적 구현 속에는 삶과 죽음, 그리고 덕과 죄가 혼합되어 있다. 어거스틴의 기독교 현실주의는 세상적 평화의 죄악적 부패만을 일관되게 강조하는 잘못을 범했다.(p. 221) Arnold Toynbee는 역사적 공동체의 붕괴의 원인을 지배적 집단이 '창조적(creative)' 소수의 집단에서 '억압적(oppressive)' 소수의 집단으로 변화하는 데 있다고 보았다. 그러나 니버는 지배적 소수의 삶을 창조적 시기와 억압적 시기로 나누는 것은 지나치게 도덕적으로 구별하는 것이라고 비판한다. 니버에 의하면, 국가 공동체의 지배적 독재자들과 제국적 공동체의 패권적 국가들은 그들의 전성기에서도 결코 순수하게 창조적이 아니라는 것이다.(p. 222) Egypt와 Mesopotamia의 사제적 독재자들 역시 그들의 정의가 권력욕에 의해서 항상 부패되었다는 의미에서 시초부터 '억압적'이었다고 니버는 주장한다.(p. 222-223)

제Ⅲ절

국가나 국가들의 공동체의 패권적 지배적 집단은 지나치게 필사적으로 살려고 하기 때문에 죽든가, 그렇지 않으면 스스로 죽음으로써 신생을 성취한다. 이러한 두 가지 대안은 지배적 집단의 힘과 특권, 오만이 역사의 새로운 사회 세력(new social forces)의 출현에 의해서 도전을 받을 때 발생한다.(p. 224) 전통적인 힘의 균형, 수립된 정의 구조 및 신성시 되던 사회적 규범의 시스템은 새로운 계급이나 국가의 등장, 또는 종전의 지배적 집단의 새로운 기술이나 힘의 획득으로 인해서 역사적 심판을 받게 된다. 그러나 새로운 요소와 세력은 역사 속에서 계속 발생한다. 역사는 대립의 마당이다.(p. 224) 새로운 사회적 세력에 의해서 왕국의 힘이 완전히 파괴될 때는 언제나 우상적인 종교적 주장으로 인한 자기기만(self-delusion)이 힘에 대립하는 주장의 타당성을 인식하는 데 있어서의 맹목성과 새로운 사회적 세력을 다루는 데 있어서의 경직성(inflexibility)의 주된 원인으로 작용한다.(p. 225) 인간의 사회적 기구들과 문화들의 죽음은 인간 역사의 모든 힘과 권위의 일시성과 유한성을 숨기려고 하는 헛된 망상의 결과이다. 그러나 다행스럽게도 역사의 다른 가능성이 있다. 때로는 경쟁적 도전이 우상적 요구를 완화한다. 심판이 회개로 인도한다. 그 결과, 삶의 낡은 형식과 구조가 역사의 변천에 의해서 멸망하지 않고 갱생한다. 이런 경험이 죽음을 통한 삶의 기독교적 교리가 개인적 유기체와 마찬가지로 집단적 유기체를 위해서도 타당하다는 것을 증명하는 것이다.(p. 227)

제IV절

역사의 발전적인 사회적 세력, 즉 새로운 사회적 세력은 기존의 모든 기구들에 대한 신성한 심판의 도구들이지만, 그런 도구들은 그것들이 대항해 싸운 세력들과 같은 우상 숭배에 빠진다.(p. 227) 그러한 새로운 사회적 세력은 낡은 것의 비판적 도구로 만족하지 않고 절대적 정당성을 가지고 있다고 주장한다.(p. 228) 상업적 계급의 자유주의적 이상주의와 산업적 계급의 마르크스주의적 이데올로기는 우상 숭배의 오염(taint of idolatry)을 도전자의 이상주의와 도전당하는 자의 이상주의가 함께 가지고 있다는 사실을 점차 분명하게 나타냈다. Karl Mannheim에 의하면, 유토피아는 가난한 자들의 이데올로기이다. 그들은 과거의 지배가 불의였다는 것과 그들 자신의 지배가 보다 의롭다는 것을 증명하는 데 만족하지 않고, 그들의 지배가 절대적 정의를 수립할 것이며 강제성으로부터 자유로울 것이라고 주장한다. 이렇게 해서 역사의 신성한 심판자들은 그들 역시 심판 아래 있다는 사실을 망각한다. 따라서 그들은 전통적 불의의 제거에 따르는 새로운 악을 증대시킨다.(p. 228)

집단적 인간은 개인보다 역사적 삶에 더욱 필사적으로 집착한다. 왜냐하면 그는 의미의 보다 깊은 차원을 잘 모르기 때문이다. 그렇기 때문에 개인의 순교는 있지만 국가의 순교는 없다. 국가나 문화, 또는 지배자와 공동체가 그들의 영고성쇠를 그들의 오만에 대한 심판으로 해석함으로써 역사의 강타에 의해서 파멸당하지 않고 개혁하는 것이 불가능하지 않다.(p. 230) 이상적으로는, 기독교 공동체는 국가나 문화가 삶의 의미를 완성하고, 혹은 역사의 목적을 완성할 수 있다는 허위의 믿음을 갖는 대신 국가들을 회개와 신생을 갖도록 추구하는 '구원의 남은 소수(saving remnant)'이다.(p. 230)

제V절

문명의 성쇠 과정에서 나타나는 어떤 가치들은 영원한 가치들이다. 중세가 남긴 유기적 공동체, 부르주아 사회가 남긴 개인의 해방이 그런 영구적 가치이다. 기독교적 입장에서는 그리스도의 아가페의 사랑이 영원한 것이다.(p. 231) 그렇다면 왜 역사가 진리를 허위로부터 식별하는 과정이 되어서는 안 되는가? 역사가 그런 과정이라면 결국 세계사(Weltgeschite)는 세계심판(Weltgericht)이다.(p. 231) 역사가 그 자체의 심판자라는 이와 같은 역사 개념은 결국 허위이다.(pp. 231-232) 역사가 실제로 인간의 발전적 자유의 이야기라는 것은 사실이다. 그러나 이와 같은 진리는 증대하는 자유가 보다 넓은 과제의 성취를 보장한다고 생각하면 바로 과오가 된다. 자유의 약속과 더불어 자유의 위험이 발생하며, 위험과 약속이 뗄 수 없이 얽혀 있다.(p. 232) 성경의 곡식과 가라지의 비유는(마태복음 13: 20-30) 역사의 이런 성격을 잘 나타낸다.(p. 232) 역사 속에는 최종적 심판의 가능성이 없고 역사의 끝에 이르러서야 그 가능성이 있다. 자연에 대한 인간의 자유의 증대는 곡식과 가라지를 함께 익게 하는 계절의 진행과 같다.(p. 232) 역사는 역사의 수수께끼를 풀지 못한다. 역사 속에는 시간의 흐름을 초월하는 의미의 측면이 있다.(p. 233) 증대하는 자유의 조건인 사랑의 성숙 속에도 긍정적 의미가 있다. 같은 자유가 자기애의 힘과 파괴성을 증대한다는 사실이 역사 자체 안에서 역사의 의미의 해결을 발견하는 것을 불가능하게 만든다. 신앙은 최후의 심판과 부활을 기다린다. 인간의 삶의 역정 전체의 시작과 끝에는 신비가 있다. 그리고 그리스도의 아가페는 그 비밀에 대한 실마리이다.(p. 233) 역사의 과정 속에 어떤 일시적 의미가 있다 해도 인간들이 역사의 목적의 수수께끼를 극복하는 힘과 자비를 발견하지 못하면 궁극적으로는 절망에 빠질 수밖에 없다.(p. 233) 당혹이 너무나 단순하게 해결되면 절망을 낳는다. 기독교 신앙은 인간의 역정 전체를 지탱하고, 그런 역정의 수수께끼와 이율배반을 통해서 빛나며, 마침내 수난의 사랑이 죄와 죽음에 대해서 승리를 거두는 드라마 속에서 결정적으로 계시되는 신의 사랑과 힘을 이해한다.(p. 233) 이 계시는 모든 당혹을 해결하지 않는다. 그러나 그것은 절망에 대해서 승리를 거두고 자기애가 사랑으로 변화하는 삶의 새로움으로 인도한다.(pp. 233-234)

제XIV장 교회와 역사의 종언(The Church and the End of History)
제I절

신약성경은 최후의 심판과 전체적 부활을 대망하는데, 이것은 곧 역사의 완성과 종말을 의미한다. 그런데 이 경우, 종말은 Finis가 아니라 Telos이다. Finis는 시간의 끝이지만 Telos는 의미의 도덕적, 정신적 정점으로서 역사 자체 속에 있지 않다. 신약성경에 의하면, 역사는 선과 악의 가능성을 가지고 있다.(p. 235) 적그리스도(Anti-Christ)는 두 가지 의미로 해석된다. 첫째, 신에 대한 가장 분명한 부인이 역사의 종말에서 나타난다는 의미요, 둘째, 역사의 종말에서 나타나는 그리스도나 신의 이름에 의한 이기적 목적의 주장이다. 두 번째 경우는 교회가 시험받는 것이기 때문에 특히 중요하다.(p. 345) 신약성경은 "시간이 짧다"(고린도전서 7: 29)라고 함으로써 궁극적 심판이 매순간 임박한다는 긴박성을 말했다. 그 결과, 주 후 1세기 혹은 2세기 동안에 그리스도가 최종적 심판자와 구세주로 곧 재림한다는 환상적 희망을 가졌다.(p. 236) 이러한 생각은 과학적으로 믿을 수 없을 뿐만 아니라 종교적으로도 잘못이다. 성경은 그 날과 시간을 어떤 사람도 천사도 아들도 모르고 오직 아버지만 안다(마태복음 24: 36)라고 했다.(p. 237) Telos가 역사 밖에 있다면 종말에 관한 성서적 심벌을 심각하게 취해야 할 이유가 어디에 있는가? 최후의 심판의 심벌은 역사의 끝까지 남는 도덕적 애매성을 강조한다. 그 심벌은 유토피아주의를 부정하고 부활의 심벌은 순수한 존재의 세계에의 Plato적 도피를 거부한다.(p. 237)

제II절

기독교 교회는 삶과 역사가 성스럽고 자비로운 신의 주권 아래 있음을 알기 때문에 삶이나 죽음, 그리고 현재와 미래를 두려워하지 않는 희망에 찬 신자들의 공동체가 된다.(p. 238) 이상적으로는, 교회는 죄를 깊이 뉘우치는 신자의 공동체이다. 그러나 교회는 신자들이 그들을 불의한 자들에 대해서 정당함을 밝혀줄 것을 신에게 간청하는 의인들의 공동체가 될 위험성이 있다. 다시 말해서, 교회는 충분히 종말론적이 아니기 때문에 적그리스도가 될 위험성이 있다.(p. 238) 종말론적 강조 없이는 교회가 하나님의 나라임을 주장할 위험이 있다.(p. 239) 교회도 역사적인 일시적 요소들을 가지고 있다. 로마 가톨릭교회의 절대성 주장은 허세이며 믿을 수 없는 것이다. 이러한 허위적 절대성에 반발하여 교회의 어떤 분파는 매개되지 않은 은총(unmediated grace)에 의해서 살 것을 주장하고 가능한 한 신학적, 의식적, 그 밖의 다른 전통과 도야를 배제한다. 이렇게 될 때 교회의 예배가 천박하고 진부해지며, 교회의 가르침이 감상주의적이 되고 도덕적이 되며, 또한 긴 경험의 규제를 상실하여 멋대로 될 위험이 있다.(pp. 239-240) 개인도 교회도 역사의 애매성 속에 포함되어 있다.(p. 240)

제Ⅲ절

교회는 성례전을 가져야 한다. 성례전에는 세례, 성찬이 있다.(pp. 240-241) 이상적으로는, 성례전은 기독자의 생활을 허세로부터 구원해야 한다. 그것이 기독교 공동체가 최종의 진리와 은총을 가지고 있지만 그러나 아직 가지고 있지 않다는 사실을 강조하기 때문이다.(p. 241) 그러나 성례전은 부패할 수 있고 마술로 전락할 수 있다.(p. 242) Toynbee는 제국들과 문명들의 허세로 인한 자기멸망이 현실역사에서 보편적 교회의 승리로 인도할 수 있다고 했다. 그러나 그러한 안정성을 가진 교회는 그리스도의 은총과 국가들과 문화들이 오만의 역사적 혼합의 모든 것을 가지고 있는 어떤 특정한 교회가 될 수 없다.(p. 242) "하나님께서 세상의 천한 것들과 멸시받는 것들과 없는 것들을 택하사 있는 것들을 폐하려 하시나니"(고린도전서 1: 28)라는 바울의 말처럼 하나님은 성직자도 예언자도, 혹은 '구원된 자들'의 어떤 공동체도 분명히 제외하지 않을 것이다.(p. 243) 모든 인간과 모든 역사적 기구들은 의미의 역사적 애매성 속에 포함되어 있다.

4
『미국 역사의 아이러니
The Irony of American History』 출간(1952)[19]

✤

『신앙과 역사』는 빈약한 저서이기 때문에 신학계와 보다 넓은 지성 세계에서 니버의 명성을 높이지 못했지만 성공한 신학자로서의 그의 위상을 정점에 도달하게 했다. 1949년, 그는 대중 매체에서 가장 영향력이 있는 미국 개신교 신학자였을 뿐만 아니라 미국무부가 선택한 인물이기도 했다. 미국 정부의 대표로 독일 여행을 행한 1946년, 그는 같은 해에 정부의 외교 정책 엘리트위원회의 위원으로 임명되었고, 국무부의 미국의 점령 지역의 문화 정책 자문위원회에 정기적으로 참석했다. 1949년에는 국무부를 자주 출입했다. 국무부 정책기획위원장인 George Kennan은 동위원회의 이틀간의 심의회에 그를 초청했다. 니버의 국무성 초청은 계속되었고, 그는 그의 온건한 이상주의적 현실주의에 입각한 그의 의견을 계속 제시했다. 11월에 그는 파리에서 개최되는 제4회 UNESCO 총회의 미국 대표로 선출되어서 동총회에서 연설을 했다. 그는 이 연설에서 UNESCO가 직접 구체적으로 갈등 해결을 하려고 할 것이 아니라, 문화적 영역에 집중해야 한다고 주장했다. 그는 UNESCO가 문명들 사이의 소통을 증진함으로써 세계 평화를 보장할 수는 없지만 그것을 위한 어떤 전제들을 마련할 수 있다고 주장했다. 파리에서 귀국한 후 한 달이 지나서 니버는 국무장관 Acheson이 UN을 손상시키지 않고 비공산권 세계를 강화하는 여러 정책을 심의하기 위해서 소집한 회의에 참석하기 위해서 워싱턴으로 갔다.[20]

Acheson의 회의 2주 후, 니버는 그가 예일대학교 총장의 물망에 오르고 있다는 것을 알게 되었다. 예일 재단 안에서는 뉴욕의 진보적 변호사 Jonathan Bingham이 니버를 밀었고, Ivy League진영에서는 예일의 Chester Bowls와 하버

---

19) Reinhold Niebuhr, *The Irony of American History*(New York: Charles Scribner's Sons, 1952).
20) Fox, *Reinhold Niebuhr*, pp. 202-203.

드의 Arthur Schlesinger, Jr.가 지지하는 서한을 보냈다. 그러나 Henry Sloane Coffin이 예일 재단의 진보적 진영에 영향력을 가지고 있었는데, 그는 예일보다 유니온의 이익을 먼저 생각하고 있었기 때문에 니버가 예일 총장으로 가는 것을 찬성하지 않았다. 결국, 예일 출신이며 하버드의 역사 교수인 A. Whitney Griswold가 예일 총장으로 선출되었다. 그러나 니버는 그의 성공의 전성기에 있었으며, 유럽에서는 공산주의가 약세에 있었다. 특히, 1949년에는 NATO가 수립되어서 러시아의 서유럽 침략에 대한 방어가 강화되었다. 국무부의 외교 문제들에 대한 장악의 힘이 강화되어서 종전 후 어느 때보다도 국방부가 압력을 덜 받았다. 특히, 공산주의자들에 대한 전쟁에서 패배하고 있는 장개석을 구출해야 한다는 주장에 반대한 Acheson 국무장관의 지도력을 니버는 찬양했다. 니버는 아시아에 대한 군사적 개입은 자살 행위라고 생각했다. 왜냐하면 미국은 아시아 대륙에서 혼자 전면권을 수행할 수 있는 도덕적, 정치적 자원을 갖고 있지 않다고 그는 보았기 때문이다. 그는 아시아의 공산주의는 근본적으로 국민들의 민족주의와 국가의 빈곤 때문이며, 그들이 독립과 건강을 갖게 도울 수 있는 기회가 아직 있다고 믿었다.[21]

1950년은 Truman 대통령의 수소탄 개발 선언으로 시작하여 한국전의 참화로 끝났다. 니버는 수소탄을 만들어야 한다는 데 대해서 회의을 품지 않았다. 소련이 그것을 만들 것이 확실했기 때문이다. 그러나 수소탄 제조의 목적은 그것의 사용을 막고 미국의 굴복을 예방하는 것이었다. 니버는 John Bennett과 맨해튼 프로젝트의 중심적인 물리학자 Arthur Compton과 함께 어떤 무기에 대해서도 절대 사용 불가의 분명한 입장을 단정할 수가 없다고 주장했다. 미국은 재래식 무기의 공격에 대해서 핵 무기를 절대로 사용하지 않는다는 약속을 할 수 없다고 그들은 주장했다. 예컨대, 중앙 유럽에서의 러시아의 탱크 공격이 그 경우이다. 러시아에 대한 선제 핵 공격은 분명히 비도덕적이지만, 러시아의 침략에 대한 핵 공격은 배제할 수 없다는 것이 그들의 주장이었다.[22]

---

21) 같은 책, pp. 203-204.
22) 같은 책, pp. 204-205.

니버는 단기적으로는 핵 무기에 대해서 걱정하지 않았다. 왜냐하면 1950년 6월에 발발한 한국전쟁이 핵 무기를 사용하지 않고도 감당할 수 있다는 것이 증명되었기 때문이다. 한국전쟁은 미국에 대한 위협이었지만 핵 전쟁의 위협은 아니었다. 그러나 미국이 한국전에서 아시아 대륙의 육전에 끌려들게 되면 유럽이 러시아의 침략을 당할 위험이 있다고 니버는 걱정했다. Macarthur 장군이 중국과의 전쟁을 하려고 했을 때, 니버는 그렇게 되면 미국이 전면적 패배를 할 것이라고 생각했다. 그래서 그는 대만을 포기하는 조건으로라도 중국과 휴전해야 한다는 주장을 제기했다. 그는 《뉴욕 타임스》에 글을 써서 아시아에서의 전면전행은 유럽에서 공산 침략을 자초하게 된다, 그리고 자유세계는 아시아를 잃고도 살 수 있지만 러시아가 유럽의 경제적, 기술적 자원을 장악하면 안전하게 살 수 없다, 라고 주장했다. 아시아는 그들의 길을 가고, 유럽은 어떤 희생을 치르더라도 방어해야 한다는 것이 니버의 주장이었다. 그렇지만 니버는 미국은 한국을 방어할 권리가 있다고 주장했다. 뿐만 아니라 러시아는 패배할 전면전을 원하지 않으며 세계 각처에서 정치적, 군사적 도발을 자행하여 미국을 괴롭힘으로써 특정한 승리를 거두기를 책략하고 있다고 주장했다. 특히, 아시아에서 그렇다고 보았다. 그렇기 때문에 미국은 앞으로 수십 년 동안 취약 지점을 수호하려는 단호함을 과시하기 위해서 핵 전쟁의 공포를 불식해야 한다는 것이 니버의 입장이었다.[23]

호사다마라는 말이 있는 것처럼, 미국 정부에서 니버가 지적 엘리트로 활발하게 활동하는 데는 불행한 일도 함께 생겼다. 1950년 11월, 미국 국무성은 니버가 관선 자문위원이 될 것을 요청했다. Truman 대통령 치하에서는 정부 임명자에 대한 충성 조사, 다시 말해서 미국에 대한 충성을 조사하는 신원 조사가 정규 절차였다. FBI의 뉴욕 사무국은 니버에 대한 과거의 조사 사항들을 다시 들먹였음은 물론이요, 니버가 장개석을 포기하고 대만 해협에서 미국의 제7함대가 철수할 것을 주장했다는 사실과 그가 아시아에서 공산주의를 용납하는 입장을 취했다는 등의 새로운 사실들을 문제 삼았다. 뉴욕 사무국의 새로운 정보원들 몇은 1930년대의

| 23) 같은 책, p. 205.

니버의 활동은 공산당에 가입했을 것으로 보이는 혐의가 있다고 주장했다. 니버에 대한 FBI 조사는 1952년 2월에야 종결되었는데, 그때는 이미 니버가 정부에 대한 임무를 마치고 정부를 떠난 뒤였다. 그래서 니버에 대한 신원조사국(Loyalty Review Board)의 조사는 무의미한 것이 되었다.[24]

FBI만이 니버의 신원 조사를 한 것이 아니다. 소련의 원자탄 개발과 중국의 상실의 소식으로 인한 히스테릭한 분위기 속에서 미국평신도협의회(American Council of Christian Laymen: ACCL) 같은 민간 단체도 FBI에 가세하여 진보적 기독교 학자와 지도자를 有罪 집단이라고 간주하여 수색할 것을 주장했다. 1949년에 발간된 그들의 팸플릿 "전국교회연합회는 얼마만큼 좌익인가?(How Red Is the Federal Council of Churches?)"에서 Niebuhr, John Bennett, Kirby Page, Will Scarlett, Henry Van Dusen, A. J. Muste, Harry Ward, 그리고 Harry Emerson Fosdick 등을 좌익으로 지목했으며, 니버는 24개의 신을 증오하는(God-hating) 비미국적 조직과 관련되어 있다고 공격했다. ACCL의 회장 Verne Kaub는 FBI가 니버를 조사했을 때 니버에게 편지로 그의 미국에 대한 불충성을 공격했다. 니버는 그의 공격을 조목조목 반박했으나 니버가 기억한 날짜가 맞지 않아서 그의 공격이 옳다는 추측을 낳게 했다.

니버가 관선 자문위원으로 참석한 국무부의 첫 번째 회의가 1951년 1월에 있었는데 그 회의는 "적색 이데올로기와 싸우는 것을 돕기 위한" 회의였다. 그 밖에도 니버는 Nation의 편집자의 친러적 경향에 반대하여 동지에 대한 편집 관여를 사임했다. 그리고 또한 니버는 1950년, 추방된 전문가들의 재정착운동(Resettlement Campaign for Exiled Professionals)의 회장으로서 난민 수용소에 있는 3만 명의 피난민을 구출할 것을 제의했으며, 1951년 5월에는 철의 장막 뒤에서 나온 저술가와 전문가만을 구출하여 러시아의 독재에 대항하는 이데올로기적 역공격에 가세하게 할 것을 제의했다. 이렇게 니버는 그에 대한 민간의, 혹은 정부의 조사가 진행되고 있을 때 반공산주의적 활동을 계속하고 있었으나, 애국적인 열광주의자들의

---

24) 같은 책, pp. 205-206.

눈에는 그의 반공산주의는 아직 전면적인 것이 아니라 차별적이었으며 따라서 의심의 여지가 있었다. 그는 아시아 전체가 공산화되는 것을 용납하려고 했으며, 러시아와 싸우는 것처럼 공산주의와 투쟁하지 않았다.[25]

1951년 6월, 니버는 UNESCO 회의에 참석한 이래 2년 후, 세계교회협의회의 제네바 회의에 참석하기 위하여 유럽으로 갔다. 그는 정치적 문제로 인한 골치 아픔으로부터 해방될 수 있었다. 10일간 계속된 동회의에서 니버와 바르트는 심각한 논쟁을 했다. 두 사람 사이의 논쟁의 초점은 니버의 실용주의적인 상대적 사고와 바르트의 절대적 사고의 충동이었다. 회의 주제에 대한 니버의 평이 악에 대한 승리에 대한 크리스천의 '최종적 희망(final hope)'을 무시하고 사회 정의의 점진적 신장에 대해 현세적 초점을 두었을 때 바르트의 분노가 폭발했다. 그는 미국인들은(니버를 염두에 두었음) 지나친 자기확신을 가지고 있으나 심각한 사상에 대해서는 너무나 능력이 없는 시골 호박으로 보았다. 바르트는 미소를 지은 채 앉아 있는 미국인들을 참을 수가 없었다. 그는 무엇보다도 크리스천적 희망에 관해서 심각한 고민을 해야 하지 그것을 즐기고 있어서는 안 된다고 생각했다.

그러나 니버가 볼 때 바르트는 여전히 무책임하며 비역사적이었다. 기독교의 메시지는 영원하지만 모든 상황에서 동일한 것이 아니다. 상이한 복음이 있다는 의미가 아니라 복음은 상황에 따라서 다른 국면의 타당성을 가진다. 바르트의 견해 자체도 역사적으로 조건 지워진 것이다. 다시 말해서, 기독교적 문명이 붕괴된 세계의 일부분 속의 기독교 신앙의 자연적 표현이다. 미국의 기독교인들이 순수한 종말론적 입장에서, 다시 말해서 특정한 경우들의 악의 결과를 소홀히 하고 악에 대한 신의 최종적 승리에 모든 강조점을 두는 입장에서 그들의 신앙을 표현해야 할 이유가 없다는 것이 니버의 입장이었다. 한마디로 말해서, 신은 역사를 초월하지만 크리스천의 증언은 심오하게 역사에 의해서 형성되어야 한다는 것이다. 니버는 동회의를 두고, 그 다음 해에 결국, "우리는 카를 바르트에게 현명하게 처신하기보다는 그에게 굴복하는 이외에는 아무것도 하지 못했다"라고 회상했다.[26]

---

25) 같은 책, p. 206.
26) 같은 책, pp. 207-208.

바르트를 설득하는 데 실패했지만 니버는 그와의 논쟁에서 값진 결과를 얻었다. 그는 Heath로 돌아와서 8월 한 달 동안 그가 저술하고 있었던 저서 『신 아래 이 나라This Nation under God』의 후반부 저술에 착수했다. 이 저서의 10개 장 중 8개 장은 1949년과 1951년에 한 강의에 근거한 것이었다. 가장 독창적인 2개 장, 곧 "미국 상황의 아이러닉한 요소(The Ironic Element in the American Situation)"와 "아이러니의 중요성(The Significance of Irony)"은 유럽에서 돌아와서 썼고 또한 나머지 장들도 다시 교정했다. 그의 유럽 여행은 미국을 전체적으로 검토하는 기회를 가질 수 있게 했다. 바르트와의 논쟁은 미국의 현실의 복잡성을 새롭게 음미하게 했다. 니버는 이 저서를 저술하는 데 있어서 방법론적으로는 미국의 과거 역사가 가지고 있는 성취와 허세(pretension)의 혼합을 이해하기 위해서 허세를 피해야 했다. 다른 한편, 니버는 아이러니의 개념에 치중하여 미국의 자기비판의 원리를 그의 논의 속에 도입했다. 덕이 너무나 자만하게 되면 악으로 변하는 아이러닉한 경향이 있다는 것이 이 저서의 주제이다. 그는 언제나 미국이 성취한 업적을 찬양할 때는 그것을 시정하는 접근 방식을 취했다. 이렇게 해서 그의 이 저서의 중심 주제는 아이러니의 개념이 되었다. 그러나 Harpers 출판사가 The Nation under God이라는 제목으로 책을 출판하기로 계약했다는 소식을 듣고 니버는 그의 저서의 제목을 『미국 역사 속의 아이러닉한 요소Ironic Elements in American History』로 바꾸기로 했다. 그러나 출판사의 의견에 따라서 『미국 역사의 아이러니The Irony of American History』로 정했다.

이 저서는 『신앙과 역사』가 결여하고 있는 열정과 집중력을 가지고 있다. 니버는 이 저서에서 그의 주관심사인 세계 속의 미국의 지위를 논했다. 다시 말해서, 그는 1951년에 기대되었던 공산주의에 대한 예리한 공격을 표명했다. 말할 것도 없이 『미국 역사의 아이러니』는 『빛의 아들과 어둠의 아들』처럼 실용주의적 민주주의를 옹호했고, 민주주의 정치의 지혜를 점진적 사회 개혁을 자극하는 동시에 균형을 상실한 힘의 견제에 두었다. 니버는 미국이 미국의 적인 러시아를 생각하는 이상으로 많이 닮았다고 주장했다. 두 나라 모두 그들의 역사가 현대의 새로운 질서를 창출하고 있다고 생각했다. 미국의 경험은 진보의 계시가 아니라 역사의 불확정성의 사인(sign), 다시 말해서 선과 악을 위한 역사의 가능성의 사인으로 보았다.

이 저서의 대부분에서 니버는 '아이러니'라는 말을 느슨하게 패러독스(paradox), 곧 이념들의 불일치, 또는 분명히 모순되는 결합과 동일하게 이해했다. 그렇지만 그는 첫 장과 마지막 장에서 '아이러니'라는 말에 대해서 특별한 의미를 부여했다. 그는 미국의 경험은 그 핵심에서 '아이러닉(ironic)' 하지 '비애적(pathetic)' 이지도 않고 '비극적(tragic)' 이지도 않다고 주장했다. 미국사는 비애적이지 않고 아이러닉하다. 미국인은 그들의 역사의 단순한 희생자가 아니기 때문이다. 미국사는 비극이 아니라 아이러니이다. 미국 생활의 예기치 않았던 실망과 딜레마는 충분히 의식적인 선택의 결과가 아니라 부분적으로는 무의식적 좌절의 결과이기 때문이다. 니버는 『인간의 본성과 운명』에서 패러독스라는 말을 도입했는데, 그것은 인간들이 그들이 범하는 죄가 불가피함에도 불구하고 그들의 행동에 대해서 책임이 있음을 의미한다. 미국의 경험은 바로 이 패러독스의 개념에 의해서 가장 잘 이해될 수 있다는 것이 이 저서에서 니버가 취한 입장이다.

미국인들은 국가로서 그들이 취한 입장이 의도적인 것이 아니었지만 그들의 역사에 대해서 책임이 있다고 니버는 주장했다. 미국인들이 그들의 과거 역사를 비애적이거나 비극적이 아니라 아이러닉하게 이해하는 것은 미래에서 새로운 책임 의식을 가지게 한다는 것이 니버의 생각이다. 그에 의하면, 비애적 경험은 동정을 자아내며, 비극적 경험은 불운의 주인공에 대한 눈물과 찬양을 자아내고, 아이러닉한 경험은 보다 깊은 이해를 위한 웃음과 통찰을 가져다 준다. 그렇기 때문에 아이러니는 미국이 과거에 경험한 실제적인 삶의 경험의 분석적 방안이며, 후대로 하여금 과거 위에 보다 나은 미래를 건설할 수 있게 한다.

그러면 아래에서 *The Irony of American History*(Charles Scribner's Sons, 1952)의 내용을 요약하기로 한다. 요약 내용 중 괄호 안의 페이지는 동저서의 페이지를 나타낸다.

서문

본서는 1949년 5월에 Westminster College의 John Findley Green Foundation 주최의 강의와 1951년 1월에 Northwestern University의 Shaffer Lectureship 주최의 강의에 기초한 것이다. 두 강좌는 오늘날 세계 상황 속에서의 미국의 위치를 다룬 것이다. 두 강좌의 강의 내용은 제II장에서 제VII장까지에 포함되어 있으며, 제I장과 최종 장에서 나는 원래의 강의들에서 내가 미국 역사를 해석하는 데 있어서 단지 암묵적으로 추구했던 것을 명시적으로 밝히려고 했다. 내가 이 저서에서 사용한 '아이러니(irony)'의 개념의 충분한 설명을 최종 장에서야 했기 때문에 최종 장의 설명의 일부를 미리 서론에서 제시하는 것이 적절할 것 같다.

우리는 현대사의 '비극적(tragic)' 국면에 대해서 흔히 말하며, 또한 우리의 현재의 역사적 상황의 '비애적(pathetic)' 요소에 관심을 환기시킨다. 내가 우리 역사의 '아이러닉한(ironic)' 요소를 비극적 및 비애적 요소와 구별하는 것은 우리 시대의 비극적, 또는 비애적 요소를 부정하는 것이 아니다. 그런 구별을 하는 것은 아이러닉한 요소가 보다 분명하기 때문이다. 세 요소는 다음과 같이 구별할 수 있을 것이다. (a) 비애(pathos)는 순수한 자연적 악 때문에 당하는 고통처럼 이유도 잘못에 대한 책임도 제시할 수 없는 것이다. (b) 인간적 상황의 비극적 요소는 선을 위해서 악을 의식적으로 선택함으로써 생긴다. 예컨대, 평화 유지를 위한 핵 폭탄 사용의 필요성은 우리 시대의 상황의 비극적 요소이다. 비극은 고상함과 죄악을 결합하기 때문에 찬양과 동시에 동정(pity)을 자아낸다. (c) 아이러니는 우연한 부조화(incongruities)를 가지고 있지만(신사의 바지 지퍼가 열린 경우처럼) 자세히 검토하면 우연뿐 아니라 삶의 불일치를 담고 있다. 불일치 자체는 단지 희극적(comic)이다. 그것은 웃음을 자아낸다. 그러나 아이러니는 희극(comedy), 그 이상의 것이다. 희극의 요소가 아이러니에서 완전히 제거되지 않는다. 그러나 아이러니는 코미디 이상의 어떤 것이다. 불일치 속에서 어떤 숨은 관계가 발견되면 희극적 상황이 아이러닉한 상황이 된다. 예컨대, 덕이 그것이 가지고 있는 숨은 결함에 의해서 악으로 변하면, 강함이 그것으로 인해서 강한 나라나 사람을 허영에 빠지게 하여 약함이 되면, 안전이 그것을 지나치게 믿음으로 인해서 불안이 되면, 지혜가 그 한계를 알지 못함으로써 어리석음이 되면, 그러한 상황은 아이러닉하다.

미국 문명이 그 대표적 예인 우리의 현대 자유주의 문화는 그 원래의 덕과 지혜, 힘의 허세에 대한 많은 아이러닉한 거부를 보여주고 있다. 공산주의가 그것의 원래의 정의의 꿈과 덕, 그것의 독재를 민주주의라고 증명하려는 더욱더 절망적인 노력 사이의 아이러닉한 대조를 숨기려고 하는 한, 그리고 그 제국주의를 보편적 평화의 성취로 숨기려고 하는 한 아이러니가 순수한 악으로 화해버리고 말았다. 이러한 개념들이 근자의 역사 해석을 위한 유용한 원리들이 될 수 있는지 여부는 이 전서를 읽고 난 후 독자들의 판단에 달려 있다. 그리고 미국 역사의 전문가가 아닌 필자가 미국사의 사실과 판단에서 잘못이 있다면 전문가들에게 사과하는 바이다.

나는 나의 아내인 Ursula Niebuhr 교수와 이 저서의 모든 장들을 읽고 중요한 시정 사항들을 제시해 준 하버드의 Arthur Schlesinger, Jr. 교수와 그 외의 분들에게 감사를 표하는 바이다. 뉴욕 시에서, 1952년 1월.

제I장 미국적 상황 속의 아이러닉한 요소(The Ironic Element in the American Situation)

제I절

1. 미국과 자유 진영이 공산주의와 싸우고 있다는 상식적인 사실은 보다 깊은 의미를 가지고 있다. 그것은 미국의 상황이 아이러닉한 요소(ironic element)를 가지고 있다는 사실이다. (a) 미국은 서구 문명을 공산주의에 의한 大禍로부터 막기 위해서 원자탄으로 적을 위협하고 있다. 원자탄에 의한 승리는 생존하기 위해서 도덕적 문화를 파괴하며, 승자도 패자도 없는 파괴를 초래할 것이다. (b) 그러한 전쟁에서는 미국이 압도적이고 견제를 받지 않는 힘을 가지게 되는데, 이것은 정의의 기본적 표준을 침범하는 것이다.

2. 그러한 비극적 딜레마는 비극적(tragic) 요소라기보다는 아이러닉한(ironic) 요소를 가지고 있다. (a) 미국의 많은 꿈들이 역사에 의해서 참혹하게 거부되었다. (b) 미국은 국제적 책임을 원자탄의 위협을 통해서 수행할 수 있다. 이러한 어려운

현실을 평화적으로 해결하려는 이상주의자들의 구상은 지금의 위기를 해결하기에 적합하지 않다.

3. 역사는 인간의 뜻대로 되지 않는다. 역사는 모든 이상주의자들의 집단이 뜻하는 평화와 정의의 목표들을 거부한다. (a) 우리의 역사적인 좌절의 상황은 공산주의의 출현에 의해서 더 많은 아이러니를 드러냈다. 공산주의의 잔인성은 부분적으로는 역사 전체를 마음대로 할 수 있다는 허세(pretension) 때문이다. 공산주의의 잔인성은 부분적으로는 역사가 이런 허세를 좌절시킨 데에서 비롯되었다. (b) 덕에 대한 현대인의 확신은 인간의 덕의 애매성에 대한 기독교적 아이디어(the Christian idea of the ambiguity of human virtue)를 거절하게 했다.(p. 4) (c) 공산주의는 사유재산 소유 제도를 악의 근원으로 보며, 이러한 제도의 제거는 죄를 소멸시킨다고 주장하고, 그 결과, 인류사에서 가장 거대한 힘의 독점을 한 프롤레타리아가 죄 없이 완전 무구하다고 주장한다. 이것은 아이러니이다.(p. 4)

4. 오늘날(1952년) 미국의 역사가 직면하고 있는 정황. (a) 미국인들은 미국을 인류사에서 새로운 시작을 이룩하려는 신의 과업으로 보려는 종교적 비전을 가지고 있다. (b) 지금 미국은 세계적 책임들을 수행해야 하는데, 미국의 약점은 점차 커지고 있다. 그런데 미국은 힘(power)의 사용과 오용의 경험이 없다. 그런데도 미국은 지구적 힘(global power)을 행사해야 한다. (c) 이러한 사태가 유발한 이상주의자들의 두 가지 입장이 있다. 하나는 미국의 혼의 순수성을 지키기 위해서 세계적 책임의 수행을 거부하는 사람들의 입장이고 또 다른 하나는 선한 목적을 위해서 취하는 어떤 조치도 덕이라고 생각하기 때문에 서구 문명을 구하기 위해서 도덕적으로 위험한 행동을 해야 하며, 또한 그렇게 계속해야 한다고 생각하는 사람들의 입장이다.(p. 5) (d) 미국은 한 국가가 힘의 행사에 있어서 완전히 공정할 수 있다는 것을 믿지 말아야 하며, 특정한 정도의 이익과 열정에 대한 자기만족이 힘의 행사를 정당화하면, 정의를 부패시키게 된다는 사실을 공산주의의 교훈에서 배워야 한다. 공산주의는 선으로 짐작되는 목적에 대한 미심쩍은 수단의 관계에 대한 도덕적 자기만족으로 인해서 가공할 결과를 초래했다.(p. 5) (e) 공산주의에 대한 대결이 유발한 자기분열적인 세 가지 입장은(pp. 5-6) 첫째, 자유사회를 이해관

계의 순수하게 합리적인 조화라고 보는 입장. 둘째, 때로는 지탱할 수 있는 정의의 형식을 사회적 힘들과 생명력들의 사려 깊은 균형에 의해서 성취하지만 그것을 정당화할 수 있는 의식적 철학이 없는 입장. 셋째, 공산주의의 특성인 냉소주의(cynicism)와 이상주의(idealism)의 이상한 혼합. 즉, 원하는 목적의 달성을 위해서 어떤 수단도 망설임 없이 사용하는 입장이다. (f) 공산주의와 싸우고 있지만 미국 문화를 지배하고 있는 것은 인간의 운명이 그리 분명하지 않은 자연주의적 편견(naturalistic bias)이다.(p. 6)

5. 미국 문화의 문제점들.(p. 6) (a) 인간의 본성을 물리적 자연에 사용하는 방법들과 흡사한 방법들에 의해서 조작할 수 있다고 생각한다. (b) 생의 목적에 대한 물질주의적 개념. (c) 역사 속에서 유토피아를 실현할 수 있다고 생각한다. (d) 이러한 거부는 모든 민감한 개인이 현실의 역사 속에는 결코 실현될 수 없는 의미의 구조와 관계를 가지고 있다는 사실로 인해서 생기는 인간 실존의 갈등을 무시하는 일반적 경향이 있다. (e) 공산주의자의 물질주의적 신조를 능가하는 미국의 성공적 물질주의.(p. 7)

6. 미국의 세계적(global) 책임으로 인한 불안과 좌절.(p. 7) (a) 세계적 책임이라는 지옥의 위협을 받는 미국 국내의 안전 천국. (b) Calvin적, 그리고 Jefferson적인 선조들로부터 이어받은 덕과 번영의 완전한 양립성이 역사의 잔인한 사실들의 도전을 받고 있다. (c) 세계 공동체에 대한 책임은, 비록 그것이 부분적으로는 미국의 국가 이익에 대한 사려 깊은 이해에 연유한다고 할지라도, 덕이다. 그러나 이같은 덕이 안락(ease)과 편안(comfort), 번영을 보장하지 않는다. (d) 미국은 세계적 책임의 수행을 위해서 빈약함, 그러니까 좌절과 걱정에 직면한다.

7. 개인주의 찬양의 이데올로기가 유발하는 모순. (a) 정의가 유지되고 생존을 확보하기 위해서는 개인적 자유를, 이데올로기가 주장하는 것처럼, 생의 무조건적 목적으로 만들 수 없다.(pp. 7-8)

8. 미국 문화의 문제들. (a) 과학적 개념과 기술적 환상이 인간의 존엄성을 부정하고, 인격의 통합적인 자아초월적 중심을 발견하지 못한다. (b) 과학적 문화의 학문적 사상은 개인의 자유와 독창성의 신비를 모호하게 하고, 기술사회의 사회적

형식들은 빈번히 개인의 삶을 위협한다. (c) 학문적 사상보다 사회적 실천이 미국의 개인주의적 신조를 더 잘 실현한다. (1) 젊은이들이 나라를 위해서 자기를 희생한다. (2) 공산주의와 싸우기 위해서는 미국의 신조보다 더욱 현명해져야 한다. (d) 민주주의의 힘, 바로 그것이 미국을 구출한다. 역사와 공산주의에 대한 대립이 미국의 환상을 거부한다.(pp. 8-11)

제II절

1. 서구의 산업 문명이 인격과 역사, 공동체에 대한 이념을 부르주아적 개념들과 혼합한다. 인간이 운명의 주인이며 혼의 지배자라는 개념이 기독교의 섭리를 거부한다.(pp. 12-13)

2. 공산주의는 인간의 힘에 대해서 더 많은 환상을 가지고 있으며, 프롤레타리아의 배타적 덕을 절대화하여 유토피아 건설의 망상을 가진다. 그러나 프롤레타리아의 총체적 힘의 독점은 모든 덕의 파괴를 초래한다. 공산주의는 공산화된 사회를 완전한 사회로 보고 그것이 참된 역사의 시작이라고 하며, 그것 이전의 모든 역사를 부정하고 '역사 이전(pre-history)'이라고 주장한다. 공산주의는 모든 문화를 때려 부숨으로써 악의 세계를 청소하려고 했다.(pp. 14-15)

결론

미국이 공산화되지 않은 방대한 세계를 구출하기 위해서는 미국도 공산주의의 환상과 같은 환상에 빠질 수 있다는 사실을 자각해야 한다.(p. 16)

제III장 순진한 세계 속의 순진한 국가(The Innocent Nation in an Innocent World)

제I절

1. 현대 문명의 모든 학파는 기독교의 원죄론(the Christian doctrine of original sin)을 거부한다.(p. 17) 역사적 현실은 의와 불의의 분명한 구별이 아니며, 최선의 인간 행위들도 어떤 종류의 죄를 포함하고 있다.(p. 19)

2. 자유주의적 도그마(the liberal dogma)의 문제점.(p. 19) (a) 공산주의자들의 무죄의 허세(pretension of innocency)와 그로 인한 극악무도한 악들은 자유주의적 도그마의 산물이다. (b) 자유주의적 도그마에 의하면, 사회적 악들이 교육에 의해서 주어지는 높은 지능의 발달에 의한 보다 과학적인 완전한 사회적 기구들(social institutions)에 의해서 치유될 수 있다. (c) 공산주의의 도그마는 보다 특정적이다. 즉, 사유재산 제도(the institution of private property)가 제거되면 인류는 원래의 무죄의 상태로 되돌아간다. (d) 이러한 무죄의 상태로 돌아가게 하는 시발자는 프롤레타리아 계급이다.

3. 공산주의에서는 모든 개인과 집단의 인간 행동에 권력욕이 침투한다는 사실이 모호하게 된다.(p. 20) (a) 공산주의의 소수 과두 독재자들은 사유재산이 없기 때문에 공산주의는 죄가 없다고 믿는다. (b) 자본주의는 전쟁 없이 존재할 수 없으며, 전쟁은 공산주의와 공존할 수 없다고 공산주의는 믿는다.

4. 이 같은 공산주의 신조는 인간의 본성과 행위에 관한 가장 믿을 수 없는 이론이지만, 일단 기본적 전제가 수용되면 상당한 정도의 신빙성을 갖게 된다. 인간의 자기기만의 힘은 무한한 것 같다.(pp. 20-21)

5. 자아의 이성을 부패시키는 자아의 열정과 야심의 힘에 대한 John Adams의 이해는 완전하게 무사심한 자아의 가능성을 주장하는 모든 이론들을, 그것들이 자유주의자의 이론이든 마르크스주의자들의 이론이든, 거부하는 삶의 사실에 대한 단순한 인정이다.(p. 21)

6. 마르크스주의가 주장하는 이데올로기적 오염(ideological taint)은 부르주아 계급의 경제적 이익에만 있는 것이 아니라 프롤레타리아 계급에도 있다.(p. 22) (a) 마르크스주의자의 도덕적 무죄의 허위는 일찍이 인류사에 없었던 엄청난 정치적 불의와 잔인성을 발생시켰다. (b) 공산주의의 이와 같은 극악무도한 악에 반대하는 자유세계도 약간 부드럽기는 하지만 같은 형태의 도덕적 허세를 갖고 있다. 이것은 아이러니이다.

제Ⅱ절

1. 공산주의의 프롤레타리아만이 무죄의 허세(pretension)를 가지고 있는 것이 아니라, 미국도 전통적으로 미국이 지구상에서 가장 무구한 국가라고 생각했다.(pp. 23-25) (a) 미국은 자신을 신이 인류를 위해서 새로운 시작을 하기 위해서 사용하는 '갈라 세운(separated)' 나라로 생각했다. (b) 미국은 새로운 인류를 창조하기 위해서 신의 부르심을 받은 미국적 이스라엘(American Israel)이라고 생각했다. (c) 미국 사회는 본질적으로 덕성이 있는 사회이기 때문에 다만 악의만이 미국의 행동들을 비판할 수 있다. (d) Edward Johnson의 『시온의 구세주의 놀라운 섭리의 역사 Wonder Working Providence of Zion's Saviour』(1950)는, New England는 주께서 새로운 하늘과 새로운 땅, 새로운 교회와 새로운 국가를 함께 창조하는 장소라고 했다.(p. 25) (e) Thomas Jefferson은 미국의 건국 목적은 썩은 세상에서 새로운 시작을 하는 것이라고 보았고, 미국의 민주주의와 유럽의 독재정치의 구별을 절대적이라고 인정했다. 그러나 미국이 그렇게 새롭지도 않으며 또한 초기 미국처럼 순수하게 남을 수 없다.(p. 26) (f) Jefferson은 미국의 보다 높은 덕을 때로는 계몽주의 사상과 같은 입장에서 전통적 편견으로부터 자유로운 합리적 자유 때문이라고 했고, 때로는 미 대륙의 유리한 사회적 환경 때문이라고 생각했다.(p. 27).

2. 마르크스주의와 미국.(p. 29) 마르크스주의는 유럽에서 고무시켰던 계급투쟁을 미국에서는 하지 못했다. 미 대륙의 경제적 기회의 확장이 그것을 불가능하게 만들었다. 변경의 개척이 한계에 이르렀을 때는 뛰어난 기술이 야망과 모험을 위한 새로운 변경을 개척했다.

3. Jefferson과 Marx, 양자의 잘못.(p. 30) 인간의 욕망들은 그것들을 만족시키는 수단과 더불어 커지기 때문에 '풍부 함(abundance)' 의 모든 수준에서도 일어나는 힘과 오만의 갈등이 언제나 존재한다는 사실을 이해하지 못했다.

4. Jefferson의 미국관과 그 아이러니.(p. 31) (a) 미국의 무구성에 대한 Jefferson의 목가적 묘사는 도시사회보다 농경사회 선호에 근거를 두고 있다. (b) 대규모의 산업사회의 발달과 민주주의가 농업사회적 경제에서라야 안전하다는

Jefferson의 믿음 사이의 대조는 아이러니컬하다.

5. 민주주의의 권력 분산과 지탱 가능한 정의 실현.(p. 31) (a) 산업사회의 집단적 관계 속의 지탱 가능한 정의 실현은 힘의 분산에 의한 힘에 대한 견제와 균형에 의해서 가능하게 되었다. 노동운동의 대두는 그러한 정의 실현을 위해서 특별히 중요한 것이다. (b) 초기 제퍼슨 지지자들은 정치 권력을 약하게 유지하려고 했다. "최선의 가능한 정부는 가능한 최소의 정부이다(The best possible government is the least possible government)." (p. 32)

6. 힘에 대한 계급적 견해 차이.(p. 33) 특권에서 제외된 계급은 사회 생활에서 힘의 요소에 대한 현실주의적 이해를 발전시켰지만, 특권 계급은 힘을 사회 생활의 중요한 요소로 보지 않는 고전적 자유주의를 보전하려고 했다.

7. 권력욕과 경제적 동기.(pp. 33-34) (a) 마르크스주의도 부르주아 이데올로기도 이기주의(self-interest)를 경제적 동기와 동일시한다. 그래서 양자가 매한가지로 인간의 동기 속에 있는 권력에 대한 탐욕(the lust for power)을 보지 못한다. (b) 마르크스주의는 산업사회의 '힘의 불균형(the imbalance of power)' 과 경제적 동기의 무절제적 성격이 불의와 사회적 갈등을 증폭시킨다고 믿고 있다.

8. 공산주의는 미국을 자본주의적 불의의 최악의 형태로 보며, 공산주의를 순수한 무죄와 정의의 심벌로 본다.

9. 미국의 사회 정의는 권력 문제에 대한 '실용주의적 접근(pragmatic approach)' 에 의해서 성취된 것이다. 즉, 사업의 총수들의 이론과 사회과학자들의 관념에 대해서 승리를 거둔 '상식(common sense)' 의 승리이다.

제III절

1. 20세기 미국의 외교 정책.(pp. 35-37) (a) 외국들 간의 관계에 개입할 힘이 없었다. (b) 세계적 책임 수행을 위한 힘의 책임을 거부함으로써 무구성을 지키려고 했다. (c) 제1차세계대전은 "민주주의를 위해서 세계를 안전하게 만들기 위한(to make the world safe for democracy)" 십자군으로 참전을 해석했다. 그러나 실은 미국의 국익(national interest)을 신중히 고려하여 참전했다.(p. 36) (d) 미국만이 위선

(hypocrisy)의 유혹을 받는 나라가 아니다. 모든 나라가 집단 이기주의가 너무나 강하기 때문에 국가 정책을 거기에 기초를 두어야 하지만, 개인의 민감한 도덕적 책임성은 특정한 공동체를 초월한다. 그렇기 때문에 공동체에 대한 충성은 공동체의 가치보다 넓은 가치를 포함할 때 비로소 유지될 수 있다.(pp. 36-37)

2. 미국의 외교 정책에 대한 두 가지 입장.(p. 37) (a) 현실주의자들(realists): 발생 초기의 세계 공동체에 대한 미국의 책임감은 사려 깊은 이기주의적 기준을 초월한다. (b) 이상주의자들(idealists): 1930년대의 고립주의(isolationism)는 미국의 무구성을 유지하기 위해서 중립을 주장. 그들은 죄를 짓지 않고는 힘의 행사가 불가능하다는 것을 희미하게 이해했다. 왜냐하면 힘의 행사는 결코 국가 이익을 초월할 수 없기 때문이다. 힘을 보편적 표준에 맞추려고 하고 신생 세계 공동체의 통제 아래 두려고 할 때도 그렇다.

3. 인류에 대한 미국의 책임을 부정하는 두 가지 방법.(pp. 37-38) (a) 제국주의(imperialism): 힘으로 인류를 지배하려고 하는 방법. (b) 고립주의(isolationism): 인류에 대한 책임을 회피하는 방법. 지리적 환경과 미국 초기의 신화들이 전자보다는 후자에 더 유혹을 받는다.

4. 제2차세계대전 후의 미국.(pp. 38-39) (a) 제2차세계대전이 미국의 현실주의자들(realists)과 이상주의자들(idealists)의 환상을 깨뜨려 부쉈다 (b) 제2차세계대전으로 인해서 미국은 지상에서 가장 강한 나라가 되었다. (c) 미국은 공산주의의 범람을 저지하기 위해서 그 힘의 책임을 행사하기로 결심했다. (d) 이렇게 해서 무구한 국가 미국은 아이러니의 절정에 달했다. (e) 모든 국가는 '도덕적으로 애매한 생존(morally ambiguous survival)' 보다 '고상한 죽음(noble death)' 을 택할 능력을 결여하고 있다.(p. 39)

5. 오늘날의 역사의 딜레마 해결의 두 가지 방안.(p. 40) (a) 이상적(idealistic) 방안: 불요불굴의 합리적, 도덕적 노력. 예컨대, 세계 정부의 수립이나 핵탄 사용의 거부. 전자는 가능성이 희박하고, 후자는 전쟁의 딜레마로부터의 '낡은 평화주의자적 도피(the old pacifist escape)' 이다. (b) 현실적(realistic) 방안: 선한 목적은 어떤 무기든 정당화한다. 특히, 공산주의라는 악에 대해서 그렇다. 삶의 궁극적 도덕

문제 해결을 위한 순수하게 도덕적 해결 방안이 없지만 도덕적 요소를 무시한 해결책도 없다. 인간과 국가들은 힘을 정의의 도구, 곧 자신의 이익보다 넓은 이익을 위해서 사용해야 한다. 그렇지만 힘을 정당화하는 가치와 힘의 사용자의 이익의 완전한 일치는 결코 가능하지 않다.

6. 미국은 국제관계에 대한 경험 없이 한없이 복잡한 국제 문제에 직면하여 일관성 없는 외교 정책을 구사하고 있다.(p. 41)

7. 아시아는 미국의 번영을 '찬양하기(admire)' 보다 '부러워한다(envy)'. 미국은 분명 제국주의가 아닌데 미국을 제국주의라고 비난한다.(p. 42)

8. 전 세계가 공산 독재자들의 허세(pretension)로 인해서 수난을 겪고 있다. 미국은 공산주의의 위협으로부터 자유 시스템을 지켜야 한다. 그러한 책임 수행을 위해서 미국은 유년기의 경험과 이데올로기를 탈피해야 한다. 그렇지 않으면 불가피한 죄를 포함한 책임으로부터 도피하거나, 미국의 덕에 대한 과도한 확신 때문에 피할 수 있는 죄에 뛰어들게 될 것이다.(p. 42)

제Ⅲ장 행복과 번영, 그리고 덕(Happiness, Prosperity and Virtue)

1. 미국 독립선언에 나타난 행복 추구의 권리.(pp. 43-44): 계몽사상에서 절정에 이른 현대적 희망이 행복 추구로 나타났다. 행복 추구의 두 가지 길은 다음과 같다. 첫째, 현대의 기술에 의해서 지구를 비참의 장소에서 행복과 만족의 거주처로 바꾼다. 둘째, 삶의 특권을 평등하게 나눌 수 있게 사회를 개혁한다.

2. 행복에 대한 참된 기독교적 이해의 진수(p. 44): 동양적 신앙과 달리 기독교는 역사 속의 삶이 갖는 선함과 중요성에 대한 강조에 의해서 서구 세계의 '역사적 역동주의(historical dynamism)'의 기초를 놓았다. "광신주의가 아닌 충분한 타계주의와 속물주의가 아닌 충분한 현세주의(a sufficient other-worldliness without fanaticism and a sufficient this-worldliness without philistinism)."

3. 현세적 인생관의 아이러니: 정통적인 불의한 정치적 기구들의 몰락과 과학의 자연 정복은, 인간의 행복의 장애물들을 점차 제거하여서 세계의 끝은 광영스럽고 천국이 될 것이라는 희망을 구가하게 했다. 그러한 기대와는 반대로 세계적

인 원자핵의 갈등을 불러왔다.

4. 미국 역사의 딜레마.(pp. 45-46) 미국의 번영은 과연 전설적이다. 그러나 미국의 번영을 가져다 준 기술은 미국을 세계적 문제들의 발전의 한가운데에 놓이게 했다. 여기서 미국은 번영과 덕, 행복과 '좋은 삶(good living)' 사이의 모순에 직면하게 되었다.

제I절

1. 번영(prosperity)과 덕(virtue)에 대한 미국인의 이해의 變移.(pp. 46-53) (a) Puritans과 Jeffersonians은 미국의 번영을 신의 섭리에 돌렸다. 미국의 선조들은 미국과 이스라엘 사이에 유사성이 있다고 생각했다. 미국 역시 젖과 꿀이 흐르는 '약속의 땅(Promised Land)' 이라고 믿었다.(pp. 46) Jefferson에게는 신대륙의 경제적 번영은 신의 뜻의 분명한 목적이었다. Puritans에게는 삶의 물리적 환경은 중요하지 않고, 번영은 덕의 근본적 증거이며 열매이다.(p. 47) (b) 칼뱅주의적 신조 속에 있는 두 가지 요소(pp. 49-50): 첫째, 신의 특별한 섭리. 둘째, 경건이 모든 것에 유익하다. (c) 신의 섭리에 대한 이해: (1) 섭리는 악을 처벌하고 덕을 보상하기 위해 개입하는 것을 의미한다.(p. 50) (2) 신의 특별한 섭리에 대한 확신은 후기 칼뱅주의 사상의 특징인 덕과 번영의 완전한 양립성에 대한 신앙을 지지했다.(p. 51) (3) 칼뱅주의 사상에서는 번영이 삶의 경건한 도야의 한 부분으로 추구되었다. (4) Max Weber는 그의 『개신교 윤리와 자본주의 정신 The Protestant Ethic and the Spirit of Capitalism』에서 '세계 내 금욕주의(intra-mundane asceticism)' 가 '근면(diligence)', '정직(honesty)', '절약(thrift)' 을 낳게 했다고 주장했다.(p. 51) (d) Puritanism에서 Yankeeism에로의 전이가 급속했으며, 신에 대한 봉사에서 추구되었던 번영이 그 자체로 추구되게 되었다.(p. 52) '공 없이 얻은(unmerited)' 자비에 대한 종교적 외경과 감사는 미국 생활에서 상당히 일찍 사라졌다.(p. 52) 청교도들은 (Jefferson처럼) 번영을 덕의 기초로서가 아니라 덕을 번영의 기초로 생각했다.(p. 53) De Toqueville는 1853년에 미국의 현세성(this-worldliness)이 초기 청교도주의에서 19세기 사이에 발전했다고 기록했다. 미국의 설교자들은 계속 땅(현

세)에 대해서 말했고, 그들의 논의들에서 종교의 주요 목적이 영원한 지복인지 그렇지 않으면 현세의 번영인지를 확실히 하는 것이 매우 어렵다고 그는 말했다.(p. 53) (e) 종교의 참된 문제(p. 54): 현세 생활의 기쁨과 슬픔에 대한 무관심의 대가로 내세의 축복을 약속하는 종교와 현세의 물질적 안전과 안락(comfort)에 관심 있는 종교 사이의 선택이 아니다. 우리의 책임에 대한 덕스러운 존중의 결과로 발생하는 슬픔과 고통을 이해하고 예리하리만큼 충분히 심오한 차원에서 삶을 해석할 수 있는 종교이어야 한다. 그리고 또 종교는 어떤 의미에서는 행복보다 못하고, 어떤 의미에서는 행복 이상으로 슬픔과 고통 속에서 마음의 平靜을 성취할 수 있어야 한다. 번영은 덕과 직결되지 않고, 덕이 역사적 운명과도 직결되지 않는다. 행복은 인간 존재의 단순한 가능성이 아니다.

제II절

1. 종교적 문화에 대한 공산주의 비판의 아이러니(pp. 54-55) (a) 공산주의는 종교를 '삶의 외적 세력을 극복하지 못한 약자의 위안'이라고 비판한다. (b) 건강한 서구의 국가들은 삶의 안락을 약속하는 데 성공했지만, 현세의 삶의 안락을 경멸하는 데는 성공하지 못했다. 이것은 공산주의의 종교적 문화에 대한 고발의 아이러니컬한 한 측면이다.

2. 미국 문화의 外向的 관심(extravert interests)과 內向的 관심(intravert interests).(pp. 55-56) (a) Spengler: 문화의 죽음이 철학적, 종교적, 심미적 영역을 창조하는 내향적 관심을 식혔을 때 문명의 과학적, 기술적, 사회적 문제들에 관계된 외향적 관심이 대두되었다. (b) De Toqueville: 미국의 민주주의 사회가 분주한 외적 활동에만 열중하여 묵상적 삶(contemplative life)에는 항상 적합하지 않다고 비판했다.

3. 미국 민주주의의 분배 문제 해결과 그것이 남긴 것.(pp. 56-57) (a) 삶의 특권의 정의로운 분배의 문제를 삶의 특권 확대에 의해서 해결: 평등 분배의 문제가 너무 쉽게 해결되었거나 미해결이 눈에 띄지 않는다. 이러한 해결은 다른 나라의 경우, 자원이 없어서 가능하지 않다. (b) 노조의 도전은 고임금과 그로 인한 효율적 대량 생산에 의해서 해결되었다.(p. 56) (c) 문제의 이와 같은 쉬운 해결은 인간 사

회의 이해관계의 갈등의 조정이 용이하다는 도덕적 환상(moral illusion)을 낳게 했으며, 종교적, 세속적, 사회적, 혹은 정치적 이론에서 감상주의의 성질을 후대에 전했다.(p. 57)

제III절

1. 미국 문화의 세계적 지배자로서의 발전과 최고급에 접근한 생활 수준은 세계와 사방으로부터 도전을 받고 있다.(pp. 57-58) (a) 아시아는 번영과 덕의 단순한 양립성에 대한 미국의 신념을 불의의 증거라고 도전한다. (b) 유럽, 특히 프랑스는 미국 문화를 천박한 것으로 배격한다. 프랑스의 반대는 한마디로 코카콜라주의(Cocacolanialism)에 대한 반대이다. (c) 유럽적 중립주의는(Le Monde는) 미국의 '기술주의(technocracy)'가 삶의 모든 것을 기술의 지배 아래 두려는 러시아적 시도와 흡사하다고 비판한다. (d) 그런 비판에는 일리가 있지만 마르크스주의는 엘리트에게 힘을 독점하게 함으로써 기술사회의 환상을 부패에 빠지게 하지만, 미국의 민주적 사회는 그것을 방지한다.

2. 미국 문화의 물질적 측면에 대한 일방적 치중의 문제.(pp. 59-60) (a) 부르주아 사회는 문화적 삶에 대한 기술과 효능의 관계에서 효용체감의 법칙(the law of diminishing returns)을 체험하고 있다. (b) 문화의 추구는 물질적 안정과 안락의 한계를 요구하지만, 그러한 한계의 확대가 문화적 가치의 가일층의 발전을 보장하지 않는다: 대중 매체의 발달은 문화의 대중화에 기여했지만 동시에 문화의 천박화를 초래했다. 미국 문화에 대한 TV의 위협은 인류 문명에 대한 원자핵 무기의 위협과 흡사하다.(p. 59) 그러나 미국 Hollywood 문화를 수백만 명의 유럽인이 소비하고 있다. 그렇다면, 유럽의 비판은 좌절된 욕망을 감추고 있을 수도 있다.

3. 미국 문화의 量 편중.(pp. 59-60) (a) 생의 모든 문제의 해결을 量의 입장에 풀려고 하고 있다. 그런데 이러한 접근이 갖고 있는 한계를 충분히 알지 못하고 있다.(pp. 59-60) (b) 고등교육 기관에 대한 등록의 계속적 증대는 미국을 가장 '지적인(intelligent)' 나라로 만들었다. 거기에 대한 평가의 표준이 무엇이건 기술적 효과가 순수한 양적 면에서 가장 쉽게 성취되었다.

4. 미국의 기술에 대한 일방적 집착의 문제.(p. 60) (a) 미국은 일방적으로 기술에 집착했다. 그러나 사회학과 정치학의 지혜를 자연과학 속에 취입하려고 한 것도 사실이다. (b) 그러나 정치학은 그 인문학적인 고전적 뿌리에서 벗어났기 때문에 비록 사회학과 심리학, 인류학의 지혜에 의해서 풍성하게 되었다고 하지만, 사소한 것에 사로잡혀서 현대사의 거대하고 비극적인 윤곽들을 애매하게 했고, 심오한 문제들에 대해 김빠진 해결을 제시한다. (c) 예컨대, 사회심리학은 인간의 '공격성(aggressiveness)'에 대해서 연구했는데, 편집증과 환상, 역사의 정도 이탈과 혼돈 등에 의해서 알게 되는 실제 생활의 공격성 형태는 심리학적 연구의 현미경으로는 알 수 없는 것이다.

제IV절

1. 인간의 행복과 그의 운명(p. 61): 모든 인간이 행복을 갈망하지만 대부분의 인간이 그것을 순간적으로만 얻는다. 행복은 몸과 마음과 사회의 정교한 조화의 내적 부수물이기 때문이다. 인간의 야심은 성취를 능가하기 때문에 야심과 성취 사이의 단순한 조화는 없다. 몸의 건강은 약하고 불확실하기 때문에 삶의 의식적 목적과 그것을 달성하는 신체적 도구 사이에는 조화가 없다. 공동체, 문화, 문명은 망하는 것이며, 그것을 막기 위해서 개인이 생명을 바친다. 행복은 고통, 불안, 슬픔과 이상하게 혼합되어 있다.

2. 참된 삶과 개인의 자기포기(p. 61-62): 민감한 개인의 이상과 최선의 사회마저 가지고 있는 도덕적 평범성(mediocrity) 사이의 단순한 일치는 존재하지 않는다.(p. 61) 개인은 그가 속해 있는 모든 공동체를 비결정적으로 초월한다. 동시에 개인은 그가 속해 있는 문화에 의해서 항상 위협을 받는다.(p. 62) 인간은 참되게 살기 위해서 자기를 포기해야 한다(die to self). "우리는 사람보다 하나님께 복종해야 한다."(p. 62)

3. "삶의 최종적 지혜는 불일치의 폐기가 아니라 불일치 속에서 그리고 그것을 넘어서 平靜의 성취를 요구한다(The final wisdom of life requires, not the annulment of incongruity but achievement of serenity within and above it)."(p. 63)

4. "하늘에 계신 자가 웃으심이여, 주께서 저희를 비웃으시리로다."(시편 2: 4) 신앙에 의해서 만물의 신성한 근원과 목적의 비웃으심을 식별한다. 신은 비웃는다. 왜냐하면 인간들의 허망함을 알고 있기 때문이다.(p. 63)

5. 하나님의 아이러니컬한 비웃으심은 자비(mercy)인 동시에 심판(judgment)이다. 왜냐하면 심판이 인간의 노력의 한계를 규정할 때 그것은 이러한 한계의 겸손한 수용의 가능성을 창조하기 때문이다. 그러한 겸손 안에서 자비와 평화가 그들의 거주처를 발견한다.(p. 64)

제IV장 운명의 지배자(The Master of Destiny)
제I절

1. 공산주의는 자기를 역사적 운명의 완전한 통제력을 가진 지배자로 착각하고 있다.(pp. 65-67) 프롤레타리아는 인류 구원을 위한 역사의 구원자이며 공산주의의 그런 생각은 현대판 종교적 묵시(religious apocalypse)이다. 이러한 개념은 전형적인 현대성의 최고 희망이다. 공산주의는 인간이 역사의 주인공임을 주장한다. 공산주의는 그의 역사적 목적 달성을 방해하는 일체의 가치를 부인한다.

2. 18세기 이후의 계몽 사상 역시 인간이 역사의 지배자가 될 수 있다는 망상을 품었다.(pp. 67-68) Condorcet는 역사의 미래를 알 수 있을 것이며 또한 그것을 알고 있다고 생각했다. 그가 희망하는 인류의 미래 상태의 세 가지 요점은 다음과 같다. (1) 국가들 간의 불평등의 파괴. (2) 일반 사람들 간의 평등의 증진. (3) 전국의 계몽된 사람들과 군주 아래의 노예 신분으로 있는 사람들 사이의 넓은 거리가 점차 해소되는 평등의 성장.

3. 현대의 낙관적 역사관(pp. 68-69): 공산주의는 사유재산의 폐지가 완전한 사회를 실현하게 한다고 믿었다. 계몽주의는 君主政體의 폐지가 완전한 사회를 실현하게 한다고 신봉한다. 양자가 매한가지로 특정한 사회악의 특정한 원인을 역사의 모든 악의 최종적 근원으로 착각했다. 프랑스 계몽주의는 미국의 혁명과 미국의 건국을 '완전한 세계(the perfect world)'의 선구자로 보았다. Comte는 프랑스가 도래할 utopia의 중심이 되고, 프랑스어가 보편적 언어가 될 것이라고 희망했다.

프랑스는 일종의 묵시적 희망의 특성을 갖고 있다. 미국의 의식 속 깊은 곳에 메시아적 의식이 있다. 그러나 미국 역시 계몽주의가 꿈꾸었던 utopia는 될 수 없다.

4. 미국의 역사관(pp. 70-72): 미국의 운명에 대한 Calvinist와 Jeffersonian의 개념은 인간의 힘보다 신의 섭리를 강조한다. 그렇지만 그와 같은 신의 섭리 강조가 민주적 이념의 보편적 실현을 위한 인간의 활동을 배제하지 않았다. 미국은 세계사 속의 미국의 메시아적 꿈을 가지고 있지만, 미국을 역사의 지배자로서가 아니라 인류의 교사(tutor)로서 생각해야 한다. 미국이 세계의 재생을 이끌고 가기 위해서 마지막으로 선택된 나라라는 미국의 꿈 역시 '도덕적 오만(moral pride)'으로부터 자유롭지 않다. 역사의 한 시점에서 역사적 운명을 관리할 수 있는 가능성을 자신하는 망상은 힘과 지혜(wisdom)에 대한 오판에서 비롯된 것이다.

제II절

1. 미국의 메시아적 꿈과 공산주의의 혁명 이념의 차이.(pp. 72-73) (a) 미국의 메시아적 꿈은 참된 비전(the true vision)을 가진 하나의 의지에 반항하는 모든 의지들을 복종시키는 정치적 및 그 밖의 힘에 대해서 분명한 개념을 가지고 있지 않다. (b) 공산주의는 착취자는 약해지고 피착취자는 점점 더 강해진다는 분명한 역사의 섭리를 가지고 있으며, 프롤레타리아가 권력을 독점하여 정의를 실현한다는 분명한 권력관을 가지고 있다. 그러나 그런 권력 독점은 잔인성과 불의의 뿌리이다.

2. 역사 관리의 꿈에 대한 자유주의적 비전.(p. 73) (a) 힘의 문제에 관한 충분한 이론 전개를 한 적이 없다. (b) 두 가지 불투명한 이론: (1) 정치적 힘의 부적합성이 제거되면 이상적 인류성이 구현된다. (2) Plato의 철학자 왕과 흡사한 '과학자 왕(scientist-kings)'을 요청한다. 그러나 그러한 elite에게 힘을 부여하는 아무런 정치적 프로그램이 없다.

3. 이 꿈에 대한 미국의 국가적 비전(pp. 73-74): 자유주의적 비전과 마찬가지로 다양한 모호함을 가지고 있다. 미국 정부는 정치적 조직의 최종의 보편적 타당성을 가지고 있다고 인정되고 있지만, 도덕적 매력(moral attraction)과 모방(imitation)

에 의해서 그 목적들이 달성되는 것이 기대되고 있다.

4. 미국의 힘의 두 가지 아이러니.(pp. 74-75): 역사상 유례 없는 강한 힘을 가지고 있지만, 자유세계의 생존을 책임지게 된 정치적 상황에 직면. 미국의 힘의 증대는 자본주의 사회가 내적 모순에 의해서 자멸된다는 공산주의 논리에 부합되지 않는다. 오늘날 미국은 힘이 강대해졌음에도 불구하고 미국이 초기에 가졌던 안정과 평정(serene)을 누릴 수가 없다. 미국을 패배시키면 모든 인류를 행복하게 만들 수 있다는 공산주의의 위협이 발생한다.

5. 보편적 선(universal good)에 대한 미국의 꿈은, 그 때문에 적국들뿐 아니라 우방국들과도 의견 차이가 생긴다. 이러한 상황에서는 많은 사람들이 역사적 운명을 인간적 정책으로 바꿔야지 강요할 수 없다는 것을 알지 못하고, 적들과 아시아인들의 완강한 저항을 제거하기 위해서 핵 무기 사용을 요구하게 한다. 그러나 미국의 상식(common sense) 속에 내재해 있는 어떤 은총(certain grace)이 그것을 견제한다.

6. 힘의 방대한 미지의 세계는 미국에게는 미지의 영역(terra incognita)이다.(pp. 76-77) 최근까지 정치 생활에서 힘의 요소에 대해 의식하지 않았던 부르주아 진보적 전통(bourgeois-liberal tradition)의 입장은 힘의 한계를 무시하고 오직 군사력에 의해서 미국의 어려움을 해결하려고 한다. 미국은 경제적 영역의 이해관계의 대립이 사려 깊은 분별(prudence)과 경쟁적 이해관계의 균형에 의해서 해결된다고 믿는다. 미국은 힘의 투쟁이나 인종적 충성, 역사적 전통, 군사력 및 이데올로기적 희망 등 힘의 역사적 형태들을 형성하는 한없는 복잡성에 대한 이해가 별로 없이 경제력의 사용에서 군사력 사용으로 전환한다. 그렇지만 역사적 과정을 미국이 궁극적 결론으로 여기는 것으로 만들려는 잘못을 범하지 않도록 미국이 인내와 슬기를 발휘하게 한다.

제III절

1. 젊은 미국의 장점(p. 77): 민주주의는 엘리트가 힘을 독점하지 못하게 하는 데 있어서는 현명했지만, 역사적 운명 관리의 시혜자들을 제외한 수혜자들로부터

의 지혜와 덕의 비논리적인 예상 밖의 출현을 이해하는 데 현명하지 못했다. 18세기 미국의 민주적인 덕은 유럽 왕조의 미개한 충성과 희생보다는 순수했다.

2. 유럽의 민주주의와 미국의 민주주의(pp. 77-79): 유럽의 입헌 왕조와 의회 정부의 결합은 미국의 견제와 균형 시스템이 갖지 못하는 장점을 갖고 있다. 즉, 특정한 정부로 구현된 순간적 의지보다는 국가의 지속적인 의지와 통합의 심벌이 된다. 유럽의 민주주의와 미국의 민주주의는 각기 장단점이 있다. 공산주의적 계획가들뿐 아니라 민주주의를 꿈꾼 사람들에게도 잘못이 있다. 역사의 코스는 역사의 특정한 시점에 맞게 강요될 수 없으며, 그리고 역사의 목적에 대한 특정한 개념에 맞게 강요될 수 없다.(p. 79)

3. 오늘날 세계 정치에 있어서 미국의 성공은 미국이 실현을 위해서 헌신하는 가치와 이상이 갖고 있는 상대적 요소들을, 고려한 가치와 이상이 보편적 타당성을 갖고 있다고 미국에게 여겨질 때조차도, 인정하는 것이 요청된다. 세계 정치에서의 미국의 승리는 미국의 꿈속에 숨어 있는 허세적 요소들(pretentious elements)을 거부하고, 자유주의와 마르크스주의의 논리를 부정하는 새로운 가치와 덕이 예측할 수 없는 방법으로 역사 속에 등장하는 것을 인정해야 한다.(p. 79)

4. 역사를 특정한 이념을 가진 특정한 의지의 지배 아래 두려는 시도는 主意說(voluntarism)과 결정론(determinism)의 모순된 혼합이다.(p. 79-80) (a) 주의설: 인간 의지에 힘을 부여하고 어떤 사람들의 마음에 어떤 개인도 집단도 가진 일이 없는 순수성을 부여한다. (b) 결정론: 사회과학과 심리학에 의한 인간 행동의 통제 가능성을 주장한다. John Dewey가 그 같은 이론 제창의 대표적 학자이다. (c) 인간은 역사의 주체(agent)이면서 역사의 피조물이라는 것이 인정되지 않았다(p. 81).

5. 역사와 인간의 유한성(p. 82): 역사적 피조물(historical creature)로서의 인간은 결코 순수하지 않다. 공산주의 독재자들이나 미국이나 마찬가지로 메시아에 대한 환상을 가지고 있다. 인간의 이성은 불안과 공포, 정신으로서의 자아의 희망과 야망, 자연과학자의 순수한 이성이라기보다는 유기체로서의 당장의 필요성에 직결되어 있다.

6. 국가도 개인의 인격과 흡사한 정체성과 의미, 자기초월성에 관한 한 지속적

인 문제를 가지고 있다.(pp. 83-84) 마음(mind)이 아니라 자아(self)인 인간은 합리적, 감정적, 主意的 요소들로 인해서 행동과 태도가 상대적이다. 이러한 상대성을 부정하고 보편적이라고 생각하는 것이 바로 원죄(original sin)이다.

7. 역사적 피조물인 인간의 자유는 창조적이고 파괴적이다.(p. 84) 공산주의는 메시아주의와 권력욕의 혼합이다. 메시아주의는 시간의 흥망성쇠와 위험들(hazards) 속에서 궁극적인 것을 찾는 인간의 탐구의 부패된 표현이다.

8. 개인적 공격성(aggressiveness)과 집단적 공격성의 차이(pp. 85-87): 인류학자들은 인간의 공격성의 뿌리를 어릴 때의 화장실 훈련(toilet training)이나 어머니의 육아 방법에서 찾으려고 한다. 집단적 공격성이 개인적 공격성의 누적인지, 혹은 정치적 지도자들의 공격성을 키워주는 국민의 부적절한 유순함(undue docility)인지 분명하지 않다. 매우 저명한 정신병리학 학자의 말에 따르면, '자연적인 인간적 충동(natural human urges)'을 악(bad)으로 보는 데에서 자신에 대한 '신뢰(distrust)'와 '증오(hatred)'가 생기고, 거기에서부터 타인에 대한 증오감이 생긴다고 한다. 심리학자 Brock Chisholm은 어린 아기는 무비판적 사랑(uncritical love)을 원하고 또한 필요로 하며, 그것이 충족되면 소속감(the feeling of belonging)이 생기고, 발전하여 가족, 친구, 시민을 넘어서 인류로 확대된다고 주장한다. 이렇게 해서 우리 시대의 賢人들(wise men)인 심리학자와 사회학자는 지혜의 허세(pretension)에 빠진다.

결론

1. 현대인은 인간의 지혜를 초월하는 역사의 드라마의 신비를 수용하는 겸손(humility)을 결여하고 있다.

2. 건전한 삶(sane life)은 이해 가능한 자연의 과정에 환원할 수 없는 역사의 신비의 어떤 단서를 이해할 수 있어야 한다.

3. 인간이 자연에서 발견하는 이성과 그가 자연을 이해하는 이성은, 예측 불가한 덕과 악을 나타나게 하는 비논리적이고 모순적인 역사의 드라마의 패턴들을 이해하기에 적합하지 않다.(p. 88)

제V장 도그마에 대한 경험의 승리(The Triumph of Experience Over Dogma)

제I절

1. 미국은 세계적 힘(world power)으로 등장하면서 초기의 평화와 안정을 누리지 못하고 책임과 거기에 따르는 죄책감, 잘못, 좌절 및 힘의 한계를 체험하고 있다. 그러나 국내 정치에서는 부르주아 문명의 독자적 통찰을 능가하는 정의를 수립했으며 안정을 확보했다. 이러한 성공은 프랑스 혁명의 추상적 합리주의(abstract rationalism)에 반대하여 역사적 경험의 지혜(the wisdom of historical experience)를 제창한 Edmund Burke(1729-1779, 영국의 정치가)에 연유하는 것으로 짐작되는 바 정치적, 경제적 문제에 대한 '실용주의적 접근(pragmatic approach)'에 의한 것이다.(p. 89)

2. 부르주아 세계에 대한 마르크스주의의 두 가지 도전(pp. 89-91): 마르크스주의는 민주적인 산업 세계(the democratic-industrial world)에 대한 사양하는 농업 문명의 인민들의 투쟁 신조이다. 의회 형태의 마르크스주의에서는 산업국가의 산업 노동자 정당이 자본과 산업의 경제적, 정치적 힘에 도전한다.

3. 그러나 미국은 미국에서 공산주의를 막을 수 있는 정도의 사회적 정의를 수립했다. 그러한 성취는 미국의 자원과 미 대륙의 경제적 통합과 기술의 발달로 인해서 가능했다.

4. 마르크스주의 이데올로기에 대한 미국의 민주주의적 실용주의 정치의 승리(pp. 90-92): 두 이데올로기는 각각 半眞理(half-truth)이다. 미국은 부르주아 신조의 편에 섰지만, 실천에 관한 한 사회적 세력의 조직에 있어서의 힘의 균형과 그 결과인 정의를 성취하여 공산주의의 공격의 가시를 제거했다. Edmund Burke가 주장하는 바, 추상적 신조의 구체적 실천 방안들의 중요성을 명심했다. Burke는 '사람이 신체로 행동할 때는 자유가 힘이다(Liberty, when men act in bodies, is power)'라고 했다(Edmund Burke, *Reflections on the French Revolution*, Chapter I). 영국은 실용주의적 정치의 고향(the home of pragmatic politics)이다. 일관된 dogma보다 경험에 의해서 알아가면서 case에서 case로, 문제에서 문제로 전진함으로써 정책

을 수립한다. 자유와 질서를 실용적 경험에 의해서 적절히 조화시킨다. 영국은 경험적 접근의 천재이다.

제II절

1. 마르크스주의와 자유사회(liberal society) 사이의 논쟁의 주요 문제들이 밝혀주는 미국의 사회 정책의 패러독스는 미국은, 일관되게 자유주의 신조의 편에 섰지만 실천에서는 창조적 종합을 성취했다는 사실이다.(pp. 92-95) 부르주아 사회는 사회적 조화를 너무 쉽게 본다. 여기에서부터 민주주의 본질인 자유시장이 나온다. 자유사회는 시장의 호혜 작용의 과평가로 인해서 사회의 권력 요소들과 경제적 생활의 힘의 불균형을 망각했다. 부르주아적 자유주의는 권력욕을 무시하고 시장의 호혜 작용을 사회적 조화와 동일시한다. 인간의 이기성(self-interest)은 경제적 동기에만 국한되는 것이 아니라 열정과 야망, 증오와 사랑, 선망과 이상을 포함한 모든 갈등을 포함하는데, 부르주아 윤리는 그런 것들을 포괄하지 못했다. 마르크스주의는 재산의 소유권만을 알았고 관리자와 취급자의 힘은 몰랐다.

2. 자유사회에 대한 마르크스주의적 대안은 더욱 심각한 오판임이 판명되었다.(pp. 95-96) 그렇지만 자유사회의 환상과 오판이 철저하게 시정되지 않으면 정의 실현이 가능하지 않다. 미국은 자유주의 신조를 유지하면서도 이러한 시정에 성공했다.

3. 자유주의 신조가 가지고 있는 약점을 미국이 시정한 사항들(pp. 96-98): 조화로운 사회에 대한 Jefferson의 비전은 정부가 개인의 경제적 야심에 가능한 한 덜 개입하는 것이었다. James Madison은 정부가 힘을 악용하는 것을 막기 위해서, 힘의 균형 원리를 정부에 도입했다. 유럽의 민주주의는 같은 목적의 달성을 위해서 다른 방법을 사용했다. Madison은 이성은 사리사욕의 도구가 될 수 있다는 사실을 주지하고 있었기 때문에, '당파(faction)' 간의 갈등이 '단순한 사려 깊음(simple prudence)'에 의해서는 해결될 수 없다는 것을 제퍼슨보다 더 잘 알고 있었다. 미국의 헌법은 모든 공동체 속의 힘과 열정의 가능한 충돌을 예리하게 의식하고 있다.

4. 미국의 노동운동(pp. 99-100): 미국의 노동운동은 거의 전적으로 이데올로기적 무기를 갖고 있지 않은 실용주의적 운동(pragmatic movement)이다. 단체교섭권을 고용자의 권리 침해로 대법원이 결정했다. 채용 시 노조 가입 유보 합의는 헌법상의 자유 포기가 아니라고 대법원이 결정했다.(pp. 99 각주) 이러한 모든 것이 순수하게 실용주의적 접근에 의해서 성취되었다. 미국의 복지사회 발전은 너무나 빨리 진행되었는데, 그것은 이데올로기적 투쟁이 심각하지 않았기 때문이다. 관료적 결정이 지나치게 광범위하지 않았나 하는 생각이 들 정도이다.

5. 미국의 정치 공동체는 마르크스주의가 정부는 특권 계급의 도구에 지나지 않는다고 한 주장이 옳지 않다는 것을 증명할 만큼 덕과 정직성을 가지고 있었다.(p. 100)

6. 미국의 경제사회에서는 조직된 힘이 조직된 힘을 견제하는 힘의 균형이 존재했다.

제III절

1. 미국 사회의 계급적 대립(pp. 100-103): 미국은 정의 실현에 있어서 이데올로기보다는 실천적 정의에 의해서 성공했다. 미국의 기업가들은 노동자의 주장을 대폭 수용했다. 5년간에 걸친 물가 상승에 따른 임금 인상 계약을 체결했다. 단체교섭권을 인정했다. 봉건주의적 계급 구조는 산업사회의 불의가 심화할 때 마르크스주의가 먹혀들어 간다. 그러나 미국은 봉건주의가 없는 순수한 부르주아 공동체이다.

2. 미국의 계급 구조가 유연성을 가지고 있는 두 가지 이유(p. 103)는 첫째, 계속 확대되는 경제, 그리고 노동자가 사회적 증오로부터 비교적 자유로웠고, 특권 계급이 비타협적 증오심을 가지지 않았기 때문이다.

제IV절

1. 미국의 사회 정책을 발달시킨 두 가지 요인.(pp. 103-105) (a) 미국에서는 사유재산 제도에 대한 논쟁이 없었다. 부르주아 세계에서 사유재산은 정의의 도구이

고, 마르크스주의에서 그것은 악의 근원이다. 사유재산은 힘의 한 형태이며, 힘의 과도함과 무책임성은 침략과 불의의 근원이 될 수 있다. 마르크스주의는 재산의 사회화에 의해서 경제적 힘이 완전히 제거되었다고 주장하지만, 마르크스주의 사회에서는 정치의 힘과 경제의 힘이 공포스러운 결합을 한다. 민주사회에서는 정치와 경제의 힘의 분배와 균형에 의해서 근소한 정의가 유지된다. (b) 자유방임적 원리의 성공적 운영: 이 원리는 inflation과 deflation의 위기가 일어났을 때 자유경제의 불안정에 대한 대처를 지연시키지만, 미국은 결국 실용적으로 잘 대처했다. 그것은 미국 생활의 실제적 경험에서 생긴 '불분명한 지혜(the unarticulated wisdom)'가 '보다 명석한 비지혜(more articulate unwisdom)'가 암시하는 이상적인 정의의 형태를 창조했기 때문이다.

제V절

1. 참을 만한 정의(tolerable justice) 수립을 위한 '현명한 사람들의 어리석음(the foolishness of wise men)'에 대한 '상식의 지혜(the wisdom of common sense)'의 승리라는 아이러니(pp. 106-108): 현명한 사람들은 부르주아적 이데올로기, 혹은 마르크스주의적 이데올로기를 택했는데, 전자는 사회적, 역사적 자기규제를 믿고 후자는 사회적, 역사적 목표를 설정하고 그 실현을 계획한다. 오늘날 산업사회에서는 노동자와 중산층이 대립되어 있는데, 양자가 다 이데올로기적 오염(ideological taint)을 가지고 있다. 중산층은 그들의 과도한 힘과 특권을 '자연의 법칙들(the laws of nature)'의 이론에 의해서 수호하려고 한다. 그들은 예측할 수 없는 인간 역사의 드라마가 자연과 같은 고정성을 가지고 있다고 본다. 적절하게 공평한 민주적 사회에서는 노동 계급이 특권 계급에 대항할 수 있는 조직화된 힘을 가진다. 그러나 덜 건전한 국가나 비민주적 국가에서는 마르크스주의에서 해결 방안을 발견한다. 그러나 마르크스주의는 정치적, 경제적 힘의 결합으로 인한 위험을 알지 못한다. 부르주아적 이데올로기와 마르크스주의적 이데올로기의 지혜에 대한 상식의 지혜의 승리는 민주주의 자체의 승리이다. 두 이데올로기가 인간의 참된 상황을 보지 못했다.

결론

1. 인간의 자아초월성은 삶의 공동의 목적, 특히 정의의 목적을 고안하지만, 인간은 이익과 열정의 난투에 사로잡히기 때문에 인간의 이상도 내세우는 과학도 결코 순수하지 않다. 인간의 문제들에 관한 한 순수한 이성(pure reason)은 존재하지 않는다.

2. 모든 건전한 사회는 역사의 끝까지 논쟁의 긴장 속에서 지속될 것이다. 이러한 대립 속의 건전은 어느 한쪽의 완전한 승리에 있지 않다.

3. 미국 사회에서의 상식의 승리는 민주적 제도의 타당성의 승리이다.

제VI장 국제적 계급투쟁(The International Class Struggle)
제I절

1. 미국에 도전하는 두 가지 어려움(p. 109): (a) 핵 시대의 미국이 직면한 세계 정치(global politics). (b) 러시아가 주도하는 세계적 계급투쟁.

2. 세계적 계급투쟁의 성격과 기능.(pp. 110-113) (a) 마르크스주의 계급투쟁은 전통적 농경사회 경제의 빈곤층인 '외부적 프롤레타리아(external proletariat)'를 산업사회의 빈곤층인 '내부적 프롤레타리아(internal proletariat)'에 흡수한다.(Toynbee) (b) 미국은 스스로의 부가 미국의 삶의 방식(way of life)의 덕(virtue)의 결과라고 하지만 마르크스주의는 그것이 착취의 결과라고 주장한다. (c) 산업문명의 역동성(dynamism)이 계급 구조에 복잡성과 유연성을 도입하여 봉건적 특권의 불평등을 감소시킴으로써 빈자의 절망을 완화한다. (d) 미국에는 봉건주의가 없었다.(p. 111) (e) 이탈리아와 프랑스에서는 현대 산업주의의 역동성이 전통적인 봉건적 윤리를 타파하지 못했다.(p. 111) (f) 민주 정부가 일반 복지를 증진시키는 데에는 정부가 특권 계급의 실행위원회라는 마르크스주의자들의 고발을 쓸모없게 만든다.(p. 111)

3. Lenin은 산업사회를 위해서 고안된 마르크스주의의 종교적 묵시가 비산업적 사회에서도 타당성을 갖도록 마르크스주의의 신성한 텍스트들을 재해석했다.(p. 112) 그 결과, 마르크스주의는 전 아시아와 전 세계로 확산되었다.

4. 원전을 아무리 재해석해도 그 속에 진리가 없으면 아무런 효력이 없지만, Lenin의 재해석은 두 가지 힘을 가지고 있다.(pp. 112-114) (a) 산업적 사회가 비산업적 사회를 착취했다는 반항심을 비산업적 세계에서 불러일으킨다. 식민지 국가들이 해방되고 있음에도 불구하고 증오심은 여전하다. 공산주의자들이 말하는 '제국주의'는 농경세계에 기술과 교육을 가져다 주었다. 참된 이유는 농경세계가 산업세계에 대해서 가지는 증오인데, 그것은 유색인종에 대한 백인의 오만(arrogance)에 의해 가열된다.(p. 112-113) 미국의 경제는 잠재적인 제국주의적 요소를 상당히 많이 가지고 있을 수 있지만, 타 국민을 정치적으로 지배하려고 하지 않았다. 제국주의는 강한 국가나 개인이 약자를 그들의 야욕과 성취의 도구로 삼으려는 경향의 발로로서 인간의 영원한 문제이다. 공산주의는 해방된 민족을 그것의 충성스러운 노예로 만든다. (b) 비산업적 세계의 빈곤이 산업적 세계에 반항하게 한다.(pp. 114-115) 농경세계의 곤궁의 두 가지 원인은 봉건사회의 불의, 농업경제의 저생산성이다.

5. 비산업적 국가들이 가지고 있는 민주주의의 저해 요인(동양의 경우): 적절한 수준의 정직성(honesty)의 결여. 정직도가 낮은 이유는 여러 가지가 있지만, 결정적인 것은 마을(village)과 가족이라는 '사회적 통합의 가장 낮은 형태들(very low forms of social integration)' 때문에 보다 큰 공동체에 대한 책임감을 교육하지 않았기 때문이다.(p. 115)

6. 공산주의가 비산업적 사회에서 환영받는 이유.(p. 116) (a) 부패한 정부가 정치에 대한 마르크스주의적인 냉소적 재해석이 타당성이 있게 보이도록 한다. (b) 산업사회의 초기 단계에서는, 서양의 국가들이 그랬던 것처럼, 불의가 더욱 심해진다. (c) 서구 역사에서는 사회의 발전을 이루기까지 4세기나 걸렸다. (d) 미국의 부와 기술적으로 개발되지 않은 세계의 부 사이의 격차가 미국의 경제를 착취의 경제라고 하는 마르크스주의의 선전이 분명한 사실로 받아들여진다.

7. 빈부의 격차 문제.(p. 117) (a) 마르크스주의는 빈곤의 원인이 착취에 있다고 주장한다. (b) 부르주아적 신조에 의하면, 빈부의 격차의 원인은 기술, 검약, 근면이다. 양자가 모두 빈부에 관한 진리를 충분하게 설명하지 못했다. 마르크스주의

는 불행의 원인을 타인들에게 떠넘기기 때문에 훨씬 더 호소력을 가진다. (c) 국내의 빈부의 격차는 도덕적 증오를 일으키지만, 건전한 사회에서는 정치적 활동에 의해서 효과적 해결이 가능하다. (d) 국가 간의 불평등의 원인은 자연 자원과 기술적 효율성의 차이에서 비롯된다.(p. 118) (e) 고도의 산업사회와 저개발 농업사회 사이의 빈부의 격차가 너무나 크기 때문에, 마르크스주의 이론을 세계적으로 적용할 때 그것이 더욱 호소력을 가진다.

제II절

1. 마르크스주의가 가지고 있는 '역사적 역동성(historical dynamism)' 과 그로 인한 아시아 사회 침투(pp. 118-120): 중국이나 인도의 문화는 역사적 역동성을 결여하고 있기 때문에 마르크스주의가 먹혀들어 간다.(p. 118) 히브리적 신앙, 그리스의 휴머니즘, 기독교적 종교는 역사적 역동성을 가지고 있다.(p. 119) 서구에서는 연역적 방법과 귀납적 방법이 과학의 놀라운 발달을 이룩하게 했다. 유교의 휴머니즘은 자연에 무관심했고, 힌두교의 신비주의는 자연을 숭배했다.(pp. 119-120)

2. 공산주의의 장점(pp. 120-121): 동양 문화는 역사적 역동성을 갖고 있지 않지만, 공산주의는 역사적 역동성을 갖고 있으며 커다란 희망의 선구자이다. 마르크스주의는 일관된 역사적 역동성을 가지고 있는 데 비해서, 서구의 기독교 신앙과 과학, 서구 세력의 제국주의적 충동과 이상주의는 모순을 느끼게 한다. 마르크스주의는 종교와 과학을 합쳤기 때문에 마르크스·레닌주의는 중국과 인도의 지식인들에게 매력적이다.(p. 121) 부르주아적 사회과학의 이성의 역할이나 과학적 탐구에 의해서 결정되지 않은 신앙의 전제는 막연하지만, 공산주의 신앙은 명백히 '실존적(existential)'이며, 또한 일관된 논리 체계를 갖추고 있다.(p. 121)

3. 마르크스주의가 잘 먹혀들어 가는 두 가지 이유(p. 121): (a) 프롤레타리아라는 특정한 역사적 세력이 궁극적인 것의 무조건적 도구라는 이념. (b) 전 인류가 모든 악으로부터 해방되지 않고는 불의로부터의 빈자의 해방이 없다는 주장.

4. 공산주의의 또 다른 장점(p. 122): 프롤레타리아의 메시아적 기능은 빈자의 증오를 궁극적 선의 도구로 만들고, 불의에 의해서 모욕당한 사람들의 불안한 양

심을 완화한다. 공산주의는 그 종교를 과학적 언어로 표현하고, '패배자적 종교(defeatist religions)'로 지친 동양 세계에 다가온다.

5. 서구 세계가 이해하기 어려운 동양의 공산주의에 대한 호감(p. 123): 잠자고 있는 동양 문화의 위기가 빈곤한 나라들과 부한 나라들 사이의 사회적, 역사적 대립과 결합하여 공산주의라는 가짜 종교를 엄청나게 믿을 만하게 만들고 매력을 갖게 한다. 이러한 사실을 기술적이고 민주주의적인 세계, 특히 미국은 이해하기 어렵다. 이와 같은 이해 곤란은 '공격성(aggressiveness)'이 생물학적 사고에 의해서는 이해할 수 없는 정신적, 역사적, 사회적 및 문화적 힘들의 혼합이기 때문이다.

제III절

1. 민주주의에 대한 빈곤한 세계의 몰이해가 공산주의를 더욱 매력 있게 만든다.(p. 123)

2. 빈곤한 세계와 동양이 민주주의를 이해하기 어려운 이유들(pp. 123-125): 서구에서 민주주의는 정치적 시스템이며 또한 '삶의 방식(a way of life)'이다. 민주주의는 시민의 읽고 쓰는 능력, 개인의 존엄성 의식, 보다 넓은 공동체에 대한 책임성을 요청한다.(pp. 123-124) 민주주의는 공동 생활의 생존 가능한 구조를 절망적으로 추구하는 깨진, 또는 부분적으로 재건된 나라에서는 맞지 않는다.(p. 124) 민주주의는 동양의 고대 문화나 아프리카의 원시 문화에는 맞지 않는다. 불교의 신비주의, 힌두교의 범신론에는 맞지 않는다. 이러한 종교에는 개인의 존엄성이 중요하지 않으며 오히려 개인을 부정하고 우주의 신성과의 合一을 추구한다.(p. 124) 유교에서는 삶이 가족 지향적이다. 모든 사회적 관계와 윤리적 이념이 가족으로부터 도출된다.(pp. 124-125) 일본 神道主義(shintoism)는 국가를 하나의 큰 가족으로 보기 때문에 보다 굳건한 국가적 응집을 성취할 수 있다. 반면, 유교에서는 국가적 응집력이 불확실하고 불안하다.(p. 125)

3. 민주주의를 저해하는 동양의 요인들.(p. 125): 동양 문화에는 개인의 존엄성을 위한 정신적 기반이 없기 때문에 전체주의에 저항할 수 없다. 역사적 역동성의 결여가 쉽게 공산주의의 밥이 되게 한다. 동양의 신비주의적 종교는 공산주의 운

동의 악마적 역동성에 저항을 할 수 없다. 민주주의는 사회적 권위가 개인의 양심을 침해할 때는 그것을 부정하고, 또한 개인을 가족 집단보다 큰 공동체와 관계시킬 수 있어야 한다.

4. 개인 의식은 서구에서도 산업과 산업 문화가 봉건주의를 타파하기까지 발달하지 못했다.(p. 126) 오늘날 산업사회는 개인이 상보적이고 모순적인 충성에 말려들면서 새로운 정도의 개인적 상호 의존성을 창출했다.(p. 126)

제IV절

1. 아시아에서의 공산주의의 전망(p. 127): 아시아에서 민주주의가 당장 성공을 거두지 못하고 공산주의가 매력을 갖는 것은 어떤 정부의 잘못이 아니라 문화적, 사회적, 정치적 장해들 때문이다. 앞으로도 수십 년 동안 비산업 세계에서는 공산 독재가 지속될 것이다. 다행히 그것을 저지할 수 있는 거점인 일본과 필리핀이 있다.

2. 나치주의(Nazism)는 정의를 부정하는 냉소주의인데 반하여, 공산주의는 정의의 이름으로 도덕적 유토피아 신조를 내세운다.(p. 128)

3. '선한 것의 부패(the corruption of the good)'의 위험성(p. 128): 공산주의의 환상적 희망이 나치스의 도덕적 냉소주의 신조 이상으로 잔인성과 폭군을 낳은 것은, 선한 것의 부패가 '노골적인 악(explicit evil)'보다 훨씬 더 그럴듯하고 위험하다는 사실을 알 때 비로소 이해될 수 있다.(p. 128)

결론

Turky의 Sultan 왕이 적에 의해서가 아니라 자신의 내적 부패에 의해서 망한 것처럼, 공산주의 역시 표면상의 세계적 정치, 종교의 메시아적 환상으로 슬그머니 둔갑시킨 러시아의 권력욕 때문에 망할 것이다. 환상의 위험에 대한 싸움은 필요하지만.

제VII장 미국의 미래(The American Future)
제I절

1. 인간의 잠재력이 가지고 있는 두 가지 문제.(p. 130) (a) 그가 가지고 있는 힘의 책임성을 회피하기 위해서 잠재적 능력 발전을 거부. (b) 그가 가지고 있는 가능성의 한계에 대한 인정을 거부하고 그에게 부여된 이상의 힘을 추구.

2. 인간의 창조성과 인간의 자유에 대한 책임을 거부하는 태만 및 개인의 힘이건 집단의 힘이건, 인간의 힘을 과대평가하는 오만(pride) 사이에 '정교한 선(nice line)'을 설정할 수 없다. 그러나 극단과 정상 사이의 여러 가지 악의 형태들을 식별하는 것은 가능하다.(p. 130)

3. 미국의 강함과 대륙적 안전이 성가신 세계 문제에 개입하지 않고 미국의 무구성을 지키고 안전을 누리려는 고립주의 정책의 유혹을 받았다. 미국은 새로운 세계의 시작을 위한 씨앗이 되려고 한다.(p. 131) 이 같은 고립주의는 '한 달란트'를 땅을 파고 감추어두는 것과 같은 사고방식이다.(마태복음 25: 14-29) 현대의 기술적 발달이 인간 사이의 그리고 국가들 사이의 상호 의존성을 증대시켰기 때문에 제2차세계대전 후 미국의 고립주의가 불가능하게 되었다.(pp. 131-132) 미국은 마침내 한 달란트를 땅 속에 묻는 유혹을 극복했다.(p. 132)

4. 미국의 오만의 위험성(pp. 132-133): 고립주의에 대한 유혹이 약한 미국을 엄습했다. 그런 유혹을 극복한 미국은 이제 강해졌다. 청년기 미국의 무책임성(고립주의)을 걱정했던 동일한 세계는 이제 미국이 그의 힘을 오용할 것을 걱정하게 되었다. 미국이 공산주의로부터 구출한 유럽은 미국의 식민지가 되는 것을 우려한다. 이상주의가 지나쳐서 미국이 자기 잘못을 교정하지 못할 경우, 약한 유럽이 그것을 교정하지 못하게 되는 상황을 유럽은 두려워한다.(pp. 132-133) 미국의 위험은 미국이 스스로의 덕을 너무나 자만스럽게 믿을 때 덕들이 악들이 된다는 아이러니컬한 경향을 알 때 비로소 이해될 수 있다. 미국의 역사가 갖고 있는 이 같은 아이러니컬한 요소는 미국의 이상주의가 모든 인간적 노력의 한계, 모든 인간적 지식의 단편성, 모든 힘의 역사적 형태의 불안정성, 모든 인간적 덕 속의 선과 악의 혼재를 알 때 비로소 극복될 수 있다.(p. 133) 이상주의는 인간의 덕과 지혜와 힘이 빠

지는 아이러닉한 위험을 너무나 잘 망각한다. 이상주의는 인간의 행복이라는 목표에 도달하는 직선 코스가 있다고 지나치게 확신한다. 즉, 인간과 국가들을 행복의 목표로 고무하는 지혜와 이상주의를 지나치게 확신하고, 최선의 사람들과 국가들의 행동 속에 있는 선과 악의 이상한 혼합에 대해서 잘 알지 못했다.

제II절

1. 미국의 이상주의를 악화시키는 미국의 역사적 상황의 두 가지 국면(p. 134): (a) 미국의 너무나 거대한 힘―미국의 힘은 미국과 우방국들 사이에서 위험을 자아낸다. 왜냐하면 힘은 상대적으로 약한 나라들에 있어서 부당한 공포와 증오를 만들어내기 때문이다. (b) 평화나 전제 정치에 대한 승리 성취를 위한 분명한 길을 제시하지 않는 오늘날의 세계 상황―그리고 때로는 모순적인 역사의 과정에 대한 참을성 없음과 무시의 유혹. 가장 강력한 국가들도, 심지어 미래에 대한 가장 현명한 계획자조차 역사적 과정의 피조물이며 창조자이다.

2. 세계 질서 유지를 위한 미국의 강력한 힘이 가지고 있는 이점과 문제점(pp. 134-135) (a) 이점―역사상 세계 공동체의 질서는 하나의 지배적 힘에 의해서 유지되었다. Egypt와 Mesopotamia의 경우처럼 미국 문화의 낙천적 활력과 압도적인 경제력은 유럽 국가들의 정신적 노쇠와 동양 문화의 패배주의(defeatism)와는 대조적으로 문제를 해결할 수 있다는 믿음을 가지고 있다. (b) 문제점―미국의 막강함이 약소 국가들의 증오와 두려움을 자아낸다. 미국이 대상이 되는 나라들의 이익과 견해를 그리 많이 고려하지 않고 힘을 행사하게 한다.

3. 현대의 민주적 국가들이, 힘이 정의에 기여하게 하는 세 가지 방법의 세계 공동체에 대한 적용(pp. 135-139): (a) 경제적, 정치적 힘을 분산함으로써 힘의 부당한 집중을 방지하려고 한다.(pp. 135-136) 이것은 이제 막 시작된 세계 공동체에는 부적합하고, 국가들의 상대적 힘은 운명적인 역사적 사실로 받아들일 수밖에 없다. 어떠한 세계 정부도 고도의 응집력을 가진 국가 공동체들이 국내에서 이룩한 것 같은 힘의 재분배를 할 수 있는 도덕적, 정치적 권위를 가지지 못한다. 미국의 힘의 압도적 우세는 앞으로 수십 년 동안 어쩔 수 없는 사실이다. 만일 미국의 힘이

사라진다면, 그것은 제도적 고안에 의해서가 아니라 새로운 세력들의 출현이나 낡은 세력들의 연합에 의해서일 것이다. (b) 힘을 사회적, 정치적 평가의 지배 아래 두려고 한다.(pp. 136-138) 이것은 초기 단계에 있는 세계 공동체에 있어서도 가능하다. 미국의 막강한 힘을 UN에 의해서 '세계적인 공적 여론(world public opinion)'의 심사 아래 두는 것. 이것이 힘의 오만(the pride of power)으로부터 발생하는 탈선을 시정할 수 있는 길이다. 단편적인 유럽 국가들이 일치된 의견을 주장하면 미국의 독주를 견제하고 시정하는 것이 더욱 희망적이다. 약한 나라가 너무 약해서 강한 나라의 의견에 도전하지 못할 때 어떤 한 나라의 단편적 지혜가 가짜 양심이 되는 것이 예방되어야 한다.(pp. 136-137) 아시아 세계가 서구 국가들의 불가피한 편견을 UN에서 시정하는 것 역시 바람직하다.(p. 137) 독일 재무장의 미국 정책은 미국과 유럽의 타협으로 이루어졌다.(p. 137) 미국이 현대 무기의 우위를 가지고 있는 동안에 러시아를 선제 공격할지 여부의 문제 역시 우방국들과의 합의에 의해서 결정해야 한다.(p. 138) (c) 힘을 종교적, 도덕적 견제 아래 두려고 한다.(pp. 138-139) 정의감의 함양을 의미한다. 그러나 정의에 대한 지나친 확신은 항상 불의를 가져온다. 마찬가지로 겸손함(sense of humility)이 중요하다. 이는 다른 사람, 혹은 다른 국가는 서로 필요한 존재일 뿐만 아니라 침해해서는 안 되는 자연적, 역사적, 문화적 및 지리적 특성들을 가지고 있으며, 또한 범해서는 안 되는 신비로움과 위대함을 가지고 있다는 것을 인정하는 태도이다. 다른 집단이나 개인을 인정하는 태도야말로 스스로를 인정하는 일임을 이해하는 것이 곧 겸손이다.

제Ⅲ절

1. 전제 정치에 대한 민주주의의 승리와 양대 세력인 미러의 운명적 갈등의 평화적 해결에 대한 보장은 없다.(pp. 140-143) (a) 미국이 막강한 힘에도 불구하고 미래와 역사적 과정을 마음대로 할 수 있다는 생각을 완화하는 것이 요청된다.(p. 140) (b) 인간은 역사적 세력을 지배할 수 있는 초월적 능력을 가진 창조자(creator)라는 생각에 사로잡혀서 그가 역사적 세력의 산물로서의 피조물(creature)이라는 사실을 망각한다.(pp. 140-141) (c) 최대 강국이나 국가들의 연합체 또한 역사의 드

라마의 한 세력에 지나지 않는다. (d) 민주적 세계의 희망에 저항하는 공산주의는 모든 역사적 세력들을 하나의 합리적 질서에 환원시킬 수 있다는 광신적 믿음을 가진 정치적 종교로서, 서구적 기술 발전에 뒤진 사양하는 봉건사회에 대해서 특별한 호소력을 가지고 있다. 이러한 공산주의의 비기술적 세계 침투는 우리의 힘의 시위나 삶의 방식의 우위성만으로 극복하려고 하지 않을 때 비로소 반격할 수 있다.(pp. 141-142) (e) 초창기의 세계 공동체는 그것의 보다 나은 삶을 위해서 세계적 정치 기구(global political organs)를 요청하지만 그것은 실현이 매우 어렵다. 인간 공동체는 이념과 이론만으로 되는 것이 아니라 '유기적(organic)' 성장의 법칙의 지배를 받는다. 다시 말해서, 혈연과 지리 등을 포함하는 자연과 뗄 수 없는 관계를 가지고 있다. 세계적 정치 기구는 이런 것을 가지고 있지 않기 때문에 안정된 정치적 결속이 매우 어렵다. (f) 막강한 미국이 역사에서 인간의 지혜와 의욕이 가지고 있는 한계를 이해하지 못하는 이상주의의 가르침만을 따르면 역사적 가능성의 제약을 넘으려고 하는 유혹을 받게 된다.

제IV절

1. 역사적 한계에 대한 이와 같은 인정이 소중히 여기는 가치들이나 역사적 성취들을 포기하고 전제 정치와 타협하거나, 혹은 국가에 대한 충성을 역사의 최종적인 도덕적 가능성으로 생각하는 자족, 또는 과거의 타성에 양보해서는 안 된다.(pp. 143-144)

2. 역사의 패러독스 속에서는 덕과 행복, 당장의 성공과 궁극적 성공 사이의 단순한 상호 관계는 불가능하다.(p. 144) (a) 성공의 가능성이 희박하지만 생명의 위험성을 걸고 저항한 위대한 인물들을 인류는 예찬했다. 역사 속의 가능성과 불가능성의 패러독시컬한 관계는 역사의 틀이 근거를 두고 있는 자연의 시간(nature-time)보다 넓다는 것을 증명한다. 이것을 예수는 "몸은 죽어도 영혼은 능히 죽이지 못하는 자들을 두려워하지 말라"(마태복음 10: 28)고 했다. 이것은 인간의 삶과 역사가 자연 속에서 가지고 있는 기반을 초월하는 인간 존재의 차원을 가리키는 말이다.(p. 144) (b) 집단적 인간(collective man)은 개인처럼 역사 속에서 성공할 가망

이 없는 목적을 위해서 자기를 희생할 능력을 결여하고 있지만, 자유주의를 신봉하는 국가들처럼 전제 정치에 저항하여 큰 희생을 치르고 자유를 수호할 수 있었다. 미국과 그 문화가 평화와 정의라는 역사적 목적들을 달성하는 성공의 유일한 가능성은 성공의 완전한 가능성 없이 자기를 희생하는 노력을 할 수 있는 우리의 능력에 있다.(pp. 144-145) (c) 집단적 인간은 성공의 가망성이 없으면 전제 정치로부터 세계를 구출하는 부담을 견딜 수 없는 것이 사실이지만, 당장의 역사적 가능성에 집착하면 어떤 위대한 노력도 지속할 수 없으며 환상과 환멸의 착란에 빠진다.(p. 145) (d) 미국의 '기술주의적(technocratic)' 경향은 역사의 정복을 자연의 정복과 동일시하여 뒤틀린(tortuous) 역사의 과정을 인내하지 못하고 현대사의 좌절을 단 한 번에 극복하려고 '예방전쟁(preventive war)'을 감행할 위험성이 있다. 민주주의는 그런 조치를 취할 수 없지만 군부 지도자는 그러한 사태로 몰고 갈 수 있다.(pp. 145-146)

3. 공산주의에 대한 공포와 증오로 인해서 미국의 외교 정책은 경직되었고 유연성을 상실했다. 공산주의로 인한 공포와 증오에 대한 단순한 승리는 가능하지 않다. 그러한 승리는 단순한 이상주의 저편에 있다. 뿐만 아니라 가장 악한 것의 악과 가장 옳은 것의 덕 사이에는 숨은 유사성이 있다.(pp. 146-147)

제V절

1. 역사적 문제에 대한 기술주의적 접근은 역사적 운명의 극복을 자연의 극복과 동일시하는데, 그것은 인간의 성취와 허세(pretension)가 가지고 있는 한계성을 애매하게 하고 부정하는 인간성의 낡은 실패, 바로 그것을 강조하는 것이다. 그러한 실패는 바로 현명한 자, 힘 있는 자 혹은 덕 있는 자의 경향성인 것이다.(p. 147)

2. George Kennan의 미국 외교 정책 비판(pp. 147-149): 미국의 외교 정책의 약점은 미국 이상주의의 특수한 성격 때문이다. 그러한 약점의 원인은 도덕적, 헌법적 구도에 무비판적으로 의존하는 '법적, 도덕적(legalistic-moralistic)' 접근이다. 미지의 미래를 예견하는 척하고 다른 사람들을 자 신의 이미지를 가지고 보려고 한다. 그렇기 때문에 미국의 외교 정책의 시금석은 국가의 이익(national interest)이

어야 한다. 그의 주장은 미국은 미국을 위해서 좋은 것이 무엇인지 알지만 다른 나라를 위해서 무엇이 좋은지 덜 확실하게 알고 있다는 것이다.

3. Kennan에 대한 니버의 비판: 이기주의는 추상적이고 허위적(pretension)인 이상주의에 대한 치료제가 아니다. 미래와 다른 사람들에 대해서 인간이 알 수 있는 이상을 알 수 있다는 허위적 이상주의의 주장은 이기주의가 아니다. 치료제는 자기와 타인에 대한 관심으로서 그것은 자아가 자신의 지식과 힘의 한계를 아는 겸손으로부터 나오는 인류의 견해들에 대한 존경을 간직하고 있다.

4. 인간성과 인류성(humanity and humanness)이 무거운 비인간성을 가져오는 이유: 이상주의자가 목적의 전 영역을 자신의 입장에서 보려고 하기 때문에 이상주의가 비인간성으로 변화한다.(p. 149) 이와 같은 모순의 상징적 경우는 일본을 비무장화한 미국이 5년도 못 되어 그의 승리의 동맹국이었던 새로운 적을 막기 위해서 일본의 재무장을 요구한 것이다.(p. 149)

5. 가장 현명한 국가도 빠지게 되는 도덕적, 정신적 자만으로 인한 위험을 피하기 위해서 신앙(faith)과 회개(repentance)가 필요하다.(pp. 149-150) (a) 모든 인간적 야망과 성취 속에 있는 자만심, 혹은 허영심(vanity)의 요소를 식별할 수 있는 것은 오직 신앙이다. 국가들이 신 앞에서 양동이의 물 한 방울 같고 작은 티끌 같은 먼지에 지나지 않는다는 것을 아는 것은 신앙에 의해서일 뿐, 이성에 의해서가 아니다. (b) 복잡한 역사의 현상들을 포괄하고 의미를 만들어내는 신비와 의미의 영역은 합리적 지능의 구도와 같지 않다. (c) 신비 속에서 의미를 이해하는 신앙은 국가들과 문화들의 오만(pride)이 도입한 잘못에 대한 회개의 경험을 포함하고 있다. 그러한 회개는 자비의 참된 근원이다. 우리가 절실하게 필요한 것은 기술주의적 숙련보다 참된 자비이다.

제VIII장 아이러니의 중요성(The Significance of Irony)
제I절

1. 역사적 패턴들에 대한 해석은 객관적 진리인가, 혹은 주관적 상상인가? 미국과 현대 문명의 역사가 가지고 있는 아이러닉한 요소의 식별은 객관적 진리인가,

아니면 제멋대로의 상상인가?(p. 151) 역사적 판단에서는 주관적 요소가 있지만, 순수하게 임의적인 판단과 역사적 사건들에 대해서 참된 빛을 던지는 판단 사이의 구별을 해야 한다.(pp. 151-152) 특정한 이해관계(special interest)에 의해서 부패되지 않은 정당한 여러 입장에서 역사의 끝없고 다양한 사건들을 해석하는 것이 가능하다.

2. 근자의 역사에 대한 아이러닉한 해석은 일반적 신빙성을 가지고 있는가? 역사에 대한 아이러닉한 해석은 아이러닉한 견해가 근거를 두고 있는 기독교적 역사관에 그 신빙성의 근거를 두고 있는가? 그렇다.(pp. 152-162) (a) 근자의 역사는 분명 아이러닉하지만, 그것은 역사를 지배하는 신앙이나 세계관에서 볼 때 그렇다. 근자의 미국사는 분명 아이러닉한 요소들을 가지고 있다. 급속하게 약함으로부터 힘이 생겼고, 무구로부터 책임성이 생겼는데, 게다가 공산주의가 미국의 악의가 없는 환상들을 악한 환상들로 바꾸었기 때문에 그렇다.(pp. 152-153) (b) 아이러닉한 대조(contrast)와 부조화(incongruity)는 분명함에도 불구하고 항상 간파되는 것이 아니다. 아이러니는 직접 경험할 수 없기 때문이다. (1) 아이러니에 대한 지식은 아이러닉한 상황을 만드는 덕을 부정하는데, 이는 아이러니의 희생(자)을 미워하지 않는 관찰자에게 가능하다. (2) 아이러니에 대한 지식은 아이러닉한 상황을 만드는 다른 요소인 약함, 허영, 허세를 부정 하되, 동정적이지 않은 관찰자에게 가능하다. (3) 아이러닉한 상황에 관여한 자는 관찰자보다 약함, 허영, 허세를 비판할 수 없다. 그러나 참여자가 그런 것들을 알았을 때는 그것들을 줄이려고 할 것이다. 순수한 증오자는 대조와 부조화의 희극(comedy)을 비웃고 희극적 실패를 하는 의도 속에 있는 덕을 인정하지 못할 것이다.(p. 153)

3. 대조와 부조화가 아이러니가 되려면: (a) 대조가 단순한 부조리가 아니라 숨은 의미를 가져야 한다. (b) 강한 자가 실은 약할 때, 그의 약함이 그가 강하다는 허세(pretension) 때문일 때, 혹은 무지가 지혜의 허세 때문일 때. (c) 병렬과 대조가 단지 우연하게 병렬되었거나 대조되기 때문이 아니라, 거기에 관계된 개인의 결함에 의해서 서로 관계될 때 아이러니가 성립한다.(p. 154) (d) 희극적 부조화는 대조의 한 요소가 다른 요소의 근원이 될 때 아이러니가 된다. 어린애나 바보의 순진함

(naivete)이 현명한 사람이 가지지 못한 지혜의 근원이 될 때 아이러니가 된다.(pp. 154-155)

4. 기독교 신앙이 역사 속의 인간의 악에 대한 아이러닉한 견해를 정상적인 것으로 만든다.(p. 155) 인간의 전체 역사는 인간의 허세를 비웃는 하나님의 심판 아래 있지만, 그러한 심판은 인간의 열망을 미워하지 않는다. 신의 심판은 인간으로 하여금 그의 상상력의 허영을 뉘우치고 허세를 줄이게 하는 자비로 바뀐다.(p. 155)

5. 인간의 상황에 대한 성서적 해석은 비극적이고 비애적(pathetic)이라기보다는 아이러닉하다.(pp. 155-156) (a) 인간의 자유 문제에 대한 성서의 독자적 이해는 비극적이지도 비애적이지도 않다. 성서적 신앙에 의하면, 인간이 인간답게 되기 위한 자유는 자연의 힘을 부정하는 비극적 도전이 아니며, 자연의 필연성과 우연성에 대한 관계에서 악에 포함되지 않는다. 따라서 인간은 자연의 혼동 속에 슬프게(pathetic) 감금되어 있지 않다. (b) 인간 역사에서 악은 그의 힘, 지혜, 덕의 한계를 인정하는 데 실패하기 때문에 발생하는 자유의 능력의 오용에 있다.(p. 156) (c) 인간의 고유한 자유에 대한 성서적 개념은 Aeschylus의 『프로메테우스의 한계선 Prometheus Bound』에서 Zeus가 인간에게 불을 줌으로써 문명을 가지게 한 Prometheus를 시기하는 것처럼, 인간은 창조적 능력 때문에 죄가 있는 것이 아니다. 이 같은 그리스적 개념에 의하면, 인간의 문화적 성취는 인간의 '오만(hubris)'으로서 인간에 대한 Zeus의 노여움을 가져온다. 이 경우, Zeus의 힘은 자연의 질서의 힘이다.(p. 156) 원자탄의 개발에 의한 인류 파멸의 위기가 새로운 신빙성을 갖게 하는 것 같다.(p. 157)

6. 기독교적 신앙에 의하면, 인간의 삶의 파괴성은 과도함(exceeding), 곧 자연의 한계가 아니라 궁극적 제한성, 혹은 자유의 제한을 무시하기 때문이다. 다시 말해서, 인간의 자유의 선물 속에는 없는 인간의 허세(human pretensions), 곧 선물의 부패 때문이다. 이러한 허세들이 강함을 약함으로, 그리고 지혜를 어리석음으로 만드는 아이러닉한 대조들이다.(p. 158) (a) 인간의 본성과 운명에 대한 성서적 견해는 놀라운 일관성을 가지고 아이러니의 틀 속에서 움직인다.(pp. 158-159) (1)

Adam과 Eve: 하나님이 정한 한계를 무시하면 하나님처럼 된다고 뱀은 유혹한다. 그 후의 모든 인간의 행동은 인간이 가지고 있는 한계에 대한 허세적 부인으로 감염되어 왔다. (2) Babel 탑의 신화: 하늘에 닿는 탑을 건설하려고 했다. (3) 이사야 47: 7, 9: 강대국 Babylon의 힘에 의한 안전을 역사가 거부한다. 하루 한순간에 자식을 잃고 과부 신세가 된다. (4) 에스겔 제31장: 정원의 모든 나무들이 죽는 것처럼, 어떠한 인간적 우월함도 인간의 유한성의 운명을 면할 길이 없다.

7. 성서에서는 바리새인이 정죄되었고 세리가 선호되었다. 이스라엘은 다른 나라들에 비해서 선한 나라이지만 이스라엘의 덕과 힘의 자랑은 하나님의 눈에는 덕과 힘의 허세이다. 이렇게 해서 덕이 악(vice)이 된다. 미국이 강하고 덕성이 있는 생각 역시 Babylon과 이스라엘의 운명을 면할 수 없다.(p. 160)

8. 십자가의 범죄자(criminal)와 구세주(예수)의 구별(p. 160): 범죄자와 구세주는 법과 습관이라는 최소 질서를 범했다. 그러한 질서는 범죄자에게는 너무나 높았고 구세주에게는 너무나 낮았다. 예수를 십자가에 못 박은 제사장들은 스스로 생각하는 것처럼 선하지 않다는 것을 알지 못하는 모든 선한 인간들이 빠져 있는 광신주의자들의 광신주의이다.(p. 160) 하늘나라의 잔치에는 명망 있는 사람들은 퇴짜 맞았고 불구자들과 절름발이와 소경이 초청되었다. 이것은 아이러닉한 실패와 아이러닉한 성공을 나타내는 것이다.(p. 161) 이것이 니체의 가치 전도이며, 겸손(humility)은 모든 정신적 성취의 전제이다.(p. 161) 아이러닉한 성공은 역사 속에는 기록되지 않지만 오만에 저항하고 겸손에 은혜를 주는 하나님의 초월적인 신성한 심판에 속한다.(p. 162)

제II절

1. 아이러닉한 실패에 대한 기독교적 해석과 미국의 최근의 경험 사이에 분명한 공통성이 있지만, 우방과 적의 미국 공격은 기독교적 해석에 맞지 않는다.(p. 162) (a) 아이러니에 대한 일반적 기독교 패턴에 의하면, 가난한 자와 버림받은 자가 마침내 높여진다. 그러나 미국은 가난이 아니라 부함 때문에, 약함보다 강함 때문에 (공산주의의) 잘못된 심판의 대상이 되는데, 이것은 어떻게 된 것인가?(p. 163)

(b) 누가복음의 "가난한 자는 복이 있나니"와 마태복음의 "마음이 가난한자 는 복이 있나니"의 이해: (1) 누가복음―가난을 덕, 특히 겸손의 보장으로 만듦. 그러나 그렇지 않다.(p. 163) (2) 마태복음―실존적 요소가 없고 정신적 겸손이 삶의 행운과는 무관하다는 것을 강조하는 듯. 그러나 관계가 있다.(p. 164)

2. 마르크스주의와 가난(pp. 164-166): 마르크스적인 종교적 묵시는 역사적 성공에 대한 종교적 경고를 역사적 심판의 단순한 범주로 바꾸었다.(p. 164) 가난한 자는 마르크스주의적 묵시가 생각하는 것처럼 무사심하고 순수하지 않다. 가난한 자들을 고통스럽게 만드는 억압자들만 악한 것이 아니라 가난한 자들 자신 속에도 같은 악이 존재한다. 억압받는 소수 인종 집단들을 배격하는 집단에게만 인종적 오만이 있는 것이 아니라 바로 그러한 집단들도 인종 차별을 가지고 있다. 가난한 자들이 역사적 성공을 거두면 그들은 가난한 자임을 그만둔다. 뿐만 아니라 공산주의는 산업 프롤레타리아(industrial proletariat)를 가난한 자와 동일시하고 농장을 '곡식공장(grain factories)'으로 바꿈으로써 농민을 산업 노동자로 바꾼다. 이러한 잘못들이 공산주의로 하여금 무서운 악들을 범하게 만든다. 공산 독재자들은 가난한 자들의 증오심을 신성화하며, 그것을 정치적 힘의 엔진으로 바꾸고, 가진 자를 약탈할 뿐만 아니라 가난한 자를 횡령하는 프로그램을 위해서 사용한다.

제III절

1. 아이러니(Irony), 비애(Pathos), 비극(Tragedy).(pp. 166-167) (a) Irony: 아이러닉한 상황은 거기에 포함된 사람이 어떤 것에 책임을 진다는 점에서 비애적 상황과 다르다. 그리고 그것은 책임이 의식적 선택이 아니라 무의식적 약함 때문이라는 점에서 비극적 상황과 다르다.(pp. 166-167) (b) Pathos: 비애는 삶의 무의미한 교차적 목적들, 예컨대 행운과 고통스러운 좌절의 변덕스러운 혼합 같은 것으로 구성되어 있다. 강제 추방자들이 수용소에 있는 상황은 본질적으로 비애적이다. 비애로운 상황 속에 있는 사람은 비애를 의식할 수 있지만 그는 그것을 해소할 수 없다. 우리는 그저 불쌍히 여길 뿐이다. 그는 우연히 나쁜 환경에 의한 희생물이며, 그는 의미도 없고 피할 수도 없는 신비롭고 운명적인 힘들의 얽힘 속에 사로잡

혀 있다. (c) Tragedy: 희생을 감수하고 인간답게 존재하기 위해서 위험에 도전하고 책임을 지는 것. Russell에 의하면, 무의식적 힘이 짓밟고 진행하는 데 반항하여 근본적으로 그의 인간성을 증명해야 하는 것이 고귀한 존재로서의 인간이다. 이와 같은 삶의 해석은 기본적으로 비극적이다.(p. 167)

2. 비애와 비극과 다른 기독교 신앙의 아이러닉한 해석의 우위성(pp. 167-168): 기독교 신앙에 의하면, 삶은 합리적으로 식별할 수 있는 자연적, 사회적 연쇄 관계를 초월하는 의미의 중심과 근원을 가지고 있다.(p. 168) 그것은 신앙에 의해서만 식별할 수 있다. 그러한 중심과 근원은 신비에 싸여 있지만 의미의 기초이기 때문에, 인간의 자유가 합리적으로 이해할 수 있는 의미의 틀을 낳는다. 비극이나 환상이 아니고 말이다.(p. 168) 인간은 항상 그의 자유의 정도를 과대평가하고, 그 역시 피조물이라는 사실을 망각한다.(p. 168)

3. 허망한 허세의 무서운 결과와 그러한 허세를 실제의 경험이 거부한다는 사실을 강조하는 삶의 해석은, 그러한 해석을 수용하는 사람들로 하여금 아이러니를 만들어내는 허세를 감소하게 한다. 국가도 당장의 긴급성들 저편에 있고 그것들을 초월하는 인간 존재의 드라마의 더 큰 의미들을 의식할 수 있을 것이다.

4. 이러한 문제가 가지고 있는 세 가지 어려움.(pp. 169-171) (a) 국가들이 충분한 자아 초월성을 발휘하지 못하기 때문에 자아 비판을 제대로 하지 못한다. 그렇기 때문에 집단적 인간은 항상 도덕적으로 자족하고, 독선적이며, 유머 감각을 결여한다. 그래서 좋은 나라들과 나쁜 나라들의 도덕적 구분과 자유에 헌신하는 나라들은 좋은 나라라고 생각하는 도덕적 구별이 오늘날 강화되고 있다.(p. 169) (b) 공산주의의 도전에 대항하여 싸우다 증오의 감정과 극도로 흥분된 반공주의로 인해서 공산주의와 닮은 잘못을 정신적으로 범한다. 인류성(humanity)과 인간성(humanness)이라는 말도 함부로 말할 것이 아니라 인간의 힘과 선의 한계, 가능성에 대한 실존적 앎이어야 한다.(p. 170) (c) 역사의 실제적 긴급성들에 대한 개입이 아이러니를 알기 위해서 필요한 거리 유지(detachment)를 어렵게 만든다.(p. 170-171) 그러나 역사적 싸움에 대한 개입이 그러한 거리 유지를 아주 어렵게 하는 것은 아니다. 그 구체적인 예가 미국의 위대한 대통령 Lincoln이다. 링컨은, 적과 우

리가 같은 성경을 읽으며 같은 하나님께 기도하고 있고, 그런 기도에는 어느 편에게도 대답이 주어지지 않는다고 했다. "전능한 하나님은 그 자신의 목적을 가지고 있다"라고 링컨은 말했다. 그러나 그는 하나님이 우리 인간에게 보게 하신 옳은 것을 굳건히 믿는 사람들의 도덕적 목적들을 부정할 수 없다는 것을 알고 있었기 때문에, "다른 사람들의 얼굴의 땀으로부터 자기들의 빵을 짜내는 것을 공의로운 하나님에게 감히 도와달라고 구하는 것은 이상하다"라고 했다.

5. 당장의 문제에 대한 도덕적 단호함과 삶의 의미, 그리고 판단의 다른 차원에 대한 종교적 자각의 결합은 어려운 것임에 틀림없지만 불가능한 것이 아니다.(p. 172) 자유 문명의 도덕적 보물들을 수호하려는 충성과 책임성을 유지하되, 싸움에 대한 어떤 종교적 관점을 가질 수 있다. 이것을 링컨은 "아무에게도 악을 갖지 말고, 모든 사람에게 사랑을 가지라"고 했다.

6. 링컨의 모델을 오늘의 상황에 적용.(pp. 172-174) (a) 공산주의의 독재 정치는 링컨이 반대했던 노예제도만큼 나쁘기 때문에 어떤 도덕적 해결을 하려고 하는 것은 잘못이다. (b) 자유 문명이 자유의 입장에서 표현하는 것을 공산주의가 좀더 평등의 입장에서 표현한다고 보는 것은 문제의 해결이 아니다. 그렇게 보려는 것은 개인과 나라들이 빠지게 되는 악의 깊이를 이해하지 못하는 데에서 비롯된 것이다. (c) 링컨의 모델은 우리의 자유의 덕과 독재 정치의 악을 비교하는 것조차 배격한다. 그 한 이유는 그런 비교가 자유의 부패에 대한 통찰을 주지 못하기 때문이다. 다른 이유는 혼란하고 가난한 세계에서 공산주의가 갖는 매력을 이해하지 못하기 때문이다.

결론

1. 공산주의와 자유세계의 싸움을 신을 두려워하는 문명과 신 없는 문명 사이의 싸움으로 보지 말아야 한다. 왜냐하면 공산주의는 신이 없기 때문이 아니라, 신을 가지고 있기 때문에 위험하다. 그 신은 공산주의가 삶의 궁극적 목적들로 보는 그들의 열망과 힘이다.

2. 모든 시대의 모든 신을 두려워하는 사람들은 그들이 원하는 것을 신이 원하

는 것으로 보려는 유혹을 받는다. 가장 기독교적인 문명과 가장 경건한 교회도 참된 신은 신의 목적과 인간의 목적 사이의 모순에 대한 어떤 인식을 가질 때 비로소 알 수 있다는 것을 명심해야 한다.

3. 거의 공통성이 없는 적과의 싸움에서도 당장 싸우고 있는 우리와 적이 함께 그 속에 있는 역사적 드라마의 거대함에 대한 경외감을 가지고 공존해야 할 가능성과 필요성이 있다.

4. 공산주의보다 더 무서운 것은 거인 국가의 힘이 싸움의 모든 어려움을 보지 못하는 눈에 의해서 움직이게 된다는 위험성이다. 언제든 맹목은 자연과 역사의 어떤 우발적인 것 때문이 아니라 증오와 허영 때문에 생긴다.(p. 174)

VIII

유니온신학교 교수 말기(1952-1960):

신학적 및 정치적 저술과 생활 환경

라인홀드 니버의 생애와 사상

1
건강 악화와 공산주의에 대한 과도한 비판

✢

1952년 여름, 니버의 건강이 악화되었다. 경련(spasm)이 2, 3주 간격으로 일어났으며, 그럴 때마다 마비와 언어 장애가 악화되었다. 같은 해 8월에 니버의 어머니가 Heath에 있는 니버를 방문했을 때 그는 훨씬 호전된 모습으로 매우 기쁘게 어머니와 만났고, 그해 가을에는 그의 일로 다시 돌아갈 수 있을 것 같아 보였다. 그러나 어머니를 만난 다음 날 아침, 심한 경련이 일어났고 말을 할 수 없게 되었다. 그는 얼마 안 있어 다시 말을 할 수 있게 되었고 약간 움직일 수 있게 되었다. 그는 일어나 앉아 있기도 했지만 매우 허약했고 낙심했다. 그는 파트타임으로 강의에 돌아갈 것을 희망했지만 그것도 무산되었다. 그는 유니온신학교 총장 Van Dusen에게 그가 조기 연금을 받을 수 있다면 은퇴하겠다는 편지를 썼다. 그러나 총장은 회복의 가능성이 약간이라도 있으면 니버를 은퇴시키지 않으려고 했고, 또한 의사들도 회복의 가능성이 병세에 비해 많다고 생각했다.

니버는 외출을 하지 못하고 잠시 일어나 앉아서 John Bennett과 유니온신학교의 다른 사람들이 그를 위해서 사준 전자 타이프라이터 앞에 앉아서 오른손으로 하루에 두세 통의 편지를 썼다. 그 외에는 Arthur Schlesinger Jr.와 ADA의 친구들이 그에게 선사한 TV를 통해서 구기 경기(ball games)와 대통령 선거운동 뉴스를 시청했다. 원래 그는 TV 문화의 위험성에 대해서 가끔 언급했다. 그러나 그처럼 집에만 칩거하고 있는 사람에게는 TV는 하나님이 보낸 선물이었다. 니버는 Eisenhower와 대립하여 출마한 민주당 대통령 후보 Stevenson을 지지했지만 그의 선거운동을 방관자로 지켜볼 뿐 거의 아무것도 하지 못했다. 스티븐슨이 니버에게 그를 위해서 가끔 기도해 달라고 했지만, 니버는 TV에서 선거운동을 시청할 뿐이고 그가 원하는 지지 연설을 할 수가 없다. 그는 정치 문제에 관해서는 점점 더 슐레진저에 의존하게 되었다. 그는 니버에게 편지를 썼고, 전화를 걸었고, 방문을 하기도 했다. 니버는 그의 판단을 존중했고, 그가 권력이 있는 사람들과 아이디어를 가진 사람과 넓은 교제를 가진 활동적인 학자라는 점에서 자기와 흡사하다고 생각했다. 니버는 슐레진저가 역사의 관찰자이면서 동시에 형성자의 역할을 수행하는 것을 부러워했다. 슐레진저의 역사 형성과 니버의 기도에도 불구하고 스티븐슨은 아이젠하워에게 패배했다. 아이젠하워의 카리스마와 한국전쟁을 당장에 종식시키기 위해서 한국으로 가겠다는 그의 약속은 스티븐슨을 패배시켰고, 니버와 슐레진저, 그들의 ADA 동료들은 낯선 야당의 위치에 놓이게 되었다.[1]

병세의 악화는 니버를 외출도 하지 않고 집에만 있게 만들었다. 그런 생활은 그에게는 익숙하지 않은 것이었다. 설교를 위한 여행을 하지 않았으며 회의에 참석하기 위해 출타하지도 않았다. 다만 1953년 2월에 시작하는 유니온신학교의 축소된 강의 책임만 있었다. 그의 14세 된 딸 Elisabeth는 아버지가 집에 있는 것을 좋아했고 지금이 훨씬 더 좋은 아버지라고 그에게 말했다. 그의 병이 발작하기 전까지 그녀는 아버지와 단둘이 지내는 시간을 거의 가질 수 없었다. 한번은 아버지와 딸은 〈빗속의 노래(Singin' in the Rain)〉를 관람하러 Radio City Music Hall에 갔다. 그는 그것을 즐겼고 쇼를 관람하면서 메모까지 했다. 또 다른 때는 딸과 함께 야구 경기를 보러 갔다. 딸 Elisabeth는 젊었을 때의 장난기 있는 아버지의 지능과 어머니의 영리한 재치를 타고났다. 그녀는 아버지가 예술을 모른다며 "아빠는 예술을 모르는 늙은 속물 같다"라고 놀리기도 했다. 그는 발병하기 전에는 집안일에 관한 한 전적으로 부인에게 의존했다. 그러나 이제는 그의 신체적 돌봄과 정신적 격려에 있어서 전적으로 부인에게 의존하게 되었다. 그는 왼손을 쓰지 못하게 되었고, 기분이 저조해졌으며, 말을 약간 더듬었고, 우울증이 되풀이하여 일어났다. 부인은 간호사의 역할을 수행했다. 힘들지만 쾌활하게 해냈다.

그녀가 교수인 Barnard College의 종교 과목 강의를 준비하고, 집안일을 돌보는 책임은 그녀를 거의 기진맥진하게 만들었다. 니버의 아들 Christopher는 그 당시 고등학교 졸업반이었다. 그는 아버지의 영향 때문인지 정치에 관심이 많았고

---

1) Fox, *Reinhold Niebuhr*, pp. 249-250.

민주당을 위해서 열심히 일했다. 그는 IQ는 높았지만 추상적 이념을 요구하는 과목들에서는 부진했다. 그는 난독증(dyslexia)으로 인해서 학습과 언어 문제로 고생한 경험도 있다. 니버는 발병한 후, 아들의 장래 문제를 많이 걱정했는데 그는 하버드대학교에 입학했다. 아들의 장래를 걱정하는 니버에게 친구 Will Scarlett은 아들의 인생을 대신 살려고 하지 말라고 충고했다. 니버는 이제 그의 친구에게 그의 아들을 오직 사랑할 뿐, 그의 운명을 통제하려고 하지 않겠다고 약속했다. 그의 아들은 1952년의 어려운 여름 동안, 그의 아버지를 잘 간병했고, 니버는 그것을 즐겼다.[2]

니버는 1952년과 1953년에는 겨울 동안은 유니온신학교에서, 그리고 여름에는 Heath의 별장에서 제한된 생활을 했지만, 그 기간에도 그는 정치적 논쟁에 말려들었다. 이른바 매카시주의(Macarthyism)가 출현해서 공산주의와 매카시즘 중 어느 것이 더 큰 위험인지 가릴 수 없는 지경이 되었다. 니버와 슐레진저, ADA의 멤버들은 중간적 입장을 취했다. 매카시즘의 심각한 위협은 매카시가 시민적 자유에 대한 존경을 결여하고 있기 때문이 아니라, 그가 공산주의와 비효율적인 싸움을 하고 있기 때문이라고 그들은 생각했다. 매카시의 얼뜨기 공격은 공산주의들과 그들의 동조자들을 뿌리 뽑는 심각한 일을 우스꽝스럽게 만들고 있다고 그들은 생각했다. 미국 내의 공산주의자들의 활동에 대해서 니버는 발병 전에는 그다지 심각하게 걱정하지 않았다. 그러나 발병 후, 공산주의자들에 대한 그의 공격은 전투적이 되었다. 미국의 핵 비밀을 훔쳐 러시아에 준 Rosenberg 부부의 사형에 대해서 니버는 자비를 베푸는 것을 반대하고 그들을 사형에 처해야 한다는 입장을 취했다. '문화적자유를위한미국위원회(American Committee for Cultural Freedom, ACCF)'의 총무인 Irving Kristal은 활동적 반공산주의 행동가였는데, 그는 1953년 1월, 니버에게 가족 같은 그의 오랜 친구인 신학자 Paul Lehmann 교수가 지도적 지위를 가지고 있는 핵심적 좌익 진보조직인 '비상시민자유위원회(Emergency Civil Liberties Committee)'에서 탈퇴하도록 설득해 달라는 청을 받았

---

2) 같은 책, pp. 250-252.

다. ECLC는 1952년에 용공자의 히스테릭한 색출의 시대 속에서 공산주의자와 비공산주의자의 권리를 모두 보호하기 위해서 결성되었다. Paul Tillich는 이미 탈퇴했다. 니버 역시 그의 발병 전 1년 동안 동위원회의 몇몇 부의장 중의 한 사람이었다. 발병 후 니버는 동위원회에서 직접적 활동을 하지 않았지만 그는 병에도 불구하고 ECLC에 반대하는 ACCF의 운동을 지원하기를 원했다. 니버는 Lehmann과 그의 아버지를 오랫동안 알고 있었다. 그의 아버지는 니버의 아버지가 속해 있던 독일인들의 '복음주의교회회의(Evangelical Synod)'의 목회자였으며 Eden신학교의 교장이었다. 니버는 가족적 친분보다 공산주의에 대한 싸움을 중시하고 레만을 설득했다. 레만은 1953년 1월에 널리 공개된 Carnegie Hill 포럼의 조직자였으며, ACCF가 ECLC를 공산주의자로 공격하는 것은 또 다른 매카시류의 공격이라고 보았고, 그의 대부 격인 니버가 공산당에 의해서 조종되고 있다고 믿는 것은 그로 하여금 소름이 끼치게 했다. 니버는 또한 에피스코펄계의 독립적인 진보 잡지 *Churchman*의 편집장 Guy Emery Shilper를 공산주의 동조자로 비판했다. Shilper는 니버에게 자신은 공산주의 동조자이며 따라서 미국에 대해서 불충한 증거를 제시하라고 요구했다. 니버는 구체적인 증거를 찾아낼 시간이 없지만 그의 글을 10년 동안 읽고 받은 인상이라고 답했다. 니버는 점차 그러한 입장이 적절치 않다는 것을 느껴 마침내 실퍼에게 사과했고, 그가 Rosenberg 부부의 처형을 지지한 것 역시 도덕적으로 그리고 정치적으로 잘못이었다는 것을 공개적인 대화에서 표명했다.[3]

니버의 초기 칩거 생활과 1953년의 격한 반공산주의 시기의 주요 저술은 그의 논문집 『기독교적 현실주의와 정치적 문제*Christian Realism and Political Problems*』이다. 그것은 그의 정치적, 신학적 논문들을 모은 것이었다. 11편의 논문 중 4편이 새로 쓴 것이고 그중의 하나인 "어거스틴의 정치적 현실주의(Augustine's Political Realism)"만이 새로운 탐구였다. 제3장 "공산주의는 왜 그렇게 나쁜가?(Why Is Communism So Evil?)"는 Rosenberg 처형 10일 전에 *New*

---

3) 같은 책, pp. 252-254.

*Leader*에 발표된 "공산주의 이념의 악(The Evil of Communist Idea)"을 투쟁적인 제목으로 바꾼 것이다. 국무부의 이념 담당 보좌관인 Bertram Wolge는 Rosenberg 처형 10일 후인 1953년 6월 30일에 라디오로 방송된 니버의 이 논문을 좋아했고, 니버의 "테러와 잔인성을 전 세계적으로 확산시키고 모든 형태의 도덕적 및 정치적 설득을 받아들이지 않는 얼굴 없는 인간들로, 어디에서나 우리와 적대하는 조직된 악"이라는 공산주의에 대한 정의는 정부가 전 세계의 청취자들에게 로젠버그 처형을 정당화하는 데 이용했다. 이렇게 정부가 니버의 공산주의의 위협의 경고를 이용하면서도 니버의 부인의 미국 시민권 신청은 보류하고 허용하지 않았다. 니버는 이렇게 자신이 조성하는 반공산주의와 의심의 분위기라는 복잡한 모순된 관계 속으로 자기도 모르게 말려들고 있었다.[4]

---

4) 같은 책, pp. 255-256.

2
『기독교적 현실주의와 정치적 문제
Christian Realism and Political Problems』 출간(1953)[5]

✢

그러면 아래에서 Christian Realism and Political Problems(Charles Scribner's Sons, 1954)의 내용을 요약하기로 한다. 요약 내용 중 괄호 안의 페이지는 동저서의 페이지를 나타낸다.

서문

이 책은 정치적, 사회적, 윤리적 및 신학적 주제들을 다룬 논문들을 모은 것이다. 이 논문들의 많은 것들은 이 저서에서 처음 저술한 것이다. 어거스틴의 정치적 사상을 다룬 논문은 컬럼비아대학교에서 행한 강의를 정리한 것이다. "사회적, 국가적 질서 속의 크리스천의 증언(The Christian Witness in the Social and National Order)"은 1948년 암스테르담에서 개최되었던 세계교회협의회의 제1차 총회에서 행한 강연으로서, 1948년 12월 10일 The Chaplain에 게재했던 것이다. 다른 논문들도 여러 저널에 발표되었던 것들이다.

1. 신앙과 현대적 현실주의 속의 경험적 방법(Faith and the Empirical Method in Modern Realism)

1. 이 저서는 현대의 문제들에 대한 기독교 신앙의 타당성을 밝히는 것을 목적으로 한다.

2. 이 저서의 중심이 되는 문제는 Augustine의 정치적 현실주의(political realism)이다. Augustine의 이론은 많은 비판을 받아야 할 점들을 가지고 있다. 그러나 그의 인간의 자아성(human selfhood)에 대한 해석은 인간의 창조성의 높이와

---

5) Reinhold Niebuhr, *Christian Realism and Political Problems*(New York: Charles Scribner's Sons, 1954).

파괴성을 깊이 간파했으며, 그것이 그로 하여금 도덕적 감상주의(moral sentimentality)와 냉소주의 (cynicism)에 빠지지 않게 했다.

3. 현대의 과학적 문화는 명시적인, 혹은 심지어 암묵적인 기독교적 전제에 근거한 인간성과 인간 공동체에 관한 이론을 거부한다. 그 이유는 그러한 이론이 현대인의 평가에 의하면 '시대에 뒤떨어진 견해(ueberwunderner standpunkt)'인 세계관에 의존하고 있기 때문이다. 인간의 정황에 대한 현대의 과학적 검토들의 정당성 주장은 두 가지 당혹스러움에 직면한다. 첫째, 그러한 검토들이 숨길 수 없고, 또한 이미 과학적이 아닌 종교적, 혹은 궁극적 전제들의 영향을 받고 있다는 것을 나타내고 있다는 사실이다. 사실, '의미의 틀(a framework of meaning)' 없이는 구체적 인간 상황을 검토할 수 없다는 것이다.(pp. 2-3)

인간적 문제에 대한 전제 없는 과학의 이념은 인문학이 자연과학의 부당한 영향을 받았다는 것을 나타낸다. 인간적 정황에 대한 가장 현대적인 과학적 검토의 틀을 형성하는 종교적 전제들은 두 가지 매우 의심스러운 점들을 가지고 있다. 그것은 인간의 완전 가능성(perfectability)의 이념과 진보의 이념이다.(p. 3)

(a) 인간의 완전 가능성의 이념: 인간은 대상(object)의 하나이며 따라서 도구가 정확하고, 과학자가 충분히 객관적이면 과학적 방법에 의해서 인간을 완전히 이해할 수 있다고 주장한다.(p. 3) 그러나 현재 과학은 한계성을 가지고 있다. 사회학과 심리학은 인간과 그의 공동체에 관해 많은 지식을 제공하지만 궁극적 수준에서는 많은 오류와 환상을 가지고 있다. 이것은 현대 문명의 확실성에 관해 문제를 제기하게 한다. 과학적 방법은 두 가지 특성을 가지고 있는데, 하나는 '경험적(empirical)' 방법론이고 다른 하나는 '합리적(rational)' 방법론이다. 이 두 가지가 서로 모순될 수 있다.(p. 4) ① 경험적 방법: 사실 앞에서 겸손한 태도, 혹은 연역적 방법보다 귀납적 방법을 취함을 의미한다. ② 합리적 방법: 피조물(creature)이며 창조자(creator)인 인간을 연구하는 데 있어서 '합리적 일관성(rational coherence)'을 진리의 표준으로 삼고, 인간을 합리적, 자연적 일관성의 어떤 시스템(system) 속에 넣으려고 한다. 그러나 인간과 그의 사회는 합리적 일관성 속에 들어가지 않는 면을 가지고 있다.(p. 4)

(b) 진보의 이념 또한 문제를 가지고 있다. 현대 문명이 현대적 전제가 아니라 기독교적 전제를 나타내는 인간 행위의 분석을 보다 더 수용해야 할 두 번째 이유는, 현대 문화가 그것의 모든 자랑스러운 경험주의에도 불구하고 어떤 명백한 오판과 심지어 어떤 비극적 오류에 빠졌다는 사실이다. 현대인은 내세적 희망을 버리고 인간과 그의 사회의 완전성 실현을 위해서 그의 모든 열정을 투입하지만 새로운 하늘이 낡은 하늘보다 못하다는 것이 드러났다. 뿐만 아니라 가장 분명하게 '비종교 적인' 사람들이 그렇게도 믿을 수 없는 유토피아를 건설하려고 했다는 것은 인간의 특징을 분명하게 나타내는 것이라고 하겠다.

4. 현대 문명이 추구하는 두 가지 유토피아.(pp. 5-6) 자유세계의 부드러운 유토피아주의(soft utopianism)와 공산주의의 딱딱한 유토피아주의(hard utopianism) 사이에는 현저한 차이가 있지만, 차이의 밑바닥에는 공통된 잘못들이 있다. 민주주의는 권력을 분산하기 때문에 공산주의의 권력 독점이 초래하는 악에 빠지지 않으며, 자유세계는 혼합된 목적들 속에서 참을 만한 삶(a tolerable life)을 성취함으로써 거짓된 목적을 위해서 공동체의 전 에너지를 조직하는 공산주의의 잘못에 빠지지 않는다.

5. 이 저서의 목적은 기독교적 현실주의에 비해서 현대 문명이 현실주의를 결여하고 있다는 것을 밝히는 것이다. 그렇다면 그러한 차이를 초래한 전제는 무엇인가? 기독교적 견해에 의하면, 인간적 자아의 자유는 이성의 통제와 자연의 조화의 한계 아래 둘 수 없는 철저한 것이지만 역시 피조물의 제약을 받는다. 이러한 자유는 자아의 파괴적 힘과 창조적 힘의 기반이다. 이것을 Pascal은 "인간의 존엄성과 비참함(the dignity of man and his misery)" 이라고 했다. 인간은 모든 사회적, 공동체적, 그리고 합리적 응집성을 초월하여 그것들을 그 자신의 목적을 위해서 사용할 수 있다. 그것이 그의 파괴성의 기반이다.(p. 6) 악마적인 종교적, 정치적 공산주의는 현대 문명이 인간을 자연이나 이성의 어떤 시스템 속에 넣으려는 전제와 관계가 있다. 여러 학문들이 가지고 있는 오판과 과도함을 생각하면 이것이 분명해진다. Freud의 심리학이 주장하는 바, 본능에 대한 문명의 제약이 초래하는 충동의 '이상발달(hypertrophy)' 과 그의 '공격성(aggressiveness)' 이론으로는 공산

주의의 종교적, 정치적 광증을 설명할 수 없다.(p. 7) 인간의 탐욕과 야망의 힘은 정교한 사회공학과 심리 치료적인 도움에 의해서 관리될 수 있다는 믿음이 자유세계의 정치적 견해에 감상주의와 비현실성을 초래했다.(p. 7)

6. '자기중심성(egocentricity)'에 대한 기독교적 이해와 현대적 이해의 차이.(pp. 7-8) (a) 기독교적 이해: 자기중심성의 보편성을 부정 불가한 실천적 경험에 입각하여 확신. (b) 학문적 경험주의의 이해: 그러한 기독교적 확인이 증거보다는 독단적 전제에 근거하고 있다고 주장. 그래서 특정한 형태의 자기중심성의 특정한 원인을 밝히려고 하다가 전혀 정당성이 없는 唯名論에 빠져서 특정한 현상들 밑에 있는 보편적 특성을 이해하지 못한다. 탐욕과 야망의 힘이 취하는 다양한 형태들의 자기중심성이 있지만, 그러한 것들에 공통된 요소가 있다는 것을 무시하는 것은 비과학적이다. 그러한 공통적 요소에 대한 무시가 공산주의로 하여금 사유재산 제도를 이기주의의 원인으로 보고, 이 제도의 폐지에 의해서 인류 구원을 추구하게 한다. 이것은 특정한 악의 특정한 원인을 일반적인 인간적 경향으로 잘못 이해한 것이다.(pp. 8-9) (c) 이러한 잘못은 현대 사상의 과학적 유명론의 공통된 특성이다. 그런 유명론은 자기중심이 잘못된 교육 때문이라고 한다. 그래서 어린이에게 어머니가 '무비판적 사랑(uncritical love)'을 줌으로써 해결할 수 있다고 주장하고, 심리 치료적 기술은 이기주의(self-seeking)가 특수한 형태의 불안(insecurity)과 관계가 있다고 봄으로써 그것이 삶 자체의 불안과 관련되어 있다는 사실을 모호하게 한다. 그래서 심리학적 이론은 정치 이론에는 부적합하다. Hume은 정치는 이기주의(egoism)를 당연한 것으로 취해야 한다고 주장했다.(p. 9)

7. 역사적 과정에 대한 인간의 이중적 관계 즉, 피조물(creature)과 창조자(creator)가 현대 문화에 대한 정치론의 많은 오류의 원인이다.(pp. 10-11) (a) 자유방임적 이론: '자연의 법들(laws of nature)'이 자연과 역사를 지배한다. 인간은 '자연의 법들'에 개입하지 말아야 한다. 인간을 자연과 구별하지 않기 때문에 역사적 과정의 무한한 고유 형태들에 대처하지 못하게 한다. (b) 공산주의와 자유세계의 대조적 전제: 전자는 Marx에서 후자는 Comte에서 유래. 이 두 입장은 인간을 자연으로부터 구별하는 '인간 정신의 존엄성(the dignity of human spirit)'을 모호하게

하기 때문에 인간과 역사의 운명을 지배할 수 있다고 믿는다. 이러한 입장은 역사의 주인공의 역할이 위임된 엘리트(elite)도 피조물적 제한을 가지고 있다는 사실을 모호하게 한다. 아무리 엘리트라고 하지만 동료 인간의 운명을 위임할 수 있을 만큼 충분히 선하고 현명할 수 없다. 인간을 자연을 조작하는 것과 같이 조작하려는 것은 가능하지 않고, 또한 잘못이다.(p. 11) (c) Marx적, Comte적 전제는 인간 정신의 공평성과 지혜에 대한 잘못된 평가에 근거를 두고 있다. 현대 이론들은 Plato와 Aristotle의 변형으로서 고전 사상처럼 인간의 본성과 역사의 복잡한 사실들을 합리적 일관성의 어떤 시스템 속에 통괄하려고 한다. 이것은 경험적 정확성을 결여하고 있다.(pp. 11-12)

8. 고전적 합리주의와 현대적 실용주의의 공통점(pp. 12-13): 현대적 실용주의는 고전적 합리주의와 입장이 다름에도 불구하고 John Dewey의 과학적 실용주의는 보편적으로 타당한 견해를 성취할 수 있다고 주장한다. Aristotle이 이성(nous)에 의해서 가능하다고 생각했던 것처럼 말이다. Dewey가 그의 '공통된 신앙(Common Faith)'에서 이것을 주장한 직후 세계는 자유세계와 공산주의라는 정치적 신조를 가지고 싸우는 두 진영으로 분리되었다.

9. 자기중심적 부패의 보편성에 대한 이해가 없으면, 보편적 인간성에 대한 정열이 자기의 이기주의와 다른 이기주의를 주장하는 사람들에 대한 증오로 재빠르게 전락한다. 스토아적 이상주의가 그랬다.(p. 13)

10. 이 저서의 몇몇 논문에서 나는 국내의 최근의 정치 문제를 다룬다. 나는 그러한 문제들이 가지고 있는 기독교적이 아닌(기독교적 신념을 가진 사람에 의해서 제기되었다는 것을 제외하면 기독교적이 아닌) 다양한 판단들을 용납한다. 가톨릭도 개신교도 둘 다 위험하고 일시적인 의견들을 절대적 정당성을 가지고 있다고 주장했기 때문에 많은 혼동을 야기했다. 이것은 현대의 어떤 과학자들의 경우도 마찬가지이다.

결론

나는 계속해서 공산주의의 환상에 저항했다. 공산주의에 대한 나의 비판은 일관성을 결여한 면도 없지 않으나, 그것은 정치적, 정신적 역사의 변화로 인해 어떤 순간의 지혜가 제한성을 가지기 때문이기도 하다. 기독교와 가장 잘 부합되는 것은 민주주의이다. 기독교 신앙의 경건주의적 유산의 주된 덕은 개인의 보전이다. 유해한 정치적 종교가 대두되는 시대에 민주주의는 기독교적 전망의 입장에서 볼 때 다른 위대한 자원을 가지고 있다. 민주주의는 인간과 그의 권력욕에 견제와 균형을 가한다. 민주주의는 진리 속에 있는 소량의 잘못을 탓하지 않으며, 허위 속의 소량의 진리가 구출되지 않고 소중히 여겨지지 않을 때 진리가 허위가 되는 것을 예방한다.(p. 14)

2. 세계 정부의 환상(The Illusion of World Government)

I. 우리의 복잡한 문제들에 대한 허위적 해결들에 대한 신뢰와 수용이 우리 시대의 비극의 원인

1. 우리 시대의 비극적 성격은 전 세계적 불안(world-wide insecurity)에서 나타난다. 기술적 성취는 병을 치료할 수 있지만 불안을 낳았으며, 또한 불안을 증대했다. 기술의 발달은 공동 생활을 더욱 복잡하게 만들었으며 세계적으로 확대했다.(p. 15)

2. 기술의 발달이 초래한 오늘날의 세계적 위기.(pp. 15-16) 기술이 기초적 세계 공동체를 수립했지만 그것을 유기적으로, 도덕적으로, 혹은 정치적으로 통합하지 못했다. 기술은 세계 공동체를 상호 의존적이 되게 했지만 신뢰와 존경의 공동체로 만들지 못했다. 기술은 전쟁을 조장했고, 마침내 핵 무기를 생산했으며, 이데올로기적 충돌은 세계를 적대적 두 진영으로 양분했다.

3. 세계 정부(world government)의 문제: (a) 세계의 대립적 二分 상태의 위기를 세계 정부 수립에 의해서 해결하기 위해 선의의 사람들이 노력하고 있다.(p. 16) (b) 세계 질서의 필요성이 세계 정부를 수립할 것이라고 믿고 있지만 그렇지 않다.(p. 17) (c) 대개의 세계 정부 제창자들의 전제는 논의들을 법으로 제정하고, 그 법을 강제적으로 시행할 기관을 수립하면 된다는 것이다.(p. 17) (d) 세계 정부 수립의 잘못된 두 가지 전제(p. 17): (1) 정부는 명령으로 만들어지는 것이 아니다. (2)

정부는 공동체 통합을 위해서 제한된 효율성만을 가지고 있다.

II. 立憲的 세계 정부 수립의 어려움들

1. 입헌적 세계 정부의 제창들은 그러한 정부를 수립하고 국가들을 폐지하거나 축소할 것을 주장하는데, 그러한 일은 역사상 있어본 적이 없다. 수립된 정부는 약한 인접 국가를 지배했으며, 주권 축소는 강한 힘의 강제에 의해서라야 가능했다.(p. 18)

2. 세계 정부 수립을 아주 단순한 가능성으로 보는 것은 '사회계약' 개념에 연유한다. 그러나 Hobbes 이래의 사회계약설의 전제가 된 자연의 상태의 개념, 곧 만인에 대한 만인의 싸움의 상태는 순전히 허구이다. 인간의 모든 공동체는 개인이 원초부터 존재했던 것처럼 본래부터 존재해 있었다. 미국이 '계약'에 의해서 탄생한 데 가깝지만 미국 헌법의 서문은 '더욱 완전한 연합(more perfect union)'의 수립을 목적으로 한다고 했다. 이미 연합(union)이 있었기 때문에 그것을 더욱 완전하게 하려고 했다.(pp. 18-19)

3. 세계 정부가 수립된다고 해도 국가들이 그러한 초국가적 권위에 복종하지 않는다. 러시아는 거부권이 폐지되면 UN 같은 엉성한 기구에 그 주권을 복종시키는 것을 거부할 것이다. 하물며 세계 정부에 대해서는 말할 것도 없다.(p. 19)

4. 세계 정부에 대한 소련의 비타협적 태도에 대한 두 가지 대답.(pp. 19-20) (a) 하나의 대답: 소련은 자기에게 불리하지 않은 헌법을 수용할 가능성이 있다. 이런 주장은 헌법이 상호 신뢰를 보증할 수 있다는 것을 전제로 한다. 물론 최선의 민주주의 헌법은 다수와 소수의 상호 신뢰를 전제로 한 다수 지배 체제이다. 그러나 남미의 공화국들에서는 선거에 패배한 소수가 선거 다음 날부터 군사 쿠데타 음모를 시작한다. (b) 다른 하나의 대답: 러시아를 제외한 세계 정부 수립. 이것은 세계를 두 개로 분할하는 것. UN의 경우는 안전보장이사회가 이 같은 분열을 가교한다. 만일 이 가교를 파괴하면 두 가지 가능성 중의 하나가 야기된다. (1) 러시아가 공산주의 정부를 희생하지 않고, 궁극적으로는 공산주의를 확산하려는 야심을 희생하고 세계 연방에 굴복하여 자제하게 되리라는 견해. 정치 문제에 대한 이러한 추상

적 접근은 공산주의의 역동성을 완전히 모르는 소치이다.(pp. 20-21) (2) 러시아를 제외한 세계 정부를 수립하고 나서 하나의 세계의 원리의 명분 아래 이분된 세계를 하나의 세계 실현을 궁극적 목적으로 계속 밀고 나간다.(p. 21)

5. 비공산주의 국가들의 보다 긴밀한 정치적 통합에 의한 힘의 증대는 전쟁을 막을 것이다. 다른 한편, 전쟁의 불가피성을 수용하는 세계연맹주의자들(world federalists)은 순수한 이상주의를 가능한 데까지 취하지만, 결국 순수한 힘의 정치(power politics)에 떨어질 것이다. 그것은 이런 과정에서 UN의 사이비 입헌적 시스템의 논리적 도덕적 애매성에서 벗어날 수 있다. 그러나 여기에 동조하지 않는 국가들은 자유세계와 러시아 사이를 가교하는 UN 헌장을 계속 지지할 것이다.(p. 21)

6. 세계 정부 주장에 위배되는 두 가지의 보장 추구(pp. 21-22): (a) 분열된 두 세계의 대립과 갈등에도 불구하고 하나의 세계의 통합 유지. (b) 공산 독재 체제에 반대하여 자유세계의 '삶의 방식(way of life)'을 보전한다. 두 세계가 모두 정의의 기초에 근거한 세계 질서를 추구하지만, 자유세계는 그것이 깊이 신봉하는 법과 정의의 시스템을 말살할 수 있는 세계적 권위에 복종하지 않는다.

III. 입헌적 세계 정부 수립의 어려움의 측면들

1. 공동체에 대한 정부의 관계(pp. 22-23): 정부가 공동체를 창조하지 않는다. 정부의 권위는 법의 권위나 강제력의 권위가 아니고, 합법적 정부는 근본적으로 공동체의 암묵적 동의에 근거를 두고 있기 때문이다. (a) 국가의 입헌적 시스템에서조차 법의 힘은 현저한 제한성을 가지고 있다. 공동체 전체의 도덕적 표준과는 다른 도덕적 표준에 대해 공동체 일부가 집착할 때, 법의 힘이 얼마나 제약성을 가지고 있는지를 미국은 금주법과 흑인에 대한 인권법에서 체험했다. 세계 국가에 충성하는 경찰력은 어디서 오는 것일까? 정부의 경찰력은 순수한 정치적 가공품이 아니다. 그것은 공동체라는 몸의 팔이다. 그 몸이 여러 개일 때는 팔이 몸을 통합할 수 없다. (b) 공동체가 법과 그 사용에 선행한다는 것은 법과 강제력(force)이 공동체의 조직을 완성하고 통합을 보전하는 제한된 효능을 가지고 있다는 것을 뜻한다. 좋은 헌법은 그것 없이는 공동체를 와해시킬 수 있는 대립하고 경쟁하는 많

은 세력들을 합리적으로 중재할 수 있다.(p. 23)

2. 개별 국가와 제국 건설의 관계(pp. 22-26): Egypt, Babylon, Persia 제국은 특정한 도시국가의 지배적 힘에 의해서 건설되었다. 그것들은 힘의 지속적 사용이 필요하지 않은 통합을 마침내 이룩했다.(p. 24) 오늘날 세계 상황에 맞는 최선의 類比(analogy)는 Egypt와 Babylon보다 그리스에서 발견된다. 그리스 도시국가들은 동양적 제국들의 제국적 통일을 결코 이룩하지 못했다. 그러나 Persia의 위협은 Delion League의 결성을 가져왔다. 그러나 그 League는 Sparta와 Athene의 패권 다툼으로 와해되었다. 그리스의 통합은 Philip 왕과 Alexander 대왕에 의해서 성취되었지만 그것은 그리스 문명에 대한 폭군적 처벌이었다.(p. 24) 이 유비에서 볼 때, 미국과 러시아 양자 중에서 최후의 글로벌한 싸움에서 승리하는 지배적 힘이 세계의 최종적 통일을 이룩할 것이다. 그러나 이 유비는 입헌적 세계 정부의 가능성에 대해서 우리에게 아무런 교훈을 주지 않는다. 그것이 우리에게 주는 교훈이 있다면, 세계 혼란의 위험이 세계적 폭정보다는 아직 낫다는 사실일 것이다.(p. 25)

3. '유기적 요소들(organic factors)' 이 공동체와 세계 정부의 합체를 위해서 가지는 중요성(pp. 24-26): (a) 고대 세계의 도시국가로부터 제국적 공동체의 합체, 그리고 중세 봉건제도로부터 현대 국가적 공동체의 합체는 지배적 힘의 사용에 의해서라야 가능했다. 그러나 이들 모든 공동체들은 유기적 요소들에 근거를 두고 있다. 이 사실은 매우 중요하다.(pp. 24-25) (b) 유기적 사실들: 인종적 혈족 관계의 힘, 공통적 역사의 세력(특히 공통적 적에 대한 투쟁의 기억), 공동적 언어, 문화 및 종교.(p. 25) (c) 인종적, 종교적 다원성을 가진 국가나 제국의 예들이 있지만, 그러한 다양성의 밑바닥에는 어떤 종류의 동질성이 있다. 현대 인도처럼 동질성이 없으면 힌두와 모슬렘의 상호 불신을 누그러뜨릴 수 있는 입헌적 시스템 구축이 불가능하다.(p. 25) (d) Erich Kahler의 'regions(영역별)' 개념(pp. 25-26): 그는 세계 헌법(world constitution)이 국가의 정부의 헌법의 특성인 유기적이고 역사적인 요소들이 '하부 구조'를 결여하고 있다는 사실을 안다. 그래서 그는 '기존의 국가(extant states)' 대신에 'regions'를 사용해서 하부 구조를 창조할 것을 제창한다. 즉, 영역들의 전문가들이 제시하는 제창을 주권 국가들이 수용할 것을 주장한다. 그러나

통합성을 거의 가지지 않는 영역들은 세계 정부 헌장을 위한 선거를 완전히 무의미하게 만든다고 니버는 비판한다.(p. 26)

4. 결론: 가장 현명한 치국책도 사회적 조직(tissue)을 창조하지 못한다. 왜냐하면 치국책은 사회적 조직(fabric)을 제한된 정도로 절개하고, 꿰매고, 재설계하지만 그러한 사회적 조직은 이미 주어진 것이다.(p. 26)

IV. 국가적 공동체가 갖고 있는 사회적 조직(social tissue)

1. 세계 인류의 경제적 상호 의존성의 증대. 이것은 세계 공동체의 사회적 응집의 매우 중요한 힘이다. 다양한 나라들 사이의 경제적 힘의 차이가 있지만 말이다.(p. 27)

2. 핵 무기 개발로 인한 상호 말살의 공포. 역사적으로 볼 때 공동의 적에 대한 공포는 많은 경우에 응집의 접착제 역할을 했지만, 상호 공포가 공통된 공동체를 수립한 예는 없다.(pp. 27-28)

3. 공통적인 도덕적 감각의 고양보다 통합된 세계 공동체의 절망적 필요성은 발생 초기에 있는 세계 공동체에 대한 책임감을 국지적이 아닌 보편적 철학과 종교가 증대시키고 있다. 그러나 특정한 정의 문제에 대한 공통된 신념을 정치적 응집이 요구하는데 그것을 결여하고 있다.(p. 28) 정의 개념의 기본적 차이는 동서의 문화적 차이에서가 아니라 서구 문명의 핵심으로부터 발생했다. 즉, 러시아의 평등의 신조와 미국의 자유의 신조의 대립에서 발생했다.

4. 결론: 세계 공동체의 통합을 위해서 작용하는 힘은 제한된 것이다. 그것은 앞으로 올 시대들에서 인류가 계속 추구해 나아갈 과제이다. 그러한 과제 수행의 건축의 높이는 건축 재료와 잘 조화되어야 한다. 특히, 자유세계는 평화와 문명 보전에 성공해야 한다. 우리는 자유세계의 문명은 공산주의의 보편적 폭정보다 낫다고 확신한다. 우리는 공산주의와의 싸움에 있어서 겸손해야 한다. 강대국의 오만과 독선은 적국의 음모보다 해로운 것이다. 전쟁, 혹은 공산 폭정에 대한 완전한 안전을 줄 수 있는 정치 프로그램은 존재하지 않는다. 우리가 정부 창출에서 우리 의지의 한계와 공동체 창조에서 정부가 가지고 있는 제한성을 알고 있으면 보다

많은 성공의 가능성을 개발할 것이다.(pp. 30-31)

3. 공산주의는 왜 그렇게 나쁜가?(Why is Communism So Evil?)

1. 공산주의의 정체에 대한 잘못된 이해들(pp. 33-34): (a) 공산주의에 대한 대결의 긴장이 공산주의에 대한 부정적 판단을 악화하지 않았는가 하는 질문이 제기되고 있다. (b) 공산주의는 민주주의적 신조의 다른 형태가 아닌가 하는 주장이 있다. (c) 미국 국무성의 한 관리는 공산주의를 러시아의 제국주의의 새로운 형태로 보았다.

2. 공산주의를 악마적 극악으로 만드는 원인들에 대한 분석과 진단. (a) 권력 독점.(pp. 35-36) 권력의 균형이 깨지면 불의가 생기게 마련인데, 몇 사람에게 다른 사람을 지배하는 절대적 권력을 부여하면 불의보다 더한 악이 발생한다. 공산주의에서 독재로 인한 발전적인 도덕적 쇠퇴가 발생하는 두 가지 이유가 있다. 첫째, 권력 독점의 점진적 집중화: 계급 독재 → 당의 독재 → 소수 독재자들의 권력 독점 → 한 명의 독재자의 독재 둘째, 마르크스주의는 재산의 소유권만 알며 관리권을 모호하게 한다. 그 결과, 단일 독재자가 경제권도 정치권도 독점한다. (b) 유토피아적 환상과 도덕적 허위(pretension), 혹은 세속적 종교에서 연유한 허위.(pp. 37-38) 유럽의 지성인들은 이러한 유토피아에 환멸을 느꼈지만 아시아의 지성인들은 공산주의 유토피아에 새롭게 매혹되었다. 공산주의 유토피아주의는 유토피아주의적 이상을 제시하는 점에서 냉소주의적 나치주의보다 낫다. 그렇지만 유토피아주의는 공산주의의 악과 보다 큰 위험성의 기초이다. 자유세계의 유토피아주의를 공산주의의 유토피아주의와 비교하는 것은 불공평하다. 그러나 이른바 많은 이상주의자들이 공산주의의 힘에 매료되는 것은 역사의 모든 레벨의 영원한 도덕적 모순을 보지 못하는 우리 시대의 문화가 가지고 있는 일반적인 유토피아적 요소에 기인한다.(pp. 36-38) (1) 잔인한 공산 독재자의 권력 행사도 도덕적 냉소주의를 가지고 있지만, 유토피아를 내세우는 공산 독재자는 허위의 이상적 목적을 제시하기 때문에 도덕적 목적을 내놓고 부정하는 냉소주의보다 더 위험하고 더 악하다.(p. 38) (2) 이러한 유토피아적 환상에서 나오는 강력한 독선은 마르크스주의자들의

계급적 구분, 곧 재산을 가진 악인 계급과 프롤레타리아의 메시아 계급의 구분과, 거기서 발전된 제국주의적이고 군사독재적인 자본가 계급, 죄 없는 '인민민주주의 계급'의 구분에 의해서 더욱 악화된다.(pp. 38-39) (c) 프롤레타리아 엘리트 집단은 인간과 역사의 운명을 지배할 수 있다는 허세(pretension)를 가지고 있다.(pp. 39-40) (d) 마르크스주의의 독단주의는 사실과 역사를 부정하고 모든 것을 마르크스주의의 독단 속으로 몰아넣으려는 경직성을 가지고 있다. 공산주의의 독재적 조직은 사실 독단들을 거부하기 위한 독단들에 대하여 재검토를 하지 못하게 한다. 공산주의의 엄격한 독재는 사실을 모호하게 하고, 독재적 시스템은 크렘린(Kremlin)에게 진리를 알릴 수 없게 한다.(pp. 40-41) 공산주의의 독단주의와 독재의 결합은 이데올로기적 경직성과 획일성을 낳고, 인격의 상이성을 용납하지 않으며, 이의 제기자는 반동분자, 즉 반역자로 처단한다.(pp. 41-42)

3. 결론: 힘의 실제적 독점은 공산주의의 이데올로기적 허위의 악을 악화시키고, 그러한 허위는 공산주의의 악에 정신적 자원을 공급한다.(p. 42)

4. 유럽 사회주의의 다른 예(The Anomaly of European Socialism)

1. 사회주의(socialism)와 공산주의(communism)의 공통성과 상이성. (a) 두 가지 모두 마르크스주의에서 유래. 양자는 카인(Cain)과 아벨(Abel) 같은 반목적 형제이다. (b) 공산주의는 마르크스주의 아버지로부터 마르크스주의적 독단주의를, 민주주의적 어머니로부터 자유(liberty)에 대한 헌신을 승계했다. (c) 사회주의자들은 민주주의에 많이 적응했지만 여전히 마르크스주의적 도그마에 사로잡힌다.(p. 44)

2. 베를린 선거에서 사회당(Socialist Party)이 취한 친마르크스주의적 도그마의 입장: 미군의 초기 점령 아래에서 시행된 베를린 선거에서 사회주의자들은 공산주의자들에 반대하여 선거운동을 전개했다. 그러나 사회주의자들은 공산당은 러시아 제국주의의 도구이며, 부르주아 정당들은 서구 제국주의의 도구이지만, 오직 사회당만이 독일 노동자에게 영원한 평화와 계급 없는 사회를 약속할 수 있다고 주장했다. 이처럼 독일 사회당은 마르크스주의적 독단에 의존했다.(pp. 44-45)

3. 유럽 사회주의자들의 변천.(pp. 45-46). (a) 독일 사회주의자들: 서유럽의 거의

모든 사회주의자들보다 마르크스주의적 도그마에서 해방되어 있다. 이들이 공산주의의 무서운 현실을 누구보다도 가까이 체험했기 때문이다. (b) 프랑스 사회주의자들: 마르크스주의적 도그마에서 해방되는데 시간이 걸렸다. (c) 이탈리아 사회주의자들: 친공적 진영과 반공적 진영으로 갈라졌고, 지금도 그것이 상존한다. (d) 서유럽에서는 민주주의에 대한 사회주의자들의 헌신이 점차 승리하고 있지만 여전히 마르크스주의적 도그마에 대한 집착이 상존한다.

4. 마르크스주의의 핵심 도그마(central dogma).(p. 46) (a) 사유재산 제도가 모든 악의 근원이며, 그 제도의 폐지, 곧 사유재산의 사회화는 모든 악으로부터 구원한다. 즉, 계급 없는 유토피아를 실현한다. (b) 사회를 유산계급과 무산계급으로, 세계를 자본주의 국가와 사유재산을 폐지한 죄 없는 국가로 양분한다. (c) 역사는 프롤레타리아 혁명을 통해서 무산계급이 승리하는 유토피아를 향해서 전진하다.

5. 유럽 사회주의 정당들의 국수주의(nationalism) 경향(pp. 46-47): 제국주의는 순수하게 자본주의의 열매이며 따라서 비자본주의 국가는 비제국주의이며 국제주의라는 공산주의의 주장은, 러시아의 극악한 제국주의에 의해서 거부되었다. 그렇지만 유럽의 사회주의 정당들의 오늘날의 기록을 보면 유럽의 사회주의는 공산주의의 그러한 주장을 결정적으로 거부하지 못했다. 유럽의 사회주의 정당들은 제2차세계대전 후 지나치게 국수주의적이 되었는데, 그 이유는 그들이 그들의 국수주의가 일반적 국수주의의 전통과 열정을 가지고 있지 않으며, 또한 여러 가지 국제적 구도들(international schemes)이 재산의 국유화와 동등한 사회화를 위협했기 때문이다.

6. 유럽인들의 생각에 의하면, 미국은 자본주의 국가 그 자체이며, 마르크스주의적 도그마는 도처에서 반미적 편견을 조장하고 있다.(pp. 47-48) (a) 저명한 반공산주의적 사회주의자인, 스위스의 경제학자이며 사회학자인 Gunnar Myrdal과 Harold Laski는 미국에게 친숙한 학자들인데도 그들은 마르크스주의적 도그마가 미국인들의 마음속에서 경험적 지식과 싸우고 있다고 했다.(p. 47) (b) Bevan의 반미주의의 뿌리는 마르크스주의적 도그마이다. 그는 미군의 한국 파병은 한국 내의 미국 시장 수호를 위한 것이라고 주장했다.(p. 48) (c) 마르크스주의자들의 이런 입장

은 전쟁의 비용과 그것을 위한 세금이 무서워서 평화주의를 주장하는 부르주아적인 사려 깊은 평화주의를 모른다는 것을 나타내는 것이다.(p. 48)

7. 마르크스주의의 제국주의 도그마는 반공산주의자이며 비마르크스주의자로 스스로 믿고 있는 유럽의 여러 지성인들을 물들게 했고, 그들의 판단을 혼란스럽게 만들었다. (a) 유럽의 지성인들의 '중립주의(neutralism)'는 마르크스주의의 제국주의 도그마의 영향을 부분적으로 받았다. (1) Karl Barth: 그 자신은 모든 세속적 이데올로기로부터 자유롭다고 생각하지만 젊은 시절에 마르크스주의가 반영된 편견이 작용했을 수 있다. (2) 영국의 New Statesman and Nation의 편집자. (3) Nehru 수상 측근의 지성인들.

8. 미국의 불리한 처지(pp. 48-49): (a) 미국이 힘의 사용에서 범하는 잘못이 인기를 잃게 하며, 힘이 약한 나라들이 미국을 질투한다. (b) 자유세계의 비마르크스주의자들 사이에까지 확산된 마르크스주의적 도그마와 환상들이 자유 우방국들에 대한 미국의 관계를 복잡하게 만든다. 미국의 자본주의를 대륙의 쇠퇴한 자본주의와 동일시한다.

9. 마르크스주의적 도그마가 미국 내 정치에서 민주주의의 성공을 방해하는 요소들.(pp. 49-50) (a) 마르크스주의적 혁명론은 민주주의적 책임과 맞지 않는다. (b) 계급투쟁론은 현대의 산업사회의 다원적 계급 구조와 맞지 않는다. 민주주의적 정치가 의존하고 있는 '계급적 협동'의 원리와 맞지 않는다. (c) 유토피아주의를 가지고 근사적 목적들에 대한 관심을 훼방한다. 허위적인 종교적 비전에 의해서 부패된 정치 운동과 구별되는 건전한 민주적 정치 운동을 이해하지 못한다. (d) 민주적 틀 안에서의 사회주의의 어려움은 유토피아적 희망의 좌절이다. 영국의 노동당과 같은 사회주의 정당은 사유재산의 사회화가 국가의 집단적 빈곤을 극복하지 못할 때 당황한다.

10. 사회주의의 긍정적 공헌(p. 50): (a) 자유방임적 독단주의에 반대했다. 현대의 보수주의는 정의가 자유로운 경제 활동의 열매라고 주장한다. 이러한 입장은 경제적 힘의 균형이 결코 이루어지지 않으며 그러한 불균형은 불의를 낳는다는 사실을 간과한다. 그러한 잘못된 판단이 마르크스주의적 독단의 발생의 온상이다.

(b) 건전한 서구 국가들은 보수주의를 따르지 않았고, 또한 마르크스주의적 도그마도 따르지 않고 경험적 지혜(empirical wisdom)를 채용했다.

11. 경험론(empiricism)의 중요성(p. 51): (a) Conant 총장은 고도의 경험주의는 민주주의의 건강의 기초적 요건이라고 했다. (b) 통괄적 일반화(sweeping generalization)와 가정(assumptions)을 피하고, 이 정책 혹은 저 정책이, 이 상황 혹은 저 상황에서 어떤 효과가 있는가를 항상 물어야 한다. 건강한 민주주의는 결코 어떤 한 가지 도그마의 제안자에게 전권을 부여하지 않는다. "건전한 민주주의는 오류의 갈등으로부터 소량의 진리를 추출한다(A healthy democracy distills a modicum of truth from a conflict of error)." 건전한 민주주의는 진리라는 모든 주장을 비판적으로 재검토한다. 통괄적 일반화를 일상의 경험이 거부한다.

12. 우리의 일반적인 삶(common life)이 자유세계의 국내 정치에서처럼 국제관계에서도 대립적 도그마와 환상을 배제하고 충분히 통합될 수 있기를 감히 희망한다.

5. 미국의 보수주의와 자유주의의 외교 정책(The Foreign Policy of American Conservation and Liberalism)

1. 1952년 Eisenhower가 대통령으로 당선되기까지 공화당이 20년 동안 집권하지 못한 이유는 자유방임적 경제 정책에 집착했기 때문이다. 미국 국민은 자유방임적 경제 정책에 호의를 품지 않았다. 특히 Roosevelt가 Keynes로부터 경제적 과정에 대한 국가 개입의 정책이라는 실용주의적 입장을 도입했을 때 그랬다.(p. 53)

2. 미국 보수주의의 외교 정책 실패의 이유(p. 53): (a) 고립주의(isolationism)와 모험주의(adventurism) 사이를 왔다 갔다 했기 때문에 전자는 대두하고 있는 보다 큰 세계에서의 미국의 위험성의 범위와 책임성의 넓이를 무시했고, 후자는 젊고 강한 미국의 증대하는 패권에 수반된 위험과 책임을 이해하지 못했다. (b) 미국의 보수주의와 달리 유럽의 보수주의는 전통적 진보주의보다 외교 정책의 위험과 책임을 더 잘 이해했다. 유럽의 진보주의는 힘의 요소를 무시하며 국제관계의 위급에 대한 대처보다 미래를 위한 포괄적 플랜 설계의 경향을 가지고 있다.(pp. 54-55)

3. 미국의 보수주의는 전통적 의미의 보수가 아니라 오히려 '진보적' 그 자체이다. (a) 미국의 보수주의자들은 개혁에 저항하고 status quo를 방어한다는 의미에서 보수적이지만, Roosevelt 시대까지는 status quo가 자유방임적인 경제적 과정의 유지를 의미했다. 미국 기업계는 Adam Smith의 철학을 신봉했으며, 경제적 활동에서 국가의 통제로부터 자유로운 가능한 한 최대의 인간적 자발성을 추구했다.(p. 56) (b) 이런 형태의 진보주의는 특히 기업계가 선호한다. 그것은 다음과 같은 두 가지 이유 때문이다. 하나는 정치적 힘에 의한 통제로부터 경제적 힘을 보호할 수 있기 때문이요, 다른 하나는 정치적 힘의 형성 속에 들어오는 이상한 힘의 복합성, 특히 악마적 정치 운동을 초래한 정치적 종교 시대에 정치적 영역에서 나타난 위험하고 과도한 야망을 이해하지 못하는 기업가의 특성에 맞기 때문이다: Chamberlain이 Hitler를 합리적으로 대할 수 있는 적당한 인물로 생각했고, 전형적 부르주아인 네덜란드가 소심한 중립에 의해서 자기를 지킬 수 있다고 생각한 것은 기업적 마인드의 특성이다.(p. 56) 이와 달리, Churchill은 나치의 악마성을 잘 알고 있었으며 나치를 시장의 한 상대로 보는 환상에 빠지지 않았다. 그는 국가적, 혹은 제국적 이익을 돈 거래로 보지 않고 명예와 위신의 문제로 보았다.

4. 미국 공화당의 입장(pp. 57-59): (a) 미국에서 Chamberlain에 해당하는 것은 공화당 인사들이다. 공화당은 줄곧 나치와 공산당을 과소평가했고 그래서 평화주의와 고립주의를 택했다. (b) 공화당의 그러한 입장은 미국의 국가 이익이 다른 나라들의 국가 이익에 대해서 가지고 있는 상호 의존성을 경시했으며, 기업 세계에서 지배하는 경제적 동기 속에 포함되지 않는 국가들의 탐욕과 야심에 대해서 맹목했고, 욕심의 범주 안에 들어오지 않는 인간의 집단적 삶에서의 여러 형태의 지나침에 대해서도 맹목했다.(pp. 57-58) (c) 공화당은 전쟁 비용으로 인한 세금 인상과 전시의 정부 경제 통제에 반대했기 때문에 평화주의를 택했다.(p. 58) (d) 1953년 Eisenhower의 당선은 전쟁 영웅으로서의 엄청난 명성의 도움도 있었지만, 싹 트기 시작한 미국의 절대권의 뛰어난 지도자들과 세계에서의 미국의 세계적 힘과 그 한계를 경험한 군부의 지도자들의 노력에 의한 것이다.(pp. 58-59)

5. 고전적 자유주의와 구별되는 Roosevelt의 좌측 자유주의의 특성.(pp. 59-61)

(a) Adam Smith적인 경제적 자유가 아니라 보편적 투표, 법 아래에서의 평등, 복지의 최소 기준 및 국제적 우호를 강조. (b) Roosevelt 식의 자유주의는 유럽에서는 민주사회주의가, 영구에서는 노동당이, 미국에서는 Jefferson이 개발했다. 그러나 제퍼슨의 자유주의는 미국 경제의 급속한 팽창으로 Adam Smith의 자유주의가 신빙성을 얻었기 때문에 무력하게 되었다. 제퍼슨의 정당은 남부에 근거를 두고 있었기 때문에 남북전쟁에서의 남부의 패배로 소실되었다. 제퍼슨의 자유주의는 Wilson과 Roosevelt에 와서야 힘으로 등장했다. 미국의 고도로 集權化된 경제는 정부가 개입을 하게 되었고 따라서 "가능한 한 최소의 정부가 최선"이라는 제퍼슨의 주장에 수정을 가한 셈이 되었다.(pp. 59-60)

6. Jefferson의 사상의 진의.(p. 60) (a) 제퍼슨의 사상을 전승한 정당이 그의 언명을 침해했다. (b) "가능한 한 최소의 정부가 최선"은 자유방임적 경제론의 지지가 아니라, 산업 문명으로 인해서 발생한 문제들에 대한 비판이다.

7. 미국의 좌측 자유주의와 우측 자유주의의 공헌과 과오(pp. 60-61): Wilson과 Roosevelt하의 정당이 나라의 혜택을 받지 못하는 새로이 도착한 이민 집단과 자유기업 경제에서 발생한 불의, 그리고 세계에 대한 미국의 책임에 민감한 지성인, 전문인 그룹을 모두 포용한 것은 실로 놀라운 일이다. 좌측 자유주의가 전통적 자유주의가 신봉했던 개인성을 침해했다는 비난을 받는다면, 우측 자유주의는 사회 변화와 전통적 자유주의의 한 부분이었던 넓은 정의의 욕구를 좌절시켰다는 비난을 받을 수 있다.

8. 좌측 자유주의의 외교 정책이 공화주의가 개발한 외교 정책보다 빈틈없고 효과적인 이유.(pp. 61-62) (a) 공화주의의 도덕적 환상은 외교에서의 혼란의 근원이 되었다. 유럽과 미국의 민주적 사회주의는 평화주의에 끌렸다. 스칸디나비아의 사회주의자들은 비무장을 자랑했으며 그들의 안전을 영국의 해군에 의존했다. Wilson의 첫 번째 국무장관 Bryan도 평화주의에 대한 환상을 가지고 있었다. 외교 정책에서 공화주의적 제창자보다 자유주의의 민주적 제창자가 나은 것은 미국이 제1, 2차세계대전 당시 민주당 대통령 정부였고 실제적 책임으로부터 많이 배웠기 때문이다. (b) 공화당의 고립주의적 민족주의에 반대하는 Roosevelt적 자유

주의의 국제주의가 외교 정책적 취약성에도 불구하고 우수한 지혜를 가지는 것이 가능했던 이유(pp. 62-63): Wilson의 국제주의는 권력 정치적 요소를 결여하고 있다. Roosevelt의 현실주의는 이 잘못을 시정했다. 두 사람 모두 넓고 포괄적인 목표를 설정했다. 현명한 보수주의가 제한되었고 가시적인 목적에 정책을 제한한 데 비해서, Wilson은 '민족자결주의'와 세계 정부를 제창했고 Roosevelt의 현실주의는 다르지만 이 같은 포괄적 일반화에서는 양자가 공통된다.

9. Roosevelt의 천재성과 그의 후계자의 어려운 결정.(pp. 63-64) (a) Roosevelt식 자유주의적 외교 정책은 장단점을 가지고 있지만, 그는 미국이 경험한 전통에 생소한 성장하는 세계 공동체에 대한 책임을 깨닫고 뛰어난 슬기로움으로 국가를 리드했다. 정치적 천재성 없는 그의 후계자는 어제의 우방이 오늘의 해로운 적이 되는 위험에 대처하는 어려운 결단을 내려야 했다.(pp. 63-64) (b) 좌측 자유주의와 우측 자유주의의 외교 정책 실패.(p. 64) Roosevelt의 후계자는 고립주의적 무책임과 강대국의 힘의 한계를 모르는 모험적 무책임성 사이를 우왕좌왕하는 보수주의 외교 정책을 반대했다. 보수주의는 공산주의의 확대를 초래한 아시아의 혁명적 격동을 미국 국무성의 잘못의 결과로 보았고, 그것을 무력으로 해결할 수 있다고 생각했다. 미국의 만능을 믿는 환상은 인종적 충성과 사양하는 농업사회의 사회적 세력의 복잡성과, 단순한 군사력의 사용이 미국을 지지하지 않는 사람들 사이에서 발생시키는 증오와 강대국을 두려워하는 공포를 이해하지 못했다. 좌측 자유주의는 국제 관계의 복잡성 속에서 추상적 이념을 과신했고, 우측 자유주의는 경제적 힘에서 파생하는 순수한 무력을 과신했다.

10. Eisenhower 대통령의 문제점(p. 65): 아이젠하워 대통령은 지배적 경제 그룹을 정치적 책임 속으로 끌어들였다. 그러나 그가 얼마나 공화당의 잘못을 시정할 수 있을지는 문제이다. 그는 세금 감소와 아시아에서의 보다 적극적인 정책을 동시에 내세우고 있는데, 그것은 야당 시절 고립주의와 모험주의 사이를 우왕좌왕했던 공화당의 모순만큼이나 모순적이다. 감세와 아시아 정책에서의 우유부단은 과거 20년간의 공화당의 잘못을 되풀이할지도 모른다.

11. 공화당의 특성.(pp. 65-67) 공화당의 잘못은 내정에서는 귀족주의적 이익에

집착했고, 외교 정책에서는 국제 관계에서 국가 이익을 초월하지 못했다. 공화당은 자유주의자들의 '추상적 구도들(abstract schemes)' 보다 사회적 응집의 유기적 과정에 관심을 가졌다. 영국의 그런 지혜는 경험과 책임의 결합과 기독교적 지혜의 결과이다. 이때 기독교적 지혜란 모든 인간적 노력의 단편성과 모든 인간적 덕 속에 있는 이기적 부패에 대한 통찰을 말한다. 그러나 전반적으로 볼 때 미국에서는 계몽주의의 비전과 비주류적 기독교의 낙관주의가 득세했다. 그것은 미국의 변방 진출과 확대되는 경제가 기독교를 인간 존재의 실제적 조건들에 대한 책임성보다 순수한 이상주의에 일치시키려고 했기 때문이 다.

12. 미국의 보수주의가 외교 정책에서 갖는 덕성.(pp. 67-68) 외교 정책에서의 미국의 문제는 진보적 운동이 발전시킨 인간적 덕들을 상실하지 않고 보수주의의 지혜를 발동시키는 것이다. 미국의 보수주의는 'ideologue(이데올로기 제창자)'라기 보다 '실무가(man of affairs)' 이다. 실무가는 추상적 공식(abstract formulae)이 이익과 가치의 갈등이라는 현실적 뒤얽힘의 그물망 속에서 적절하지 않음을 알고 있으며, 그의 경험이 탐욕과 야망과 관계 없는 경제적 동기가 지배하는 매우 단순한 집단적 노력에 제한되어 있으므로 정치, 특히 외교 정책의 복잡성을 이해하지 못한다. 또한 인간성 이해에 관한 한 그들은 단순하다. 그들은 인간의 추구들이 절도 있다(ordinate)고 보며 그것들을 보다 넓고 복잡한 분야에 적용하는 탄력성을 보여주었다. 참된 보수주의에 대한 아주 현실적인 위협은 우리의 지성인들, 특히 인간성의 높음과 깊음을 자연과학의 제한된 틀 속에서 이해하려고 하는 사람들이다.

13. 정치적 현실에 대한 자연과학적 접근은 자유주의 정신을 따라다니는 두 가지 잘못 사이를 우왕좌왕한다. (a) 과도한 결정론(excessive determinism): 역사 속의 인간사를 물리적, 동물적 자연의 일들과 동일시한다. (b) 과도한 主意說(excessive voluntarism): 인간을 자연을 다루는 것처럼 관리하고 다룰 수 있다고 주장한다. 사회학자, 인류학자, 생물학자, 사회과학자, 교육학자, 정치학자가 그렇게 할 수 있다고 주장한다.(pp. 69-70) (c) 그들의 이러한 주장은 미국의 자유주의 문화가 낳은 공허한 말이다. 그것은 상식적 지혜(common-sense wisdom)와 자유주의 문화의 허위적 지혜(pretentious wisdom) 사이의 갈라진 틈이라고 볼 수 있을 것이

다. 그러한 학문적 지혜(academic wisdom)에 대한 반대를 우리 시대의 참된 보수주의의 가장 좋은 예인 Churchill에게서 찾아볼 수 있다. 그는 MIT의 개교기념일 식전에서 "인문대 학장이 오늘 아침 심리학자들이 우리 마음의 사상을 통제할 날이 곧 올 것이라고 우리에게 보장했다. 그날이 오면 나는 기꺼이 죽을 것이다"라고 했다.(p. 70)

14. 사회과학과 심리과학이 인간의 궁극적 수준에서 오판을 범한 두 가지 이유(pp. 70-71): 사회과학과 심리과학은 그토록 많은 인간 경험의 수준에서 가치를 발휘했음에도 불구하고 궁극적 수준에서는 많은 오판을 범했다. (a) 자연은 '자아(the self)'를 포함하고 있다는 사실을 이해하지 못했다. (b) 정신(the mind)도 온갖 자기기만의 능력들을 가진 동일한 자아 속에 포함된다. 상징적 '보통 사람(symbolic man in street)'의 상식적 지혜는 잘못된 과학자의 전제에 근거하고 있지 않고 경험에서 도출된 것이기 때문에 대체로 허위적인 과학적 지식보다 낫다. 상식적 지혜는 행동의 매우 분명한 사실을 부정하지 않는다.

15. 현상유지(status quo)의 이데올로기적 방어로서의 보수주의 정신은 용납할 수 없으되, 서구 특히 영국이 공들여 만든 보수주의 신조는 다시 찾을 필요가 있다. 이 신조는 사회공학의 추상적 양식보다 역사적인 것을 강조하며, 인간의 삶에는 도덕적 규범 거부의 영원한 근원이 있다는 것을 강조한다. 그렇기 때문에 이 신조는 낡은 불의를 제거하려다 새로운 불의에 빠지지 않으려고 한다. 이러한 보수주의 신조는 Edmund Burke의 『프랑스의 혁명에 대한 반성Reflection on Revolution in France』에서 가장 잘 개척되었다. 이런 보수주의는 경험의 산물이다. 미국이 자유세계의 정치적 패권을 성공적으로 유지하기 위해서는 경험에 더욱 의존해야 한다. 이러한 보수주의는 부분적으로는 기독교의 산물이다.(pp. 72-73)

6. 이데올로기와 과학적 방법(Ideology and the Scientific Method)

I. 이데올로기적 오염(Ideology taint)의 성격 분석

1. 개인들과 집단들의 의견과 판단에는 항상 이해관계가 반영되며 객관성을 결여한 편견이 따라다닌다. 특히, 경제와 정치 영역에서 그렇다. 이것이 이른바 이데

올로기 식 오염인데, 그것은 다음과 같은 두 가지 이유 때문에 발생한다. (1) 논쟁에 사로잡혀서 증거를 주의 깊게 검토하지 않으며, (2) 모든 타당한 사실들을 고려하려는 강한 경향성이 인간에게 없기 때문이다.(pp. 75-76)

2. 역사적 지식에 대한 이해관계의 개입, 곧 이데올로기론(theory of ideology)은 너무나 분명하고 불가피한 것임에도 불구하고 마르크스주의가 비로소 발견했다. 마르크스주의는 이데올로기론을 발견했지만 역사적 지식의 분야에서 매우 중요하고 해결할 수 없는 문제와 직면하게 되었다.(p. 76)

3. 마르크스의 이데올로기 개념(pp. 76-77): 이데올로기란 인간의 삶과 운명, 법적 및 도덕적 규범과 이념의 가장 객관적인 해석조차 사회의 지배적 집단의 이익의 합리화이며, 또한 그 집단의 경제적 이익을 반영한다.(p. 76) 이데올로기의 이 같은 해석은 마르크스주의의 결함을 드러낸다. 그러한 해석은 이데올로기적 오염을 순수하게 경제적 이익에만 제한하는데 그것은 잘못이다. 왜냐하면 모든 형태의 이익이나 열정이 우리의 판단을 물들이기 때문이다. 분명 남성과 여성의 이데올로기가 있다. 모든 인종과 계급, 모든 세대와 연령, 모든 특정된 시간과 장소가 이데올로기의 뿌리이다.(pp. 76-77)

4. 이데올로기가 간직하고 있는 두 가지 숨은 진리.(p. 77) (a) 판단에 대한 이데올로기적 오염은 참된 오염되지 않은 판단을 함축하고 있다. 진짜 화폐 없이는 위조 화폐가 있을 수 없는 것처럼 말이다. (b) 이기적 이익(self-interest)이 아무리 강하다고 하나 보다 넓은 가치 시스템에 대한 개인의 지식과 충성을 전적으로 모호하게 할 수 없다.

5. 이데올로기적 오염 속에 포함된 의식적 부정직(conscious dishonesty)에 대한 마르크스주의의 이해.(pp. 78-79) (a) 마르크스주의자의 심리학과 지식론에서는 의식적 부정직의 문제를 묵살해 버린다. 그러나 프롤레타리아의 계급적 적들에게는 이를 적용한다. (b) Trotsky는 러시아의 최초의 제헌의회의 지주들의 명백한 부정직에 대해서 맹비난을 했다. 그러나 이른바 '인민민주주의'도 못지않은 의식적 부정직을 가지고 있다.

6. 마르크스주의 이데올로기론의 부적절성(p. 79): 이데올로기론을 정치적 투쟁

의 무기로 삼아 적에게만 적용하고 자신에게는 적용하지 않는다. 또한 이익을 경제적 입장에서만 해석하며, 경제적 이익의 불균형이 없는 사회를 유토피아로 상정하고, 그러한 사회 실현을 추구한다. 이러한 환상으로부터 폭정이 생긴다는 것은 우연이 아니다.

7. 마르크스주의의 독선(p. 80): 이데올로기적 오염을 적에게만 적용하고 자신에게는 적용하지 않기 때문에, 마르크스주의자들은 그들의 이성이 순수하다는 가장 악마적인 허위에 빠진다. Molotov는 자본주의 국가들의 외교는 편의주의와 기회주의이며, 러시아의 외교 정책만이 마르크스 · 레닌주의 과학의 확고한 기반에 근거하고 있고 기회주의를 초월할 수 있다고 주장했다.

8. 이데올로기 문제에 대한 자유세계의 이해.(p. 80) (a) 마르크스주의자의 답보다 거의 나을 것이 없지만, 훨씬 덜 유해하다. (b) 이데올로기적 편견, 혹은 오염이 자연과학과 정신과학을 분명하게 구별하지 않기 때문에 생긴다고 많은 현대 자유주의 이론이 주장한다. (c) '과학적 방법'을 역사적 사건들과 사회적 판단들에 적용하면 이데올로기적 왜곡을 제거하고 시정할 수 있다고 주장한다.

9. 역사적 사건들과 사회적 판단들에 과학적 방법 적용을 제창한 학자들.(pp. 80-82) (a) Julian Huxley는 그의 『인간과 현대의 세계Man and the Modern World』에서 그러한 과학적 방법이 인간이 그 자신의 동기가 포함된 인간의 동기들을 검색함(investigate)으로써 가능하다고 주장했다.(pp. 80-81) (b) Karl Mannheim은 그의 『이데올로기와 유토피아Ideology and Utopia』에서 판단을 물들인 숨은 전제를 엄격하게 분석함으로써 과학자를 이익과 시간, 장소의 편견으로부터 점차 해방할 수 있다고 주장했다.(p. 81) (c) John Dewey. 역사과학은 한때 모든 과학적 탐구의 자유를 제한했던 정치적, 종교적 권위의 분명한 제약에 의해서 부패되었다. 과학의 자유를 위한 투쟁은 인간을 포함한 세계를 과학과 도덕적인 것 및 정신적인 것, 곧 교회와 국가라는 보다 높은 권위적 지배라는 두 가지 지배 아래 두는 타협을 했다. 이러한 타협은 실제 인간 문제를 과학이 아닌 이데올로기적 반성과 다투고 대립되는 실제 정치의 합리화 아래 두게 되었다.(pp. 81-82)

역사적 지식이 오늘날 러시아의 생물학처럼 외부 권위의 개입으로 부패될 수 있다. 그러나 정치가와 언론인, 그리고 보통 사람과 가장 과학적인 사회적 관찰자의 사회적, 정치적 판단은 어떤 분명한 권위의 압력에서 생기는 것이 아닌 이데올로기적 전제를 가지고 있다. 현대 민주주의는 흔히 이데올로기적 충돌에 의해서 위협을 받는데, 그러한 충돌을 사회과학이 완화할 수는 있지만 제거할 수는 없다.

10. 이데올로기적 오염이 자연과학에서보다 사회적 판단의 영역에서 훨씬 더 강한 이유는 무엇인가? 과학적 방법이 편견을 제거하는 데 덜 효과적인 이유는 무엇인가? 그 답을 얻기 위해서는 자연과학과 사회과학의 차이와 각 영역 속의 관찰자의 신분의 차이를 엄밀히 검토해야 한다.(p. 82)

II. 과학적 방법으로 다룰 수 없는 역사적 과정

1. 과학적 방법으로 다룰 수 없는 역사적 과정과 사회적 현실.(pp. 83-84) (a) Robert MacIver는 그의 『사회적 인과관계 Social Causation』의 "사회과학의 곤경(Plight of Social Sciences)"에서 사회과학이 검토해야 할 인과관계의 다양한 레벨들을 제시했다. 즉, (1) 지질학적, (2) 지리학적, (3) 기후적, (4) 심리학적, (5) 사회적, (6) 개인적 레벨을 제시했다. 이같이 복잡한 인과관계는 여러 가지 방법으로 사건들을 그럴듯하게 관계시킬 수 있으며, 대개는 관찰자의 특별한 관심 분야를 모든 관계된 현상들의 원인을 추구하는 포괄적 근거로 만든다.(p. 83) (b) 역사적 행동과 사건은 비판의 여지가 없는 그럴듯한 상호 관련성을 갖도록 설명할 수 있다. 물론 모순된 관계는 배제할 수 있고, 심한 편견은 발견할 수 있다. 그러나 로마 제국의 멸망, 나치의 발생, 미국과 프랑스 민주주의 사이의 차이에 대한 결론적인 충분한 답을 아무도 줄 수 없다.(p. 83) (c) 도달된 결론은 탐구의 시발점인 '해석의 원리(the principle of interpretation)'에 의해서 결정된다.(p. 84)

2. 역사는 과학적으로, 혹은 합리적으로 설명할 수없다.(pp. 84-85) (a) 역사에는 단순한 반복(recurrence)은 없으며 따라서 역사의 상이한 시대들의 결과들 간의 유사성(analogy)도 존재하지 않는다. 그렇기 때문에 어떤 시대의 한 정책이 다른 시대의 사회 정책과 유사한 효과를 가진다고 볼 수 없다. (b) Windelband와 Rickert는 역사는 물리적 세계의 정확한 반복과 구별되는 독자적 사건들의 영역이라고 했

다. 이런 주장은 부분적으로 진리이다. 왜냐하면 역사 속에는 사이클과 반복, 유사성이 존재하기 때문이다. 그렇지 않으면 과학적 검토의 기반이 전혀 존재하지 않는다. (c) 그러나 역사 속에는 아무것도 기계적으로 동일하게 반복되지 않는다. 역사가 시대나 상황에서는 유사성에 맞지 않는 너무나 많은 새로운 요소들이 작용한다.(p. 84) (d) Aristotle은 역사의 우발적 요소들을 이해했기 때문에 변하는 것들의 분석을 이성(nous)보다는 실천적 지혜(phronesis)의 영역으로 보았다. 그렇지만 그는 역사적인 것뿐 아니라 역사적 규범을 드러내는 반복의 자연적 사이클도 인정했다. 이렇게 해서 고전적 합리주의와 마찬가지로 역사 속에서 자연의 규범과 유사한 규범적 구조를 발견했다. 현대적 이해는 한없는 변화 가능성을 알기 때문에 역사과학이 성립할 수 없다고 본다.(p. 85)

3. 현대의 역사과학적 사회과학은 역사 속의 새로운 것의 출현을 자연의 진화와 유사한 식별 가능한 패턴(pattern)으로 이해한다.(pp. 86-87) 그러나 그러한 패턴은 위태로운 속성을 가지고 있다. 왜냐하면 인과적 연결성이 매우 복잡하고, 인간 자신이 원인적 관계망 속의 한 원인, 다시 말해서 역사의 행위자(agent)이기 때문이다. 특정한 상황 속의 인간 행위자의 행동은 예측불가하기 때문에 미래의 사건 예측은 매우 불투명하고, 인간 행위자의 내적 동기와 과거의 행동에 대한 지식의 결여는 과거의 사건들의 분석마저 불확실하게 만든다. 모든 정치적 논의는 욕망되는 정책이 사회 전체의 복지에 기여한다는 예측을 포함하고 함의한다. 어떤 정책을 거부하기 위해서는 그러한 예측이 허위라는 것을 증명해야 하는데, 그러한 증명은 불가능하다. 일반적인 정치적 논쟁에서 해로운 형태의 이데올로기를 거부하는 것은 어렵다. 한 시대 전체, 혹은 문화의 기저에 있는 포착하기 어려운 이데올로기일 경우 더욱 어렵다. Marris Cohen은 '경제적 인간(economic man)' 은 물리학의 모든 일반화처럼 위험성이 없는 추상이라고 했지만 그것은 분명 등장하고 있는 부르주아 계급의 이데올로기이다. 왜냐하면 그것은 개인이 그의 경제적 이익을 완전한 자유 속에서 추구하는 것을 막는 인종적, 국가적, 전통적 및 다른 사회적 유대성을 과소평가하는 부르주아 계급의 개인적 편견과 환상을 나타내기 때문이다.(pp. 87-88)

4. 역사의 영역 속의 판단은 궁극적으로는 가치 판단이다.(pp. 88-91) (a) 역사 영역 속의 판단은 욕망된 목적에 도달하는 행동들을 지적하는 것이 아니라 목적의 바람직함을 설명하려고 한다. 목적이 욕망된다(desirable)와 목적의 바람직함은 다르다. 전자는 사실 판단이고 후자는 가치 판단이다. 이데올로기는 양자를 혼동한다. 전자를 정당화하기 위해서는 후자가 필요하다.(p. 88) (b) 과학적 방법이 단순히 행위자의 욕망 충족이 아니라 어떤 행동을 위한 보다 넓은 가치를 내세우는 경향을 어느 정도로 밝힐 수 있느냐가 문제이다. 우리는 당장의 목적의 바람직함을 확인하기 위해서는 그러한 판단이 만들어지고 알려지는 전체적 의미 구도에 관한 판단을 하지 않을 수 없다.(p. 89) (c) 모든 과학적 절차는 그러한 전체적 의미 구도를 전제로 하고 있기 때문에 그 구조를 비판할 수 없다. 아마도 과학적 방법은 전체적 가치 구도를 빙자하여 어떤 부분적이고 국지적인 이익을 정당화한 이데올로기적 오염을 탐지하는 것을 도울 수 있을 것이다. (d) 이데올로기적 오염을 밝히는 사회과학의 한계(pp. 90-91): 사회적 사건의 계기(sequences)와 인과관계에 대한 신중한 분석은 어느 한편의 지나친 주장을 거부할 수 있다. 통제하지 않은 경제가 자동적으로 정의를 조장하지 않으며 정치의 힘과 경제의 힘의 결합이 정의와 자유를 위협한다는 것은, 신중한 사회과학적 분석이 밝힐 수 있는 매우 분명한 사실이다. 그러나 안전보다 자유를 선호하는 계급은 사회적, 직업적 기술을 통해서 이미 높은 정도의 안전을 확보하고 있는 반면, 자유보다 안전을 선호하는 사회적 계급은 특수 기술과 개인적 안전을 가지고 있지 않아서 기술사회의 위험에 노출되어 있기 때문에 자유의 상실보다 불안전을 두려워한다. 이러한 선호 현상을 해결할 수 있는 과학적 해결책은 없다. (e) 건강한 민주사회는 이데올로기적 선호를 과학적으로 해결하려고 하기보다 상대편의 이데올로기적 선호를 관용하는 인내에 의존함이 옳을 것이다.(pp. 90-91)

5. 결론: 역사적 사건들의 영역은 인과관계의 연결이 복잡하여 인간 행위자가 예상할 수 없게 사건들의 과정 속에 개입하므로 자연적 사건의 영역과는 다르다.(p. 91)

III. 자연의 영역 관찰자와 역사의 영역 관찰자 사이의 차이

1. 자연의 영역 관찰자: 이익이 개입되지 않은 공평성을 가지고 있으며 편견이 자연의 무대에는 전혀 존재하지 않는다.

2. 역사의 영역 관찰자: 두 가지 이유 때문에 공평할 수 없다. (a) 관찰자가 어떤 시점과 지점(locus)에서 역사를 본다. (b) 어느 정도로는 이데올로기적 갈등에 개입한다. 이것은 정치가의 경우 특히 그렇다.

3. 자아(the self)와 정신(the mind)의 구별(pp. 92-93): (a) 정신은 객관적이고 순수할 수 있다. (b) 자아는 이해관계에 개입하게 마련이고, 열정과 이익의 부패에 말려들게 마련이다. 다시 말해서, 인간사에서는 아이디어와 이익 사이에 '실존적 친밀성(the existential intimacy)'이 존재한다.(p. 92) (c) 문제되는 것이 정신이 아니라 자아일 때 어떠한 과학적 방법도 자아로 하여금 합리화에 개입하지 말라고 강요할 수 없다. 아무리 완벽한 방법도 이데올로기적 갈등을 완전히 극복할 수 없다.(p. 93)

4. 결론: 역사적 사건의 영역은 너무나 복잡하고 반복들은 정확한 유사성을 가지고 있지 않기 때문에, 정신에게 인과적 계기의 한 특정한 해석을 강요할 수 없다. 만일 정신을 강요할 수 있다고 해도 역사의 행위자인 자아는 역사의 대립 속에서 자기의 몫을 위한 이해관계에 말려든다.(pp. 93-94)

7. 민주주의, 세속주의 및 기독교(Democracy, Secularism, and Christianity)

1. 민주주의는 기독교 신앙의 산물인가, 그렇지 않으면 세속적 문화의 산물인가? 이 논쟁은 결론이 나지 않았다. 민주주의의 정치적 기구 수립에는 기독교적 세력과 세속적 세력이 합세했고, 현대 자유사회의 문화적 자원은 기독교와 현대 세속주의가 공급했다. 요약해서 말하면, 양쪽 주장의 증거가 서로 혼합되어 있기 때문에 이 논쟁은 결론이 나지 않는다.(pp. 95-96)

2. 자유사회는 기독교와 세속적 세력의 합작의 다행한 산물이다.(p. 96) (a) 민주주의는 인간이 정치 프로그램이나 사회적 과정의 도구가 될 수 없다는 인간관을

필요로 하는데, 이런 인간관은 기독교적, 유대교적 신앙이 공급했다. (b) 자유사회는 전통적 사회나 현대 전제 정치의 거짓 신성화와 우상을 피해야 하는데, 기독교의 비판적 의식과 세속주의가 유효한 이유들과 궁극적이 아닌 당장의 목적들에 대해 관심을 가지는 기풍이 그것을 가능하게 했다.

3. 정치 기구로서의 민주주의의 본질.(pp. 96-97) (a) 보편적 투표권. (b) 모든 시민이 통치자의 행동을 거부할 수 있는 정치적 힘과 기회를 가진다. (c) 정부의 권위가 피지배자로부터 나온다. (d) 후기 칼뱅주의, 17세기의 기독교 섹트 및 18세기의 합리주의가 종교적으로 신성화한 정치적 권위에 도전했다.

4. 자유사회의 경제 제도의 잘못된 이론적 근거와 그 공헌. (a) 시장이 자유로운 자발적 경제 활동의 자연적 조화를 실현할 것이라는 잘못된 이론에 근거를 두고 있지만 자유사회의 발전을 위해서 두 가지 큰 공헌을 했다.(p. 97) (b) 두 가지 공헌: 첫째, 정치적 강요 없이 상호 봉사를 권장했는데 민주적 사회의 유연성을 수립했다. 둘째, 순수하게 세속적인 인간적 노력의 목적들을 도덕적으로 존중받게 만들었다.(p. 98) (c) 신성한 것과 궁극적인 것에의 관심에 대한 존경의 상실은 거짓 신성과 우상을 만들어냈고, 마침내 현대의 세속적 전체주의의 사악한 우상들을 생산했다. 종교개혁의 소명 사상은 자유사회에 활력을 불어넣었다.

5. 자유사회의 윤리가 가지고 있는 문제점.(pp. 98-99) (a) 민주사회는 개인에 대한 존경을 요구한다. 덕과 인간의 존엄성이 일치한다는 잘못된 생각에 근거를 둔 현대의 세속적 사상의 낙관적 인간성 이해는 현대 민주주의의 기초가 되었다. 이러한 낙관주의적 인간 이해는 Hobbes나 Luther의 지나치게 비판적인 인간성 이해가 정치적 절대주의를 초래한다는 의미에서만 타당성을 가진다. (b) 인간에게는 정의를 위한 자연적 능력이 있지만, 불의를 위한 경향성도 아주 집요하기 때문에 민주주의의 불의에 대한 방파제 기능이 보다 중요하다. 그 기능 수행을 위해서 모든 공적 힘을 공적 검열 아래 두며, 지혜의 모든 허위에 도전하고, 모든 힘을 상쇄적 힘에 의해서 균형을 잡는다.

6. 기독교 사상과 세속주의의 공과.(pp. 99-100) (a) 기독교 사상의 功過: 참된 신에 대한 숭배는 거짓 신성화에 대한 존경을 제거했다. 그러나 기독교는 왕권 신수

설을 주장했고, 참된 종교마저도 빈번하게 어떤 인간적 이익을 신의 뜻과 동일시했다. (b) 세속주의 사상은 전통적 사회를 우상으로부터 해방했으나 전체주의에 동조하는 경우가 있다. 이러한 동조를 한 것은 중산층 계급이 주장한 고전적 경제이론이 아니라 산업 계급의 무기인 마르크스주의 이론이다.(pp. 99-100) (c) 두 이론이 함께 인간적 상황에 대한 잘못된 분석을 했다. 전자는 힘의 복합성을, 후자는 힘의 독점을 초래했다. 전자의 잘못은 민주주의 자체에 의해서 해결되지만, 후자의 심각한 잘못은 구제되지 못했다.(p. 100) (d) 마르크스주의의 힘의 독점은 전체주의 정치를 초래했지만, 건전한 민주주의는 초기 자유사회의 부분적 경제 독점을 예방했으며 마르크스주의의 경제적, 정치적 힘의 독점을 피했다.(p. 100)

7. 이익에 근거한 대립되는 이데올로기(conflicting ideologies)를 피하고 부정하는 것을 배우는 민주주의적 지혜는 특정한 기독교적 통찰이라기보다 경험의 결과이다. 그러나 기독교는 민주주의에 불가결한 세 가지 통찰을 공급한다.(p. 101) (a) 개인이 세상의 권위를 부정할 수 있는 권위의 근원을 가지고 있다. (b) 인격을 목적으로 보는 개인의 존엄성. (c) 인간의 자유를 창조적인 동시에 파괴적이라고 본다. 인간의 존엄성과 비참이 같은 뿌리에서 나온다고 본다.

8. 철학과 과학은 인간 정신의 높음을 모호하게 한다.(p. 102) (a) 이상주의적이건 자연주의적이건 철학은 인간을 어떤 시스템 속에 넣으려고 하기 때문에 인간 정신의 높음, 그의 존재의 독자성과 그의 자유의 이기적 부패를 모호하게 한다. (b) 과학적 문화는 커다란 공적에도 불구하고 인간적 정황으로 볼 때 순진하며, 따라서 인간의 철저한 자유를 어떤 시스템 속에 가두려고 한다.

9. 진리는 과오를 통해서 드러나는 것 같다. 과학의 잘못을 통해서 인간성의 선악의 신비가 드러나는 것처럼.(p. 102-103)

10. 민주주의가 유일한 최고의 정치 체제는 아니며, 또한 자유를 보존하지만 삶의 편리와 행복을 위해서 속물주의에 떨어질 수 있다. 그러나 민주주의와 기독교는 밀접한 관계를 가지고 있으며, 민주주의가 요청하는 관용은 기독교의 겸손 없이는 유지하기가 매우 어렵다.(pp. 102-103)

8. 사회적 및 국가적 질서에 있어서의 크리스천적 증언 (The Christian Witness in the Social and National Order) · 1948년 Amsterdam에서 개최된 WCC 총회에서 행한 연설이다.

1. 신념이 있는 크리스천은 우리 시대의 비극적 세계를 예견하지 못했으며 심지어 그것의 출현을 방조한 기독교 신앙의 대체물들에 반대하여 그리스도의 진리를 증언해야 한다. 그러한 대체물들은 우리 모두가 복종할 신의 주권에 대한 감각을 파괴하지 않았던가? 그것들은 회개를 불필요하게 하는 악으로부터의 구원(redemption)의 구도들을 발명하지 않았던가?(p. 105)

2. 이러한 증언의 필요성은 또한 우리의 책임을 규정하며, 오늘의 인류의 운명의 세속주의적 뿌리에 하나님의 말씀의 진리를 증언할 기회이기도 하다. 근자의 역사는 인간의 오만에 대한 복수의 여신의 습격을 보여주고 있으며, 스스로 지고한 인간들과 국가들에 대한 하나님의 심판을 나타내고 있다.(pp. 105-106)

3. 우리 시대의 문화의 진보주의가 범한 과오.(p. 106) (a) 모든 인간이 죄인이라는 기독교적 이념을 시대에 뒤진 것으로 여긴다. (b) 인간이 죄인이라는 기독교적 이념을 '무해한 이기주의(harmless egoism)'로 대치했다. 이러한 이기주의는 사려 깊은 사리사욕(prudent self-interest)이나 이기심(selfishness)을 보다 높은 차원의 사회적 조화로 변화시키는 사회적 힘들의 균형에 의해서 해롭지 않은 것이 된다. (c) 우리 시대의 문화의 어떤 자유주의는 역사의 성장과 발전에서 구원의 아이디어를 발견했다. 그러나 악의 가능성이 인간을 해방하리라고 생각했던 자유와 힘의 발전과 더불어 성장한다.

4. 마르크스주의의 거짓 역사 구원관(pp. 1056-107): 자유세계의 환상이 자유주의 문화 전체에 대한 마르크스주의의 방향을 촉발했다. 마르크스주의는 사유재산의 혁명적 파괴를 통해서 새롭고도 조화로운 사회를 실현할 수 있다고 선언했다. 다시 말해서, 악의 뿌리를 사회적 기구에 있다고 보았고, 그것의 파괴를 통해서 구원을 약속했다. 마르크스주의는 끝없는 성장과 발전을 통해서가 아니라 낡은 질서의 죽음과 새로운 질서의 출현에 의해서 구원을 약속했다.

5. 우리 시대의 비극을 심화한 두 가지.(p. 107) (a) 세속적 자유주의에 대한 마르

크스주의 대안은 매우 환상적이고, 오류 그 자체이다. (b) 자유주의와 마르크스주의, 이 두 가지 오류가 세계를 싸우는 두 진영으로 분열시켰다.

6. 자유주의의 대체물인 새로운 종교 마르크스주의의 예언자는 독재적인 사제적 군왕으로서 독선적인 잔인성에 의해서 세계를 제패했다. 사유재산의 사회화의 교리는 일인의 독재자로 하여금 경제적, 정치적 힘을 독점하게 했으며 독재 정치를 생산했다.(p. 107)

7. 기독교에 대한 두 대체물은 진리가 거의 없고 오류가 너무나 많기 때문에 세계를 싸우는 두 진영으로 분열시켰으며 어느 한쪽의 승리가 다른 쪽을 공포에 떨게 만들었다.(p. 108)

8. 두 유형의 세속적 환상에 복음의 진리를 증언해야 한다. 우리는 스스로의 운명을 지배할 수 있다고 확신한 현대인이 완전히 무력하게 되었고 좌절된 오늘의 상황 속에서 복음을 설교해야 한다. 자기 편이 옳다고 자랑하지만 다른 편에서 보면 악이요, 하나님의 눈에서 보면 죄이다. 시편 작가의 말 그대로이다. "하늘이 분노했고 백성들이 허망한 것들을 생각했다. 그러나 하늘에 계신 그는 비웃을 것이다."

9. 자유주의 사회와 마르크스주의 사회의 출현은 부분적으로는 우리 시대의 사회적 죄와 완고한 사회적 불의에 기독교가 개입했기 때문이다. 교회의 죄로서 다음의 네 가지를 들 수 있다.(pp. 108-109) 첫째, 종교적 감정에 의해서 정당화되지 않은 사회악이나 불의의 형태는 존재하지 않는다. Marx의 말: "모든 비판의 시작은 종교에 대한 비판이다. 왜냐하면 인간의 허위(pretension)가 가장 모순된 형태에 도달하게 되는 것은 이 궁극적 레벨에서이기 때문이다. 최종의 죄는 항상 종교의 이름으로 범해졌다."(p. 109) 둘째, 일부 교회는 정치 문제에 관한 한 기독자적 삶에는 적합하지 않다는 입장을 취했다. 정치의 애매성에 개입하기를 두려워했기 때문이다. 그러나 중립적 교회는 기존의 사회 세력의 동조자이다.(p. 109) 셋째, 일부 교회는 정치적 복잡성에 직면하여 용납되지 않는 감상주의(sentimentality)로 만족했다. 이러한 입장은 서로 사랑하면 모든 문제가 해결되는데 사랑하지 않는다고 말한다.(p. 109-110) 넷째, 일부 교회는 정치 문제의 복잡성을 의식하고 인류의 정치

적, 사회적 삶의 규제를 위한 정의와 법의 상세한 구도를 공들여 고안하지만, 자비 없고(graceless) 융통성 없는 계율주의에 떨어진다. 모든 법은 죄의 도구가 되기 쉽고, 정의의 모든 경직된 명제는 정의 성취를 돕기보다는 방해한다. 특히, 빠른 사회 변화의 환경 속에서 더 그렇다. "모든 것은 너희의 것이요, 그리고 너희는 그리스도의 것이요, 그리스도는 하나님의 것 이다"라는 지식 아래에서 우리는 재산과 정부의 모든 기구에 대해서 실용주의적 태도를 취해야 한다.(pp. 110-111)

10. 위에서처럼 부정적으로만 말할 것이 아니라 교회는 세속적, 또는 기독교적 문화의 오만과 허영에 도전하여 기독교의 진리를 적극적으로 증언해야 한다. 우리의 과제는 구원의 복음을 개인과 마찬가지로 국가들에게도 제시해야 한다. 기독교 신앙에 의하면, 구원은 참된 삶의 낡은 자아가 죽고 그리스도 안에서 다시 살아날 때 가능하다. 이러한 새로운 삶의 약속은 개인에 대한 복음이지만 그것이 국가와 제국, 문명과 문화에 대해서도 타당하다는 것을 부정할 수 있겠는가?(p. 111).

11. 오늘날 인류의 집단적 삶은 기술 문명이 우리에게 준 새로운 힘과 자유로 인해서 난파했다. 오늘날 전 세계의 비참과 불안에서 나타난 난파는 객관적인 역사적 심판이다. 국가들의 허영의 삶에 따라오는 것은 죽음이다. 신앙 없이는 죽음 뿐이다. 자족과 안주의 날에 기독교 교회는 다가올 심판을 예견해야 하며 주의 날이 어둡고 밝지 않다고 선포해야 한다. 심판과 파국의 날에 기독교 복음은 참으로 회개한 자를 위한 희망의 메시지를 가지고 있다.(pp. 111-112)

12. 복음의 설교는 시간과 계절과 특정한 계기를 가진 역사가 없는 것처럼, 영원의 상 아래에서(subspecie aeternatatis)처럼 말하지 말아야 한다. 우리의 설교는 인간과 국가들에게 원죄가 우리 모두를 감염시킨다고만 설득할 것이 아니라 우리가 범한 특정한 죄들에 대해서도 설교해야 한다. 구체적인 경우들은 다음과 같다.(pp. 112-114) (a) 약한 자: 벌을 가볍게 주도록 심판과 자비를 베푸는 것, 이는 가볍게 여길 과제가 아니다. (b) 승리한 국가들: 승리가 그들의 덕 때문이 아니다. 그렇지 않으면 독선의 광포에 지나지 않는 복수라는 악의 사슬 속으로 세계를 몰아넣는다. (c) 패전국들: 그들의 모든 죄에 대해 하나님의 손으로 갑절의 벌을 받고 전쟁이 끝났으며, 벌이 그들이 범한 악에 적절하게 합당하지 않을지라도 그 벌이

하나님의 손에 있다는 것을 알게 해주어야 한다. (d) 강하고 안전한 나라들과 계급들: 그들 자신이 중요하다는 우상적 생각을 가지지 말아야 하며, 그들의 영광과 안전이 오래가지 못함을 경고해야 한다. (e) 약하고, 속임을 당했고, 멸시받은 자들: 그들이 당한 잔인을 하나님이 복수하실 것이며, 증오로 그들의 마음이 부패하지 않도록 하라고 깨우쳐주어야 한다. (f) 부한 자들: 그들의 특권을 보장하는 사회의 법과 구조가 이기심으로 오염되어 있다고 말해 준다. (g) 가난한 자들: 사유재산이 없는 완전한 정의의 사회는 새로운 불의의 악몽으로 바뀐다. 왜냐하면 다른 사람이 범하는 죄만 인정할 뿐, 가난한 사람이 인민위원(commissar)이 되어서 이미 빈자가 아닐 때 자기가 범하는 죄는 전혀 모르기 때문이다. 삶은 어디서나 자기기만의 덫에 걸리고 참된 하나님을 만나기를 피하기 때문에 죽음에 넘겨진다. (h) 교회가 국가적 오만과 인종적 편견에 가세하며, 오늘날 종교계 전체가 하나님의 법정에서 자기의 주장이 특별한 유리함을 갖기 위해서 로비를 하는 죽음의 무도회에 사로잡혀 있다. (i) 교회는 교회이어야 한다는 슬로건이 세계로부터의 철수가 아니라 계급, 인종, 국가와의 결탁에서 탈출하여 보다 순수하고 솔직하게 각 사람과 국가에게 말하는 것을 의미해야 한다.

13. 우리 시대에 요청되는 기독교의 메시지(pp. 114-115): 새로운 삶은 국가이든 개인든 낡은 자아가 때와 상황을 막론하고 죽을 때에 가능하다. 그러나 시간을 초월한 말 외에 한 시대에 말해지는 특정한 말 역시 말해야 한다. 우리 시대에서 집단적으로 요청되는 새로운 삶은 기술 시대에서 국가들의 전 세계적 상호 의존을 가능하게 하는 충분히 넓은 공동체이다. 그리고 또 필요한 것은 용납할 수 없는 무정부와 전제 정치에 의한 대체가 아니라 지탱할 수 있는 정의를 성취할 수 있는 충분히 주의 깊게 균형 잡힌 정의이다. 이런 목표를 달성하기 위해서 기독교는 다음과 같은 것들을 분명히 선언해야 한다. 첫째, 자유를 찬양하는 사람들에게: 공동체 없는 자유는 인간을 그 자신이 목적이게 한다. 둘째, 공동체를 찬양하는 사람들에게: 어떠한 역사적 공동체도 절대적이 될 수 없고 하나님만이 삶의 목적이 될 수 있다. 셋째, 국가를 최고로 신성하게 만드는 사람들에게: 국가는 항상 신의 권위에 반항하여 스스로의 권위를 세우려고 하는 유혹을 받는다. 넷째, 현대적 경제 생활

의 국가적 규제를 두려워하는 사람들에게: 그들이 정의에 대한 관심에서가 아니라 그들의 경제적 기득권 유지를 그렇게 주장한다. 현대의 조건 아래서 지탱할 수 있는 공동체 수립은 지금까지 절대적인 것으로 인정되어 온 것들이 상대적인 것임이 인정될 때 비로소 가능하다.

14. 기독교 신앙에서 본 역사.(pp. 115-116) (a) 우리 세대는 겸손과 사랑을 갖고 있지 않기 때문에 실패할 가능성이 보인다. 복음에는 인간과 국가를 위한 새로운 삶의 약속이 있다. 그러나 그런 약속이 역사적으로 성취될 수 있다는 보장은 없다.(p. 115) (b) 인간의 무질서에 대한 최종적 승리는 하나님의 것일 뿐, 인간의 것이 아니다. "그러나 우리는 근사적(近似的) 승리들을 위한 책임을 가지고 있다(But we do have responsibility for proximate victories)." (p. 116) (c) 크리스쳔의 삶이 현실에 대한 책임성이 없으면 참을 수 없는 타계 도피주의에 떨어진다. 우리는 현세에 생활을 거부할 수 없지만, 현세의 승리와 패배가 우리의 존재에 최종적 의미를 준다고 할 수는 없다.(p. 116)

15. 나라와 문명을 구할 수 있는 구원의 나머지 소수(saving remnant)(p. 116): 아브라함과 하나님은 그의 도시를 구할 수 있는 의인의 수를 50명에서 40명으로, 30명에서 20명 그리고 마침내 10명까지 줄였다. 단지 적은 수의 누룩이 필요했다. 전체 공동체의 회복을 위해서 단지 작은 건강한 센터가 필요했다. 망해가는 세상의 도시를 위한 하나님의 백성의 책임은 막중하다.(p. 116)

16. 소돔과 고모라를 구출할 구원의 남은 소수는 나타나지 않았다. 두 도시의 구원의 소수는 적절했는지 모르지만 그들의 의로움이 두 도시를 구하기에 적절하지 못했는지도 모른다. 우리 시대가 같은 처지에 있지 않은가 하는 불안감이 든다.(p. 116) 현대 문명 전체가 건강이 너무나 좋지 않기 때문에 무질서의 극복을 진행시킬 출발의 근거점으로 삼을 질서의 섬이 보이지 않는다. 우리는 핵에 의한 몰살이냐 전 세계적 독재냐의 양자택일에 직면해 있다. 이 같은 상황에서 하나님은 우리의 파멸을 원하지 않으시고 우리가 악한 길과 삶에서 돌아서기를 원하신다. 신은 우리가 일할 수 없는 밤이 올 것이기 때문에 낮 동안에 일하기를 원하신다.(p. 117)

9. 어거스틴의 정치적 현실주의(Augustine's Political Realism)

I. Augustine의 현실주의의 특성: '자아'(self)의 개념 도입에 의한 전개

1. 이상주의와 현실주의는 정치적, 형이상학적 이론의 측면에서 유사하지 않다. 이 두 주의는 형이상학적 이론에서와 마찬가지로 정치적 이론에서도 정확하지 않다. (a) 정치적 이론과 도덕적 이론에서 현실주의(realism)는 기존의 규범에 저항하는 모든 요소들, 특히 이기심과 힘의 요소들을 고려하는 경향을 나타내는 용어이다. 악명 높은 현실주의자 Machiavelli에 의하면, 현실주의자의 목적은 "사실에 대한 상상보다 사실의 진리를 따르는 것"이다.(p. 119) (b) 이상주의(idealism)는 도덕적 규범과 이념에 충성하는 특성을 갖고 있다.(pp. 119-120) 이상주의에 대한 비판자들의 견해에 의하면, 그것은 보편적으로 타당한 이념과 규범에 저항하는 인간적 삶의 세력들을 무시하거나 그것들에 대해서 무관심한 경향의 특성을 갖고 있다. 인간은 동료 인간에 대한 봉사를 가장하지 않고는 그 자신의 이익을 추구할 수 없는, 동료에 대한 강한 책임 의식을 가진 이상한 피조물이다. 이런 의미에서 기독교 일부 현실주의적 학자들이 주장하는 '총체적 타락(total depravity)'설은 잘못된 것이다.(p. 120)

2. Augustine은 서구 역사에서 최초의 위대한 현실주의자이다.(pp. 120-121) 그는 『신의 나라civitas dei』에서 말하기를, 우리가 모든 공동체의 레벨에서 거의 보편적인 사회적 당파들(factions), 대립 관계들(tensions) 및 경쟁들(competitions)이라는 사회적 현실을 적절하게 다루었다. 이와 달리, 고전적 시대는 이성이 모든 종속적 세력들을 그 지배 아래 두면 폴리스(polis)의 질서와 정의가 비교적 단순하게 성취될 수 있다고 생각했다.

3. Augustine과 고전적 철학자들 사이의 차이. (a) 인간적 자아성(human selfhood)에 대한 Augustine의 이해는 합리적 이해가 아니라 성서적 이해이다. 그리고 성서적 이해는 '자아(the self)' 속에서 악을 본다.(p. 121) (b) '자아'에 대한 Augustine의 독자적 이해(pp. 121-122): 고전적 합리주의에 의하면, 자아는 정신(mind)과 신체(body)의 통합된 통일체(integral unity)이다. 정신은 모든 충동이 질서를 가질 수 있게 하는 능력, 곧 덕을 가지고 있으며, 신체는 탐욕과 야망이 거기

에서부터 나오는 악의 근원이다.(p. 121) 그러나 어거스틴에 의하면, 자아는 정신 이상의 어떤 것으로서 정신을 그의 목적을 위해서 사용한다. 자아는 정신과 기억, 의지의 기능을 초월하는 신비한 正體性(identity)과 통합성(integrity)을 갖고 있다.(p. 121) (c) 자아에 대한 Augustine의 말: "기억과 이해, 의지 이 세 가지는 나의 것이지 그것들 자신의 것이 아니다. 왜냐하면 그것들은 그것들이 하는 것을 스스로를 위해서가 아니라 나를 위해서 그렇게 하기 때문이다. 달리 말하면, 그것들이 하는 것을, 내가 그것들을 사용한다. 왜냐하면 기억에 의해서 기억하고, 이해에 의해서 이해하고, 사랑에 의해서 사랑하는 것은 나이기 때문이다."(p. 121) (d)이러한 자아성(selfhood)의 개념은 철학에서가 아니라 성경으로부터 도출한 것이다. 왜냐하면 모든 기능과 결과 속에 있으면서도 그것들을 초월하는 초월적 자아는 성서적 신앙의 특색인 드라마틱하고 역사적인 이해의 양태이기 때문이다. Augustine은 자아의 자아초월성의 힘을 설명하기 위해서 신플라톤주의(neo-Platonism)의 통찰에 의존했으며, 방대한 무차별적 존재(본질) 속에서 특정한 자아가 상실되는 Platon의 신비로운 학설을 거부했다.(p. 122)

4. 어거스틴의 '자기사랑(self-love)'이라는 개념의 내용(pp. 122-124) (a) 자기사랑이 악의 근원이지, 정신이 완전히 지배하지 못한 자연적 충동이 악이 아니다. 그는 이 같은 지나친 자기사랑을 오만(pride) 혹은 *superbia*라고 했는데, 그것은 생의 참된 목적인 신을 자아가 버리고 자아를 '일종의 목적(a kind of end)'으로 삼는 결과라고 설명한다. 이 같은 자기사랑은 현대의 용어 '자기중심성(egocentricity)'에 해당한다.(pp. 122-123) (b) 자기사랑의 힘은 플라톤이 말하는 것처럼 신체의 욕정(lust)이 아니라 정신적인 것이다. 어거스틴의 말대로, "선한 영혼이 죄를 범하게 하는 것은 악한 신체가 아니며, 선한 신체가 죄를 범하게 하는 것은 악한 영혼이다."(p. 123) (c) 현대의 사회과학자와 심리과학자가 이성과 인간의 합리적 추구 속에 있는 이기심(self-interest)의 부패를 발견하지 못하면, 인간의 비인간성과 잔인성의 정신적 차원을 알지 못한다. 이것이 우리 시대의 자유주의 문화의 학문에 대해서 감상주의의 분위기를 제공한다.(p. 124)

II. 어거스틴의 현실주의의 특성

1. 세계 공동체에 대한 어거스틴의 현실주의적 이해(pp. 124-125): 그의 '지상의 나라(civitas terrena, the city of this world)'는 자기사랑이 지배하는 영역으로서 신에 대한 사랑이 지배하는 '신의 나라(civitas dei)'와 구별된다. 지상의 나라는 고전적 사상이 생각했던 것처럼 작은 도시국가가 아니라 가족, 국가 세계를 포괄하는 인류 공동체이다. 그러나 그는 스토아적, 혹은 현대적 이상주의자들이 공통의 인류성과 이성이 글로벌한 수준의 공동체를 구현할 수 있다고 믿었던 것과 달리, 세계 공동체는 "바다가 더욱 위험한 것같이 위험으로 가득 차 있다"라고 했고, 언어가 서로 다른 두 사람은 말 못 하는 동물보다도 소통하기 어렵다고 함으로써 공통된 언어와 인종의 문화적 힘이 국가의 수준에서는 공동체를 함께 묶는 힘을 갖지만 인류적 레벨에서는 분열시킨다는 사실을 간파한 어거스틴은 현실주의적 사고를 했다.(p. 125)

2. 어거스틴은 지상의 나라가 가지고 있는 대립적 긴장, 마찰, 이익을 위한 경쟁과 모든 인간 공동체가 가지고 있는 공공연한 갈등을 강조했다.(p. 125)

3. 어거스틴은 지상의 나라를 다투는 세력 간의 불안한 휴전 상태에 있는 것으로 묘사했다. Cicero가 국가는 '정의의 계약'에 근거하고 있다고 말한 것과 대조적으로, 그는 국가가 정의보다는 공통된 사랑, 혹은 집단적 이익에 의해서 결합되어 있다고 했다. 그에 의하면, 어떤 사람들이 다른 사람들을 지배하는 것은 불의이다.(p. 126)

4. 어거스틴의 현실주의는 힘의 현실(power realities)을 밝히는 장점을 가지고 있다. 모든 제국은 힘으로 지배되었고, 민주주의 국가에서도 지배적인 사회적 세력을 가진 집단이 전제적 지배를 한다.(p. 126) 이러한 현실의 사회적 세력에 대한 현실주의적 분석은 절대주의를 조장하기 때문에 민주주의를 정당화하기 위해서는 인간의 덕에 대한 온전한 환상이 필요하다는 현대 자유주의자들의 주장을 거부한다. 이런 현실주의적 비관주의는 Hobbes와 Luther로 하여금 국가 권력을 무조건 시인하게 했다. 그렇지만 그들은 충분히 현실적이지 못했다. 왜냐하면 전제 정치의 위험성과 지배자의 이기심을 알지 못했기 때문이다.(p. 127) 그러나 어거스틴

의 현실주의는 지나친 측면이 있다. 그는 국가와 도둑 집단을 구별하지 못했다. 그는 양자 모두 집단적 이익에 의해서 결합되어 있다고 보았다. "도둑들도 결속하지 않으면 그들의 목적을 달성할 수 없다"라고 그는 말했다. 이러한 현실주의는 로마 제국의 헌법에 들어 있는 정의를 도둑들이 약탈물을 공평하게 나누는 정의와 혼동하는 것이다. 그럼에도 불구하고 힘과 이기적 요소의 강조는 그의 현실주의가 무정부의 위험만큼 폭정의 위험을 현실적으로 다루게 한다.(p. 127)

5. 정부에 대한 어거스틴의 이 같은 현실주의적 태도는 사회의 평화와 질서가 공동체의 지배적 그룹에 위임되었지만 이 그룹 역시 이기심의 부패에서 제외될 수 없다는 사실에 대한 예리한 관찰에 근거를 두고 있다. 이런 현실주의는 부분적으로는 그의 '자연의 질서(natural order)' 개념에서 나온 것인데, 이 개념은 원초적인 것, 혹은 원시적인 것을 자연적인 것으로 보는 스토아 이론의 일부를 받아들인 기독교 교부들로부터 그가 승계한 것이다. 이런 원시적 규범은 공동적 재산 소유 관계이든, 혹은 조직화되지 않은 사회적 응집력이든 발달된 문명의 기구들, 특히 사유재산 제도와 정부를 비판하는 계기가 될 수 있다. 그러나 그 비판은 무차별적이라는 약점을 가지고 있다.(p. 128)

6. 원시적 사회 규범 개념의 무차별성의 구체적 내용(p. 129): 어거스틴은 이렇게 말했다. "이것이 규정된 자연의 질서이다. 이처럼 신이 인간을 창조했다. 왜냐하면 신은 인간으로 하여금 바다의 물고기와 하늘의 새, 땅을 기는 모든 동물을 지배하게 하라고 했다." 즉, 인간이 인간을 지배하는 것이 아니라 동물들을 지배하게 했으며, 신은 인간을 가축의 목자로 창조했지 인간들의 왕으로 창조하지 않았다는 것이다. 이런 원시주의(primitivism)는 후세에 정부를 절대 신성화하는 잘못을 피하지만 인간에 대한 합법적 복종과 불법적 복종 및 적절한 복종과 지나친 복종 사이의 차이를 인정하는 데 실패한다.(p. 129)

III. 어거스틴의 현실주의가 일반의 현실주의와 구별되는 점

1. 어거스틴의 현실주의는 그의 '지상의 나라'의 분석 속에 포함되어 있지만, 현실주의는 반드시 냉소주의와 상대주의를 초래한다는 생각이 옳지 않다는 것이

신에 대한 사랑을 원리로 하는 '신의 나라'의 定義 속에 포함되어 있다. 두 나라의 혼합이 그의 현실주의가 독창성을 가지게 한다.(p. 129) (a) 어거스틴의 현실주의의 특성은 자기사랑이 지배하는 '지상의 나라'와 신에 대한 사랑이 원리인 '신의 나라' 사이의 대립적 긴장 관계에 있다. 두 나라의 긴장 관계에서 보면, 이기주의는 보편적이라는 의미에서 '자연적'이다. 그렇지만 이기주의는 인간이 그 자신을 비결정적으로 초월하며 자기보다 신을 목적으로 삼는 인간의 본질에 맞지 않는다는 의미에서 자연적이지 않다. (b) 현실주의는 인간 행위의 보편적 특성이 규범적(normative)이라고 인정될 때, 다시 말해서, 선과 악이 인간 존재의 어떤 고정된 구조에 의해서 결정된다고 상정할 때 냉소주의와 허무주의가 된다.(p. 130) (c) 어거스틴의 사상이 근거를 두고 있는 성서적 인간 행동에 대한 이해는 인간의 자유의 부패를 인간 행위의 보편적 패턴으로 보지만 그것을 규범적으로 만들지 않는다. 이와 같은 그의 입장에서 보면, 인간은 자기로부터 벗어나서 자기사랑의 자기패배적 결과에서 구원되는 한에서만 인간은 건강하고 공동체는 평화를 누릴 수 있다. (d) 어거스틴의 현실주의는 사랑과 사상이 자기사랑에 대해서 갖고 있는 관계를 다루는 데 있어서 몇 가지 심각한 잘못을 범했다. 그것들에 대한 고찰은 뒤로 돌리고 정치 문제에 대한 그의 접근 방법이 갖고 있는 칭찬할 만한 점들을 먼저 고찰하기로 한다.(p. 130)

2. 정치 문제에 대한 그의 접근이 갖고 있는 장점들.(pp. 130-132) (a) 정의가 아니라 사랑을 공동체의 규범으로 삼은 것이 장점이다. 정의의 이념이 사랑의 이념보다 적합한 것 같아 보이지만, 특히 인간의 집단적 관계에서는 그렇지만, 어거스틴이 옳다. 중세적 전통은 합리적 자연법의 정의를 규범으로 만들었는데, 그것은 신에 대한 사랑을 자기사랑의 단순한 대안으로 보는 개신교 감상주의보다 더욱 현실적으로 보일 수 있다. 이 경우, 개신교 감상주의는 사람을 개별적으로 충분하게 설득하면 그것이 목적하는 바가 성취된다고 생각하는 감상주의적인 사랑 완전주의이다. (b) 정치 문제에 대한 어거스틴의 접근은 힘과 이기주의의 집요함을 고려하여 인간의 죄에 의해서 세워진 조건들 아래에서 가장 잘 지탱할 수 있는 평화와 정의의 형식을 추구한다는 점에 있어서 개신교 기독교의 감상적 사랑 완전주의와는

구별되는 것이다.(p. 131) (c) 어거스틴의 사랑의 이론은 자기사랑의 힘을 심각하게 고려하지 않는 현대의 감상주의와 혼동되어서는 안 되지만, 정의의 계산을 이용하지 않는 정치 문제 접근이 현실적일 수 있는가 하는 의문이 제기될 수 있다. 어거스틴의 사랑의 이론은 자연법 이론에 의존하지 않음으로써 역사적인 상대적 규범을 보편적 자연법으로 주장하는 잘못을 피할 수 있었다. 그가 이해한 성서적인 인간의 절대적 자유는 인간 행위의 고정된 형태를 받아들이는 것을 불가능하게 만든다. 어거스틴은 자연법 이론의 그러한 잘못을 피할 수 있었다. 뿐만 아니라 어거스틴의 인간의 자아성과 정신을 초월하는 자아의 초월성은 개인의 이성을 보편적 이성과 동일시하는 것을 불가능하게 만들었다.(p. 133)

3. '신의 나라'의 사랑이 '지상의 나라'의 누룩이 되게 하는 어거스틴의 방식이 고전적, 중세적 사상보다 적합하며, 인간 행위를 규제하는 근원을 법보다 사랑에서 찾은 것은 보다 적절하다.

4. 지상의 평화를 유지하기 위한 어거스틴의 지혜.(pp. 134-135) (a) 어거스틴은 "모든 지상의 평화는 그것이 지속되는 한 좋은 것이다. 그러나 그들은 그것을 오래 가지지 못할 것이다. 왜냐하면 그들이 그것을 가지고 있는 동안, 그것을 잘 사용하지 못하기 때문이다"라고 말한다. 다시 말해서, 어떤 보다 큰 사랑, 혹은 충성이 여러 집단의 이기심(self-interest)을 수정하지 않으면 이러한 집단적 사리사욕이 경쟁하는 집단의 공공연한 갈등, 또는 지배적 집단의 불의를 초래한다는 것이다.(p. 134) (b) 구체적 예에 의한 위 사실의 증명(pp. 134-135): 현대의 프랑스와 독일에서는 중산층 산업적 재산 소유자들과 산업 노동자들 사이에 사회적인 대립적 긴장이 있었지만 영국과 유럽의 작은 나라들, 미국에서는 여러 가지 이익의 조절에 의해서 이런 긴장이 발전적으로 해결되었다.(pp. 134-135) 이러한 차이의 원인은? 어떤 나라가 다른 나라보다 적절한 정의의 형식을 가지고 있기 때문이 아니라 이익을 위한 싸움을 조절할 수 있는 국가 공동체에 대한 충성, 또는 "각자에게 그의 몫을 주는" 정의감의 경향성을 가지고 있었기 때문이다.(p. 135)

5. 어거스틴의 현실주의에서 본 세계 공동체(pp. 135-136): 세계 공동체에서도 어거스틴이 설명한 대립적 긴장 관계와 이익을 위한 경쟁이 존재한다.(p. 135) 그러한

긴장 관계가 공공연한 충돌이 되는 것을 막는 정의의 定則이 존재하지 않는다.(pp. 135-136) 각국의 집단적 이익이 자유세계의 공통된 문명과 같은 가치에 대한 충성에 의해서 수정되지 않는 한 공공연한 충돌이 되는 것을 막을 수 없다. 그런데 자유세계와 러시아 사이에는 그런 공통된 충성이 존재하지 않는다. 그렇기 때문에 양자간의 평화는 어거스틴의 말대로 일시적이다.(p. 136) 공통의 사랑, 혹은 충성, 심지어 공통된 공포가 존재할 때는 그것을 존중하고 살리기 위해서 상호간의 책임을 규정하는 정의의 계산을 가능한 한 치밀하게 밀고 나아간다.(p. 136)

6. 근시안적 현실주의와 넓고 장기적인 현실주의.(pp. 136-137) (a) 어거스틴이 말하는 낮은 충성이나 사랑에 대한 보다 높은 사랑, 그리고 충성의 누룩의 영향은 자국의 이익만 보고 다른 나라의 이익과 관련된 넓은, 혹은 장기적인 이익을 보지 못하는 근시안적 현실주의를 시정한다.(p. 136) (b) 현대의 현실주의자들 중에 국가는 오직 자국의 이익을 추구해야 한다고 주장하는 현실주의자도 있지만, 집단적 이기심은 일관되고 집요하기 때문에 그러한 입장은 피상적이다.(p. 136) (c) 좁은 국가 이익은 자유국가들의 전체 우방들의 이익이 관련된 자유 진영의 장기적인 이익을 모호하게 한다. 국가 이익을 초월하는 가치에 충성을 가지는 누룩의 역할을 하는 소수 시민은 국가의 참된 이익을 상실하게 만들도록 협소하게 국가 이익을 규정하는 근시안적인 현실주의적 국가를 구해낼 것이다.(pp. 136-137)

IV. 정치 문제에 대한 Augustine의 접근이 가지고 있는 약점들에 대한 보다 신중한 규정과 검토

1. 그의 은총의 개념과 관련된 잘못: 어거스틴은 '신의 나라'와 보이는 교회의 일치를 주장하고 있는 것이 사실이지만, 이러한 주장에 대해 많은 유보를 두고 있기 때문에 그를 가톨릭주의와 종교개혁, 양자의 아버지라고 할 수 있다.(p. 137) 어거스틴은 교회는 "신앙에 의하면 처녀이다. 육적으로 볼 때 교회는 성스러운 처녀를 거의 가지고 있지 않다. 악인들은 타작마당에서 우리와 같이 있지만… 그들은 곳간에는 있을 수 없다"라고 했다.(pp. 137-138)

루터의 'justus et peccator simul(의로운 동시에 죄인)' 의 측면, 곧 모든 인간 속에 있는 신에 대한 사랑과 자기사랑의 갈등을 어거스틴은 보지 못했다. 종교개혁 사상에 의하면, 인간은 항상 그의 목적인 그리스도를 향하지만 성자들의 삶조차 이기주의의 부패에서 구원되지 못한다. 어거스틴은 지상의 나라에 있어서는 하나님에 대한 사랑과 인간의 자기사랑이 혼합되어 있다고 묘사했는데, 그 원인이 두 가지 형태의 사람이 함께 살고 있기 때문이 아니라 모든 인간의 마음속에 두 가지 사랑이 갈등을 이루고 있다는 사실을 인정하지 못했다. 이것은 중요하다. 왜냐하면 개인이 아무리 신에게 헌신적이라고 할지라도 헌신적인 개인이 어떤 형태의 집단적 이기주의에 개입하지 않는다는 보장이 되지 않기 때문이다.

2. Anders Nygren이 그의 저서 『아가페와 에로스Agapē and Eros』에서 어거스틴의 '신의 사랑(amor dei)' 개념이 성서적 개념이 아니라 고전적 개념에 근거했다고 했는데 그 주장은 옳은가?(p. 139) 어거스틴은 사랑의 계명의 두 가지 측면, 곧 이웃에 대한 사랑과 신에 대한 사랑을 다루는 데 있어서 이웃에 대한 慈愛(charitas)와 신에 대한 사랑(amor dei)을 Platinus의 현세 부정적 사상에 의해서 물들게 했기 때문에 Nygren의 주장이 옳다. 특히 다음과 같은 두 가지 점에서 그렇다. (a) 성경이 신에 대한 사랑과 이웃에 대한 사랑이 동일하다고 한(마태복음 22:37-39) 두 사랑의 동등성을 위배했다. 어거스틴은 피조물에 대한 사랑은 신에 대한 사랑으로 인도하는 사다리요, 도구로서 전자는 후자에 종속되어야 한다고 주장했다. 신에 대한 사랑의 참됨을 증명하지 않는 이웃에 대한 사랑은 아무런 의미를 가지지 못한다.(pp. 139-140) (b) 성경의 희생적 사랑의 패러독스를 모호하게 한다. 어거스틴은 고전적 신비주의의 사상의 영향 아래 현세의 사랑의 대상이 사랑할 가치가 있는지 여부를 물으며 오직 하나님만이 사랑의 대상이 될 수 있다고 한다. 그의 이러한 생각은 자기희생적 사랑을 통한 자아실현의 역설을 충분히 드러내지 못한다. 어거스틴은 하나님이 주신 것에 사로잡혀서 그것을 주신 하나님을 떠나지 않도록 해야 함을 역설한다. 그의 이와 같은 입장은 이웃에 대한 사랑을 포함한 모든 현세적 책임성을 부정하는 신플라톤적인 현실 부정적 신비주의에 빠지게 할 수 있다. 그럼에도 불구하고 어거스틴의 이러한 사상은 세계를 自足的이고 자명한 것으로 봄으로써 우상들에 대한 숭배에 빠지며, 마침내 마르크스주의를 낳게 한 현대

인에 대한 경고가 되는 이점도 가지고 있다.(pp. 141-142)

3. 고전 시대 혹은 현대가 인간의 공동 생활과 관계된 곤란한 문제들을 해결하기 어렵게 하는 인간의 특성과 역사에 관한 모든 환상은 위대하면서도 비참한 인간을 자연적, 혹은 합리적 시스템 속에 넣음으로써 이해하려고 하는 데에 기인한다.(p. 143)

4. 어거스틴은 일시적이고 사라져버릴 모든 세상적인 것을 '바빌론의 강(river of Babylon)'이라고 했다. 그는 인간이 바빌론의 강, 곧 시간의 강 속에 떨어져서 흘러가면 궁극적으로 평화를 얻을 수 없다고 개탄했다. 다시 말해서, 농사를 지어 부자가 되어서 즐거움을 누려도, 군인이 되어서 농민이 무서워하는 존재가 되어도, 변호사가 되어서 말을 잘하는 자가 되어도 그것들은 모두 바빌론의 강에 불과하다.(pp. 143-145)

5. 성스러운 예루살렘의 시민은 바빌론의 강 언덕에 앉아서 그 강물에 떠내려 가는 사람들과 그들의 응분의 벌이 그들을 그 강물 속에 빠지게 한 사람들을 위해서 운다.(p. 145)

6. 어거스틴의 현실주의적 이론은 결함들을 가지고 있지만 그의 앞과 뒤의 사상을 훨씬 뛰어넘는 우수성을 가지고 있다. 그러한 우수성의 부분적인 이유는 그의 사상이 자아에 대한 이상주의적, 혹은 자연주의적 개념보다 성서적 개념에 의존하고 있기 때문이다. 그의 이전과 이후의 기독교 사상들과 세속적 사상들은 어거스틴의 현실주의의 이론보다 못하다. 구체적인 예를 들면 다음과 같다. (a) 토마스의 사상에서 정점에 도달한 중세 기독교는 인간의 자아성에 대한 성서적이고 극적인 개념을 합리적 구도에 종속시켰다.(p. 145) (b) 어거스틴의 이전과 이후의 기독교적 시스템들은 인간의 자유의 부패가 인간의 원래의 존엄성을 파괴하지 못한다는 것을 이해하지 못했다. 종교개혁의 경우는 죄의 교리로 인해서 거의 총체적 타락론에 빠졌고, 결과적으로 정치 문제에 대한 루터의 지나치게 비관주의적인 접근을 초래했다.(pp. 145-145) (c) 세속주의는 어거스틴의 현실주의 이론에서 보면 현실주의를 살리려고 하다 냉소주의에 떨어졌고, 허무주의를 피하려고 하다 감상주의에 빠졌다.(p. 146) 첫째, Hobbes의 현실주의: 자아가 부패되었고 정상적 자아가

아니라는 것을 알지 못했다. 둘째, 현대의 현실주의자들: 집단적 이기심의 힘을 알았지만, 그 맹목성을 알지 못했다. 셋째, 현대의 실용주의자들: 사랑이 인간을 위한 최종적 규범이라는 것을 알았지만 힘과 자기사랑의 집요함을 알지 못했기 때문에 감상주의에 떨어졌다. (d) 현대의 자유주의 크리스천들은 사랑이 인간의 최종적 규범이라는 것을 알지만 자기애의 힘과 집요함을 알지 못했기 때문에 감상주의에 떨어졌다. (e) 그렇기 때문에 어거스틴은 알려진 다른 어떤 사상가보다도 믿을 수 있는 안내자의 역할을 할 수 있으며, 가정에서 세계 공동체에 이르는 모든 공동체가 위험에 직면한 오늘날 복잡한 문제들은 해결하는 데 있어서 상의할 수 있는 사상가이다.

10. 개신교와 가톨릭교의 사랑과 법(Love and Law in Protestantism and Catholicism)

I. 법의 개념 및 사랑과 법의 관계

1. 기독교 사상에서 법에 대한 사랑의 관계. 이 문제의 분석은 법의 본성의 정의에서 출발해야 한다.(pp. 147-148) (a) Aquinas의 법 개념: "어떤 외부적 원인에 의한 덕 있는 행위의 수행." (b) 법은 강제성(compulsion)을 가진 힘인데, 양심의 강제성인 내적 강제성도 있다(이것은 니버의 잘못된 생각이다. 양심의 제약은 공권력을 가진 강제력이 아니다). (c) 의무와 경향성 사이의 대립적 긴장이 없으면 사랑만이 남게 된다.

2. 법의 일반성과 특수성.(p. 148) (a) 가톨릭 사상에서 말하는 '자연법의 서문': "선은 행해야 하고 악은 피해야 한다." 이것은 법의 일반적인 원리이다. (b) 예수가 사랑이 모든 법의 완성이라고 할 때의 사랑의 법은 이미 순수한 법이 아니라 법을 초월하는 법이다. (c) '실정법(positive law)'은 구체적인 특정한 법이다. (d) 국가의 실정법은 초월한 법이지만 사랑의 법보다 특정한 정의의 원리들을 우리는 수용한다.

3. 주관적(subjective), 실질적(material) 측면에서 본 법에 대한 사랑의 관계.(pp. 148-149) (a) 주관적 측면: 당위를 초월하는 사랑의 경험이 어떻게 '당위(thou

shalt)'가 될 수 있는가? (b) 실질적 측면: 모든 법의 완성이요, 목적인 사랑이 비결정적 가능성이 어떻게 법으로 규정된 결정적이고 특정한 책임과 관계되는가? (c) 법에 대한 사랑의 변증법적 관계: 곧 사랑이 법의 모든 가능성의 완성(pleroma)이요 목적(telos)이면서 법과 모순되는 관계는, 법에 대한 사랑의 관계에 대한 가톨릭과 개신교의 모든 사상의 기초요, 문제이다.

4. 사랑과 법의 관계. (a) 가톨릭의 사상: 사랑을 자연과 법에서 의도된 모든 것의 완성(pleroma)으로 이해한다. 이것은 은총의 특징인 도취(ecstasy)와 자발성을 모호하게 한다.(p. 149) (b) 종교개혁의 사상: 법을 초월하고 그것과 모순되는 사랑의 차원을 이해한다. 이것은 사랑과 법 사이의 밀접한 관계를 모호하게 한다.(p. 149-150) (c) 자유주의 개신교: 모든 법을 사랑의 계명 속에서 이해한다. 이것은 희생, 용서, 개인적 동정, 보편적 사랑으로 표현되는 사랑의 보다 높은 차원을 이해하지만 그것들을 단순한 가능성으로 보기 때문에 사랑과 법 사이의 긴장 관계를 모호하게 한다.(pp. 149-150)

II. 사랑, 법 및 은총(grace)

1. 사랑과 법의 관계의 주관적 차원(p. 150): 법은 의무(이것을 니버는 의무의 'push', 곧 '떠밀음'이라고 표현)로 작용한다. 다른 한편, 사랑은 스스로 원하는 경향성(inclination)이다(이것을 니버는 은총의 'pull', 곧 '끌어 당김'이라고 표현). 따라서 의무와 경향성의 완전한 일치이다.

2. 은총의 삶에 대한 루터적 해석.(pp. 150-151) (a) 법과 양심은 뒷전으로 돌리고 이해 타산의 계산 없이 그리스도와 일치되는 도취의(ecstatic) 경험. (b) Calvin의 윤리는 신의 법에 대한 복종의 윤리이다. 그는 법과 양심이 은총의 차원에서 작용하지 않는다는 사실에 대하여 시사한 바가 없다.

3. 사랑과 법 사이의 주관적 및 객관적 영역에서의 복잡한 관계.(pp. 151-152) (a) 루터가 묘사한 법으로부터 자유로운 주관적 영역의 사랑: 어떤 당위도 의식하지 않는 은총(도취적인 종교적 경험에서부터 가족의 사랑에 이르는 공통적 은총)에 의해서 이끌리는 순간적이고 도취적인 높은 종교적 경험이다.(p. 151) (b) 그러나 인간은

'의로우면서 동시에 죄인(justus et peccator simul)'이기 때문에 그러한 경험은 지속적인 것이 아니라 순간적인 것이다. 인간은 여전히 죄인이기 때문에 이기심, 불안, 불안정 및 타인에 대한 관심을 위해서 자기를 부정하는 의무로 인하여 갈등을 느낀다. (c) 객관적 영역의 사랑: 가족 내의 사랑은 법이라기보다 은총이지만, 인류에 대한 사랑은 법이다. 이 영역은 공통의 은총(common grace)이요, '습관적 은총(habitual grace)'이다. 이와는 대조적으로 세계의 다른 국민들과 인류 공동체에 대한 사랑은 당위의 떠밀음(push)이다.

4. 순수한 의무(pure obligation): 순수한 의무는 일반적으로 알고 있는 것보다 무력하다. 그래서 당위적 행위를 말하는 도덕 설교는 싫증 난다. 따라서 청소년 범죄는 설교로 치유할 수 없고, 사랑으로 안전(security)한 정서를 느끼게 하면 청소년은 자아로부터의 자유를 얻고 타인을 사랑할 수 있게 된다. 다시 말해서 법보다는 공통의 은총이 병을 치유한다.(p. 153) 설교자가 사랑의 법의 가장 궁극적인 가능성들, 예컨대 희생, 용서, 자아로부터의 계산되지 않은 자유가 의지의 단순한 가능성인 것처럼, 쉴 새 없이 꾸짖는 것은 사랑의 의무와 은혜의 이상한 혼합물임을 알지 못하는 데에서 비롯되는 무지의 소치이다.(p. 153) 이 같은 잘못은 삶의 자기자랑, 곧 이기적 사랑(self-love)을 이해하지 못하기 때문이다. 그 결과, 사랑의 법이 쉽게 실현될 수 있다고 착각하게 만들고, 은총은 법이 한계에 이르렀을 때 비로소 은총의 도움으로 법적 당위가 가능하게 된다고 생각하게 된다.(pp. 153-154)

III. 모든 법의 총화로서의 사랑과 법을 초월하는 비결정적 가능성으로서의 사랑의 관계

1. 사랑과 법의 관계는 의무와 은총의 관계이다. 실질적으로는 모든 법의 총화와 완성으로서의 사랑과 법을 무제한 초월하는 사랑 사이의 관계의 문제이다. 비결정적 초월성을 가진 사랑도 완전히 법 밖에 있는 것이 아니다. 왜냐하면 법이 인간의 본질적 본성의 입장에 의하여 규정되는 것인데, 인간의 비결정적 자유 역시 그의 본질적 본성의 한 부분이기 때문이다.(pp. 154-155)

2. 법을 넘어서는 사랑의 초월성의 네 가지 핵심점. (a) 모든 역사적 상황을 초

월하는 인간의 자유는 타인에 대한 그의 책임성이 자연과 역사의 국지적 공동체들, 곧 가족과 종족 및 국가에 제한되지 않는다는 것을 의미한다. "너희가 너희를 사랑하는 자를 사랑하면 무슨 상이 있으리요."(마태복음 5: 46)(p. 155) 사랑은 자연적 경계를 인정하지 않으며, 그 범위가 보편적이다. "아비나 어미를 나보다 더 사랑하는 자는 내게 합당치 아니하고."(마태복음 10: 37)(p. 155) 이러한 사랑은 적어도 한 국면에서는 법의 제한성 안에 있다. 왜냐하면 그러한 사랑은 공통의 은총에 의해서 육성되는 국지적 형태의 사랑에 반대하는 책임의 힘으로 우리에게 임해오기 때문이다.(p. 155) 이와 같은 사랑의 법의 보편적 개념은 여러 가지 잘못을 유발했다. 아래에서 그러한 문제들을 살펴보기로 하자.

첫째, Augustine의 신에 대한 사랑의 개념이 가지고 있는 문제점: 자기사랑과 신에 대한 사랑으로 구분하는 이분법에 집착하여 타인에 대한 우리의 사랑이 타인 자신을 위한 것인가, 우리 자신을 위한 것인가를 결코 묻지 않는다. 그는 이웃에 대한 사랑이 이웃의 필요성보다는 그를 하나님께 인도하는 데 있어야 한다고 주장한다. 물론, 그의 의도는 이웃에 대한 사랑이 우상화될 것을 두려워하는 데 있다.(pp. 155-156)

둘째, 가톨릭의 금욕주의의 문제점: 기독교적 사랑의 보편성을 독신과 처녀성에 제한하여 사랑의 법의 비결정성의 요소가 모든 기독교인인 생활에 대한 자원임을 부정함으로써 사랑의 궁극적 가능성을 더욱 엄격한 법의 차원으로 축소시킨다.(pp. 156-157) 이것은 가톨릭 사상이 결정적(determinate)인 인간의 자유를 상정하고 고정된 자연의 구조와 덜 고정된 인간의 구조를 동일시한 스토아적 자연법을 기독교 윤리에 도입한 데에 연유한다. 모든 사람이 사랑의 훨씬 더 궁극적인 가능성 아래에 있다.(p. 157)

셋째, 가톨릭 신비주의의 문제점: 신에 대한 사랑은 이웃 사랑과 완전히 모순된다. 후자는 전자에 이르기 위한 사다리에 지나지 않으며, 신에 대한 사랑에 도달하게 되면 이웃 사랑을 내던지지 않으면 안 된다.(p. 157)

넷째, Kierkegaard의 보편적 사랑의 개념의 문제점: 인간의 자아성에 대한 그의 실존주의적 이해에도 불구하고, 그는 그의 저서 『사랑의 작용 Works of Love』

에서 한 인격을 그의 독자성과 특정한 관계(예컨대, 아내와 남편의 관계)의 고유성에서 사랑하는 것은 '크리스천적' 사랑과 아무런 관계가 없다고 했다.(p. 158)

(b) 자연과 역사 속의 일시적 대상으로서의 자아를 초월하는 자아의 자유는 역사 속에 자아의 보존이 문제가 되는 인간 존재의 차원이 있다는 것을 의미한다. "육신을 죽일 수 있는 자들보다 차라리 지옥에서 영혼과 육신을 함께 파괴할 수 있는 자들을 두려워하라." 사랑의 계명은 자기희생을 통한 자아실현을 약속하지만("누구든지 그의 목숨을 잃으면 찾을 것이다"), 그런 자아실현의 역사적 성공이 보장되어 있지 않다.(p. 159)

(c) 자기 희생적 사랑, 곧 사랑의 최종적 형태는 상호간의 사랑인 우애(philia)처럼 자기의 이익을 주의 깊게 계산하는 것과 달리, 자기의 이익을 초월한다(혹은 부정한다).(p. 160) eros와 philia 속에도 자기희생적 사랑이 없지 않다. 자기희생적 요소가 없으면 모든 상호간의 사랑(mutual love)은 서로의 이익의 계산에만 집착하다가 마침내 완전한 상호성의 결여로 인한 증오를 낳게 된다. Aristotle은 이것을 동등한 친구 사이의 우정을 선호함으로써 해결하려고 했다.(p. 161) 병사가 그의 동료를 위해서 생명을 바치는 사랑은 은총에 의해서 의지의 힘이 증가될 때이다.(p. 161) 희생적 사랑에 대한 가톨릭의 이해: 자연적 사랑에 대한 희생적 사랑의 관계를 불완전에 대한 완전의 관계로 보며 완전은 은총에 의해서라야 가능하다고 한다. 그러나 가톨릭주의는 이러한 은혜를 사유재산을 가질 수 없는 수도원의 가난에 국한시킴으로써 황홀하고, 무관심하고(heedless), 무분별적인(unprudential) 은총에 의한 사랑의 완성이 모든 인간과 모든 역사의 상황과 관계되어 있다는 사실을 모호하게 했다.(p. 162)

(d) 자기희생적인 초월적 사랑에 대한 잘못된 이해들: (1) D'Arcy―희생적 사랑을 인간 본성 속의 한 요소의 꽃, animus와 구별되는 anima, 곧 인간 본성 속에 있는 여성적 원리로 본다. 이것은 agapē를 너무나 단순하게 자연의 완성으로 보며, 희생과 정의, 무관심과(heedlessness) 분별(prudential) 사이의 모순을 모호하게 한다.(p. 162) (2) Luther의 형식화―두 영역을 극단적으로 양분함으로써 복음적 열정과 위기적인 영웅주의의 순간에만 아가페를 체험하게 되고, 이는 법이 지배하는

국가의 영역과는 아무런 상관이 없다. 국가 속에서는 요구와 거기에 대한 반대되는 요구의 균형이 요청되며 이익적 대립에 대해서 차별적 판단을 내려야 한다.(pp. 162-163) (3) Nygren—아가페와 자연적 사랑 사이의 그의 구별은 루터의 아가페와 실정법 사이의 대조와는 별로 관계가 없지만, Nygren 역시 아가페와 에로스 사이의 모순을 절대화함으로써 은혜의 영역과 자연의 영역 사이의 모순을 절대화했다. 이것은 에로스와 아가페를 둘 다 약화시켰다. 에로스는 자신을 넘어서는 목적이 없으며 아가페는 인간적 상황에 대해서 아무런 적합성을 가지지 못한다.(p. 163) (4) 사회복음(social Gospel)—사회복음주의 문헌은 희생적 사랑에 관한 언급으로 가득 차 있다. 적을 사랑하면 그가 친구가 되고, 정복자에게 저항하지 않으면 그가 정복자이기를 그만두며, 기업가가 그의 이익을 희생하면 더 큰 이익을 얻는다고 사회복음주의는 말한다. 이것은 자기희생적 사랑을 통한 자아실현의 진리를 말하는 것이지만 이러한 주장은 자기희생적 사랑이 가지고 있는 궁극적 비극의 가능성을 모호하게 한다.(p. 164)

IV. 법을 넘어서는 사랑의 초월성의 네 가지 핵심점의 계속

1. 용서는 형벌적 정의(punitive justice)에 대하여 희생적 사랑이 분배적 정의에 대해서 가지는 관계와 같은 관계를 가지고 있다. 용서는 형벌적 정의의 완성이며 폐기이다. 상상적 정의(imaginative justice)는 형벌적 정의보다는 교정적 정의(치유적, remedial justice)로 향한다.(p. 164) (a) Berdyaev: 용서를 "도덕을 넘어서는 도덕(morality beyond morality)"이라고 했다. 예수는 적에 대한 사랑을 비를 악인에게도 선인에게도 내리고, 빛을 악인에게도 선인에게도 비추는 자연의 공평성과 같은 하나님의 자비와 포도밭의 일꾼의 비유로 설명했다. 용서 속에서는, 은총은, 공과 과의 정교한 차별성(nice discrimination)이 없다. 용서는 법을 초월한다. 용서는 순수하게 은혜의 영역에 속하는 것 같다.(p. 165) (b) Luther: 용서를 형벌적 정의와 관련시키지 않았다. 루터의 사상에는 현대 범죄학에서 생긴 상상적 정의가 전혀 없다. 상상적 정의는 루터의 두 영역이 그가 생각했던 것보다 훨씬 더 많은 상호 관련성을 가지고 있다는 것을 증명하는 것이다.(pp. 165-166) (c) Nygren: 그의

Agape 개념은 정의와 자비를 너무나 엄격하게 구별하기 때문에 정의에 관한 한 차별적 판단의 여지가 전혀 없다.(p. 166) (d) 현대 자유주의: 용서라는 감상주의적 이해로 흐른다. 자비가 정의에 온전히 승리하기 때문에 죄에 대한 책임이 부정된다.(p. 166) (e) 가톨릭의 은총에 대한 해석: 적에 대한 사랑은 초자연적 은혜의 도움을 통해서만 가능하다. 이것만이 금욕적 시스템에 제한된 완전한 사랑을 초월하는 것이다. 이러한 사랑은 일반적인 정의에 첨가될 수 있는 '완전성의 권고(counsels of perfection)'이지만, 그것은 정의의 차별적 판단들 속에 있는 불의를 심판하는 변증법적 관계를 가지고 있지 않다.(p. 166)

2. 사랑의 영역의 은혜의 최종적인 정점은 한 개인이 다른 개인의 삶 속으로 상상력과 공감으로 침투해 들어가는 관계라는 점이다.(p. 166)

(a) 이것이 Buber의 『나와 너*I and Thou*』와 Brunner의 『신의 명령*Divine Imperative*』에서 전개된, 바로 사랑의 영역의 핵심. 그러나 그것은 사랑의 영역의 핵심적 본질로 잘못 해석되었다. 왜냐하면 이 경우, 사랑은 공동체의 삶을 규제하고 가능한 한 최대의 조화와 정의를 사회 구조와 법, 그리고 사회적 기구와 경제적 형태를 통해서 추구하는 데 있어서 나타나는 정의의 일반적 정신과는 아무런 관계가 없기 때문이다.(pp. 166-167)

(b) Brunner의 잘못: 그가 개인적인 친절한 행동이 정의 실현을 위한 정치가적 계획보다 더 기독교적이라고 말했을 때 큰 잘못을 범했다. 사랑은 "큰 것들을 추구하지 않는다(Love "never seeks great things")"라는 그의 주장은 사랑을 정의의 영역으로부터 너무나 완벽하게 분리한다.(p. 167)

(c) 현대 진보주의의 같은 잘못: '기독교 경제학(Christian Economics)' 과 같은 반동적 운동은 실직자 보험이 불필요하다. 왜냐하면 민감한 야심을 가진 크리스천은 빈궁한 자를 위해서 개인적인 자선사업을 조직할 것이기 때문이라고 주장한다. Brunner와 이와 같은 현대의 반동적 진보주의는 아가페를 개인적 관계의 사랑에 국한하고 정의의 모든 구조와 고안 밖에 둠으로써, 기독교의 사랑을 인간의 공동적 삶에는 부적절하게 만든다.(p. 167)

(d) 사회적 구조 안의 개인적 만남에는 사랑의 비결정적 가능성이 남아 있다.

사회적 구조 안의 인간과 인간의 만남은 복잡하고 다양하다. 인간의 행동은 최고로 좋은 구조를 부패시킬 수 있으며, 또한 잘못된 구조를 구원할 수 있다. 노예의 잔인한 주인이 될 수도 있고 친절한 주인이 될 수도 있다. 가장 적합한 기구도 그 위에 사랑의 높은 경험이 구축되어야 할 미결정적 기반에 불과하다.(p. 168)

(e) 이웃을 자신과 같이 사랑하라는 계명은 비결정적 자유를 가지고 있는 인간의 본성이 요청하는 친밀성의 최종적 성취로서 법의 문제이지만 동시에 은총의 문제이다. 왜냐하면 어떠한 의무감도 그것을 성취할 수 있는 사상과 인내를 제공하지 못하기 때문이다.(p. 168)

(f) 성적 동반자 관계(sexual partnership)가 갖고 있는 사랑의 분석: (1) 성적 동반자 관계가 다른 동반자 관계보다 훨씬 더 아가페적 사랑의 자연적 기초이다. 기독교는 성적 관계에 대한 고전 사상의 부정적 시각의 영향을 받았기 때문에 그러한 진리를 충분히 이해하지 못했다. (2) Vladimir Solovyov: 성적 사랑만이 타인과의 완전한 역동적 결합에 의해서 자아성을 제거할 수 있다.(p. 169) (3) D'Arey의 『사랑의 정신과 마음Mind and Heart of Love』: 사랑과 성적 사랑의 관계에 대한 연구에 의하면, 결혼의 동반자 관계가 여성의 자기희생적 사랑(self-giving)처럼 친밀하고 상호적인 자기희생적 사랑이 아니라고 한다.(pp. 169-170) (4) Jean Guitton의 『인간애론Essay on Human Love』은 결혼에서의 상호 관계의 중요성에 관한 가톨릭적 연구 논문이다.(p. 170) (5) 결혼의 통합(union)은 기독교적 사상과 삶에서 보다 적극적으로 이해되어야 한다. 결혼 관계의 친밀성은 물론 자연에 기초를 두고 있지만 은총에 의해서 무한하게 변화될 수 있다.(p. 170)

V. 사랑과 법 자체의 관계

1. 법은 습관, 제정된 법, 성서의 명령, 이성적 직관에 의해서 규정된 행위 규범이다. 이때 의무와 책임은 법의 궁극적 정신, 곧 사랑과는 표면상 관계가 없는 것 같아 보인다.(p. 170) 기독교적 윤리 구도에서 법의 지위는 무엇이며, 사랑은 어떻게 그것과 관계되어 있는가? 가톨릭 사상은 법이 직관들이나 이성으로부터의 논리적 연역들에 의해서 도출된 것이라고 주장한다.(pp. 170-171) Calvin과 Luther는

법은 성경으로부터 나온 것으로서 십계명 같은 명시적 법, 혹은 성경 속에 산재해 있는 도덕적 훈계들에서 나온 것이라고 한다.(p. 171)

2. 법이 가지고 있는 두 가지 특성.(p. 171) (a) 법에서는 이웃에 대한 우리의 책임이 최소로 그리고 대개는 부정적으로 표현되어 있다. 예컨대, "살인하지 말라"가 그것이다. (b) 이웃에 대한 우리의 책임이 죄, 이기심, 주장과 거기에 대립되는 주장의 복잡성이라는 사실을 전제로 하고 있는데, 그러한 문제들이 사랑의 법의 궁극적 검토 없이 어떤 '이성의 법칙'에 의해서 중재된다.

3. 법은 이기심(self-interest)을 수용하고 규제하며 매우 과도한 이기심을 금지한다. 넓게 말해서, 법의 목적은 정의이다. 법은 죄를 전제로 하고 삶과 삶에 있어서의 지탱할 수 있는 조화를 추구한다. 이것은 법이 사랑의 법의 近似的 실현(an approximation of love)이며 사랑의 도구라는 것을 의미한다. 사랑과 법의 구별은 가톨릭과 종교개혁 사상이 생각했던 것보다 덜 절대적이고 많이 변증법 관계를 가지고 있다.(pp. 171-172)

4. 법은 과거의 많은 이론들이 생각했던 것보다 덜 고정적이고 덜 절대적이다. 사랑의 레벨 아래에서는 성경의 '규범'들의 절대적 권위는 종교개혁이 생각했던 것처럼 합당성을 가지고 있지 않다. 왜냐하면 절대로 여겨졌던 성경의 규범 속에는 역사적 우연성의 요소가 잠입해 있기 때문이다. 그 대표적인 경우가 교회의 여성에 대한 바울의 태도이다. 가톨릭교의 이성적 '자연' 법의 권위 역시 절대적이지 않다. 자연법의 전체 개념은 스토아·아리스토텔레스적 합리주의에 근거를 두고 있는데, 그것이 상정하고 있는 고정된 구조나 규범은 사실에 있어서는 존재하지 않는다.(p. 172)

5. 18세기의 합리주의의 주장: 자연법의 명제를 분석적 이성의 명제로 인정한다. 예컨대, 자연은 성적 결합을 통해서 생산을 그 목적으로 한다고 하는 것과 같은 경우. 그러나 이런 주장은 인간의 비결정적 자유 및 이러한 자유와 자연적 충동 사이의 밀접하고 유기적인 관계에 의해서, 인간적 생명력의 가능성들이 창출하는 무한한 인간의 노작들을 위한 단순한 서술적 규범을 발견하는 것이 쉽지 않다는 사실을 망각하고 있다.(p. 173)

6. 법의 규범의 고정성에 대하여 가톨릭과 종교개혁의 이론은 지나친 확신을 가졌다. 모든 법은 가톨릭이나 개신교를 막론하고 정통적 기독교가 생각했던 것보다 권위에 있어서 더욱더 상대적이고 덜 독립적이다.(p. 173) "상대주의에 대한 마지막 방파제는 이러한 추정된 고정성에서가 아니라 사랑의 법 자체에서 찾아야 한다. 이것이 유일한 최종적 법이며, 다른 모든 법은 사랑의 법의 최소한도의 近似的인, 혹은 주어진 역사적 기회에 적합한 표현이다."(p. 173) 이 구절은 물론이요, V 항목의 사랑과 법 자체의 관계(pp. 170-173) 전체가 니버가 1960년 중반의 상황주의 윤리에 앞서 상황윤리(situation ethics)적 사고를 표명하고 있다는 사실에 주목할 필요가 있다.

11. 일관성, 비일관성 및 기독교 신앙(Coherence, Incoherence and Christian Faith)

I. 일관성을 진리의 기본적 시금석으로 삼으려고 할 때 직면하는 네 가지 위험성

1. 세계는 조직되지 않고는 존재할 수 없다. 세계가 인지되려면 그것은 繼起(sequences)와 일관성, 인과관계와 본질을 통해서라야 가능하다.(p. 175) 일관성이 없는 세계는 유령(ghost) 같아서 인지가 불가능하다.(p. 175-176)

2. 하나의 세계만 있으며 그것을 코스모스(cosmos), 곧 질서 있는 우주라고 직관적으로 상정하지만, 그러한 세계 속에는 미지의 궁극적 일관성, 삶과 역사가 있으며 심지어 자연 속에도 일관성의 결여들과 모순들이 존재한다. 하나의 세계 속에는 많은 세계들과 의미, 일관성의 영역들이 존재하고 있기 때문에, 하나의 단순한 통일성의 시스템 속에 그것들을 몰아넣으려고 하는 것은 특정한 현실들을 잘못 해석할 수 있다.(p. 176)

3. 일관성(coherence)을 진리의 시금석으로 삼으려고 할 때 직면하는 네 가지 위험성: 첫째, 사물들과 사건들은 어떤 의미 시스템에 들어맞히기에는 너무나 독자적이다. 그러한 독자성은 하나의 의미 시스템, 특히 의미를 합리성과 동일시하는 시스템에 들어맞히려고 할 때는 파괴된다.(p. 176) 둘째, 일관성과 의미의 영역

들은 서로 합리적 모순(rational contradictions)에 빠질 수 있으며, 그러한 모순을 존재와 생성(becoming), 또는 영원과 시간 등의 개념들에 의해서 너무 서둘러 해결하려고 하다 보면 자칫 그런 영역들이 충분히 이해되지 못한다.(p. 177) 셋째, 모든 학문적 의미 시스템에 반하는 형태들(configurations)과 구조들이 존재하는데, 그것들을 어떤 다른 시스템에 포함시키는 것은 가능하지 않다. 그 가장 기본적 예는 바로 인간 자신이 그렇다. 인간은 자연 속에 있으면서도 자연을 초월하는 존재이기 때문에 자연주의적 철학과 이상주의적 철학 양자에 의해서 오해되었다. 전자는 인간을 자연 속의 우발적 대상으로 이해했고, 후자는 인간이 지리와 역사, 이익과 열성에 의해서 결정된다는 것을 무시하고 인간의 역사를 정신의 역사로만 이해했다.(p. 177) 넷째, 인간의 진정한 자유(genuine freedom)는 자연과 세계의 합리적 구조를 초월한다. 이런 자유는 일관성의 자연적, 혹은 합리적 구도에 의해서는 이해할 수 없다. 진정한 자아성(genuine selfhood)의 전체 영역은 죄와 은혜를 가지고 있는데, 이것은 철학의 여러 시스템들의 이해의 저편에 있다. 인간의 자유가 가지고 있는 신비를 Pascal은 "그것 없이는 인간이 자신에 대해서 신비로 남는 신비들 속에서(in mysteries without which man remains a mystery to himself)"라고 했다. 이 구절은 기독교 신앙의 초합리적 긍정(supernatural affirmations)이 이율배반, 모순, 인간 존재의 신비에 대해서 갖는 관계에 대한 고찰을 보여주는 짧지만 훌륭한 도입부이다.(pp. 178-179)

II. 역사적 종교로서의 기독교의 독자성

1. 기독교의 초합리적 긍정이 이율배반, 독창성과 특수성 및 인간의 생활과 역사의 애매한 의미를 어떻게 해결하며 밝히는가?

2. 기독교는 역사적 종교(historical religion)이다. 다른 모든 종교는 문화적 종교(cultural religion)로서 의미의 보편적 원리를 세계의 구조, 혹은 구조를 초월한 어떤 보편적 본질에서 구한다.(p. 179) 이러한 문화적 종교는 우주적, 혹은 비우주적 의미에서 범신론적(pantheistic)이다.(p. 180)

3. 범신론의 우주적 형태들(cosmic forms of pantheism): 스토아주의는 자연주의

적 형태의 범신론으로서, 그것은 세계를 방대한 합리적 질서로 보며 인간 생활이 그러한 질서에 일치해야 한다고 주장한다. 그러나 스토아주의가 인간이 우주적 질서와 상통하는 이성을 가지고 있다고 주장하는 한, 스토아주의는 일종의 비우주적 범신론이다.(p. 180)

4. 비우주적 형태의 범신론(acosmic forms of pantheism): 신플라톤주의와 불교는 의식의 신비를 세계의 합리적, 혹은 자연의 일관성 밖에, 곧 자아 속에 두고 자아의 신성한 보편성에 도달하는 것을 추구한다.(pp. 180-181) 불교의 니르바나(Nirvana)는 존재의 충만인 동시에 비존재(nonexistence)이다.(p. 181)

5. 역사적 종교로서의 기독교의 특성: 독자성, 모순성, 역설 및 미해결의 신비를 강조한다. 시간적 세계가 신의 창조를 통해서 존재하게 된다. 세계는 자연적, 합리적 인과관계를 넘어서는 신비성을 가지고 있는데, 그러한 신비가 가지고 있는 초합리적 성격은 신이 '무로부터(ex nihilo)' 창조했다는 창조론에 잘 표현되어 있다. 기독교의 자유와 신비는 초이성적이며, 주어진 사물의 최종적 비합리성이 기꺼이 수용된다.(p. 181) 성서적 종말론에서는 시간이 영원 속에 있으며, 역사의 정점이 시간적 과정을 폐기하는 것이 아니라 완성한다. 기독교의 alpha와 omega 개념은 합리적으로 볼 때 모순이고 역설적이지만, 불가능한 유토피아의 무의미한 시간과 자기성취적 시간에 빠지게 하지 않는다.(p. 182)

6. 그리스도에서 계시된 인간적 困境에 대한 기독교적 대답, 곧 인간에 대한 신의 자비: 자아가 사랑에 의해서 자기를 초월하여 참되게 자기를 실현할 수 있는 힘인 동시에, 그의 최선의 상태에서도 신의 뜻에 대해서 부분적으로 모순되는 자아에 대한 신의 자비이다. 이런 대답은 인간의 자아에 대한 철저한 기독교적 개념에서 나왔다. 기독교 신앙에서 자아는 그의 최종적 자유에 있어서 자연, 혹은 이성의 구조 속에서는 그의 규범을 발견하지 못한다.(p. 182) 자아성에 대한 기독교 교리에 의하면, 개인적 자아의 삶도 인간 존재의 전체 드라마도 일관성의 합리적 입장만에 의해서는 이해될 수 없다.(p. 182) 기독교적 입장에서 볼 때 한 가지 확실한 것은 악이 하나님을 패배시킬 수 없다는 것이다. 모든 이기주의, 자기 우상화, 신에 대한 반항이 구체적 역사 속에서 심판을 받는다. 그러나 이 같은 심판은 신의

의지와 완전하게 일치되지 않는다. 따라서 역사는 끝까지 도덕적으로 애매하게 남는다. 하나님의 구원의 사랑은 신과 인간 사이의 화해를 먼저 하신다. 이 대답에 의하면, 고난의 사랑이 삶의 최종적 일관성이다.(p. 184)

7. 기독교적 대답은 신을 합리성을 초월하는 존재로 규정한다. 신은 삼위일체의 신으로 규정된다. 전능하신 신은 역사를 초월한다. 구원의 신은 역사 속에서 수난을 당하시고, 성령은 구원된 공동체의 최종적 통합을 한다.

8. 기독교적 진리의 초합리적 원리는 인간의 생활과 역사의 드라마를 이해할 수 있는 열쇠로서, 그것 없이는 지나치게 단순한 의미가 주어지거나 무의미성에 떨어진다.(p. 184)

III. 기독교 신앙이 갖는 의미의 초이성적 긍정의 타당성의 분석과 해명

1. 초이성적 긍정이 삶의 외견상의 모순과 이율배반을 의미 있게 볼 수 있는 근원임을 정당화하는 기독교적 호교론이 성서 전체를 통하여 흐르고 있다.(p. 185) 신명기는 이스라엘이 선택된 것은 그의 힘과 덕 때문이 아니라 신의 신비로운 은총이라고 했다. 또한 욥기는 신의 선은 정의의 인간적 표준을 거부한다고 했다. 제2 이사야는 하나님의 주권이 불가해하지만 의미 있는 특성을 이스라엘로 하여금 깨닫게 한다. 이사야 제53장은 의롭고 비교적 무구한 이스라엘이 겪는 도덕적으로 참을 수 없는 수난의 궁극적 의미를 추구한다. 역사에 대한 단순한 도덕적 개념은 역사의 우여곡절의 코스가 완전히 의미 없게 보이게 한다. 왜냐하면 역사는 단순한 도덕적 패턴에 일치하지 않기 때문이다. 힘인 동시에 지혜인 성경의 참된 진리를 이해하기 위해서는 회개가 요청되는데, 이 회개는 모든 거짓된 의미 시스템의 파괴를 의미한다.(pp. 185-186)

2. 기독교 호교론의 영원한 과제는 기독교 신앙의 진리들을 어떻게 세상의 지혜(the wisdom of the world)와 관계시킬 것인가 하는 문제이다.(p. 186) 거기에는 두 개의 전통이 있다. 하나는 하나님의 어리석음과 인간의 지혜 사이의 모순을 자랑으로 여기는 신학의 전통이요, 다른 하나는 신앙의 진리들과 이성에 의해서 아는 원리들 사이의 일치를 주장하는 신학의 전통이다.

3. 모순을 자랑하는 신학적 전통.(p. 187) (a) Tertullian, Augustine, Occam, Duns Scotus에서 종교개혁, Pascal, Kierkeggard, Barth에 이르는 신학적 전통. (b) Luther: 그리스도 밖에서 신에 대한 너의 관계를 알려고 하면, 네 목이 부러질 것이다.

4. 신앙의 진리와 이성의 진리 사이의 일치를 주장하는 신학적 전통(p. 187): Origen, Aquinas, Christian Platonists, Renaissance Humanists에서 현대의 자유주의 기독교에 이르는 신학적 전통.

5. 두 가지 신학적 전통으로 갈라지는 이유(pp. 187-188): 한편으로는 신앙의 초합리적 긍정을 너무 단순하게 비합리적이라고 보기 때문이며, 다른 한편으로는 불일치와 모순을 너무 단순하게 합리적 일관성의 시스템 안에서 이해하려고 하기 때문이다.

6. 기독교 합리주의자들의 오류(p. 188): 합리성을 너무 단순한 의미로 보기 때문에 인간적 삶과 역사의 신비가 간직하고 있는 가장 심오한 불일치성, 비극적 이율배반 및 의미의 깊이를 어쩔 수 없이 모호하게 한다.

7. 토마스주의(Thomism)(pp. 188-189): 자연과 은혜의 두 영역으로 나누고 전자에서는 이성의 진리가, 후자에서는 은총, 곧 신앙의 초합리적 진리가 지배한다고 주장한다. 이렇게 해서 토마스주의는 고전 사상을 1층으로, 기독교적 사상을 2층으로 하는 두 층의 건물이다. 이런 사상은 모든 인간적 덕의 문제적 성격과 인간사에 관한 모든 이론 속에 있는 이념적 오염을 이해하지 못했다.

8. 문화에 대한 신앙의 관계, 즉 세상의 지혜에 대한 복음의 관계는 문예부흥과 그 후 개신교에서는 진화론에 의해 합리적으로 일관성 있는 세계 수용으로 한걸음 더 발전했다.(p. 189) 죄는 정신의 보다 넓은 목적에 도달하는 과정의 일시적 타성이며, 역사의 도덕적 복잡성과 애매성에 대한 하나님 나라의 관계는 유토피아에 의해서 해결된다. Rauschenbush는 신약성경의 *agapē*를 인간적인 동정심에 기반한 공동체 건설 능력과 동일시했다. 이런 진보론은 역사의 모든 비극적 이율배반, 인간 존재의 내적 모순 및 시간과 영원의 궁극적 신비를 모호하게 한다.(p. 190)

9. Matthew Arnold는 기독교적 정신과 현대 정신의 일치를 강조했고, 이상주

의자 Bradley는 이런 신념을 조롱했다. 그와 같이 일치되는 이념은 기독교 신앙에서는 찾아볼 수 없다.(p. 191)

IV. 합리적 일관성을 초월하는 기독교 신앙의 지혜의 타당성

1. 오늘날 낡은 기독교적 실존주의가 가지고 있는 문제점: 근본적 위험은 복음의 지혜가 세상의 지혜와 모순 되는 것만 강조하고, 문화적 학문들이 옳게 분석하고 수립한 일관성과 의미의 영역들이 복음에 대해서 가지는 관계를 부정함으로써 복음의 지혜가 의미를 상실하게 했다.(pp. 191-192)

(a) Kierkegaard의 실존주의가 갖고 있는 문제점: 첫째, 헤겔의 범이성론을 거부하고 개인적 실존을 진리로 주장했다. 개인적 실존만이 자신의 내적 역사를 가진 역사 속의 유일한 개체로 보았다.(p. 192) 둘째, 개인적 실존을 신앙의 기초로 삼는다. 이렇게 되면 참된 신을 거짓 신과 구별하는 아무런 표준이 존재하지 않는다. 열정적인 나치를 비판할 표준이 없다.(pp. 192-193) 셋째, Kierkegaard는 그의 저서 『사랑의 작용·Works of Love』에서 크리스천의 사랑은 보편적 사랑이라고 한다. 그러나 그런 사랑 속에는 은총도 자유도 해방(release)도 없다.(p. 193) 넷째, Kierkegaard의 개인적 실존만 강조하고 개인적 실존만을 신앙의 기초로 삼는 두 가지 잘못은 삶의 문제를 유한한 죄인인 인간과 신의 은총 사이의 회개와 신앙의 참된 고통에 의해서가 아니라, 인간 존재의 내적 모순에 의해서 너무나 단순하게 해결했다는 혐의를 피할 수 없다.(p. 193)

(b) Barth의 실존주의가 갖고 있는 문제점: 첫째, Westermarck나 Carnap과 다를 바 없는 상대주의이다. 신의 말씀은 어둠 속을 밝히는 유일한 빛이다. 그 빛을 받고, 받지 않고는 순전히 은총의 비밀이다. 그것은 마치 씨앗을 밭의 좋고 나쁨을 가리지 않고 파종하는 것과 같아서, 파종자는 하나님의 말씀이 절망 속의 삶에 대한 희망의 말인지 아니면 인습적 자만에 빠져있는 삶에 대한 심판의 말인지 전혀 구별하지 못한 채 파종한다. 인간은 중요한 아무것도 알지 못한다.(p. 194) 둘째, 복음의 어리석음과 세상의 지혜, 신앙과 문화 사이의 모든 관계가 묵살된다.(p. 194) 이것은 Thomas Hobbes 경우처럼, 자연의 인간은 총체적으로 부패했기 때문에

자신의 이익이 아닌 타인의 이익을 고려할 능력이 없다는 주장으로서, 결국 이상주의와 이기심, 그리고 정의의 감각과 불의의 경향성이 복잡하게 혼합된 정치적 현실을 다룰 수 없다는 것을 의미한다. 인간의 사회 생활의 합리적 일관성이 아무리 불완전하다고 할지라도 그것을 무시할 수는 없다.(p. 195) 셋째, Barth는 교회로 하여금 부활을 증언할 것을 요구한다. 즉, 죄의 혼동 속에서 구원의 사인(sign)과 심벌을 보여달라고 한다. 그러나 그가 말하는 사인은 너무나 분명하게 종말론적이다. 또한 그는 교회가 영웅적 증언을 하기 전에 문제가 분명해질 때까지 기다리라고 한다. 히틀러주의의 전제주의적 국가가 우상적인 종교적 성격을 분명하게 드러낼 때까지 그가 기다렸던 것처럼 말이다. 그의 이런 종교는 카타콤(catacomb)적 종교로서 복음의 은총과 지혜에 의해서 정치의 자연적 재료를 변혁하는 과제와는 거의 아무 관계가 없다.(p. 196) 넷째, Barth는 자연적 종교는 우상을 숭배하며, 집단적 자아를 신으로 숭배한다고 주장한다. 이것은 인간의 전적인 타락(부패)을 주장하는 것이다. 그러나 인간에게는 참된 것, 더욱 궁극적인 것, 미지의 신에 대한 열망(yearning)이 있다. 이러한 종교적 열망이 복음을 낳지는 못하지만 복음의 메시지를 타당하게 만드는 인간적 상황의 차원을 마련한다.(p. 196)

2. 모든 문화적 학문이 심각하게 취해져서 그것의 한계에 직면하고, 그러한 학문들이 서로 모순되어서 현실 전체는 어떤 하나의 합리적 의미의 구도보다 복잡하다는 것이 드러나지 않고는 복음의 어리석음 속의 진리가 충분히 확인 될 가능성이 없다.(p. 196)

3. 기독교적 실존주의에 대한 지금까지의 비판은 제3의 입장을 含意할 수도 있다. 성서적 현실주의(biblical realism), 또는 '신정통주의(neo-orthodoxy)'가 그것이다.(pp. 196-197)

4. 여러 가지 자연과학을 심각하게 취하려면, 우리는 삶과 역사에 대한 성서적 묘사로부터 출발해야 한다. 성경의 해석에 의하면, 인간 역사의 드라마는 인간과 신 사이의 관계(engagement)이다. 그런데 역사의 진행 과정 속에는 특별한 깊이를 가지고 있으며 전체의 의미 속에 침투하는 특별한 사건들이 있다. 이는 곧 계시(revelation)이다.(p. 197)

5. 계시에 대한 해석(p. 198): 과학이 발달된 오늘날 우리는 자연적 질서 속에 신이 돌입(break-through)하여 계시적 사건들이 스스로 정당화되는 것을 믿지 않는다. 그러나 예수의 치유의 기적은 믿을 수 있다. 왜냐하면 우리는 각 인격의 차원의 정신의 깊이와 높이, 그리고 그것에 연유한 병든 신체의 정신적 차원을 인정하기 때문이다. 그럼에도 불구하고 처녀 탄생과 예수의 육체적 기적을 우리는 믿지 않는다. 예수도 "이 악한 세대가 사인(sign)을 구한다"라고 함으로써 그의 메시아적 사명을 사인과 기적으로 확인하기를 거부했다. 계시의 진리는 전체 인격에 의해서 이해되어야 하며 기적에 의해서 확인되는 역사적 사실로 이해되어서는 안 된다. 보다 심오한 진리는 인간이 무엇이며, 무엇이 되어야 하며, 인간과의 관계에서 신이 무엇인가 하는 신비를 밝히는 열쇠가 되어야 한다.

6. 그러나 복음의 진리에 대한 이 같은 해석은 기독교를 또 하나의 철학으로 만들 위험이 있다. 우리는 역사적 사실을 심각하게 취하지만 문자 그대로 취하지는 않는다. 따라서 죄의 생물학적 유전을 제거한다.(pp. 198-199) 이 문제는 간단하게 해결될 수 없다. 위대한 기독교 실존주의자들, 곧 Pascal, Luther, Kierkegaard는 아직 과학이 덜 발달된 시대에서 사고했다. 현대 바르트주의자들은 현대 과학이 존재하지 않았던 것처럼 즐겁게 무시한다.(p. 199)

7. 현대 호교론이 해결점을 발견하려면 다음의 두 가지 근본적 명제에 의존해야 한다. 자연의 세계와 인간 역사의 세계를 철저하게 구별해야 한다. 역사가 아무리 많이 자연적 기반을 갖고 있다 하더라도 말이다. 이는 인간의 자유의 독자적 성격 때문에 그러하다.(p. 199) 인간의 역사가 인간과 신의 만남을 포함하고 있는 것으로 이해되어야 한다. 이러한 만남에 의해서 인간이 역사의 흐름을 완전히 초월할 수 있다고 생각하는 잘못된 전제 아래서 인간과 문화가 구축한 의미의 합리적 개념을 신이 개입하여 재구축한다.(pp. 199-200)

8. 참된 신은 다음의 세 가지 경우에서 만날 수 있다. (a) 예상할 수 없는 요소를 역사적 상황 속에 도입하는 창조성(creativities)에서 참된 신을 만난다. 이런 창조성은 은총으로 나타나며 이유를 제시할 수 없는 형태의 선택이다.(p. 200) (b) 인간의 이념과 가치, 역사적 성취가 신의 뜻과 모순될 때 언제나 내려지는 신의 심판에서

참된 신을 만난다.(p. 200) (c) 신의 심판이 삶의 재구성으로 인도하는 사건들(event)에서 참된 신을 만난다. 이러한 사건들은 구원의 은총으로서, 낡은 것이 파괴되지만 그런 파괴는 새로운 삶으로 인도한다. 성경은 적절하게도 그리스도의 드라마를 구원의 역사(Heilsgeschichte)의 최종의 점이라고 했다. 왜냐하면 여기에서 모든 형태의 인간적 선이 문제적 성격을 드러내기 때문이다.(p. 201)

9. 이러한 사건들이 지니고 있는 의미: 이러한 사건들은 역사적 계시로서 어떠한 일관성의 철학도 예견할 수 없는 것이며, 따라서 신자에게 주어지는 형태로 온다. 그런 사건들은 인간이 추구하는 노력과 신의 뜻 사이의 실존적인 일관성 결여(incoherence)를 전제로 한다. 그러한 사건들은 신의 자유와 죽을 수밖에 없는 동물이면서 동물이 아닌 인간이라는, 이상한 인간의 자유 사이의 관계가 타당성을 갖게 한다. 인간이 내리는 모든 심판은 신의 궁극적 심판 아래에 있다. 인간의 죄가 인정될 때 치유가 있고, 겸손하고 자비로운 삶이 있다. 인간과 신의 뜻 사이의 일관성 결여에 대한 최종적인 답은 하나님의 수난의 자비이다. 여기에 대해서는 이유를 설명할 수 없다.(pp. 201-202)

10. 신앙은 이성이 아니다. 신앙은 바라는 것, 곧 소망의 본질이며 보이지 않는 것의 증거이다. 역사의 변천 속에 나타나는 인간의 수난이 의미 없는 변덕이 아니라, 신앙에 의해서 신의 심판으로 이해될 때 새로운 삶의 사랑과 기쁨과 평화가 된다.(pp. 202-203)

11. 창조주이며, 심판자이며, 구세주인 신에 대한 신앙은 합리적 증명의 대상이 아니다. 왜냐하면 그러한 신앙은 세계의 합리적 일관성을 초월하며 따라서 일관된 분석에 의해서 증명될 수 없기 때문이다. 그렇다고 이러한 일관성에 대한 과학적, 철학적 분석을 거부해서는 안 된다. 왜냐하면 그러한 분석은 그 속에 있지 않은 자유로 향하는 시점, 곧 그것의 한계점을 알 수 있게 하며, 또한 그러한 일관성들 상호간의 모순을 알게 함으로써 그것들을 넘어서는 심오한 신비와 의미로 향하게 하기 때문이다. 일관성을 초월하는 신비와 의미를 굳게 지키고 또한 자연의 세계의 질서와 의미를 존중하는 신학이 되어야 한다. 그러한 신학의 적절한 입장이 십자가에 못 박힌 주님의 입장이다. 주님은 힘과 영광으로 재림한다고 약속했다. 하지

만 그 힘과 영광을 우리는 지금 가지고 있지 않다. 그러나 그것을 우리에게 잘 보여주는 사실이 있는데, 예수를 고발한 자들과 십자가에 못 박은 자들이 그들이 멸시해 마지않는 진리의 왕국에 뜻하지 않은 貢物을 항상 바치지 않으면 안 된다는 사실이, 바로 그것이다.(p. 203)

3
『자아와 역사의 드라마
The Self and the Drama of History』 출간(1955)[6]

✣

이 저서는 신체적으로, 그리고 정신적으로 병 때문에 고통 받고 있는 학자의 저서로서는 놀라우리만큼 훌륭한 것이다. 이 저서에서 전개된 이론의 핵심은 이 저서의 표제가 가장 잘 요약하여 보여주고 있다. 니버는 이 저서에서 그가 『기독교 현실주의와 정치적 문제』의 Augustine 연구에서 발견한 자아(self)의 개념을 발전시켜서 그의 독자적인 '자아(self)'의 개념을 제시한다. 그에 의하면, 자아는 인간을 정신과 육체로 구분할 때의 정신, 혹은 이성과 같지 않으며, 또한 Freud의 id와 ego와 super ego를 합친 것도 아니고, 이성과 프로이트의 세 요소를 초월하고 분석하는 존재이다. 그는 이 자아에 의해서 프로이트와 그의 추종자들을 비판한다. 공산주의 국가들이 마르크스에 의해서 매혹되었던 것처럼 미국은 불안 극복과 죄해소를 위해서 프로이트의 인기 있는 심리적 치유에 매료되었다고 니버는 진단한다. 니버에 의하면, 프로이트는 자아 속과 자아와 사회 사이의 기본적 갈등을 밝히는 데 있어서는 옳았으나 그러한 갈등의 전체 영역과 그것이 가지고 있는 궁극적인 도덕적 의미를 파악하는 데 실패했다. 프로이트는 사회가 초자아를 통해서 문화적 규범을 개인에게 내면화하는 기제를 밝혔으나, 자아가 자신의 이익과 주어진 공동체의 이익보다 더 포괄적인 이익을 위해서 공동체를 부정하는 힘을 가지고 있다는 사실을 간과했다고 주장한다. 다시 말해서, 인간은 사회에 의해서 규정될 뿐만 아니라 사회에 반항할 수 있다고 니버는 주장한다. 뿐만 아니라 프로이트는 죄의 문제를 신경증적 죄의 문제로 축소시켰는데, 그것은 사회가 타당한 것으로 수용한 규범들을 침범함으로써 발생하는 죄책감과는 거의 관계가 없다는 것이 니버의 견해이다. 그는 신프로이트학파의 Erich Fromm이 그의 저서 『주체

| 6) Reinhold Niebuhr, *The Self and the Drama of History*(London: Faber and Faber LTD, 1955).

적 인간Man for Himself』에서 주장한 '자기 사랑(self-love)'의 긍정을 신랄하게 비판했다.[7]

니버는 이 저서에서 역사를 합리적인 지적 이해의 시스템의 틀에 의해서는 이해할 수 없는 예측 불가한 새로운 사건들의 출현이 계속되는 단편적 드라마라는 것과, 이스라엘의 예언자들이 신이 선택한 이스라엘의 군왕들을 하나님의 이름으로 심판한다는 것에 근거한 성서적 역사관에 의해서 합리적인 철학적 역사관, 다원적인 진보적 역사관, 마르크스주의적인 유토피아적 역사관 그리고 기독교 섹트주의자들의 유토피아적 역사관을 비판했다. 그는 역사의 의미의 비밀을 이해할 수 있는 열쇠는 십자가에 못 박힌 그리스도의 십자가의 계시라고 주장한다. 이것을 니버는 이 저서의 제목인 '역사의 드라마(the Drama of History)'로 표현했다.

그러면 아래에서 『자아와 역사의 드라마The Self and the Drama of History』(Faber and Faber LTD, 1955)의 내용을 요약하기로 한다. 요약 내용 중 괄호 안의 페이지는 동저서의 페이지를 나타내는 것이다.

서문

이 책은 내가 병으로 인해서 어쩔 수 없이 휴식을 취할 수밖에 없었던 2년 동안 저술한 것이다. 이 책의 주제는 내가 다른 저서들에서 부수적으로 다루었지만 충분히 발전시키지 못한 것이다. 나는 유대인 철학자 Martin Buber의 저서 『나와 너 I and Thou』의 큰 도움을 받은 바 있는데, 그 저서는 나와 다른 많은 사람들에게 인간적 자아의 독자성과 그 문제의 종교적 차원에 대해서 처음 가르쳐주었다. 여기서 내가 그의 도움을 분명히 밝히는 것은 그의 저서가 나의 원래의 관심을 촉발한 훌륭한 저서이지만 내가 그 저서를 연구하지 못했으며, 따라서 그 저서를 여기 내 저서에서 적절하게 대우하지 못했기 때문이다.

나는 또한 이 저서의 각 장에 대해 엄격한 비판을 해주었고 종종 형식과 내용을 바꾸게 한 나의 아내에게 감사를 표하고 싶다. 그리고 나의 비서 Nola Meade 부인

---

7) Fox, *Reinhold Niebuhr*, p. 256.

에게 감사를 표한다. 그녀의 지적인 사려 깊음은 나의 거친 원고를 볼품 있는 구성으로 정리하는 데 있어서 충분했고, 조심스럽고, 정확했다.

제I부

자아가 자신과 타인들, 신과 가지는 대화들. 이러한 대화들을 가능하게 하는 자아의 자유. 대화들의 역사적인 침전물로서의 드라마. 자아와 신 사이의 대화는 참된 것인가, 혹은 비유적인 것인가?

1. 인간적 자아의 독자성(The Uniqueness of the Human Self)

인간은 현저한 능력과 질을 보유한 존재로서 다른 피조물들과 분명하게 구별된다. 이러한 인간 고유의 특성을 그리스 철학은 '이성(reason)'이라고 강조했고, 기독교의 성경은 '신의 형상(image of God)'이라고 했다. Aristotle은 이성, 혹은 합리적 능력을 개념적 상(conceptual image)을 만드는 능력이라고 했으며, 그와 그 이후의 모든 서구 사상에서 이성은 논리적, 분석적 능력을 의미했다.(p. 15)

그리스 사상에 비하여 히브리 사상은 인간의 자아(human self)의 독자성을 인간이 가지는 세 가지 대화(dialogue)를 강조함으로써 규정한다. 그 세 가지 대화는 다음과 같다. 1) 자아가 자기 자신과 가지는 대화. 이것은 자아의 내면적 삶에서 진행되는 것으로서 그것은 자연을 초월하는 자아의 자유를 나타내며 개념적 능력보다 더욱 중요하다. 2) 자아가 다양한 이웃과 가지는 대화. Aristotle이 인간을 '사회적 동물'이라고 규정한 것 역시 여기에 속한다고 할 것이다. 그러나 그러한 규정은 자아가 타자와 나누는 대화의 한없는 뉘앙스와 수준들을 적절하게 다루지 못한다. 자아는 그의 생존과 안전을 위해서 타인에게 의존할 뿐만 아니라 그 자신의 像과 정신적 안정을 위해서도 타인에게 의존한다. 3) 자아가 신과 가지는 대화. 인간이 신과 대화를 가진다고 할 때 그것은 경험적 증명을 초월한다. 그래서 자아는 궁극적인 것에 대한 열망을 가진다는 점에서 독창성을 가지고 있다고 말하는 것이 온전한 표현일지도 모른다.(pp. 16-17)

2. 자아의 내면적 대화(The Internal Dialogue of the Self)

인간이라는 동물은 자신과 말할 수 있는 유일한 존재이다. 그는 자기의 행동을 승인하기도 하고 부정하기도 하며, 심지어 자신의 존재를 승인하기도 하고 부정하기도 한다. 고전 시대에서 오늘날에 이르기까지 철학자들은 인간을 정신을 가진 주체로서의 자아와 신체를 가진 객체로서의 자아로 구분하고, 혹은 신체와 혼의 통일체 등으로 보는 잘못을 범했다. 자기와의 내면의 대화에 있어서 두 개의 자아가 있는 것이 아니라 같은 자아의 두 초점이 있을 뿐이다. '정신분열증'이라는 병적 상태를 제외하면 "건강한 자아는 항상 하나의 자아이다." 자신과의 대화는 여러 레벨에서 진행된다.(pp. 18-19)

Freud와 그 후의 심층심리학의 인간 심리의 내면적 긴장 관계에 대한 분석들은 이러한 내면의 대화를 밝히기도 했지만 모호하게 만들기도 했다. 그것들은 신체와 정신을 분리시키는 낡은 생각이 잘못이라는 것과 자아의 내면적 조직이 생각했던 것 보다 훨씬 더 복잡하다는 것을 밝혔다. 프로이트가 자아를 'id(본능적 욕동)'와 'ego(자아)', 'super-ego(초자아)'로 나눈 것은 두 레벨의 대화, 곧 'id'와 'ego' 사이의 대화 및 'ego'와 'super-ego' 사이의 대화를 나타낸다. 다시 말해서, 그것은 본능적 욕망과 합리적 자아, 합리적 자아와 양심 사이의 내면적 대화를 나타낸다. 이러한 대화는 흉터를 남길 수 있으며, 심층 심리학의 치유는 'ego' 속에 있는 억압으로 생긴 무의식의 발견에 의한다. 때로 프로이트는 분석의 과제를 'id'와 'super-ego'에 의해서 ego에게 과해진 제약들로부터 'ego'를 해방시킴으로써, ego의 시야를 넓히고 지배 영역을 확대하는 것으로 이해한다.(p. 20)

프로이트의 자아 3분법은 자아(self)가 어느 정도 'id' 속에 있다는 것을 모호하게 한다. 프로이트가 끓어오르고 있는 흥분의 큰 솥이라고 한 'id'가 'ego'의 검열과 감시를 피하려고 할 때 그 속에는 분명 어느 정도의 자아가 있다. 억압에 의해서 생긴 신경증(노이로제) 치료를 위해서는 억압된 무의식을 기억하여 의식화하는 것이 필요한데, 이때 억압된 무의식의 기억에 따르는 고통을 피하기 위해서 저항이 생기게 된다. 이런 저항을 하는 것은 의식적 자아(self)이다. 그렇다면 'id'와 'super-ego' 사이의 대화에서는 처음에 생각했던 것보다 더 많이 자아가 들어갔다. 프로이트는 'ego'와 'super-ego' 사이의 대화에서는 자아의 존재를 더욱 모호하게 했다. 'Super-ego'는 'ego'에게 사회적 압력을 가한다고 프로이트는 주장하지만, 그는 자아가 자기의 이익과 주어진 공동체의 이익보다 더 포괄적인 이익을 위해서 공동체를 거부할 수 있는 힘을 가지고 있다는 사실을 놓쳤다.(p. 21)

프로이트는 사회적 책임이 자아에 대해서 외부의 압력을 가하고 자아는 그러한 압력에 저항하고 있다고 보았기 때문에 문명적 비관론에 빠졌다. 이러한 비관론이 그의 말년의 저서 『문명과 그 불만족Civilization and Its Discontents』에서 표현되었다. 이러한 비관주의는 그로 하여금 초자아와 문화적 초자아의 중압으로 인해서 축적된 엄청난 '공격성(aggression)'이 있으며, 그것을 해소시킬 가능성이 없기 때문에 삶의 갈등을 해결할 길이 없다는 결론에 도달하게 했다. 이런 이상한 결론은 우리 시대의 사회과학과 심리학의 어떤 것들을 정치와 경제의 모든 수준의 갈등을 다루는 심각한 과제에 적합지 않게 설득하고 말았다. 그러한 입장은 국가들과 환상 및 권력적 탐욕의 엄청난 집단 이기주의를 마치 개인의 공격성의 총합에 지나지 않다고 봄으로써 적절하게 다룰 수 없게 만들었다. 그 결과, 개인의 병리 상태를 치유하는 데 효과적인 학문을 독일이나 러시아, 또는 일본의 공격성을 심리적 치유의 광범한 적용에 의해서 치유할 수 있는지 여부를 논하는 어리석음에 빠지게 했다.(p. 22)

프로이트는 자아(self)의 존재를 그의 분석에서 원래는 모호하게 했지만 그것의 실재를 인정한 이상한 증거를 보이고 있다. 그는 피상담자, 곧 환자가 기억하여 고백하는 근친상간의 비율이 매우 높아서 의심하게 되었고, 결국 그러한 고백은 거짓이며 단지 환자가 젊었을 때의 부모에 대한 근친상간의 욕망을 나타내는 것이라는 사실을 알게 되었다. 그리고 현대 심리학자는 한편으로는 특정한 원인들의 분석이 원인들을 밝힘으로써 원인 규명에서 자연과학이 신을 제거한 것처럼 성공적으로 초월적 자아 개념을 제거하지만, 그는 다른 한편으로는 분석의 도구를 자아가 자신의 자기 정당화를 위해서 교묘하게 이용한다고 보고한다. 이러한 경우들은 자아의 존재를 나타내는 것이다. 현대의 정신의학은 환자의 자발적 협력과 강요된 치료의 무익을 강조하는데 이것 역시 자아의 중요성과 자유의 존재를 말하는

것이다.(pp. 22-23)

　프로이트학파가 자유 자아(free self)를 이해하지 못하는 것이 죄의 문제를 신경증적 죄책감의 발현으로 보게 한다. 그러한 생각은 정신의학으로 하여금 모든 형태의 이기주의(egotism)의 원인을 어린 시절의 자아중심성(egocentricity)으로 보며, 그것은 보다 큰 경험에 의해서 시정될 것이라고 주장한다. 이러한 죄 개념은 정치적, 혹은 종교적 수준의 자아의 참된 문제를 이해할 수 없게 한다.(p. 23)

3. 자아의 의지와 양심 사이의 대화(The Dialogue between the Will and Conscience of the Self)

　자아의 의지에 대한 양심의 관계는 분명히 자아의 내면적 대화의 한 국면이다. 의지와 양심은 자아 자신에 대한 자아의 초월의 두 레벨이다. 의지는 자아의 충동과 욕망의 복합에 대한 자아의 초월의 결과이다.(p. 24) 양심은 자아가 자신을 관찰하고 자신의 단기적, 혹은 장기적 목적들을 판단하는 능력이다.(p. 25) 양심은 인간의 책임이라는 관념에서 보면 경향성과 대립되어 표현된 행동과 태도에 대한 자아의 판단이라고 규정할 수 있다. 그러한 당위(ought)의 존재를 자연주의적 존재론이 주장하는 일차원적 자아관에 근거한 이론들이 부정하려고 하지만, 그러한 이론들은 자아가 왜 그것이 욕망하는 것이 참으로 욕망하는 것인지를, 혹은 자아가 원하는 것이 자아 자신의 이익보다 더 넓은 가치 시스템과 일치하는 것을 밝힘으로써 자아가 욕망하는 것을 추구하지 않으면 안 되는지를 밝히지 못한다.(pp. 25-26) 양심의 내용은 시간과 장소에 따라서 상대적이다. 이러한 상대성은 도덕법이 사회적 산물이기 때문이다. 그러나 이것이 양심에 관한 진리의 전부가 아니다. 양심은 때로는 그것을 낳은 공동체를 부정할 수 있다. 개인을 총체적으로 지배하려고 하는 공동체를 거부하기 위해서 생명을 바친 현대의 순교자들은 도덕적 책임 관념을 순수하게 심리학적으로, 사회학적으로, 혹은 인류학적으로 설명하려는 모든 이론을 명백하게 거부한다.(pp. 25-27) 좀더 특정적으로 말하면, 그들은 super-ego를 ego에 대한 공동체의 억압에 지나지 않게 보는 프로이트의 이론을 거부한다.(p. 27)

이렇게 개인이 직접 그의 생명을 공격하거나 강제에 의해서 그의 자유를 위협하는 공동체를 부정할 때, 그런 부정은 대개 보다 더 포괄적이고, 혹은 보다 더 가치 있는 다른 공동체에 의거한다는 사실에 유의할 필요가 있다. 그리고 양심은 시간의 차이에 따라서 충성의 대상이 달라질 때와 양심이 작용하는 맥락(context)이 달라질 때 분열될 수 있다. 이성에 대한 양심의 관계는 더욱더 혼란스러울 수 있다. 자아는 항상 이성의 주인이며 하인이 아니다. 자아는 그 목적들을 정당화하고 판단하기 위해서 이성을 사용하지만 인간의 욕망과 야망을 제한할 수 있는 힘을 이성은 가지고 있지 않다. 사회적 제약만으로는 자아의 자기이익에 대한 집착을 제거할 수 없다. 자아와 공동체를 초월하기 위해서 자유를 사용하는 자아의 경향은 자기에 대한 관심을 자연의 타성이나 어린이의 자기중심성의 흔적으로 돌리는 모든 이론의 부적절성을 증명한다. 자아에 대한 프로이트의 분석의 난점은 'id'의 쾌락 추구론이 인간 인격의 높은 차원의 사랑과 자기사랑의 근원에 대해서는 맹목하다는 사실이다. 개인이 그의 부당한 요구에 대해서 당혹감을 느끼기보다 자신에게 더 관심을 기울이는 자아의 보편적 경향은 '원죄'로 규정되는데, 그것은 신비로운 어떤 것이다. 기독교 정통주의가 주장하는 죄의 유전설은 원죄의 경향성을 설명할 수 없다.(pp. 29-30)

4. 자아의 야심들의 단계, 욕망들 및 양심의 가책들(The Ladder of the Self's Ambitions, Desires and Qualms of Conscience)

자아(self)는 그것의 합리적 능력을 초월하는 자유를 가지고 있기 때문에 이성을 욕망에 예속시킬 수 있다.(p. 32) 그리고 자아는 그의 목적들의 합법성을 밝히기 위해서 이성을 사용한다. 모든 역사적, 혹은 자연적 상황을 초월하는 자아의 능력은 자아의 야심과 욕망을 제한하고, 혹은 부당한 이기성을 정당화한다.(p. 32) 자아가 문화를 세련되게 하고 예술과 과학을 발전시키는 능력들에는 제한이 없다. 이러한 무제한한 가능성은 개인, 혹은 공동체에도 그대로 적용된다. 인간의 야심과 안정성 추구에도 한계가 없다. 인간의 욕망은 항상 기본적인 필요성을 초월한다. 야망과 성취의 이와 같은 단계는 불안의 단계를 수반한다. 이러한 불안의 양태는 부분적으로는 '양심'으로 규정할 수 있을 것이다. 양심의 가책은 인간의 탐욕과 야망과 마찬가지로 비확정적이다.(p. 33-34)

5. 공간과 시간 속의 자아(The Self in Space and Time)

자아는 의심의 여지없이 시간과 공간의 상황으로부터 나왔다. 그러나 Hocking이 본 대로 자아는 시간 속에 있지만 시간을 자기 속에 가지고 있다.(p. 36) 자아는 공간적이지만 비공간적이다. 자아는 정신(mind)보다 더욱 복잡하고 더욱 통합된 개별적 존재이다. Plato와 Aristotle 이후의 철학자들은 시간과 공간 속에 있으면서도 시간과 공간을 초월하는 자아의 부조리를, 자아를 정신으로 축소하고 정신을 형식(form)과 동일시하여 공간과 시간에 일치시킴으로써 제거해 버렸다.(p. 36)

6. 자아와 신체(The Self and its Body)

모든 동물적 유기체 속에는 '혼(soul)'이라고 일반적으로 불리는 유기적 통일성(organic unity)이 존재한다. 자아는 그것이 통일성의 경험을 가지고 있는 한 '혼'이다. 그러나 자아는 그의 신체를 대상으로 생각할 수 있는 한, 혼 이상이다.(p. 38). 이런 자아를 '정신(spirit)'이라고 할 것이다. 우리는 이것을 대서양을 처음 비행기로 횡단한 Charles Lindberg의 횡단 회고록에서 찾아볼 수 있다. "그는 그가 'spirit'이라고 한 '제3의 사실(a third factor)'이 있음이 틀림없다고 시사했다. 이것은 자아 속에 신체와 'mind'의 구분보다 복잡한 부분이 존재함을 인정하는 중요성을 가지고 있다. 이것은 다음과 같은 사실을 생각할 때 더욱 그러하다. 그 사실이란 Lindberg는 결단을 내리는 힘을 mind에 있다고 보았으나, 그가 잠정적으로 spirit으로 규정한 제3의 요소가 신체와 정신 위에 존재한다고 느꼈다는 것이다." (p. 41) "그는, 짧게 말해서, 자아 속의 내면적 대화의 복잡성 및 이런 대화에도 불구하고 자아의 초월적 통합성과 자유에 대한 매우 정확한 묘사를 우리에게 준다. 그가 spirit으로 규정하는 것은 아마도 자아의 내면적 구분을 초월하는 자아의 궁극적 자유로 볼 수 있을 것이다. Lindberg의 분석 속에 들어 있는 이러한 자유의 능력은 의지와 결단의 요소를 포함하고 있지만, mind의 불안을 넘어서는 어떤 것 역시 포함하고 있다. 그러한 어떤 것은 간단하게 말해서, 자아의 작용과 능력을 초월하지만 그것들과 관계되어 있는 자아인 것이다."(p. 41)

7. 자아와 타인들 사이의 대화(The Dialogue between the Self and Other)

자아는 항상 타인과 대화하고 있으며, 그 대화에서 자아는 타인에 의존하지만 또한 모든 관계를 초월하는 독립성을 갖는다. 타인과의 대화는 자기완성과 자기희생(self-giving)의 다양한 조건들을 가지고 있다. 그러한 조건들은 다음과 같다.(p. 42)

1. 자아가 대화하는 타아는 결코 충분히 통찰할 수 없는 하나의 신비이다. 자아는 자기와의 내면의 대화의 유추에 의해서 타아를 이해하지만 거기에 지나치게 의존하게 되면 많은 잘못을 범한다.(p. 42)

2. 자아는 타인을 그의 목적을 위한 도구로 보며 또한 자아의 불완전의 완성을 위한 것으로 본다. 성적인 관계가 타아에서 자아의 완성을 추구하는 가장 선명한 형태이다.(pp. 42-43)

3. 가장 이상적인 상호 도움의 관계도 순수한 상호성만이 아닌 자기희생적 사랑의 요소를 가지고 있다. 사랑에 빠질 때 사랑하는 자는 미치며 또한 자기를 돌보지 않는다. 이러한 자기희생의 사랑을 신약성경은 '아가페(agapē)'라고 했다. 자아는 자아실현을 의식적 목적으로 추구할 때 참되게 자아실현을 할 수 없다. 행복과 덕을 의식적으로 추구할 때 행복과 덕에 이를 수 없는 것처럼 말이다. 자기 희생적 사랑은 판별적 윤리 시스템에서는 장애물이지만 인간관계의 문제에 대한 완전한 고찰을 위해서는 타당성을 가지고 있다.(pp. 43-44)

4. 자아는 타인을 그의 확대의 한계로 인정한다. 타인은 가장 상상력이 풍부한 사랑도 통찰할 수 없는 최종적 신비를 가진 타자성(otherness)을 가지고 있다. 그렇기 때문에 가장 밀접한 상호 관계 속에도 타인에 대한 보류와 존경의 요소가 있다.(p. 44)

5. 개인들이 갖는 독자성 때문에 모든 개별적 관계는 고도로 독자적이다. 그러

한 관계의 자연적 기반은 일반적이지만 말이다. 그래서 결혼 관계는 성적 구별이 있는 이성적 관계라는 공통의 기반을 갖고 있지만 어떤 반복 불가한 요소를 가진 상호 적응의 독창적이고 특이한 드라마이다.(pp. 44-45)

6. 자아는 삶의 독자적 중심이지만 타아에 대한 무제한적 개방성을 갖고 있다. 이때 자아의 타인에 대한 대화는 공간과 시간을 초월하며 과거의 영웅들, 혹은 죽은 부모나 애인과 대화할 수 있다.(p. 45)

7. 이러한 대화의 패턴들은 역사적 제약을 받는다. 이렇게 패턴은 변화해도 대화의 고도의 개인적 성격은 부정되지 않지만 말이다. 예컨대, 자녀가 부모에게 복종해야 한다는 고대의 명령은 너무나 심하게 변화했기 때문에 최악의 경우, 현대적 패턴은 늙은 세대의 지적 우위와 힘을 포함한 자연의 기본적 사실을 부정하기도 한다.(p. 45)

8. 자아와 그외 공동체(The Self and its Community)

자아가 신체적으로나 정신적으로 타인들을 필요로 하는 관계는 영원불변한 관계이다. 한마디로 말해서, 인간은 사회적 존재이며 이것을 Aristotle은 '정치적 동물'이라고 했다. 인간이 관계를 맺는 사회, 혹은 공동체의 기초는 가족이며, 그것은 여러 가지 보다 큰 공동체로 발전한다. 공동체에 대한 인간의 관계는 복잡하지만 그것을 수직적 관계와 수평적 관계로 규정할 수 있다. 수직적 차원에서 개인은 공동체와 두 가지 예리한 모순에서 관계를 맺는다. 공동체는 개인의 삶의 완성인 동시에 그의 존재의 유지자이다. 그러나 개인은 그를 제약하는 공동체를 초월한다. 세계의 많은 발전은 공동체의 표준을 초월하는 개인의 자유로부터 발생한다. 가장 민주적인 공동체도 개인과 공동체 사이의 이러한 대립 관계를 해소할 수 없다. 왜냐하면 그것이 개인과 집단이 가지는 욕망과 야심 사이의 차이를 해소할 수 없기 때문이다.(pp. 46-48)

이러한 대립 관계는 도덕설의 대립 관계를 가져온다. 한편으로는 인습적 이론이 양심을 순수하게 개인의 도덕적 의식의 발현으로 본다. 다른 한편으로는 심리학자와 사회학자가 선호하는 이론은 도덕 의식을 개인에 대한 사회의 압력의 표현으로 본다. 도덕적 이론의 이러한 대립은 개인의 공동체를 성취와 좌절로 보는 데에 연유한다. 개인은 때로는 공동체의 요구를 그의 양심으로부터 받아들인다. 그러나 때로는 개인은 공동체의 요구를 영웅적 용기를 발휘하여 거부한다. 공동체가 강압적이 되어 그의 양심을 억압할 때 특히 그렇다. 개인은 그의 공동체가 다른 공동체와 대립될 때 공동체에 대해서 수직적이기보다 수평적 관계를 가진다. 그렇게 될 때 개인은 공동체에 자기를 일치시키고 공동체의 프라이드와 특권을 자신의 것으로 삼는다. 특히, 여러 형태의 개인적 좌절로 수난을 당하는 개인들이 국가적, 혹은 인종적 공동체의 프라이드에 매력을 느낀다.(pp. 49-50) 현대의 서구 생활에서는 점차 국가 공동체가 다른 모든 공동체를 지배하는 경향을 나타냈다. 그러나 경제적인, 예술적인, 종교적인 다양한 자발적 단체가 개인을 해방하고 개인적 결단의 길을 터주었다.(p. 50)

인간의 공동체는 인격과 공통된 점을 한 가지 갖고 있다. 그것은 공동체가 독자적인 역사적 사건들에 반응해 온 역사적 실체라는 사실이다. 이런 사건들에 대한 기억은 공동체의 기본적인 힘의 하나이다. 그런 기억은 하나의 국가의 독자적 특성의 극적, 시적 구현을 대표하는 영웅들에 대한 헌신으로서 독자적 의식이다. 미국의 경우 Washington과 Lincoln이 미국의 국가 의식을 표현하는 국가적 신화로서의 특별한 위상을 가지고 있다. Magna Carta, 미국의 독립선언, Lincoln의 게티스버그 연설 역시 국가의 정신을 유지하고 그 일관성을 가질 수 있게 한다. 국가가 인간과 동일한 인격성을 가질 수 있는지 여부에 대한 논의는 많지만 결론이 나지 않았다. 국가는 자아초월성의 통합성과 기관(organ)을 갖고 있지 않지만 인간의 인격과 유사한 지속적인 정체성에 대한 의식을 가지고 있다. 예컨대, 유대인들은 최근까지 그들의 삶을 위한 영토적 기반이 없었다면 희미한 역사적 과거에 대한 그 기억은 국가적 응집력을 유지할 수 있을 만큼 강하다는 것을 보여준다.(pp. 51-52)

9. 역사의 드라마 속의 창조자와 피조물로서의 자아(The Self as Creator and Creature in Historical Drama)

자연적 과정을 초월하는 자아의 자유는 과거의 사건들을 기억하고 자연의 필연성을 초월하는 목적을 설정함으로써 인간의 역사라는 새로운 차원을 창출한다. 그러나 인간은 동시에 그렇게 창출된 역사의 피조물이기도 하다. 이러한 이중적 국면은 역사를 보는 데 있어서 결정론(determinism)과 主意論(voluntarism)을 낳는다.(pp. 53-54) 현대의 공산주의는 이러한 결정론과 주의론의 위험한 결합으로서 인간(프롤레타리아)을 단순히 창조자와 피조물이라기보다 역사적 운명의 명백한 지배자로 만든다. 역사적 드라마의 피조물의 위상을 초월하는 인간의 자유는 반드시 역사적 운명을 결정하려는 의식적 노력으로 표현되는 것이 아니다. 개인에 대한 사회적 영향과 그의 독자적 능력에 의한 독창적 반응이 새로운 역사의 패턴이 되고 못 되고는 개인의 손을 떠나서 미래의 역사가 결정한다. Hitler에 반항한 Rommel 장군의 독자적인 도덕적 용기와 Churchill이 전시에 보여준 용기의 고상한 기풍의 근원은 신비로서 끝없는 사색의 추구의 대상이다.

10. 자아와 역사의 드라마(The Self and the Dramas of History)

자아가 가지는 대화들이 행동으로 화하면 역사의 드라마가 된다. 이러한 역사는 드라마의 패턴들이 되고 그것들은 운명의 거미줄망을 형성하여 개인의 행동과 대화를 결정한다. 역사의 드라마적 패턴들은 자유(freedom)와 필연성(necessity)이 다양하게 혼합되어 있다.(p. 56) 역사적 인과관계는 매우 복잡해서 각 사건이 인과관계의 복잡한 고리들과 관련되어 있기 때문에 하나의 사건의 참된 원인은 물론이요, 지배적 원인조차도 정확하게 알 수 없다. 그렇기 때문에 역사의 패턴들에 대한 분석은 자연과학의 결론이 가지고 있는 과학적 정확성을 결여하고 있으며, 정확한 과학의 특징인 예측성을 가지고 있지 않다.(pp. 56-57) 역사의 패턴들은 자유와 필연성의 혼합이기 때문에 자연의 구조와는 엄격하게 구별되는 범주이다.(p. 57)

역사는 과학자들이나 철학자들의 일반화(generalization)의 지배를 받지 않는다. 참된 역사가들은 역사 특유의 성질을 알고 있으며 미래 예측이 가지는 난점을 이해한다. 그러나 개인들은 행위에 있어서 동일성(uniformity)이나 반복성을 가지고 있으며, 자연적 혹은 역사적 환경들 또한 그런 특성들을 가지고 있다. 그러한 동일성과 반복성은 일반화를 가능하게 한다. 그런 특징들은 역사적으로 변화하는 사실들과 다르기 때문이다. 그러나 그런 것들에 근거한 예측은 부정확할 때가 있으며, 가장 온당하게 예측했을 때조차도 그렇다. 그 이유는 어떤 경우들에 있어서는 인간의 자유를 고려하지 않았기 때문이요, 더욱 빈번하게는 여건 외 환경들의 변수를 충분히 고려하지 않았기 때문이다. 어쨌든 과거의 행위에 대한 과학적 탐구는 미래의 행위에 대한 예측의 기초가 될 수 없다. 오직 역사학자 Jacob Burckhard만이 19세기에서 20세기의 독재 정치들의 대두를 예언할 수 있었다. 마르크스는 분명 오늘날의 현실에 놀랄 것이다. 이러한 놀라운 현실은 역사를 온전히 과학적으로, 혹은 형이상학적으로 해석하고, 또한 역사의 표면상의 혼란을 어떤 종류의 단순한 의미로 축소하려는 것을 거부한다.(pp. 58-59)

Aristotle은 변하지 않는 것들(constants)을 다루는 과학과 삶 및 역사의 변하는 (contingent) 요소들을 다루는 '실용적 지식(Phronesis)'을 구별했다. 사실, 현실의 고정된 구조 속에서 발생하는 과정과 인간 역사의 전체 영역은 엄격하게 구별되어야 한다. 자아의 철저한 자유와 그 결과인 역사의 드라마적 현실은 역사를 과학적으로 이해하고 지배하려는 노력에게는 당혹스러운 것이 당연하다. 역사는 지리와 기후, 사회적 및 경제적 여건들, 그리고 환경과 유전 등으로 가득 차 있기 때문에 사회학적인, 혹은 심리학적인 여러 가지 결정론을 믿게 만든다. 철학자들과 존재론자들은 역사의 보다 큰 패턴들로부터 의미를 도출하려고 하고 역사의 드라마 전체가 의미가 있다고 이해한다. 그러나 실제적 역사가들(working historians)은 철학자들의 야심과 그들이 역사의 현상의 속과 위에서, 뒤에서 보다 큰 존재론적 패턴을 발견했다고 하는 자만심에 본능적으로 반대한다. 위대한 역사가 H. A. L. Fisher는 인류의 운명의 발전 속에는 변화하고 예측할 수 없는 것이 작용한다는 것을 인정해야 한다고 했다.(pp. 61-62)

서구의 역사에서 역사를 존재론적으로 이해하려고 했던 시도들을 다음과 같은 두 가지 범주로 나눌 수 있다. 1) 역사를 순환(cycle)으로 보는 고전적 이념. 2) 역사를 발전으로 보는 현대적 이념. 후자는 문예부흥 이후 발달된 다양한 형태들로서 Hegel의 발전사관과 사회적 Darwin론자들의 비형이상학적인 순수하게 과학적인 발전사관이다. 순환과 발전의 두 아이디어를 검토해 보면 다음과 같다. 순화론은 역사적 흐름 속에서 유기체가 가지고 있는 출생과 삶, 죽음을 본다. 국가와 문화와 문명은 말 그대로의 유기체가 아니고 생물적 유기체처럼 분명하게 정해진 수명을 가지고 있지 않기 때문에, 생물적 순환과 역사적 순환 사이의 유사성이 있다고 보는 견해는 부분적으로 잘못된 것이다. 그럼에도 불구하고 순환론은 소량의 진리를 가지고 있다. 문화와 문명과 공동체는 죽기 때문이다. 그렇지만 그것들의 쇠퇴와 죽음은 자연에 의해서 정해진 운명이 아니라 부분적으로는 항상 역사적 과오와 오류 때문이다.(pp. 62-63)

현대의 발전적 사관 역시 순환적 사관처럼 옳기도 하고 잘못이기도 하다. 현대 기술의 발달은 '진보(progress)'의 현대적 환상을 촉진했다. 그러나 인간의 기술에 의한 자연의 지배는 그의 정신적, 지적 능력을 뚜렷하게 변화시키지 못했고, 역사의 창조자이며 피조물인 인간의 본질적 위상을 바꾸지 못했다는 사실이 날이 갈수록 분명해지고 있다. 순환과 발전은 역사의 의미에 관한 한 부정적 중요성만을 가지고 있다. 순환과 발전이라는 역사의 무대의 두 가지 차원에 적극적 의미를 부여할 때 혼란이 발생한다. 순환이 갖는 적극적 의미를 되살리려고 하는 Spengler와 Toynbee의 시도는 역사의 드라마를 순환의 주형 속에 맞출 수 있는 가능성과 한계성을 함께 드러냈다. 역사의 순환과 역사의 성장과 죽음이 자연의 순환의 필연성을 따르는 것이 아니라 인간의 창의력과 실패에 의해서 생기는 것이며, 그에 따르는 한없이 다양한 주제들이 순환을 역사의 적극적 의미의 담당자가 되지 못하게 한다. 문화와 역사는 죽지 않으면 안 되지만 다른 종류의 삶을 낳는다. 이것이 역사적 순환이 자연적 순환과 다른 점이고, 또한 역사적 드라마의 적극적 해석의 역할을 할 수 있는 이유이다. 진보의 개념은 자유와 필연의 상호 작용을 모호하게 한다. 역사적 발전이 있는 것은 사실이다. 예컨대, 우리 시대에서 공동체는 지구적인 것이 되었지만 진보가 그런 공동체의 보다 더 넓고 보다 더 복잡한 문제들의 해결을 보장하지 않는다. 전진 운동은 역사의 순환이 그렇듯 적극적 의미를 주지 못한다. 순환도 발전도 역사적 드라마의 패턴이 아니라 여건을 기술하는 것이다.(pp. 63-64)

11. 역사적 지식의 문제(The Problem of Historical Knowledge)

우리가 역사의 드라마를 생각할 때 언제나 다음과 같은 두 가지 사실과 직면한다. 첫째, 역사의 드라마가 너무나 가변적이기 때문에 참된 구조와 패턴을 발견하기 어렵다는 것이다. 둘째, 이 드라마의 관찰자가 어쩔 수 없이 역사의 흐름 속에 포함되기 때문에 완전한 초연성(detachment)을 가질 수 없다는 것이다. 다시 말해서, 자연과학이 주장하는 것과 같은 이의 없고 이의를 제기할 수 없는 타당성을 가진 견해를 갖게 하는 역사적 장면으로부터 초연한 객관성을 유지할 수 없다. 물론, 지나친 편견을 거부하고, 참된 역사가와 분명한 선동가(propagandist)를 구별할 수 있다. 참된 역사와 선전을 단순하게 구별할 수는 없지만 말이다. 그러나 프랑스 혁명이나 미국의 남북전쟁에 대한 대립적 해석이 전혀 없는 결정적 해석에 도달할 수는 없다.(pp. 65-66) 스페인의 대사였던 역사가 Claud Bowers와 Carleton Hayes는 스페인의 내란에 대해서 각기 저서를 통해 다른 견해를 주장했는데, 전자는 제퍼슨적 전통에 속하고, 후자는 진보적 가톨릭 신자이다. 심지어 Lincoln도 남북전쟁에서 패배한 남부는 Robert E. Lee 장군을 동등한 영웅으로 받아들여야만 해서 국가적 심벌로 억지로 받아들인다.(p. 66)

16세기의 '중세의 종합(Medieval synthesis)' 같은 어떤 보다 큰 역사적 패턴 분석은 모든 역사적 탐구의 불가피한 '이데올로기적 틀(ideological framework)'이며 대립적 해석의 여지가 없다. 중세 문화의 와해는 종교개혁과 문예부흥의 출현으로 발생했지만, 종교개혁과 문예부흥은 각기 다른 강조점을 가지고 있다. 종교개혁의 기본적인 관심은 종교 문제에 있었고 정치적 문제는 부수적이었던 데 비해서 문예부흥의 기본적인 관심은 자유를 위한 투쟁에 있었다. 종교개혁은 성직자의 권위주의를 신의 권위에 대한 반항으로 보았던 데 비해서 문예부흥은 그것을 인간 정신에 대한 위협으로 보았다. 결국, 중세의 종합의 와해에 대한 해석들은 부분적으로 같고 부분적으로 다르다. 해석의 차이가 없는 결정적 해석은 있을 수 없는데, 그 이유는 해석들이 '특정한 의미틀들(specific frames of meaning)'에 근거를 두고 있으며, 그러한 의미의 틀들은 거기에서부터 도출되는 결론들에 앞서 가지고 있어야 하는 것이기 때문이다.(p. 68) "짧게 말해서, 의미의 틀들이 사실들의 해석을 결정한다."(p. 68) 가톨릭교 신봉자에게 종교개혁과 문예부흥이 가톨릭 신앙의 내용과 권위에 대한 불가피하고 정당한 반항이라는 것을 설득하는 것은 가능하지 않으며, 어떤 지성적인 가톨릭 사학자는 그러한 반항이 현대 국수주의와 다른 삶의 무정부적 세력에 대해 책임이 있다는 신념을 고집한다.(pp. 68-69)

Dilthey는 역사의 '이념적 해석(idealistic interpretation)'을 시작했고, 그것을 우리 시대의 가장 뛰어난 철학자들 중 한 사람인 R. G. Collingwood가 그의 사상에서 일관되게 발전시켰다. 그는 자연의 과정은 단순한 사건들의 연속으로 묘사할 수 있지만, 역사의 과정은 그렇게 할 수 없기 때문에 역사는 자연과 엄격히 구별되어야 한다고 주장한다. "역사의 과정들은 사상의 과정들로 되어 있는 내면적 측면을 가지고 있는 행동들의 과정들이다. 역사가 탐구하는 것은 이러한 사상의 과정들이다. 모든 역사는 사상의 역사이다."(p. 70) "역사가는 과거의 사상을 재현할 뿐만 아니라 스스로의 지식의 맥락 속에서 그것을 재현한다. 따라서 과거의 사상을 재현함에 있어서 그것을 비판한다."(p. 70) 이처럼 역사를 합리화하는 데 있어서 발생하는 많은 난점들 중에서 다음과 같은 두 가지에 특별히 유의할 만하다.

1) 역사의 위대한 인물의 의식적, 혹은 무의식적 동기들, 곧 그들의 증오심과 야심, 질투심을 사상으로 볼 수 없다. 그것들은 Collingwood가 생각하는 것보다 탐지하기 어려우며, 그것들이 명백할 경우에도 역사는 그것들과 관계없는 방향으로 발전한다.(p. 70)

2) 역사적 사건들은 사회적, 역사적 세력들의 연관관계의 산물이며, 따라서 역사적 드라마의 가장 뛰어난 인물은 그러한 세력들의 상호 작용에 비해서 중요하지 않다. 히틀러의 독일의 비극은 그의 『나의 투쟁*Mein Kampf*』을 읽음으로써뿐 아니라 그가 독일을 지배하게 했던 당시의 역사적 세력들과 경향들의 이상한 합류작용의 추적을 통해서 보다 완전하게 이해될 수 있다.(pp. 70-71)

결론적으로 말해서, 과학자들과 철학자들은 역사 속에서 절대적 진리의 어떤 표준을 찾지만 그것은 헛된 것이다. 그런 표준은 발견할 수 없다.(p. 72)

12. 자아의 궁극적 의미 탐구(The Self and its Search for Ultimate Meaning)

자아를 그의 정신(mind)과 동일시하는 것은 잘못이며, 그러한 잘못은 자아의 합리적 능력들에 대한 자아의 초월성을 모호하게 한다.(p. 73) 자유는 인간들이 합리적 이해성의 시스템들을 그들의 삶의 의미 문제에 대한 해결로 보는 것을 불가능하게 한다. 인간은 그들의 합리적 가능성들을 초월하는 신비와 의미를 통찰한다. 원인들의 고리는 그것을 넘어서 창조의 신비로 향한다. Hume은 최초로 세계에 대한 지적 이해 가능성의 확신을 파괴했으며, Kant는 합리적인 지적 이해 가능의 대상인 현상 세계를 초월하는 신비를 나타내는 신비한 '물 자체(Ding an sich)', 혹은 본 체제의 개념을 주장했다. Russell 역시 그의 저서『신비주의와 논리 Mysticism and Logic』에서 합리적 시스템 속에 있는 신비로운 색채를 창출하는 현대 철학의 경향을 보여준다. 종교는 더욱 분명하게 궁극적, 혹은 신성한 신비를 발견함으로써 삶의 의미에 대한 위협을 극복한다.(pp. 73-74)

궁극적 신비를 통찰하려는 과제는 여러 형태로 나타나는데, 다음과 같은 세 가지 범주로 나눌 수 있다.

첫째, 자아가 그의 중요성을 궁극적으로 주장하기 위해서 보편적인 합리적 시스템을 관통하는 모든 종교적 반응들이다. 현대의 낭만적이고 실존주의적 사상은 그런 궁극적인 것을 개인적으로 추구한다. 그리고 자아는 집단적 자아의 중요성을 주장함으로써 자아의 궁극적 중요성을 발견한다. 고대와 현대의 모든 우상 숭배적 종교가 이 범주에 속한다. 특히, 국가의 우상화가 그 대표적인 경우이다. 집단적 자아에 대한 개인적 자아의 무조건적 예속은 개인의 자유를 박탈하여 자아를 저하시킨다.(pp. 74-75)

둘째, 철학자 Aldous Huxley가 말하는 '구원의 철학(The Perennial Philosophy)'이다. 이것은 '신비주의'라고 할 수 있는 것으로서 특정한 존재로서의 자아를 포함한 모든 유한한 가치와 시스템을 초월하여 보편성과 '무제약적 존재(unconditional being)', 혹은 '무차별적 존재(undifferentiated being)'에 도달하려는 노력이다. 그런 존재는 힌두교의 브라만적 원리(Brahman), 이슬람교의 수피교적

(Sufist) 전통, 중국 문화의 도교적 전통에서, 그리고 가장 고전적으로는 불교에서 표현되었다. 그러나 그러한 무차별적 존재는 존재의 충만인지 부재인지 확실하지 않다. 그것은 분명 모든 관계와 의미를 상실한다.(pp. 75-76)

셋째, 유대교와 기독교의 두 가지 성서적 신앙이다. 이것은 인간과 신 사이의 대화를 말하는데, 그것은 신의 인격성을 상정하기 때문에 합리주의자들과 신비론자들이 받아들이기 어렵다. 왜냐하면 인격성의 개념은 유한성과 관련성을 가지며 성서적 신관에 대해서 의인화(anthropomorphism)의 의심을 품게 하기 때문이다. 그렇지만 인간과 신 사이의 대화에서 문제가 되는 것은 유한성이 아니라 인격성이 기초적 구조와 그 구조를 초월하는 자유의 특성을 가지고 있다는 사실이다. 인간은 신에 대한 관계에서 그의 유한성 및 그 속에서 성취하는 덕과 지혜의 절대성을 주장하는 허세, 또는 죄를 범한다. 자아는 신의 권위에 대한 도전으로 인해서 엄격한 심판을 받지만 신의 자비에 의해서 구원된다. 다시 말해서, 인간이 스스로 자기완성을 추구하는 것을 그만둘 때 그의 자아의 가능성의 성취, 곧 자아실현의 가장 효과적인 가능성의 길이 열린다. 이것을 바울은 "내가 그리스도와 같이 십자가에 못 박혔지만, 그렇지만 나는 살아 있다"라고 했고, 요한복음은 "한 알의 밀이 땅에 떨어져 죽지 아니하면 한 알 그대로 있고, 죽으면 많은 열매를 맺느니라"(12: 24)고 했다. 이렇게 해서 인간과 신의 만남을 성서적 신앙은 예수로 나타난 역사적 계시에 의해서 규정한다. 이러한 사건은 "신앙에 의해서 궁극적 신비에 대한 계시적 힘(revelatory power)으로 통찰이 된다."(p. 78) 성서적 종교는 궁극적인 것, 혹은 무제약적 존재를 존재의 영원한 구조나 존재의 무차별적 근거 속에서 추구하는 합리주의자들과 신비론자들에게는 원시적이고 순진한 것으로 보인다.(pp. 77-78)

그러나 지금까지 말한 세 가지 해결책 중에서 성서적 신앙만이 인류의 문화적인 역사 전체의 신비에 대한 열쇠를 준다. 집단적 자아는 개인적 자아에 대한 위협임이 분명하다. 그럼에도 불구하고 그것은 오늘날도 여전히 집요한 유혹으로 존재한다. 그런가 하면, 현대 문명은 개인의 자유와 독자성을 주장함으로써 삶의 궁극적 의미를 추구하는데, 이는 그럴듯해 보이지만 위험한 개인적 허세의 형태를 발생시켰다. Nietzsche는 개인의 독자적 생명력과 역사의 흐름을 넘어서는 개인의 초월성을 긍정하고자 했다. 이것은 그에게서 절정에 달한 19세기의 낭만적 반항이다.(p. 79) 현대 실존주의 역시 이러한 낭만적 반항의 또 하나의 형태이다. Sartre의 무신론적 실존주의는 인간을 단지 그가 스스로 되려는 존재에 불과하다고 본다.(pp. 79-80) Heidegger의 본래적 존재, 혹은 자아에 대한 관심은 자아를 신과 관계시키지만, 공동체나 어떤 일반적 가치와 자아를 관계시키지 않고 그의 독자성을 주장한다. Sartre가 자아의 존재를 우상화한다면, Heidegger의 사상 역시 같은 범주의 의사 우상화에 속한다.(p. 80) 성서적 신앙은 신의 인격성, 자아와 신 사이의 대화 및 과거의 역사적 사건인 역사적 계시에 의해서 그러한 대화를 규정하는 등, 전제와 긍정을 포함하고 있기 때문에 현대 정신은 그것을 받아들이기 어렵다. 그래서 Stace 교수는 Huxley의 '『구원의 철학』과 동양의 신비주의자들을 수용하여 종교를 불가능한 것, 도달할 수 없는 것, 상상할 수 없는 것에 대한 탐구'라고 했다. 그는 또 자주 자아와 신과의 통합을 성취하려는, 다시 말해서 梵我一如의 확신을 실현하려는 힌두교의 갈망에 대해서 언급했다.(pp. 80-81) George Santayana는 플라톤주의자이며 플라톤의 '본질의 영역'을 믿지만 그의 저서 『플라톤주의와 정신적 삶Platonism and the Spiritual Life』에서 종교의 최종적 목적은 특정한 의미를 가진 그러한 유령 같은 구조들조차 초월해야 하는 것이라고 했다. 그는 영성은 오직 공평한 진리와 모든 존재에 대한 자기부정의 명상에 의해서 비로소 만족할 수 있는, 소수의 지성인을 위한 최고의 선이라고 했다.(p. 82)

짧게 말해서, 성서적 신앙은 지식이 있는 철학자들 사이에서 큰 인기가 있는 다른 해결책보다 타당성을 가지고 있다. 그것은 신성한 것에 대해 특정한 의미를 부여하며, 그런 의미는 역사의 부분적이고 단편적인 의미들에 대해서 타당성을 갖는다. 그것은 역사의 의미들과 충성들, 가치들을 완성하고 시정한다. 따라서 여러 가지 합리적 시스템들이 간단히 긍정하고 신비 사상들이 너무나 절대적으로 부정하는 자아의 역사적 존재에 대한 보다 더 타당한 태도를 가지고 있다.(p. 83)

제II부

서구 문화의 두 가지 구성 요소와 자아에 대한 그것의 태도들. 히브리적 요소 및 대화와 자유와 역사에 대한 이해. 자연에 대한 그것의 무관심. 역사적 드라마의 의미의 해명을 위한 역사적 '계시'에 대한 신뢰. 헬라적 요소와 드라마 및 역사의 흐름 밑에 있는 구조들과 패턴들에 대한 탐구. 자아와 정신에 대한 해석. 종교개혁과 문예부흥 속에 있는 히브리적 및 그리스적 요소들. 구조에 대한 관심에서 과정으로 향한, 정신에서 자연으로 향한 현대 문화의 변화. 인간을 자연의 부분으로 이해하려는 노력.

13. 자아성과 역사의 문제에 대한 히브리적 및 그리스적 접근들(The Hebraic and the Hellenic Approaches to the Problem of Selfhood and History)

그리스 철학과 그 이후의 서구 문명의 전 과정이 자아(self)를 마음(mind)과 동일시하는 잘못을 범했다. Aristotle과 Plotinus는 자아를 그 전체성과 독자성, 개별성에서 이해하지 못했으며, 또한 그것이 역사의 드라마적 현실 속에 포함되어 있음을 이해하지 못했다.(p. 87) 서구 문화 속의 그리스적 요소는 서구의 철학과 과학의 기초를 놓았고, 서구 역사의 문명의 기초와 근원으로서 모든 지성인의 예찬을 받은 것이 사실이지만, 또한 인간과 그의 역사에 관한 가장 심각한 오해들에 대해 책임이 있다. 그리스의 합리주의가 그런 오해를 낳게 한 두 가지 근원이 있다. 하나는 자아와 그것의 마음(mind)을 구별하지 못했기 때문에 참된 자아를, 열정들을 합리적 통제에 예속시키는 정신이라고 보는 환상에 빠졌다는 사실이다. 다른 하나는 역사가 합리적, 다시 말해서 존재론적 패턴에 의해서 진행된다고 보았다는 사실이다. 두 가지 경우 모두 자아성(selfhood)과 역사에 대한 존재론적 분석에 있어서 잘못을 유발한다.(pp. 87-88)

히브리인들의 문화는 서구 문명에 다른 요소를 공급했는데, 그것은 성경 속에 나타나 있다. 흔히 서구 문명의 종교는 히브리적 측면에서 왔고 철학은 그리스적 측면에서 왔다고 본다. 이러한 일반화는 넓게 보면 옳은 말이지만, 엄밀하게 말하면 두 가지 문화는 다른 점을 가지고 있다. 그리스 문화는 자아와 그의 드라마를 합리적으로, 그리고 존재론적으로 이해하려고 하기 때문에 잘못을 범한다. 한편, 히브리 문화는 시간적 사건들의 흐름 속의 영구한 구조를 분석하는 데 실패한다. 왜냐하면 그리스는 역사를 자연의 다른 하나의 차원으로 화하는 데 비해서, 히브리는 자연을 신의 주권 아래 있는 역사 속에 포함시키기 때문이다. 기독교는 흔히 히브리 문화와 그리스 문화의 합작품이라고 여겨진다. 그리고 이것은 사실이다. 그러나 이것이 참된 기독교는 그리스적이기보다 히브리적이라는 사실을 바꾸지 못한다. 기독교는 철학자들이 당혹스럽게 생각함에도 불구하고 인격적 신을 믿는다. 그리스의 드라마의 인물들 역시 마음(mind)의 질서에 예속시킬 수만 있다면 비합리적 충동들이 삶과 역사의 모든 생명력들을 산뜻한 질서로 화할 수 있다는 그러한 환상을 갖지 않았다. 그들도 창조성을 가능하게 하는 동일한 능력에 의해서 악을 범하게 되는 정신(spirit)을 가진 인간들이다. 그리스 비극에서는 디오니소스적 충동들이 아폴로적 질서 의식과 충돌한다. 그러나 마음(mind)과 육체(body) 사이의 전쟁에 대해서 시사하는 바가 없다. 그러한 구분은 철학자들에 의해서 도입되었다.(pp. 88-91)

성경의 '타락'의 신화와 프로메테우스의 신화는 유사한 데가 있지만, 따지고 보면 양자는 문제에 대한 상이한 답에 도달한다. 프로메테우스는 인간에게 모든 문명을 창출할 수 있는 기술을 주며, 그 때문에 그러한 창조적 능력에 대한 제우스의 부당한 제약을 침범하지 않고는 인간의 모든 능력을 발전시킬 수 없고 문명을 수립할 수 없다. 말할 것도 없이 제우스는 그리스의 존재론이 존재의 합리적 기초로 내세우는 질서의 원리를 대표한다. 성경의 타락의 신화에서는 인간은 그의 창조 활동을 위해서 신에게 반드시 거역할 필요가 없다. 신이 설정한 제한은 자연에 대한 지배와 이런 지배가 의미하는 모든 것을 배제하지 않는다. 신은 생각할 수 있는 어떤 질서도 초월한다. 신은 인간에게 넘어서는 안 되는 제한을 말해 준다. 인간의 죄는 그런 제한을 부정하는 오만(pride)이다. 타락의 신화에서는 인간의 창조성이 그리스 신화에서보다 훨씬 더 넓다. 히브리적인 의미의 틀은 더욱 높다. 의미의 원리가 존재의 실제적 구조를 초월하는 위치에 있기 때문이다. 히브리적 사고와 그리스적 사고의 차이는 내재적 신과 초월적 신의 차이이다. 그리스적 사고는 신적, 혹은 인간적 내재의 합리성을 성립시키기 위해서 경험된 모든 사실을 무시한다.(pp. 91-92)

서구 역사 전체를 통해서 합리주의자들은 히브리 예언자들의 엄격한 일신론이 철학적 일신론보다 못하다고 보았다. 그러나 그들은 예언자들의 신이 선택된 나라와 그 통치자들과 군왕들을 포함한 역사의 모든 특정한 세력들이 정의에 대한 신의 명령을 위배하는 죄를 범했다고 주장했는데, 그리스 철학자들은 그리스의 도시국가의 사회적 현실에 만족했고, 통치자들은 높은 수준의 정신(mind)을 가졌기 때문에 그들이 정의의 구현자라는 환상 속에 살았다는 사실을 알지 못했다. 요약해서 말하면, 예언자들은 모든 사회적 성취의 일시적 성격을 통찰했지만 그것을 가장 지적인 그리스 철학이 모호하게 했다. Aristotle의 신은 보편적 정신이며, 철학자의 정신을 그것과 동일한 것으로 보았다. 이렇게 해서 유한한 자아와 신성한 자아 사이의 대립이 모호하게 되었다. 예언자들은 이스라엘의 통치자들, 혹은 장로들의 오만과 불의를 신랄하게 비판했다. 이것은 뜻하지 않게 모든 시대의 지배적 집단의 실제적 행위에 대한 정확한 묘사가 되었다. 그리스 사회의 귀족의 구조에 대한 Plato와 Aristotle의 자기만족적 수용과, 어떤 인간들은 노예로 타고난다는 Aristotle의 신념의 근거는 분명 정의의 근원이며 폴리스(polis)의 질서의 관할자인 수호자 계급(guardians)의 '이성'에 대한 확신이다.(pp. 95-96)

그리스 철학의 기본적인 잘못은 합리적 능력을 덕의 근원으로 보는 것이다. 이 잘못의 원인은 부분적으로는 자아가 스스로의 목적을 위해서 이성을 사용하는 능력을 가지고 있다는 것을 알지 못했기 때문이요, 합리성 아래의 충동들을 인간의 행위의 혼란과 이기주의의 원인으로 보는 경향 때문이다. 이 잘못은 서구 사상사에서 거듭 반복되었다. 그리고 그것은 인간의 본성에 대한 이해에서 그리스적 전통을 히브리적 전통보다 못한 것으로 만들었다. 히브리적 전통은 보다 거칠고 덜 합리적인 것으로 여겨지고 있으며 비과학적이고 철학 이전의(pre-philosophical) 사상의 영역으로 아직까지 취급되고 있다. 그렇지만 그것은 그런 편견에도 불구하고 그리스적 전통보다 '경험적(empirical)'이다.(p. 96) 히브리적 사고에서는 자아는 신과 함께 이성을 공유함으로써 신과 관계되는 것이 아니며, 합리적 능력에 의해서 신과 동일해지는 연결점을 발견하는 것이 아니다. 자아는 회개와 신앙과 헌신에 의해서 신과 관계된다. 자아는 항상 그의 유한성을 의식하는 피조물이며, 이런 유한성을 인정하지 않으려는 허세를 의식한다. 그러한 허세를 인정하는 한 회개와 새로운 삶이 가능하다.(pp. 96-97)

14. 새로운 聖約 공동체 속의 신앙과 교의(Faith and Dogma in the New-Covenant Community)

역사와 계시의 기독교 종교가 가지고 있는 의미의 구조는 신앙의 특정한, 명백한 행동들에 의해서 유지되고 있으며 합리적으로 분석할 수 있는 일관성을 가지고 있지 않다. 다시 말해서, 예언자들의 역사 해석은 애매성을 가지고 있다. 보상과 처벌이 덕과 악과 적절하게 일치하지 않으며, 죄 없는 자가 고통 받고, 사악한 자가 푸른 초원의 나무처럼 번창한다. 이처럼 예언자들의 통찰의 최고 정점에서는 의로운 자와 불의한 자 사이에 중요한 구별이 없다. 역사적 의미의 이러한 애매성이 하나님이 이러한 애매성을 제거하기 위해서 행동할 것이라는 메시아적 신앙을 출현하게 했다. 이러한 드라마틱한 메시아적 결말에 희망을 갖는 많은 허위적인 기대들이 있었다.(pp. 102-103) 성경에서는 그리스도는 수난의 종으로서 선과 악 사이의 싸움에서 선의 최종적 승리를 가져오지 않는다. 그렇지만 수난의 메시아는 신앙의 눈에는 신의 정의와 자비의 신비에 대한 실마리이며, 속죄가 계시의 참된 내용이 된다.(p. 104)

기독교 교회는 머잖아 신앙에 의해서 이해되었으며, 철학과 과학의 진리의 검증을 지배하는 일관성이라는 테스트의 지배를 받지 않도록, 진리를 보존하고 또한 그런 진리가 개인의 자의로 전락하는 것을 막는 문제들에 직면하게 되었다. 이 문제에 대한 답은 계시에 대한 해석의 합의에 도달하고 자의적인 개인의 비전과 환상에 떨어지는 것을 막는 성약적 공동체, 곧 교회의 권위의 수립이었다. 도달된 합의는 '교의(dogma)'로 반포되었다. 'Dogma'라는 말은 로마 황제가 사용한 것으로 황제의 칙명을 의미했다. 그러나 현대의 사전에서는 'dogma'가 과학적으로 증명할 수 없는 자의적 주장을 의미한다.(p. 105) 결론적으로 말해서, "dogma는 최선의 상태에서는 철학적, 과학적 진리의 방식으로는 진리로 받아드릴 수 없는 계시의 진리에 대한 공통된 신념과 헌신의 기초 위에서 사는 성약적 공동체의 합의를 대표하는 것이다."(p. 106)

15. 기독교적 합의 속의 교의와 존재론(Dogma and Ontology in the Christian Consensus)

기독교 신앙의 본질은 히브리적, 특히 삶과 역사에 대한 예언자적 해석으로부터 도출된 것이다. 그러나 그 속에는 그리스적 요소가 혼합되어 있다. 그 대표적인 경우가 신약성경의 요한복음 속의 'logos' 사상이다.(pp. 107-108) 이처럼 히브리 사상과 그리스 사상이 혼합된 것으로 다음과 같은 경우들을 들 수 있다. 아가페(agapē)는 창조된 인간의 본성, 혹은 구조에 주어진 것이지만, 그것은 또한 그리스도에서 계시된 '새로운 법(new law)'으로서 그 속에는 자기희생의 은총과 수난의 사랑이 포함되어 있으며, 그것들은 인간적 자유의 성격으로부터 필연적으로 나오는 것이 아니다.(p. 108) 삼위일체는 예언자들이 인정한 창조와 신과 인간의 인격적 만남이라는 신성한 신비를 포함하고 있는, 그리스적이 아니라 히브리적인 것이다. 그것의 당연한 결과인 '그리스도의 두 가지 본성', 곧 '참된 인간'과 '참된 신'의 교의(dogma)는 사실, 그리스적인 사색적 범주들을 사용한 것이지만 그것은 별로 성공적인 것은 아니고, 기독교의 상징적이고 드라마적인 서술을 존재론적 서술로 바꾸었다. 그러나 이러한 그리스도의 두 가지 본성의 도그마가 갖고 있는 스캔들을 진보적 개신교가 Kant와 Hegel, 혹은 Whitehead의 존재론에 의해서 축소하려는 모든 노력은 케리그마(kerygma, 그리스도에서 나타난 신의 결정적인 행동의 선포)의 진리를 손상시키고 인간의 상황을 잘못 이해하게 만든다. 무슨 말인가 하면, 인간적 자유의 창조적 가능성과 악의 가능성 사이의 밀접한 관계를 충분히 심각하게 생각하지 않는다는 뜻이다. 이것은 성경의 '과학 이전의(pre-scientific)' 신화를 청소하여 케리그마를 구출하려는 Rudolf Bultmann의 경우도 마찬가지이다. 그는 케리그마를 수호한다고 하지만 그것을 실존 철학의 메시지와 동일하게 보며, 인간의 독자적 자유의 상실이라는 타락의 구원을 죄보다 죽음의 해방에서 구한다. 뿐만 아니라 Bultmann은 '과학 이전의 신화'와 '영원한 신화(permanent myth)' 사이의 구별을 하지 못하기 때문에 케리그마의 진리를 수호하는 데 실패한다. 과학 이전의 신화에서는 세계 속의 사건들의 질서 있는 과정에 관해서 알려졌으며, 지금 알려진 것을 무시한다. 영원한 신화는 정확히 분석할 수 없지만 경험으로 증명할 수 있는 어떤 의미, 또는 현실을 기술하는 신화이다(신화라는 말이 가지고 있는 의심스러운 함의를 파악하기 위해서 '심벌'이라고 하는 것이 좋을 것 같다). 영원한 신화, 혹은 심벌은 보통 역사 및 존재의 구조와 법을 초월하는 자유의 영역에서 생긴다.(pp. 108-110) "이렇게 해서 과학 이전의 세계가 자연적 현상을 기술하는 '신화'와 기독교 신앙의 구조의 중심, 곧 나사렛 예수가 '살아 있는 하나님의 아들'이라고 주장하는 심벌 사이에는 중요한 차이가 있다."(p. 111)

'궁극적 존재(ultimate being)', 혹은 '존재(being)'라는 그리스적 개념으로 창조주 신을 규정할 때는 강조가 어쩔 수 없이 신이 먼저 인간과 신 사이의 화해를 하는 계시의 내용에서 떠난다. '성육신(incarnation)'이 그 대신에 영원한 것의 시간 속의 계시가 되고 신과 인간 사이의 화해의 드라마적 성격이 모호하게 된다.(pp. 111-112) 성경의 타락의 신화는 죄와 이기심의 보편성과 죄에 대한 인격적 책임성의 요소, 바로 그것을 다루는 데 비해서, Origen에서 시작하여 플라톤적 철학의 영향을 받은 신학자들은 역사적 운명인 보편적 죄를 존재론적 개념, 곧 인간의 유한성의 필연적 결과로 바꾼다.(p. 112) 세계를 본체계와 현상계로 구분하는 플라톤적 세계관은 죄를 이기심보다는 육체적 욕정으로 규정하고 금욕적 정신에서 구원을 찾는 시스템을 구축했다. Augustine의 성서적 자아성(selfhood)의 개념은 Origen과 많은 어거스틴 이전의 교부들의 플라톤적 탈선을 시정했다.(pp. 112-113) 어거스틴은 신플라톤적 사상 속에 자랐지만 그의 성서적 자아 이해는 창조와 자아성 및 인간적 자유 차원의 죄와 은총의 성서적 이해를 회복했다.(p. 113) Thomas Aquinas는 현실을 이해하는 성서의 드라마적 사상 양식과 그리스적 사상 양식을 종합했지만, 그것은 역사적 자유가 삶의 구조적 측면에 미치는 정도를 충분히 인

정하지 못했다.(p. 114)

고전적 존재론의 가장 심각한 영향은 윤리 분야에 나타났다. 이 분야에서는 자연법의 고전적 개념에 의해서 규정된 윤리적 체계에 사랑, 믿음, 소망이 여분의 '신학적 덕'으로 첨가되었는데, 자연법은 너무나 특정적이고 너무나 융통성이 없다. 가장 심한 경우로, 그리스의 이원론과 바울의 사상에서 연유한 성(sex)에 대한 부정적인 태도이다. 이런 태도는 성적 관계를 자연이 의도하는 목적, 곧 생식 외에는 결혼 생활에서조차 금했다.(pp. 114-115) 로마 제국의 붕괴는 교회가 문화와 문명에 대한 절대적 통치권을 갖게 했지만, 그것은 "하나님의 눈에는 살아 있는 어떤 인간도 정의롭지 못하다"라는 성서적 신앙, 곧 모든 인간적 덕과 성취는 애매하다는 신앙의 근본 신조를 범하는 것이다. 이러한 인간의 허세는 여러 가지로 나타나는데, 특별히 고려해야 할 것은 다음의 세 가지이다. 1) 궁극적인 것에 대한 종교적 경험을 정치적 권위로 명령하는 신조로 만든다. 2) 성스러움의 허세로부터 정치적 힘을 도출한다. 3) 문화의 전 영역에 대한 교황의 권위는 매우 불행한 의미를 가지는 종교의 도그마를 만든다. 이 경우, 도그마는 모든 인간적 능력을 개발하는 성장하는 문화적 욕망을 억압하는 종교적 권위로 나타난다.(pp. 116-117)

16. 자아와 그의 드라마: 중세적 종합의 붕괴 속의 이성과 자연(The Self and its Drama: Reason and Nature in the Disintegration of Medieval Synthesis)

중세에는 성서적인 드라마적 사상 형태와 고전 시대의 이성에 대한 확신 및 합리적 존재론 강조가 종합되었다. 이러한 종합은 문예부흥과 종교개혁에 의해서 와해되었다. 종교개혁은 자아와 신에 대한 성서적인 드라마적 접근을 강조했고, 문예부흥은 고전 사상의 자아와 정신(mind) 및 이성과 합리성의 일치를 강조했다.(p. 119) 인간적 상황에 대한 종교개혁의 성서적 해석은 신과 인간의 극적인 만남의 전제에서만 드러나는 인간에 관한 '사실들(facts)'을 밝혔다. 이러한 사실들은 경험에 의해서 계속 정당화된다. 종교개혁은 지식 추구에 대한 관심의 결여, 이성보다 신앙에 호소하는 신앙주의(fideism, 종교적 진리는 이성이 아닌 신앙으로만 파악할 수 있다는 주장), 문화 분야들, 특히 종교개혁은 신앙에 의한 낡은 자아의 철저한 부정과 재건에도 불구하고 죄를 제거할 수 없다고 주장했다. 이것이 "외로우면서도 동시에 죄인이다(justus et peccator simul)"라는 종교개혁의 사상, 바로 그것이다.(pp. 119-120)

인간이 신체와 혼의 통합적 전체라는 종교개혁의 개념 역시 충분하게 개발되지 못했다. 종교개혁은 강력하게 금욕주의에 반대하고 육체적 욕망을 억압함으로써 선을 수립하려는 노력에 대한 반대를 고취했지만, Luther 혹은 Calvin으로 하여금 인간의 성 문제에 대한 크리스천의 태도를 재고하게 하지 못했다. 루터는 결혼생활을 은총과 기쁨의 근원으로 스스로 즐겼지만 신학적으로는 그의 강한 바울주의가 결혼을 '병든 혼을 위한 병원'이라고 규정했다. 루터는 Calvin과는 대조적으로 성경광신(Bibliolatry)에 빠지지 않았지만 가톨릭에 비해서 성경주의자(Biblicist)이다. 이것은 성경의 권위에 의해서 교회의 권위에 반대하기 위해서였다. 그렇지만 철학, 특히 존재론적 문제들을 멸시한 루터의 태도로 인해 초래된 반계몽주의(obscurantism)는 문화의 발전과 보조를 맞추지 못했고 과학 이전 시대의 잔재의 색채를 보였다. 이것은 신종교개혁 사상가 Karl Barth의 경우도 그렇다. 그는 기독교 신앙을 그것을 쇠약하게 만드는 철학적 및 과학적 사색으로부터 고립시키려고 했다.(pp. 121-123)

진보적 기독교가 현대 문화에 대한 접촉점을 수립하려고 했으나 성서적 유산의 일부를 상실하게 만들었으며, 자아와 역사의 드라마에 현대적 환상을 삽입한 형태의 기독교 신앙을 배출했다. 이러한 실패를 극명하게 나타내는 것이 다윈이즘(Darwinism)과 개신교 정통주의 사이의 비극적 논쟁이다. 다윈이즘이 승리했지만, 그 결과 현대 문명은 인간을 자연의 한 부분으로 만들었고, 생물적 진화를 역사적 발전에 대한 확신의 최종적 증거로 삼았다. 이러한 다윈이즘으로 인해서 인간 인격의 독자성을 지키려는 노력이 소용이 없는 것이 되어, 인간은 자연적 질서의 지배 아래 들어갔고 동물이 되고 말았다. 이러한 사실이 현대 철학자 Karl Jaspers로 하여금 현대의 경험주의에서는 자연주의적인 존재론적 전제가 너무나 지배적이기 때문에 그런 전제에 맞지 않는 상이한 질서들에 관한 지식에 관해서는 참되게 경험적이 되는 것이 불가능하게 되었다고 주장하게 했다. 신앙주의는 반계몽주의에 빠졌지만 인간의 본성과 역사에 대한 통찰을 가지고 있다. 그렇지만 과학적이고 합리적인 문화는 자아성과 역사의 차원에 관한 분명한 어떤 사실들에 대해 무지하다.(pp. 123-125)

17. 자연에 대한 이해와 인간 본성에 대한 오해(Understanding of Nature and Misunderstanding of Human Nature)

종교개혁은 중세적 종합으로부터 성서적인 드라마적 사상 양태를 회복했으며, 문예부흥은 고전적 요소를 분리하여 자아를 정신(mind)과 동일시하고, 이성으로부터 덕을 도출했으며, 자아를 어떤 존재론적 맥락에서 이해하려고 하는 현대 사상의 세력들과 경향들을 띠기 시작했다. 현대의 사상적 운동은 두 가지 특성을 가지고 있다. 하나는 자연과 역사의 시간적 발전의 이념이며, 다른 하나는 자연의 시스템이 인간이 자기를 맞추어야 할 궁극적 현실이라는 것이다. 인간은 자연의 한 부분이 된 것이다. 이렇게 해서 현대 문화는 자연에 대한 이해와 인간에 대한 오해를 향해서 어쩔 수 없이 진행되었다. 그 결과, 자아의 자유는 부정되었고 역사의 드라마를 다른 어떤 존재론보다도 일관되게 왜곡시켰다. 이러한 경향을 악화시킨 것은 현대 과학의 경험적 방법이다.(pp. 127-128)

현대의 경험주의의 아버지는 Francis Bacon이다. 모든 자연과학의 승리의 기초를 놓으려고 했던 그의 경험적 야심은 그와 그의 추종자들을 Aristotle의 합리주의와 중세적 종합의 기독교적 권위에 반기를 들게 했다. 그는 현대 문화에 도그마에 반대하는 정신을 부여했다. 그러나 그는 불행하게도 과학의 처방 속에 숨어 있는 도그마를 다룰 준비가 되어 있지 않았다. 이렇듯 숨은 도그마란 하버드대학교의 총장 Conant가 '개념적 스킴(conceptual scheme)'이라고 부른 것으로서 그런 전제가 없이는 탐구를 할 수가 없다. John Dewey는 '실험적 방법(experimental method)'이 그것이 갖고 있는 가설을 재검토하는 엄격성을 가져야 한다고 주장하지만, '과학적 방법'을 자연의 분야에서 역사의 분야로 옮길 수 있으며 비합리적인 종교와 정치적 권위의 침입만이 그것을 방해할 수 있다는 그의 주장은 잘못되었고, 검토되지 않은 전제에 근거하고 있다는 사실을 그는 깨닫지 못했다. 역사의 영역이 자연의 영역과 동일하다고 현대 문화는 보편적으로 믿고 있지만 그런 믿음은 역사를 자연의 영역으로 축소하는 것이요, 인간의 자유와 역사가 가지고 있는 드라마적 현실을 모호하게 한다.(pp. 129-130)

17세기를 지배한 사상가는 Thomas Hobbes와 René Descartes이다. Hobbes는 인간적 덕의 근원을 이성으로 보는 현대의 확신을 갖고 있지 않았다. 그에게 이성은 이기적 자아의 도구였으며, 따라서 합리주의자들이 생각했던 것처럼 정의의 도구가 아니며 보편적 가치의 보장자가 아니었다. 이성은 모든 인간적 욕망의 과도함의 원인이었다. 그것은 이익 추구로 인한 충돌을 불가피하게 만들며 사회적 조화의 이익을 위한 전제 정치적 정부를 불가피하게 만든다. 홉스는 철저한 물질주의자로서 감각적 대상이나 분리된 개별적 사건을 넘어서 자연과 역사의 사실을 서술하는 추상적 개념, 혹은 일반화는 무엇이든 환상으로 배격했다. 그의 엄격한 경험주의는 그가 인간을 칭하여 부른 '살아 있는 신체(living body)'의 차원을 넘어서는 자아성을 그의 시스템에서 배제했으며, 역사의 어떤 패턴을 기술하는 모든 역사적 일반화 역시 배제했다.(pp. 130-131)

Descartes는 육체로부터 정신을 엄격하게 분리함으로써 지식의 영역으로부터 종교적 환상과 확실성을 제거했다. 그의 "나는 생각한다. 고로 나는 존재한다(cogito ergo sum)"는 자기에 대한 지식의 확실성에 관한 Augustine의 사색에서 얻은 것임이 분명하다. 데카르트가 확실성을 위해서 주장하는 유형의 지식은 홉스보다 통합된 자아성의 의식이 없으며 홉스의 경험론에 못잖게 역사적 현실을 파악하지 못한다. 그렇지만 그의 사상은 현대 문화의 두 가지 특성을 가지고 있다. 하나는 정확한 지식을 위한 그의 열정은 현대 과학의 성취를 위한 기초를 낳았고, 열정에 대한 정신의 통제에 대한 그의 확신은 이성을 덕의 근원으로 보는 고전적 이념을 회복했다.(p. 132)

프랑스 계몽주의는 이상을 덕과 질서의 근원으로 숭배했으며, 역사를 자연과 동일시하여 자연의 법칙의 지배를 받는다고 보았다. 역사적 판단이 가지고 있는 엄격한 과학적 절차에 의해서 역사적 판단의 이데올로기적 오염들을 파괴할 수 있는 사회과학이 계몽사상에서 예견되었다. 이성과 자연에 대한 이러한 숭배에도 불구하고 자코뱅당의 광신주의와 잔인성이 출현했고, 종교적 광신주의에서 해방된 국가가 급속하게 새로운 광신주의에 빠졌다. 인간의 이성의 완전성에 대한 믿음은 인간의 이성이 이기심으로 인해서 부패하기 때문에 민주주의가 필요하다는 사실을 인정하는 것을 거부했다. 따라서 견제받지 않는 힘을 믿거나 공동체 안의 어떤 지위도 도전받지 않게 허용하는 것은 가능하지 않다. 인간의 존엄성과 자유에 대한 그의 권리라는 추상적 원리는 자유사회 창조를 위해서 과오에서 소량의 진리를, 그리고 모든 정치적 신조의 진리에서 소량의 과오를 인정하는 지혜와 건강한 사회의 정치적 갈등을 넘어서 그 사회의 독소를 제거하는 공동체 의식만큼 유익하지 못하다.(pp. 133-134)

18세기에는 Herbert Spencer가 역사를 자연의 영역과 동일시하여 인간은 자연의 법칙에 개입하지 말라고 했으며, Auguste Comte는 역사의 과학적 정복의 힘을 가진 사회학을 제창했다.(p. 135) 다윈의 생물학은 '사회적 다윈주의(social Darwinism)'를 발생시켰으며, 그것은 자연의 조화가 아니라 '적자생존'에 대한 간섭을 금지했다. William Graham Summer가 사회적 다윈이즘 이론의 저명한 제창자인데, 그는 적자생존의 법칙은 인간이 만든 것이 아니며 인간이 폐기할 수 없는 것이라고 주장했다. Lester Ward는 콩트의 사회학이 아니라 철학을 제창하여 공평한 지성과 과학적 검토의 적절한 사용이 왕국과 귀족 정치, 금권 정치를 대신할 수 있음을 확신하는 잘못된 결론을 내렸다. 현대의 경험주의는 역사의 드라마 속의 이익의 끝없는 경쟁을 거의 이해하지 못하며, 공평한 지성의 적용에 의해서 그러한 갈등을 해결할 수 없다는 것을 이해하지 못한다.(p. 135)

19세기에는 Hegel이 正·反·合의 변증법적 이론에 의해서 역사를 지배하는 논리적, 혹은 합리적 과정을 설명했다. 그의 변증법적 논리는 Parmenides가 말하는 '존재(being)'와 '비존재(non-being)'의 대립적 긴장에 의해서 역사의 동력이 제공된다는 이념에 근거한 것이다. 헤겔의 이러한 이론은 신빙성 있는 어떤 사실들을 가지고 있으나 세계와 자아, 역사에 대한 그의 설명의 통합성과 일관성을 위해서 역사의 모든 드라마적 패턴과 현실을 모호하게 한다.(pp. 136-138) 헤겔의 이러한 이론을 파괴하고 거대한 재구성 사업에 Feuerbach가 착수했고, Marx가 완성했다. 헤겔 좌파인 마르크스는 유물론적 변증법에 의해서 역사를 설명했다. 이 논리에 의하면, 인류의 역사는 인간의 참된 본질을 대표하는 원시적 공동체의 흠 없는 완전함에서 출발했다. 이러한 원시적 無垢는 '계급사회'의 反定立에서 사라지고 인간은 그의 참된 본질로부터 소외된다. 이러한 계급사회는 봉건주의와 부르주아 사회를 거쳐서 그 모순이 현대 자본주의에서 절정에 도달한다. 자본주의의 불의는 박탈당한 자들을 낳고 그 계급의 증오심은 자본주의에 대한 반정립적 대립을 낳는다. 이렇게 되면 필요한 것은 박탈당한 자들, 곧 프롤레타리아에게 역사의 논리를 가르침으로써 인간을 불의에서 해방시킬 뿐만 아니라 인간이 역사의 피조물이 아니라 역사의 주인이 되게 한다. 그러나 역사는 이 꿈이 잔인한 악몽으로 변했다는 사실을 증명했다.(pp. 136-140) 인류는 인간의 이성의 한계와 부패가 주는 두 자기 교훈을 얻었다. 하나는 프랑스 혁명이고, 다른 하나는 현대 공산주의이다. 역사의 드라마는 헤겔과 마르크스가 믿었던 것보다 훨씬 더 예측할 수 없고, 역사의 사실들은 덜 논리적이다.(p. 141)

18. 경험적 문화의 절정과 어떤 분명한 '사실들'에 대한 맹목성(The Climax of on Empirical Culture: Its Blindness to Some Obvious 'Facts')

서구 문명의 보다 큰 부분이 다행스럽게도 자유와 정의를 보존하는 일반적인 삶(common life)을 발전시킴으로써 마르크스주의의 논리와 사이비 경험주의를 거부했다. 마르크스주의가 그런 것처럼 서구 문명의 경험주의 강조는 많은 숨은 도그마들을 가지고 있으며, 그러한 도그마들은 보다 단순한 문화들이 상식(common sense)의 지혜에 의해서 이해하는 인간의 본성과 역사에 관한 어떤 분명한 사실들(facts)에 관해서 서구의 역사적 과학들을 눈멀게 만든다.(p. 143) 그렇다면 이 경우 '사실들'이 무엇을 의미하는지 규정할 필요가 있다. Hobbes는 '물체적 실재들(corporeal realities)' 만을 사실로 인정했고, 전통적인 과학적 경험론은 '감각적 재료들(sense data)' 만을 사실로 인정한다. 그렇지만 누가 자아의 자유, 그러한 자유의 이기적 자기관심(self-concern)으로 인한 부패, 혹은 자아의 역사적 성격 같은 현실을 사실로 보는 타당성을 부정할 수 있겠는가? 그것들은 일반적인 사람들이 날마다 다루어야 하는 종류의 사실들이다.(p. 144)

1. 상식은 '자아의 자유(the self's freedom)'를 자아의 행동을 결정할 수 있는 자아의 능력으로 해석한다. 그러한 행동을 결정하는 환경의 영향과 자아의 의지에 대한 합리성 이하의 본능의 가능한 금지의 세력의 영향에도 불구하고 말이다. 물론 그러한 자유는 결코 절대적이지 않다. 그렇지만 모든 시대의 상식은 그런 자유를 자아의 행동에 대해 자아가 책임이 있다고 규정하는 데 동의한다. 여러 가지 제약에도 불구하고 자아는 책임지는 자유를 가지고 있다는 데 동의한다.(p. 144) 그럼에도 불구하고 우리 시대의 심리학과 사회과학의 지배적인 이론들은 이 자유롭고 책임감 있는 자아를 부정하거나 모호하게 한다. 저명한 심리학자 Gardner Murphy는 유기체 및 형식들과 심벌들에 대한 유기체의 인지적 반응과 구별되는 자아라고 하는 비경험적 실체를 설정할 수 있는가 하는 질문에 대해서 잠정적인 부정적 답을 하는 것이 바람직하다고 했다.(p. 145)

심층심리학의 다양한 견해들은 한편으로는 책임지는 자아를 은연중에 인정하고, 다른 한편으로는 그런 자아의 실재를 내놓고 부정한다. 프로이트주의는 자아의 자유를 파괴하는 여러 가지 비합리적 충동들의 힘에서 강한 인상을 받기 때문에 자유로운 자아를 명백하게 부정하지만, 치유의 목적인 본능적 욕망(id)과 사회적 충동으로부터의 해방을 인정한다. 뿐만 아니라 프로이트적 정신의학자는 치료에 대한 강제적이 아닌 자발적 복종의 필요성을 주장하며, 때로는 자인하지 않은 자아(unacknowledged self)가 정신의학자의 기술과 통찰을 자기기만과 자기정당화를 위해서 이용하는 경향을 경계한다.(pp. 146-147) 자아는 극단적인 기계주의적 형태의 자연주의를 거부하는 현대의 인간학의 이론에서도 거부된다. 예컨대, Clyde Kluckhohn과 Henry Murray는 "인성(personality)은 두뇌 속의 모든 통합적 과정의 조직화이다"라고 했다.(p. 149) 신프로이트주의자들은 '문화심리학(cultural psychology)'을 개발하여 자아를 당장의 사회적 환경, 특히 유아 시절의 환경의 산물에 지나지 않는다고 본다.(p. 147) 미국의 행동주의적 심리학자 B. F. Skinner는 그의 *Walden Two*에서 사회적으로 승인된 목적들(이런 목적들의 정당성을 결정한 표준들이 막연하지만)에 인간을 맞추게 하는 구상들, 곧 작은 이상적인 공동체 수립을 제안한다. 심리적 유토피아의 이러한 조건 지어진 인간(conditioned persons)은 현실적 인간이 아니며, 자유로운 자아의 특성인 선과 악의 비결정적 가능성들을 가지고 있지 않다.(pp. 147-148) 현대의 문화인류학은 최근 문화적 상대주의를 발전시킴으로써 인간을 완전하게 문화의 피조물로 만들었다. 예컨대, Leslie White는 물리적 현상에 적용되는 인과관계의 원리가 문화적 현상에도 적용되어야 함을 주장했다. 그는 문화의 창조자이면서 피조물인 인간의 애매성에서 발생하는 역사적 복잡성을 분명 전혀 고려하지 않았으며, 어째서 인간의 문명이 발생했으며 동물 사회와 구별되게 되었는지를 전혀 생각하지 않았다.(pp. 148-149)

2. 자아의 자유와 책임성 사이의 모순에 더하여 다른 모순이 하나 있는데, 그것은 인간의 자아 속에 있는 이기주의(egoism)와 창조성 사이의 모순이다. 18세기 이래 이기주의와 이타주의(altruism) 사이의 관계에 대해서 상당히 많은 논의가 있었고, 이타주의를 취하고 이기주의를 제거하는 논의가 있었다. 상식적인 지혜는 이 경우에도 이기적 자기관심과 창조적 에너지의 복합성의 무한한 다양성을 당연한 것으로 인정했고, 그것을 인격의 가장 높은 수준과 가장 낮은 수준에서 발견할 수 있음에 놀라지 않았다. 가장 완전한 기독교적 비주류 교파들(sects)도 가장 금욕적인 기독교 수도사들도, 그리고 모든 사람이 이기주의의 부패에 물들지 않은 사람이 없다. 한마디로 말해서, 상식은 모든 형태의 인간관계에서 이기주의를 당연한 것으로 여긴다. 세상의 일반인은 모든 인간의 행동에서 이기적 자기관심과 창조성의 혼합을 이해하는 데 결코 실패하지 않는다. 이것이 참된 비학문적 경험주의의 성취이다.(pp. 149-151)

이와는 대조적으로, 학문적인 지혜는 인간의 행위가 가지고 있는 동기의 이러한 혼합을 추상적으로 다룬다. 경제학은 이기적 자기사랑의 보편성과 무해함을 추정했다. 고전적 경제학 이론은 경제적 세력 자체가 힘의 균형을 조장한다고 상정했다. 그러나 그것은 잘못이었고 민주적 사회는 정의 실현을 위해서 경제적 힘의 불균형을 평등하게 만들어야 한다는 것이 필요하다는 것을 발견했다.(pp. 151-152) 정치학자들은 이기적 권력 충동의 중요성을 경제학자들보다 더 잘 이해한다. 그러나 그들은 국가와 개인 행동이 가지고 있는 동기들의 혼합, 곧 이기심과 창조성의 혼합을 이해하는 데 어려움을 겪는다. 그래서 그들은 인간의 집단적 행동, 특히 국가의 행동을 해석하는 데 있어서 이상주의자와 이기주의자로 갈라져서 계속 논쟁을 한다. 전자는 힘과 집단적 이기주의의 집요함을 이해하지 못하고 그것들을 억압하고 바꾸는 여러 가지 방안을 개발하려고 하지 않으며, 후자는 국가적 이기심의 힘을 강조하여 Thomas Hobbes적인 냉소주의적 접근을 하여 도덕을 고려하지 않는다.(pp. 152-153) 인간 행동의 이기심과 창조성의 혼합에 대한 현대 문화의 잘못은 경험적 관찰 방법을 자랑으로 여기는 학문 분야들에서 발생한다. 그러한 학문들은 이기주의를 해롭지 않은 것으로 보며, 과도한 이기주의 형태의 특정한 원인을 추구하여 그것의 점진적 제거, 혹은 완화를 추구한다. Dewey 교수는 그의 『인간의 본성과 행위Human Nature and Conduct』에서 인간의 본성에 관한 현대의 많은 사회학적 및 심리학적 이론을 요약했다. 그는 인간의 본성에 관한 과학적 지식이 자연에 관한 지식이 성취한 것과 같은 변혁을 이룩할 것임을 약속했다.(pp. 153-154)

본질적으로 해롭지 않은 이기심에 관한 계몽주의적 이론을 심리학적으로 펴낸 것은 신프로이트학파의 Erich Fromm인데 그는 『주체적 인간Man for Himself』의 저자이다. 그는 이기심이 좌절될 때만 해롭다는 입장을 취한다. 그는 인간들은 먼저 그들 자신의 행복을 추구해야 하며, 그러고 나서 다른 사람들을 '풍요(abundance)의 현상'으로 사랑할 것이라는 명제를 제시한다. 그런데 권위주의적 종교가 이러한 인간 본성에 개입하여 이기적 자아에게 이웃을 사랑하라는 명령을 한다. 당연히 자아의 자연적 욕망과 도덕적 명령 사이에 모순이 생긴다. 프롬이 분명하게 보는 바와 같이 사랑은 단순하게 명령할 수 있는 것이 아니다. 그것은 틀림없는 풍요의 현상이다. 자신의 안전, 혹은 특권에 사로잡혀 있는 자아는 사랑하는 데 자유롭지 못하다. 그러나 프롬은 자아의 안전이 안전하려는 자신의 노력에 의해서가 아니라 타인들의 사랑에 의해서 주어진다는 것을 보지 못한다. 그 자신을 추구하려는 자아가 만족하여 타인들을 자신보다 사랑할 수 있게 자유로운 시점은 존재하지 않는다. "사실은 자아 속에는 자기확대와 자기희생의 두 가지 비결정적 욕망이 있다."(p. 155) 이 사실을 알지 못하는 것이 프로이트주의를 정치적 문제들에 대해서 부적합하게 만든다. 정치적 삶은 공동체의 모든 레벨에서 이기적 자기관심과 창조성의 어지러운 혼합이기 때문이다.(pp. 154-155)

프로이트는 쾌락을 추구하는 본능적 욕망(욕동, id)과 명령하는 초자아(super-ego), 또는 문학적 초자아 사이에 긴장이 생기고, 그러한 긴장으로 인해서 생기는 공격성은 점점 확대되는 사회 조직에 따라서 증대된다고 본다. 그러나 그것은 신경증적인 개인의 경우이지 정상적인 개인은 그렇지 않다. 정상적인 개인은 공격성이 아니라 야심과 가족, 공동체와 국가, 문명에 대한 창조적 관심의 다양한 혼합을 가지고 있다. 신프로이트학파의 한 사람인 Karen Horney는 문화적 초자아의 명령의 해로운 결과에 대한 프로이트의 항의를 세련시켜서, 인간은 무조건적이고 완전한 것에 대한 명령이 그의 본성에 개입하지 않으면 그가 가능성을 성취할 수 있게 자연히 성장할 것이라고 했다. 그녀는 절대 선의 명령은 "하늘에 계신 아버지가 온전한 것처럼 너희도 온전하라"는 종교적 명령의 영향이라고 했다. 그녀는 이 명령을 한 동일한 선생이 하나님 한 분 이외는 선한 사람이 없다고 함으로써 인간이 완전할 수 있음을 엄격하게 거부했다는 것을 알지 못했다.(p. 156) 절대적인 것에 대한 욕망은 어떤 특정한 교의나 종교에 의해서 생기는 것이 아니라 인간의 본성 속에서 자연스럽게 생기며, 그것이 신경증을 유발하지 않을 때에도 인간관계에서 많은 결과를 만들어낸다.(p. 157)

Ashley Montagu 교수는 동료 인간들을 사랑할 수 있도록 인간을 자유롭게 하는 안전성은 동료 인간들의 사랑과 존중, 혹은 보다 특정하게 말하면 어머니와 '어머니 역할을 하는 사람(mothering one)', 곧 어린이의 안전성을 위해서 주된 책임을 가지고 있는 사람의 사랑과 존중에 의해서 생기는 것이라고 했다. 따라서 지나친 이기적인 자기관심은 어린 시절의 사랑의 결함이 원인이다.(p. 157) Montagu 교수는 과학이 생존과 행복의 길을 사랑과 협동을 통해서 제시한다고 선언한다. 그는 인간의 성격의 결함을 어린 시절의 생활, 특히 6세까지의 삶의 안전성 결여가 원인이라고 본다. 이런 모든 주장은 나름대로 정당하지만 인간에게는 선과 악의 가능성이 있다는 사실은 밝히지 못한다. 이러한 이론은 특정한 원인 없이 발생하는 이기주의를 이해하지 못하는데 그것은 그가 자아성의 깊이를 알지 못하기 때문이다. 사실, 그는 자유의지를 환상이라고 부정한다.(p. 157) 현대 인류학자 Trigant Burrow는 자아의 독자적인 자유로운 자아성을 부정하기 때문에 보편적 병인 이기주의의 특정한 원인을 환경으로부터 오는 유기체의 뒤죽박죽(dislocation)과 갈등이 유기체의 통일과 중심화보다 우세한 데에 기인하는 기능적 분열 때문이라고 했는데, 그는 이런 뒤죽박죽이 개미탑과는 다른 인간의 사회적 유기체의 특성이라는 사실을 몰랐다.(p. 158)

3. 현대의 행동주의 과학들은 역사의 드라마적 본질에 관해서 그들의 견해와 상식적인 지혜 사이의 모순을 만들어낸다. 결정론자들과 주의론자들은 인간이 문화의 창조자인가, 과학이 문화를 지배하는 것이 가능한가를 두고 논쟁한다. 그러나 그들은 비극적인 역사적 드라마에 대해서 말하고 있는 것이 아니다. 드라마는 예측할 수 없는 것으로 남는다. 우리의 인류학자의 문화적 상대주의는 영국과 프랑스, 독일의 문화들 사이의 진정한 차이를 이해하지 못한다. 그러한 차이는 독일 어머니가 하는 어린이들의 화장실 훈련의 결함이나 미국으로 이민 간 사람들의 유럽 아버지 상 거부 같은 인류학적 원인으로는 설명할 수 없는 복잡한 것이다. 세계적으로 확대된 공산주의의 비극적 현상의 원인 역시 간단하지 않다. 그것은 유토피아적 꿈을 가진 권력적 충동의 기괴한 출현으로서, 그 설명을 위해서는 기독교 문화의 전체 역사를 살펴보아야 한다.

프로이트적 심리학과 인간학은 적응에 실패한 개인들을 다루는 데 능숙하지만 참으로 역사적인 모든 상황을 다루는 데는 부적합하다. 그것은 개인이 역사적 상황에 창조적으로 관계되어 있지만 동시에 그가 역사적 상황의 피조물이며 희생자라는 사실을 이해하지 못한다.(p. 159) 프로이트는 그의 저서 『문명과 그 불만 Civilization and Its Discontents』에서 모든 문화와 문명은 쾌락을 추구하는 본능적 욕정과 문화적 초자아의 보다 엄격한 명령 사이의 견딜 수 없는 긴장을 중대시킬 뿐이라고 했다. 다른 한편, 그는 그의 저서 『심리분석 신개론 강의 New Introductory Lectures in Psychoanalysis』에서 "우리의 미래의 최선의 희망은 지성과 과학적 정신이 인간의 정신(mind)에 대한 독재를 수립해야 하는 것이다"라고 했다. 한마디로 말해서, 프로이트의 경험론은 헤겔의 형이상학과 마찬가지로 드라마적 환경 속의 자아를 이해하지 못했다. 자아는 모든 역사적 상황의 창조자인 동시에 피조물이다. 자아는 이러한 모든 상황 속에서 정신과 신체, 혹은 욕동과 초자아 사이의 긴장이 어떤 작용을 하든, 그의 인격의 전체성을 유지한다.(pp. 159-160)

제Ⅲ부

공동체들을 건설하기 위한 자아의 노력들의 드라마적, 유기적 및 계약적 요소들. 역사적 운명의 피조물인 자아와 그 창조자인 자아 사이의 구별로 인한 유기체와 고안물(artifact) 사이의 차이. 현대의 공동체들 속의 고안물의 증가 비율. 세계 공동체는 순수하게 고안물로 형성될 수 있을까?

19. 역동적 문명과 팽창하는 사회 속의 기독교 신앙의 자원(The Resources of the Christian Faith in Dynamic Civilization and Expanding Society)

기독교 신앙은 과학 문명이 그것을 부정하는 것처럼 보이는 현대 속에서도 분명 살아남는다. 그 이유는 인간이 결코 조금도 단순하지 않기 때문에 신앙을 단지 인류 초기의 무력성의 잔재(Max), 혹은 유아적 환상들의 투영(Freud)으로밖에는 보지 않는 지적으로 세련된 문화의 공격을 피할 수 있기 때문이다.(p. 163) 성서적 신앙은 자연과 이성의 논리적 통일성(coherence)을 초월한 자아의 자유와 죄의 차원을 밝혀주지만 공동체의 문제들, 즉 공동의 생활을 조직하고 재조직하는 것을 도울 수 있는 자원을 가지고 있지 않다. 특히, 강력한 기술의 지속적 발전이 공동체를 확대하고 정의의 실현을 점점 더 복잡하게 만듦으로써 공동 생활의 조건을 계속 바꾸고 있는 문명 속에서는 더욱 그렇다. 이러한 공동체 문제들은 사회적 상황의 변하지 않는 요인들과 변하는 요인들을 구별하는 판별적(discriminating) 지성의 적용을 요청한다. 그러한 지성은 경험적 정신과 도그마를 배격하는 사실 앞의 겸손에 의해서 생기는 것이다. 그러나 사회적 문제를 해결하려면 현대의 경험주의가 그것의 숨은 도그마 때문에 모호하게 만든 어떤 사실들을 분명히 알아야 한다.

그것을 할 수 있게 돕는 것이 부적절하게 보이는 성경의 신앙이다.(p. 164)

사회 문제들의 해결을 위해서는 개인의 자유가 보장되고, 사회가 지탱할 수 있는 안정성을 가지고 있으며 계급들이 지탱할 수 있는 정의에 의해서 관계를 유지하고 있는 오늘날도 히브리적인 것과 그리스적인 것, 즉 성서적인 것과 고전적인 것이 함께 공헌할 필요가 있다.(pp. 164-165) 성서적 신앙은 자유와 책임의 사실을 지켰고, 자아의 이기적 자기관심을 인정했으며, 역사의 드라마적 성질에 대한 개념과 프랑스 혁명의 경험주의와는 대조되는 Edmund Burke의 경험주의 밑바닥에 있는 역사의 다양한 경우들이 가지고 있는 독자성을 도입했다. 문예부흥은 종교적 도그마가 부정하거나 모호하게 한 합리적 판별성의 학문을 도입했다.(p. 165) 양자는 서로 역사의 우연성 속에 허위적인 절대를 도입했다고 비난한다. 경건한 자들에게는 절대는 신의 의지이고, 합리주의자들에게는 이성이 절대이다. 그러나 양자가 모두 나름의 잘못을 범한다. 경건은 신의 숭배를 우상 숭배, 곧 변화하고 제한된 가치에 대한 부당한 숭배와 충성에 반대하지만 종교적 광신주의는 너무나 쉽게 절대적인 가치와 우연한 가치를 동일시한다. 예컨대, 기독교 문명을 그것이 가지고 있는 도덕적 애매성에도 불구하고 신성한 타당성을 주장한다. 이성은 합리적 문화 신봉에 의하면, 모든 비합리성을 해결한다. Condorcet가 그런 주장을 했다. Robert Briffault는 모든 계급적 구별은 종교적 편견에 기인하며, 그것은 합리적 분석에 의해서 해결될 것이라고 했다. 그는 아리스토텔레스가 합리적 입장에서 노예제도를 합리화했다는 사실을 망각했다. 단순한 사실은 고대의, 혹은 중세의, 심지어 우리 시대의 합리주의자들이 너무나 쉽게 자아의 이익을 보편적으로 인정된 이익, 혹은 가치와 동일시한다. 그러고도 그런 부정직을 깨닫지 못한다.(pp. 165-166)

여기에서 고려해야 할 또 하나의 중요한 문제는 이론의 '전제(premise)'의 문제이다. 사실에 있어서 논리적 과정은 전제에 근거하여 결론을 도출하는 것에 지나지 않는다. 예컨대, 모든 사람이 죽는다. 그렇기 때문에 '소크라테스는 죽는다'의 경우와 같이 전제가 결론을 결정한다. 그런데 문제는 이해관계(interest)가 전제의 선택에 현저한 영향을 미친다는 것이다. "권력은 만일 그것이 부당한 특권들을 정당화하는 것처럼 보이는 전제 아래에서 논리적 과정을 시작하면 부당한 특권들을 정당화할 수 있다."(p. 167) 이 문제를 자유(liberty)와 평등(equality)의 문제에서 보면, 중산층은 자유를, 그리고 산업계층은 평등을 주장한다. 양 계층의 이런 선호는 각 계층의 이익에 대한 관심을 표명하는 것으로서 이데올로기적 동기에서 나오는 것이다. 다시 말해서, 중산층은 경제 활동에 대한 정부의 최소의 통제를 원하기 때문에 자유를 선호하고, 산업 계층은 중요한 사회적 힘이 없기 때문에, 또 사회의 계층적 구조에 대한 반감을 가지고 있기 때문에 평등을 선호한다. 공산주의자의 논리에 의하면, 역사는 계급투쟁의 역사요, 계급의 구별은 점점 발전되어서 마침내 혁명에서 그 정점에 도달한다. 공산주의자의 모든 이론 과정은 이 전제로부터 나온다. 그러나 이 전제를 합리적으로 거부할 수 있다. 계급적 대립은 공산주의자의 전제에서 생각했던 것보다 더욱 복잡하고, 기술사회에서는 그것이 높아진 것이 아니라 완화되었으며, 사유재산 제도가 사회적 불의의 유일한 원인이 아니기 때문이다.(p. 167-168) "그래서 경험적 추론이 경험적 사실로 보장되지 않은 전제에서 출발하는 추상적 추론의 광신주의에 대한 안전 장치이다. 그러나 우리가 앞서 본 바와 같이 역사의 인과의 고리는 매우 복잡하기 때문에 가장 광적인 이론까지도 절대적인 강제적 논리에 의해서 거부하는 것이 가능하지 않다."(p. 168)

짧게 말해서, 이성은 종교와 마찬가지로 특정한 이해관계의 하인이 될 수 있다. 그렇기 때문에 신앙과 이성의 이름으로 자아를 주장하는 요구를 합리적 판별성에 의해서 검토하는 것이 필요한 것이다. 부분적 이익을 진리의 비전 속에 도입한다고 서로 비난하는 경건한 사람들과 합리주의자들 사이의 논쟁의 아이러니 외에 또 다른 아이러니가 있다. 합리주의자들은 경건한 사람들이 너무나 '타계적(other-worldly)'이어서 지상에 자유와 정의를 수립하기 어렵다고 비난한다. 그러나 합리주의자들이 역사 속에서 최종적 완성을 실현했다고 주장하는 것은 더 위험하다. 이렇게 해서 현대인은 믿을 수 없는 천국을 거부하고 더욱 믿을 수 없고 보다 더 위험한 지상 천국을 세우려고 한다. 현대 문화는 특정한 악들의 특정한 원인들을 추구하며 그것을 정부와 교육, 심리요법의 기술에 의한 개혁을 통해서 시정할 수 있다고 믿었고, 마침내 모든 악의 근원이 사유재산 제도에 있으며 그것의 제거가 지상 천국의 창조를 보장한다고 생각했다. 불행하게도 경험주의자들 중 어느 누구도 개인적 자아가 역사의 새로운 악의 원천적 근원이며 그의 창조성이 동시에 파괴성의 뿌리라는 생각을 하지 못했다.(pp. 169-170)

현대 문명은 이렇게 자아와 그의 역사를 절대적인 것, 혹은 무조건적인 것과 관계시키는 데 실패했을 뿐만 아니라 기독교 신앙이 그리스도가 상징한다고 믿는 두 가지 진리, 곧 역사적 성취의 비결정적 가능성들과 모든 형태의 인간적 덕과 성취, 신의 의지 사이의 모순과 긴장을 이해하는 신의 자비를 이해하는 데 실패했다. 전자만을 이해했고 후자를 이해하지 못했기 때문에 감상주의(sentimentality)에 빠졌다. 계몽주의는 자유와 평등을 단순한 역사적 가능성으로 보았고, 진보적 기독교는 그것을 악화시켜 사랑을, 그 완전한 형태는 역사 속에서 가장 비극적으로 나타난다는 사실을 무시하고, 단순한 역사적 가능성으로 보았다. 그런 진보적 기독교를 대표하는 세계적 영향력을 가진 신학자가 Albrecht Ritschl(1822-1899)이다. 그는 인간이 오직 그의 무지 때문에 신과 화해할 필요가 있다고 함으로써 죄의 심각성과 신의 용서의 필요성에 관한 성서적 교의의 의미를 상실하게 만들었다.(pp. 170-171) 이렇게 해서 그리스도는 인간적 덕의 단순한 심벌과 모범으로 해석되어서 모든 역사적 성취의 계속되는 애매성은 상실되고 기독교는 다른 형태의 하나의 '이상주의'가 되고 만다.(p. 172)

개인적 삶에서 볼 때, 이것은 기독교적 이상의 핵심인 사랑이 인간의 의지의 단순한 결과가 되는 것을 의미한다. 그러나 신약성경에 의하면, 그리스도의 사랑은 용서하는 사랑이 아니면 희생하는 사랑이다. 그렇기 때문에 그런 사랑은 겸손(humility)과 모든 사람이 죄에 관여하고 있다는 사실에 대한 인정, 그리고 인간의 의지를 초월하는 은총(grace)에 의존한다.(p. 172) 사회적, 정치적 지혜의 측면에서는 십자가에 못 박힌 구세주의 개념에 포함된 패러독스의 파괴는 최선의 사회적인 정의의 구조들과 설계들도 그것이 그리스도의 사랑과 모순된다는 것을 이해하지 못했다는 사실을 의미한다. 다시 말해서, 보편적 타당성을 자부하는 그것들 속에 있는 이기심(self-regard)과 부분적 이익이 감지되지 않은 것이다. 상식은 그러한 이기심을 결코 의심하지 않지만, 세련된 지식인의 지혜는 역사적 상황 속의 진보적 요소들 속에서 발전하는 기술이 이기적 이익과 지역적 이익의 강력하고 집요한 요소들을 영원히 제거한다고 상상한다.(pp. 172-173)

현대의 사회적 문제들에 대한 참을 만한 해결책은 두 가지 지혜를 가지고 접근해야 한다는 것—하나는 합리적 판별성의 지혜이고, 다른 하나는 상식적인 지혜이다. 후자는 모든 인간과 문화가 궁극적 심판, 곧 하나님의 심판 아래 있는 예언자의 종교적 신앙에 의해서 인간의 오만과 자만심이 계속 도전을 받지 않으면 허세적인 지혜와 지적으로 세련된 지혜에 의해서 기만당하기 쉽다.(p. 173) 우리 시대의 문화의 환상의 주된 원인은 아마도 생존과 굶주림, 목마름 같은 인간의 직접적인 필요성을 그의 이기적 자기관심의 뿌리로 집요하게 보려고 하는 것일 것이다. 이러한 종류의 현실주의는 경제적 동기에서 벗어난 권력 충동을 이해하는 데 실패한다. 그리고 또 그것이 권력욕과 특권욕의 이상한 혼합이라는 사실도 보지 못한다. 인간은 그가 신인 것처럼 허세를 부리고 절대적 덕, 혹은 지혜를 갖고 있는 것처럼 허세를 부릴 때 가장 위험하다.(pp. 173-174) 현대 문명은 인간의 창조성과 파괴성이 뗄 수 없는 관계에 놓여 있으며, 따라서 그의 창조성의 역사적 공적이 악의 능력을 높인다는 사실을 이해하지 못한다. 문화와 문명의 모든 레벨에서 선과 악의 능력이 함께 나타난다. 그렇기 때문에 성서적 신앙의 통찰에 항상 의존하는 것이 필요하다. 분명하지만 아직 숨어 있는 인간의 창조성의 딜레마가 밝혀져야 한다. 우리 시대의 문명의 그리스·기독교적 요소는 우리의 공동체와 우리 자신의 이해를 위한 필요한 도구이다.(p. 174)

서구 문명이 가지고 있는 두 가지 구성 요소들 사이의 변증법적 긴장 관계는 인간 존재의 어떤 사실들에 대해서 이해하기도 하고 무지하기도 하다. 히브리는 역사를 드라마로 보고, 그리스는 역사의 흐름 밑을 흐르는 구조를 찾는다. 히브리는 역사를 지배하는 신의 섭리 개념을 가졌고, 현대화된 헬레니즘은 창조자로서의 인간의 역할에 집착하여 섭리 의식이 없고 지나친 결정론과 지나친 주의론 사이를 왔다 갔다 한다. 경건과 합리주의가 함께 유사한 광신주의의 부패에 빠진 것은 인상적이다. 양자가 모두 유한하고 피조물인 인간을 절대화하는 경향이 있다. 공동체 문제는 빵을 위한 굶주림과 땅의 자원을 위한 경쟁보다 이런 절대화의 허세로 인해서 더욱 혼란스럽게 되었다. 경건한 자들은 인간의 오만을 신의 심판에 복종하게 함으로써 완화시키려고 하고, 합리주의자들은 그것을 비판적인 합리적 검열 아래 두려고 한다. 둘 사이의 주된 문제는 역사의 가능성의 실현 문제를 두고 커진다. 성서적 신앙은 역사의 의미와 완성이 역사의 끝까지 단편적이며, 역사의 의미의 애매성이 감소되기보다 더욱 높아진다는 것을 받아들인다. 현대의 합리주의는 그리스 철학보다 역사에 대해 확신을 가지며 합리적 지성에 의해서 지배하려고 한다. 그러나 이러한 유토피아적 꿈들은 새로운 악을 역사 속에 도입한다. 왜냐하면 그런 것들이 제시하는 역사적 가능성들의 완성은 어떤 계급, 국가, 혹은 집단의 허세를 나타내는 데 지나지 않기 때문이다.(pp. 175-176)

그렇기 때문에 현대는 기술 문명의 맥락에서 질서와 정의 문제의 참을 만한 해결을 "하나의 입장의 진리 속에 있는 잘못을 다른 입장의 잘못 속에 있는 진리에 의해서(p. 178)" 찾아야 한다. 우리는 이런 역사를 현대의 민주주의 국가들의 정치론의 발전에서 찾을 것이고, 또한 기술사회의 역학 관계에서 경제와 정치 영역의 권력 평등화에 의해서 정의를 완성한 사회적, 경제적 전략들의 발전에서 찾을 것이다. 마지막으로, 서구 문화의 두 가지 각 구성 요소가 초기의 세계 공동체 속에서 평화와 질서, 정의 수립이라는 긴급한 문제를 위해서 할 수 있는 기능을 탐구하지 않으면 안 된다.(p. 178)

20. 민주적 정부 속의 유기체와 고안물(Organism and Artifact in Democratic Government)

모든 인간 공동체는 유기체(organism)이고, 인간이 생각해 낸 고안물(artifact)이다. 이 경우, 유기체란 최소의 의식적 고안이 작용하여 무의식적으로 자란 충성들(loyalties)과 응집의 형태들(forms of cohesion), 권위의 위계 구조들(hierarchies of authority)에 의해서 공동체가 통합됨을 의미하고, 고안물이란 공동체의 응집 형태들과 통합이 의식적으로 고안됐음을 의미한다. 인류 초기의 제국들은 제국의 응집이 군인과 성직자, 정치가에 의해서 이루어졌기 때문에 유기체라기보다 고안물이 맞다.(p. 179) 모든 초기 문명들은 고안물이라기보다 유기체에 가깝다. '사회계약'

이론을 아직 생각하지 못했기 때문이다. 왕조의 통치의 정통성 원리는 전통적 공동체의 유기적 성질의 심벌이다. 왕권이 계승되지 않고 시민이나 귀족들의 선택에 위임되면 공동체는 무정부적 혼란에 빠진다. 왕권 계승의 안정된 계승 원리의 부재가 로마의 멸망을 재촉했다. 그러나 왕권의 상속적 계승은 공동체의 질서와 평화를 위한 불의의 대가의 상징이다. 이렇게 볼 때, 기술사회의 민주주의 정부를 향한 발전 전체는 공동체의 질서를 무너뜨리지 않고 정의의 성취를 추구하는 것이다.(pp. 179-180)

전통적 정부의 불의는 새로운 사회 구조의 출현(예컨대, 현대의 산업의 출현)이 사회 질서의 유기적, 혹은 전통적 유지 방법에 도전할 때 중대되었고, 현대에서는 반항이 시작되었다. 여러 형태의 반항이 시작되었는데 정치 이론에서는 전통적 권위의 심벌인 왕권에 대한 반항이 시작되었다. 그러나 불행하게도 이런 반항은 정의와 질서 수립을 위해서 공동체의 유기체를 고안물로 바꾸기만 하면 된다는 인상을 주었다. 그래서 공동체의 유기적 요인들의 영구한 중요성이 모호하게 되었고, 질서와 정의 사이의 영원한 긴장 관계가 제거되었다고 생각하는 심각한 오류를 범하게 만들었다.(p. 180) 공동체와 정부를 인간의 의지와 이성의 고안물에 지나지 않게 보는 현대인의 믿음의 상징은 사회계약론이다. 이것을 Thomas Hobbes와 John Locke, Rousseau가 각기 다르게 주장했다. 그들은 시민사회 출현 이전의 신비로운 '자연의 상태'를 각기 설명했지만 그것은 원시적 사회의 특성과는 거리가 멀었다. 그렇지만 사회계약론은 모든 인간이 그들의 운명뿐 아니라 그들의 공동체의 운명까지 결정할 수 있는 힘을 가지고 있음을 표명했다. 전통적 사회에 대한 비판은 17세기에서 19세기 사이에 대두한 상업적, 산업적 공동체에서 정의를 강하게 추구하는 기풍의 영향을 받은 프랑스 계몽주의에서 꽃피었다. 그러나 그러한 비판은 공동체의 전통적 기구들이 불의의 대가를 치렀지만 사회 통합의 기구로 공헌했다는 사실을 모호하게 했다. 비판을 받았고 개혁이 시도된 공동체 통합의 기구는 정부와 사회적 위계 제도, 사유재산 제도이다. 이 세 가지는 밀접하게 서로 관계되어 있는데, 먼저 정부의 문제와 질서의 문제를 살펴보기로 한다.(pp. 181-182)

정부에 대한 반항은 중세 말에 농민 혁명으로 일어났는데, 그것은 현대의 중산층에 의한 전통적 사회 질서의 붕괴에 앞서 발생했다. 이러한 반항에 대해서 교회는 보수주의의 주도 세력이 되었으며, 종교적 권위는 전통적 사회의 보수주의의 일반적 경향을 강화했다.(pp. 182-183) Augustine은 평등을 신이 정한 것으로 이해했지만, 다른 한편으로는 정부와 사유재산, 사회적 위계제도를 죄의 구제책으로 보았다. 다시 말해서, 인간의 이기주의가 그러한 강제적이고 불평등한 통합을 필요하게 만들었다고 이해했다. 그는 "죄의 노예가 되기보다 인간의 노예가 되는 것이 낫다"라고 했다.(pp. 183-184) 이렇게 기독교 신앙은 예언자의 급진적 비판주의의 시각에서 벗어나서 현상유지의 기구의 방어자가 되었고, 심지어 통치자를 신성화했다. 정부에 대한 이런 태도는 피지배자의 명시적 동의를 받지 않은 정부는 불의할 수밖에 없다는 사실을 이해하기 어렵게 만들었다. 수립된 질서에 대한 종교의 존경은 성직자가 만든 것이 아니라 질서가 문제될 때는 자발적으로 발생하는 것이다. 짧게 말해서, 그것은 국가의 '위엄(majesty)'의 주된 요소이다. 위엄은 분명 권력보다 중요한 권위의 근원이다. 국가의 위엄은 다음과 같은 세 가지 주 요소를 가지고 있다. 1) 모든 왕조의 정통성의 원리로 상징화되는 역사적 특권. 2) 왕국의 신성 개념, 혹은 통치권을 신이 임명했다는 종교적 신성 분위기(religious aura). 3) 정의로운 통치에서 나오는 도덕적 특권.(pp. 184-485)

서구 문명 전체에 대한 교황의 통치 역시 종교적 신성을 주장했다. 정서적 종교의 엄격한 유일신론의 틀 안에서는 통치자에 대한 우상적 숭배는 불가능하지만 말이다. 그것이 우상 숭배로 비판을 받다가 종교개혁이 교황을 '적그리스도(anti-Christ)'라고 충격적인 비난을 했다. Dante는 종교개혁에 앞서 정신적인 것과 정치적인 것의 이상한 혼합에 대해 중대되는 증오를 표명했다. 그러나 Luther와 Calvin은 불의한 통치자에 대한 복종의 의무를 주장했다. 그것은 정치적 권력은 하나님에 의해서 임명되었다는 로마서 13: 1의 구절을 선하건 악하건 모든 수립된 정치적 권위에 대한 반항을 금지하는 것으로 극단적으로 해석한 종교개혁 사상을 반영하는 것이다. 이러한 태도는 폭군 살해의 정당성을 주장한 Aquinas의 입장과는 예리하게 반대되는 것이다.(pp. 185-187) John Knox는 불의한 통치자에 대한 예언들과 예수의 모든 비판을 도외시하고 로마서의 바울의 이 한마디 말만을 취하는 지나친 무비판주의에서 칼뱅주의(Calvinism)를 구해냄으로써 정치사에 상당한 공헌을 했다. 그는 인민이 통치자의 정의를 판단할 권리가 있는지 여부를 묻는 질문에 "무지한 통치자의 부패한 性情들이 신을 공경하는 백성들의 지혜와 분별에 의해서 완화되고 억제된다고 해서 나라가 무슨 해를 입겠는가?"라고 대답했다. "이렇게 해서 민주주의라는 낙타의 코를 비로소 종교개혁의 텐트 속으로 들이밀었다."(pp. 137-188) 그렇지만 모든 종교개혁자들은 루터가 농민 혁명자들에게 신경질적으로 나타냈던 무정부적 혼란에 대해 커다란 공포를 느꼈다. 칼뱅 역시 불의의 통치의 죄에 대한 징벌이 정당화될 수 있음을 시사하는 주장을 했다. 한마디로 말해서, 루터와 칼뱅은 정치적 권위에 대한 종교적 존경을 모순된 높이로 올려놓았다.(pp. 188-189)

이러한 양극 사이의 간격을 좁히고 두 가지 태도의 극단주의를 청산할 때 양자가 공히 안정과 정의를 누릴 수 있는 공동체 창출을 위해서 필요하게 될 때까지는 시간이 상당히 걸렸다. 정치적 권위에 대한 지나친 존경과 지나친 주의주의 사이의 모순은 17세기의 칼뱅주의에 의해서 매우 성공적으로 극복되었다. 스코틀랜드의 칼뱅주의적 입헌주의자인 Samuel Rutherford는 국왕과 국민 사이의 상호적인 시민적 의무를 주장했다. 그는 "군왕들이 존재하지 않지만 정부의 본질이 귀족 정치나 민주주의에서 안전하게 보존되었다"라고 했다.(pp. 190-191) 이렇게 해서 정부에 적절한 존경과 특정한 정부를 결정하는 국민의 동의의 원리 긍정, 유기체로서의 정부 개념과 고안물로서의 정부 개념, 권력을 넘어서는 요인들과 주어진 세대의 권력 내의 요인들 사이의 균형이 이루어졌다. 이러한 균형은 또한 최대한의 안정과 정의를 가진 정부의 창출이기도 하다.(p. 191) 영국의 역사에서는 왕조의 권력이 혁명에 의해서가 아니라 유기적인 역사적 과정, 곧 민주주의 이념 속에 내재하는 논리의 점진적 확대에 의해서 감소되었다. 미국의 경우는 헌법이 정부의 안정과 지속적 존엄의 상징 역할을 했다. 입헌 군주국 제도는 역사의 '섭리적' 힘의 산물이며 군주제주의자들이나 반군주제주의자들이 의도했던 것이 아니다. "그렇기 때문에 그것은 진리가 대립되는 과오들의 경쟁에서 나올 것이라는 데 대한 완벽한 설명이다."(pp. 193-194)

영국은 공동체의 역사적 통합에 대한 존경과 권위를 산업사회의 복잡성 속에서 자유와 평등을 조성하는 요인들과 세력들에게 합리적인 자발적 판별성과 결부시키는 지혜에 관한 한 가장 모범적인 해석자이다. 이 점에서 영국의 성취들을 프랑스가 독일의 그것들과 비교할 때, 이 두 나라가 영국보다 못하다고 해서 잘못은 아닐 것이다. George Santayana는 안정의 틀 속에서 자유를 수립한 영국의 재능에 대해서 찬사를 아끼지 않았다. 이 두 가지 접근을 결합하는 지혜가 Henry Ireton(1611-1651, 문인, 정치가)에서 Edmund Burke를 거쳐 Winston Churchill까지 일관되게 흐르고 있다. 우리의 권리를 위협하는 과도한 야망을 보다 효과적으로 견제할 수 있는 것은 이성에 대한 호소보다 역사적 습관에 의해서이다. 왜냐하면 각 정당은 그 주장이 합리적이라고 생각하는 바로 그 이유로 인해서 너무나 비타협적이기 때문이다.(pp. 194-195) Richard Hooker는 17세기에서 18세기로 전환하는 시기에 그 후의 칼뱅주의자보다 우수한 균형에 의해서 민주주의적 효소를 낡은 술과 결합시킬 수 있었다. 그의 정치적 재능은 암묵적 동의와 명시적 동의 사이의 관계에 대한 깨달음에 근거를 두고 있다. 그는 피지배자의 동의의 원리에 대한 기독교도들과 그 후의 합리적 이상주의자들의 이해가 너무나 단순하기 때문에 역사적 성취에서 비교적 정의로운 정부들로 인해서 발생하는 암묵적 동의를 적절하게 다루지 못한다는 사실 또한 알았다. 그는 많은 경우, 동의를 하는 사람들이 자신이 그렇게 한다는 것을 알지 못하고 동의한다고 했다.

특히, 좋은 법을 앞 세대로부터 이어받는 것은 중요하다. John Locke와 Edmund Burke가 Hooker의 정치 사상에서 배웠다. 이런 문제는 보다 궁극적으로 생각할 때, 인간이 그가 역사의 창조자이면서 피조물이라는 그의 위상을 어떻게 깨닫는가 하는 보다 일반적인 문제에 지나지 않는다. 이 문제를 무시하면, 17세기의 기독교 비주류교파들(sects)이 Cromwell의 독재 정치가 되고, 프랑스 백과사전학파들이 나폴레옹의 모험과 독재가 되며, 마르크스주의자들의 꿈이 스탈린주의의 악몽이 되는 사태가 벌어진다. 이러한 오류는 인간의 집요한 이기심의 충동들이 어떤 새로운 역사의 모습으로 나타난다는 사실을 고려하지 못하는 데에 따른 결과이다. 그리고 또 그것은 과거의 불의가 역사적으로 수립된 규범들과 인간의 과도한 야심을 제약할 목적으로 설정된 제한들에 의한 이기심을 제한하기 위한 전통적 사회들의 적극적인 공헌을 모호하게 했기 때문이다.(pp. 196-197)

21. 사유재산과 사회적 위계 제도 및 정의의 문제(Property, Social Hierarchy and the Problem of Justice)

이제 앞 장의 논의에서 보류했던 사유재산(property)과 사회적 계층화(social stratification)라는 두 개의 사회 통합 기구에 대해서 고찰해 보자. 사유재산은 분명 기구이지만 권위의 위계 구조(hierarchies of authority)와 그 결과물인 사회적 계층화는 기구로서의 성격이 애매하다. 그래서 잠정적으로 '정부의 수준 아래의' 기구라고 규정하기로 한다. 권위의 등급의 수립은 사회적 계층화를 가져올 수밖에 없다. 왜냐하면 특권 등급은 권위와 권력과 필연적으로 관계되기 때문이다. 사유재산의 기능은 그 기구(제도)를 도덕적으로 애매하게 만든다. 왜냐하면 자연과 노동의 혼합(John Locke)과 상속한 권력과 특권의 권리인 사유재산의 혼합은 도덕적 정당성의 상이한 범주에 속하기 때문이다.(pp. 199-200) 사유재산뿐 아니라 사회적 계층화도 도덕적으로 애매하다. 양자 모두 정의와 질서의 필요한 도구이지만 동시에 불의를 낳는다. 양자가 정부처럼 불의의 산물이다. 이러한 불의는 양자의 사회적 기능에 수반되는 경제적 및 그 밖의 특권이 그러한 기능의 필요 이상으로 과도해지기 때문이다. 양자로 인한 불의에 대한 반항은 17세기와 18세기의 급진적 기독교인들과 세속적 이상주의자들에 의해서 제기되었는데, 그런 반항은 무차별적(indiscriminate)인 경향을 가지고 있었다. 이러한 차별성(discrimination)의 결여는 자유와 평등을 역사 속의 단순한 가능성으로 보는 생각으로 표현되었다. 우리는 이 두 가지 문제를 다루는 데 있어서 그것들의 발생은 영구한 필연성이지만, 자유와 평등을 규제적 원리로 취급하여 그것들이 낡은 전통사회에서 보다 더 효과적이고 전통사회에 대한 급진적 반항처럼 단순한 가능성으로 여기지 말아야 한다. 이 과제 수행에서 우리는 복종과 지도력의 필요성 및 평등과 자유 사이의 구체적인 조절이 역사적 성장의 산물이며, 고도로 변동하는 사회 현실에 대한 적응이라는 사실을 알아야 한다.(p. 200)

먼저, 격렬한 반항으로 나타난, 증오심을 낳게 한 전통사회의 경제적, 정치적 상황에 대해서 예비적인 말을 해야겠다. 종교적 상상력은 현상유지를 쉽게 받아들이며 구조적 도덕적 현실을 단지 개인적 관계의 개인적 사랑에 의해서 완전하게 하려고 한다. 따라서 중세 교회가 중세 사회의 위계 구조를 받아들이는 정책을 취한 것은 이상할 것이 없지만, 중세 교회는 자연법의 원리들에 의해서 중세의 불평등을 악화시켰다. 이런 불평등 사상은 Aristotle의 견해와 구약성경의 부족사회의 조직에 호응한 것 같다. 그러나 중세 교회가 이스라엘의 통치자들의 불의를 신랄하게 비판한 히브리 예언주의의 통찰을 갖지 않았다는 사실은 매우 중요하다. 중세에도 그 현상유지 안에서 그리고 그것을 넘어서는 사랑을 권장했고 그 결과 '여성 자선가(lady bountiful)'와 '높은 신분에 따르는 도덕적 의무(noblesse oblige)'의 전통이 있었다. 그러나 그런 것들은 기독교 도덕의 근본 원리요, 핵심인 사랑이 사회 정의와 맺고 있는 관계를 이해하지 못했다.(p. 201) 그 결과, 사랑은 사회적 불의를 은폐하고 변명하는 '자선(charity)'이라는 나쁜 의미를 현대 사전에 올리게 되었다. 사랑이 이웃의 복지를 원한다면 그것은 어떤 사회적 상황에서도 결코 부적합하지 않지만, 사랑이 단지 개인적인 관계에서 표현되는 입장에서 규정된다면 그것은 정의의 구조가 사랑의 도구가 되어야 하는, 어떤 상황에 대해서도 부적합한 것이 된다. 뿐만 아니라 사랑은 쉽게 부패하여 힘있는 사람이 개인적인 관계의 자선을 삶의 기초적 조직의 정의의 실천 대신으로 사용하게 한다. 자선으로 힘있는 사람이 그의 선을 과시하지만, 정의의 경우 정의가 힘있는 자의 힘에 도전한다.(pp. 201-202)

중세 기독교는 봉건적 사회 구조가 가지고 있는 사회적 불의에 대한 자기만족으로 인해서 사회적 증오심을 낳게 했다. 종교개혁은 처음에는 그러한 상황을 악화시켰다. 루터는 정치적 권위에 대한 그의 존경에서 알 수 있듯이 농민의 사회적 욕망, 곧 반항에 대해서 무차별적 비난을 퍼부었다. 그는 불의에 대한 농민의 저항은 그리스도가 산상수훈에서 완전한 무저항을 명령했기 때문에 그리스도인의 권리와 일치하지 않는다고 주장했다. 그는 농민을 "누구든 찌르고 때리고 죽이라, 혁명처럼 해롭고 치명적이고 악마적인 것은 없다"라고 했다. 한 세기 후에

Samuel Rutherford는 "하나님의 자녀에게 저항은 인내와 고난처럼 자기보존을 위한 순진한 행동이다"라고 함으로써 루터의 그 같은 완전주의 논리를 시정했다.(pp. 202-203) 루터가 비난을 퍼부었던 16세기의 급진적 기독교 섹트의 재침례교도들(Anabaptists), Cromwell 군대의 좌측 비주류교파, 그리고 프랑스 혁명전의 철학자들은 이구동성으로 중세사회의 위계 구조를 도덕적으로 비난했고, 자유와 평등을 단순한 역사적 가능성으로 생각하는 그들의 믿음을 표명했다. Leveller교파의 지도자 John Liburne은 "남자와 여자는 본성에서 평등하며 힘과 존엄성과 권위와 위엄에서 한결같다. 아무도 권위나 지배, 혹은 고압적 힘, 곧 다른 사람 위에 군림하는 힘을 가지고 있지 않다"라고 했다. Reusseau는 "인간은 자유롭게 타고났지만 지금은 어디에서나 속박되어 있다"라고 선언했다. 전통적인 사회적 위계 구조의 불의에 대한 이런 반항들은 봉건적 질서의 불의를 비난하는 것으로서 옳은 것이다. 그러나 그것들은 사회적 위계 구조가 없는 사회를 조직하는 것이 가능하다고 생각하는 데 있어서는 틀린 것이다. Edmund Burke는 프랑스 혁명의 이러한 엄격한 평등주의의 잘못된 결과를 비판했다. 그는 이상주의자들의 추상적 도그마가 공동체의 질서를 정의의 표준에 맞추려고 하는 불타는 결의로 인해서 공동체의 유기적 통합을 파괴한다는 것을 놓치지 않았다.(pp. 203-204) 러시아 혁명은 프랑스 혁명이 막연하고 애매한 태도를 취했던 어떤 문제들을 논리적으로 완성했으며 프랑스 혁명의 제2장이라고 할 만했다. 러시아 혁명에서는 힘의 균형들이 전통적 사회의 그것들보다 훨씬 더 나빴다.(p. 205)

사회적 불의에 대한 이러한 증오들은 정당한 것이었지만 그것들은 사회적 통합 문제에 대해서 무지한 매우 부당한 사회철학을 내놓았다. 이러한 오류들은 충분히 이해할 수 있지만 우리의 일상 생활 속에는 사회적 위계 구조의 영원한 본질에 대한 부정할 수 없는 증거가 있다. 가족에서 출발하는 모든 공동체의 통합에는 권력과 능력이 복종을 하게 하는 역할을 한다. 사실, 가족은 모든 사회적 통합의 기초이다. 감상적인 말이기는 하지만, 우리는 사회 문제 전체를 가족 내에서 얻은 사랑과 권력의 협동을 보다 큰 공동체에서 재구축하는 노력이라고 할 수 있을 것이다. 물론, 가족이 힘과 사랑의 온전한 협동은 아니다. 현대 여성이 경제적 독립성을 갖기까지는 전통사회의 불의한 남성의 지배에 도전할 수 없었다. 대개의 자식들은 성년기의 반항에 도달하면 부모의 힘을 불의하게 느낀다. 가족의 수준을 넘어서면 우리는 사방에서 복종을 통한 삶의 통합과 협동의 패턴과 만나게 된다. 교사가 하나 이상 있으면 교장이, 학교가 하나 이상 있으면 장학관이, 교회가 하나 이상 있으면 감독이 존재한다.(pp. 206-207)

권력과 권위는 그것들의 기능이 보장하는 이상의 특권을 누리게 하는 경향이 있기 때문에, 그것들에 대한 비판은 흔히 그것들의 폐기를 주장하며 그것이 옳은 것처럼 보인다. 그러나 그러한 폐기는 결코 옳은 것이 아니다. 현대 사회가 참을 만한 정의를 이룩한 것은 공통된 경험과 사회적 경쟁에서 얻은 지혜가 사회적 위계 구조와 불의한 특권을 정당화하는 보수주의자들과 양자를 폐기하려고 하는 급진주의자들보다 현명했기 때문이다. 이 명제를 정당화하기 위해서는 자유와 평등, 사유재산과 위계 구조 사이의 상관관계를 검토하는 것이 필요하다.(pp. 206-208)

17세기의 영국 섹트주의자들과 18세기의 합리주의에서는 자유와 평등을 동일시하는 혼동이 있었고, 사유재산이 불평등의 근본적 원인이라고 보는 혼동이 있었다. 영국의 Leveller 교도와 Digger 교도는 자유주의자이며 평등주의자였다. 그러나 Digger 교파의 지도자 Gerrad Winstanley는 군왕의 정부를 폐하고 공화국 정부(commonwealth government) 수립을 주장했는데, 공화국 정부의 목적은 추측되는 바 원시적 공동 소유의 복구라고 했다. 그는 악의 시작이 '특정한 사랑(particular love)'에 기인하는 것으로 보고 사유재산의 폐지가 인간의 성격을 바꾸어 원시의 순진성인 '보편적 사랑(universal love)'을 회복하게 한다고 주장했다. 그는 이렇게 사유재산의 사회화를 주장함으로써 현대 마르크스주의를 예고했다.(pp. 208-209) 프랑스 혁명은 사유재산 문제에 대해서 애매했다. 자코뱅 당원들(Jacobins)은 적의 재산을 빼앗아 '애국자들'에게 주는 방법으로 해결하려고 했다. 그러나 모든 계몽사상은 정의와 평등을 자연법들의 하나로 보았으며, 그것은 미국의 독립선언에도 반영되어 있다.(p. 209) 17세기의 섹트주의자들과 프랑스 계몽주의의 이러한 자유와 평등의 막연한 동일시는 전통적인 정치적 강제성의 제거가 자동적으로 평등을 가져다 준다고 믿었기 때문이다.

이처럼 사유재산은 막연하게 불평등과 동일시되었지만, 그런 주장이 일관성을 유지할 수 없는 사태가 발생했다. 그것은 상업 계급(commercial class)의 출현으로 인해서였다. 17세기와 18세기에 사회적 불의에 항거한 혁명 세력은 처음에는 농민과 상업 계급이었고, 그 다음 단계에서는 상업 계급과 산업 노동자였다. 이 셋 중 사유재산을 갖고 있는 것은 상업 계급, 곧 중산층 계급뿐이었다. 그래서 농민과 산업 노동자만이 사유재산을 불의의 주요 원인으로 믿는 이데올로기적 이유를 갖게 되었다. 반면 중산 계급은 자유와 평등은 양립할 수 없으며 자유, 곧 전통적 제약을 받지 않고 그들의 자발성 행사의 자유로부터 평등이 나온다고 확신했다. 이제 중산층은 귀족과 동일한 평등을 얻었지만 그것을 산업 노동자들과 함께 나누기를 원하지 않았다. 여기서 부르주아 계급과 노동자 계급 사이의 내전이 시작되었다. 두 계급은 귀족적 봉건사회에 대한 투쟁에서는 동지였으나 이제 적대적이 되었다. 이것이 자유와 평등의 대립적 긴장 관계가 생긴 연유이다.(pp. 210-212)

이러한 투쟁의 시작 단계에서 노동자들은 마르크스주의 신조로 무장을 했다. 마르크스주의는 자본주의에 반대하여 자본주의가 평등과 정의를 조성하는 것이 아니라 그것에 의한 불의가 증대되고, 그것이 극에 달하면 혁명이 일어난다고 믿었다. 시장은 평등을 가져오리라고 생각했지만 그것은 고용주와 피고용자 사이의 힘이 동등하지 않기 때문에 가능하지 않았다. 공리주의자들은 계몽된 이기심(enlightened self-interest)을 주장하지만 그런 이론 역시 정의를 실현하기에는 취약성을 가지고 있다. 그 이유는 이기심은 계몽의 설득에 굴하기에는 너무나 강력하기 때문이다. 이렇게 보면 마르크스주의의 신조가 옳게 보이는데, 어째서 자본주의에서는 뿌리를 내리지 못하고 쇠퇴기에 접어든 아시아의 봉건사회에 적합한 것이 되었을까? 그것은 기술사회의 새로운 여건들 속에서 전통사회가 유기적인 적응을 했기 때문이다. 산업 노동자들은 자각을 하지 못했으며 분명한 철학 없이 당장의 불의의 특정한 형태들에 반대하는 행동을 취했다. 그들은 노동조합을 형성하고 그것을 키움으로써 집단적 행동의 힘을 갖게 되었다. 노동자들은 기술을 보유하게 되었고 집단적 행동을 하지만, 결코 중산층의 사회적 힘만큼 강한 힘을 가지지 못했다. 노동 계급의 집단적 힘과 중산층의 사회적 힘 사이의 상호 견제 작용은 현대사회를 혁명과 와해로부터 구해냈다. 두 사회 세력의 균형과 추구가 가져야 할 핵심적 중요성은 그것이 정의의 융통성 있는 도구의 역할을 해야 한다는 사실이다. 중요한 것은 사회의 통합을 위해서 불의가 얼마나 허용될 수 있는가 하는 문제가 아니라 운명을 개선하려는 희망을 질식시키지 않는 '개방된' 상황이 문제인 것이다.(pp. 212-213)

유럽에서는 의사 마르크스주의적 신조의 특성을 가진 산업 노동자의 정당이 형성되어 있지만 미국에는 엄밀하게 말해서 마르크스주의 운동이 없다. 그렇지만 정의와 안전을 위해서 정치적 힘에 의하여 경제를 제약하는 계급과 안전을 누리기에 족한 사유재산과 기술을 가지고 있기 때문에 경제에 대한 정치적 권위의 침해에 저항하는 계급 사이의 정당적 제휴 관계가 있다. 어쨌든 심각한 불의를 막기에 족한 정치적 힘과 경제적 힘의 균형이 잡혀 있다. 이 경우, 공동체의 건강과 정의는 전체 공동체의 차별적 판단보다는 각 그룹의 허세를 완화하는 비판과 균형을 유지하려는 경제적 힘이 과도해지고 억압적이 되지 않도록 힘에 의해서 유지된다. 짧게 말해서, 민주주의는 덕성 있는 사람들 사이에서만 효율적인 방법이 아니라 이익을 추구하는 사람들이 공동체에 손해를 끼치고 그들의 이익을 추구하지 못하도록 하는 방법이다. 모든 현대 국가들은 얼마나 많이, 혹은 얼마나 적게 경제 생활을 규제할 수 있는지 논의를 하지만, 거기에는 이상적인 해결이 없으며 아마도 오랫동안 해결책을 얻지 못할 것이다. 논쟁자들의 힘이 동등하고, 그들의 제안의 결과가 애매하기 때문이다. 어쨌든 완전한 경제적 자유는 불의를 가져올 것이 분명하다. 건강한 자유사회는 전 국민 투표 같은 넓은 기반을 가진 정치적 힘에 의해서 경제적 힘의 불평등을 평등하게 하고, 안전과 정의의 최소 기준을 설정하며, 시장이 이익으로 생각하지 않는 어떤 봉사를 공동체로 하여금 하도록 한다. 이러한 것들은 건전한 국가들이, 그들의 출발시의 방향이 자본주의건 사회주의건, 발전시키는 '복지국가'의 일반적인 최소한의 성취들이다. 노동조합과 복지국가의 성장이 기술 문명에서는 불의가 극도에 달하고 혁명이 불가피하게 된다는 마르크스주의자들의 역사적 논리를 부정했다.(pp. 213-215)

그렇지만 정의를 위해서 자유를 제한하는 데는 한계가 있다. 자유로부터 정의를 확보하려는 노력에 한계가 있는 것처럼 말이다. 우리는 이 시점에서 특별한 기능들이 얼마나 특권을 가져야 하는지, 그리고 질서 유지를 위해서 얼마나 많은 힘이 필요한지를 이론적으로 해결하지 못했다. 그렇지만 우리는 이기심이 없는 지성에 의해서가 아니라 이기심이 있는 지혜의 균형에 의해서 이들의 문제에 대한 알맞게 만족스러운 실천적 해결에 도달했다.(p. 216) 미국은 이 문제의 신비로운 핵심에 깊이 침투하지 않고 참을 만한 해결점에 도달했다. 그것은 어떤 유리한 환경들, 곧 넓고 개방된 대륙, 산업의 부와 생산성 및 유럽사회의 계급 구분과 증오의 타파가 계급투쟁을 완화한 것, 기회의 평등성, 증오 없이 잘못된 부의 분배를 허용할 수 있게 한 충분히 너그러운 사회적 기금의 공급 때문이다. 모든 사람이 부와 복지를 얻을 수 있으면 정의의 문제는 그리 심각하지 않고 특권의 분배의 불의는 격렬한 증오심의 원인이 되지 않는다. 그렇지만 미국의 이러한 조건이 그러한 문제들에 대한 해결의 원리들을 발견할 수 없게 만든다. 이 사실은 신생의 세계 공동체 형성 과정에서 미국이 가지고 있는 힘의 관점에서 볼 때 불행한 일이 아닐 수 없다. 다음은 이 문제에 대해서 고찰하기로 한다.(pp. 217-218)

22. 세계 공동체의 통합(The Integration of the World Community)

UN은 정확히 말해서, 인류의 의회가 아니며 세계의 연방이 아니지만, 인류 공동체 문제가 글로벌한 차원을 향해서 발전하고 있다는 하나의 상징이다. 그렇지만 UN이 세계 공동체의 문제들에 대한 희망은 아니다. 그 이유는 두 가지이다. 하나는 공산주의가 유토피아 비전을 가지고 전 세계를 통일하려는 것이고, 다른 하나는 공산권과 자유세계가 공멸이라는 무서운 가능성을 가지고 대립하고 있다는 사실이다.(p. 219) 세계의 통합을 위해서는 다양한 사회과학과 역사과학이 발전시킬 수 있는 합리적 판별의 모든 도구를 사용해야 한다. 특히, 기본적으로 필요한 것은 '문화적 지체(cultural lag)'를 극복할 수 있는 사회적, 정치적 과학들이다. 새로운 상황에 대처하도록 사람들을 도와주고, 하나의 세계에 대한 책임 및 그것의 위험을 깨닫게 하는 교육 프로그램을 기획하며, 세계의 표준에서 보면 천국 같은 사치 속에 사는 미국인들이 가난한 국민들을 도와주고, 기술적 도구와 기능이 그들의 가난 극복을 도와주어야 한다. 국가들이 정치적, 도덕적으로 통합되도록 인도하는 정치적 지도력 역시 요청된다.(p. 220)

이러한 모든 것에도 불구하고 검토해야 할 기본적 전제가 있다. 그 전제란 우리가 문제들을 다룰 수 있는 충분한 통찰과 기술을 가지기만 하면 된다는 생각이다. 역사에 영향을 미칠 수 있는 인간의 능력은 제한되어 있고, 인류의 공동 운명에 대해서 대립되는 이념을 가진 경쟁적 역사 창조자들이 존재한다. 그런데도 이상주의자들은 순수하게 고안물과 의식적 고안에 의해서 세계 공동체를 통합하려고 하고 세계 정부 수립을 꿈꾼다. 현실주의자들은 미국의 기술적 힘만 믿고 세계 공동체에서 미국의 최고권을 세우려고 한다. 이상주의자들도 현실주의자들도 유기적 요인들을 무시하고 단지 공동체의 고안물의 확대에 의해서 세계 공동체의 문제를 해결하려고 한다.(pp. 220-221)

새로 태어난 세계 공동체는 응집의 유기적 요인을 거의 갖고 있지 않다. 그것은 공통의 언어와 문화를 갖고 있지 않다. 하나의 공통된 요소는 혼란보다는 질서를 원한다는 것이다. 경제적 상호 의존성은 합의보다는 마찰의 원인이 되는 경우가 많다. '자연'에 가까운 유기적 요인들이 없을 뿐만 아니라 공동의 위험에 대처하는 동지의 기억 같은 역사적인 유기적 요인들도 없다.(pp. 221-222) 대신에 공산 진영과 자유세계가 UN에서 거부권 행사에 의해서 공존할 수 있게 했다. 아직 소수가 다수를 믿는 정도에는 도달하지 못했지만 말이다. 그런 믿음은 우리가 원하는 입헌적 도구가 기본적으로 요청하는 것이다.(pp. 222-238) 자유세계는 갑자기 등장한 미국의 힘과 권위에 의해서 통합되고 있는데, 그러한 미국의 힘의 우위는 자유세계의 통합을 위해서 귀중한 것인 동시에 정의를 위협하는 것이다. 만일 미국이 독재의 힘에 의한 통일을 피하려면 자유세계의 느슨한 조직이 독재 세계의 획일적 통합보다 오래 견뎌야 하며, 동조하지 않는 국가들의 충성을 얻으려는 노력에 있어서 공산주의보다 성공적이어야 한다. 공산주의 도그마는 모든 이해관계와 신념의 차이를 기본적 충성에 대한 배신으로 보기 때문에, 장기적으로 보면 러시아가 지배하는 동맹은 역사적 동력을 상실하고 결국 와해되고 말 것이다. 공산주의 도그마는 다양한 이해관계를 수용할 수 있는 도구나 경향성이 없기 때문에 힘의 거대한 동맹을 통합하는 것이 가능하지 않다. 그렇게 되면 자유세계의 느슨한 조직이 세계 공동체의 궁극적 통합에 도움이 될 것이다.(pp. 223-225)

세계 공동체의 문제 해결을 위해서 해결해야 할 난제들이 많지만 특히 두 가지 문제가 중요하다. 하나는 아시아의 비기술적 문명이 공산주의에 대해서 가지는 매력이요, 다른 하나는 세계적 위기가 미국에 부여한 지도력에 대한 미국의 의심스러운 능력이다. 공산주의가 아시아 국가들에게 매력이 있는 것은 농업 경제에 기초를 둔 죽어가는 봉건 구조의 사회적 사실들과 증오들에 대한 기술사회의 어떤 진단보다도 마르크스주의적 진단이 더욱더 적합하기 때문이다. 특히, 기술사회가 그 경제적, 정치적 삶의 원래의 불의를 시정하고 나서는 더욱 그렇다.(pp. 225-226) 현대의 아시아 국가들에게 기술로 무장된 유럽의 국가들과 미국은 제국주의적이었고, 아시아 국가들은 서구의 국가들에 경제적으로, 정치적으로 의존해 있었다. 그래서 아시아 국가들은 서구 국가들에 대해 심각한 증오심을 가지고 있었다. 이것을 이용하여 공산주의는 서구 문명을 제국주의라고 했고 자본주의마저 제국주의라고 매도했다. 게다가 섬세한 힘의 균형에 의한 정의 실현을 위한 긴 세월에 걸친 현대 기술사회의 시행착오적 삶의 서구적 방식은 아시아인들에게 설득력을 갖지 못했다. 그러나 우리는 이렇게 아시아 국가들을 매료시킨 공산주의가 기본적으로는 군사적 행동을 취하지 않는다는 점을 알아야 한다. 공산주의는 물론 불가피할 때는 군사적 전면전을 선택하지만 혁명적 압력과 음모의 기술이 성공적 효력을 거두는 한 결코 전면전에 돌입하지 않는다.(pp. 226-227)

미국이 세계 공동체 통합을 위해 요청되는 지도력에서 자질과 우수성을 결여하고 있는 것은 미국의 세계 지도력이 핵 시대에서처럼 놀라운 돌발 사항이기 때문이다. 그렇지만 그것이 돌발적인 것만은 아니다. 이미 Alexis de Tocqueville가 1835년 그의 저서 『미국의 민주주의Democracy in America』에서 미국과 러시아가 하늘의 뜻으로 지구 절반의 운명을 좌우할 것이라고 했다.(pp. 227-228) 미국의 가장 분명한 결격 사항은 세계 지도력이라는 너무나 큰 과제 수행을 위한 경험 부족이나 혹은 미국의 힘에 대한 오만에 있는 것이 아니다. "미국의 주요 문제들은 서구 문명이 역사적 운명에 대한 인간의 지배에 대해서 가졌던 모든 잘못과 환상을 강화하는 미국의 경향성에서 비롯된다. 우리는 역사의 여러 요인들에 의해서 역사적 운명을 인간의 지배 아래 두려고 생각하는 잘못에 대한 유혹을 받는다."(p. 229) 우리는 미국이 순진한 초기의 무능력보다 거대한 세계 무대에서 보다 더 무력하다는 사실에 아직 익숙하지 못하다. 미국에게 그렇게 우세한 힘을 세계 무대에서 부여하는 것은 기술적 우수함과 풍부한 경제력 때문이다. 게다가 미국이 헌법의 계약에 의해서 탄생되었다는 사실이 미국의 형성 과정에 있어서의 유기적 요인들, 곧 공동의 적에 대한 군사적 동지, 공통된 언어와 문화, 처녀 대륙의 근접성을 모호하게 한다. 그렇기 때문에 미국이 공동체들을 인간 의지의 단순한 고안물이라고 생각하는 것은 놀라운 일이 아니다. 이러한 확신들이 미국으로 하여금 역사적 좌절을 인내하지 못하게 하며 패배의 경험을 위해서 미처 준비하지 못하게 한다. 미국의 참을성 없는 성급함은 의식적 고안물을 초월하기 때문에 매우 소중한 공동체의 유기적 성장들을 파괴하는 경향이 있다.(pp. 228-230)

미국과 그 연맹국들의 당장의 문제는 공산주의와의 공존이다. 우리는 전쟁을 두려워하지만 공존의 가능성을 믿지 않는 것 같다. 권력욕과 인간적 자기기만이 섞인 공산주의의 독소는 계속될 것이다. 그러나 이미 말한 바와 같은 이유 때문에 공산주의의 위협은 그대로 지속되지 않을 것이다. 그런데도 우리는 미래에 대해서 마치 全知를 갖고 있다는 허세를 보이고 있다. 정치가는 역사의 의미에 대해서 완전히 회의적이고 역사의 드라마를 확신에 찬 역사철학으로서보다 새로운 것들의 출현의 연속으로 보는 것이 더욱 바람직하다. 정치가다운 슬로건은 "그날의 악은 그날로 족하다"가 되어야 한다. 이러한 지혜의 가장 완전한 구현은 Winston Churchill이다. 그는 공산주의와의 공존의 추구를 좋은 것이라고 설득하는 한편, 공산주의자의 의도를 너무나 순진하게 믿지 말라고 정치가들에게 경고했다. 그의 이러한 지혜는 고도로 개인적인 것이지만 전 유럽의 문화를 전형적으로 반영하는 것이다. 그것은 특별한 기독교적 통찰이라기보다 긴 세월에 걸친 경험의 산물이다. 이것은 상식과 성서적 신앙의 통찰이 일치한다는 것을 보여주는 것인데, 그러한 일치는 서구인들이 인간의 역사를 여러 가지 주제들과 드라마들이 가지는 단편성들, 그리고 비결론적 본성을 공통적으로 수용한 데에 기인할 것이다.

미국의 힘은 매우 강한데 미국은 역사의 좌절에 대한 경험이 많지 않다. 그래서 미국은 인간의 역사를 이해하는 데 시기상조의 결론에 도달할 위험성이 있다. 다시 말해서, 공산주의의 패배를 역사의 참된 종말로 이해할 위험성이 있다. 공산주의가 자본주의의 파괴를 역사의 종말로 생각했던 사실을 미국은 잊어서는 안 된다. 형제적 세계 공동체는 미운 적에 대한 승리라기보다 그 자체로 정당한 역사의 목표이다. 그런데 이 이상보다 덜 매력적인 두 가지 예측이 더 가능성을 가지고 있다. 하나는 핵 전쟁에 의한 세계적 파괴요, 다른 하나는 산뜻한 세계 질서가 수립되는 많은 발전의 시기가 오리라는 것, 이 두 가지 상황이다. 그러한 시기는 혼란을 고조시키지만 공동체의 가능성을 증대시킨다. 만일 우리가 충분하게 인내심을 발휘한다면 우리는 세계 공동체의 유기적 요인들을 점진적으로 개발할 것이며, 기회가 있을 때마다 삶의 세력들과 공동 생활이 이룩한 것을 입헌적 고안에 의해서 표현하고 완전하게 할 것이다. 미국은 역사의 경험에 의해서 스스로의 환상들을 제거하고 나면 이러한 발전들에 공헌하게 될 것이다. 개인적이건 집단적이건 모든 인간 존재의 단편성들이 충분하게 이해될 때, 그리고 인간의 창조성이 이러한 단편성들 속에서 작용하는 것에 만족할 때 인간의 창조성은 재앙의 위협 없이 새로운 창조의 가능성을 성취할 것이다.(pp. 230-233)

23. 현대의 개인과 집단의 운명(Individual and Collective Destinies in the Contemporary Situation)

민감한 개인들은 물론이요, 모든 개인이 국가와 문화, 심지어 보다 큰 문명의 복잡성 및 위험성과 관계를 맺고 있지만 그것이 개인의 고유한 문제를 해결하지 못했다. 개인은 여전히 위대하고 비참한 존재이다. 개인의 위대함, 혹은 존엄성은 그가 시간의 흐름을 초월하여 영원의 가장자리에 접한다는 사실에 있다. 그의 비참은 그의 죽음과 죄이다. 다시 말해서, 영원을 희구함에도 불구하고 유한한 삶에 지나지 않으며, 그의 삶의 단명하고 중요하지 않음을 피하려다 죄에 빠진다는 사실이다. 가장 훌륭한 집단의 과업도 짧은 생을 살고 죽는 자아의 약함과 무력함을 감출 수가 없다.(pp. 234-235) 상업 계급이 낳은 자유주의 사회는 개인주의적 인간에 대한 이해를, 농업 계급은 공동체의 전통적인 유기체적 개념을, 산업 노동자들은 마르크스주의적 집단주의를 제창했다. 그러나 이러한 집단적 해결은 부르주아적 삶의 지배적인 개인주의적 추세를 바꾸지 못했다. 개인주의적 신조는 개인의 의지가 공동체를 창조한다고 생각했다. 이러한 생각은 개인이 정당한 목적 자체라는 도덕적으로 잘못된 생각에 도달하게 했는데, 그러한 잘못의 고전적 표현이 다름 아닌 Immanuel Kant이다. 자아는 부단히 자신으로부터 나와서 공동체라는 보다 큰 목적과 관계할 때 비로소 자기를 실현할 수 있다. 그러나 개인은 또한 공동체보다 높은 목적을 가져야 한다.(pp. 236-237)

고립된 자아는 집단주의의 도전을 받게 되었다. 처음에는 국가에 대한 충성에 의해서, 그리고 나서는 나치주의와 공산주의의 도전을 받았다. 개인을 그 자체로 정당한 목적으로 보는 것이 아니라, 개인의 존재의 최종적 목적을 공동체 속에 강요하는 것은 참을 수 없는 일이다. 이렇게 해서 개인의 문제에 대한 집단주의적 해결과 개인주의적 해결 사이의 대립은 우리 세대의 심각하고도 비극적인 문제가 되었다.(pp. 238-239) 이러한 대립은 여러 원인들에 의해서 초래되었지만, 특히 두 가지 원인을 지금의 논의의 맥락에서 지적할 필요가 있다. 자아는 공동체와 관계되어 있으면서 점점 포괄적인 역사적 과정과 관계된다는 사실과 개인은 어떠한 공동체도 줄 수 없는 궁극적 의미를 추구한다는 사실이다. 우리는 이와 같은 개인과 공동체 사이의 문제 해결의 근원을 성서적 신앙에서 찾아야 한다. 그러한 신앙은 그리스도의 삶과 죽음과 부활이라는 특별한 역사적 드라마이다. 이것은 궁극적 신비를 인간의 드라마의 신비와 관계시킴으로써 후자가 전자에 의미를 부여해 준다.(pp. 240-242)

성서적 신앙에 의해서 수립되는 의미의 틀은 역사의 개인적 및 집단적 드라마에 의미를 부여한다. 지상의 모든 심판을 무의미하게 하는 신의 권능의 위엄은 그의 자비와 사랑의 위엄과 하나이다. 그리스도의 계시로 수립된 역사적 의미는 역사의 드라마보다 넓고, 개인의 자유를 포함할 만큼 충분히 높으며, 인간 역사 속의 자유의 부패를 식별할 수 있을 만큼 충분히 현실적이다.(p. 243) 성서적 신앙에 의하면, 개인은 공동체의 심판보다 심각한 심판, 곧 이웃에 대한 사랑의 규범의 심판을 받는다. 그러나 그리스도의 계시의 핵심에 의해서 해석되는 심판들은 결코 사회적으로 부적합하지 않다. 그것들은 개인이 그의 행복 추구를 위해서 공동체를 부정하게 하지 않는다. 신자가 경배하는 하나님의 평화는 초자연적 平靜의 초연성이 아니라 십자가의 승리의 평화이다. 개인은 모든 사회적 관계와 과정이 지닌 의미를 왜곡하거나 무화시키는 자유와 그러한 자유의 고독함을 가지고 있다. 이러한 그의 위대함도 유한한 삶이라는 모순을 동시에 가지고 있다. 삶의 단편적 성격을 감추거나 부정하려는 모든 노력은 삶에 고통과 슬픔을 더한다. 이러한 상황은 어떤 사람에게는 절망을 안겨줄 것이고, 어떤 사람에게는 그리스도를 신비의 열쇠로 받아들이게 할 것이다.(pp. 243-244)

기독교 신앙이 개인과 집단의 문제에 대한 이해를 위한 적절한 의미의 틀을 제공한다는 명제가 곧 개인과 공동체의 관계에 대한 모든 문제의 해결을 의미하지는 않는다. 그 문제는 서서히 우여곡절의 과정을 거쳐서 해결된다. 개인의 자유와 안전은 흔히 종교적 반대를 무릅쓰고 획득되었다. 신의 경험은 공동체가 강요하거나 설득할 수 없는 것으로서 철학자 Whitehead가 말한 대로 종교는 '인간이 고독하게 행하는 것'이다. 종교개혁도 교회나 사제의 매개 없는 회개에 대한 신의 용서를 받을 수 있는 권리를 주장했다. 그러나 개인의 종교적 경험은 신자의 공동체의 규제가 없으면 자의적이 될 수 있다. 그래서 모든 신자가 사제를 믿는 종교개혁도 궁극적 차원에서는 교회의 권위를 제한했지만 교회의 중요성을 부정하거나 감소시키지 않았다. 가톨릭교회가 자유(liberty)에 대해서 말할 때도 정치적 질서의 시간 및 당장의 목적들과 계획들을 초월하는 '영원한 목적'을 개인이 추구하는 자유를 말한다. 이것이 권위주의적인 종교적 공동체와 전체주의적인 정치적 공동체 사이의 차이로서 매우 중요한 의미를 가지고 있다.(pp. 244-245)

이 점에서 볼 때, 종교개혁은 교회의 권위에 대해서 극단적인 항거를 했으며, 루터는 두 개의 영역에 지나치게 사로잡혀서 시민 생활의 지상의 영역을 철저한 정치적 통제 아래 있다고 봄으로써 용서와 자비와는 전혀 무관하게 보았다. 후기 칼뱅주의(later Calvinism)는 그러한 정치적 권위의 절대 강조로부터 다른 결론을 도출했다. John Milton은 "가이사의 것은 가이사에게 돌리고, 하나님의 것은 하나님께 돌리라"는 구절을 인용하면서 루터와 달리, "나는 나의 양심을 하나님으로부터 받았다. 그렇기 때문에 나는 가이사에게 복종할 수 없다"라고 했다. 이러한 신념 없이 자유사회가 창출될 수 없었다. 그렇지만 개인의 양심은 엄격한 자유주의자들의 주장처럼 절대로 확실한 것이 되지 못한다. 그렇기 때문에 대개의 민주주의 국가들은 종교적 정신의 양심의 명령을 제약하는 공통된 품위와 공공질서의 어떤 표준을 주장한다. 뿐만 아니라 최근 수십 년 동안, 독재자에 대한 가장 효율적인 저항은 고립된 개인들이 아니라 정치적, 과학적, 문화적 및 종교적 공동체로부터 지식을 얻은 개인들에 의해서였다.(pp. 246-247)

문제가 이렇게 복잡하기 때문에 기독교 공동체들의 공동체에 대한 개인의 문제 해결은 느리고 우여곡절의 설명을 필요로 한다. 그러나 다른 이유가 여기에 작용한다. 거기에는 두 가지가 있는데 그것들의 도움 없이 종교적 신앙만 가지고는 개인이 공동체의 엄청난 중압에 대항하여 자기를 온전히 유지할 수가 없다. 그 하나는 공동체의 허세에 대항하는 종교적 정신을 가진 자존심뿐 아니라 습관과 전통의 권위로부터 독립된 결론에 도달하기 위한 비판적 능력이요, 다른 하나는 개인이 예술과 기능, 공동체의 삶에서 고유한 공헌을 하는 과학과 예술의 창조적 자원들이다. 이러한 자원들을 공급하는 것은 문화의 분야들이지 신앙이 아니다. 그렇기 때문에 개방된 사회 속의 개인의 자존심과 통합을 양자 중의 어느 하나에 있다고 보는 것은 무익한 일이다.(pp. 247-248) 개인의 자존심과 자유, 그리고 공동체의 조화와 정의 사이에 갈등이 있는 것처럼 개인적 도덕과 사회적 도덕 사이에도 갈등이 있는데, 그 이유는 기독교가 개인과 공동체 양자에게 불가능한 규범을 제시하는 잘못 때문이 아니라 '그리스도의 십자가'의 계시가 궁극적으로 본 인간의 상황에 관한 진리를 창출하는 것이 아니고 단지 밝히기 때문이다.

기독교 신앙이 밝힌 인간의 상황이란 자아가 너무나 좁게 자신을 추구하면 자기를 파괴할 수밖에 없다는 것, 즉 자아가 자기를 실현하기 위해서는 자기를 망각해야 한다는 사실이다. 그러한 자기망각이 보다 궁극적인 형태의 자아실현의 망각성으로부터 나온다는 판단에 의한 것이 아니지만 말이다. 십자가의 윤리는 자아성의 구성, 바로 그것에 의해서 주어지는 규범을 밝힐 뿐 창조하지 않는다. 자아가

덕과 행복, 혹은 자아실현을 너무나 직접적으로, 또는 끈덕지게 추구하지 않게 하는 것은 이러한 자아성 때문이다. 이것이 자아성의 구성, 바로 그것이 공통의 은혜를 포함한 '은혜(grace)'를 사리 분별(prudence)보다 구원의 효율적 도구로 만드는 이유이다. 이것은 너무나 분명하기 때문에 사리 분별을 찬양하는 문화 속에서도 영웅들과 순교자들, 그리고 용감한 사람들, 그러니까 자신의 이익을 돌보지 않는 사람들에게 무심코 존경을 표한다. 이렇게 해서 인간의 자아성의 최종적 패러독스는 사리 분별 이상의 아무런 삶의 지혜를 전혀 이해하지 못하는 문화 속에서도 빛이 난다.(pp. 249-250)

개인의 양심과 공동체 사이의 갈등은 제거되어서는 안 된다. 그것이 개인과 공동체 양자를 위한 지혜와 은혜의 근원이기 때문이다. 그렇지만 그것이 인류의 도덕적, 종교적 삶의 혼란의 근원이 되지 않으려면 기독교적, 혹은 합리주의적 완전주의가 모호하게 만든 개인과 공동체에 관한 어떤 사실들을 밝혀야 한다.(p. 250) 개인에 관한 한 분명한 사실은 아무도 자아성의 구성, 바로 그것에서 주어진 규범을 완전하게 실천할 수 없다는 사실이다. 모든 사람은 자아실현을 당장에 그리고 너무나 성급하게 성취하려는 죄를 범하게 된다. 우리는 사랑의 법을 성취하려고 하지만 그것에 위배하는 모순을 궁극적으로 생각할 때 비로소 안다. 그러한 경험에서 우리는 '그리스도의 사랑'이 단순한 가능성이 아니라는 것을 안다. 그래서 모든 민감한 크리스천은 공동체가 가장 완전한 인간조차 그것으로부터 자유로울 수 없는, 바로 이러한 잔재적 이기적 이익을 다룰 수밖에 없다는 사실을 이해한다.

개신교든 가톨릭이든 전통적 기독교는 많은 잘못, 특히 반계몽주의와 문자주의의 잘못을 범했지만 현대 세속주의와 진보적 개신교가 모호하게 만든 자아의 사랑과 이기심에 대한 성서적 이해를 보존하는 한 공동체에 대한 지혜의 근원을 가지고 있다. 자아성에 대한 이 같은 성서적 이해로부터 도출한 지혜는 자아의 존엄성을 보호하고 공동체를 자아의 이기심으로부터 보호하는 정치적 도덕의 구성을 위해서 적합할 뿐만 아니라, 가족과 같은 친밀한 집단의 사회적 관계에 대해서도 적합하다. 어머니와 자녀 사이에서도 사랑하는 어머니는 사춘기가 된 아이의 반항을 아이의 ego의 불가피한 주장이라고 이해할 때 현명하게 다룰 수 있다. 하나 이상의 자녀를 가진 어머니는 정의의 판단이 가장 공평한 사랑을 위해서도 필요한 도구라는 것을 발견한다. 이렇게 윤리적 생활의 궁극적 차원은 참을 만한 평화와 정의의 근사적 목적들(proximate ends)과 관계를 가지고 있다. 이러한 근사적 목적들의 조직화는 서로 충돌하는 이익과 권리, 선택한 행동의 예측되는 결과에 대한 빈틈없는 판단을 요구한다. 사회적 관계가 복잡해질수록 지적 이론이 더욱 필요해지며, 이는 사회적 도덕의 도구가 된다.(pp. 250-251)

공동체 안의 사회적 관계들은 개인이 사랑과 이기심을 함께 가지고 있다는 것을 알고 있으면 보다 지혜롭게 질서를 유지할 수 있다. 공동체, 현대에서는 국가 공동체의 윤리는 공동체의 도덕적 감각이 개인의 그것보다 낮은 수준일 수밖에 없다는 사실이 이해될 때 비로소 다른 공동체들과의 관계가 현명하게 처리될 수 있다. 공동체 사이에서 이해관계를 조화시키는 현명한 이기심은 희생적 사랑이기보다 공동체의 최고선(summum bonum)이어야 한다. 그러나 공동체 안의 개인의 양심이 공동체 밖의 삶의 복지에 관심을 갖지 않으면 국가의 집단적 자기관심은 보다 좁고 자기패배적으로 표현이 된다. 그래서 사랑은 공동체의 삶을 위해서도 적합하며, 개인의 양심은 순수한 형태 그대로 직접적은 아니어도 어떠한 형태로든 공동체의 행위에 대해서 관심을 가져야 한다.(pp. 252-253) 개인은 공동체가 실현할 수 있는 것보다 높은 목표를 설정할 수 있기 때문에 현대 문화는 유토피아주의 문제를 가지고 있다. 기독교인들(섹트주의자들)과 나치즘이 유토피아를 꿈꾸었다. 문화의 다른 부문(공산주의자들)도 유토피아를 세우려고 했다. 그러나 그것은 기독교인들과 나치즘의 유토피아보다 더욱 큰 혼란의 근원이 되었다. 인류가 도달한 것과 추구하는 것 사이의 관계는 인간 존재의 미해결의 문제이다. 이 문제에 대한 성서적 신앙의 대답은 오래전에 어떤 크리스천들이 내버렸고 현대인들이 전혀 타당성이 없는 것으로 여겼다. 그러면 성서적 희망이 인간의 자아성에 대한 이해의 궁극적 열쇠를 줄 수 있는지 여부를 검토해 보기로 하자.(pp. 253-254)

기독교적 희망은 신의 신비가 가지고 있는 의미의 기독교적 계시인 그리스도의 십자가에 못 박힘과 부활이 핵심이다. 부활은 그리스도가 십자가에 못 박힌 역사적 사건이라는 것을 정직한 학문은 증명할 수 없다. 부활하여 '살아 있는 주(the living Lord)'의 체험은 그의 제자들의 개인적 체험은 아닌가, 혹은 빈 무덤의 이야기에 의해서 후에 정당화되었고 선명하게 된 것은 아닌가 하는 문제가 있다.(p. 254) 그러나 이 희망을 전혀 믿을 수 없는 것으로 거부하기에 앞서 그것이 논리적 일관성으로는 이해할 수 없지만, 그보다 으뜸가는 '경험으로' 이해되는 사실들이라는 성서적 신앙의 기본적 특성들의 최고 정점의 하나라는 사실을 인정하는 것이 좋을 것이다. 부활의 이념이 밝히는 자아에 관한 사실들은 인간의 자아의 안티노미의 이해를 위해서 지극히 중요하다.(p. 255) 그러한 사실들은 다음과 같다. 1) 자아는 그의 최종적 자유에서는 자연과 시간의 여건들을 초월하며, 또한 그것들 속에서는 완성될 수 없다. 2) 자아는 이 같은 정신의 자유와 육체의 유기체와 혼의 통일이며, 이것이 그리스의 플라톤적 사상이 주장했던 죽음의 육체로부터 불멸의 혼을 해방시키는 것을 생각할 수 없게 한다. 3) 자아의 자유는 단지 죽음의 부정을 주장해야 하는 존엄성이 아니라 궁극적으로는 비난받을 만하다는 것이 밝혀지는 이기적 자기관심의 부패를 포함하고 있다. 4) 개인의 부활은 인간의 역사 전체를 완성하는 '전반적' 부활과 관계되어 있으며, 그것이 수난의 구세주가 권세와 영광으로 재림하는 것과 관련되어 있다.(pp. 255-256)

맺음말로, 개인적 자아성의 완성의 희망과 전체 역사의 드라마의 완성의 희망 사이의 밀접한 관계에 대해서 말해야만 한다. 개인적 자아는 육체적 유기체에 근거를 두고 있는 것처럼 집단적 역사 속에 근거를 두고 있다. 개인의 완성은 역사 전체의 완성 없이는 불가능하지만 전체 역사의 완성이 개인을 위한 의미의 적절한 완성을 부여하지는 않는다. 모든 타당한, 또는 타당성이 없는 개인의 드라마들을 역사의 드라마의 풍부함과 다양함을 모호하게 하지 않으면서 어떤 지적 이해의 도식 속에 담을 수는 없다. 죄의 용서와 영원한 삶은 우리의 모든 단편적 의미들에 대해서 부적합하지 않으면서도 우리의 이해를 초월하는 힘과 목적에 근거한 의미 있는 신앙의 정점이다. 인간의 자아성은 모든 합리적인 지적 이해의 시스템을 초월하지만 신앙과 희망의 이해 저편에 있지 않은 높이와 깊이를 가지고 있다.(pp. 256-257) 인간의 자아성과 그것의 역사를 합리적인 지적 이해의 틀 안에서 해석할 것인가, 혹은 의미와 신비의 틀 안에서 해석할 것인가 하는 문제를 요약해 보기로 한다. 자아성의 영역 속에는 모든 합리적인 지적 이해의 시스템을 넘어서 신비로 향하는 직접 경험된 현실들이 있다. 그러한 현실들, 혹은 사실들은 자아의 자유와 책임성, 자아의 죄와 범죄(guilt), 자유와 육체적 유기체의 통합 및 자아가 가질 수 있는 다양한 드라마와의 대화이다. 그러한 사실들은 신비의 영역으로 초월한다. 그러나 순수한 신비는 순수한 지적 이해처럼 의미를 파괴한다. 성서적 신앙의 특성은 직접적으로 체험되는 현실들에 대한 이해의 열쇠를 주는 궁극적 신비의 의미의 섬광을 신앙에 의해서 식별한다는 데 있다. 존엄성을 가지고 있는 삶의 단편성과 유한함은 인간의 능력을 초월하는 완성의 약속에 의해서 의미를 갖게 되는 신비이다. 역사의 다양한 패턴들은 의미가 신비한 명암(penumbra)을 가질 때 비로소 의미의 틀에 들어맞게 된다. 성서적 신앙에 의하면, 개인과 삶의 전체 드라마의 목적은 죄의 용서와 부활의 영생이다. 이러한 신앙, 혹은 희망은 합리적으로 이해할 길이 없다.(pp. 257-258)

개인이 그의 삶이 단편적이라고 느끼는 것은 자아가 어떤 역사적 상호 관계와 맞지 않는 차원을 가지고 있다는 것을 증명한다. 자아의 자유가 이기적 자기애의 모순을 가지고 있다는 것은 모든 역사적 심판을 초월하는 하나님과 만날 때만 알게 된다. 과거 수십 년 동안 믿었던 역사의 진보 이념은 핵 전쟁의 위험에 직면한 시대의 현실에서는 적절한 원리가 되지 못한다. 자유, 그리고 자연과 역사의 구조의 통합인 자아는 불멸의 혼, 혹은 정신이 죽는 신체에서 해방될 수 있다는 모든 희망을 무효로 한다. 성서적 신앙과 희망은 추론적으로 진리임을 증명할 수 있지만 그러한 추론은 그것들에 대한 투신적 헌신(commitment)을 갖게 하지 못한다. 그런 투신적 헌신은 자아의 존재 의미의 어둠이 자아의 정신의 유한성보다 마음이 허세에 의한 것이기 때문에 회개의 전제 없이는 가능하지 않다. 역사의 드라마의 많은 사실들과 결과들이 합리적으로 관련되어 있지만 그것들이 식별되는 의미의 틀은 신비의 영역과 관계되어 있기 때문에 신앙에 의해서 이해되어야 한다. 항상 남는 궁극적 문제는 신비가 절대적이어서 역사의 드라마의 의미를 부정하는가, 혹은 신비의 의미의 열쇠가 '어둠 속에 비치는 빛'으로서 인간의 역사의 이상하고 다양한 드라마들을 부정하지 않고 밝히는가 하는 것이다.(pp. 259-260)

4
금이 간 니버와 틸리히의 우정
✠

　니버는 그의 『자아와 역사의 드라마』에서 프로이트를 비판했을 뿐만 아니라 신프로이트주의자들도 비판했는데, 후자 속에는 그의 동료 Tillich도 포함되어 있었다. 더욱이 니버는 『자아와 역사의 드라마』에서 신을 '존재(being)'로 규정하는 입장을 비판했는데 그것은 이름을 지적하지 않았지만 틸리히의 사상을 비판한 것이었다. 니버의 비판의 대상이었던 틸리히는 '존재론자(ontologist)'이며 합리주의자로서 성서적 종교의 드라마적이고 역사적인 민감성을 '존재'의 철학적 구조들로 축소시킨다. 초대 교부 Origen이 그런 사상을 주장한 최초의 학자이며, 틸리히가 시간 속에 있으면서도 시간을 초월하는 모순된 자아를 정신으로 축소시키고 정신을 형식과 동일시함에 의해서 극복하려고 했던 학자들 가운데 가장 최근의 학자라는 것이 니버의 비판이다. 니버는 Augustine이 한동안 성경의 드라마적 신앙을 존재론으로 흡수시킨 Origen의 유해함에 깊은 관심을 가졌던 것처럼 그가 틸리히의 영향에 관심을 집중하고 있다고 선언했다. 니버는 1952년에 틸리히에 관한 논문집에서 다음과 같이 썼다. "만일 Karl Barth가 존재론적 사유들을 그것들이 복음의 케리그마를 모호하게 하거나 무디게 하는 것을 두려워하는 우리 시대의 Tertullian이라면 틸리히는 우리 시대의 Origen이다." 그렇지만 니버는 Tertullian이 아니라 Augustine처럼 되기를 원했다. 그는 "바르트와 틸리히, 그리고 나 자신에 관해서 말한다면 나는 Tertullian이기를 원하지 않는다. 그는 너무나 반계몽적이다. 나는 차라리 Augustine과 겨루고 싶다"라고 말했다.[8]

　1930년대에 니버와 틸리히는 절친한 친구였다. 그런 우정은 제2차세계대전 동안에도 계속되어 독일인 구제와 정치적 문제들에 있어서도 밀접한 관계를 유지하

---

[8] 같은 책, p. 257.

면서 함께 활동했다. 그러나 두 사람의 관계는 대전 동안에 식어가고 있었고 전후에는 그것이 더욱 심해졌다. 1950년대의 두 학자의 지적 논쟁은 니버가 Scarlett에게 말한 바에 의하면, 교회사 속에서 오랜 역사를 가지고 있는 논쟁이었다. 그러나 그것은 니버가 글로는 지적할 수 없는, 틸리히에 대한 개인적인 갈등도 부분적인 원인이 되었다. 틸리히는 다년간 성적 탈선에 빠져 있었다. 그것은 걷잡을 수 없는 성적인 난잡함이었다. 니버는 자신의 여학생들 중 한 명을 그의 연구실 근무 시간에 틸리히에게 소개했다. 틸리히는 그 학생을 환영하고 연구실 문을 닫았다. 그리고 그녀를 희롱했다. 그 여학생은 그 에피소드를 니버에게 말했다. 니버는 틸리히를 결코 용서할 수 없었다.[9]

그러나 이러한 사건을 떠나서도 니버는 틸리히의 행동과 그것과 관계된 그의 지적 시각을 참을 수가 없었다. 틸리히의 개인적 종교는 미학과 심리학으로 깊게 물들어 있었고, 때로는 일종의 자연 숭배와 흡사했으며, 그의 윤리학은 죄와 책임을 강조하지 않고 통전성(wholeness) 수립과 존재의 충만한 경험을 강조했다. 그는 니버보다 새로운 경험에 대해서 개방적이었고 예술과 음악의 세계에 대해서 개방적이었다. 그는 정신으로만 산 것이 아니라 그의 감각으로도 살았다. 이와 달리, 니버는 그의 감각을 살리지 못했으며 느끼고, 냄새 맡고, 만질 수 있는 감성을 가질 수 있는 충분한 휴식을 취하지 못했다.[10]

틸리히는 그의 감성에 사로잡혔기 때문에 양심의 역할을 경시한 데 비해서 니버는 도덕 생활에 집중했다. 틸리히는 두 학자가 공동의 관심을 가졌던 사회적, 정치적 관심으로부터 점점 더 멀어졌다. 틸리히에게 책임은 자신의 자아에 대한 책임, 곧 자기완성을 위한 조정과 발전과 도달이었다. 니버는 40년 전 그의 첫 설교에서 "누구든지 자기의 생명을 얻고자 하는 자는 그것을 잃을 것"이라고 설교한 입장을 그대로 지속했다. 그에게 인간적 성취는 인간이 자신의 시대의 역사적 투쟁에 관여하는 것의 부산물로서 오는 것이었다. 인간적 성취는 직접 추구할 수 없는 것으로서 심리적 치유나 선한 삶의 성실한 추구에 의해서 주어지는 것이 아니

---

9) 같은 책, p. 257.
10) 같은 책, p. 257.

다. 두 학자는 성서적 드라마 대 존재론을 두고 논쟁을 했으며, 틸리히는 출판된 논쟁에서 어렵지 않게 승리를 거두었다. 1950년 중반에 니버는 보다 방어적이었다. 반면 틸리히는 유니온신학교와 교회, 넓게는 미국 사회 전반에 걸쳐서 떠오르는 별이었다. 니버의 문화적 영향은 경제적 파탄과 전쟁, 냉전의 위기 때 절정에 달했다. 그는 희생과 종교적 신앙을 다시 찾는 시기를 위한 강한 결의를 가지고 있었다. 틸리히는 풍요와 안락과 자기만족을 위한 신학자였으며, 또한 그것들에 불가피하게 따라오는 不安을 위한 신학자였다. 무신론자들조차 그의 『존재의 용기 The Courage to Be』와 『터전의 흔들림 The Shaking of Foundations』을 구독했다. 그는 대중적 도덕학자 이상이었으며 뛰어난 능력을 가진 독창적인 사색가였다. 그는 전문적인 철학자요, 체계적인 신학자였다. 그가 니버의 추종을 불허한다는 것을 니버 자신도 잘 알고 있었다. 틸리히의 박식과 상상력은 니버를 놀라게 했다. 대전 후, 니버는 바르트를 연구하지 않은 것처럼 틸리히의 이념들을 알려고 하지 않았고, 그들과의 논쟁을 그가 강한 분야인 윤리와 정치로 돌렸다. 바르트가 정치적으로 순진하다면, 틸리히의 철학은 무익한 추상들의 미로였다. 틸리히는 역사적, 윤리적 책임성을 무시한다. 그러나 아이러니컬한 것은 1950년대의 문화적 흐름은 틸리히가 윤리적 사상가로서도 명성을 누리게 했다는 점이다. 다시 말해서, 그를 현대적 삶의 불만족에 대처하는 권위자로 만들었다.[11]

니버의 좌절은 마침내 1956년 출판물에서 폭발되었다. 그러나 그는 틸리히를 그의 홈그라운드, 곧 현대 미술에서 공격함으로써 사태를 더욱 악화시켰다. 틸리히는 TV 인터뷰에서 Picasso의 〈게르니카(Guernica)〉가 개신교 기독교의 걸작이라고 했다. 니버는 피카소의 그 그림을 틸리히가 그렇게 평가한 데 대해서 불쾌감을 나타냈고 피카소를 유명한 공산주의의 동조자라고 시대착오적인 비난을 했다. 니버는 그 그림이 기독교 개신교적이 아니다. 왜냐하면 피카소는 세계를 지리멸렬하고 비극적으로 보지만 거기에는 구원이 없고 비극을 넘어서는 길이 전혀 없기 때문이라고 했다. 니버는 어색하게 자신의 평이 미학에 대해 무지한 사람의 반

---

11) 같은 책, p. 258.

응에 지나지 않는다고 했다. 그러나 그는 이전의 친구였던 틸리히에게 그와 같은 사람이 기독교와 예술에 대해서 침묵을 지키는 것이 좋겠다고 주의를 환기시켰다. 틸리히의 대답은 침착하고 확고했다. 그는 현대 예술을 환영하고, 두려워하지 말자고 했다. 우위에 있는 틸리히는 사실 폭발로 대응할 필요성을 느끼지 않았다. 틸리히의 우월함은 그가 유니온신학교를 은퇴하고 나서 하버드대학교의 유니버시티 프로페서(university professorship)로 취임하는 것으로 나타났다. 그 자리는 1942년 Conant 총장이 니버에게 제의한 것이었다.[12]

---

12) 같은 책, pp. 258-259.

5
지병의 악화와 Karl Barth와 Billy Graham에 대한 니버의 비판

✣

　인간 행위에 대한 심리학 전문가들을 비판했으며 심리 치료가 가져오는 정신적 안정에 당황한 니버였지만 그는 그의 가족의 쓰라린 경험에서 어떤 경우에는 전문적 심리 치료가 필요하다는 것을 알고 있었다. 1955년에 그는 그의 두 형제가 가졌던 심리 요법이 그에게도 필요하다는 것을 알고 있었다. 그는 1954년 8월에 『자아와 역사의 드라마』를 완성했는데, 하루에 단 두 시간 동안 타이프라이터를 쳤지만 원고를 숙고하고 또 숙고했다. 그 저술 작업이 긴 시간에 걸친 피로와 우울증을 초래하여 그는 그것으로부터 벗어나려고 했지만 허사였다. 그는 미국 일리노이 주 에반스톤에서 개최되는 세계교회협의회의 대회에서 주제 연설을 하게 되어 있었는데 참석하지 못하고, 그의 Heath의 이웃 Angus Dun이 대신 읽었다. 마비된 신체 좌측에 전기치료를 받았지만 개선되지 않았다. 그의 친구인 의사 Lawrence Kubie의 카운슬링을 받아 약간 나아졌지만 그의 정신은 계속 처지고 있었다. 저술 활동으로 짧은 논설들을 잡지에 기고하는 것이 전부였다.[13]

　1955년 여름, 니버는 매사추세츠 주 Stockbridge에 있는 신경증에 대한 연구와 치료를 위한 Autin Riggs Center에서 항우울증 약을 복용했고, 의사 Edgerton Howard의 심리 치료를 받았다. 그리고 1951년 이래 Rigges에서 살고 있는 심리 치료의 Erik Erikson과 상담을 했다. 의사 Howard를 만나고 나서 니버는 정신적으로 회복되었다고 느꼈다. Howard는 니버로 하여금 그가 3년 전 뇌졸중이 발생한 이래 우울증이 있으며 그의 정서적 문제는 심한 활동으로부터 현저한 무력증으로 전환한 충격으로 인해서 생긴 것임을 깨닫게 했다. 다시 한번 그는 일할 수 있다는 확신을 갖게 되었다. 그는 "인간의 에고는 내가 생각하고 있는 것보다 훨씬 더 복

| 13) 같은 책, pp. 259-260.

잡하다. 나는 이번 여름을 지내는 동안 나 자신과 좋은 심리 요법에 대해서 많이 배웠다"라고 그는 말했다. 그는 Scarlett에게 "우리는 우리 자신에 관해서 모든 것을 합리적으로 알고 있을 것이다. 그러나 이런 종류의 혼란에서 빠져 나오기 위해서 기술적으로 뛰어난 지혜가 필요하다"라고 했다. 니버는 그가 신학교의 일을 전보다 더 열의와 즐거움을 가지고 할 수 있다는 것을 알았을 때 의사 Howard에게 감사했다. 1956년 여름에 니버는 Heath에 있는 시골집을 팔고 Stockbridge에 있는 집을 매입했다. 주된 이유는 그가 이미 자동차를 운전할 수 없게 되었기 때문에 뉴욕 시내에 걸어서 갈 수 있는 지역으로 이사하는 것이요, 또한 Riggs Center 인접 지대로 가기 위해서였다.[14]

니버의 뇌졸중 전과 후부터 그를 알고 있는 의사 Robert Coles는 니버의 친구들과 의사들이 그가 심리 치료에 대해서 지나친 믿음을 갖게 한다고 보았다. Coles가 생각하기에 니버의 우울증은 뇌졸중으로 인한 뇌의 손상이 원인이었다. 그래서 그것은 항우울증 약에 의해서만 영구적으로 회복될 수 있는데 1950년대에는 아직 그 약이 개발되지 않았다. Howard의 심리 치료는 일시적으로는 도움이 되지만 후에 실망할 때 더욱 심한 우울증을 가져올 수 있기 때문에, 거짓 희망을 가지게 된다고 Coles는 생각했다. 니버가 너무나 불행했기 때문에 그의 친구들과 의사들은 그를 어떻게 해서든 긴장에서 풀려나게 하려고 했지만 결국 사태를 더욱 악화시켰다. 그래서 Coles는 니버가의 우울증이 치료될 수 없다고 인정하는 것이 최선의 길이라는 의견을 제시했다. 니버가 그런 방향에서 자기를 이해할 수 있는 능력을 가지고 있으며, 그가 가지고 있는 문제에도 불구하고 웃어버릴 수 있다고 Coles는 알고 있었기 때문이다. Coles가 볼 때, 니버는 심리 치료에 관해서 회의를 갖고 있으며 그 점에서 틸리히보다 우위에 있다고 니버를 평가했다. 그는 그러한 회의에 근거를 두는 것이 최선의 치유책이라고 생각했다.[15]

지금까지 살펴본 바와 같은 심각한 지병과 싸우고 있었지만 그것이 니버의 독창적인 신학적 사고와 예리한 비판력을 둔화시키거나 약화시키지 않았다. 그는

---

14) 같은 책, p. 260.
15) 같은 책, p. 260.

러시아가 헝가리를 침략했을 때 Barth가 공산주의자들에 협력하는 것 같은 인상을 주는 태도를 취한 데 대해서 맹공격을 퍼부었다. 그는 1957년 1월 23일자 *The Christian Century*에 기고한, "왜 바르트는 헝가리에 대해서 침묵하는가?(Why Is Barth Silent on Hungary?)"에서 바르트에 대한 그의 비판을 전개했다. 바르트는 헝가리의 개혁교회와 밀접한 관계를 가지고 있었다. 사실에 있어서 그는 헝가리 개혁교회의 비공식적 교황이었다. 헝가리의 크리스천들이 공산주의자들의 정부에 협조할 것인지 여부를 바르트에게 물었을 때 그는 다음과 같이 대답했다. "우리는 순수한 형태의, 하나님이 임명한 국가를 결코 보지 못했으며 완전히 악마적인 타락에 빠진 국가도 결코 보지 못할 것이다. 이 두 가지 영역 사이에서 역사는 움직인다." 바르트가 이런 사고를 하는 것은 그의 신학적 틀의 두 가지 이유로 인해서 현명한 정치적 결정을 내릴 수 없게 만든다고 니버는 주장한다. 첫째, 바르트가 일관되게 종말론적이어서 정치적 결정이 가져야 할 '정교하게 계산된 덜함과 더함(nicely calculated less and more)'을 가지지 못하기 때문이다. "나는 신학자가 아니기 때문에 다음과 같은 사실을 알고 있을 뿐이다. 즉, 종말론적 혹은 진짜 비행기를 타고 매우 높이 올라가면 지상의 레벨에서는 중요하게 보이는 구별들이 중요하지 않게 된다." 둘째, 정치적, 도덕적 문제들에 대한 바르트 신학의 접근이 모든 도덕적 원리를 부정하는 극단적인 실용주의이기 때문이다. Emil Brunner가 바르트에게 당신은 나치 시기에서처럼 왜 지금 전체주의에 항거하지 않는가 하고 물었을 때, 그는 "교회는 원리의 입장에서가 아니라 하나님의 말씀의 빛에서 정치적 시스템들에 관심을 가져야 한다. …교회는 정치적 역사를 체계화하는 모든 노력을 거부하고 모든 사건을 새롭게 보아야 한다"라고 했다.[16]

1957년, 바르트의 영향이 미국 교회에 퍼지고 있을 때 Billy Graham의 영향 역시 확산되고 있었다. 그의 부흥 집회 운동은 1950년대의 미국의 종교적 부흥을 뒷받침하고 있는 배후의 추진력이었다. 표면상으로는 바르트와 빌리 그레이엄은 아무런 공통점을 가지고 있지 않았다. 바르트는 비판적인 성서적 학문에 근거해 있

---

[16] Reinhold Niebuhr, *Essays in Applied Christianity: The Church and the New World*, ed. by D. B. Robertson(New York: Meridian Books, 1959), pp. 183-187 참조.

었고 그레이엄은 낡은 프론티아적 확실성(frontier certainties)에 근거하고 있었다. 그러나 심층적 레벨에서는 그 두 사람은 세속주의와 역사적 정의에 대한 현세적 추구에 대해서 혐오감을 갖고 있었다. 두 사람의 유럽적 반계몽주의와 미국적 근본주의에 직면하여 니버는 그가 수십 년 전에 거부했던 진보적 사회복음을 방어하고 나섰다. 그것은 현실주의를 결여하고 있지만 그레이엄이 부활시키려고 하는 경건한 개인주의보다 훨씬 더 현실적이라고 생각했다. 니버에 의하면, 그레이엄의 복음의 메시지는 인종적 차별을 초월하는 사랑의 명령을 가지고 있어야 하며, 흑인 이웃에게 인간과 형제로서의 충분한 몫을 부여하는 혼 전체를 투입하는 노력을 포함하고 있어야 했다. 뉴욕 시의 개신교교회협의회가 1957년 6월에 그레이엄의 뉴욕 부흥 집회를 후원하기로 결정했을 때 니버는 분노했다. 현대적인 고도의 판매술과 Madison Avenue 군중의 모든 예술이 이 대회를 위해서 동원되었다고 니버는 비판했다.

그러나 Henry Van Dusen은 그 대회를 좋아했고, 니버가 지식인들의 완강한 마음에 영양 공급을 하는 획일적인, 지적으로 세련된 복음을 고집하고 있다고 비판했다. 그는 대중에게 무엇보다 필요한 것은 보다 쉽게 소화할 수 있는 순수한 복음의 우유라고 했다. 그러나 니버는 Van Dusen의 그런 의견에 동의할 수가 없었다. 니버가 볼 때, 그레이엄의 부흥 운동과 Madison Avenue의 연합은 종교를 새롭고 위험한 문화의 포로로 만드는 것이었다. 사실, 그레이엄의 군중 집회와 대대적인 종교적 부흥은 니버로 하여금 그레이엄이 얼마나 세속적인지를 알게 했다. 니버가 볼 때, 사회복음의 믿을 수 없는 유토피아적 환상의 대안으로서의 그레이엄의 단순한 기독교 신앙은 해결할 수 없는 문제들에 대해서 너무나 단순한 대답들을 주는 것이었다. 니버가 볼 때, 미국 문화의 아이러닉한 본질은 경건과 세속주의의 이상한 혼합이었다. 이러한 그의 이해가 1957년 늦게 Charles Scribner's 출판사가 내놓은 니버의 저서 『경건하고 세속적인 미국Pious and Secular America』이라는 논문집의 言外의 주제였다.[17]

---

17) Fox, *Reinhold Niebuhr*, p. 266.

사실은 미국만이 경건과 세속주의의 이상한 혼합이 아니라 니버 자신도 가장 세속적이면서 가장 종교적인 역설적 존재였다. 그는 너무나 세속적이었기 때문에 종교적 부흥의 한가운데에서 교회에 가는 것에 대해서 의심을 품었다. 하버드대학교 학생인 그의 아들 Christopher는 매주 교회에 참석할 만큼 인습적이었지만 그가 참석하는 모든 교회에 대해서 비판적이었다. Radcliffe대학에 다니는 그의 딸 Elisabeth는 이따금 하버드대학교의 채플에 출석했지만 그녀에게 그것은 따분한 일이었다. 니버는 딸에게 공감했다. 니버는 교회에 출석하는 것 자체에 대해서 점점 회의적이 되어갔다. 3년 후에도 그는 친구 Frankfurter에게 말한 대로 당시의 경건이 가지고 있는 혼자 잘난 체함에 대하여 여전히 끓어오르는 불만을 느끼고 있었다. 그는 경건이 "이 신학교와 사실 교회 전체에서 시시한 것이 되고 말았다. 당신은 지난 수십 년 동안 종교적 사업에 헌신한 후의 나의 마음 상태를 상상할 수 있을 것이다"라고 토로했다.[18]

| 18) 같은 책, p. 267.

6
『경건하고 세속적인 미국
Pious and Secular America』 출간(1958)[19]

✣

아래에서 이 저서의 내용을 요약하기로 한다. 요약문 중 괄호 안의 페이지는 Pious and Secular America(Charles Scribner's Sons, 1958)의 페이지를 나타낸다.

서언

이 책의 논문들은 1956년과 1957년에 썼거나 출판된 저널들이다. 역사가 빨리 움직이기 때문에 근자에 발표한 논문들의 발표 날짜를 명기하는 것이 좋을지도 모른다. 그러나 "미국과 러시아(America and Russia)"는 러시아의 기술적 발전이라는 최근의 놀라운 소식에도 불구하고 여전히 타당성을 갖고 있으며, 인종 문제에 관한 논문 역시 Arkansas 주의 Little Rock 사건에도 불구하고 변함없는 타당성을 갖고 있다. 이 책에서 처음 발표된 논문들 중에서 "서구 문명 속의 크리스천과 유대인의 관계(The Relation of Christians and Jews in Western Civilization)"는 유대교신학교와 유니온신학교의 합동 교수회에서 읽은 것이고, "신비와 의미(Mystery and Meaning)"는 유니온신학교와 하버드대학교에서 행한 설교이다.

출판했던 논문들 중에서 이 책의 첫 번째 논문 "경건하고 세속적인 미국"은 Atlantic Monthly의 100주년 기념호에 1957년 발표했던 것이다. "미국의 고등교육(Higher Education in America)"은 하버드대학교의 계간지 Confluence에 게재했던 것이고, 미국의 인종 관계의 논문은 1956년 11월에 The Reporter에 발표했던 것이며, "자유와 평등(Liberty and Equality)"은 1957년 9월 Yale Review에 발표했던 것이다. 9개의 논문 중 끝의 두 논문을 제외하면 모두 미국의 사회적, 정치적 삶에 대한 종교의 관계에 관해서 저자의 기본적인 관심을 표명한 것이다.

| 19) Reinhold Niebuhr, *Pious and Secular America*(New York: Charles Scribner's Sons, 1958).

1. 경건하고 세속적인 미국(Pious and Secular America)

17세기와 18세기 이래 서구 문명은 전통적 경건과 현대적 세속주의, 혹은 불경건(godless)이 공존하는 특성을 지니고 있다. 20세기의 미국은 서구 국가들 중에서 가장 종교적이고 가장 세속적인 나라이다.(p. 1) '종교적'이라고 함은 서구의 어느 나라보다도 종교적 공동체가 신앙심을 나타내고 있으며, 더 많은 평신도가 활발한 종교적 헌신을 가지고 있다는 것을 의미한다. '세속적'이라고 함은 우리가 삶의 의미에 관해서 그다지 궁극적인 의문을 갖지 않으며, 그리고 삶의 비극과 이율배반에 의해서 혼란스러워하지 않고 삶의 당장의 목적들을 추구하는 것을 의미한다. 세속주의에는 두 가지가 있다. 하나는 이론적 세속주의(theoretic secularism)로서 그것은 존재의 의미에 관한 궁극적인 의문을 무시해 버린다. 그 이유는 부분적으로는 과학이 이 문제의 대답을 주었다고 믿기 때문이요, 다른 한편으로는 그 문제의 대답을 얻을 수가 없다고 생각하거나 흥미가 없기 때문이다. 다른 하나는 실용적 세속주의(practical secularism)로서 그것은 삶의 당장의 목적들의 추구로 나타난다. 유럽과 아시아의 미국 비판자들은 미국의 실용적 세속주의는 물질주의(materialism), 곧 행복이 아니라 안락(comfort)과 자연, 역사의 방해에서 벗어나는 안전(security)의 추구로 나타나고 있다고 생각한다. 그러나 공산주의자들이 철학적인 무신론적 물질주의자들이라면 미국은 유신론적 물질주의(Godly materialism)로서 공산주의자들보다 훨씬 더 성공적이다. 그리고 미국의 세속적이고 과학적인 우수성 역시 그러한 성공에 크게 기여했다.(pp. 1-2)

미국의 기술적 효율성과 미대륙의 풍부한 자원, 하나의 대륙적 경제 통합의 유리함은 미국을 풍요(cornucopia)한 나라로 만들었다. 그러나 미국인의 관심은 풍요를 누리는 것보다는 효율성에 있다. 미국인은 미국의 기업들이 불황에 빠지지 않도록 가능한 한 사치스럽게 살아야 한다. 미국의 종교의 부활과 그것이 세속적 환경 속에서 새로운 적합성을 가지게 된 것은 이론적 세속주의와 실용적 세속주의가 가지고 있는 한계성 때문이다. 이론적 세속주의는 행복을 생의 최종적 의미로 추구하는 경향이 있는데, 이러한 행복 추구는 쉽게 안락과 안전 추구로 타락할 수 있다. 그러나 이러한 것만을 추구하는 문화는 그런 것들이 삶의 의미의 틀로서 가지는 한계성을 발견하게 된다. 많은 형태의 세속주의가 인간의 삶을 너무나 단순한 의미의 틀에서 이해한다. 그것들은 행복을 안락과 안전으로 보지는 않지만, 기쁨과 슬픔이 이상하게 혼합되어 있고 행복이 아니라 완성을 성취하는 인간적 노력의 차원들을 이해하지 못한다. 인간은 존엄성을 가진 존재이지만 비참한 존재라는 것 또한 분명한 사실이다. 인간의 자유는 그를 창조적인 위대한 존재로 만들지만 인간 역시 동물과 마찬가지로 죽는다. 그러나 인간은 동물과 달리 그의 삶과 죽음에 대해서 불안해 한다. 발달된 의학도 노쇠를 막지 못하며 인간의 수명의 유한함을 바꾸지 못한다.(pp. 3-4)

인간 존재의 복잡성에는 인간의 약함과 단명함 외에 또 하나가 있는데, 그것은 양심의 가책이다. 인간은 선을 행하기 위해서 많은 악을 행한다.(p. 4) 인간의 역사는 전통적인 역사적 종교가 이해했던 것처럼 순수한 합리성을 범하지만 삶으로부터 의미를 만드는 신비와 의미가 있다. 미국은 대륙적 안전성의 요람 속에 있을 때보다 강력한 힘을 가지고 있는 오늘날 우리의 운명의 주인이 되지 못하고 있다. 역사의 전체 드라마는 분명 더 신비하고 깊은 의미를 가지고 있다. 아시아와 아프리카는 삶의 복잡성을 보다 합리적으로 이해하고 보다 적절한 기술에 의한 자연의 정복을 추구하고 있지만 서구의 발전은 거의 한계에 도달했다. 그래서 궁극적인 의미에 대한 종교적 탐구는 우리들 사이에서 새로운 타당성을 가지게 되었다. 근자에 경건과 세속주의 사이의 논쟁이 있지만 어느 한편만 옳은 것이 아니다. 양자 사이의 협동이 유익하다. 그 이유는 양자가 각각 반대편이 인정하려고 하는 것보다 더 많은 공통된 덕을 가지고 있기 때문이다. 미국을 포함한 서구 문명의 민주주의는 분명 경건과 세속주의의 협동의 열매이다.(p. 4-6)

참된 경건은 국가나 공동체가 인간 존재의 우상이 되는 것을 막는 개인적인 양심의 권위를 수립한다. 당장의 목적들에 대한 세속적 추구의 냉철함과 모든 인간적 견해의 단편성에 대한 관대한 이해는 의회민주주의의 '제한된 전쟁(limited warfare)'을 위해서 필요하다. 기술적 문명은 개인이 그의 정체성을 기술에 의해서 군중 속에서 정체성을 상실하게 만드는, 참된 공동체의 덕을 결여한 거대한 도시를 창출한다. 미국에서 찾아볼 수 있는 근자의 종교의 인기는 미국의 도시 생활의 비인격적이고 기술적 인간관계 속에서 적절한 공동체를 종교적 회중이 수립할 수 있기 때문임이 분명하다. 이렇게 도시성이 종교적 공동체에 대한 충성을 감소하는 것이 아니라 도리어 증대시킨다는 것은 흥미로운 사실이다. 종전에는 종교적 신앙이 시골에서 번창하고 지적으로 세련된 도시에서는 쇠퇴한다고 믿었다. 미국에서는 이것이 사실이 아니라는 것이 증명되었다. 그 이유는 아마도 종교적 신앙이 기술 문명의 단순한 의미와 성취에 대한 해독제이기 때문일 것이다.(pp. 6-7)

독자적으로 미국적인 상이한 두 유형의 종교적 회중이 미국의 활발한 종교적 충성에 기여했다. 하나는 섹트적(sectarian) 교회이고, 다른 하나는 이민자의 교회이다. 섹트는 변경(frontier)을 지배했다. 섹트의 종교적 직접성(immediacy)과 의사(擬似) 평신도 지도력(예컨대, 감리교의 순회 목사)의 기동성은 변경에 적합했다. 변경에서는 섹트가 지배적 교회가 되었고, 전통적 교회는 도시에 머물렀다. 한 세기도 못 되어서 섹트 교회가 전 미국의 종교적 분위기를 지배했다. 감리교와 침례교가 수적으로 미국의 지배적인 교회가 되었다. 미국의 종교 생활을 부흥시킨 동일한 섹트가 또한 종교적 신앙을 세속화시켰고, 오늘날까지도 유럽의 크리스천들로 하여금 미국 신앙이 세속화되었다고 비판하게 한다. 한 세기 전에 이미 De Toqueville가 같은 비판을 했다. 그는 미국의 변경의 복음적 설교자들이 그들의 종교 해석에 있어서 고도로 실용주의적이라는 것을 인정했다. 그는 복음적 설교자들이 종교적 탐구의 목적으로서 영원한 복지가 아니라 번영과 시민적 평화, 의로움과 같은 세속적 목적들의 추구에 도움이 되는 것으로 종교를 추천한다고 말했다. 이와 같은 내세성의 거부는 오늘날의 미국 관찰자에게도 매우 자연스럽게 보인다. 그러나 불행하게도 그것은 변경의 감상적 현세성을 수반했다. 변경의 상상력을 지배한 것은 유토피아였다. 그러한 유토피아는 미래의 것이 아니라 당장 성취된 유토피아였다. 미국이 일종의 천국이었다. 이러한 프론티어적인 종교적 감상주의가 한 세기 후 사회복음주의 사상으로 나타났다. 그 사상은 사람들이 서로 사랑하도록 설득이 되면 삶의 문제들이 해결될 것이라고 믿었다.(pp. 7-9)

이민자들의 교회는 유럽에서보다 훨씬 더 많은 평신도 활동을 하게 했으며, 이민자들의 사귐은 그들을 도시와 낯선 문화의 익명성으로부터 보호했고, 또한 이민자들의 언어를 포함한 낡은 세계의 문화를 유지하는 역할을 했다. 이민자들의 교회는 미국의 세속주의와 경건의 이상한 혼합을 위한 또 하나의 도구가 되었다. 한 가지 더 보태야 할 말은 이민자들의 교회의 교인들이 미국의 자유에도 끌렸지만, 경제적 기회에 보다 더 끌렸다는 사실이다. 이민자들의 교회는 섹트적 교회와 함께 세속적 문화로부터 피난처를 제공하는 동시에 본질적으로 세속적인 삶의 목적들에 대한 제약받지 않는 추구의 근원이 되었다.(p. 11)

미국에 있어서의 경건과 세속주의의 결합은 경제적 영역보다 정치적 영역에서 더욱 창조적이다. 당장의 목적들에 대한 세속적 헌신과 정치적 질서를 초월하는 궁극적 권위에 대한 종교적 이해는 전통적 경건의 권위주의적 정치와 프랑스 혁명에서 러시아 혁명에 이르는 일관된 세속주의의 전체주의적 정치로부터 미국을 구해냈다. 경제적 영역에서는 종교가 도시의 익명적인 사회적 삶의 피난처, 곧 합리적이고 기술적인 행복 추구가 불가피하게 도달하는 환멸과 세속적 형태의 경건이 되었다.

경제의 영역에서는 효율적 경제가 행복을 삶의 최종적 목적으로 여기는 데에서 출발하여 행복을 안락과 안전으로 대체하고, 마침내 효율성을 목적 자체로 보는 세속주의의 산물이었다. 목적을 위한 수단을 존재의 최종적 목적으로 삼는 우상은 미국 문화를 저속하게 만드는 경향이 있다. 경건은 본질적으로 이러한 저속성에 도전하지 않았다. 그것은 때로는 효율성의 문화의 희생자들의 보호 수용소가 되었고, 때로는 한층 높은 효율성의 자원이 되었다. 그리고 단지 가끔 삶의 최종적 의미와 인간 존재의 의미의 성취로서 이러한 직접적인 목적들이 부적합하다고 도전했다. 인간 생활에는 완전한 행복이 없다. 역사적 종교는 모든 인간의 덕이 단편적이고, 모든 인간적 성취가 일시적이며, 삶의 의미가 신비로 둘러싸여 있고, 삶의 기쁨과 슬픔이 이상하게 혼합되어 있다는 것을 특별히 강조했다.(pp. 12-13)

2. 20세기 중반의 좌절(Frustration in Mid-Century)

20세기 중반의 좌절에 미국인들은 정치적으로, 그리고 종교적으로 어떻게 반응하는가? 미국의 오늘날의 번영은 원자력 시대의 불안과 너무나 대조적이다. 이러한 상황은 두 세기 전에 우리가 가졌던 희망뿐 아니라 불과 10년 전의 희망에 대해서도 실망하게 한다. 세계 강대국들의 일치의 가능성을 기대하고 만든 UN 헌장은 러시아의 반발을 예상하지 못했다. Roosevelt는 Stalin과 Churchill과 회동 시 이따금 Stalin의 편을 들면 Stalin을 유인할 수 있을 것이라고 오판했다. Eisenhower는 미국 의회에서 미국과 러시아는 공통된 반제국주의적 전통의 기초에서 서로 잘 이해할 것이라고 말했다. 냉전 시대와 핵 전쟁의 가능성에 대한 좌절과 실망은 모든 인류의 운명이지만, 믿을 수 없을 만큼 짧은 시일 안에 세계적 지도력의 위치에 놓인 미국에게는 특히 실망스러운 것이다. 미국은 초기의 약한 시절보다 오히려 만능으로 보이는 오늘날 운명의 지배자로서 무력하다. 그렇지만 정치적 수준에서는 미국은 새로운 상황의 문제들과 위험들에 제법 잘 적응하고 있다. 정치적으로 미국의 반응은 상당히 건전하고 창조적이다.(pp. 14-16)

미국 문화의 보다 깊은 반응들이 그와 같은 정치적 반응 뒤에 있는데, 그러한 문화적 반응들이 적절했다는 것을 밝히기 위해서는 세속적이고 종교적인 두 측면을 살펴보아야 한다. 미국에서는 세속적, 종교적 견해가 민주주의라는 애매하고 때로는 감상적인 종교 속에서 융합되는 경향을 띤다. 그러한 역설적 반응은 이른바 종교적 부흥을 순진하고 단순하게 보는 필자 같은 크리스천에게는 당혹스러운 것이다. 이러한 비판이 옳다는 것을 분명히 하고 정당화하기 위해서 우리 시대의 문화의 변천사를 간략하게 살펴볼 필요가 있다. 오늘날까지도 종교적 공동체가 비난을 퍼붓는 이른바 '세속주의'는 일관되게 세속적이지 않다. 그러한 세속주의는 '역사'와 '이성'과 '발전', 혹은 과학적 방법의 발전과 역사의 문제들에 대한 과학적 방법들의 적용을 신으로 생각했다. 그러나 그러한 것들에 근거하여 가졌던 18세기와 19세기의 과도한 희망에 반하여 오늘날 우리의 경험은 역사적 발전이 우리의 문제들을 해결하는 대신 그것들을 확대하고 있다는 사실을 알게 해준다. 서구 유럽의 자유주의 국가들의 유토피아주의에는 여러 형태가 있는데 주로 두 가지 형태로 나눌 수 있다. 하나는 Herbert Spencer의 신념으로 상징되는 것으로서, 그것은 역사를 자연의 연장으로 보고 인간이 역사의 과정에 개입하지 않으면 역사적 진화 과정이 보장된다고 본다. 다른 하나는 Auguste Comte에 의해서 상징되는 유토피아주의 형태로서, 인간의 운명에 대한 엘리트 과학자들에 의한 점진적 지배가 보장된다고 본다. 자유주의 문화의 부드러운 유토피아주의는 자유사회의 보존과 모순되지 않는다는 것을 입증했다. 산업사회에서는 Marx의 더욱 믿을 수 없는 유토피아주의가 출현했지만, 그것은 힘의 독점에 의해서 땅의 천국을 지옥으로 바꾸었다.(pp. 16-18)

이렇게 역사가 딱딱한 유토피아주의와 부드러운 유토피아주의를 거부하는 방향으로 움직이는 것은 역사적 형태의 신앙이 기대하지 않았던 활력을 가지게 했다. 인간 존재의 신비는 보다 깊고 보다 높으며, 인간의 존엄성과 비참은 이상하게 혼합되어 있고, 신체와 마음과 정신을 가진 인격의 통일성은 더욱더 참되며, 개인의 독자성은 인간의 본성과 운명에 대한 종교적, 과학적 분석이 이해하는 것보다 더 분명하다. 그 뿐만 아니라 역사가 진행됨에 따라서 선과 악이 더욱더 대립적이 된다. 성경의 심벌로 말하면, 그리스도와 적그리스도 사이의 대립이 더욱더 분명해진다. 짧게 말해서, 역사적 신앙들은 현대의 철학자들이 꿈도 꾸지 못한 신비와 의미와 관계된 존재의 위엄을 가지고 있다. 그런 신앙들은 종교가 신화와 심벌을 실제 역사로 이해함으로써 빠지는 반계몽주의에 빠지지 않았다. 그러한 심벌들은 역사의 깊음과 높음을 알리고 나타낸다. 의심의 여지없이 세속적인 유토피아적 신앙의 거부는 우리 세대로 하여금 전통적인 역사적 종교들의 호소에 더욱더 개방적이 되게 한다. 넓게 말해서, 바로 이것이 종교적 부흥의 이유이다.(pp. 18-19)

그러면 대중을 사로잡고 있는 현대의 신앙의 형태들을 간단하게 살펴보기로 하자. 미국의 서부 해안 Los Angeles에서는 가장 인기 있는 설교자가 종교의 자유를 자유기업과 동일시하려고 한다. 어쨌든 종교가 기술사회의 정의가 달려 있는 차별적 판단을 묵살해 버리고 만다. 동부에서는 가장 인기 있는 설교가가 신앙을 같은 유형의 무비판적인 보수적 자유주의와 동일시하려고 한다. 그러나 그의 주된 야심은 기도가 인간적 목적들을 위한 하나님의 능력, 특히 기업의 성공과 행복의 목적들을 위한 하나님의 능력을 강하게 한다는 것을 증명하는 것이다. 유명한 전도자 Billy Graham의 메시지는 "성경은 …이라고 말씀하신다(The Bible says…)"라는 반계몽적 틀에도 불구하고 또는 그런 틀 때문에 다른 인기 있는 기독교적 메시지, 혹은 적어도 개신교적 메시지보다 무한한 우위성을 가지고 있다는 사실에 그에 대한 지성적 비판자들은 놀랄 것이다. 그러나 그레이엄은 미국의 프론티어에서 자랐으며 고전적 종교개혁을 발생하게 한 의로운 자의 불의함에 대한 고뇌를 전혀 알지 못하는 개신교 신앙의 단순한 경건주의를 제시한다. 그는 도덕적 혼란이나 그들의 존재의 무의미 의식에 빠져 있는 사람들을 참되게 도와줄 것이다. 그러나 크리스천들은 불신받고 있는 유토피아적 환상들에 대한 대안인 그와 같은 단순한 기독교 신앙의 제시는 매우 아이러니하다는 사실에 관해서 책임성 있고 차별성 있는 사고를 하는 세속주의자들과 뜻을 같이해야 할 것이다. 그레이엄의 메시지는 해결할 수 없는 문제들에 대해 단순한 답들을 제시한다. 그것은 선한 사람은 참으로 선하게 되리라는 단순한 답으로 삶과 역사의 모든 어려운 이율배반을 해결할 수 있다고 생각한다.(pp. 20-22)

미국의 곤경에 대한 국가적 반응은 만일 모든 종교적, 세속적 학문들의 심오한 통찰이 통합되지 않았으면 가능하지 않았을 것이다. 그것이 있었기에 미국은 유토피아나 천국으로 도망치지 않고 우리의 역사적 과제들이 아무리 당황스러울지라도 그것과 대처할 수 있었다. 미국은 국가로서 이상한 아이러니에 적응함으로써 문화가 어제의 유토피아적 환상을 벗어버리고 20세기의 삶에 대처하는 것보다 훨씬 더 성공적으로 적응했다. 그렇게 하는 데에는 현명한 자와 단순한 자가 가지지 못했던 상식의 숨은 자원의 도움이 컸다. 크리스천들은 그렇게 잘하지 못했다. 그들은 기독교의 존귀한 신앙을 하찮은 것으로 만들었다. 때로는 전능하신 하나님의 법전에서 특별한 호의를 달라고 어린애 같은 로비 활동을 했다. 때로는 내놓고 계급과 국가 이익의 경건한 이데올로기적 무기의 역할을 했다. 때로는 현실의 귀찮은 문제로부터 도피처 구실을 했다. 종교적 부흥의 이러한 국면들의 무비판적인 만족은 어제의 세속적 유토피아의 사춘기적 단순성에 필적하는 어린아이 같음을 나타내는 것이다.(pp. 22-23)

3. 미국의 고등교육(Higher Education in America)

고등교육(대학교육)은 전문적, 기술적 교육과 교양교육(general education)으로 구분된다. 내가 고찰하려고 하는 것은 교양교육이다. 그것은 정신을 넓히고 계발하며, 정신에 자양을 공급하고 또한 상상력을 풍부하게 하며, 학생들로 하여금 다른 시대의 문화와 문명에 접하게 함으로써 시간과 장소의 제약으로부터 해방되는 것을 목적으로 한다. 그러한 교육의 목적들은 다양하기 때문에 그것들을 판단할 수 있는 유용한 표준을 설정하기란 어렵지만, 두 가지 물음이 그런 판단의 신빙성 있는 표준을 제시할 수 있을 것이다. 1) 교양대학, 혹은 교양학부(liberal arts) 교육은 문화 일반과 특정한 국가의 문화의 모든 재보를 국가 문화의 전통적 가치를 보존하면서 전달할 수 있는가. 그것이 전통 속의 상이한 가닥들을 평가할 수 있는 충분한 변별력을 계발하는가. 그것이 국가적 경험의 특수성으로 인해서 지나치게 편협적이 되는 것과 과거에 지나치게 의존하는 것을 막고, 현재의 책임들과 위급성들에 적절하고 창의적으로 대처할 수 있게 하는 충분한 비판적 거리감을 권장하는가. 2) 인문학(humanities)의 학습과 교육 계획 전부가 충분한 문화적 자원을 제공하고, 또한 문화의 통합성을 주며, 기술적 문명이 대중 매체와 수량, 당장의 유용성 및 취미의 표준화된 기술에 의한 천박함과 순응주의에 대항하여 개인의 독립성을 수호할 수 있는가.(pp. 24-25)

첫 번째 표준은 너무나 광범하기 때문에 나의 고찰을 대학교육이 우리 문화에 대해서 가지는 관계를 종교와 정치의 두 국면에 제한하기로 한다. 그 두 분야에 관한 한 필자가 제한된 우수성을 가지고 있기 때문이다. 창의적 교육의 필수적인 전제는 대학의 자유, 곧 학문적 자유이다. 미국의 대학들은 영국이나 유럽 대륙의 대학들보다 자유롭지 못하다는 비판을 받지만, 사실은 외국의 비판자들이 생각하는 것보다 정치적, 종교적 지배로부터 훨씬 더 자유롭다. 학문적 자유의 핵심은 우리의 전통의 다양한 가닥들을 판단하는 비판적 거리감인데, 그것의 결여의 주된 원인은 대학의 행정에 대한 외부의 간섭이 아니라 대학 자체가 가지고 있는 창조적 활력의 결여이다.(pp. 25-27)

미국의 정치적 전통에 대한 관계에서 변별력과 초연함(detachment)에 관한 능력 평가는 미국의 경험이 가지고 있는 다음과 같은 세 가지 국면들을 고찰함으로써 판단할 수 있을 것이다. 첫째, 미국의 초기의 안전은 성장하고 있는 세계 공동체에 대해 우리를 무책임하게 하며, 그러한 공동체 속에서 우리가 직면하고 있는 위험성에 대해서 우리를 둔감하게 만드는 경향이 있다. 미국의 고립주의적 국가주의는 쉽게 치유되지 않는다.

둘째, 미국의 정치적 영역의 고유한 특성은 미국의 기업 공동체가 민주사회의 자유를 기업의 자유와 동일시하는 경향을 가지고 있다는 사실이다. 때로는 과거의 정부가 힘을 절대화한다고 두려워했고 모든 악의 근원으로 생각되었다. 19세기의 발전하는 프론티어와 20세기의 계속 팽창하는 경제가 정치적 권위에 의한 경제적 과정의 통제 대신에 시장의 자동적 균형이 정의의 충분한 보장을 가져다 준다는 믿음을 기업으로 하여금 갖도록 한 일종의 중산층 천국을 창출했다. 이러한 편견 때문에 Roosevelt 시대의 실용주의적인 혁명 운동까지는 사회적 수준이 유럽보다 반세기 뒤져 있었다. 미국의 대학들은 이러한 혁명에 직접 개입했고 Roosevelt 정부에서 브레인트러스트 역할을 했지만, 대학교육은 학생 세대에 직접적인 영향을 미치지 못했으며 그들은 여전히 보수적이었다. 그러나 경제적 불황기에는 정치적으로 민감한 소수의 학생들이 그들의 아버지의 보수주의에 반발했을 뿐만 아니라 마르크스의 신조를 수용했고, 심지어 공산주의자의 음모에 가담했다. 미국의 열렬한 보수주의자들은 그런 젊은이들이 그들의 선생들의 영향을 받았다고 주장하지만, 미국 대학들의 정치적 노선은 마르크스주의적 색깔이 거의 없고, 역사의 세력들이 과학과 이성, 혹은 인간의 지혜에 의해서 다룰 수 있다는 무비판적 주의의 영향을 미치고 있다. 미국의 지성인들은 흔히 복잡한 정치적 문제들에 대해서 추상적인 정치적 개념과 해결책을 제시하는 경향이 있다. 이러한 경향은 정의의 궁극적인 목표들보다 근사적 목표들을 추구하는 노동자들의 상식적인 지혜와 대조적이다.(pp. 27-29)

셋째, 미국의 정치적 영역의 독자적 경향은 평등주의라는 정치적 에토스이다. 그것은 의심의 여지없이 미국 사회의 개방성과 미국적 계급 구조의 융통성으로부터 온 것이다. 미국의 평등주의는 증오에 차 있고 좌절한 프롤레타리아의 신조가 아니라 모든 가족이 그 사회적 지위를 현 세대나 그렇지 않으면 그 다음 2, 3세대에 바꿀 수 있다고 생각하는 중산층 국가의 에토스이다. 평등은 자유와 더불어 자유사회의 두 축이기 때문에 대학들이 이 측면에 대해서 비판적일 필요는 없다. 그렇지만 고등교육 기관이 기회의 평등과 교육의 질적 성장의 적절한 조화를 기하는 데 실패했다는 비판으로부터 자유로울 수는 없을 것이다.(p. 30)

미국의 종교적 전통에 대한 고등교육의 영향을 고찰하면 판단을 하기가 어렵다. 미국의 문화는 다른 어느 나라의 문화보다 종교적이고 세속적이다. 미국 인구의 60퍼센트가 교회에 출석하며, 그 비율은 증가 일로에 있다. 이러한 종교적 부흥의 한 가지 이유는 섹트의 교회와 이민자의 교회가 증대되는 도시 문명의 익명성을 잘 참을 수 있게 하는 공동체를 수립하는 데 성공했다는 사실이다. 이러한 모든 종교적 성취는 고등교육이나 그 이하의 학교교육에서의 종교교육의 혜택 없이 이루어진 것이다. 미국의 공립학교에서는 종교교육이 없고, 주립대학들에서는 종교교육이 법적으로 금지되어 있다. 본래는 종교적 후원 아래 있었지만 지금은 그렇지 않은 동부의 대학교들이 종교 학부를 가지고 있을 뿐이고, 그 외의 거의 모든 대학들이 활발한 종교적 과외 활동을 하고 있다. 현대 미국의 종교적 유토피아주의와 세속적 유토피아주의의 사이에는 별 차이가 없다. 두 가지 모두 인간의 행동과 역사적 가능성이 가지고 있는 어두운 측면을 보지 못했다. 세속적 유토피아주의는 계몽사상의 완전주의적 이념의 영향을 받았고, 종교적 유토피아주의는 프론티어에서 성장한 섹트적 완전주의 개념을 이어받은 것이다. 이러한 복음주의적 경건과 합리적 계몽사상의 결합이 기술 시대의 국내적, 국제적 정의 문제에 대처하는 데 실패하게 했다. 고등교육 기관들은 나라의 정신과 기품을 변화시키는 데 세상의 일반인보다 덜 공헌했다. 교회의 경건은 대학들보다 더 영향을 주지 못했다. 정치적, 종교적 이념과 문화적 풍토에 대한 고등교육의 영향을 평가하건대, 대학들은 우리의 정치적, 정신적 역사의 보화를 전달하는 데 알맞게 성공적이었으나 미국 생활의 전통을 우리 시대의 문제들에 전달하고 적응함에 있어서는 그리 성공적이지도, 두드러지게 실패하지도 않았다.(pp. 30-34)

두 번째 표준은 인문학 공부의 효율성인데, 그것은 문화적 보화를 지키고, 예술과 과학의 이해를 살리며, 상상력과 당장의 유용성을 요구하지 않고, 분명한 성공의 직접적 강화를 약속하지 않는 삶의 차원들의 이해를 살리는 것을 목적으로 한다. 이 표준은 기술에 사로잡힌 문화를 가진 미국을 위해서 특히 중요하다. 왜냐하면 기술 문명은 강력한 실리적 압력을 만들어내며 대중 매체의 수단들을 발전시킴으로써 문화를 일종의 지적으로 세련된 저속성에 빠지게 하는 경향이 있기 때문이다. Conant 총장은 미국 대학교의 교양대학의 특성에 대한 주의를 환기시킨 바 있다. 서구의 국가들에서는 학생들이 고등학교와 리세(Lycee), 혹은 김나지움(Gymnasium)에서 직접 대학원과 전문적 대학에 입학하는데 비해서 미국은 대학원이나 전문적 대학에 진학하기에 앞서 4년간의 교양교육을 삽입한다. 그렇기 때문에 미국의 대학생들은 교양교육을 위해서 2년간의 수적 우위를 가지고 있다. 그러나 양이 질로 쉽게 변하지 않기 때문에 일반적인 미국의 문화는 미성숙하다.

미국의 인문학 교육의 두드러진 결함은 언어 교육이다. 현대 언어와 고전 언어는 인문학 연구의 도구요 기초이다. 대학들에게만 이러한 언어 교육의 결함에 일차적 책임이 있는 것은 아니다. 고등학교의 언어 교육이 빈약하다. 그렇지만 가장 분명하고 확실한 책임은 미국 문화의 실리적인 압력에 있다. 그리고 핵 시대의 핵무기 경쟁과 자연과학의 압력이 젊은 세대를 자연과학과 응용과학에 몰두하게 한다. 인문학 분야는 또한 역사적 학문들과 상상력이 공급하는 식견보다 수량적 측정에 대한 강조의 증대에 의해서 도전을 받는다. 자연과학은 정확성을 위해서 상상력을 희생시킨다. 문화의 압력은 부드러운 순응주의를 낳는다. 이러한 순응주의는 이미 공산주의나 냉전의 두려움 때문이 아니라 대중 매체에 의한 취지의 표준화와 학생들이 졸업 후 취직하려는 대형 기업체의 표준에 맞추기 위해서 그들의 의견과 심지어 낭만적, 가족적 계획마저 순응시키는 문화적 순응주의에 기인한다. 이제 최고의 목적은 효율성, 혹은 성공이 되었다. 이와 같은 집착으로 인해서 특별한 재능의 개발, 비실리적 목적의 추구, 특별한 의견의 표명을 위한 여지는 사라지고 말았다. 공동체를 위해서 당장 유용하지 않은 것이야말로 공동체의 문화적 삶의 풍부함과 다양성을 위한 근원인데 말이다.(pp. 34-38)

어떠한 교육도 문화 지배 세력으로부터 완전히 자유로울 수는 없다. 그러나 다음과 같이 묻는 것은 정당하다. 즉, 기술사회의 표준화와 순응주의의 위험에 맞서 저항하려는 충분한 의식이 대학들 내부에 있는지 여부, 혹은 기업 문명(business civilization)의 단기적 압력에 맞서 인문학적 학습의 장기적 목적들을 수호하려는 충분한 인내와 결의가 있는지 여부, 그리고 대중 매체의 저속성에 맞서는 풍부함과 다양성 및 예술의 넓음과 깊음을 보전하려는 충분한 상상력이 있는지 여부를 묻는 것은 정당하다.(p. 38)

4. 러시아와 미국(Russia and America)

기대했든, 또한 기대하지 않았든 역사의 사건들의 복잡한 변화에 어떤 의미를 부여하기 위해서는 역사의 패턴들과 재기들을 식별할 수 있어야 한다. 그렇지만 우리는 역사에 너무나 단순한 논리를 적용하려고 하며, 역사의 복잡성에 맞지 않게 선과 악을 너무나 단순하게 구별하는 경향이 있다. 러시아와 미국이라는 강력한 두 국가가 지금 인류의 역사를 지배하고 있지만 그것은 반세기 전만 해도 예상하지 못했던 일이다. 두 나라가 오늘날 높은 지위에 도달한 것은 표면상으로 보는 것보다 많은 우여곡절의 과정을 통해서였다. 현재의 높은 위치를 확보하는 데 여러 가지 우연적인 요소들(contingent elements)이 작용했다. 그렇기 때문에 우리는 역사적 논리를 식별하려는 단순한 노력을 떨쳐버려야 한다.(pp. 39-41)

우연한 요소들을 고려하기 위해서는 1914년 제1차세계대전 발발 당시의 두 나라의 지위를 생각하기만 하면 된다. 러시아는 산업 문명이 간신히 시작되어 어떤 우수한 고도의 산업국과 전쟁을 해도 패배하고 망할 형편에 놓여 있었다. 미국은 제1차세계대전과는 먼, 대륙의 안전한 요람 속에 있으며 전쟁은 미국과 상관없는 유럽의 '종족 간의 싸움들'이었다. 당시 미국은 세상의 위대한 부르주아의 천국이었다. 노동자들은 있었지만 프롤레타리아는 없었고, 농부는 있었지만 소작인은 없었으며, 금권 정치적 기업가는 있었지만 귀족은 없었다. 고정된 계급이 없었기 때문에 계급적 증오심이 없었다. 미국은 서구 유럽에 속해 있다는 의식이 거의 없었고 국가 공동체 속에서 자라고 있는 힘과 그러한 힘에 대한 책임 의식이 거의 없었다. 미국은 서구 세계에서 영국의 패권적 힘을 대신해야 하는 운명이 기다리고 있다는 것을 의식하지 못했다. 미국은 소련 공산주의의 출현으로 유아 시기에서 갑작스럽게 불안한 성인이 되었다.(pp. 41-43)

제1차세계대전은 구러시아를 붕괴시켰고 미국이라는 유아적인 거인의 요람을 흔들었다. 그 후 두 국가의 모든 사건은 사람들이 좀더 주의 깊었다면 알 수 있는 숨은 가능성들과 그들이 예견할 수 없었던 역사적 우연성들에 의해서 발생했다. 러시아 제국의 Czar 황제가 망하고 Kerensky 정권이 뒤늦게 서구의 패턴을 따른 민주적 혁명을 할 것으로 기대되었으나, 지도자들의 어리석음도 있었지만 그러한 혁명의 담당자들인 산업사회의 중산층이 서구에서처럼 힘을 갖지 못했기 때문에 오래가지 못하고 망했다. 그 결과, 공산 혁명이 러시아를 전복시킴으로써 민주적 혁명을 질식시켰다. 마르크스의 예언에 의하면, 미국이 공산 혁명의 이상적인 장소일 수도 있는데 혁명은 러시아에 일어났다. 이 혁명은 낡은 황제 국가가 붕괴되었고, 중산층에 의한 민주적 혁명의 가능성은 요원하기 때문에, 공산주의 혁명이 유일한 대안으로 보인다는 의미에서 불가피하다고 할 수 있다. 그렇지만 역사의 많은 우연한 발전들이 개입했다. 마르크스주의는 기독교 섹트적 묵시의 세속판이다. 그것은 현대의 종교적 묵시를 헤겔의 변증법과 프랑스 유물주의의를 섞어서 만들었다. 마르크스의 이론에 의하면, 역사의 계급투쟁은 현대 자본주의의 불의의 정점을 향해서 불가피하게 진행되어 마침내 역사의 애매성을 해결한다. 혁명가들은 위기의 순간에 적시의 행동을 취함으로써 생산 시스템인 자본주의를 타도할 뿐만 아니라 인류 역사 전체를 필요성의 왕국으로부터 자유의 왕국으로 바꾼다. 오직 공산주의자들만이 이 논리를 알며 따라서 프롤레타리아의 전위대로서 행동하고, 또한 가난한 자들에게 그들이 진정 원하는 것이 무엇인지 말해 준다. 이처럼 프롤레타리아 독재를 정치적인 당의 독재로 바꾸는 싹이 마르크스의 묵시 속에 있었다.(pp. 43-45)

그런데 이렇게 이상한 구원의 종교가 어떻게 유럽이나 아시아에서 발판을 마련했는가? 미국의 초기 산업주의는 불의를 가지고 있었지만, 봉건 계급 시스템의 부재로 인해서 마르크스주의가 살아 있는 신조로 자리 잡지 못했다. 유럽에서조차 민주적인 정치적 힘이 훨씬 더 우세했으며, 민주 사회의 융통성이 정의가 달려 있는 경제적, 정치적 영역에서 힘의 균형을 훨씬 더 효율적으로 수립할 수 있었다. 결국, 지식인들과 절망적인 노동자들에게만 마르크스주의는 매력을 가졌을 뿐이다. 지금도 그것은 단지 죽어가고 있는 자본주의를 가진 프랑스와 반봉건주의의 이탈리아에서 매력적일 뿐이다. 이렇게 볼 때, 망해가는 봉건적 질서가 기술 문명의 개방된 사회보다 더 많은 혁명적 증오를 생산하며, 따라서 마르크스적 신조의 수용이 자본주의에서 봉건주의로 돌변한 것은 논리적이고 충분히 불가피하다고 할 수 있다. 그러나 이 같은 비약에도 Lenin의 고도로 우연한 지도력이 작용했다. 레닌은 역사 속의 우연한 출현의 대표적인 인물들 가운데 하나이다. Trotsky는 그의 저서『러시아 혁명사 History of Russian Revolution』에서 레닌을 역사적 발전의 논리의 완성을 단축한 '위대한 사람들' 중 하나라고 했다. 사실 레닌은 그러한 완성을 단축하는 이상의 일을 했다. 그의 독자적 재능이 아니었다면 러시아 혁명은 가능하지 않았을 것이다.(pp. 45-47)

레닌의 주된 혁명적 재능은 전술적 융통성을 갖춘 절대적 광신주의였다. 그의 절대적 광신주의는 가장 혁명적인 정당들과 단절된 세력들을 묶어 밀접하게 짜인 정당을 조직했으며 공산당 자체 내에서의 분파들을 거부했다. 그는 다른 모든 정치적 세력이 방향 감각이 없이 혼란 속에 있을 때 분명한 방향 감각을 가진 알찬 정치적 힘을 구축했다. 그는 행동에 의해서 클라이맥스를 단축할 필요성을 강조했다. 공산주의자들은 유럽과 아시아에서 마르크스적 정설의 주의주의적(主意主義的) 분파가 되었다.(pp. 47-49) 불만과 증오심을 품고 있는 집단은 군인들과 농민들이었다. 레닌은 마르크스적 정론에는 원래 없었지만 가난한 농부들에게 농토를 약속하여 그들을 혁명 캠프에 포섭했다. 그러나 공산당은 일단 권력을 장악하고 나면 그들을 집단 농장에 수용하여 그들로부터 농토를 빼앗았다. Stalin 치하에서 수백만의 농민들이 아사했고 숙청되었다. Stalin이 레닌을 승계하자 온전한 독재 정치가 되었다. 당 내의 과두 정치에서 다른 멤버들의 자유를 파괴하고 일인 독재가 되는 것은 쉬운 일이다.(pp. 47-50)

마르크스주의는 유럽과 미국의 자본주의 문명을 목표로 구상된 것이지만 아시아와 아프리카에서 환영을 받게 되었다. 거기에는 다음과 같은 네 가지 이유가 있다. (a) 그 지역의 국가들은 농경 국가들로서 퇴폐적인 봉건적 사회 질서를 가지고 있으며, 그것은 자본주의의 불의보다 더욱더 사회적 증오를 조성했다. (b) 그들 나라들은 서구의 식민지였으며, 백인의 오만과 그들의 열등한 기술력보다 우세한 서구 기술의 피해를 입고 있었기 때문에 자본주의로부터 제국주의를 도출하는 마르크스주의적 신조를 믿게 되었다. (c) 공산주의의 역사적 역동성은 현세 부정적이고 신비적인 신앙과 중국의 유교 같은 정태적 형태의 휴머니즘의 동양 문화를 잠에서 깨우는 것이었다. (d) 공산주의는 서구 세계가 자유와 정의를 유지하는 정교한 힘의 균형의 어려움을 거치지 않는 기술적 발달을 약속했다. 이렇게 해서 세계적으로 확산된 공산주의라는 세계적 종교는 Winston Churchill이 말한 대로 그 요람에서 목 졸라 죽일 수도 있었지만, 역사적 우연성들의 도움으로 거대한 신빙성과 힘을 갖게 되었다.(pp. 51-52)

미국은 러시아처럼 있을 법하지 않은 발전을 적게 이루고 있지만 역시 많은 역사적 우연성이 작용했다. Franklin D. Roosevelt 같은 민주적인 정치가를 절대적 혁명가인 Lenin과 비교하는 것은 적절하지 않지만 루스벨트 대통령이 없었더라면 오늘날의 미국을 생각할 수 없을 것이다. 이전에는 노동자가 조직을 가지고 집단적인 협상을 하는 권리가 인정되지 않았다. 그것은 기술 문명이 정의를 실현하기 위한 힘의 균형 수립의 필수적 전제이다. 루스벨트 이전에는 미국적 유형의 보수적 진보주의가 노동자의 최소한의 안전을 위해서 국가 권력의 사용의 필요성을 인정하지 않았다. 루스벨트 시대는 정치 의식의 의도를 초월한 정치적 발전을 이루었기 때문에, 기업계는 그의 성취를 억지로 수용하지만 여전히 자유를 정의 및 정치적 안정과 양립해야 한다는 것을 인정하지 않고 자유를 강조한다. 또 다른 두 가지 우연적인 요소가 있다. 하나는 Henry Stimon과 제1차세계대전의 전설적인 악한인 국제 은행가들 같은 보수주의자들이 미국의 위험과 책임을 루스벨트의 배후 정치 세력보다 더 잘 알고 그의 재선에 공헌했다는 사실이다. 다른 하나는 미국과 전쟁을 일으킨 일본의 잘못된 계산이다. 미국은 자유세계의 제국으로서의 패권을 경제적 힘과 군사력에 의해서 수행했다. 우리는 미국의 이러한 집단적 운명의 의미를 독재 정치의 악에 맞서는 민주적 덕의 주창자로 단순하게 생각할 수 있을 것이다. 자유세계는 각 국가와 개인이 최소한의 강제력을 바탕으로 가능성들을 실현하는 세계를 의미하고, 전체주의 세계는 유토피아의 기반 위에서 독재 정치가 지배하는 세계를 의미한다. 그러나 자유세계는 19세기에는 아시아와 아프리카의 농경적이고 기술적으로 후진적인 국가들을 지배한 제국주의였다. 그것이 마르크스주의가 자본주의를 제국주의로 공격하는 것을 정당화하는 것 같다.(pp. 53-57)

미국은 서구 국가들과 동맹을 맺어 자유세계를 방어해야 하지만 서구 문명은 과거 아시아 세계에 대해서 제국주의적 관계를 가졌다. 그에 비해서 공산주의는 비기술적 세계에서 외국의 억압으로부터의 자유의 상징일 뿐만 아니라 자유에 따르는 불안정의 어려움 없는 기술의 발전과 산업적 부의 희망이다. 스탈린 정권의 독재가 어떤 지역에서는 실망을 자아내고 있지만 다른 지역에서는 희망을 주고 있다. 미국과 자유세계가 자유세계와 전체주의적 세계를 선과 악의 대립으로 보는 단순한 도덕적 우위에 사로잡히게 된다면 독립과 산업화를 보장하는 공산주의와의 싸움에서 살아남을 수가 없다. 러시아가 핵 무기를 보유함으로써 핵 무기 대립이라는 교착 상태는 양 진영이 모두 전쟁을 원하지 않게 만들었다. 공산주의 시스템은 궁극적 충돌을 피하여 정치적 전복과 외교적 압력, 비기술적 국가에 대한 기술적 원조에 의한 우위 획득을 노린다. 이러한 상황 속에서 우리는 민주적 자유에 헌신하고, 싸움에 개입하는 많은 우연적이고 예측하지 못한 요소들에 대하여 현명한 판단을 내려야 한다. 우리는 그날그날 판단하되 정치적 판단과 도덕적 판단이 일시적이고 잠정적이라는 사실을 알아야 한다. 우리는 역사의 창조자인 동시에 피조물이다.(pp. 57-60)

5. 자유와 평등(Liberty and Equality)

보수주의와 자유주의 사이의 논쟁을 단지 기득권자들과 현상유지의 희생자들 사이의 대립으로 보면 그것은 우리의 정치적 선호가 이데올로기적 오염을 나타내고 있음에 지나지 않는다. 그러나 그것은 정의의 규제의 원리로서의 자유(liberty)와 평등(equality)의 두 원리의 중요성을 포함하고 있다. 전통적으로 볼 때 보수주의는 그것들에 대해서 무관심하고 진보주의는 그것들을 규제의 원리로 보고 때로는 역사적 현실 속에서 완전히 실현할 수 있다는 잘못된 생각을 한다. 평등의 원리는 사회적 위계 계급(hierarchy)에 대한 비판의 적합한 표준이며, 자유의 원리는 공동체 통합에 대한 비판의 적합한 표준이다. 그렇지만 두 개의 원리 중 어느 하나만 절대적으로 적용하면 공동체를 파괴하게 된다.(pp. 61-62)

이 명제를 정당화하기 위해서는 사회적, 정치적 위계 질서에 대한 평등의 관계와 공동체의 응집과 안정된 현실에 대한 자유의 원리의 관계를 분석하는 것이 필요하다. 어떤 공동체든 공동의 기업이든 권위와 기능의 등급의 필요성은 상식에 속하는 분명한 사실이다. 크고 작은 모든 공동체와 기관 및 조직의 질서, 곧 정치적 질서는 어떤 종류의 위계의 계급적 구조에 의해서 유지된다. 정치적 공동체의 경우를 보면 종족적 공동체는 족장이, 도시국가는 귀족 계급 전체가, 제국과 국가는 왕이 통치했다. 민주국가도 군부와 시민 관료들에 의해서 통합된다. 그런데 문제는 기능의 구분이라는 측면에서 볼 때 보다 높은 기능이 보다 높은 권위, 곧 힘을 갖게 된다는 사실에 있다. 특권과 위엄은 힘의 불가피한 부수물이다. 특별한 특권은 힘의 행사의 불가피한 부수물이다. 힘과 특권의 등급들은 그것들의 기본적 정당성을 부여한 사회적 기능과 결코 정확하게 일치하지 않는다. 특권이 갖는 불평등들은 사회적 위계 계급이 올라갈수록 사회적 기능의 요구를 능가하게 마련이다. 여기서 우리는 사회적 위계 계급이 가지고 있는 두 가지 기본적인 현실과 직면하게 된다. 하나는 위계 계급의 필요성이요, 다른 하나는 힘과 특권, 특히 고위층의 특권은 도를 넘는 경향이 있다는 사실이다. 그렇기 때문에 사회적 등급의 문제를 위한 단순한 해결 방안은 없다. 이것이 평등이 정의의 구체적 원리이어야만 하고, 평등주의가 가난한 자들의 이데올로기인 이유이다.(pp. 62-64)

엄격한 평등주의자들인 마르크스주의자들은 현대의 기업과 산업 문명은 전통적 사회의 불평등을 강화하는 경향이 있다고 본다. 이와는 반대로 기업 공동체는 정치적 자유가 경제적, 정치적 영역에서 점차 일반적인 평등을 가져온다는 희망을 표명한다. 이런 희망은 단기적으로는 틀렸지만 장기적으로는 옳다. 가난한 계급이 정치적 조직과 노동조합을 조직하여 조직화된 힘으로 조직화된 힘에 맞서기까지는 정치적 자유가 상대적 평등을 낳지 못했다. 조직화된 힘의 균형은 마르크스주의가 예언한 자본주의의 붕괴를 방지했고 서구 세계를 혁명적 증오에서 구해냈다.(p. 65)

자유의 원리는 사회의 통합과 관계를 가진다. 평등의 원리가 공동체의 위계 계급적 구조와 관계를 가지고 있는 것처럼 말이다. 자유의 원리는 쌍둥이 규제의 원리로서 단순하고도 역사적으로 완전히 실현 가능한 것으로 여기게 되는 위험성을 가지고 있다. 모든 공동체는 존재 유지를 위해서 통일과 안정성을 추구한다. 혼돈은 공동체의 붕괴를 의미하기 때문이다. 자유는 절대적 의미에서는 실현될 수 없지만 평등의 원리처럼 타당성을 가지고 있다.(pp. 66-67)

자유와 평등의 원리를 박애의 이상과 함께 역사에 처음 도입한 것은 프랑스 혁명으로 기록되어 있다. 그리고 그 두 원리의, 역사적으로 완전한 실현 가능성이라는 환상을 주장한 것은 프랑스 계몽주의였다. 한편, 그보다 한 세기 앞서 Cromwell의 군대의 좌측 기독교 급진론자들이 이 두 원리를 제창했다. 계몽주의자들은 기독교 섹트주의자들의 묵시의 세속판을 제시한 데 불과하다. 두 원리 중 평등의 원리는 보다 더 긴 역사적 기원을 가지고 있다. 그것은 그리스의 스토아주의에 의해서 정의의 원리로 도입되었다. 아리스토텔레스는 "각자에게 그의 몫을" 주장함으로써 우위에 있는 자와 하위에 있는 자의 몫을 분배하는 사려 깊음을 보였다. 이와는 대조적으로 Seneca는 자유인과 노예가 평등함을 주장했다. 그렇지만 스토아적 평등주의는 로마 제국의 계급 구조에 거의 영향을 미치지 못했다. 사실 스토아적 이상주의자들은 프랑스의 계승자들보다 현실적이어서 평등의 원리를 신화적 '황금 시대'에 속하는 것으로 보았고, 그 시대에서는 '자연의 법(Jus Naturale)'을 절대적으로 적용했다. 그렇지만 실제 역사 속에서는 '국가의 법(Jus Gentium)'에 의해서 노예와 정부, 사유재산의 제도를 허용했다. 스토아주의는 일관되게는 아니지만 평등을 정의의 규제의 원리로 보았지만 그것을 공동체의 삶에 직접 적용하지 않았다. 이 점에서 그것은 프랑스 계몽주의의 단순한 평등주의보다 우월하다.(pp. 67-68)

고전 시대는 자유의 원리를 평등의 원리와 관련시키지 못했다. 프랑스 계몽주의도 마찬가지였다. 영국의 섹트주의자들이 처음으로 자유를 평등과 관계시켰다. 개인의 자유의 이념은 개인이 공동체를 초월하는 권위의 근원과 궁극적 성취를 가지고 있다는 기독교 신앙에서 출현했다. 그렇지만 가톨릭교도 개신교 종교개혁도 그것을 유지하지 못했다. 가톨릭 기독교에서는 개인이 현세의 목적보다 영원한 목적을 추구할 권리가 있지만 영원한 목적은 교회에 의해서 보장된다. 루터의 복음의 자유는 종교적으로는 효능이 있지만 정치적으로는 개인의 양심에 군림하는 국가의 권위에 도전하지 못했다. Milton에 와서야 "가이사의 것은 가이사에게, 하나님의 것은 하나님에게 돌리라"는 말이 신으로부터 받은 개인의 양심을 가이사에게 돌릴 수 없다는 의미로 해석되었다. 상업적 중산층의 출현이 자유를 정의의 규제적 원리로 주장했다. 그러한 중산층의 자유주의가 John Stuart Mill의 『자유론 Essay on Liberty』과 Adam Smith의 『국부론 Wealth of Nations』에서 표현되었다. Cromwell의 군대에서는 Levellers가 자유주의의 경향을 가졌으며 Diggers가 평등주의의 경향을 가졌다. 중산층의 자유 선호와 빈곤층의 평등 선호의 이데올로기적 차이는 크롬웰 시대부터 오늘날까지 계속되고 있다. 자유주의자도 평등주의자도 자유와 평등이 서로 얽힌 패러독스적인 관계라는 것과 다른 하나를 희생하는 대가를 지불하고서 하나를 추구하는 것이 가능하지 않다는 것을 깨닫지 못했다. 이러한 패러독스는 정치적 자유가 궁극적으로는 평등을 가져올 것이라고 믿는 자유주의자의 희망, 사유재산의 폐지가 궁극적으로는 국가를 소멸시키리라는 평등주의자의 희망에 의해서 모호하게 되었다. 장기적으로 볼 때, 자유주의자가 평등주의자보다 옳다는 것이 증명되었다. 평등주의는 공산주의 유토피아의 미명 아래 권력의 독점을 수립함으로써 잘못이라는 것이 증명되었다. 자유와 평등은 규제의 원리일 뿐, 그대로 실현될 수 있는 공동체의 목표가 아니다. 17세기 영국의 기독교 급진주의자들과 18세기 프랑스의 세속적 급진주의자들은 유토피아적이었다. 그러한 환상은 사회적 항거를 위해서 필요한 동기적 힘일지도 모른다.(pp. 69-70)

그 이후 실행 가능한 진보주의와 보수주의를 역사가 발전시키는 경향을 보이고 있다. 이것을 민주주의적 사회 구현의 두드러진 특색을 가지고 있는 프랑스와 영국, 미국을 고찰함으로써 좀더 정밀하게 분석하기로 한다. 유기적인 귀족적 문명을 처음 파괴한 것은 프랑스로 되어 있지만 사실은 그보다 한 세기 전에 크롬웰의 혁명이 프랑스 혁명에 앞서 그 일을 했다. 모든 추상적 자유주의(abstract liberalism)가 구현되었기 때문에 프랑스가 자유와 박애의 신시대의 상징처럼 여겨지는 것은 불행한 일이다. 이러한 추상적인 이상의 첫 번째 위험성은 역사의 자료를 다루기 위해 현실과 충분한 접촉을 가지지 않는다는 것이다. 두 번째 위험성은 이상이 가지고 있는 패러독스적 성격을 인정하지 않고 그것을 직접 사회 현실에 적용하려고 하는 영웅적 노력이다. 첫 번째 위험은 이상을 엄격하게 적용하려는 데에서 왔다. 계몽주의 혁명의 열기는 평등주의보다 자유주의를 선호했지만 혁명의 실제 과정은 자유의 말살을 가져왔다. 다시 말해서, Edmund Burke가 "머리를 드는 모든 것을 평준화한다"라고 묘사한 방법에 의해서 평등을 수립하려고 했다. 자코뱅당의 광신주의는 "과오는 진리와 같은 권리를 가지지 않으며, 인식된 진리에 모순된 어떤 진리도 생각할 수 없다"라는 가톨릭적 입장에 동의하는 단순한 합리주의에 의해서 자유를 말살했다. 여기에서 Talmon의 '전체주의적 민주주의(Totalitarian Democracy)'의 기초가 마련되었고, 이런 종류의 민주주의의 전제가 보나파르트 식 절대주의를 낳는다. 공산주의에서는 권력이 '인민'의 이름으로 불릴 때 '인민민주의(people's democracy)'가 등장한다.

이상주의적 광신주의는 이상들을 적용해야 할 관습들을 무시하기 때문에 위험하다. 그리고 이상주의의 슬로건을 가지고 인간의 사회 생활의 영구한 현실들을 처리하려고 하기 때문에 위험하다. 의회는 혁명적 슬로건으로 뒤덮였지만 실제로 프랑스를 지배한 것은 관료 제도였는데, 그것은 낡은 차별성과 불평등을 열광적으로 유지했다. 등장하는 중산층은 평등을 이룩하기 위해서 귀족층만 제거하면 된다고 생각했고, 등장하고 있는 산업 계급에 반대해서 자신들의 특권적 지위를 유지하려고 하다가 산업 노동자들을 혁명을 부르는 절망에 떨어졌다. 프랑스는 북아프리카에 대해서도 추상적 보편주의에 의해서 접근하려다 실패했다. 알제리를 단순하게 프랑스에 편입시켰지만 알제리는 독립을 원했으며, 프랑스 의회의 결정에 의해서 알제리아인을 프랑스인으로 만들지 못했다. 인간이라는 집단의 유기적이고 역사적인 형태는 추상적 개인주의나 보편주의로 쉽게 해체할 수가 없다.(pp. 70-73)

영국은 개방사회의 도덕적 현실을 다루는 데 분명 프랑스보다 앞섰다. 크롬웰의 혁명 세력은 유토피아적 평등주의(Winstanly의 경우)와 자유주의(Levellers의 경우)뿐 아니라 자유 자체를 믿었지만, 자유가 모든 인간적 지식의 단편적 성격을 이해하는 관용의 정신에 의해서만 유지될 수 있다는 것을 진지하게 믿었던 독립당원들도 포함되어 있었다. 예컨대, John Saltmarsh는 "주께서 우리 모두의 눈을 밝히기 전에는 당신의 진리가 나에게 어두운 것처럼, 나의 진리는 당신에게 어둡다"라고 했다. 영국의 높은 지혜는 크롬웰의 군대의 세력 속에 남아 있었던 전통적 미덕에서 왔다. Ireton은 인간의 권리보다 '영국인의 권리'를 선호했는데 그것은 추상적 인권보다 상호간에 인정한 권리와 책임이 정의를 보다 훌륭하게 보장할 수 있음을 의미한다. 어떤 높은 지혜는 역사적 현실감을 Thomas의 자연법과 결합시킨 Richard Hooker로부터 나왔다. 그는 John Locke와 Edmund Burke의 선구자가 되었다. 영국에서는 전통적 사회의 사상과 업적들이 왕정 복고를 가져왔으며, 순수한 혁명의 방법이 아닌 이러한 방법에 의해서 보다 다원적인 사회가 수립되었다. 이렇게 해서 중산층과 노동자의 반항을 흡수하고 양자 모두로부터 이득을 얻는 공동체가 전통 문화와 공동체의 건전함을 손상시키지 않고 창출되었다. 그리하여 마침내 "모든 사람에게 공평한 몫"이라는 사회주의자의 슬로건에 따르는 복지사회를 설립했다.(pp. 73-75)

미국의 사상과 그 실천은 처녀지에서 귀족이라는 역사적 배경 없이 탄생한 민주주의의 독자적 경험에 의해서 비로소 이해될 수 있다. 그러나 미국이 이론에서는 대체로 프랑스로부터, 그리고 실천에서는 영국으로부터 도입했다는 것을 아는 것 역시 이해에 도움이 된다. 힘의 분산에 의해서 힘의 균형을 정부의 핵심에 적용한 것은 칼뱅주의적 사상에서 도입한 것이다. 미국의 건국의 조상들은 프랑스 철학자들보다 인간의 완전성의 가능성에 대해 장밋빛 견해를 덜 가졌다. 그들은 인민의 이름으로 말하려고 하는 힘의 독점을 포함한 모든 힘의 독점을 지혜롭게 경계했다. 미국은 귀족 정치보다는 금권 정치를 발전시켰다. 그러한 금권력이 상속적 귀족 정치를 낳지 않았지만 전통적 자유주의를 능가하는 국가의 통합과 권위의 등급의 필요성을 상식적으로 이해했다. 그렇지만 두드러지게 개방된 사회를 건설할 수 있었던 것은 부분적으로는 발전하는 프론티어와 계속 확대되는 경제의 혜택 때문이다. 그렇지만 미국은 단 한 가지 점에서 실패했는데, 그것은 흑인의 인권 문제이다. 미국의 이 딜레마는 해결 도상에 있다. 마지막으로, "모든 인간은 평등하게 창조되었다"라는 독립선언문 서문의 외관상의 감상주의는 모든 사람이 평등하게 창조되었다는 것이 아니라 모든 건강한 사회가 그것의 조직을 위해서 사용하는 기능의 등급 안에서 모든 사람이 평등하게 취급되어야 한다는 비유적인 표현이다. 그렇다면 미국은 그런 감상주의를 정의의 적절한 표준으로 실현하는 데 대체로 잘했다고 할 수 있다. 우리의 정치 사상은 항상 우리의 실천보다 뒤진다. 실천은 이론보다 현명하다. 우리는 우리가 주장하는 것보다 덕스럽다. 순수한 자유주의적 이해와 우리의 정치적 현실에 대한 순수하게 평등주의적인 비판은 미국 민주주의의 참된 모습을 왜곡시킨다.(pp. 75-77)

6. 미국 흑인에 대해 국가, 공동체 및 교회가 취한 정의(Justice to American Negro from State, Community and Church)

개방성과 사회적 유동성을 자랑하는 미국 문화 속에서 흑인은 중세적 노예 신분에 머물러 있다. 모든 인종, 차라리 유럽인의 용광로임을 자랑하는 미국이라는 국가에서 흑인은 법, 혹은 관습에 의해서 그러한 과정에 참여하지 못하고 있다. 흑인의 인권은 국가와 공동체의 충분한 도덕과 정치적 활력이 그것을 주장하기 전까지는 인정되지 않았고 또한 현실적인 것이 되지도 못했다. 그렇지만 능력을 가진 흑인들은 불평등한 교육의 기회를 넘어서는 재능의 발휘와 흑인을 위한 교육의 기회의 점진적 확대에 의해서 문화적 후진성에서 점차 해방되었다. 그리고 예술과 스포츠에서 흑인이 이룩한 성취가 흑인의 선천적 열등성을 근거로 교육적 불평등을 주장한 견해를 거부했다.(pp. 78-79) 그렇지만 그러한 문화적 요인들은 흑인과 백인 사이의 간격을 메울 수 있는 충분한 힘이 되지 못한다. 그래서 금세기 초에 대법원이 권리장전(Bill of Right)에 부합하기 위해서 '분리되었지만 평등한' 교육이라는 적절한 고안을 찾아냈다. 그러나 그 후 수십 년이 지나서 대법원은 분리된 교육이 결코 평등이 될 수 없음을 선언했다. 권리장전의 법과 사회의 관습 사이의 간격을 조절하는, 분리되었지만 평등이라는 장치가 인종적 평등에 대한 많은 사회적 지지와 주장의 효력을 상실하게 만든 것이다.(p. 79)

편견의 핵심(The Hard Core of Prejudice): 분리된 학교가 권리장전에 위배된다는 대법원의 결정은 법률적 결정과 그러한 결정에 영향을 미치는 역사적, 혹은 문화적 요인 사이의 극히 중요한 관계를 나타내는 것이다. 이상을 구현하는 법과 공동체의 사회적 관습 사이의 간격이 넓으면 법의 적용에 대한 거부를 강화한다. 이러한 거부의 핵심은 흑인의 수와 관계가 있다. 거부는 흑인이 절대 소수이거나, 혹은 다수인 주에서 발생한다. 이러한 사실은 공동체가 인권에 대해 이해할 수 있는 도덕적, 문화적 자원을 가지고 있지 않으면 인권 개념이 무능하다는 것을 증명한다. 보다 분명한 인종적 편견은 일차적으로는 집단적 오만이다. 흑백의 관계에서는 생존의 충동과 오만이 혼합되어서 흑백의 결혼에 대한 공포로 나타난다. 이 문제에 관한 흥미로운 점은 노예 시대에 그전 시대보다 혼혈이 더 많았다는 사실이다. 편견의 또 다른 근원은 흑인의 문화적 후진성인데 그것은 생물적이기보다는 문화적이다.

교회의 패러독스(The Paradox of the Churches): 미국 남부에서는, 따라서 미국에서는 교회들이 가장 완고하게 분리된 공동체들이다. 아이러닉한 사실은 스포츠와 극장, 음악 연주 홀이 교회보다 흑백의 공동체 수립에 있어서 보다 더 창조적이라는 사실이다. 노동조합 역시 교회보다 앞서 있다. 기능과 예술의 역사적 우연성들이 인종 차별의 벽을 부숴버리는 데 교회의 도덕적 훈계나 법적 선언보다 더욱 더 효과적이다.(pp. 82-83)

민주주의와 정의(Democracy and Justice): '비민주적' 가톨릭교회와 '민주적' 개신교를 비교할 때, 개인의 절대 자유를 신봉하는 개신교의 절대적 민주주의가 반드시 정의의 근원은 아니다. 개신교 교인들은 미국 남부의 노예제도를 비판하는 목회자들을 면직시킬 수 있었지만 감독들은 인종 차별을 비판하는 신부들을 지지했다. 가톨릭교는 흑인의 인권을 위해서 권리장전과 유사한 공헌을 했다. 흑인의 인권에 대한 권리장전과 가톨릭교의 공헌은 위로부터의 공헌이다. 문화의 도덕적 활력, 곧 아래로부터의 공헌도 필요하다. 권리장전은 거의 실천을 넘어서는 원리로 이상을 제시하는 것이어서 문화의 도덕적 활력이 없었다면 남북전쟁 후 시작된 법을 지키지 않는 관행들이 그대로 지속되었을 것이다.(pp. 83-85)

7. 서구 문화 속의 크리스천과 유대인의 관계(The Relations of Christians and Jews in Western Civilization)

　서구 기독교 문명 속의 기독교인 다수와 소수의 유대인 사이의 길고도 비극적인 관계의 역사는 기독교인들에게 종전보다 더욱더 겸손과 자기비판을 촉구한다. 기독교 신앙은 두 종교가 동일한 성경과 궁극적인 것에 대한 같은 역사적 접근을 가지고 있음에도 불구하고 참된 공동체를 유대인들에게 확대하지 못했다. 분명 기독교인들은 우수한 보편적 신앙을 가지고 있지만 종교적 공동체를 초월하는 사랑을 발휘하는 데 실패했고, 거기에 자기만족을 하고 있다. "그리스도 안에서는 유대인도 없고 그리스인도 없다"라는 바울의 유명한 보편주의도 도움이 되지 못한다. 유대인에 대한 편견은 유대인이 인종적, 종교적으로 특수하며 동화에 대해서 인종적, 종교적으로 완고하게 저항하는 사실 때문에 발생한다. 유대인들은 그들의 우수하다는 의식을 내세우고 동족 간의 결혼을 강조하지 않고는 긴 세월 동안 민족 본래의 모습을 유지할 수가 없었다. 기독교인과 결혼할 때는 유대인 부모가 기독교인 부모보다 더 반대한다. 집단적 생존은 그 수단으로 집단적 프라이드를 도구로 사용한다. 미국의 백인도 순수 백인 다수를 지키기 위해서 흑인과 결혼하는 것을 거부한다. 그런데도 그들은 유대인의 동화 거부를 증오하고, 2000년 동안 조국의 국토 없이 많은 나라와 문화 속에서 기적적으로 살아남은 특수한 민족의 특수한 문제를 이해하지 못한다.(pp. 86-88)

　유대인 문제는 기독교인과 이방인 다수가 유대인의 인종적, 종교적 특수성을 이해하고, 언젠가는 유대인을 인종적으로 동화하고 종교적으로 개종하게 될 것이라는 희망을 가지고 잠정적인 관용을 가지는 것을 그만둠으로써만 해결될 수 있다. 그러한 일시적 관용은 실망할 때 궁극적으로 심한 반발을 낳는다. 기독교인 다수는 유대인의 인종적, 종교적 동화의 지속적인 거부를 전제할 때 비로소 참된 관용을 가질 수 있다. 그러한 인정은 유대교를 기독교 신앙이 궁극적으로 우월성을 가지며 긴 저항 끝에 기독교에 굴복하고 개종하는 열등한 형태의 종교가 아닌 어떤 것으로 여기는 유대인의 삶의 근원에 대한 이해를 포함한다. 그러면 그러한 참된 관용을 성취하는 과제를 도덕적, 종교적 영역에서 살펴보기로 하자. 도덕적 분야에서 기독교인 다수는 유대인들이 상업 분야에서 부정직할 정도로 교활하다는 전제를 재검토해야 한다. 그런 전제는 유대인들이 이방인 다수보다 시민적 덕의 우수한 능력을 가지고 있다는 사실을 부당하게 간과하도록 만든다. 유대인의 부정직성에 대한 비난에 관해서 문제가 되는 것은 크리스천 은행가가 위탁금을 부당 유용했을 경우 그것이 크리스천 은행가의 전형이라고 하지 않지만, 유대인 은행가가 같은 불법을 범했을 경우 유대인이니까 그렇다라는 일반화의 오류를 범한다. 유대인의 상업 활동의 특성에 관한 편견은 특별한 역사적 근원에서 비롯된 것이다. 그 근원은 중세 유럽에서 시작되었다. 중세에 유대인들은 전문직과 토지 소유가 금지되었다. 그래서 단지 장사만이 그들의 생활 수단으로 남았다. 뿐만 아니라 구약성경에 근원을 가진 고리대금 금지가 크리스천들에게 과해졌다. 그러나 그것은 유대인을 구속하지 않았다. 왜냐하면 그 금지가 유대인 공동체에게만 제외되었기 때문이다. 이처럼 이상한 아이러닉한 법으로 인해서 유대인은 은행업에 종사하게 되었다. 그래서 유대인은 중세의 대금업자가 되었고 토지를 가진 귀족과 하층의 비상업 계급의 멸시를 받게 되었다. 특히, 유대인의 은행업과 상업의 성공은 그들을 부정직하다고 비난하는 비상업 계급의 주장을 정당화했다. 이러한 중세의 편견은 끈질긴 것이어서 인민당 운동(populist movement)을 통해서 미국에 전달되었다.(pp. 88-90)

대개의 이방인들이 유대인의 기업 윤리에 대해 갖는 편견보다 더욱더 심한 것은 유대인의 시민적 덕의 능력에 대한 편견이다. 내가 유대인의 높은 덕성에 처음 접한 것은 디트로이트 시에서 목회를 하던 시절, 내가 이 시의 인종위원회의 의장직을 맡고 있을 때 부의장인 유대인 변호사와 만났을 때였다. 그는 인간의 본성에 대한 지적 이해와 넓은 자선적 사랑을 겸비하고 있었다. 나의 좌측 진영에서의 정치 활동의 편견인지는 모르지만 유대인들은 사회 정책에 대한 그들의 판단에 있어서 보다 더 변별적이다. 그들은 공동의 프로젝트 지지에 관한 한 훨씬 더 후하다.(p. 91) 그들의 높은 시민적 덕의 능력에 대한 두 가지 원인을 생각할 수 있다. 하나는 먼 과거로 거슬러 올라가고, 다른 하나는 우리 시대와 관계된다. 먼저 과거의 원인부터 살펴보자. 이스라엘 예언자들에 의하면, 하나님의 정의는 장로들과 재판관들, 군왕에 대해 비판적이다. 그들이 궁핍한 자들과 가난한 사람들을 박대했기 때문이다. 다시 말해서, 공동체의 문제에 대한 예언자의 분석은 권력이 결코 정의의 충분한 도구가 되지 못함을 아는 현실주의의 시작이었다. 그렇기 때문에 힘있는 자는 가난한 자보다 심한 심판을 받는다. 정의는 평등의 정의가 아니라 가난한 자를 선호하는 편중이다. 정의는 과부와 고아에 대한 자비에 편중하였다. 예언자의 정의감은 그리스 철학보다 실존적이요, 기독교의 사랑의 이상보다 공동체 문제에 적절하다. 집단적 상황에서는 정의는 힘의 균형과 사회적 세력들의 균형에 의해서 성취된다.

개신교 자유주의는 인간의 도덕적 능력에 대한 부적절한 낙관주의로 인해서, 루터적 보수주의는 정의의 집단적 가능성에 대한 부적절한 비관주의로 인해서 힘의 균형을 위해 필요한 변별성(discrimination)을 기독교 사상 시스템 속에 통합시키지 못했다. 이 문제에 관한 한 성서적 사랑의 이론의 가장 심오한 개척자인 Martin Buber도 실패했고, Emil Brunner도 사랑과 정의를 루터적으로 구별하여 사랑을 순수하게 개인적인 친밀한 관계의 규범으로 만들었다. 유대적이든 기독교적이든 종교적 윤리는 정의가 요구하는 변별성으로 인해서 어려움을 갖는다. 이런 이유 때문에 복잡한 기술사회의 정의의 문제는 어느 정도 세속주의(secularism)가 필요하다. 권리와 이해관계의 판별을 위해서는 더욱더 변별성이 필요하고, 형제적 정의의 수립을 위해서는 원래의 종교적, 윤리적 충동이 변별성에 덜 의존한다. 정의는 사랑의 하인인 동시에 제도적 조건 아래서는 사랑에 대한 근사적 접근(approximation)이다. 유대인의 정의감에 관한 한 그 우수성은 그들의 규범이 공동체적 상황 속에서 만들어졌기 때문일 것이다. 기독교적 규범들은 모든 공동체를 초월한다.(pp. 91-94)

그러면 유대인의 시민적 덕의 우위성에 대한 우리 시대의 원인을 살펴보자. 유대인의 시민적 덕의 우위성은 근본적으로 그들이 소수 집단의 지위를 갖고 있다는 사실에 있다. 유대인들은 충성스러운 미국인이며 다른 나라들의 시민이다. 그러나 그들은 소수 집단으로 약간 떨어져 있는 존재이다. 그들의 지위가 갖고 있는 비판적인 초연함이 그들이 속해 있는 사회의 표준을 수용하는 데 있어서 전통주의를 벗어나게 한다. 이 점이 유대인들이 흑인들의 평등한 시민의 지위 획득에 도움이 되는 이유이다. 우수한 소수가 우수하지 못한 소수에 대해서 동족 의식을 느낀다.(p. 94)

두 종교 사이의 편견과 오해에 관한 한 두 신앙이 동일한 근원과 동일한 문제를 가지고 있다. 그렇지만 유대교와 기독교는 두 개의 聖約(covenant)의 신앙이지만 성약과 신앙은 다르다. 이 상이성들을 가능한 한 객관적으로 분석하기로 한다.(p. 98)

1) 메시아주의 문제

두 신앙 사이의 가장 분명한 상이성은 Martin Buber가 극명하게 말했다. 그는 다음과 같이 말했다. "기독교인에게 유대인은 아직 메시아의 도래를 기다리고 있는 완강한 친구들이고, 유대인에게 기독교인은 구원되지 않은 세계 속에서 웬일인지 구원이 일어났다고 하는 무분별한 친구들이다."(p. 98) Toynbee는 유대인이 예수를 거부함으로써 그들 자신의 예언자적 유산에 등을 돌렸다고 하지만 그의 주장을 심각하게 취할 필요는 없다. 예수는 분명 유대인들이 기대했던 메시아는 아니다. 예수가 신의 최종적 계시라는 이념은 정상적인 유대교인이라면 수용할 수 없는 것이었다. 왜냐하면 그것은 유대인들의 엄격한 유일신론에 위배되기 때문이다. 어쨌든 유대교와 기독교 사이의 메시아 문제의 핵심은 부버가 "유대인에게 기독교인은 구원되지 않은 세계 속에서 웬일인지 구원이 일어났다고 하는 무분별한 친구들이다"라고 한 말 속에 나타나 있다.

메시아주의에 관한 두 신앙의 참된 차이는 역사 속의 삶의 의미와 신성한 근거에 대한 역사의 관계가, 역사의 종말까지 그 의미가 완성되지 않지만, 그리스도에서 완전히 계시되었다는 신약성경의 이념에서 비롯된다. 이것은 기독교적 입장에서 보면 유토피아주의, 따라서 지상의 하나님의 나라의 희망을 거부하는 것이다. 유대인의 입장에서 보면 이것은 역사 속의 윤리적인 대립적 긴장의 완화이다. 부버는 그의 저서 『유토피아로 향하는 길들Paths to Utopia』에서 다음과 같이 말했다. 유대적 사상에서는 기독교적 사상에서보다 유토피아주의가 원칙적으로 더욱

더 익숙하다. 크롬웰적인 영국의 섹트적 유토피아가 기독교적 사상 속에는 항상 "당신의 나라가 임하옵시며, 당신의 뜻이 하늘에서 이루어진 것처럼 땅에서도 이루어지이다"라는 기도를 위한 장소가 있음을 나타내고 있지만 말이다. 그런가 하면, 히브리적 메시아주의의 초기의 형태들, 예컨대 제1 이사야(First Isaiah)의 메시아주의는 변모된 자연·역사(nature-history)를 제외하면 하나님의 나라를 기대하지 않음으로써 유토피아주의를 경계했다. 이처럼 강조의 차이이지 철저한 대립은 아니다.(pp. 98-101)

2) 은혜와 율법 문제

율법에 관해서는 기독교인들은 그것이 대체로 십계명과 같으며, 의로움의 최소한의 부정적 요구를 제시하는 것으로 거기에 신약성경이 사랑의 적극적 규범, 특히 산상수훈의 무모한 사랑을 첨가한 것으로 이해한다. 산상수훈에서는 "예전에는 너희들에게 …라고 말했지만, 나는 너희에게 말하노니"라고 대립시켰지만 그 대립은 크리스천들이 생각하는 것처럼 절대적이지 않다. 사랑의 명령은 구약성경에서 왔고, 랍비는 일관되게 사랑이 율법의 완성이라고 가르쳤다. Shirley Jackson Case는 산상수훈의 절대적 요구들은 목축 생활의 경제의 단순성들에서 나온 것이어서 산업문명의 복잡성에 맞추어 조정해야 한다고 주장했다. Karl Barth는 그런 윤리를 '종말론적' 윤리라고 하고, 그것이 역사적, 혹은 사회적 상황에 대해서는 직접적 타당성을 가지지 않는다고 선언했다. C. H. Dodd는 그의 저서 『복음과 율법 The Gospel and the Law』에서 다른 뺨을 내어라, 혹은 십 리를 가라고 하는 등의 수훈의 명령들은 이상적 상황을 두고 하는 말이 아니라 우리가 악인을 만나는 세상을 의미하기 때문에 종말론적이 아니라고 했다. 그는 수훈의 명령들은 윤리적 행위가 움직여야 할 방향을 제시하는 것이라고 주장한다. Windisch는 그의 저서 『산상수훈 Sermon on the Mount』에서 같은 범주에 속하는 교훈들을 엄격한 랍비들이 가르쳤다고 하면서 마태는 예수를 유대의 어떤 율법 해석자들보다도 엄격한 새로운 율법 부여자로 만들려는 이데올로기적 관심을 가졌던 것으로 짐작된다고 했다.

기독교 교회와 특히 가톨릭교가 그런 엄격한 형태의 율법주의에 빠진 경우가 많다. 그런 엄격한 윤리는 사려와 합리적 판단을 섞어야 할 사회 윤리를 복잡하게 만든다. "하늘에 계신 너의 아버지가 온전한 것같이 너희도 온전하라"는 예수의 말은 "내가 신성한 것같이 너희도 신성하라"는 구약의 명령보다 더욱더 심한 도덕적 혼란을 일으킨다. Torrey 교수는 '완전(perfection)'이라는 그리스 말로 표현된 예수의 아람 말들은 "그렇기 때문에 하나님의 사랑이 모든 사람을 포함하는 것처럼, 너의 사랑이 모든 사람을 포함하게 하라"였다고 말한다. 만일 그의 주장이 옳다면, 그것은 예수의 일관된 사랑 보편주의의 한 부분이 된다. 그렇지만 그것 역시 여전히 고도의 윤리이다. 그러나 강조가 수직적이고 타계적이기보다는 수평적이며 역사적이어서 정의에 보다 더 적합하다. 신약성경의 아가페 사랑은 개인의 최종적인 윤리적 가능성의 개척이어서 적절한 사회 윤리에게는 당혹스러운 것일 것이다. 이렇게 볼 때, 기독교와 유대교는 이 문제에 있어서 차이는 있지만 대립적이지는 않다.(pp. 101-104)

정말 문제가 되는 것은 halakah, 곧 식사 규정(dietary)과 안식일 법을 포함하는 유대적 율법주의의 상세한 규정들일 것이다. 그러나 Buber 같은 참된 종교적인 유대인 학자도 halakah의 도덕적 타당성에 대한 이해에 어려움을 느낀다. 요한복음은 "율법은 모세가 주었으며 은혜와 진리는 예수에게서 왔다"라고 구별한다. 은총론은 도덕적 규범들이 아니라 도덕적 역동성과 관계된다. 은총의 문제는 신약성서에서 매우 큰 중요성을 가지게 되는데, 그것은 인간적 상황에 대한 진단이 바울이 "내가 원하는 선은 행하지 않고 원치 않는 악을 내가 행한다"라고 한 자기모순적 상황을 포함하고 있기 때문이다. 이러한 무능력의 고백은 아마도 바울적 기독교의 가장 중요한 특성일 것이다. 이와 같은 무능력의 진단으로부터 은총론이 중요성을 갖게 된다. 왜냐하면 은혜가 인간의 문제에 대한 대답이기 때문이다. 은총은 용서요, 힘이다. 종교개혁은 은총이 무엇보다 먼저 용서이고, 용서의 확신이 인간의 불안한 혼을 치유하는 동시에 자기 자신의 의로움에 대한 집착을 포함한 자기집착으로부터 인간을 해방하는 한 힘이라고 주장했다. 기독교인의 입장에서 은총의 교리는 기독교를 유대교와 구별하는 가장 중요한 개념이다.

그러나 힘으로서의 은총의 기독교적 개념이 기독교인들이 그러한 힘을 가지고 있다는 보장이 아니라는 것을 크리스천들은 인정해야 한다. 현대 심리치료학과 사회과학들은 종교인인 우리가 주장하는 구원의 은총보다 더욱더 분명하게 '공통의 은총(common grace)'의 효과를 확인했다. 우리가 타인의 사랑의 안전성을 가질 때 비로소 사랑할 수 있다는 것은 단순한 상식에 속한다. 이러한 안전성은 대개의 사람에게 은총의 근원이다. 그것은 종교적이건 비종교적이건 사랑할 수 있는 모든 사람에 의해서 매개될 수 있는 은총이다. 은총의 종교가 사랑의 실천에서 율법의 종교에 대해 우위성을 가지는 것은 아니다. 유대인들이 흑인과 형제애를 수립하는 데 크리스천들보다 창조적임을 보여왔다는 사실은, 특히 그리스도 안의 새로운 삶의 체험이 개신교 섹트의 개종 경험에서 선포된 지역에서 그랬다는 사실은, '구원의 은총'이 기독교에서 개인적으로 이해되었기 때문에 집단적 악을 다룰 수 없음을 증명하는 것 같다. 결론적으로 말해서, 우리가 두 신앙을 그들의 열매로 판단하면 유대적 신앙은 뒤지지 않는다. 특히, 집단적인 도덕적 성취에서 그렇다. 기독교 신앙의 통찰이 인간 정신의 내적 모순을 진단하고, 인간의 도덕적 의지의 약함과 의지의 결함을 극복하는 정신적 힘을 밝히는 데 있어서는 우위에 있지만 말이다.(pp. 104-107)

3) 특수성과 보편성 문제

유대적 신앙은 선교자라는 의미에서는, 그리고 모든 사람에게 그것의 삶의 길을 제공한다는 의미에서는 분명 보편적이지 않다. 그러나 그것이 모든 국가들의 주재자이며 이스라엘에게 특별한 안전을 보장하지 않는 하나님을 숭배하는 의미에서는 보편적이다. 유대인들은 신을 그들의 정치적 생존을 위해서 거의 사용하지 않았기 때문에 2000년 동안 조국이 없었다고 말할 수 있을 것이다. 물론, 그들은 그들의 경건을 디아스포라의 집단적 생존의 도구로 쓰지 않을 수 없었다. 그렇게 하지 않았으면, 사실 그들은 세속적 국가로서는 살아남지 못했을 것이다. 그렇지만 유대교도만이 보편성을 이탈하여 특수성에 빠지는 것은 아니다. 기독교인들도 그리스도의 이름을 내세우면서도 반유대주의적 경향으로 흐른다. Franz

Rosenzweig는 기독교와 유대교의 관계를 같은 신을 믿고 있으나 기독교는 예언자들의 메시지를 이방인에게 전하는 목적에 봉사한다고 했다. 이것은 두 종교의 관계를 가장 잘 규정한 것이라고 할 수 있는데 유대인들이 종교적, 인종적 공동체인 한 그들의 문제를 해결하지 못한다. 역사는 신기한 사건들로 가득 차 있지만 그런 것들 속에서 이스라엘이 국가로서 등장하는 것은 감격적이다. 유대적 윤리와 신앙은 디아스포라로서는 인상적으로 보편적이었고 서구 문명에 유익한 영향을 미쳤지만, 그것이 다른 국가들과 마찬가지로 하나의 국가가 되었을 때 도덕적으로 안전하지 못하다. 그러한 국가가 국가적 생존을 위해서 싸울 때 아랍 세력들과 충돌하게 된다. 부버의 종교적 시온주의가 아무리 유토피아를 지향하고 있다 해도 아랍인들과 연합 '국가'를 수립하려고 한다면 그의 노력은 수포로 돌아갈 수밖에 없다. 1000년 동안 유대인들은 그들의 신앙의 보편적 含意를 개척함으로써 서구의 공통의 문명에 공헌했다. 지금은 무서운 대학살 후 국가를 갖게 되었는데, 특수성과 보편성은 해결되지 않은 채 남아 있다. 기독교인들은 특수성과 보편성에 관한 유대적 문제에 관해서 독선에 빠지는 유혹을 받을 수 있다. 그렇지만 기독교의 역사는 기독교 신앙을 사용하여 특정한 공동체를 높이고 보호한 경우들로 그득하다. 영국의 스코틀랜드와 북아일랜드의 경우가 그렇고, 미국에서는 개신교 신앙이 북유럽인들의 프라이드와 결속의 도구가 되었다. 모든 개신교 교파들은 어떤 특정한 인종적, 혹은 역사적 특정성을 가지고 있다. 우리는 유대인의 문제가 아니라 보편적인 문제를 다루고 있다. 이 사실을 인정할 때 독선은 사라질 것이다. 그렇지만 특수성과 보편성에 관한 유대인 문제는 아직 남아 있다. 우리는 많은 비논리적 역사적 사건의 출현 속에 2000년 동안 디아스포라의 난국 속에서 살아남아 자유주의 사회의 마지막 단계에서 서구의 공통의 문명에 마침내 그들의 고유하고 가치 있는 공헌을 하고 있는 유대 민족의 신기한 기적이 있다는 것을 인정해야 한다.(pp. 107-112)

8. 완전을 위한 충동과 공동체를 위한 충동(The Impulse for Perfection and the Impulse for Community)

완전성에 대한 열망은 분명 종교적 충동 속에 깊이 뿌리박고 있다. 신약성경에서는 이것이 "그런고로 너희는 하늘에 계신 아버지가 온전하신 것처럼 너희도 온전하라"고 고전적으로 표현되어 있다. 신성한, 혹은 궁극적인 규범만을 취하는 종교적 감수성을 가진 사람의 경향은 보편적이라고 할 수 있다. Aldous Huxley가 '영원한 철학(perennial philosophy)'이라고 한 신비로운 전통에서는 자아가 역사적 자아의 유한성에서 벗어나서 신성한 자아와 일치하려고 한다. 이런 사상에서는 종교적 충동은 분명 수직적이고 공동체를 향한 충동과 충돌한다. 그러한 사회로 향한 충동은 동료 인간에 대한 창조적 관계에서 수평적으로 자기완성을 추구하기 때문이다. 모든 공동체들은 자아보다 못하고, 또한 자아 이상이다. 그것들은 개인보다 자연과 필연성에 더욱더 밀접하게 관계되어 있기 때문에 자아보다 못하다. 그것들은 유한하고 우연한 목적들을 가지며 그러한 목적들은 개인의 무조건적 복종을 주장하기 때문에, 다시 말해서 우상적인 신적 존재가 되기 때문에 개인 이상이다. 이와는 반대로 개인은 공동체에 당장 도움이 되지 않는 목적들을 마음에 그린다. 공동체는 개인적 열망과 성취의 다양성에 의해서 풍성하게 되지만 말이다.(pp. 113-114)

고전적으로는 완전성에 대한 종교적 열망으로 표현된 인간적 삶의 수직적 차원은 공동체적 삶을 깊고 풍부하게 하지만, 일관된 수직적 충동은 공동체를 파괴할 수밖에 없다. 인간들은 타인이 없이는 전체가 아니기 때문에 서로를 요구한다. 그래서 남녀가 서로 필요하며 상호 관계에서라야 완성될 수 있다. 모든 시대를 통해서, 그리고 기독교 전통에서 신비론자들은 개인 속에서 양성적 온전함(androgenic wholeness)을 열망했다. 개인적인 온전함에의 추구는 사회적이지 않다. 왜냐하면 그것은 공동체의 단편적이고 우연한 목적들을 방해로 볼 뿐만 아니라 공동체는 정의를 위한 세력과 생명력의 질서를 위한 강제적 행사에 의해서 비로소 참을 만한 조화를 이룩할 수 있기 때문이다. 이러한 전략들은 완전한 개인을 위해서는 가능하지 않다. 개인의 완전성은 이기적 자기관심(self-concern)에 대한 자아의 극복, 곧 無私(selflessness)를 의미하기 때문이다. 개인의 완전성에 대한 욕망은 불가피하게 기생적이다. 수도원은 사유재산과 정부라는 애매한 기구들의 오염과 감염으로부터 해방된, 완전하다고 생각되는 개인들의 공동체를 설립했다. 그러나 그 두 가지는 죄악의 세상 속에서 공동체가 필요로 하는 것들이다. 개인의 완전을 위한 충동과 공동체에 대한 책임 사이의 모순을 극명하게 나타내는 것은 사랑을 위해서 전쟁을 거부하는 경우일 것이다. 전쟁은 특정 공동체가 노예화와 말살의 위험에 맞서 자기를 유지하려고 하는 것이다. 정의의 전쟁일 때는 그렇다. 기독교적 완전주의자들은 정당한 집단적 폭력과 불의의 집단적 폭력 사이의 구별을 하지 못한다. 지엽적인 공동체에 대한 복종은 불완전성의 표현이기 때문이다.(pp. 114-116)

지금까지의 고찰에 기대면, 기독교적 완전주의와 신비적 완전주의, 곧 신성한 것과 하나가 되기 위해 역사적 우연성으로부터의 신비적 도피는 유사해 보인다. 그러나 기독교는 유대교와 더불어 역사적 목표들과 목적들을 추구하는 종교이다. 기독교는 완전성을 열망할 때도 그 열망을 '종말론적으로', 곧 개인적이건 집단적이건 특정한 생명력들의 모든 역사적 표현들을 초월하는 대가를 지불해야 하는 각 개인의 완성을 위해서가 아니라, 역사의 종말에서 완전한 공동체를 수립하는 희망에 있어서 표현한다. 그러면 다시 "그런고로 하늘에 계신 너희의 아버지가 온전함과 같이 너희도 온전하라"고 한 예수의 권고로 돌아와서 이를 검토하기로 하자. 그것은 분명 구약성경의 "그런고로 너희는 내가 신성한 것처럼 너희도 신성하라"의 번역, 혹은 해석이다. 이 경우 사용된 말은 *Quodesh*이다. 그것은 원래 '밝은(bright)', 혹은 '빛나는(shining)'을 의미한다. 그것은 히브리 사상의 역사 속에서 많은 의미를 갖게 되었다. 그러한 의미들은 신성한 것에 특유한 '두려운 신비(Mysterium tremendum)', 곧 성스러움과 위엄(majesty)을 나타낸다. 그렇기 때문에 사람이나 하나님의 백성이 이와 같은 성스러움과 빛남을 모방하라는 명령이 내려진다면, 그것은 구약 레위기의 '성례법전(Holiness code)'이 요구하는 제식적 순수성(cultic purity)이나 절대적 정의 추구에 의한 '성스러운' 신에 대한 복종에 의해서만 그렇게 행할 수 있다.

선지자 아모스는 祭式的 신성을 비판하고 정의를 명령했다. 그가 요구한 정의는 성취할 수 있지만 엄격한 것으로서 가난한 자, 과부와 고아, 억압된 자들을 위한 동정을 포함하고 있었으며 힘있는 자, 이스라엘의 장로, 통치자 그리고 재판자에 대한 비판을 촉구했다. 그러한 정의는 無私的 완전성에 대한 명령보다는 모든 역사적 과제와 책임성에 대해서 적절한 역사적 윤리의 기초를 놓았다. 그런 정의는 자아의 절대적 순수성보다 공동체에 대한 자아의 관계를 강조했다. 예수가 번역했고 해석한 것은 성스러움에 대한 명령이었다. 예수는 인간이 하나님을 모방하라고 부름을 받은 완전성을 포괄적 사랑으로 해석함으로써 그렇게 했다. 예수가 사용한 것으로 짐작되는 말들은 "그렇기 때문에 하나님의 사랑이 모든 사람을 포함하는 것처럼 너의 사랑도 모든 사람을 포함하게 하라"이다. 이러한 재구성의 추측은 산상수훈의 "너의 원수를 사랑하라. 너를 사랑하는 자를 사랑하면 무슨 상이 있으리요?"라고 말한 산상수훈의 맥락과 맞는다. 이것이 완전성에 대한 예수의 요구에 대한 옳은 해석이라고 해도 우리의 문제를 완전히 해결하지 않는다. 복음의 사랑 보편주의에는 사회 윤리가 없기 때문이다. 사회 윤리는 여러 가지 근사적 목표들과 한정된 목적들, 편협한 이익들 사이에서 판별해야 한다. 다시 말해서, 경쟁적 이해관계들 사이의 합리적 판별을 사회 윤리는 요구하기 때문이다.(p. 116-118)

그러나 복음의 사랑 보편주의는 사회 윤리에 적대적이지 않다. 그것은 하나님에 대한 사랑과 이웃에 대한 사랑이 대립적이 아니라 동일하다고 한 예수의 주장에 의해서 사회 윤리에 대한 타당성을 유지한다. 예수는 하나님에 대한 사랑과 이웃에 대한 사랑이 '같으니'라고 했다.(마태복음 22: 37-39) 삶의 가능성들의 수직적 차원과 수평적 차원이 확고하게 통합되었다. 두 차원은 그 이후의 대개의 기독교 사상에서 보다 더 확고하게 통합되었다. 이 사상은 항상 하나님에 대한 사랑을 이웃에 대한 사랑과 경쟁적으로 만들고 그것을 '無私的' 완전성의 유일한 보장으로 만듦으로써 공동체에 대한 책임을 파괴했기 때문이다. 無私로서의 완전성 규정은 Rudolf Otto와 Aldous Huxley가 '영원한 철학'으로 묘사한 동서양의 보편적인 종교적 충동이다. 그것은 동양에서 일관성 있게 주장되었고 서양에서는 성서적 견해와 융합되었다. 성서적 견해와 신플라톤적 견해의 가장 중요한 융합은 Augustine

에 의해서일 것이다. 그는 '지상의 나라'를 경쟁과 대립을 가진 세계로 묘사했다. 그는 정의를 위해 필요한 힘의 균형을 규정했다. 그는 공동체의 질서를 어떤 지배적 힘에 의한 안정으로 이해했다. 여기에 사회 윤리의 시작이 있다.

그러나 그는 이웃에 대한 사랑을 하나님에 대한 사랑과 같은 것으로 본 것이 아니라 전자가 후자에 종속하는 것으로 보았다. 이를 좀 더 상세하게 설명하면 다음과 같다. 그의 '신의 나라'는 신에 대한 사랑(amor Dei)이 지배한다. 이웃에 대한 사랑은 신에 대한 사랑의 理法 속에서는 불안한 위치를 가지고 있다. 우리는 이웃을 신을 위해서, 다시 말해서 그를 신에게로 인도하기 위해서 사랑해야 한다. 그러나 이웃에 대한 사랑은 최고의 목적이 아니라 피조물에 대한 사랑이기 때문에 의심스러운 것이다. 어거스틴은 사랑의 완전성을 그 대상의 적합성의 입장에 의하여 규정한다. 그의 사상 속에서는 신에 대한 봉사와 동일한 이웃에 대한 봉사가 없다. "내가 병들었을 때와 감옥에 있을 때, 너는 나를 찾아 왔다"라고 한 성경에 대한 감정이 없다. 그렇지만 어거스틴의 윤리 구도 속에는 '적절한 자기애(self-love)'에 대한 성공적 이해가 포함되어 있다. 그는 두 가지 형태의 자기애를 구별한다. 하나는 자기 자신을 사랑하는 자기애요, 다른 하나는 하나님 속에서 자아가 자기를 사랑하는 자기애이다. 후자는 자아가 자신을 초월하는 대상과 목적을 가지는 한에서 가능한 자아실현으로 짐작된다. 예수가 "누구든지 그의 목숨을 얻고자 하는 자는 그것을 잃을 것이요, 누구든지 그의 목숨을 잃고자 하는 자는 그것을 얻을 것이다"라고 말한 패러독스에 대한 부분적인 인정이 어거스틴의 사상 속에 있다.(pp. 116-120)

자기희생(self-giving)을 통한 자아실현을 가능하게 하지만 모든 형태의 노골적인 자기애는 자아를 완성하지 않고 파괴할 수밖에 없다는 이 패러독스는, 자아의 불확정적인 자유가 너무나 크기 때문에 자기 속에서는 완성될 수 없으며 자아는 자기를 초월하는 목적을 가짐으로써 비로소 자기를 발견한다는 사실을 밝혀준다.(p. 120) 신플라톤적 사상과 성서적 사상의 이와 같은 융합은 적어도 완전성을 無私와 동일시하지 않는 입장에서 완전성을 규정하는 공헌을 한다. 중세의 신비주의적 금욕주의는 분명하게 자아의 완전성에 대한 집착을 나타낸다. 이웃에 대한 사랑이 강조되었지만 그 방법은 자선이다. 중세적 완전주의는 윤리적 엄격성보다는 감상주의를 불러일으켰다. 현대의 섹트적 완전주의는 분명 복음의 보편주의와 무사에 대한 신비주의적 충동의 혼합이다. 개인적 순수성에 대한 관심은 평화주의자들의 논쟁에서 끝없이 나타났고, 보편주의는 보편적 공동체 수립의 희망과 보편적 충성에 대한 증인이 되려는 데에서 나타났다. 신비주의적 완전주의는 궁극적인 것에 대한 개인의 설익은 집착이다. 참된 사회적 책임을 떠나서 자아가 자기에 대한 관심에서 벗어나려는 노력은 결국 무익하다는 것이 드러나고야 만다. 자아는 사회적 책임과 감정에 의해서만 부지중에 자신으로부터 빠져나올 수 있다. 복음의 사랑 보편주의는 수직적으로가 아니라 사회적, 수평적으로 움직이기 때문에 순수한 신비주의와 다르다. 그렇지만 그것은 유한한 인간으로서는 할 수 없는 보편적 사랑을 명령한다. 이러한 사랑 보편주의는 인간이 유한하고 편협한 충성들을 함에도 불구하고 그가 비결정적 자유의 가능성들을 가지고 있다는 것을 보여주는 것이다.(pp. 120-122)

9. 신비와 의미(Mystery and Meaning)

우리의 존재에 관한 최종적 물음은 그것이 의미가 있는지 여부이다. 그 물음에 대한 대답은 간단하지 않다. 왜냐하면 삶은 모순들과 부조리들(incongruities)로 가득 차 있기 때문이다. 우리는 합리적으로 조리가 서지 않는 의미의 여러 가지 영역들 속에 살고 있다. 그 의미들은 이성으로 밝힐 수 없는 신비에 둘러싸여 있다. 이 문제와 관련하여 우리는 철학을 세 가지 범주로 나누기로 한다. 첫째, 신비를 잠정적으로 인정하지만 그것을 합리적 제국주의, 곧 범합리론에 의해서 합리적 의미로 화한다. Hegel이 그러한 철학의 대표적 예이다. 둘째, 신비와 그것을 밝히는 이런 이성의 한계를 아는 철학이다. 본체계와 현상계를 구분한 Kant의 철학이 이 경우이다. 셋째, 현대 과학의 영향을 받은 현대 철학이다. 그러한 철학은 신비를 잠재적 무지로 보며 과학의 발달이 그것을 점차 제거할 것으로 본다. 의미를 둘러싸고 있는 시비를 세 가지 범주로 구분하는 것이 도움이 될 것이다. 하나는 궁극적 실재와 관계를 갖고 있으며, 다른 두 개는 인간 자신과 관계되는 것으로서 그것의 현실

을 우리가 직접 경험한다.(pp. 123-124)

첫 번째의 궁극적 실재에 관한 신비는 창조의 신비이다. Aristotle은 '제1 원인(first cause)', 혹은 원동자(prime mover)를 제시함으로써 이 신비가 극복되리라고 믿었다. 그러나 그러한 합리적 이해는 하나의 맹점을 가지고 있는데 그것은 앞선 원인이 후속적 사건을 충분하게 설명할 수 없다는 사실이다. 철학자 Alfred North Whitehead는 그의 저서 『과정과 실재Process and Reality』에서 합리성의 한계를 깨닫고 '원초적 신(Primordial God)', 곧 신비의 영역을 상정하는 일종의 X를 제시했다. Plotinus의 신플라톤주의에 그 원인을 두고 있는 철학들은 '유출론(the doctrine of emanation)'에 의해서 부분적으로 합리적이지만 부분적으로는 합리성의 한계성을 인정했다. 그러한 유출론에 의하면, 현실 세계는 만물의 원초적 근원인 하나의 타락이나 유출이다. 다시 말해서, 특정한 것들로 되어 있는 현세는 악이든가, 혹은 단순한 현상이 된다. 기독교 신학자들은 신이 세상을 '무로부터(ex nihilo)' 창조했다고 한다. 그러한 주장은 여러 가지 불합리에 빠지게 할 위험성이 있지만, 그것은 적절하게 이해되면 이성의 능력을 초월하는 신비를 간직하고 있다. 다시 말해서, 그것은 특정한 것들로 되어 있는 현실의 세계가 '무제약적 세계'와 어떻게 관계되어 있는가 하는 점을 합리적으로 설명할 수 없다는 것을 우리에게 알려준다. 우리가 알 수 있는 것은 모든 우연적 존재가 그것을 넘어서 존재의 무조건적 신비로 향하고 있다는 사실뿐이다. 원시적인 창조의 신화가 창조의 신비를 간직하고 있으며, 세계를 스스로 설명할 수 있고, 완성할 수 있는 것으로 보려는 모든 합리적 추구에 대한 한계를 설명하고 있다는 사실을 잊어서는 안 된다.(pp. 124-126)

다른 두 개의 신비는 인간의 피조물적 존재로 인한 결정적 요인들의 제약에도 불구한 책임성 있는 자유와 그러한 자유의 부패, 그로 인한 죄와 범죄(guilt)에 대한 신비이다. 이러한 두 가지 신비는 우리가 직접 경험하는 것이며 합리적 일관성의 시스템 속에 넣어서 맞출 수 없는 것이다.(pp. 126-127)

인간의 책임성 있는 자유는 우리의 행동들은 항상 설명할 수 있는 원인들을 갖고 있지만 우리는 대립되는 목적들과 충돌되는 동기들 사이에서 선택할 수 있는 자유를 가지고 있기 때문에, 원인들의 흐름을 초월한다는 사실로 인해서 우리가 내적으로 체험하는 것이다. 우리의 정치적 태도는 주로 경제적 관심에 의해서 결정된다. 그렇지만 선거에 영향을 미치는 조건들에도 불구하고 우리의 정치적 결정에는 항상 자유의 측면이 있다. 인간의 자유는 형이상학의 어떤 시스템 속에도 들어맞지 않으며, 역사가들은 역사가 단순히 과학이 아니라 예술이라는 것을 안다. 왜냐하면 그들은 인간의 역사에서 자유와 고유성을 발견하기 때문에 인간의 행동에 대해 순수하게 과학적으로 다루는 것이 불가능하다는 것을 알기 때문이다.(pp. 126-128)

인간에 관한 두 번째 신비인 인간이 그의 자유를 오용하는 문제를 고찰하기로 한다. 이것 역시 인간이 직접 경험함에 의해서 타당성을 가지는 것으로서 합리적인 어떤 시스템도 받아들일 수 없는 것이다. 인간의 이기심(self-regard)의 원인이 인간의 열정(본능)과 사회적 유혹, 혹은 인간의 무지가 아니라 자아(self)라는 사실을 인간성에 대한 모든 철학적 분석이 모호하게 만드는 경향이 있다. David Hume은 '원죄'를 부정했지만, 모든 사람이 한결같이 이기적인 것은 아니어도 정치적 시스템은 인간의 이기심을 당연시해야 한다고 말했다. 인간의 '비참'과 '존엄성'은 그의 자유라는 같은 뿌리에서 나온 것이다. 인간은 정신으로서는 자유이고, 시간의 흐름 속에 있는 존재로서는 매우 부조화한 피조물이다. Plato와 Aristotle의 영향을 받은 심오한 철학자들이 자유를 '마음(mind)'과 동일시하고 '신체(body)'를 자연의 시스템과 일치시킨다. 이러한 이론은 두 개의 조화로운 세계를 만들지만 '마음'과 동일시할 수 없는 '정신(spirit)'의 신비로운 자유를 가진 인간적 자아의 부조리한 통합을 이해하지 못한다. Pascal의 진단처럼 인간은 위대하고 비참하며, 그래서 그는 한편으로는 오만해지고 다른 한편으로는 비참에 빠진다. 파스칼은 이러한 인간의 수수께끼에 대한 유일하게 적절한 답은 '복음의 단순성'이라고 했다.(pp. 128-131)

인간의 죄의 신비는 신기하게도 그의 유한성과 관계되어 있다. 인간의 죄는 그의 유한성이나 무지에서 오는 것이 아니라 유한하다는 사실로부터 도피하려고 하거나, 혹은 그것을 모호하게 하려는 헛된 노력에서 비롯된다. 인간은 자연과 역사에서 그가 불완전하다는 것을 감추거나 극복하기 위해서 부와 권력이 주는 안전을 추구한다. Augustine은 "인간이 피할 수 없는 죽음을 피하려고 하다가 그가 피할 수 있는 죄에 빠진다"라고 했다. 인간의 과도한 이기심의 보편성 역시 신비롭다. 왜냐하면 그것은 그의 유한성의 자연적 결과가 아니기 때문이다. 모든 종교는 어떤 신비로운 의미를 주장하려고 하거나 신비의 두려움 앞에서 삶의 의미를 부여하는 특정한 유한성과 제한된 의미를 부정한다. 불교든 신플라톤주의든 고전의 신비주의적 신앙들은 "신을 命名하는 것은 신을 모독하는 것"이라고 경고했다. 그들은 의미의 어떤 유한한 시스템과 목적들의 어떤 구도에 궁극적인 중요성을 부여하는 것이 갖고 있는 문제성을 의식하고 있었다. 그러나 이런 과정 속에서 그런 신앙들은 특정한 의미들과 단편적인 것들을 가지고 있는 역사적 세계 전체를 부정하는 경향을 가진다. 그것들은 시간에서 영원으로 도피한다. 그러한 영원은 신성한 신비를 규정함으로써 두 가지 인간적 신비를 해결하는 것처럼 보인다. 인간의 자유의 신비는 자유를 분화되지 않은 절대적 세계와 동일시함으로써 해결된다. 인간의 죄의 신비는 죄를 인간의 자아성의 개별성과 동일시함으로써 해결된다.(pp. 131-132)

성서적 신앙은 역사 속의 어떤 사건들에서 계시적 깊음과 높음, 곧 역사의 의미의 실마리인 '어둠 속에서 빛나는 빛'을 발견한다. 기독교 신앙은 메시아적 기대의 맥락 속에서 '그리스도 사건'이라는 역사적 인물과 사건이 신의 자비와 심판이라는 것, 그리고 예수의 십자가가 인간의 죄의 보편성과 인간 존재의 도덕적 문제 해결에 대한 인간의 무능력의 최종적 계시요, 심벌이라는 것을 믿는다. 신약성경은 존재론적 사변(speculation)으로부터 자유롭지만, 그리스도에 대해서 어떤 절대적 주장을 하고 기독교 신앙은 거기에 근거를 두고 있다. 이러한 모든 주장이 "하나님께서 그리스도 안에 계시사 세상을 자기와 화목하게 하셨다"라고 한 바울의 말 속에서 간결하게 표현되었다. "천지를 만드신 전능한 하나님 아버지"와 "본디오 빌라도 아래에서 고난을 당하신 하나님의 독생자 예수 그리스도"는 하나님의 존재 여부를 해결하는 형이상학적 설명이 아니라 신의 창조의 신비를 당연한 것으로 여기고, 역사의 의미가 궁극적으로 계시되었으며 창조의 신비와 관계되어 있다고 선언한다. 짧게 말해서, 그리스도의 계시는 세 가지 신비를 밝히는 하나의 빛이다. 그것은 신앙에 의해서 창조의 신비에 대한 실마리를 준다. 어떤 정도의 형이상학적 사변도 '존재(being)'의 개념으로부터 역사적 목적과 의미를 도출할 수 없다. 만일 우리가 인간이라는 역사적 존재가 의미가 있다고 믿는다면, 우리는 이성으로가 아니라 신앙으로 그렇게 믿는다. 그리스도의 계시라는 하나의 역사적 사건이 인간 존재의 의미의 신비의 실마리를 우리에게 주고, 우리의 존재가 부수적인 현상에 지나지 않으며 자연 속의 무용지물이 아니라는 것을 우리는 신앙으로 주장한다.(pp. 133-134)

십자가에 못 박힌 그리스도가 심벌인 사랑은 창조의 신비와 관계되며 그것과 동일하다. 기독교 신앙은 신이 존재한다는 규정보다 그리스도가 신의 계시라는 긍정에 보다 더 근거를 두고 있다. 신의 존재는 긍정되기보다는 추정되고 있다. 그러나 그리스도의 계시에 의해서 역사에 어떻게 의미가 주어지는 것인가? 기독교 신앙의 "어둠 속에서 빛나는 빛"은 자유의 신비를 위한 의미의 빛이 아니라 두 번째 신비, 곧 모든 인간적 자유가 관련되어 있는 자기모순을 밝히는 것이다. 그것은 죄, 곧 그의 자유를 그 자신의 목적을 위해서 사용하려는 인간의 필연적 경향이라는 대답을 들려준다. 다시 말해서, 인간의 힘으로는 극복될 수 없는 죄가 인간의 죄를 스스로 책임지는 신에 의해서 극복된다고 한다. 이것이 하나님께서 그리스도 안에서 세상과 화해하셨다는 '좋은 소식'의 중요함이다. 분명 신약성경의 신앙은 메시아적 전통 아래에서 죄 없이 십자가에서 고난을 당하고 죽은 그리스도의 역사적 드라마 속에서 역사의 의미를 발견했다. 역사의 도덕적 애매성은 최선을 다하는 인간의 도덕적 노력에 의해서도 극복될 수 없다. 그것은 신의 엄한 심판이 그의 자비에 의해서 조화를 이룰 때 비로소 극복된다. 십자가에 못 박힌 구세주가 그러한 자비의 계시요, 심벌이다.(pp. 135-136)

많은 현대의 지식인들은 신이 인간이 되어서 십자가에서 고난을 당한다는 이야기를 쉽사리 믿을 수 없으며 신의 존재조차 확신하지 않는 사람들에게는 그것이 '실마리'가 될 수 없다. 그러나 신비롭지만 보편적으로 경험된 인간의 드라마를 다루는 정직한 노력을 하는 사람에게는 고난을 당하는 자비로운 신의 이념이 존재의 의미에 대한 실마리가 된다. 그것은 또한 인간의 이기심에 관한 두 가지 문제를 해결한다. 그것은 죄를 심각하게 생각하며 이기심을 해롭지 않다고 보거나, 해롭다고 보되 죄의 보편적 성격을 알지 못하는 모든 이론을 거부한다. 인간의 문제에 관한 다른 문제도 해결하는데, 그것은 집요하고 보편적인 인간의 이기주의를 어떻게 할 것인가 하는 문제이다. 이 문제는 신의 용서라는 궁극적 수준에서 해결된다. 그것은 정치적 경륜의 모든 근사적(proximate) 수준에서는 집단적, 혹은 개인적 이기주의에 대한 모든 종류의 경계를 마련함으로써 대답을 준다. 신약성경의 신앙은 인간이 그들 자신을 목적으로 삼는 것은 스스로를 초월하는 목적을 필요하게 만드는 자유의 부패라고 주장한다. 그리스도의 계시는 자기숭배(self-worship)의 죄의 심각성을 인정하는 동시에 인간의 노력의 엄격함에 의해서 죄를 피할 수 있는 능력을 어떠한 의로운 사람도 갖고 있지 않다는 점을 인정한다. 물론, Kant의 윤리학처럼 엄격한 훈련과 도덕적 의무의 실천에 의해서 이 문제에 대한 잠정적인 대답을 주기도 한다. 그러나 '열정', 곧 본능을 합리적 목적에 복종시킴으로써 이 문제를 해결하려는 것은 최종적 구원이 되지 못한다. 왜냐하면 열정을 훈련하는 이성은 반항하고 이기적 자기 추구를 하는 자아의 도구이지 주인이 아니기 때문이다. 인간의 이기주의를 해결하려는 모든 심리 치유적 해결, 이성을 훈련하는 모든 합리적 구상과 모든 정치적 구상은 불의의 문제의 근사적 해결일 뿐 궁극적인 해결이 아니다. 그런데 신약성경의 기독교 신앙은 의로운 자와 의롭지 않은 자 사이의 철저한 구별을 하지 않고 "모두가 죄를 범했다"라고 했다.(pp. 136-138)

"어둠 속에서 빛나는 빛"은 죄의 보편성뿐 아니라 이러한 도덕적 딜레마의 해결 불가능성을 계시한다. 그래서 그리스도의 계시는 인간의 죄의 비참의 신비라고 우리가 규정한 인간의 곤경을 밝혔다. 그러나 인간의 자유의 신비에 관해서는 어떤가? 이 신비에 대한 답은 사랑을 자유(freedom)의 규범으로 만들며, 그것은 진정 기독교 신앙의 기본적인 내용이다. 이 경우, 자유주의 기독교처럼 그리스도의 사랑을 단순히 인간적 행위(human conduct)의 궁극적 규범으로 보지 않는다. 그렇지만 바울도 십자가의 완전한 자기희생적 사랑을 인간적 행위의 규범으로 제시했다. 그는 "그러므로 사랑을 입은 자녀같이 너희는 하나님을 본받는 자가 되고, 그리스도께서 너희를 사랑하신 것같이 너희도 사랑 가운데서 행하라. 그는 우리를 위하여 자신을 버리사 향기로운 예물과 희생 제물로 하나님께 드리셨느니라"(에베소서 5: 1-2)고 했다. 그리스도의 희생적 사랑을 행위(conduct)의 최종적 규범으로 받아들이는 데 두 가지 어려움이 있다. 하나는 이웃 사랑이 스토아철학이나 불교적 이상주의, 혹은 Erich Fromm이 『사랑의 기술The Art of Loving』에서 주장한 자연주의적 휴머니즘에 의해서도 가능하다는 사실이다. 그러한 이상주의의 휴머니즘은 인간이 자신 속에서는 자기를 실현할 수 없으며 타인 속에서, 공동체 속에서, 그의 창조적 책임성 속에서 자기를 넘어서며 계속 자기를 성취한다는 데 모두 동의한다. 그런데 무엇 때문에 신앙의 행위를 문제 삼는가? 두 번째의 어려움은 신약성경의 *agapē*의 자아초월적인 순수한 사랑이 적절한 사회 윤리 구성을 불가능하게 하지는 않을지라도 매우 어렵게 한다는 사실이다. 사회 윤리는 아가페의 윤리와 달리 대립되는 권리들의 신중한 계산을 요청하기 때문이다. 공동체의 삶은 분명 경쟁적 노력의 주고받는 거래이며 정의에 의한 계산이다. 집단적 이해관계의 문제를 희생적 사랑으로 해결하려는 것은 마침내 감상주의에 떨어지고 만다.(pp. 138-141)

그렇지만 그리스도의 사랑을 인간의 도덕적 삶의 궁극적 규범으로 보존하는 것, 다시 말해서 단순한 가능성으로서가 아니라 사랑의 비결정적 가능성과 인간의 윤리적 삶의 초월적, 혹은 종말론적 절정의 심벌로 보존하는 것은 필요하다. 그러나 인간은 스스로 그의 목숨을 버리는 영웅적 행동을 할 수 있으며 순교라는 죽음을 택할 수 있다. 인간은 너무나 높은 대가를 지불하고서라야, 다시 말해서 참된 자아를 잃고서라야 육체적 삶을 유지할 수 있음을 알 만큼 충분히 자아초월적이다. 이러한 지식이 순수하게 공리적, 쾌락주의적, 혹은 심지어 행복주의적인 삶의 목적을 무의미하게 만든다. 기독교 신앙은 과학을 무시하거나 거역해서는 안 된다. 신앙이 반계몽주의에 빠지지 않기 위해서는 측정할 수 있고, 구분할 수 있으며, 의미가 합리적 일관성을 가지고 있는 현실의 국면들을 다룰 때는 언제나 정확하고 논리적이며 수학적인 도구를 사용해야 한다. 그러나 기독교 신앙은 의미의 영역이 한편으로는 합리적 이해성과 접해 있으며 다른 한편으로는 신비와 접해 있다는 점을 인정해야 한다. 기독교 신앙은 신은 사랑이며 그의 사랑은 인간들이 서로 사랑해야 한다는 것을 알고 있지만, 실제로는 자기를 사랑하는 인간들을 위한 조화의 최종적 근원이라고 선언한다. 그러한 신앙은 인간의 도덕적 곤경에 대한 답이며, 그러한 곤경을 알지 못하면 무의미에 떨어진다. 그러한 신앙을 합당하게 하는 사랑은 자기모순이라는 곤경의 보편성으로부터 나온 것이며, 또한 만일 우리가 인류의 전반적 죄에 포함되어 있음을 자유롭게 고백하면 우리가 용서받는다는 감사로부터 나온 것이다.(pp. 141-143)

세상은 종교적 인물을 주로 그의 관용과 자애 때문이 아니라 그의 광신적 열정 때문에 알아준다. 프랑스 혁명에서 시작하여 공산주의자의 혁명으로 끝난 현대의 반종교가 광신주의를 역사적 종교의 미신 탓으로 돌린 것은 아이러닉하다. 그러한 민심이 제거되자 이번에는 '이성'과 '민주주의', 혹은 '정의'의 이름으로 위험한 광신주의가 등장했다. 인간 존재의 의미의 실마리는 언제나 인간들이 관용과 겸손의 삶에 의해서 그런 의미를 증언할 때 증명되었다. 그런 관용과 자애는 자신들도 이기적이며, 따라서 그들 자신의 덕에 대해서 의심하고, 그들의 진리에 대한 이해에 관해서 회의적이며, 그들의 분명한 잘못에도 불구하고 다른 사람들이 그들에게 베푸는 사랑에 감사하는 의식에서 나온다. 이러한 겸손이 없으면 종교적 신앙은 광신주의를 촉발하고, 경건한 자와 불경건한 자 모두 병들어 있음에도 불구하고 서로를 욕한다. 종교적 자기기만이, 신을 믿든 무신론적이든, 세상에서 악의 원동력이 된다. 이웃의 부패를 자신 속에서 발견하는 '비관주의'로부터 감사와 자애가 나온다. 만일 인간의 마음속에 있는 근절할 수 없는 죄에 대한 용서의 확신이 있다면 말이다. 그러한 확신이 자아를 절망에서 구해내어 삶의 새로움으로 인도한다.(pp. 143-145)

7
『국가와 제국의 구조
The Structure of Nations and Empires』 출간(1959)[20]

✣

1957년 봄 학기 말에 『경건하고 세속적인 미국』의 원고를 출판사에 넘긴 니버는 여름 동안 정원을 가꾸고 정치와 역사에 관해서 읽기 위하여 Stockbridge로 휴식을 취하러 떠났다. 몇 달 전, 그는 Robert Oppenheimer로부터 1958년 1년간 프린스턴의 '고등연구소(The Institute of Advanced Study)'에서 연구하라는 초청을 받았다. 그는 동연구소에서 연구하는 동안 '국가의 도덕성'에 관해서 저술하려고 했다. 그 계획은 감격적인 것이지만 동시에 매우 걱정스러운 것이기도 했다. 명성이 높은 동연구소에 걸맞은 훌륭한 저술을 하기를 원했기 때문이다. 그는 이 저서가 그의 마지막 저서가 될 것이라고 느꼈다. 그렇지만 그는 정치학과 역사학에 관해서 아마추어이기 때문에 과욕이 아닌가 하고 걱정했다. 1956년 말, 신체적으로나 정서적으로나 그런 연구 과제를 감당해 낼 만큼 충분히 건강을 회복했다. 그러나 1957년 여름에는 반복되는 우울을 느끼는 불안 증상 때문에 시달렸다.[21]

1958년 초, 니버와 그의 부인이 '고등 연구소'가 있는 프린스턴으로 이사하고 며칠이 지나서 그는 ADA가 그를 뉴욕 시의 루스벨트 기념일 만찬에서 그에게 존경을 표하는 표창식전에 참가하기를 원하여 뉴욕으로 돌아왔다. 아이러니컬하게도 그에 대한 ADA의 공적인 존경 표시는 그가 그 조직을 탈퇴하고 나서 시작되었다. 1957년 3월에 개최되었던 ADA의 10주년 대회는 그를 ADA의 '정신적 아버지'라고 부르는 뜨거운 인사말을 보냈고, 그의 불참을 아쉽게 여긴다는 뜻을 표현한 바 있다. 루스벨트 기념일 만찬에는 700명이 참석하여 그의 과거의 투쟁을 축하했고 또한 니버를 다시 ADA 진영으로 돌아오게 하려고 했다. 그러나 니버는 ADA의 모임에 참석하지 않았고 또한 이전처럼 ADA에 적극적으로 관여하지 않았

---

20) Reinhold Niebuhr, *The Structure of Nations and Empires*(New York: Charles Scribner's Sons, 1959).
21) Fox, *Reinhold Niebuhr*, p. 267.

다. 그러나 그는 성명에는 계속 서명했으며 기금 모금 청원서에 그의 이름을 사용하는 것을 허락했다. 그는 그날 저녁 만찬을 즐겼다. 그렇지만 ADA에는 다시 돌아가지 않았다. 그는 이미 과거처럼 ADA를 지지하지 않았다. 그는 하루의 몇 시간을 연구에 사용했고, 그의 부인은 그의 옆에서 그를 지켰으며 그의 에너지가 분산되지 않게 하려고 애썼다.[22]

프린스턴에서 니버 부부는 유리로 건축된 현대식 아파트에서 생활했다. 니버의 부인은 최신식 건축 디자인을 즐거워했지만 니버 자신은 그것을 '현대적 전율'이라고 표현했다. 그의 부인은 니버가 그의 뇌졸중 이후 정서적으로 매우 쇠약하다는 것을 알았기 때문에 뉴욕에 주 3회만 출근하게 바너드대학 시간표를 조절했다. 그녀는 니버의 정신을 맑게 하고 그의 연구를 추진하게 하는 데 전력을 다하였다. 봄에 그의 연구는 지지부진했고 저술에 대한 그의 확신은 출발부터 완전히 상실되었다. 그는 1954-1955년의 심각한 우울증의 상태로 되돌아갔다. 그는 그 원인을 분석하여 거기에서 빠져나오려고 애썼다. 그해 6월에는 하루에 너무 많은 시간 동안 타자기로 작업을 했다. 처음에는 탈진이 왔고 다음에는 우울증이 찾아왔다. 그는 문제의 원인이 지적인 데 있는 동시에 신체적 및 정서적인 데 있다는 것을 알고 있었다.

그는 Schlesinger에게 역사적 문제에 대하여 도움을 청했다. 그는 슐레진저에게 "나는 이 장에 대해 충분한 역사적 지식을 가지고 있지 않다"라고 토로했다. 그는 그의 생애의 말년에 허약해진 몸과 아마도 쇠약해진 지적 힘으로 그런 책을 저술하려는 무모함을 저지른 것이 아닌가 자문했다. 가을에는 Riggs Center에서 치료를 받았지만 그의 상태는 더욱 악화되었다. 그의 의사들은 충격 치료를 생각하고 있었다. Scarlett은 저술을 연기하라고 했다. 니버는 그의 문제는 일을 해야 하며, 취미라고는 없으니 일하지 않고 시간을 보낼 수는 없는 노릇이라고 대답했다. 9월 중순에 그는 살 의욕을 상실했다고 토로했다. 그의 부인은 프린스턴에서 그의 저술 원고를 그와 함께 정리하는 데 그녀 나름대로 힘썼다. 고등연구소의 역사대

| 22) 같은 책, pp. 267-268.

학(Historical School)의 George Kennan은 니버의 저서의 챕터들을 대체로 열광적인 호의를 가지고 읽었고 그를 격려했다. 12월 중순, 원고가 완성되었다. 저서의 제목에 대해 몇 가지 의견이 있었으나 The Structure of Nations and Empires로 출판되었다.[23]

출판자 Scribner's는 책의 제목보다 저서 자체에 대해서 더 걱정했다. 니버의 친구들 George와 Hans Morgenthau, Kanneth Thompson은 책이 나오기 전에 칭찬으로 확신을 표명했다. 그러나 Kennan조차 니버의 동저서 속에서 어떤 피곤함을 느낀다고 썼다. 1959년 8월, 니버의 저서가 출판되었다. 니버는 그 저서의 완성을 위해서 대단한 용기를 발휘했지만 결과는 지적 실망이었다. "그 책은 내 이기심이 기대했던 성공을 거두지 못했다. 나는 좀더 공헌해야 할 것이라고 생각했다"라고 그는 음울하게 말했다. 니버는 그가 전문적 경쟁력을 가진 신학과 윤리학을 떠나서 정치학적 서술을 했는데, 그는 그 분야에서는 너무나 아마추어였기 때문에 정치적 연구에서는 우수성을 인정받지 못했다.[24]

이 저서에서 니버는 Toynbee와 Spengler의 단순한 사변적 경향들을 피하고, 역사의 불변하고 영구한 것들을 우연적이고 새로운 것들로부터 구별하는 엄밀한 경험적 과정을 취한다. 이것은 박식한 학자인 니버에게도 가능하지 않은 목표이다. 그는 길고 넓은 문명들을 빈약한 2차 자료에 의지하여 활발하게 개관한다. 그러나 그의 필체는 열정과 정확성을 결여하고 있다. 그의 저서는 중심 주제에서 이탈하여 재료와 일반화의, 조직 없는 축적이 된다. 출판 전 원고의 복사본을 받은 많은 정치학자들은 반응을 하지 않았고 그의 친구 Arnold Wolfers만이 반응했다. 그의 저술의 미래는 쓸쓸했다. 적은 위로가 되는 것은 그해 5월에 '미국예술및문예학술원(American Academy of Arts and Letters)'이 니버를 50명의 엘리트 회원 중 한 사람으로 임명했다는 사실이다. 니버의 과거의 권위와 업적에 대한 인정으로 그에게 부여된 명예는 그의 현재의 곤혹을 더욱더 쓰라리게 하는 것이었다.[25]

---

23) 같은 책, pp. 268-269.
24) 같은 책, p. 269.
25) 같은 책, p. 269.

그러면 아래에서 니버의 *The Structure of Nation and Empires*(Charles Scribner's Sons, 1959)의 내용을 요약하기로 한다. 요약문 중 괄호 안의 페이지는 동저서의 페이지를 나타낸다.

서언

이 책은 정치적 질서의 영속적 패턴과 반복되는 문제들, 상이하지만 유사한 구조들에 대한 연구이다. 이 저술은 핵과 공산주의라는 새로운 세속적 종교에 직면한 우리 세대가 인류의 과거 역사가 모든 새로운 세대에게 주는 교훈을 망각할 것을 염려하는 신념에서 시도되었다. 나는 여기에서 다룬 문제들에 대해서 아마추어이기 때문에 내 주장들에 잘못이 있다면 전문가들의 관대함을 바란다.

연구를 위하여 나를 '고등연구소'(The Institute of Advanced Study)에 초청한 Robert Oppenheimer 박사에게 감사를 표하는 바이다. 그리고 이 저서의 원고의 일부, 혹은 전부를 읽고 비판해 준 나의 친구들에게 감사한다. Arthur Schlesinger Jr. 교수, Will Herberg 교수, Frederick Heyman 교수, Daniel William 교수에게 감사한다. John Bennett 교수, Kenneth Thompson 박사, Hans Morgenthau 교수, Sir Llewellyn Woodward, George Kennan 교수는 원고 전체를 읽고 귀중한 비판을 했고, 중요한 교정 사항을 제의했다.

프린스턴대학교와 프린스턴신학교의 도서관 직원들이 나와 나의 아내에게 베푼 친절에 감사한다. 그리고 내 원고의 첨삭을 위해서 수고한 나의 아내에게 감사한다. 끝으로 나의 원고를 타자기로 여러 번 정확하게 치고 또 친 나의 비서들 Dorothy Hessman 양과 Elisabeth Horton 양에게 감사한다.

제I장 서론(Introduction)

국가와 제국을 위시한 대소의 공동체들의 흥망성쇠를 일관하고 있는 어떤 일관성(consistency), 곧 영속적 패턴(perennial pattern)이 존재하는가? 독재 정치와 민주주의에 대해서 동일한 타당성을 가질 수 있는 공동체들의 태도와 행동의 동기에 관해서 어떤 중요한 일반화(generalization)를 할 수 있는가? 이것이 본 저서가 추구하려고 하는 것이다.(p. 1) 강한 국가가 약한 국가에 대해서 권위를 행사하는 제국의 되풀이되는 패턴이 역사 속에 존재하는가? 그러한 권위가 과거에 그랬던 것처럼 현재에서도 힘(force)과 위엄(prestige)의 불가피한 혼합인가?(p. 3) 민주주의 원리에 의하면, 정부의 권위가 '피지배자의 동의(consent of the governed)'로부터 나오며, '주권 국민(sovereign people)'을 권위의 근원으로 내세우지만 그것은 Locke와 그의 제자들이 생각했던 것처럼 단순한 합리적 원리가 아니다. 민주주의 권위는 충성의 습성과 민주주의의 안정성에 대한 확신, 다시 말해서 합리적 계산보다는 습관과 전통에서 도출되는 것이다.(p. 3)

중세와 현대의 정치적 조직은 매우 다르다. 양자가 극단적으로 다르기 때문에 잠정적으로 나타나지 않고 있지만, 보다 더 치밀하게 검색하면 양자 사이에 어떤 유사성들이 있는 것이 아닌가?(p. 4) 피상적으로 볼 때, 전통적 공동체는 질서를 강조하지만 현대적 공동체는 정의를 강조한다. Plato는 통합(unity)이 지배해야 할 곳에서 불화와 다원성, 착란보다 큰 악은 없다고 했다. 스토아의 평등주의와 기독교의 사랑의 윤리는 거의 영향을 미치지 못했고 Aristotle의 이념인 "불평등한 것을 불평등하게 다루는 것"이 정의라는 주장이 영향력을 행사했다. 그래서 이교적이든, 기독교적이든 전통적 공동체는 질서를 위해서 과도한 정의의 대가를 지불했다.(p. 4) 그러나 현대 민주주의는 질서의 혜택을 위한 정의의 대가가 너무나 크다고 생각하여 점차 평등주의적인 경향으로 흘렀다. 그러나 현대 민주주의는 프랑스 혁명과 공산주의 혁명이 자유를 공동체를 위한 단순한 가능성으로 인정한 것이 잘못이라는 사실을 발견했다. 공동체는 권위의 위계 질서 없이 통합될 수 없기 때문이다.(pp. 4-5) 이 점에서 고대 사회와 현대 사회는 상이함에도 불구하고 어떤 유사성을 가지고 있다. 이러한 유사성은 질서가 모든 공동체의 첫째가는 가치라는 사실이다.(pp. 5-6)

전통적 공동체들은 그들의 질서를 유지하기 위해서 종교적 경건과 형이상학적 관념을 사용했다. 이와 달리, 현대 문화는 세속적이고 과학적이지만, '마르크스·레닌주의적 과학' 및 Napoleon과 Stalin의 독재는 종교적 이데올로기의 지원을 이용할 수 있었다.(p. 6) 종교와 세속주의를 초월하는 인간 본성의 일관된 경향은 이익의 이데올로기적 오염을 초월하는 규범을 추구하지만, 또한 동시에 어떤 특정한 규범을 초월적 규범으로 주장한다.(p. 6) 역사는 인간의 자유와 자연의 필연성이 이상하게 혼합된 영역이다. 인간의 자유는 계속하여 아주 이상하고 예상할 수 없고 예언할 수 없는 출현들(emergences)과 위기들(emergencies)을 창출한다. 되풀이되는 패턴들을 판별하려는 모든 노력은 Spengler와 Toynbee에 의해서도, 그리고 발전의 패턴들을 판별하려는 모든 노력은 Hegel과 Spencer, 혹은 Comte에 의해서도 실패한다. 역사의 이상한 형성들은 너무나 다양하기 때문이다. 공동체의 우연한 힘과 항구적 힘 사이의 관계에 대한 경험적 연구를 하지 않으면 각 세대는 주어진 경우에 성공을 거둔 정의의 특정한 도구를 정의의 절대적인 본질적 도구로 예찬하고, 불의의 원인인 어떤 특정한 제도나 정책을 모든 사회적 악의 최종적 원인으로 오해한다.

제II장 오늘날의 두 제국(The Two Imperial Nations of Today)

현대의 세계는 대립되는 두 국가의 진영으로 갈라졌다. 공산 진영이 자유 진영보다 더욱 이데올로기적이다. 러시아는 공산주의의 '조국'이고 어떤 공산 국가도 지원하게 되어 있다. 자유세계는 비공산주의 국가들인데 이들 국가 중에는 서구 민주주의 국가들뿐 아니라 동서의 많은 국가들이 포함되어 있다. 미국은 자유 진영의 최강대국이다. 국내적으로나 세계적으로나 정치적 권위를 수립하는 것은 위엄(prestige)과 힘(force)의 이상한 혼합이다. 국내 공동체 조직에서는 위엄이 보다 중요하지만 세계적 대립에서는 힘이 보다 중요하다.(p. 10) 양 진영의 대립과 패권 다툼은 핵 교착 상태라는 전례 없는 상황에 말려들게 했다.(p. 10) 세계는 이러한 운명적이고 아마도 비극적인 긴장 속에서 오랫동안 살게 될 것이다. 만일 서로 상대방을 몰살시키는 전쟁이 발생되면 세계의 모습이 너무나 달라질 것이기 때문에, 인류 공동체들의 불변의 요소들로부터 교훈을 얻으려는 모든 노력은 소용없는 것이 되고 말 것이다.(p. 11)

양 진영의 힘을 비교해 보기로 하자. 자유 진영의 주도 국가인 미국은 NATO와 SEATO를 가지고 있으며 UN에서 다수를 차지하고 있다. 그러나 미국과 UN은 각

각 한계와 취약점을 가지고 있다.(pp. 12-13) 민주적 자유주의의 이데올로기 시스템은 국가 이상에서도 그리고 보편적 공동체 이하에서도 어떤 힘을 발휘할 수 없고 어떤 공동체를 형성할 수도 없다. 이와 달리, 마르크스주의는 인류를 "필요의 영역으로부터 자유의 영역으로 인도한다"라는 물질주의적인 종교적 묵시를 가지고 있다.(p. 13) 마르크스주의는 프롤레타리아 계급이 불의와 국가적 특정주의를 극복하고 이상적이고 보편적인 사회를 실현하는 주체라고 주장한다.(p. 14) 자유주의는 인간의 지적 발달이 공동체의 강제성을 제거하기를 희망하지만, 마르크스주의는 혁명과 폭력에 의해서 새로운 사회를 탄생시키려고 한다.(p. 14) Suez 운하 위기에 Eisenhower 대통령의 연설은 UN이 세계 문제 해결을 위해서 무력을 사용하는 기구가 아님을 강조했다.(p. 16) 그는 UN이 세계적 분쟁 해결을 위해서 힘을 사용하면 UN이라는 기구의 기반 자체와 세계 질서 수립의 희망이 파괴된다고 말했다.(p. 16) 그의 이와 같은 말은 UN이 세계 외교의 토론 기관(forum organ)이라기보다는 초국가적 정부라는 성격을 모호하게 한다.(p. 16) 이러한 Eisenhower의 잘못은 Woodrow Wilson 이후의 미국의 삶과 사상을 일관하고 있는 어떤 깊은 흐름이다. 외교 관계에 대한 미국의 민주적 이론은 미국의 삶과 사상보다 넓고 깊거니와 그 지배적 특성으로 다음의 두 가지를 지적할 수 있다. (1) 각 국가의 통합과 자주 강조. (2) 국가와 보편적 공동체 사이에서 힘과 권위를 형성하는 데 대해서 거의 생각하지 않는 막연한 보편주의이다. 국제연맹이든 UN이든 단지 집단적 안전(collective security)에 대해서만 헌장에 구체화되어 있을 뿐이다.(p. 17) Wilson의 의도는 미국을 고립주의에서 세계적 책임의 수행자로 성장하게 하려고 한 것으로서 매우 중요하지만, 그의 이상주의는 국가의 이기적 이익과 세계의 권력적 현실과는 부합되지 않았다.(p. 17)

Eisenhower는 『유럽의 십자군Crusade in Europe』(1948)에서 미국과 러시아의 우호적 관계에 대해서 말했지만 그것은 과거의 러시아이지 현재의 공산주의 러시아가 아니다. 공산주의 러시아는 인류 역사의 가장 오래된 제국주의를 유토피아적 입장에서 건설한 것으로서, 그것이 가지고 있는 권력 구조는 인류를 강제력(force)으로부터 해방하는 것을 목적으로 하는 잠정적인 것이라고 허위에 찬 주장을 한다.(pp. 21-22) 서구의 국가주의적 형태의 제국주의(nationalistic form of imperialism)는 러시아의 새로운 제국주의보다 못한 것 같다.(p. 22) 마르크스주의자와 자유주의자는 서구 제국주의를 자본주의자의 침략이라고 고발하지만 서구 제국주의가 피침략국들에게 질서와 문화, 기술적 혜택을 준 것도 인정되어야 한다.(p. 24) 이런 관점에서 중국, 인도, 필리핀, 쿠바, 아프리카의 나라들을 보면 서구 제국주의의 침략이 공헌을 한 측면들도 있다.(pp. 24-25) 제국주의적 충동은 항상 선교적(missionary), 정치적, 경제적 동기를 포함하고 있다. Spain의 라틴아메리카 정복에는 기독교적 선교가 강하게 작용했고, 영국의 기독교 신교도 영국 제국주의에 강하게 작용했지만 이것이 제국주의가 가지고 있는 창조적 요소를 모호하게 하지 않는다. 영국의 기독교 선교는 복음을 전파했고 민주적 기구들을 확대하는 역할을 했다.(p. 26)

공산주의는 인류를 어떤 악들이 아니라 모든 악의부터 구원한다고 약속하는 유토피아주의의 특성을 가지고 있다. 마르크스주의의 이러한 보편주의와 제국주의의 혼합은 특별히 위험하다. 그 이유는 그것이 주장하는 유토피아는 가짜이고 권력의 독점이 이데올로기적 근거 위에 구축되었기 때문이다.(p. 27) 프롤레타리아 계급은 공평무사한 덕을 가지고 있다고 주장하기 때문에 권력을 독점하게 된다.(p. 27) 발달된 유럽의 국가 공동체들은 이와 같은 공산주의의 사이비 제국주의와 대결해야 하는데, 공산주의의 사이비 보편주의는 아시아와 아프리카에서는 신임을 받고 있다. 그것은 그 지역의 빈곤한 나라들에게 공산주의 유토피아가 매력적이기 때문이다.(p. 27) 뿐만 아니라 서구의 민주주의 발전은 기나긴 우여곡절의 과정을 밟았다. 민주주의는 정치적 권위에 대한 종교가 동기가 된 부정(否定)과 국가 기구 속에서가 아니라 경제적 생활에서 힘의 근원을 가지는 독립적인 중산층을 요구한다.(p. 28)

그러면 마지막 질문으로, 미국의 초국가적 제국은 이러한 가치 등급에서 어디에 속하는가? 제국이 되지 않기 위해 절망적으로 갈등하는 미국은 어디에 서 있는가? 자유민주주의는 국가 공동체를 넘어서는 수준에서는 막연하다. 왜냐하면 힘에 대한 견제와 힘의 균형에 의해 질서와 정의를 확보하는 특징을 가진 정책은 고도로 통합된 특정한 공동체, 곧 국가 공동체에나 적용될 수 있기 때문이다. 국제관계에서도 힘의 균형의 원리에 의해서 정의의 불안한 평화를 추구하지만 국제 세계에는 지배와 권위의 단일 기구가 없기 때문에 안정된 평화 유지가 가능하지 않다.(p. 28) 자유 진영의 힘의 행사는 자유민주주의적 표준에 따라서 두 가지 측면에서 제약을 받는다. (1) 우리의 힘은 국가 권력의 많은 독립적 센터의 견제를 받는다. (2) 우리의 힘은 UN의 규제에 복종하는 한 UN 헌장의 견제를 받지만, UN은 헌법적 세계 질서가 아니며 또한 그것이 될 수도 없다.(pp. 28-29) 짧게 말해서, 자유민주주의적 표준을 세계 문제에 대한 우리의 힘의 행사에 적용할 길이 없다.(p. 29)

국제적 삶에서는 전체 공동체를 위한 위엄의 안정된 근원이 존재하지 않는다. 그러한 권위를 순수한 입헌적 수단에 의해서 창출하려는 노력은 권위의 위엄이 공동체의 역사적 형태들의 산물이며, 그것을 법적, 입헌적 수단이 완전하게 하고 재조정하는 것일 뿐 처음부터 새롭게 창조하는 것이 아니라는 사실과 직면하게 된다.(p. 31) 핵 전쟁의 위험은 너무나 크기 때문에 두 블록 사이의 이데올로기적 간격이 다리 놓일지 모르며, 죽음보다 사는 것이 낫다(preference for life over death)라는 하나의 의식을 공유하게 될 것이다.(pp. 31-32) 이러한 공통적 인류성의 의식이 어떤 형태와 장치로 기구화될 것인지를 예견하는 것은 아직 이르다. 그러나 그것이 기구화되고 상호 몰살의 심연의 언저리에서 두 적이 어떤 합의를 도출한다면, 그것은 다시 한번 역사가 되풀이되는 공동체의 패턴들과 예기하지 않은 발전들로 가득 차 있다는 것을 증명할 것이다.(p. 32)

제Ⅲ장 국가와 제국의 공동체와 지배(Community and Dominion in Nation and Empire)

가족이든, 보다 큰 국가이든, 혹은 제국이든 인류의 모든 공동체는 한편으로는 어떤 내적 응집력(force of cohesion)에 의존하고, 다른 한편으로는 중앙의 권위(central authority)에 의존한다.(p. 33) 이 경우, 내적 응집력은 반드시 '공통의 사랑(common love)'이나 이해관계(interest)일 필요가 없다. 가족과 원시적 공동체의 보다 큰 가족을 묶는 것은 매력적인 혈족관계의 힘이다. 혈족관계에 대한 의식은 첫째가는 가장 집요한 공동체의 응집력이다.(p. 33) 수평적이라고 할 수 있는 이러한 응집력이 중요한 것은 사실이지만, 그것이 수직적이라고 할 수 있는 중앙의 권위의 필요성을 부정하는 것은 아니다.(p. 33) '피지배자의 동의'라는 민주주의 원리는 통치(dominion)와 그것의 도구인 강제력(force)을 제거하는 것이 아닌가? 그리고 강제력의 제거는 근본적으로 강제력에 근거를 두고 있는 제국을 제거하지는 않는가?(p. 34) 전통적 공동체들과 현대의 민주적 공동체들 사이에는 간격이 있는 것 같지만, 공동체는 언제나 정부가 필요하다는 변하지 않는 사실이 존재한다. 그리고 정부는 강제력(force)과 위엄(prestige)에 근거를 두고 있다.(p. 34)

민주주의 국가에서는 강제력이 위기에서만 사용되어 반항하는 소수를 복종시키기 때문에, 그리고 정부의 권위는 공동체 자체와 정의를 위한 것이기 때문에 통치가 모호해지게 된다.(p. 35) 민주적 공동체와 달리 전통 사회는 대체로 군사적인 힘에 의해서 통합되었다. 또한 모든 전통 사회는 통치자의 위엄을 증대하기 위해서 종교적, 철학적 주장의 뒷받침을 사용했다.(p. 35) 원시적이든, 문명화되었든 전통 사회에서는 승려(priests)와 군인은 동반자였다. 군인은 힘의 행사자였지만 승려들, 혹은 승려왕들은 이 동반자 관계에서 더 능력이 있었다. 왜냐하면 그들이 군인들을 상대로 이데올로기적 시스템을 구성하고 조정하기 때문이다.(p. 35) '동의의 조직(organization of consent)'의 담당자인 승려들은 순수한 강제력이라기보다 위엄이 통치자에게 권위를 부여하는 일반적인 이데올로기 틀(general ideological framework) 속에서 공동체가 유지된다면 그들의 지배(dominion)를 유지할 수 있다.(p. 36) Egypt 도시국가들, Babylonia 제국, Persia 제국 등 모두가 종교에 의해서 통치적 권위를 강화했고 절대화했다.(pp. 36-38) 구약성경의 Samuel서의 Saul과 David의 전설에서는 종교와 군사적 요소의 관계가 보다 원시적이고 순수한 수준에서 언급되고 있다.(p. 38)

그러나 종교만이 정부의 권위의 유일한 근원은 아니다. Aristotle이 정치학 연구에서 밝힌 대로 당시의 그리스에서 공동체를 묶는 힘은 단지 혈족관계뿐 아니라 아버지의 지배가 있었다. 아리스토텔레스는 『정치학』에서 "각 사람은 그의 자녀들과 아내들에게 법을 준다"라는 취지로 Homer를 인용했다.(p. 39) 모든 지배(통치)의 근원으로서의 아버지라는 권위는 서구의 정치론에서 항구적인 주제가 되어 왔다. 아버지의 지배 권위를 모든 지배의 근본적 근원으로 보는 것은 역사적으로는 옳지만 논리적으로는 애매하다. 강제력과 위엄에 관한 끝없는 논쟁이 아버지의 권위에 의해서 해결되지 않는다. 아버지의 지배라는 원시적 지배가 정당성을 가진다고 해서, 역사적으로 그것으로부터 도출된 모든 지배를 정당화하지 않는다. 루터는 '창조의 질서'에서 아버지의 권위로부터 정부의 권위를 도출하는 잘못을 범했다.(p. 40) 아버지의 권위가 후속되는 모든 형태의 지배를 도덕적으로 정당화할 수는 없지만, 역사적으로는 옳은 것이다. 그렇지만 역사적으로 볼 때 여가장제(matriarchy)가 가부장제(patriarchy)보다 선행했다. 이 점에서 볼 때, Aristotle의 주장은 비역사적이었고, Luther가 아버지의 권위가 '창조의 질서'에 속한다고 생각한 것 역시 비역사적이다.(pp. 40-41)

Aristotle은 폴리스(polis)를 창립한 사람은 모든 은인 중에서 최대의 은인이라고 함으로써, 폴리스가 역사의 산물이 아니라 그러한 은인이 아테네에 헌법을 부여했다고 생각했다. 그러나 Thucydides는 "신이든 인간이든 그들이 지배할 수 있는 데에서는 어디서나 지배하는 것이 그들의 본성의 필연적 법칙(law)이라"고 함으로써 공동체나 공동체의 확대가 지배를 위한 욕망의 부산물이라는 결론에 도달했다.(p. 41) 아리스토텔레스는 폴리스의 권위는 헌법에서 도출되며, 헌법을 살아 있는 역사적 세력들(forces)의 산물로서가 아니라 순수한 이성의 산물로 이해했다.(p. 41) 아리스토텔레스는 공정성을 법에서 찾았지만 플라톤은 철인왕에서 찾았다. 철인왕은 재산은 물론이요, 집도 소유할 수 없다. 아리스토텔레스는 철인왕이 아닌 정치가는 우연성의 영역을 다루는 데 있어서 순수한 이성(nous)이 아니라 실천적 지혜(practical wisdom, phronesis)를 사용해야 한다고 생각했다. 순수한 이성의 사용은 실제의 순수한 형식에 대한 관조에 국한되어야 한다고 생각했다. Plato에서 Hegel에 이르는 정치철학이 일시적으로 수립된 정치 질서를 우주의 질서와 동일시한 것은 통치의 종교적 신성화와 맥을 같이하는 것이다.(p. 42)

로마 제국 초기에 시작되어 중세를 통해서 법이 왕 위에 있느냐 그렇지 않으면 왕이 법을 만들었느냐 하는 것이 계속 논쟁거리가 되었다. 어쨌든 전통적 공동체들에서는 통치자가 그의 권력을, 그가 우주적인 신성한 질서를 구현했기 때문에, 공평하게 행사하는 것을 증명하는 데 관심을 가졌다. 마치 현대 자유주의의 통치가 공공의 이익을 위한 것임을 증명하려는 것처럼 말이다.(p. 43) 통치자의 위엄과 거기에 따른 강제력 사용의 권리는 그가 지배의 동기에서가 아니라 공동체를 위해서 말하고 행동한다는 것을 공동체에 설득하는 능력에 달려 있다.(pp. 43-44)

왕조와 제국은 구별되어야 한다. 국가의 왕의 위엄은 그의 통치의 정통성에 있는데, 그 정통성은 왕조의 계승에 의해서 수립된다.(p. 45) 이와 같은 왕통의 승계에 의한 정통성은 왕의 사후의 무정부 상태와 왕권에 대한 경쟁적 주장을 막기 위해서이다.(p. 46) 그러나 왕권의 계승자는 반드시 아버지의 전통적 계승자이어야 할 필요는 없고 그렇게 보여야 할 뿐이다. 일본의 천황제는 만세일계를 내세우고 있지만 18세기의 도쿠가와 막부 시대에는 비밀 영아 입양이 있었으며, 러시아의 Catherine 대제 이후의 Tsar 황제들 중 그 누가 Romanov 혈통을 갖고 있는지 의심스럽다.(p. 46) 중세의 왕권 절대주의의 종교적 이론과 왕조 신성화의 일반적 경향 사이에 큰 유사성이 있다. 이러한 유사성은 왕은 죽어도 왕권의 위험은 소멸되지 않는다는 이념에 대한 집착을 포함하고 있다.(p. 48)

제IV장 민주주의와 권위(Democracy and Authority)

전통적 공동체들의 정치적 권위의 위엄은 철학적 혹은 종교적 전제로부터 도출되었는데, 현대의 민주적 정부의 권위는 피지배자의 동의에서 도출되기 때문에 양자 사이에 커다란 간격이 있는 것처럼 보인다. 그렇지만 군왕과 제왕의 통치권의 종교적 주장이 공동체의 평화를 위한 열망의 간접적 표현이라고 볼 때 Thomas Hobbes의 정치적 절대주의가 국가 공동체의 평화를 위한 것이었던 것과 공통점을 가지고 있다.(p. 49) Hobbes가 인간은 '자연의 상태(the state of nature)'에서는 만인에 대한 만인의 싸움의 상태라고 했는데, 그것은 Aristotle이 폴리스의 창립자를 은인이라고 한 것이 신비일 뿐 역사적 사실이 아닌 것처럼 허구적 가상이지 역사적 사실이 아니다. Hobbes의 자연의 상태는 신화이지만 그 속에 중요한 정치적 현실주의가 숨어 있다. '사회계약(social contract)'의 이념으로부터 Hobbes는 정치적 절대주의를 도출했지만 Locke는 민주주의적 정부 개념을 창출했다.(p. 50) Hobbes의 자연의 상태의 상정은 원시적 공동체로부터 문명화된 공동체로 점진적 발전을 모호하게 하는 결점을 가지고 있지만, 그의 국가 이론은 통치자의 위엄(majesty)이 공동체 자체의 위엄이며 통치자의 권위가 경쟁적 당파들과 이해관계로부터 발생하는 무정부적 혼란에 반대하여 공동체의 평화와 질서를 유지하기 위해서 절대적이라는 주장을 가지고 있다. 그렇지만 영국의 역사에서 Hobbes의 절대주의는 단명했고 왕조와 의회 사이의 신기한 동반자 관계의 기초를 마련했다.(p. 51)

영국 정치학의 분수령은 Locke가 아니라 혁명적인 청교도적 메시아주의다. 왜냐하면 이 메시아주의는 왕조의 권위를 질서의 보장자가 아니라 불의와 억압의 근원으로 보았기 때문이다. 전통적 정부는 질서와 불의를 함께 생산했는데, 이러한 주장으로 인해서 강조가 질서의 산물이 아니라 불의의 산물에 놓여지게 되었다. 그러나 변화는 불의의 압력을 느낄 수 있었고 거기에 항거할 수 있는 능력을 가진 새로운 계급이 사회 속에 들어왔을 때 일어난다. 이러한 계급은 Hobbes가 경고했던 무정부 상태를 피할 수 있는 정의와 질서의 시스템을 창출할 수 있는 신념을 가져야 했다. 영국과 프랑스의 민주적 급진주의자들이 이러한 신념을 갖고 있었는데, 영국은 무정부 상태를 피했지만 프랑스는 무정부 상태에 빠졌다. 영국과 프랑스의 이런 차이는 영국의 급진주의자들은 피지배자의 동의의 원리가 이미 의회의 힘에 의해서 정당화되었고 그리고 또한 Elizabeth와 James I세의 치하에서 왕조의 대권에 반대하는 의회 투사 Sir Edward Coke의 저서 『영국의 법제도Institute of Laws of England』가 역할을 했던 역사적 배경에서 작용했다는 사실이다.(p. 53)

홉스의 국가론과 로크의 정치론의 전제가 되었던 사회계약의 개념은 그것에 앞서서 왕이 정의롭게 통치하기를 국민이 요구하고 왕이 그것을 지키면 국민이 복종하며, 왕이 지키지 않으면 국민이 복종의 약속을 철회한다는 왕과 국민 사이의 계약(covenant) 사상이 있었던 것이다. 이것이 홉스와 로크가 제의한 사회계약의 신화의 근원으로 짐작된다.(pp. 53-54) 영국 의회의 다수 결정은 소수에게도 어떤 안전성을 부여했는데 프랑스 혁명은 이 점을 결여하고 있었다.(pp. 54-55) 프랑스에서는 이성에 근거를 둔 이성과 자유에 대한 확신은 전제 정치와 무정부 상태를 가져왔다. 그렇지만 로크의 피지배자의 동의 이론은 다수의 지배와 결합하여 영국과 미국에서 질서 있는 정부 형성에 기여했다. 이것은 역사적 전통과 경험에 의존하는 합리적 과정이 추상적 이성으로 꿈꾸는 과정보다 합리적임을 증명하는 것이다.(p. 55) 피지배자의 동의의 원리는 정부의 권위의 구성 요소인 강제력과 특권을 모호하게 한다.

David Hume은 홉스의 '자연의 상태'가 존재한 적 없는 철학적 허구라고 했다. 그는 최초의 정부의 시초는 같은 사회에 속하는 사람들의 싸움이 아니라 다른 사회들의 사람들로부터 발생했다고 했다. 다시 말해서, 공동체들은 다른 공동체들과의 갈등의 위기로 인해서 강화된 지도자들의 힘과 특권에 의해서 통합되었다고 주장했다. Edmund Burke는 현대 정부의 권위의 창출과 보존의 역사적 과정을 강조함으로써 민주주의 이론에 특별한 보완적 공헌을 했다. 그는 정부의 권위가 전통으로부터 나오며 다양한 집단의 다양한 이익과 열정을 표현하게 하고 조화하는 능력으로부터 나온다고 했다. 그는 전통을 존중하여 "우리는 개선하는 데 있어서 결코 전적으로 새롭지 않으며, 우리는 보존하는 데 있어서 결코 전적으로 시대에 뒤지지 않는다"라고 했다. Burke의 사상에 있어서는 전체의 조화를 위한 홉스의 열정과 로크의 자유를 위한 열정이 깨지지 않는 전통과 현대적 공동체의 다양한 이익과 열정을 죽이지 않고 조화시키는 능력으로부터 국가의 권위와 평화를 보전하기 위한 능력을 도출하는 국가 개념 속에서 융합된다.(pp. 57-58) Burke는 역사적 요소들을 무시한 프랑스 혁명의 논리적 디자인(logical design)을 다음과 같이 비판했다. 프랑스의 혁명적 "국가는 체계적이다. 그것은 원리에 있어서 단순하다. 그것은 완벽성에 있어서 통일성과 일관성을 가지고 있다" 그러나 "그 디자인은 사악하고, 비도덕적이며, 불경건하고, 억압적이다." 왜냐하면 한 세대의 허위적(pretentious) 지혜가 역사적 요소들을 무시하고 공동체의 복잡한 역사적 통합에 임의의 질서를 강요했기 때문이다.(p. 58) Burke는 역사적 성장이 새로운 것을 낡은 것에 적응하게 하고, 공동체를 위함과 다양한 이익을 만족시키는 능력으로부터 도출된 정부의 정통성이 국민의 동의로부터 도출된 특권보다 복잡하다는 것을 밝혀주었다.(p. 58) 미국의 경우는 정부의 특권이 자유의 조건 아래에서 이익들 간의 참을 수 있는 조화를 공동체에 부여하는 능력으로부터 도출되었다. 이것을 Madison은 연방적 통합의 보다 넓은 공동체가 국지적, 혹은 분파적 이익이 서로 다른 이익들을 억압할 수 없게 되고, 즉 당파를 보다 넓은 이익 속에 포용함으로써 무해하게 할 수 있으리라고 생각했다. 그는 앵글로색슨의 비이데올로기적 양당 시스템을 예상하지 못했다. 그렇지만 미국 정당들의 비이데올로기적 성격과 그것들의 비지엽적 연합의 경향을 예견했다.(pp. 58-59)

Adam Smith는 자유시장이 노동과 자본을 포함한 모든 경쟁적 이익들을 궁극적으로 조화를 이룰 것이라고 가정했다. 하지만 초기 산업주의의 불의가 그것이 잘못이라는 것을 드러냈다. 그러나 노동조합이 수용되면서 정의를 위한 힘의 균형이 이루어졌고, 그것이 마르크스주의의 반항에 대한 면역이 되었다.(p. 60) 민주적 정부의 특권은 피지배자의 동의에 의해서 공동체를 위해서 말한다는 아이디어로부터 도출되지만, 그것은 분명 부분적으로만 그렇다. 민주적 정부는 사회적, 정치적 힘의 균형을 형성함으로써 질서를 유지하고 정의를 확대하는 능력을 가지고 국민을 감동시켜야 한다. 민주적 정부가 전체 국민의 암묵적 동의를 상실하거나, 혹은 국민의 한 분파의 확신을 잃으면 폭력적인 저항에 부딪치게 된다. Montesquieu는 이 같은 균형의 실현이 어려움을 지적함에 있어서 옳았다. 그는 국가가 질서와 정의를 창출하는 데 실패하기 때문에 독재적 정부가 창궐한다고 했다.(p. 61)

민주적 정부에 대한 암묵적인 동의는 순수한 합리적 과정이나 계산의 결과가 아니라 속히 형성되거나 재형성되지 않는 감정과 태도에 의해서 형성된다.(p. 62) 역사적 지혜는 인간의 의식적 계산이 아니라 새로운 상황에 대한 점진적 적응으로부터 생기는 것이다.(p. 63) 현대인은 또한 정부의 위엄이 국민의 합리적이고 명시적인 동의에서 나오지 않는다는 사실과 정부의 특권의 보전을 위해서 필요한 질서와 정의가 단순히 자유, 혹은 이성의 결과가 아니라는 것을 배웠다. 질서와 정의는 사회적 세력들의 자유로운 표현과 조정의 어려운 산물이다.(p. 64) 왕조적 절대주의자들과 자유주의적 민주주의자들은, Hobbes와 Jean Bodin, Milton과 Locke를 비교하면 분명해지듯이, 국가 공동체에 대한 헌신을 궁극적 충성으로 생각한다는 점에서 유사한 국가주의이다. 그러나 자유주의적 민주주의자들은 두드러진 특징을 가지고 있다. 그것은 다름이 아니고 그들이 Dante의 보다 명확한 보편주의의 어떤 남은 잔여와 같은 어렴풋한 보편주의(vague universalism)를 가지고 있다는 사실이다. John Locke도 "정부의 목적은 인류의 선(the good of mankind)이다"라고 말했을 때 이 같은 어렴풋한 보편주의 이념을 나타냈다.(p. 65)

제V장 제국의 해부(The Anatomy of Empire)

제국들(empires)은 문명의 여명기부터 도시국가나 국민국가라는 지역적 공동체의 팽창의 결과로 발생했다. '제국주의(imperialism)'는 현대의 정신에게는 침략적 팽창을 의미한다. 고대의 역사를 보면, 제국들이 우세한 힘에 의해서 통일되었고, 힘 이외에는 응집 요소들이 거의 없기 때문에 제국적 구조와 국가들이 거의 차이가 없다.(pp. 66-67) 그렇지만 Egypt와 Mesopotamia, Persia는 차이점을 가지고 있었다. Egypt는 지리적, 인종적으로 같은 지역을 가지고 있었다. 같은 제국 안에 도시국가들의 흥망이 있었지만 항상 지리적 통일성과 인종적 동질성을 유지했다. Mesopotamia의 경우는 Sumeria적 터전 위에 건립된 Akkad의 왕들과 Hammurabi 왕이 역사에서 최초로 법전에 의해서 공동체의 통일을 발전시켰다. 그 후 동지역은 여러 민족들에 의해서 정복되었고 Assyria인들이 그 지역을 정복했으며, Mesopotamia의 영토를 넘어서 세력을 확장함으로써 최초의 제국적 정복자가 되었다. 이렇게 해서 Assyria인들은 침략적 제국주의의 역사적 상징이 되었다.(p. 67) Persia인들은 최초의 성공적인 제국주의자였다. 왜냐하면 그들은 Egypt와 Mesopotamia를 정복했고, 또한 Persia의 황제들을 '위대한 신(The great god)'의 대행자의 특권을 가진 황제로 만들어 거기에 피정복 국민들을 복종시키는 종교적 신화를 구성함으로써 연합했기 때문이다.(pp. 67-68) 제왕의 통치권의 절대성이라는 수직적 주장은 19세기에 중국의 황제가 Victoria 여왕에게 보낸 서한에서도 나타난다. 이 서한에서 중국 황제는 중국뿐 아니라 다른 나라들의 평화에 책임이 있으며, 이익을 나누고 해를 제거하는 데 있어서 세계의 국민들을 위해서 그렇게 한다고 했다. Persia황제 Cyrus는 자신이 우주의 왕이며 세계의 왕이라고 했다. 그렇지만 통치권에 대한 궁극적 주장에도 불구하고, 그것이 통치자의 통치 영역을 넘어서는 보다 큰 공동체에 대한 통치권, 곧 지배의 보편성은 그리 분명하게 의식되지 못했다.(p. 68)

1. 도시국가, 국가, 그리고 제국(The City-State, Nation, and Empire)

제국들은 보편적 공동체 의식, 혹은 문명화된 세계를 포괄하는 의식이 생겨서 작용하기까지는 통일된 공동체가 되지 못했다. Alexander 대왕은 그리스인들과 페르시아인들을 통합하기 위한 응집의 힘으로 스토아적 보편주의를 사용했다. Alexander의 제국은 그의 사망과 더불어 분열되었지만 로마 제국은 스토아의 보편주의를 통합의 최종 수단인 강제력(force)을 보완하는 응집의 이데올로기적 접합제로 사용했다. Alexander에서 시작하여 기독교 이전의 로마에서 제국적 충동이 종교적 및 철학적인 이상적 공동체와 연결되어서 출현했다. 이러한 연결은 스토아주의와 히브리적 예언주의에 의해서 처음 제시되었고, 예언주의와 스토아주의의 후계자인 기독교에 의해서 충분히 발전되었다.(p. 70) 이상적인 공동체의 이념과 군사적 용맹이 수립한 큰 공동체의 연결은 문명인의 양심을 속박했고 때로는 고통스럽게 했던 정치에 대한 도덕의 관계의 모든 문제를 포함하고 있다. 왜냐하면 이상적 공동체는 어떤 실제적 공동체보다도 보편적이고 정의롭기 때문이다. 역사적 공동체의 정의와 이상적 공동체의 정의 사이의 차이에 대한 의식은 초기 문명 시대의 인간들이 질서의 선을 위해서 지불해야 했던 엄청난 대가에 대해서 의식하고 있었음을 시사한다.(pp. 70-71)

Babylonia의 메시아주의는 예상적(proleptic)이라기보다 회고적이며, 특히 Sumeria의 왕들에 대해서 언급한다. Urukagina 왕은 "가난한 자들의 잘못을 시정했고", Gudea 왕은 사제들을 훈계했으며 "강한 자가 약한 자를 억압하지 않도록" 했다. 이렇게 해서 히브리의 예언주의와 그리스・로마의 스토아주의에서 표현된 공동체 내의 정의의 수립과 보편적 공동체의 희망에서 나타난 윤리적 엄격성은 가장 오래된 제국에서 희미하지만 식별할 수 있는 예가 되었다.(p. 72) 히브리적 예언주의에서 나타난 윤리적 완전주의와 보편주의는 종말론적 희망의 맥락에서 표현되었다.(p. 73) 스토아주의와 히브리적 예언주의는 매우 다르지만 두드러진 유사성을 가지고 있다. 전자는 신과 자연, 혹은 우주적 질서가 동일한 이성적 범신론에 근거를 두고 있으며, 후자는 인격적 신을 가진 유신론으로서 그의 의롭고 신성한 의지가 세계를 창조했고 역사를 지배하며 모든 인간관계에서 정의를 명령한다. 그러나 양자는 윤리적 규범에 관한 한 현저한 유사성을 가지고 있다. 예언자들에 의해서 규정된 하나님의 정의는 역사의 불균형을 시정한다. 다시 말해서, 가난한 자와 궁핍한 자에게 특별한 관심을 명령하고 과부와 고아에 대한 도움을 간청한다. 스토아주의는 평등주의와 보편주의를 주장한다.(p. 73) 스토아주의와 예언주의는 윤리적 엄격주의에서 이렇게 뚜렷한 유사성을 보이지만, 예언자적 윤리는 큰 제국의 힘의 중앙 집권화와 관련성을 가진 일이 없으며 종말론적 보편주의를 제국적 공동체와 동일시한 일이 없다. 스토아주의는 Alexander의 제국과 로마 제국의 제국적 모험에 관여했다. 양자는 고등 종교와 제국의 공동체의 상호 지원의 패턴의 기초를 정초했으며, 종교적 비전의 보편적 공동체와 실제로 수립된 제국의 공동체 사이의 어떤 동일성을 주장했다. 그러한 패턴은 평등주의를 제국 통치에 필요한 위계 질서에 종속시켰다. 로마의 스토아주의는 *jus naturale*, 곧 자연의 법과 *jus gentium*, 곧 국가의 법을 구별하여 전자를 정의의 이상적 요구로 보았고, 후자를 재산, 노예, 정부를 인정하는 상대적 정의로 보는 구별을 했다.(p. 74) 스토아적 이상주의와 Alexander의 제국주의 사이의 상호 관계는 지배의 충동과 공동체의 충동 사이의 상호적 관계의 상징이라고 할 것이다.(p. 75)

2. 로마 제국(The Roman Empire)

로마 제국의 대권은 군사적 통합으로 시작되었고, 발달 초기에는 왕조적, 종교적 응집력을 갖고 있지 않았으나 로마의 황제들은 (대체로 그들의 사후이지만) 신으로 숭배되었다.(p. 76) 스토아의 평등주의는 로마 제국의 통치와 충돌했지만 그것의 보편주의는 로마 제국이 '모든 국가들로 구성된 도시'라는 로마의 주장의 이념적 도구가 되었다.(p. 77) Cicero는 국민의 동의를 통치권의 기초로 믿었고, 자유 재산권을 시민적 질서의 기초로 봄으로써 17세기 영국의 민주적 이론의 선구자가 되었다. 뿐만 아니라 그의 정치적 힘의 균형에 대한 이념은 Montesquieu의 권력분산론의 선구 격이다.(pp. 77-78) 그는 사유재산권을 정당화함으로써 로크의 모델이 되었다.(p. 78) Seneca는 철학자이기보다 수사학자로서 스토아의 이상주의를 로마의 제국주의와 관련시키는 데 있어서 덜 성공적이었으며, 그는 로마의 지배를 인류 공동체와 동일시했다.(p. 80) 로마 제국을 인류의 보편적 공동체와 동일시한 것은 로마가 문명화된 세계 전체를 포괄하고 있는 것처럼 생각되었던 점에서 볼 때 매우 불가피하고 이해할 수 있는 형태의 이데올로기이다.(p. 83)

3. 중국 제국(The Chinese Empire)

중국의 유교적 제국주의에서는 보편성이 황제를 天子로 보는 황제의 통치권의 절대성으로부터 도출된다. 보편적 왕국의 막연한 이념이 서구에서의 스토아와 기독교의 보편주의와 같은 역할을 했다.(p. 85) 과거를 이상화함으로써 현재의 전제정권의 불의를 비판하는 출발점으로 삼는 점에서 스토아 철학과 유사하다.(p. 87)

제VI장 기독교와 제국의 만남(The Encounter between Christianity and Empire)

모든 고대의 제국에서 종교적 신앙은 군인과 통치자가 수립한 일시적인 정치적 질서가 궁극적 중요성을 갖게 하는 데 강력한 역할을 했다.(p. 89) 사회적, 정치적 질서가 신성한 로고스(logos)로부터 도출되었으며, 신성한 의지에서 나온 것으로 보았다. 로마의 초대 황제 Augustus는 신으로 숭배되었다.(p. 89) 기독교의 출현 이전에 두 개의 윤리적으로 엄격한 종교가 문명화된 세계에 알려졌다. 스토아주의와 히브리적 예언주의가 그것이다. 스토아주의는 로마 제국주의와 창조적 관계를 가졌지만, 기독교 신앙의 구원의 메시지는 근본적으로 개인을 위한 것이어서 공동체에 대해서 다만 부정적 관련성만을 갖고 있는 것처럼 보였다. Luther의 두 개의 영역 중 지상의 영역, 곧 정치적 영역에서는 하나님과 크리스천의 근본적 목적이 인간의 죄로 인해서 생기는 혼란의 위험에 대해서 질서를 유지하는 것이었다. 그러나 두 가지 이유 때문에 기독교 신앙은 이러한 엄격한 개인주의적 해석을 그대로 지속할 수가 없었다. 하나는 복음이 이상적인 보편적 공동체에의 비전을 포함하고 있기 때문이다. 바울이 기독교적 보편주의를 제창했으며, 예수의 재림으로 실현되는 세계는 구원된 보편적 공동체이고, 요한 묵시록은 '새 하늘과 새 땅'을 말했다.(pp. 90-91) 그러한 비전의 부정적 관련성이란 그러한 비전이 세상의 모든 왕국에 대한 비판의 근원이라는 것이다. 또 다른 이유는 제국의 공동체들이 모든 역사적 종교를 그것들의 목적을 위해서 사용하려는 강력한 충동을 가지고 있다는 사실이다. 그러한 충동은 절대적 보편주의와 윤리적 엄격성이 신앙과 제국 사이의 긴장을 보장하는 종교마저 그것의 목적을 위해서 사용한다.(pp. 92-93)

기독교적 제국의 역사는 두 개의 章을 포함하고 있다. 첫 번째 장에서는 로마의 황제가 기독교적 천년을 이룩했다고 주장한다. 두 번째 장에서는 교황이 로마 황제들의 천재성을 그리스도의 정신과 결부시킴으로써 새로운 유럽 문명의 봉건적 혼란 속에서 위태로운 제국적 통합을 보존한다.(p. 93) 첫 번째 장은 Constantine 대왕 아래의 로마 제국에서 기독교 수립으로 시작된다. Constantine 대제 치하에서 교회사가 Eusebius와 스토아적 기독교 철학자 Laetatius는 Constantine의 범죄를 은폐하기 위해서 기독교 신앙을 사용했고, 그의 통치를 기독교적 천년의 실현으로 찬양했다.(p. 94) 이 경우 중요한 것은 왕을 신으로 숭배하는 것보다 왕을 신의 도구로 숭배하는 것이 더욱 효과적이라는 사실이다.(p. 95) Eusebius는 Constantine의 치세를 영원하고 보편적인 평화에의 희망의 실현으로 해석했다.(pp. 96-97) 2세기에 Tertullian(155-230)은 로마의 지배의 이상화를 거부하여 "모든 왕국과 제국은 칼로 건립되었으며, 그것들의 팽창은 전쟁터의 승리에 의한 것이다"라고 말했다. 그는 "나는 황제를 신으로 부르는 것을 거부한다"라고 말함으로써 황제에 대한 종교적 숭배를 거부했다.(p. 97) 로마 제국주의와 기독교적 보편주의의 일치에 대한 Tertullian의 거부는 로마 시민의 의무의 거부도 포함되어 있는데, 이것은 Constantine 시대에서 시작하여 중세를 일관한 세계로부터의 수도원적 은퇴를 예고하는 것이었다.(p. 98) Athanasius의 로마 제국 비판은 Tertullian의 비판보다 더욱 중요하다. 그의 비판이 Constantine 기독교 제국 시대 아래에서 행해진 것이기 때문이다. Athanasius는 Constantine 대제의 후원 아래 개최된 니케아

종교회의(325 A.D.) 논쟁의 승자인 기독교의 정통 투사였다.(p. 99)

아프리카의 감독인 Augustine은 기독교 신앙이 로마 제국 몰락의 책임이 있다는 비난을 거부했다.(p. 99) 성서적 사상과 고전적 사상을 종합한 그의 사상은 많은 이유 때문에 막대한 영향을 후대에 미쳤다. 어거스틴은 그리스도 사건의 근본적으로 새로운 사상을 그리스적인 역사 순환설을 거부하는 데 사용했다. 그는 삼위일체의 도식을 사용하여 역사의 의미를 제시했다. 이러한 역사관에 의하면, 신은 역사를 초월하면서(하늘과 땅의 창조자인 하나님 아버지) 역사에 개입한다(예수 그리스도, 신의 독생자).(p. 100) 그는 히브리적 요소들을 신플라톤적 사상과 결부시켰지만(하나님의 도시와 지상의 도시의 구별), 신플라톤주의를 거부하고 '창조의 신'을 받아들였고 신이 창조한 모든 것을 선하게 보는 성경의 견해를 고집스럽게 받아들였다. 이것이 서구 문명의 새 긍정과 역사 긍정의 경향의 기초이다.(p. 100) 그는 인간의 자유의 창조적 가능성과 파괴적 가능성을 동시에 보았는데, 이것이 역사의 당혹스러운 드라마에 대한 이해의 열쇠를 제공하며, 그리스의 순환 사관과 현대의 발전 사관을 거부한다.(p. 100) 어거스틴에 의하면, 인간의 자유의 파괴적 가능성은 육, 곧 본능의 방해 때문이 아니라 인간 정신의 오만(superbia) 때문에 발생한다. 한편, 어거스틴은 이웃에 대한 사랑을 세상의 사랑과 동일시하여 '지나가 버리는 것(which passes away)'으로 보았다.

이러한 개념은 자아는 계속 자신으로부터 탈출하지 않고 자신 속에 머묾으로써 자기를 실현할 수 없다는 진리를 바로 이해했지만, 자아실현의 가능성을 수직적이고 종교적으로 이해했을 뿐 공동체 안에서 수평적으로 이해하지 못했다.(p. 101) 어거스틴은 '하나님의 도시'와 '지상의 도시'로 이분하여 전자를 교회와 동일시했지만, 역사적 교회가 구원된 자와 구원되지 않은 자를 함께 포함하고 있다고 봄으로써 교회를 유일한 완전한 사회로 보면서도 유보성을 가지고 있었다.(p. 102) 어거스틴은 감성에 대한 이성의 통제로부터 도출되는 완전성의 이념을 거부한다. 왜냐하면 그는 죄의 원인을 육체가 아니라 자아로 보기 때문이다. 그에 의하면, 인간적 삶의 죄의 기초는 육체의 종잡을 수 없는 열정이 아니라 유한하고 일시적인 자아가 그의 일시성을 감추려고 하는 지나친 욕망이다.(p. 103) 악은 육의 과도한 욕정 때문이 아니라 자아의 과도한 야망에서 비롯된다.(p. 104) 어거스틴은 '하나님의 도시'는 매우 유토피아적이어서 알려진 어떤 역사적 현실과도 거의 관계가 없지만, 그것이 가지고 있는 환상적인 시각으로 인해서 '지상의 도시', 곧 역사의 모든 공동체를 현실주의적으로 다룰 수 있다.(p. 106) 어거스틴의 '하나님의 도시'의 완전성에 대한 시각은 '지상의 도시', 즉 로마 제국에 대한 비판은 로마와 역사적 공동체가 성취하는 정의가 대립적인 사회 세력들의 불안한 휴전과 보다 강한 세력의 지배에 의한 것이라는 중요한 진리를 포함하고 있다.(p. 106) 그에 의하면, 승리를 거둔 힘은 오만해지기 때문에 오래가지 못한다. 이와 같이 어거스틴은 모든 역사적 통치권의 우상적 경향성에 대해서 언급한다.(p. 106)

제Ⅶ장 세 개의 제국들이 주는 교훈(The Lesson from the Three Empires)

서로마 제국과 동로마 제국(Byzantine 제국), 이슬람 제국 모두 종교적 성향을 가지고 있다. 서로마 제국은 서방의 기독교적 제국이며, 동로마 제국은 동방의 기독교적 제국이고, 이슬람 제국은 이슬람교에 의해서 형성되었다. 이 세 제국에서 역사적 공동체의 잠정성과 종교의 궁극적 이상이 상호 작용을 한 생생한 예를 찾아볼 수 있다.(pp. 108-109) 서구사의 중세에는 일반적인 교회의 교황이 제국의 황제보다 더 높은 궁극적 권위를 가졌다. 서방 기독교 제국에서는 Charlemagne가 제국을 건립했지만 교황이 그를 왕위에 앉힘으로써 권위의 실질적 중심이 되었다.(p. 109) 한편, 동방의 기독교 제국에서는 황제가 종교적, 정치적 지배자가 되었다. 이와 같은 종교적, 정치적 시스템을 '황제·교황주의(Caesaro-papism)'라고 일반적으로 정의한다.(pp. 109-110) 서로마 제국의 교황의 권위적 우위는 어디에서 온 것일까? 서구의 정치 영역에서는 승려와 군인, 통치자 사이의 불안한 동반자 관계로 인해서 교회와 제국 사이에 긴장 관계가 계속되었다. 제국의 초국가적 통치를 위한 공동체의 결합체 역할을 하는 것은 기독교 신앙이었으며, 이러한 신앙의 교사와 해석자는 교황이었기 때문에 교황은 상위 동반자였다. Byzantium, 곧 동로마 제국과 이슬람 제국 역시 정치적, 군사적 힘과 종교적 권위에 의해서 형성되었

고, 종교적 권위가 제국의 공동체를 하나의 응집된 전체로 묶었다.(p. 111)

1. 제국들 사이의 유사성(The Similarities in the Empires)

두 제국은 기독교적이고 이슬람 제국은 이슬람교적이지만, 세 제국은 엄격하게 일신교적 신앙에 근거를 두고 건설된 제국의 공동체이다.(p. 111) 기독교 제국에서는 교황권의 우위가 제국을 지배했다.(p. 112) Thomas Aquinas는 *De Regimine Principum*(Governance of Rulers)에서 통치자들의 지배에서 은총의 종교적 공동체가 제국의 세속적 공동체에 대해서 권위를 부여한다고 했다. 가톨릭 교회라는 역사적 기구의 이와 같은 절대화를 종교개혁은 교회의 우상화라고 비판했다.(p. 114) 어쨌든 두 기독교 제국과 이슬람 제국이 제국의 이데올로기적 틀(ideological frame)을 엄격한 일신론적 신앙으로부터 도출했다.(p. 115) 이슬람 제국의 특이성은 그것이 종교적으로 발생한 군사적 제국주의라는 사실이다. 이슬람 제국은 神政體的 국가로서 군사적, 정치적 목적들은 Allah 신의 뜻과 단순하게 동일시하는, 제국주의로서 엄청난 성공을 거둔 제국주의이다.(p. 116) 이슬람 제국의 이와 같은 종교적 열정과 군사적 용맹의 결합은 이슬람 제국의 초기와 후기에서 계속되었다.(pp. 116-117) 종교적 광신주의 및 정치와 종교 사이의 역동적 관계의 관점에서 보면, 이슬람의 제국주의와 공산주의의 제국주의 사이에는 유사점이 있다. 공산주의에서는 Allah 신이 '역사의 논리(logic of history)'가 되었고, Marx와 Lenin의 저술이 Koran의 역할을 한다.(p. 117) 이슬람적 광신주의는 한 측면에서 고대와 현대의 종교적 광신주의와 다르다. 그것은 비신자인 무신앙인을 숙청하지 않는다는 사실이다. 그가 정복자에게 세금을 납부하는 한 관대하게 대했다. 이 정책이 이슬람 제국주의가 몇 세기를 두고 지속될 수 있게 했다.(p. 117)

2. 동로마 제국과 이슬람 제국 사이의 유사성과 차이성(Similarities and Differences between the Eastern and the Islamic Empires)

이슬람은 Allah 신의 뜻과 그의 이름으로 정복하고 지배한 예언자적 전사들(prophet-warriors)의 성취 사이에 단순한 이념을 가지고 있다. 이와 달리, 기독교 신앙에서는 그리스도는 궁극적 덕의 심벌로서 역사적 가능성을 초월하지만 신의 화해하는 자비가 역사의 단편적이고 모순적인 도덕적 현실을 수용한다. 신학적 원리와 논리로 보면, 어떤 개인, 혹은 어떤 권력과 권위도 그리스도와 같음을 주장할 수 없다. 그렇지만 실제에 있어서는 동로마 제국과 이슬람 제국은 종교적 권위를 주장했다.(pp. 118-119) 이러한 종교적 통치 개념은 제국의 힘의 현실들에 대해서 타당성을 가지고 있지 않다. 종교적 통치의 이러한 해석에 의해서는 정치적 현실이 조명되지 않는다. 중국의 유교 제국과 같이 도덕적 입장에서 사회적 현실을 해석한 경우도 있지만 말이다.(pp. 120-121)

이들 제국들 사이의 유사성을 요약하면 다음과 같다. 첫째, 가장 엄격한 일신론적 종교가 기대한 제국적 공동체를 보편적 공동체라고 주장하고 그 통치자가 신의 명령에 의해서 그의 통치권을 가진다는 주장을 막지 못했으며 오히려 그것을 지지했다. 둘째, 원시적인 역사적 역동성을 가진 이슬람과 역사적인 것과 신성한 것 사이의 차이성을 이해하는 기독교 사이의 차이성이 그리스도가 단순히 권력의 근거가 됨으로써 제국의 종교적 정당화에 의해서 모호하게 되었다.(p. 122) 어떤 종교라도 이용하려는 지배적 충동의 힘은 세 제국의 유사성뿐 아니라 불교 같은 타계적인 신비적 종교마저 정치적으로 이용한다는 사실에 의해서 분명하게 드러난다. Tibet의 경우, 제국적 공동체는 아니지만 역시 현세 부정적 종교를 통치의 도구로 사용하고 있으며, 통치의 담당자가 생부정(life-denial)의 기술에 가장 숙달해 있다.(p. 123)

결론적으로 말해서, 모든 수준의 지배 충동은, 특히 제국의 레벨에서는, 매우 다양하고 모순적인 종교적 충동과 철학들을 그 목적을 위해서 사용한다. 이러한 사실로부터 서구 역사보다 보편적인 하나의 공동체의 패턴, 곧 원리(axiom)를 도출할 수 있다. 그 원리는 사이비 보편적 공동체와 지배가 합세하여 궁극적인 것과 보편성에 대한 종교적 추구를 그것들의 목적들을 위해서 사용한다는 사실이다. 문제는 사람들이 그 같은 목적에 자진해서 도구가 되려고 하지 않으면 통치자들이 그렇게 성공을 거둘 수 없을 것이라는 사실이다. 사람들이 그렇게 자진해서 도구가 되려고 하는 것은 아마도 그들이 개인적으로 중요하지 않은 것(individual insignificance)을 집단적 보상(collective compensation)에 의해서 해결하려고 하기 때문일 것이다.(pp. 123-124)

제Ⅷ장 서방 기독교국의 독자성(The Uniqueness of Western Christendom)

서방 기독교 제국은 다른 두 제국(동방 기독교 제국과 이슬람 제국)과 중요한 차이를 가지고 있기 때문에 '서방 기독교국(Western Christendom)'이라고 부르는 것이 좋겠다. 그것은 제국이 아니라 정신적, 세속적 지배권을 가진 보편적인 교회로서 서구의 삶에 있어서 가장 강한 역사적 기구였다.(p. 125) 서방 기독교국이 가지고 있는 가장 두드러진 특성은 무인왕(soldier · king)이 아니라 승려가 통치 권위를 가지고 있었다는 사실이다. 둘째는 교회적 기구의 통합이 교황의 권위에 의해서, 특히 교황 Greogory Ⅶ세 이후, 이룩된다는 사실이다.(p. 126) 교황의 이러한 지배권은 Innocent Ⅳ세에서 더욱더 분명해졌다. 그는 "우리는 예수 그리스도의 대리인 교황이 크리스천뿐 아니라 모든 비신자들에 대해서도 통치권을 가지고 있다고 믿는다"라고 말했다. 종교적, 정치적 삶에 대한 교황의 이러한 통치권은 종교적 영역과 세속적 영역 사이의 구별을 모호하게 했다.(p. 127)

종교적 영역과 세속적 영역 사이의 구별의 이와 같은 모호함은 많은 증오를 유발시켰으며, 심지어 종교개혁과 문예부흥 이전에도 그랬다.(p. 127) 교황권의 우위설이 완성된 지 불과 한 세기 후 Marsilius of Padua(1280-1343)가 정치적 질서의 반교황적 개념을 발전시켰다. 이 개념에서는 Aristotle이 정치적 구조의 재료를 제공했고 Augustine이 종교적 영역과 정치적 영역 사이의 철저한 구별을 정당화했다. Luther 역시 마르실리우스처럼 어거스틴의 이분적 구별을 받아들였으나 '지상의 영역'을 죄악적 세계의 강제적 질서의 영역으로 이해했다. 이 같은 루터의 사상은 중세의 아리스토텔레스적 사상의 열매인 차별적 정의(discriminate justice)에 대한 관심을 가지고 있지 않다.(p. 128)

마르실리우스의 정치적 질서의 세속화보다 더 중요한 것은 Dante가 그의 『제정론De Monarchia』에서 주장한 정치적 질서의 세속화 개념이다. 그의 설은 두 가지 이유에서 중요하다. (a) 그것은 정치적 질서에 대한 세속적이고 합리적인 지지를 했고, 제국에 대한 종교적 정당화를 제거했다.(p. 128) (b) 단테는 그의 반성직권 존중주의(anti-clericalism)에도 불구하고 교회가 지배하는 영역, 곧 공적이라기보다는 사적인 인간 존재의 차원에 해당하는 영역의 타당성을 주장했다.(p. 129) 다시 말해서, 그는 교회가 지배하는 종교적 영역의 정당성을 주장했다. 현대의 정신은 단테의 인간 존재의 공적 차원과 사적 차원의 구별, 나아가서 인간의 완전의 성취의 추구의 근사적 실현의 목적과 궁극적 목적 사이의 엄격한 구별보다는 정치의 세속화의 성취를 더욱 높이 평가할 것이다.(p. 130) 마르실리우스와 단테는 Aristotle과 더불어 Augustine을 사용하여 철저한 이원론을 회복했다. 루터 역시 그의 두 개의 영역론이 어거스틴의 이론에 근거를 두고 있지만 정치적 영역을 강압적인 것으로 만들었고, 마르실리우스나 단테보다 차별적 정의에서 덜 생산적이다.(p. 130) 단테의 사상의 아리스토텔레스주의가 그로 하여금 정치적 현실에 대한 해석에서 '지상의 나라'의 권력적 현실을 다루는 어거스틴의 현실주의와는 전혀 반대되는 입장을 취하게 했다. 단테는 국왕의 지배의 보편화가 왕의 공평무사함을 보장한다고 주장했다. 그는 보편적 "국왕은 오직 바다만이 그의 지배권을 제한하기 때문에 아무것도 욕망하는 것이 없다. …모든 인간 중에서 군왕은 정의의 순수한 화신(incarnation)이 될 수 있다"라고 말했다.(pp. 131-132) 이러한 현실주의(realism) 결여는 단테로 하여금 현세의 지상의 제국을 이상화하게 했고, 이러한 어거스틴적 현실주의의 희생이 중세에서는 Aquinas에게서 분명하게 나타났고, Machiavelli를 제외하면 문예부흥을 일관하고 있는 정치적 사상의 특색이다.(p. 131)

단테의 이와 같은 엄격한 이분법의 결함의 하나는 인간의 자유의 모순적 신비를 모호하게 한다는 것이다. 다시 말해서, 그것은 인간의 자유가 자아를 강화하고 공동체에 기여하지 않으면 악의 근원이 된다는 자유의 모순적 신비를 망각한다는 사실이다. 어거스틴이 통찰한 대로 악은 육체의 정열이 아니라 자아(the self)에 뿌리박고 있다.(p. 132) 단테의 『제정론』은 낙관적 정치 사상의 장점과 약점을 소개한 매우 중요한 저술이다. 장점은 역사적 공동체의 조화에 의해서 획득되는 근사적 실현의 행복을 추구하는 것이요, 단점은 유한한 인간이 도달할 수 있는 능력 저 편에 있는 완전성과 보편성의 입장에서 공동체의 목표를 설정한다는 것이다.(p. 132) 단테의 유토피아주의는 중세 이후의 시대에서는 보편적 특성이 아니다. 그러한 유토피아주의는 Machiavelli와 Hobbes, 종교개혁자들의 바울적 현실주의의 도전을 받았다. 그렇지만 이들 현실주의자들은 인간의 자기중심주의에 대한 평가에 있어서 지나쳤기 때문에 인간의 합리적 능력이 한편으로는 정의로운 공동체를 건립하고, 다른 한편으로는 특정한 이익의 합리화에 의해서 공동체의 평화를 혼란스럽게 함으로써 항상 창조적이고 파괴적인 경향을 나타낸다는 사실을 망각했다.(pp. 132-133)

아리스토텔레스는 동물과 신만이 폴리스 없이 살 수 있다고 했다. 인간의 삶의 의미와 그러한 의미의 성취는 공동체에 의해서 주어진다고 말했다. 그렇지만 인간 개인은 공동체를 초월하며, 공동체에 대해서 간접적으로만 관련성을 가지고 있는 목적을 추구하고, 어떠한 사회적, 정치적 성취도 대답을 줄 수 없는 문제에 직면하여 철저하게 인간의 상황을 전망한다. 어떠한 사회적, 정치적 성취도 대답을 줄 수 없는 문제를 두 가지로 규정할 수 있다. 첫째, 자아는 자연에 의해 제약된 역사의 가능성들을 초월하는 목적을 착상할 수 있다. 이런 초월이 사실이라는 것은 모든 영웅적 죽음이나 순교자의 성취에 의해서 밝혀진다. 인간의 육체적 삶의 성취와 역사적 성공은 인간 존재의 '영원한' 목적을 위해서 희생되어야 한다. 세속적 시대에서는 삶의 이 차원에 대해서 회의적이고, 심지어 멸시한다. 왜냐하면 역사의 좌절이 극복되고, 불의가 제거되고, 최고의 희망이 성취되는 '초자연적' 세계에 대한 과학적 및 형이상학적 증거가 없기 때문이다.(p. 134) 둘째, 인간의 개인적 자아성에서 발생하는 두 번째의 길은 인간의 자기모순의 상황이다. 이러한 인간의 자기모순은 성경에서는 아담의 타락의 신화에서 나타났고, 스토아철학에서는 황금시대와 현실적 역사 사이의 차이로 표현되었다. 인간의 초월적 자유의 능력은 유한하고 일시적인 상황을 궁극적 상황으로 신성화할 수 있으며, 사실 흔히 그렇게 한다. 이것이 모든 인간의 정신이 빠지는 오만(hubris)이다. 인간은 그의 특정한 시각을 궁극적 시각과 동일시하는 오만에 빠진다. 그래서 인간은 역사의 창조자인 동시에 피조물이다.(p. 135) 인간은 그의 피조물적 유한성을 망각하고 유한한 인간의 능력을 넘어서는 초월적이고 보편적으로 타당한 시각을 갖고 있는 체한다.(pp. 135-136)

고전적 및 현대적 문화와 구별되는 기독교 문화 전체의 특성은 그리스도를 생을 위한 의미의 틀의 중심적 심벌로 만드는 것이다. 하나님이 그리스도 안에 있으며, 세계를 하나님과 화해하게 한다는 메시지는 참된 기독교에 비관주의와 낙관주의의 역설적 결합을 부여한다. 비관주의는 문화적이든 정치적이든 역사에서 뛰어난 것이 절대적 타당성을 주장하지 못하게 한다. 낙관주의는 역사의 드라마가, 그것이 무의미의 조각들로 가득 차 있음에도 불구하고, 아무 의미가 없는 소리와 격정의 이야기가 아니게 한다.(p. 136) 기독교 신앙의 궁극적 진리는 개인에게만 적용할 수 있고, 집단적 인간이나 그의 권위에 의해서는 오용되게 마련이다.(p. 138) 역사적으로 볼 때, 경건은 겸손과 광신주의의 근원이다. 그러나 집단적 삶에서 경건은 더욱 과도한 광신주의를 낳는다. 그것은 집단적 성취들이 궁극적인 것과 동일시될 만큼 충분히 인상적이기 때문이다.(p. 139)

교황적 절대주의의 거부와 정치적 권위의 세속화는 현대에 들어와서 서구 세계에서 많은 문화적, 정치적 활력을 불어넣었는데, 특히 새로운 상업적 경제세력과 통합된 국가의 정치적 세력을 발전시켰다. 이러한 역사적 발전 과정은 창조적 혼란(creative chaos)을 거쳐서 현대의 낙관적 사관을 낳게 했다. 그러나 18세기와 19세기는 20세기의 핵 전쟁의 비극적 곤경을 예견하지 못했다. 현대의 발전 사관과 유토피아주의는 단테의 '영원한 축복(eternal blessedness)'의 비전을 대치하는 것이었다. 그러나 어거스틴의 현실주의는 모든 역사적 공동체에서 이해관계와 힘의 갈등을 간파했다.(p. 140) 교회는 이러한 현실주의에 입각하여 교황 Gregory the Great 와 Gregory VII세는 국왕의 지배권을 배신과 약탈로 얻은 것이며, 세상의 군주들은 신으로부터 이탈하여 탐욕과 오만을 위시하여 폭행과 유혈과 온갖 범죄를 자행한다고 비난했다.(pp. 140-141)

중세 이후에는 15세기와 16세기에서 Machiavelli가, 16세기에서는 Luther가, 17세기에서는 Hobbes가 교황의 지배권 주장에 대해서 증오심을 가졌다.(pp. 141-

142) Hobbes는 교황은 내세적 세계를 다루기 때문에 현세적 지배에서 손을 떼야 한다고 했다. 그에 의하면, "교황은 죽어버린 로마 제국의 유령에 지나지 않았다." 홉스는 단테보다 강도 높은 독을 품은 증오심을 교황에 대해서 가지고 있었다.(p. 142) 루터는 어거스틴적 승려로 훈련받았기 때문에 보다 분명하게 어거스틴의 영향을 받았다. 루터의 지상의 도시 개념은 보다 더 분명하게 어거스틴적이어서, 그 질서는 "쇠사슬 법과 법정, 그리고 칼"로 유지된다. 루터의 이러한 정치 사상에서는 사회적 힘의 균형으로부터 도출된 상대적 정의 개념은 사라진다. 루터의 두 개의 왕국론은 공적 윤리와 사적 윤리, 내적 윤리와 사회적 윤리의 이원주의를 수립했다. 하늘의 왕국의 영역에서는 산상수훈의 아가페적 윤리의 완전주의가 지배했고, 지상의 왕국의 영역에서는 정의보다는 질서가 규범이었다.(p. 143) 농민 봉기에 대한 그의 정책은 매우 엄하게 억압하는 것이었는데, 이것은 중세 기독교가 대립되는 권리들의 갈등을 해결하려고 했던 아리스토텔레스·토마스적 관심이 제기했던 차별적 정의의 정신이 사라졌음을 보여주는 것이다.(p. 144)

결론적으로 말해서, 중세 이후의 정치적 현실주의는 Machiavelli의 냉소적 현실주의든, Hobbes의 정치적 절대주의의 현실주의든, Luther의 경건주의적 현실주의든 강한 반교황주의와 그들 이전의 정치적 감정에 대한 악의에 찬 반동으로 인해서 차별적 정의 문제에 대하여 무책임한 태도를 취하게 되었다. 이러한 현실주의자들은 다른 한편으로는 무비판적인 정치적 절대주의와 특정주의(particularism)가 되었다.(p. 144)

제IX장 국가적 자주성의 역사적 기초(The Historical Basis for National Autonomy)

제국들을 지배한 역사의 '논리'를 식별할 수는 없지만, 어떤 결론들을 내리는 모험을 시도하는 것이 가능하다. 그 결론은 다음과 같다. (1) 중세의 제국들은 힘의 행사에 위엄을 부여하는 이데올로기적 틀을 남겼지만 질서를 위한 유용한 도구로 쓰지 못했다. 그 결과, 서방 제국은 약화되었고 몰락했다.(p. 146) (2) 서방 기독교 국가의 경우, 질서의 가능한 도구는 정치적 힘이 핵심이 아니라 교황으로 구체화된 종교적 권위였다.(p. 147) 중세의 다른 제국들, 곧 Byzantine 제국과 Islam 제국도 정치적 세력과 종교적 권위가 정치적 지배와 밀접하게 결합되어 있었으며, 절대적 힘의 시스템을 조장했다.(pp. 147-148) 그렇지만 정치적 힘과 인류의 보다 큰 공동체에 통합을 주는 높은 이데올로기적 허세는 자유와 양립할 수 없으며, 제국적 공동체의 문화적, 인종적 생명력을 정당하게 다룰 수가 없음이 분명하다. 문예부흥과 종교개혁 이래로 현대에서는 국가들이 교회의 보편적 권위를 거부했다.(p. 148)

현대의 자율적 국가주의의 부정적인 조건이 초국가적 통치권의 권위와 힘의 상실이라면, 긍정적인 조건은 정부가 통치하는 국가, 곧 유일한 통치 기구를 수립할 수 있는 통합된 공동체의 능력이다. 만일 단일 정부가 존재한다면, 다시 말해서 법과 조세의 단일 시스템이 존재한다면 응집과 통합을 위한 다른 힘들(forces)이 결여되어 있어서도 국가적 통합이 가능하다. 그러나 살아서 작용하고 있는 공동체의 어떤 수평적 힘들(horizontal forces)이 존재하지 않는다면, 순수한 통치, 곧 정부의 권위만 가지고는 공동체를 창출할 수 없다.(p. 149) 그렇다면 통합된 공동체의 수평적 힘으로서의 응집력들이란 어떤 것인가? 그것은 공통의 언어, 인종적 혈족관계, 지리적 통합과 계속성, 공통된 역사의 경험, 정치적 사상의 틀, 경제적 상호의존성의 공동 지역, 그리고 때로는 공동의 적에 대한 공포 등이다. 공통의 종교는 과거에는 중요했지만 현대의 다원적 종교 국가는 그것을 거부했다. 미국이 특히 그런 나라이다. 종교 외의 다른 상호 의존적 유대성들에 의해서 결속된 공고한 공동체들만이 종교적 다원주의를 향유할 수 있다.(p. 149) 인도는 종교적 분열로 Hindu교의 인도와 Islam교의 파키스탄으로 갈라졌다.(pp. 149-150) Canada는 단일 언어가 아니지만 통일을 이룩했다. Switzerland는 3개의 언어를 가지고 있지만 자유에 대한 공통의 헌신을 유일한 응집력의 근원으로 가지고 있는 통일된 국가이다. 현대의 최초의 자율적 국가로서는 영국과 프랑스가 있고, 네덜란드와 프랑스로부터 독립한 Indonesia, Vietnam, Laos, Cambodia 등 동남아시아의 나라들이 있다. 이러한 사실은 국가적 통합의 힘들(forces)에 대한 일반화가 매우 어렵다는 것을 말해 준다.(pp. 150-151)

서구의 최초의 두 자율적 국가인 영국과 프랑스는 성립 과정은 매우 다르지만 통합의 힘은 매우 유사하다. 두 나라의 통합을 가능하게 한 힘은 왕조의 결혼과 정통성이다. 왕조의 권위는 두 나라의 통합을 위한 도구이다.(p. 151) 영국에서는 군주와 의회가 국가적 통합의 상징이 되었고 국가적 의지의 기관이 되었다. 이렇게 해서 영국에서는 왕조와 민주적 기구가 국가적 통합을 위해서 서로 혼합되었다. 프랑스에서는 성장하는 국가적 자율성의 담당 기관이 왕과 의회가 아니라 오직 왕이었다.(p. 152) 프랑스에서는 16세기에 왕권의 수호자 Jean Bodin이 질서를 위해서 왕권을 주창했는데, 그는 또한 사유재산의 보호가 폭군으로부터 참된 왕권을 구별하는 정의의 표준이라고 주장했다.(pp. 153-154) 그는 John Locke보다 한 세기 앞서서 사유재산의 권리를 주장했다. 군주주의와 민주주의, 중산층은 영국과 프랑스에서 공히 힘의 동일한 세 가지 요소이다.(p. 154) 새로운 국가 미국의 국가 정신의 근원은 다양하다. 그것을 두 가지로 요약할 수 있다. 하나는 프랑스적 감정과 유사한 것으로서 자유사회 건립의 프라이드이요, 다른 하나는 Milton이 그의 이념을 도출했던 퓨리턴적 근원으로부터 도출한 신의 섭리로서의 운명의 축복받은 실현이다. 후자는 이스라엘의 하나님과의 계약과 유사한 것으로서 '신의 선민'과 같은 국가 이념이다.(p. 155) 영국과 프랑스, 미국은 새로운 공동체 의식, 자유 공동체의 고귀성, 전 세계를 통한 자유 정부의 실현을 위한 신의 섭리의 도구라는 정신을 가지고 있었다. 그리고 이들 민주적 국가주의의 불변의 특색은 인류의 복지를 위해 궁극적 공헌을 하는 것이다.(pp. 155-156)

그러나 국가 정신에 대한 민주주의의 이러한 지나친 강조가 이들 국가들이 당연히 인종적, 언어적 동질성을 가지는 것을 전제로 했다는 사실을 모호하게 해서는 안 된다.(p. 156) 언어가 국가적 통합을 위해서 얼마나 중요한가는 독일의 경우를 생각해 보면 분명해진다. 루터가 성경을 독일어로 번역한 것은 독일의 국가주의의 성장에 공헌을 하게 했다.(p. 156) Herder의 사상의 국가적 특정주의에 대한 낭만적 찬양, Fichte의 독일 국민에 대한 애국적 호소, Hegel에 의한 독일 국민국가의 형이상학적 정당화의 모든 것이 독일의 국민국가 창출에 도움이 되지 못했다. 국가의 혼이 국가의 형태로 구체화된다는 것이 이토록 어려운 것이다. 이것은 세계 정부 수립 주장자들로 하여금 의지에 따른 행동에 의한 세계 공동체와 세계 정부 수립이 그리 쉬운 일이 아님을 경고해 주는 것이라고 하겠다.(p. 157) 미국은 헌법에 의해서 태어났지만, 공통의 언어와 문화, 그리고 독립전쟁이라는 공통된 경험으로부터 생긴, 공동체 구성을 가능하게 하는 의식이 헌법 이전에 있었다.(p. 158) 라틴아메리카의 나라들은 독립 국가가 되기를 희구했지만 그들은 사회 조직에서 봉건주의에 머물렀고 자주적 정부의 가능성을 조장하는 강한 중산층이 없었다. 그리고 대륙에서 국가적 공동체를 확대할 기술적 수단을 갖고 있지 못했다. 지리적으로는 안데스(Andes) 산맥으로 인해서 대륙적 커뮤니케이션이 순조롭지 못했다. 인종적으로는 라틴 혈통과 인디언 혈통이 혼합되어 있으며, 여기에 흑인 혈통도 약간 섞여 있다. 이러한 혼혈이 인도의 카스트 제도와 같은 계급 구조 형성에 일조했다. 그래서 라틴아메리카는 안정된 민주적 권위를 수립하지 못하고 여러 형태의 독재 아래 놓여 있다. 민주주의는 기술 시대에 안정된 공동체의 유일한 근원이지만 아시아와 아프리카의 나라들뿐 아니라 그 밖의 많은 나라들이 현재의 능력 저편에 있다.(p. 159)

Ireland와 Iceland는 특별한 관심을 가져야 할 특수성을 지니고 있다. United Kingdom은 원래는 England, Scotland, Wales와 Ireland를 통합하고 있었으나 Ireland가 UK에 속하기를 거부해서 England에서 분리되어 있기도 하지만, 중요한 이유는 종교적 차이 때문이다. 영국이 성공회(Anglican Church)를 국교로 택한 데 비해서 Ireland는 가톨릭교에 기울었다. 그렇지만 Scotland의 개신교와 England의 성공회가 통합을 유지하고 있는 측면에서 보면, 분리의 원인은 Ireland의 가톨릭교가 그 정체성을 유지하려는 고집스러움에 있다. 스코틀랜드 선조의 개신교를 가지고 있는 북아일랜드가 아일랜드와 합치는 것을 거부하는 것 역시 주목할 문제이다.(p. 160) 이스라엘은 신과의 계약을 가지고 있는 선민 사상을 기초로 하는 국가이다. 강대국들 사이에서 흥망을 거듭한 끝에 조국을 상실하고 이슬람 국가와 유럽에서 디아스포라(Diaspora)로서 그 정체성을 유지해 왔다. 국토와 직업이 없는 이스라엘 민족은 중세 때 교역과 은행업을 했는데, 귀족과 농민의 원한을 삼으로써 유대인에 대해 경제적 편견을 가지게 했고, 그들의 인종적, 종교적 비타협성도 편견을 갖게 만들었다. 나치의 대학살을 거쳐 제2차세계대전 후 조국을 회복했다. 신생 이스라엘은 적대적 세계 속에서 존재를 유지하고 있으며, 세속적 유대인과 유대교 전통을 고집하는 유대인 사이의 분열에도 불구하고 통일을 유지하고 있다. 강한 애국심에 더하여 국민 개병의 고도로 강한 군대, 농업과 산업의 고도의 기술과 엄격하고 보편적인 교육 프로그램을 운용하고 있다.(pp. 161-163)

제X장 자주적 국가들의 세계(The World of Autonomous Nations)

앞 장에서 고찰한 국가들 외에 고찰해야 할 세 종류의 국가가 있다. 그것은 다음과 같다. (1) 제국의 지배 아래 있지 않았던 국가들. (2) 제국적 지배를 했던 국가들. (3) 식민지였던 국가들.(p. 164) 첫 번째 범주에 속하는 국가들로 Scandinavia의 나라들과 일본, 태국과 한국(20세기에 일본의 지배 아래 있었지만)이 있다. Denmark와 Norway, Sweden은 산과 바다에 의해서 제국으로부터 멀리 떨어져 있었기 때문에 독립을 유지했다. 한국은 비록 20세기에 일본의 지배 아래 있었지만 오랜 세월 동안 독립을 유지해 온 것은 약소국들의 일반적 운명과 다른 예외이다.(pp. 164-166)

두 번째 범주에 속하는 국가에는 중국과 러시아가 있다. 러시아의 최초의 통일된 지배의 중심은 키에프국(Kievan state)이었다. 이를 Tarter인들이 침략했으며, 그들을 Muscovy의 왕자들이 패퇴시켰다. Muscovy는 기독교 정교(Orthodox Christianity)의 신봉자임을 주장했고, 제3의 로마(Third Rome)임을 자처하여 Byzantine 제국의 후계자로 러시아를 세웠다. 이어서 공산주의가 러시아를 지배하게 되었다. 공산주의에 의한 비국가적 이념의 러시아 통합은 정통적 기독교 이념에 의한 통합보다 더욱 성공적이었다.(pp. 166-167) Finland는 독립을 유지했고, Poland는 러시아의 침략을 받아 위성국으로서 불안정한 사이비 독립성을 유지하고 있다.(p. 186)

세 번째 범주의 나라들, 곧 식민지였던 나라들을 간단하게 살펴보자. 먼저 Holland와 Belgium이 있는데, 이 두 나라는 긴 독립의 역사를 가지고 있기 때문에 식민지 국가로 여겨지지 않고 있다.(pp. 171-172) Spain과 Portugal의 식민지였던 라틴아메리카의 나라들이 있으며, 영국의 식민지였던 Australia와 New Zealand가 있다.(pp. 171-173) India는 영국의 식민지였고, 인도에 속해 있었던 Ceylon과 Burma(미얀마)가 있다. Dutch, 곧 Netherlands의 식민지였던 Indonesia가 있다.(p. 175) 프랑스 식민지였던 Laos와 Cambodia, North Vietnam과 South Vietnam이 있다.(p. 176) 식민지였던 중동의 나라들로서는 Iran, Iraq, Egypt, Jordon, Saudi Arabia가 있고,(p. 177) 북아프리카의 프랑스 식민지였던 Morocco와 Tunisia, Algeria가 있다.(p. 179) 끝으로 Czechoslovakia는 제1차세계대전 후 독립했고, Hungary는 합스부르크 왕조의 붕괴로 독립했으며, Rumania와 Bulgaria는 이슬람 제국의 붕괴로 독립했으나 지금은 러시아 공산 제국 아래 있다.(pp. 180-181)

이들 세 종류의 국가들에 대해서 다음과 같은 결론을 내릴 수 있다. 통합된 자율적 국가가 되는데 필요한 조건들은 매우 다양하다. 인종적, 언어적, 지리적 및 역사적 요소들 모두 통합된 국가 형성을 위해서 필요하다. 그러나 이러한 요소들 중 어느 하나가 가지고 있는 상대적 중요성에 대해서 어떤 결론을 내리는 것을 삼가야 한다. 정치적 권위와 힘이 가장 중요한 요소인 것은 분명하지만, 통합된 공동체를 위한 다른 요소들이 결여되면 그 통합을 보장할 수 없다. 산업 시대에는 경제적 상호 의존성이 통합된 국가 공동체의 기초로서 특히 중요하다. 그리고 두 초국가(super-nation)와 작은 새로운 나라들 사이의 힘의 불균형은 국가의 문제를 넘어서 국가들 간의 공동체 조직의 문제를 제기하는데, 여기에 대해서는 뒤에 가서 좀 더 깊이 고찰하기로 한다.(p. 181)

제XI장 자유 민주주의의 막연한 보편성(The Vague Universalism of Liberal Democracy)

외교 정책에 있어서 자유주의적인 민주주의 전통의 주요 특성은 국가의 레벨 이상의 그리고 '인류 공동체'의 레벨 이하의 어떤 형태의 지배나 공동체에 대해서도 무관심하다는 사실이다. 이것은 순수 자유주의의 아버지 Locke에게나 자유주의와 전체주의의 아버지 Rousseau에게 있어서도 마찬가지이다.(p. 183) 이것은 민주주의가 국민국가의 제한 안에서 발달했고, 통합된 공동체를 궁극적 공동체로 생각했으며, 인류 공동체를 예외적으로만 막연하게 의식했기 때문이다.(pp. 183-184) 스토아도 기독교도 인류 공동체, 곧 보편적 공동체의 이념을 가지고 있었고, Columbus를 비롯한 16세기의 신대륙들의 발견 항해는 세계라는 개념을 갖게 만들었으나 그런 보편주의는 막연한 것이었다.(p. 184)

Locke는 정복이 승자에게 피정복국에 대한 영구적인 지배권을 주지 않는다는 단순한 원리를 주장함으로써 막연한 보편주의 의식을 표현했다.(p. 184) Rousseau는 국가를 공동체의 최종적 형태로 생각했다.(p. 184) 그는 보다 큰 공동체는 '법의 시스템'으로 구성할 수 없는 어려움을 옳게 알았지만, 그런 생각으로 인해서 법의 시스템으로 구성할 수 없는 공동체의 문제들을 물리치는 오류를 범했다.(pp. 185-186) 그렇지만 루소는 Abbé de Saint-Pierre의 논문 "영구적 평화를 위한 구상(Project for Perpetual Peace)"이라는 논문에 나타난 유토피아적 비전에 감동하여 그 논문의 요약을 소개했으며, 자신의 논문 "영구적 평화를 위하여(Zum Ewigen Frieden)"를 저술했다.(p. 186) 독일의 낭만적 철학자 Herder 역시 인류 공동체에 대한 막연한 의식을 나타냈다. 그는 만일 각 민족이 그의 고유한 특성을 표현하도록 내버려두면 "모든 조국들이 평화롭게 공존할 것이라"고 확신했다.(pp. 186-187) 국가주의자라고 할 수 있는 Fichte도 독일만이 철학적 성향을 가지고 있기 때문에 조국에 대한 사랑을 인류에 대한 사랑과 결합할 수 있다고 했다.(p. 187) 19세기의 이탈리아의 Giuseppe Mazzini(1805-1872)가 독일에서 번영했던 것과 같은 국가주의와 보편주의의 결합을 주장했다. 그는 말하기를, 이탈리아는 로마 제국의 힘에 의해서 세계를 지배했고, 교황의 권위에 의해서 세계를 지배했으며, 제3의 이탈리아는 국민들이 공동의 합의에 의해서 세계를 이끌어갈 것이라고 했다.(p. 187) 인류의 보편적 공동체는 지금까지 고찰한 바와 같이 여러 가지 이상주의적 국가주의자들이 거기에 대해서 막연한 의식을 가졌을 뿐이며 오늘날까지 구체화되지 못하고 있다.(p. 188)

민주적 자유주의가 보편주의에 대해서 이렇게 막연한 의식을 보이는 데에는 두 가지 이유가 있다. 하나는 국제적인 지배와 공동체의 구조가 민주 국가의 규범과 일치하지 않기 때문이다. 나머지 하나는 자유주의적 민주주의자들은 민주주의가 국가의 본성과 동기를 철저하게 변화시켰고 또한 변화시킬 것이라고 믿기 때문이다. 물론 미국과 영국에는 외교 정책에 관한 한 현실주의적 학파와 이상주의적 학파가 있다. 미국에서는 Jefferson이 이상주의적 학파에 속하고, Madison와 Hamilton, Adams가 현실주의적 학파에 속한다.(p. 190) Jefferson은 민주주의가 국가의 행위를 실질적으로 변화시켰다고 보았고, 개인적 도덕과 집단적 도덕 사이의 구별을 모호하게 하는 생각을 가졌다.(pp. 190-191) 그렇지만 그의 책임 있는 정치가로서의 통찰과 행위는 극단적인 정치적 사상가로서의 그의 이론과는 달랐다. 그는 미국의 제3대 대통령으로서 Napoleon으로부터 Louisiana 지방을 매입했고, 신생국의 미래의 대륙적 가능성들에 대한 현실적인 의식을 가지고 있었으며, 카리브해의 전략적 중요성을 미리 내다보았다.(p. 191) 영국의 William Godwin(1750-1836)은 이상주의자였지만 Jefferson의 정치적 경험과 책임을 결여하고 있었다. 그래서 그는 자유주의적 전통의 순수한 막연한 보편주의를 시사했다. 그는 국가 수준을 넘는 공동체의 구조에 관해서도 환상을 가지고 있었기 때문에 유럽의 '힘의 균형'의 전략을 사악한 고안이라고 비난했다.(p. 192)

현실주의적 학파에는 미국의 Madison과 Hamilton, Adams가, 그리고 영국의 David Hume과 Adam Smith, Edmund Burke가 속한다. 이들은 국가의 행위에 현실주의적 판단을 했으며, 국가와 인류 공동체 사이의 힘의 구조에 대한 이해를 가졌다.(p. 193) 흄은 개인의 도덕과 국가의 도덕을 구분했다. 흄은 철학들이 흔히 이해하지 못하는 집단과 개인이 도덕에서 가지는 차이를 훌륭하게 이해했다.(p. 194) 흄은 Godwin의 부정한 '힘의 균형'에 대해 고전적 설명을 했다.(p. 194) Burke는 방어적 동맹을 강조함으로써 국제 관계의 영역에서 반복되는 현실을 직시했다. 이 점에서 그는 순수한 진보적 이론가들보다 명쾌했다.(pp. 194-195) Adam Smith는 자유주의적 제국주의자로서 식민지와 식민지 지배 국가 사이의 무역 독점에 반대했다. 그것이 궁극적으로 제국에 이롭지 않았다고 판단했기 때문이다. 요약해서 말하면, 순진한 자유주의자들은 국가 레벨을 넘어서 형성되는 힘과 공동체의 구조를 생각할 수가 없었다. Adam Smith 같은 신중한 자유주의자도 '인류 공동체'의 레벨 하에서 구성될 수 있는 모든 공동적 구성을 예견하지 못했다.(p. 196)

국가의 패턴들과 국가 레벨 이상의 공동체의 패턴들, 이 둘을 구별한다면 다음의 두 가지로 구분할 수 있을 것이다.(pp. 197-198) 첫 번째 패턴, 혹은 형식은 통합된 자율적 국가이다. 자율적 국가의 이념은 보편적으로 수용되고 있다. Spain과 Portugal로부터 해방된 라틴아메리카의 나라들은 문화가 발달되지 않았고, 민주적으로 통제된 자율적 자원을 가지고 있지 않기 때문에 군사 독재 아래 놓여 있음에도 불구하고 그렇다.(p. 198) 두 번째 국제 공동체의 영구적 패턴으로서 인류 공동체의 집단적 안전의 레벨 아래의 국가와 국가 사이의 동맹과 협동의 패턴이다. 이것은 신중한 자유주의자들이 식별한 것이다. 이러한 패턴으로서는 David Hume의 예견이 Adam Smith가 예상했던 것보다 다양하다. 방어적 동맹에는 NATO와 SEATO가 있다.(p. 199) 경제적으로는 Marshall Plan 같은 경제적 동맹이 있다. 중동의 석유 자원 개발을 위한 미국과 영국, 네덜란드의 동반자 관계도 있다. 유럽 경제 공동체도 한 가지 형태이다. 한없이 많은 형태들이 있을 수 있겠지만 한 가지 고정된 패턴이 있는데, 그것은 국가 레벨 이상의, 그리고 인류 공동체의 레벨 이하의 지배와 공동체의 결합이다. 미래의 어떤 역사도 이 패턴을 부정하지 않을 테지만, 지금까지 알려지지 않은 변형된 패턴이 형성될 것이다.(p. 200)

제XII장 국가적 제국주의의 성격(The Character of National Imperialism)

공산주의는 서구 세계를 제국주의적이라고 비난한다. 사실, 서구의 나라들은 19세기에서 제1차세계대전 사이에 제국주의적 이해관계에서 비롯된 각축을 벌였다. 이러한 제국들은 국가적 제국들(national empires)이다. 그와 같은 국가적 제국의 힘의 우세는 무력뿐 아니라 사회적, 정치적 응집의 우월성에 있다.(p. 201) 국가적 제국들의 지배의 확장의 세 가지 동기가 있다. 첫째, 종교든, 정치든, 혹은 기술이든 문화의 열매를 널리 확대하려는 선교적(포교적, missionary) 동기이다. 이러한 전도적 동기는 정치적이고 이해관계적인 동기를 초월하는 참된 기독교적 선교(Christian mission)와 혼동되어서는 안 된다.(p. 202) 둘째, 경제적 동기이다. 셋째, 제국의 힘의 위엄을 높이기 위한 국가적 활력 및 힘과 영광을 향한 욕망의 표현이

다.(p. 202)

선교적 동기에 관하여. Columbus는 Ferdinand와 Isabella에게 보낸 서한에서 인도인들을 기독교 신앙으로 개종시키도록 자신을 인도로 보내줄 것을 청원했다.(p. 203) Louis Maric Emile Bertrand와 Sir Charles Petrie의 저서 『스페인 역사 History of Spain』에 다음과 같이 기록되어 있다. "최소한 위선 없이 두 동기가 같은 한 인물 속에 공존할 수 있었다." Columbus는 원주민에 대하여 개종자와 착취자, 이 두 가지 입장을 함께 가지고 있었다. 그는 자신의 욕망을 만족시킬 뿐만 아니라 그의 추종자들을 회유하고, 스페인의 통치자들에게 아낌없이 주려고 했던 지상 천국의 약속을 정당화하려고 했으며, 낯선 땅에 십자가와 예배당을 세우기를 원했다.(p. 204) Cortez는 콜럼버스 정신의 첫 후계자로서 독학을 한 전도사였다. 그는 Mexico의 왕에게 우리는 모두 하나의 아버지의 자손들이며 그렇게 많은 영혼들이 우상 숭배로 멸망하는 것이 그의 위대한 국왕을 슬프게 한다고 말했다. 그는 우상을 숭배하는 멕시코인들을 구원하기 위해서 보내졌던 것이다.(p. 204) 영국의 제국주의는 식민국들에게 문명의 혜택을 준다고 자부했지만 그것은 위선이고 제국들의 일반적인 가장(pretension)이다. 이것은 20세기에 영국의 식민지였던 인도와 Ceylon(지금의 Sri Lanka), Burma가 영국을 부정하고 독립을 쟁취한 것에서 분명하게 드러났다.(p. 206)

이기적 동기를 보다 고상한 동기 뒤에 감추는 것이 보편적인 인간의 경향이지만, 영국의 제국주의는 항상 도덕적 주장을 부분적으로 정당화했기 때문에 성공을 거두었다는 것은 흥미로운 사실이다. 영국의 제국주의가 스페인과 프랑스의 제국주의에 승리한 것은 단지 도덕적 요소에 의해서만이 아니다. 군사적 힘이 결정적인 요소였지만 도덕적, 정치적 성취 역시 영국의 우월성을 위해서 작용했다.(p. 207) 이러한 영국 제국주의의 승리의 원인을 검토해 보면 영국의 우월성에 여러 가지 이유가 있음을 알 수 있다. 영국은 강한 해군력에 더하여 우수한 항해사들과 상인을 보유하고 있었다.(p. 208) 또한 영국 제국주의의 도덕적 우월성은 영국의 자유로운 의회 제도에 기인한다.(p. 209)

영제국이 우월성을 갖게 한 개혁의 세 가지 힘(force)이 있다. 첫째, 제국에 대한 비판의 힘이다. Adam Smith와 Ricardo는 중상주의를 제거하고 자유무역을 시행하게 했다. Bentham은 제국의 제거가 보편적 평화의 주된 희망이라고 생각했다. Adam Smith의 열렬한 제자 Richard Cobden은 자유무역이 전쟁을 제거한다고 믿었다. Edmund Burke 역시 제국을 비판했다.(p. 209) 둘째, 제국의 표준을 보다 높인 개혁자들의 힘이다. 19세기 초에 노예 해방이 제창되었으며 1839년에 식민지들의 최후의 노예들이 석방되었다. 인도에서는 과부의 생매장(immolation)을 폐지했다. 이러한 개혁들은 영국의 민주적 문화의 토론의 자유로 인한 것이다.(pp. 209-210) 셋째, 영제국의 많은 식민지 총독들(proconsuls)이다. 그들은 식민지 백성들에 대한 강한 책임감을 가지고 있었으며 식민지의 문화 수준을 높이려고 했다.(p. 210) Egypt 통치에서는 영국은 정직하고, 유능하고, 원활한 행정을 수립했으며, 새로운 대학 설립을 포함한 교육 시스템을 구축했다.(p. 211)

영제국은 영국과 식민지 국가의 상호 이익을 주장했고, 마침내 영연방(British Commonwealth of Nations)을 형성함으로써 현대의 위대한 정치적 승리를 이룩했다.(p. 213) 영연방은 한편으로는 영국이 미국의 독립전쟁에서 얻은 교훈의 산물이요, 다른 한편으로는 영국에서 일관되게 정치적 자유 신장을 위해서 힘을 쓴 Whig당의 철학의 산물이다.(pp. 212-213) Anglo-Saxon족은 Latin계 민족, 곧 프랑스와 스페인, 이탈리아의 국민보다 인종적 자존심(pride)을 강하게 나타낸다. 그래서 영국의 식민지 정책은 지배 국민과 피지배 국민을 구분하고 분리했다. 이와 달리, 라틴계 국가들은 식민지 국민들에 대해서 정의롭게 대하지 못했지만 인종 간의 결혼에 대해서 보다 관대했다.(p. 213) 영국은 대개의 경우 순수한 백인 식민지를 경영했으며, 정의로운 행정을 시행했지만 인종적 오만으로 인해서 식민지 백성의 반감을 샀다.(p. 215)

제XIII장 러시아의 힘의 유토피아적 기초(The Utopian Basis of Soviet Power)

본 장은 러시아 공산주의를 중심으로 하여 유토피아주의와 혁명이 뗄 수 없는 관계를 가지고 있다는 것과 유토피아주의와 독재 역시 뗄 수 없는 관계를 가지고 있다는 것을 논했다. 이러한 문제는 지나간 과거의 문제이지만 아래에서 간단하게 고찰한다.

먼저 유토피아주의와 혁명의 관계부터 살펴보기로 한다. 공산주의 시스템은 분명 유토피아적이다.(p. 217) 프랑스 혁명은 자유, 평등, 박애의 완전한 실현을 꿈꾼 유토피아이다. 그것은 자유와 조화, 혹은 이상적 조화의 원리인 평등이 역사 속에서 완전하게 실현될 수 없다는 사실에 대한 무지를 시사하는 것이다.(p. 218) 종교적 신앙과 철학의 시스템은 특정한 역사적 규범과 개념을 초월하는 것 같고 또한 초월하는 의미의 세계를 창조한다. 이러한 초월적 의미가 심각하게 다루어질 때에는 수단과 목표, 목적에 대해서 관대한 태도를 발전시킨다. 그러나 모든 의미 체계는 너무나 자주 그 규범과 목표를 최종적 의미와 동일시하기 때문에 광신주의를 낳는다. 이러한 광신주의는 유토피아주의가 되는 경향이 있다. 청교도적 혁명가들도 모두 유토피아주의에 기울었다.(p. 219)

광신주의와 유토피아주의는 다음과 같은 두 가지 이유 때문에 혁명적 상황에서 중요하다. (1) 전통 문화는 앞선 시대들의 관습과 습성으로 인해서 삶에 대한 인간의 요구들을 완화한다. 혁명의 시기에서는 관습적 해결들과 조정들이 파괴되고 모든 전통적 대답이 반대에 직면한다. 결과적으로, 경험에 의해서 수정되지 않은 유토피아적 해결책이 나타나며 크롬웰의 군대와 프랑스 혁명에서 나타났던 것 같은 목적들과 당파들의 혼란이 발생한다.(p. 220) (2) 모든 공동체가 정치적, 혹은 사회적으로 조직화되고, 또한 조정의 기능으로 인해서 정당화되는 각종의 권위는 항상 정당화되지 않은 특권과 힘의 과도한 사용에 말려들게 마련이다. 혁명의 상황에서는 이러한 과도함이 증오의 대상이 되고, 혹은 오랜 세월 동안 누적된 증오가 격렬하게 폭발한다. 그래서 위계 질서가 가지고 있는 공동체 통합의 기능이 모호해진다. 자유와 평등이 단순한 가능성으로 여겨지고 그것들이 가지고 있는 모순이 모호하게 된다.(p. 220) Cromwell의 혁명에서는 sect에 속하는 자들이 서로 모순되는 상이한 유토피아적 이념을 가졌는데, Gerrad Winstanley가 이끄는 Diggers는 지구가 태고에서처럼 공동의 재산이 되면 사회적, 정치적 불화가 종식된다고 주장했다.(p. 221) 사회적 통합이 도덕적으로 애매한 도구가 필요함을 알지 못하고 유토피아주의자들은 순수한 정의나, 혹은 자유나 평등의 도덕적 이념을 일관되게 주장한다. 그러한 입장은 사회의 질서를 파괴할 것이다.(p. 221)

청교도 섹트에 속한 자들은 의로운 빈자와 불의한 부자를 구별하고, 그리스도는 가난한 자에게 천국을 주시는 것을 기뻐한다고 했다.(pp. 222-223) 러시아 혁명은 가난한 자를 본질적으로 의롭게 보았다. Lenin은 가난한 자 중에서도 산업 노동자만을 의로운 빈자로 보았고, 가난한 농부는 자신의 농지에 애착을 가지기 때문에 Janus의 얼굴을 하고 집단주의에 대해서 덜 일관된 지지를 한다고 보았다.(p. 223) 유토피아주의는 인간 존재의 한 측면을 잘못 해석하고, 다른 한 측면을 모호하게 한다. 잘못 해석하는 측면이란 인간의 이기심(self-regard)의 집요함과 그 힘으로 인해서 재산과 정부가 불의의 도구가 되기 쉽다는 점을 모호하게 한다는 사실이다.(p. 223) 혁명적 유토피아주의는 가난한 자들, 혹은 몰락하는 사회의 불의의 희생자들의 이상주의와 증오의 폭발로 볼 수 있다. 전통적 불의에 대한 증오는 불가피하게 사회의 평화의 전통적 수단을 정당화하는 제약과 균형의 필요성을 모호하게 한다.(p. 224) 그러면 다음으로 유토피아주의와 독재의 관계를 살펴보자. 영국과 프랑스, 러시아의 혁명이 모두 유토피아적 환상을 수반했고, 모두가 독재로 끝났다.(p. 225) 영국의 경우, 부르주아적 의회와 보다 급진적인 군부 사이에 대립이 생겼지만 군부 자체 내에서도 대립이 생겼다. 이런 상황에서는 대립되는 견해의 전통적, 혹은 민주적 조정이 부재하기 때문에 군사 독재가 불가피했다.(p. 225) 프랑스의 경우, Jacobin의 광신주의와 민주주의의 혼란이 Napoleon의 쿠데타를 초래했다.(p. 226) 공산주의의 독재는 Lenin이 프롤레타리아 독재를 당의 독재로 변형시킴으로써 성공을 거두었다.(p. 228) 당의 독재는 당의 정치국(Political Bureau)의 독재로 변했다. 정치국 멤버는 창립 당시에 Lenin, Trotsky, Kamenev와 Bukharin이었으며, 1919년에서 1946년까지 19명을 넘지 않았다.(p. 229)

제XIV장 공산주의자의 보편주의와 제국주의 (Communist Universalism and Imperialism)

공산주의 유토피아는 특정한 공동체가 그 존재를 유지하려는 영구한 성격을 가지고 있다는 사실을 부정하거나 모호하게 하고 보편적 공동체를 약속한다. 그런데 그러한 보편적 공동체는 로마 제국에서 시작하여 중세 때 세 가지 공동체로 끝나는 전통 사회의 제국들과는 다른 성격을 가지고 있다. 이 전통적 제국들은 그들의 보편성을 종교적 신앙으로부터 도출했다. 이와 달리, 마르크스적 보편주의는 사유재산의 사회화가 계급 없는 국가 공동체를 보장할 뿐만 아니라 조화로운 세계 공동체도 보장한다고 기대한다.(pp. 239-240) 마르크스가 주장한 프롤레타리아 독재의 막연한 아이디어는 러시아 제국주의의 발전에 별로 도움이 되지 않는 이념이다. 그것은 전통 문화 속에 존재했던 보편주의가 호소력을 상실한 시기에 중요성을 발휘한 새로운 형태의 보편주의이다.(pp. 241-242) 이러한 생각의 밑바닥에는 현대 문화가 역사 속에서 '본질들(essences)'이 실현되기를 기다리는 것이 아니라 악의 근본적 원인이 제거될 때 이상적 공동체가 실현될 것이라고 믿는 것이다.(p. 242)

　　Lenin은 프롤레타리아 독재를 당의 독재로 바꾸었는데, 러시아의 이상적인 보편적 공동체에 대한 러시아의 최초의 지배는 '국제 공산당(Comintern)'을 통한 세계의 다른 공산당의 러시아 공산당과의 관계에서 나타났다.(p. 243) 제2차세계대전 후, 러시아 제국주의의 기본적인 도구는 러시아의 기술적, 산업적 힘이었다.(p. 244) 경제적, 산업적 힘은 군사력으로 전환되었으며, 비기술적 문화와 국가를 산업화를 통해 빈곤을 극복하는 것을 러시아가 지원할 것임을 약속했다.(p. 245) 스탈린 시대의 잔인하고 강제적인 러시아의 산업화는 러시아에게 새로운 산업적 힘으로 인한 위엄을 부여했으며 또한 미개발국에 자본과 기술적 힘을 수출하도록 했다. 러시아의 이와 같은 대외 원조는 러시아의 위엄을 높이는 중요한 요인이다.(p. 245) 러시아의 전체주의 체제는 소비자의 요구를 억제할 수 있어서 산업화의 속도를 촉진할 수 있었다.(p. 245) 그러나 스탈린의 사후에는 러시아의 독재 조직도 소비자와 위성국가들의 항거를 막을 수 없었다. 그래서 Malenkov는 소비자에게 지나치게 양보해 군부의 불안을 야기하여 실각했다. Khrushchev는 군부와 중공업의 수뇌의 연합과 동시에 Malenkov의 소비품 증대의 프로그램 수용을 통해서 성공을 거두었다. 이런 발전 과정은 독재 아래에서도 인민의 요구에 대한 어느 정도의 고려가 필요하다는 것을 증명하는 것이다.(p. 247)

그런데 어째서 유연성이 다시 경직성으로 되돌아가서 Hungary가 잔인하게 제압되었고, Poland의 반자립적 지위가 문제 되었는가? 이러한 강력한 통제는 경제적 이유 때문이 아니다. 우리는 그 이유를 러시아의 이데올로기 시스템에서 찾아야 한다. 그러한 이데올로기 시스템은 유토피아주의와 광신주의이다.(p. 247) 자유의 필요성과 가능성을 부정하는 시스템 속에는 자유가 그 시스템 속에 들어가는 것을 용납할 수 없다.(p. 248) 마오 쩌뚱도 백가쟁명(百家爭鳴)을 허용했지만 결국 비판자들을 숙청했다.(p. 248) 민주국가들이 러시아 제국의 붕괴를 위해서 사용할 수 있는 가장 중요한 정책은 러시아의 위성 국가들로 하여금 경제적으로 독립하게 하여 러시아와의 유대 관계를 약화시키는 것이다.(p. 249) 공산주의의 광신주의가 선과 악의 절대적 구별을 하는 것처럼 공산 진영과 민주 진영의 절대적 구별을 하는 것은 정치적, 정략적 현실들이 가지고 있는 미묘한 차이를 모호하게 한다.(p. 249)

결론적으로 요약하면, (1) 마르크스주의의 원래의 유토피아적 꿈은 보편주의를 함축하고 있었다. (2) Lenin의 유토피아는 새로운 역사적 상황에 적응했다(기술과 산업화에 의해서 국력을 강화했을 뿐만 아니라 아시아와 아프리카의 산업화 이전의 문화가 러시아에 매력을 가지게 되었다). (3) 러시아 제국이 서방 국가들의 지배 아래 있고 또한 지배 아래 있었던 식민지 백성들의 증오를 이용할 수 있었다.(pp. 252-253) 공산주의는 제국적 힘과 위엄에서 미국보다 우위에 있다. 공산주의는 완전한 성공에 방해가 되는 단 하나의 요소가 있는데, 그것은 융통성의 결여이다. 이러한 융통성은 스탈린의 사후 한순간 획득된 것 같았으나 사라졌다.(p. 254)

제XV장 제국들과 국가들, 그리고 글로벌한 상황의 집단적 안전 (Empires, Nations and Collective Security in a Global Situation)

인류의 문명을 통해서 공동체의 두 가지 지속적인 구조가 존재했다. 하나는 도시국가, 혹은 국가로서의 통합적 공동체요, 다른 하나는 보다 큰 공동체의 구조로서의 제국이다.(p. 256) 현대 문명에서는 국가가 공동체로서의 새로운 위상을 차지하게 되었다. 그렇지만 동시에 신생 글로벌 공동체의 통합을 '집단적 안전(collective security)'에 의해서 준비하기도 한다.(pp. 256-257) 지배의 제국적 구조는 낡은 것이지만 그런 사실이 여러 형태의 초국가적 공동체의 필요성과 불가피성을 보호하게 할 수는 없다. 아프리카의 프랑스 공동체, 영연방, 새로운 러시아 제국(러시아는 제국이 아니라고 하지만), NATO, 유럽의 석탄과 강철 공동체, 그리고 창설될 것으로 예상되는 유럽공동시장(European Common Market) 등이 그런 초국가적 공동체이다.

'집단적 안전'에 대한 우리의 의존(Our Reliance on 'Collective Security')

기술 문명에서는 공동체가 점점 더 법적 및 헌법적 기구라는 '고안물(artifacts)'에 의존하기 때문에 공동체가 응집의 유기적 형태들과 고안된 형태들로 구성된다는 사실을 자칫 망각하기 쉽다.(p. 260) 응집의 유기적 형태들로서는 인종적 혈족관계(ethnic kinship)가 있고,(pp. 260-261) 주어진 문화적 요소들의 편리한 상징으로서의 언어가 있으며,(p. 261) 새로운 사회적 조건들의 압력 아래에서 부분적으로 변할 수 있는 관습(custom)이 있다.(p. 261) 지금까지 열거한 것들은 설명을 덧붙이지 않아도 어렵지 않게 알 수 있지만, 관습에 관한 니버의 설명은 소개할 필요가 있다. 많은 사회적 主意論者들은 다음과 같은 사실에 놀랄 것이다. 즉, 발달된 민주주의에서는 헌법적 권위에 대한 복종의 습관(habit)이, 군사적 힘이 권위를 찬탈하는 공동체들과 달리, 헌법 자체에 의해서보다는 긴 세월에 걸쳐 수립된 시민적 권위에 대한 복종의 습관에 의해서였다.(pp. 261-262) 고안물의 최고 절정은 기록된 헌법이다.(p. 262) 모든 문명적 공동체에서는 유기적 요소와 고안된 요소들이 혼합되어 있으며, 그것들이 혼합되어 작용하는 정도는 다양하다. 의식적 고안이 아무리 발달되어도 유기적 요소를 완전히 제거할 수는 없다. 유기적 요소는 모든 공동체에서 필요한 것으로 인정되어야 한다. 그렇기 때문에 헌법을 제정하면 세계정부를 통해 세계 공동체를 창출할 수 있다는 신념은 잘못이다. 그러한 환상은 특히 미국에서 강한데 그것은 미국이 헌법으로 창립된 나라이기 때문이다. 그러나 미국의 건국은 공동의 적에 대한 투쟁과 동시에 공통의 언어와 인종적 혈족관계, 지리적 접근성과 통합이 작용하여 형성되었다.(p. 262)

세계적 법(world law)에 의해서 세계 공동체를 통합하려는 아이디어는 아주 추상적인 이상주의자들만이 가졌다. 그러나 영국과 미국에서는 '집단적 안전'에 의해서 평화를 수립하려는 아이디어가 매우 강했다. 제1차세계대전 후, Woodrow Wilson이 국제연맹(League of Nation)을 제창했고, 제2차세계대전 후에는 미국이 주도적 역할을 하여 국제연합(United Nations)을 창설했다. 국제연맹은 그 결정을 집행할 권위를 부여할 기관을 가지고 있지 않기 때문에 사이비 헌법 시스템이다. UN은 안전보장이사회의(Security Council)를 가지고 있지만 미러가 합의하지 않으면 힘을 발휘할 수 없다.(pp. 262-263) 국가들 간의 상호 의존성으로 인해서 글로벌 공동체가 필요해 보이지만 응집에 필요한 충분한 유기적 힘이 없기 때문에 불가능하다. 한 가지 남은 희망은 핵이라는 딜레마의 공동 운명이 상호성의 여러 형태들에 의해서 확대될 수 있는 최초의 형태의 공동체가 양쪽의 인정에 의해서 창출될 수 있을 것이다.(p. 266)

제XVI장 냉전과 핵 딜레마(The Cold War and the Nuclear Dilemma)

니버는 열전과 구별되는 냉전의 개념을 설명한다.(p. 267) 냉전은 가장 다급한 두 가지 문제를 제기한다. 하나는 핵 무기를 폐기할 수 있는 어떤 방법이 있는가 하는 것이요, 다른 하나는 대립의 적대심을 완화할 수 있는 길이 있는가 하는 문제이다.(pp. 267-268) 핵의 비무장이나 핵 무기의 전체적 폐기보다 냉전의 적개심을 냉각시키는 것이 보다 쉽다.(p. 269)

니버는 냉전의 해결을 위해서 제기된 몇 가지 주요 문제를 소개하고 비판한다. 첫 번째 문제는 "핵 무기의 무장 해제와 제거(Disarmament and Abolition of Nuclear Weapons)"이다.(pp. 269-274) 이 문제를 논하는 데 있어서 니버는 '평화적 공존(peaceful co-existence)'보다는 '경쟁적 공존(competitive co-existence)'이 보다 정확한 표현이라고 한다.(p. 273) 두 번째 문제는 '무장 해제를 위한 비정치적 제안(Non-political Proposals for Disarmament)'이다. Linus Pauling이 그의 저서 『전쟁은 그만No More War』에서 제의한 것으로서 그는 '세계평화연구기구(World Peace Research Organization)'를 설립하여 세계 평화 유지를 연구하고, 과거에 전쟁을 일으킨 문제들을 어떻게 해결할 것인지 연구할 것을 제의한다.(pp. 274-276) 세 번째 문제는 '항복(Capitulation)'이다. 이것은 영국인 Philip Toynbee가 제안한 것으로서 러시아가 월등히 우세하므로 러시아와 협상하여 서방이 최선을 얻을 것을 주장한다.(pp. 276-279) 마지막으로, "핵 시대의 '제한된 전쟁' 제의(Proposal for 'Limited Wars' in a Nuclear Age)"이다.(pp. 279-281)

니버는 끝으로 자신의 입장을 '냉전' 완화(Relaxing the 'Cold War')라는 제목 아래 전개한다. 이 입장이 옳다는 것이 밝혀지는 데 32년이 걸렸지만 냉전 해결을 위한 니버의 예리한 통찰을 잘 보여준 예언이다. 그의 주장의 주요 내용을 요약하면 다음과 같다. 핵 전쟁으로 양 진영이 몰살하지 않으려면 우리는 공산 정권과 공존의 가능성을 찾아야 한다. 이 과제는 핵 무기의 폐기보다 쉽다. 그렇지만 이런 입장은 그리 흥미가 없고 이상주의자들 사이에서 공감을 고취하지 못한다. 궁극적 충동에의 유혹을 러시아보다 서방이 더 많이 받는다. 러시아가 중동과 아시아, 아프리카에서 당장은 정치적으로 유리하기 때문이다.(p. 281) 프랑스에서는 왕권적 절대주의가 혁명으로 이어졌다. 그러나 영국에서는 의회를 지배했던 Whig당의 귀족들이 군주의 권위에 대해서 논쟁을 했고, 왕과 의회 사이의 긴장이 점차 영국의 일반 국민의 이득이 되었다. 스탈린의 죽음 후 러시아 사회에서 새로운 세력이 나타났다. Beria의 처형과 경찰 테러의 철폐는 살아남은 과두 독재의 지배자들이 절대적 독재에 저항하는 의지를 표현할 수 있다는 것을 나타내는 것이다. 분명히 러시아의 중앙위원회의 러시아 시스템 속에는 Whig당의 귀족과 같은 어떤 것이 있다. 분명 이 시스템 속에는 역사적 발전의 가능성이 있다. 우리가 이 전망을 지나치게 밝게 보지 말아야 하지만 말이다.(p. 283)

우리가 간과해서는 안 될 러시아의 시스템의 역동적인 내적 발전의 전망으로 러시아의 교육 시스템이 있다. 정치 시스템은 독재적이지만 민주주의의 잔여가 교육 시스템 속에 있다.(p. 283) 우리는 단기적으로는 지성만에 의한 독재 집단에 대한 영향을 생각할 수 없다. 그러나 장기적으로 생각 할 때, 기술적으로 경쟁력 있는 문화는 정치적 전복을 일으키는 합리성을 끓어오르게 하는 것을 피할 수 없다. 이러한 희망이 당장 가능한 것은 아니지만, 우리는 언제까지나 현재의 독재와 함께 살아야 할 운명이 아니라는 것을 알아야 한다.(p. 284) 예술가들과 작가들도 스탈린 후의 시대에서 개인을 각성시키는 영향력을 개척한다. 정치 시스템과 공동체는 역사적 환경의 변화에 따라서 다양한 변화를 거친다. 혁명의 열정 뒤에 세워진 시스템은 혁명의 열정이 식고 과도적 지배자가 질서의 유지와 성장하는 시스템 안에서 이해관계의 조절을 위한 책임을 지게 될 때 변화한다.(p. 285) 기대할 수 있는 것은 역사의 발전이 공산주의 시스템을 역사의 전통적 공동체에서 보편적으로 나타난 것과 같은 자원과 대동소이하게 만들 것이라고 기대하는 것이다. 상호 멸망에 대한 공포와 외교적 노력에 의해서 장차의 위기를 피하게 할 것이며, 무역과 문화적 교류가 혁명 지도자들 후의 2세대와 3세대에서 혁명적 열정을 러시아에서 감소시킬 것이다.(p. 286)

제XVII장 인간의 자유의 창조적 및 파괴적 가능성들(The Creative and Destructive Possibilities of Human Freedom)

인간의 삶과 국가들, 그리고 제국들의 경쟁에서 드러나는 창조적 및 파괴적 경향들의 근원은 무엇인가?(p. 287) 모든 역사적 형태는 자연적 필연과 인간의 자유의 합성물이기 때문에 역사 속에는 '본질(essences)'이 존재하지 않는다.(p. 288) 역사적, 정치적 문제에 대한 현대의 낙관적 해석은 자유의 성장이 가지고 있는 일반적인 경향은 공평성을 증대시키지만 이성은 모든 세련성에도 불구하고 이익과 열정의 하인이 될 수도 있다. 낙관주의적인 현대 역사철학자들은 인간의 자연 정복이 자동적으로 인간의 복지에 기여한다고 생각한다.(p. 289) 인간에게는 궁극적 선과 궁극적인 것에 대한 열망(yearning)이 있다. 이것은 자연 속에 그 근거를 두고 있는 역사의 모든 제한과 조건을 초월하는 것이다.(p. 290) 궁극적인 것에 대한 이러한 의식(this sense of the ultimate)은 파괴적이고 창조적이다. 그것은 인간 존재의 역사적으로 상대적이고 애매한 성취를 심판하기 위해서 궁극적 규범이나 가치를 제시할 때 창조적이다. 또 그것은 궁극적 규범과 우리가 마음에 품는 규범들과 가치들을 단순하게 동일시할 때 파괴적이고 악의 근원이 된다. 궁극적인 것에 대한 개인의 의식은 공동체에서는 인간의 정신의 좌절인 동시에 성취이다. 그렇기 때문에 적절하게 균형이 잡히면 궁극적인 것에 대한 개인의 의식은 공동체의 규범을 높일 수 있다. 따라서 '개방 사회'에서 인간 존재의 본질적 구조와 일치되는 사회적 자유를 가져야 한다는 요구는 그것이 공동체에 대해서 당장은 부적절하고 위험하게 보이는 자유를 주장하는 것같이 보일 때조차 공동체에 도움이 된다.(p. 291)

인간은 무제한한 욕구와 힘에 대한 무제한한 열망을 가졌기 때문에 위험할 뿐만 아니라 꿈(dreams)을 가진 피조물이기 때문에 위험하다. 인간의 지나친 꿈은 인간이 그것을 역사 속에서 실현하려고 할 때 악몽으로 바뀐다. 공동체를 건설하는 유일하게 안전한 길은 공동체가 그 응집을 위해서 필요한 지배가 항상 도덕적으로 애매하다는 것을 아는 것이요, 또한 이 같은 애매성을 모호하게 하는 전통적 및 혁명적 방법은 지배를 증대시킨다는 사실을 아는 것이다. 공동체와 이익, 힘의 문제들에 대한 순수하게 자연주의적인 접근은 너무나 일차원적이기 때문에 공동체에 대한 인간의 필요성과 부패의 복잡한 사실들을 파헤칠 수가 없다.(p. 293) 역사의 드라마는 역사의 끝까지 결론이 나지 않는다. 그러나 인간들은 그들의 보화와 성취의 단편적인 성격을 깨달을지라도 문화의 보화에 대해서 책임 있는 태도를 취해야 한다.(p. 297) 현대의 역사는 공동체의 역사가 인간 존재의 애매성, 특히 인간의 공동 생활의 애매성을 완화하기보다는 악화시킨다는 사실을 생생하게 설명해 준다.(p. 298) 그렇지만 인간은 당장의 위험을 피할 수 있고, 당장의 불의를 제거할 수 있다.(p. 298) 인간이 그의 짧은 생애 동안 완성할 수 없는 과제를 위해서 일하는 것, 그가 성취할 수 없는 목적에 대한 책임을 받아들이는 것, 그의 비전의 완전성을 실현할 수 없는 공동체를 건설하는 것이 인간의 어쩔 수 없는 운명이다. 전통적 신앙의 하늘은 "우리가 도달하려는 것은 우리의 파악 저편에 있다"라는 것의 상징적 표현이다. 이것은 믿기 어려운 것이다. 그러나 현대인의 유토피아인 지상의 천국 역시 믿기 어렵고 훨씬 더 위험하다.(p. 289) 대개의 신앙의 전통적 형태는 Plato를 추종하여 육체의 열정에서 악의 근원을 발견한다. 그들은 틀렸다. 악의 근원을 자연의 관성(inertia)에서 발견하는 것 역시 잘못이다. 적어도 인간의 집단적 생활에서는 대개의 악이 시간의 흐름 속에 포함된 유한한 인간이 그가 그 속에 포함되어 있지 않다고 허세를 부리기 때문에 발생한다. 인간은 피조물인 그가 가지고 있는 이상적 덕과 지혜와 힘을 가지고 있다고 주장한다. 이러한 허세를 국왕, 군왕, 인민정치국원, 혁명적 정치인이 주장할 때 그것이 악의 근원이 된다.(p. 298) 용납할 수 있는 정치적 조화와 내적 평화의 최선의 희망은 우리가 창조적 가능성을 책임성 있게 개척할 때조차 인간의 자유의 한계를 알아차리는 것이다. 강자, 특히 젊은 강한 자를 유혹하는 것은 우리의 가능성을 개척하는 데 있어서 범하는 지체나 실패가 아니라 부당한 자기확신이다.(p. 299)

IX

유니온신학교 은퇴와 그 후의 삶(1960-1971)

라인홀드 니버의 생애와 사상

1
유니온신학교 은퇴(1960)

1959년은 니버에게 슬픈 해였다. 그의 저서의 실패는 그의 저술 생활의 종말을 고하는 것처럼 보였다. 거기에 더하여 그해 4월에는 시카고의 매코믹신학교에서 1946년 이래 기독교 교육을 가르치던 누의 동생 Hulda가 돌연 사망했다. 그의 의사의 충고에 따라 니버는 장례식에 참석하지 못했다. 동생 리처드는 뉴헤이븐을 떠나서 장례식에 참석했다. 그 후 리처드는 그녀가 간직하고 있던 모든 편지들을, 자신과 라인홀드가 그녀에게 보낸 편지들을 포함하여, 없애버렸다. 형제 자매간의 다툼의 흔적을 없애기로 결심했던 것이다. Hulda와 함께 살던 어머니 Lydia는 89세의 고령에 리처드와 함께 살기 위해서 동부로 왔다. 그녀는 가끔 라인홀드를 보러 뉴욕으로 왔다. 그녀는 예전에 살던 중서부가 그리워서 그해 말 일리노이 주 링컨(Lincoln)으로 돌아가서 살다 1년 후, 단 두 시간 앓다 고통 없이 사망했다.[1]

니버는 또한 1959년 가을 학기를 끝으로 그가 1928년 이래 가르쳐온 유니온신학교를 은퇴하기로 했다. 유니온은 그의 다양한 단편적인 활동을 묶는 센터였다. 그것은 학교라기보다 그의 교회였다. 학생들은 채플과 클래스와 연구실에서 그의 교인이었다. 그는 바쁘게 활동하는 생활 중에도 한 학기에 두 번 이상 휴강하는 일이 없었다. 물론, 그는 그를 따르는 학생들을 좋아했지만 무엇보다도 그의 사상이 그와 학생들을 연결해 주었다. 그는 그 누구보다도 학생들과 대하는 것이 편안했다. 은퇴는 그에게는 단순히 그의 교수 생활의 끝이 아니라 학생들과의 관계의 두절을 의미했다. 1960년 5월에 있었던 그를 위한 고별 만찬에서 그는 내놓고 눈물을 흘렸다. 총장 Van Dusen은 사회윤리학의 Reinhold Niebuhr 체어(Chair) 설치를 선언했다. 체어 설치를 위해서 그의 동료들과 그를 존경하는 인사들이 돈을 냈

---
1) Fox, *Reinhold Niebuhr*, p. 270.

다. 그들 중에는 W. H. Auden, T. S. Eliot, Jacques Maritain, Adlai Stevenson, Chester Bowls, Norman Thomas, Paul Tillich, Arnold Toynbee 등이 들어 있었다. 최초의 기부금이 니버의 초기의 후원자인 89세의 Sherwood Eddy의 5000달러였다는 것은 전적으로 적절한 것이었다. 그리고 최초의 라인홀드 니버 체어의 교수로 30년 동안 니버의 동지요, 친구였던 John Bennett이 임명된 것 역시 적절했다.[2]

니버는 신학교 사택을 떠나서 Riverside Drive 340의 허드슨 강이 보이는 아파트로 이사하고 나서 기분이 낫게 느꼈다. 그러나 그는 곧 그의 활기를 돋우는 정치에 개입했다. Robert Hutchins는 니버를 Santa Barbara에 있는 '민주적기구연구의 공화국센터(Republic Center for the Study of Democratic Institutions)'의 기금으로 Santa Barbara에 와서 여름을 보내도록 초청했다. 니버는 1957년 이래 동기금을 위해서 좋은 보수를 받고 자문역을 해왔다. 그는 그 제의를 수락했다. 돈이 필요했기 때문이다. 그의 유니온신학교 연금은 매달 300달러밖에 되지 않았으며 그것은 그의 의료보험에 해당되지 않는 치료비를 내는 데 사용되었다. 부인이 받는 바너드 대학의 봉급이 있었지만 그녀는 니버에게 알리지 않고 신학교의 인색한 처사에 대해 Van Dusen 총장에게 항의 편지를 냈다. 그녀는 편지에서 Van Dusen 총장에게 건강도 재정 상태도 나쁜 사람의 친구들과 그를 존경하는 사람들로부터 50만 달러의 기금을 성공적으로 거두면서 당사자인 니버에게 그토록 인색하게 대우하는 처사에 대한 그녀의 원망을 표시했다. 그녀는 니버가 마지막 몇 주의 강의 부담으로 인해서 거의 죽을 지경이었는데 거기에 대한 책임이 Van Dusen 총장에게도 있다고 주장했다. 그녀는 그들의 캘리포니아 여행이 즐거웠는데 그것은 유니온신학교에서 멀리 떠났기 때문이었다. Santa Barbara에 도착한 그녀는 니버의 가까운 사람들에게 신학교의 압력으로 인한 우울증에서 벗어나서 니버가 즐거워한다고 편지를 썼다.[3]

니버의 Santa Barbara 체류는 로스앤젤레스에서 개최된 민주당 전당대회와 일

---

2) 같은 책, p. 270.
3) 같은 책, pp. 270-271.

치했다. 니버는 민주당 전당대회에서 Kennedy가 민주당 대통령 후보로 임명되기 전에도 후에도 그에 대해서 매우 근심스러워했다. 원래부터 니버는 가톨릭에 대해서 대립적 의식을 갖고 있지 않았으므로 그는 케네디가 가톨릭주의자였기 때문에 반대한 것이 아니라 케네디의 신앙심이 희박했기 때문이다. 니버는 Frankfurter에게 다음과 같이 말했다. 그가 케네디를 싫어하는 이유는 "내가 케네디 아버지를 아주 싫어하며, 형 Jack과 동생 Bob가 무자비하고 나쁜 짓을 서슴지 않고 하기 때문이다." 뿐만 아니라 니버는 케네디 진영의 참모들이 두 형제들보다 더욱더 무자비하다고 보았고 그들을 두려워했다. 그렇지만 그는 케네디를 지지하는 Arthur Schlesinger Jr.의 설득으로 케네디를 지지하게 되었고, 선거운동에서도 상당한 활동을 했다. 케네디 후보에 대한 그의 분명한 지지에도 불구하고 니버는 여전히 그에 대해 의심을 품고 있었다. 그것은 케네디에게는 Adlai Stevenson이 가지고 있는 '깊이'가 없었고, 개인적인 도덕성에 문제가 있었기 때문이다. 케네디와 그의 진보적 친구들은 성적 탈선을 심각하게 생각하지 않았으며 그것은 일종의 강박적 간음 같은 것이었다. 니버는 케네디가 1958년 말, 대통령이 되려는 운동에 들어서면서부터 이 문제 때문에 고민했다. 케네디의 성적 탈선은 정치적 지도력의 공적 영역과는 거리가 먼 개인적인 문제로 돌려놓을 수 있지만 가족의 성실성과 일상생활의 정직성에서 보이는 결함은 가볍게 무시할 수 없다는 것이 니버의 생각이었다. 니버가 Nixon에 반대하여 케네디를 선택한 것은 그가 1936년에 Thomas와 Landon에 반대하여 Roosevelt를 선택한 것 같은 덜 나쁜 악(lesser-evil)을 선택한 결정이었다. 그가 닉슨을 배격한 것은 닉슨이 취한 맹렬한 HUAC의, 다시 말해서 '하원의비미국적활동위원회(House Unamerican Activities Committee)'의 반공산주의 때문이 아니라 수에즈 운하 위기 이후 니버가 비판해 온 Eisenhower의 '새로운 평화주의'의 입장을 닉슨이 표방했기 때문이다. 케네디는 투쟁적 입장을 취했으며 어떤 부담도 감수하고 적과 대결할 용의가 있었다. 케네디가 어떤 개인적인 흠을 갖고 있을지라도 그는 러시아와 맞서려고 했으며, 군사력을 다양화하여 국지전과 동시에 원자핵의 교착 상태에 대비하려고 했다. 니버는 선거 후에 아이젠하워 시대의 자기만족과 용기의 결여와 대비되는 케네디의 뉴프론티어(New

Frontier)를 한층 더 적극적으로 지지하게 되었다.[4]

1949년에 니버를 예일대학교 총장으로 적극 밀었던 Jonathan Bingham의 부인 June Bingham은 같은 해 초 시카고에서 개최되었던 ADA 대회에서 니버를 처음 만났다. 당시 30대 중반의 나이였던 그녀는 니버의 강연에 매료되어서 그의 열렬한 예찬자가 되었고 제자가 되었다. 문필 경험이 있는 그녀는 니버의 생애와 업적, 곧 삶과 사상을 저술하기로 결정했다. 니버도 동의하고 그의 비서 Nola Meade에게 그의 교신들의 개인적 파일을 보게 하라고 했다. 그리고 그녀가 니버의 어머니, 누이동생, 동생을 포함한 가까운 친지들과 인터뷰하는 것에 반대하지 않았다. 그러나 갑자기 1953년 12월에 니버는 태도를 바꾸어 Bingham에게 '전기'를 연기할 것을 요청했다. 이유는 그가 그의 주요 저서(magnum opus)인 『자아와 역사의 드라마 The Self and the Drama of History』를 저술하고 있으니 그의 '체계(system)'가 완성된 다음에 그의 전기를 출판하자는 것이었다. 그녀로서는 실망스러운 일이었지만 5년 후에 그녀의 책을 출판하는 조건으로 니버의 의견을 수용했다. 하지만 그녀는 계속 재료를 수집했다. 1년 후 이미 심각한 우울증에 빠진 니버는 그녀에게 그의 전기에 관한 재료를 모두 폐기하는 것이 좋겠다는 통보를 했다. 그 이유는 니버의 부인인 Ursula가 오래전부터 그의 전기 저술을 원해왔기 때문에 Bingham에 대한 심각한 부당성에도 불구하고 어슐러에게 우선권을 주어야겠다는 것이었다. 니버는 Schlesinger에게 어슐러가 그녀의 계획을 왜 그에게 알리지 않았는지 알 수 없다고 말했다. 그는 그녀가 사망한 후에 그의 전기를 쓰려고 했기 때문에 그에게 말하지 않은 것으로 짐작했다. Bingham 자신은 그녀가 니버에게 가지고 있는 애정을 어슐러가 두려워했기 때문이라고 추측했다. 그녀는 니버에 대한 애정을 감추려고 하지 않았다. 나는 나의 푸들 개처럼 니버가 말만 하면 어디라도 간다. '사랑하는' R이 내가 그를 사랑하게 한다고 했다. 니버는 그 일로 인해서 우울증이 악화되었지만 문제의 뿌리는 찾지 못했다.[5]

1960년, 니버는 친구이자, Scribner's 출판사의 편집장 Bill Savage로부터 그의

---
4) 같은 책, pp. 271-272.
5) 같은 책, pp. 271-272.

삶과 사상에 관한 June Bingham의 책을 출판할 것인지 여부를 문의하는 편지를 받았다. 니버는 여전히 전기의 출판을 거북스럽게 생각했다. 그는 그것이 50년 안에 출판되는 것이 바람직하다고 생각했다. 다른 한편, 니버는 그의 전기 출판에 마음이 끌렸다. June의 원고를 읽은 모든 사람이 훌륭하다고 했다고 니버는 Savage에게 말했다. 네가 좋다고 생각하면 출판하라고 그는 답변했다. 아마도 그는 그의 은퇴로 자신의 생애가 끝났으니 이제 그것을 분석할 때가 되었다고 생각한 것 같다. 1961년 그의 전기가 출간되었을 때 그는 June의 저술이 그의 생애의 형식 없는 자료에 형식을 부여한 예술적 작업임에 감사를 표했다. 니버는 그녀의 저술을 좋아하지 않을 수 없었다. 그것은 그의 생의 업적에 대한 깊은 이해와 두둔이었기 때문이다. 그러나 다른 한편, 그는 그녀의 저술에 대해서 당황스럽게 생각했다. 그녀가 쌓아 올린 그에 대한 지나친 찬양이 과분하다고 느껴졌기 때문이다. 그녀는 그를 예언자라고 했는데, 그는 그가 생애를 마치기 전에 누구도 자신을 예언자로 만들어서는 안 된다고 생각했다. 그러나 그를 예언자라고 생각한 것은 그녀만이 아니고 많은 사람들이 그렇게 생각했다. 그는 그런 자신의 위상을 소중하게 생각했지만, 또한 그것을 겸손에 대한 위협으로 생각했다. 그는 많은 성공이 지배적 문화에 대한 영합과 굴종이며, 그렇기 때문에 예언자는 성공을 두려워해야 한다고 생각했다. 그렇지만 그의 기력이 감퇴해 가고 있으며 우울증이 자기확신을 약화시키고 있을 때, 그의 예리한 비판력을 그대로 유지한다는 것은 어려운 일이었다. 더욱이 *Saturday Evening Post* 같은 대중 잡지가 그의 간단한 논설 "우리 나라의 종교적 전통(The Religious Traditions of Our Nation)"에 대해 2500달러를 지불했다. 좋건 나쁘건 그는 얼마 안 되는 그의 생각의 대가로 그런 거액을 받는 지성적 명사가 되었다. 그렇지만 그는 그의 생애의 마지막 10년 동안 건강이 나빠지고, 퇴조하는 기력으로 인해서 충분히 생산적인 삶을 살지 못했을 때도 존경받을 만한 현명한 사람으로서의 품위를 유지했다. 그는 누구보다도 기꺼이 인기 시장의 유혹을 물리칠 수 있었다.[6]

| 6) 같은 책, pp. 272-273.

2
유니온신학교 은퇴 후의 니버의
정치적 사상과 활동 및 생활 주변(1961-1965)

케네디 행정부가 지속되는 동안 니버는 그의 부인의 지속적인 도움을 받아 소강 상태에서 정치적 활동을 계속했다. 그는 1960-1961년에 컬럼비아대학교의 '전쟁과평화연구소(The Institute of War and Peace Studies)'에 관여하게 되었고 록펠러 재단의 연구원으로 임명되었기 때문에 새로운 저서를 저술할 계획을 세웠다. 그 저서는 『국가와 제국의 구조』의 산만함을 극복한 저서로서 민주주의에 대한 관계에서 본 공산주의 연구였다. 그 학년도 말에 동저술 작업의 주요 부분이 나왔는데, 그것은 케네디 진영의 지배적 외교 정책과 맥을 같이함이 짙었다. 그러나 논의의 초점은 서부 유럽의 민주국가들이 아니라 새로운 국가들과 가난한 나라들이었다. 그러한 나라들에게는 역사적인 이유 때문에 서구식 민주주의가 단순한 가능성이 아니라고 니버는 생각했다. 미국은 이들 나라에서 민주적 정의 실현에서 심각한 결함을 발견할지라도 절망하지 말아야 한다. 왜냐하면 공산 독재는 항상 악의에 차 있지만 비공산적 독재는 만족스럽게 수용할 수는 없어도 역사적으로 주어진 정치적, 도덕적 능력 아래에서 특정 민족이 최선을 다할 경우에는 용납되어야 한다고 니버는 생각했기 때문이다. 이것은 외교 정책의 현실주의는 민주주의의 뿌리가 없는 곳에서는 참된 민주주의를 기대하지 말아야 한다는 것을 의미한다. 공산주의는 세계 구원을 자처하는 세속화된 종교적 묵시로서 역사의 전체 과정을 하나의 주형 속에 집어넣으려는 광신적 야심을 가지고 있기 때문에 우익 독재보다 더욱 심각하게 자유를 침해한다. 우익 독재는 비창조적이지만 공산 독재처럼 치명적이지 않으며 그래서 그것은 용납되어야 한다는 것이 니버의 입장이었다.[7]

---

7) 같은 책, pp. 274-275.

니버의 민주주의 정치론에 의하면, 권력의 견제와 균형 장치는 자유의 전제 조건이다. 그렇다면 우익 독재에는 어떤 자유가 있는가? 니버는 공산주의의 부재만으로도 중요한 형태의 자유라고 주장했다. 그것은 그의 특유의 '덜 나쁜 악(lesser-evil)'의 논의로 공산주의는 개방 사회의 뿌리를 송두리째 말살하는 데 비해서 우익 독재는 미래의 어떤 시점에서 자유를 위한 가능성이 있다는 주장이다. 1961년 1월, 그는 이 같은 최선의 현실주의를 워싱턴으로 가지고 갔다. 그는 한 달 동안 그의 옛 친구인 Arnold Wolfer의 외교정책연구센터에 머물렀는데, 당시 케네디 팀은 Paul Nitze 같은 인물을 선발하기 위해서 동 센터에 주목하고 있었다. 니버는 케네디 행정 팀의 그 같은 순발력을 찬양했다. 그는 2월에 Scarlett에게 젊은 대통령이 정부의 모든 분야에 생명을 불어넣고 있다고 칭찬했다. 만일 니버가 15년만 젊었더라면 그도 케네디의 산하로 유입되고 있던 박력 있는 젊은 자유주의자들 속에 합류했을 것이다. 니버의 딸 Elisabeth는 1960년 Radcliffe대학 졸업 후 훌브라이트 장학금으로 파리에서 1년간의 대학원 과정을 마치고 이 자유주의자 대열에 합류했다. 물론 그녀 자신이 자질이 있었고 다른 사람의 도움이 필요하지 않았지만, 그녀가 직책을 얻는 데는 케네디 대통령도 직접 관심을 가졌다고 대통령 특별 보좌관 Arthur Schlesinger Jr.가 니버에게 편지를 썼다.[8]

대통령이 직접 Elisabeth의 채용에 관심을 가진 데에는 실용적인 의미가 있었던 것으로 짐작된다. 슐레진저와 케네디는 니버의 지지가 절실했다. 슐레진저는 지금은 니버가 매우 적극적으로 케네디를 지지하지만 과거에는 케네디에 관한 그의 느낌이 혼합적이라는 것을 알고 있었다. 케네디 자신은 니버를 많이 읽은 니버주의자가 아니지만, 그의 특별 보좌관 슐레진저는 니버를 잘 알고 있으며 그의 접근 방법 일반에 익숙했다. 뉴프론티어 팀의 다른 사람들도 마찬가지였다. 특히, McGeorge Bundy는 니버를 "아마도 도덕적 목적을 정치적 현실감과 접목시키는 미국적 태도의 발전에서 가장 영향을 미친 유일한 인물일 것이라고" 평했다. 사실 니버는 1930년대와 1940년대의 자유주의 세대의 중요한 스승이었고, 그들은 니버

---

8) 같은 책, pp. 275-276.

를 진심으로 존경해 마지않았으며 미국의 뛰어난 신학자의 도움을 받기를 원했다. 그렇지만 69세의 니버를 실제로 동원하기에는 너무나 늙었고 허약했다. 그는 날마다 실제적 활동을 할 수 없지만 그의 심오한 지식과 깊은 신념은 강력한 정치적 현존이었다. 케네디의 현실주의는 니버를 만족시켰지만 케네디의 어떤 정책은 그렇지 않았다. 니버는 쿠바에 대한 강경 정책에 반대했다. 그는 *The New Leader*에 그런 강경 정책은 Castro로 하여금 그의 모든 경제적 문제의 책임을 미국에게 돌리고, 미국의 힘에 대한 잠재적 증오와 공포를 남미 전역에 확신시키게 한다고 비판했다. 그는 Castro에 대한 봉쇄 정책은 원래의 쿠바 침입과 마찬가지로 잘못이라고 비판했다.[9]

쿠바 봉쇄가 니버를 혼란하게 만들었다면, 1962년 케네디 동생 Edward 케네디의 매사추세츠 주의 상원의원 출마 캠페인은 그를 정나미 떨어지게 했다. 당시 니버는 슐레진저의 주선으로 1961-1962년 하버드대학교에서 파트타임으로 가르치고 있었기 때문에 그 선거전을 직접 목격했다. 선거전은 니버의 70세 생일이 지날 때 뜨거워졌는데 슐레진저는 니버의 생일날 7행의 대통령 전보를 보내는 배려를 했다. 그러나 니버는 그 전보를 받은 지 3일 후, 슐레진저에게 Ted 케네디를 매사추세츠 상원의원 지명에 부정하게 집어넣은 데 대해서 항의했다. 니버는 실망하여 공화당으로 옮겨서 케네디를 떠날 생각까지 했으나 그렇게 하지는 않고, Ted 케네디의 경쟁자인 매사추세츠 주 법무장관 Edward McCormick을 위한 널리 홍보된 가든 파티를 주재했다. 대통령의 성적 탈선과 Ted 케네디 사건은 니버의 현실주의에 분명한 한계가 있다는 것을 나타냈다. 책임 있는 정치가는 정의의 추구를 위해서 그의 손을 더럽혀야 하지만, 개인적 결백이 없는 정치가가 정의감을 상실하게 된다는 것이 니버의 소신이다. 니버는 가끔 그에 대한 세속적인 찬양자들이 그의 현실주의를 도덕적 허무주의로 만드는 경향이 있다고 우려를 표명하지 않으면 안 되었다. Hans Morgenthau 같은 정치학자는 때로는 정치의 영역을 도덕의 영역으로부터 완전히 분리시키기 때문에 니버는 그의 추종자들의 어떤 회합

---

9) 같은 책, p. 276.

에서 한 사람이 동시에 성공한 정치가와 선한 크리스쳔이 될 수 있는지 의심스럽다고 토로했다. 니버는 Morgenthau에 대한 출판된 평가에서 부드럽게 다음과 같이 Morgenthau를 시정했다. "만일 우리가 정치적 질서를 그것의 도덕적 요소를 제거하지 않는 입장에서 규정한다면… 정치적 질서에 대한 '현실주의적' 접근에서 어떤 가치도 희생시킬 수 있다고 나는 생각하지 않는다." 하나님의 나라에는 Abraham Lincoln 같은 정치가들을 위한 장소가 있어야 한다는 것이 니버의 생각이다. 그는 Bingham에게 정치는 Morgenthau의 '비도덕(amorality)'의 영역이 아니라 '도덕적 애매성(moral ambiguity)'의 영역이라고 설명했다.[10]

니버의 기독교 현실주의는 적극적이기보다는 부정적 견해의 성격을 가지고 있었다. 다시 말해서, 그것은 정치적 문제에 대해 특정한 입장을 취하지 않고, 그 지지자들이 유토피아주의와 체념, 그리고 감상주의와 냉소주의 사이의 두 가지 함정에 떨어지지 않고 양자의 중간으로 가기를 요구했을 뿐이다. 그래서 니버주의자들은 정의의 원리에 대한 공통된 충성에도 불구하고 특정한 정치적 문제, 예컨대 핵 무기 사용에 관한 1960년대 초의 논쟁에서 심각한 의견 차이를 나타냈다. 그 논쟁에서 니버는 그의 현실주의의 특정한 내용을 바꾸었다. 1950년대에 니버는 핵 무기에 의한 전쟁 억지력의 확신에 찬 제창자였다. 그러나 그러한 핵 억지력은 문명을 구출하기 위해서 그것을 파멸한다는 문제를 가지고 있었다. 뿐만 아니라 한국전은 작은 전쟁들이 핵 전쟁에 돌입하지 않아도 된다는 사실을 증명했다. 이러한 사실들은 1961년 여름의 베를린 위기를 맞이하여 니버의 입장에 변화를 가져왔다. 1950년대는 니버와 Bennett은 러시아의 탱크의 선제공격에 저항하기 위해서 핵 무기를 먼저 사용하는 것을 지지했다. 그러나 미국 탱크가 베를린 벽을 제거했을 경우 발생할 수 있는 러시아의 탱크 공격에 일본에 투하한 핵 폭탄보다 강한 파괴력을 가진 '전술적(tactical)' 핵 폭탄의 선제 사용은 도덕적으로 용납될 수 없으며 반대해야 한다고 니버와 베넷은 주장했다. 니버는 핵 무기 선제 사용의 결정이 민주적 과정을 거치지 않고 자유국가들의 방어를 위해서 이미 군부에서 내

| 10) 같은 책, pp. 276-277.

려졌다는 사실을 개탄했다.

　　Kenneth Thompson 같은 현실주의자들은 니버와 베넷의 그러한 입장이 미국의 결의를 약화시킨다는 우려를 표명했다. 그는 만일 우리가 궁극적 방어 이외에는 핵 무기를 사용하지 않는다고 선언하면 그것은 러시아의 팽창과 제국주의를 조장하는 것이라고 주장했다. Carl Mayer는 Thompson을 지지하여 니버가 유감스럽게도 기독교 현실주의에 분명한 종지부를 찍는 일을 저질렀다고 선언했다. 니버는 그에 대한 비판의 답변에서 그의 일관성 결여에 대해 사과했다. 그렇지만 그는 미국이 평화를 위해서 핵 무기에 의한 전쟁 억지력의 게임이 가지고 있는 위험한 모험에 비교할 만한 어떤 모험을 강행해야 할 시기라고 생각했다. 그의 이러한 입장은 그 자신의 기독교 현실주의를 강력한 윤리적 요청에 굴복시키는 것이었다. 그의 생각에 의하면, 핵 무기 선제 사용의 제창자들은―심지어 선제 사용의 가능성에 관해 침묵할 것을 주장하는 Thompson 같은 사람들도―무서운 충돌을 먼저 시작하는 결과에 대한 판단에 문제가 있었다. 만일 전쟁에서 승리한다고 해도 핵 공격을 먼저 한 문명이 생존할 가치가 있다고 니버는 생각하지 않았다. 그는 미국이 심각한 논의를 거치지 않고 베를린을 위해서 핵에 의한 파멸을 감행하는 것은 용납할 수 없다고 개인으로서의 시민은 말할 수 있어야 한다고 Bingham에게 말했다. 니버는 정치는 도덕적으로 애매하지만, 그래도 거기에는 어떤 한계가 있어야 한다고 믿었다.[11]

　　1961-1962 학년도의 가을 학기에 니버가 하버드대학교에서 민주주의와 공산주의에 관한 강의를 하고 있을 때―450명의 학생과 청강생이 참석했다―Robert Hutchins는 그의 '민주적기구의연구를위한공화국센터'의 기금을 위해서 니버가 미국의 특성에 관한 짧은 책을 저술하도록 결재했다. 그래서 니버는 미국의 외교정책에 관한 모든 저술 계획을 제쳐놓고 『그렇게 해서 잉태된 나라A Nation So Conceived』 저술에 전념했다. 니버는 미국 원래의 순진성과 사명의 변혁에 관한 그의 낡은 생각을 다시 끌어내어 제시했는데 그것을 Hutchins는 불만스럽게 생각

---

11) 같은 책, pp. 277-278.

했다. 그래서 니버의 친구요, 예찬자인 Perry Miller의 제자인 Alan Heimert 교수로 하여금 역사적 배경을 저술하게 했다. 니버는 150페이지 분량의 저서의 절반만을 집필했는데, 그가 저술한 부분은 평범했고 새로운 아이디어가 없었다. 낡은 생각들은 『미국 역사의 아이러니The Irony of American History』의 아이디어들을 되풀이한 싫증을 느끼게 만드는 것들이었다. 이렇게 『그렇게 해서 잉태된 나라』는 1950년대 중반부터 점화된 미국의 국가적 특성에 관한 활발한 논쟁에 하등 공헌한 바가 없었다. David Potter가 평한 대로 그것은 니버의 종전의 저술의 창백한 반복에 불과했다.

　같은 학년도에 니버는 Hutchins의 기금을 위해서뿐 아니라 포드 재단(Ford Foundation)의 자문역도 했다. 포드 재단은 니버가 6회에 걸친 회의에 참가하여 세계 정세와 투자의 가장 전략적인 영역에 대해서 말해 줄 것을 요청했다. 그것을 니버가 수락한 것은 포드가 일생 동안 그의 비판의 대상임을 감안할 때 이례적인 것이었다. 니버는 그가 전에는 포드 재단 같은 데에서 말할 생각을 해본 적이 없었지만, 동재단이 특정한 곤란한 문제에 대한 충고가 아니라 세계와 미국의 일반적 정세에 대해 말해 달라고 해서 마음이 움직였다고 Frankfurter에게 말했다. 니버는 동재단을 민주주의적 활력의 확실한 사인으로 생각하여 깊은 인상을 받았다. 그는 동재단을 미국의 힘의 분권화의 많은 센터 가운데 하나로 보았으며, The Christianity and Crisis에서 동재단을 권력을 가능한 한 많은 센터로 분산시키고… 권력과 특권의 어떤 센터도 비판과 감시에서 제외될 수 없도록 하는 자유사회의 정치적 덕의 발현이라고 묘사했다. 그의 초기의 사회주의는 자본주의 문화의 '개방성'을 이해하지 못한 정직한 잘못이었다. 그의 많은 동시대인들처럼 니버 역시 자동차 노조와 포드 재단이 힘과 특권의 분배를 바꾸리라는 것을 내다보지 못했던 것이다.[12]

　1962년 6월에 하버드대학교 강의가 끝날 무렵, 니버는 그의 딸의 6월 결혼 준비에 많은 신경을 썼다. 그 일 때문에 그의 건강이 악화되어 고통이 심해졌고 잦

---

12) 같은 책, pp. 278-279.

은 소변으로 인해서 45분마다 화장실에 가야 했다. 그의 동생의 아들인 조카가 일 처리를 도와주었지만 결혼식 날이 가까워오자 그의 불안은 더욱더 심해졌다. 그는 Bingham에게 그는 또 주기적인 우울증이 올까 봐 두려워해서 그의 가족, 심지어 부인과도 제대로 이해를 나누지 못한다고 말했다. 그런데 딸의 결혼식 이틀 전에 동생 Richard Niebuhr가 68세에 돌연 사망했다는 소식이 전해졌다. 그의 동생은 그해 초에 가벼운 심장 발작을 앓았지만 괜찮았고, 『책임적 자아 The Responsible Self』라는 윤리에 관한 저술을 계획하고 있었다. 동생의 죽음과 그의 장례식이 예일대학교 채플에서 거행된다는 소식에 접한 니버는 충격을 받았고 매우 당혹해했다. 니버의 딸은 결혼식을 연기하자고 했으나 니버는 본래의 결정대로 결혼식을 거행하기로 했다. 그는 동생의 장례식에 참석하지 못했다. 그의 동생은 그의 좋은 충고자였으며 상담자 역할을 했다. 특히, 그가 병이 들고 나서는 더 그랬다. 그의 동생은 훌륭한 학자였으나 자신의 명성으로 인해서 손해를 보았다고 니버는 Van Dusen에게 말했다.[13]

소중한 동생의 사망 후 니버의 기력은 더욱 악화되었다. 그해 가을에는 프린스턴대학교의 인문학 프로그램의 시간 강사로 가르쳤고, 다음 해 봄에는 바너드대학의 그의 부인의 종교학부에 가끔 나가서 관여했다. 1963년 여름에는 Hutchins의 후원으로 저술을 계획했던 민주주의와 공산주의에 관한 저술을 단념했다. 그 저서가 열등한 저술이 될 것을 그가 깨달았기 때문이다. 그는 친구에게 주님이 그를 멀지 않아 데려가기를 바란다고 했다. 그의 35년간의 교수 생활에서 그해에 그는 처음으로 강의가 없는 해를 맞이했다. 그의 수입은 급감했고 그의 부인의 바너드대학 월급에 생활을 의존하게 되었다. 그의 부인의 무거운 강의 부담과 집에서 그를 간호하느라 애쓰는 것을 보며 그는 유니온신학교의 적은 연금에 대해서 원망스럽게 생각했다. 그는 이 일에 대해서 유니온의 새로운 총장 Ed Miller에게 편지를 냈다. 동교회 이사회는 즉시 3500달러의 연금을 6000달러로 인상했다. 연금의 인상은 별로 큰 도움이 되지 못했고, 니버는 그의 부인에게 전적으로 의존했으며

13) 같은 책, pp. 279-280.

그렇게 부인에게 짐이 되는 것을 니버는 괴롭게 생각했다. 동시에 니버는 그를 한결같이 사랑하는 부인에게 감사했다. 그해 가을에 니버는 전립선 수술을 받았으며 회복은 매우 느렸다. 그러던 중 케네디 대통령이 암살당하는 충격적인 사건이 발생했다. 니버는 젊고 유능한 대통령의 죽음을 매우 슬퍼했다. 니버는 케네디가 인권에 대해 취한 입장이 역사적 전환점을 이룩할 것으로 생각했고, Lyndon Johnson이 케네디의 희생적인 죽음의 후광을 입고 계속 싸울 것이라고 기대했다.[14]

니버가 예측했던 대로 존슨 대통령은 인종 평등을 위한 운동을 지지했다. 그는 인권 법안을 강력히 추진했고, 그 과정에서 인종에 관한 니버의 이념도 현저한 발전을 보았다. 니버는 1954년, 대법원이 내린 학교의 흑백 분리를 그것이 가지고 있는 점진주의 때문에 지지했으나, 1956년에 내린 학교의 통합 결정은 도덕적으로는 옳지만 교육적으로는 불행하다고 보았다. 왜냐하면 그런 결정이 남부의 감정을 극단화했고 점진적 해결의 견해를 말살했기 때문이다. 남부의 백인의 반대가 1957년, 깊은 남부에서는 폭력으로 화했다. 그러나 Martin Luther King, Jr.가 동사태에 대통령이 개입할 것을 요청하는 데 서명할 것을 니버에게 요청했을 때 그는 그것을 거부했다. 그는 서명의 압력이 사태를 도리어 악화시키며 남부의 목회자 집단이 백악관을 방문하는 것이 Eisenhower 대통령에게 영향을 줄 수 있는 가능성이 보다 크다고 생각했기 때문이다. 그러나 그는 1960년대 초에도 남부의 인종 차별이 종식되어야 함을 계속 호소했다. 그러나 그는 72세에 자유사회의 다원적인 견제와 균형 시스템에 대한 그의 신앙에 대해서 깊은 생각을 하지 않을 수 없게 되었다. 그 이유는 경제 시장의 구조적 인종주의가 모든 경제적, 인종적 및 문화적 집단들로 하여금 그들의 권리를 주장하고 이익을 조정하게 함으로써 혁명을 방지하는 '개방 사회'에 대한 그의 비전을 무산시켰기 때문이다.[15]

1930년대 초에 니버가 개방 사회의 덕을 발견하기 전에는 니버는 미국의 백인은 강요를 당하지 않는 한 흑인에게 동등한 권리를 인정하지 않을 것이라고 주장

---

14) 같은 책, pp. 279-280.
15) 같은 책, pp. 282-283.

했다. 그는 폭력적 반항이 아니라 어떤 형태의 비폭력적 저항이 흑인에게 필요하다고 주장했다. 이제 니버는 『도덕적 인간과 비도덕적 사회』에서 그가 취했던 이론으로 돌아가서 Martin Luther King의 시민적 불복종 전략을 적극적으로 지지했다. King 역시 니버의 초기의 입장에서 깊은 영향을 받았다. 킹의 보좌역들 중 한 사람인 Andrew Young은 후에 The Christian Century의 편집자 Wayne Cowan에게 킹은 항상 그가 Gandhi보다 니버의 영향을 더 받았다고 주장했다고 말했다. 킹은 그의 비폭력적 기법을 니버적 전략으로 생각했다는 것이다. 1960년대 중반에 니버는 Stokely Carmichael과 H. Rap Brown 같은 '블랙 파워(black-power)' 열광주의자들에 대항하여 킹을 응원했다. 니버는 그의 제자 한 사람에게 킹은 지나치게 감상적인 데가 있지만 그는 백인, 혹은 흑인 개신교도 중 가장 창조적이라고 말했다. 니버가 보기에는 흑인의 자기 방어의 권리를 부르짖는 블랙 파워의 제창자들은 미국 인구의 10퍼센트에 불과한 흑인 소수자를 위해서는 터무니없이 서투른 지도자들이었다.[16]

　1964년, 미국 대통령 선거전에서 극보수주의자 Goldwater의 부상은 니버로서는 믿을 수 없는 것이었다. 그것은 미국이 혼합경제(mixed economy)와 세계적 책임, 평등한 권리에 대한 합의를 공유하고 있다는 니버의 신념을 흔들어놓았다. 사상 처음으로 The Christianity and Crisis가 Johnson 후보를 지지했고 니버도 그랬다. 그해 9월에 존슨이 니버에게 미국 최고의 시민의 명예인 '자유훈장(the Medal of Freedom)'을 수여했다. 대통령 선거운동 기간 동안 니버는 계속 Goldwater를 공격했다. 니버가 존슨을 지지한 주요 이유 중의 하나는 베트남전을 확대하지 않겠다고 약속했기 때문이다. 베트남전에 대한 니버의 입장은 양면적이었다. 니버는 1949년의 중국 혁명 이후 아시아에서 중국이나 러시아가 후원하는 군사적 침략에 결단코 저항해야 한다고 생각했다. 그렇다면 베트남전은 내전인가, 혹은 또 다른 한국전인가? 그는 둘 다라고 생각했다. 1962년에 그는 Diem 정권은 정치적 지지를 거의 받지 못하고 있다고 보았으며, 거기에 따라서 그의 입장은 애매했다. 베트

| 16) 같은 책, pp. 283.

남을 공산주의자들에게 내주는 것은 동남아시아에서 상당한 전략적 상실이지만, 인기 없고 가망 없는 정권 지지로 입는 손상도 매우 심각하다고 생각했다. 미국이 철수하면 태국을 포함한 동남아시아 전체를 공산주의가 지배하게 될 것이지만, 그 전쟁에 도덕적 명분이 없으면 농민은 두 개의 경찰국가 중 하나를 택할 것인데 공산 독재가 훨씬 유리하다고 보았다. 베트남은 서구적 민주주의의 기반이 없기 때문에 민주화가 될 수 없다는 결론에 니버는 도달했다. 심지어 니버는 Diem과 그의 처의 여자 형제 마담 Nhu의 독재적 가족보다는 권위주의적 정부가 보다 식견이 있을 것이라고 기대했다.[17]

1965년에 존슨 대통령은 그의 선거 공약에도 불구하고 베트남전의 폭격을 강화했고 주력 부대를 증강하기 시작했다. 니버는 베트남전이 승산이 없음을 알았고, 아시아에서 공산주의를 군사력으로 저지하려는 정책은 환상이라고 Scarlett에게 편지를 썼다. 그는 그해 9월에 마침내 미군 철수의 입장을 취하고, 모든 반공 전사들을 위한 피난처를 제공하도록 태국을 설득하고 그것을 막강한 군사력으로 방어하는 것이 현명한 일이라는 결론을 내렸다. 이렇게 해서 니버와 베넷은 '평화파(doves)'의 입장을 취했으며 '매파(hawks)'의 전형적인 인물 Paul Ramsey는 그것을 공격했다. 니버를 가장 고통스럽게 한 것은 그의 오랜 친구 부통령 Humphrey가 대통령의 베트남전 확전의 충실한 지지자가 되었다는 사실이었다. 니버는 그것을 매우 슬프게 생각했다. 니버는 계속하여 존슨의 베트남전 확대에 반대했으나 그의 결장의 병으로 인해서 반전 활동에 제한을 받았다. 니버는 존슨이 베트남 문제를 공산주의의 봉쇄로 보고 있지만 실제로는 미국이 아시아의 작은 나라의 민족주의에 개입하고 있다고 계속 비판했다.[18]

1964년 이후에 니버의 저술은 주로 베트남 문제에 관한 짧은 논설을 쓰는 데 그쳤다. 그는 부인과의 대화를 책으로 낼 계획을 세우고 있었으나 그것도 실천에 옮기지 못했다. 그는 공동체의 역사적 개념들에 관한 세 편의 짧은 논문을 Scribner's 출판사에 주었는데 그것이 『인간의 본성과 그의 공동체*Man's Nature and His*

---

17) 같은 책, pp. 283-284.
18) 같은 책, pp. 284-285.

Communities』로 1965년 출판되었다. 그는 이 저서에서 새로운 생각을 제시한 것이 없지만 주목할 만한 것은 그의 변화된 시각에 대한 15페이지 분량의 서론이다. 그는 그의 개신교 신앙이 세월이 흐르는 동안 유대교적 및 가톨릭적 전통에 대한 중대되는 찬양에 의해서 수정되었다는 사실을 분명하게 밝혔다. 니버는 그의 초기 사상에서 가톨릭이 개인주의적 개신교가 결여하고 있는 유기적, 곧 사회적 감각을 가지고 있음을 자주 찬양했다. 그렇지만 그는 가톨릭 교회가 하나님과 마찬가지로 마리아를 숭배하고, 교황을 초인간적 지위에 올려놓으며, 교회를 오류를 범하지 않는 기구로 인정하는 것은 근본적으로 우상 숭배적이라고 생각했다. 자연법 이론에서도 인간 본성의 역사적 변화의 성격을 충분하게 고려하지 않고 인공적 산아 제한을 가톨릭이 반대하는 것은 자연법의 잘못된 절대적 개념의 결과라고 그는 보았다.

그렇지만 1950년대에 미국 남부의 인권에 대해 취한 가톨릭의 입장과 가톨릭 친구들에 대한 그의 우정은 니버로 하여금 가톨릭에 대해 더욱더 공감하게 했다. 그는 반가톨릭주의와 인종 문제를 보는 가톨릭의 입장에 대한 존경 사이를 왔다 갔다 했지만 가톨릭에 대한 그의 존경심은 점차 높아졌다. 그는 가톨릭의 권위의 위계 구조가 개신교가 갖고 있지 않은 권위를 갖게 한다고 인정했지만, 에피스코펄 교회의 감독이 갖고 있는 권위가 가톨릭 교회의 감독의 지나친 권위보다 적절하다고 보았다. 1960년대 중반에 교황 요한 23세의 회칙 「어머니와 교사(Mother and Magister)」와 「지상의 평화(Pacem in Terris)」 및 제2 바티칸공의회 이후 니버는 계속 가톨릭의 공헌을 긍정적으로 보았다. 그는 1961년, 가톨릭주의가 가지고 있는 미덕의 하나는 고전 경제의 시기 전체를 뛰어넘어서 정치적 권위가 정의를 위해서 경제 영역에 대해 지배를 행사해야 한다는 데 대해서 결코 의심하지 않았다는 사실이라고 저술했다. 가톨릭은 통합과 질서, 존재의 사회적 차원을 가지고 있으며 개신교는 다원주의와 자유, 공동체에 대한 개인적 초월을 가지고 있기 때문에 서로 도움이 된다고 니버는 1969년 그의 마지막 주요 논설들 중 하나에서 주장했다.

니버는 일생 동안의 설교 생활의 종반에 이르러서 교단의 설교 중심의 개신교 예배에만 의존하는 것의 어려움을 발견했다. 좋은 설교자가 충분히 많지 않았다. 개신교에 비하면 가톨릭의 미사는 개신교 예배보다 많은 점에서 종교적으로 적절하다고 니버는 1967년에 개인적으로 기록한 바 있다. 많은 지성적인 가톨릭 교도들이 미사가 삶을 의미 있게 만드는 신비의 심벌을 갖기를 원했다. 그가 이렇게 상징주의를 강조했지만 그 자신의 교회학은 어디까지나 개신교적인 데 머물렀다. 그는 성례전에 신의 참된 존재는 없고 신의 현존의 상징적 표현이 있을 따름이라고 생각했다. 교회는 신의 은총의 구현이나 은총이 경험되는 장소가 아니라, 신자들이 그들의 가치 없음을 인정하고 자기추구 대신에 자기희생을 통해서 오는 자기완성을 위하여 기도하는 장소라고 니버는 믿었다.[19]

---

19) 같은 책, pp. 285-286.

3
『인간의 본성과 그의 공동체
Man's Nature and His Communities』 출간(1965)[20]

✣

아래에서 본 저서의 내용을 요약하기로 한다. 요약 내용 중 괄호 안의 페이지는 Man's Community and His Nature(Charles Scribner's Sons, 1965)의 페이지를 나타낸다.

서론(Introduction): 시각의 변화(Changing Perspectives)

1. 유니온신학교에서 가르쳤던 사회적, 정치적 철학의 기존 견해들의 요약과 수정이 이 저서의 목적이다.(p. 15)

2. 두 가지 종류의 수정들.(pp. 15-16) (a) 필자의 순수한 개신교적 견해가 유대교 및 가톨릭교의 위대한 서구 문화 전통에 대한 공감으로 인한 변화. (b) 세속적 학문들의 통찰들 및 개방 사회(open society)의 미덕들, 즉 모든 종교적 전통들을 허용하는 자유와 그러한 전통들을 경험적이고 역사적인 문화의 학문들에 의해서 분석하고 비판하는 자유의 수용.

3. 그러한 수정들은 필자의 본래의 개신교적 개인주의와 완벽주의가 세계 대공항과 두 개의 세계대전, 고도로 발달된 기술적이고 집단적인 문화―이러한 문화는 핵 시대의 위협에 직면하고 있다―를 통과하는 동안에 일어난 필자의 사상적 변화의 우여곡절과 열정을 나타내는 것이다.(p. 16)

4. 나의 사상의 수정의 두 국면은 상호관련성을 가지고 있다.(pp. 16-17) (a) 나는 유대교 신앙과 가톨릭 신앙을 배격하는 논쟁적 개신교 신앙을 가지고 있지 않았지만, 전자의 두 신앙이 인간 존재의 사회적 본질에 대해 나의 눈을 뜨게 했고, 집단적 시대가 요청하는 정의의 규범들을 공급했다. 개신교 신앙은 그 두 가지를

---

20) Reinhold Niebuhr, *Man's Nature and His Communities*(New York: Charles Scribner's Sons, 1965).

결여하고 있다. (b) 개신교 신앙이 가지고 있는 두 가지 형태의 도덕적 규범: 첫째, 희생적 사랑의 윤리(삶의 최고의 경지의 경험에만 적절하고, 신자가 성자임을 설득하는 경향을 가지고 있다). 둘째, 인간의 자기신뢰의 개인주의적인 경제적 윤리(어떻게 하면 부하게 될 수 있는지를 가르치는 윤리). 개인주의적 경제적 윤리는 사양하는 칼뱅주의(Calvinism)와 다윈주의(Darwinism)가 합세하여 지배하고 있었던 19세기 산업사회에 엄청난 영향력을 행사했다.(p. 17)

5. 시민적 덕과 사회 정의에 대한 유대교적 능력을 나는 일찍부터 이해했다. 그와 같은 유대교적 사상에 접하게 된 것은 내가 관여했던 좌측 정치 운동의 유대교적 이상주의자들을 통해서였고, 히브리의 예언자들의 사회 정의 윤리를 재발견한 '사회복음(the social gospel)'을 통해서였다.(p. 17) (a) 내가 최초로 목회를 한 Detroit 시에서 Henry Ford I세는 사회 문제를 해결한다고 약속했지만 도리어 악화시켰다. 그 후 세계 경제대공황과 New Deal 정책은 미국의 정치 시스템을 현대 산업의 도덕적 및 사회적 요청에 부합되게 바꾸었다. 당시 나의 스승은 에피스코펄 교회의 감독 Charles Williams였다.(pp. 17-18) (b) 유대교의 사회 정의 사상의 근원이 무엇인가 하는 니버의 의문에 대한 Fred Butzel의 대답은 소수자의 위치에 있는 유대인은 모든 기존 체제에 대해서 비판적이고 박탈당한 소수자의 대해서 동정적이라는 사실이었다. Butzel은 종교적 신앙이 없는 유대인 법률가이자 자선사업가로서 니버가 최초로 만난 친밀한 유대인이었다.(pp. 18-19)

6. 가톨릭의 사회 정의 사상에 대한 니버의 찬양의 점진적 증대. (a) 가톨릭은, 많은 개신교도들과 달리, 인간 존재의 사회적 본질에 대해서 의심을 가진 적이 결코 없다. 가톨릭은 그것의 자연법적 전통의 많은 것들을 고전적 근원으로부터 도출했다.(p. 18) (b) 형이상학적 근거로부터 도출된 자연법론이 지나치게 융통성이 없다는 나의 비판에는 변함이 없었으나, 중세의 유기적 집단주의에서 해방된 가톨릭적 전통이 산업적 집단주의의 도덕적 문제를 해결하는 데 도움이 되었다는 데 대해서 나는 새로운 이해를 했다. 그 결과, 가톨릭교는 산업 노동자의 충성을 잃지 않았지만, 개신교 문화에서는 산업 노동자가 마르크스주의자의 병균에 감염되었다.(pp. 19-20) 가톨릭교는 민주주의를 동의하지 않는 경향이 있지만 제2 바티칸공

의회는 이를 시정하는 계기를 만들고 있는 듯하다.(p. 20) (c) 가톨릭교는 미국의 흑인 인종 차별에 반대하여 미국의 모든 시민의 '인권(human rights)'을 주장했다.(pp. 20-21)

7. 지나치게 극단적이었던 나의 과거 입장들의 수정.(p. 21) (a) 개신교적 및 부르주아적 문화의 이상주의적이고 개인주의적인 성격을 유토피아주의로 규정하는 과도한 반응을 했다. 부르주아적 개인주의에 대한 반발은 기술 문명의 새로운 집단적 현실을 강조하기 위해서 마르크스주의를 사용하는 잘못을 범했다. 그러나 나는 공산주의자가 되지 않았다. (b) 나는 세속적 및 기독교적 개인주의에 항거하는 데 많은 오류를 범했지만, 좌측의 많은 사람들이 공산주의자가 되는 중대한 잘못을 범하지 않았다. 나만이 유독 그랬던 것이 아니라 나의 동료 사회주의자들 가운데 많은 사람들이 그랬다. 그들은 평화주의에 매혹되어 있었지만 엄격한 반독재였다. 사회주의가 친공산주의라는 우익의 주장은 전적으로 중상모략이다.(pp. 21-22)

8. 나의 정치철학을 최초로 강행한 시도는 『도덕적 인간과 비도덕적 사회*Moral Man and Immoral Society*』이다. 나의 한 젊은 친구는 보다 나은 제목으로 『덜 도덕적인 공동체 속의 그리 도덕적이 아닌 인간*The Not So Moral Man in His Less Moral Communities*』을 제의했다.(p. 22)

9. 『인간의 본성과 운명*The Nature and Destiny of Man*』: 2차세계대전 전야에 초청된 기퍼드 강좌(Gifford Lectures)로서 '신의 형상'과 '죄인(sinner)'이라는 상징을 사용하여 인간의 상황을 성서적, 히브리적으로 묘사. 본 저서의 제2장이 동강의에 대한 논의와 비판으로부터 혜택을 얻을 수 있기를 바란다.(pp. 22-23)

10. 동강의 속에서 사용된 '원죄(original sin)'를 '이기심(self-regard)'으로 변경하기로 했다. (a) 변경의 이유는 '원죄' 개념을 사용함으로써 '용서받을 수 없는 교육적 잘못(unpardona- ble pedagogical error)'을 범했기 때문이다. (b) 바울이 원죄와 관련시킨 아담의 타락이라는 원시적 신화의 역사성을 나는 자랑스럽고 과감하게 부정했고, 또한 원죄가 유전된다는 Augustine의 가공할 만한 개념을 부인했다.(pp. 23-24) (c) 니버는 기독교의 전통적인 종교적 심벌을 현대적으로 해석했지만 성과를 거두지 못했다. 많은 현실주의자들, 곧 정치철학자들은 Gifford Lectures

에서 니버가 취한 입장에 동의했지만 그의 신학적 전제에 대해서는 동의하지 않았다.(p. 24)

11. 기퍼드 강좌에서 제시된 인성에 대한 나의 현실적 개념은 발전적인 정의 윤리의 하인이 되어야 하며 보수주의, 특히 불의한 특권을 방어하는 보수주의가 되지 말아야 한다는 것이 나의 신념이다.(pp. 24-25) 이 신념이 나의 성숙된 삶을 일관하는 정치에 대한 종교적 책임에 관한 지침의 원리이다. 기존의 정치적 권위에 대한 종교적인 부당한 존경과 불의한 정부에 대한 항거를 금한 Calvin과 Luther의 사상은 대수롭지 않게 여겨서는 안 된다. 초기 종교개혁의 이러한 이론에 대한 가톨릭적, 유대교적, 세속적 비판은 옳다.(p. 25) 서구 문화의 개방 사회에서 민주주의 개척에 기여한 많은 개신교도들은 초기 종교개혁의 잘못을 극복했다. 17세기 칼뱅주의는 종교개혁의 교회를 국가의 정치적 권위에 대한 부당한 존경으로부터 해방시켰고, Cromwell의 혁명은 폭군에 대한 저항 이론을 수립했다. 이것은 Locke의 개인적 사회계약론이 알지 못했던 힘의 현실을 다룬 것이다.(pp. 25-26) John Milton은 Cromwell의 혁명의 이단적 칼뱅주의자인데 그는 국가에 대한 충성보다 높은 충성을 긍정하는 개인의 양심의 자유가 인정되어야 함을 주장했다. 그는 다음과 같이 말했다. "나의 양심을 나는 하나님으로부터 받았다. 나는 그것을 가이사에게 줄 수 없다." (p. 26)

12. 다양하고, 때로는 모순되는 아주 많은 전통들만이 인간 존재의 의미와 신비를 밝혀준다.(p. 27).

13. 나는 종교적 다원주의에 점점 더 기울고 있다. 그러한 다원주의는 신앙이 정의에 도움이 되지 않을 때 신자의 잘못을 밝히는 비신자의 권리를 포함하며, 또한 경험적이고 역사적인 학문들이 종교적 심벌을 검토하고 비판하는 권리와 의무를 포함해야 한다. 그러한 학문들의 발전 없이는 종교적 전통들은 신앙의 반계몽주의적 타락으로 퇴보한다.(p. 27) 나의 통찰들은 내가 나의 개신교적 전통에 대해서 비판적이고, 유대교적 전통과 가톨릭적 전통을 스스로 이해했기 때문에 나 자신의 것이라고 주장하는 바이다.(pp. 27-28)

14. 부인 Ursula에 대한 언급(pp. 28-29): 어슐러는 바너드대학(Barnard College)

에서 현대 문화 속의 종교(Religion in Contem-porary Culture)를 강의했다. 그녀가 인문대학의 광범한 재료들에 접했기 때문에 그것이 니버의 개방 사회 이념과 상통했다. 행복한 결혼 생활, 공통된 관심을 가진 그녀와의 토론이 니버의 여러 가지 지역주의(provincialism)와 설교자의 극단론을 시정했다. 이 저서가 어슐러와의 공저가 아니라 나의 저서가 된 것이 남성의 오만인지, 혹은 완전한 상호성인지를 가리는 것은 독자의 판단에 맡긴다.

인간의 본성과 그의 공동체(Man's Nature and His Communities): 이상주자와 현실주의자의 정치 이론에 대한 비판적 개관(A Critical Survey of Idealist and Realist Political Theories)

1. 인간은 사회적 존재인 동시에 이성적 존재이다. 이성은 생존의 충동을 넘어서 자부심과 허영, 권력의지를 구현하는 자아실현을 한다. 그래서 동물의 공동체는 영구히 동일성의 비역사이지만 인간은 끝없이 다양하고 확장되는 역사를 창조한다.(pp. 30-31)

2. 인간의 사회적 충동과 존재에 대한 그의 자유의 작용은 '현실주의자들(realists)'과 '이상주의 자들(idealists)'이라는 인간 행위에 관한 두 가지 모순된 이론을 낳는다.(p. 31) 현실주의자들과 이상주의자들은 매한가지로 인간의 자유의 창조적이고 파괴적인 경향들의 뒤얽힌 관계를 보지 못한다.(p. 31) 현실주의자들은 이기적인 인간과 국가 속에 존재하는 잔여의 도덕적 및 사회적 감각(the residual moral and social sense)을 보지 못한다.(p. 31) 이상주의자들은, 종교적이건 세속적이건, '구원된', 혹은 합리적인 개인이나 집단이 가지고 있는 잔여의 개인적, 혹은 집단적 이기심(self-regard)을 보지 못한다. 합리적 이상주의는 인간 역사의 합리적 능력의 비결정적 발달을 믿으며, 종교적 이상주의는 구원의 힘을 지나치게 믿는다.(p. 32)

3. 가족은 역사적 산물이다. Aristotle은 동물 공동체와 인간 공동체의 유사성을 주장하고 그것을 수컷과 암컷 사이의 성적 동반자 관계에 근거하여 설명했다. 성적 결합은 의도적 목적이 아니라 후손을 남기기 위한 자연적 욕망이다.(pp. 32-33)

Aristotle의 이런 유사성 주장은 잘못이다. 남녀의 성적 동반자 관계는 방랑하는 남성을 자손을 돌보는 여성, 곧 어머니의 참된 동반자가 되게 한 역사적 발전이 있기까지는 창조되지 않았다. 뿐만 아니라 부모에 대한 어린이의 의존의 긴 기간과 본능적 반응보다 느린 어린이의 긴 학습의 기간이 인간만이 가지고 있는 가족 공동체를 만들었기 때문이다. 역사 속의 공동체가 확대될수록 자연적 응집력을 회피하고 억압하는 승려, 군인, 치국책(治國策)이 고안된다.(pp. 34-34)

4. 가족 속의 아버지의 권위: 가정의 질서를 유지하는 아버지의 권위를 Aristotle은 원초적 권위라고 주장했는데 이것은 잘못이다. 왜냐하면 모권 시대가 부권 시대에 선행했기 때문이다.(p. 34) 그리스 희극에서도 원래의 모권적 가족과 출현하는 부권적 가족 사이의 갈등이 나타나 있다.(p. 34) Luther도 부모의 권위를 '창조의 질서'로 보았다. 이것 역시 잘못 본 것이다.(pp. 34-35)

5. Aristotle은 부권의 권위를 강조하고 그것을 부모의 지배 충동으로부터 도출함에 있어서는 현실주의자이지만, 폴리스를 합리적으로 착상한 구성체로 본 점에서 이상주의자이다.(p. 35)

6. Aristotle과 Plato에게 폴리스의 질서는 충동의 혼동에 대한 이성의 승리이다. 그렇지만 양자가 다 권력의 충동(impulse of power)을 다루지 않았다.(pp. 35-36)

7. 그리스의 정치 이론: 사회적, 정치적 질서의 근원으로서의 이성의 힘을 믿었지만 엘리트가 지배하는 강한 절대적 정부를 주장했다. 이성에 대한 확신이 이상주의적 정치 이론을 발전시킨 것은 문예부흥과 계몽사상이 합리적 능력의 정치적 발전과 확대를 희망했고, 그것이 보다 큰 조화로운 공동체를 출연하게 했을 때였다.(p. 36) Plato와 Aristotle에게 이성은 인간 생활의 생명력적 충동의 주인이 아니라 하인이었다. 왜냐하면 그들은 그리스의 귀족적 사회 구조와 도시국가의 일시적이고 국지적(parochial)인 성격을 당연시했기 때문이다. 그들의 이러한 이데올로기적 오염(ideological taint)은 19세기에 이르러 Freud와 Marx에 의해서 비로소 분석되었다.(pp. 36-37)

8. Freud 와 Marx의 이데올로기적 오염의 발견과 분석. (a) Freud: ego는 id와 superego의 매개자. Superego는 공동체의 도덕적 권위로서 합리적 ego에 대한 기

존 사회의 영향을 의미함. 어떤 공동체냐 하는 것은 Freud가 다루지 않았지만.(p. 37) (b) Marx: 합리적 능력은 계급적 이익에 의해서 오염되어 있다. Marx는 이 문제를 권력의지의 지배적인 정치적 현상으로서보다는 순수하게 경제적으로만 다루었다. 그는 이데올로기적 오염을 재산의 소유자만이 가지고 있다고 잘못 생각하고, 그것을 사유재산 제도의 제거에 의해서 해결하려고 했다. 그는 프롤레타리아 계급은 재산이 없기 때문에 순수한 합리성을 가지고 있다고 믿고 그 계급을 통해서 전체 공동체의 구원을 추구했다.(pp. 37-38) 마르크스주의적인 정치적 현실주의의 극단적인 비전은 이성적 충동과 생명력적 충동 사이의 복잡한 상호 작용과 두 충동의 사회적 강도와 혼동의 이중적 결과를 무시했고, 경험적인 과학적 분석이 아니라 묵시적인 사회적 구원의 비전을 창조했다.(p. 38) 마르크스주의적 유토피아주의는 낡은 형태의 종교적 독선이며, 인간의 본성과 행위에 대해서는 현실주의이며 프롤레타리아 계급을 구원된 그룹으로 보는 시각에 관한 한 이상주의이다.(p. 38)

9. 인간의 본성과 인간 공동체의 조직에 관한 원초적인 도덕적, 정신적 틀의 제공자는 기독교 신앙이다. 그것은 현실주의와 이상주의의 혼란스러운 혼합이며, 두 가지 주의의 적절하고도 부적절한 결합이다.(pp. 38-39) 그러면 기독교적인 도덕적, 정치적 이론들과 삶을 아래에서 분석하기로 하자.

10. 기독교 신앙은 인간의 본성이 이기주의(self-regarding)와 사회적 충동을 함께 가지고 있으며, 전자가 후자보다 강하다고 주장한다. 이러한 사상이 개인들과 통합된 정치적 공동체들 간의 참을 수 있는 조화의 수립을 보장하는 것은 아니다.(p. 39)

11. 히브리 신앙은 B. C. 8세기부터 메시아적 시대의 이념을 제시했는데, 그 이념은 인간이 보편적이고 평화로운 공동체 속에 살며 역사의 모든 좌절과 모순이 제거된 인간적 성취의 희망을 나타내는 것이었다.(pp. 39-40) 이러한 메시아적 희망은 이상주의적이다.(p. 40) (a) 히브리적 및 후대의 기독교적 메시아주의는 서구 역사를 일관하고 있는 주제이다. 종교적 메시아주의의 희망이 상실되면 유토피아주의에 떨어진다. 유토피아주의는 인간 공동체의 궁극적이고 이상적인 목표를 제

시하지만 그것의 실현을 방해하는 인간 본성 속의 영구한 세력을 모호하게 한다.(p. 40) (b) 바울과 신약성경의 다른 저자들에 의하면 예수는 메시아이다. 승리의 메시아와 수난의 종은 유대교적 희망의 두 개의 위대한 모순이다. 기독교 신앙은 이 두 가지 모습이 예수에게서 실현되었다고 믿는다. 신약성경에 의하면, 메시아적 시대는 실현되지 않지만 그 대신 신과 인간 사이의 '화해'가 주어졌다. 인간은 항상 사랑의 법에 모순되고 그것을 부정한다. 이렇게 해서 십자가에서 죽은 예수의 삶은 기독교에게 인간 역사의 현실주의적 해석의 최초의 표명이다.(pp. 40-41)

12. Paul의 인간 이해와 정치 이념.(pp. 41-43) (a) 현실주의: (1) "내 가장 깊은 자아는 하나님의 법을 즐거워하되, 내 지체 속에서는 하나의 다른 법이 내 마음의 법과 싸워…."(로마서 7: 22-23) (2) "내가 원하는바 선은 하지 아니하고 도리어 원하지 아니하는 바 악을 행하는도다."(로마서 7: 19) 이기심이 하나님의 법, 혹은 사랑의 법, 곧 사회적 충동에 투신하려는 양심의 힘보다 강함을 표명한 것이다.(p. 41) (b) 그리스도에 의해서 매개된 신의 은총, 혹은 은혜(grace)는 새로운 힘과 용서를 포함한다. 새로운 힘: "내가 그리스도와 함께 십자가에 못 박혔으니, 그런즉 이제는 내가 산 것이 나이요, 오직 내 안에 그리스도께서 사신 것이라."(갈라디아서 2: 20) 그러나 이 말은 인간의 이기심의 충동을 모호하게 한다. (c) 바울의 이상주의적 및 현실주의적 분위기.(p. 42) (1) 이상주의: 은총에 의한 새롭고 비이기적인 삶. "누구든지 그리스도 안에 있으면 그는 새로운 피조물이다."(고린도후서 5: 17) 아가페(Agapē)가 지배하는 구원된 공동체인 교회, 곧 그리스도의 몸.(p. 42) (2) 현실주의: 구원된 상태에서도 사랑(신)의 법을 위배하는 인간에 대한 신의 자비. 신에 의해서 세워진 시민사회의 정치적 권위.(pp. 42-43) *로마서 제13장 참조.

13. Augustine의 정치 이념(pp. 43-44): Paul의 이상주의와 현실주의의 이원론이 더욱 극단적으로 표현되었다. 『하나님의 도시De Civitate Dei』의 '하나님의 나라(Civitas Dei)'는 사랑(Agapē)에 의해서 지배되고, '지상의 나라(Civitas Terrena)'는 인간의 자기사랑(self-love)의 의해서 지배된다. '하나님의 나라'라는 신비로운 왕국을 교회과 동일시하는지 여부는 불확실하나 동일하지 않은 색체가 더욱 짙다. Paul과 Luther와 달리, 정치적 권위의 신적 승인을 주장하지 않았다. Augustine은

Cicero의 정의의 계약으로서의 로마의 평화(Pax Romana)에 도전했으나 로마 법의 정의 성취를 간과했다. Augustine은 정치 질서의 현실주의적 비전와 이상주의적 비전의 뒤얽힌 관계를 보지 못했다.(p. 44) Stoa철학은 황금 시대 이후의 공동체의 경제적, 정치적 도구를 정의의 필요성으로 보았고, Augustine은 죄의 도구로 보았다.(p. 44)

14. Luther의 정치 이념(pp. 45-46): 루터는 어거스틴과 마찬가지로 극단적인 이원주의를 주창했다.(p. 45) 그는 '하늘의 영역(heavenly realm)'과 '지상의 영역(earthly realm)'이라는 인간 존재의 두 차원을 구분했다. 우선 '하늘의 영역'은 죄 사함을 받았다고 느끼는 개인들의 완전한 희생과 용서하는 사랑의 영역이다. '지상의 영역'은 하나님이 임명한 정치적 권위로서 오직 억압에 의해서 질서를 유지하는 정치적 영역을 말한다.(pp. 45-46) 그러나 어거스틴과 루터의 현실주의는 지나치게 일관적이어서 자유정부의 출현과 현대 민주주의 정부에는 맞지 않는다.(p. 46)

15. 중세 가톨릭의 정치 이념(pp. 47-49): 중세 가톨릭의 인간 본성과 인간 공동체에 관한 이상주의적 비전은, 루터가 거기에 반발했지만 진리에 더욱 가깝다. 중세는 복음적 완전주의를 수도사, 금욕주의자, 혹은 집단의 이익과 가치와는 관계가 없는 자들에만 적용했다.(p. 47) 가톨릭의 금욕주의는 집단적 책임이나 이기적 관심이 가족에서 시작한다는 사실을 인정하기 때문에 정의를 실현하는 사회 윤리와 간접적인 적합성만을 가지고 있다.(pp. 47-48) 중세의 정치적 이론이 이상주의적, 즉 비현실주의적인 세 가지 이유는 다음과 같다.(pp. 48-49) 첫째, 법을 부정하는 인간 본성의 힘을 ego의 권력의지가 아니라 인간의 동물적 본성의 열정으로 본다. 둘째, 자연법이 역사적 상황의 일시적인 권력의 요소의 영향을 받는다는 것을 고려하지 않고 자연법을 이해한다. 셋째, 교회의 권위를 권력이 아니라 집단적 양심의 권위로 보며, 교회가 신성 로마 제국이라는 엄청난 지엽적 권력 구조의 상급 동반자임에도 불구하고 교회를 보편적인 인간 공동체로 본다.

16. Thomas Aquinas의 정치 이념.(pp. 49-53) (a) Aquinas는 자연법을 영원한 법에 대한 이성적 피조물의 관여로 규정했다. 이러한 '實在論(realism)'은 중세 말

'唯名論(nominalism)'의 도전을 받았고 현대 천문학과 다윈의 생물학에 이르는 자연과학의 도전을 받았다.(p. 49) (b) 경험적 문화는 점차 유명론적이 되었고, 거기에 따라서 보편적이고 불변한 것으로 여겨졌던 도덕적, 정치적 규범들을 거부하게 되었다. 현대 사상가들은 역사적으로 제약된 사상 체계가 현실주의를 결여하고 있으면 그것을 비판했다.(pp49-50) (c) 자연법의 중세적 개념은 역사적 성격을 가지고 있다. 아리스토텔레스적 자연법 개념은 아테네의 귀족사회와 흡사한 힘과 권위, 특권의 위계 질서를 가진 봉건주의 시스템을 초래했다.(p. 50) (d) 영원한 법은 계급 이데올로기나 이익의 합리화에 지나지 않는다. 이것은 사회적 규범들이 그것들의 하늘같이 높은 수준에서도 계급적 이익에 근거를 두고 있다는 마르크스의 주장 이전에 벌써 분명해졌다.(p. 50) (e) 사리사욕의 이데올로기적 이념은 보편적 현상으로서, 이상주의적 정치 이론과 대립되는 정치적 현실주의를 정당화한다.(p. 51) (f) 중세 교회는 '정신적 왕국'이며 Gregory VII세는 그것이 힘에 의해서가 아니라 순수한 도덕적 권위에 의해서 자연법의 명령을 집행한다고 했다. 그러나 교회가 만들어낸 서로마 제국 황제 Charlemagne는 교회의 하급 동반자였다.(p. 51) (g) John of Salisbury도 Thomas Aquinas도 기독교 신자들의 모든 군왕은 로마 교황에게 복종해야 함을 역설했다.(pp. 51-52) (h) 중세 기독교계의 권위는 종교적 권위의 개념으로부터 도출되었지만 그것은 구조적 강제 요소를 감추고 있었다. 그것이 후에 종교개혁이 교황을 적그리스도(anti-Christ)로 비판하게 했고, Luther와 John Knox가 교회를 '바빌론의 매춘부'로 규정하게 했다.(pp. 52-53)

17. Dante와 Machiavelli의 정치 이념.(pp. 53-54) (a) 근대 국가와 상업 계급의 등장, 문예부흥과 종교개혁의 고전적 권위에 대한 도전이 인간의 행동과 시민 공동체 조직에 관한 이상주의적 및 현실주의적 이론을 촉발했다. (b) Dante: 교황의 최고 대권에 의한 기독교적 보편주의의 복구를 그의 『제정론De Monachia』에서 시도했으나, 그것은 향수 어린 이상주의적 환상이었다.(p. 53) (c) Machiavelli: 『君主論』에서 극단적인 현실주의적 정치론을 주장하여 정치적 권력 투쟁의 이상주의자적 허위(pretension)를 폭로하려고 했다. 그는 냉소주의자로 거부당했다.(pp. 54-55)

18. 종교개혁의 정치 이념의 두 가지 잘못(pp. 54-55): 개인과 정치적 영역, 인간 존재의 정신적 차원과 육체적 차원의 엄격한 구별, 그리고 정신적 및 개인적 세계가 육체적 및 정치적 영역보다 덕성 있고 순수하다는 신학적 견해는, 개인 및 개인 관계의 영역에 잔여적 이기심이 존재한다는 사실과 집단적 및 정치적 영역에 잔여적 정의감이 존재한다는 사실을 모호하게 했다.(pp. 54-55)

19. Thomas Hobbes의 정치 사상. (a) Hobbes는 '사회계약(social contract)'이라는 신비로운 개념을 시민 공동체의 서막으로 제창했고, Locke가 그것을 계승했다.(pp. 55-58) (b) '사회계약'론은 시민사회의 느린 성장과 발전을 모호하게 한다. 그것은 인간이 역사의 창조자이며 담당자(agent)라는 현대인의 주장의 상징이다. 그것은 역사적 과정의 인간의 자유의 점진적 증대 전체를 포괄하는 신화이다.(pp. 55-56) (c) Hobbes는 사회계약을 정치적 절대주의의 기초로 삼았고, 반면 Locke는 그것을 현대의 민주적 이론의 기초로 삼았다. Hobbes에게 이성은 사리사욕의 하인이다.(p. 56) (d) Hobbes의 비관주의는 Cromwell의 혁명으로 초래된 내란의 위험에 연유한 것이다. 즉, 압도적 무력을 가진 강력한 정부만이 평화를 유지할 수 있다고 Hobbes는 생각하게 되었다.(pp. 56-57) (e) Hobbes의 절대적 정치 이론은 입헌 군주국인 영국의 정치에는 적합지 않았다. 민주적 자유는 Hobbes가 생각했던 것처럼 국가의 질서와 양립할 수 없는 것이 아니었다. Hobbes는 이성적 자유의 창조적 결과보다 파괴적 결과를 강조했다.(pp. 57-58) (f) Hobbes는 힘을 순수한 강제력(pure force)으로 규정하지는 않았지만 그것은 역사적, 전통적, 도덕적 위엄을 가지고 있지 않았기 때문에 힘이 낳는 두려움(awe)은 공동체의 위엄의 상징에 대한 외경이 아니라 공포(fear)였다.(p. 58)

20. John Locke의 정치 사상.(pp. 58-61) (a) 사회계약론으로부터 민주주의를 도출했고 민주적 이상주의의 시조가 되어 프랑스, 영국, 미국의 혁명을 불러일으켰다. 그는 Hobbes로부터 사회계약 개념을 전수받았지만 그것을 시민 질서를 위한 것으로뿐만 아니라 Hobbes가 부정한 개인의 '자연적 권리(natural rights)'를 보호하기 위한 것으로 삼았다. 로크는 "정의로운 정부는 그 권위를 피지배자의 동의로부터 도출한다"라고 주장했다.(pp. 58-59) (b) 로크의 개인주의와 主意說(voluntarism)

은 시민 공동체의 권익에 대한 암묵적 동의를 만들어내는 역사적 및 전통적 힘(force)를 모호하게 했고, 그의 합리주의는 국가 내의 상이한 분파들이 각기 자기의 이익에 따라서 정부의 특정한 조치에 동의하는 이념적 오염을 보지 못했다.(p. 56) (c) 로크의 이상주의적이고 주의설적인 사회계약 개념은 이익(interest)과 권력(power)을 무시하고 공동체 수립과 그 질서 유지를 논했다.(pp. 59-60) (d) 후기 칼뱅주의는 폭군에 대한 저항권을 무시했고 단지 불의를 시정하는 권리만을 주장했다.(p. 60) (e) 로크의 이론은 집단적 이기심을 무시했으며, 자유 공동체에서 정의를 성취하는 가운데 질서를 유지하기 위한 끝없이 다양한 이해관계가 있을 수 있다는 사실을 무시했다.(p. 61) (f) 로크는 '명예혁명(glorious revolution)'의 철학적 옹호자가 되었고 영국을 순수한 이상주의적 자유주의 환상으로부터 구해냈지만, 이기심과 권력(interests and powers)의 사실들, 세력들, 전통들, 그리고 조정을 그의 이론에 반영하지 못했다.(p. 61) (g) David Hume의 온건 보수주의와 Edmund Burke가 인간의 본성과 정치적 공동체에 대한 보다 적절한 분석을 했다.(p. 61)

21. America(건국 초기): 많은 역사적 요인들과 James Madison(미국 헌법의 창립자)과 Alexander Hamilton, John Adams 같은 온건한 현실주의자들에 의해서 로크적 원리들로부터 구출되었다. 프랑스에서는 로크의 환상이 지배하여 '주권적 인민의 권위(authority of sovereign people)'와 순수한 이성에 대한 신뢰를 내세웠으나 결과는 Jacobin의 광신주의와 나폴레옹의 독재를 초래했다.

22. Hobbes와 Locke의 차이. (a) 인간 본성에 대한 비관적 이론은 Hobbes의 정치적 절대주의를 낳고, Locke적 이상주의 이론은 자유 정부를 낳는다.(pp. 62-63) (b) 이상주의적 자유주의가 인간 본성의 다루기 힘든 성격, 특히 집단적 이기심(collective self-regard)을 모호하게 해서는 안 된다.(p. 63) (c) 개인적 이기심(self-interest)보다 강한 집단적 이기심의 힘이 집단적 관계와 조화를 엄격한 현실주의적인 정치적이고 강제적인 프로그램에 의해서 해결하려고 했다.(pp. 63-64)

23. 신민주적 현실주의(new democratic realism)의 출현(pp. 64-65): 이기심을 시민 공동체의 공동 선을 위해서 이용하기를 추구, 고전적 자유방임적 경제이론처럼. 거기에 다윈의 적자생존의 진화론이 가세했다. 이런 이론을 가지고 산업사회

의 힘의 과도한 불균형으로 인한 빈부의 증대되는 불균형에 대처하려고 했다. 이러한 잘못에도 불구하고 서구 민주주의가 초기 산업사회의 엄청난 불의에 의해서 촉발된 마르크스주의의 반항에 굴복하지 않은 것은 역사적인 기적이다. 피지배자의 동의로부터 권위를 도출한 민주 정부는 합리적 과정을 이끌어 가지만 부패시키는 집단적 이기심을 고려하지 않았다. 이것은 Jefferson이 생각한 미국 민주주의도 마찬가지이다.(p. 65) 로크주의자들은 이기심도 권력도 생각하지 않고 단순히 이성과 강제력(force)을 대조시켰다.(pp. 65-66) 정치적 현실주의자들은 이기심을 인정했으나 그것의 집단적, 혹은 계급적 성격을 무시했으며, 경제적 이기심을 정치적으로 규제하는 것을 두려워했다. James Madison은 이성과 이기심(self-love)의 밀접한 관계를 간파한 사람으로서, 정치적 현실주의의 기초적 통찰을 가지고 있었으며 강한 정부의 독재 위험을 '권력의 분산(separation of powers)'에 의해서 예방하려고 했다. 그는 붕당을 억압하려고 하지 않았다. 그렇지만 그도 서구 민주주의가 붕당과 정파를 통해서 운영되리라고는 예측하지 못했다.(pp. 67-68) 민주주의의 자유사회 승리는 다른 어떤 정치 형태보다도 자유사회의 우수성을 입증하며, 마르크스주의가 주장하는 바와 같이 서구 민주주의가 중산층의 포로라는 주장을 거부했다.(p. 67)

24. 조직화된 노동자(p. 68): 정치적 힘만으로는 경제적 정의를 보장할 수 없다. 중산층 고용주들이 마지못해 노동자들의 조직화와 단체협상을 허용하여 조직화된 산업과 조직화된 노동자 사이의 참을 만한 균형을 창출했다.(p. 68)

25. 개방 사회는 이기심과 힘의 고려뿐 아니라 선천적 동정심의 사용과 확대, 정의감, 잔여적인 도덕적 성실 및 모든 사회 계급에 있는 공동 선의 감각을 포괄해야 한다.(p. 68)

26. 영국의 군주국과 미국 민주주의 사이에는 그리 큰 차이가 없다.(p. 69)

27. 국가 이익(national interest)의 문제(pp. 69-71): 민주주의는 국가적 야심과 이기심(self-regard)으로부터 자유로우며 미국은 가장 순수한 민주주의로서 제국주의가 아니라는 자유주의적 환상은 미국 역사의 초기 반세기 동안에 거부되었다. 미국은 다른 모든 나라들과 마찬가지로 지배와 힘을 증대시켰다.(pp. 69-70) 그런

데도 Woodrow Wilson은 "미국은 모든 나라들 중에서 가장 비이기적이다"라고 했다.(p. 70) 국가들, 특히 미국의 도덕성에 대한 이상주의적 해석은 분명히 불합리하다. 문제는 모든 외적 제약으로부터 자유로운 자율적 국가들이 그들의 팽창적이고 이기적인 충동에 대한 모든 내적 제약으로부터 자유로운가 하는 것이다.(p. 70) 국가들이 자국의 이익을 추구하는 경향이 일반적이기 때문에 그것에 관한 국제 관계의 현실주의적 해석이 유일하게 타당성 있는 설명인 듯싶다. 그러나 그러한 현실주의적 해석이 국제 관계에서도 정의를 위한 잔여적 능력이 있다는 사실을 모호하게 하는 잘못을 범하는 것이 아닌가 하는 의문을 제기하는 것은 중요하다.(p. 71)

28. Hans Morgenthau의 저서 『국제정치학Politics among Nations』의 국가의 도덕성 논의(pp. 71-76): 그가 제기한 핵심 문제는 국가가 '국가 이익' 이외의 다른 이익과 가치에 대해서 충성할 수 있는가 하는 것이었다.(p. 71) 국가들 스스로의 이익보다 높은 이익과 가치, 문화에 대한 충성을 갖는다고 암시하는 듯하다.(pp. 71-71) (a) 동저서의 "국제 정치의 이데올로기적 요소들(The Ideological Elements in International Politics)"에서 그는 보다 포괄적인 가치에 대한 정치가의 이상주의적 충성의 주장은 허위(pretension)이며 위선(hypocrisy)이라고 기술한다. 그러나 합리적이고 도덕적인 존재인 인간 속에는 그의 국지적 공동체인 국가의 일관된 이기심에 당황해 하는, 실제보다 높은 동기를 주장하는 어떤 것이 있지 않은가 하는 의문을 제기할 수 있을 것이다.(p. 73) 모건소는, 그에 대한 비판자들의 주장에도 불구하고, 오만한 국수주의자가 아니다. 그는 다만 국가들이 보다 고상한 동기를 가지고 있다고 가정하는 것보다 그들의 실제 동기를 고백하는 것이 정직하고 도덕적이라는 것을 암시하려고 하는 것이다.(pp. 73-74) (b) 인간은 사회적 존재이며, 이성적 존재이다. 그의 이성적 능력은 그의 사회적 책임을 국가 공동체보다 넓은 공동체에 대한 책임으로 확대하고, 국가 공동체보다 넓은 철학적, 정치적, 종교적 및 과학적 문화와 문명 구조를 구축할 수 있게 한다. 그래서 국가는 국가 이익이 보다 높은 가치와 모순되지 않는 한에서 국가 이익에 충성한다.(p. 74) 국가의 위선은 국가의 자유의 잔여적 창조 능력이다. 위선은 덕이 아니지만 그것을 제거하면 도

덕을 얻는 것이 아니라 나치 국수주의처럼 야수적 냉소주의가 된다.(p. 75) (c) 국가의 지배적 동기를 과장된, 보다 높은 동기로부터 분리시키는 모건소의 지나치게 엄격한 현실주의는 인간의 합리성 속에 있는 중요한 잔여적인 창조적 요소를 모호하게 만드는 듯하다. 그는 한동안 사랑으로 목적을 성취할 수 없으면 '권력욕(the lust for power)'이 사랑의 대체물이 된다고 주장한다. 니버는 양자는 전혀 다른 것이며 정치가의 권력의지는 나라에 대한 그의 봉사욕의 대체물이 아니라 부패라고 주장한다.(pp. 75-76)

29. 현대 국가의 국가 이익과 권력 충동에 대한 집요한 집착에도 불구하고 국가 이익보다 높은 가치와 문화, 혹은 문명에 대한 국민, 또는 국가의 충성의 잔여적 능력은 남는다. 그러나 높고 낮은 동기와 목적의 힘은 집단적 도덕에서는 매우 다르다.(p. 76) 이와 같은 잔여적인 창조적 자유는 낮은 이익을 보다 높은, 혹은 넓은 목적에 예속시키는 가능성이 아니라 국가 이익을 초월하는 가치에 대한 충성이 국가 이익의 넓이와 질에 대한 개념을 근본적으로 바꿀 것이라는 가능성에 있다.(pp. 76-77)

30. 미국과 러시아의 문화적 특성의 상이성과 유사성: 미국 문화는 다원주의적이고, 기독교적이며, 민주적이다. 러시아 문화는 혁명적이고, 유토피아적이며, 종교적 및 정치적 독단(dogma)이다. 그것은 질투에서 비롯된 독단으로서 거기에 복종하지 않는 모든 문화적, 과학적, 종교적 이익과 집단을 말살하려고 한다. 두 문화는 본질적으로 다르다.(p. 77) 그러나 미국과 러시아는 문화적 유사성도 가지고 있다.(pp. 77-78) 경제력의 패권적 위치, 핵 무기 보유, 핵 무기를 포함한 세력 균형의 축이란 점에서 그렇다. 특히 이데올로기가 두 패권 국가의 산하의 나라들을 국익에 있어서 합치하게 함으로써 국가 이익의 내용을 바꾼다.(p. 78) (a) 양국의 외국 경제 원조가 국가 이익을 확대하고 유리하게 만든다. (b) 양국이 자국의 국익을 위해 패권의 이점을 사용한다는 데 대한 비판을 수용해야 한다. 러시아에는 중국이, 미국에는 프랑스가 있다.(p. 79) 동맹국의 견제를 받는다. (c) 국익은 단순하게 규정될 수 없으며, 협소한 국익의 규정은 국익의 패배를 초래한다.(p. 79) 따라서 보다 높은 이익에 대한 보다 낮은 이익의 희생이 아니라 합치되는 이익에 대한 현

명한 이해가 집단적 인간의 도덕의 최고 도달점이다.(pp. 79-80) 이런 깊은 사려(prudence)는 인간의 본성의 종족적 지역주의에 대한 온건하지만 중요한 이성과 동정의 승리이다.(p. 80)

31. 미국과 러시아 문화의 대립상(pp. 80-82): 문화는 생존적 충동을 가지고 있지만 권력의지는 갖고 있지 않다. 공산주의 문화는 정치적으로 조직되었고, 그 신조는 권력의 혁명적 장악을 고취한다. 그러한 비난은 어느 문화에나 적용되며 17세기 이슬람 운동은 그것의 세계적 수용을 설득과 무력에 의해서 추구했다.(p. 80) 두 문화가 보편적 타당성을 주장하지만 보편적 실현이 가능하지 않다. 민주주의 이념은 보편적 타당성을 가지고 있는 것 같으나, 그것의 보편적 실현을 위한 기술과 기능은 보편화는 것이 쉽지 않다. 공산주의 이념은 모든 사회악의 치유를 주장하지만 자본주의적인 민주주의 문화에는 적합하지 않다.(p. 81) 대립적이고 경쟁적인 두 문화는 의도에서는 보편적이지만 보편적 실현의 힘을 갖고 있지 않다. 그래서 두 문화는 세계를 양분한다. 두 세계의 일시적인 평화가 핵의 파괴적 능력의 균형에 의해서 유지되고 있다.(p. 81)

32. 미국과 러시아의 '테러의 균형(balance of terror)'에 의해서 잠정적 핵 평화가 유지되고 있다.(pp. 81-82)

33. 세계 공동체의 이익. (a) 두 경쟁적 패권 국가의 생존을 위한 관심에 의해서 간접적으로 주어진다. 이와 같은 보편적 공동체는 실천적 정치가의 관심이 아니라 역사적 계산이며 간접적인 관심이다.(p. 82) (b) 간접적인 관심도 부분적 및 전체적 이익의 합치에 대한 사려 깊은 계산을 요하며, 이것은 인간의 합리성의 잔여적 자유의 중요성을 강조하는 모든 학설을 타당하게 만든다.(pp. 82-83) (c) 인간 공동체들의 조직은 자유 정신에서는 보편적일 수 있지만 성취에서는 항상 지엽적이고 종족적이다. 이것은 인간 존재의 부조화성을 최종적으로 나타내는 것이다.(p. 83)

인간의 비인간성의 한 원인인 종족주의(Man's Tribalism as One Source of His Inhumanity)

1. 인간은 다른 인간을 잔인하게 대하고, 또한 친절하게 대한다. 잔인성의 주된 원인은 다른 인간에 대한 책임감의 인종적 제한인 것 같다.(p. 84)

2. 미국은 '용광로(melting pot)'를 자처하고 있는 나라임에도 불구하고 남북전쟁 후 한 세기가 지난 지금까지도 흑인에 대한 인종 차별 문제로 어려움을 겪고 있다.(p. 84)

3. Cyprus 섬의 신생 국가에서는 그리스계와 터키계가, 베트남에서는 불교도 다수와 가톨릭 교도 소수가 서로 싸우고 있다. 인종주의의 두드러진 특성은 공통된 인종적 기원, 언어, 종교, 문화 및 계급이다.(p. 85)

4. 언어: 언어는 인종적 정체성의 가장 분명한 근원이지만 인종보다 순응성을 가지고 있다. 특히, 언어의 문자화는 국민적, 국가적 통합을 위해서 결정적인 역할을 했다. 특히, 다인종적 미국에서는 영어가 통합의 역할을 했다.(pp. 85-86) Congo에서는 원시적 문화가 공통된 언어를 만들어내지 못했기 때문에, Nigeria에서는 인종 간 사투리와 상이한 종교적 전통 때문에 인종적 충돌이 발생하고 있다.(p. 85)

5. 20세기 중엽의 두 가지 인종적 잔인성.(p. 86) (a) Cyprus에서는 지역적 두 공동체 집단 사이의 충돌. (b) 남아프리카와 나치 독일에서는 정치적으로 힘이 있는 인종적 집단이 무력하고 약한 인종적 집단에 가하는 잔인성. 미국 Mississippi 주에서는 인종적 소수 세력인 흑인이 백인 다수의 정치적 힘의 독점을 위협하고 있다고 느끼기 때문에 백인이 흑인에게 가하는 잔인성.

6. 공공연한 투쟁의 잔인성은 한 종족에 의한 다른 민족의 노예화보다 정신적으로 덜 저급하다.(pp. 86-87)

7. 계급: (a) 고대와 중세에서는 지주와 토지가 없는 농민 사이의 오랜 세월에 걸친 계급적 구별이 있었으나 현대의 기술적 및 민주주의적 문화의 대두 이후에는 심각한 계급적 구별이 없었다.(p. 87) (b) 19세기 초의 산업주의에서는 노동자와 기계가 자본가의 상품이 되어서 중산층이 중세 봉건주의의 불평등을 악화하여, 마르크스가 부르주아 계급을 역사의 드라마의 궁극적 악마로 묘사하는 새로운 정치

적 종교의 예언자가 되었다. 부르주아는 역사의 악마도 아니며 성자도 아니었다. 자유사회가 부르주아 이데올로기를 거부하는 데 한 세기가 걸렸다. 자유사회는 마르크스주의자의 묵시 역시 거부했다. 마르크스주의는 재산 소유권만을 경제적 힘으로 보는 잘못을 범했는데, 불행하게도 서구 기술 문명의 팽창으로 인해서 고통을 겪고 있는 농업적 봉건주의의 최종 단계에 있는 비기술적 문화에 더욱 적합한 묵시가 되었다.(pp. 87-88) (c) 민주적 기술사회에서는 계급의 특징이 무한하게 다양하여 계급적 이익이 비인간적인 계급 충돌의 야만성을 초래하지 않는다. 다만 계급적 지배에 인종적 요소가 섞이면 경멸이 비인간적인 잔인성이 되는 경우가 많다.(pp. 88-89) (d) 라틴아메리카에서는 지주인 스페인 정복자와 농노인 인디언의 계급적 인종관계가 유럽의 봉건주의를 연장시켰으며, 남반부에서는 기술적 효율성과 민주적 기구 도입의 문제를 복잡하게 만들었다.(p. 89)

8. 미국의 인종 차별: (a) 계급적 잔인성이 인종 차별에 의해서 악화되었다. 미국의 흑인은 미국의 부르주아 파라다이스의 유일한 진짜 프롤레타리아이다. 일관된 정치적 압력만이 미국의 흑인을 백인의 억압으로부터 해방시킬 수 있다.(p. 89) 흑인은 피부 색 때문에 고통 받았을 뿐만 아니라 문화적으로 뒤떨어진 전통을 가지게 되었으며, 그러한 문화적 낙후성을 흑인 중 가장 뛰어난 극소수만이 넘어설 수 있다.(p. 89) (b) 유럽으로부터의 백인 이민은 19세기 미국의 성장하는 산업적 힘의 원천이 되었으며, 공통된 영어와 유럽 이민자들의 전국적 분산이 그들을 급속히 흡수하게 했다. 그러나 공통의 언어도 개신교 신앙도 흑인을 흡수하는 데 도움이 되지 않았다. 피부 색깔과 문화적 후진성은 넘을 수 없는 것이다.(p. 90) (c) 미국의 인종 차별, 인간에 대한 인간의 비인간성의 패러독스: 첫째, 모든 인간은 다른 동물과 구별되는 인간이라는 유일한 種으로 만드는 자유, 곧 비결정적인 창조적 능력의 공통적 인류성을 가지고 있다.(p. 90) 둘째, 인간은 이러한 공통적 인류성을 종족적 '우리 집단(we group)'의 비공통적인 특이한 특성 안에서만 인정하려고 하는 이성적 피조물이다.(pp. 90-91)

9. 그리스와 로마의 스토아 철학자들은 인류 사상 처음으로 인간의 공통적 인류성을 일관되게 주장했다. 그들은 인간의 지역주의와 인종주의를 이성에 의해서

시정할 수 있다고 생각했다. Cicero는 인간과 인간 사이의 차이가 존재하지 않는다는 충분한 이유가 있으며, 학습된 정도에는 차이가 있지만 학습 능력에는 차이가 없다고 주장했다.(pp. 91-92) 이것은 역사의 특유한 형이상학적 해석의 결과인 보편적 휴머니즘이다. 그러나 이것은 인간과 인간 사이의 자연적 및 역사적 구별성들(distinctions)을 모호하게 한다. 공통된 인류성은 분명하지만 인간과 인간을 분리하는 구별적 특성들 또한 분명하다. 그것들은 고전적 보편주의자들이 생각했던 것보다 집요하고 일반적이다.(pp. 92-93) 그 후의 역사와 특히 현대의 인류학은 인간의 비결정적인 창조적 자유의 능력을 이성이라고 했고 그것을 인간 고유의 質로 본 스토아의 보편주의가 옳다는 것을 정당화했다.(p. 93) 그렇지만 가장 교양 있는 사람도 국지적인 충성에서 벗어나지 못했으며 따라서 인종, 언어, 종교, 문화의 동일한 특성을 가지지 않는 다른 인간에 대한 비인간성을 벗어나지 못했다. 스토아 철학은 인간의 공통적 인류성을 주장함에 있어서는 옳았지만 인류 역사의 인종주의적 힘과 집요함을 과소평가하는 잘못을 범했다.(pp. 93-94)

10. 기독교적 보편주의와 유대인(pp. 94-95): 초대 기독교는 스토아의 보편주의가 가지고 있는 많은 윤리적 범주를 흡수했고, 또한 히브리 선지자들로부터 이스라엘의 '선민' 사상과 나란히 있는 암묵적 보편주의도 흡수했다. 그러나 기독교 보편주의는 기독교를 반유대주의적 잔인성으로부터 벗어나게 하지 못했다.

11. 기독교 신앙과 미국의 흑인(p. 95): 공통된 기독교 신앙이 흑인이 가지고 있는 뚜렷한 민족적 특성과 문화적 후진성으로 인해서 미국의 흑인을 구해내지 못했다. 문명화된 로마가 로마를 멸망시킨 야만적인 유럽 유목민의 공통의 인류성을 인정하기 어려웠던 것처럼, 미국과 아프리카의 백인 독재자들은 흑인과 백인 사이의 문화적 차이가 선천적이 아니라 역사적으로 생긴 것이라는 사실을 인정하기가 어렵다.

12. 모든 인간에게 공통된 인류성: 집단들과 국가들 간의 문화적, 도덕적 차이는 현실적이지만 모든 인간이 공통의 인류성을 가지고 있다. 현대 영국이 유럽 대륙의 다른 나라들보다 의회 민주주의가 성공적인 것은 중세 봉건주의와 현대의 개방 사회 사이의 지속적 갈등에서 얻은 경험 때문이다.(pp. 95-96)

13. 언어와 인류 의식: 언어는 공통되는 인종적 동족 의식을 확대하기도 하고 축소시키기도 한다.(p. 96)

14. 자연(자연법)과 역사의 관계: 역사적 우연들이 독일 민족으로 하여금 하나의 언어를 가지게 했고, Scandinavia인들은 세 가지 언어를 가지게 했다. 이렇게 역사적 우연성들이 역사를 지배하기 때문에 중세의 자연과 역사의 구별은 지나치게 단순하고, 역사와 자연의 고전적 동일시는 잘못이라고 보는 것이 보다 정확할 것이다.(pp. 96-97)

15. 『신의 도시』에서의 Augustine의 잘못된 극단적 이원론(pp. 97-98): Augustine은 로마 제국이 정의의 계약 위에 건설되었다는 Cicero의 주장을 조롱하고 로마의 응집력이 군사력이라고 비판했다. 그에 의하면, 다른 언어로 말하는 인간들에 대해서 인간들은 보편적 인류의 동족성을 인정하려고 하지 않고 서로 미워한다. Augustine의 이와 같은 현실주의는 로마나 스토아의 천재적 통찰이 발견한 보편적 공동체의 가치를 정당하게 다루지 못했다. 그 이유는 그가 신플라톤주의의 환상적 이분법으로 인해서 '하나님의 나라'와 '지상의 나라'를 극단적으로 구별하여 전자를 하나님에 대한 사랑이, 후자를 인간의 자기사랑이 지배한다고 주장함으로써 기독교적 보편주의의 본질인 이웃에 대한 사랑을 모호하게 했기 때문이다. 가톨릭적 전통은 초국가적이고 초인종적인 보편주의를 성공적으로 유지했다. 반면, 개신교는 신흥 국민국가들의 동조자가 되었다.

16. 근대 국민국가의 대두와 보편적 인류성: Dante는 국민국가의 대두에 앞서 교황의 절대주의에 반대하여 로마나 중세의 제국을 복구하려고 했다. 그러나 국민국가의 대두는 스토아와 기독교, 히브리의 보편적 인류성에 종지부를 찍는 듯싶었다. 그러나 프랑스 혁명이 '인권(the rights of man)'이라는 슬로건 밑에서 스토아적 이상을 복구하는 듯했으나 프랑스 혁명의 여파인 나폴레옹 혁명에 의해서 그러한 꿈의 아이러닉한 죽음을 가져왔다.(p. 98) 국민국가의 대두는 종족주의와 국지주의, 혹은 지역주의(particularism)가 보편적 인류성에 대해서 승리를 거두는 것처럼 보였다. 그러나 그것이 최종의 章이 아니다.(p. 99) 최종의 장은 지금 대두되고 있는 민주주의 국가들(democratic nations)이다. 민주주의 국가에서는 도덕적, 언어

적, 문화적 다원주의가 성립하며 인권이 법적으로 제정된다. 모든 시민의 인권이 정치적 권위에 의해서 강요되어야 하지만 말이다. 현대 자유주의적 민주적 국민국가에서는 인간의 종족주의와 보편주의가 역설적인 절정에 도달한다.(p. 99) 미국에서는 흑인의 인권을 수립하려는 의도와 결의를 보이고 있다.(p. 99) 미국의 흑인들은 그들의 인권이 인권선언과 헌법이 보장한 인권법으로 보장되었음에도 불구하고 인권을 박탈당하고 있다.(pp. 99-100)

17. 미국의 흑인 인권 실현의 지체성의 이유 분석: Jefferson적 이상주의자들은 노예제도를 신봉하지 않았지만, 분열된 나라의 구세주인 Abraham Lincoln은 "나의 첫째 관심은 연방을 살리는 것이다(my primary interest is to save the Union)"라고 했다. 그에게 노예 해방은 반군에 대한 연방 세력(Union Forces)의 승리를 위한 전쟁 수단에 지나지 않았다.(pp. 100-101) 해방된 노예에게는 자유시민의 경제적 재원이 부여되지 않고, 교육적 기회를 주려는 많은 노력이 있었을 뿐이다.(p. 101) 흑인에게 교육의 기회가 주어졌지만 종전의 노예의 조건들로 인해서 기술적, 문화적 경쟁력에서 뒤지기 때문에 능력 있는 흑인들이 능력을 발휘하여 그들의 결함이 선천적 열등성이 아니라는 것을 증명하는 데 얼마간의 시간이 필요했다. 뿐만 아니라 백인의 전제적 지배권이 노예제도의 정치적, 경제적 이점을 지키려고 하는 낡은 노예제도가 살아 있는 주에서는 흑인에 대한 교육의 권리가 주어지지 않았다.(p. 101) 흑인의 인권을 박탈한 여러 가지 정치적 요소들을 다 열거할 수는 없지만, 하버드대학교의 법대 학장 Griswold의 저서 『미국의 법과 법률가Law and Lawyers in the United States』, 특히 제5장 "노예제도와 관습법(Slavery and the Common Law)"이 미국의 모든 시민에게 '법의 평등한 보호'를 보장하기 위해서 특별히 고안된 남북전쟁 후의 헌법 수정을 부정했다는 사실을 상세히 저술했다.(pp. 101-102)

18. 미국의 흑인 인권 문제 해결의 본격적 시작과 전망.(pp. 102-105) (a) 미국의 학교에서 백인과 흑인의 분리를 불법으로 규정한 1954년의 대법원 판결은 흑인의 저항의 첫걸음이었으며, 흑인에 대한 불의에 항거하는 힘의 근원이었다.(p. 102) (b) 이러한 혁명에는 흑인 문제 전문가들과 예술가들, 흑인 학생들의 공헌이 컸다.

그들의 공헌은 보편적 인류성의 증거이며 인종주의자들이 생득적이라고 주장한 불평등이 역사적인 우연의 산물이라는 성격을 증명했다.(p. 103) 대법원의 흑백인 학생 분리 위법 결정의 소송을 제기하고 대법원을 설득한 것은 흑인 변호사 Thurgood Marshall이었다.(p. 103) (c) 종교적 공동체들의 질과 정도에서 다른 공헌들: 가톨릭교는 비분리를 공적 성명으로 지지했고, 교구 내 학교에서 통합을 실시했다. 유대인은 소외된 집단에 대하여 자선과 관심의 전통을 발휘했다.(p. 103) 그러나 개신교는 전반적으로 말해서, 흔히 무관심했다. 교회들의 공동체의 연합적 관심은 없었고 교인들의 개인적인 관심에 머물렀다. 교인의 관심도 개인적 회개에 대한 강조는 오래된 사회적 악을 뿌리 뽑지 못했다. 백인 개신교 교회의 모든 교파는 민권 운동의 마지막 단계에서 지지를 표명했다.

19. 국가 이익의 관련이 없이는 모든 종교적 지원에도 불구하고 민권 운동은 전 국가적으로 추진되기 어렵다. 민권 운동의 성취가 국가 이익에 기여하는 세 가지는 다음과 같다.(pp. 104-105) (a) 자유국가가 정의만이 보장할 수 있는 사회적 조화를 가지는 것은 국가 이익에 연유한다. 그것은 19세기의 산업 노동자들이 충성적 반항(loyal revolt)을 함으로써 자유사회가 마르크스주의가 오판했던 자원을 가지고 있다는 것을 증명한 것 같은 국가 이익이다.(p. 104) (b) 증대하는 기술적 문화는 훈련된 인력을 필요로 한다. 훈련되지 않은 노동자는 국가 이익에 기여할 수 없다.(p. 104) (c) 세계의 여론은 미국의 힘과 지위를 위해서 중요하다. 특히, 대중 매체의 시대에서는 더욱 그렇다.(p. 105)

20. 인간의 종족적 본성과 보편적 본성의 패러독스는 인간의 가장 다양한 자원에 의해서 해결되어야 한다.(p. 105)

21. 미국 흑인의 인종 차별은 역사적인 인종적 편견의 뿌리가 깊고 인종적 구별의 특징이 너무나 뚜렷하기 때문에, 새로운 국가적 합의를 위해서 주장하고 행동하는 통합된 강력한 정부의 힘을 가지고도 쉽게 극복될 수 없다.(p. 105) 그러나 출발은 훌륭하며, 이 문제는 적어도 앞으로 한 세기 동안 국가의 문제가 될 것이다.(p. 105)

인간의 이기적 추구와 자기희생 속의 인간의 자아성(Man's Selfhood in Its Self-seeking and Self-giving)

1. 인간의 자아에서는 '이기적 추구(self-seeking)'와 '자기희생(self-giving)'이 뒤얽힌 관계를 가진다. 지속적인 이기적 추구는 자기패배를 가져오며, 자기희생은 궁극적으로 자아실현에 기여한다.(pp. 106-107)

2. '자아의 안전성(self's security)'은 자아가 사랑할 수 있게 하며 자아를 타인들과 관계시킬 수 있게 하는 기본적 근원이다. 자아의 안전성은 모든 인간 공동체의 가장 근본적이고 근원적인 공동체인 가족에서 유년기에 '어머니 역할을 하는 사람(the mothering one)'에 의해서 생긴다.(p. 107)

3. 부모가 자녀에게 준 안전성의 선물(gift)은 '공통적 은총(common grace)'이다. 이러한 은총은 자아를 안전성에 대한 집착으로부터 해방하여 타인들과 관계시킴으로써 참된 자아실현을 성취하게 한다.(pp. 107-108)

4. 문명화된 공동체에서는 가족뿐 아니라 종족, 도시국가, 제국, 국가, 그리고 문화가 이타주의를 통한 자아실현의 기회를 제공한다.(p. 108)

5. 가정이 주는 자아의 원초적 안전성의 선물은 '은총(grace)'이다. 자아가 자기를 타인들과 관계시키는 능력은 굳건한 도덕적 의지에 의해서가 아니라 가정이 주는 안전성의 선물에 의해서이다.(pp. 108-109) 가정이 주는 안전성의 선물을 Erich Fromm은 '풍부의 현상(phenomenon of abundance)'에 의해서, Erik Erikson은 '기초적 신뢰(basic trust)'에 의해서 설명했다.(p. 109)

6. 이기적 추구와 자기희생의 관계에 관해서 가톨릭과 종교개혁이 두 가지 혼동을 초래했다. 첫째는 '공통의 은총(common grace)'과 '구원의 은총(saving grace)'을 나눈 신학적 구별이 초래한 혼동, 또는 잘못이다.(pp. 109-112) 이 구별은 믿음의 공동체나 종교적 전통이 자아를 우상의 형태의 공동체적 충성으로부터 해방하는 추가적 힘을 제공하는 한에서 정당화될 수 있다. 원래 구원의 은총은 자아의 충성을 가족, 인종, 국가 같은 일시적인 공동체에서 신에 대한 궁극적 충성으로 바꾸는 종교적 경험을 뜻한다.(pp. 109-110) 그러나 구원의 은총은 오히려 당장의 공동체에의 충성을 강조하는 잘못을 범했다. 예컨대, 종교적 신앙은 가족을 반드

시 다른 가족의 행복을 위해서 책임을 지우지 않는다. 교회, 혹은 교파에서는 사랑의 길들이기(domestication of love)가 소극적으로 관심의 부재에 의해서가 아니라 적극적으로 종교적 광신과 완고의 죄에 의해서 표출되었다.(p. 110) 이상적으로는 '구원된' 개인은 용서받은 죄인으로서 겸손해야 하지만, 반대로 종교적 독선에 빠지는 것을 종교의 긴 역사가 보여주고 있다.(p. 111) 역사적으로 볼 때 종교적 경건은 초월적 신 앞에서 부족함을 깨닫게 하는 겸손의 자각보다 자신의 부분적 견해를 신성시했다.(p. 111) 이러한 모든 잘못은 종교적이라기보다는 인간적 현상이다. 프랑스 혁명과 러시아 혁명이 이런 잘못을 범했으며 Jacobin과 공산주의의 광신주의가 그들의 '진리'와 '이성', 혹은 마르크스·레닌주의적 과학을 절대적인 것으로 숭배했다. 인간은 집단적으로 신봉하는 공동의 가치보다 높은 가치를 상상하기 어렵다.(pp. 111-112)

7. 둘째는 정통주의적인 종교적 교리가 이기적 추구와 자기희생의 기본적 패러독스에 관해서 초래한 혼동, 또는 잘못이다.(pp. 112-113): (a) 정통주의적 교리는 이기심(self-regard)을 억압하고 자아를 비이기적이고 사욕 없이 만들 수 있다고 생각했다. 가톨릭교의 금욕주의적 전통과 신학이 그랬고, 루터의 '하늘의 영역'과 개신교 도덕주의가 그랬다.(p. 112) (b) 개인의 도덕적 완전성에 대한 이와 같은 믿음은 독선에 빠지게 했으며 모든 형태의 이기심과 자아실현을 죄악시했다. 이것은 "자기 목숨을 얻는 자는 잃을 것이요, 나를 위하여 자기 목숨을 잃는 자는 얻으리라"(마태복음 10: 39)고 한 예수의 가르침의 패러독스를 모호하게 했다. 예수는 단지 자기성취를 위한 일관된 욕망은 자기패배를 가져온다는 것을 말했을 뿐이다.(p. 112) (c) 기독교 사상은 인간의 생명력이 가지는 '야망(ambitions)'의 잠정적이고 상대적인 장점(merits)을 모호하게 했다.(p. 113) 이런 사실을 Abraham Lincoln과 Winston Churchill의 경우에서 살펴보기로 한다.(p. 113)

8. Lincoln(pp. 113-115): Lincoln의 동료요, 그의 전기 작가인 Herndon은 링컨을 대단한 야망을 가진 젊은이(very ambitious young man)라고 했다. 그의 야망은 그로 하여금 가정 환경의 한계를 넘어서 교육을 받게 했고, 법률 분야에서 도제 생활을 하게 했으며, 국회의원에 출마하게 했고, 마침내 Douglas와 노예 문제에 관한

논쟁을 벌이게 했다. 대통령이 되는 것은 그의 상상력 저편에 있었지만 말이다.(p. 113) 그의 Gettysburg 연설과 두 번째 대통령 취임 연설에서 발휘된 수사학적 스타일의 감각은 그의 야망과는 상관없는 천부적인 재능이다.(pp. 113-114) 위기의 국가를 위한 결단력 있는 지도력과 "누구에게도 악의를 가지지 말고, 모든 사람에게 사랑을 가지고 우리가 맡은 과업을 수행하자(With malice toword none, with charity for all, let us strive to do the work we are in)"라고 말한 그의 사랑은 천부적인 능력이며, 그의 야심에서 나온 것이 아니다.(p. 114) (a) 야망과 천부의 재능 및 성격(pp. 114-115): 야망의 추진력과 격려가 재능을 갈고닦게 하고, 정신에게 유용하고 창의적인 재료를 공급할 수는 있지만, 성격(character)을 창조하거나 재창조하지는 못한다.(p. 114) 천부의 능력은 야망에 의해서 여러 형태로 사용될 것이다. 성격과 재능은 야망에게 구도(scope)와 정당화를 부여할 것이다.(p. 114) (b) 야망이 능력 및 성격에 대해서 가지는 관계: '저속한 야망(vulgar ambition)'은 재능과 성격, 혹은 기회(occasion)에 맞지 않는 야심이다. 이 경우 야망은 비애적(pathetic)이다.(pp. 114-115) 야망의 추진력과 자아를 초월하는 목적으로 향하는 창조적 충성 사이의 관계는 동일하지 않고 한없이 다양하다.(p. 115) 때로는 재능 있는 사람의 야망이 어떤 면에서는 훌륭한 성격이지만 하나의 비애적 결함(pathetic flaw)에 의해서 좌절될 수 있다.(p. 115)

9. Churchill(pp. 115-116): 처칠 역시 야망이 있는 젊은이였다. 그의 비판자들과 정적들은 확신이 있으며 야망에 찬 정치가인 처칠을 그가 실패했을 때 끌어내리고 단합했다.(p. 115) 처칠은 거친 정치판에서 장수했지만 그의 정치적 원칙과 정책에 일관되게 충실하지 않았다. 국가를 위한 중책을 수행하기 위해서 그의 고유한 재능을 발휘하게 한 것은 그의 야망이 아니라 역사적 운명이었다.(pp. 115-116) 처칠이 성공하고 있었던 시절에 그가 그의 정적에 대해서 보여준 아량은 그의 특유한 천부적 재능 때문이기도 했고 그가 획득했던 안정성 때문이기도 했다.(p. 116)

10. 야망, 창조적 충성과 책임성, 선천적 성격 및 타고난 능력의 상호 관계는 복잡하여 분명하게 알 수가 없다. 그러나 분명하게 말할 수 있는 한 가지는 야망이나 이기심(self-regard)이 반드시 창조성에 반대되는 것이 아니며, 때로는 창조성 발휘

의 기회를 제공하는 추진력이 될 수 있다는 사실이다.(p. 116)

11. 자기부정.(self-abnegation or self-negation)(pp. 117-118) (a) 기독교와 불교 신앙의 금욕적 전통은 자기부정의 철학들을 주장했다. 그러나 St. Francis of Assisi와 같은 예외적 경우만이 자기부정의 목가적이고 황홀한 경지에 도달했다. 그러나 금욕주의적 문화에서는 명성을 위한 욕망(desire for prestige)이 금욕적인 개인의 숨은, 혹은 무의식적 동기가 된다. 승려들이 내향성으로부터 벗어나 예술, 건축, 농경법, 혹은 교육 분야 등의 지도자의 위치로 전환하면 힘과 명성에 대한 욕망의 유혹을 받게 된다. 자기를 부정하려는 겸손은 흔히 오만을 낳는다.(p. 117-118) (b) 절대적 자기부정은 불가능하다. 그리고 절대적 자아실현도 불가능하다. 자신의 목적을 의식적으로 계속 추구하면 자아가 확대되지 않고 축소되기 때문이다.(p. 118)

12. 은총(grace).(pp. 118-124) (a) Paul과 Augustine의 은총론에서는 자아를 부적절하고 파괴적인 이기심으로부터 구원하는 데 있어서 첫 번째로 중요한 것은 은총이다. 그러나 이와 같은 은총론이 정통적 기독교가 'saving grace'와 'common grace'의 구별을 지나치게 강조함으로써 그것이 밝히려고 했던 것을 감추었다는 사실을 모호하게 하지 말아야 한다. '구원의 은총'은 하나님의 은총의 강림으로 인한 이기심으로부터의 궁극적 구원(ultimate redemption)을 의미한다.(p. 118) (b) 이와 같은 '구원의 은총'에 대한 일방적인 강조는 '공통적 은총', 곧 자아보다 큰 목적에 대한 책임과 충성, 혹은 창조적 능력이 최소 평가를 받게 했다. (c) Paul은 "은총에 의해서 구원된다"라고 했지만 "예수 그리스도에 대한 신앙에 의해서"라고 첨언했다. 그러나 17세기에서는 '신앙에 의해서'로 되었고 그것은 '참된 신앙에 의해서'를 의미했다. 이것은 루터주의의 상징적 긍정, 곧 아우구스부르크 신앙고백문(Augsburg Confession)에 대한 믿음(belief)을 의미한다.(p. 119) (d) 구원의 은총이 가지고 있는 진리는 공통적 은총의 내용인 공동의 충성과 투신보다 큰 충성과 의미의 시스템을 자아가 이해하는 순수한 복음주의적 경험에서 나타났다. 그러한 공동의 충성과 투신은 계급과 국가, 혹은 가치의 국지적 시스템에 대한 우상적 숭배의 요소를 포함하고 있는 경우가 흔히 있다. 나치 시스템에서는 common grace가 악마적 형태의 은총(demonic form of grace)이 되었다.(pp. 119-120) (e) 국

지적 충성과 투신이 모두 나치적 극단과 악마적 악은 아니다. 인간의 사회 생활, 곧 common grace의 근원은 매우 복잡하게 뒤얽혀 있으며, 고도로 발달된 문화 속에서는 충성들의 복잡한 연결망이 차별화, 전문화 및 극단적인 형태의 국지적 충성에 대한 견제의 역할을 한다. 그러나 그와 같은 사회 생활은 개인적 이기심 대신에 집단의 지배를 받는 대가를 지불한다.(p. 120) (f) 신, 혹은 그리스도 안에서의 신에 대한 투신의 종교적 경험은 구원의 은총이다. 구원의 은총은 모든 우상, 그러니까 일시적 가치에 대한 지나친 헌신의 극복, 곧 구원의 근원이지만, 실제에 있어서는 그러한 투신이 쉽게 국지적 충성(parochial loyalty)으로 전락한다. 구원의 은총은 기독교의 완전주의자들이 생각하는 것처럼 깨끗하지 않다.(p. 121) (g) 복음주의적 개신교의 역사는 신에 대한 새롭고 단순한 투신으로서의 철저한 회개를 추구했지만 다른 역사적 운동처럼 이러저러하게 얼룩졌다. 복음주의적 운동은 개인뿐 아니라 공동체를 위해서도 창조적이고 유익한 결과를 가져왔다.(pp. 121-122) 개인을 부당한 자기집착에서 구원하는 역할을 했다.(p. 122) 그렇지만 개신교 복음주의는 노예제도에 반대하지 않았다. 이것은 개신교 복음주의의 특별한 약점 때문이 아니라 모든 문화의 사회적 기풍을 근본적으로 바꾸려고 하지 않는 종교의 일반적인 실패 때문이다.(pp. 122-123) (h) 노예 문제에 실패하게 한 복음주의의 특별한 약점: 첫째, 개인주의와 완전주의(perfectionism) 때문인데, 양자는 'saving grace'와 'common grace'의 부적절한 구별의 결과이다. 둘째, 이와 같은 구별은 사회적 경험보다 개인적 경험을 높임으로써 개인을 그의 지나친 자기관심으로부터 구원하는 사회적 요소를 모호하게 한다. 그렇지만 사회적 요소는 사회 생활이 가지고 있는 부정적 약점을 비판적으로 보지 못하게 한다. 즉, 한 인간에게 그의 동료 인간에 대한 힘을 주며, 그의 오만과 힘을 과도하게 가지게 하는 사회적 제도를 비판적으로 보지 못하게 한다. 셋째, 인간의 사회 생활은 common grace의 근원인 동시에 악마적인 악의 근원이다.(p. 123)

13. 복음주의의 완전주의가 가지고 있는 약점: 첫째, 개인주의적이며 구원의 은총의 종교적 경험에 대한 부적절한 강조를 한다. 자아는 죄악적 이기주의에 빠지거나 회개하여 비이기적이 된다.(pp. 124-125) 둘째, 어떠한 자아도 일관되게 비이

기적일 수 없으며, 구원된 개인도 오만에 빠진다. 이것을 복음주의적 완벽주의는 무시한다.(p. 124) 셋째, 혼은 신에게만 의존하여 자아를 심판하고 용서받는다. 그러나 인간의 사회적 본성은 이러한 순수한 수직적 관계를 불가능하게 한다. 넷째, 종교적 공동체는 종교적 충동과 도덕 생활의 성실성 사이의 관계가 복잡하지 않을 때에는 보다 높은 표준을 가질 수 있지만, 관계가 간접적이고 사회 생활이 간접적이며 억압과 대항적 억압이 복잡하게 뒤얽힐 때는, 차별적 판단과 비판적 능력이 신과 이웃을 사랑하는 종교적 충동보다 중요하다.(pp. 124-125)

14. 사랑의 법과 common grace의 힘(p. 125): 사랑의 법은 모든 도덕 생활의 기초이지만, 그것은 단순한 의지에 의해서 그대로 따르게 될 수 없다. 왜냐하면 자기 관심의 힘이 너무나 강하기 때문이다. 자아를 부적절한 자기관심으로부터 해방하는 것은 대체로 common grace(사회적 안전성, 책임성, 혹은 압력)인데, 그것은 자아로 하여금 그의 사회적 본질을 생각게 하며 절망적으로 자아실현만에 의해서 자아를 실현하려고 하지 않는 방법으로 자기를 실현하게 만든다.

15. 종교적 공동체가 saving grace와 common grace의 구별을 지나치게 강조했다. 이러한 강조가 인간의 자아의 참된 상황을 모호하게 했고, 종교적 독선과 관대하기보다는 협소한 도덕적 관습을 조장했으며, 사랑, 은총 및 법의 진리가 일반적으로 이해되고 실천에 옮겨지는 것을 막았다.

4
생의 종말(1971)
✟

니버에게, 그의 아버지가 그랬던 것처럼, 종교는 '신앙(faith)'이기보다 '신뢰(trust)'였다. 1965년, 그는 종교적 신앙을 인간 존재에 대한 의미의 '신뢰'로 이해하는 것을 그의 아버지로부터 상속받았다고 기록했다. 그렇지만 그는 그의 뇌졸중 이후, 바로 이 기본적 신뢰를 유지하기 어렵게 되었다. 그는 Scarlett 감독에게 그의 기본적인 신경증적 결함, 곧 일에 대한 강박감을 항시 신경증적 불안을 가지고 있었던 그의 어머니로부터 물려받았다고 말했다. Scarlett은 나이가 들어 늙은 니버에게 낙천적 유머와 힘찬 충고와 한없는 확신을 주었다. 니버가 John Cogley와 가진 출판된 최종 인터뷰들 중 하나에서 Cogley가 니버에게 목사가 된 것을 기쁘게 생각하느냐고 물었을 때, 그가 머잖아 죽을 것이라는 것을 알고 있음에도 불구하고 니버는 삶에 대한 궁극적 신뢰를 나타내는 다음과 같은 대답을 했다. "나는 대체로 기쁘다. 내가 나의 아버지의 비전을 적절하게 개척한 점에서 기쁘게 생각한다. 사람이 그의 전 인생 여정을 노년에 되돌아볼 때 전체적으로 기쁘게 생각할 수는 없을 것이다. 너무나 많은 부적절함이 거기에 있기 때문이다. 나는 역사를 좋아했기 때문에 역사가가 되었더라면 좋았을 것이라고 생각한다. 그러나 나의 비판적인 딸은 아빠는 충분한 경험주의자가 아니기 때문에 좋은 역사가가 될 수 없었을 것이라고 말한다."[21]

1967년에 니버는 시간의 대부분을 병원에 가고 의사와 치과의사를 방문하는데 사용했으며, 그 외의 무료한 시간을 달래기 위해서 이따금 짧은 글을 썼다. 그는 치과의사를 보러가는 것이 두려웠다. 갈 때마다, 그리고 결국 그의 아랫니를 모조리 뽑았기 때문이다. 시간의 대부분을 그는 누워 있어야 했으며, 그의 생애에서

---

21) Fox, *Reinhold Niebuhr*, p. 287.

처음으로 하는 일 없이 누워서 지냈다. 그는 삶의 한가운데서 이미 죽어 있다고 매일같이 느꼈다. 1967년 말에 미국의 학생들은 베트남전 반대 운동을 전개했으며 니버는 그것을 환영했다. 그러나 1968년 컬럼비아대학교 학생들의 동맹 휴학이 길 건너 유니온신학교로 확대되어서 신학생들이, 신학교 이사회가 뉴욕의 흑인 가족들을 위해서 신학교의 기금 중에서 10만 달러를 지불하라고 압력을 가했을 때, 니버는 "이들 젊은이들이 미쳤다"라고 분노를 터뜨렸다. 1963년의 대통령 선거 운동에서 Humphrey와 McCarthy가 그의 지지를 얻기를 원했다. 니버는 두 사람 다 거절했다. Humphrey는 다년간의 우정에도 불구하고 베트남전에 관해서 잘못된 정책을 제시할 수밖에 없는 입장에 있기 때문이요, McCarthy는 인권 문제에 관한 그의 입장을 알 수 없었기 때문이다. 그해 가을에 Nixon과 Robert Kennedy가 대통령 선거에서 대결할 것으로 예상되었는데 니버는 두 사람 모두 싫어했다. 만일 Rockefeller가 지명되었더라면 니버는 그를 지지하여 일생에 처음 공화당에 투표할 뻔했다. 결국 케네디가 암살당했고 닉슨이 지명되어서, 니버는 덜 악한 것(lesser evil)을 택하여 Humphrey를 지지했다.[22]

1969년에 니버는 그의 최후의 저서 『민주적 경험 The Democratic Experience』을 출판했는데 독자들도 서평자들도 별로 관심을 보이지 않았다. 이 책은 1961년 하버드대학교에서 니버와 함께 가르쳤던 Paul Sigmund와 공동으로 저술했는데, 니버는 55페이지를 썼고 Sigmund는 90페이지 이상을 썼다. 니버는 1963년 저술을 포기한 민주주의와 공산주의에 관한 저술 계획의 단편적 이론들을 제시했고, Sigmund는 신생국들의 세계 속의 민주주의의 전망에 대해서 썼다. 이 저서의 논의는 간단하고 요약적일 뿐만 아니라 『그렇게 잉태된 국가』처럼 불완전했다. 1969년, 니버는 편지를 쓸 기력도 없었다. 그는 편지 쓰는 것을 단념했지만 그로 인해서 좌절감을 느끼지는 않았다. 그는 지쳤지만 마음은 고요했다. 그의 Elmhust 고등학교와 Eden신학교 동창의 죽음의 소식에 접했을 때 그는 그것을 고요한 마

---

22) 같은 책, p. 288.

음으로 당연한 사실로 받아들여 다음과 같이 말했다. "이렇게 해서 우리는 한 사람 한 사람 아버지께로 모인다. …나는 이 생을 떠날 준비가 되어 있지만 아직 나의 시간은 오지 않았다." 자신의 죽음이 임박했다고 말한 Scarlett에게 그는 나는 이미 죽음을 생각하는 일로 놀라지 않으며 금년에 내가 죽을지도 모른다고 자신의 부인에게 넌지시 비쳤다고 말했다. Scarlett은 일생 동안 니버와 우정을 나누었는데, 그는 Phoenix에서 그의 생을 시작하여 Missouri 주에서 감독이 되었고 Maine 주에서 은퇴하여 살고 있었다.[23]

1970년. 니버의 고요한 생활을 방해하는 두 가지가 있었다. 하나는 Nixon 대통령이 베트남전을 종식하겠다고 선거에서 공약했음에도 불구하고 그것을 확대하고 있다는 사실이었다. 그는 닉슨이 미친 짓을 한다고 생각했다. 닉슨 대통령이 TV 화면에 나타났을 때 그는 침대에서 벌떡 일어나 앉으며 '저 자식(that bastard)' 하고 욕했다고 한다. 이것은 강한 신념이 없으면 적도 없다는 것을 나타내는 것이라고 하겠다. 다른 하나는 그의 유명한 「고요함의 기도(Serenity Prayer)」가 그 자신의 것인가 아니면 다른 사람의 것을 얻어 온 것인가를 사람들이 편지로 질문했다는 사실이다. 그 기도문은 다음과 같다.

하나님, 바꿀 수 없는 것을 받아들일 수 있는 고요함을 우리에게 주소서:
바꾸어야 할 것을 바꿀 수 있는 용기를 우리에게 주소서:
두 가지를 구별할 수 있는 지혜를 우리에게 주소서.
God, give us the serenity to accept what cannot be changed:
Give us the courage to change what should be changed:
Give us the wisdom to distinguish one from the other.

니버는 제2차세계대전 때부터 그가 사용하기 시작한 그 자신의 기도를 사람들

---

23) 같은 책, pp. 289-290.

이 니버의 것이 아니라고 생각하고, 어떤 잡지의 편집자 Elson Ruff는 18세기의 독일 신학자 Friedrich Oetinger의 기도가 아니냐고 물었으며, 또 어떤 사람들은 그 기도가 Marcus Aurelius나 Francis of Assisi, 혹은 다른 성자의 기도가 아닌지 물어왔다. 니버의 친구 Howard Chandler Robbins가 대전 동안에 니버의 기도를 미국 교회협의회가 발간하는 기도집에 포함하게 허락해 달라고 요청했다. 대전 후에는 '알코올중독자자주치료협회(Alcoholic Anonymous)'가 니버의 기도를 공적 기도로 채택했으며, USO가 수많은 군인들에게 그 기도를 배부했다. 니버는 항상 그 기도가 자기의 것이라고 생각했고, 그 기도에 대한 저작권에 신경을 쓰지 않았다. 니버는 알지 못했지만 그의 기도의 독일어 번역이 제2차세계대전 후 독일에서 널리 알려져 있었다. 서독의 육군사관학교에서도 그의 기도는 공적 모토가 되었다. 그러나 독일에서는 그 기도가 Oetinger의 기도로 되어 있었다. 그러나 1970년 쇠약해져 가고 있는 니버는 이런 사정을 전혀 알지 못했다. 그러나 Ruff의 질문에 대한 니버와 Ursula의 대답은 그의 아버지가 사용한 기도이거나 오래전에 어디에선가 읽은 것을 표현한 것일 수 있다고 암시했다. 어쨌든 니버는 그의 기도가 그의 것이 아니라고 다른 사람들이 의심하는 것으로 인해서 고통을 받았다.[24]

1971년 1월 초에 니버는 그의 침대에서 심리학자 Erik Erikson에게 기대어 앉아 "에릭, 나는 살기를 원하지 않는다"라고 말했다. 방광이 도뇨관에 연결되어 있어서 그는 자유롭게 일어나 앉을 수도 없었다. 그해 늦은 겨울에 그는 한동안 폐렴으로 쇠약해졌다. 그리고 기후가 따스해졌을 때는 폐경색증으로 입원했다. 그와 어슐러는 그의 기관들을 하버드의과대학에 기증하기로 합의했다. 4월에 퇴원하여 집으로 와서 건강이 호전되었지만 5월에 다시 나빠졌다. 6월 1일, 그의 79세 생일 3주 전 화요일 저녁에 그는 조용하고 평화롭게 세상을 떠났다. 6월 4일 Stockbridge에 있는 제일회중교회(the first Congregational Church)에서 고별 예배가 거행되었다. 가족과 친지들 200명이 참석했는데 그중에는 Arthur Schlesinger

---

24) 같은 책, pp. 290-291.

와 Bingham 부부가 있었고 89세의 Will Scarlett이 그의 집이 있는 메인에서 혼자 자동차를 운전하고 와서 식에 참석했다.[25]

니버의 생은 패러독스였고, 아이러니였다. 그의 삶의 독자성은 그가 그의 정열과 열광을 투입하여 사상과 사상에서 패러독스와 아이러니를 추구했다는 사실에 있다. 그는 영향을 주면서도 겸손을 유지하려는 예언자적 목회자였다. 그는 친영국적 독일계 미국인이었다. 그는 종교적이지만 세속적인 설교자였다. 그는 학자를 불신하는 교수 학구자였지만 학자들의 존경을 받기를 바랐다. 그는 진보주의를 비판하는 진보적 십자군 전사였다. 그는 아브라함의 신과 예수의 계시를 포괄한 제임스적 상대주의자였다. 그는 인기가 높은 논쟁자였지만 숨은 불안에 에워싸여 있었다. 그는 진리가 패러독스로만 표현될 수 있으며 삶은 내포하고 있는 모순(pregnant contradictions)의 연속이라고 믿었다. 『미국 역사의 아이러니』에서 그는 아이러니의 개념이 미국의 경험을 조명하기 위해서 특별히 유용하다고 주장했다. 같은 아이러니의 개념이 니버를 이해하는 데 우리에게 도움이 된다. 그의 생애는, 그가 미국적 경험이 그렇다고 주장한 것처럼 비극적이지도 비애적이지도 않고, 아이러닉하다. 그는 비극의 주인공처럼 그의 운명을 스스로 자진해서 선택하지 않았다. 그의 아버지로부터 목회직의 소명을 받는 것으로 시작된 그의 운명은 이미 부분적으로 정해져 있었다. 그렇다고 해서 그의 운명이 가족과 환경, 또는 비애적 희생자의 운명과 같이 환경에 의해서 강요된 것도 아니었다. 그의 역동적 자아성은 심리적, 사회적 결정 요인들의 현저한 작용에도 불구하고 그것들을 초월했다. 그의 삶을 아이러닉하다고 우리가 보는 것이 비극의 눈물이나 비애의 동정을 자아내는 것이 아니라, 비판적 이해라는 공감의 미소를 짓게 한다. 하늘에 있는 니버는 인간 생활의 광경, 곧 허약함 위에 건설된 위대함을 보고 비웃을 것이다. 니버의 생을 성찰하는 사람들은 그의 삶이 밝혀준 의미와 그것이 숨기고 있는 신비에 놀랄 것이다.[26]

25) 같은 책, pp. 292-293.
26) 같은 책, pp. 291-292.

끝맺는 말: 니버의 신학과 미래의 전망

라인홀드 니버의 생애와 사상

1
니버의 비의인화적 신관

✣

    필자가 1970년대 초에 미국의 한 대학교의 신학부에서 기독교윤리학 박사과정을 이수하고 있을 때, 세미나 시간에 한 학생이 기독교가 주장하는 모든 교리에서 擬人化(anthropomorphism)와 隱喩(metaphor)를 빼고 나면 무엇이 남는가 하는 의문을 제기했다. 그 학생은 신을 하늘의 어떤 곳에 있는 '인간' 같은 존재로 생각하는 의인화를 제거하면, 그리고 '하늘'이라는 공간적 은유(space metaphor)와 '영원한' 하나님이라고 할 때의 '영원'이라는 시간적 은유(time metaphor)를 제거하고 나면, 무엇이 남는가 하는 물음을 제기했다. 지금 생각하면, 그 학생의 질문은 필자가 6년 반 동안 미국에서 신학을 공부하는 동안에 접했던 가장 중요하고 심각한 문제였다. 여기에서는 공간적 은유와 시간적 은유는 제쳐놓고 의인화의 문제만을 심도 있게 살펴보기로 한다.

    기독교의 전통적 사고는 신의 삼위일체를 강조하다 보니 신을 지식과 힘, 덕에 있어서 최고로 극대화된 인간적 존재로 상상하는 의인화에 빠지게 되었다. 이러한 의인화로 신을 하늘 어느 한곳에 존재하는 흰 수염이 난 할아버지 같은 존재로 생각하게 되었다. 그러한 신을 인간들은 무서워하고, 복종하고, 또는 복을 달라고 빌고, 심지어 이기적인 개인적, 국가적 이익의 관철을 위해서 다투는 경쟁에서 이기게 해달라고 간청한다. 이러한 생각이 극단적으로 흐르게 되면 축구 경기에서 자기 팀이 이기게 해달라고 기도한다. 이런 비판적 사고로 예수님이 하나님의 아들이라는 기독교의 핵심 교의를 검토하면, 하나님 아버지가 예수님이라는 아들을 실제로 두고 있다는 역사적 사실로 믿는 반계몽주의(obscurantism)의 비과학성, 혹은 미신에 떨어진다. 예수님이 하나님의 아들이라고 말함은 예수님의 인격과 하나님의 신성이 동일하다는 신화적(mythical) 표현, 즉 신화(myth)를 사용한 표현이지 역사적 사실을 말하는 것이 아니다.

21세기에 살고 있는 오늘날, 종교가 가지고 있는 심벌(symbol)과 신화를 이해하지 못하기 때문에 일반 신자는 말할 것도 없고, 심지어 많은 목회자가 자기도 모르게 비과학적인 미신적 신앙에 빠진다. 심벌과 신화에 관해서는 뒤에 가서 논하게 될 "심벌과 신화에 대한 니버의 이해"에서 좀더 상세하게 고찰할 것이기 때문에 여기에서는 그것들의 핵심을 간단하게 밝히기로 한다. 심벌이나 신화는 초월적이고 궁극적인 진리를 역사적 존재나 사건, 또는 이야기(story)를 사용해서 나타내는 표현 방식이다. 따라서 그것들을 초월적인 궁극적 진실을 나타내는 것으로 이해하면 진리이지만, 역사적 사실로 이해하면 비과학성과 미신에 빠진다. 예수님이 하나님의 독생자라는 표현이 예수님의 인격과 하나님의 신격이 동일함을 나타내는 심벌이라는 것은 옳지만, 하나님이 부인이 있어서 예수님이라는 아들을 낳았다고 생각하면 그것이 비과학적인 미신이 아니고 무엇이겠는가? '신(God)'이라는 말도 궁극적 존재를 나타내는 심벌이지 궁극적 존재는 아니지 않은가? 그러한 의인화의 신을 심리학자 Freud가 어린이 시절의 아버지의 투사(projection)라고 밝힌 것은 널리 알려진 사실이다.

이러한 의인화된 신관으로부터 탈피하려는 시도에서 실존철학자 Martin Heidegger는 '存在(das Sein)'에 의해서, Paul Tillich는 '존재의 근거(the ground of being)', 혹은 '존재(being)'라는 말, 즉 심벌을 사용하여 신을 새롭게 命名하려고 했다. 또 미국의 조직신학자 Gordon D. Kaufman은 신을 '궁극적 준거점(the ultimate point of reference)'[1]이라고 불렀고, 혹은 단순하게 '신비(mystery)'라고 했다. 니버 역시 의인화된 신관을 받아들이지 않는다. 그는 가끔 신은 '숨은 신(Deus Absconditus)'이라고 말한다. 이런 신을 그는 다음과 같이 말한다. "이 신(성서적 신앙의 신)은 어떠한 인간의 상(image)으로도 만들어지지 않는다. 사실, 십계명은 신의 신비와 불가해성을 지키기 위해서 신의 어떤 상도 만드는 것을 엄격히 금한다. 신은 '숨은 신'이다."[2]

---

1) Gordon D. Kaufman, *In Face of Mystery*(Cambridge, Massachusetts: Harvard University Press, 1993), pp. 8-9.
2) Reinhold Niebuhr, *Faith and History*(New York: Charles Scribner's Sons, 1951), p. 103.

니버는 하이데거의 '존재'나 틸리히의 '존재의 근거' 같은 신을 새롭게 명명하기 위한 독자적 개념을 제시하지는 않지만, 신을 '궁극적인 것', 혹은 '절대적인 것(the absolute)'이라고 부른다. 그는 인간에게는 '궁극적인 것', 혹은 '절대적인 것'에 대한 '열망(yearning)'이 있다고 한다. 그는 이것을 '절대적인 것에 대한 열망(yearning after the absolute)'[3] 혹은 '궁극적인 것에 대한 열망(yearning for the ultimate)'[4] 또는 '궁극적인 것에 대한 이상한 열망(strange yearning for the ultimate)'이라고 한다.[5] 니버에게 있어서 절대적인 것, 혹은 궁극적인 것은 경험적 증명 저편에 있는 것이기 때문에 밝힐 수 없는 것이다. 이것을 그는 다음과 같이 말했다. "자아가 하나님과 대화를 가진다는 주장은 당장의 경험적 증명을 넘어서는 탐구를 하게 한다. … 우리는 아마도 자아가 궁극적인 것에 대한 열망에 의해서 자신을 규정한다고 보다 더 온건하게 말할 수 있을 것이다."[6]

니버는 이렇게 궁극적인 것이 경험을 초월해 있다고 이해하지만 존재론적 개념을 도입하여 '존재(being)'에 의해서 기독교 신앙의 창조주 하나님을 설명하는 것에 반대한다. 그는 '존재'는 그리스 철학자자들이 순수한 靜的 용어에 의해서 기술한 것으로서 히브리의 사상이 창조자로 기술한 모든 시간적 성격을 제거한다고 주장한다. 그는 이것을 다음과 같이 말한다. "그러나 기독교 신앙은 사랑의 이념을 '존재'의 이념으로부터 도출하지 않는다. '존재'라는 그리스적 개념들이 창조주의 이념과 역사적 계시의 존재론적 근거인 창조의 신비를 대신하면, 강조는 어쩔 수 없이, 성경에 의하면, 신이 먼저 행하신 신과 인간 사이의 화해라는 계시의 내용으로부터 이탈하게 된다." 그는 이어서 "Origen에서 시작되었고 플라톤적 철학의 영향을 받은 신학자들은 역사적 운명으로서의 보편적 죄의 이념을 존재론적 이념으로, 다시 말해서 인간의 유한성의 필연적 결과로 바꾸었다"[7]라고 말했다. 신을 '존재'로 보는 데 대한 이 같은 니버의 비판은 비록 이름을 거명하지 않

---

3) Reinhold Niebuhr, *Reflections on the End of an Era*(New York: Charles Scribner's Sons, 1934), p. 114.
4) Reinhold Niebuhr, *The Self and the Dramas of History*(London: Faber and Faber LTD, 1955), p. 17.
5) Reinhold Niebuhr, *The Structure of Nations and Empires*(New York: Charles Scribner's Sons, 1959), p. 290.
6) Reinhold Niebuhr, *The Self and the Dramas of History*, p. 17.
7) 같은 책, pp. 111-112.

았지만 Tillich의 '존재'로서의 신의 개념에 대한 비판이기도 하다. 니버는 의인화의 신관을 수용하지 않지만, 그렇다고 해서 신을 '존재'로 규정하는 데에도 동의하지 않는다.

니버는 의인화의 신관을 받아들이지 않지만, 다른 한편으로는 존재론적 신 개념도 거부한다. 그의 신은 경험적 증명 저편에 있으며 '숨은 신'이지만, 그가 신에 관해서 알고 있으며 말할 수 있는 한 가지가 있다. 그것은 십자가에서 못 박혀 죽은 예수가 궁극적인 존재로서의 신의 신비의 실마리, 혹은 단서(clue)라는 것을 신앙으로 믿는다는 것이다. 그에게 그리스도는 삶과 역사의 의미의 궁극적 신비를 '어둠 속의 빛'으로서 나타내는 실마리이며, 니버는 그것을 신앙으로 믿는다. 그는 신을 새롭게 명명하거나 그의 신비를 밝히고 규정하려고 하지 않고, 그리스도는 삶과 역사가 단편적이고 비합리적이며 모순된 드라마임에도 불구하고 삶과 역사를 의미 있게 하는 신비한 창조자 하나님의 진리를 희미하게나마 나타내는 실마리라고 믿는다고 주장한다.

이렇게 볼 때, 니버는 의인화의 신관은 거부했지만 그것을 대신하는 새로운 신관을 적극적으로 제시하지는 않고 그리스도에게서 신의 신비의 단서를 발견한다. 이것은 단지 니버의 신학만의 문제가 아니라 지식과 과학이 발달되었고, 특히 천체물리학이 발달된 오늘날과 미래의 기독교가 이미 성립할 수 없는 의인화의 신관을 극복할 수 있는 새로운 신관을 창조해야 할 그야말로 고도로 어려운 과제에 직면하게 하고 있다. 니버는 의식적이건 무의식적이건 그러한 탐구를 시작했다. 단지 니버만이 아니라 앞서 이미 말한 대로 철학에서는 Heidegger가, 신학에서는 Tillich와 Kaufman 역시 같은 탐구와 시도를 했다. 이러한 혁명적 과업에 들어간 다른 신학자와 철학자가 있다. 신학자로서 먼저 호명해야 할 이는 Dietrich Bonhoeffer이다. 그는 옥중에서 1944년 5월 24일 기록한 글에서 독일의 물리학자이자 철학자인 Carl Friedrich von Weizäcker가 1943년에 저술한 『물리학적 세계상Das physikalische Weltbild』을 "최대의 흥미를 가지고 지금 읽고 있다"라고 말했다.[8]

| 8) Dietrich Bonhoeffer, *Wiederstand und Ergebung*(München: CHR Kaiser Verlag, 1964), p. 208.

그는 다음 날 5월 25일 기록한 글에서 그가 Weizäcker의 『물리학적 세계상』을 계속 탐독하고 있다고 말하면서 "이제 신을 우리의 불완전한 인식을 메꾸는 미봉책으로 만들어서는 안 된다는 점이 분명해졌다. …우리는 우리가 인식하지 못하는 것 속에서가 아니라 우리가 인식하는 것 속에서 신을 발견해야 한다. 미해결의 문제에서가 아니라 해결된 문제에서 신이 우리에 의해서 파악되기를 원한다"라고 말했다.[9] 본회퍼는 이 지점으로부터 발전하여 "세계가 '신'이라는 후견인 없이 살 수 있다는 것을 성인 된 세계(die mündig gewordene Welt)에게 증명하는 것을 인간이 시도한다"[10]고 주장하는 '신학적 개념의 비종교적 해석(dienichtreligiöse Interpretation)'[11] 혹은 성서의 개념들의 '현세적 해석(die weltliche Interpretation)'[12]을 주장하기에 이른다. 그는 1944년 6월 27일 기록한 글에서 그의 역사적 구원(die geschitliche Erlösung), 곧 죽음의 한계의 此岸의 구원, 다시 말해서 사후의 영원을 비역사적으로 추구하는 구원신화(die Erlösungsmythe)가 아니라 지상의 하나님의 백성으로서 신 앞에서 살 수 있는 현세적 구원의 주장에 입각한[13] 그의 신앙을 다음과 같이 토로한다.

신은 누구인가? 무엇보다 먼저 신의 전능 등에 대한 보편적 신앙이 아니다. 그것은 전혀 참된 신에 대한 경험이 아니라 세계의 연장의 한 부분이다. 그리스도와의 만남, 그것은 거기에서 인간 존재의 모든 전환이 주어지는 경험이다. 그것은 예수는 오직 '타자를 위해서 존재한다'라는 경험이다. 예수의 '타자를 위한 존재(Für-andere-da-Sein)'가 초월적 경험이다. 자신의 자유로부터 죽음에 이르기까지 '타자를 위한 존재'로부터 비로소 전능, 전지, 遍在가 생긴다. 신앙은 이러한 예수의 존재에 대한 참여이다(성육신, 십자가, 부활). 신에 대한 우리의 관계는 우리가 생각할 수 있는 최고의, 최강의, 최선의 존재에 대한 종교적 관계가 아니라—이것

---

9) 같은 책, pp. 210-211.
10) 같은 책, p. 216.
11) 같은 책, p. 219.
12) 같은 책, p. 237.
13) 같은 책, p. 226.

은 결코 참된 초월이 아니다―신에 대한 우리의 관계는 예수의 존재에 대한 동참에 의한 '타자를 위한 존재(Dasein-für-andere)'로서의 새로운 삶이다.[14]

Bonhoeffer에 관한 지금까지의 고찰을 요약하면, 그는 Weizäcker의 물리학적 세계상에 접하여 신학의 혁명적 변화를 체험했다. 짐작건대, 우주의 무한과 하늘이라는 객관적 실체는 존재하지 않고 에너지가 물질이 되고 물질이 에너지가 되는 소용돌이가 있을 뿐이라는 새로운 사실을 포함하는, 우주에 대한 현대 물리학적 이해가 '초월'이라는 기존의 개념의 허구성을 깨닫게 한 것 같다. 사실, 무한한 우주 속에서는 위도 아래도 없고 초월도 존재하지 않는다. 이념적 초월이 있을지 모르지만 공간적 초월은 있을 수 없다. 그는 신의 초월적 존재에 대한 개념이 사실은 세계의 연장의 한 부분에 지나지 않는다는 것을 깨달았다. 다시 말해서, 지금까지의 초월의 개념이 현실 세계의 연장의 한 부분이라는 사실을 발견했다. 마치 기존의 의인화의 신 개념을 어린이 시절의 아버지의 투사에 지나지 않게 본 Freud처럼 말이다. 그래서 본회퍼의 신앙은 예수의 '타인을 위한 존재'에 대한 동참으로 귀결되었다. 이것은 사후의 신화적 구원이 아니라 현세에서 구원을 체험하는 현세적인 此岸의 구원이라고 그는 주장했다. 이러한 본회퍼의 사상에 접해서 놀랍게 느껴지는 것은 신을 '숨은 신'으로 이해하면서도 그러한 이해불가의 신비한 신의 실마리(clue)를 그리스도에서 신앙으로 발견하는 니버의 사상과 일치하는 바가 있다는 사실이다. 단지 양자 사이에 다른 점이 있다면, 니버의 경우 그의 전체적인 신학적 흐름 속에서 당사자 자신이 문제에 대한 심각한 의식적 고민 없이 자연스럽게 여기저기서 표출되었지만, 본회퍼의 경우에는 현대의 물리학적 세계상에 접하여 옥중의 한계 상황 속에서 사상의 혁명적 전향으로서 극적으로, 그리고 의식적으로 표현되었다는 사실이다. 그런 차이에도 불구하고 두 신학자는 현대의 지적 및 과학적 발달로 비롯된 의인화의 신관을 부정하고 그리스도에서 신의 비밀을 발견함으로써 새로운 신관 탐구의 출발에 돌입했다. 신에 대한 성숙된 새로운 이

14) 같은 책, p.259-260.

해는 미래의 기독교가 해결해야 할 결정적으로 중요한 기본적 과제들 가운데 하나이다.

그리스 철학에서 의인화의 신관으로부터의 탈피는 기원전 6세기에 Xenophanes가 Homer의 전설의 의인화적 신 개념에 도전하여 합리적 일원론(monism) 내지 일신론(monotheism)을 수립함으로써 시작되어 Plato와 Aristotle의 사상에서 완성되었다. 플라톤과 아리스토텔레스에게 이성, 혹은 정신, 또는 존재의 다양한 구조들과 성질들 속에 내재되어 있는 질서의 합리적 원리가 참된 신이었다. 기독교적 신관에서 의인화의 신관 초극이 가장 이색적으로, 그리고 극적으로 나타난 것은 철학자 Baruch Spinoza(1632-1677)에서였다. 그에 의하면, 신은 無限의 본질을 가지고 있으며 마치 삼각형의 성질이 삼각형을 떠나 존재하지 않고 삼각형 자체의 본질로 존재하는 것처럼 모든 사물과 법칙은 신의 본질상 필연적으로, 스피노자의 고유한 말로는 '영원(aeternites)'적으로 생기는 것이다. 만물은 신의 밖에 존재할 수 없다. 신은 무한하기 때문이다. 신은 만물의 내재적 원인이지 초월적 원인이 아니다. 만물을 자연으로 부르면 그 자연을 존재하게 하고, 있는 대로 있게 하는 원인의 측면에서 본 것이 곧 신이라고 그는 주장했다. 그는 유한물의 세계를 所産的 自然(natura naturata)이라고 했고, 신을 能産的 自然(natura naturans)이라고 했다. 이처럼 스피노자는 인격적인 초월적 신을 배척했다. 그는 신, 즉 자연(Deus sive natura)을 주장했다. 그의 이런 신관은 그가 일생 동안 신에 취해서 살았지만 무신론자로 박해를 받게 했다. 그는 비록 기독교 주류 사상에 의해서 그런 비난과 박해를 받았지만, 의인화의 신관을 초극하고 현대적 지성과 이해에 적합한 새로운 신관 탐구의 관점에서 볼 때, 무언가 심오한 진리를 시사하고 있다. 스피노자 식으로 생각하면, 무한한 우주 밖에 존재하는 신의 존재를 생각할 수 없다면 우주 자체가 그대로 신이 아닌가? 만일 그렇다면 만물과 인간은 신의 한 부분이 아닌가? 마치 세포가 우리의 신체의 일부인 것처럼 말이다. 이런 생각은 만물을 신으로 보는 종래의 범신론과는 구별되어야 한다. 우리는 신의 일부이기 때문에 신은 스피노자의 말대로 신 밖에서 신을 객관적 실체인 유한물로 인식할 수 없는 '숨은 신'이다. 그런데 그러한 능산적 자연으로서의 신으부터 어떻게 만물과, 특히 인간이라는 독자적 존재를 포함한 코스모스로서의 우주가 생긴 것일까? 이것이 앞날의 신학이 과학과 철학과 협력하여 해결해야 할 난제중의 난제이다.

이 문제와 관련된 오늘날의 이색적인 신학 사상이 있다. 지금은 고인이 된 가톨릭 신학자 Pierre Teilhard De Chardin의 생물학적 진화론의 신학이 그것이다. 그는 많은 저술을 남겼는데 지금 이 논의와 직접 관계가 있는 그의 저서는 『인간의 현상The Phenomenon of Man』(1959)이다. 그는 이 저서에서 신을 '에너지로서의 사랑(love as energy)'이라고 불렀다.[15]

그는 이런 에너지에 대해서 다음과 같이 말했다. "오직 단 하나의 실재만이 살아남는 것 같고, 또한 무한하게 적은 것과 무한한 것을 승계하고 결합시키는 것 같다. 그것은 흐르고 있고, 그것은 보편적인 에너지인데 만물이 거기에서부터 나오고 또한 만물이 대양 속으로 흘러 들어가는 것처럼 그 속으로 되돌아간다. 에너지는 새로운 정신(the new spirit)이며 새로운 신(the new god)이다."[16]

그는 에너지로서의 사랑의 작용을 구체적으로 다음과 같이 말한다.

"생물학적 현실에서 생각할 때, 사랑 곧 존재와 존재의 친화력은 인간에게만 특별히 있는 것이 아니다. 그것은 모든 생명의 일반적 성격이며, 그 자체로서 유기체에 의해서 성공적으로 채택된, 모든 다양하고 정도가 다른 형태들을 포용한다. 우리와 아주 가까운 포유동물들을 관찰해 보면, 그것은 상이한 양식들에 있어서, 다시 말해서 성적 열정, 어미의 본능, 사회적 응집성 등에 있어서 위의 사실들을 쉽게 알 수 있다. 멀리 떨어진, 다시 말해서 낮은 차원의 식물 세계인 나무의 생명에서는 에너지의 힘이 보다 더 미약해져서 감지할 수 없을 정도로 희미해진다."[17]

존재와 존재의 친화력은 이렇게 동물과 생물의 세계에서만 존재하는 것이 아닙니다. 물체와 물체 사이의 인력 역시 친화력에 속한다. 유교철학의 입장에서 보면,

---

15) Pierre Teilhard De Chardin, *The Phenomenon of Man*(New York: Harper & Row, 1959), p. 264.
16) 같은 책, p. 258.
17) 같은 책, p. 264.

반대와 대립, 또는 모순을 통해서 전개되는 음과 양의 작용 또한 우주의 자기전개의 원동력이다. 어쨌든 Pierre Teilhard의 사상은 우주가 만물을 생성 소멸시키는 가운데 진화가 이루어지는 신비로운 작용의 실마리를 제시하고 있다고 생각된다. 그러나 비의인화의 새로운 신관 수립과 그것과의 관계에서 이해된 새로운 그리스도관, 나아가서 기도의 참된 의미 등 새로운 현대 기독교의 과제는 너무나 깊고, 복잡하고, 어렵다. 니버의 비의인화의 신관은 그러한 지난한 과제의 출발을 시사하고 있다.

2
심벌과 신화에 대한 니버의 이해

✢

니버는 심벌이나 신화를 바로 이해하지 못하고 그것을 역사적 사실이나 사건으로 이해하면, 비과학적 표현의 문자를 사실로 믿는 '문자주의(literalism)'나, 혹은 비과학적 '반계몽주의(obscurantism)'에 빠진다고 주장한다. 앞서 이미 말한 바와 같이 심벌과 신화는 역사적 존재나 사건으로 초역사적인 궁극적 진리를 시사하는 표현 방식이다. 그러한 존재나 사건을 그대로 역사적 사실로 이해할 때 비과학성과 반계몽주의에 빠지는 것이다. 니버는 이런 잘못을 가르켜 '반계몽주의'라는 용어를 즐겨 사용한다. 니버는 그의 초기 저술에서 지극히 단편적으로 '심벌주의(symbolism)'[18] 혹은 '신화(mythology)'[19]라는 용어를 사용한다. 1935년 저술한 『기독교윤리의 한 해석An Interpretation of Christian Ethics』에서 그는 비로소 히브리 종교의 '신화'를 상당히 깊이 있게 다룬다. 그는 기독교가 '신비적(mystical)' 종교가 아니라 '신화적(mythical)' 종교의 유산, 곧 히브리의 예언자적 운동의 유산에 그 근본적인 기초를 두고 있다고 주장한다. 그에 의하면, 신화적 사상은 과학 이전적(pre-scientific)일 뿐만 아니라 또한 초과학적(super-scientific)이다. 신화적 사상은 과학이 분석하고, 작성하고, 기록하는 수평적 관계를 초월하는 실재의 수직적 국면들을 다루며, 고전적 신화는 존재의 초월적 근원 및 목적과 관계를 가지고 있다고 그는 주장한다. 이런 논의의 맥락에서 그는 기독교가 창조주 하나님(the creator God)이라고 할 때 그것은 신화이며, "창조주 하나님의 신화는 히브리 종교의 기초이다"라고 주장한다.[20]

니버는 1937년 출간된 그의 설교집 『비극을 넘어서Beyond Tragedy』에 수록된

---

18) Reinhold Niebuhr, *Does Civilization Need Religion*(New York: Charles Scriner's Sons, 1924), p. 237.
19) Reinhold Niebuhr, *Reflection on the End of an Era*, p. 292.
20) Reinhold Niebuhr, *An Interpretation of Christian Ethics*(New York: Seabury Press, 1979; ⓒ 1935 by Harper & Brother), pp. 15-16.

첫 번째 설교 "속이는 자 같으나 참되고(As Deceivers, Yet True)"에서 심벌과 신화를 본격적으로 깊이 있게 다룬다. 그는 "왜냐하면 기독교적 종교에서 진리인 것은 어느 정도의 일시적이고 피상적 속임(deception)을 포함하고 있는 심벌들에 있어서만 표현될 수 있다"라고 말했다. 니버는 이런 그의 말을 바울의 말 "속이는 것 같으나 참되고"와 관련시켜 설명하면서, 심벌로 사용된 역사적 존재나 사건을 사실 그대로 이해하면 속이는 것, 곧 비과학적인 것이 되지만 그것이 궁극적인 초월적 진리를 시사하는 것으로 이해할 때는 진리가 된다고 주장한다. 다시 말해서, 심벌을 역사적 사실로 생각하면 속이는 것이지만 그것을 초월적 진리의 시사로 이해하면 진리라는 것이 니버가 이 설교에서 밝히려고 하는 핵심이다. 니버는 "모든 기독교 신화는, 어떻게 해서든, 인간 세계의 완전성과 비완전성, 그리고 신의 위엄과 세계에 대한 그의 관계를 표현한다"라고 하며, 또한 "우리가 신이 세상을 창조했다고 말할 때 우리는 속이지만 참되다. 그리고 창조는 완전하게 합리화할 수 없는 신화적 이념이다"라고 주장한다.[21] 니버는 계속하여 그의 심벌과 신화에 대한 이해를 좀더 구체적으로, 분명하게 다음과 같이 설명한다.

"창조의 이념은 존재(existence)를 존재의 근거와 관계시키며 따라서 합리적이기보다 신화적이다. 그 이념이 합리적 이념이 아니라는 사실이 그것을 비진리나 속임수로 만들지 않는다. 모든 신화적 이념은 원시적인 속임수와 보다 궁극적인 이념을 포함한다. 원시적 잘못은 신화가 표현된 원래의 형식을 권위 있는 것으로 인정한다. 이렇게 해서 기독교적 종교는 창조에 대한 믿음이 흙 덩어리로 인간을 실제로 빚었다는 것, 혹은 6일간의 실제 창조 활동 역시 포함한다고 주장하는 유혹을 항상 받는다. 이러한 유혹 때문에 성서적 문자주의(biblical literalism)에 떨어진다."[22]

니버는 이런 이론을 계속 전개시켜 나감으로써 "타락의 이념은 에덴 동산과 사

---

21) Reinhold Niebuhr, *Beyond Tragedy*(New York: Charles Scriner's Sons, 1937), pp. 3-7.
22) 같은 책, p. 9.

과나무, 뱀의 원시적 신화를 역사적 진리로 인정하는 잘못에 빠지게 한다", 혹은 "타락의 이념을 인간 생활의 악의 구원과 본성의 심벌로 주장할 때 우리는 속이는 자 같으나 참되다"라고 주장한다.[23] 뿐만 아니라 그는 "사람들은 처녀 탄생(Virgin Birth)의 원시적 신화에 속아서 바로 역사를 초월하기 때문에 중요한 것을 순수한 역사적 사실로 이해하려고 한다"라고 함으로써 예수의 동정녀 탄생을 신화라고 주장한다.[24] 그는 예수의 재림 또한 신화로 이해하며 "그리스도가 최후의 심판에 다시 온다고 할 때, 다시 말해서 역사에서 패배한 그리스도가 궁극적으로는 역사에 승리하고 역사의 심판자가 되고 역사의 새로운 삶의 창조자가 되리라고 말할 때, 우리는 속이는 자 같으나 참되다"라고 말한다.[25]

니버는 말년의 중요한 저서 『자아와 역사의 드라마 The Self and the Dramas of History』에서 그의 신화 이론을 좀더 심화시켰다. 그는 이 저서 속에서 신학자 Rudolf Bultmann이 비신화를 주장하는 데 있어서 케리그마(Kerygma)의 진리를 수호한다고 주장했음에도 불구하고 그렇게 하지 못했다고 하면서, 그 이유가 '과학 이전의 신화(pre-scientific myths)'와 '영원한 신화(permanent myths)'를 충분하게 분명히 구별하지 못했기 때문이라고 했다. 양자의 차이에 대해서 니버는 다음과 같이 말한다. "과학 이전의 신화는 세계 속의 사건들이 질서 있는 과정에 관해서 이미 알려져 있었던 것, 혹은 지금 알려진 것을 무시한다. 영원한 신화는('신화'라는 말의 의심스러운 含意를 피하기 위해서 '심벌'이라는 말을 사용하는 것이 좋겠다.) 정확한 분석은 할 수 없지만 경험으로 증명할 수 있는 어떤 의미, 혹은 실재를 묘사하는 신화이다." 그는 이어서 "경험을 증명하고 신화를 종잡을 수 없음으로부터 구해내는 경험은 일반적으로 존재의 구조와 법을 초월하는 역사와 자유의 영역에서이다"라고 말한다. 그는 설명을 좀더 구체적으로 진전시켜서 과학적 심벌과 종교적 심벌 사이에는 커다란 차이가 있으며, 종교적 심벌들은 신앙적 공동체가 역사 속의 사건들을 사용하여 역사를 넘어서, 그리고 역사 속에서 영원한 신비의 실마리

---

23) 같은 책, pp. 11-12.
24) 같은 책, p. 17.
25) 같은 책, p. 21.

들(clues)을 본다고 설명한다. 그는 결론적으로 다음과 같이 말한다. "이렇게 해서 과학 이전의 세계가 자연 현상을 묘사하는 '신화들'과 기독교 신앙의 중심 심벌, 곧 나사렛 예수가 살아 있는 하나님의 아들이었다는 주장 사이에는 중요한 구별점이 있다."[26]

심벌과 신화에 대한 니버의 사상의 한층 분명한 이해를 위해 Tillich의 심벌과 신화에 대한 이해를 소개하기로 한다. 틸리히는 뛰어난 천재적 사고력과 분석력을 가진 신학자이다. 그는 심벌과 신화에 대한 해석에서도 깊은 통찰과 치밀한 분석력을 발휘했다. 그는 1957년에 저술한 소책자이지만 매우 중요한 『신앙의 동력 Dynamics of Faith』의 제Ⅲ장 "신앙의 심벌들"에서 심벌과 신화에 대해서 깊이 있고, 조직적으로, 간결하게 해명했다. 여기에서는 심벌과 신화에 대한 니버의 이론을 보다 분명하게 이해하는 데 도움이 되는 틸리히의 두 가지 주장만을 소개하기로 한다. 첫째, 틸리히는 심벌과 신화를 분명하게 구별한다. 그는 먼저 '신호(sign)'와 '심벌(symbol)'을 구별한다. 신호는 청색과 홍색의 교통 신호처럼 어떤 나라나 국제사회의 인습에 의해서 주어지는 특정한 기능을 가지고 있다. 그것은 문자와 숫자, 또는 부분적으로는 말들의 경우에도 그렇다. 신호는 편의성과 인습에 따라서 대체될 수 있지만 심벌은 그렇지 못하다. 그리고 결정적으로 중요한 것은 신호는 그것이 시사하는 실재(reality)에 관여하지 않는다고 틸리히는 주장한다. 이와 달리, 심벌은 편의성과 인습에 따라서 대체할 수 없으며 국가가 그것이 나타내는 국가의 힘과 위엄을 보여주듯 그것이 시사하는 것에 관여한다. 심벌은 또한 우리에게 감추어져 있는 실재의 레벨을 열어준다. 마치 모든 예술이 다른 방법으로는 도달할 수 없는 실재의 차원을 위한 심벌들을 창조하는 것처럼 말이다. 심벌은 다른 세 가지 기능을 더 가지고 있다. 하나는 심벌이 실재의 차원과 요소에 부합되는 우리의 혼의 차원과 요소를 열어준다는 사실이다. 다른 하나는 심벌이 의도적으로는 생산될 수 없다는 사실이다. 심벌들은 개인 혹은 집단의 무의식으로부터 생겨나서 존재의 무의식적 차원에 의해서 수용되지 않고는 작용할 수가 없

---

26) Reinhold Niebuhr, *The Self and the Dramas of the History*, pp. 110-111.

다. 끝으로 심벌은 살아 있는 존재처럼 나고, 자라고, 죽는다. 왕이 역사의 특정한 시기에 나타났다가 죽어 없어지는 것처럼 말이다.[27] 심벌에 대한 이 같은 설명을 하고 나서 틸리히는 신앙의 언어는 심벌의 언어이며 신은 신앙의 기초적 심벌이고, 신의 속성인 힘과 사랑과 정의 역시 유한한 경험으로부터 취한 것이지만 유한성을 초월하는 무한한 것에 상징적으로 적용된다고 주장한다.[28] 이어서 틸리히는 "신앙의 심벌들은 홀로 나타나지 않는다. 그것들은 '신들의 이야기들(stories of the gods)'로 통합된다. 이것이 그리스 말 'mythos', 곧 신화(myth)이다"[29]라고 말한다. 이렇게 해서 틸리히는 심벌과 신화를 구별한다. 그렇지만 니버는 그런 구별을 하지 않고 심벌과 신화를 혼합하여 사용한다.

둘째, 틸리히의 신화에 대한 이론에 관해서 또 한 가지 소개해야 할 것은 그가 신화를 '깨진 신화(broken myth)'와 '깨지지 않은 신화(unbroken myth)'로 구별한다는 점이다. 그가 말하는 '깨진 신화'는 신화를 역사적 사건으로 보는 것이 아니라 신화로 이해하는 것이다. 그는 이것을 "제거되거나 대체되는 것이 아니라 신화로 이해된 신화는 '깨진 신화'라고 부를 수 있을 것이다"라고 말했다. 이와 달리, 신화를 신화로 보지 않고 역사적 사실로 보는 것을 '깨지지 않은 신화'라고 했다. 틸리히에 의하면, 신화에 대한 철저한 비판은 원시적인 신화적 의식이 신화를 신화로 해석하려는 시도에 반대한다는 사실에 반대하기 때문이다. 다시 말해서, 원시적인 신화적 의식은 비신화화(demythologization)의 모든 행동을 두려워한다. 그 이유는 깨진 신화가 신화의 진리와 확신시키는 힘을 박탈한다고 믿기 때문이다. 깨지지 않은 신화 속에 살고 있는 사람들은 안전하고 확실하게 느끼기 때문에 '신화를 깨뜨리는 것' 다시 말해서, 신화가 가지고 있는 상징적 성격을 의식하게 하는 것에 의해서 불확실한 요소를 도입하려는 시도에 흔히 광신적으로 저항한다. 비신화화에 대한 저항은 '문자주의(literalism)'로 표현된다. 신화를 역사적 사실로 믿는 깨지지 않은 신화에서는 "심벌들과 신화들이 그것들이 가지고 있는 직접적 의

---

27) Paul Tillich, *Dynamics of Faith*(New York: Harper & Row, 1957), pp. 41-43.
28) 같은 책, p. 47.
29) 같은 책, p. 48.

미에 있어서 이해된다." 그렇게 되면 자신을 넘어선, 어떤 것을 시사하는 심벌의 성격은 무시된다. 그래서 창조는 옛날 어느 때 일어난 마술적 행동으로 이해된다. 아담의 타락은 일정한 지리적 지점에서 어떤 한 개인에게 일어난 사건이 된다. 메시아의 처녀 탄생이 생물적 입장에서 이해되고, 부활과 승천이 물리적 사건으로, 그리고 그리스도의 재림이 지구적, 혹은 우주적 격변으로 이해된다.[30]

두 가지 신화의 구별에 관한 틸리히의 주장을 요약하면, 신화를 신화로 이해하는 '깨진 신화'는 궁극적인 초월적 기독교 진리를 시사하지만, 신화를 그대로 역사적 진리나 과학적 진리로 이해하는 '깨지지 않은 신화'는 비과학적 문자주의와 반계몽적 광신에 빠지게 한다. 니버의 '과학 이전의 신화'는 비과학적 신화를 그대로 믿는 것이기 때문에 틸리히의 '깨지지 않는 신화'에 해당하고, '영원한 신화'는 종교적 심벌에 속하는 것으로서 역사를 넘어서는 것의 실마리를 역사 속에서 보는 것이기 때문에 틸리히의 '깨진 신화'에 속한다고 볼 수 있다. 두 신학자의 신화에 대한 이해는 신화를 신화로서 이해하면 그것은 역사적인 경험적 존재나 사건을 사용하여 초역사적인 궁극적 진리를 나타내는 것이지만, 그러한 역사적이고 경험적 존재나 사건의 직접적 의미를 그래도 믿으면 성서적 문자주의와 반계몽적인 비과학적 광신에 빠지게 된다. 미래의 기독교가 오늘날의 성숙된 지성과 과학의 발달과 모순되지 않으면서 그것들을 초월할 수 있는 새로운 기독교의 창출을 위해서는 심벌과 신화에 대한 올바른 이해가 본질적인 중요성을 가진다. 의인화의 신관 탈출과 마찬가지로 심벌과 신화의 바른 이해 또한 성숙된 세계에 합당한 기독교 신앙의 수립을 위해서, 니버와 틸리히의 신학이 시사하는 바를 우리는 깊이 유념할 필요가 있다. 이는 또한 보수적 기독교와 진보적 기독교가 만나고 화합할 수 있는 길을 열어준다.

| 30) 같은 책, pp. 50-52.

3
신학과 철학의 관계에 대한 니버의 이해
✠

그리스 철학과 기독교 신학의 관계는 역사적으로 볼 때, 대립과 화합의 복잡한 관계를 가지고 있거니와 현대 개신교 기독교에 있어서도 어떤 신학자는 철학을 배척하고 어떤 신학자는 신학과 철학의 제휴와 종합을 추구한다. 니케아 공의회 이전의 초대 교부 시대에 이미 철학, 혹은 지식을 배격하는 경향과 철학, 혹은 지식을 수용하려는 경향의 두 갈래 흐름이 있었다. 전자를 대표하는 이른바 호교가 Tertullian(160-220)은 인간 자연의 의지도 이성도 전적으로 부패되었고 철학은 이단의 어머니임을 절규하며 기독교가 이성에 위배되는 것은 오히려 그것의 참됨을 나타내는 것이라고 주장했다. 이러한 그의 사상은 "부조리하기 때문에 나는 믿는다"라는 그의 말에 함축적으로 잘 표현되어 있다. 다른 한편 Oigen(185-254)은 유대인에게 율법이 있는 것처럼 그리스인에게는 철학이 그리스도로 인도한다고 했다. 신은 모든 백성에게 로고스를 통해서 자신을 계시하는데 완전히 계시한 것은 그리스도라고 했다. 중세에 이르러 그리스 철학과 기독교 신학이 조합되었으며 그것은 Thomas Aquinas에서 절정에 도달했다. 그러나 중세의 종합은 종교개혁과 문예부흥에 의해서 와해되었다.

종교개혁은 이성보다 신앙에 치중하는 '신앙주의(fideism)', 곧 종교적 진리는 이성이 아닌 신앙으로만 파악할 수 있다는 입장을 취하여 문화의 영역들, 특히 철학에 대해서 거만한 태도를 취했다. 이와 달리 문예부흥은 자아와 정신, 이성과 실재의 고전적 동일시를 강조했으며 합리적 판별성(rational discrimination)을 예리하게 만들었다. 루터적 형태들에서든 칼뱅적 형태들에서든 종교개혁은 전체적으로 볼 때 가톨릭에 비해서 성서 엄수주의적(Biblicist)이다. 이것은 가톨릭의 교회의 권위에 대한 항거나 성경의 권위에 대한 부당한 높임이 없이는 가능하지 않았기 때문이다. 그리고 또 그것은 문화 분야에 대한 종교개혁의 무관심, 다시 말해서 철학과 존재론적 문제를 멸시하는 Luther의 태도 때문이었다. 그러한 반문화적, 반철학적 태도는 삶, 특히 자연의 일관성과 본질에 관한 모든 사색에 대해서 무관심한 낡은 히브리적 태도를 재현했다. 그 결과, 개신교 신앙은 반계몽주의에 빠져서 문화의 여러 분야들의 발전과 보조를 맞추지 못하게 되었고 과학 이전의 시대의 유물적 잔재가 되게 했다. 개신교 신앙의 반계몽주의는 Karl Barth의 신종교개혁(New-Reformation) 사상에서도 찾아볼 수 있다. 그런 신종교개혁 사상은 기독교 신앙을 현대 문화의 모든 분야의 고도화된 전문적 지식으로부터 단절시킴으로써 철학과 과학의 사고가 신앙을 약화시키지 않게 하려는 필사적인 노력을 하게 만든다. 니버는 종교개혁이 인간의 상황에 대한 보다 성서적인 해석에 복귀하는 것은 신과 인간 사이의 드라마틱한 만남이라는 전제에서만 드러나는 인간 존재의 어떤 사실들을 밝혀주는 데 공헌한다고 이해한다. 종교개혁은 지적 추구에의 관심의 결여와 그 신앙주의에도 불구하고 인간적 자아성(human selfhood)에 대한 이해에서 다음과 같은 독자적인 공헌을 했다. 그러한 공헌이란 인간의 인격이 육신과 혼의 통일적 전체라는 데에 대한 강조, 인간의 자유의 높은 개념, 곧 모든 종류의 우상에 대한 숭배를 배척하고 오직 신에게만 복종하는 자유, 신과의 만남에 의한 낡은 자아의 부정과 새로 태어나는 구원된 삶에 있어서도 여전히 죄가 제거되지 않는다고 본 사실 등인데, 이것을 루터는 의롭지만 동시에 죄인(justus et peccator simul)이라고 했다. 루터의 이러한 신앙에 의하면, 완전하다고 생각하는 허세는 세상의 죄와 갈등의 새로운 원인이 된다.[31]

니버는 인간의 자아성에 대한 이 같은 이해는 성경에 근거한 기독교 신앙만이 밝혀주는 독자적 진리로 받아들인다. 그것은 철학과 과학의 지식에 의해서는 도달할 수 없는 인간의 자아성에 관한 독자적 진리이다. 그러한 진리는 신앙에 의해서라야 주어지는 독자적 진리이지만 인간의 경험에 의해서 증명되는 진리이기도 하다. 예컨대, 자유와 자유의 부패에 의한 죄는 합리적으로는 밝힐 수 없지만 경험으로 그것이 옳다는 것을 우리 모두 안다. 그렇지만 니버는 그의 신학 초기부터 신

---

31) Reinhold Niebuhr, *The Self and the Dramas of the History*, pp. 119-123.

학이 철학과 협동해야 함을 주장했으며, 그의 신학은 일생 동안 신학과 철학의 제휴를 강조했다. 1927년에 저술한 그의 두 번째 저서『문명은 종교를 필요로 하는가?Does Civilization Need Religion?』에서 이미 복잡한 집단 사이의 사회 문제를 해결하는 데 종교적 상상력(religious imagination)과 빈틈없는 지성(astute intelligence)의 협동이 필요하다고 주장했다.

그는 다음과 같이 말했다. "건전한 윤리적 이상주의, 곧 비상한 정신적 통찰과 도덕적 지성이 복잡한 집단 사이의 사회적 과제 해결을 위해서 함께 필요하다. 문제의 어려움이 종교적 상상력과 빈틈없는 지성이 양립할 수 없다는 사실에 의해서 악화된다. 종교는 자연히 구원 사업의 어떤 동업자에 대해서 질투하며, 복잡한 상황에서 도덕적 목적을 인도해야 할 동일한 지성이 쉽게 도덕적 의지를 불구로 만들고 정신적 통찰을 흐리게 한다."[32] 그는 1932년에 저술한 저서『사회사업에 대한 종교의 공헌The Contribution of Religion to Social Work』에서 종교적 충동들은 복잡한 사회적 관계들에 대해서 직접적으로 적용할 수 없기 때문에 빈틈없는 사회적 지성과 결합되어야 한다고 주장했다. "공동체의 생활에 대한 종교적 정신의 건전한 영향은 다른 데에서보다도 가정 생활에서 한층 더 현저하다. 종교는 친근한 공동체들에서 가장 잘 작용한다. 종교적 충동들은 그것들이 직접적이고 즉각적인 적용을 발견하지 못할 때는 그것들이 가지고 있는 미덕의 어떤 것들을 상실하기 때문이다. 종교적 충동들은 복잡한 사회적 관계들에 있어서 도덕적 의지를 인도하기 위해서 필요한 빈틈없는 사회적 지성과 결합되어야만 한다."[33] 같은 저서에서 니버는 "이성과 종교 사이에는 최종적 선택이 존재하지 않는다. 이성과 종교 양자는 각기 너무나 많은 덕들과 너무나 많은 악들을 가지고 있다"[34]라고 말한다.

지금까지 고찰한 니버의 이론들은 복잡한 사회적 문제들의 해결을 위해서는 종교의 정신적 통찰과 빈틈없는 지성, 혹은 사회적 지성이 결합되어야 한다는 사

---

32) Reinhold Niebuhr, *Does Civilization Need Religion?*, pp. 139-140.
33) Reinhold Niebuhr, *The Contribution of Religion to Social Work*(New York: Columbia University Press, 1932), pp. 47-48.
34) 같은 책, p. 58.

실만을 주장했을 뿐, 양자가 결합되고 협동해야 하는 이유는 구체적으로 밝히지 않았다. 그러나 그는 이미 『문명은 종교를 필요로 하는가?』에서 그 이유의 핵심을 상당히 분명하게 밝히고 있다. 동저서의 결론의 장에서 니버는 "예수의 정신에 헌신하고 있다고 상상하고 있는 종교는 예수의 윤리적 입장을 근사적으로 실현하지 않고(without approximating) 그의 절대적 윤리의 특권을 이용하려는 유혹을 받는다"[35]라고 했다. 이것은 니버의 초기 사상에 나타난 것이지만 그의 사회윤리적 신학사상에서 결정적으로 중요성을 가지는 말이다. 그는 여기서 '근사적', 혹은 '접근적(approximate)'이라는 독자적인 용어를 사용하고 있는데 그것은 절대적이고, 보편적이며, 무차별적인(undiscriminating) 그리스도의 윤리를 현실의 상대적인 사회적 상황과 연결시키기 위해서 사용하는 개념적 도구이다.

짧게 말해서, 그것은 예수의 절대적 윤리를 현실의 상대적 세계, 특히 복잡한 집단 관계의 사회적 세계와 관계시키는 것이다. 예수의 절대적 윤리가 절대적인 '무차별성(indiscrimination)'의 세계라고 한다면 현실의 상대적 세계는 '차별성(discrimination)'의 세계이다. 무차별한 예수의 윤리를 그대로 복잡한 사회적 현실에 적용할 수 없고 빈틈없는 차별적 지성에 의해서만 적용이 가능하다. 예수의 사랑을 그대로 상대적 현실에 적용하는 것은 불가능하고 차별적인 사회적 지성에 의해서 근사적으로만 적용할 수 있는 것이다. 앞서 인용한 니버의 말은 종교가 예수의 정신을 근사적으로가 아니라 그대로 현실에 직접 적용하려고 하는 유혹을 받는 잘못을 지적한 말이다. 니버는 같은 내용을 좀더 분명하게 다음과 같이 말한다. "겸손도 사랑도, 곧 최고의 종교적 덕들은 초합리적(ultra-rational)이다. 그러나 그것들은 숨은 죄를 폭로하고 가능한 덕을 발견하는 분별적 지성(discriminating intelligence) 없이는 뒤얽힌 사회 생활에서 성취될 수 없다."[36]

지금까지 고찰한 바로는 니버는 절대적이고 완전한, 따라서 무차별적인 예수의 윤리를 상대적인 사회적 현실에서 차별성, 혹은 판별성을 가지고 적용하여 근사적으로 실현하기 위해서, 신앙이 철학 혹은 현대의 문화를 배척할 것이 아니라

---

35) Niebuhr, 앞의 책, pp. 221-222.
36) 같은 책, p. 223.

양자가 결합되고 협동해야 함을 주장했다. 그는 1953년에 저술한 『기독교 현실주의와 정치적 문제들Christian Realism and Political Problems』에서는 이 문제를 신학적 이론에 있어서 보다 심도 있게 다루었다. 그는 동저서의 마지막 장 "일관성, 비일관성 및 기독교 신앙(Coherence, Incoherence, and Christian Faith)"에서 이 문제를 다루었다. 여기에서 논의된 내용의 요점을 소개하면 대략 아래와 같다. 바울은 세상의 지혜의 입장에서 보면, 어리석음으로 보이는 것, 곧 십자가의 메시지를 신앙의 눈으로 볼 때는 삶의 신비를 밝혀주고 삶을 의미 있게 하는 열쇠가 되는 지식을 즐겼다. 뿐만 아니라 십자가의 메시지는 하나님의 지혜인 동시에 능력이다. 왜냐하면 이 참된 지혜를 깨닫는 신앙은 회개를 요구하는데, 그것은 인간의 자아가 그 자신의 지혜와 힘에 대한 우상 숭배적 확신으로 인해서 신을 아는 지식에 저항하여 자기를 높였던 모든 허위적인 의미 시스템의 파괴를 의미하기 때문이다. 이때 기독교적 호교론의 영원한 과제는 기독교 신앙의 이러한 타당성들을 세상의 지혜, 곧 여러 레벨에서 자연과 삶 및 역사의 일치성과 일관성, 그리고 구조와 형식을 발견하기를 추구하는 문화적 학문들과 어떻게 관계시킬 것인가 하는 문제이다.[37]

니버는 기독교 사상의 역사 전체 속에 이 문제에 대한 두 가지 전통이 흐르고 있다고 본다. 하나의 전통은 하나님의 어리석음과 인간의 지혜 사이의 모순을 찬양하는 기독교 신학의 전통이다. 그러한 사상은 Tertullian에서 시작하여 Augustine, Occam, Duns Scotus를 거쳐서 종교개혁, Pascal, Kierkegaard와 Barth에 이르기까지 흐르고 있다. Luther는 이 전통을 "이성은 악마의 매춘부이며, 우리는 하나님이 말하시고 행하시는 것을 훼손시키는 것 외에는 아무것도 하는 것이 없다. 만일 네가 그리스도를 떠나서 너 자신의 생각에 의해서 신에 대한 네 관계를 알기를 원한다면 네 목이 부러질 것이다—그렇기 때문에 계시를 굳건히 지키고 그것을 이해하려고 하지 말라"고 말했다. 다른 하나의 전통은 Origen에서 시작하여 Aquinas, 기독교적 플라톤주의자들, 문예부흥의 휴머니스트들에서 현대 자유주의 기독교에 이르기까지 흐르는 전통이다. 이 전통을 아퀴나스는 "이성의 자연

---

[37] Reinhold Niebuhr, *Christian Realism and Political Problems*(New York: Charles Scribner's Sons, 1953), pp. 186-187.

의 지배는 분명히 참이어야 한다. 이성의 자연의 지배를 달리 생각하는 것은 불가능하며, 또한 신앙의 신조가 허위라고 믿는 것 역시 가능하지 않다. 오직 허위만이 진리에 모순되기 때문에 신앙의 진리들이 이성에 의해서 알려진 원리들에 모순된다는 것은 불가능하다"라고 말했다.[38]

니버는 이러한 두 가지 전통, 즉 신학적 흐름이 가지고 있는 결함을 밝힌다. 그는 먼저 두 번째 전통이 가지고 있는 결점을 분석하고 밝힌다. 이 전통은 이성, 혹은 철학과 과학을 수용하지만 그것들이 추구하는 일관성이 제한성을 가지고 있다는 사실을 보지 못하며, 부조화한 것들을 지나치게 단순하게 합리적인 일관성의 시스템 속에 포함시키려고 하는 난센스에 빠진다. 이러한 사고는 신앙의 초합리적 긍정을 너무나 단순하게 비합리적인 것으로 만든다. 뿐만 아니라 이러한 전통은 기독교적 합리주의자들로 하여금 의미를 너무나 단순하게 합리성과 동일시함으로써 인간의 삶과 역사의 신비가 가지고 있는 심오한 부조화, 비극, 이율배반 및 깊은 의미를 모호하게 한다. 우리가 토마스적 사상에 접할 때 우리는 완전하게 일관성을 가진 세계, 완전하게 이해된 자아, 가능한 완전한 덕과 정의를 발견한다고 니버는 말한다.[39] 이성에 따라서 철학과 과학이 추구하는 일관성과 조화, 구조와 형식을 복잡한 사회 현실과 인간관계를 분석하고 차별적 판단을 하기 위해서 수용하지만, 인간의 삶과 역사는 이성의 합리성을 초월하는 심오한 부조화, 비극, 이율배반 및 깊은 의미를 가지고 있는데, 그것을 밝혀주는 것이 바로 종교적 신앙이라는 입장을 니버는 취한다.

그러면 이제 첫 번째 전통인 부조리, 곧 비합리성을 찬양하고 이성과 철학을 배척하는 사상의 흐름에 대한 니버의 비판을 살펴보기로 하자. 니버는 현대와 과거의 기독교적 실존주의에 대한 비판을 통해서 이 문제를 다룬다. 과거의 낡은 실존주의는 Kierkegaard를 두고 하는 말이요, 현대의 실존주의는 Karl Barth를 두고 하는 말이다. 그는 먼저 Kierkegaard의 사상부터 분석하고 비판한다. Hegel의 범합리론에 반기를 든 Kierkegaard는 개인적 존재의 독자적 주체성과 그것이 가지고

---

38) 같은 책, pp. 186-187.
39) 같은 책, pp. 187-189.

있는 내적 모순을 신앙의 기초로 삼기 때문에 참된 신을 허위의 신과 구별할 수 있는 표준이 없다. 그에게는 열정적 주체성이 진리의 유일한 기준인데, 열정적인 나치가 그가 주장하는 진리의 기준을 충족시킬 수 있을 뿐이다. 뿐만 아니라 기독교적 사랑을 Kant의 도덕적 명령과 같은 의무로 실천해야 할 보편적 사랑으로 명령하며, 따라서 거기에는 은총도 자유도 없으며 자아가 가지고 있는 유한성에 대한 의식도 없다.[40]

키에르케고르의 실존주의가 가지고 있는 이러한 위험성은 바르트에게 있어서 더욱더 심화된다. 바르트는 그의 호교적 목적을 위해서 삶의 내적 모순도 철학의 일관성과 조화도 사용하려고 하지 않는다. 그는 윤리적으로 극단적이리만큼 상대적이며 인식적으로는 논리적 실증주의자들처럼 실증주의적이다. 그에 의하면, 인간은 중요한 어떤 것도 알지 못한다. 하나님의 말씀은 어둠 속을 밝히는 유일한 빛이며 그것을 수용하고, 혹은 수용하지 않고는 순전히 은총의 신비이다. 이것은 복음의 어리석음과 세상의 지혜, 그리고 신앙과 문화 사이의 관계가 전적으로 부정되는 것을 의미한다. 그의 이러한 사상은 윤리적으로도 심각한 결과를 초래한다. 바르트는 시민사회가 그것의 모든 정의 개념의 이데올로기적 오염에도 불구하고 어느 정도의 정의를 성취할 수 있는 것은 신의 섭리의 신비들 중 하나라고 한다. 이것은 Thomas Hobbes와 더불어 자연의 인간은 그 자신의 이익 외의 다른 이익을 생각할 수 있는 능력을 가지고 있지 않다는 것을 의미한다. 짧게 말해서, 그는 정치 영역에 총체적 타락의 이론을 적용하며, 따라서 그는 이상주의와 이기주의, 정의감과 불의에 대한 경향이 어지럽게 혼합되어 있는 정치 현실을 다룰 수 없다. 그렇지만 우리는 아무리 불완전하지만 인간의 사회 생활이 가지고 있는 합리적 일관성을 모호하게 할 수는 없다. 현실 세계에서 바르트는 기독교 교회가 부활을 증거하는 것, 곧 죄의 혼란 속에서 구원의 사인들(signs)과 심벌들을 제시할 것을 명령한다. 그의 사인들은 모두 분명히 종말론적(eschatological)이며, 그것들을 위한 순교의 분위기를 가질 수밖에 없다. 그는 교회에게 그 자신이 독재 국가의 노골적

---

40) 같은 책, pp. 191-193.

불의가 분명한 우상 숭배적인 종교적 성격을 드러내기까지 히틀러주의에 대해 반대하는 증언을 기다렸던 것처럼, 문제들이 분명해져서 영웅적인 증거를 하기까지 기다리라고 한다. 이러한 그의 종교는 카타콤들을 위해서 형성된 교회이며 은총과 복음의 지혜에 의해서 정치의 자연적 재료를 바꾸는 과제와는 거의 관계가 없다.[41]

가장 잘 알려진 이러한 두 형태의 기독교적 실존주의에 대한 비판이 양자와 구별되는 제3의 입장을 취하게 되는데, 니버는 그것을 '성서적 현실주의(biblical realism)'라고 부를 수 있을 것이라고 한다. 이러한 제3의 입장은 니버 자신의 입장이기도 한데, 그것은 한편으로는 키에르케고르보다 삶과 역사의 일관성과 인과성을 심각하게 취하며, 다른 한편으로는 바르트가 빠지는 성서적 문자주의와 철학과 과학의 학문들에 대한 그의 태도를 거부한다. 그는 그러한 성서적 현실주의의 입장은 '신정통(neo-orthodoxy)'이라는 개념에 대해서 어떤 타당성을 부여하는 것이라고 한다.

니버는 1965년, 그가 사망하기 6년 전에 출간한 그의 마지막 저서 『인간의 본성과 그의 공동체Man's Nature and His Communities』의 서문 "변하는 관점(Changing Perspectives)"의 서두에서 신앙과 이성, 신학과 철학, 혹은 과학의 결합과 협력을 주장하는 사상을 한층 더 발전시켜 세속적 학문들의 통찰들을 수용하고, 뿐만 아니라 그것들에 의한 모든 종교적 전통들의 분석과 비판을 주장한다. 그의 생애 전체의 연구와 저서들에 있어서 두 가지 수정 사항이 생겼는데, 하나는 그의 순수하게 개신교적인 견해가 유대교와 가톨릭교에 대해서 점점 더 공감하게 되었다는 사실이다. 다른 하나는 그가 세속적인 학문들을 더 잘 포용하게 되었으며, 모든 종교적 전통들에 자유를 허용하는 개방 사회의 덕들과 경험적이고 역사적인 문화의 학문들을 통해 이 모든 전통들을 분석하고 비판하는 자유에 대해서 그가 점점 더 열중하게 되었다는 사실이다.[42] 이렇게 니버는 그의 말년에 신학과 철학의 결합뿐 아니라 세속적 학문들이 종교가 가지고 있는 결함을 분석하고 비판할 수 있는

---

41) 같은 책, pp. 193-196.
42) Reinhold Niebuhr, *Man's Nature and His Communities*(New York: Charles Scribner's Sons, 1965), pp. 15-16.

권한을 부여했다. 같은 저서에서 그는 이러한 입장을 종교적 다원주의를 지지함으로써 표명했다. 그는 이 서문에서 그가 개방 사회의 종교적 다원주의의 원리들을 더욱더 신봉하게 되었다는 사실을 밝히는 것을 자서전의 결론으로 삼겠다고 하면서 다음과 같이 말한다. "이러한 다원주의는 신앙이 정의 실현을 위해서 유익하지 않을 경우 신자들을 심판하는 불신자들의 권리를 포함하지 않으면 안 된다. 다원주의는 또한 종교적 심벌들을 검열하고 비판하는 경험적이고 역사적인 학문들의 권리와 의무를 포함한다."[43]

이처럼 신학과 철학의 제휴를 추구한 것은 니버만이 아니다. 20세기 개신교 신학의 또 하나의 뛰어난 신학자 Paul Tillich 역시 신학과 철학의 제휴를 신학적으로 깊이 있게 그리고 본격적으로 추구했다. 그의 신학 전체가 신학과 철학의 제휴와 융합의 특성을 가지고 있거니와 그의 그러한 사고를 주체적으로 요약하여 선명한 논리로 전개한 것으로서, 그가 1940년에 유니온신학교의 '철학적 신학(Philosophy Theology)' 정교수로 취임하면서 행한 강연 "철학과 신학(Philosophy and Theology)"을 지적할 수 있다. 그는 이 강연의 첫머리에서 철학과 신학의 관계는 2000년 동안의 역사를 가지고 있는 문제이며 양자의 관계에 대한 물음은 곧 신학의 본질에 대한 물음이라고 한 뒤, "'철학적 신학(philosophical theology)'이라는 용어는 철학적 성격을 가진 신학을 지칭한다"라고 말했다. 이어서 그는 이것이 무엇을 의미하는가 하는 물음을 제기하고 나서, 신학적 사상이 존재하는 한 두 개의 신학 유형이 존재했는데, 그 예로 철학적 신학과 '케리그마적(kerygmatic)' 신학을 꼽았다. 케리그마는 신약성서의 *kerygma*에서 온 말로서 케리그마적 신학은 철학과 관계 없이 질서 있고 체계적인 방법으로 기독교적 메시지의 내용을 재생산하려고 하는 신학이라고 그는 규정한다. 그는 이러한 두 가지 사상의 흐름은 자연스러운 것이라고 하면서 그 이유를 다음과 같이 설명한다. "그러한 두 가지 사상의 흐름은 바로 '신학(theology)'이라는 말 속에 함의되어 있다. 즉, 'theo'라는 음절은 신이 계시되는 케리그마를 지칭하며, 'logy'라는 음절은 그 메시지를 받아들이는 인간 이성의 노

| 43) 같은 책, p. 27.

력을 지칭한다. 이것은 나아가서는 케리그마적 신학과 철학적 신학이 서로를 요구하며, 양자가 서로 배척하는 순간 잘못에 빠지는 것을 의미한다. 철학적 용어와 방법을 사용하지 않는 케리그마적 신학은 지금까지 존재한 일이 없다. '신학'이라는 이름에 합당한 철학적 신학치고 복음의 메시지의 내용을 설명하려고 하지 않은 철학적 신학이 존재한 일이 없다."[44]

그러면 20세기 개신교의 대표적 신학자인 니버와 틸리히가 이처럼 신학과 철학의 제휴를 주장하는 이유는 어디에 있는가? 이것을 니버의 신학적 입장에서 간략하게 살펴보기로 한다. 첫째, 기독교적 신앙이 사용하는 심벌과 신화를 철학과 과학의 이성적 사고에 의해서 그것들의 초역사적인 궁극적 진리를 시사하는 것으로 이해하지 않으면 비과학적 문자주의(literalism)에 빠지고, 니버가 즐겨 사용하는 표현을 빌리면 '반계몽주의(obscurantism)'에 빠진다. 그러한 신앙은 심벌적, 혹은 신화적 표현을 위해서 사용된 역사적 존재나 사건을 그대로 믿는, 예컨대 아담을 특정한 인간으로, 그리고 에덴 동산을 특정한 지리적 장소, 또 타락의 사건을 구체적인 역사적 사건으로 믿는 비과학적 신앙에 빠지게 된다. 오늘날 너무나 많은 성직자들과 신자들이 이러한 신앙에서 탈피하지 못하고 있다. 이 문제를 극복하지 못하면 기독교 신앙을 지식과 과학이 발달된 시대에 의미 있는 신앙이 되지 못한다. Bonhoeffer의 표현을 빌리면, '성인 된 세계'의 성숙한 신앙이 될 수 없다. 둘째, 개인의 삶이 뗄 수 없는 관계를 가지고 있는 복잡한 집단적 사회 관계를 분석하고 이해하지 못하기 때문에, 비사회적인 개인적 신앙과 윤리만을 추구하게 되어 결국 위선에 빠진다. 다시 말해서, 개인의 선과 덕의 특권이 얼마나 불의한 사회적 시스템과 구조에 의해서 주어진 것인지를 알지 못하는 자기기만과 위선에 빠지게 된다. 개인이 베푸는 자선이 불의한 사회적 시스템과 구조에 의해서 획득한 특권을 유지하고 향유하는 가운데 적은 일부를 기여하는 것임을 알지 못한다. 이것이 보수적 신학의 개인주의적 신앙이 가지고 있는 심각한 문제이다. 그러한 개인주의적 신앙이 예수의 보편적 윤리를 말로 주장만 하면 그대로 현실 사회에

---

44) Paul Tillich, *The Protestant Era*, trans. by James Luther Adams, Phoenix Books(Chicago: University of Chicago Press, abridged edition, 1957), pp. 83-84.

서 실천되리라고 착각한다. 셋째, 빈틈없는 사회적 지성에 의한 정의의 사회적 실현이 얼마나 어려운지를 알지 못하기 때문에, 사랑과 정의를 주장하기만 하면 지상에 완전한 세계를 실현할 수 있다는 유토피아주의에 떨어진다. 물론, 이때 인간의 자유의 부패와 오용으로 인한 죄 의식도 결정적 역할을 하게 된다.

우리 나라의 기독교의 실정을 보면, 신학을 공부하는 사람들이 너무나 철학에 무관심하거나 무지하다. 그 주요 원인은 신학교육이 철학교육에 무관심하거나 그것을 빈약하게 다루는 데 있다고 생각된다. 물론 철학이나 과학의 합리성을 지나치게 강조하여 종교의 정신적 통찰이 주는 인간의 삶과 역사가 가지고 있는 궁극적인 신비로운 진리와 의미의 중용성을 망각하는 잘못을 범해서는 안 되지만 말이다.

4
니버의 윤리적 신학: 기독교적 현실주의에 의한 사회 정의 실현의 신학

✣

니버의 신학이 가지고 있는 독자적인 특성을 적절하게 표현할 수 있는 개념이 있다면, 그것은 '윤리적 신학(ethical theology)'이라고 필자는 생각한다. 그리고 그의 신학이 가지고 있는 윤리적 특성은 미래의 기독교 신학이 계속 발전시키고 심화해야 할 중요성을 가지고 있다고 필자는 확신한다. 기독교 전통에서는 신학 하면, 일반적으로 교의학적 신학(dogmatic theology)으로 이해한다. 그러한 신학은 신, 인간, 영생 및 역사와 관계된 문제들을 성경, 혹은 교회의 신조적 표준들에 근거하여 체계적으로 다룬다. 그러한 의미와 입장에서 보면, 니버의 신학은 매우 빈약한 신학이며 뛰어난 신학의 반열에 속할 수도 없다. 니버 자신도 그가 그런 의미의 신학자가 아니라고 주장한다. 그는 자신이 신학자가 아니라 기독교적 사회윤리학자라고 자인한다. 1956년 Charles W. Kegley와 Robert W. Bretall이 '살아 있는 신학 문고(The Library of Living Theology)'의 제 II 권으로 *Reinhold Niebuhr*를 출간했다. 이 책에는 니버 자신이 쓴 〈지성적 자서전(Intellectual Autobiography)〉, 그의 종교적, 사회적, 정치적 사상에 대한 저명한 신학자들 및 다른 분야의 학자들의 비판과 그에 대한 니버의 답변, 그리고 니버의 저술 목록(1956년까지의)이 실려 있다. 이 책의 서두에 실린 그의 〈지성적 자서전〉의 모두에서 니버는 자신의 신학적 학문에 대해서 아래와 같이 말했다.

신학을 기본 관심으로 하는 연구를 과제로 삼는 것은 당혹스러운 것이다. 나는 신학자임을 주장할 수도 없고 또한 그렇게 주장하지도 않는다. 나는 25년간 기독교 사회윤리를 가르쳤고 또한 '변증론(apologetics)'을 부수적 영역으로 다루었다. 대학들의 일종의 순회 목사와도 같은 나의 직업적 관심은 세속적 시대에서, 특히 Schleiermacher가 기독교의 '지적 멸시자들'이라고 부른 사람들 속에서 기독교 신앙을 방어하고 정당화하는 관심을 고취하는 것이었다. 나는 순수한 신학의 정교한 관점들에서는 결코 매우 우수하지 못했다. 그렇기 때문에 나는 신학적 우수성 획득을 위해서 충분한 관심을 가진 일이 없었음을 고백하지 않으면 안 된다.[45]

위의 인용문에서 니버가 말하고 있는 바와 같이 니버는 그가 신학을 연구하는 학문에 종사하고 있다고 생각하는 것은 당혹스러운 일이라고 했고, 자신은 신학자가 아니라고까지 말하고 있다. 그렇다면 그가 기독교 연구를 통해서 한 일은 무엇인가? 그는 그가 25년간 기독교 사회윤리를 가르쳤고 또한 부수적으로 기독교의 진리를 옹호하고 방어하는 이론인 '변증론'에 종사했다고 말한다. 이러한 니버 자신의 말처럼 그의 신학의 특성을 잘 요약하여 규정할 수 있는 말은 달리 없으리라고 생각된다. 그는 신학자이지만 기독교적 신관이나 그리스도관, 인간관, 또는 역사관을 체계적 이론으로 형성하는 교의학적 신학에는 관심을 갖지 않았다. 이것을 그는 "나는 순수한 신학의 정교한 관점들에 관해서는 우수하지 못했다. 그렇기 때문에 나는 신학적 우수성 획득을 위해서 충분한 관심을 가진 일이 없다"라고 말했다. 그는 그리스도의 보편적인 절대적 윤리와 그가 십자가에서 보여준 아가페의 사랑과 하나님의 심판 및 자비의 은총이라는 하나님의 지혜, 곧 세상의 지혜가 어리석음으로 여기는 기독교 신앙의 독자적 진리를 사회 현실에 적용하여 기독교적 사회윤리를 실현하는 일에 그의 관심을 치중했다. 기독교 신앙의 독자적 진리, 특히 인간의 자아성과 역사에 대한 기독교 신앙의 이해는 합리성을 초월하지만 인간의 경험에 의해서 진리라는 것과 정당하다는 것을 밝히는 것은 호교론이므로, 그의 신학은 호교론적 요소를 짙게 띠고 있다. 니버가 부수적으로 호교론을 다루었다고 하는 것은 이러한 의미의 호교론을 가르킨다.

니버가 기독교적 신앙의 고유한 진리를 사회적 현실에 적용하여 기독교적 사회 윤리를 형성하는 데 있어서 핵심적인 과제는 그리스도의 보편적인 절대적 사랑을 상대적인 사회적 현실에 적용하여 상대적으로 사회 정의를 실현하는 것이

| 45) Charles W. Kegley and Robert W. Bretall, ed., *Reinhold Niebuhr*(New York: Macmillan Company, 1956), p. 3.

다. 이러한 기독교적 사회 윤리 형성에 있어서 결정적인 중요성을 가지고 있는 것은 인간의 자아성에 대한 '기독교적 현실주의(Christian realism)'에 의한 이해이다. 그렇다면 니버의 신학의 독자적 개념인 기독교적 현실주의는 무엇을 의미하는가? 니버는 1953년에 출간한 그의 저서 『기독교적 현실주의와 정치적 문제Christian Realism and Political Problems』에 수록된 논문 "어거스틴의 정치적 현실주의(Augustine's Political Realism)"의 첫머리에서 '이상주의(idealism)'와 '현실주의(realism)'를 구별한다. 여기서 니버가 한 구별에 의하면, "정치적, 도덕적 이론에 있어서 '현실주의'는 수립된 규범들에 저항하는 사회적, 정치적 상황의 모든 요소들, 특히 사리사욕(self-interest)과 권력의 요소들을 고려하는 경향을 나타낸다." 그는 이어서 악명 높은 현실주의자인 Machiavelli의 다음과 같은 말을 인용함으로써 현실주의에 대한 이러한 정의가 의미하는 바를 밝히려고 한다. Machiavelli에 의하면, 현실주의자의 목적은 "사실에 대한 상상보다는 사실의 진리를 따르는 것이다. 왜냐하면 많은 사람들이 지금까지 본 일이 없는 공화국들과 군주들의 모습을 하고 있기 때문이다." 니버는 계속하여 "현실주의의 이러한 정의는 이상주의자들이 사회적 현실에 대한 환상들을 따르기 쉽고, 그리고 사실 그들은 그렇다. '이상주의'는 그 제창자들의 생각에 의하면, 개인적 혹은 집단적 사리사욕에 대한 충성보다 도덕적 규범들과 이상들에 대한 충성의 특성을 가지고 있다"[46]라고 정의한다. 니버가 정의하는 정치적, 도덕적 현실주의는 사회적, 정치적 상황이 가지고 있는 사리사욕과 권력을 고려하는 입장이다. 예컨대, 이미 니버가 언급한 Machiavelli는 물론이요, 인간을 이기적인 존재로 보고 그것이 초래하는 사회의 혼란을 절대적 국가 권력에 의해서 해결하려고 한 Thomas Hobbes 역시 정치적 현실주의자였다.

그러면 '기독교적 현실주의'는 지금까지 고찰한 '현실주의', 혹은 철학적 현실주의와 어떻게 다른가? 니버는 기독교적 현실주의를 고전 철학자들의 현실주의와 다른 Augustine의 성서적 현실주의에서 발견한다. 성서적 신앙에 근거한 기독교

| 46) Reinhold Niebuhr, *Christian Realism and Political Problems*, p. 119.

적 현실주의가 가지고 있는 특성을 두 가지 측면에서 고찰할 수 있다. 한 측면은 인간의 자아(the self), 혹은 자아성(human selfhood)에 대한 이해요, 다른 하나의 측면은 자아성의 이론에서 추론된 인간 공동체에 대한 이해이다. 자아에 대한 이해부터 살펴보기로 하자. 이 문제에 대해서 니버는 다음과 같이 말한다. "어거스틴과 고전 철학자들의 이러한 견해 차이는 어거스틴의 합리적이지 않은 성서적인 인간 자아성의 개념에 있다. 이러한 개념은 부수적으로 악의 원인의 개념을 자아 속에서 발견한다. 어거스틴은 인간의 자아에 대한 개념에 있어서 고전적인 합리주의와 결별한다. 고전적인 합리주의에 의하면, 자아는 정신과 신체로 되어 있으며 정신은 모든 충동들이 질서를 갖게 하는 능력이 있기 때문에 덕을 가지고 있으며, 신체는 거기에서부터 탐욕과 야심이 발생하기 때문에 악의 원인이 된다." 이와 달리, 어거스틴에 의하면, "자아는 정신과 신체가 통합된 통일체이다. 그것은 정신 이상의 어떤 것이며 정신을 그의 목적을 위해서 사용한다." 자아가 가지고 있는 참된 차원인 이러한 초월적 자유를 고전 철학자들도 현대 철학자들도 모호하게 했다. 이러한 자아성의 개념은 철학이 아니라 성서에서 도출된 것이다. 왜냐하면 그러한 초월적 자아는 성서적 신앙의 특색인 드라마적, 역사적 이해에 있어서만 이해될 수 있기 때문이다. 그런데 이 경우, 니버가 악의 원인의 개념을 자아 속에 가지고 있다고 하는 것은 어거스틴이 "선한 혼이 죄를 범하게 하는 것은 나쁜 신체가 아니라, 선한 신체가 죄를 범하게 하는 나쁜 혼이다"라고 말한 것처럼 인간의 초월적 자유가 창조하는 역할만을 하는 것이 아니라 부패하여 파괴하는 역할도 할 수 있다는 것을 의미한다. 어거스틴의 인간의 자아성에 대한 이해에 의하면, 악은 고전 철학에서와 같이 신체의 욕정과 충동 때문이 아니라 바로 인간의 초월적 자유의 부패에 의한 정신적 오만 때문에 생긴다. 어거스틴은 과도한 자기애(self-love)를 '오만(pride, 혹은 superbia)'이라고 불렀다. 그것은 자아가 그의 참된 목적인 신에 대한 사랑을 버린 결과이다.[47]

그러면 두 번째 측면인 공동체에 대하여 살펴보기로 하자. 인간의 공동체를 모

| 47) 같은 책, pp. 121-122.

든 레벨에서 위협하는 악에 대한 어거스틴의 개념은 바로 이러한 자아성의 이론으로부터 도출된다. 이러한 강력한 자기애(self-love)의, 혹은 현대의 용어로는 '이기적 중심주의(egocentricity)', 곧 자아가 그를 자신의 목적으로 삼고 그가 살고 있는 공동체의 허위의 중심으로 삼는 경향이 바로 모든 공동체를 혼란에 빠지게 하는 것이다.[48] 인간의 자기애, 혹은 이기적 자기중심주의의 사회적 영향은 '지상의 나라(civitas terrena)'에 대한 어거스틴의 정의 속에 포함되어 있다. '신의 나라(civitas dei)'와 뒤섞여 있는 '지상의 나라'는 하나님을 경멸할 정도로 자기애에 의해서 지배되고 있다. 반면, '신의 나라'는 자아를 경멸할 정도로 신에 대한 사랑으로 지배되고 있다. 어거스틴의 지상의 나라는 그리스의 사상이 생각했던 도시국가가 아니라 가족과 국가와 세계를 모두 포함하는 전 인류 공동체였다. 그는 현대의 이상주의자들처럼 공통된 인류성, 혹은 이성이 지구적 공동체를 용이하게 실현할 수 있다고 믿지 않았으며 보다 넓은 바다가 더욱더 위험한 것처럼 위험들로 가득 차 있다고 생각했다. 그의 지상의 나라에 대한 묘사는 긴장, 탐욕, 이해관계의 갈등과 공공연한 충돌을 강조했다.[49] 이렇게 어거스틴의 현실주의는 제국들과 국가들의 사회적 통합의 밑바닥에 있는 권력의 현실들을 예리하게 묘사하는 장점을 가지고 있다.

이상에서 고찰한 바와 같이 '기독교적 현실주의'는 일반적 '현실주의'와 달리, 성서적 신앙이 밝혀주는 인간의 자아성에 대한 독자적 진리에 의한 정신적 통찰, 즉 인간의 초월성과 그것의 부패로 인한 악의 근원 및 그로 인한 공동체의 권력의 현실들에 대한 통찰이 더해진 현실주의이다. 니버는 그러한 인간의 자아성과 공동체에 대한 독자적인 기독교적 이해를 어거스틴의 사상으로부터 발견했고 발전시켰다. 니버는 이러한 기독교적 현실주의에 의해서 완전하고 절대적인 그리스도의 사랑과 윤리를 상대적인 현실, 특히 복잡한 집단적 인간관계를 가진 사회적 현실에 적용하여 정의 실현을 추구하는 그의 기독교적 사회윤리 이론을 개척하고 발전시키는 일에 그의 일생을 바쳤다. 성서적 신앙의 보편적이고 절대적인 세계

---

48) 같은 책, pp. 122-123.
49) 같은 책, pp. 124-125.

와 상대적인 현실 세계를 연결시키는 니버의 이러한 신학 사상은 니버 신학의 독자적인 특성인 동시에 신학에 있어서 특별한 중요성을 지니고 있다. 그의 신학적 사고는 과거와 현재의 산업사회에서는 물론이요, 사회의 복잡성이 심해지고 그 규모가 지구적으로 확대되는 미래의 세계에서는 그 중요성이 한결 증대될 것이다. 그러면 그의 신학이 가지는 그와 같은 중요성을 좀더 구체적으로 살펴보기로 하자.

첫째, 니버의 기독교적 현실주의는 Barth 신학의 절대주의처럼 일방적인 종말론적 윤리가 되어서 구체적인 현실의 상대적인 정치, 사회 문제에 대하여 무관심하거나 무책임하지 않다. 러시아의 헝가리 침략과 히틀러의 초기 출연에 대한 바르트 신학의 무관심 내지 무책임성에 대해서 니버는 신랄하게 공격했다. 니버의 기독교 현실주의는 사회 정의라는 예리한 눈으로 사회적, 정치적 현실을 분석하고, 비판하고, 분별적(discriminating) 판단을 하게 한다.

둘째, 니버의 기독교 현실주의는 성서적 신앙의 사랑을 현실 사회에서 실현하는 데 있어서 한편으로는 유토피아주의나 감상주의에 빠지지 않고, 다른 한편으로는 냉소주의에 떨어지지 않으면서 아가페의 사랑으로부터 도출된 초월적 정의와의 관계에서 근사적 정의의 실현을 가능하게 한다. 마르크스주의는 인간의 모든 도덕적 성취 속에서 이기적 자기중심의 요소가 숨어 있는 이데올로기적 오염을 보지 못하기 때문에 프롤레타리아 독재가 지상에서 완전한 사회를 실현할 수 있다는 유토피아주의에 떨어진다. 인간의 오만의 죄, 또는 도덕적 허세(pretension)를 핵심 주제로 갖고 있는 니버의 기독교적 현실주의는 부르주아의 이기심을 비판하는 프롤레타리아에게서도 같은 이기심을 발견하기 때문에 마르크스주의의 유토피아가 허위임을 간파한다. 니버의 기독교적 현실주의는 모든 사람이 그리스도의 사랑을 실천하면 지상의 천국이 실현된다고 믿는 도덕적 감상주의(sentimentalism)에도 빠지지 않는다. 모든 인간이 죄에서 벗어날 수 없다는 사실을 알고 있기 때문이다. 그렇다고 해서 도덕을 전적으로 부정하는 도덕적 냉소주의에 떨어지지 않는다. 인간의 자유의 부패에 의한 파괴성을 보지만 자유의 창조성을 알고 있기 때문이다. 인간의 자유는 창조성에 관한 한 현실적 제한성을 가지고 있지만 그것이 지닌 합리성에 의해서 아가페의 사랑의 근사적 실현을 성취하기 때문이다.

셋째, 니버의 기독교적 현실주의는 인간의 죄, 혹은 이기주의, 특히 집단 이기주의의 강함과 집요함을 분명하게 알고 있기 때문에 사회 정의의 실현이 도덕적 설득이나 호소만으로는 가능하지 않고, 권력(power) 혹은 공권력의 강제성에 의할 때 비로소 아가페의 사랑의 근사적인 사회적 실현이 가능하다고 주장한다. 이것이 니버의 기독교 사회 윤리의 근간을 이루고 있는 그의 권력론이다. 니버는 권력들의 견제와 균형(check and balance)을 통해서만 사회 정의가 실현될 수 있다는 현실적이고 실현 가능한 사회 정의론을 형성했다. 그의 권력론이 가지고 있는 가장 뛰어난 통찰은 인간의 초월적 자유에 불가피한 운명처럼 따라 다니는 오만(pride)에 의해서 권력의 현실을 분석하고 비판한다는 데 있다. 그는 대소의 모든 권력, 즉 제국도, 국가도, 정당도 오만, 혹은 자만 때문에 망한다고 본다. 예수는 세리와 창기는 천당에 가지만 바리새인들과 서기관들은 구원받을 수 없다고 했다. 세리와 창기는 그들이 죄인이라는 사실을 아는 겸손을 가지고 있지만, 바리새인들과 서기관들은 그들이 상대적으로 보다 더 선하기 때문에 그것을 절대적 선으로 착각하는 도덕적 오만에 빠지게 되어 파멸을 면하지 못한다. 그러면 오만은 왜 자멸을 초래했는가? 성취된 상대적 업적의 절대화, 혹은 그 업적의 성취에 사용된 낡은 삶의 방식에 집착하고 사로잡혀서 판단이 경직되고, 독선적이 되며, 또는 새로운 사회 상황에 적절하게 반응하지 못하기 때문이다. 니버는 이러한 비판적 통찰력을 이스라엘의 예언자들의 역사적 예지로부터 얻었다. 니버의 이러한 권력에 대한 날카로운 통찰력은 국가든, 정부든, 정당이든, 혹은 그 밖의 대소의 모든 권력의 운명을 직시하는 영원한 예지가 될 것이다.

지금까지 고찰한 니버의 윤리적 신학, 곧 그의 기독교적 현실주의에 의한 사회 정의의 신학의 입장에서 보면, 많은 기독교 사상들이 그리스도의 보편이고 절대적인 아가페의 사랑과 상대적 현실을 관계시키는 데 실패했다. 반계몽적인 보수적 광신적 신앙은 예수 믿고 천당 가는 것, 다시 말해서 단지 내세의 영생과 행복에 사로잡혀서 현세 부정과 현실 도피에 빠진다. 그런가 하면, 기독교의 비주류 교파인 섹트들은 현대의 낙관적인 합리적 발전 사관에 못잖게 낙관주의에 합류하여, 혹은 마르크스주의적 유토피아주의의 선구자가 되어 사유재산을 철폐하면 지상에 이상적 사회가 실현될 것이라는 망상에 빠졌다. 니버와 동시대의 신학자인 Barth의 절대주의적 신학은 일방적인 종말론적인 윤리적 사고로 인해서 현실의 강제적인 윤리, 정치 문제들에 대해서 차별적 판단을 하지 못했거나 그것들에 대해서 무관심한 경향에 떨어졌다. Bonhoeffer 역시 '이 사람을 보라(ecce homo)', 곧 예수와 '같은 모습이 되는(Gleichgestaltung)' 윤리를 주장했지만 완전한 예수의 모습과 상대적 현실을 연결시키는 데 성공적이지 못했다. 그는 상황 윤리적 사고에 의해서 양자를 결합시키려고 하는 독창적인 사고력을 발휘했지만 구체적인 기독교적 사회 윤리의 이론 전개에는 도달하지 못했다.[50] 이렇게 볼 때, 우리는 니버의 기독교적 현실주의와 그것을 기반으로 하는 그의 사회 윤리의 신학이 20세기의 미국에서 태어나서 그 속에서 자본주의의 불의와 싸우면서 신학을 했고, 마침내 민주주의의 수호자로 변신한 니버만이 창출할 수 있었던 독자적인 신학 사상임을 알 수 있다. 그의 윤리적 신학은 Albert Schweitzer가 "종교는 어떻게 하면 인간이 세계 속에 있으면서 동시에 신 속에 있을 수 있는가 하는 물음에 대한 대답의 추구이다"라고 하면서, 다른 모든 종교는 이 관점에서 보면 낙제이지만 기독교만이 합격이라고 천명한 데[51] 부합하는 기독교에 대한 이해라고 할 것이다.

---

50) Dietrich Bonhoeffer, *Ethik*(Müchen: CHR. Kaisen Verlag, 1961) 참조.
51) Albert Schweitzer, *Das Christentum und die Weltreligionen*(München: C. H. Beck'sche Verlagsbuchhandlung, 1957) 참조.

5
니버의 기독교적 실용주의
✣

　미국적 정신의 분위기가 니버의 신학 사상에 미친 영향을 가장 극명하게 보여주는 것은 그의 신학 사상이 가지고 있는 짙은 '실용주의(pragmatism)'적 성격이라고 할 것이다. 그의 기독교적 사회 윤리의 핵심적 개념들 중 하나인 아가페의 사랑의 '근사적 실현(approximation)' 역시 짙은 실용주의적 사고를 담고 있다. 니버 자신도 그의 신학 사상이 실용주의적 사고의 특성을 가지고 있다는 것을 분명하게 자인했다. 이미 본 저서의 제Ⅲ장의 제Ⅴ절과 끝맺는 말, "니버의 신학과 미래의 전망"의 "니버의 윤리적 신학"에서 인용한 바 있는 그의 〈지성적 자서전〉의 모두에서 그는 다음과 같이 말했다. "De Toqueville는 오래전에 미국 기독교가 유럽의 기독교에 비해서 강한 실용주의적 관심을 가지고 있다는 사실을 간파했다. 그리고 이것은 지금도 사실이다. 나는 자주 유럽의 신학자들의 보다 엄격한 진영들로부터 나의 관심이 실천적이거나 '호교론적(apologetic)'이 아니라 신학적이라는 것을 입증하라는 도전을 받았다. 그러나 나는 언제든 내 입장을 방어하려고 하지 않았다. 그 이유는 그들의 논점이 매우 옳기 때문이기도 하지만 그러한 구별이 내게는 흥미가 없기 때문이기도 하다."[52] 이렇게 니버는 스스로 그가 유럽식의 교의학적 신학에는 관심이 없고 실천적인 실용주의적 신학에 관심을 치중했다고 인정했다.

　니버는 기퍼드 강의(Gifford Lectures) 『인간의 본성과 운명The Nature and Destiny of Man』의 제Ⅱ권, 『인간의 운명Human Destiny』(1943)의 제Ⅷ장 "갖고 있으면서도, 갖고 있지 않은, 진리 자체(Having, and not Having, the Truth)"에서 진리 추구에 있어서의 '관용(tolerance)'의 문제를 논하는 데 있어서 '실용주의' 논리, 좀

---

[52] Charles W. Kegley and Robert W. Bretall, ed., *Reinhold Niebuhr*, p. 3.

더 엄밀하게 말하면, '기독교적 실용주의'적 사고를 상당히 심도 있게 다루었다. 그는 이 장의 제Ⅲ절 "관용의 검열(The Test of Tolerance)"에서 먼저 가톨릭과 관용 및 종교개혁과 관용을 논하고 나서 문예부흥과 관용을 고찰한다. 니버에 의하면, 문예부흥의 이성적 합리주의 정신은 기존의 기독교의 독단주의를 거부하고 진리(the trust)에 대한 모든 역사적 이해가 가지고 있는 단편적 성격을 인정했다. 역사적 진리가 가지고 있는 이러한 잠정적 이해는 기독교적 정통주의에 대해 크게 유리한 점을 가지고 있었다. 문예부흥의 이러한 상대성의 사고야말로 진리 추구에 있어서의 관용을 가능하게 하는 것이라며 니버는 다음과 같이 말한다. "종교적, 혹은 사회적, 경제적 논쟁에 있어서의 관용은 현대 세계의 문화적, 사회적 복잡성들의 한가운데에서 삶을 지탱할 수 있게 하며, 또한 현대 사회가 폭력적인 억압의 대가를 지불하지 않고 어느 정도 국내의 평온을 성취할 수 있게 하는 것인데, 그런 관용은 분명히 근본적으로 '문예부흥'이라는 넓은 의미로 우리가 정의한 운동의 열매이다."[53] 니버는 이러한 관용은 진리 추구를 위한 갈등이 종교적일 때 한해서 문제를 해결했고, 표면상으로는 세속적인 정치적, 사회적 운동들에 의해서 발생하는 암묵적인 종교적인 광신주의에 대한 해독제는 되지 못한다고 했다.[54]

니버는 관용성에 관한 논의를 계속 전개하여 종교적 계시에 대한 여러 가지 상대적인 해석들을 포함하는 인간 지식에 대한 문예부흥 사상의 잠정적 이해가, 상대주의로 인한 회의주의와 세속적인 정치적, 사회적인 암묵적 종교가 빠지는 새로운 광신주의에 대한 해독제가 될 수 있다고 보았다. 그는 또한 Thomas More가 Henry Ⅷ세의 정치적, 국가적 절대주의에 대한 복종을 양심적으로 거부할 때 그 근거로 삼은 '기독교적 보편주의(Christian universalism)'와, 갖고 있는 것 같지만, 그러나 아직 갖고 있지 않은 은총의 패러독스 역시 해독제에 속한다고 했다. 그러면 그의 이러한 입장을 좀더 상세하게 살펴보기로 하자.

인간의 지식의 상대성에 대한 문예부흥의 잠정적 이해는 관용의 문제라는 두

---

53) Reinhold Niebuhr, *The Nature and Destiny of Man*, Vol. Ⅱ, *Human Destiny*(New York: Charles Scribner's Sons, 1943), p. 231.
54) 같은 책, p. 232.

가지 검열 중 하나, 곧 우리 자신의 견해들에 반대되는 견해들을 증오심 없이 그리고 그것들을 억압하려고 하지 않고 대하는 것을 가능하게 한다. 또 다른 검열은 우리 자신의 신념들을 견지하고 거기에 따라서 행동하는 능력이다. 후자는 한편으로는 무책임성과 회의주의를, 다른 한편으로는 새로운 광신주의를 피하는 것이 어렵다는 문제가 따른다. 그러나 "이러한 입장은 보다 높은 진리가 과정에서 출현할 것이라는 희망을 가지고 의견의 자유로운 교환을 유지하기를 추구하기만 하면 환상이 되지 않는다."[55] 니버의 이런 말에는 그의 실용주의적 사고가 잘 나타나 있다. 니버는 이어서 그의 이러한 주장을 John Stuart Mill의 다음과 같은 말을 인용함으로써 강조한다. "묵살된(silenced) 의견은 오류이지만, 사실 오류일 것이고 매우 일반적으로 그렇지만, 진리의 한 부분을 가지고 있다. 그리고 모든 문제에 대한 일반적, 혹은 지배적 의견은 드물게 전체적 진리이고, 혹은 결코 전체적 진리가 아니기 때문에 진리의 나머지 부분이 나타날 수 있는 기회를 가질 수 있게 하는 것은 오직 대립적 의견의 충돌뿐이다."[56] 니버는 이어서 그의 실용주의적 사고를 극명하게 드러내는 아래와 같은 주장을 한다.

> 진리의 단편적 부분들이 최종적으로는 전체적 진리 속에 함께 편입되리라는 희망, 혹은 진리가 마침내 허위에게 승리하리라는 믿음은 관용을 위한 훌륭한 잠정적 유인(incentives)이다. 뿐만 아니라 진리의 단편적 부분들은 잠정적으로 그리고 상대적으로 참되다. 인류의 지적 삶은 진리를 허위로부터 계속 거르는 과정이며, 진리가 역사에서 마침내 승리하리라는 확신은 허위가 가지고 있는 것같이 보이는 당장의 위험성을 제거하고 '우리'의 진리를 방어하는 불안한 광신주의를 완화한다.[57]

니버는 이러한 실용주의, 보다 엄밀하게 말하면, 영미의 철학적 실용주의에 동

---

55) 같은 책, p. 236.
56) 같은 책, pp. 236-237.
57) 같은 책, p. 237.

의하고 공감하지만 동시에 그것이 가지고 있는 상대주의적 진리관의 난점을 간과한다. "이런 해결책이 가지고 있는 난점은 전체적 진리가 역사의 단편적 진리들에 대해서 가지는 관계의 문제에 대한 단지 잠정적인 대답일 뿐, 최종적 대답이 아니라는 사실이다."[58] 니버는 이 난점을 보다 구체적으로 다음과 같이 설명한다.

> 현대의 관용이 종교를 부정하고 성취된 한에 있어서 그것은 종교가 관심을 가지고 있는 삶과 역사의 궁극적 문제들에 대한 무관심에 근거를 두고 있는 것 같다. 종교적 광신주의 또한 그러한 소지를 많이 가지고 있기 때문에 잠정적 관용의 득은 크다. 그러나 현대의 입장이 가지고 있는 취약성 또한 아주 분명하다. 그것은 궁극적 문제들에 대해 무책임한 태도를 취함으로써 관용을 성취하거나, 혹은 표면상으로는 단지 잠정적이고 실용적인 인생관들 속에 거짓의 궁극적인 것들을 슬며시 삽입한다. 이때, 회의주의와 새로운 광신주의는 서로 닮을 위험성이 있다.[59]

이렇게 니버는 비종교적인 철학적 실용주의가 가지고 있는 본질적 문제로서, 궁극적인 문제들에 대한 그것들의 무관심 내지 무책임한 태도를 지적한다. 니버의 실용주의는 앞서 이미 말한 바와 같이, '기독교적 보편주의', 혹은 은총의 패러독스에 속하는, 갖고 있는 것 같지만 아직 갖고 있지 않은, 진리를 전제로 하고 있기 때문에 세속적 실용주의가 가지고 있는 무정부적 상대주의를 초극하면서도 동시에 궁극적인 것을 상대적인 현실에 대해서 차별적 판단에 의해서 적용하여 근사적 정의를 실현한다. 그러나 논의의 이 시점에서 한 가지 지적할 것은 궁극적인 것이 도대체 무엇인가 하는 문제에 대한 니버의 논의가 매우 일반적이고 모호하기까지 하다는 사실이다. 이 문제는 뒤에 가서 그의 사상의 전체적 맥락 속에서 구체적으로 말하기로 하겠다.

니버는 실용주의가 빠지는 회의주의에 대해서 다음과 같이 말한다. 절대적 회의주의는 드물다. 왜냐하면 역사 속의 모든 타당한 진리에 대한 확신을 가지지 못

---

58) 같은 책, p. 237.
59) 같은 책, p. 238.

하는 것은 모든 단편적 진리가 가지고 있지 않은 진리의 어떤 표준을 전제로 하고 있기 때문이다. 그렇지만 우리가 가지고 있는 진리에 대한 어느 정도의 잠정적 회의가 없이는 관용이라는 것이 가능하지 않기 때문에 회의주의는 항상 가능하다. 우리가 역사는 부분적인 시각들과 단편적인 견해들만을 가지고 있기 때문에 허위와 구별되는 진리를 식별할 수 있는 가능성이 없다는 결론에 도달하면 더욱더 완전한 회의주의에 빠진다. 완전한 회의주의는 무의미성의 심연을 나타내는 것으로서 현대 문화가 그것의 위협을 받으며 그 속으로 가끔 빠지는 함정이다. 그러한 회의주의는 나치 이전의 독일 문화가 그랬던 것처럼 진리를 정치적 힘에 예속시킨다. 이렇게 볼 때, 회의주의는 냉소주의의 전조가 된다.[60]

새로운 광신주의들은 완전한 회의주의에 의해서보다는 현대의 입장이 초래하는 결과로 나타난다. 그러한 광신주의에서는 궁극적 입장과 진리가 암묵적으로, 혹은 명시적으로 부분적이고 단편적인 진리들로 인정되는 것 속으로 슬며시 침입한다. 이렇게 해서 표면상으로 비종교적 문화 속에 새로운 종교들이 출현하게 된다.[61]

니버는 이러한 새로운 종교로서 두 가지를 제시한다. 첫째, 발전의 이념(the idea of progress)으로서 발전을 믿는 종교의 광신주의요, 둘째, 정치적 종교들에 의해서 발생한 정치적 광신주의로서 마르크스주의 역시 여기에 속한다. 첫 번째의 발전의 이념은 현대의 '자유주의적(liberal)' 문화 아래에 있는 전제인데 그것은 성장을 발전으로 본다. 이러한 입장에 대한 니버의 비판은 다음과 같다. 인간은 역사적 과정을 초월하지만 동시에 그 속에 포함되어 있기 때문에 역사적 과정 속에서는 완전한 성취를 이룰 수가 없다. 역사적 과정을 초월하는 그의 자유는 모든 레벨에서 새로운 잘못을 발견된 진리 속에 도입하는 데 사용될 수 있다. 인간은 역사적 진리가 궁극적인 진리, 따라서 영원한 진리와 어떻게 관계되는지를 묻지 않으면 안 된다. 인간이 역사적 진리가 불완전할 뿐만 아니라 진리를 부패시킨다는 것을 안다면, "인간에게는 역사적인 것으로부터 그것이 가지고 있는 부패들을 정화하

---

60) 같은 책, pp. 238-239.
61) 같은 책, p. 239.

고 불완전한 것을 완전하게 하는 신의 자비(a divine mercy)밖에는 답이 없다"라고 말한다.[62] 이렇게 니버는 실용주의적 논리를 수용하고 활용하면서도, 그것이 결여하고 있는 궁극적 진리에 대한 관계의 결여 내지 부재를 기독교 신앙의 입장에 의해서 극복함으로써 발전주의라는 새로운 종교의 광신주의에서 구해내려고 한다.

두 번째의 정치적 종교에 관해서는 프랑스의 통합을 위해서 그것을 위협하는 모든 의문과 활력을 억압할 수 있는 권력과 권리를 가진 절대 국가를 주장한 Jean Bodin과 역시 국가의 절대 권력을 주장한 Thomas Hobbes의 주장을 국가에 대한 명시적인 절대적 충성을 명령하는 종교로 보았다. 니버에 의하면, 그것은 국가에 대한 무조건적 충성을 명령하기 때문에 암묵적으로 종교적이지만, 명시적으로 종교적이지 않다. 그것이 삶과 존재의 전체적 의미가 국가 공동체에 대한 개인의 관계에서 성취된다고 공공연하게 주장하지 않기 때문이다. 이러한 정치적 종교는 종교적 회의주의의 온상에서 냉소주의의 부패가 발생한다는 것을 보여준다. 마르크스주의가 그 자신의 진리 이외의 모든 진리가 이익의 이데올로기적 오염에 의해서 오염되어 있으며 마르크스주의만이 인간 자신의 유한성, 이익과 열정의 부패에서부터 벗어났다고 주장하는 것은, 진리에 대한 모든 탐구를 혼란하게 하는 또 하나의 형태의 오만으로 오염된 것을 나타내는 것에 지나지 않는다. 그것은 완전한 신성성을 가장하는 허세의 세속적 형태이다.[63]

니버는 기독교 신앙에 의한 진리 추구에 있어서 가능한 관용성에 대한 분석과 고찰을 다음과 같은 말로 결론을 짓는다.

> 우리가 아무리 굽히고 뒤집어보아도, 어떤 도구들과 허세들을 사용해도 우리가 진리를 가졌다는 주장을 할 수 있는 가능성은 거의 없다. 진리는 은총의 패러독스 속에 있다. 우리는 진리를 가질 수 있을 것이다. 그러나 우리는 그것을 아직 가지고 있지 않다. 만일 우리가 그것을 단지 원리적으로(in principle) 가지고 있다는 것을 알면, 사실에 있어서 우리는 그것을 더욱더 순수하게 가질 것이다. 우리가 고

---

62) 같은 책, p. 240.
63) 같은 책, pp. 240-242.

백하는 진리에 반대되는 진리에 대한 우리의 관용은 문화의 영역에서는 용서의 정신의 표현이다. 모든 용서가 그런 것처럼 우리가 자신의 덕에 대해서 지나치게 확신하지 않을 때 비로소 관용은 가능하다.[64]

지금까지 고찰한 니버의 이론은 진리 추구에 있어서 문제 되는 관용에 관한 분석과 통찰이며, 실용주의를 주제로 삼은 이론의 전개가 아니다. 그렇지만 그것은 그대로 곧 실용주의와 직결되는 것이다. 니버는 의식적으로 의도하지 않았지만 비종교적인 철학적 실용주의 사상의 진리론을 적극 수용하면서도 그것이 궁극적 진리와 가지는 관계를 묻지 않음으로써 발생하는 문화적, 정치적 위험성을 심도 있고 예리하게 해부하고 밝혔다. 그러나 그가 제시한 궁극적 진리는 이미 말한 바와 같이 지나치게 일반적이고 모호한 감마저 있다. '기독교적 보편주의'와 '신의 자비', 혹은 '은총의 패러독스에 속하는 진리'가 니버가 제시한 궁극적 진리에 속한다. 이러한 개념들은 진리 추구에서 갖는 관용을 위해서 취해야 할 기본적 태도에 대한 종교적 표현일 뿐, 실용주의의 상대성을 극복하기 위한 근본적 전제 개념으로서는 막연하다고 할 것이다.

이미 본 저서의 제Ⅴ장 제Ⅰ절에서 Barth의 절대주의적 신학에 대한 니버의 비판을 고찰하면서 인용한 바와 같이 1957년 니버는 「서구 세계의 신학과 정치 사상(Theology and Political Thought in the Western World)」이라는 논문에서 '기독교적 실용주의(Christian Pragmatism)'라는 용어를 명시적으로 사용했고 그것이 성립할 수 있음을 아래와 같이 설명했다.

'실용주의(Pragmatism)'라는 용어는 한동안 기독교적 서클에서 치욕적인 말(Schimpfwort)이었다. 그런데 어떻게 우리가 '기독교적' 실용주의에 도달할 수 있는가? 우리는 이 물음에 대해서 다음과 같이 주장함으로써 매우 단순하게 답할 수 있다. 즉, 기독교적 실용주의는 단순히 계승된 도그마와 일반화는 아무리 존경받

| 64) 같은 책, p. 242.

고 존중할 만할지라도 그것들이 주어진 상황에서 정의 수립에 공헌하지 않으면 수용하지 않는다는 확고한 결의를 가지고 기독교적 자유와 책임감을 경제와 정치의 문제에 적용하는 것이라고 주장함으로써 대답할 수 있다.[65]

이 논문에서 니버는 '기독교적 실용주의'라는 입장을 명시적으로 취하고 그것이 기존의 도그마들과 일반화들, 다시 말해서 기존의 고정된 변하지 않는 진리들이나 원리들의 지배를 받지 않고 기독교적 자유의 책임감을 경제적, 정치적 문제들에 적용하여 주어진 상황에서 정의를 실현하는 것이라고 규정한다. 이 경우, 전수된 도그마들과 일반화들이 주어진 상황에서 정의 실현에 기여하지 않으면 수용하지 않는다는 것은 인간 지식의 잠정적인 상대성을 주장하는 것으로서 실용주의적 사고를 나타내고 있다. 주어진 상황에서의 정의 수립 역시 고정적이지 않은, 상황에 따라서 변화하는 정의로서 잠정적이고 상대적인 실용주의적 성격을 띠고 있다. 그렇다면 실용주의가 궁극적 진리에 대한 관계의 결여로 인해서 회의주의에 빠지는 위험성을 극복할 수 있게 하는 기독교적인 실용주의적 사고를 할 수 있게 하는 것은 무엇인가? 기퍼드 강의의 관용에 관한 논의에서 그는 그것을 '기독교적 신비주의', '신의 자비', 혹은 '은총의 패러독스에 속하는 진리'로 제시한다.

여기서 니버가 말하는 '기독교적 자유'는 실용주의적 사고의 본질인 잠정적이고 상대적인 진리관을 살리기 위해서 도그마와 일반화에 빠지는 것을 막는 역할을 하고, '책임감'은 잠정적이고 상대적인 진리이지만 그것에 대한 확신을 가지고 행동하게 한다. 하지만 니버는 그의 기독교적 실용주의에 대한 규정에서 철학적 실용주의의 상대주의가 빠질 수 있는 회의주의를 극복할 수 있는 기독교적 실용주의의 전제 개념을 제시하는 데 관심을 두지 않았다. 니버는『미국 역사의 아이러니』에서 영국의 실용주의적 정치를 찬양하면서 다음과 같이 말했다. 영국에서는 "질서에 대한 자유의 복잡한 관계가 아주 잘 이해되어 왔기 때문에 사회 정책이 일관된 도그마가 아니라 경험에 입각해서 케이스에서 케이스로, 그리고 포인

| 65) Reinhold Niebuhr, *Faith and Politics*, ed., by Ronald H. Stone(New York: George Brazilier, 1968), p. 55.

트에서 포인트로 전진한다. 따라서 질서 때문에 자유를, 혹은 자유 때문에 질서를 크게 희생하지 않는다."[66] 이 경우에도 니버는 실용주의의 상대성의 위험성을 방지하는 궁극적 전제의 결여에 대해서 아무런 우려를 표명하지 않았다. 그렇다면 그러한 전제는 도대체 무엇일까?

니버의 신학의 전체적인 맥락에서 보면, 그것을 어렵지 않게 발견할 수 있다. 니버의 기독교 사회 윤리 이론의 핵심은 그리스도의 아가페의 사랑을 정치적, 경제적 현실 속에서 근사적으로 실현하여 주어진 상황 속에서 근사적 정의를 실현하는 것이다. 실용주의적 윤리를 윤리의 변화하지 않는 것과 변화하는 것 사이의 관계에서 보면, 실용주의의 문제점은 변화하는 것만을 강조하고 변화하는 것이 변화하지 않는 것에 대해서 갖는 관계에 대하여 무관심하거나, 혹은 부정한다는 사실에 있다. 변하지 않는 것, 혹은 항존적인 것이 변화하는 상황에 따라서 창조적으로 실현될 때, 상대적 윤리이면서도 회의주의, 혹은 냉소주의의 위험에 빠지지 않을 수 있다. 반대로 변화를 무시하고 변화하지 않는 것만을 강조하면, 경직된 도그마적 윤리가 되어서 현실에 대해서 역동적 책임성을 갖는 윤리가 되지 못한다. 그렇기 때문에 개방적이고 책임성 있는 창의적 윤리는 변하지 않는 것과 변하는 것의 조화에 의해서라야 가능하다. 니버의 기독교적 사회 윤리의 경우, 변하지 않는 것에 해당하는 것은 그리스도의 아가페의 사랑이다. 그의 경우, 주어진 상황에서 정의로 구현되는 것은 바로 아가페의 사랑의 근사적 실현인 것이다. 이러한 아가페의 사랑이 니버가 말한 갖고 있는 것 같으면서 아직 갖고 있지 않은 진리이다. 그것은 세상의 어리석음이지만 하나님의 지혜이다. 앞서 말한 대로, 니버가 '숨은 신'으로 이해하는 이 신은 신비로운 궁극적 존재인데, 예수가 그러한 신비가 무엇인지를 드러내는 실마리(clue)라고 그는 신앙으로 그것을 믿는다. 인간의 모든 도덕적 성취는 자유의 부패로 인한 죄로 오염되어 있기 때문에 아가페의 사랑의 상대적 성취요, 근사적 실현이다. 그러한 성취와 실현은 잠정적이고 상대적이지만 의미 있고 중요성을 가진다. 결론적으로 말하면, 니버의 기독교적 실용주의는 주어

| 66) Reinhold Niebuhr, *The Irony of American History* (New York: Charles Scribner's Sons, 1952). pp. 91-92.

진 상황에서 아가페의 사랑을 근사적으로 실현하여 정의 수립에 기여하는 윤리이다.

그렇다면 이러한 기독교적 실용주의의 의의와 중요성은 어디에 있는가? 첫째, 개인적 경건과 윤리만을 강조하고 사회 정의에 대해 무관심하거나 무책임한 위선적 신앙과 문화적 패배주의에 빠지지 않게 한다. 둘째, 종말론적 윤리를 일방적으로 강조하여 정치, 경제 문제들에 대한 차별적인 판단을 하지 못하는 분별력 없는 무차별적인 윤리적 사고에 빠지지 않게 한다. 셋째, 궁극적 진리와 관계 없는 상대적 실용주의로 인한 회의주의와 그것이 초래하는 냉소주의, 정치적인 허위적 종교주의, 절대주의적 정치에 떨어지지 않게 한다. 인간의 모든 도덕적 성취가 죄로 오염되어 있다는 것을 알고 있기 때문에 그렇게 할 수 있다. 끝으로, 복잡한 정치, 경제 문제들에 대해서 아가페의 사랑을 관계시켜서 분별적 판단과 정치적 강제력을 사용하여 주어진 사회 상황 속에서 정의를 실현할 수 있게 한다. 이것은 산업화 사회로 점점 더 복잡해지고 급속하게 변화하는 미래 사회에서도 여전히, 그리고 더욱더 중요한 문제로 남을 것이다. 니버의 이러한 윤리적 사고는 기독교의 상징적 진리들을 사회 현실과 역동적으로 관계시키는 데 계속해서 결정적인 중요성을 가지게 될 것이다. 니버는 『빛의 아들과 어둠의 아들』에서 "민주주의는 해결 불가능한 문제들을 위한 근사적 해결들을 발견하는 방법이다(Democracy is a method of finding proximate solutions for insoluable problems)"라고 했다.[67] 미래 세계에는 국가적으로나 세계적으로나 해결이 쉽지 않은 난제들이 매우 많다. 국내적으로는 자유와 평등, 국제적으로는 세계화가 수반하는 경제, 정치 문제(예컨대, 자유무역협정과 핵 비확산 등의 문제) 등이 해결이 어려운 문제에 속한다. 그러한 문제들의 절대적 해결은 가능하지 않고 근사적 해결만이 가능한데, 그런 근사적 해결을 위한 통찰을 공급할 수 있는 정신적 자원을 니버의 기독교적 실용주의가 가지고 있다고 생각한다.

---

67) Reinhold Niebuhr, *The Children of Light and the Children of Darkness*(New York: Charles Scribner's Sons, 1944), p. 118.

참고문헌

찾아보기 ... 인명

찾아보기 ... 용어

REINHOLD NIEBUHR

참고문헌

니버의 저서

Niebuhr, Reinhold. *Does Civilization Need Religion?* (New York : The Macmillan Company, 1927).

_____. *Leaves from the Notebook of a Tamed Cynic* (Chicago : Willett, Clark & Colby, 1929).

_____. *The Contribution of Religion to Social Work* (New York : Columbia University Press, 1932).

_____. *Moral Man and Immoral Society* (New York : Charles Scribner's Sons, 1932).

_____. *Reflections on the End of an Era* (New York : Charles Scribner's Sons, 1934).

_____. *An Interpretation of Christian Ethics* (New York : Harper & Brothers, 1935).

_____. *Beyond Tragedy* (New York : Charles Scribner's Sons, 1937).

_____. *Christianity and Power Politics* (New York : Charles Scribner's Sons, 1940).

_____. *The Nature and Destiny of Man, Vol. I, Human Nature* (New York : Charles Scribner's Sons, 1941).

_____. *The Nature and Destiny of Man, Vol. II, Human Destiny* (New York : Charles Scribner's Sons, 1943).

_____. *The Children of Light and the Children of Darkness* (New York : Charles Scribner's Sons, 1944).

_____. *Discerning the Signs of the Times* (New York : Charles Scribner's Sons, 1946).

_____. *Faith and History* (New York : Charles Scribner's Sons, 1949).

_____. *The Irony of American History* (New York : Charles Scribner's Sons, 1952).

_____. *Christian Realism and Political Problems* (New York : Charles

Scribner's Sons, 1953).

_____. *The Self and the Dramas of History* (New York : Charles Scribner's Sons, 1955).

_____. *The Structure of Nations and Empires* (New York : Charles Scribner's Sons, 1959).

_____. *Essays in Applied Christianity : The Church and the New World*. Edited by D.B. Robertson (New York : Meridian Books, 1959).

_____. *Man's Nature and His Communities* (New York : Charles Scribner's Sons, 1965).

_____. *Faith and Politics*. Edited by Ronald H. Stone (New York : George Braziller, 1968).

그 외의 저서

Bonhoeffer, Dietrich. *Wiederstand und Ergebung* (München : CHR Kaiser Verlag, 1964).

Fox, Richard Wightman. *Reinhold Niebuhr : A Biography* (New York : Pantheon Books, 1985).

Kaufman, Gordon D. *In Face of Mystery*(Cambridge, Massachusetts: Harvard University Press, 1993)

Kegley, Charles W. and Bretall, Robert W., ed. *Reinhold Niebuhr : His Religious, Social and Political Thought* (New York : Macmillan Company, 1961).

高範瑞. 『社會倫理學』(서울 : 도서출판 나남, 1993).

Marcuse, Herbert. *Eros and Civilization*(Boston: Beacon Press, 1955)

Schweitzer, Albert. *Das Christentum und die Weltreligionen*(München: C. H. Beck'sche Verlags- buchhandlung, 1957)

Teillard de Chardin, Pierre. *The Phenomenon of Man* (New York : Harper & Row, 1959).

Tillich, Paul. *The Protestant Era*. Translated by James Luther Adams (Chicago : University of Chicago Press, 1948).

_____. *Dynamics of Faith* (New York : Harper & Row, 1957).

찾아보기 | 인명

[A]

Acheson 546, 547

Adam, Smith 163, 187, 315, 417-418, 616-617, 754, 793, 814-815, 817

Adams, William 265, 300

Adler 326

Aeschylus 248, 522, 588

Amos 65, 320, 329, 352, 354, 357, 442

Aquinas, Thomas 331, 336, 342, 350, 373, 474, 485, 535, 537, 643, 656, 686, 705, 801, 804

Athanasius 798, 799

Auden, W. H. 831

Augustine 106, 164, 196, 205, 244, 273, 297, 322, 330-333, 336, 340, 368, 370-373, 397, 398, 403, 508, 515-516, 538, 542, 599, 601, 634-646, 656, 686, 690, 705, 726, 770, 774, 799, 800, 803-804, 806-807, 849, 854-855, 866, 872, 901, 910-912

Augustus 797

Aurelius, Marcus 213, 258, 878

[B]

Bacon, Francis 50, 689

Bacon, Roger 375

Baillie, John 102-103, 154, 225, 227, 264, 266

Baltzer, John 45-46, 53-54, 56, 61, 89

Barth, Karl 13, 23, 98-104, 136, 191, 225, 227, 277, 330, 349, 360, 368, 375, 393, 398, 475, 499, 501, 550-551, 614, 656-658, 688, 726, 728, 730-733, 763, 898, 901-904, 915, 922

Barton, Bruce 65

Bennett, John C. 133-134, 225, 227, 234, 300, 347, 349, 547, 549, 596, 782, 831, 838, 844, 889

Bentham, Jeremy 136, 418, 817

Berdyaev, Nicolas 226, 648

Bergson, Henri 214, 311, 506, 511-512

Berlin, Isaiah 345

Bernard of Claivaux 373

Bevan 613

Biddle, Francis 345

Bingham, Jonathan 546, 833-834, 838-839, 841, 879

Bockelson, Jan 377

Bodin, Jean 390, 398, 794, 809, 921

Bonhoeffer, Dietrich 102-104, 264, 885, 887, 906, 915

Bowers, Claud 676

Bowls, Chester 831

Bradley 657

Brown, Charles Reynolds 36, 57

Burckhard, Jacob 674

Brunner, Emil 205, 227, 349, 379, 504, 649, 732, 761

Bruno, Giordano 313
Bryan 617
Buber, Martin 649, 663
Buchman, Frank 291
Bultmann, Rudolf 232, 685-686, 893
Bundy, McGorge 836
Burke, Edmund 287, 572, 620, 699, 707, 710, 755-756, 792, 814, 817, 858
Butzel, Fred M. 68, 848

[C]

Carnap 657
Case, Shirley Jackson 763
Castro 837
Calvin, John 194, 205, 278, 322, 330, 349, 398, 644, 650, 688, 705, 850
Cavert, Samuel 58, 407
Carmichael, Stokely 843
Cervantes 423, 477
Chamberlain 263, 279, 282, 616
Chryssipus 308
Churchill, Winston 287, 474, 616, 620, 673, 707, 717, 740, 750, 870-871
Cicero 397, 636, 796
Clement of Alexandria 371
Cobden, Richard 817
Coffin, Henry Sloane 71, 88-89, 96-98, 151-152, 300, 346, 348, 547
Cohen, Marris 624
Coke, Sir Edward 791
Coles, Robert 731
Collingwood, R. G. 677

Compton, Arthur 547
Comte, Auguste 255-256, 316, 327, 521, 567, 604-605, 691, 740, 784
Condorcet 567, 699
Conant, James B. 494, 615, 689, 729, 746
Constantine 106, 798,
Counts, George 301
Cowan, Wayne 843

[D]

Cromwell, Oliver 292, 377, 387, 538, 707, 753-754, 756, 818, 850, 857
Dante 705, 794, 803-807, 856, 866
D'Arcy, M. G. 534, 647
Darwin 32, 376, 506, 691, 856, 858
Democritus 352, 490
Denck, Hans 377, 388
Descartes, René 327, 690
Dewey, John 97, 128, 130, 135, 142, 213, 216, 225, 256, 316, 350, 437, 506-507, 530, 570, 605, 622, 689, 695
Diderot 206
Dilling, Elizabeth 344
Dilthey 677
Diogenes 490
Dionysus 311
Dodd, C. H. 228, 763
Dulles, John Foster 496

[E]

Eddy, Mary Baker 49
Eddy, Sherwood 53, 56, 59, 61-62, 88-

89, 97, 101, 152, 222, 22, 268, 300, 831
Eisenhower 596-597, 615, 617-618, 740, 785, 832, 842
Eliot, T. S. 227, 831
Engels 453
Epictetus 213, 456, 491
Epicurus 307, 352, 490
Erikson, Erik 730, 869, 878
Eusebius 798

[F]

Farrell, James T. 350
Fichte 257, 277, 314, 376, 420, 809, 813
Fisher H. A. L. 674
Flynn, John T. 302
Ford, Henry 50, 70, 72-73, 848
Fosdik, Harry Emerson 55
Fox, Richard Wightman 92, 104, 410, 411
Francis of Assisi 118, 872, 878
Frank, Karl 303
Frank, Waldo 262, 348-349
Frankfurter, Felix 344-345, 734, 832, 840
Freud, Sigmund 154, 196-197, 225, 257, 310-312, 332, 350, 518, 531, 603, 662, 665-668, 696, 698, 726, 852-853, 883, 887
Fromm, Erich 662, 695, 777, 869

[G]

Gandhi 143, 164, 843
Gide, Andre 512

Gogarten, F. 205
Graham, Billy 730, 732, 741
Gregory of Nyssa 371
Guitton, Jean 650

[H]

Hadfield, J. A. 113
Hamilton, Alexander 452, 814, 858
Hardy, Thomas 248
Harnack 20-21, 99, 154
Haroutunian, Joseph 234, 349
Hart, Harnell 130
Hartwig, William J. 50
Hayes, Carleton 676
Hegel 50, 186, 225, 255, 277, 309-310, 315, 327, 376, 398, 420, 506, 521, 657, 674, 685, 691-692, 698, 748, 771, 784, 789, 809, 902
Heidegger 322, 680, 883-885
Henderson, Arthur 59
Hemingway, Ernest 530
Herberg, Will 782
Herder 277, 420, 506, 809, 813
Herndon 870
Heyman, Frederick 782
Hillman, Sidney 407
Hitler, Adolf 13, 15, 104, 153, 159-160, 246, 257, 264, 266, 268-269, 275-276, 278-279, 280-281, 283-284, 288, 291, 293, 300-301, 303, 345, 477, 498, 502, 616, 658, 673, 677, 904, 913

Hobbes, Thomas 276, 314-315, 387, 390, 391, 398, 418, 422, 446, 607, 627, 636, 642, 657, 690, 692, 695, 704, 790-792, 793, 805-807, 857-858, 903, 910, 921

Hocking, William Ernest 225, 410, 669

Holbach 315

Homer 788, 888

Homles, John Haynes 97

Hook, Sidney 350, 407

Hooker, Richard 707, 756

Hoover, J. Edgar 344-345

Horney, Karen 305, 326, 696

Howard, Edgerton 730-731

Hume, David 314. 604, 678, 773, 792, 814-815, 858

Hume, Theodor 147

Humprey, Hubert 499

Hutchins, Robert 410, 831, 839-841

Huxley, Aldous 678, 680, 767, 769

Huxley, Julian 622

[I]

Ibsen 248

Irenaeus 336, 371

Ireton, Henry 707, 756

[J]

James, William 100, 103, 225, 314

Jaspers, Karl 688

Jefferson, Thomas 207, 347, 452, 556, 559-560, 563, 573, 617, 676, 814, 859

Johnson, Edward 589

Johnson, Lyndon 842

Jones, Stanly 209

June, Bingham 833-834

[K]

Kalhoun, Robert 306

Kant, Immanuel 140, 143, 154, 178, 180, 192, 213-214, 309, 314, 317, 506, 530, 678, 685, 719, 771, 776, 903

Kaub, Verne 549

Kaufman, Gordon D. 883, 885

Kennan, George 546, 585-586, 781-782

Keynes, J. M. 159, 615

Khrushchev 820

Kierkegaard 305, 332, 334, 350, 487, 646, 657, 659, 901-904

Kluckhohn, Clyde 693

Knox, John 205, 705, 856

Knudson, Dean Albert 533

Kristal Irving 598

Kubie, Lawrence 730

[L]

Lansbury, George 284

Laski, Harold 613

Lee, Robert E. 676

Lehman, Paul 598-599

Lenin 167, 576-577, 801, 819-821, 749-750

Leo XIII 430, 436, 536

Liburne, John 710

Lincoln, Abraham 239, 591-592, 672, 676, 838, 867, 870

Lindberg, Charles 669

Locke, John 50, 314-315, 388, 418, 431-432, 704, 707-708, 756, 783, 791-794, 797, 809, 812-813, 850, 857-858

Loeb, James 303, 498, 501-502

Luce, Henry 410-411, 498

Lucretius 352, 490

Luther, Martin 79, 107, 109, 136, 194, 204, 206, 276, 312, 322, 327, 331-332, 336, 342, 349, 368, 379, 382, 386-387, 391-392, 398, 418, 422, 537, 627, 636, 640, 642, 644, 647-648, 650, 656, 659, 688, 705-706, 709-710, 720-721, 754, 761, 789, 797, 803, 806-809, 850, 852, 854-856, 870, 898, 901

[M]

Machiavelli 398, 414, 634, 804-807, 856, 910

MacDonald, Ramsay 59, 62

Macintosh, Douglas Clyde 35, 37

Macleish, Archibald 344, 410

Madison, James 278, 573, 858-859

Malenkov 820

Mannheim, Karl 327, 542, 622

Marcuse, Herbert 180

Maritain, Jacques 410, 831

Marshall, George 500

Marshall, Thurgood 868

Marsilius of Padus 803-804

Marquis, Samuel 70

Marx, Karl 128, 138-139, 154, 202, 218, 255, 257, 285, 290, 310, 315, 506, 559, 604, 630, 692, 741, 801, 852-853

Mathews J. B. 344

Mathews, Shailer 208

Mayer, Carl 839

Mazzini, Giuseppe 419, 813

Meade, Nola 663, 833

Melville, Herman 492-493

Mill, John Stuart 389, 754, 918

Miller, Francis Pickens 147, 300

Miller, Perry 840

Milton, John 388, 720, 754, 793, 809, 850

Montagu, Ashley 696

Montesquieu 793, 797

Morgenthau, Hans 781-782, 837-838, 860-861

Morrison, Charles Clayton 53-54, 56, 62, 72, 89, 92, 269, 300-301

Mumford, Lewis 350-351

Murphy, Gardner 693

Murray, Henry 693

Mussolini 257, 284, 291, 419, 477

Muste, A. J. 549

Myrdal, Gunnar 613

[N]

Napoleon 419, 707, 783, 814, 819, 858

찾아보기 _인명 935

Nehru 614
Nero 158, 258
Niebuhr, Friedrich 18, 61
Niebuhr, Gustav 18-21
Niebuhr, Helmut Richard 20, 27, 46, 101, 148-150, 504, 841
Nietzsche 154, 225, 248, 252-254, 257, 277, 281-284, 310-314, 317, 420, 506, 530, 589, 680
Nitze, Paul 836
Nixon 832, 876-877
Nygren, Anders 534, 641, 648

[O]
Occam 656, 901
Origen 323, 331, 370, 656, 686, 726, 884, 901
Osborn 407
Oppenheimer, Robert 779, 782
Oetinger, Friedlich 878
Otto, Rudolf 769

[P]
Page, Kirby 56-64, 88, 219, 224, 549
Paine, Thomas 418
Parmenides 691
Parsons, Robert 386
Pauling, Linus 823
Pascal 258, 335, 487, 603, 653, 656, 773, 901
Peabody, Francis 208
Petrie, Sir Charles 816

Picasso 728
Plotinus 371, 681, 772
Potter, David 840
Press, Samuel 27, 30, 33, 35, 37, 58
Prgywara, Erich 386
Prometheus 456, 588, 682

[R]
Ramsey, Paul 844
Ranke, Leopold 402, 475
Rauschenbush, Walter 210, 656
Redfield, Robert 410
Ricardo 817
Richardson, Cyril 234
Ritschl, Albrecht 154, 324, 701
Rockefeller, Jr. John D. 53-54, 72, 876
Roosevelt, Franklin D. 161, 224-225, 268, 276, 280, 302, 343-344, 495, 615, 617-618, 740, 744, 750, 832
Rosenberg 599-600
Rosenzweig, Franz 765
Rousseau 163, 187, 311, 314, 316, 420, 422, 704, 812-813
Royce, Josiah 225
Ruff, Elson 878, 706
Rutherford, Samuel 710
Ryan, John A. 436

[S]
Saint-Pierre, de Abbé 813
Saltmarsh, John 756
Santayana, George 680, 707

Sartre, Jean-Paul 533, 680
Savage, Bill 833–834
Schiller 309–310
Scheler, Max 322
Schlesinger, Arthur, Jr. 495, 499, 547, 554, 596, 780, 782, 832–833, 836, 878
Schopenhauer 225, 257, 311, 327, 506
Schütz, Alfred 134
Schweitzer, Albert 83, 118, 915
Scotus, Duns 656, 901
Shakespeare 443
Shilper, Guy Emery 599
Skinner, B. F. 693
Sigmund, Paul 876
Simon, Saint 316
Smith, Adam 163, 187, 315, 417, 616–617, 754, 793, 814, 817
Sophocles 248, 465
Solovyov, Vladimir 650
Speer, Robert E. 300
Spencer, Herbert 107, 506, 517, 691, 740, 784
Spengler, Oswald 111, 155, 257, 402, 564, 675, 781, 784,
Spinoza, Baruch 317, 888
Stalin 174, 266, 419, 740, 749, 783
St. Francis 375, 872
Stevenson, Adlai 831–832
Sterry, Peter 377
Stimon, Henry 750
Stone, Ronald H. 100

Summer, William Graham 691
Sunday, Billy 44
Sweet Ossian 67

[T]

Tawney, R. H. 227
Taylor, Nathaniel W. 32
Teilhard De Chardin, Pierre 889–890
Temple, William 406
Tertullian 106, 370, 656, 726, 798, 897, 907
Thomas, Norman 67, 147, 268, 302, 831
Thoreau 490
Thucydides 789
Tillich, Paul 13, 51–52, 152–154, 184, 227, 231–233, 599, 726–731, 883–885, 894–896, 905–906
Tocqueville, Alexis de 74, 98, 716
Tolstoi 217
Toynbee, Arnold 236, 402, 521–522, 525, 540, 545, 576, 675, 762, 754, 781, 831
Toynbee, Philip 824
Troeltsch, Ernst 23, 99, 154, 271, 377
Trotsky 138, 140, 621, 749, 819
Truman 499, 547–548

[U]

Ursula, Keppel-Compton 34, 102, 104, 155–156, 224, 263, 343, 348, 554, 833, 850, 878

[V]

Van Dusen, Henry P. 61, 147, 156, 225, 227, 300, 549, 596, 733, 830-831, 841

Voltaire 206, 254

[W]

Wallace, Henry 467, 498

Ward, Harry F. 63, 89, 96, 102, 150-151, 549

Ward, Lester 691

Washington, George 81, 518, 672

Weber, Max 120, 218, 563

Weizäcker, Carl Friedrich von 885-887

Wells, H. G. 506, 531

Wesley 377

Westermarck 657

Whitehead, Alfred N. 79, 316, 685, 720, 772

White, Leslie 694

Whitman, Walt 490

Windelband 623

Williams, Charles D. 58, 69, 848

William, Daniel 782

Williams, Roger 388, 437

Wilson, Woodrow 617-618, 785, 827, 860

Windisch 763

Winstanley, Gerad 377, 388, 711, 818

Winter, Gibson 133-134

Wolfers, Arnold 346, 781

Wolge, Bertram 600

Woodward, Sir Llewellyn 782

[X]

Xenophanes 888

[Y]

Young, Andrew 843

Young, Kimbol 130

찾아보기 | 용어

[ㄱ]

가치 전도 252, 253, 254, 255, 276, 588
감상적 도덕주의 209
강제성 129, 135, 140-144, 149, 163, 173, 203, 208-209, 212, 214, 285, 388, 392, 425, 540, 542, 643, 711, 785, 914
강제적 방법 146
게르니카 728
경쟁적 공존 823
계몽된 이기주의 149
수난의 종 250-252, 320, 354, 357, 359, 451, 523, 684, 854,
공격성 348, 566, 571, 579, 603, 666, 696
공적 윤리 807
공통의 신앙, 혹은 공통된 신앙 437, 605
공통적 은총, 혹은 공통의 은총 644, 869, 872, 278, 645-646, 765, 869
과학 이전의 신화 686, 893, 896,
관용 217, 386, 388-390, 411, 435, 438, 625, 628, 756, 758, 778, 916-922
구원신화 886
구원의 남은 소수 457, 542, 633
구원의 은총 349, 660, 869
구원의 철학 678
국가법 203
국가의 이익 585, 765, 869, 872-873,
궁극적 신뢰 242-244, 875

궁극적인 것에 대한 열망 664, 824, 884
궁극적 준거점 883
권력의지 157-158, 195, 286, 291, 310-311 314, 317, 324, 326, 330, 417, 439, 453, 461-462, 850, 853, 855, 861-862
규범폐기론 379
근사적 성취 136, 380
근사적 실현 84-85, 135, 142, 145-146, 192, 199, 202, 204, 215, 273, 298, 374, 380, 383, 391-392, 396, 515, 537, 804, 914, 916, 924
기능적 불평등 426
기독교 현실주의 151, 222, 542, 662, 838-839, 901, 913
기독교적 실용주의 53, 100, 916-917, 922, 923, 925
기독교적 현실주의 223, 398, 599, 601, 603, 908, 910, 912-914, 915
기초적 신뢰 869
깨지지 않은 신화 233, 895-896

[ㄴ]

나와 너(I and Thou) 649, 663
能産的 自然(natura naturans) 888
니케아 종교회의 799

[ㄷ]

데카메론(Decameron) 477
도덕적 냉소주의 138, 413-415, 441, 447, 532, 580, 611, 913
도덕적 감상주의 411-415, 602, 913
도덕적 방법 132-133
둘째 아담 251, 361

[ㅁ]

무격정 491
미국평신도협의회 549

[ㅂ]

반계몽주의 117, 510, 513, 533, 688-689, 723, 733, 741, 777, 850, 882, 891, 898, 906
변증법적 신학 277, 375
부드러운 유토피아주의 539, 603, 741
비극 49, 51, 119, 144, 161-162, 196, 201, 210, 213, 225, 229, 230, 236, 244, 247, 248-249, 252, 262, 264, 268, 273, 275, 278, 280, 282-284, 292, 297, 298, 311, 320, 355, 358, 361, 369, 372, 374, 376, 405, 416-418, 444, 456, 465-466, 475, 481, 497, 506, 514, 524, 530, 552-554, 566, 588, 590-591, 603, 606, 629-630, 648, 656-657, 677, 682, 688, 697, 701, 719, 728, 736, 759, 784, 806, 879, 891, 902, 954
비상시민자유위원회 598
비존재 654, 691
비폭력적 저항 143, 144, 272, 843

[ㅅ]

사적 도덕 248
사제적 종교 239
사회적 다원주의 691
사회적 관계의 강제적 시스템 210
사회적 장치 184, 210, 212
사회적 정의의 기술 209
사회적 통제의 장치 209
상상적 정의 199, 648-649
상식의 지혜 575, 576
성화(sanctification) 84, 111-115, 143, 173, 206, 218, 236, 240, 273, 296-297, 299, 370-372, 374-375, 377, 379, 381-382, 386-387, 395, 397-398, 424, 590, 627-628, 637, 705, 789-790, 806
세계 내 금욕주의 563
所産的 自然 888
숨은 신 356, 484-485, 521, 883, 885, 887-888, 924
숭고한 광기 144, 146
시대의 징조 450-451, 453-454, 495
신의 나라 372, 405, 468, 634, 636, 638-639, 640, 763, 770, 912
신화적 종교 188-189, 195
실용적 세속주의 736
실용주의적 평화주의 211
실천적 지혜 515, 624, 789

[ㅇ]

영원한 상 아래에서 502, 631
영원한 신화 686, 893, 896
예지적 자아 214, 340

우리 속의 그리스도 378
우리를 위한 그리스도 379
우상 숭배의 오염 544
윤리적 메시아주의 354
原義(justisia originalis) 336
隱喩(metaphor) 882
의로운 동시에 죄인(justus et peccator simul) 273, 641, 645, 688, 898
義認(justification) 272-373, 379
擬人化(anthropomorphism) 679, 882
이기적 추구 520, 869-870
이론적 세속주의 736

[ㅈ]
자기부정 145, 191, 680, 872
자기희생 32, 74, 78, 129, 528, 641, 647, 648, 650, 670, 685, 696, 770, 777, 846, 869-870
자연법 109, 133, 151, 173, 203-204, 206, 339, 341, 392, 393, 425-427, 429-430, 443, 535, 537, 638-639, 643, 646, 651, 687, 709, 712, 756, 845, 848, 855-856, 866
자연주의적 합리주의 213
재침례교도(Anabaptists) 163, 377, 387, 430, 539, 710
적절한 사회적 장치 210
전국정치행동위원회 407
접촉점 262, 360, 368, 688
정교하게 계산된 덜함과 더함 732
정의의 기초적 장치 210
정치적 메시아주의 250

제정론 804, 805, 856
존재의 근거 198, 883-884, 892
죽음의 본능 196-197
지상의 나라 372, 405, 636, 638-639, 641, 770, 804, 854, 866, 912
진리의 힘 143
진리파지 143
집단적 이기주의 81, 404, 418, 519, 641, 695

[ㅊ]
차별성 203, 379-380, 534, 637, 648, 708, 742, 755, 900
차별적 정의 533, 804, 807
차별적 지성 900
차별적 판단 536, 648-649, 713, 741, 874, 902, 915, 919
참을 만한 정의 534, 575, 711
창조의 질서 256, 339, 381, 536, 789, 852
초월적 쾌락주의 192
총체적 부패 196, 457

[ㅋ]
카리브디스(Charybdis) 39, 135, 197, 272
케리그마(kerygma) 685-686, 726, 893, 905-906
케리그마적 신학 905
퀘이커 교도 107, 163

[ㅌ]
타자를 위한 존재 886-887

[ㅍ]

평등 110, 117, 125, 137-139, 141-143, 158, 163, 166, 173, 177, 179, 198-199, 201, 203-204, 209, 236, 253, 289, 290, 316, 330, 341, 380, 393, 409, 413, 417, 426, 429, 432-433, 439, 502, 506-507, 537, 562, 564, 567, 576, 578, 592, 610, 617, 695, 700-701, 703, 705, 707-712, 714, 735, 744-745, 751-757, 761-762, 783, 796, 818-819, 842-843, 864, 867-868, 925

평화적 공존 823

평화적 절대주의 212

평화주의 57, 60, 62, 72-73, 97, 146-147, 210, 222, 269-272, 274-275, 278, 280-281, 306, 483, 561, 614, 616-617, 771, 832, 849

폭력적 저항 272

[ㅎ]

혼의 힘 143, 164

효용체감 565

형성의 윤리(Gestaltung) 104

호교론적(apologetic) 75, 104, 909, 916,

힘의 균형 142, 174-176, 202, 211, 287, 393, 394-396, 399, 434, 445, 500, 534, 536, 543, 572-574, 614, 695, 710, 713, 716, 748, 750, 752, 756, 761, 770, 786-787, 793, 797, 807, 814

[a]

a little less justice 330

a little less selfishness 330

a little more justice 330

American Committee for Cultural Freedom, ACCF 598

American Federation of Teachers 301

American Friends of German Freedom 303, 407

American Friends of Spanish Freedom 344

Americans for Democratic Action 499

American Seminar 59, 61

American War Department 407

apocalyptic vision 138

[b]

biblical realism 658, 904

bibliolatry 688

Brownists 111

[c]

common sense 560, 569, 575, 692

cultural defeatism 374

cultural lag 159, 316, 507, 715

[d]

Darwinism 688, 691, 848

demonic pretension 201, 218

die mündig gewordene Welt 886

Diggers 111, 398, 430, 539, 754, 819

ding an sich 678

[e]
equal justice 141, 204
ex nihilo 513, 654, 772
external proletariat 576

[f]
Farewell to Arms 531
Fellowship of Socialist Christian 222, 301
fideism 688, 897

[g]
general will 315-316, 420, 422
golden age 353

[h]
habitual grace 645
hard utopianism 539, 603
hubris 588, 806

[i]
idealism 556, 634, 910
ideological frame 676, 788, 801
ideological taint 285, 325, 327, 384, 558, 575, 852
image of god 308, 321, 664
indiscrimination 900
indiscriminate 273, 708
internal proletariat 576
irony 553

[k]
K. K. K. 67

[l]
lady bountiful 254, 709
Levellers 111, 438, 539, 754, 756
literalism 231, 510, 891, 892, 895, 906
little universe 189
love absolutism 211
love as energy 889

[m]
Magna Carta 672
Marshall Plan 501, 815
Mccarthyism 598
Moby Dick 492-493
mystical religion 188
myth 186, 188, 230-234, 686, 882, 886, 891, 893, 895

[n]
New Leader 101, 409, 599, 837
new monasticism 51, 62, 65
noblesse oblige 709

[o]
Office of Facts and Figures 344
original sin 164, 196, 235, 416, 487, 557, 571, 849
Oxford Conference 225

[p]
parousia 203, 252, 358, 400
pathei mathos 522
pathetic 552, 553, 588, 871

pathos 248, 553
Pax Romana 236, 855
Pelagian 333, 335
philosophical theology 905
political method 13, 132
political policies 130, 132
political realism 142, 601
Primordial God 772

[r]
radical religion 55, 222-223, 301
realism 139, 151, 268, 346, 634, 804, 856, 859, 910
residual virtue 360

[s]
Scylla 135, 197, 394
sect 107, 238, 270, 276-277, 363, 370, 430, 694, 708, 738, 819
sign 96, 136, 138, 227, 232, 451, 552, 658-659, 792, 803, 894, 903
sin of pride 324
symbol 230, 620, 883, 891, 894

[t]
The Christianity and Crisis 55, 266, 300-301, 342, 407, 409, 843
the demonic force 187
the son of man 250
tragic 247, 552-554
trust 20, 140, 242-243, 294, 334, 340, 571, 869, 875, 917

[v]
violence 128, 155, 210